俄罗斯东欧中亚研究文选
(1965~2015)

上册

Selected Works of the Russian,
East European and Central Asian Studies
1965-2015

中国社会科学院俄罗斯东欧中亚研究所 编

社会科学文献出版社
SOCIAL SCIENCES ACADEMIC PRESS (CHINA)

《俄罗斯东欧中亚研究文选》
（1965~2015）
编委会

主　任：李永全

副主任：李进峰　孙　力

编　委（按姓氏笔画排列）

王晓泉　冯育民　刘显忠　朱晓中　许　齐

许　华　吴宏伟　宋　红　张　宁　张昊琦

张盛发　张聪明　李中海　李丹琳　李勇慧

庞大鹏　郑　羽　姜　琍　柳丰华　赵会荣

高　歌　高际香　高晓慧　常　玢　曹保山

梁　强　阎洪菊　程亦军　董文柱　薛福岐

前 言

李永全

今年是我们中国社会科学院俄罗斯东欧中亚研究所建所五十周年。现在摆在大家面前的这部文集,精选了我所五十年来几代学人研究苏联以及后来俄罗斯和东欧中亚地区的学术成果。虽然就研究范围、规模和数量来说,这部论文集远远不能涵盖我所的研究成果,但它基本反映了我所对该地区研究的广度和深度,同时也反映了国内学术界在这一领域的研究成就。

作为中国社会科学院下属的国际问题研究所,我所是国内最大的研究俄罗斯和东欧中亚地区的综合性学术机构。它始建于1965年6月,最初名为苏联东欧研究所。随着时代的变迁、国际形势的变化以及研究对象的变动,它先后采用过苏联研究所、苏联东欧研究所、东欧中亚研究所的名称,最后在2002年10月改为现名——俄罗斯东欧中亚研究所。

我所经历了历史的风风雨雨,它的建立是为了适应当时国际形势,特别是中苏关系变化的需要。1964年,毛泽东同志提出我国应加强对国际问题的研究,并指示成立包括苏联东欧研究所在内的十四个研究所。我所就是根据这个指示精神开始筹建的。当时研究所在行政关系上隶属中国科学院哲学社会科学学部,在业务上则由中共中央对外联络部(简称中联部)领导。成立后不久,我国开始了"文化大革命"。

1968年,研究所行政隶属关系转至中联部,1969年,全所研究人员被下放到"五七干校"。1973年,中央决定加强对苏联和美国的研究,指示中联部负责对苏联的研究,中联部随即将研究所下放的人员调回中联部苏联组工作,同时又从其他单位陆续调进了一批科研人员。1976年年初,中联部为加强对苏联的研究，决定恢复苏联研究所的建制。

为了加强对国际问题研究工作的统一领导和集中管理，便于对外进行学术交流，从1981年1月起，苏联研究所划归中国社会科学院。也是从这个时候开始，我所的学术生命力焕发出来，面貌为之一新。它从一个中央机关附设的封闭性的研究单位逐步演变为开放性的学术研究机构，不仅服务中央，也面向社会；在加强对策性研究的同时，注重学科建设，开始强化基础研究、系统研究和理论研究。研究所按照中国社会科学院五年发展规划的要求，制定了自己的五年科研计划。第一个五年科研计划规定学术研究的指导方针是："在研究工作中，提倡解放思想，实事求是，做到实际情况研究与理论研究相结合，现状研究与系统历史研究相结合，国别研究与比较研究相结合，分科研究与综合研究相结合。"

东欧剧变和苏联解体为我所研究方向的调整和学科建设规划提出了新的任务。在20世纪90年代，对苏东剧变的原因，国际格局和地区格局的变化及其影响，俄罗斯东欧中亚国家的制度转型、对外战略的确立和调整以及与我国关系的开展等诸多问题的研究，成为俄罗斯东欧中亚研究所科研工作的重心。

进入21世纪，根据中国社会科学院总体发展战略，我所规划了跨世纪发展目标：经过五年至十年的努力，把我所办成国际知名、国内一流的俄罗斯东欧中亚问题研究机构。根据中央对中国社会科学院的三个定位，即将社会科学院打造成为马克思主义的坚强阵地、我国哲学社会科学研究的最高殿堂、党中央和国务院的重要思想库和智囊团，我所也在着力实现四个"国内一流"的具体目标：将俄罗斯东欧中亚学科建设成为一流学科，培养一批在国内外具有影响力的一流学术专家乃至大家，推出一批对学科建设和国家决策具有重要学术价值和现实意义的一流科研成果，办好一流期刊。

经过几代学人的持续努力，我所的学术研究取得了令人瞩目的成就。如今，我所已经发展成为学科体系比较完整、主要学科居于国内领先地位、科研队伍整体素质较强的国内一流研究机构。我们欣喜地看到，研究所的科研队伍不断壮大，学者们潜心研究，成果迭出。一大批中青年学者茁壮成长起来，逐渐成为科研工作的主力军；前辈学者仍笔耕不辍，老而弥坚，继续在学术事业和提携后进上发挥着重要作用。

这部文集共收录54篇具有代表性的学术文章，作者包括了我所的几代学人，研究的对象涉及苏联以及俄罗斯东欧中亚地区的政治、经济、外交、安全等各个领域，研究的时期主要是东欧剧变和苏联解体之后。这些文章，大部分是当时发表于学术期刊的论文，一部分是研究报告，还有一小部分是从学术专著中抽取的章节独立成篇的。在编选的过程中，我们为了避免因为学科细分和研究对象划分而引起的琐碎，将所有的文章归入四个大类：政治篇、经济篇、外交篇和综合篇。"政治篇"收录20篇文章，包括对苏联解体和苏共垮台的反思，以及有关俄罗斯东欧中亚国家社会转型、政治制度、政治发展和民族政策等方面的内容。这一部分，历史与现实并举，不仅有纵向的梳理分析，也有横向的比较研究。"经济篇"收录15篇文章，不仅有诸如市场经济、市场模式、经济转轨、区域经济合作等理论问题的研究，也有如丝绸之路经济带、地区一体化等现实问题的探讨，还有关于水资源、公司治理、城市发展等具体问题和微观问题的研究。"外交篇"收录11篇文章，研究内容包括俄罗斯对外战略和对外政策、中俄关系、中国与中亚国家的关系、上海合作组织、欧亚联盟一体化等。"综合篇"收录8篇文章，涉及历史、文化、宗教等方面的内容，既有对重要理论、观念和实践的历史分析，也有对历史事件的梳理，还有对现实问题的研究等。

瓜瓞绵绵，于斯为盛。回顾我所半个世纪所走过的风雨之路，我们在总结成绩和经验的同时，更应该放眼研究所的未来发展。学术永无止境，需要一代又一代学人发挥甘坐冷板凳、十年磨一剑的敬业精神，持续不懈地努力。"长江后浪推前浪"，相信后辈学者会在前辈学者五十年来奠定的基石上不断超越，开拓进取，为研究所今后进一步的发展和成长做出自己的贡献。

目 录

上 册

政治篇

苏联落后于时代的教训和邓小平理论的时代精神 …………… 刘克明 / 003
关于苏联74年社会主义实践和苏联剧变的历史思考 ………… 徐　葵 / 025
对东欧国家向市场经济过渡的若干问题探讨 ………………… 张文武 / 052
苏共失败的历史教训 ……………………………………… 李静杰 / 072
俄罗斯政治权力与资本权力关系浅析 ………………………… 李永全 / 090
十月革命：必然性、历史意义和启迪 ………………………… 吴恩远 / 097
斯大林模式究竟是怎样形成的 …………………………… 陆南泉 / 112
东欧国家政治体制比较研究 ………………………………… 赵乃斌 / 129
转型九问
　　——写在东欧剧变20年之际 …………………………… 朱晓中 / 143
伊斯兰教在中亚的传播与发展 …………………………… 常　玢 / 156
析俄罗斯社会的内在冲突性 ………………………………… 李景阳 / 174
论苏联剧变的思想政治根源 ………………………………… 潘德礼 / 186
俄罗斯宪法制度的演变与时代特征 ………………………… 董晓阳 / 198

俄罗斯已结束制度转型 ………………………………………… 李福川 / 215
中亚国家的民族政策：理论与实践 …………………………… 刘庚岑 / 223
俄罗斯共产党：发展历程及其势衰原因 ……………………… 李雅君 / 234
吉尔吉斯斯坦独立以来的两度政变与政治发展前景 ………… 薛福岐 / 247
对中东欧国家发展道路的再思考 ……………………………… 高　歌 / 258
俄罗斯保守主义与当代政治发展 ……………………………… 张昊琦 / 275
民族心理与民族联邦制国家的解体
　　——以捷克斯洛伐克联邦为例 …………………………… 姜　琍 / 297

经济篇

理解中国现代丝绸之路战略
　　——中国与世界深度互动的新型链接范式 ……………… 邢广程 / 319
丝绸之路经济带：打造区域合作新模式 ……………………… 孙壮志 / 344
丝绸之路经济带、欧亚经济联盟与中俄合作 ………………… 李建民 / 354
苏联关于计划与市场问题的理论和实践 ……………………… 张　森 / 375
俄罗斯经济转轨评析 …………………………………………… 许　新 / 386
后苏联空间一体化前景暗淡 …………………………………… 程亦军 / 399
论俄罗斯混合市场经济模式的形成及特点 …………………… 李中海 / 409

下　册

国际金融危机背景下对中东欧经济转轨问题的再思考 ……… 孔田平 / 421
通过市场关系走向社会主义
　　——对布哈林几个经济理论问题的再认识 ……………… 向祖文 / 437
中俄区域经济合作的理论解析 ………………………………… 高晓慧 / 456
中亚水资源问题的现状与解决的前景 ………………………… 吴宏伟 / 465
俄罗斯的公司治理 ……………………………………………… 张聪明 / 479

中俄经贸合作：回顾与展望 ………………………………… 张红侠 / 488
中俄农业与食品工业的合作 ………………………………… 冯育民 / 504
俄罗斯城市化与城市发展 …………………………………… 高际香 / 521

外交篇

俄罗斯的独联体政策：十年间的演变 ……………………… 郑　羽 / 539
友好20年　合作共发展
　　——对中国中亚外交具体实践经验的总结与思考 …… 赵常庆 / 559
延续"总体稳定、局部动荡"的基本态势 ………………… 孙　力 / 573
安全两难与中俄关系 ………………………………………… 姜　毅 / 589
俄罗斯的"东进"政策：成就、问题与走势 ……………… 柳丰华 / 600
俄罗斯的欧亚战略
　　——兼论对中俄关系的影响 …………………………… 庞大鹏 / 613
适应新形势应对新挑战　上合组织迈进务实合作新阶段 …… 李进峰 / 625
日益激化的苏美"资源战" ………………………………… 黄天莹 / 641
"北方领土"主权终归谁属
　　——试析俄日"北方领土"之争 ……………………… 李勇慧 / 654
《代顿协议》与波黑重建 …………………………………… 汪丽敏 / 667
《东南欧稳定公约》
　　——新区域主义的一个积极尝试 ……………………… 李丹琳 / 679

综合篇

中长铁路归还中国的历史考察 ……………………………… 张盛发 / 693
对列宁、斯大林在建立联盟问题上分歧的再认识
　　——兼论苏联联邦体制的问题和缺陷 ………………… 刘显忠 / 730

重新审视《苏日中立条约》下的苏日关系 …………………… 吴　伟 / 746

俄国与西方：俄罗斯观念的历史考察 …………………… 白晓红 / 764

论中亚国家整体发展进程 …………………………………… 赵会荣 / 774

俄罗斯文明属性及其战略影响考论 ………………………… 王晓泉 / 792

俄罗斯的软实力与国家复兴 ………………………………… 许　华 / 811

乌兹别克斯坦的宗教管理体制 ……………………………… 张　宁 / 830

政治篇

苏联落后于时代的教训和邓小平理论的时代精神

刘克明[*]

我们当前所处的时代是和平与发展成为当代世界两大主题的时代。这个论点是邓小平同志根据第二次世界大战后世界形势的新变化，对现时代特征做出的新的理论概括。这一新理论是对马列主义时代观的重大发展，是建设有中国特色社会主义理论的重要组成部分。中国共产党的十四大报告指出：建设有中国特色社会主义理论"是马克思列宁主义基本理论与当代中国实际和时代特征相结合的产物"。

如何正确认识和对待当前这个时代，对于社会主义国家有非常重要的意义。20 世纪末叶，社会主义世界发生了两件大事，一是苏联发生剧变，一是有中国特色的社会主义兴起，这两者都同是否正确认识和对待现时代有密切关系。苏联由盛转衰以致最后解体，有多种原因，而背离时代要求、落后于时代，则是苏联衰败没落的总的根源；中国社会主义建设从十一届三中全会以来取得举世瞩目的宏伟成就，从根本上说，则是由于指导中国社会主义建设的邓小平同志的建设有中国特色的社会主义理论，具有深刻反映时代要求、准确把握时代脉搏、不断推动时代前进的时代精神。

本文拟就现时代的若干特点、苏联落后于时代的主要历史教训和建设有中国特色的社会主义理论的时代精神三个方面，分别加以论述。

---

[*] 刘克明，中国社会科学院俄罗斯东欧中亚研究所前所长，中国社会科学院荣誉学部委员。

一 和平与发展新时代来临的历史条件和新时代的若干特点

第二次世界大战结束后，一系列重大的历史事件为和平与发展的新时代的来临准备了条件。由于第二次世界大战的性质同第一次世界大战根本不同，因而结果也大不一样。如果说，第一次世界大战是帝国主义战争，战争结果是引发了俄国十月革命和一系列国家中的无产阶级革命斗争，那么，第二次世界大战由于从一开始就具有反法西斯的、民主的解放战争的性质，因而得到了人民的支持，战争没有引发无产阶级革命，而是推动了世界民族民主革命斗争的高涨，推动了资本主义国家人民为争取民主、维护和平和争取社会进步的斗争。苏联和中国都是战胜国，对于加强世界民族民主革命斗争，加强世界社会主义阵地有非常重要的意义。

第二次世界大战后世界发生了一系列重大的历史事件。

第一，在亚洲、非洲国家中出现了民族解放运动的高潮，一大批殖民地、附属国成为独立国家。这是第二次世界大战一个非常重要的结果。这些独立的民族国家，从它们的切身利益出发，力图发展民族经济、维护世界和平。

第二，在二战中，苏联红军取得了反法西斯战争的胜利，在苏联胜利的影响和支持下，在东欧出现了一些新的社会主义国家，这是第二次世界大战另一个重要结果。这些国家成为促进世界和平与发展的重要力量。

第三，苏联在打败德、日法西斯之后，很快掌握了核武器，取得了可同最先掌握了核武器、力图充当世界霸权的美国相抗衡的核大国地位。苏联经济实力的增长和成功地掌握核武器，成为制约世界战争爆发的重要因素。

第四，1949年中国人民在中国共产党领导下，推翻了美国支持的蒋介石反动政权，中华人民共和国宣告成立，并走上了社会主义道路。社会主义中国成为反对霸权主义、维护世界和平和推进世界进步事业的巨大力量。

第五，战后资本主义世界出现了一系列新变化。如：以美元为中心的世界货币体系的确立；援助西欧的"马歇尔计划"的实施；西欧共同市场的建立和发展；"关税及贸易总协定"的缔结；西方国家对经济的调节和控制的加强以及福利国家政策的推行等。这些措施缓和了资本主义国家的内外矛盾，维持了资本主义的相对稳定，促进了经济较为迅速的发展。

第六，以原子能、电子计算机、人造卫星为开端的战后新的科技革命开始兴起。这场科技革命根本改变了世界面貌。新科技革命对于世界和平得以维护和战后经济的迅速发展，起了非常重要的推动作用。

第七，朝鲜战争经过战场上的反复较量，最终停战言和。这表明世界力量对比已达到了某种稳定和均衡状态，企图以武力来改变战后形成的格局再也行不通了。

经过这一系列重大的历史事件，一个新的时代的基本特征，即和平与发展的特征越来越明显地显现出来，可以说，20世纪50年代中期以后，以和平与发展为基本特征的现时代实际上已经来临。

纵观20世纪50年代中期以来世界形势的发展，可以看出现时代的一些基本特点。

第一个特点是，战后时期出现了一场新的现代科学技术的伟大革命。这场革命使所有科学技术领域都发生了深刻的飞跃性的变化。人类在电子信息、生物、新材料、新能源、航天等新兴技术领域，取得了一系列重大突破，一批新的产业迅速崛起。其中，以电子信息技术为中心的信息革命的发展最为突出。信息革命在发达国家从20世纪50～60年代实际上已经开始，70年代以后，有了更迅猛的发展。90年代初美国提出信息高速公路计划并开始实施以来，信息革命更形成了新的热潮，而且也扩展到新兴工业化国家和地区以及某些发展中国家。在信息革命推动下，发达国家已开始了由工业经济向信息经济的转变。这场革命正在引起社会经济的一系列重大变革：以电子技术为主的高技术向其他工业领域广泛渗透，使传统技术发生质的变化，社会劳动生产率有了很大提高；产业结构发生重大变化，知识和技术密集型产业正在取代劳动密集型产业，成为创造财富的主要形式；就业结构也发生相应变化，单纯体力劳动者愈益减少，脑力劳动者愈益成为主要的决定性的因素；为适应信息革命要求，企业传统的庞大管理机构和集中管理方式也正在大大精简和非集中化；在信息技术革命中涌现的中小企业，地位日益重要；由于信息革命的发展，世界经济活动更趋于国际化、全球化；大国之间争夺高科技优势的竞争更为激烈；出于竞争的需要，发达国家将劳动密集型以至某些技术密集型产业转移到发展中国家，这加强了发达国家在高技术竞争中的地位，同时又在客观上促进了发展中国家和地区经济的发展，促进了新兴工业化国家和地区的高技术产业的发展。总之，战后时期这场以信息革命为主要内容的新的科技革命，是人类社会继工业革命之后，生产力的又一次空前的巨大变革。当代社会在生产方式、工作方式、学习方式、生活方式等方面，都正在发生深刻的变化。可以说，现时代的一切重大发展变化，都直接、间接同这场新的科技革命有着密切关系。

第二个显著特点是，世界形势从总的方面说，维持了一个相对和平的局面。虽然出现了冷战，出现过某种形式的军事对抗，有过时间持续相当长的军备竞赛，甚至在世界某一地方出现过局部战争，也出现过某一西方大国对社会主义国家的封锁、禁运等敌对行为，但最后总是战争转为和谈，紧张转为缓和，对抗为对话所取代，干涉、封锁、制裁等则纷纷破产。和平在全世界是大势所趋，在主要大国之间并没有发生战争。这种相对和平的局面得以长期维持，有多方面原因。核武器的巨大威力和核战争毁灭性的后果，使苏美两个主要核大国都不敢动手；在科技革命蓬勃发展的条件下，为了争夺市场，发达国家都把更大的力量转移到依靠高科技发展和经济方面，而不是依靠战争手段；全世界绝大多数国家和各国人民都不愿打仗，迫切要求和平，主要核大国的领导者对此不能不加以考虑；在冷战结束后，发展经济和争夺高科技优先地位，成为更迫切的任务，虽然在局部地区并不平静，但从世界总体角度来看，发生世界大战的可能性变得更小了。战后持续几十年的相对和平局面，成为世界经济取得较迅速发展的重要条件，也是世界新科技革命得以迅速前进的重要条件。同时，经济和科技革命的迅速发展，各国经济联系更趋紧密，更趋于高度国际化，又成为世界和平局面得以继续维持的重要推动力量。

第三个重要特点是，世界经济的高度国际化以至全球化。战后时期在世界经济的一切重要领域，诸如物质生产、商品贸易、资本流通、金融活动等方面，与战前相比，一个很大不同点是呈现出高度国际化的趋向。在物质生产领域，对一些技术密集型产品，以现代科技为基础，实行世界范围内的分工与协作，已成为现代化生产的重要趋势；在商品贸易方面，战后期间，世界贸易保持着高速增长，规模日益扩大，世界商品贸易额的增长速度一直超过世界国民生产总值增长速度，从而使各国经济联系更加紧密；在产业资本流通方面，战后时期，世界对外直接投资有了大幅度增长，发达国家之间双向投资大量增加，发达国家向发展中国家直接投资，在最近几年也有了迅速增长，这些都促进了世界经济更为紧密的相互依存和联系；此外，国际金融业、通信业、运输业、技术转让等，随着信息技术的发达，在全球范围内也都有了更为迅速的发展。战后时期迅速发展起来并遍布全世界的几万家跨国公司，在推动世界经济高度国际化方面起了重大的作用。事实上,前述的对外投资、对外贸易、物质生产的国际性专业化分工和协作以及国际技术转让等,主要都是由跨国公司进行的。世界经济各个领域的这些新变化,表明世界经济活动的国际化趋向已发展到了一个新的阶段,即全球化的阶段。在这个阶段,同过去各国仅进行一般的经济联系和交往不同,它的明显特点是,各国经济相互联系空前紧密,都处于相互依赖、相互渗透、相互交织同时也相互竞争的状态,各国经济已经在很大程度上融合成为统一的世界经济整体。与此相适应,世界更多的国家和地区走上市场经济的道路,全世界出现了市场经济体制一体化的共同趋势。

面对世界经济全球化和世界市场经济体制一体化的这种形势,无论是发达国家为了扩大市场,还是发展中国家为了实现现代化,都必须走向国际市场,积极参与世界经济的国际化进程,这已成为一个国家增长和繁荣的关键因素。

第四个特点是,现代资本主义进入一个相对稳定和相对和平发展的时期。战后时期,发达资本主义国家靠科技革命,经济有较迅速的发展。在经济持续增长的基础上,工人生活有了比较大的改善,国家又普遍实行了社会保障制度,传统概念的"贫困化"实际上已不复存在。随着高科技产业的发展,工人文化水平也普遍提高,工人阶级的构成也发生了很大变化。工人阶级队伍中脑力劳动和脑体双重劳动者,已大大超过体力劳动者;非物质生产部门的工人数量已超过工人阶级的半数。由于战后现代资本主义国家拥有巨大的财政资源,拥有较多的手段去干预和调节经济,在必要时,还可由主要西方国家协同进行干预,资本主义自我调节能力已大为增强,因而比较容易缓和国内阶级矛盾;在各国经济互相渗透和交织,经济联系日益紧密的情况下,在资本主义国家之间,虽有时矛盾尖锐,但不会诉诸武力。从而现代资本主义进入了一个相对稳定和相对和平发展的时期。

但是,资本主义制度的基本矛盾并没有解决。新科技革命推动这些国家生产力的迅速发展,缓和了这一矛盾的某些侧面,但这一矛盾往往又在其他方面以新的形式尖锐化起来。战后时期由基本矛盾引发的经济危机在资本主义国家一再发生,没有停止过;发达国家最近才从 20 世纪 90 年代初开始的经济衰退中走出来,而失业率还是居高不下;接二连三地发生了金融危机;为了争夺市场,争夺经济、科技优势,西方发达国家之间的经济矛盾和冲突日趋激烈。

西方发达国家正处在向信息经济转变中,总的说来,同发展中国家经济水平的差距更为扩大,同时,为了争夺市场,发达国家不得不将一部分高技术产业向新兴工业化国家和地区转移，客观上促进了这些国家的产业升级和技术高级化，反过来又使它们成为发达国家自己的竞争对手。因而现代资本主义的稳定，只能是相对的。

第五个特点是，世界社会主义运动进入了一个新的历史时期。传统社会主义模式由于未能改革开放，未能经受住历史的考验。在总结传统社会主义遭到挫折的教训基础上，现代社会主义正在深入改革和对外开放中兴起。

在战后新科技革命浪潮冲击下，奉行传统社会主义模式的世界社会主义运动受到强烈挑战：是服从一个中心，教条式地生搬硬套，固守传统的社会主义模式，还是独立自主地探索适合本国国情的社会主义道路，结合世界新发展进行改革和对外开放，这成为战后世界社会主义运动能否胜利发展的根本问题。在这个根本问题上的斗争时起时伏，成为战后世界社会主义运动发展史中的主要内容。奉行传统社会主义模式的苏联与东欧国家，既不改革，又不开放，以致由盛转衰，最后遭到了失败。但这仅仅是僵化的计划经济和中央过分集权缺乏民主的传统社会主义模式的失败，是错误的改革政策的失败，而绝非社会主义的失败。

建设有中国特色的社会主义理论，则是把马克思主义基本原理与本国实际相结合，摆脱传统社会主义教条的束缚，独立自主地探索社会主义建设道路的伟大成果。它不仅是总结我国社会主义建设中正反两方面经验教训的产物，同时也是总结苏联、东欧社会主义国家兴衰成败的历史教训的产物。

从传统社会主义模式的失败到有中国特色的社会主义的兴起，这是世界社会主义运动发展的历史性的转折。这标志着在马克思主义指导下，通过多种途径走向社会主义，并实行多种模式的现代社会主义运动的新的历史时期的开始。

现代资本主义的相对稳定发展和现代社会主义的兴起，表明社会主义同资本主义在世界上的共处进入了一个新的历史阶段。发达国家为了寻求资本和商品的市场，需要同社会主义国家发展关系；社会主义国家一般是在经济比较落后的国家中建立起来的，现在正在实行改革和对外开放，以吸收发达国家的资金、技术和管理经验，使其有利于社会主义建设。这就出现了社会主义国家同资本主义国家之间，在政治、经济上建立联系，进行合作和协调的可能。但是，在协调合作中，有的发达资本主义大国，不尊重别国的独立主权和人民的选择，力图把自己的社会制度、价值观念、发展模式强加于人，或者依仗大国地位，损害别国利益，干涉别国内政。由于存在这类霸权主义和强权政治，在社会主义国家同资本主义国家协调合作中,又常常出现摩擦,出现矛盾和斗争。

社会主义同资本主义这种既相互联系、协调合作,又有矛盾斗争的关系,是一种竞争共处的关系。这种竞争共处将是长期的。

二 苏联落后于现时代的主要历史教训

苏联落后于现时代,是逐步演变而形成的一种历史现象。在第二次世界大战前、战争中以至战后初期,苏联是个上升的国家,还不存在落后问题。如果回顾俄国十月革命以后,从开始五年计划建设,到第二次世界大战和战后初期,大约30多年的历史,就可看到,苏联当时不但没有落后于时代,而且总的说来,苏联模式的社会主义,在当时曾经起过推动历史前进的进步作用。

十月革命的胜利,在经济比较落后的俄国建立起世界上第一个社会主义国家,曾经给世界无产阶级和一切先进人们以无限希望;在斯大林执政期间,经过几个五年计划,建立起一个在政治、经济、文化各方面都实行中央高度集权的备战型的社会主义模式,短期内实现了国家工业化,初步改善了人民的生活,同20世纪30年代资本主义大危机形成强烈对比,显示出了社会主义制度的优越性;在反法西斯战争中,苏联成为主力军,做出了巨大牺牲,最后取得打败法西斯的伟大胜利;在战后支持一批东欧国家走上社会主义道路。这一系列重大历史事件,显示出苏联模式的社会主义,在当时战争与革命实际上成为国际局势主题的历史条件下,走在了时代的前列,推动了时代的前进。

苏联取得了反法西斯战争的伟大胜利,在欧亚出现了一系列社会主义国家,世界社会主义呈现出一派欣欣向荣的景象。战后初期,世界社会主义的力量、威望和影响,达到最高峰。但不幸的是,这同时也是苏联对斯大林个人迷信发展的最高峰,又是苏联教条主义发展的最高峰。光辉的胜利却同时带来了可能最后导致失败的阴影。这里最关键的问题是,如何根据战后的新发展总结建设社会主义的经验教训,并采取适应新情况的改革。然而在一片胜利的欢呼声中,在对个人迷信的一浪高过一浪的颂扬声中,苏联领导人骄傲起来,不清醒了,认为苏联过去的所作所为都是正确的,战前已滋长的教条主义倾向更加发展起来,许多战前为实现工业化和农业集体化所采取的具体做法、措施,诸如指令性计划经济、生产资料的普遍国有化、权力过分集中的中央集权体制等,都被上升为理论教条,被当作社会主义的本质特征。再加上战后斯大林补充和发挥的一些理论，如两个平行市场理论等，苏联社会主义模式的框架就更加完备，形成了比较完整的僵化的理论体系。苏联模式社会主义推动时代前进的趋向逐渐衰退，而随着新时代到来的征象日益明显，苏联这种趋于僵化的社会主义模式落后于新时代的倾向就越来越突出。苏联社会主义模式的僵化和落后于新时代，实际成为苏联由盛转衰的起点。这种衰落表现在：由于理论的僵化，苏联不能容忍其他社会主义国家的"异端"，导致了苏联与南斯拉夫随后又同一些社会主义国家发生矛盾和冲突，最后导致社会主义国家之间出现分裂；在意识形态领域掀起广泛的批判运动，简单粗暴，对苏联理论界与领导看法不同但有价值的见解横加压制，以致苏联理论界死气沉沉，对西方学者有重大意义的科学发现也滥加批判，扣上"伪科学"帽子，以致苏联在这些学科领域停滞不前，成为苏联落后于战后新科技革命的重要原因；由于理论僵化、体制僵化，苏联没有进行像样的体制改革，以致经济在不同时期不断出现明显的停滞、衰退的景象。这里有斯大林逝世前后苏联经济状况的恶化；有赫鲁晓夫后期改革失败，出现了严重经济困难，最后赫鲁晓夫被赶下台；也有勃列日涅夫执政时期苏联经济的衰落，出现了所谓"停滞时期"。

苏联由盛转衰，为它的最后瓦解准备了条件；而苏联模式在战后时期落后于现时代，则是苏联发生剧变的总根源。

苏联落后于现时代，首先是理论思想落后于时代，即理论思想僵化，"左"的教条主义占统治地位。这是苏联由盛转衰以致最后瓦解的思想根源。

在战后时期，苏联"左"的教条主义理论中消极影响极大、危害极大的，是超越历史阶段的社会主义建成并向共产主义过渡论；是固守关于帝国主义与无产阶级革命时代的时代论；是把苏联战前备战型的社会主义模式固定化为唯一的社会主义模式论；是认为世界资本主义已陷入总危机，并且在不断深化的总危机论。

超越历史阶段的理论肇始于斯大林在战前提出的苏联已建成社会主义并向共产主义过渡的理论，直到勃列日涅夫提出已建成发达社会主义并向共产主义过渡，这种超越历史阶段的理论，在苏联统治达50年之久。从这种理论出发，长期以来苏联领导人只抓生产关系的变革，追逐"一大、二公、三纯"，扼制了苏联工农业和整个经济发展的生机，给苏联生产力发展造成严重损害。所谓建设共产主义、建成发达的社会主义的虚幻的空中楼阁式的论证，美化了苏联现实，掩盖了苏联社会实际存在的社会矛盾和民族矛盾，阻碍了体制改革，更谈不上对外开放。

关于"帝国主义与无产阶级革命时代"的理论，是斯大林1924年在《论列宁主义的基础》的讲演中提出的。当时还强调了"在帝国主义条件下，战争不可避免"的论点。到战后时期，尽管新时代的变化征象已有显露，但斯大林在《苏联社会主义经济问题》一书中，依然坚持只要帝国主义存在，"战争的不可避免性也仍然存在"的论点。后来苏联领导人，如赫鲁晓夫，在苏共二十二大纲领中提出，当前时代是"两个对立的社会体系斗争的时代，是社会主义革命和民族解放斗争的时代，是帝国主义崩溃、殖民主义体系消灭的时代，是越来越多的人民走上社会主义道路、社会主义和共产主义在全世界范围内胜利的时代"，虽然加了些描绘用语，其实质与斯大林的"帝国主义和无产阶级革命时代"的提法是相同的。对时代如何看，关系到社会主义国家如何规定当前任务的问题，是维护和平与发展经济，还是准备战争和进行世界革命的问题。苏联对时代看法有失误，固守已过时的看法，以致长期备战，并以支持革命为名，到处伸手，争夺势力范围，最后弄得民穷财尽，落得个最终瓦解的下场，是一个重要教训。

把战前备战型社会主义模式从理论上凝固化，来源于1946年2月斯大林对选民的讲话。在讲话中，斯大林全面肯定了战前以优先发展重工业的工业化和农业集体化为主要内容的备战型社会主义模式，后来又在《苏联社会主义经济问题》一书中，对计划经济和优先发展重工业方针，从理论上加以论证和肯定。此后，苏联领导人一直固守这些论点，对传统的体制拒绝进行实质性的改革，最多搞点改良，从而使苏联模式日趋僵化，日益落后于在新科技革命条件下经济社会生活已发生日新月异变化的新时代。20世纪70年代以后出现的经济停滞现象，首先就是因循守旧、不搞改革的恶果。

世界资本主义总危机理论是斯大林战前提出的，战后又做了新的发挥，强调两个世界体系的对立，强调资本主义总危机是既包括经济也包括政治在内的全面危机，而且不断深化。用这个理论来估计战前资本主义形势，已属夸大，用这个理论来估计战后时期的资本主义，更是完全脱离实际。苏联领导人由于长期固守这个教条，看不到战后资本主义自我调整能力已大为增强，资本主义既没有什么"总危机"，也谈不上不断深化，而是实际上进入了一个相对稳定比较和平发展的新时期。新科技革命在发达资本主义国家的产生和蓬勃发展，说明资本主义生产关系仍然能够容纳生产力的新发展，仍然有较强的生命力。苏联领导人看不到这些,因此他们只一味重复资本主义陷于各种危机的老调。一直到苏共二十五大,勃列日涅夫在大会报告中还认为现在"正处于发生根本性变革的时代",并把希望寄托于他们企望的"世界革命进程"。基于这种认识,自然谈不上借鉴、学习、吸收资本主义国家的先进技术和管理经验。

对这一系列"左"的教条主义理论,长期不改,坚持发展,从而形成一套理论体系,而且与党的权力相结合,成为官方理论,这种依靠权力来推行教条主义理论的做法,危害更为严重。由于教条主义理论并不能解答现实生活中的问题,长期依靠权力来推行,其结果就是同人民需要的矛盾愈来愈尖锐。在人民不满的基础上,戈尔巴乔夫的一套右的理论、政策,得以乘隙而入,易于被人接受。从思想阵地瓦解开始,最后导致整个苏联共产党的政治和组织的瓦解,教训是极为严重的。

苏联落后于现时代,在经济方面表现得尤为突出。这主要是苏联经济发展愈来愈同战后时期由于科技革命蓬勃发展而出现的世界经济发展的基本趋向背道而驰。

第一,苏联优先发展重工业、以军事工业为主的备战经济,在战后时期,愈来愈落后于国际竞争已转向以科技、经济为重点的新发展。当世界大战实际上难以爆发时,苏联仍然加紧进行军备竞赛。这种政策导致其国民经济长期处于严重比例失调状态。生产资料生产在工业中的比重长期占75%以上,其中很大部分又是军工生产。消费资料比重过低,轻工业、食品工业产量不到工业产量的10%;农业受备战经济体制严格控制,长期处于落后状态。这种备战经济虽然让苏联在军备竞赛中取得可与美国相抗衡的地位,但在经济和科技的竞争中,却无能为力。当发达资本主义国家都转向以科技、经济竞争为重点,经济发展迅速,人民生活水平得到较大改善时,苏联则因备战经济的拖累,表面上经济有增长,但主要是重工业、军事工业的增长,轻工业、农业则发展很差,人民生活改善很少。到20世纪70年代后期,国民经济陷于停滞,人民生活水平与发达国家相比,差距更为拉大了。

第二,高度集中的对外封闭的计划经济体制落后于现代市场经济基础上广泛发展起来的国际经济联系。对于僵化的计划经济体制,苏联领导人从赫鲁晓夫到勃列日涅夫,没有认真进行改革,仅仅是对企业权力放放收收,没有触及高度集中的计划经济的实质。后来又大批"市场社会主义",为遏止经济改革走向市场的趋势,竟对另一个社会主义国家捷克斯洛伐克出兵。由于固守封闭政策，苏联对外贸易 50% 以上是在苏联控制的圈子里，即同经互会国家进行的。苏联同西方国家的贸易关系，由于在 70 年代搞了一些补偿贸易项目，贸易额有些增长，但最多也只占苏联对外贸易 1/4 强，谈不上对外开放。这种僵化的、封闭性的经济计划体制，日益同广泛发展的国际经济联系相背离，同广泛发展的世界市场经济体制相背离，因而在对外经济关系上，其不能不呈现萎缩趋势。以苏联对外贸易来说，1960 年苏联对外贸易额约占世界贸易总额的 4.3%，到 1975 年降为 3.8%，1989 年更降为 3.6%，就说明了这种趋势。

第三，苏联以重工业为主的缺乏高科技支持的高能耗、高物耗的工业经济愈来愈落后于发达国家低耗高效的信息化经济。在西方发达国家中，由于电子信息技术、计算机等在生产过程中的广泛运用，大大降低了生产过程中的物质消耗与能源消耗。这就出现了在其国内生产总值持续增长的同时，单位国内生产总值所消耗的能源与原材料下降的现象。如 1977~1988 年，每单位国内总产值的能耗，美国下降了 240%，日本下降了 260%。1978~1986 年，日本国民生产总值增长了 26.5%，而同期进口能源却减少了 30.6%。当西方发达国家已转入信息经济时，苏联仍继续坚持优先发展重工业的方针，在 20 世纪 70 年代到 80 年代前几年，苏联在重工业许多部门，如钢、水泥、石油、机床等的产量都占据世界首位，但另一方面，电子工业等高技术部门，则非常落后。由于传统的产业部门得不到高技术的支持，因而耗量高，浪费严重。如 1976 年，苏联每亿度电所消耗的标准燃料比日本高 46.4%，每吨钢所消耗的标准燃料高 140.3%，每吨铁高 164.6%。① 主要原因是，苏联的产业结构落后，高技术产业不发达。苏联《经济问题》杂志承认："苏联的国民经济结构是典型的不发达国家经济结构。""除去宇航和军工部门外，苏联的高技术和技术密集部门大大落后于世界标准。"以电子计算机为例，20 世纪 80 年代中期，苏联计算机的技术与水平比西方国家落后 7~10 年，苏联大型和中型电子计算机总数比美国少 9/10，而个人电脑拥有数量仅为西方国家的 1/1000。日本一家报纸说："在苏联，作为科学技术基础的电子计算机技术非常落后，苏联着手开发的节约资源和能源的技术比发达国家晚 15 年之多。"② 正是由于缺乏节约能源和资源的技术手段，苏联长期为资源不足问题所困扰，而这实际上又成为苏联经济增长不断减

---

① 〔苏〕《计划经济》1978 年第 5 期。
② 〔日〕《世界周报》1988 年 3 月 1 日。

慢最后陷于停滞的重要原因。这里最深刻的根源，就是苏联的工业经济的产业结构，已大大落后于发达国家在新技术革命中形成的信息经济的产业结构。戈尔巴乔夫曾公开承认这一点，他在一篇文章中写道："我们仍然停留在过去的技术时代，而西方国家已进入了另一个时代，就是高科技时代。"[1]

戈尔巴乔夫虽然提出了这个问题，但由于他的改革方向错误，并未能解决这个问题。他在改革初期提出"加速战略"，这在当时积累率已很高、人民消费品很缺乏的情况下，是一个主观主义的冒险口号。而当经济改革收效不大时，他又转而搞政治改革，把西方一套民主制度搬到苏联来，搞得天下大乱，经济更是越搞越糟。党丧失了威信，也终于丧失了领导地位，苏联解体终于不可避免。

苏联落后于现时代，在政治方面主要表现在战后苏联奉行了一条实质上是"左"的政治路线，这条路线导致苏联同资本主义国家长期对立，苏联则长期自我封闭，日益脱离现代世界的发展。

这条路线的对内方面，是把超越历史阶段的所谓建设共产主义作为"主要经济任务"。从赫鲁晓夫到勃列日涅夫，虽有全面开展共产主义社会建设和建成发达社会主义的不同提法，但他们都把"建设共产主义物质技术基础"，实质上也就是把"建设共产主义"作为主要经济任务。为了实现这个主要任务，苏联领导人长期追求生产关系的高级化、单一化，追求"一大、二公、三纯"，因此，这条路线本身就决定了苏联不可能进行真正的改革和对外开放，因为正在建设共产主义的苏联，按照官方理论，绝不应该通过改革和开放使那些与共产主义绝不相容的各种形式的资本主义因素在苏联出现。建设共产主义这一口号成了一种意识形态的藩篱，把苏联同资本主义世界隔绝开来；为了实现这个主要任务，苏联领导人把高度集中的计划经济搞成对外封闭的体系，自成一统，还同经互会国家搞所谓"经济一体化"，也是自成体系，实际上是与蓬勃发展的世界市场经济相隔绝，自我孤立于国际经济日益发展的密切联系之外；为了实现这个主要任务，苏联领导人仍然把主要力量用于发展传统工业，以钢铁、石油、煤等重工业产品占据世界首位而自满自足，对首先在西方国家发生的科技革命，由于长期隔绝，加上意识形态偏见，实际上并不重视。他们只对与军事有关的方面感兴趣，他们宣传资本主义生产关系难以容纳科技革命，空谈只有社会主义才能实现这一革命并利用其成果，但谈论多，有效措施少，使苏联除

---

[1]《社会主义思想与革命性改革》，〔苏〕《真理报》1989年11月26日。

在某些军事领域外,总体科技水平大大落后于世界新科技革命的发展。

这条路线的对外方面,主要是以反帝、支援革命为旗号推行大国主义、争夺世界霸权。苏联领导不顾国力,一直同另一个超级大国进行军备竞赛,不时制造紧张,不仅军备开支成为难以承受的沉重负担,而且把苏联置于长期同西方国家完全对立的地位;同其他经互会国家搞自给自足式的自我封闭的经济集团,由于脱离了国际市场竞争,相互供货往往低于国际市场水平,结果是,苏联及其盟国都落后于世界的发展;对亚非国家借助经援、军援手段来争夺势力范围,不仅加剧了国际紧张局势,而且在苏联超越历史阶段理论影响下,凡是接受援助,搞所谓计划经济或社会主义的许多亚非国家,最后经济都陷于困境。这些表明,苏联这条对外路线,完全背离了和平与发展的现时代的要求。

在战前几个五年计划期间,苏联一国建设社会主义的政治路线,早就存在超越历史阶段的倾向。不过那是在十月革命胜利后不久的特殊历史条件之下,又确实存在着战争的威胁,当时为了备战,为了社会主义工业化,为支援世界革命,主要依靠自身的资源,依靠严格的指令性计划,依靠人民群众的政治热情,在国家工业化方面,取得了震惊世界的成就。但是,经过第二次世界大战及战后恢复时期,当战后新时代逐渐来临时,历史条件完全不同了,面对西方发达国家经济的高速发展,苏联领导人并没有研究当代世界和当代资本主义发生了什么新变化,新时代给社会主义提供了什么样的新机遇,而是仍然奉行超越历史阶段的政治路线,关起门来,搞所谓共产主义建设,把自己孤立于世界发展之外,实际是走上了一条主观臆想成分愈益严重的经济发展道路,这就不能不遭到失败。应该说,这是苏联落后于时代最重要的历史教训之一。

但是,这条实质是"左"的政治路线,在战后却长时间延续下来,中间虽有调整,但基本没有改变。其根本原因是,这条路线在苏联国内有它的社会基础。这个社会基础,就是战后在苏联中央过分集权的党政领导体制下,由蜕化的高级党政官员形成的高居于人民之上、只顾以权谋私的苏联官僚阶层。

这个官僚阶层是苏联长期实行中央过分集权的党政领导体制的产物。这种领导体制,是在战前时期,即 20 世纪 20～30 年代,经过党内尖锐斗争,斯大林取得胜利之后形成的。这种体制的特点是,党政不分,党包揽一切,集权于党,集权于个人。这种领导体制与高度集中的计划经济体制相结合,在战前备战时期和战争期间,曾经起过一定的积极作用。但在当时也出现了一些问题,如个人崇拜、个人凌驾于组织之上等问题。战后时期,形势发生了很大变化,但在对斯大林个人崇拜声中,这种中央和个人过分集权的党政领导体制依然被保留下来了。赫鲁晓夫时期,虽做了点改革,但并不彻底。到勃列日涅夫时期,个人过分集权体制实际上又有加强。这样,这个中央和个人过分集权、缺乏民主的党政领导体制,在战后走向和平发展的形势下,前后延续达40年之久。领导干部拥有巨大权力、拥有特权,却缺乏有效监督,而且地位越高,权力越大,监督就越差。它的最严重的后果,就是从中央到地方广泛发生的各级领导的腐化现象、蜕化变质现象,从而形成了一个高居于人民之上的只关心自己权势地位、只关心自己私利的官僚阶层。这个阶层是中央过分集权、缺乏民主的党政领导体制的受益者,也是苏联长期奉行"左"的理论和政策的受益者,因而他们支持超越历史阶段的理论和政策,热心维护苏联的超级大国地位,支持重工业、军事工业优先发展的路线;对首先发生在西方国家的科技革命,由于无知和成见,也由于这个阶层的权力、地位和利益,他们总体上采取了淡漠态度,坚持了实质上保守的立场。这样,这个官僚阶层成为战后苏联维护传统体制、阻碍改革和开放的最主要的社会和政治力量。

苏联这个长期从"左"的理论和政策中得到利益的官僚阶层,是一批蜕化分子。他们支持"左"的理论和政策,只是从私利出发,并非基于信念原则,因而当戈尔巴乔夫上台,推行右的路线政策,他们认为有利可图时,就很快转到右的立场上来,奉行新的政策。从否定过去一切造成的混乱局势中,他们可以利用自己的权力地位,继续干那些利用特权、化公为私、盗窃公有财产的勾当。因而许多人发生了由"左"向右的转变,成为推动苏联发生剧变的社会政治力量。

由于这个官僚阶层处于党政领导地位,对经济和理论阵地都有控制权,因而他们的变化同苏联剧变的理论思想根源、经济根源相比,其影响更直接、更有决定意义。因此,党政领导过分集权、个人专权、缺乏民主、缺乏监督的体制长期不改革,最后造成了严重后果的这个最重要的严酷的历史教训,是特别值得记取的。

三 邓小平建设有中国特色社会主义理论的时代精神

邓小平建设有中国特色社会主义理论是马克思列宁主义基本原理与当代中国实际和时代特征相结合的产物。因此,建设有中国特色社会主义的理论体系,作为整体，可说是无处不贯穿着时代精神。以下只是略述时代精神在这个理论中表现最为突出的几个方面。

第一，建设有中国特色社会主义理论反映时代精神最为鲜明的，首先是小平同志关于科学技术重要性的论述，关于知识、信息重要性的论述，以及知识分子地位和重要性的论述。

20世纪下半叶，特别是70年代之后，以信息革命为中心的科技革命，有了突飞猛进的发展。针对这种情况，小平同志提出"科学技术是第一生产力"的论点，同时一再强调发展高科技的重要性："中国必须发展自己的高科技，在世界高科技领域占有一席之地。"因为，"现在世界的发展，特别是高科技领域的发展一日千里，中国不能安于落后，必须一开始就参与这个领域的发展"。因为，"下一个世纪是高科技发展的世纪"。①

小平同志的这些提法是对当代世界科学技术已成为经济增长决定因素这种新形势的科学概括；也为我国必须依靠高科技来加速现代化进程规定了明确方向。

面对世界经济正处于向信息化过渡的新形势，小平同志多次强调信息的重要性，强调通过对外开放取得世界科技革命成果、取得知识、取得信息的重要性。

11年前，小平同志为《经济参考报》创刊10周年写了"发展信息资源，服务四化建设"的题词，不仅明确指出信息作为一种资源的重要地位，而且为发展信息资源规定了战略方向。

他后来又多次强调了信息的重要意义，小平同志把不脱离世界，取得世界技术革命的信息视为"最大的经验"，他说："我们最大的经验就是不要脱离世界，否则就会信息不灵，睡大觉，而世界技术革命却在蓬勃发展。"② 又说："实行关闭政策的做法对我们极为不利，连信息都不灵通。现在不是讲信息重要吗？确实很重要。做管理工作的人没有信息，就是鼻子不通，耳目不灵。"③

办三资企业，取得信息也占有重要地位。小平同志指出：办三资企业"外商总是要赚一些钱。但是，国家还要拿回税收，工人还要拿回工资，我们还可

---

① 《邓小平文选》第3卷，人民出版社，1993，第279页。
② 《邓小平文选》第3卷，人民出版社，1993，第290页。
③ 《邓小平文选》第3卷，人民出版社，1993，第306~307页。

以学习技术和管理，还可以得到信息，打开市场。"① 在指出社会主义需要市场时，又说："不搞市场，连世界上的信息都不知道，是自甘落后。"② 深入理解邓小平同志这些提法，对推进我国经济信息化，加速我国现代化进程，无疑有非常重大的意义。

特别值得注意的是小平同志关于知识分子地位和重要性的论述。十一届三中全会前后，出于拨乱反正的需要，小平同志根据科学技术是生产力的论点，提出社会主义社会自己培养的知识分子已是工人阶级的一部分。小平同志根据科学技术是第一生产力的论点，进一步指出"要把'文化大革命'时的'老九'，提到第一"，因为"科学技术是第一生产力嘛，知识分子是工人阶级的一部分嘛"③。这个提法，指明了随着科技革命的发展，随着信息资源、知识资源重要性日益增加，知识、知识分子的地位将愈来愈重要。这个提法，也更加明确了在社会主义建设中所要依靠的社会力量。这些论述对于在我国四化建设中，更充分地调动知识分子的积极性，发挥他们的专长，无疑将起非常重要的作用。

第二，提出社会主义的根本任务是发展生产力，强调以较快速度实现我国现代化的发展战略；强调要抓住机会，依靠高科技，实现产业化，加快速度，赶上世界的发展。

小平同志的这些提法，强烈反映出在当前发达国家已进入信息经济时代，一部分社会主义国家出了问题的形势下，社会主义同资本主义竞争共处的迫切的时代要求。

首先是总结苏联东欧社会主义国家遭到失败的经验教训问题。小平同志指出："世界上一些国家发生问题，从根本上说，都是因为经济上不去。""如果经济发展老是停留在低速度，生活水平就很难提高。"小平同志强调，"最根本的因素，还是经济增长速度，而且要体现在人民的生活逐步地好起来"。小平同志这段话，抓住了苏联东欧国家之所以发生问题的要害。小平同志把苏联东欧经济没有搞好，人民生活水平上不去这个问题提到能否坚持社会主义制度的高度，指出："人民现在为什么拥护我们？就是这十年有发展，发展很明显。假设我们有五年不发展，或者是低速发展……会发生什么影响？这不只是经济问题，实

---

① 《邓小平文选》第3卷，人民出版社，1993，第373页。
② 《邓小平文选》第3卷，人民出版社，1993，第364页。
③ 《邓小平文选》第3卷，人民出版社，1993，第275页。

际上是个政治问题。""中国能不能顶住霸权主义、强权政治的压力,坚持我们的社会主义制度,关键就看能不能争得较快的增长速度,实现我们的发展战略。"①

其次是,抓住机遇,加快发展,赶在周边国家前面的问题。小平同志指出:"现在世界发生大转折,就是个机遇。"这里说的世界发生的"大转折",实质上是指,发达国家已经进入信息化时代;一批亚洲新兴工业化国家和地区利用发达国家进入信息化时代产业升级换代,把一些产业转移国外之机,得到了较快发展;还有一批亚洲发展中国家,也大体按同样路子,正在取得较快发展。针对这种情况,小平同志指出:"东南亚一些国家兴致很高,有可能走到我们前面……我们不抓住机会使经济上一个台阶,别人会跳得比我们快得多,我们就落在后面了。""我们面临着这么一个压力",小平同志称为"友好的压力"。②在南方谈话中,小平同志又指出:"抓住时机,发展自己,关键是发展经济。现在,周边一些国家和地区经济发展比我们快,如果我们不发展或发展得太慢,老百姓一比较就有问题了。"③ 因此,小平同志强调要抓住机会,加快发展。他说:"有条件的地方要尽可能搞快点,只要是讲效益,讲质量,搞外向型经济,就没有什么可以担心的。低速度就等于停步,甚至等于后退。要抓住机会,现在就是好机会。我就担心丧失机会。"④

最后是,在发达国家已进入信息化经济的时代,为了在竞争共处中不致落后,就要依靠高科技,实现产业化,加速我国的现代化。小平同志强调要依靠高科技来赶上世界的发展。他说: "经济发展得快一点,必须依靠科技和教育。……高科技领域的一个突破,带动一批产业的发展。"⑤ "还有其他高科技领域,都不要失掉时机,都要开始接触,这个线不能断了,要不然我们很难赶上世界的发展。"⑥ 这里所说的"线不能断","赶上世界的发展",其实质就是要我们紧抓高科技不放,实现高科技的产业化,不是老跟在发达国家后面,走先工业化后信息化的老路,而是依靠高科技,主要是信息技术,使工业化与信

---

① 《邓小平文选》第 3 卷,人民出版社,1993,第 354~356 页。
② 《邓小平文选》第 3 卷,人民出版社,1993,第 369 页。
③ 《邓小平文选》第 3 卷,人民出版社,1993,第 375 页。
④ 《邓小平文选》第 3 卷,人民出版社,1993,第 375 页。
⑤ 《邓小平文选》第 3 卷,人民出版社,1993,第 377 页。
⑥ 《邓小平文选》第 3 卷,人民出版社,1993,第 280 页。

息化相结合,以信息化促进和带动四个现代化,这样才能赶上世界的发展,实现信息时代的现代化。

第三,为了加快发展,要实行对外开放,这是建设有中国特色社会主义理论反映时代要求的又一鲜明表现。

打破闭关自守,坚决实行对外开放,首先是在总结中国历史教训的基础上提出来的。这是对战后时期流行的两个平行市场理论,也就是社会主义自我封闭的理论的重大突破。社会主义自我封闭的理论来源于传统的社会主义同资本主义绝对对立的时代观;而对外开放,则来源于当代社会主义同资本主义既有矛盾斗争又可以协调合作的新的时代观。

小平同志说:"总结历史经验,中国长期处于停滞和落后状态的一个重要原因是闭关自守。经验证明,关起门来搞建设是不能成功的。中国的发展离不开世界。"① "中国取得了国际的特别是发达国家的资金和技术,中国对国际的经济也会做出较多的贡献。"② 这是对中国长期闭关自守导致落后的历史教训的深刻总结,同时也指明了社会主义中国的发展离不开世界,在对外开放中必须处理好同资本主义的相互关系这个时代的要求。

其次,实行对外开放,是为了顺应全世界开放的时代潮流。

小平同志指出:"现在的世界是开放的世界。"③ "世界各国的经济发展都要搞开放,西方国家在资金和技术上就是互相融合、交流的。"④ 小平同志这段话指出了战后世界经济发展的国际化趋向,也是对战后时期世界许多国家经济得到迅速发展经验的总结。在战后时期,不论是西欧、日本以至一些东南亚国家,它们的经济发展之所以比较快,都是依靠对世界的开放,依靠生产、资金、技术、商品、信息等的相互交流以及国际分工的协调与合作。对世界的开放,参加世界经济的全球化过程,已成为世界许多国家的经济得以迅速发展的必由之路。

再次,实行对外开放,是为了"吸收国际经验",为了赶上"蓬勃发展的世界",为了赶上"日新月异"的世界科学技术的发展,一句话,是为了"赶上时代"。

---

① 《邓小平文选》第 3 卷,人民出版社,1993,第 78 页。
② 《邓小平文选》第 3 卷,人民出版社,1993,第 79 页。
③ 《邓小平文选》第 3 卷,人民出版社,1993,第 64 页。
④ 《邓小平文选》第 3 卷,人民出版社,1993,第 367 页。

小平同志指出："开放不仅是发展国际间的交往，而且要吸收国际的经验。我们从一九五七年以后，耽误了二十年，而这二十年又是世界蓬勃发展的时期，这是非常可惜的。"① 又说："现在世界突飞猛进地发展，科技领域更是如此，中国有句老话叫'日新月异'，真是这种情况。我们要赶上时代，这是改革要达到的目的。"②

最后，小平同志有关"大胆吸收和借鉴人类社会创造的一切文明成果"的指示，更为对外开放的吸收、借鉴展开了极为广阔的境界。小平同志指出："社会主义要赢得与资本主义相比较的优势，就必须大胆吸收和借鉴人类社会创造的一切文明成果，吸收和借鉴当今世界各国包括资本主义发达国家的一切反映现代社会化生产规律的先进经营方式、管理方法。"③ 这个指示的重大意义在于，它澄清了长期以来人们的混乱思想，使我们在对外开放中可以大胆吸收和采用西方国家那些属于人类文明成果和反映现代化生产规律的一切先进事物，加速推进我国社会主义现代化。

第四，把建立社会主义市场经济体制确定为经济体制改革的目标，是我国经济体制改革在理论和实践上的重大突破，也是现时代精神的突出表现。

确定建立社会主义市场经济体制为经济体制改革的目标，是以小平同志关于如何看待资本主义和社会主义的计划和市场的谈话的思想为依据的。

小平同志指出："计划多一点还是市场多一点，不是社会主义与资本主义的本质区别。计划经济不等于社会主义，资本主义也有计划；市场经济不等于资本主义，社会主义也有市场。计划和市场都是经济手段。"④

小平同志这个精辟论断，是在深入观察当代资本主义战后以计划手段调节市场经济和社会主义国家在改革中越来越多地运用市场手段以补救计划经济缺陷这两方面实践经验的基础上做出的理论总结。正是以现时代资本主义的新发展和社会主义改革的新经验为依据，小平同志明确断定社会主义可以搞市场经济，从而为在我国建立适应现时代要求的社会主义市场经济体制指明了方向。

建立社会主义市场经济体制，首先是为了适应世界市场经济体制一体化日益发展的要求。随着新科技革命的发展，随着世界经济日趋国际化、全球化，

---

① 《邓小平文选》第3卷，人民出版社，1993，第266页。
② 《邓小平文选》第3卷，人民出版社，1993，第242页。
③ 《邓小平文选》第3卷，人民出版社，1993，第373页。
④ 《邓小平文选》第3卷，人民出版社，1993，第373页。

越来越多的国家走上了市场经济的道路。实现市场经济体制的一体化,已成为世界各国的共同趋向。为了参与世界经济的国际化、全球化过程,推动我国经济的国际化,就必须建立适应这种要求的市场经济体制,在体制上与国际经济接轨。这是我国进入国际市场,通过国际竞争与合作,加速实现我国现代化的必由之路。

建立社会主义市场经济体制,还要借鉴国外现代市场经济的有益经验。通行于发达国家的现代化市场经济体制,在长期实践中,不论在微观的效率、活力的刺激方面,还是在市场规则和宏观调控方面,都有许多成功的经验和合理的做法。可以说,在当代资本主义制度下,长期培育形成的现代市场经济体制,正如小平同志所说的是"人类社会创造的文明成果"和"先进的经营方式和管理方式"。借鉴这些经验,可以完善社会主义市场经济体制,促进我国市场运转机制的现代化,就可更有效地同国际市场接轨,参与世界经济的国际化、全球化过程。

建立社会主义市场经济体制,也是为了适应当前参与国际市场竞争的要求。参与世界经济的国际化,就要参与国际市场的竞争;现代市场经济就是参与国际竞争的经济。当前,现代市场经济发达的国家,都在进行以经济、技术为重点的激烈的国际市场的竞争。小平同志非常注意国际市场竞争问题。他曾回顾过去一些年搞封闭造成的失误,说:"拿中国来说,五十年代在技术方面与日本差距也不是那么大,但是我们封闭了二十年,没有把国际市场竞争摆在议事日程上,而日本却在这个期间变成了经济大国。"[①]

因此,提出社会主义也要搞市场经济,就是要"把国际市场竞争摆在议事日程上",中国社会主义经济要进入国际市场,参与经济国际化、全球化进程,就必须参与国际市场的竞争,在竞争中显示自己的优越性,我们所处的时代是社会主义同资本主义竞争共处的时代,有中国特色的社会主义,在建立和完善了社会主义市场经济体制的条件下,一定会在信息时代的国际市场竞争中实现我国的现代化,即实现适应于信息时代要求的现代化。

第五,为了实现适应现时代要求的现代化,必须有一个和平的国际环境。

中国奉行独立自主的和平的对外政策,就是为了创造一个和平的国际环境。中国的对外政策正是和平与发展这个新时代精神的体现。

[①] 《邓小平文选》第3卷,人民出版社,1993,第274页。

战后从 50 年代中期起，事实上已经开始了一个和平与发展的新时代，这样的国际环境有利于我国的社会主义建设，但经验证明，这种和平局面的维护是不容易的，和平局面并非自动到来，也不是轻易能维护得住的。世界上总有那么一两个大国依仗实力，把自己的意图强加于人，搞强权政治和霸权主义，把世界局势搞得很紧张。因此，为了保卫和平，就要反对霸权主义。

中国奉行和平的对外政策，不仅反对别人的霸权主义，自己也不称霸，而且永不称霸。因为中国总结了社会主义国家对外关系历史的经验教训，坚决奉行和平共处五项原则，主张各国人民按照自己国家的实际安排自己的事物，各国采取什么制度，是各国人民自己的事，别国不得干涉。违背他国人民意愿，把自己的意愿强加于人，干涉别国内政，就是霸权主义、强权政治，这正是苏联遭到失败的历史教训。小平同志强调，"我们千万不要当头，这是一个根本国策"；"中国永远站在第三世界一边，中国永远不称霸，中国也永远不当头"。但在国际问题上，"还是要有所作为"，"要积极推动建立国际政治经济新秩序"。[①]

有中国特色的社会主义奉行实事求是的思想路线，主张各国人民从本国实际出发来安排自己的事务，这种观点成为根除社会主义国家对外政策中的霸权主义，真正同各种社会制度国家实现和平共处五项原则的坚实的思想基础。

当前，和平与发展问题，都还没有解决。小平同志指出："社会主义中国应该用实践向世界表明，中国反对霸权主义、强权政治，永不称霸。中国是维护世界和平的坚定力量。"[②] 只有这样，社会主义中国才算履行了时代的嘱托。

第六，战后的时代呼唤新的社会主义理论。僵化的苏联式社会主义理论已不能适应新时代的要求。

战后社会主义运动在几十年中历经曲折，包括在第一个社会主义国家苏联和一些国家中社会主义遭受挫折和失败，经过反复艰辛探索，才最后寻找到了植根于中国而又适应新的时代要求的社会主义理论，这就是邓小平同志建设有中国特色的社会主义理论。

在这个理论指导下，中国社会主义建设取得了世界瞩目的巨大成就，有中国特色的社会主义正在世界的东方兴起。

落后于时代、背离时代要求的苏联式社会主义的失败和顺应时代潮流、推

---

① 《邓小平文选》第 3 卷，人民出版社，1993，第 363 页。
② 《邓小平文选》第 3 卷，人民出版社，1993，第 383 页。

动时代前进、推动世界社会主义运动前进的有中国特色社会主义的兴起，成为战后世界社会主义运动中有重大历史意义的转折点。

世界社会主义运动出现这样的历史大转折，自然有多种原因。而探本求源，关键在于如何看待马克思主义，如何看待会社主义。

小平同志说："多年来，存在一个对马克思主义、社会主义的理解问题。""马克思去世以后一百多年，究竟发生了什么变化，在变化的条件下，如何认识和发展马克思主义，没有搞清楚。绝不能要求马克思为解决他去世之后上百年、几百年所产生的问题提供现成答案。列宁同样也不能承担为他去世以后五十年、一百年所产生的问题提供现成答案的任务。真正的马克思列宁主义者必须根据现在的情况，认识、继承和发展马克思列宁主义。""世界形势日新月异，特别是现代科学技术发展很快。现在的一年抵得上过去古老社会几十年、上百年甚至更长的时间。不以新的思想、观点去继承、发展马克思主义，不是真正的马克思主义者。"[1]

是的，小平同志正是研究了马克思、列宁逝世以后世界发生的新变化，特别是战后时期现代科学技术革命新发展和社会主义国家发生的新变化，把马克思主义基本原理与中国实际和时代特征相结合，提出一系列新的思想和观点，回答了战后时期世界形势和世界社会主义运动发生新变化所提出的一系列重大理论问题，履行了一个真正马克思主义者必须根据现在情况，认识、继承和发展马克思主义的光荣的历史任务，从而贡献出适应新时代要求、贯穿着时代精神的建设有中国特色的社会主义理论，贡献出这一当代中国的马克思主义。

原载《东欧中亚研究》1996 年第 1 期

---

[1] 《邓小平文选》第 3 卷，人民出版社，1993，第 291~292 页。

关于苏联74年社会主义实践和苏联剧变的历史思考

徐 葵[*]

一 需要从宏观的历史角度来研究苏联74年的社会主义实践和苏联的剧变

今年是《共产党宣言》发表150周年。马克思主义奠基人马克思和恩格斯共同撰写的《共产党宣言》的问世标志着世界社会主义思想从空想到科学的发展。《共产党宣言》发表后,世界社会主义运动首先在欧洲取得了蓬勃的发展,1871年法国无产阶级在巴黎建立了人类历史上第一个无产阶级革命政权——巴黎公社。巴黎公社虽遭失败,但它体现的革命原则和理想却一直鼓舞着世界社会主义革命运动。其后,马克思主义传播到了东方。进入20世纪后,在马克思主义影响下,首先在俄国出现了波澜壮阔的革命运动,1917年在以列宁为首的布尔什维克党的领导下取得了十月革命的伟大胜利,在世界1/6的土地上建立了无产阶级专政的苏维埃政权,大大改变了世界面貌和世界历史发展进程,开始了世界上社会主义和资本主义两种社会制度在斗争中并存的局面。在第二次世界大战中,苏联取得了卫国战争的伟大胜利,战后,其发展成为唯一能在战略上与美国平起平坐的世界超级大国之一。然而,正是这样一个曾对世界历史

---

[*] 徐葵,中国社会科学院俄罗斯东欧中亚研究所前所长,中国社会科学院荣誉学部委员。

发生重大影响的第一个社会主义国家，在经历了74年的春秋之后竟在没有外来入侵的情况下，在20世纪90年代初几乎是在顷刻之间瓦解了。这不能不引起世人的极大震惊。

自苏联剧变以来，各国学者和政治家对这一重大事件提出了各种分析和看法，议论纷纷，看法不一。在西方，有人认为，苏联的失败标志着社会主义"历史的终结"；有人认为，这是社会主义制度的"大失败"；有人认为，苏联失败的根本原因是社会主义不承认人的本性追求，即"个人所有制和个人自由"；等等。我们国内对苏联剧变的原因也有各种不同的看法：有的强调苏联体制上的原因，有的强调戈尔巴乔夫个人的原因，有的突出西方"和平演变"的因素，等等。苏联剧变这一历史事件离我们还如此之近，它的因素又如此之复杂，大家在研究时提出各种不同看法，仁者见仁，智者见智，是很自然的，也是正常的。只有通过不同意见的切磋，才能得出比较全面、科学和符合历史实际的看法。这几年，我国学者在研究苏联剧变问题上取得了不少成果，但这方面的研究还需要进一步深入下去。

我想除了从经济、政治、文化，历史传统等各个方面对苏联剧变的各种原因和教训进行系统深入研究外，从宏观的历史角度，把苏联从1917年十月革命胜利到1991年发生剧变这74年作为一个前后联系的纵向历史过程，把它作为世界社会主义发展史上的一个阶段和一次已被事实证明为不成功的实验，把它放在一个世纪以来，尤其是二战以来世界社会经济科学技术发展、世界资本主义的发展和世界社会主义思想和实践的发展的坐标上来进行一番分析和研究，也许可以把某些主要问题看得更加清楚。在进行宏观的历史研究时，需要把握以下几点。

第一，要以历史唯物主义和辩证唯物主义为指导，但不能拘泥于马克思主义奠基人关于社会主义的个别论点，而要站在马克思主义的社会主义思想的新发展、新经验和新境界的高度上进行观察。

第二，要以事实为依据，从苏联的客观历史事实出发，避免从先验的意识形态标准或从思辨的抽象推论出发，要摆脱苏联过去出版的很多不完全反映历史真实的书籍的影响，如《联共（布）党史简明教程》长期以来在我们思想中留下的影响。

第三，要把苏联放在时代背景中和世界范围的事物联系中来观察。

本文就是这方面的一个尝试，希望得到读者的批评和指正，以求在这方面做进一步的研究。

二 从宏观历史角度看苏联74年各个时期社会主义实践的正误得失及其对苏联兴亡的影响

苏联在74年中从列宁到戈尔巴乔夫共经历了7个时期，我们需要对每个时期苏联社会主义实践的正误得失做一番考察。本文不可能对每个时期的历史进行详细探讨，只能从宏观上就每个时期的主要社会主义理论和实践及其对苏联历史发展的影响做一些粗线条的分析。

（一）列宁时期（1917年10月至1924年4月）

列宁从十月革命胜利后到1924年4月去世仅活了6年零3个多月时间。事实上，他在1922年5月和12月两次中风后，就已半身瘫痪，不能写字，医生只允许他每天在很短时间（5~10分钟）内进行口述。而1923年3月后他就完全不能工作了，只能听人读点报纸。所以他在十月革命后实际上只工作了5年多一点时间。但就在这短短的几年里，他对世界社会主义事业做出的贡献却是十分巨大的。

这几年中列宁的主要活动可分以下几个阶段。

1. 领导布尔什维克党和俄国无产阶级取得十月革命的伟大胜利，建立了苏维埃政权

苏联解体后，俄罗斯和其他国家一些学者对十月革命是不是历史性错误，是必然还是偶然，有无其他选择等问题众说纷纭，议论不一。最极端的看法是对十月革命持完全否定的态度，认为它是列宁造成的历史错误，假如俄国在二月革命后走资本主义道路则会取得更快的发展。这种论断是对历史的歪曲。如果采取客观的历史主义态度，就可看到，在当时条件下十月革命是不可避免的，它反映了最广泛的群众对社会变革的迫切需要。十月革命的口号——和平、自由、土地、面包——就是来自群众的、反映他们迫切需要的口号。

十月革命的胜利是当时俄国特殊条件的产物，是各种客观和主观因素综合作用的结果。正如列宁在十月革命后所分析的，十月革命所以能够比较容易地取得胜利是因为：第一，沙皇君主制在政治上的极端腐败和落后，使得群众的革命攻击力量异常强大；第二，俄国的落后使得无产阶级反对资产阶级的革命与农民反对地主的革命独特地结合了起来；第三，1905年革命使工农群众受到了非常多的政治教育，没有 1905 年的"总演习"，二月资产阶级革命和十月无产阶级革命都是不可能的，俄国资产阶级在二月革命后，由于它本身的软弱和政治上的分裂，不可能反映，更谈不上实现人民的需要；第四，俄国的地理条件使它比其他国家更能长久地对抗资本先进国家的优势；第五，俄国无产阶级同农民的特殊关系便利了从资产阶级革命过渡到社会主义革命，便利了城市无产者去影响农村半无产的贫苦劳动阶层；第六，沙皇参加和资产阶级临时政府继续参加第一次世界大战，给俄国造成了极大的人员伤亡和经济破坏，使整个社会处在全面危机之中。

当然，如果没有主观因素，客观因素再多也是无济于事的。而在主观因素中，最根本的就是列宁关于俄国社会主义革命的理论、战略策略思想、在急剧变化的形势下无比高超的领导艺术和列宁领导的布尔什维克党所起的战斗堡垒和核心作用。

2. 签订布列斯特和约

在 1918 年年初，列宁不怕孤立，力排众议，接受割地的苛刻条件，同德国单独媾和，签订布列斯特和约，从而使苏维埃政权得以摆脱帝国主义战争，为恢复和发展经济赢得了喘息时间。

3. 国内战争期间

1918~1920 年，列宁领导苏维埃俄国和自己创建的红军，同白军和协约国干涉军进行了 3 年的国内战争并取得了胜利。在此期间，曾进行后来列宁承认是错误的"战时共产主义"的实验。

4. 新经济政策时期

在国内战争结束后，列宁领导苏维埃俄国从战时状态转入被其称为"最重要最困难的事业"——经济建设时期，在总结"战时共产主义"教训的基础上提出了新经济政策，使苏维埃俄国的经济逐步得到恢复和发展，使工农联盟得到了巩固；在 1922 年领导建立了苏维埃社会主义共和国联盟，即苏联。列宁在他去世之前一直在思考如何在落后的俄国建设社会主义的问题，在这方面留下了无比宝贵的遗产。

列宁为我们树立了坚持和发展马克思主义和实事求是地解决革命和建设问题的光辉榜样。但是，列宁如同历史上包括马克思和恩格斯在内的任何伟大人物一样，也不可能没有历史局限性。用今天的眼光去客观地研究列宁的思想和理论，也许在以下几个问题上（这里只是举例）可以看出列宁的历史局限性。

第一，列宁在《帝国主义论》中精辟地论述了自由资本主义通过金融资本和工业资本的结合发展为垄断资本主义，也就是发展为帝国主义的经济实质，透彻地分析了当时帝国主义的矛盾和帝国主义与战争的关系。但是，80多年来世界资本主义的发展历史已用事实说明，列宁当时对资本主义的生命力和调节本身矛盾的能力是估计不足的，过早地做出了资本主义已进入"垂死"和"腐朽"阶段的结论。

第二，与此相联系，他对当时欧洲资本主义国家的革命形势估计过于乐观，如估计，"西欧革命的大火迸射火花和烈焰已经日益频繁，这使我们坚信国际工人革命的胜利已经为期不远"，"国际苏维埃共和国的建立已经为期不远了"。① 尤其是1920年7～8月，当红军在反击波兰军队的进犯中越过边界，向华沙进军时，列宁和布尔什维克党的领导曾估计此举会得到波兰工业无产阶级的支持，波兰会爆发社会主义革命，而实际情况却是红军打到波兰，伤害了波兰人民的民族感情，遭到了波兰人民的抵抗。

第三，对农民的资本主义自发倾向估计过高，在国内战争时期企图取消商品和货币交换，"用无产阶级国家直接下命令的办法，在一个小农国家里按共产主义原则来调整国家的产品生产和分配"。这引起了很大一部分农民和工人的不满和反抗，当时造成了巨大的政治危机。列宁承认犯了错误，"直接凭热情……不能把千百万人引导到共产主义"。②

第四，在《国家和革命》一书和十月革命后的一些言论中反映出在国家理论上有某些简单化和空想化的成分。如对资本主义国家的议会制度采取完全否定的态度，而把无产阶级专政下议行合一的苏维埃制度过分理想化。事实上，国家体制中的代议制、选举制、权力的监督和制衡、法治和公民权利等，都是人类社会和文明发展的成果，具有一定的共同性和继承性。

我们当然不能苛求于前人，也不能要求列宁为后人教条主义地对待这些思想而犯的错误负责，但是我们在总结历史经验时也不能不看到这些思想理论上的问题对联共（布）所产生的不利影响。

不过，我们也必须充分看到列宁是勇于承认和纠正自己的失误的，他在这方面也是我们的典范。正是他勇敢地承认和纠正了"战时共产主义"的错误，

---

① 《列宁全集》第35卷，人民出版社，1985，第34、503页。
② 《列宁选集》第4卷，人民出版社，1995，第570页。

并提出了新经济政策。列宁的新经济政策思想是继十月革命后马克思主义和俄国实际的一次新的结合,是在社会主义建设问题上对社会主义学说的重大发展。正如列宁去世前一年在《论合作社》一文中所总结的,"现在我们有理由说,在我们看来,合作社的发展也就等于(只有上述一点'小小的'例外)社会主义的发展,与此同时我们不得不承认我们对社会主义的整个看法根本改变了。"[①]在俄国这样一个经济文化比较落后的国家中如何建设社会主义的问题上,列宁的新经济政策思想包含着十分丰富的内容,他提出苏俄在内战结束后必须把经济建设的任务提到首位,必须大力发展社会生产力和科学技术,要与资本主义国家和平共处,要吸收资本主义的一切先进成果,要利用商品货币关系,通过商业的结合来巩固和发展无产阶级同农民的联盟。俄国无产阶级在夺取政权和结束内战后应把重心转到包括文化和物质两个方面的文化建设上来,要看到社会主义建设的长期性,指出建成社会主义需要几十年的时间(现在看来列宁还是把长期性估计短了)。他告诫人们夸大革命性的巨大危险,要人们不要忘记适当地和有效地运用革命方法的限度和条件,在一定时期和条件下需要转而采用改良主义的方法,他还提出了反对官僚主义和加强工农监督等一系列有关政治体制改革的思想,等等。

列宁在世时,苏联的社会主义实践虽然只有短短五六年的时间,却已反映出在社会主义建设问题上两条不同的道路和战略思想:一条是"战时共产主义"政策所体现的"左"的、超越社会发展阶段的教条主义和主观主义路线;另一条是新经济政策思想所体现的理论联系实际的实事求是的路线。这两条道路和两种战略思想,虽然当时还只具有初始的、不够成熟的形式,却已标明了后来的苏联和其他社会主义国家在社会主义建设的道路上两种思路的实质。

(二)斯大林时期(1924~1953年)

从苏联的历史发展进程考察,可以看到苏联社会主义模式是在斯大林时期形成和定型的,斯大林在根本指导思想和制度上给这个模式打下了深刻的烙印,使之具有不易改革和不易自我调节的特征。这个模式在一段历史时间中使苏联变得强盛起来,但由于它固有的弊病,也给苏联的国家和社会发展带来严重后果。

---

① 《列宁选集》第4卷,人民出版社,1995,第773页。

1. 斯大林社会主义模式的形成、定型和凝固化过程

列宁逝世后,联共(布)党面临着十分复杂的局面,首先面临着确定接班人和制定今后社会主义建设路线两大问题。围绕这两个问题,党内展开了尖锐复杂的斗争。当时,联共(布)党领导层中,包括斯大林在内,"左倾"思想相当严重。真正拥护列宁新经济政策的只有后来被斯大林批判为"右倾机会主义"而加以镇压的布哈林和其他少数几个人。斯大林通过复杂和残酷的斗争,消灭了政敌,确立了自己至高无上的统治地位,形成了自己的社会主义模式。因斯大林在苏联历史上执政时期最长,他对苏联历史发展所起的影响也最大。

斯大林在列宁逝世后成为苏联最高领袖和终身执政的大致过程如下。

(1)进行什么是"列宁主义"之争。列宁逝世后,当时对接班人地位的争夺,主要是在托洛茨基、季诺维也夫和斯大林之间进行的。他们为了争夺接班人地位,都要高举列宁的旗帜。这时论述列宁主义的文章和小册子纷纷出现。斯大林在1925年和1926年发表了他的《论列宁主义基础》和《论列宁主义的几个问题》两部问鼎之作。他批判了季诺维也夫把"列宁主义国际无产阶级的学说变成俄国特殊情况的产物","是为鲍威尔和考茨基效劳"。① 他自己则把列宁主义定义为"列宁主义是帝国主义和无产阶级革命时代的马克思主义。确切地说,列宁主义一般是无产阶级革命的理论和策略,特别是无产阶级专政的理论和策略"。② 斯大林在这两部不论对苏联还是对各国共产党都曾有过巨大影响的著作中只字不提列宁在晚年提出的新经济政策思想,这不是什么疏忽,而是对之并不重视。他在这两部著作中,在无产阶级革命和无产阶级专政等崇高口号下,宣扬的是构成其社会主义模式理论基础的社会主义思想理论体系。大量历史事实已经证明,这是一套"左"的思想理论体系。

(2)斯大林抛弃了列宁在世时处理党内分歧所采用的坚持原则、耐心说明、澄清是非、团结同志的民主传统和作风,从1924年至1929年他采用残酷斗争、无情打击的手段,先后把托洛茨基反对派、季诺维也夫—加米涅夫反对派、托洛茨基派—季诺维也夫派反党联盟都打了下去,从而确立了自己在党内的最高领袖地位。他这种做法在共产党内开创了进行残酷党内斗争的恶劣先例。

(3)列宁去世后,当时由于政策的惯性作用和客观形势的需要,苏联在

---

① 《斯大林全集》第8卷,人民出版社,1956,第14页。
② 《斯大林全集》第8卷,人民出版社,1956,第13页。

1928年以前继续实施了几年新经济政策,收到了良好效果,使经济得到了很大恢复。1927～1928年,由于斯大林逐渐抛弃新经济政策的基础,企图采取剥夺农民以积聚资金的办法来加速实现国家工业化,从而导致了粮食收购危机。粮食收购危机的出现,又促使斯大林进一步采取非常措施来对付农民,进一步认为小农经济是社会主义建设的障碍。于是在1928～1933年,以开展对布哈林"右倾机会主义"的党内斗争和对富农(实际多数是在新经济政策时期致富的富裕农民)的阶级斗争为口号,用强制手段实行了农业的全盘集体化,严重破坏了苏联农业生产的基础,造成了苏联后来几十年中难以改变的农村与农业衰败的恶果。

(4)从1929年实施第一个五年计划开始,斯大林把优先发展重工业作为社会主义经济建设的根本原则,提出了冒进的高指标经济计划。而在开始实现五年计划的时候,又以阶级斗争为纲,一方面把党内维护比较稳妥的五年计划"最低"方案的同志指责为"右倾机会主义者",同时又在企业和经济部门中广泛开展反对所谓"沙赫特破坏分子"的斗争,打击了一大批"资产阶级专家"和知识分子。在高指标的高压下,1929年开始的第一个五年计划于1933年提前在四年零三个月内完成,接着开始的第二个五年计划于1937年也提前在四年零三个月内完成。斯大林是在不考虑经济平衡,极力推行超高速工业化的方针下,采取紧急状态下的全民动员办法,在20世纪30年代中期实现了苏联的工业化。他在1934年举行的被称为"胜利者的代表大会"的苏共党的十七大上,宣布苏联已从农业国变成工业国,已由个体小农业的国家变成大规模机械化集体农业的国家。1936年,斯大林在全苏苏维埃第八次非常代表大会上所做的《关于苏联宪法草案》报告中,宣布苏联已建成社会主义,说苏联已经基本上实现了共产主义第一阶段,即社会主义;1938年他又提出苏联下个阶段的任务就是向共产主义过渡。这部苏联宪法把斯大林的社会主义思想理论和建设社会主义的实践都固定了下来,斯大林的社会主义模式至此定型。

(5)与此同时,斯大林又制造了"社会主义愈是取得胜利,阶级斗争愈尖锐化"的理论,大大强化了国家专政机关,把内务人民部和国家政治保卫局等专政机关凌驾于党政机关之上,成为直接从属于斯大林个人的专政工具。从1934年12月发生基洛夫被害事件时起,开始了大规模的"大清洗"运动。在1936-1938年,"大清洗"达到了骇人听闻的高潮,镇压了大量党政干部和群众。季诺维也夫、加米涅夫、布哈林等大批"布尔什维克近卫军",图哈切夫斯基等大批在内战中功勋卓著的原红军指挥员均被判处死刑而遭消灭。

（6）斯大林在联共（布）党内确立了自己最高领袖的地位后开始大搞个人迷信。从1929年年底庆祝斯大林五十寿辰开始，在斯大林默许下，苏联展开了空前的把斯大林神化的新造神运动。从此时开始，对斯大林个人迷信的气氛风靡全国，愈演愈烈。斯大林成了党和真理的化身，斯大林的讲话成为一切工作的指导方针。在这种思想的长期灌输下，苏联人民中形成了把一切成就都归功于斯大林，把人民的一切希望和国家的全部命运都寄托于斯大林的不正常的社会心理状态。

（7）在文化思想战线方面，从20世纪20年代末30年代初开始一直到第二次世界大战后，斯大林抹杀学术问题和政治问题的界限，不仅在经济学、哲学、历史学、文学艺术、语言学等人文社会科学领域，还在遗传学、生物学、物理学等自然科学领域中发起了一次又一次的大批判运动，把许多知名的学者、科学家和大批知识分子打成"唯心主义""右倾机会主义""人民的敌人""伪科学家"等。他通过这些大批判和大斗争把自己树立为各个学术领域的最高权威、真理的最后仲裁者。斯大林在学术问题上对不同观点采取的高压政策窒息了苏联的学术思想，造成了苏共长期的思想僵化，他的形而上学影响了苏联几代人。

（8）在对外国共产党和外国的关系上，他推行大党主义和大国主义。如二战前对波兰等共产党的领导人进行清洗和镇压，发动苏芬战争，同希特勒签订瓜分波兰的密约，进兵波罗的海三国；二战中同西方划分战后势力范围；二战后对南斯拉夫进行压制打击，对东欧国家党的领导进行清洗，怀疑毛泽东是中国的铁托，等等。战后还脱离世界形势发展变化的实际，提出"资本主义总危机不断加深"和"世界两个平行市场"的错误理论。

（9）战后，斯大林因苏联在二战中取得的胜利而更确信苏联社会主义模式的正确性，把它凝固为社会主义的共同规律而强行推广到所有东欧各国。

2. 斯大林模式的特征

斯大林的社会主义模式经过形式、定型和凝固化的过程，呈现出以下几个明显的特征。

（1）它渊源于十月革命后苏俄曾实施的"战时共产主义"，而与列宁提出的新经济政策背道而驰。它的思想基础是"左"倾教条主义和形而上学。

（2）它在社会主义的发展阶段或历史定位问题上，不顾国家社会生产力发展和经济发展的实际情况而提出"超阶段论"。社会主义的历史定位问题，是决定社会主义建设的战略和方针政策的根本出发点。斯大林违反历史唯物主义和辩证唯物主义，片面地把改变生产关系、实现生产资料由私人所有制向公有制的转变作为建成社会主义的标准。这就决定了其社会主义发展战略必然是不顾社会生产力的发展，主观主义地追求改变生产关系的超越客观阶段的战略。

（3）它在经济思想上否定商品货币关系，排斥市场机制。它的经济体制是以产品经济观为基础，以国家为核心的高度集中的指令性计划经济。它强调速度第一，生产第一，为生产而生产，忽视人民的消费需要。它是粗放型和"数量赶超型"的经济，是超重型、低效益、高消耗和准军事型的经济。

（4）它在政治思想上无视社会主义革命和社会主义建设两个时期的重大区别，在和平建设时期夸大和强化阶级斗争和无产阶级专政的作用。它在政治体制上党政不分，以党代政，强调专政，缺乏民主。在斯大林体制下，苏联的无产阶级专政实际上变成了党的专政，而党的专政又变成了领袖的个人专政，苏维埃成为形式民主的象征。在这种政治体制下，出现了大量破坏法制，滥用专政的违法现象，留下严重的社会创伤。"斯大林严重破坏社会主义法制，毛泽东同志就说过，这样的事件在英、法、美这样的西方国家不可能发生。"① 这种政治体制在人事干部制度上实行高层领导干部的终身制和各级干部的委任制，造成干部只知对上负责，按上级指示办事，缺乏求实开拓精神，形成了脱离群众的作风。

（5）它在思想文化领域中否定学术思想自由和艺术的多样性，以垄断、粗暴和高压的方式干预文化艺术、社会科学和自然科学，混淆学术问题和政治问题的界限，压制学术自由，窒息学术思想，实际上就是搞文化专制主义，造成思想的长期教条化和僵化。

斯大林在实现工业化使苏联国力增长后，尤其在卫国战争中取得胜利后，更是在胜利面前变得越发骄傲起来，使他执政下形成的苏联模式更加僵化。邓小平在1980年说："苏联搞社会主义，从一九一七年十月革命算起，已经六十三年了，但是怎么搞社会主义，它也吹不起牛皮。"② 1985年他又说："社会主义究竟是个什么样子，苏联搞了很多年，也并没有完全搞清楚。可能列宁的思

---

① 《邓小平文选》第2卷，人民出版社，1994，第333页。
② 《邓小平文选》第2卷，人民出版社，1994，第250页。

路比较好，搞了个新经济政策，但是后来苏联的模式僵化了。"① 这是对苏联社会主义模式的切中要害的深刻总结。

3. 斯大林执政年代给苏联社会留下的严重后果和沉重遗产

斯大林的执政年代是胜利和悲剧交织在一起的时期。一方面，斯大林和苏联共产党当时在苏联人民中享有崇高的威望，他们领导下的苏联人民在社会主义理想和目标的鼓舞下，在 20 世纪 30 年代的社会主义建设中和战后恢复时期表现出巨大的劳动热情和英雄气概，加之苏联当时存在着发展经济的粗放条件，所以在实现国家工业化和增强国力方面取得了巨大成就；同时，由于各阶层人民在卫国战争中表现出同仇敌忾、保卫祖国的高昂爱国主义精神，所以在反法西斯战争中取得了伟大的胜利，在当时西方资本主义国家出现经济大萧条和尖锐矛盾的国际形势下，苏联在国际上的地位和威望得到了空前的提高。斯大林和苏联共产党在这方面的功绩当然是不能否定的。另一方面，由于这些成就和胜利是在他建立起来的那种社会主义模式下取得的，因此苏联人民为此付出的代价是十分巨大的，人们的受益和付出的代价是很不相称的。大量事实表明，斯大林执政年代给苏联社会留下了严重的后果和沉重的遗产。

（1）苏联经济在头几个五年计划中得到高速增长，后来增长率就逐渐下降，经济越来越丧失活力，人民生活长期得不到应有的提高，二战后除了军事技术的发展外，其他方面同西方国家的差距拉得越来越大。尤其是在农业方面，斯大林的全盘农业集体化给苏联农业生产带来极其严重的后果，使苏联长期面临粮食和农产品短缺的严峻局面。苏联人民长期摆脱不了日用工业品、食品和住房严重短缺的厄运。

（2）党的干部和机关的特殊化和官僚化日趋严重，越来越脱离群众。以党代政和严重破坏法制的做法使苏维埃徒具形式，使人民不能切实感到自己是国家真正的主人，因而逐渐同政权越来越疏远。

（3）思想文化上的专制主义和个人迷信的盛行，导致社会贫困和教条主义及形而上学的盛行，使社会智能和知识潜力遭到巨大破坏。

（4）在长期突出阶级斗争的政治高压下，在人们经常处于被克格勃窃听（当时政治局委员都担心被窃听）和被人打"小报告"而遭清洗和镇压的威胁下，社会政治气氛和人与人之间的关系很不正常。二战后，斯大林又掀起了

---

① 《邓小平文选》第 3 卷，人民出版社，1993，第 139 页。

"反世界主义"、"列宁格勒案件"和"医生谋杀案"等一系列思想讨伐和政治迫害运动,使人们觉得又回到了1937~1938年的大清洗年代,整个社会又一次笼罩在紧张气氛中。群众一方面口头上对当局歌功颂德,另一方面又心存怀疑和不满,保持沉默或不讲真话的两面心态越来越普遍。

(5)最为严重的是斯大林在长达30年的执政时期,为维护他的社会主义模式,培植了一个比较牢固的"左"的、僵化的教条主义思想基础,这为苏联以后的改革增加了极大的难度。

斯大林执政30年给苏联留下的是被一些苏联学者称为"病态"的社会。需要说明的是,斯大林为坚持和巩固社会主义制度、为反对国际法西斯主义的统治和侵略,做出过重大贡献,但我们在这里不是要为斯大林的功过做出全面评价,而仅仅是从苏联社会主义模式的角度总结应有的经验教训。

(三) 赫鲁晓夫时期 (1953~1964年)

斯大林的去世开始了苏联历史上的后斯大林时期,这个时期从1953年3月算起到1991年12月苏联解体为止共38年。从苏联社会历史发展的客观需要看,后斯大林时期的根本任务在于全面和准确地总结苏联社会主义建设的经验教训,纠正斯大林为苏联社会主义做出的错误历史定位和模式选择,克服斯大林的"左"的教条主义与形而上学的错误和严重破坏社会主义民主和法治给社会造成的巨大创伤。用苏联和俄罗斯学者比较形象的语言来说,后斯大林时期应该是一个治愈斯大林主义在苏联造成的病态社会,实现社会生活健康化和正常发展的过程。[①] 不幸的是,在苏联当时的具体历史条件下,由于种种主观和客观原因,苏联后斯大林时期的历史发展道路,非但没有能够实现苏共及其领导人提出的任务,反而出现反复折腾,或摸不准主要"病因",搞唯意志论;或讳疾忌医,以致延误时机,病入膏肓;最后则是重病乱投医,开错药方,导致苏联社会主义模式的彻底失败。

后斯大林时期的38年是从赫鲁晓夫时期开始的,对赫鲁晓夫其人和他的执政时期,自他于1964年10月下台后在世界各国已议论了几十年,大家议论纷纷,褒贬不一。根据实践是检验真理的标准,要说明赫鲁晓夫究竟是什么人,

---

① 参见格·阿尔巴托夫:《被延迟的痊愈过程——1953~1985》,莫斯科,国际关系出版社,1991;罗·麦德维杰夫:《赫鲁晓夫政治传记》,莫斯科图书出版社,1990,第95页。

主要还是应看他执政10年中的思想和行动。为此，需要搞清两方面的事实：他是如何登上权力顶峰的和他在10年中究竟干了些什么？

1. 赫鲁晓夫是如何上台和登上权力顶峰的？

苏联的社会主义模式和政治体制历70余年之久未能建立起一套规范有序、民主平稳的权力交接制度，是这种模式的重大弊端之一。通观苏联70多年的历史，每次最高领导人的交替，都是在少数领导人的小圈子里，通过幕后权力斗争、阴谋策划或权力交易的手段决定的。在名为具有最广泛民主的无产阶级专政制度下，苏联的广大党员和人民，甚至包括中央委员，在这个问题上并没有真正表示意见的权利，而只能接受上面决定的既成事实。苏联的历史说明，这种社会主义模式既没有在经济基础方面解决公有制的实现形式，也没有在上层建筑方面解决社会主义民主的实现形式。赫鲁晓夫就是在这种体制中靠权力斗争登上权力顶峰的，最后也是在幕后的阴谋斗争中失败下台的。他的上台和掌握大权的过程经历了几个阶段。

（1）斯大林逝世后，在赫鲁晓夫独揽大权前，1953~1955年经历了强调集体领导的三驾马车阶段：先是由马林科夫、贝利亚和赫鲁晓夫三人组成的短暂的三驾马车；在贝利亚被搞掉后，又形成了由马林科夫、赫鲁晓夫和布尔加宁组成的新三驾马车；在马林科夫遭到赫鲁晓夫批评，并辞去部长会议主席职务后，又形成了由赫鲁晓夫、布尔加宁、朱可夫组成的三驾马车。到此时，赫鲁晓夫实际上已是大权在握。

（2）1956年苏共二十大后，苏共最高领导层中在斯大林问题和一些内政外交问题上形成了以赫鲁晓夫及其支持者为一派和莫洛托夫、马林科夫、卡冈诺维奇等为另一派的斗争。1957年6月18日，莫洛托夫和马林科夫等反对派策划在苏共中央主席团会议上以多数票撤掉赫鲁晓夫第一书记职务。处于少数派的赫鲁晓夫采取拖延战略，使主席团会议开了3天之久，同时依靠国防部部长朱可夫派飞机把中央委员从全国各地接到莫斯科，迫使反对派到中央全会上摊牌，从而转败为胜。6月22~29日举行的中央全会通过了关于马林科夫、卡冈诺维奇和莫洛托夫等反党集团的决议，撤销这个集团成员的中央委员资格并把他们开除出党。伏罗希洛夫等因参与了派别活动，也遭贬黜。紧接着，赫鲁晓夫又策划召开讨论军队中党的工作和政治工作问题的中央全会，把正在国外访问的朱可夫召回参加全会，批评他破坏党对军队的领导，指责他在军队中培植对自己的个人迷信，实行波拿巴主义，并解除了朱可夫国防部部长的职务，让61岁的朱可夫从此退休。

（3）赫鲁晓夫在登上权力顶峰之后便大权独揽，唯我独尊，1958年3月，他迫使布尔加宁辞去部长会议主席职务后自己兼任部长会议主席，从此就集党政军大权于一身。此后，他就越来越只相信自己，到处发指示和进行瞎指挥，搞所谓"唯意志论"，甚至发展到搞自己的个人迷信。最终在1964年10月由苏斯洛夫、谢列平等策划的"宫廷政变"中成为孤家寡人，被迫下台。

所有这些事实说明，在党和国家的领导制度上赫鲁晓夫走的是斯大林的老路，仍然是想方设法清除异己，搞家长制，搞个人独断，所不同的只是他没有（这时也已不可能）再搞大规模的清洗、迫害和镇压罢了。

2. 赫鲁晓夫执政10年干了些什么好事？

纵观赫鲁晓夫执政的10年，可把他在内政、外交、党务等方面推行的政策和所做的工作简要归纳如下。

（1）平反斯大林时期堆积如山的大量冤假错案。平反工作实际上从斯大林一去世就开始。首先为斯大林去世前不久搞的"医生谋杀案"平了反，宣布这是一件捏造的假案。接着进行了有关的平反工作，如释放了莫洛托夫的妻子、赫鲁晓夫已死儿子的妻子和剧作家卡普勒列尔（《列宁在十月》《列宁在1919》等电影剧本的作者）等，并为空军主帅诺维科夫、海军上将阿尔夫卓夫等平了反，到1953年年底共释放了1000余人。1954~1955年的两年间，有1万多名党的干部被释放回家，另外为数千人死后恢复了名誉。这些主要都是在20世纪30年代遭迫害和镇压的干部。此时在苏共中央成立了一个以党中央书记波斯佩洛夫为首的复查委员会，对基洛夫谋杀案、奥尔忠尼启则自杀案、1936~1938年的审判案和图哈切夫斯基案等进行了审查。1949年搞的"列宁格勒案件"也得到了平反，有2000多人获释回到列宁格勒。二十大后加快了平反的工作步伐。根据赫鲁晓夫的提议，建立了90个专门委员会，分别到苏联各边远地区的劳改营和流放地就地进行复查平反。已被流放了近30年的尚还活着的前孟什维克党党员、无政府主义者、社会革命党人，被错判有"反苏活动"的非党员，以及二战回国后被送进劳改营的被德军俘虏的苏军战俘都获释放。1957年开始为遭到不公正对待、被强迫迁移的一些少数民族平反。赫鲁晓夫时期总共有数百万被无辜关押和劳改的人被释放回家，数百万人被死后恢复名誉。苏联历史学家罗伊·麦德维杰夫认为，对苏联国内生活来说，数百万人获平反的重要意义，不在苏共二十大之下。不过在苏联，平反工作的阻力还是很大的。例如，布哈林，他的夫人在二十大后为他奔走了 25 年，才获平反。

（2）改变斯大林时期建立的一些不正常的工作制度，废除了中央机关干部的某些特权，对干部制度也做了一些改革。如斯大林习惯于夜间工作，清晨 5 时到中午 12 时睡觉。长时期中，苏联中央党政机关的作息时间都要根据斯大林的习惯来安排，一般领导干部都是上午 10 点、11 点上班，午夜后下班，晚上有事没事都得待在办公室。赫鲁晓夫上台后废除了这种作息制度，恢复了从上午 9 时到下午 6 时的正常作息制度。斯大林在世时还为中央机关干部设立了一套特权制度，包括给高级负责干部发相当于工资一两倍的"钱袋"（类似于"红包"）、在克里姆林宫设"医疗餐厅"（中央干部可在那里购买价廉物美的特供食品，一人购买的份额可够一家食用）、为高级干部提供每年的免费休假和周末到莫斯科郊外党中央休养地只象征性收费的休假，等等。赫鲁晓夫多次提出改变这些制度，不过实际上他做到的只是于 1957 年废除了"钱袋"制。在苏共二十大上，他针对斯大林时期干部制度中的弊端，提出了要实行干部的任期制和轮换制。

（3）批评斯大林的个人迷信和揭露斯大林严重破坏法制的错误。一般认为苏联批判斯大林个人迷信是从苏共二十大开始的，实际上早在 1953 年 8 月，即在斯大林去世后 5 个月，苏共中央理论刊物《共产党人》杂志就发表文章，开始不指名地批判个人迷信，指出个人迷信的危害。随着贝利亚的被捕与受审以及平反工作的逐步开展，斯大林的个人迷信和破坏法制问题越来越成为苏联广大党员和人民关注和思考的热点问题。对斯大林时期苏联遭到各种迫害和镇压的人数很难有精确的估计。据一般估计，总共约有 2000 多万人。如果这些人的家庭人数都以每家四五人计算，则其波及面在苏联人口中所占比例之大可想而知。长期积压在近 1/3 人口中的压抑和冤屈情绪，以及社会上对他们坎坷遭遇的同情心理，在斯大林逝世后不可能不反映出来，这是斯大林去世后不久就迫使苏共中央开始不指名地批判个人迷信的重要原因。但在斯大林问题上，苏共党内和苏联社会上意见分歧很大，反对和维护斯大林两派的斗争十分尖锐复杂，特别是在苏共中央领导层中。这就导致了 1956 年苏共二十大上赫鲁晓夫做秘密报告大批斯大林和 1961 年苏共二十二大上进一步大批斯大林，并把斯大林尸体迁出列宁墓的各种戏剧性发展，而这也为国际共运带来了一系列严重问题。

（4）超越社会主义社会发展阶段，把全面展开建设共产主义社会作为党的当前任务，宣布苏联将在 1980 年建成共产主义社会。苏联超越社会主义社会发展阶段的思想来自斯大林。早在 1936 年斯大林就宣布苏联已建成社会主义社会，下个阶段的任务就是向共产主义过渡。根据这一思想逻辑，从 1936 年至 1956 年经过 20 年的发展，苏联自然应该把建设共产主义作为直接任务提上日程。赫鲁晓夫正是继承了斯大林的超越社会发展阶段的思想提出了"苏联这一代人将生活在共产主义社会"的"豪言壮语"，制定了"到 1980 年苏联建成共产主义社会"的空想目标。1961 年他在苏共二十二大上宣布，"苏联已进入全面展开共产主义建设"的时期，而按马克思主义的原理，到了共产主义社会，国家和政党都将消亡。苏联既已"进入建设共产主义时期"，那么该如何对待国家与政党呢？赫鲁晓夫为了与苏联进入共产主义建设时期的论点相衔接，就提出了苏共已变成"全民党"，苏联已变成"全民国家"的所谓"两全"论。

（5）赫鲁晓夫搞掉贝利亚后曾下功夫抓经济，想把苏联经济搞上去，可是由于没有抓到苏联计划经济体制的要害，所以虽然在某些年份使经济取得了较好成绩，但整个经济形势并无根本好转。

赫鲁晓夫在农业问题上花了很大精力。他执政 10 年中，苏共中央开过多次全会讨论农业问题，他搞掉贝利亚后召开的第一次全会就讨论农业问题，他下台前开的最后一次全会也是讨论农业问题。斯大林去世时苏联的农业情况十分严峻，虽然马林科夫在苏共十九大宣告苏联粮食问题已经解决，实际上粮食严重短缺，畜牧业状况更糟。1952 年的肉产量低于沙俄时的 1916 年和集体化前的 1928 年。赫鲁晓夫在 1953 年提出了增加农业投资、提高农畜产品收购价格、减少自留地和自留畜产品的税额和交售任务等政策，以刺激集体农庄庄员的生产积极性。随后又提出在西伯利亚和远东地区大规模开垦荒地，增加播种面积，以迅速增产粮食的任务，在 1954~1955 年间开垦荒地达 3000 多万公顷。1956 年和 1958 年，苏联粮食产量取得了创纪录的增长，肉、奶产量也有较大增长。在这两年中刚一取得好收成，赫鲁晓夫就冒进地提出了在三四年内在肉、奶和奶油的人均产量上超过美国的"大跃进"目标。他的冒进思想引发了下面干部的浮夸虚报风。到 20 世纪 50 年代后半期苏联农业生产产量又开始下降。为此，赫鲁晓夫在 50 年代末和 60 年代初又想在改变农业管理体制和作物品种及耕作方法上找出路，如把地方上统一的党组织一分为二，建立主管农业和主管工业的两个党组织，大力推广种玉米和反对草田轮作制，等等。但折腾来折腾去，效果仍不大。最后在 1963~1964 年，又提出农业集约化是解决农业问题的关键，强调要增加化肥生产和扩大灌溉面积，直到他下台为止。

在工业上，赫鲁晓夫坚持斯大林确定的优先发展重工业的所谓社会主义建设总路线，批判偏离这条总路线把发展轻工业提到"主要位子"的倾向，把投资大部分用于发展重工业，继续扩大第一部类和第二部类的比例失调。他在苏共二十大做的报告中肯定了斯大林的工业化和集体化路线，反对布哈林"依靠'印花布的工业化'、依靠富农的右倾政治路线"。

在改善人民生活福利方面，赫鲁晓夫做了一些事情，如1956年规定节假日前一天工作时间缩短两小时，增加妇女产假时间，提高仍停留在二战前水平的养老金数额；1960年减免低工资收入者的所得税，实行5日工作周；1964年提高集体农庄庄员的优抚金和补助金，提高服务业职工的工资；在一些城市中较大规模地建设居民住房以改善居民居住条件，等等。在1957年前后，苏联老百姓感到社会政治气氛和生活条件得到了不少改善。不过，由于经济机制问题未能解决，食品和日用消费品依然短缺，卢布购买力不断下降，人民所得到的一点实惠又逐渐丧失。

在经济体制改革上，赫鲁晓夫坚持了斯大林模式的计划经济体制，只在条块分权和增加企业有限的自主权两个问题上做了一些小修小补改革。1962年，他虽然支持发表利别尔曼的题为《计划、利润、奖金》的文章，开展过对这个问题的讨论，但其效果十分有限。

（6）在他执政时苏联在国防工业和科技上取得了较大的发展，掌握了氢弹，1957年发射了世界上第一颗人造卫星，1961年把世界上第一个宇航员送上了天，这些成就当时曾让美国感到惊恐。

（7）在文化艺术方面，赫鲁晓夫执政期间，在苏共二十大前后苏联曾有过一个"解冻"时期，诗歌、小说、电影、戏剧的创作一度比较活跃。但不久，主管宣传工作的中央领导人苏斯洛夫、伊利切夫就采取了紧收的方针。

（8）在外交方面，赫鲁晓夫上台后使苏联的对外政策变得活跃起来。1954年，赫鲁晓夫访问中国，改进了同中国的关系。1954~1955年，苏联参加日内瓦会议，促进了越南战场上的停火。1955~1956年，赫鲁晓夫访问了英国和印度；纠正了斯大林在对待南斯拉夫上的错误，恢复了苏南关系；参加了日内瓦四国首脑会议，解决了奥地利问题；接待了法国总统戴高乐，并开始重视与亚非国家发展关系。在1956年苏共二十大上，根据战后国际形势的变化，提出了战争不是注定不可避免，某些资本主义国家的工人阶级有可能通过和平方式取得政权和强调和平共处的意义这三个论点。1956年，在波匈事件时出兵匈牙利，在中东危机中支持埃及，发展了同埃及的关系。但在苏共二十大之后，开始了中苏两党的分歧和论战，逐渐搞坏了同中国的关系。波匈事件后，同南斯拉夫的关系又开始冷淡。与此同时，同阿尔巴尼亚和罗马尼亚的关系也趋于恶化或出现裂痕。赫鲁晓夫在对待兄弟党和兄弟国家的关系上表现出苏联的大国主义和大党主义。1958年后，赫鲁晓夫逐步发展和改善了苏联同西方国家的关系，访问了美国和法国，改善了与意大利的关系。与此同时，赫鲁晓夫仍然坚持当时处在帝国主义和无产阶级革命的时代观，继续同西方国家搞对抗，同美国搞军备竞赛和边缘政策，以致出现了1961年的柏林危机和1962年的加勒比海导弹危机，使世界面临核对抗的边缘。

根据实践是检验真理的标准的原则，实事求是地剖析一下赫鲁晓夫10年中的所作所为，就可以发现，尽管赫鲁晓夫犯有很多错误，但根据赫鲁晓夫提出的"三和"（在苏共二十大上提出的战争不是注定不可避免等三个论点）和"两全"（在苏共二十二大上提出的全民党和全民国家的论点）就把他定性为修正主义是依据不足的。苏共二十大后半个世纪国际形势的发展使我们看到，这三个论点反映了战后国际形势发展的一些新特点，并没有什么原则性错误。而"两全"，那是超越社会主义社会发展阶段思想的一个组成部分，它的本质是"左"，而不是右。至于揭露和反对斯大林，俄罗斯和世界上许多国家的很多学者都认为这是赫鲁晓夫的功劳，是有积极意义的。问题是他只停留在反对斯大林的个人迷信和破坏法制，而没有去认识和总结斯大林建立的那种社会主义模式的弊病和教训。赫鲁晓夫是个矛盾的人物，他亲身看到和体会到了斯大林搞个人迷信的严重恶果，但他又是斯大林体制和思想体系的产物，所以他不可能升华到突破斯大林的社会主义模式。正如布尔拉茨基指出的，"他谴责了斯大林，但是没有触及专横的政权机构；他批驳个人迷信，但在很大程度上保留了生育它的体制。至于抱怨斯大林的个人品质和残暴性格，那是小孩子的政治思考水平"。[1] 再加上他大权在握后，作风上鲁莽粗暴，常常灵机一动地折腾，不愿意听不同意见，他20世纪50年代末60年代初在内政外交上又有很多失误，最后在1964年被迫下台。这是他的悲剧。

---

[1] ［苏］费·布尔拉茨基：《领袖和谋士》，东方出版社，1992，第106页。

(四) 勃列日涅夫时期 (1964~1982年)

勃列日涅夫于1964年10月14日取代赫鲁晓夫上台执政，1982年11月10日病逝，在苏联执政达18年之久，仅次于执政30年的斯大林。对勃列日涅夫年代，我们很多人更多只知道苏联派兵入侵了捷克斯洛伐克和阿富汗，变成了"社会帝国主义"和世界两霸之一，而对苏联国内情况和社会的变化则不像对赫鲁晓夫时期那么熟悉。苏联剧变后，有的人认为，苏联的问题就出在戈尔巴乔夫身上，勃列日涅夫时期不是好好的吗？其实，正是在勃列日涅夫执政时期，苏联在稳定和强盛的外表下进一步积聚了大量问题，斯大林社会主义模式经济体制的缺乏活力和政治体制的僵化进一步得到了发展和暴露，导致经济处于危机边缘，政治进一步腐败，思想上继续坚持教条主义和保守。

1964年在推翻赫鲁晓夫的"宫廷政变"中，"政变"的参与者推举勃列日涅夫担任苏共中央第一书记，并不是因为大家承认他的领导才能，而是因为他较为平庸，更容易为各方所接受，这是当时苏共领导集团中各种力量为求得暂时平衡而取得的结果。所以"权力是作为命运的礼物落到勃列日涅夫身上的"。[①]

勃列日涅夫为人谨慎，秉性保守，文化理论素养不高，不爱读书，从不动笔写作，却爱好虚荣和阿谀奉承。他一无坚强的意志，二无宽广的经济视野，三无长远的目标，只喜欢过轻松的日子。他上台执政的头五年，是他和柯西金、波德戈尔内"三驾马车"当政的阶段。勃列日涅夫上台后极力强调稳定，为消除赫鲁晓夫的影响，改变了赫鲁晓夫一些不得人心的政策和措施，显示出不同于赫鲁晓夫的谨慎稳重与和善待人的作风。此时柯西金推行的经济改革使苏联经济状况有所改善；苏联国防工业由于勃列日涅夫的支持得到了大量投入，苏联在同美国军备竞赛中取得了同美国的战略平衡，再加上苏联在西伯利亚发现了大油田，靠出口石油取得大量石油美金的收入。这几点使得苏联的日子似乎好过了，也帮助勃列日涅夫树立了自己的威望，同时他又善于网罗和培植自己的班子和亲信，营造和巩固自己的权力基础。这样，他在20世纪70年代初就确立了自己的最高领袖地位。在勃列日涅夫执政的第二阶段，即70年代上半期，他由于走上了权力顶峰，同时又认为苏联国内局势良好稳定，国力大增，

---

① 〔苏〕费·布尔拉茨基：《领袖和谋士》，东方出版社，1992，第320页。

国际地位空前提高而感到踌躇满志、洋洋得意。正是由于他的思想作风和推行的方针政策，70年代在苏联大批党政干部中形成了一种安于现状、粉饰太平、自安自慰、盲目乐观的"勃列日涅夫风气"。70年代中，勃列日涅夫两次中风，实际上已难于正常工作，然而在苏联领导干部职务终身制的体制下，他仍掌握着最高权力，他本人身体越来越衰颓，他领导下的苏联也开始加快走下坡路，到70年代后半期他逐渐把苏联带进了全面停滞的局面。在勃列日涅夫执政的18年中，苏联发生了以下几个方面的变化。

（1）在思想理论方面教条主义和保守主义思潮重占上风。勃列日涅夫上台后，一方面在社会主义理论上提出苏联已形成了民族共同体——苏联人的所谓创造性理论发展，同时安排他的一批思想保守、教务主义严重的亲信掌握了苏共中央科学、文化和宣传部门的领导权，设法抵制对斯大林个人迷信的批判，极力悄悄地为斯大林"恢复名誉"，打击具有改革思想和被认为有"异端"思想的人。特别是在1968年用军事手段把捷克斯洛伐克出现的改革浪潮——"布拉格之春"镇压下去之后，对改革思想和"市场社会主义"的批判和讨伐更是变本加厉，使柯西金开始的经济改革被迫中断。

（2）越来越明显地形成了一个居于各级领导地位的利益集团或官僚特权阶层。这时勃列日涅夫与中央各部门和地方上领导干部之间在保持稳定的口号下和维护各自权力和利益的基础上形成了某种"社会契约"关系：勃列日涅夫允许各部门和地方上的领导干部享有更大的权力，以取得他们对自己的支持；后者则需要勃列日涅夫这样"爱护干部"的领袖在台上，以维护自身的权力和利益。勃列日涅夫对一些名声恶劣的干部都采取易地安排工作予以保护的处理办法。这批干部原来就继承了斯大林体制下的各种特权，现在在勃列日涅夫干部稳定政策的政保护下成了各部门和各地区的"领主"，他们和他们周围的人更明显地呈现为一个具有自己特殊利益、特殊地位、特殊生活方式、同群众越来越疏远的社会集团，官僚主义和贪污腐化之风日益蔓延滋长。

（3）干部的终身制导致干部队伍的严重老龄化。到20世纪70年代中期，苏共中央政治局委员的平均年龄已达70岁以上。这些承担着在复杂的国内外形势下掌握国家命运的领导干部个个老态龙钟，行动不便，只能依靠秘书班子和党的机关来办事。讲话都要秘书和助手写好稿子，然后照着稿子念；为照顾最高领导人的身体，政治局开会时间越来越短，也越难对问题进行认真的讨论；由党的机关制造出来的大量决议通过后无人执行，文牍主义越来越严重。由于决策的不民主化和不科学化,办了许多蠢事。像出兵阿富汗这样事关国家命运的大事根本未经政治局讨论,而是由勃列日涅夫、乌斯季诺夫、安德罗波夫和葛罗米柯四人在小范围内决定的,其他政治局委员事先都不知道。①

(4) 经济形势不断恶化。勃列日涅夫执政年代,正是世界上发达资本主义国家与新兴工业国家和地区的经济在新科技革命的推动下迅速发展的时期,而在苏联国内则由于粗放经营和僵化体制的严重阻碍使经济发展每况愈下。苏联逐渐变成一个靠大量出口石油天然气等自然资源和进口大量粮食、消费品和制成品维持的超级大国,除国防工业和军事技术外,在经济与科技方面同西方的差距越来越大。

(5) 军事工业集团和军方的势力及影响大大膨胀。在勃列日涅夫的支持下,军方的势力和影响在苏联政治生活中空前膨胀。在对外政策上,勃列日涅夫等苏共领导人在取得与美国的战略平衡之后,基于对自己力量的盲目乐观估计和对国际形势的教条主义认识,开始采取"进攻性战略",搞扩张主义和霸权主义,与美国进行全球争夺,直到出兵入侵阿富汗,从而到70年代末使苏联在国际上陷于全面孤立。

(6) 社会思想和社会心理发生了很大的变化。苏联人民在斯大林逝世后差不多一代人的时间中,曾几次期待苏共能领导苏联社会治愈过去留下的创伤,向着好的方向发展,但他们的希望都落空了。在经过几次希望和失望的反复之后,他们对党的信心逐渐发生了动摇。另外,苏联人民几十年来文化水平普遍有了提高,在信息时代国际交流日益密切的情况下,人们自然会把苏联本身的情况同发达资本主义国家的情况进行对比,并发现自己的落后。可是苏共的教条主义宣传却无法解答人们心中的疑问和现实生活提出的种种问题。这样,在群众中就逐渐出现和加深了对苏共和社会主义的信任、信仰危机。不少人变得消极悲观,或玩世不恭;另有一些人则变成体制内或体制外的反对派。

如果正视苏联当时的现实和深入问题的实质,那就不难得出这样的结论:勃列日涅夫晚期,苏联出现的死气沉沉、一潭死水的停滞局面,有其必然性,这正是苏联长期僵化的社会主义模式越来越丧失活力和变得更加衰颓的反映。

---

① 〔苏〕格·阿尔巴托夫:《被延误了的痊愈(1953~1985)——当代人的见证》,莫斯科国际关系出版社,1991,第229页。

(五) 安德罗波夫和契尔年科时期 (1982年10月至1985年5月)

1982年5月，苏共中央第二把手苏斯洛夫先于勃列日涅夫去世。苏共传统上都把主管思想理论和宣传工作的第二把手当作总书记的接班人。由于大家都清楚勃列日涅夫也已不久于人世，所以苏斯洛夫去世后人们关心的是谁将接苏斯洛夫的班。契尔年科早就觊觎着这个位子。契尔年科是勃列日涅夫的老部下和最亲密的亲信，但是勃列日涅夫对他的能力有限比较了解，所以最后还是确定安德罗波夫为自己的接班人。苏联历史上出现安德罗波夫和契尔年科二人在三年多一点时间里先后执政这个短暂过渡时期，是苏共领导干部终身制带来的恶劣后果的最生动写照。斯大林当党的总书记时42岁，赫鲁晓夫59岁，勃列日涅夫57岁，而安德罗波夫是68岁，契尔年科则是73岁，而且后两人上台时都已病魔缠身，气息奄奄。

安德罗波夫在思想上坚持传统观念，维护传统体制，但他忠于职守，为人廉洁正派，在苏共领导人中文化素养最高，所以他当时在苏联知识分子和干部群众中曾有好评。他上台后整顿纪律和秩序，处理了几名臭名昭著的、为群众所憎恨的高层腐化干部，在理论上提出了苏联还处在"发达社会主义的起点"的新提法。他并没有提出明确的改革思想，但上台后抓的几手，即便不能解决多少问题，也使期待改变现状的各界人士心情为之一振。可是他已年老多病，实际上只工作了半年时间就病倒了，由于严重的肾病缠身，他剩下的近一年时间是靠血液透析在专设的病房里工作的，已不可能有所作为。

1984年2月安德罗波夫病逝时，在苏共中央政治局中仍占上风的年老的保守势力把更加老态龙钟且又平庸无能的契尔年科推上了总书记宝座。契尔年科当上总书记后，由于病体不支，基本上没有主持过政治局会议。苏联广大干部、党员和群众都清楚，契尔年科充其量不过是最高苏维埃秘书长和苏共中央总务部长的角色，可是在苏联的政治体制下，他却在年迈之日登上了这个泱泱大国的权力顶峰，而广大党员和人民却只能无可奈何和消极地等待这个过渡时期的结束。这个现象是对苏联社会主义模式的极大讽刺。苏联科学院院士格·阿尔巴托夫把契尔年科执政的13个月称为"濒死状态"。这说明此时斯大林模式的政治体制、它的权力结构和权力机制已走进了死胡同。

(六) 戈尔巴乔夫时期 (1985年3月至1991年12月)

在不到3年半时间中，苏联人民经历了接连为三位年老病逝的最高领导人举办国丧的难堪局面后，契尔年科去世时苏共中央政治局委员圈子中54岁的戈尔巴乔夫成了充当接班人的唯一选择，所以他未经争议就当上了苏共中央总书记。在决定接班人的政治局会议上，葛罗米柯第一个发言，说戈尔巴乔夫有三大特点：精力充沛、党性强和经验丰富，认为推举他为总书记候选人是绝对正确的选择，其他发言者按照苏共的传统跟着也都把戈尔巴乔夫称颂一番，为他描绘出了一幅总书记的光辉形象。

在年龄上戈尔巴乔夫属于苏联历史上第三代的领导人，他的优势是符合广大群众盼望苏联出现一个年富力强的新领导人的愿望，但是他继承的是斯大林社会主义模式长期造成的问题成堆、矛盾重重的沉重遗产，而他本人也是这个模式的产物，具有致命的弱点。他从自身的经历中深切感到苏联需要改变现状，"不能再这样生活下去"，所以一上台就宣称苏联要改革，并随即到各地视察，会见群众，发表滔滔不绝的讲话，一改前几任领导人老态龙钟、幽居克里姆林宫远离群众的形象，一时间燃起了广大群众的希望，得到了社会各界的广泛支持。但很快他的弱点就暴露出来了。一是对苏联存在的问题的实质认识不深，对如何改革和改革的方向心中无数；二是不能摆脱旧体制在他身上培育出来的形而上学的思想方法和搞运动式和行政命令式的工作作风；三是不能摆脱苏联长期形成的总书记的权力意识。他当上总书记后就开始过高估计自己，听不进不同意见，政治局会议常常成为他一个人的独白，而他对自己的弱点却并无自知之明，这就注定了他在改革中不可能不犯严重错误。结果是他在执政六年中非但不能领导苏联克服困难，反而激发了早已存在的各种社会矛盾，最终在1991年发生了苏联的剧变，造成苏联解体、苏共瓦解和苏联74年历史的终结。

戈尔巴乔夫执政时期可分三个主要阶段。第一阶段是抓经济改革。其主要内容是推行工业"加速战略"，企图加速已落后的机器制造业的发展及其现代化，以带动整个工业的发展和现代化并推动整个经济的发展，但不把注意力放在农业与轻工业上，实际上仍在优先发展重工业的旧经济思维框子里转。结果与他的愿望相反，非但重工业没有加速发展，日用工业品和食品反而更加短缺。此时苏共中央又不合时宜地用行政命令方式大搞"反酗酒"运动，这大大增加了财政困难。同时在思想领域里又不顾时间和条件以搞政治运动的方式大力提倡"公开性"、"民主化"和"恢复历史真实"、"不留历史空白"，助长了社会上怀疑一切和否定一切的虚无主义思想，引发了群众中各种争论和对立情绪，使改革难以推进。第二阶段是把政治改革放到首位，企图从这里找到已"陷于空转"的改革的出路。这时照搬了十月革命时提出的"一切权力归苏维埃"的口号,进行人民代表的选举,并于1989年召开了苏联第一届人民代表大会。人民代表的竞选和第一届人民代表大会召开的整个过程实际上变成了搞"大民主"和"街头政治"的喧闹表演,使长期潜伏着的社会矛盾、民族矛盾和党内矛盾全都浮上表面,导致国家权力的失控和国家管理的混乱,使改革失去了稳定的社会环境。第三阶段是1990年在苏联实行总统制并出任苏联总统,以图控制已经混乱的局势和保住中央的领导。但联盟总统的出现反过来又成了各加盟共和国设立总统的先例。各加盟共和国原已因经济困难加深了经济利益上的矛盾,此时总统制的普遍化又引发了政治权力上的矛盾。1990年6月12日,俄罗斯人民代表大会通过《俄罗斯联邦国家主权宣言》更加推动了各共和国的政治主权化。苏联这个联盟制国家实质上是由苏共中央领导把俄罗斯党政机构融合在苏联中央党政机构中对各加盟共和国进行统治的单一制国家。一旦俄罗斯这个最大的加盟共和国成为具有主权的实体,作为联盟国家的苏联就处于被架空和面临解体的形势之下。俄罗斯民族主义情绪的产生、俄罗斯主权宣言的通过、叶利钦当选俄罗斯总统以及与戈尔巴乔夫展开的权力争夺,实际上已是苏联解体进程的开始。面对全国动荡混乱和全面失控的形势,戈尔巴乔夫采取了机会主义和实用主义的手法左右周旋,在党内提出了"人道的民主的社会主义"纲领,在全国搞了"要不要苏联"的全民公决,在国家政体上提出签订新联盟条约等措施,最后是寄希望于西方的支持,以图挽回自己的败局,但这一切都已无济于事。在一场闹剧式的1991年"八一九"事件后,能左右苏联局势的已不是戈尔巴乔夫,而是叶利钦。最终是俄罗斯、乌克兰和白俄罗斯三个共和国的领导人签署了"别洛维日协议",宣告了存在了74年的苏联的解体。

戈尔巴乔夫执政后选择错误的改革战略和策略所犯的严重错误无疑是导致苏联剧变的现实原因,他对苏联的解体负有无可推卸的历史责任。但是如果把苏联的剧变仅归结为戈尔巴乔夫个人的错误,那是不可能全面说明这个历史事件的。上面提到列宁说过十月革命的胜利是当时俄国特殊条件下各种主客观因素综合作用的结果,我想在这里也可以说,苏联剧变也是20世纪末在苏联特殊条件下各种主客观因素综合作用的结果,不过是在相反的意义上罢了。主观因素当然是戈尔巴乔夫的严重错误。客观因素则包括长期僵化的斯大林社会主义模式的改革难度;群众中长期积累起来的对苏共和社会主义的信任危机;官僚特权阶层的权力争夺和对改革的抵制;部分群众中要求迅速改变现状的激进主义和极端主义思潮的发展；斯大林制定的民族政策长期积累和潜伏着的民族矛盾的表面化与民族主义意识的上升，尤其是俄罗斯民族主义的出现所促发的民族离心倾向的迅速发展；长期同美国搞军备竞赛和推行霸权主义与扩张主义而背上的沉重包袱；东欧国家的动荡和剧变对苏联的巨大冲击，等等。正是在这种特殊条件下这些主客观因素的综合作用导致了苏联的剧变。

纵观苏联各个历史时期的发展变化不难看出，斯大林在执政时定型的苏联社会主义模式对其后苏联历史发展具有决定性影响，它决定了斯大林时期和后斯大林时期60多年苏联立党治国的根本指导思想与党和国家的基本制度，它不符合客观的社会发展规律和苏联实际的弊端不能不对苏联的历史发展产生深刻影响。虽然批判了斯大林的个人迷信，但这个僵化模式的思想和制度上的问题包括个人迷信问题并未得到解决，始终起着巨大作用。当然，后斯大林时期的苏联领导人，从赫鲁晓夫、勃列日涅夫到最后的戈尔巴乔夫对苏联的兴衰都各负有他们的历史责任。在探讨如何看待国家领导人个人和党与国家制度在国家兴衰上所起的作用问题时，重温一下邓小平的一段话是必要的。"不是说个人没有责任，而是说领导制度、组织制度问题更带有根本性、全局性、稳定性和长期性。这种制度问题，关系到党和国家是否改变颜色，必须引起全党的高度重视。"① 我想遵循邓小平的这个思想才能从根本上弄清楚在苏联几十年社会主义实践中产生各种失误和导致苏联剧变的深层原因。

三 关于苏联74年社会主义实践和苏联剧变的历史教训的几点思考

苏联在世界历史上像一个匆匆过往的过客，真是"其兴也勃焉，其亡也忽焉"，但它留给人们的教训是极其深刻的。

（1）苏联失败的历史教训说明，一个经济和文化落后的国家取得社会主义革命的胜利相对容易些，而建设社会主义则困难得多。苏联在列宁之后之所以没有能够沿着新经济政策的思路走下去，根本问题在于"左"的错误。是长期僵化的教条主义的"左"的东西阻碍苏联循着列宁的思路前进，使它在几十年中几次丧失了进行改革的良好机遇，并为后来的危机和剧变准备了土壤。邓小

---

① 《邓小平文选》第2卷，人民出版社，1994，第333页。

平同志指出："有右的东西影响我们，也有'左'的东西影响我们，但根深蒂固的还是'左'的东西。……右可以葬送社会主义，'左'也可以葬送社会主义，中国要警惕右，但主要是防止'左'。"①邓小平同志的这个论断，不但是对我国历史经验，也是对苏联历史经验的深刻总结。

（2）苏联失败的历史教训说明，苏联"左"的错误在经济上主要表现为违反社会经济发展规律，超越社会主义社会发展阶段，夸大公有制的作用，抹杀私有经济和市场机制的作用，使社会主义不能显示出自己的活力和优越性，人民长期得不到实惠，造成广大群众对社会主义的信仰危机。

（3）苏联失败的历史教训说明，苏联"左"的错误在政治上的表现主要是在和平建设时期夸大阶级斗争和无产阶级专政的作用。在苏联这样一个具有长期封建专制主义影响和缺乏民主传统和民主政治文化的国家里，在无产阶级专政的名义下在实质上很容易被搞成封建帝王和家长式的专政。这不能不给苏联社会造成极大的创伤，引起广大群众的不满。社会主义与民主不可分，民主是社会主义的本质特征，不讲民主的社会主义不可能是真正的社会主义，必须建成社会主义的法治国家，搞法治而不搞人治，才能保证社会主义国家的稳定和国家的长治久安。

（4）苏联失败的历史教训也说明，必须把具体的人放在执政者注意的中心，要尊重人的价值和人的自由。苏共很多领导人在几十年的时间里声称代表人民，而实际上损害人民利益、压制人的价值和自由的事做得太多了，忘记了马克思和恩格斯在《共产党宣言》中讲的"每个人的自由发展是一切人的自由发展的条件"这个共产主义的原理。

（5）20世纪的世界历史和苏联的失败还告诉我们，社会主义和资本主义两种制度在可以预见的遥远将来还会长期在矛盾和竞争中共处。资本主义虽有不可克服的本质矛盾，但仍具有生命力，还将继续发展和存在。社会主义国家和资本主义国家的正确关系，只能是和平共处的关系。社会主义国家不能闭关自守，必须实行开放政策，参与世界经济，同资本主义国家相互依存，在对立中共存于人类赖以生存的同一地球上。

（6）苏联的失败是斯大林社会主义模式的失败，而不是社会主义的失败。社会主义在发展中虽有困难，但如能汲取自己的经验教训，吸收人类一切文明

---

① 《邓小平文选》第3卷，人民出版社，1993，第375页。

成果，不断正确地进行改革，必能继续发展壮大，实现"物的解放"和"人的解放"，充分发挥个人的积极性，不断提高社会生产力和人民生活水平，达到社会公平，实现共同富裕。自由、公平、民主、富裕、和平、和谐这些社会主义理想是人类追求的共同理想和愿望，体现这些人类崇高理想的社会主义事业一定会在困难和曲折中不断前进。

原载宫达非主编的《苏联剧变新探》一书，原文篇幅较大，收入本书时做了大量压缩和局部改写

对东欧国家向市场经济过渡的若干问题探讨

张文武*

1989年东欧国家相继发生政局剧变，紧接着各国正式宣布向市场经济过渡。时至今日，东欧国家的经济转轨已经历了6个春秋。尽管目前对东欧国家的体制转轨做出全面的、历史的评价为时尚早，因为那里的社会经济转型仍在探索的过程之中，但对东欧国家6年来的发展以及在转轨过程中遇到的某些理论和实践问题进行一些阶段性和探讨性的分析是可行的，也是有意义的。本文试就东欧国家转轨过程中的若干问题提出几点探讨性的看法。

一 表面看来，东欧国家向市场经济过渡是1989年政局剧变引起的，但实际上它是长期以来体制发展的必然结果，它符合国内和国际的经济发展需要

第二次世界大战结束后，东欧国家一度试图探寻符合本国的发展道路。例如波兰，以哥穆尔卡为首的波兰领导人就明确提出要走"波兰道路"，也称"人民民主道路"。其主要内容是：在经济上，建立以社会主义经济为主体的多种所有制并存的体制，通过渐进方式实现工业化，在农村实行土地改革，但暂不实行合作化和集体化；在政治上，坚持以工人党领导下的统一战线为基础，建立多党联合政府和多党议会制。① 在这种体制下，东欧各国在1945~1947年的政

---

* 张文武，中国社会科学院俄罗斯东欧中亚研究所前所长，研究员。
① 详见1945年12月波兰工人党第一次代表大会文件和哥穆尔卡1946年11月30日在党的积极分子大会上的讲话。

治经济发展是比较顺利的，经济恢复和建设工作也取得了很大的成就。但是与此同时，美苏矛盾加剧，东西方之间的冷战开始。接着，1948年发生了苏南冲突，从此，一切具有本国特色的社会主义道路都被指责为"民族主义"。在此背景下，东欧各国相继被迫接受苏联模式，体制问题就成为东欧各国发展道路上的最大问题。

进入20世纪50年代后，苏联模式在东欧的推行日益引发出严重的社会经济问题。1953年6月的柏林事件、1956年6月的波兹南事件和10月的匈牙利事件，都是由社会经济问题引发，进而在国内外多种因素的影响下发展成严重的社会政治动乱。面对大量现实的社会经济问题，东欧各国先后提出了经济改革问题，但改革的道路极其艰难。由于国内外阻力很大，特别是苏联1968年对捷克斯洛伐克的改革进行了武装干预，东欧的改革不是被迫中断，就是不得不在艰难的条件下缓慢进行。进入80年代后，东欧国家的经济发展进一步陷入体制危机，经济增长率、劳动生产率、资金产出率等重要经济指标不断下降。1981～1989年，东欧国家国内生产总值的年均增长率仅为1.5%，许多国家出现了负增长。曾经是东欧国家中经济发展较快的民主德国，1988年的国民收入也下降了3%。经济危机的出现和人民生活状况的恶化进一步暴露了旧体制的问题，从而也就构成了要求彻底地放弃中央计划经济，实行向市场经济转轨的最根本的社会经济动因。

东欧国家自20世纪50年代提出改革以来，经历了一个不断探索和发展的过程。如果说，50年代的改革基本上仍固守在传统计划经济的范围之内，那么，60年代后期开始的改革，如捷克斯洛伐克1968年的改革，则明显地试图冲破苏联的计划经济模式，引进市场机制。进入80年代后，以市场为导向的改革思路得到了进一步的确定。前南斯拉夫经济委员会主席德·沃尼奇在总结南斯拉夫改革问题时说："南斯拉夫的所有改革收效甚微，都是因市场作用被贬低。我们的经验表明，在组织社会主义经济活动中，否定市场作用这一教条对社会意识的影响特别严重。"80年代中期，许多国家进一步提出要建立"社会主义市场经济"。例如，匈牙利社会主义工人党领导人纳吉在1988年的报告中就正式提出："目前我们正面临着伟大的历史任务：改变模式，建立社会主义市场经济、实行政治多元化、建立法治国家。"保共领导人姆拉德诺夫在保共十四大上说："承认国家经济的市场性质，并不意味着，也不可能意味着资本主义的取向。因为，市场和市场经济并不为资本主义所独有。"由此可见，向市场经济过渡问题早在1989年东欧发生政局剧变之前就已被提出，各国的政局剧变只不过是以激进的方式推动了这一酝酿已久的经济转型。

从国际发展方面看，随着新的一轮科技革命的发展，生产力社会化已越过了国界，经济发展的区域化和全球化已成为当今世界的发展趋势。在此情况下，原计划经济体制不仅在发展国内经济方面缺乏有效的激励机制，在开展对外经济交流方面也不适应形势的需要。特别是考虑到西方发达国家在当今世界生产力发展的诸方面占据着领先的地位，要想加入世界经济进程，与国际经济接轨，也必须采用被所有发达国家普遍实行的市场经济运行机制，实现向市场经济的过渡。总之，东欧国家向市场经济过渡并非政局剧变所引起，它具有深刻的历史和现实的社会经济根源，符合国内和国际经济发展的需要。

二 东欧国家的经济转轨在付出了高昂的社会代价之后，已取得了重大的进展，许多国家的体制转换已接近或基本完成

东欧国家全面地向市场经济过渡是在1989年政局剧变的推动下展开的，因而它从一开始就具有较强的政治色彩，并伴随着激烈的政治斗争和理论争议。各国的转轨进程虽然有很大差别，但大体上都经历了3个发展阶段：初始阶段、调整阶段和深化阶段。在初始阶段，自由主义的经济理论和照搬西方模式的思想风靡一时。新的当政者多半是政治风云人物，不仅对市场经济知之甚少，而且缺乏从政经验和应有的管理才能。由于政治和理论上的许多误导，本来就非常复杂和艰难的经济转轨在东欧国家就变得更加复杂和艰难了。从1990年开始，东欧国家无一例外地都出现了经济大滑坡以及恶性通货膨胀和严重的失业问题。1989～1992年，罗、保、阿等东南欧国家的国内生产总值下降约40%，捷、匈、波三个中欧国家分别下降21%、18.4%和17.7%。1989～1992年的年均通货膨胀率一般都在50%以上，个别国家和个别年份有的高达500%（波兰、斯洛文尼亚，1990年）或200%～300%（保加利亚，1991年，罗马尼亚、阿尔巴尼亚，1992年）。各国的失业率一般都在10%～20%。随着经济形势的恶化，人民生活水平急剧下降，表现之一就是贫困阶层迅速扩大。按收入低于平均工资45%为贫困线的划分标准来统计，波兰有33%的人生活在贫困线以下，保加利亚为62.7%，罗马尼亚为51%。

从1992年下半年开始，上述社会经济问题引发了一场激烈的政治斗争和

经济争论，并导致东欧国家的政治形势出现戏剧性变化，以原共产党转换而成的左派政党及以其为主的左翼力量通过大选在许多国家执掌了政权。与此同时，东欧国家的经济转轨也开始进入调整阶段。一般说来，1993年开始的政策调整在各国都起到了不同程度稳定经济形势的作用。波兰、罗马尼亚、阿尔巴尼亚、斯洛文尼亚的经济陆续从1993年开始得到某种程度的回升。1994年，除了受战乱影响的某些前南国家外，东欧各国开始走出谷底，普遍出现了国内生产总值正增长的形势。1996年，大部分东欧国家在调整的基础上，开始进入转轨的深化阶段，在政治和经济形势相对稳定的条件下，转轨工作的重点从自由化和私有化转向以建立完整的市场体系和市场秩序为主的所谓市场化方面。

尽管各国的发展由于起始条件和政治环境等因素的影响出现了较大的差别，但总的说来，东欧国家在付出了高昂的社会代价之后，体制转轨已取得重大进展，主要表现在以下几个方面。

1. 90％以上的商品和劳务价格已经放开，新的市场价格形成体系基本建立

自1990年以来，东欧国家通过不同的方式先后都放开了价格。目前，除极少数对国民经济和人民生活有特殊意义的产品和劳务价格仍由政府控制外，90％以上的价格都已放开，通过市场来形成价格的机制已基本建立。由于外贸和汇率自由化的迅速发展，商品价格还直接受国际市场价格的影响。由于市场竞争已初步形成，市场秩序比较稳定，乱涨价现象基本被克服。这也就为市场机制发挥作用创造了必要的基础。

2. 所有制结构和产权制度发生了重大变化，市场主体问题基本解决

东欧国家的所有制改造基本通过三个途径：国有企业的私有化、国有企业的产权制度改革及新兴私人企业的准入。据世界银行发布的资料来看，1990年以来，东欧国家所有制结构发生了重大变化，大部分东欧国家的私营企业（包括职工持股和国有股份占50％以下的企业）的产出在各国1995年的GDP中所占的份额达到了一半以上。发展最快的是捷克，它主要通过平等获得"投资券"凭证的私有化方法，使私营产出的比例增大到69％。1990年至1995年各国私营企业产出占GDP的份额发生的变化见表1。

在推行私有化和新兴企业准入的同时，东欧国家对仍保留的国有企业也实行了重大的变革。通过产权和管理制度的改革，国有企业开始变成能适应市场经济的行为主体。

表1　东欧各国私营企业产出占 GDP 的份额

国家/年份	1990	1995	国家/年份	1990	1995
波兰	26%	58%	阿尔巴尼亚	5%	59%
捷克	5%	69%	斯洛文尼亚	11%	37%
匈牙利	18%	59%	爱沙尼亚	10%	60%
斯洛伐克	6%	58%	立陶宛	12%	56%
罗马尼亚	16%	37%	拉脱维亚	10%	57%
保加利亚	10%	36%			

资料来源：世界银行：《1996年世界发展报告》。

3. 金融改革取得重要突破，为资金等要素市场的建立和发展提供了必要的基础

东欧国家的金融体制改革主要集中在三个方面。首先是重整原国有银行，建立两级体制。在这方面，中央银行已基本上与国家财政脱钩，不再向财政提供赤字贷款，中央银行开始独立负责货币发行，制定和贯彻国家货币政策。与此同时，中央银行以外的其他银行开始实行商业化。其次是推行银行私有化和新建私人银行的准入。在这方面，捷克和斯洛伐克通过"凭证"私有化的方法使5家国有银行实行了私有化。波兰和匈牙利通过出售股份，分别使2家和4家国有银行私有化。在新私人银行和外国银行的准入方面也取得了一定的进展，1994年捷克和波兰的私人银行、合资和外资银行各有16家。但总的说来银行私有化进展很困难，由于在处理呆账和坏账等方面采取的措施不同，各国的发展是不平衡的。金融改革的第三方面内容是发展证券交易，发展资金市场。它具体表现在增加证券的供应，扩大证券的需求，以及改善交易的体制环境。在这方面东欧各国刚开始起步，进展不大。1995年，除捷克和斯洛伐克外，其他东欧国家的资本市值（已公开发行的股票的市场价值）占 GDP 的百分比都不到5%，捷克因实行"证券"私有化从而使股票的发行量上升较快，资本市值占 GDP 的百分比为45%。各国的股票交易额（上市交易的股票市场价值）占资本市值的百分比分别为：波兰为60%、斯洛伐克为50%、捷克为22%、匈牙利为15%、罗马尼亚为12%。此外，绝大多数国家实现了货币的国内自由兑换。

4. 外贸体制和外贸结构发生了巨大变化，与世界经济的接轨取得了重大进展

东欧各国基本上取消了国家对外贸的垄断，转轨较快的国家与西方的经贸关系发展也较快。1989~1995年，东欧国家对欧洲联盟国家的贸易额增长了一倍，从经济合作和发展组织国家的进口增长了216%，出口增长了159%。在引进外资方面，东欧和独联体国家1990~1995年的资本流入量约占发展中国家总流入量的15%，但各国的发展是不平衡的。波、匈、捷等中欧国家吸收了其中3/4的外国资金，而有些东南欧国家的资金流入量则微乎其微。

5. 宏观经济趋向稳定，经济开始回升

经过几年的经济失衡之后，东欧各国宏观经济开始在新的市场机制基础上走向稳定，并开始明显回升。据联合国欧洲委员会年度调查报告称，1995年整个东欧地区的国内生产总值出现了5.3%的增长。波兰自1992年开始经济回升，1995年GDP增长7%；罗马尼亚、阿尔巴尼亚自1993年开始经济回升，1995年GDP分别增长7%和6%；捷克、斯洛伐克和匈牙利自1994年开始经济回升，1995年的GDP分别增长5%、7%和2%。1995年，捷克、斯洛伐克、克罗地亚、阿尔巴尼亚的通胀率降至10%以下，其他大部分国家降至20%左右，困难较大的是保加利亚，通胀率为62%。此外，各国的失业率也有所下降。根据1994年统计，捷克的失业率为6.5%，其他大部分东欧国家的失业率在10%~15%，波兰为16%，阿尔巴尼亚为18%（见表2）。

表2 东欧各国国内生产总值的年增长率

单位:%

国家/年份	1990	1991	1992	1993	1994	1995
波兰	-11.6	-7.0	2.6	3.8	5.5	7.0
捷克	-1.2	-14.2	-6.4	-0.5	2.6	5.0
匈牙利	-2.5	-7.7	-4.3	-2.3	2.5	2.0
斯洛伐克	-2.5	-14.6	-6.2	-4.1	4.8	7.0
斯洛文尼亚		-9.3	-5.7	1.0	4.0	5.0
罗马尼亚	-5.6	-12.9	-13.8	1.3	2.4	7.0
保加利亚	-9.1	-11.7	-6.4	-4.2	0.0	3.0
阿尔巴尼亚	-10.0	-711	-9.7	11.0	7.4	6.0

资料来源：世界银行：《1996年世界发展报告》。

三 目前东欧国家正在建立的市场经济与政局剧变初期当政者所宣扬的市场经济有很大的区别

转轨初期，当政者受政治因素的驱使，盲目接受自由主义的市场经济理论，在模式和转轨战略的选择方面较多地听信外国顾问的建议。当时的当政者提出的目标是：在"全面私有化"的基础上实行"完全自由的"市场经济，以激进的方式"两年完成私有化"，"三年实现向市场经济的过渡"。实践证明，这种模式和转轨战略不符合东欧国家的国情。

从1992年开始，东欧国家面对严重的社会经济问题，展开了一场激烈的政治斗争和经济争论。在政治形势发生变化的同时，在经济政策方面也出现了较大的调整，核心问题是目标模式和转轨战略的选择。具体说有以下几点重要的改变：一是放慢私有化速度，放弃"全面私有化"和"全盘私有化"的目标，在产权制度改革和企业重组的基础上继续保留一部分国有企业，在许多实行私有化的企业中仍保留一部分国有股份；二是改变政府从经济中"完全脱身"的方针，加强政府的调控作用，促进宏观经济稳定；三是注意创造就业岗位和发展就业培训，减少失业人数；四是强调政府在实行收入再分配方面的作用，减缓贫富差距的拉大。

目前，一种具有东欧特色的"社会市场经济"正在形成之中，它有以下几个特点。

1. 私有、国有和混合所有这三种形式共同构成经济的所有制基础

自经济转轨以来，东欧国家通过私有化和新兴私人企业的准入使私有成分得到迅速发展。与此同时，东欧国家在对部分原国有企业进行了产权制度改革和企业重组后，仍保留了相当大的一部分国有企业。此外，通过国有企业的股份化和"大众私有化"又形成了一批混合所有制的企业。因此，在东欧国家形成了以上述三种形式为主的多种成分并存的所有制结构。由于东欧国家和国际经济组织发表的统计材料一般都不把混合所有制作为单独的成分进行统计，而是根据各个企业中是私人还是国有成分占多数，就分别计入私有或国有的统计范畴。因此，我们很难找到三种主要经济成分的精确比重。按东欧国家的一般统计资料看，1995年东欧国家的私有企业（含国有股份占50%以下的混合所有制企业）在GDP中的比重，最高的为捷克，占69%，最低的为罗、保，占37%。从世界银行和其他经济研究机构发表的报告和文章中所反映的关于社会资产状况的材料看，国有资产在社会总资产中所占的份额还是比较高的。以捷克为例，国有资产在全国大中型企业的总资产中所占比重为40%。由于捷克的大中型国有企业的私有化主要是通过向公民发放"投资券"这种所谓"大众私有化"方式来实现的，职工和一般居民拥有的股份约占私有化大中型企业资产的50%。由此可见，私有成分在各国经济中所占的比重虽然较高，但国有和混合所有制也占据了重要的地位。此外，在考察东欧国家所有制情况时，还有一点值得注意：通过"大众私有化"方式转变成的私有企业与传统意义上的私有企业具有某些不同点。这类由职工或一般居民占有较大股份的企业具有某种程度的"人民资本"或集体企业的性质。

2. 市场调节与国家干预相结合

转轨初期，否定国家干预的观点在东欧占据了主导地位，各国都力图使国家从经济生活中"脱身"。随着经济情况的恶化，以及自由化热潮的降温，关于国家的经济职能和国家在经济转轨中的作用问题重新被提上日程。许多政治家和学者认为，不能把完全自由的市场经济看成治疗已失败的国家社会主义的灵丹妙药，国家干预并非国家社会主义。许多学者从两个方面论证了国家干预的必要性：一是现代市场经济的需要，二是转轨时期的需要。他们指出，现代的市场经济与古典市场经济的一个最重要的不同点就是实行某种方式的国家干预，以克服市场调节的局限性，维护经济的均衡发展。他们还指出，在体制转轨时期，国家的干预和调节又有着特殊的意义。他们特别强调，体制转轨涉及权力结构、经济结构和社会结构的大调整，是一项自上而下、上下结合的运动和系统工程，因此，它在操作上要求有统一的指挥和协调，以及强有力的执行机制。有些学者还从调整经济结构和发展对外经济关系等方面论证了国家干预的必要性，他们强调，东欧国家面临十分艰巨的经济结构改造问题，特别是产业结构和技术结构的改造。没有国家的必要干预，这些任务则难以完成。有的学者强调，欧美发达国家为了实现其利益，不惜用惩罚性的税率和海关战等手段来对付急于开放的中东欧国家。在此情况下，完全放弃国家干预将不利于保护本国经济的发展。

6年来，东欧国家的政府经济职能已发生了根本性转变。首先，政府不再干预企业的经营活动，而只致力于宏观经济的稳定和市场经济的正常运行，例如：保护和发展市场需求、维护货币稳定和市场秩序、引导产业结构调整等。其次，政府在生产和产品分配方面的作用大大减小，摆脱了过去统筹、统收、统配的做法，但政府通过税收、财政和福利政策等加强了维护社会平衡方面的作用。再其次，政府除对少数涉及国家安全和宏观经济稳定的项目进行投资外，不再从事一般性的投资活动。总之，体制转换并不意味着国家经济职能的简单削弱，而是在削弱和取消某些职能的同时，又肩负起某些新的职能。一方面政府的权限受到很大的限制，政府的机构和规模大大缩小；另一方面政府在促进宏观经济稳定和保障经济转轨顺利进行等方面担负着重大的职责。与此同时,国家干预的手段和方法也发生了根本性的改变,从以行政手段为主改为以经济手段为主。由于各国的国情和改革战略不同,目前东欧各国政府职能的具体体现也有所不同。波兰:国家在经济中起有限的作用,主要为制定货币、财政和收入政策,以及向居民提供必要的社会保障(1993年波兰社会保障方面的支出占国内生产总值的21%)。捷克:国家除了发挥基本的宏观管理职能外,在转轨进程中发挥着监护作用。克劳斯总理说,国家在经济生活中的作用犹如一个外科医生,既要对病入膏肓的经济施行手术,又要对手术后的经济进行精心调养,以恢复其体力。为此,政府出台了一系列政策措施,如控制工资增长等。斯洛文尼亚:有类似东亚的产业政策,政府通过补贴性贷款支持中小企业的发展,特别是那些与技术服务、与商业基础设施有关的产业。

3. 效率原则和社会原则兼顾

转轨初期,东欧国家的当政者受自由主义经济思想的影响,强调个人自由和经济自由化是经济发展的根本保证,并认为自由竞争可自动地保障机会均等和限制利己主义的发展。在此思想指导下,他们强调在任何情况下都应保证所有经济主体的经济自由和市场作用的不受干预。在实施自由化的过程中,他们主张采取激进政策,断然取消各种社会补贴和国家对价格、就业等的调控。事实表明,这种思想和政策给东欧国家带来了严重的社会问题。在理论争论和社会实践的过程中,越来越多的人认为,在当代技术进步、筹资方式和竞争手段的交互作用下,市场经济初期的权利和机会均等的状况已被打破。尽管市场经济仍是当代生产力发展条件下最能发挥刺激作用和实现资源合理配置的一种制度,但它绝不会自动地产生真正的机会均等和社会公正,它不能满足社会原则的实现。因此,有必要通过某些行政的和社会的自觉行动,来实现效率原则和社会原则的兼顾。此外,许多社会活动家和学者还从东欧国家的现实社会状况出发,论证了兼顾社会平衡的必要性。他们强调,经过40多年"现实社会主义"的发展过程,追求社会公正和社会平等的思想已深入人心,实现全民就业、缩小贫富差距已经实现,各种社会保障制度已经形成,尽管某些制度带有平均主义的和不合理的成分,但人们是不愿意轻易放弃这方面的"社会主义成就"的。因此,只顾经济效益,忽视社会公正,只顾私有化,忽视失业增多和贫富差距拉大,必然导致社会不稳定,影响转轨的顺利进行。

6年来,东欧国家在推行效率原则和社会原则兼顾方面进行了有益的探索,它主要表现在三个主要方面：一是加强国家对宏观经济的调控，通过限制垄断，维护市场秩序等来保障公平竞争；二是加强二次分配的力度，通过税收和财政制度的改革，通过新的收入分配制度和福利政策等实行"积极的收入再分配"，以缓和贫富差距迅速拉大带来的社会矛盾，在这方面，促进富人和穷人在生活公正问题上取得一定的共识，形成一定的社会舆论和社会文化是很重要的；三是改革社会保障体系，原苏东国家的社会保障均由政府主管，经费由国家财政负担，由于实行全民就业制，实际上也没有失业救济制度，新的社会保障体系将相对独立于政府，并逐步摆脱由国家完全承担社会保障的重负，改由国家、集体和个人共同负担，实行基金（公积金）制。公积金由劳动者和用人单位共同承担。医疗、养老等社会保险与失业社会救济分开。对各种不同的基金采取不同的筹资方式和管理办法。建立新的社会保障体系的难点不仅在于基金一时难以筹集和扩大，而且还在于如何根据国情处理好刺激原则和社会原则的关系。保障体系的覆盖面过大，不仅会超过社会负担能力，而且会增多平均主义成分，不利于贯彻竞争和刺激原则。

四 东欧国家的转轨实践表明，私有化并不是向市场经济过渡的当务之急和必由之路，但产权制度的改革势在必行

转轨初期，私有化在东欧国家被列为向市场经济过渡的首要问题，似乎不实现私有化就不可能实现向市场经济的过渡。当时，几乎所有的政党都宣称它们主张私有化，但很少论述私有化的目的，以及私有化的内涵、道路和方法。随着私有化和整个经济的转轨遇到了困难，关于私有化问题的探讨重新被提上日程。在理论争论和实际推行的过程中，下面的一些观点日益被多数人接受，并逐步被纳入政策的调整之中。

1. 私有化本身并不是目的，而是实现所有制多元化和产权制度改革的一种手段

从有关文件和文章的论述看，私有化的目的主要在于以下三个方面：一是通过出售和归还等方式的狭义私有化使部分国有企业变为私人企业，并形成多种经济成分并存的所有制结构；二是通过企业重组和股份化等多种形式的广义私有化实行产权制度的改革，从而使国有企业拥有更大自主权，并与其他企业一样进入资金市场；三是通过多种形式的私有化提高企业的经营效益，而这一

点则是所有改革的最终目的。此外，有些国家还提出私有化应有利于为国家和企业筹集资金，因为国有企业或资产的出售实际上是使国有资产由实物形式转化为货币形式，国家可用它来资助产业结构和企业技术结构的改造。

2. 私有化应从实际出发，采取多种形式

私有化按其原始的含义是通过出售、归还原主等方式把国有企业或国有资产变为私人企业或私人资产。但在推行过程中，特别是在推行大中型企业私有化的过程中，遇到了许多困难和问题。首先是国内缺乏购买资金，除少数效益较好的企业外，大多数企业难以售出。其次是缺乏有效的资金市场，这不仅在资金筹措方面遇到很大困难，而且由于缺乏透明度和正常的渠道，营私舞弊现象丛生。再次是出售的前期工作复杂，在资产评估和债务清理等方面问题成堆。面对上述种种问题，各国的私有化速度普遍放慢。与此同时，许多国家从实际出发，提出了许多变相的私有化形式，如："内部私有化"（由本企业的管理人员或职工以优惠办法购买和经营）、"大众私有化"（向公民发放凭证，并通过基金会购买企业股票），以及租赁、承包、委托经营、合作经营等。随着私有化形式的发展，私有化的含义也被从狭义扩展为广义。

3. 私有化并非经济转轨的当务之急，重组后的国有企业也能在市场经济中发挥作用

在探讨私有化的目的和实现形式的过程中，一个日益受到重视的观点产生了，即私有化并非经济转轨的当务之急，但国有企业的产权制度改革势在必行。人们认为，从结构改造看，私有化是形成多元结构的必由之路。从历史的经验看，私有企业的经济效益高于国有企业。但是，国有经济在计划经济条件下已形成统治地位，而各个企业的发展状况又千差万别。此外，转轨国家的市场条件和市场秩序要逐步才能建立起来。因此，大中型国有企业的私有化不能操之过急，也不必急于完成。有些学者还指出，近几年的实际发展情况表明，如果国有企业的产权制度改革（广义的私有化）能加速进行，经济转轨依然能顺利实现。人们以波兰的发展为例，说明私有化发展并不很快的国家，只要在国有企业产权制度的改革方面有长足的进展，也能在经济转轨和恢复经济方面获得较大的成绩。在东欧国家中，波兰的私有化进展并不算快，但它是最早实现经济回升的国家，在经济增长速度方面它也是东欧国家的佼佼者。

所谓产权制度的改革主要是赋予经过整顿的国有企业以更大的资产使用权和支配权，包括资产使用权转让、新增资产的处置权和出售权等。在实行了这种产权制度的改革之后，国有企业将与私有企业等其他所有制企业一样，独立地进入资金市场，并根据市场情况和市场规则实行参股、吸股、控股、兼并等资金流动的活动。许多学者指出，过去的国有企业改造之所以成效不大，主要是因为没有触及产权制度。如果改革只局限在扩大企业的经营权，不改变产权关系或产权制度，就很难使国有企业成为真正的独立的商品生产者和经营者，成为真正的市场经济主体。东欧国家在推行产权制度改革方面基本上采取了两步走的方法。第一步是实行企业整顿。这包括对所有企业进行清产核资，分级排队，清理债务，制定重组计划，其中清理债务最为棘手。根据各国的经验，匈牙利和波兰实行的由债权人（主要是银行）领导的企业债务整顿比较成功。第二步就是强化财经纪律，切断依靠国家补贴的后路。与此同时，赋予整顿后的企业以较大的资产使用权和支配权，并使之作为独立的法人进入市场。

几年来，东欧国家通过产权制度的改革已使国有企业和国有资产的运营形式发生了巨大的变化。实际上，除国家直接控制的少数企业外，大多数国有企业已变成混合所有制企业，并通过参股和控股扩大了国有资产的经济影响。东欧国家普遍认为，这种产权制度的改革既有利于在重组后的企业中发挥激励机制的作用，也有利于向市场经济的过渡，因为产权是激励机制的核心，也是市场经济的运行基础。

五　原东欧经济学派的思想自1993年起重新在东欧国家复苏，并逐步形成具有当代特点的东欧经济学

纵观东欧国家经济理论的发展，人们可以清楚地看到，东欧经济学派无论在过去的改革时期，或是进入20世纪90年代以来的经济转型时期，都起着重要的作用。所谓东欧经济学派就是指当代经济学发展史中一支比较年轻和具有独到见解的学派。由于它的创始人和各个时期的代表人物基本上都是东欧籍的经济学家，故得名为东欧经济学或东欧经济学派。东欧经济学派自20世纪20～30年代创立以来，已经历了三个发展阶段：20～30年代的创立阶段，60～70年代的再度兴起阶段，以及目前刚刚起步的重整阶段。但它在计划与市场相结合、经济效率和社会公正并重等几个基本思路方面始终保持不变。东欧经济学派除了在经济观点上有着共同的基本思路外，在政治观点上也有一个共同点，即都

认为资本主义虽然仍具有较大的发展余地,但它却包含着不可克服的矛盾,它终将被社会主义所取代。因此,东欧经济学派一般在政治上都宣称以社会主义为取向。当然,它们对社会主义的理解是各式各样的,对马克思主义的态度也有所不同,但它们与右翼势力或多数西方经济学派相比却有着很大的政治区别。

在20世纪20~30年代,以奥斯卡·兰格为主的东欧经济学创始人,针对当时占统治地位的、攻击社会主义不可能实现资源有效配置的观点,论证了社会主义条件下可以通过计划与市场的结合,实行资源的有效配置,并由此发挥出社会主义的巨大优越性。在60~70年代,以锡克、布鲁斯、科尔内等为代表的东欧经济学派,冲破了传统计划经济模式的理论束缚,并对经济运行层次的研究做出了重要的贡献。与此同时,他们明确提出市场经济是一种经济运行形式,在资本主义条件下可以运行,在社会主义条件下同样可以运行,这对推动市场取向的改革和向市场经济转轨起到了重要的作用。90年代的东欧经济学派虽然刚刚起步,但它是在原东欧国家社会主义经济改革夭折后,照搬西方模式又遇到重重困难的情况下发展起来的,并在所有制理论、市场理论、国家经济职能等方面有新的突破。

从思想理论来源看,当代东欧经济学既继承了原东欧经济学的一些基本观点,如多种经济成分并存、市场与计划相结合、经济效率与社会公正兼顾等,同时它也吸收了许多西方现代经济学的理论观点。如私有经济和国有经济的特殊地位和作用、资本(物化劳动)的增值理论、产权和产权分割理论,等等。因此,当代东欧经济学可视为一个颇具特色的、正在形成和发展的经济学流派。它的特点可简单概括为:现实性、兼容性和实证性。所谓现实性是指这个学派的理论研究注重解决现实问题,特别是涉及中央计划经济向市场经济过渡的理论和实践问题。所谓兼容性是指这个学派不拘泥于传统的理论定式,不强调意识形态的界限,而注重吸收东西方能解决实际问题的理论观点和政策主张。所谓实证性是指这个学派在方法论上比较注重实证性的分析方法,他们中的许多学者认为经济学首先是一门经验科学,它的研究过程就是经验归纳,并从实践中得出新的结论。因此,他们在研究方法上注重对经济现象的描述和经济实践的归纳,而很少从经典理论出发进行逻辑推理和演绎,很少进行规范和定性研究。当代东欧经济学的另一个特点是有关的理论观点主要散见在大量的论文和经济文献之中,它不像在此之前的东欧经济学派有显赫的代表人物和代表著作。此外,东欧市场经济学产生于"原社会主义国家"、"后共产主义国家"和正在追求现代化的发展中国家。因此，这个学派的思想和观点对正在向市场经济过渡，或正在进一步完善市场经济的发展中国家具有更直接的借鉴意义。

六 当代东欧经济学派提出的一些关于市场经济的观点值得重视，它对东欧国家未来经济发展模式的形成将产生重要的影响

新老东欧经济学派的理论观点，既涉及市场经济的一般原理、模式选择和运作原则，也涉及市场经济与所有制的关系、与政府干预的关系、与社会结构和社会冲突的关系，以及发展中国家在国内和国际双重市场机制调节下实现现代化和发展民族经济等问题。现就几个主要的和值得重视的思想和观点简介如下。

1. 市场经济只是对以市场机制为基础的经济运行方式所做的抽象概括，它既不是社会经济制度，也不是具体的经济运行模式

为纠正对市场经济的许多模糊认识，东欧经济学派的理论家首先对市场经济的实质、市场经济与社会制度的关系做了较系统的论述。这里主要涉及市场经济的属性和特征两个方面的问题。关于属性问题，他们强调市场经济只是一种经济运行方式，它与"社会经济形态"、"社会经济制度"以及"经济发展模式"和"经济运行体制"等分属不同的概念体系。一般说来，"社会经济制度"（也就是社会经济形态）指的是人类社会在一定发展阶段上占主要地位的生产关系的总和，按马克思主义的分析，人类社会共有五种相继更替的社会经济形态。"经济模式"和"经济运行体制"是"表示经济机制的运行图式""经济运行的主要原则"。由于经济运行的某些原则与生产关系的性质有关，经济模式和经济运行体制也可视为基本生产关系的更具体的表现形式。但市场经济与上述概念有很大的不同，它既不是社会经济制度、经济模式，也不是具体的经济运行体制，它只是一种经济运行方式的抽象概括。这种以市场机制为基础的经济运行方式虽然产生于社会生产发展的一定历史阶段，但它与社会经济形态（生产关系的总和）无直接联系，它"并不为资本主义所独有"。在同一种经济制度下可以采用不同的经济运行方式；同样，在不同的经济制度下也可采用相类似的经济运行方式。

关于市场经济的特征，他们把它概括为以下三点：社会资源的配置基本上

通过市场机制来实现；商品的供求关系基本上通过市场需求来调节；商品和劳务的价格评估、利润和收入的分配基本上通过市场效益来确定。显然，这三个基本特征与中央计划经济的特征有着明显的差别。他们认为，如果一个国家的经济运行机制包含了上述三个特征，或者说体现了上述基本原则，那么就可以说，这个国家实行的是市场经济运行方式。对于原来实现计划经济的苏联和东欧国家来说，向市场经济过渡就意味着放弃过去实行的以指令性计划为主要手段的资源配置和经济调节制度，使基本的生产要素（产品、劳动力和资本）进入市场；改变由行政部门规定价格的制度，使绝大部分的商品和劳务的价格实现市场化；改变由国家直接或间接掌管收入分配的制度，使市场因素，包括资金、机遇、风险等因素纳入收入形成体系之中。

2. 市场经济与社会主义是可以兼容的

长期以来，无论是马克思主义理论家，还是非马克思主义经济学家都认为，社会主义与市场经济是不相容的。一个最显见的论据就是在马克思主义经典著作中，社会主义和共产主义被描述为是一种无商品的也就是非市场的社会经济制度。马克思认为，人与人之间的商品关系只是由生产资料私人占有所引起的。正是私有制的存在才使整个社会不能根据全社会的需要来更有利地安排生产，以及通过其社会机构来进行产品的分配。马克思认为，一旦私有制被铲除，各个生产者之间的所有权这个屏障消除了，全部生产就必定会变成一个巨大的包括整个社会的协作，在这样一个大协作中所有生产性劳动也将按照一个统一的计划进行安排。[①]

东欧经济学派的理论家们指出，市场经济是否能与社会主义兼容的问题既涉及对市场经济的认识，也涉及对社会主义的认识。对上述马克思主义经典著作对社会主义的论述，东欧经济学派提出了自己的理解。第一，他们强调，马克思所说的无商品、非市场的社会经济制度是以生产力的发展水平达到非常成熟的阶段为前提的。只有在这个前提下，私有制才能被铲除，生产性劳动才能按照统一的计划来进行安排，商品和市场等范畴才会自然地从历史上消失。而现实的社会主义国家所具有的生产力发展水平远远没有达到马克思主义经典著

---

① "一旦社会占有了生产资料，商品生产就将被消除，而产品对生产者的统治也将随之消除。社会生产内部的无政府状态将为有计划的自觉的组织所代替。"《马克思恩格斯选集》第3卷，人民出版社，1995，第757页。

作所描述的程度。

第二，他们认为市场经济与社会主义基本原则并不违背。他们强调社会主义的基本原则是实现社会公正（具体要求是：满足人们的基本物质和精神需要；实现收入、福利、权利和地位的较大平等；创造必要条件以便使人的潜能和个性得以充分发挥和发展）。如何才能实现社会公正呢？传统的看法是，社会公正的最大障碍是生产资料的私人占有和社会产品的分配不合理。因此，首先需要通过固有化或其他所有制改造等办法消灭私有制，从而从根本上消除通往社会公正的根本性障碍。其次，在公有制基础上实行计划经济，以实现生产资料和消费资料的合理分配。这基本上也就是实行计划经济的出发点。但东欧学者强调，计划经济只是实现社会公正的原则和目标的一种手段，而不是社会主义的目的和原则本身。此外，计划作为一种资源配置的手段其内在实质并不意味着平等和公平的自然实现。由此可见，计划经济与社会主义的关系只是一种手段与目标的关系。至于公有制，它的确与社会主义密不可分，它是消灭剥削的根本途径。但是，公有制作为一种占有形式，在运作不当或条件不具备的情况下，也并不意味着剥削的自然消除。有的学者还提出，在社会经济条件没有达到可以完全用公有制代替私有制的时期，也可以在部分保留私有制的同时，通过税收和收入再分配的办法来达到某种程度的收入分配平等。社会主义的公正并非只能体现在产权公有上，更重要的和更实际的是体现在收入分配上。换句话说，如果为了发挥私有制的一定效益作用，在不改变所有制的情况下，国家也可通过国民收入的再分配来逐步实现社会公正。

第三，许多学者提出，把计划经济与社会主义等同起来是一种教条，也是一种历史的误解。人们本以为用国家取代了市场，就能消除市场的无政府主义状态，创造出合理经营和生产力和谐发展的最高形式。但是，在苏联和原东欧国家以国家计划取代市场机制的实际结果却使经济合理性消失殆尽，使人的科学技术创造性枯萎凋谢，并导致一种新型政权国家的产生，而它却没有能力保障有限资源的合理使用和生产力的发展。

东欧经济学派的学者还指出，从功能和性质上来看，市场经济与计划经济一样，均是一种经济运行手段。它的内在实质并不阻碍人们用它来实现社会主义的目标原则。他们认为，在包括国有制和其他公有制在内的混合所有制下，市场经济不仅可以正常运行，而且在某种程度上可以克服单一私有制条件下的市场经济所具有的某些局限性。占一定比重的国有制和其他公有制有利于克服市场经济在调节功能方面的不足以及事后调节等缺点,可以对国民经济的发展实行更有效的调控。因此他们认为,市场与公有制的有机结合可以在效率和社会公平两个方面获得最佳效果。

3. 市场经济并不排斥国有制,它在现代市场经济中具有某种独特的功能

东欧经济学派的学者指出,市场经济固然产生于私有制社会,但当代的市场经济已不要求以单一的、传统的私有制为基础。在现代市场经济条件下,国有企业不仅可以发展,而且它还具有某些独特的功能。从历史上来看,各地的市场经济几乎无一例外都是在私有制基础上形成的。这就造成一种假象,似乎市场经济均以私有制为先决条件。但事实上实行市场经济的一个先决条件只是必须有相互独立的市场主体(独立的买方和卖方,独立的商品生产者和经营者)。集体所有制企业和国有企业,只要它们在市场上是独立的行为主体,它们同样可以在市场经济条件下发展。实际上,国有制早在一百多年前在欧洲的烟草业中就诞生了,当时是出于垄断的需要。经过一百多年的演变,国有制的内涵和作用已发生了很大的变化。国有制在历史上之所以得到发展,以及东欧国家为什么在推行了一段时期全面私有化后又要保留一定比例的国有企业,这首先是因为国有企业具有私有制企业不可取代的经济和社会职能。今天看来,至少有以下几个方面的需要:一是发展经济的需要,国有企业大都集中在经济的基础部门、非利润部门,这些部门是国民经济均衡发展的基础,而它们需要在国家强有力的支持下才能获得较大的发展;二是实现社会平衡的需要,国有企业作为国家和社会的重要收入来源之一,它有助于支持社会福利,缓解社会分配不公,保持社会的稳定;三是未来发展的需要,国有企业具有规模大、社会化程度高的特点,它有利于向未来社会的发展,有利于克服生产资料的私人占有与社会化大生产的矛盾。至于原苏东国家的国有制为什么失败,那是一个有着极其复杂的社会经济原因的独特问题,但它并不能说明作为公有制形式之一的国有制没有生命力。

在探讨所有制理论方面,东欧学者还指出,随着生产力的发展,私有制本身也发生了重大变化。私有制的四大权利出现了分离和分割,产权不再涵盖一切经济权力。此外,传统理论的一个误区就是只重视物质资本的所有权,并把劳动与资本的对立看成资本所有权的主要内容,把劳动依附于资本看成永恒不变的规律。实际上,在现代市场经济条件下,所有权关系的内容已在两个方面发生了重大变化:一方面,随着物质资本的供应日益充裕,"资本价格"(利息率）日益降低，劳动价格不断上涨，与物质资本相比，人力资本的重要性已大大提高；另一方面，随着公司制度的广泛发展，产权的内容构成发生了变化，公司制度削弱了股东的所有权，部分所有权由经理部门代理，这种代理权一般已在法律上被确认，不能由股东随意剥夺。这就是说，在劳动和资本的关系中插入了代理者——经理部门。此外，随着股东的增多，产权的分割，以及经济法规和社会政策等的制约，出现了产权的削弱和分割现象。因此，东欧经济学派的学者认为，既不能以传统眼光看待当代的国有制，也不能以传统眼光看待当代的私有制。

4. 市场经济没有统一的运行模式，各国模式也将随着社会经济条件的变化而不断发展

在探讨模式选择的过程中，许多东欧经济学家指出，市场经济自出现以来就在不断地发展。就总体发展情况看，在100多年里经历了两个大的发展阶段，即自由市场经济和现代市场经济。现代市场经济与自由市场经济相比，它无论在所有制结构、经济运行机制以及思想伦理基础等方面都已发生了巨大变化。就当代的实际状况看，市场经济已在100多个国家实行，但各个国家的运行模式有很大的区别。就美、英、法、德、日等发达国家来看，各国的运行模式都具有各自的特点。此外，在一个国家的不同发展时期甚至也可能实行不同的运行模式。他们认为，不同模式的出现来源于各国历史的、社会的和经济的差异。各国的社会经济条件及其变化决定了各国模式的发展。

鉴于对市场经济的历史发展和模式多样性的分析，东欧学者提出原来实行中央计划经济的国家在向市场经济过渡时首先应确定过渡的目标模式。为此，既要考虑本国的生产力发展水平和社会历史传统，同时也应考虑时代的特点和世界的变化。他们强调指出，市场经济的优势实际上就在于它对不同文化传统和社会经济条件具有很高的适应性。

5. 随着当代世界经济的发展，国际市场机制已经形成，各国的经济发展和现代化均受国内和国际双重市场机制的制约和协调

国际市场机制是随着世界市场的发展而形成的。19世纪末到20世纪60年代是世界市场形成和发展的阶段。在这个时期，不仅国际的商品贸易逐步涵盖了世界各个地区和国家，国际资本市场也逐步形成。跨国公司、国际金融交易所和国际经贸组织等得到了迅速发展。20世纪70年代以来，世界市场进入成熟阶段。国际市场机制逐步形成，并日益发挥作用。国际市场机制也就是一般市场机制在世界大市场上的运用，但由于世界市场远比一个国家内的市场复杂得多，市场机制的运用也就带来许多复杂的情况。首先，世界市场的行为主体比较复杂。不仅有大量专业外贸公司作为中间商成为交易活动的媒介，而且在世界市场上各国政府也是重要的行为主体。这是因为当今世界仍由"民族国家"所组成，国际经贸关系不仅涉及企业和个人的利益，而且在更大程度上涉及国家和民族的利益。因此，国家的介入是必然的。其次，资本、技术、劳动力等在国标间的流动是一个复杂的过程，它不单纯是企业间的活动，它需要国际协定和国际机构的协调，反过来它又调节着世界经济的运行。因此，世界市场和国际市场机制的形成进一步把各国经济紧密地联系起来了，并进而使各国的经济发展受国内市场机制和国际市场机制的双重制约和协调。由于原苏东国家过去的经济交往较多地局限在经互会范围之内，而且较少地通过市场机制来调节，转轨后如何从本国实际出发，适应和利用国际市场机制发展本国经济乃是一个重要的理论和实际课题。

东欧经济学派在探讨国际市场机制和世界一体化问题的同时，也对当代历史条件下如何实现现代化的问题进行了有益的探讨。他们对东欧国家历史上三次现代化尝试的失败经验进行了回顾，并对当前东欧国家随着经济转轨而开始的第四次现代化的尝试进行了比较分析。他们认为，当前面临的问题仍然是如何走出历史循环的怪圈，走出两难的困境。两难困境的背后是几个难以解决的矛盾和关系问题：西方化与民族化、开放与封闭、出口导向与进口替代。他们同时也指出，今天的国内和国际条件已发生了很大变化。对东欧国家及所有发展中国家来说，当今的国际条件与过去相比，既有有利的方面，也有不利的方面。有利的方面是随着科技革命的发展，产业结构在大调整和大转移，这为发展中国家提供了发展的机遇。此外，当今世界随着生产力的大发展，资金出现相对过剩。为追逐利润，出现了资金向劳动力价格低廉的地区流动的现象。这无疑对力求实行现代化而又缺乏资金的发展中国家来说是有利的。不利的方面是发展中国家只有参与世界生产和国际劳动分工才能有出路，而当今世界只有发达的西方大国拥有调节劳动分工的能力和所需的信息。当今世界是高科技和信息的时代。谁掌握信息和高科技，谁就能获得主动权和最大的利润。最近一个时期，特别引起东欧国家关注的一个问题就是：西方大国正在酝酿所谓"劳动标准化和贸易关系原则"，其实际含义就是认为发展中国家通过廉价劳动力构成的低成本，形成了"不正当的"产品倾销。对此，发达国家要求实行劳动成本国际化和标准化,并准备通过"反倾销法"对发展中国家施加压力。在此形势下,发展中国家无疑是处于被动和不利的地位。总之,如何利用机遇和减少不利因素的影响,如何既现实地面对从属地位,又要力求保持一定的独立性,这不仅关系到东欧国家的经济发展,同时也关系到其实现现代化的前景。

许多东欧学者在分析当代国际条件的基础上,提出了一些在现代化道路上需要认真考虑的问题:其一,工业是否应自成体系,这涉及依附性与自力性、从属增长与自力增长的问题;其二,民族经济与国外企业在本国经济中的地位,这涉及外国资本在经济中所占比例和作用;其三,吸收外国资本与发展模式,这涉及生产力的形成是否可以建立在超国家的水平上,是否可以在跨越国家框架的情况下推进,以及是否可以通过地方和企业直接与外界联网,形成超国家网络的地区体系等;其四,加入以发达国家为主导的经济区与保护本国和本民族的利益,这涉及依然存在的发达国家与发展中国家之间不平等的经济关系问题。此外,某些学者在分析历史经验和当代现实条件的基础上,归纳出三种现代化模式:"民族主义的"、"传统结构主义的"和"社会—经济主义的"现代化模式。

总之,如何汲取历史的教训,并充分考虑本国国情和当代国际条件,解决好现代化的道路问题,是当前东欧经济学派研究的重大问题之一。许多有识之士认为,一个多世纪的历史教训之一就是:不能走回头路,不能走封闭和保护主义的路,因为它不能适应新的世界经济的要求,不能解决新技术和新的部门结构问题,从而也就不能有助于从根本上实现现代化。历史教训之二就是:机械地学习西方和依靠西方,也难以解决问题,因为各个国家的发展水平差距较大,特别是涉及国家和民族的利益差别和利益矛盾。东欧国家对在当前世界一体化形势下如何实现现代化问题的探讨,对许多发展中国家来说,具有重要的参考价值,值得认真研究。

原载《东欧中亚研究》1997年第1期

苏共失败的历史教训[*]

李静杰[**]

74年以前，俄国共产党人在敌强我弱的情况下，团结广大人民群众，用革命的暴力推翻了资产阶级专政，建立了无产阶级政权。70多年来，苏共在领导苏联各族人民进行社会主义建设的过程中，经受了各种困难和考验，其中包括国内剥削阶级的武装反抗以及国外帝国主义的颠覆和侵略。可是，由于苏共长期未能把马克思主义的基本原理同苏联社会主义建设的实际很好地结合起来，违背了科学社会主义的基本原则，在意识形态、政治、社会经济和军事领域实行了一系列错误政策，特别是在20世纪在80年代后期进行改革的时候又做出错误的战略选择，结果把国家引向了全面的危机，失去了人民群众的支持，最后终于导致苏共丧失政权、苏联国家解体。

作为世界上第一个社会主义国家苏联的解体和拥有74年执政经验的苏共的垮台，使国际共产主义运动受到空前严重的损害。但是，这也是好事，它从反面教育了全世界的共产党人和革命人民。苏共的失败和苏联发生的剧变远比100多年以前巴黎公社失败所包含的内容和提供的教训要丰富和深刻得多。在经受这场剧变引起的震惊之余，全世界共产党人逐渐冷静下来，开始认真思考应该从中吸取什么样的教训。全面而科学地总结苏共失败的反面经验，一定能为丰富和发展马克思主义提供非常宝贵的大量新鲜材料，为社会主义的健康发展提供极为有益的启示。

---

[*] 本文是院重大课题"苏联解体原因及其历史教训"的主体部分，由作者独立完成。1992年刊登在《东欧中亚研究》（现名《俄罗斯东欧中亚研究》）第6期上。

[**] 李静杰，中国社会科学院俄罗斯东欧中亚研究所前所长，中国社会科学院荣誉学部委员。

为了正确地总结苏联解体的教训，有必要回忆一下 20 世纪 50 年代末和 60 年代我党对苏联东欧当时发生的事件做出的反映。1956 年，苏共二十大批判斯大林搞个人崇拜，其后不久发生了波兰和匈牙利事件。这些事件虽然没有像这次剧变那样引起政权性质和社会制度的变化，但在国际共产主义运动内部和外部造成的震动和影响也是非常巨大的。我党当时正确地抵制和反对了苏联领导的大党主义和大国沙文主义，同时对苏联东欧发生的事件提出过许多正确的意见和主张，但是后来在分析苏联东欧发生变化的原因及其历史教训时，却得出了这样的结论：苏联出现了"资本主义复辟"，原因是苏联党和国家的领导人"走上修正主义道路，走上所谓'和平演变'的道路"[①]。为了避免苏联"资本主义复辟"的悲剧在中国重演，必须开展"反修防修"的斗争，进行"无产阶级专政下的继续革命"，即"文化大革命"。大家都记得，"文化大革命"使中国遭受一场浩劫。历史已经证明，我们当时没能够正确地，而是错误地总结了苏联的教训。造成这种情况的原因看来有以下几点：一是将以"阶级斗争为纲"作为理论方法来分析和总结苏联的经验和教训；二是把当时苏联、东欧发生的变化的原因首先归结为是"修正主义思潮"引起的，而不是像马克思主义经典作家所要求的那样，不应该从人们的头脑中，而应该从现存的社会经济和政治制度中去寻找社会变迁的原因；三是把苏联发生变化的主要原因仅仅归结为某些领袖人物，忽视了广大党员和人民群众在这些事件中的态度和作用；四是掌握的材料太少，当时我们作为外国人能够看到的苏联社会和苏共内部的消极面仅是冰山之巅而已。今天，当我们总结苏联解体的教训时，记取 50 年代末和 60 年代我党总结苏联教训时的教训，是很有益处的。下面就苏共领导社会主义建设和改革中的主要教训，谈一些不成熟的看法。

（一）在经济和文化落后的国家，无产阶级夺取政权以后，不能超越社会发展阶段，急于过渡，而要集中力量发展生产力，为建立社会主义创造必要的物质和文化前提

马克思主义的基本原理告诉我们，社会主义之所以必然取代资本主义，归根到底是社会生产力发展的结果。正像恩格斯所说，"一方面，资本主义生产方式暴露出自己无能继续驾驭这种生产力。另一方面，这种生产力本身以日益增

---

① 《关于国际共产主义总路线的论战》，人民出版社，1965，第 504 页。

长的威力要求消除这种矛盾,要求摆脱它作为资本的那种属性,要求在事实上承认它作为社会生产力的那种性质。"① 资本主义制度不仅为社会主义的建立准备了完备的物质条件,即高度发达的社会生产力,而且为社会主义的建立准备了主观条件,即掌握了现代化生产工具和科学技术的无产阶级队伍。但是历史的发展却做了另外一种选择:无产阶级革命的胜利不是像马克思和恩格斯所设想的那样,发生在发达资本主义国家,而是发生在经济和文化落后的俄国。第二次世界大战以后走上社会主义道路的国家,其经济和文化也相当落后,有的国家还处在前资本主义时期。按照列宁的说法,俄国无产阶级革命不是从"理论规定的那一端"开始的,即不是先具备建立社会主义的物质和文化前提,无产阶级才夺取国家政权,而是无产阶级先夺取国家政权,然后再为建立社会主义创造物质和文化前提。同这个问题有关,列宁曾在十月革命前后同第二国际和孟什维克的领袖们进行过激烈争论。但是,争论的焦点是关于当革命形势到来的时候,无产阶级应不应该夺取政权的问题,而不是关于建设社会主义要不要"客观前提"的问题。相反,对于孟什维克关于"俄国生产力还没有发展到可以实行社会主义的高度"的说法,列宁评价说,这是"无可争辩的论点"②。列宁还说,"(如果社会主义在经济上尚未成熟,任何起义也创造不出社会主义来)"③。列宁曾经估计,无产阶级夺取政权以后,为建立社会主义创造物质和文化前提"还须经过整整一个历史时代"④。

按照列宁的观点,要成为完全社会主义的国家,"(……就要有相当发达的物质生产资料的生产,要有相当的物质基础)"⑤。所以,俄国无产阶级革命胜利后最根本的任务就是发展生产力。他说:"当无产阶级夺取政权的任务解决以后,随着剥夺剥夺者及镇压他们反抗的任务大体上和基本上解决,必然要把创造高于资本主义的社会结构的根本任务提到首要地位,这个根本任务是:提高劳动生产率。"⑥ 列宁还说:"劳动生产率,归根到底是使新社会制度取得胜利的最重要最主要的东西。"⑦ "共产主义就是利用先进技术的、自愿自觉的、联

---

① 《马克思恩格斯选集》第3卷,人民出版社,1995,第751页。
② 《列宁选集》第4卷,人民出版社,1995,第777页。
③ 《列宁全集》第25卷,人民出版社,1958,第349页。
④ 《列宁全集》第33卷,人民出版社,1957,第425页。
⑤ 《列宁选集》第4卷,人民出版社,1995,第774页。
⑥ 《列宁选集》第3卷,人民出版社,1995,第490页。
⑦ 《列宁选集》第4卷,人民出版社,1995,第16页。

合起来的工人所创造的较资本主义更高的劳动生产率。"① 可见列宁不仅把能够创造"较资本主义更高的劳动生产率"作为社会主义取胜资本主义最重要的条件,而且把这作为社会主义和共产主义的本质特征。列宁从这个基本点出发,在制定无产阶级政党的方针政策时始终坚持以生产力为根本标准。

但是,列宁逝世以后,斯大林很快改变了列宁关于要用很长时间为建立社会主义创造必要的物质和文化前提的思想以及他所制定的新经济政策。1925年5月,斯大林宣布,"在无产阶级专政下,我们有克服所有一切内部困难而建成完全的社会主义所必需的一切条件"②。在这种思想指导下,开始对所谓资本主义展开"全面进攻",人为地加快了向"完全的社会主义"过渡的步伐。1936年11月,联共(布)宣布,苏联"进入完成社会主义建设并逐步过渡到以'各尽所能,按需分配'的共产主义原则为社会生活准则的共产主义时期"③。苏联这时宣布建成的"社会主义"就是人们后来所说的"斯大林模式的社会主义"。现在看来,这种社会主义之所以在同资本主义的竞赛中没有显示出应有的优越性,其首要原因在于:这种社会主义是在不具备或不充分具备必要的物质和文化前提的情况下建立起来的。这就决定了,这种社会主义制度是人为催生的,具有先天不足的弱点。苏联社会主义建设过程中出现的个人崇拜、强制命令、滥施暴力、破坏法治等扭曲现象,无不与此有关。60年代初,赫鲁晓夫宣布,苏联将在20年内"建成共产主义",其后,勃列日涅夫又宣布苏联已建成"发达社会主义",尽管已经后退一步,但是仍然没有摆脱斯大林急于过渡、超越社会主义发展阶段的思维模式,结果都以失败告终。

十一届三中全会以后,中国共产党在邓小平的指导下,总结了过去急于过渡、"穷过渡"的教训,把工作重点转移到以经济建设为中心的轨道上来,下定决心集中精力发展生产力。与此同时,我党还确认,我国社会还处在社会主义的初级阶段。这个初级阶段可能要持续一百年。邓小平说:"现在虽说我们也在搞社会主义,但事实上不够格。只有到了下世纪中叶,达到了中等发达国家的水平,才能说真的搞了社会主义,才能理直气壮地说社会主义优于资本主义。现在我们正在向这个路上走。"④ 邓小平这些朴素的语言是科学社会主义的基本原理同经

---

① 《列宁选集》第4卷,人民出版社,1995,第17页。
② 《斯大林选集》上卷,人民出版社,1979,第341页。
③ 《联共(布)党史简明教程》,人民出版社,1975,第381页。
④ 《邓小平文选》第3卷,人民出版社,1993,第225页。

济和文化相对落后的中国实际相结合的思想结晶,值得深入学习和领会。

(二)社会主义社会没有固定的模式和"最终规律"可循,它是经常变化和改革的社会,改革是社会主义发展的必由之路

马克思主义的经典作家把唯物辩证法彻底贯彻到对人类一切社会其中包括对社会主义社会的分析中。他们历来反对把社会主义社会看成某种固定的模式,反对无产阶级政党在社会主义建设方面"提出任何一劳永逸的现成方案"。恩格斯指出:"我们是不断发展论者,我们不打算把什么最终规律强加给人类。关于未来社会组织方面的详细情况的预定看法吗?您在我们这里连它们的影子也找不到。"① 他又说:"所谓'社会主义社会'不是一种一成不变的东西,而应当和任何其他社会制度一样,把它看成是经常变化和改革的社会。"② 列宁特别反对从本本出发谈论社会主义,主张在实践中不断加深乃至校正对社会主义的理解和认识,从实际情况出发制定社会主义建设的理论、路线和方针。经过近一年的实践以后,列宁指出:"对俄国来说,根据书本争论社会主义纲领的时代也已经过去了,我深信已经一去不复返了。今天只能根据经验来谈论社会主义。"③ 在新经济政策时期,当列宁发现,能够把革命热情和"文明的商人本领",把个人利益和国家利益很好地结合起来的合作社制度能够将小生产引向社会主义的康庄大道时,他立即宣布,"我们对社会主义的整个看法根本改变了"④。

遗憾的是,列宁对待社会主义的理论和实践所采取的革命的辩证的态度到了斯大林时期就发生了变化。苏联在社会主义工业化时期取得了巨大的成就,接着又取得了卫国战争的伟大胜利。以斯大林为首的联共(布)领导在成就和胜利面前被冲昏了头脑,开始把苏联在特殊历史条件下建设社会主义的经验绝对化和神圣化,并强迫其他社会主义国家照搬苏联的经验。1948 年 5 月,斯大林在致南斯拉夫共产党中央和铁托的信中说,"在与南斯拉夫社会主义有关的问题上,低估苏联的经验,在政治上是极其危险的,而且对马克思主义者说来,这是不容许的。"⑤ 其后,在苏联的指使下,东欧国家共产党和工人党内展开了

---

① 《马克思恩格斯文集》第 4 卷,人民出版社,2009,第 561 页。
② 《马克思恩格斯全集》第 37 卷,人民出版社,1971,第 443 页。
③ 《列宁全集》第 34 卷,人民出版社,1985,第 466 页。
④ 《列宁选集》第 4 卷,人民出版社,1995,第 773 页。
⑤ 〔英〕斯蒂芬·克利索德:《南苏关系 (1939~1973)》,人民出版社,1980,第 357 页。

对所谓"铁托分子"和"民族主义分子"的清洗,那些反对照搬苏联模式,主张建设社会主义要从本国国情出发的领导人普遍受到镇压和迫害。1952年,斯大林亲自指导把苏联社会主义建设经验写进《政治经济学教科书》,并规定,这不仅是苏联人,而且是全世界共产党人"必读的教科书"[1]。社会主义本来应该是丰富多彩、充满生机和不断变革的社会,但是在这本教科书中却变成了僵化的固定模式。苏联在20世纪30年代的社会主义建设中采用过的做法和途径,如工业国有化、农业集体化、中央指令性计划等,被当成划分真假社会主义的主要标准,是所有国家社会主义建设必须遵守的"共同规律"。在社会主义国家中,斯大林的《政治经济学教科书》在相当长的时期内被奉作圣典,影响了几代人。在苏联和东欧国家,人们的思想长期得不到解放,改革被扼杀,中途而止,在很大程度上是由于人们对社会主义的理解始终停留在这本教科书规定的概念上,即30年代在苏联形成的社会主义的概念上。

恩格斯在《反杜林论》中,曾这样嘲笑那些自认为自己掌握了绝对真理的人,"整个人类历史还多么年轻,硬说我们现在的观点具有某种绝对的意义,那是多么可笑……"[2]从20世纪20年代末到开始撰写《政治经济学教科书》,中间去掉5年战争,苏联搞社会主义的时间总共只有十多年,可是斯大林却认为,苏联已经掌握了社会主义建设的"共同规律",不仅要以此律己,而且还要强加给世界所有社会主义国家,重温恩格斯前面的话,可见这是多么可笑!斯大林的理论终于受到了惩罚:既然"社会主义"只能是教科书规定的那个样子,而不能是别的样子,别的样子就是"资本主义",那么实践已经证明,教科书规定的"社会主义"已经成为社会发展障碍的情况下,人们要继续前进,只好抛弃"社会主义",而选择"资本主义"了。这又一次证明,"左"和右是孪生的;右既是"左"倾教条主义的演化物,同时又是对"左"倾教条主义的惩罚。

多年来,苏联的《政治经济学教科书》也是中国各级干部和知识分子的"必读书"。人们头脑中关于社会主义的概念更多的不是从马克思主义经典著作中获得的,而是从这本教科书中获得的。所以,中国的改革开放事业首先是从解放思想开始的,而思想解放的核心内容就是重新认识什么是社会主义。邓小平曾一针见血地提出:"我们总结了几十年搞社会主义的经验。社会主义是什

---

[1] 《斯大林选集》下卷,人民出版社,1979,第573页。
[2] 《马克思恩格斯选集》第3卷,人民出版社,2012,第492页。

么，马克思主义是什么，过去我们并没有完全搞清楚。"① 正是由于破除了斯大林时期形成的关于社会主义的教条主义概念，改革开放的事业才得以实行，并取得了举世瞩目的成就。但是关于社会主义的教条主义概念的影响还是根深蒂固的。为了深化改革，扩大开放，清除人们头脑中关于社会主义的僵化观念和错误认识，还是一个很繁重的任务。

（三）社会主义同资本主义的关系是辩证的否定关系，在不发达国家建设社会主义，要特别注意学习和借鉴资本主义

马克思和恩格斯在他们著名的著作《德意志意识形态》中说："历史不外是各个时代的依次交替。每一代都利用以前各代遗留下来的材料、资金和生产力；由于这个缘故，每一代一方面在完全改变了的条件下继续从事先辈的活动，另一方面又通过完全改变了的活动来改变旧的条件。"② 社会主义既然取代的是资本主义，那么社会主义自然要利用资本主义"遗留下来的材料、资金和生产力"。无产阶级在不发达国家取得革命胜利后，向资本主义学习和借鉴，弥补自己的不足，这本来是非常简单和明了的道理。但是，就是这个非常简单和明了的道理，长期以来被搞得极为混乱，并在实践中给社会主义的发展带来非常严重的损害。为了澄清在社会主义和资本主义关系上造成的混乱，还必须温习一下辩证唯物主义的常识。这一常识告诉我们，由于新事物（社会主义）是对旧事物（资本主义）的否定，所以它和旧事物有着本质的差别。但是任何新事物又都和旧事物存在着必然的联系。这是由于新事物都是在旧事物中孕育生长起来的，新事物对旧事物的否定，并不是把旧事物内部的一切因素全盘抛弃，而是否定旧事物中那些过时的、失去了存在条件的消极因素。至于旧事物中一切积极的因素，则作为新事物发展的条件，经过改造以后，加以吸收，成为新事物的有机组成部分。这就是说，新事物对旧事物绝不是简单的抛弃，而是在否定中有肯定，是既克服又保留，是扬弃。这就是唯物辩证法关于辩证的否定规律的常识。按照这一原理，社会主义同资本主义的关系也是这样，既不是完全肯定，也不是完全否定的关系，而是既有否定又有肯定的扬弃关系。对于资本主义中的一切积极因素，对于资本主义时代创造的物质和精神文明，社会主义

---

① 《邓小平文选》，人民出版社，1993，第137页。
② 《马克思恩格斯全集》第3卷，人民出版社，1960，第51页。

不仅不应该否定，而且要作为自己的发展条件，积极吸收并加以改造，变成自己机体的组成部分。从这个道理出发，没有经过发达资本主义阶段的国家在向社会主义前进的过程中，利用一切可能，大胆而积极地借鉴和吸收资本主义一切有益的东西，这就成了无产阶级政党合乎逻辑的、必不可少的任务。

在学习和借鉴资本主义方面，列宁在理论和实践上都给我们做出了光辉的榜样。列宁把学习和借鉴资本主义提高到了决定社会主义的前途和命运的高度。他说，"社会主义能否实现，就取决于我们把苏维埃政权和苏维埃管理组织同资本主义最新的进步的东西结合得好坏。"[1] 因此，他提出，无产阶级夺取政权以后，面临的重要任务就是要"把资本主义所积累的一切最丰富的、从历史的角度讲对我们是必然需要的全部文化、知识和技术由资本主义的工具变成社会主义的工具"。[2] 列宁还特别强调，要把推翻资本主义统治的任务同向资本主义学习的任务很好地协调和区分开来。为此，他曾这样谆谆教导青年一代，"老一代人的任务是推翻资产阶级。那时的主要任务是批判资产阶级，激发群众对资产阶级的仇恨"，而青年一代的任务"就是要学习"，用"人类创造的一切财富来丰富自己的头脑"。他还说："无产阶级文化应当是人类在资本主义社会、地主社会和官僚社会压迫下创造出来的全部知识合乎规律的发展。"[3] 为了向资本主义学习，列宁曾提出过这样一个著名的公式："苏维埃政权＋普鲁士的铁路秩序＋美国的技术和托拉斯组织＋美国的国民教育等等等等＝总和＝社会主义。"[4]

列宁逝世以后，斯大林反复强调，由于有了无产阶级政权，苏联能够在"没有外援"的情况下，"用自己的力量"建成"完全的社会主义"。斯大林的这一理论对鼓舞苏联人民自力更生建设社会主义起了积极的作用，但对于社会主义国家学习和借鉴资本主义，却产生了消极影响。第二次世界大战以后，斯大林对社会主义和资本主义的发展以及它们的相互关系都做了错误的估计。他提出："统一的无所不包的世界市场瓦解了，因而现在就有了两个平行的也是互相对立的世界市场。"斯大林还断言，由于世界市场的瓦解造成世界资本主义总危机加深，因此他本人在第二次世界大战以前提出的"关于资本主义总危机时期市场相对稳定的论点"以及列宁1916年提出的关于资本主义虽然腐朽，但整

---

[1] 《列宁选集》第3卷，人民出版社，1995，第492页。
[2] 《列宁选集》第3卷，人民出版社，1995，第547页。
[3] 《列宁选集》第4卷，人民出版社，1995，第285页。
[4] 《列宁文稿》第3卷，人民出版社，1977，第94页。

个说来资本主义的发展比从前要快得多的论点,"都失效了"。而社会主义国家由于工业的高速发展,"很快就会使这些国家不仅不需要从资本主义国家输入商品,而且它们自己还会感到必须把自己生产的多余的商品输往他国"①。在斯大林看来,不仅没有必要学习和借鉴资本主义,而且连与资本主义国家互通有无的贸易也不需要了。在阶级斗争扩大化,动辄给持不同意见的人戴上"资产阶级分子"或"帝国主义代理人"帽子的政治气氛中,在教条主义统治意识形态领域的情况下,谈论资本主义的优势和向资本主义学习,这不仅是不可能的,而且是非常危险的。

无产阶级掌握国家政权以后,为了学习和借鉴资本主义,壮大自己,应该尽可能地实行对外开放政策。但是战后 40 多年,苏联始终同资本主义国家处于对抗的状态。虽然在 40 年代、50 年代和 70 年代,出现了东西方缓和的机会,但是由于苏联一直担心扩大同资本主义国家的交流和合作,会损害国家主权和带来西方意识形态的影响,所以始终紧锁国门,拒绝对外开放。1947 年,苏联应邀参加"马歇尔计划"。在讨论如何落实该计划的巴黎会议上,苏联代表团团长严厉指责,实施该计划将使"欧洲各国必将落入被监督国家的地位,并使其放弃原有的经济自主和民族独立地位"②。会议进行到一半时,苏联代表团就扬长而去。苏联拒绝接受"马歇尔计划",也禁止东欧国家参加。有意思的是,经过 40 多年的社会主义建设以后,苏联领导人竟然于 1991 年公开呼吁西方对苏联实施"新的马歇尔计划",甚至连国内经济改革和发展的规划,也请求西方帮助制定。从闭关自守到仰人鼻息,从夜郎自大到崇洋媚外,从害怕外来渗透到主动请求外来"和平演变",这个历史怪圈发人深思。看来,这至少可以说明以下两个问题,其一,从经济发展的角度来看,关起门来搞建设,拒绝向资本主义学习和借鉴,看起来很有骨气,很革命,实际结果是作茧自缚,自己削弱了自己;其二,从意识形态的角度来看,企图用构筑"铁幕""锁紧国门"的做法建立一个"无菌世界",以保持自己的"纯洁性",这完全是空想。由于这样做只能是自己削弱自己,最后不仅无"纯洁"可言,而且连自身的存在也难保了。历史发展的辩证法就是这样无情,这样不以人的意志为转移!邓小平在总结中国历史经验的基础上,反复强调要积极地向资本主义国家学习有用的东西,

---

① 《斯大林选集》下卷,人民出版社,1979,第 561、562 页。
② 〔苏〕A. C. 阿尼金等:《外交史》第五卷(上),生活·读书·新知三联书店,1983,第 307 页。

并且提出"开放政策是中国的希望"。他说,"不开放不行","你不开放,再来个闭关自守,五十年要接近经济发达国家水平,肯定不可能"。① 邓小平把对外开放提高到社会主义发展的必要条件的高度,这是对马克思主义的继承和发展。苏联剧变的教训,以及中国改革开放取得的伟大成就,从正反两个方面证明了邓小平这一理论的正确性。

(四) 社会主义必须是富裕和民主的

苏共之所以失去民心,多数选民不支持苏共继续掌权,其首要原因是:在苏共执政70多年内,苏联人民的生活没有得到应有的改善,而且在戈尔巴乔夫的所谓"改革"年代,生活水平日益下降,同世界发达国家相比,苏联人民的生活实际处于贫困状态②。苏联资源丰富,经济实力雄厚,本来有条件做到更好地满足人民的物质和文化生活需要,使人民得到更多的实惠,但是,苏共在自己的政策实践中始终没有把这件最重要的事放在优先的地位。由于长期坚持优先发展重工业的方针,苏联经济陷入"第一部类"而不能自拔,为人民生活而生产的"第二部类"长期落后,特别是把大量资源投入军备竞赛,因此在资源分配过程中,涉及人民生活时,只好按照"剩多少算多少"的原则来安排了。结果是,国家虽然变得强大了,成了超级大国,但是人民生活没有得到应有的改善。苏联的经验说明,在一定的时期内,人民"为了国家的长远利益"和"美好的明天"可以忍受生活上的困难,但是这种忍耐是有限度的。特别是当人们有可能了解外部世界的情况,得知曾同他们处于同一起点的国家的人民生活水平已远远超过他们时,这种反差在人民群众中引起的心理反应是非常强烈的。

苏共失败的教训说明,共产党在制定政策的时候,不仅要考虑如何使国家强大,更重要的是要考虑如何改善和提高人民的生活,尽快地使人民摆脱贫困,富裕起来。邓小平说:"贫穷不是社会主义,社会主义要消灭贫穷。"③ 他还说:"社会主义如果老是穷的,它就站不住。"④ 苏联解体的教训和邓小平的论断告

---

① 《邓小平文选》第3卷,人民出版社,1993,第90页。
② 据苏联方面的有关材料,十月革命以前,俄国人的生活水平在欧洲居第五位,经过70年的社会主义建设以后则被排到最后几位,在全世界被排到第50位。苏联人自己讽刺自己的国家为"拥有核武器的上沃尔特"。苏联国民生产总值用于职工工资的比重为36%,而美国为62%。据俄罗斯官方公布的材料,1992年放开物价后,80%居民的生活处于贫困线以下。
③ 《建设有中国特色的社会主义》(增订本),人民出版社,1987,第104页。
④ 《邓小平文选》第2卷,人民出版社,1994,第191页。

诉我们：社会主义必须是富裕的，富裕应该是社会主义的本质特征。这里所说的富裕，不仅包括综合国力和生产力的发展水平，而且包括人民的物质和文化生活。无产阶级政党如果忽视了社会主义这一本质特征，那么它所坚持的那种"社会主义"迟早要被人民抛弃。

在俄罗斯还出现这样一种现象：苏共下台了，但是上台掌权的所谓"民主派"不仅没有使人民的生活得到改善，反而使人民的生活比在共产党执政时还差。然而即使这样，人民的大多数仍不愿回到原来的制度下，不欢迎共产党重新掌权。这是什么原因呢？原因在于，苏共不仅没有给人民带来应有的富裕生活，而且也没有给人民带来应有的民主。如果说，在过去70年苏共在改善人民生活方面做得很不够的话，那么在民主政治建设方面做得更差，而且在这方面同其掌权初期即同列宁在世的时期相比，不但没有进步，反而大大倒退了。列宁非常重视民主政治的建设。他说："不实现民主，社会主义就不能实现。"[①]邓小平也说，"没有民主就没有社会主义"。[②] 可见，民主是社会主义的应有之义，也是社会主义的本质特征。

关于苏联社会主义模式在政治民主方面的弊端，本文无须赘述。从苏共在这方面的错误中，至少可以引出以下几点教训。第一，无产阶级政党在领导人民进行经济建设的同时，要不断推进民主政治建设，要随着经济和文化的发展，使人民在政治上享受越来越多的民主。当然，这种民主是社会主义的民主，是同法治、纪律和集中相结合的民主，而不是戈尔巴乔夫搞的无政府主义的"大民主"。苏共失败的教训说明，缺乏民主可以葬送社会主义，无政府主义的"大民主"也可以葬送社会主义。第二，共产党不应该丢弃人权、自由和民主的旗帜。苏共的经验说明，丢弃这样的旗帜，其结果只能使自己陷入尴尬境地，甚至丑化自己，增加反共势力的资本。人权、自由和民主，这是人类千百年来的理想。马克思主义的经典作家只是批判资产阶级言行不一，利用人权、自由和民主等口号为本阶级私利服务的虚伪性，但是从来没有把人权、自由和民主作为资产阶级的专利而加以否定。无产阶级政党应该理直气壮地举起人权、自由和民主的旗帜，而且应该随着社会生产和文化的发展，不断地充实和扩大它们的内容。第三，加强法治建设。用法治代替人治，任何个人和组织都必须在法

---

① 《列宁全集》第23卷，人民出版社，1958，第70页。
② 《邓小平文选（一九七五—一九八二）》，人民出版社，1983，第154页。

律允许的范围内活动。这是保障人民民主，防止滥用权力的根本途径，同时也是依法打击各种犯罪活动包括阶级敌人的破坏活动，实现国家长治久安的基本保证。当然，这里所说的法治是社会主义法治。戈尔巴乔夫在苏联盲目实行资本主义国家"三权分立"的体制，结果导致政权瓦解、国家解体。社会主义国家不能全盘照搬西方的政治体制。但是，这并不是说，资本主义政治文明没有可取之处。权力的合理分工和制约是任何社会包括社会主义社会民主政治发展的必然要求。与此同时，资本主义国家一些具体的政治制度，如选举制度、司法和法律制度、公务员制度等，都包含着民主政治某些共同规律性的东西，值得借鉴。

（五）无产阶级政党在领导人民群众改造客观世界的同时，要特别注意改造自己，不断加强自身的建设

苏共丧失政权，是因为它在许多方面犯了一系列战略和策略错误，但是归根到底，问题还是出在共产党自身的建设上。所以，无产阶级政党要取得人民的拥护，保持执政党地位，在改造客观世界的同时，特别要注意改造自己。苏共在党的建设方面的教训是很多的。这里择其主要之点而言之。

1. 无产阶级政党要得到群众的拥护，必须永远保持自己思想的先进性

在革命的年代，无产阶级政党之所以能够唤起千百万群众，能够把他们吸引到自己这方面来，取得革命的胜利，首先是由于它的思想理论正确地反映了现实生活，能够回答现实生活提出的各种问题。所以说，无产阶级革命的胜利首先是从无产阶级政党思想的胜利开始的。苏共到了斯大林时期思想开始僵化，逐渐陷入了教条主义泥潭。教条主义者构筑的理论不能及时而准确地反映日益变化的现实，不能对人民群众真正关心的问题给以令人信服的回答。因此，不管苏共用多么强大的宣传机器向社会灌输它的理论，但是仍然不能对人民群众产生应有的说服力和号召力。人所共知的"信任危机"正是在这样的背景下产生的。在苏联，早在20世纪50~60年代就出现了"信任危机"，起初是针对党的领袖人物的，到了70年代，对苏共的整个思想理论体系都产生了"信任危机"。这种脱离现实、脱离群众的教条主义理论是靠国家的强制力量支撑着的，不可能有真正的战斗力，所以到了戈尔巴乔夫时期，在"舆论多元化"的情况下，这种理论显得极为苍白无力；在各种思潮的进攻面前，一触即溃。人民群众不相信共产党的理论和宣传，就其本质来说，就是不相信共产党本身。可见，

苏共的失败首先是从党在思想理论上失去先进性开始的。

无产阶级政党要保持思想的先进性，必须坚持马克思主义，但是更重要的，是要发展马克思主义，不断地把马克思主义推向前进。正像列宁所说的，无产阶级政党如果不愿意落后于实际生活，那就"决不把马克思的理论看作某种一成不变的和神圣不可侵犯的东西……应当在各方面把这门科学推向前进"。① 突破就是发展。如果不突破马克思和恩格斯关于无产阶级革命必须在欧洲几个发达资本主义国家同时爆发的论断，就不可能有俄国十月社会主义革命的胜利；如果不突破十月革命的经验，坚持走农村包围城市的道路，就不会有中国革命的胜利；如果不突破对于社会主义的教条主义理解，就不会有中国改革开放的丰硕成果。国际共产主义运动的历史经验已充分证明，无产阶级政党什么时候能够不拘泥于马克思主义的个别原理和结论，能够实事求是地决定自己的路线和政策，什么时候就能把革命和建设引向胜利；相反，什么时候搞本本主义，搞教条主义，就会使革命和建设遭受挫折和失败。正如邓小平所说："一个党，一个国家，一个民族，如果一切从本本出发，思想僵化，迷信盛行，那它就不能前进，它的生机就停止了，就要亡党亡国。"②

解放思想，这不是一时的政治需要，而是无产阶级辩证唯物主义世界观的本质表现。无产阶级政党要做到发展马克思主义，把马克思主义这门学科推向前进，除了按照"实践、认识、再实践、再认识"这条认识路线，不断总结和研究革命和建设的经验以外，还应该注意以下两点。第一，必须吸收和掌握当代人类社会包括资本主义制度下创造的一切优秀成果。列宁在谈到马克思主义学说来源于19世纪的哲学、政治经济学和空想社会主义的时候，特别强调，"在马克思主义里绝没有与'宗派主义'相似的东西，它绝不是离开世界文明发展大道而产生的偏狭顽固的学说"。③ 马克思主义是开放性的理论体系，它善于吸收人类一切积极的思想文化成果，用以丰富和完善自己。第二，马克思主义的经典作家非常重视自然科学和技术的发展，并用任何新的科学发明和技术运用产生的效果来验证或发展自己的理论。在当今科技革命的时代，作为第一生产力的科学技术的迅猛发展已引起现代社会发生一系列重大变化，这是马克思

---

① 《列宁全集》第4卷，人民出版社，1984，第161页。
② 《邓小平文选》第2卷，人民出版社，1994，第143页。
③ 《列宁全集》第19卷，人民出版社，1959，第1页。

主义者必须密切注意和认真研究的。自称为马克思主义理论家的人，如果只会背诵马克思主义的一些原理和结论，而不愿深入到人民群众改造客观世界的火热斗争中去，对外部世界的文明成果以及现代科学技术知之甚少，或者视而不见，那么他就不可能成为真正的马克思主义者，正如列宁所说，顶多只是一个"共产主义的书呆子或吹牛家"。①

2. 正确地实行民主集中制，发扬党内民主

在苏联演变的过程中，人们还看到这样一种奇怪的现象：1991年"8·19"事件以后，俄罗斯总统叶利钦下令停止苏共的活动。对于这道反共法令，这个掌权达74年之久和拥有1800万党员的党却很少有人出来抗争。这种奇怪现象是由多方面的原因造成的，除了同戈尔巴乔夫等苏共领导人的立场有关外，还同党内生活不正常、党的机体不健康有直接关系。

苏共的组织原则和活动方式很多是在地下斗争和战争年代形成的，没有根据党的任务和历史环境的变化进行相应的改革。苏共虽然一贯强调，民主集中制是党的根本组织原则，但是，党内生活如同在国家政治生活一样，都实行高度集中的制度，党的基层组织和广大党员被排斥在党的路线和方针制定过程之外，处在被动和绝对服从的地位。党内不能容忍发表不同意见和观点。一度被誉为"马列主义百科全书"的《联共（布）党史简明教程》把联共（布）的历史归结为以领袖人物为中心的两条路线斗争的历史，把党内不同意见的争论都视为阶级斗争在党内的反映，这对党的建设产生了非常消极的影响。在国际共产主义运动中，对自己的同志实行残酷斗争、无情打击的做法就是始于苏共。党内生活如此不正常，必然会使生气勃勃的战斗的党变成万马齐喑的官僚化的组织。这样的党经不住大风大浪的考验就是很自然的了。从苏共的教训来看，执政党坚持民主集中制时，特别要强调民主的一面。要实行党内民主，关键的一点是采取有效措施，用党的组织纪律切实保证党员的基本权利，特别是发表不同意见的权利。只有实现党内生活民主化，党员才会有高度的责任感，感到自己是这一组织真正的战士。这样在任何情况下，在党胜利的时候或处在危难之中，都能够自觉而勇敢地为捍卫党组织而斗争。

3. 把反腐败的斗争进行到底

引起人民极为不满意的事情是苏共内部的种种腐败现象。叶利钦正是打着

---

① 《列宁选集》第4卷，人民出版社，1995，第282页。

反特权、反腐败的旗帜，赢得了群众的支持，逐渐登上了俄罗斯总统的宝座。这一事实说明，能否清除腐败，这对执政党来说，是生命攸关的问题。但是，从苏共和东欧国家一些党的历史经验来看，依靠执政党自己清除自身的腐败，是远远不够的。1945年7月，黄炎培访问延安时，曾问毛泽东，共产党掌权以后能不能保证执政以后避免腐化，打破历史上屡屡出现的"其兴也勃焉""其亡也忽焉""人存政兴""人亡政息"的周期率。毛泽东回答说："我们已经找到了新路，能跳出这周期率。这条新路，就是民主。只有让人民来监督政府，政府才不敢松懈。只有人人起来负责，才不会人亡政息。"① 抚今思昔，可以看到毛泽东当时的高瞻远瞩。共产党要永远立于不败之地，铲除腐败，除了自己痛下决心以外，更重要的是加强民主政治建设，把党和政府置于人民的经常监督之下。

（六）无产阶级政党必须正确对待知识分子，处理好同知识分子的关系

苏共最后不仅失去了工人阶级的支持，而且失去了知识分子的支持。无论在苏联还是在东欧国家，凡是居民文化程度较高的地区，即知识分子集聚的地方，共产党失败得最惨重。这几乎成了规律性的现象。苏共和东欧国家共产党失败的历史告诉我们，在社会主义国家，能否处理好知识分子问题，调动知识分子的积极性和创造性，这不仅关系到国家的兴衰，而且关系到执政党的前途和命运。在这些国家，共产党失去受教育程度较高的居民的支持，失去知识分子的支持，不是偶然的。第一，苏共理论上始终没有解决好知识分子的地位和作用问题。例如，把革命前的知识分子，包括长期从事生产斗争和科学实验的知识分子统统称之为"为地主资产阶级服务的""旧知识分子"。这种提法显然失之偏颇。20世纪30年代后期，斯大林虽然宣布，在苏维埃政权下培养出来的知识分子是"新型知识分子"，但始终不承认知识分子是社会主义国家领导阶级即工人阶级的一部分。第二，在政治上，知识分子不仅受到歧视，而且在历次政治清洗和批判运动中，知识分子首当其冲，受害最深。第三，由于上述原因，再加上其他限制，知识分子一直缺少发挥他们积极性和创造性所必需的宽松环境。第四，分配上的平均主义抹杀了简单劳动和复杂劳动的区别，知识分子的

---

① 薄一波：《若干重大决策与事件的回忆》上卷，中共中央党校出版社，1991，第156～157页。

待遇相对地越来越低,按劳分配的原则在知识分子身上被扭曲得最严重①。

苏共失败的教训说明,无产阶级政党必须制定正确的知识分子政策,处理好同知识分子的关系。首先必须从理论上和政治上正确认识和确定知识分子的地位和作用。在当今科技革命的时代,在科技成了第一生产力,经济增长主要靠科技进步②带动的情况下,作为现代科技载体和第一生产力代表的知识分子不仅是工人阶级的一部分,而且是最有前途的一部分。随着文化教育的发展和"信息社会"的到来,会有越来越多的劳动者加入知识分子的行列③。而以体力劳动为主的那一部分工人阶级队伍将日渐萎缩。其次,知识分子的多数是从事创造性的科学劳动。既然是科学,那就应该允许他们探索和试验,允许犯错误。对社会科学工作者也应该创造有利于他们大胆探索、发挥聪明才智的宽松环境。最后,要把按劳分配的社会主义原则确实落实到知识分子身上。

(七) 在多民族国家执政的无产阶级政党要结合本国情况,制定正确的民族理论和民族政策

苏联的解体是反共主义和民族主义相结合的结果。苏共在处理民族问题上的教训是很多的。现在择其主要几点谈及如下。

1. 对民族问题的长期性和复杂性要有充分的认识

各民族的接近和融合是个自愿、自然和长期的过程。人为地加速这一过程,其结果会适得其反。即使阶级不存在了,国家消亡了,民族问题还会存在。苏联领导人(从斯大林到戈尔巴乔夫)都认为,由于苏联消灭了剥削制度,法律上确认各民族一律平等,因此民族问题也就彻底解决了。实践证明,这完全是脱离实际的主观主义的估计。此外,民族问题同阶级问题有联系,但又有很大的区别。民族问题远比阶级问题复杂得多,绝不能把二者等同起来。苏联的历史经验说明,不能简单地用阶级斗争的方法来处理民族问题。这样做的结果不

---

① 以1985年为例,苏联工程技术人员同工人的平均工资比例是:在工业部门为1.1:1.0;在建筑业中为0.98:1.0。整个经济部门的职工月平均工资为190.1卢布,而教育部门为150卢布,文化部门为117.3卢布,卫生和体育部门为132.8卢布,科研单位为202.2卢布。见陆南泉等编《苏联国民经济发展七十年》,机械工业出版社,1988。
② 科技在发达国家经济增长中所占的比重:20世纪初为5%~20%,70年代超过50%,80年代已占60%~80%。
③ 1926年,苏联从事脑力劳动的人员为300万,到1985年已发展到4200万,占就业人口的1/3还多。

仅不能根本解决民族问题，反而会增加民族积怨。

2. 要确实保证各民族平等的权利

要切实保证各民族能够得到充分和自由发展的自主权。苏联的历史经验告诉我们，要特别注意保证各民族利用本地区资源发展民族经济和文化的权利。中央权力过分集中，使地方和各民族的积极性和主动性受到束缚，这势必引起地方和民族的不满，最后会导致地方民族主义的爆发，但是，盲目地迁就某些民族不适当的要求，过分强调民族属性，忽视公民意识的培养，也会助长民族主义的泛滥。这两种倾向都应该防止。

3. 反省民族区域自治的实践

在苏联和东欧一些国家的巨变中，出现了这样的共同现象：在凡是按照民族属性划分行政区域的地方，一旦实行多党制和自由选举，必然导致民族分立和国家解体。这一现象提醒人们要对苏联的民族区域自治理论和做法进行反省。与此同时，还应该注意以下两点：第一，充分估计在民族地区实行"政治多元化"所带来的风险；第二，共产党是联系各个民族的纽带，加强和改善民族地区的党的建设，提高党的威信，这是巩固各民族联合的关键。

4. 加快发展经济是解决民族矛盾的根本途径

无产阶级政党要引导各族人民一心一意搞经济建设，不要分散了精力。只有在经济和人民的生活水平能以较资本主义更高的速度发展和提高的时候，社会主义国家才能对各个民族产生真正牢固的凝聚力。

（八）无产阶级政党要选择正确的改革战略和策略

以戈尔巴乔夫为首的苏共领导人在推行改革中犯的错误是苏联发生剧变的直接原因。根据这个教训，无产阶级政党在进行改革时，必须选择正确的战略和策略。关于这个问题，前面已谈及许多，这里再做几点补充。

第一，斯大林模式早已失去了它的优势，成了社会主义继续发展的严重障碍，并在政治、经济和意识形态等方面陷入危机。无产阶级政党必须坚决地、毫不动摇地改革这种模式。改革必须是全面的、深刻的。绝不能像勃列日涅夫时期进行的改革那样，浅尝辄止，半途而废，也不能像戈尔巴乔夫那样左右摇摆，朝三暮四。

第二，改革应该从经济领域开始，始终抓住经济改革不放，但是同时也要进行其他领域的改革，特别是政治领域的改革。但是，政治改革要同经济改革配套进行。政治改革正确与否,要以是否促进经济发展为标准。社会主义国家的政权既是全民财产的所有者,又是全民财产的经营者,绝不能在经济体制未发生根本变化的情况下,就把政治体制打乱。

第三,改革是一场革命,会触及各个阶层的利益。因此改革必须有具备高度政治权威的坚强领导核心,有行之有效的执行机构。同时,要提高决策的民主化。但是绝不能用戈尔巴乔夫那种"大民主"的办法推行改革。认为不管什么改革方案,只有征得多数人举手赞成以后才能去实行,这是乌托邦。真正的民主化是改革的结果,而不是推行一切改革的方法。

第四,进行社会主义经济建设不能急于求成,改革也不能急于求成。改革要有目标、有步骤、循序渐进地进行,力求一切经过试验,先立后破,把转轨过程中不可避免的损失减少到最低限度。但是不能因为求稳怕乱,看准了的事也不敢去做,贻误时机。

第五,改革是复杂的系统工程。无论是领导还是群众都要集中精力,一心一意。为了解放思想,为改革扫清道路,对旧的习惯势力、保守主义和极端主义的批评是必要的,但是要避免坐而论道。对一些问题有不同看法,可以进行讨论。但是,切记列宁的教导,对于肩负着空前重担的党来说,千万不要醉心于"过于奢侈的辩论和争执"。[①]

原载《东欧中亚研究》1992年第6期

[①] 《列宁全集》第32卷,人民出版社,1958,第157页。

俄罗斯政治权力与资本权力关系浅析

李永全[*]

在俄罗斯政治舞台上，一种独特的现象对其政局和其对内对外政策产生影响。这就是双重权力即政治权力和资本权力现象。之所以说这是一种独特的现象，是因为通常情况下，上层建筑是基础的表现，二者的利益基本是一致的。而在目前的俄罗斯，政治权力和资本权力处于某种对立状态。在2008年大选即将来临之前，了解这种现象及其对俄罗斯未来政局的发展是很有必要的。

一 政治权力和资本权力的形成

目前的双重权力现象产生于20世纪90年代初期。这一时期，俄罗斯迅速实现了社会政治制度和财产关系的转变。

政治制度的转变是通过推翻共产党政权实现的，而财产关系的转变是通过私有化完成的。俄罗斯的私有化具有明显的泛政治色彩，并带有三个显著的特征，即闪电性、官僚性和野蛮性。

为了防止旧制度卷土重来，当时决策者几乎是任命了一批金融寡头。基本过程是在3～5年内完成的。以俄罗斯最具代表性的石油行业为例。根据1992年总统第1403号令，把原属于国家的石油工业划分为四个石油公司，即今天著名的卢克石油公司、尤科斯石油公司、俄罗斯石油公司（国有）和苏尔古特石油

---

[*] 李永全，中国社会科学院俄罗斯东欧中亚研究所所长，研究员。

天然气公司①。掌握这些公司的均是原苏共官员，如卢克石油公司总裁是原苏联石油天然气工业部第一副部长阿列克佩罗夫。尤科斯石油公司组建过程中也存在类似的情况。盈利的行业私有化后，迅速形成一个强大的资本集团，并在20世纪90年代中期掌握了国家的经济命脉。90年代中期的金融工业集团是其典型的代表。七个最富有的金融寡头控制了近70%的国内生产总值。他们形成了一个与国家政权并列的资本权力集团。

在叶利钦时代，资本权力集团和克里姆林宫政治权力集团的利益基本上是一致的。资本集团依靠克里姆林宫的"政策"发家，两者在政治上甚至经济上有着共同的利益。资本集团需要克里姆林宫政策上的保护，而克里姆林宫在将盈利的行业私有化后需要资本集团的经济支持。资本集团逐渐地掌握了国家的经济决策权。1995～1998年，俄罗斯进行了第二阶段私有化，即"抵押拍卖"。叶利钦为了赢得总统大选的胜利，接受几个能够"呼风唤雨"的实业巨头的大量竞选资金，同时许诺向他们转让国家掌握的最有价值的石油开采企业的股份。这一期间，国家在卢克石油公司的股份下降到26.6%，而后又下降到7.6%。与此同时，在时任总理切尔诺梅尔金的帮助下，霍多尔科夫斯基领导的"梅纳杰普"银行获得了尤科斯石油公司80%的股份②。从此，尤科斯公司在霍多尔科夫斯基的领导下在俄罗斯石油和天然气市场上"大展宏图"。

对所有这一切，当时的私有化设计师丘拜斯后来在2002年曾经坦言："当时95%的任务是政治方面的，只有5%是经济方面的。"③

这种权力和资本的交易结果是在俄罗斯形成了所谓的"家族"集团。叶利钦奉行了"我掌权，你赚钱"的方针。当然，政治权力的代表不仅掌权，金融寡头也不仅仅赚钱，但是，二者配合默契，相安无事，尽管社会上的抗议活动频繁发生。

二 普京时期的政治权力与资本权力

理论上说，实践也应该如此，当年叶利钦把权力交给普京是得到金融寡头

---

① К. Симонов, Русскаянефть. Последнийпередел, Москва, Алгоритм, 2005, с. 8～10.
② К. Симонов, Русскаянефть. Последнийпередел, Москва, Алгоритм, 2005, с. 8～10.
③ 《光明日报》2003年11月7日。

集团或"家族"认可的。这个"家族"既包括克里姆林宫官员,也包括从事自然资源生意的寡头,正是他们决定着国家的大政方针。

1996年,资本权力在叶利钦的选民支持率只有5%的情况下,利用所控制的传媒把叶利钦推上总统宝座。金融寡头别列佐夫斯基曾经扬言:"我想让谁当总统,谁就能够当上总统。"

据可靠消息透露,普京在接受权力的同时也接受了一些条件,包括两年内不能动叶利钦留下的班底。这意味着,"家族"将继续控制俄罗斯的政治和经济进程。普京上台后,金融寡头集团仍然希望用老办法控制总统。叶利钦晚年除思考国家大事外,还要考虑自己的地位和人身安全,因此,从某种意义上说,他与资本权力集团的关系也是不得已而为之。

年富力强的普京不可能安于生存在这种环境之中。他必须摆脱金融寡头集团的"围追堵截",实现重振俄罗斯的宏伟计划。于是他便在遵守对叶利钦承诺的前提下,开始了一场"等距离疏远"金融寡头的方案。首先,普京通过清理公共电视台和独立电视台的经济问题惩治最活跃、最具野心的金融寡头别列佐夫斯基和古辛斯基,使他们"流落"异国他乡,通过"人事安排"把另一个金融寡头阿勃拉莫维奇"请"到远东的偏远地区。

与此同时,普京开始在权力机构中安插自己的亲信。由于普京的特殊经历和出身,他的亲信大多出自强力部门和来自圣彼得堡。普京逐渐成功地控制了强力部门、联邦会议和政府,安抚了地方行政长官,形成了自己的政治权力范围。但是,资本权力在很大程度上还控制着经济决策进程。

资本权力集团也不是铁板一块。作为金融寡头集团的各个实业巨头都有着复杂的国内和国际关系,有着不同的政治和国际资本背景,因此他们同国家的关系也不尽相同。像俄罗斯天然气工业公司,基本上是国家控制的垄断企业,统一电力系统虽然由丘拜斯掌管并有国外背景,但仍然是政府能够施加影响的企业,而像俄罗斯石油公司这样的国有企业则完全依靠国家的保护生存。尤科斯石油公司则有很深的美国资本背景,其他金融寡头的实体也大都资本背景复杂。事实上,俄罗斯经济中存在着国家和寡头两种垄断,或曰"官僚垄断"和"寡头垄断"。虽然两种垄断集团的利益不完全一致,但是在维护垄断地位、争取对政府经济决策的影响方面,两者的立场是一致的。

普京与资本权力集团既有矛盾,也有利益共同点。所谓矛盾主要表现在:其一,资本需要一个可控制的总统,而普京需要做名副其实的大国领导人;其二,资本希望继续控制政府的经济决策，保护自己的垄断地位和利益，而普京希望国家经济政策的制定过程有利于社会的稳定和消除大多数人的贫困；其三，资本关心的是不断增加自己的财富，而普京关心的是如何利用各种资源恢复国家的政治和经济实力；其四，资本要求的民主是维护自己的权利和垄断地位，而普京力主的民主是能够保持国家稳定和发展的民主。所谓共同点主要表现在：其一，普京与资本权力集团是在同一种历史环境中成长起来的，在维护基本历史事实的问题上，双方的立场没有根本性冲突；其二，在提防左翼威胁方面双方具有相同的利害关系；其三，在不触及对方根本利益的前提下双方有合作的愿望，所谓根本利益是指普京的地位和资本的财产；其四，在不能吃掉对方的情况下双方有保持现状的需求。

政治权力的主要代表是以克里姆林宫和亲普京的官员为首的利益集团。这个集团作为一股独特的势力形成之后，也涉足经济领域，加强自己的经济实力和对国家经济进程的影响力。政治权力逐渐地在向权力资本的方向演变。在某些方面，政治权力或权力资本与资本权力的关系是盘根错节的，两者相互渗透，相互利用，相互排斥。

但是，政治权力和资本权力相处的基础是不信任。资本权力怀疑，普京会继续侵犯它们的利益；普京也明白，资本权力集团不甘于现状，它们明里暗里仍然在试图控制各级权力。2004年11月中旬，普京在高级法官会议上坦言，当局在某种程度上还受实业巨头们的制约。

在普京和资本权力集团的较量过程中，尤科斯案件是最引人注目的。霍多尔科夫斯基被捕与被判刑，最主要的原因显然不是事实上存在的偷税问题，而是霍多尔科夫斯基同时触动了三个"地雷"。第一，霍多尔科夫斯基想买通国家杜马，改变目前的政治和政权结构。2003年年初，正当国家杜马竞选运动开始之时，人们发现，各竞选联盟中有许多霍多尔科夫斯基公司安插的人，连俄共和亲总统的统一俄罗斯党竞选联盟中也被安插进尤科斯石油公司"赞助"的人选。理论上，霍多尔科夫斯基以他的财力完全可以买通或控制下一届国家杜马。

第二，和美国资本集团勾结。据俄权威人士透露，2002年12月，霍多尔科夫斯基访问美国期间，向美国人提议：（1）如果他在2008年当上俄罗斯总统，他将销毁俄罗斯所有的战略核武器；（2）他将把俄罗斯由总统制国家变为议会总统制国家；（3）达到这些目的后，美国向尤科斯公司和俄罗斯进行大规模投资。

第三，霍多尔科夫斯基触动了官僚垄断集团的利益。在安-大线的问题上，霍多尔科夫斯基明显触犯了由克里姆林宫控制的俄罗斯国家石油管道运输公司的利益。一旦尤科斯石油公司控制的安-大线实施，国家将无法继续通过输出管道控制石油和天然气的税收，这是普京和克里姆林宫绝不会允许的。

尤科斯案件发展的最终结果加强了普京的地位，加强了政治权力，同时也加强了官僚垄断的实力。但是俄罗斯不大可能大规模实行国有化，因为那样不仅意味着国家控制力的加强，也意味着政府社会责任的扩大，而这是目前政府力所不及的，也违反普京的意图。

三 政治权力和资本权力关系发展的可能前景

准确地说，俄政治舞台上这种政治权力与资本权力相互关系的状况是一种"双重权力"现象。

在苏联和俄罗斯的历史上，每一次出现"双重权力"，最终都会导致政治动荡。1917年二月革命后，出现工农代表苏维埃和资产阶级临时政府的对立，最后导致十月革命；20世纪80年代末，戈尔巴乔夫改革后期，苏联政府和叶利钦领导的俄罗斯当局对立，出现两个政权并存的局面，最后导致苏联解体；1993年，俄罗斯总统和当时的最高苏维埃在改革的方向问题上发生分歧，执行机关和立法机关出现对立，导致国家政治生活中再次出现"双重权力"，结果发生十月炮轰白宫事件。

现在的政治权力和资本权力对立，情况与历史上有所不同。综上所述，俄罗斯政治舞台上政治权力和资本权力的基本结构已经发生了有利于政治权力的变化，但是任何一方都没有绝对的优势。2008年是两者各自争取获得更大优势的一年。

严格地讲，政治权力和资本权力不可能长期处于这种对立状态。两者之间关系的变化取决于国内和国际的若干因素。在2008年以前，影响这种关系格局的各种因素主要有：（1）国内社会经济形势的发展；（3）国际能源市场行情的变化；（3）独联体国家社会政治和经济形势的走势；（4）俄国内各种政治力量行为方式的变化；（5）金融寡头在开发国外市场方面对国家的依存度，等等。

在这些因素中，如果不出现特殊情况，俄罗斯的社会经济形势将基本保持稳定的发展势头，尤其在国际石油市场原油价格不出现大幅度下滑的情况下。

独联体国家的情况比较复杂，这些国家的社会政治和经济发展不同程度受到外部因素的制约。如果外部势力为了影响俄罗斯2008年的大选，在独联体某些国家策动一些政治活动，并不是不可能的。而俄国内由不同的利益集团支持的各种政治力量将以什么样的行为方式介入大选的进程，还是未知数。至于金融寡头在开发国外市场方面对国家的依存度，则受世界格局总体形势的影响。金融寡头既需要国家对他们开辟国外市场的行为提供保护性的支持，又常常为国家的软弱而失望。譬如，1997年3月，在巴格达签署了一项开发伊拉克西部碳氢化合物的合同。据评估，该产地蕴藏60亿吨石油和天然气。俄罗斯卢克石油公司在该项目中占有52.5%的份额，俄罗斯海外石油公司和机械进出口公司各占有11.25%的份额，伊拉克石油部占有25%的份额。但是这个项目因美国攻打伊拉克而落空[①]。卢克石油公司很失望。

如果资本权力集团对自己在未来国际市场上的前途没有信心，它们必然要为自己的利益寻找出路，包括左右国家的政治决策，尤其是国家对外政策方面的决策。

在俄罗斯政治舞台上还有一股势力，被媒体称作"强力寡头"。广义上的"强力寡头"泛指普京控制的政治权力；狭义上的"强力寡头"指涉足经济领域的强力部门的代表。他们既控制像军工集团这样的庞大实体，也控制着不同层次的中小实业，还有一些人利用特殊的权力和不正当手段谋取暴利。这股势力经济上虽不如金融寡头强大，也不经常在媒体露面，但是由于其特殊的地位和拥有的特殊手段，在俄社会政治和经济中具有很大的影响，同金融寡头集团既有联系，又有矛盾，在未来的政治进程中是一支不可忽视的力量。

目前，普京很难采取激烈的措施应对各种势力的发展。发展政治权力集团，尤其是加强国家各部门的作用，会加剧官僚主义的泛滥。据俄罗斯科学院综合社会研究所的民意调查，民众认为，官僚主义是阻碍国家经济发展的最大障碍。而资本权力的壮大会导致叶利钦时代权力结构关系悲剧的重演。"强力寡头"的过度发展会导致这股势力做大并失控。

别斯兰人质事件后，普京采取一系列措施加强国家权力，亦即政治权力，包括取消地方行政长官的直选制；取消国家杜马选举中的多数制即取消单席位选区的选举，改为按照党派选举的单一比例制；通过财产重组加强国家垄断的

[①] 李永全：《莫斯科咏叹调》，东方出版社，2006，第135页。

实力。

从目前普京采取的各种主要措施，包括人事安排和强调社会政策等措施看，他最关心的还是稳定目前的局势，只要保持目前这种政治和经济发展势头，他就会继续保持在居民中的高支持率，而这对于他最终按照自己的意愿安排2008年的总统选举并获得满意的结局，具有决定性的意义。

从长远看，俄罗斯这种带有垄断性质的权力结构很难出现根本性改变。其变化趋势无非有三个：（1）政治权力占据上风；（2）资本权力占据优势；（3）维持目前的基本格局。不管最终出现哪种局面，都仍然带有垄断性质，而以垄断为特征的经济基础之上，多半是维持目前这种集权的政治上层建筑。

因此，所谓的西方民主短期内在俄罗斯是不会出现的。这同时表明，西方还将长期以民主为借口干预俄罗斯的政治，在俄与西方的关系中制造问题。此外，以垄断为特征的政治和经济发展进程必然会伴随着社会不稳定，因为社会财富和收入的两极分化几乎是垄断的伴生物。一旦因国际市场行情而出现合适的国内政治和经济气候，目前的稳定局势遭到破坏并不是不可能的。

这三种基本变化趋势将导致在2008年到来之前俄罗斯政治舞台上的又一轮争斗。这种争斗正在引起世界的关注，世界上的各种政治势力不仅仅是关注，而且必然会以各种方式主动卷入这场政治纷争。我们在与俄罗斯进行经济合作的过程中应该考虑到俄罗斯政治力量格局和决策机制中的这种特殊性。

原载《俄罗斯中亚东欧研究》2006年第4期

十月革命：必然性、历史意义和启迪

吴恩远[*]

苏联剧变后，俄罗斯史学界对十月革命的认识有了很大变化。由于档案的部分解密，打破了长期以来把十月革命及苏联模式固定化的束缚，在十月革命研究方面也取得某些进展。但在苏联解体后的相当一段时间内，正如俄科学院院士沃洛布耶夫最近指出的：从反共产主义的立场对十月革命的浅薄认识在研究中居于主导地位。[①] 其主要观点认为：十月革命"是少数人搞的阴谋"，"使俄国人走入歧途，造成悲剧性后果……"焦点在否认十月革命的必然性和历史意义。的确，在十月革命的故乡，苏联社会主义国家的剧变和解体，一定程度上影响了人们对十月革命的评价。那么，该如何正确认识这一20世纪最重大的事件及其对社会主义发展道路的影响呢？

一　十月革命的历史必然性

1. 十月革命是俄国现代化进程矛盾的必然反映

从1861年农奴制改革以来，俄国迈上了艰难的现代化历程。到19世纪末20世纪初，俄国资本主义已取得一定程度发展，其工业总产值已占世界第五位，欧洲第四位。苏联剧变后一些史家据此断言，如果不发生十月革命，俄国社会

---

[*] 吴恩远，中国社会科学院俄罗斯东欧中亚研究所前所长，研究员。
[①] 〔俄〕П. В. 沃洛布耶夫、В. П. 布尔达科夫：《十月革命：研究的新角度》，〔俄〕《历史问题》1996年第5~6期。

也将走上"西方资本主义国家发展道路"和"现代文明的康庄大道"。这表明他们对"社会现代化"的内涵缺乏认识。在早期现代化理论中,往往把"现代化"等同于"工业化"或看成纯粹经济的增长。[①] 以后人们逐步认识到单纯经济增长并不完全等于社会的全面发展和进步,甚至出现"有增长无发展"现象,过分追求工业发展速度,不惜破坏自然资源和生态环境,阻碍了社会可持续发展和人民生活水平的提高。按照公认的标准,现代化进程除经济指标外,至少还包括社会结构、生活质量、人口素质、社会环境、秩序及经济效益等各个方面一系列综合指标,用单纯经济指标衡量一个社会的发展程度已属过时概念。在20世纪初,俄国社会经济发展与主要资本主义国家相比状况如何呢?目前国内外对此尚无专门研究,本文对此略做尝试。世界各国对社会现代化发展提出不同指标体系,其中美国斯坦福大学社会学家阿历克斯·英克尔斯制定的十项社会经济发展指标具有一定代表意义。限于篇幅,本文参照英克尔斯提出的六个方面的指标(见表1)。

表1 1913年俄国与主要资本主义国家社会经济发展状况比较

国别	城市人口占总人口比重(%)	第三产业就业人员比重(%)	每千人口拥有医生数(个)	占世界工业总产值比重(%)	每千居民受过普通教育人数(个)	婴儿死亡率(逆指标‰)
俄国	18	16	0.18	5.3	66.5	260
美国	45.7	36.9	1.44	35.8	197	162
德国	64.8	24.8	0.5	15.7	157.4	207
英国	75.8	—	—	14.0	142.3	145
法国	44.1	28.8	0.5	6.4	176	149
日本	18.1	25.8	0.78	—	143.6	151

资料来源:参阅俄罗斯科学院历史研究所:《1913年俄国·文献资料集》,圣彼得堡,1995;艾伦·皮科克、杰克·怀斯曼:《英国公共开支的增长》,普林斯顿大学出版社,1960;《德国经济社会史手册》,斯图加特,1976;《德国统计手册》,联邦德国统计局,1996;皮埃尔·阿尔贝尔蒂尼:《19~20世纪的法国学校,从母育教育到大学》,巴黎,1992,第116页;〔意〕卡洛·M. 奇波拉:《世界人口经济史》,商务印书馆,1993;中国社会科学院世界经济与政治研究所综合统计室:《苏联与主要资本主义国家经济历史统计集》,人民出版社,1989;陆南泉等:《苏联国民经济发展七十年》,机械工业出版社,1988。婴儿死亡率=婴儿夭折数/1000名出生婴儿,为逆指标,即数值越大,婴儿死亡率越高;每千居民受过普通教育人数系作者据有关资料计算。

数据清楚说明在现代化进程中俄国与主要资本主义国家还有相当大的差距,

---

① 〔美〕西里尔·E. 布莱克:《比较现代化》,上海译文出版社,1996,第2、99页。

几乎每项指标都居末位。

而且在俄国现代化道路上横亘着一个巨大的障碍物——野蛮、落后的沙皇专制制度，它集中体现了反动的地主农奴主专政，使俄国仍然保留着浓厚的农奴制残余。工业化发展要求更大国内市场和更多劳动力，而旧时代遗留下来的工役制仍要求农民为地主无偿劳动，把农民固定在土地上，阻碍了劳动力市场的形成；地主富农采用高利贷手段剥削农民，农民一贫如洗，限制了国内市场的扩大和商品经济的发展；受沙皇政府卵翼的俄国资产阶级采用残酷手段剥削工人，工人身心受到极大摧残，以致在20世纪初俄国居民平均寿命仅为32岁；[1] 由于缺乏受教育条件，俄国居民中文盲占多数，识字的人仅有21.1%,[2] 无法为工业革命提供更熟练的技术队伍；为了维护反动专制，沙皇政府限制地方自治机构权力，取缔部分选举权，扼杀一切进步读物，广大人民在政治上毫无权利。专制政府种种倒行逆施与俄国现代化进程产生尖锐矛盾，迟早会引发一场大的风暴。

2. 俄国国内外不可调和的矛盾是十月革命爆发的直接因素

20世纪初的俄国是各种矛盾的集中点，其矛盾尖锐化达到空前的程度。

阶级矛盾。饱受压榨的广大农民和地主之间、雇佣工人和资本家之间矛盾日益尖锐。农村经常发生夺取地主土地、粮食和饲料的农民骚动。根据最新的俄统计资料，1907年各种形式的农民反抗运动达179次，1914年发生1046次。工人的反抗斗争更是风起云涌，并且从经济罢工发展到要求推翻沙皇专制的政治罢工。1910年，经济罢工有214次，政治罢工8次；1914年，经济罢工迅速上升到1370次，政治罢工达1034次，[3] 参加者近10万之众。

民族矛盾。沙皇政府对待占人口57%的非俄罗斯民族的政策，一是推行大俄罗斯主义，压制少数民族的发展；二是挑动民族纠纷，防止各民族在反抗沙俄统治中团结起来。在波兰、波罗的海沿岸、芬兰和南高加索地区不断爆发反对沙俄专制的民族斗争，俄国成了众所周知的"各民族监狱"。

俄国和其他帝国主义国家的矛盾。俄由于社会经济发展的落后，日益成为外国资本输出场所，外资控制了矿山、铁路、机器制造、银行等重要经济部门，

---

[1] 〔苏〕Л. Л. 雷巴科夫斯基：《苏联人口七十年》，商务印书馆，1993，第20页。
[2] 《1913年的俄国》，圣彼得堡，1995，第327页。
[3] 《1913年的俄国》圣彼得堡，1995，第415、403页。

操纵了财政金融部门。在1913年仅偿付外债就达4.424亿卢布,占整个国家预算支出的13.7%,① 俄日益沦为外国资本的原料输出地。继在克里米亚战败后,沙皇政府在日俄战争中再遭惨败,俄帝国面临被肢解的危险。

深刻的社会矛盾激起俄社会各个阶层的反抗。作为各阶级利益的代表——19世纪末20世纪初随着西方民主思想的传入成立的各类政党,或要求君主立宪,或要求实行资产阶级法治,迫使沙皇政府变革。除此之外,最引人注目的是1898年成立的以马克思主义为指导的俄国社会民主工党,在列宁领导下其矛头直指专制政府,直接提出了推翻沙皇专制,进行无产阶级革命的口号。

沙皇政府摇摇欲坠的"上层"已无法继续照原样统治下去。

1914年爆发的第一次世界大战,是促使革命爆发的导火线。沙皇政府在战争中严重失利,俄伤亡和被俘人数达350万之多,且丧失大片在经济战略上十分重要的领土。沙皇的穷兵黩武政策,造成国内经济几近崩溃,军事失利加上经济状况恶化把人民逼上了绝境。仅1916年全国参加罢工者就达100万之多,"下层"人民再也不愿意照原样生活下去了。革命一触即发。德·阿宁在《克伦斯基等目睹的俄国1917年革命》一书中写道:"在革命之前的几个月就已经感觉到充满大革命的气氛,随时都有发生动乱的可能,然而,这种感觉却不是从布尔什维克、马克思主义者和革命家那里显露出来的,而是从温和的社会主义者、自由主义者、右派那里,特别是从保安局的报告中显示出来的……克伦斯基、米留可夫和罗将柯这样一些著名的杜马领袖在革命前夕的讲话中就已提出了警告:国家很快就会发生动乱,必将陷入深渊。"②

总之,俄国现代化进程要求冲破以沙皇专制为代表的反动的上层建筑和旧生产关系,而俄国国内种种不可调和的矛盾则是这种冲突的具体体现。这就证明那种把"十月革命"说成"布尔什维克少数人搞的阴谋"的论调何等荒谬。至于俄将发生何种变革,是革命,是改良,是资产阶级还是无产阶级专政,我们再做进一步分析。

3. 能否走斯托雷平的"绿色革命"道路?

近年来有一种观点,虽也承认俄国变革不可避免,但认为当时还存在另一

---

① 《1913年的俄国》,圣彼得堡,1995,第155页。
② 〔俄〕德·阿宁:《克伦斯基等目睹的俄国1917年革命》,丁祖永译,生活·读书·新知三联书店,1984,第31页。

种"绿色革命"的形势，即通过资本主义农场的改良发展道路实现农业集约化生产，走上文明发展之路，然而这个过程却被布尔什维克的"红色革命"破坏了。①

"绿色革命"指的是斯托雷平的土地改革。时任沙皇总理大臣的斯托雷平，面对农民对土地的渴求及资本主义发展的需要，采取了以破坏俄国传统村社、加速土地私有化为主要内容的土地改革。过去的苏联历史著作中，把这些措施一味称为"反动的"，这当然过于片面。斯托雷平的改革由于建立了一些具有资本主义生产关系的私人土地所有制的田庄，由于部分农民离开村社有了选择职业的自由，一定程度上促进了俄国资本主义的发展；同时移民政策也有利于西伯利亚的开发。然而斯托雷平的改革整体来说是不成功的：改革目的是维护沙皇专制制度，造就一批忠于沙皇的农场主，其政策必然不敢根本触动沙皇专制的基础——地主和富农的利益。贫苦农民在重分土地中遭到极大剥夺。1907～1914年，农民反抗次数逐年增加，达到一年上千起，这就是对斯托雷平的回答。改革指导思想也是形而上学的，把农庄和田庄这种私人土地所有制理想化，似乎非此就不能发展农业生产，甚至不顾区域、气候条件的不同，强行推广一种生产模式。在整个改革期间，从村社退出的农户在1909年达到高潮——579400户，此后退出的农户数字直线下降。到1916年1月，总共才约300万农户退出村社，不及农户总数的1/3，划出的份地也仅占村社土地面积的22%，② 实际上在革命爆发前斯托雷平的改革已经停滞。可见那种认为如果不是"红色革命"，"绿色革命"也会发展的论调是站不住脚的。

4. 能否停留在资产阶级"临时政府"阶段？

近年来还有一种流传很广的观点，也承认斯托雷平的改良道路行不通，革命不可避免，但如同前苏联总统顾问雅柯夫列夫所说："如果停留在拥有自由的二月革命，而不将国家推向'无产阶级'专政的十月革命是否更理智些？"③ 当然，他或许不了解历史研究的一条基本准则：只能以已经发生的事为基础研究历史，而不能"设想"历史会怎样发生。当时的情况究竟如何呢？

1917年2月（俄历），在汹涌澎湃的俄国各阶层人民反对沙皇专制的革命

---

① 〔俄〕《十月革命：期望与后果》，《祖国史》1993年第4期。
② 俄罗斯科学院历史研究所：《20世纪俄罗斯史》，莫斯科，1996，第99页。
③ 〔苏〕亚·雅科夫列夫：《"改革新思维"与苏联之命运》，高洪山等译，吉林人民出版社，1992，第268页。

浪潮中,建立了资产阶级临时政府,史称"二月革命"。临时政府成立后宣布政治大赦,准备召开立宪会议,宣布言论、出版、集会、结社自由,取消民族限制,这一系列资产阶级民主革命的措施无疑是一个进步。然而,关键是临时政府能否真正沿着资本主义的发展道路走,能否解决俄国人民迫切关心的和平、面包、土地诸问题呢?

最初在临时政府居领导地位的是代表大地主、大资产阶级利益的十月党人和立宪民主党人。4月18日,临时政府给各盟国发出照会,向它们保证,"全体人民愿将世界大战进行到彻底胜利",并继续命令前线的军队投入战斗,这就根本违背了早已厌倦战争的俄罗斯人民意愿;在土地问题上,临时政府通令采取一切措施直至"调动军队"镇压农民夺取地主土地的行动;对工人实行八小时工作制和对生产进行监督的要求置之不理;竭力阻挠实现被压迫民族自治的最起码要求……临时政府的这些行动是由其本性所决定:俄国大资产阶级与沙皇制度有千丝万缕的联系。如总理李沃夫公爵曾任沙皇治下的城市联合会军需供应总委员会领导人,该委员会经沙皇批准可参与对前线供应,依靠军事订货大发横财。这些人并不想根本改变沙皇的内外政策,"顶多要求实行君主立宪制度"。所以在不到半年内就经历了4月、6月和7月三次危机,受到人民群众的强烈反抗。这个临时政府,又何以能把资产阶级民主革命继续搞下去?

7月危机后,政权转至代表中小资产阶级的社会革命党和孟什维克手中,他们为何又最终失败?首先是思想的局限,认为俄国目前进行的是资产阶级革命,因而"执政党应该是资产阶级民主政党,首先是立宪民主党"。在行动上处处表现出与大地主、大资产阶级妥协、退让乃至共同勾结。他们不惜背叛革命,入阁大资产阶级的临时政府以助其渡过危机,执政后又请回了退出内阁的立宪党人。在前线恢复死刑,在后方血腥屠杀革命群众,查封报纸,逮捕夺取土地的农民,关闭工厂和实行同盟歇业……使民主革命成果几乎丧失殆尽。其次,他们同样也不能解决俄国社会的迫切问题,拖延立宪会议的召开,继续帝国主义战争,使经济面临崩溃,饥饿笼罩全国。农民起义和工人大规模罢工浪潮席卷全俄大地,连其自己人也咒骂他们"没有立即采取紧急措施和实行全国渴望的改革;由于这种延续,便使得他们无法防止布尔什维克的十月革命"。[①] 最后,

---

① 〔俄〕德·阿宁:《克伦斯基等目睹的俄国1917年革命》,生活·读书·新知三联书店,1984,第45页。

从本质上讲俄国中小资产阶级由于其自身的软弱性、妥协性和发展的不成熟，只能依附大资产阶级，他们"既没有治理国家的经验，又缺乏承担责任的能力"。① 社会革命党人和孟什维克背叛了群众，群众也最终抛弃了他们。剧变后的俄权威史学机构也指出，如果说在1917年7月的莫斯科杜马选举中社会革命党和孟什维克得票率达70%，在9月的选举中则下降到18%，"而且这种情况同样出现在彼得格勒和俄罗斯其他工业中心"。② 怎么"设想"他们能继续资产阶级的二月革命呢？

5. 布尔什维克胜利的原因

20世纪初期，俄国大约有50多个党派，其中较大和有影响的党有立宪民主党、社会革命党、孟什维克和布尔什维克，③ 我们已经分析了前三个党派失利的原因，自然，俄国革命发展的历史重任只能落在布尔什维克党身上。

布尔什维克党取得十月革命胜利的主要原因在于以下几点。第一，有以列宁为首的党的领导。新型的布尔什维克党是由无产阶级中最有觉悟、最先进的分子组成，俄国无产阶级由于其所受的残酷压迫而最富革命性，"特殊的历史条件使得俄国无产阶级在某一时期，可能是很短暂的时期内成为全世界革命无产阶级的先锋"。④ 和动摇的资产阶级不同，布尔什维克党认识到变革的必要性，并能抓住历史机遇，要求革命突破资产阶级民主革命的范围（如工厂社会化，建立工农苏维埃政权等），使革命形势朝着有利于自己的方向发展；布尔什维克党按照民主集中制原则建立，保证党的团结和统一；党为革命的胜利制定了正确的战略和策略．确立了工农联盟的政策和从争取革命和平发展到武装起义的方针，规划了无产阶级专政国家——苏维埃共和国的政治形式。布尔什维克党的正确领导是十月革命胜利的决定性条件。第二，解决了俄国最迫切的社会问题，得到大多数人民的拥护。在全俄工兵代表苏维埃第二次会议上，通过了土地法令，宣布废除地主土地私有制，农民有权分得土地；通过了和平法令，宣布俄国退出世界大战，使饱受战争之苦的俄官兵听到了自己的心声；宣布俄国各民族平等和民族自决原则，承认了芬兰、乌克兰、波罗的海三国等国家的独立，为俄国各族人民之间的合作奠定了基础……这一系列措施大大提高了布尔

---

① 俄罗斯科学院俄罗斯历史研究所：《20世纪俄罗斯史》，莫斯科，1996，第165页。
② 俄罗斯科学院俄罗斯历史研究所：《20世纪俄罗斯史》，莫斯科，1996，第286页。
③ 俄罗斯经济科学院历史部：《祖国历史》，莫斯科，1994，第281页。
④ 《列宁全集》第29卷，人民出版社，1985，第90页。

什维克党的威信，使得苏维埃政权很快就在全国范围"凯歌行进"。第三，能把马克思主义创造性地与俄国实践结合，并吸收了人类最先进思想和最优秀的科学成就。当时俄国许多革命者曾流亡国外，能详尽研究马克思主义及其他资产阶级民主思想，了解欧洲无产阶级革命和东方民族运动的经验。更重要的是列宁并不拘泥于马克思主义个别词句，而是大胆发展马克思主义。关于俄国这样一个落后国家能否越过资本主义"卡夫丁峡谷"进行社会主义革命这个问题，是列宁当年和以普列汉诺夫、苏汉诺夫为代表的孟什维克激烈争辩而且时至今日史学界仍争论不休的一个问题。列宁的主要思想是：十月革命并不意味着立即实现社会主义，它要解决的仍只是资产阶级民主革命的任务，但由于俄国所处特殊国际环境和国内条件，它可以而且应当越过资产阶级民主革命范围，向社会主义过渡，采取社会主义一些最初步骤，十月革命的社会主义性质正在于此。在十月革命四周年时，回顾这段历史，列宁做了经典性总结："俄国革命直接的迫切的任务是资产阶级民主性的任务。"① "在我国革命中，无产阶级的或者说社会主义的工作可以归纳为三大项：（1）通过革命手段退出世界帝国主义战争；揭露两个世界性的资本主义强盗集团的大厮杀并使这场战争打不下去……（2）建立苏维埃制度这一实现无产阶级专政的形式……（3）从经济上建设社会主义制度的基础。在这方面，最主要最根本的工作还没有完成。"② 这就是说，在俄国这样的落后国家是可以而且应当毫不拖延地进行社会主义革命；但革命需要解决的仍是资产阶级民主革命的任务，同时建立社会主义的政治、经济基础，而这个工作则是长期的。这就是关于落后国家越过资本主义"卡夫丁峡谷"直接进行社会主义革命的全部意义。列宁的思想既和那些认为"俄国只能搞资产阶级革命"的右倾思想划清界限，又和认为"俄国当立即实现社会主义"的"左"倾思想划清界限。马克思主义的发展进入一个新的阶段——列宁主义阶段。布尔什维克党正是在这些先进理论武装下夺取了十月革命的伟大胜利。

二 十月革命的历史意义

1. 十月革命对俄国的意义

占俄国人口绝大多数的工人和农民第一次摆脱了被奴役被剥削的地位，成

---

① 《列宁全集》第42卷，人民出版社，1986，第169页。
② 《列宁全集》第42卷，人民出版社，1986，第247页。

了国家政治生活的主人。从经济地位看,革命前贫富差距极大,12家银行控制全国银行资本的80%,达几十亿卢布,而工人平均月工资不足16卢布;平均每户地主拥有300俄亩土地,普通农户只有8俄亩[①]。革命后,仅从1940年工资水平看,全国各部门职工月平均工资为33卢布,其中工业生产部门工人为32.3卢布,建筑工人为33.9卢布,运输工人34.7卢布,农场职工为21.9卢布,文教部门职工为32.3卢布,科研机构46.7卢布,而国家各级管理机关干部为38.8卢布。[②] 在俄国及人类历史上第一次真正实现了社会公正、平等的原则。

保持了国家独立和领土完整。正如在俄共1995年1月第三次代表大会通过的党纲中所指出的:伟大的十月社会主义革命是俄国在第一次世界大战中,在军事、政治和经济崩溃,领土被肢解,执政的资产阶级和地主联盟完全丧失能力的情况下保存民族国家唯一现实的机会。在第二次世界大战中,1941年,当法西斯德国入侵苏联,使占人口45%、工业总产值33%、耕地面积47%的领土沦入敌手,苏联面临灭亡之时,由十月革命而激发起巨大热情的苏联工人、农民和士兵依靠国家强大的工业和国防能力,在苏共领导下英勇奋战,终于把德军赶出苏联,不仅为世界人民最终消灭希特勒德国做出贡献,而且再次捍卫了俄罗斯的主权和领土完整。

短期内使俄国成为世界工业强国,向实现现代化迈出坚实步伐。列宁在驳斥第二国际一些人认为"俄国生产力还没有发展到足以实现社会主义的水平"时曾提出一个著名论点:"为什么不可以首先用革命手段取得革命的前提,然后在工农政权和苏维埃制度的基础上追上别国人民呢?"十月革命后,苏维埃政权加快了工业化步伐,在较短时期内,即在1937年第二个五年计划完成后,从一个落后农业国变成了工业国:1913年俄国农业总产值为240.43亿卢布,占国民收入的34.8%,工业和运输业仅为133.83亿卢布,占国民收入19.3%,[③] 到1937年苏联农业产值为262亿卢布,工业总产值已达955亿卢布,[④] 已占国民收入80%以上。1938年与1913年相比较,苏联工业产值增长了近7倍,年均增长

---

① 〔苏〕П. Н. 索鲍列夫:《贫雇农是十月革命中无产阶级的同盟者》,莫斯科,1958,第14页。
② 陆南泉等:《苏联国民经济发展七十年》,机械工业出版社,1988,第443页。
③ 《1913年的俄国》,圣彼得堡,1995,第32-33页。
④ 苏联科学院经济研究所:《苏联社会主义经济史》第4卷,生活·读书·新知三联书店,1982,第23页。

率为7.8%,① 同期美国年增长率为1.4%,英国为0.7%,法国为0.6%,日本为2.7%,德国为1.6%。② 苏联仅用几十年时间走完了西方国家上百年才走完的工业化进程。而且此时苏联工业总产值已占世界第二位,欧洲第一位。③ 不仅在工业生产方面,在其他社会指标发展方面也取得某些令人瞩目的成绩,而以往史家对此是注意不够的。我们试借用社会学和统计学方法,把苏联与西方主要资本主义国家社会经济发展做一比较研究（见表2）。

表2 1940年前后苏联与主要资本主义国家社会发展状况比较

国家	城市人口占总人口比重（%）	第三产业就业人员比重（%）	每千人口拥有医生数（个）	每千居民受过普通教育人数（个）	婴儿死亡率（逆指标‰）
苏联	33	23	0.8	245	81
美国	56.5	51.8	1.33	220	33
德国	75	34.3	0.69	133.7	55
英国	80.4	42.7	0.42	122	33
法国	52.0	35.0	0.68	131.7	53
日本	37.9	29.8	0.9	166.1	60

资料来源：参见表1，个别国家年代为相近年代；苏联、美国、日本、德国第三产业人员就业比重系作者根据该国第三产业就业人数占总劳力比重计算；苏联、法国、德国、日本每千人口医生数系作者根据有关资料计算。

与1913年俄国社会发展各方面指标全面落后相比，在识字率和医疗保障方面苏联已跃居前列。如果从发展速度看，把各项指标与本文前面1913年对应指标比较，计算出每一项指标从1913～1940年的发展指数和年平均增长速度，我们更可看到苏联社会的高速发展。

计算方式如下：

指数计算方法为

$$Kq = \frac{q_1}{q_0}$$

---

① 〔苏〕С. Г. 斯特鲁米宁：《苏联经济生活·1917～1959年年鉴》，莫斯科，1961，第353页，年均增长率为本文作者计算。
② 国际联盟：《工业化和对外贸易》，日内瓦，1945，第134页，转引自《英国现代史》，生活·读书·新知三联书店，1979，第220页。年均增长率为本文作者计算。
③ 〔苏〕С. Г. 斯特鲁米宁：《苏联经济生活·1917～1959年年鉴》，莫斯科，1961，第344页。

Kq 表示发展指数，q_1 表示报告期指标，q_0 表示基期数量指标。

年平均增长率计算方法为

$$X = \sqrt[n]{R}$$

其中 X 代表年平均增长速度，n 代表环比发展速度次数，即发展时期数，R 表示发展总速度（详见表3）。

表3 1913～1940年苏联与主要资本主义国家的发展指数比较

国家	苏联		美国		德国		英国		法国		日本	
	发展指数	年均增长率	发展指数	年均增长率	发展指数	年均增长率	发展指数	年均增长率	发展指数	年均增长率	发展指数	年均增长率
每千居民受过普教人数（个）	368.4	5.1	111.7	0.4	84.9	-0.9	98.7	-0.1	74.8	-1.6	115.7	0.7
第三产业就业人员比率（%）	143.8	1.4	140.4	1.1	138.3	1.0	—	—	124.6	0.7	115.5	0.5
每千人口拥有医生数（个）	444.4	5.7	92.4	-0.3	138	1.2	—	—	136	1.1	115.4	0.5
城市人口比重（%）	183.3	2.3	123.6	0.7	118.2	0.3	106.1	0.2	117.9	0.7	209.4	3.8
婴儿死亡率（逆指标用倒算法计算）（%）	321	2.4	490.9	3.2	376.4	2.7	439.4	3.0	281.1	2.1	251.7	1.9

资料来源：参见表1、表2，作者根据数据计算。

表中清楚地反映出苏联在识字率、医生数、第三产业的发展指数和年平均增长速度方面的增长率都高于所有资本主义国家，在城市化（仅次于日本）和减少婴儿死亡率（次于美国、德国、英国）方面也有较大发展。限于篇幅我们只选择了一些有代表性的社会指标做参考，不足以概括全貌，但仍可以证明从十月革命以来苏联各方面发展取得了不容否认的成绩。必须强调指出，此时的苏联除工业方面外，从社会的全面发展看仍不能说是一个先进的国家。苏联领导人却认为已进入"共产主义"或"发达社会主义"，思想超越历史发展阶段，在大政方针上犯了一系列错误。

2. 十月革命的国际意义

十月革命所建立的消灭人剥削人现象，工农当家作主，体现社会公正的制度为一战后陷入危机的资本主义世界体系打开第一个缺口。一战结束后，一些国家陷入恶性通货膨胀，整个欧洲在 1920~1921 年间制造业下降 9.5%，英国失业率达 11%，美国产量下降 20%，失业率达 11.5%，德国同期物价上涨 15 倍。每个国家都被巨大的社会不稳定所震撼。美国著名经济学家约瑟夫·熊彼特概括当时的恐惧情况是，"普遍认为资本主义生产方式不能胜任重建的任务"，"资本主义社会的衰落就在眼前，这是不容置疑的"。① 在十月革命影响下，芬兰、德国、匈牙利、波兰、保加利亚等国被压迫者爆发一系列革命，从根本上震撼了资本主义世界，世界上从此形成了社会主义和资本主义两种社会制度和不同经济发展模式既竞争又共处的新格局。马克思主义第一次从理论变成了实践，证实了其强大生命力。我们说十月革命是"人类历史新纪元"，其意义就在于此。

十月革命对人类文明发展进程产生巨大影响。十月革命后苏维埃俄国在没有任何可资借鉴经验的情况下艰难探索社会主义革命和建设的道路．其无论成功或失败的范式都为落后国家走上社会主义道路提供了有益的经验和教训，为人类文明进程积累了一笔宝贵财富。

在一段时期内，社会主义苏联在加强国家对经济计划的调控、消除失业、抑制通货膨胀、实行社会保障等方面所采取的一系列措施为世界经济发展带来全新面貌，这也是社会主义苏联对人类文明发展所做的贡献。资本主义国家一定程度上也是吸收了社会主义的经验才得以摆脱战后危机。前美国总统安全助理布热津斯基也承认，资本主义世界"与此同时已针对和适应某些社会主义关切的问题作为它本身的社会政策"。②

社会主义中国的建立既是十月革命的伟大成果，又使十月革命的世界历史意义得到升华。"十月革命一声炮响，给中国送来了马克思列宁主义"，以毛泽东同志为代表的中国共产党人，吸收了十月革命的基本经验并结合中国实践进行摸索，毛泽东同志曾指出这些经验的重要性，如坚持中国共产党对革命的领

---

① 〔英〕P. 阿姆斯特姆等：《战后资本主义大繁荣的形成和破产》，中国社会科学出版社，1991，第 10 页。

② 〔美〕兹比格涅夫·布热津斯基：《大失控与大混乱》，中国社会科学出版社，1994，第 67 页。

导；关于"中国是一个政治经济发展不平衡"的国家，因而有革命胜利的可能性；① 关于"枪杆子里面出政权"② 以及制定中国革命分两步走的纲领等问题，由此取得了中国革命的伟大胜利。以邓小平同志为代表的中共第二代领导集体又正是吸取了十月革命后苏联社会主义建设的经验教训，提出了建设有中国特色社会主义理论，以江泽民同志为首的中共第三代领导集体继续高举这面旗帜，使中国在苏东剧变情况下把社会主义理论和实践上升到一个崭新阶段。随着社会的发展，中国特色社会主义的历史意义和现实意义将会更加显示出来。单此一点，十月革命也功莫大焉。

三　十月革命的启迪

无产阶级夺取政权并在此基础上展开建设是社会主义革命密不可分的两个阶段。分析十月革命的意义必须联系苏联社会主义建设的成就，总结十月革命给后世的启迪自然也应联系苏联几十年历经的曲折过程，从中找出造成苏联解体的深层次历史因素。苏联后期社会主义建设和社会经济发展的停滞，乃至国家最终解体很大程度上也是逐步背离十月革命的基本原则和列宁所开创的十月革命道路的后果。

1. 把马列主义理论僵化、凝固化的教训

以马克思主义为指导思想的共产党领导社会主义建设面临的最大问题是如何结合本国实际运用马克思主义，而不是照搬马克思的个别词句。在俄国能否发动十月社会主义革命、与德国签订屈辱的布列斯特和约、从战时共产主义改行新经济政策等问题上，列宁都与党内外那些"自命马克思主义者""捍卫马克思主义纯洁性"，但却"学究气十足及迂腐到极点"的人进行了坚决斗争。"理论是灰色的，生命之树常青"，列宁不断告诫全党必须结合实际情况变化来运用马克思主义。此后的苏共领导人，则是从片面理解马克思主义理论出发，或过分强调完善社会主义生产关系，过早取缔新经济政策，消灭一切非公有制经济，使苏联经济发展缺乏活力；或固守"生产资料优先发展"的原则，致使国民经济结构长期失衡；或夸大"资本主义总危机"理论、推进世界革命、加速军备

---

① 参见《中国革命战争的战略问题》，《毛泽东选集》第 1 卷，人民出版社，1991。
② 参见《战争和战略问题》，《毛泽东选集》第 2 卷，人民出版社，1991。

竞赛,最后搞垮了苏联经济……最近俄国历史学家总结十月革命教训时深刻指出,"列宁以后的共产党以及领袖们对党的政治与思想理论方向的遗产贡献甚少……创造性的革命变革理论变成了某种教条主义的宗教信仰和变种",[1] 这是造成苏联社会发展逐步停滞的思想根源。

2. 未能加快苏联社会经济发展的教训

十月革命爆发的最根本原因是俄国现代化进程中存在着尖锐矛盾。沙皇专制及随后的资产阶级政府均不能解决这个矛盾,布尔什维克党执政后首要的任务是加速俄国社会生产力及社会经济的全面发展。必须承认苏联在这方面取得了很大成绩,但仍与发达国家有差距,这在前文已提及。20世纪60年代以后,以适应战时需要为核心的苏联经济体制日益丧失发展潜力,而执政者又不能或不愿对其加以根本改革,这是苏联经济发展速度逐年下降的根本因素。从第七个五年计划到第十个五年计划期间(1961~1981年)国民收入年增长速度从6.5%下降到4.2%,工业总产值年均增长速度从8.6%降到4.2%,农业产值增长率从12.3%降至8.8%。[2] 到80年代中叶,国民收入年增长率仅为1%~3%,扣除涨价的石油收入实际增长率几乎为零。我们尚未全面统计这一时期苏联社会经济发展状况与发达国家差距,这个问题还需要研究,但苏联长期以来农业落后,轻工产品匮乏,生产效益不高却是不争的事实。这必然影响苏联社会现代化进程,影响苏联人民生活质量的提高。如果社会主义不能创造出比资本主义更高的社会及经济效益,就背离了十月革命的初衷,引起人民不满。

3. 未能更好吸收人类文明优秀成果的教训

布尔什维克党早期领导人吸收了包括马克思主义在内的人类文化优秀成果,成功地领导了十月革命。在苏维埃政权建设中列宁曾反复强调要学习资本主义生产管理方式(如泰罗制),学习资本主义经商方式,起用资产阶级军事、管理人才等。但此后的苏联领导人却故步自封,使苏联日益脱离与世界经济发展的联系,如关于"两个平行市场"的理论及长期以来对知识分子政策不落实的影响。特别是二战后世界掀起新技术革命浪潮,引起社会结构、产业结构、企业规模、生产力布局的巨大变化,促进了生产力巨大发展。科技革命要求管理体制起相应变化:(1) 建立科研—生产紧密结合的机构;(2) 针对新技术产品多

---

[1] 〔俄〕Ю. К. 普列特尼科夫等:《十月革命的历史教训》,〔俄〕《对话》1996年第4期。
[2] 《苏联国民经济统计年鉴》,莫斯科,1985,第104页;1980,第202页。

样、多变的特点实行灵活的经营体制；（3）适应于高技术人员流动的体制。苏联高度集中的管理体制显然不能适应新技术革命发展要求，而脱离人类文明的发展进程造成严重后果：即使按苏联统计数字，从 1965~1984 年苏联劳动生产率始终只及美国的 40％。实际上，从 70 年代至 80 年代，苏联劳动生产率年增长速度已下降一半多，从 6％ 降到 3％。[①] 苏联科技人员已从占全世界科技人才总数的 21％ 下降到 17％，美国则从 23％ 上升到 31％。[②]

4. 共产党腐败变质脱离群众的教训

广大工农群众的支持是十月革命成功最根本的原因，工农当家作主、廉洁政府、社会公正曾是第一个社会主义国家对世界最富吸引力的因素。但列宁晚年已深切感受到对党和国家官员实行监督以杜绝官僚主义和腐败现象、防止个人专断问题的重要性，可惜列宁逝世过早并未找到一个好的解决办法。后来的苏联领导人更是逐步背离了十月革命要建立比资本主义国家更高民主的原则：党内民主空气缺乏，严格的等级制度，领袖个人专权常常导致一些重大决策的失误；缺乏有效监督致使党内特权阶层产生，引起党群关系的恶化；僵化的生产资料所有制常使国有财产被视为"无主人财产"；生产成果分配的不合理使群众丧失发展生产的兴趣；工农的主人地位仅仅成为宣传中的口号……苏共的演变不仅逐渐失去了与人民群众的血肉联系，更为后来的反对派反共反社会主义提供了借口。

十月革命迄今已 80 周年了。十月革命历经血与火的考验，鲜花与掌声的拥戴，痛苦和眼泪的洗涤……它的成功和挫折都曾极大地影响世界历史进程，为后人留下宝贵的启示。现在俄罗斯政府已签署命令，把 11 月 7 日定为民族和谐和解日，意味着在俄罗斯各派无论政治观点如何，谁也不能漠视十月革命的存在。作为 20 世纪最重大事件之一的十月革命将永载史册。

原载《世界历史》1997 年第 5 期；《莫斯科大学学报·历史卷》2000 年第 5 期

---

① 〔苏〕阿巴尔金：《相互作用的辩证法》，〔俄〕《社会主义工业报》1986 年 3 月 20 日。
② 〔苏〕B. 马斯连尼科夫等：《苏联和美国的科学潜力：对比尝试》，《苏联科学院通报》1989 年第 10 期。

斯大林模式究竟是怎样形成的

陆南泉*

斯大林逝世后一直到苏联剧变前,虽然历经多次改革,但苏联基本上仍保持着斯大林模式。对这一模式形成的原因,一直存在不同的看法。历史地、客观地说清楚这个问题,有利于对斯大林模式本质的认识。

一 先从斯大林模式的主要内容与特征谈起

(一)主要内容

斯大林模式是指斯大林按照他的社会主义观在苏联建立的社会主义制度,人们一般称为斯大林模式或苏联模式,或表述为斯大林—苏联模式。它是在20世纪20~30年代形成,后来不断巩固与发展。斯大林模式是一个统一的完整体系,它包括的主要内容有以下几点。

第一,决定社会经济基础和生产方式性质的是生产关系的性质,而生产关系的组成中,起决定性作用的是生产资料占有方式,即生产资料归谁所有的问题。在斯大林看来,苏联建立的公有制有两种形式:一是以国有企业为代表的全民所有制,被认为是社会主义公有制的最高形式;二是以集体农庄为代表的集体所有制,它是公有制的低级形式,应该尽快向全民所有制这一最高形式过渡。国有企业是社会主义公有制最高形式的理论,实际上并不来源于马克思主

---

* 陆南泉,中国社会科学院俄罗斯研究中心副主任,中国社会科学院荣誉学部委员。

义，而是来源于斯大林主义。从苏联社会主义实践中可以看到，在国有制条件下，支配生产资料的不是社会的人，劳动者并没有取得他们用于集体劳动的生产资料的个人所有权，支配生产资料的是党、国家和斯大林。

第二，从政治上来讲，斯大林模式主要包括实行一党制，主要问题都由党决定；党政合一，党国合一；实行不受法律限制的无产阶级专政；贯彻民主集中制原则过程中，实际上搞的是没有广泛民主（包括党内民主）基础的集中制，把权力集中在少数人手里，最后集中在斯大林一个人手里；对文化，意识形态严加控制，斯大林垄断了对马克思列宁主义的解释权。在这些条件下形成的是高度集权的政治体制模式，最后发展成斯大林个人集权主义乃至专制主义。斯大林搞的个人极权主义，"其要害是实行个人集权制、领导职务终身制、指定接班人制、党政不分制、干部等级授职制和党政官僚特权制"①。

第三，在社会主义建设与社会改造过程中，在强大的阶级斗争压力下，用强制乃至暴力的手段，实行斯大林称为超高速工业化与农业全盘集体化的政策。

第四，以公有经济为基础和以产品经济观为理论，建立起与高度集权的政治体制模式相适应的高度集中的、指令性的计划经济体制模式。

第五，在民族问题上，历史实践表明，斯大林把联邦制度变形为事实上的单一制，斯大林执政时期，随着政治权力日益集中在中央，集中在斯大林一个人手里，各加盟共和国的独立自主权大大削弱，民族自决权的原则实际上流于形式。1990年召开的苏共中央二月全会指出，斯大林时期的联邦制"就实质来说是单一制的国家制度模式"②。苏联"这个国家一直是采取单一形式进行统治，民族和地方利益并不是考虑问题的原则"。"每一个民族都有自治权……在苏联整个历史中，这理论只是一种幻想。"③

第六，斯大林模式在对外关系方面，往往表现为实行扩张与霸权主义。斯大林的扩张与霸权主义有以下几个明显特点：一是在国际主义和世界革命的旗号下进行的；二是重点放在意识形态方面，斯大林把他的社会主义观强加给别人，让别国接受，俯首听命；三是国内高度集中的经济体制是其推行霸权主义

---

① 高放：《苏联制度宏观研究论纲》，宫达非主编《中国著名学者苏联剧变新探》，世界知识出版社，1998，第80页。
② 〔苏〕《真理报》1990年7月15日。
③ 〔美〕小杰克·F. 马特洛克：《苏联解体亲历记》，吴乃华等译，世界知识出版社，1996，第33页。

最为有效,最稳妥的手段。

第七,一系列赖以形成斯大林模式的理论:如"一国社会主义";不受法律限制的无产阶级专政;"阶级斗争尖锐化";国有企业是社会主义公有制最高形式;社会主义是产品经济;个体农民是"最后一个资本主义阶级"等。

这里需要指出,我们上面所列举的构成斯大林模式的一些主要方面,它们相互之间有着密切的联系,互相促进,相互制约,互为条件。

(二) 主要特点

随着对苏联社会主义模式研究的深入,对斯大林时期确立的斯大林模式的认识也有了很大变化,占主导地位的看法是,它是社会主义的严重变形和扭曲。这里仅介绍一下苏联国内有关人士的看法。布坚科认为:"根据现在的全部情况,是否应当这样说才是正确的:由于20世纪30年代末我国历史性建设新社会的特点,苏联建成的社会主义是斯大林式的,即国家行政、国家官僚、兵营式的社会主义,而不是科学共产主义奠基人所预见的社会主义。"[1] 有些学者把斯大林模式视为"国家社会主义""早期社会主义""封建社会主义"。戈尔巴乔夫认为,斯大林时期在苏联建成的社会主义,"占上风的是僵硬的,甚至残酷的极权主义制度。这种制度当然是在演变的,在斯大林死后,它的残酷性略有削弱,变得缓和些。但实质依然故我"。"归根到底,大家看到,苏联所实现的'模式'不是社会主义社会的模式,而是极权主义社会的模式。这对所有认真追求人类进步的人来说,都是值得进行思考的一个严肃的问题。"[2]

为了有利于更深刻地认识斯大林模式的主要特点,在苏联1989年《有关社会主义的现代概念》专题讨论会上,有的学者根据列宁晚期著作中描绘的轮廓,把列宁的社会主义模式的主要特征归纳为以下几点:

——在国家计划范围内,为了劳动者的利益利用价值规律和商品货币关系;

——根据劳动的质和量付给报酬的原则;

---

[1] 〔苏〕尤里·阿法纳西耶夫:《别无选择》,王复士等译,辽宁大学出版社,1989,第764页。
[2] 〔俄〕米哈伊尔·戈尔巴乔夫:《戈尔巴乔夫对过去与未来的思考》,徐蔡等译,新华出版社,2002,第19、29页。

——允许多元化的社会主义所有制形式存在；

——承认合作社是社会主义生产的一种形式；

——在防止官僚机构为所欲为的条件下保持"坚强有力而灵活的"国家机关，人民对它的监督；

——考虑劳动者利益的多样性；

——实行生产者同公民之间的横向联系而不一定非通过国家不可，允许建立社会主义的公民团体；

——劳动者积极参加管理国家和社会事务；

——坚持不懈地扩大民主；

——在多民族国家条件下公正地解决民族问题。①

学者有关斯大林模式主要特点的看法较为一致，或者说大同小异。《消息报》政治评论员鲍文认为，需要彻底改革的斯大林模式最明显的特征是：

——在生产资料广泛、彻底公有化基础上政治权力和经济权力最大的硬性集中；

——社会实践划一，不考虑地方条件的多样性、群众利益的分散性以及精神、智力领域不可避免的、有益于发展的多元化；

——经济过程行政命令式的管理方法，忽视价值规律；注重粗放式经济增长，极力追求数量和有损于质量的标准（虽说质次仍以量大为好）；

——明显的收缩，党和国家生活民主准则形式化，不实行公开性，抛开"下层"和党员基本群众通过重大决议，从肉体上消灭被怀疑为对"领袖"、对政治制度不规矩者；

——文化贫困，社会科学瘫痪，自我意识、自我批评衰退，为现实辩护，在意识形态上编造神话，令人苦恼的、毒害社会生活的言行不一。②

这里不能不提到苏联学者 B. 基谢廖夫的看法。他认为，斯大林模式的突出

---

① 〔苏〕《真理报》1989 年 7 月 18 日。
② 〔苏〕尤里·阿法纳西耶夫：《别无选择》，辽宁大学出版社，1989，第 724~725 页。

特点是：

——全面集中管理社会生活的所有领域，将行政命令方法与国家恐怖手段相结合，直至组织大规模镇压和建立强制性劳动的集中营；
——粗放和浪费的经济和政治机制，在这种机制下，完全取消了依据社会效益来评价成果；
——否认从前的民主化形式的价值，取消群众管理和民主制度的形式；否认自治思想，政权的神圣化直至个人崇拜；
——社会生活甚至不受形式的民主程序控制，把党和国家的机关结为一体，执行机关监督选举机关，执法机关脱离法律和社会，其结果是独断专行。

他接着指出："所有这些变形的'兵营式共产主义'的特点，与马克思、恩格斯、列宁为之奋斗的自治社会主义和社会解放的理想是格格不入的。"①

我们仅从上面的材料可以看到，对斯大林模式主要特征的看法，从本质上讲是一致的，都认为，斯大林搞的社会主义与马克思、恩格斯所设想的是不相同的。从政治上说，在马克思、恩格斯看来，无产阶级在夺取政权后，近期目标是发展民主，使无产阶级与广大劳动群众成为国家和社会的真正主人；而长远目标是，运用无产阶级国家的权力，消灭阶级与阶级对立存在的条件，使得社会成为"每个人的自由发展是一切人的自由发展的条件"的"联合体"。这也是马克思、恩格斯的社会理想。这个理想的核心是人道主义。在马克思主义经典作家看来，共产主义与"真正的人道主义"是画等号的。从所有制说，马克思主义的基本理论是：取代资本主义的新的社会主义生产方式将实现劳动者与生产资料所有权的统一，它是"联合起来的社会个人的所有制"。马克思认为：这种所有制具有以下两个方面密切相关的本质内涵：一是劳动者集体共同占有和使用生产资料，任何个人均无权分割生产资料；二是在用于集体劳动的生产资料中，每个劳动者都享有一定的生产资料所有权。这就是在自由联合的劳动条件下实现劳动者与生产资料所有权相统一的具体形式。可见，不论从政治还是从所有制上看，斯大林模式与马克思主义经典作家设想的相距甚远，它

---

① 〔苏〕尤里·阿法纳西耶夫：《别无选择》，辽宁大学出版社，1989，第492页。

不可能到达科学社会主义的彼岸。

二 斯大林模式的形成原因

关于斯大林模式形成的原因,在过去很长一个时期,往往用已经形成的传统观点来加以解释,如苏联是世界上第一个社会主义国家,如何建设社会主义,建立什么样的社会主义无先例可循;由于资本主义国家对苏联的包围,苏联是处于世界资本主义汪洋大海中的一座"孤岛",苏联不得不用特殊的方式发展自己,壮大自己。这种观点来源于《联共(布)党史简明教程》。其实,这种看法只是表面上有一定的道理,但是经不起推敲。第一,列宁的新经济政策,把发展重点放在解决苏俄农民—农业问题上,这是抓住了俄国问题的核心和要害。在农民占大多数、农业处于小生产占优势的自然经济国度里,社会主义建设如果不能合理地解决这一难题,就谈不上社会主义的健康发展。第二,新经济政策并不是单一只解决农民—农业问题。它是在解决核心问题的基础上,平衡发展国民经济。当然,这种平衡发展绝不排斥适当地发展国防工业,在一段时间里,甚至加大国防工业的发展力度也是允许的。但是无论如何,不能"倒立行走",始终把发展国防工业当作"龙头老大"。苏联的这一教训是极其沉重的,值得一切社会主义国家认真汲取,绝不要重蹈覆辙。第三,苏联在世界上也绝不是什么"孤岛",它有世界1/6的土地,2亿多人口,它在十月革命刚刚胜利后就打败过14国武装干涉。如果按照新经济政策思想继续进行社会主义建设,那么随着经济的发展和壮大,苏联抵御外国入侵的实力只能是越来越强,而不是单纯地"被动挨打"——如斯大林所说的那样。[①]

斯大林模式的形成,绝不能简单地从客观因素去研究,实际上有其复杂的原因,是各种因素综合作用的结果。

1924年1月列宁去世后,在苏联党内发生过三次大论战:关于列宁主义的大争论;关于一国能否建成社会主义的大争论;关于如何建设社会主义的大争论。不论从理论方面,还是从权力斗争方面看,这几次大论战都可以被看作斯大林模式的准备阶段。随着斯大林在理论、政治与组织三条战线上都获得了胜利,就为他抛弃新经济政策,为其建立斯大林模式提供了基础性条件。因此可

---

① 陆南泉主编《苏联兴亡史论》(修订版),人民出版社,2004,第16页。

以说，停止实行新经济政策，接着实行农业全盘集体化，这是标志着斯大林模式开始建立的阶段。苏联工业化运动与20世纪30年代的"大清洗"，使斯大林逐个击败了他的对手，这是斯大林模式的最终形成时期。普遍认为，农业全盘集体化、超高速工业化与政治"大清洗"三大社会运动，是构成斯大林模式的三大社会支柱，也是形成斯大林模式的主要因素。

考虑到斯大林模式的形成有个历史过程，并且围绕三大运动还存在其他方面的一些因素，这些因素对形成斯大林模式也有着重大影响。为此，我们下面进行一些较为具体的分析。

（一）1924~1929年围绕新经济政策的党内斗争

这期间苏联党内展开的大论战涉及多方面的内容，但主要以如何建设社会主义为中心，而其中尤为突出的问题是如何对待新经济政策，是按列宁提出的新经济政策建设社会主义，还是回归到军事共产主义道路上去。争论的结果如下。

第一，虽然列宁一再指出军事共产主义时期的不少政策超过了限度，多次加以批判性的总结，但应看到，俄共（布）领导层和一般党员干部中仍然有不少人把这个时期实行的那套高度集中的、用行政命令的、排斥商品货币关系的经济体制视为长期有效的。这也是以斯大林为首的新领导下决心取消新经济政策，向军事共产主义政策回归的一个不可忽视的因素。

第二，随着新经济政策的中止，布哈林被击败并被清除出党，斯大林的主张逐步成了党的指导思想，这标志着斯大林经济体制模式的初步确立，因为这时布哈林等人竭力维护的列宁提出的一系列正确主张已被否定，按照新经济政策建设社会主义，建立经济体制的可能性已被排除。也就是说，又回到了由"军事共产主义"向社会主义"直接过渡"的方式上来了。

第三，1929年斯大林提出的"大转变"有着深刻的含义，涉及各个领域，也可以说是全方位的"大转变"，包括经济、政治、意识形态领域的"大转变"。斯大林在1924~1929年党内斗争中的胜利，即这个"大转变"的胜利，影响十分深远，斯大林在结束新经济政策的同时，就大胆地提出了自己发展社会主义的一套政策，从而为建立斯大林模式开辟了道路。

第四，社会主义两种模式（军事共产主义模式与新经济政策模式）、两种社会主义观念的斗争，在这个时期显得特别明朗，并在整个苏联历史发展过程中都没有停止过，尽管表现的形式与斗争激烈的程度有很大不同。苏联各个阶段状况的变化一般都与两种模式斗争结果有关。但同时也不得不承认，斯大林的社会主义观，他逐步确立起来的体制模式，在苏联解体前，虽然遭到多次冲击，但长期居统治地位。

第五，也正是在这个时期，苏联社会主义开始变形。可以认为，1924～1929年是斯大林主义奠定前提的时期。① 这时的斯大林主义"是比较简单的、有点庸俗的、没有被理解透的马克思主义"。"当时革命人民中明显有两派：一派虽然有些左的情调，但仍可称为革命现实主义派、革命民主派；另一派是'左倾'革命派、兵营共产主义派。早期斯大林主义更多依靠的是后一派革命群众。""兵营共产主义派则是那些被抛弃在最低层、比较封闭的劳动群众，他们憎恨现存社会，具有很大的破坏性。涅恰也夫分子就认为，'我们的事业就是可怕的、彻头彻尾的、无处不在的、无情的破坏'。他们想借助'火和剑'，借助强大的暴力来完成自己的事业。当时有一个革命领袖说过：'如果太阳只照亮资产阶级，那就把它弄灭!!'""斯大林主义把这种否定的价值和冒险主义方针固定下来了，并且提升为理论及党和国家的政策。"②

（二）工业化运动对最后形成斯大林模式具有特别重要的意义

如果说，1929年全面中止新经济政策和斯大林思想占主导地位标志着斯大林模式得以初步确立，那么，到战前的1941年，斯大林工业化方针得到全面贯彻不只是斯大林工业管理体制、经济体制模式全面建立，并已扎了根，而且斯大林社会主义模式也已全面建立并扎了根。这是因为：其一，在工业化运动期间，斯大林不只在苏联创造了"世界上所有一切工业中最大最集中的工业"，并且成为"按照计划领导"的"统一的工业经济"；③ 其二，在工业化运动过程中，对整个经济的计划性管理大大加强了，行政指令的作用大大提高了；其三，1929年全盘农业集体化的快速推行，农业也受到斯大林经济体制的统制；其四，工业化运动时期，斯大林不仅一个一个地打败了他的政敌，并且借助于20世纪30年代的"大清洗"，最后形成了高度集权的政治体制模式，并把这一模式一

---

① 斯大林于1922年4月担任总书记，但独立领导全党工作是在1924年1月列宁逝世之后。
② 《国外社会科学》1992年第4期。
③ 《斯大林全集》第10卷，人民出版社，1954，第258页。

步一步地推向极端，斯大林成了独揽大权的最高统治者，他凭借手中掌握的权力与专政机器，使全党、全国人民服从于他一个人，从而使苏联的社会主义遭到了极大的扭曲。

（三）农业全盘集体化使农业成为斯大林模式的一个重要内容

从斯大林根本改变对农民的看法为起点，随之而来的是根本改变对农民的政策，推行农业全盘集体化运动，其结果是，不仅仅把占人口最多的农民与国民经济中居重要地位的农业纳入斯大林统治的经济体制之中，而且意味着苏联正在朝斯大林社会主义模式迈进。为什么这样讲，因为十月革命前的俄国，虽然已经走上了资本主义的发展道路并过渡到垄断资本主义，但在认识到这一点的同时，必须清醒地看到，俄国仍然是一个小农经济占优势并且农业水平相当落后的国家。

如何把占人口多数的农民与十分落后的农业引向社会主义的道路，以什么样的态度与政策对待农民与农业问题，是十月革命胜利后布尔什维克党面临的一个极为重要的问题，也成为苏联社会主义改造与建设中的一个中心问题。正因为这一问题如此重要，因此，在十月革命后，不论在军事共产主义时期、新经济政策时期，还是在工业化运动时期，农民问题都成为苏联党内、各政治派别斗争的焦点。在展开农业全盘集体化运动过程中，农民问题自然就更加突出了，围绕这个问题的斗争更加尖锐了。列宁在对军事共产主义时期"直接过渡"的理论与实践进行批判性总结之后，对农民问题看得更清楚与深远了，他指出："从世界无产阶级革命发展的整个进程来看，俄国所处的时代的意义，就是在实践中考验和检验掌握国家政权的无产阶级对待小资产阶级群众的政策。"①

十分遗憾的是，异常复杂的、对苏联具有关键性历史转折意义的农业集体化问题，"由于斯大林的无能的冒险主义领导更加复杂化了，现在来描写这段历史是很痛苦的。"②

在斯大林普遍集体化的思想指导下，在强大的政治压力下，用粗暴的命令和暴力强迫农民与中农参加集体农庄。1933 年 1 月，联共（布）中央宣布：

---

① 《列宁选集》第 4 卷，人民出版社，1995，第 539 页。
② 〔苏〕罗·亚·麦德维杰夫：《让历史来审判——斯大林主义的起源及其后果》，赵洵等译，人民出版社，1981，第 141 页。

"把分散的个体小农经济纳入社会主义大农业轨道的历史任务已经完成。"

斯大林之所以用强制与暴力的办法加速农业集体化,其主要目的是:控制粮食与取得资金,全面建立社会主义的经济基础,消灭"最后一个资本主义阶级"的个体农民,最后形成完整的斯大林模式。

从体制角度来看,农业集体化中的问题有以下几点。

第一,反映生产关系一个重要内容的经济体制,十分突出地超越了生产力的发展水平。

从斯大林整个经济体制形成过程来看,生产关系脱离生产力发展水平,使形成的经济体制不符合客观实际,这是带有普遍性的问题,但农业集体化显得最为突出。

第二,农业集体化运动过程中行政命令、强制与暴力的作用充分发挥,把商品货币关系作用的范围压挤到最低限度。

戈尔巴乔夫在下台后出版的著作中指出:"在斯大林时期,工业化是靠强迫劳动,靠利用集中营的囚犯,同时也是靠农业的破产来实现的。对农业来说,集体化实际上成了新的农奴制。"[①]

写到这里,我想说,斯大林对待农民的政策及发展农业的模式,是不符合科学社会主义本质要求的,它极大地败坏和践踏了社会主义的名誉。

(四) 20 世纪 30 年代的"大清洗"是导致斯大林模式形成与巩固的一个重要因素

斯大林模式的形成过程是与围绕社会主义发展道路、方针与政策所展开的政治斗争紧密联系在一起的过程,也就是说,它是在苏联特殊历史条件下在复杂斗争过程中形成的。20 世纪 30 年代的"大清洗"又最为集中地反映了政治斗争对形成高度集权政治体制的影响,这种政治体制又回过来使高度集中的计划经济体制日益巩固与发展。这也保证了斯大林模式的巩固与进一步发展。我们在这里,也只是从这个角度来简要地论述 30 年代在苏联发生的"大清洗"。

我们通过对工业化与农业集体化运动的研究,十分清楚地看到,这两个运动不只是通过行政命令进行的,而且是在相当程度上借助强制和暴力推行的,

---

① 〔俄〕米哈伊尔·戈尔巴乔夫:《戈尔巴乔夫对过去与未来的思考》,徐葵等译,新华出版社,2002,第 35~36 页。

从而导致社会关系和党群关系紧张，引起党内外的强烈不满。仅1930年1~3月，全苏发生了2200多起骚乱，大约有80万人参加。① 斯大林为了坚持推行他的工业化与农业集体化运动的各项政策，在20世纪20年代末，用压制、批判等办法，把一个一个的党内反对派打下去。1929年联共（布）中央批判"布哈林右倾投降主义集团"之后，党内已不存在公开的反对派，但这并不意味着党内不同意见与矛盾就不存在了，在斯大林高压政策的情况下，它以别的形式表现出来。这就使得20世纪30年代"公开的"政治审判与秘密的镇压事件大量出现，并且规模越来越大，镇压的手段也越来越残酷，构成了20世纪30年代的"大清洗"运动。"大清洗"运动不仅是实现工业化与农业集体化的重要政治保证手段，也是最终形成斯大林模式的不可分割的重要因素。从1934年年底到1938年秋的近4年时间里，"大清洗"运动高潮迭起。但这里需要指出的是：第一，斯大林的镇压并没有到1938年结束，大量材料证明，在斯大林逝世之前，镇压一直未停止过；② 第二，斯大林的镇压并不是从1934年才开始的，在此前已经出现了。现在大家都用"30年代大清洗"这个概念，主要是因为这个年代特别是其中的1937~1938年，镇压运动规模之大使苏联所有的人震惊。这简直是突然降临在苏共和国家头上的某种莫名其妙的、可怕的灾难。

斯大林的"大清洗"涉及各个阶层的人，既包括原反对派领导人及其成员，也包括苏联党、政、军的高层领导与广大干部队伍与人民群众。其不论是规模之大，还是手段之残酷，都可以说是苏联历史上最可怕的悲剧。

至于现在来争论"大清洗"运动被镇压与被迫害的人数是几百万还是几千万，这不具有重要意义。就算是几百万人，难道还少吗，难道斯大林的所作所为是为党和人民、为建设社会主义必须付出的代价吗？也有人说，被斯大林镇压的人中有真正的反革命，但这只是极个别的情况，不过是沧海之一粟罢了。③

我们要回答的问题是，斯大林"大清洗"运动的目的是什么？我们赞成这样的看法，不要把它说得太复杂了。斯大林的目的是保持自己无限的权力，斯大林的内心充满着渴求权力的强烈欲望。在20世纪30年代初，他的影响已经很大了，但他所想要获得的是无限的权力和对他的绝对服从。同时他也很清楚，

---

① 姜长斌等：《读懂斯大林》，四川人民出版社，2001，第206页。
② 如1949~1951年发生的所谓"列宁格勒事件"和1952年11月发生的"医生谋杀案"等。
③ 〔苏〕罗·亚·麦德维杰夫：《让历史来审判——斯大林主义的起源及其后果》，赵洵等译，人民出版社，1981，第959页。

要做到这一点肯定会遭到和他一起在革命和国内战争年代成长起来的党与国家领导人的反对。这就不难解释为什么"大清洗"的矛头首先指向中央领导干部。

与此同时,由于斯大林工业化和农业集体化政策出现的种种失误对党和国家造成的困难,斯大林与党的基本骨干领导之间的关系有了很大的变化。党中央许多有威望的活动家到了1934年(虽然晚了一点)意识到,对于党来说,斯大林作为领导人已是不合适的了。在十七大上反映的情况说明"党内正在形成的不正常现象使部分党员,特别是列宁时期的老干部十分忧虑。大会的许多代表,首先是知道弗·伊·列宁'遗嘱'的那部分同志认为,已到了把斯大林从总书记岗位调到另一岗位上的时候了"。[1] 对任何事情都非常敏感的斯大林,不可能不觉察到党的领导层中的这种情绪变化。在这种背景下,1934年12月1日,基洛夫在列宁格勒被害,斯大林抓住这个时机,开始了"大清洗"运动。斯大林在这个运动中创造了"人民的敌人"这个宽而广的概念,用以消灭反对他的政治敌人和他所怀疑的人。在这个过程中,斯大林在更大程度上巩固了自己的权力与影响。与此同时,在全国造成一种政治斗争十分尖锐的局势,也便于斯大林利用这种局势把权力更加集中在自己手里,在这集中权力的过程中,斯大林竭力把自己打扮成挽救局势的"救星"。

斯大林搞"大清洗",用"人民的敌人"等种种罪名消灭"敌人",其另一个重要原因是为他在工业化和农业集体化运动中由于政策失误而造成的严重政治与经济困难寻找"替罪羊"。20世纪30年代的"替罪羊"主要是中央领导层。这样做一方面可以把造成国内困境的原因推给"人民的敌人",说成是由于他们破坏党的政策的结果;另一方面,随着这些"人民的敌人"被消灭,为斯大林搞极权统治和个人迷信创造了更为有利的条件。

上面简单的分析表明,斯大林20世纪30年代的"大清洗"运动,中心目标是把一切权力集中在自己手里。

这次"大清洗"运动结束了夺权过程。由于大规模的镇压,集中制发展为专制主义,使全党全国服从于斯大林一个人的意志,按照他的思想在苏联建设斯大林模式的社会主义。到了这个时候,凡是限制斯大林个人权力的制度都将被抛弃,凡是他不喜欢的人都将被撤职或被消灭。应该看到,20世纪30年代的

---

[1] 〔苏〕罗·亚·麦德维杰夫:《让历史来审判——斯大林主义的起源及其后果》,赵洵等译,人民出版社,1981,第251页。

"大清洗"使苏联处在一个严重的历史转折时期,不论是社会主义建设理论还是社会主义建设实践,都已遭到严重的扭曲。麦德维杰夫早在1974年就认为,这场"大清洗"可能断送十月革命的成果。他指出:"那是一种沉疴,其严重的现实危险性在于它有可能把十月革命的许多成果完全断送。"① 不幸言中了,由于"大清洗"使得斯大林个人专权形成和巩固,并导致最后形成斯大林模式,而这个模式在斯大林之后又未得到根本性的改革,这样,斯大林模式最后成为20世纪80年代末90年代初苏联发生剧变的根本性、主导性原因。换言之,斯大林模式的失败是20世纪社会主义遭到严重挫折的根本原因。

(五)俄国长期实行专制制度及其集权与扩张等历史传统,对斯大林建立高度集中的经济体制,潜移默化地产生着影响

要对苏联十月革命之后出现的种种重大问题有个深刻理解,就必须把这些问题的研究,与十月革命前俄国在漫长的发展历史过程中形成的传统联系起来考察,特别是在分析斯大林模式形成的原因时,这一点显得尤为重要。

综观俄国发展的历史可以发现,革命前的俄国曾是一个长期集权统治的国家。当世界资本主义进入垄断阶段以后,列宁还一再称俄国是"军事封建帝国主义",是"军事官僚式的帝国"。在经济上,在十月革命前,俄国的资本主义经济还带有浓厚的封建关系。这就是说,俄国虽已进入垄断资本主义即帝国主义阶段,但在经济与政治方面仍保留着浓厚的封建传统的特点。俄国的资本主义在相当程度上是在封建主义体制中运行的。正如列宁所说的:俄国的"现代资本帝国主义可以说是被前资本主义关系的密网紧紧环绕着"。② 在这种政治经济条件下,沙皇长期实行的是专制制度,国家最高权力掌握在沙皇一人手中。因此,在分析斯大林模式形成原因时,必须考虑到影响很深的历史传统因素。正如列宁在十月革命胜利5年后所指出的,苏维埃国家机构仍是"从沙皇制度那里接收过来的,不过稍微涂了一点苏维埃色彩罢了",③ 它们"仅仅在表面上稍微粉饰了一下,而从其他方面来看,仍然是一些最典型的旧式国家机关"。④ 斯大林所继承的

---

① 〔苏〕罗·亚·麦德维杰夫:《让历史来审判——斯大林主义的起源及其后果》,赵洵等译,人民出版社,1981,第740页。
② 《列宁选集》第2卷,人民出版社,1995,第644页。
③ 《列宁选集》第4卷,人民出版社,1995,第755页。
④ 《列宁选集》第4卷,人民出版社,1995,第779页。

俄国历史传统，最主要是沙皇的集权与扩张。当然，这种扩张是在世界革命名义下的扩张。而所有这些，都要求有个以高度集中的政治经济体制为主要内容的统治模式，依靠它把政治经济权力集中在少数人乃至斯大林一个人手里。

（六）斯大林个人品性对形成斯大林模式，不可能不起作用

斯大林作为苏联最高领导人，执政长达 30 年，因此，斯大林个人品性对斯大林模式形成的影响是不能不考虑的。就是说，如果忽视或否定了领袖人物对历史发展的作用，就会忽视斯大林个人的品性特点对在苏联形成的体制模式所起的影响。我们在这里也正是从这个角度分析问题的。

详细摘录斯大林传记中有关对他描述的材料，在这里是不必要的。笔者只想根据斯大林在苏联社会主义革命与建设中的实践，来考察他个人对体制模式形成产生的影响。

不少学者认为，坚毅、刚强和政治敏感反映了斯大林个人品性的一个方面，而粗暴任性、强烈的权力欲、冷酷无情、崇尚暴力、主观片面、妒贤嫉能和孤僻，反映了斯大林个人品性的另一个方面。斯大林是苏联历史上一个十分重要的人物，也是十分复杂的人物，因此，他的个人品性对体制模式形成所产生的影响也表现在很多方面。

斯大林的粗暴使他容易犯滥用权力、破坏法治等错误，从而使政治体制中的这一弊端不断发展。

斯大林强烈的权力欲，使得他不惜一切破坏民主集中制原则，独断专行，排除不同观点的人，甚至从肉体上对他们加以消灭。斯大林在工作中不需要顾问，只需要执行者。他要求下属对他完全服从、听话、百依百顺，完全遵守奴隶般的纪律。他不喜欢那些有自己见解的人，他用特有的粗暴把这样的人推开。斯大林的独断专行，不仅表现在领导工作方面，而且在很多学科的命运问题上，他也毫不犹豫地扮演了最高仲裁者的角色。对待遗传学是这样，对待语言学是这样，对待社会主义政治经济学也是这样。还要指出的是，斯大林对不同意自己观点的学者，不仅极不尊重，而且加以粗暴的污辱、嘲弄。譬如，对经济学家雅罗申柯对政治经济学教科书提出的意见，斯大林说他"是在跟着布哈林的尾巴跑"，[①] 是发了疯的马克思主义者。当雅罗申柯请求委托他编写社会主义政

[①] 《斯大林文集》，人民出版社，1985，第 654 页。

治经济学教科书时，斯大林说，这个请求"不能认为是严肃的，至少是因为他这请求中充满着赫列斯塔科夫①的气味"。② 看来，斯大林在确定科学领导人时需要的也是一种以奴隶主义对待理论的工作者。

斯大林主观片面，不能听取不同意见，导致产生一系列错误的有关社会主义的理论，如随着社会主义建设取得进展阶级斗争更加尖锐的理论，把阶级斗争视为社会发展的唯一动力，排斥商品货币关系……斯大林的社会主义观，对苏联社会主义道路和体制模式的选择有着十分重要的影响。

斯大林崇尚暴力、冷酷无情，导致大规模的镇压。1934年7月斯大林与英国作家威尔斯谈话时说："一种社会制度被另一种社会制度所代替的过程，在共产党人看来，并不简单地是自发的和和平的过程，而是复杂的、长期的和暴力的过程。"③ 在"大清洗"运动中，滥杀那么多无辜，对斯大林来说，并不构成什么道德问题，他从不检讨自己，从不后悔，而他考虑的只是为了不间断的"革命"和扩大自己的权力而拼命向前，不惜用火和剑粉碎任何反抗，哪怕是最轻微的反抗——即使来自最亲密的战友。在斯大林看来，革命、所有制的改造、工业化、农业集体化、文化管理等，都是强制暴力的同义语。现在回过头来看，斯大林之所以在很多场合下赞赏伊凡四世、彼得一世、叶卡捷琳娜二世是"伟大而英明的统治者"，也就不奇怪了。斯大林甚至还认为，伊凡四世专权和残酷得还不够，伊凡雷帝在处死人之后总是后悔和忏悔，这是不果断的表现，说彼得一世"对外国人过分纵容"，④ 国门开得过大，听任外来影响向国内渗透。

斯大林妒贤嫉能也是他个人品性中不可忽视的一个弱点。他一方面通过各种手段把与他同代的革命领导人排挤出去，垄断了对列宁主义的解释权；另一方面他竭力压制知识分子，特别是党内知识分子。

在苏联国内再版300多次、译成31种文字，在世界共发行了约4.7亿册的《联共（布）党史简明教程》中也反映出斯大林个人的品性。这部书的主要观点无疑是属于斯大林的。该书的特点是伪造历史、教条主义、公式化和民族主义（在不少情况下变成大俄罗斯沙文主义），这方面的情况很多人熟知的，不需要进

---

① 赫列斯塔科夫是果戈理的讽刺喜剧《钦差大臣》中的主角。他是一个招摇撞骗、虚伪轻浮、厚颜无耻的典型人物。
② 《斯大林文集》，人民出版社，1985，第663页。
③ 《斯大林文集》，人民出版社，1985，第19页。
④ 参阅《斯大林研究》1995年第5辑。

一步论述。但要指出的是，在苏联历史科学中经常出现为沙皇许多侵略战争进行辩解的倾向，不能不说与斯大林的影响有关，并在斯大林的对外政策中不时地有所反映。

（七）对马克思主义采取教条主义

这里，就作为斯大林模式一个重要组成部分的高度集中的计划经济体制形成原因，分析一下斯大林如何教条地对待马克思主义理论的。

一定的经济体制模式是由一定的经济理论决定的。计划经济的理论源于马克思、恩格斯有关未来社会不存在商品货币、市场的社会理论。列宁在实行新经济政策前也与马克思、恩格斯持相似的看法。他们都把社会主义经济视为一种产品经济，但到了实行新经济政策时期，列宁改变了上述看法。后来，在工业化、农业集体化过程中，一直到斯大林经济体制模式最后形成的历史时期，有关商品货币关系的理论，尽管中间有所变化与发展，也有不少争论，但总的来讲，把社会主义经济视为商品经济，并承认价值规律、市场对经济起调节作用的观点，一直不占主导地位，并不断遭到批判。而产品经济观，即否定社会主义经济是商品经济，否定价值规律、市场的调节作用的观点，一直居主导地位。从而，也就牢牢地成为斯大林计划经济体制的理论基础，成为斯大林逝世后苏联难以对经济体制进行根本性改革的一个重要原因。

恩格斯在设想未来社会没有商品货币时指出，这种设想，带有一般的、大概的、草图的性质。列宁在总结军事共产主义后，果断地改行新经济政策，并认为，新经济政策就是要充分利用商品货币关系。他在货币、商品等问题上的看法有了很大的变化。列宁一开始就从允许小生产者有贸易自由做起，而对大资本的生产资料则运用国家资本主义的一些原则，要求国有企业实行商业性质的经济核算制。但后来很快被实践证明，在生产力水平低下的小生产占优势的俄国，必须后退，从而"……在国家的正确调节（指导）下活跃国内商业"。[①] 这里可以看到，列宁在实行新经济政策开始阶段强调利用商品货币关系与发展商业，主要出发点是当时存在大量小生产者等多种经济成分，为的是建立国有经济与非社会主义经济的一种联系方式；那么在所有制改造任务完成之后，即在社会主义经济基础建成后如何对待商品货币关系与商业等问题，列宁没有做

---

① 《列宁选集》第 4 卷，人民出版社，1995，第 614 页。

出明确回答。但列宁毕竟否定了长期存在的社会主义与商品货币关系不相容的观点,这不能不说是个重大进步。这也为党内坚决拥护新经济政策的领导人正确理解与对待市场关系提供了理论依据,如布哈林指出:"过去我们认为,我们可以一举消灭市场关系。而实际情况表明,我们恰恰要通过市场关系走向社会主义社会。"① "市场关系的存在——在某种程度上——是新经济政策的决定因素。这是确定新经济政策实质的重要标准。"②

但斯大林不从俄国实际情况出发,积极主张取消商业,他说:"国家、国营工业不经过中介人直接成为农民的商品供应者,而农民也不经过中介人直接成为工业、国家的粮食工作者,这有什么不好呢?"③ 很清楚,斯大林这里说的取消"中介人"就是指取消商业,商业没有了,就不存在商品流通了,那也不存在商品货币关系了。这种思想是他对商品经济错误看法的必然反映。在斯大林看来,资本主义的根就"藏在商品生产里",④ 也正是这个原因,斯大林急于结束新经济政策,急于搞农业全盘集体化,尽快消灭在他看来迫使苏维埃从事商业和商品流通的小生产者。就这样,斯大林在工业化与农业集体化过程中,坚持要消灭商品货币关系,坚持产品经济观,以此理论为基础,一步一步地建立起了高度集中的指令性计划经济体制。这个体制的特点可简单归结为:管理权限的高度集中化;管理方法的高度行政化。

这里顺便要指出的是,斯大林在教条地对待马克思主义的同时,往往还对马克思主义采用实用主义的态度。正如尤·波利亚科夫在列宁诞辰120周年前夕举行的讨论会上指出的:"斯大林主义的一个特点是……根据自己的需要加以剪裁,以便首先能够证明他的学说的正确。为了达到这个目的,有些事要略而不计,有些事要巧而掩饰,有些事要秘而不宣,有些事则干脆一笔勾销。"斯大林在推行他的政策或提出理论时,"最不光彩的就是,这一切都是打着列宁主义的旗帜做的"⑤。

原载《探索与争鸣》2010年第2期

---

① 《布哈林文选》上册,人民出版社,1981,第441页。
② 《布哈林文选》下册,人民出版社,1981,第392页。
③ 《斯大林全集》第12卷,人民出版社,1955,第43页。
④ 《斯大林全集》第11卷,人民出版社,1955,第196页。
⑤ 〔苏〕《党的生活》1990年第7期。

东欧国家政治体制比较研究

赵乃斌[*]

本文对政治体制比较研究的方法论问题做了探讨，以类型比较和对应比较的方法，对东欧各国的政治体制的演变、内容和特点进行了分析。

政治体制作为一门独立的学科，其研究的范围是十分广泛的。苏联和东欧国家[①]的学者对此有各种各样的观点和阐述。按照各国带普遍性的观点，政治体制研究的范围一般包括以下的内容：政治体制的理论基础和指导思想、国家政权机构和组织、政党和社会团体、统一战线、人在政治体制中的地位和作用、舆论工具和各种具体制度，如法律制度、干部人事制度、监督制等。而从政治体制运行的角度来说，政治体制研究的范围还应包括各种政治机构和组织之间的关系、各种具体制度的作用和相互关系，以及各种机制，其中至少要研究六种机制，即民主机制、法律机制、决策机制、调节机制、监督机制和制衡机制。在此范围的基础上，我们可以对政治体制从总体上进行比较研究，也可以从相对应的问题上进行比较研究。

迄今为止，苏东国家的学术理论界对政治体制的比较研究涉猎不多，无论是专著还是论文都鲜为人见。应该说，政治体制比较研究是一个难度较大的问题。如果说二战后初期东欧各国的政治体制均出自苏联"模式"，难以探讨和研

---

[*] 赵乃斌，中国社会科学院俄罗斯东欧中亚研究所原东欧室主任，研究员。

[①] 当今，对"东欧"或"东欧国家"的概念有各种不同的解释。我们这里所言的是相对于"西欧"或"西欧国家"的、国家性质原属于社会主义阵营的概念。因此，这里所谓的"东欧"或"东欧国家"不仅包括保加利亚、波兰、捷克斯洛伐克、德意志民主共和国、罗马尼亚和匈牙利，也包括南斯拉夫和阿尔巴尼亚。对学术理论界来讲，做出这样的说明是必要的。

究各国政治体制的异同，那么许多东欧国家二战后40多年来的政治体制都在不同程度上发生了变化，呈现出多样化的发展趋势，因此，对东欧国家政治体制进行比较研究既有可能也有必要。

东欧各国的政治体制由于历史的原因，最初都是按照苏联的"模式"确立的，基本特点都是强调党政合一的高度中央集权体制。这是因为东欧各社会主义国家在确立各自的政治体制时，除了苏联的经验外，没有任何其他经验可以借鉴；苏联当时对东欧国家政治的发展具有决定性的影响；在战后东欧各国遭到严重破坏的形势下，要恢复经济和医治战争创伤，不实行党政合一的高度中央集权体制，就难以巩固社会主义制度。因此，这种高度中央集权的政治体制无疑是具有历史进步意义的。这种体制在南斯拉夫被称为"革命的国家主义"。

从20世纪50年代至今，许多东欧国家的政治体制都发生了不同程度的变化和发展。这种变化和发展又是同各国的政治、经济和文化的发展因素，以及所处的不同环境分不开的。50年代初最早进行政治体制改革的是南斯拉夫。从其国际环境来说，1948年的情报局事件和南苏公开决裂，无疑对南斯拉夫的政治和经济体制的改革起到了促进作用；从其国内形势来说，由于旧的、高度中央集权的政治体制所产生的种种弊端，最先为以铁托为首的南共所认识，并受到南共公开批判。以铁托为首的南共敢于冲破旧体制的束缚，探索并开创了新的、发展社会主义的道路和形式，即社会主义自治的道路，逐步地建立起自治社会的政治体制。其他一些东欧国家，特别是在80年代，也相继在政治体制方面进行了某种改革，发生了不同程度的变化。如波兰、匈牙利在政治体制改革方面迈出了较大的步伐。戈尔巴乔夫上台后，他提出了新思维、公开性、社会公正、人民自治以及关于政治体制改革的构想，这对东欧各国都是一种冲击，而对某些东欧国家更是一种极大的前冲力。从目前东欧国家政治体制的状况来看，都在不断出现新的理论观点，采取不同的改革措施，完善政治体制的各种机制。整个东欧的政治体制呈现出多样化的发展趋势。就东欧国家政治体制做对比研究，从中探讨共同点和差异点、优与劣、经验与教训，这对我国政治体制的改革会起到有益的参考作用。

一　影响东欧国家政治体制的诸因素

东欧国家的政治体制，从迄今的发展来看，有相似相近之处，又有许多差异，个别国家之间甚至出现了重大差异。但是，从政治体制的总体来说，仍然可以做类型比较研究，而从政治体制范围内的各个部分和各种因素与成分来说，也可以做对应比较研究。无论是做类型比较研究还是做对应比较研究，一般来说，影响东欧国家政治体制形成、发展、变化和改革的，主要有三个方面的因素，即历史因素、现实因素和理论因素。

（一）历史因素

这包括社会生产方式及其转换，经济结构及其基础，传统的政治管理形式的作用和影响，民主的传统，民族的特点，文化观念，革命的道路和方式等。这些历史因素对各个东欧国家都有其各自的特殊性。例如，南斯拉夫和捷克斯洛伐克在确立和发展其政治体制时，民族的特点表现得极其突出。南斯拉夫是由6个共和国（主体民族）、2个自治省（非主体民族）组成的统一的联邦国家。捷克斯洛伐克是由捷克族和斯洛伐克族的各自共和国组成的统一联邦国家。因此，作为历史因素的民族特点对这两个国家的政治体制产生重大影响。波兰是历史上具有悠久民主传统的国家，因此，这种历史因素对波兰政治体制的发展有深刻的影响。从革命的道路与方式来看，在第二次世界大战中，南斯拉夫和阿尔巴尼亚都是主要靠自己的力量取得解放的，它们的解放道路与其他一些东欧国家是不同的，后者是在苏联红军进行战略性反攻过程中获得解放的。因此，南、阿两国在各方面表现出的独立自主性特别强烈，而这种独立自主性反映在政治体制方面却又出现了迥然不同的两个"极端"：一方是实行政治体制的非中央集权化，而另一方则自始至终坚持高度中央集权化。其他东欧国家的政治体制长期处于相对静态的发展中，变化缓慢，改革甚少，只是在近些年有些国家才在政治体制改革方面开始发生较迅速、较深刻的变化。解放的道路作为一种历史因素不能不对政治体制的发展产生影响。

（二）现实因素

这包括国家政治体制的实际运转，工人阶级政党的地位和作用，领导集团的主观认识、意志、地位和影响，政治结构，决策体系，政治生活及方式，国际环境等。这些现实因素都对各国的政治体制产生重大影响或决定性的影响。例如，工人阶级的政党作为执政党的领导地位和作用，对政治体制具有决定性影响。在第二次世界大战后，东欧各国无一例外地都实行高度中央集权的政治体制，工人阶级政党都处于绝对垄断的地位。而随着社会的发展，特别是经济体制的改革，东欧国家工人阶级政党作为执政党的地位和作用，发生了各种不同的变化。这些变化反过来又影响到政治体制的变化。这些现实因素对各个东欧国家的政治体制都产生不同的影响。

（三）理论因素

理论因素作为实践的依据，对各国政治体制的建立、发展、演变、改革都产生巨大的影响和作用。在一些东欧国家中，对政治体制的发展或改革，理论观点的变化起了先导作用。过去南斯拉夫政治体制的改革是如此，现在波兰、匈牙利、保加利亚在政治体制方面的发展和变化也是如此。目前苏联的政治体制改革构想更明显地反映出理论因素的影响和作用。

以上三个因素对东欧国家政治体制的综合影响，使各国政治体制的各个方面呈现出异同。对于决定政治体制的究竟有哪些因素，苏东各国学者的观点不尽相同。如南斯拉夫的学者认为，不论哪种性质和形态的国家和社会，决定其政治体制的因素有：经济和阶级的基础，政治机构本身的结构，国家行政组织及其对政治权力机关的关系，政治思想体系，特殊的社会历史环境和传统，这些说法虽然不同，但未脱离以上历史、现实和理论这三因素。

二 东欧国家政治体制的类型比较

东欧国家的政治体制迄今已发生了一些变化，打破了普遍、统一的"模式"。从整体上是有可能进行比较的。总体比较就是类型比较。类型比较需要明确分类的标准和依据。一般来说，政治体制类型的划分，主要应从与政治体制密切相关的经济基础、政治结构、社会组织结构（包括人的地位）、决策结构、意识形态结构等五个方面来加以分析、研究和归类。南斯拉夫学者认为，对政治体制的差异进行比较研究时，主要涉及以下方面的问题：各国的政治体制如何反映和表达各种社会需要和利益及其方式；党和党的系统的概念及其实际如何运转，如何对待国家职能；人在决策过程中和在整个政治体制中的地位，即参与和直接做决定的程度和可能性如何。这种分类的依据与上述五个标准和依据基本上是一致的。

根据上述五个方面的标准和依据，东欧国家的政治体制基本上可以划分为四种类型。

（一）第一种类型是实行绝对高度中央集权的政治体制

从经济基础来看，几乎全部是国家所有制，严格限制个体经济成分，如阿尔巴尼亚对包括自留地、自留畜在内的个体经济成分也实行集中化；单一的计划经济，计划即法令，排斥市场机制和因素；分配上的极端平均主义，配给制的成分甚多。从政权结构来看，一党专政，一切社会权力集中于执政党的领导机构，最终集中于党的最高领导人。从社会组织结构来看，所有社会团体没有任何独立性，形式单一，人在社会政治体制中受到严重束缚。从决策结构来看，决策权高度集中，基层组织和个人基本上无决策参与权。从意识形态结构来看，严格控制言论、出版等自由权利，舆论一致，思想、文化、教育等事业完全受行政支配。

这种类型国家的政治体制的基本特征是：工人阶级政党作为执政党居于绝对统治的地位；党政合一，国家权力机关和执行机关与管理机关，以及地方政权机关等，实际上都是由党包揽，以党代政，党指挥一切；社会、政治、经济和文化各领域都受到严格控制；有法，但并非法治，主要是人治；领导层的"隐形特权"严重；社会主义民主、宪法规定的公民权利等只是停留在纸面上；社会经济、政治等均实行封闭模式。

（二）第二种类型是实行相对高度中央集权的政治体制

从经济基础来看，主要是以国家所有制为主的全民所有制；有少量个体经济成分存在，过去对其限制较严，近年来有所放宽；指令性计划占主导地位，对市场机制基本上持否定态度；分配方面以中央行政规定工资水平为主，平均主义现象仍然存在，短缺仍是普遍现象，并有配给制成分。从政权结构来看，工人阶级政党是执政党，国家权力基本上仍集中于党的领导机关和最高领导层手中；党政关系在形式上有某种分工，实际上仍然紧密结合为一体，有的国家明确规定并设立党政合一的机构。从社会组织结构来看，除工人阶级政党作为执政党外，其他社会团体和组织基本上仍是"纽带""传送带"，其独立活动的范围有限；存在民主党派的国家，如民主德国，捷克斯洛伐克，民主党派组织的独立性得到承认，但很少起到制衡作用。从决策结构来看，在社会、政治、经济等各领域，基本上由党的中央和最高领导层做决策，基层组织和个人参与决策的权利很有限。从意识形态结构来看，涉及政治、经济等领域的理论思想和观点，受到较严的控制，舆论基本上仍是一致，很少有公开的不同意见；对科学、文艺、宗教、教育等领域虽有控制，但相对又有较为自由的发展，行政性干预少一些。

这种类型国家的政治体制的基本特征是：工人阶级政党作为执政党在国家和社会政治生活中也居统治地位和起决定一切的作用；党政不分情况仍较严重，国家权力机关和执行机关主要还是起"陪衬"作用，一切重大问题仍听命于执政党的中央，它们的独立性相对较小；整个社会政治生活缺乏民主气氛，基本上不允许公开批评党和国家的领导层及其政策，人民一般感到受压抑并保持沉默；强调法治，但现实生活中人治现象仍较严重；领导层的"隐形特权"仍然存在。

（三）第三种类型是实行民主与集权相结合的政治体制

从经济基础来看，以社会主义公有制为主，允许多种经济成分并存，其他所有制形式包括个体所有制都有适当的发展；传统的计划经济框架已被突破，有的国家如波兰、匈牙利已取消了指令性计划指标，有的国家如保加利亚已大大缩小了指令性计划指标的范围；提倡比较充分地运用市场机制，有的国家还提出实行市场经济的构想；企业自主权逐步得到扩大；分配形式多样化，体现按劳分配原则的程度较高，平均主义逐步受到排斥。从政权结构来看，工人阶级政党仍是执政党，但强调党政分开，明确党政各自不同的职能，执政党逐步失去在国家权力机关和执行机关中发号施令的统治地位；国家权力机关和执行机关开始具有较大的独立性，因此，某些原本应有的制衡机制开始发挥作用；有些国家有效地实行任期制和差额选举制，领导人更迭和流动加快，职务终身制受到冲击。从社会组织结构来看，由于工人阶级政党的执政党地位有所变化，其他社会团体和组织，以及某些国家的民主党派开始具有真正独立活动的权利，如波兰统一工人党公开宣布与波兰统一农民党和民主党实行联合执政；宪法规定的公民的民主自由权利有较多的保障，民主监督原则得到较充分贯彻，如匈牙利社会主义工人党还提出实行多党制的可能性。从决策结构来看，分层决策的特点逐步明显，宏观决策保持高度集中，地方、基层组织有一定的决策权，劳动者参与决策的程度日益提高。从意识形态结构来看，坚持政治上的统一性；舆论比较开放，允许发表各种不同意见；在文化艺术领域，提倡创作自由，在理论界提倡学术自由，因此，文艺和理论界活动较活跃；宗教自由度较高，这种类型国家的政治体制的基本特征是：正处于从旧的、高度中央集权体制向新的、民主分权体制过渡阶段，政治体制方面出现了许多新特点，如波、匈的议会近年来都行使过否决的权利，这在过去是不可想象的；坚持工人阶级作为执政党的领导地位和作用，但强调党的领导作用主要表现在政治路线、方针的指导和行动上的监督；在逐步克服执政党包揽一切、指挥一切和领导一切的传统做法；切实加强国家权力机关独立行使宪法规定的职能，"橡皮图章"的作用正在改变；社会主义民主日益扩大，提出不同内涵的"自治"主张以加强劳动人民议政和参政的权利；社会政治生活的民主化程度日益提高；强调法治，人治的因素相对较小。

（四）第四种类型是实行非中央集权的自治分权的政治体制

南斯拉夫自称为社会主义自治社会政治体制。从经济基础来看，以社会所有制为主，个体所有制同时并存；传统的计划经济因素很少，取消了指令性计划，实行社会自治计划体制，强调市场机制，但未完全实行市场经济；采取工人自治管理经济的形式；法定行政干预少。从政权结构来看，宪法和法律规定有制约关系；国家权力机关和执行机关的独立性水平较高；由于实行代表团制原则，劳动者和基层组织参与民主政治生活的可能性较大；党政各自的职能明确；由于实行任期制和轮换制，领导人更迭极快；政治领域的民主化程度较高。从社会组织结构来看，工人阶级的政党不再作为传统的执政党而存在，在国家和社会中不居垄断或统治地位，工人阶级的政党作为其先锋队起政治思想上的社会引导作用，与其他社会政治组织在政治上是平等的，都是社会主义自治社会的主体力量；其他社会政治组织具有较大的独立性，不再起执政党的"传送带"的作用，而拥有宪法和法律规定的社会政治权力。从决策结构来看，决策体系和过程分散化程度较高，宏观的集中决策受到相当大的限制；劳动者和基层组织拥有法律规定范围的决策权，并按代表团制原则有权参与权力机关的决策活动。从意识形态结构来看，在政治、经济、文化各领域及理论学术界，都允许自由发表意见，自由争论，打破舆论一律的状况；个人、组织都可以对党政领导及其方针、政策、措施提出批评；社会民主生活的自由度较高。

这种类型国家的政治体制的基本特点是：实行自治分权体制，地方、基层和个人参与决策或直接做决定的条件较充分，可能性较大；工人阶级的政党作为其先锋队组织既不垄断也不直接干预国家权力机关和执行机关的活动，而强调在其路线、纲领和方针政策的引导下坚持社会主义方向，使劳动者自己日益能够行使权力和管理社会事务;国家权力机关不再只起"橡皮图章"的作用,执行机关的权力受权力机关的制约;制衡机制的作用较明显;劳动者参与决策和行使权力的范围日益扩大;社会政治生活的民主和自由程度较高、较广,公开性程度较高;强调法治,法制也较健全,人治影响较小;权力分散的速度过快,范围过广,造成宏观管理在一定程度上的失控。

以上对东欧国家政治体制所做的类型比较,主要是整体上的同异比较,属于各个类型的国家又各有自己的特殊性,同类型的国家,其政治体制的某些方面也不尽相同。因此,除了进行类型比较的研究以外,还应对东欧国家的政治体制进行对应比较研究。

三 东欧国家政治体制的对应比较

对应比较是指就东欧国家政治体制构成的相同的各个方面、各类成分、各种问题进行横向比较。因此,对应比较研究的内容和范围很广,诸如有关政治体制的理论问题、工人阶级政党的地位和作用、国家权力机关的地位和作用、政权机构及其职能和变化、法律制度、干部人事制度、社会团体和组织的地位和作用、民主党派的地位和作用、人在政治体制中的地位和作用、政治体制运行机制等,都可以进行对应比较研究。而在每一个重大问题上,其中所包含的许多具体内容,也可以进行对应比较研究。

本文将就涉及东欧国家政治体制的几个方面做一点对应比较的研究。

(一) 东欧国家工人阶级政党的地位和作用问题的比较

东欧国家的工人阶级政党的地位和作用对政治体制的确立与发展起着决定性的影响。对于社会主义国家来说,工人阶级政党在政治体制中历来是居于统治地位的,存在着其他民主党派的国家也不例外。工人阶级政党的领导地位和作用是不可否定的。这是因为:第一,工人阶级政党的领导地位是历史形成的,在第二次世界大战中,东欧国家的工人阶级政党都站在与法西斯占领做斗争的前列,或者直接领导这场斗争;第二,工人阶级政党的领导地位和作用是社会主义国家的性质所要求的,不可能设想由资产阶级政党来领导社会主义国家;第三,战后东欧国家都面临恢复经济和巩固社会主义制度的问题,强化工人阶级政党的领导地位和作用是不可避免的,具有客观的必然性。

但是，随着社会的发展，随着社会主义制度在东欧国家牢固地建立起来之后，特别是近些年来一些东欧国家经济体制和政治体制改革兴起之后，对于工人阶级政党的领导地位和作用问题，在一些东欧国家，在理论上和认识上都出现了变化和差异。这种变化和差异大致有以下几种情况。

第一种情况是始终坚持传统的理论观点和实践。在理论上，认为无论是过去、现在还是将来，工人阶级政党的执政地位不会也不应改变。如阿劳动党明确规定，它在任何时候、任何地方都"不与其他任何人分享领导权，党的领导是不受任何限制的"，认为在社会主义建设时期，只能是一党独存、一党执政，"保留其他政党在理论上是荒谬的"，认为没有党中央或政治局事先做出决定，任何重大问题都不可能得到解决。

第二种情况是坚持工人阶级政党的领导地位和作用，但与传统的理论和实践相比已有所变化。主要表现在：一些东欧国家认识到，建设社会主义不能依靠战后初期那种实际上的一党专政，也不能继续实行党政完全合一的原则和做法，而应当调动其他民主党派和社会团体，以及广大劳动群众的政治积极性。因此，这些国家都提出工人阶级政党的领导主要是路线、方针的领导。但在实践中没有相应的形式和措施，而有关国家和社会事务的一切问题，基本上仍由执政党及其中央机构少数人做决定，其他各方去贯彻执行。如德国统一社会党十一大指出，党在社会所有领域的领导作用是保障社会主义政治稳定和能动发展的客观需要，而其他民主派是在承认德国统一社会党的领导地位的前提下发挥某些作用。又如罗马尼亚在提出党政要分开的同时又设立许多党政合一的机构，由党直接管理某些国家和社会的事务。其理由是：党政合一的机构可以减少机构重叠，便于直接贯彻党的方针政策。

第三种情况是坚持工人阶级政党作为执政党的领导地位和作用，但在理论和实践中都有不少新的发展，与传统的理论和实践相比，有了较大的变化。如波兰统一工人党提出，波兰统一工人党的领导是波兰社会主义制度的"原则的原则"，但同时又规定，波兰统一工人党的领导作用要体现出服务的作用和指导的作用，而不是统治的作用。这主要体现在：党的领导作用应从直接干预的作用变为以政治方法实现的领导作用，与其他民主党派实行联合执政，而不是一党执政。匈牙利社会主义工人党提出，党的领导作用是服务；党进行领导，但不实行统治；党的领导作用的发挥主要取决于政策的正确性，取决于党能说服、赢得和动员全社会。匈牙利社会主义工人党还提出，匈牙利社会主义工人党作为执政党不谋求在执政方面发挥垄断作用，而是要自我约束，要使党政之间有合理分工，要吸收社会团体和群众组织共同制定、执行和监督党的政策。同时，在实践中，匈牙利还允许不带有"官办"性质的社会团体这类属于真正的利益代表机构的存在。保加利亚近年来提出实行社会主义自治，认为自治要从根本上改变党的领导作用的方式，认为共产党在取得政权和建立无产阶级专政之后成为执政党，而执政党往往依靠自己行政手段的因素，以官僚主义的集中取代民主，以职务和等级关系取代党内的正常关系。日夫科夫说，在政治体制的运行中，经常出现党"剥夺其他机关的职能，专横干预它们的活动"，"政权实际上已成为党的一种至高无上的权力"，等等。

属于这种情况的国家，在工人阶级政党的领导地位和作用问题上，一方面确定工人阶级政党是执政党，另一方面又提出在执政方面不起垄断作用，党政分开等。这样就产生了一个问题，即执政党的概念问题。所谓执政党，顾名思义就是掌握国家政权的党，这与提出党政分开无疑是矛盾的。历史的经验表明，各国工人阶级政党作为执政党的领导并非始终是正确的，在各国的历史上，工人阶级政党作为执政党时有失误、错误，甚至严重错误。因此，或者是对执政党的概念另做阐释，或者是改变执政党的提法及其地位和作用。这就出现了以下第四种情况。

第四种情况是坚持工人阶级政党的思想政治的社会引导作用，转变工人阶级政党作为执政党的领导地位和作用。这是南斯拉夫共产主义者联盟关于工人阶级政党的地位和作用的主张。这种主张既有理论观点上的变化，又在实践中有新的变化。从党的地位和作用来看，发生了以下的变化：一是南共联盟作为工人阶级的先锋队组织其阶级性质无任何变化，但南共联盟已不是传统意义上的政党，不是所谓一党制的那种执政党；二是南共联盟在社会主义自治社会不居垄断统治的地位，而是自治社会的最重要的社会主义力量之一；三是南共联盟不起垄断一切、发号施令这种传统意义上的领导作用，而是起思想政治上的社会引导作用，保证工人阶级的统治地位，而不是工人阶级政党的统治地位；四是南共联盟不把其他社会政治组织当作自己的"传送带"或"纽带"，而是以政治平等的原则，使这些社会政治组织充分发挥自己的独立作用；五是南共联盟注重教育工人和其他劳动者能够逐步直接行使权力和管理社会事务，而不是代表或以工人阶级和劳动者的名义行使权力和管理社会事务。由此可见，在党的地位和作用问题上，南共联盟最重要的突破，就是不再认为自己是传统意义上的执政党。

(二) 东欧国家权力机关和执行机关的地位和作用问题的比较

从国家结构形式来看，在东欧国家中存在着两种形式，一种是单一的统一国家形式，另一种是联邦制的统一国家形式。实行联邦制的国家有南斯拉夫和捷克斯洛伐克，其他东欧国家均为单一的统一国家。从国家政权机构来看，东欧国家与苏联一样，遵循的基本原则是议行合一。所谓议行合一原则是指立法权和行政权统一由国家权力机关行使的原则。这是巴黎公社首创的原则和制度。马克思在总结巴黎公社的经验时指出："它不应当是议会式的，而应当是同时兼管行政和立法的工作机关。"[①] 俄国十月社会主义革命胜利后建立的苏维埃制度，尽管国家政权机关也有立法机关和行政机关之分，即最高苏维埃是立法机关，人民委员会（后为部长会议）是行政机关，但行政机关是从属于立法机关的，两者之间的关系是领导与被领导的关系，是决策与执行的关系。至于以后在实践中出现的变形现象，如作为行政机关的部长会议实际权力超越立法机关，则是另一回事，此处不赘述。东欧国家至今都是实行议会制，但这种议会不应是马克思所说的资产阶级议会式的清谈馆，而应是原本意义上的国家权力机关，即议会行使立法职能，而从属于议会的部长会议行使执行职能，但是，工人阶级的执政党地位和执政方面的领导作用，长期以来使议会实际上成为"橡皮图章"和"表决机器"，议会并没有真正独立地行使国家权力机关的职能，其地位实际上是从属或服从于执政党的中央、政治局，甚至最高领导者个人的意志和决定。近些年来，这种被扭曲了的、变形了的现象日益为许多东欧国家所认识。因此，在国家权力机关和执行机关的地位和作用方面，东欧国家之间也出现了各种差异。在这方面大致有以下几种情况。

第一种情况是国家权力机关和执行机关从属于执政党中央及其领导层。有些东欧国家的宪法和法律都明确规定国家权力机关是独立的，议会是国家最高权力机关，也是唯一的立法机关，部长会议作为执行机关独立地执行议会的决定，并对议会负责。但在长期的实践中，无论是议会还是部长会议，都是从属于执政党的中央、政治局，甚至个别最高领导人。而阿尔巴尼亚劳动党则公开宣布阿尔巴尼亚人民议会、部长会议及其他国家机关都是党的助手。属于这种

[①] 《马克思恩格斯选集》第 3 卷，人民出版社，1995，第 121 页。

情况的国家唯一的改革,就是执政党中央的第一把手不再兼任部长会议主席。尽管执政党的第一把手不再兼任部长会议主席,部长会议仍然处于从属于执政党的地位。至于议会,无论是过去还是当前,这些国家的议会始终是处于从属于执政党的地位的。诚然,即便如此,这些国家的具体情况也有所不同。如存在民主党派的国家,在国家最高权力机关(议会)和执行机关(政府)中也为民主党派的代表安排了一定的职位,但这并不能改变议会和政府实际从属于执政党这种状况。此外,有些国家也进行精简行政机构和下放某些权力的工作,但由于国家机构的职能没有改变,因此并没有发生实质性的变化。

第二种情况是国家权力机关和执行机关的地位和作用,在政治体制改革中日益在加强,不仅在理论认识上,而且在实践中都有不少变化。如匈牙利,近些年来,匈牙利社会主义工人党对加强国家权力机关和执行机关的独立活动地位的必要性日益明确,认为过去匈牙利的国民议会形同虚设,现在应还权于议会。近些年来还采取了一些重大的改革措施,如1985年国民议会通过的新的《国民经济计划法》规定,今后部长会议不再以自己的名义将匈党提出的指导原则提交国民议会通过,部长会议只能根据匈党的指导性意见向国民议会提出方针的设想,国民议会进行审议并有权做出修改,甚至可以否决部长会议的提案。这种国民议会行使否决权的现象已有多起。同时,实行新的选举制,即国民议会及地方议会的代表,以及国家机关的某些领导职位,均实行差额选举。此外,匈党还决定,党外人士,只要符合条件,都可以被选出担任国家权力机关和执行机关的任何领导职务。1988年匈国民议会选举国家主席团主席时,经过真正的民主程序(而不是执政党指定候选人),选出一位无党派人士、有名望的科学家担任主席。这在匈牙利历史上还是第一次。波兰近年来在提高议会的地位和作用方面也有比较明显的变化。这主要表现在:一是波兰统一工人党明确规定它不直接干预议会的活动,这是20世纪80年代初波兰提出社会主义革新路线的组成部分,也是波兰统一工人党本身的革新内容之一;二是实行联合执政的方针,波兰统一工人党不仅承认波兰统一农民党和民主党为同盟党,而且宣布同它们分享国家权力,联合执政。1985年波兰议会选举中,在全部460个席位中,波兰统一农民党占106席,民主党占35席,无党派人士占74席,议会和政府的一些重要领导职位都有民主党派或无名党派人士的代表担任;三是议会的立法工作运转趋于正常和活跃,民主讨论的气氛大为加强,正逐步摆脱和改变过去那种"橡皮图章"和"表决机器"的状态,议会作为最高权力机关对其执行机关（政府）的监督作用明显增强。第八届议会期间（1980~1985年），议员共向政府提出529项质询，议会做出了有关政府活动的决定共408项，这在波兰议会历史上是少有的，为加强议会的监督作用，议会直接领导最高监察院，建立宪法法庭处理合宪合法问题，建立国务法庭专门审理国家领导人员的违法案件；四是实行差额选举。作为执行机构的部长会议也进行了重要改革，主要表现在：一是转变政府的职能，从单纯行政方法指令性领导经济转变为以经济战略规划和远景预测的方法指导经济发展，以立法手段和经济方法为主，行政手段为辅进行管理；二是下放权力，扩大地方议会和地方政府的职权，经济单位实行"三自"（自主、自治和自负盈亏）；三是在上述的基础上大力精简机构和领导人员。1987年，波兰政府各部和其他中央机关的副部长和部长助理精简了20%，工作人员精减了30%，副总理由5人减为3人。

属于这种情况的国家虽然经过政治体制的某种改革，国家权力机关的地位和作用得到了加强，它们的地位和作用日益符合各自宪法的原则规定，但国家权力机构及其执行机构在整个政治体制中还未实现根本性的改革；由于工人阶级政党作为执政党在决策方面的影响仍极大，所以传统的旧体制还未彻底被打破。

第三种情况是国家权力机关及其执行机关的地位和作用发生了带有根本性的变化。如南斯拉夫的联邦议会，从其实行的代表团议会制及从联邦执行委员会（政府）与联邦议会的法定关系来看，无论是从理论到实践，还是从形式到内容，都更为明确地体现出议行合一的原则。这主要表现在：一是南共联盟作为工人阶级的先锋队不再凌驾于议会并对其施加直接影响，而是在宪法和法律规定的基础上，通过代表团制，在议会范围内起引导作用，南共联盟不起决定一切的作用；二是议会制的结构及代表团制原则，使议会的议院（联邦议会由联邦院和共和国自治省院组成，各共和国和自治省的议会由三议院即区院、联合劳动院和社会政治院组成，区议会由地方共同体院、联合劳动院和社会政治院组成）不是简单地代表公民，而是代表以自治方式组织起来的生产者和其他联合劳动者，使劳动者的利益在各级议会的决策过程中能得到直接反映，而无须一般政治代表起中介作用；三是政治决策非中央集权化，取消各级议会之间上下从属的等级制关系，而是根据宪法和法律规定的各级议会的权限、职能、权利和义务行事，并在此基础上建立各级议会的相互关系，主要是协商和合作关系；四是在议会作为统一的权力机关中，明确规定执行机关的权限及职能范围，以防止执行机构拥有过大独立性的弊病。至于南斯拉夫的执行机构（政府），经过了长期的改革，其地位和作用也发生了根本性的变化。这主要表现在：一是联邦执行委员会作为联邦议会的执行机构，只能在宪法规定的范围内和根据联邦议会的决定，独立地履行其权利和义务；二是联邦执行委员会的职能不再是直接地管理和以行政方法直接干预地方、基层及经济组织，而是起协调、提出有关立法建议的指导性作用；三是联邦执行委员会的活动和工作只对联邦议会负责，1981年宪法修正案规定，联邦执行委员会的任期为四年，但在满两年时须向联邦议会提出工作报告，由联邦议会审议后决定是否给予信任；四是联邦执行委员会主席不得连任，联邦执行委员会主席和委员的候选人，不是由南共联盟单独提名，而是由联邦共和国主席团与社会主义联盟的提名委员会协商共同提名。总的来看，南斯拉夫的政治体制在国家权力机关和执行机关的地位和作用方面实现了分权化，并且不再听命于南共联盟，而是具有宪法规定的独立性。从其政治体制的各项原则来看，它突破了传统的高度中央集权的体制，理论上具有一定的合理性，实践中也取得了重大成就。这一点在1982年以来就政治体制问题开展的全民讨论中基本上得到肯定。但是，打破旧的体制后所确立的新体制，并非一切都是完美和理想的。实践说明，实行自治分权制又带来了诸如"共和国的国家主义"、地方主义，以至各种民族主义的倾向和"邦联化"的倾向，以及宏观决策运行不灵等现象。因此南斯拉夫政治体制有待调整、完善和改革。经过近两年的酝酿，1988年8月初，南联邦议会就宪法修正案草案进行了讨论，其中涉及许多政治体制的改革问题，将交由全民讨论，然后经联邦议会通过后付诸实施。这实际上是新的一轮政治体制改革。

原载《苏联东欧问题》1989年第1期

转型九问

——写在东欧剧变 20 年之际[*]

朱晓中[**]

20 世纪末期东欧政局剧变和随后进行的政治和经济转型为世人瞩目。它涉及宏大的理论领域,横亘政治学、经济学、人类学、历史学、社会学和哲学。在域外,相关的论说已汗牛充栋;但在国内,对中东欧转型的全面考察、系统梳理和理性阐释尚在初途[①]。如今,中东欧转型已 20 载,对其进行较为全面的审视可谓恰逢其时。中东欧转型虽与多个领域有涉,但这里显然不能罗列其详,只能荦荦大端举其要者。笔者在此提出九个与转型相关的问题。尽管它们没有涵盖这一问题的全部,亦恐未及问题的真谛,但希望借此吁请更多的学人参与其中,超越传统视阈,展开广域思考,掷出精辟论道。

(一)问题一:如何理解中东欧转型的历史原因

对东欧剧变原因的考察似应有三个视角。首先,东欧社会主义制度的建立是苏联应对冷战、保卫苏联国家利益的结果。根据雅尔塔会议的安排,二战结

---

[*] 本文获中国社会科学院第七届优秀成果三等奖(论文类)。
[**] 朱晓中,中国社会科学院俄罗斯东欧中亚研究所前副所长,研究员。
[①] 迄今为止,中国大陆的研究者对东欧政局剧变和转型进行综合评述的文献主要有:刘祖熙主编《东欧剧变的根源与教训》,东方出版社,1995;赵乃斌、朱晓中主编《东欧经济大转轨》,中国经济出版社,1995;阚思静、刘邦义主编《东欧演变的历史思考》,当代世界出版社,1997;姜琦、张月明:《悲剧悄悄来临》,华东师范大学出版社,2001;薛均度、朱晓中主编《转型中的中东欧》,人民出版社,2002;孔田平:《东欧:经济改革之路》,广东人民出版社,2003;高歌:《东欧国家的政治转轨》,世界知识出版社,2003;李静杰主编《十年巨变》(东欧卷),中共党史出版社,2004。

束后东欧属于苏联的势力范围。战后初期,东欧国家的一些政治家曾设想通过"人民民主"道路在本国建立社会主义制度。苏联最初也同意东欧国家通过人民民主走向社会主义的理论和实践。但随着丘吉尔的"富尔顿演说"(1946年)和"马歇尔计划"(1947年)的出台,东西方政治空气骤然紧张起来。苏联对此迅速做出了反应,通过各种方式加紧控制东欧。1947年9月共产党情报局成立之后,苏联要求东欧各国立即按照苏联模式实行社会主义革命和社会主义建设,不再容许东欧国家探索通向社会主义的其他途径,否则一律被斥为"民族主义道路"。人民民主道路被迫中断,"苏联式社会主义"被移植至东欧国家。此举造成了三个严重后果:其一,该制度在东欧国家缺乏应有的"合法性";其二,该制度在东欧"水土不服",致使改革"斯大林模式社会主义"的呼声和运动几乎贯穿东欧社会主义整个历史时期;其三,苏联压制东欧国家探索走符合本国国情社会主义道路的尝试,不仅没能维系"牢不可破的社会主义大家庭"的团结,反而使多数东欧国家与苏联结怨。结果,东欧政局剧变大多在具有强烈反苏色彩的"国家民族主义"旗帜下展开[①]。从这个角度说,政局剧变是东欧国家寻找适合本国国情的社会制度和文明归属感的尝试。

其次,政局剧变是"苏联模式的社会主义"不能适应全球化和科技飞速发展新形势的结果。全球化是解除资本运动管制、在信息/通信/传输技术方面取得进步,以及在意识形态方面从社会民主党和国家极权主义向新自由主义和意志自由主义转变三方面的结合[②]。这三方面是在20世纪70年代布雷顿森林体系崩溃和石油危机之后出现的,并最终在20世纪80年代以后达到相互加强的状态。西方国家较好地应对了全球化和科技进步带来的挑战,并借势获得了新的发展;而东欧国家因制度僵化,错失了进行制度革新的历史性机遇,并因此拉大了同西方资本主义世界的差距。据此,东欧剧变可以视为在全球化和科技进步大潮中苏联模式社会主义在同资本主义世界的新一轮竞争中的失利。

最后,苏联式社会主义模式一个不容忽视的缺陷是矮化并限制"人"的自

---

① 关于中东欧国家民族主义在政局剧变中的作用的初步讨论可参见朱晓中《东欧民族主义的复兴及原因》,《东欧中亚研究》1992年第4期。
② 〔英〕梅格纳德·德赛:《马克思的复仇:资本主义的复苏和苏联极权社会主义的灭亡》,中国人民大学出版社,2006,第321~322页。

由和发展。毋庸置疑，人类社会的发展是生产力不断进化的结果①，生产力的进化是不断"创新"的结果，而创新的基本前提是"人"的自由和发展。遗憾的是，苏联模式社会主义强调"党和国家"利益至上，"忽视"了人是社会发展的"原"动力这一金律。对"人"的"忽视"导致执政党不能正确对待来自"人民"的意见和呼声，进而使社会扭曲和社会经济发展后劲不足，并最终使苏联式社会主义在"制度博弈"中"失守"。

（二）问题二：如何看待中东欧

东欧政局剧变及其转型具有三个鲜明特点②。首先，非暴力。以往的社会大变动都伴随有无数的血雨腥风，而中东欧国家的转型除在罗马尼亚发生流血事件外，几乎没有任何暴力行为③。其次，耗时最少。以往的历史进程显示，每次社会制度转型不仅耗时长（多则千余年，少则数百年），而且伴随着重大的人员和财产损失。以欧洲历史为例。从古罗马向封建社会过渡耗时近千年（公元前509~公元476年），从中世纪到近代经历了大约1200年（公元476~公元1640年），从近代到现代（1640~1918年）走过了近280年。社会主义从建立到东欧政局剧变维持了74年。而中东欧从开始转型到加入欧盟（2004年）仅用时15年。最后，社会反抗程度最低。以往的社会变动除伴随有战争以外，往往在战争之后出现长期的社会动荡。转型开始后，中东欧国家虽经历了剧烈的社会动荡，但大多数国家没有出现政治、经济和

---

① 目前，对人类社会进化主要有两种划分法。一种是马克思主义经典作家按阶级斗争或制度进化的划分法认定的人类社会发展五阶段论，即原始社会—奴隶社会—封建社会—资本主义—共产主义。另一种按生产力进步进行划分，即草原文明—农耕文明—工业文明—信息文明，或者是青铜器文明—铁器文明—大机器文明—信息时代。中国学术界就如何对人类社会发展阶段进行划分的争论仍在继续。

② 在所谓的后社会主义研究中，转型（transformation）和转轨（transition）经常交替使用。丹麦社会学家米·拉尔松对此进行了区分。他认为，"转轨"在概念上被理解为一种直线的演进过程，它更强调政治和经济制度改革进程的结果，是一种向着已知和确定目标的改革。而"转型"指改革的进程并非直线和可以预测的，而是一种向着崭新的和未知目标的改革。Mimi Larsson, Political Action in a Post-Socialist Society, http://www.anthrobase.com/Txt/L/Larsson_M_02.htm. 有关这两个概念的较详细讨论参见苑洁主编《后社会主义》，中央编译局出版社，2007，第8~12页。

③ 当然，伴随着南斯拉夫联邦制的解体，发生了斯洛文尼亚战争、克罗地亚战争和波黑战争，又尤以后者为惨烈。

社会混乱①。民众中的不满情绪大多针对转型过程中出台的影响民众生活的政策，而非针对新制度本身，更没有推翻新制度的企图，绝大多数人无意回到"过去"②。

转型的上述特征很可能反映了这些国家政治精英和民众之间存在这样一种共识：为追求"国家的解放"（摆脱苏联强加的社会制度和控制）和"自身的解放"（突破意识形态的羁绊，实现宪政，去除人治）必须要牺牲一部分利益并进行政治妥协。换个角度说，认同政治民主化、经济市场化和人的自由化这些价值观念不仅是东欧政局剧变的主要动因，也在相当程度上成为迎接"新生活"所必需的精神支柱。

（三）问题三

最初，人们在研究中东欧转型时套用拉丁美洲和南欧民主转型的历史经验和研究范式，认为中东欧的转型属双重转型（民主化和市场化）③。随着转型的展开，中东欧许多国家出现弱国家特性（管理能力差）。一些研究者意识到，如不引入"国家性"这一要素④，就无法解释中东欧国家发生的诸多问题。结果，后共产主义转型从最初的双重转型扩展为"三重转型"（民主化/市场化/国家性）。三重转型是理解中东欧国家转型的必要条件。国家性问题日益成为政治活动家和理论家关注的中心⑤。在南斯拉夫联邦和捷克斯洛伐克联邦解体后，民族问题（和冲突）对转型的消极影响日益显现，在新独立国家中，民族认同和国

---

① 阿尔巴尼亚是个例外。1997年年初，因"金字塔集资案"引发了全国性的社会动荡和政治危机。上百万储民因集资公司和基金会破产而失去了一生的积蓄。愤怒的人们冲入兵营，抢劫武器，成立武装组织，封锁公路、抢劫银行、劫监狱，宣称武装进军地拉那，并同秘密警察发生武装冲突。在整个骚乱中，至少有1500人丧生、数万人逃亡国外。3月2日，阿议会通过了"紧急状态法"。4月15日，以意大利为首的8国6000人部队进入阿尔巴尼亚，帮助阿改组和训练军队，以及维护公共秩序。6月底阿新政府成立后，全国范围内的无政府状态才逐渐消除。
② Mitja Velikonja, Lost in Transition: Nostalgia for Socialism in Post - socialist Countries, East European Politics and Societies, http://eep.sagepub.com/cgi/content/abstract/23/4/535.
③ 研究中东欧国家转型的政治学者大多拥有研究拉丁美洲和南欧转型的学术经历。在这两个地区，研究者只关注两个领域——民主化和市场化，因为这些转型发生在建立已久的国家内或其前帝国都市范围内，而且民族一体化已经实现。
④ 所谓国家性（stateness）主要是指关于现代国家、现代民族主义和现代民主之间的三边关系。关于这一问题的杰出讨论可参阅胡安·林茨、阿尔弗雷德·斯泰潘《民主转型与巩固的问题：南欧、南美和后共产主义欧洲》，浙江人民出版社，2008，第二章。
⑤ 胡安·J. 林茨、A. 斯泰潘：《民主转型与巩固问题：南欧、南美和后共产主义欧洲》，浙江人民出版社，2008，第16－39页。

家重建遂成为转型的一个内容①,学者们认为,这类国家必须进行四重转型(民主化/市场化/民族认同和建立国家)(见表1)。民族认同和建立国家之所以重要,是因为"当民族革命尚未完成时,成功的民主转型是不可能的"。当然,尽管国家性和民族问题经常相互重叠,但它们在概念上和历史上是不同的进程。

表1 转型类型

类型	双重转型 民主/市场	三重转型 民主/市场/国家性	四重转型 民主/市场/国家/民族
国家	拉丁美洲 南欧 波兰、匈牙利、捷克	其他中东欧国家	原南斯拉夫联邦各共和国 独联体国家 斯洛伐克

资料来源:Taras Kuzio, *Transition in Post - Communist States*: *Triple or Quadruple*? http://www.taraskuzio.net/Economic%20Transition_files/economics-transition.pdf.

(四) 问题四

中东欧国家转型中一个最鲜明的特征是具有强烈的外部约束性。欧盟是其主要的外部约束者。1993年6月,欧共体哥本哈根首脑会议向申请入盟的中东欧国家提出了四项入盟标准:第一,申请国必须是稳定的、多元化的民主国家,至少拥有独立的政党、定期进行选举、依法治国、尊重人权和保护少数民族权益;第二,申请国必须具备可以发挥功能的市场经济;第三,申请国必须能够面对欧盟内部的,特别是欧洲单一市场环境中的竞争压力和劳动力市场压力;第四,申请国必须赞同欧盟的经济、货币和政治联盟的目标,能够确保承担成员国的义务,特别是执行共同法的规定②。其中,政治标准为欧盟扩大历史上首次提出。正是这些条件明确了中东欧国家的转型方向。不仅如此,自1997年颁布《2000年议程》起,欧盟每年对中东欧国家的转型进程进行评估,督促其对弱项限时整改,这在相当程度上决定了中东欧国家的转型速度。哥本哈根入盟标准不

---

① 在20世纪90年代中期以前,有关后共产主义转型的文献几乎完全忽视了转型中的民族问题。因为其没有对拉丁美洲和南欧的转型产生影响,因而政治学理论对民族性、国家、自由市场和民主之间的关系没有进行充分研究。

② Accession criteria (Copenhagen criteria), http://europa.eu/scadplus/glossary/accession_criteria_copenhague_en.htm.

仅构成了欧盟对中东欧国家强有力的激励和制裁机制,也使得中东欧国家的政治家可以在国内进行"不受民众欢迎的"改革,进而能够在较短的时间内使得塑造新社会的法律规范和其他措施到位并发挥作用,实现"回归欧洲"的目标。

不同于第二次世界大战后西方第一代援助条件的经济性(市场自由化、预算紧缩和金融行政改革),欧盟的哥本哈根入盟标准属第二代条件,更强调输出欧盟的价值观,鼓励中东欧国家接受和实现政治民主和经济市场化的"西方方案"。可以说,欧盟在中东欧国家的"外造民主"中发挥了至关重要的作用。

应该指出的是,在冷战期间,苏联在东欧国家强制推行"有限主权论"①,东欧国家被迫接受。如今,哥本哈根入盟标准被视为欧盟版的"有限主权论"。但不同于以往,中东欧国家"自愿"接受欧盟版的"有限主权",以期换取更大的政治和经济回报,由此也造成了欧盟扩大进程中的权利不对称。

(五)问题五:造成中东欧国家之间转型进展差异的缘由何在

随着转型的展开,中东欧国家之间在转型进度和质量上的差异日渐明显。一些转型问题研究者列举了诸多"元要素"来解释差异的缘由(详见表2)。

表2 影响中东欧国家转型的元要素②

论　　点	中东欧	东南欧
历史决定论	哈布斯堡王朝统治	奥斯曼帝国统治
文明决定论	新教和天主教为主	东正教和伊斯兰教为主
地理决定论③	接近西欧	远离西欧
国家主导议程差异论	发展经济、入盟、赶超	地区安全问题
剧变方式不同论	和平方式	南斯拉夫联邦解体导致战争
民族同质论	相对单一	多民族(阿尔巴尼亚除外)
改革历史影响论	几乎都有改革的历史	几乎没有改革的经历

资料来源:作者自制。

---

① 1968年苏联镇压"布拉格之春"运动之后,抛出了"勃列日涅夫主义",认为社会主义国家属于一个大家庭,不允许其他势力将一个国家从大家庭中分裂出去;社会主义国家的主权应受到社会主义国家阵营利益的限制,其他社会主义国家的主权是有限的;社会主义国家中任何一国的行为,都会涉及苏联的利益;无产阶级专政已经超过了一国范围,可以跨国实行专政。此后,人们将该主义与有限主权论相提并论。
② 更详细的阐释可参阅孔田平《东欧经济改革之路》,广东人民出版社,2003,第356~359页。
③ 有关这一问题的讨论参阅〔比〕热若尔·罗兰《转型与经济学》,北京大学出版社,2002,第313~314页。

在这些因素中，帝国遗产论的影响似乎最大。所谓帝国遗产论是指，中东欧国家转型的进程和质量差异是由中东欧曾经的宗主国奥斯曼帝国和奥匈帝国留给中东欧的历史遗产造成的。一些研究者认为，由于两个帝国本身在诸多方面的差异，曾受奥斯曼帝国统治的东南欧国家的转型进程较慢，问题较多。

除上述因素外，造成中东欧和东南欧国家转型差异的还有所谓的"非路径依赖因素"，即外部冲击（种族冲突和战争）和同国际组织（特别是与欧盟）的亲疏程度。东南欧国家在相当长一段时间内未能同欧盟建立制度联系，而且遭受外部冲击较大，这两个因素严重削弱了东南欧国家进行改革的意愿和能力。

（六）问题六：转型的激进和渐进方式孰优孰劣

转型伊始，学术界就有关应以渐进方式还是激进方式进行转型争论不休（详见表3）。

表3　激进和渐进两种学派的主要观点

激进学派	渐进学派
稳定化和自由化的推迟会导致大量的寻租和反对改革的行为，甚至会使转轨倒转	担心转型过快会导致更大的社会成本和民众遭受更大的痛苦
需要制度建设，但不必在其他改革之前进行	制度应在自由化和私有化之前建立，以确保效益最大化

资料来源：作者自制。

转型初期，大部分中东欧国家听从了西方经济学家的建议，大规模、迅速和全面建立起西方式的游戏规则体系，从而完善市场机制和繁荣经济。1989年，"华盛顿共识"概念问世，它后来成为国际金融组织和西方主要发达国家指导中东欧（和独联体）国家经济转型前期阶段的圭臬[①]。这种改革模式又被称为"休克疗法"。一些批评者认为，转型国家实行"休克疗法"的深层根源是冷战遗留下来的"道德热情"和对冷战"胜利"的陶醉，这种思想具有雅各宾式和布尔什维克式狂风骤雨般社会变革模式的哲学逻辑。

国际货币基金组织将中东欧经济转型内容概括为"四化"，即稳定化、私有化、市场化和制度化。其中，新的制度安排是成功转型的关键。由于新组织的

---

① 〔丹〕奥勒·诺格德：《经济制度与民主改革》，上海世纪出版集团，2007，第8页。

创建、新法规的制定，以及不同经济主体的行为变迁都需要花费较长的时间，波兰经济学家科勒德克据此得出结论说，一般而言，只有自由化和稳定化政策可以以一种较为激进的方式来进行，但是否以激进方式推进自由化和稳定化还取决于金融稳定的程度和一定的政治环境[①]。"华盛顿共识"的主要批评者之一约瑟夫·斯蒂格利茨认为，国际货币基金组织下的是一剂猛药，没有区分"四化"实施的先后次序，也没有考虑其可能带来的副作用。

2004年，欧洲复兴开发银行将28个转型国家分为5组（详见表4）[②]，用转型进展指标对它们进行比较[③]。考察后人们发现三个事实：第一，欧洲所有转型国家的制度发展落后于经济自由化；第二，自由化启动较早且速度较快的国家，其制度发展也较快；第三，没有一个转型国家的制度发展先于自由化（详见表5）。

表4 转型国家改革战略一览表

持续的激进战略	开始早/稳步前行	流产的激进战略	渐进战略	有限改革
爱沙尼亚	克罗地亚	阿尔巴尼亚	罗马尼亚	白俄罗斯
拉脱维亚	匈牙利	保加利亚	阿塞拜疆	乌兹别克斯坦
立陶宛	斯洛文尼亚	马其顿	亚美尼亚	土库曼斯坦
捷克		吉尔吉斯斯坦	塔吉克斯坦	
波兰		俄罗斯	乌克兰	
斯洛伐克				

注：1990~1992年，斯洛伐克实行快速改革。
资料来源：作者自制。

表5 经济自由化的次序和制度发展

国家	指数	1994年	1999年	2005年
中欧	自由化	3.7	4.2	4.3
	制度发展	2.7	3.1	3.3

---

① 〔波〕G.W.科勒德克：《从休克到治疗：后社会主义转轨的政治经济》，刘晓勇、应春子等译，上海远东出版社，2000，第96~97页。
② 部分东南欧国家没有包括在本讨论中，因为政治不稳定使得它们在20世纪90年代末期才开始转型。这些国家包括塞尔维亚和波黑。
③ 转型进展指标（Transition Process Index）包括价格和贸易自由化、竞争政策、大小私有化、银行和金融领域开放程度等。

续表

国家	指数	1994 年	1999 年	2005 年
波罗的海三国	自由化	3.7	4.1	4.3
	制度发展	2.3	2.9	3.2
东南欧	自由化	3.0	4.0	4.1
	制度发展	1.7	2.2	2.5
独联体（渐进改革）	自由化	2.2	3.7	3.9
	制度发展	1.4	2.1	2.2
独联体（有限改革）	自由化	1.9	2.0	2.3
	制度发展	1.4	1.6	1.5

注：满分为5，分值越高表明该领域转型进展越大。
资料来源：根据EBRD, Transition Report 2000, 2005 国家表格编制。

从广义上说，经济转型渐进论的理论模型和结论正确。但在部分国家的转型实践中，渐进论成为谋私利的政治家推迟改革的借口，结果造成经济和政治双输。在经济上，宏观经济稳定被推迟，局内人可以寻租，在超级通胀时期积累大量财富、获得参与大私有化的特权。在政治上，寡头在"攫取国家"财富的同时，利用其影响禁止竞争、干预司法，使市场改革和民主发展停滞不前。中东欧国家转型20年的实践表明，在转型第一个10年中，市场改革程度越高，后来的经济表现越好。联合国开发计划署最新公布的人类发展指标似乎也支持这一论点。

（七）问题七：转型完成的标准是什么

目前，人们大多承认，中东欧国家的政治转型已经完成。因为，民主结构外部已不存在对制度进行挑战的力量，且绝大多数民众接受新民主制度的合法性（民主被成功巩固），威权重返政坛的可能性已很小。

但人们在界定经济转型完成的标志时尚未达成共识。当下，人们使用三个指标来判定经济转型是否完成，即经济指标、机构指标和政治指标。

经济指标指是否完成了一揽子经济改造任务。1994年，欧洲复兴开发银行确定了一套衡量转型内容的指标（这些指标在后来被不断细化和修正）。这些指标是：小私有化、大私有化、治理和企业改造、放开价格、贸易和外汇体制、实行竞争政策、银行体系改革和放开利率、证券市场和建立非银行金融机构、基础设施改革①。2004 年入盟的中东欧国家基本完成了经济转型和改造的任务：企业私有化、放开价格、贸易和外汇管制、实行竞争政策、建立二级银行体系和证券市场、建立非银行金融机构、对基础设施改造等。当然，部分革新的成果仍须进一步巩固。

机构指标是指国际金融组织对转型的评判。1996 年，世界银行发表第一份转轨报告，称第一阶段经济转型已经完成，并撤销了世行转轨部，同时，世行的《转型》（Transition）期刊亦改名为《超越转型》（Beyond Transition）。2008 年 6 月，世界银行撤销了在斯洛伐克工作了 7 年的办公室，因为世行指导该国进行的 9 项工作已基本完成②。

政治指标以加入欧盟为转轨完成的重要标志。保加利亚第一任总统热列夫说，加入欧盟可以被视为从共产主义向民主和市场经济过渡已经完成，尽管经济中还有很多需要改进的地方，我们现在面临着新阶段，这个阶段甚至可以被称为新转型阶段，它不同于已经完成的前一个阶段。但有观点认为，加入欧盟不足以说明转型已经结束，只不过进入了转型的第二阶段，或称"巩固"阶段。巩固阶段的主要任务是进行"制度建设"、经济的实际趋同和追赶。另有观点认为，转型是否结束应考察经济转型中的"转型意外"是否已广泛消失。换句话说，只有当转型特有的经济现象基本消失后③，经济转型才告结束。此外，已经加入欧盟的中东欧国家在经济水平方面同欧盟老成员国还存在相当的差距，要缩短这种差距少则 15 年，多则 100 年。

（八）问题八：入盟能否使中东欧国家实现赶超

从以往欧盟扩大的经验看，加入欧盟不能自动导致新成员国的经济趋同和

---

① EBRD：1994 Transition Report.
② 世界银行在斯洛伐克完成了 9 项工作。它们是：支持斯洛伐克加入欧盟、帮助进行银行改革、帮助进行医疗改革、引入现代养老制度、更有效地使用公共财政、帮助弱势群体、与公民社会团体合作、建立更好的教育制度、帮助分析斯洛伐克经济。World Bank's Bratislava Office Closes Doors after Seven Years, http：// web. worldbank. org/WBSITE/EXTERNAL/COUNTRIES/ECAEXT/SLOVAKIAEXTN/0, contentMDK：21840253 ~ pagePK：141137 ~ piPK：141127 ~ theSitePK：305117，00. html.
③ 转型特有的经济现象包括：转轨型衰退、转轨型失业、易货贸易、典型的非正式部门和管理缺位。即使转型衰退消失，其他 4 个转型特征也只能在转型的第二个阶段中褪去。

赶超[1]。葡萄牙、爱尔兰、希腊和西班牙入盟后的经历表明，赶超并非一条稳定的上升曲线。多项研究结果显示，全要素生产率[2]对 GDP 增长贡献最大。到 2008 年，中东欧新成员国按购买力平价计算的人均收入比 2000 年增加 30% ~ 50%，比转型开始时的 1990 年高 50% ~ 70%。2000 年，中东欧（成员国）加权的人均 GDP 为欧盟 15 个老成员国的 47%，到 2008 年提高至 59%。捷克和斯洛文尼亚已经与葡萄牙和希腊的水平相若。加入欧盟之后，中东欧国家的经济发展速度进一步提高。2004 ~ 2008 年，中东欧国家的经济增长平均为 5.9%，是欧盟老成员国的近 3 倍（详见表6）。以目前的速度推算，中东欧国家赶上欧盟的平均水平还需要 20 ~ 30 年时间。

表 6　1991 ~ 2003 年欧盟新成员国平均追赶率

国家/年度	1991 ~ 1994	1995 ~ 1998	1999 ~ 2003	1991 ~ 2003
新成员国	1.84	-1.74	-2.07	-1.01
捷克	1.04	0.71	-1.29	-0.04
爱沙尼亚	0.62	-2.44	-2.48	-1.90
匈牙利	0.88	-0.86	-2.73	-1.21
立陶宛	16.00	-2.56	-2.51	2.10
拉脱维亚	14.84	-1.21	-2.88	2.11
波兰	-1.53	-2.55	-1.05	-1.67
斯洛伐克	-2.33	-2.08	-1.29	-1.81
斯洛文尼亚	0.36	-3.64	-4.38	-2.95

注：追赶率为负数时表明该国与欧盟平均水平之间差距缩小，而追赶率为正则表明两者之间差距扩大。

资料来源：Carolin Nerlich, Catching – up in Central and Eastern Europe: Progress, Prospects and Policies, http://www.icegec.hu/eng/events/past/central_ european_ outlook/Presentation_ Bilek – Gaspar.pdf.

中东欧国家追赶的前景将受到如下因素的挑战：①就业率低于欧盟平均水平（64.8%）；②劳动力市场因部门变化和向外移民而出现萎缩；③行政负担较

---

[1] 追赶率和趋同率并非同一个概念。追赶率关注达到目标的距离，而趋同率解决前进的速度问题。缩小差距的增长率可以表示为：追赶率高于缩小剩余差距，而趋同率低于缩小剩余差距。两个进程均以负数来表示。

[2] 全要素生产率（TFP）= 总产量—劳动、资本、土地要素的投入量。

高影响投资者的投资热情；④存在不同程度的贸易壁垒。

（九）问题九：转型是否改变了中东欧国家的地缘政治特性

欧洲近代以来国际关系中的一个不变规律是，小国渴望同大国或国家集团结盟，只是不同时期结盟的对象不同。这一规律并未因中东欧国家入盟而改变。冷战期间，东欧是苏联集团的西部边疆，是华约对抗北约的前沿基地。如今，中东欧是欧盟的东部疆界，是欧洲大西洋联盟与俄罗斯对峙的前沿。冷战期间，中东欧处于苏联和以美国为首的西方之间。冷战后，它们处于欧盟同美国之间，确切地说是在欧盟内部与美国结盟。这样，中东欧不仅具有处于"敌我"之间"夹缝"的传统特征，还具有欧洲大西洋联盟内部欧盟与美国之间"夹缝"的新特性。中东欧"心系美国"，使得后者有可能在欧盟的一些重要决策中，以及欧洲大西洋关系中利用中东欧因素。同时，俄罗斯也"卷土重来"，通过能源手段拉拢部分中东欧国家①，试图部分恢复其在那里的经济影响，进而在政治上"介入"欧盟。中东欧的"新""老"夹缝特性使它有可能成为未来欧洲政治一体化中的不确定因素。

结束语

中东欧政局剧变和转型已 20 载。虽然两个 10 年在人类社会发展史上只是一瞬间，但它带给人们的思考却是长期的，因为转型具有不容忽视的政治、历史、经济和国际政治意义。

第一，东欧剧变成为冷战结束的先导。1990 年 10 月 3 日，两个德国在分裂了 45 年之后，重新成为统一国家。两个德国的统一标志着冷战在欧洲的结束。东欧剧变、经互会和华约解散，以及随后的苏联解体，使得冷战在全球范围内结束。

---

① 2007 年 6 月 23 日，俄罗斯同意大利 Eni 石油公司签署协定决定修建由俄罗斯通向意大利的天然气输气管线"南溪"（Южный Поток）。该管线全长超过 900 公里，管道设计年供应天然气 300 亿立方米。管线自 2008 年春开始建设，2013 年起开始供气。2008 年 1 月 18 日，俄罗斯同保加利亚签署合作建设该管线协定；同月 25 日，俄罗斯同塞尔维亚签署共同建设"南溪"北线和共同建设储气设施的协定，同日，俄罗斯同匈牙利签署协定，建立股权平等的合资公司，共同经营"南溪"在匈牙利境内管线。

第二，东欧剧变和转型给欧洲统一提供了极为难得的历史机遇。东欧剧变使欧洲自罗马帝国灭亡以来第一次有可能以和平而不是武力手段实现统一。随着越来越多的国家回归欧洲，后者正朝着"自由、完整和繁荣"的目标迈进。与此同时，以同质价值观为基础的"政治欧洲"正在崛起。它具有两方面意义。在国际政治层面，欧盟意欲同美国平起平坐，成为国际规则的制定者之一；在地区层面上，欧盟成为继美国之后的"民主输出者"。2009年5月出台的"东方伙伴关系"便是最新佐证。

第三，中东欧国家转型的诸多特征由特定的国际环境铸就。同20世纪70年代南欧和拉丁美洲的"转型"相比，中东欧国家的转型被特殊的国际环境所包围，国际组织提出的约束和援助致使中东欧国家转型的实践有其自身的逻辑和特征，并使大多数中东欧国家在一代人的光景中完成了转型的基本任务，成为史上耗时最少的转型。忽视了这一点，人们或许不能深刻认识这一地区国家转型的基本特征。

第四，东欧剧变和转型促使人们思考一些具有重大理论意义的问题。中东欧国家的制度变迁及其随之而来的社会转型，已经远远超过纯粹的"学术"领域，它更涉及如何评价当今世界所面临的全球化、民主化、市场化和普世价值这样的战略问题，也涉及如何看待在转型条件下政治民主和经济发展、制度构建和社会可持续发展等一些理论问题。从这个角度说，东欧剧变和转型又具有"一般"意义。

原载《俄罗斯中亚东欧研究》2009年第6期

伊斯兰教在中亚的传播与发展

常　玢[*]

一　伊斯兰教在中亚的早期传播

伊斯兰教是由穆罕默德在公元 7 世纪初创立的一种宗教，起源于阿拉伯半岛。大约在公元 7 世纪 20 年代，伊斯兰教成为阿拉伯半岛的统治宗教，政教合一的阿拉伯哈里发帝国的政治扩张野心也迅速膨胀。

公元 7 世纪末 8 世纪初，阿拉伯帝国势力把触角伸向中亚，开始对这一地区进行军事进攻、经济掠夺和宗教传播。阿拉伯帝国势力对阿姆河（乌浒河）和锡尔河（药杀河）流域即河中地区的进犯，最初是以攻城略地和抢夺财宝为主要目的，其宗教征服特征是逐渐显露出来的。伊斯兰教正是在这一时期传入中亚的，迄今已有 1200 多年的历史。伊斯兰教在中亚之所以有生存的土壤，一个很重要的原因是这一地区人种复杂、民族众多、经济多元，既有绿洲农耕地带，也有草原游牧部落；既有独特的手工业，也有发达的商业贸易；既保存着氏族部落制，也有封建地主贵族制。这一地区在历史上曾经有过繁荣，城镇和绿洲的人口比较集中，是各种文明交融、汇集、碰撞的舞台。加文·汉布里在《中亚史纲要》一书中写道："中亚在人类历史上起了两种独特的，从某种意义上说是矛盾的作用。一方面，由于中亚大部分地区的干旱以及缺乏交通上的自然凭借（中亚多数大河都向北流入北冰洋），中亚的主要作用是隔开了其周围的中国、印度、伊朗、俄国等文明。但是，从另一方面讲，中亚的古代商路，也

---

[*] 常玢，中国社会科学院《俄罗斯东欧中亚研究》杂志副主编，法学博士，编审。

为中亚周围的诸文明提供了一条细弱，但又绵绵不绝的联系渠道。"① 当然，应当看到，伊斯兰教在中亚的传播也是相当不均衡的，呈由南向北依次减弱状。同典型的近东伊斯兰国家相比，中亚伊斯兰教属于区域型、边缘型，此为其一。其二，由于中亚在地缘上具有"双重边缘性"，处于定居文明和游牧文明的交汇处，相应也就有"早期伊斯兰化"和"晚期伊斯兰化"的划分。现在的乌兹别克斯坦、塔吉克斯坦以及吉尔吉斯斯坦西南部的定居耕种文明属于第一种情况。伊斯兰教晚期在游牧部落的渗透与传播发生在今天的哈萨克斯坦、吉尔吉斯斯坦和土库曼斯坦境内。伊斯兰教在传播过程中的这些特点和差别，受到中亚各族人民生活方式的制约。一般情况下，这些特点决定了伊斯兰教的差异性以及伊斯兰教在其他社会生活领域，包括社会联系、文化、法律、政策等方面的差别。在哈萨克斯坦、吉尔吉斯斯坦和土库曼斯坦的一些游牧地区，人们的伊斯兰教意识具有模糊性和不确定性，伊斯兰化的程度明显偏低，而且在生活习俗、交往方式上带有根深蒂固的民族烙印。

伊斯兰教传入中亚以后，也有一个民族化和本土化的过程。这一过程持续了上百年的时间，经历了数不清的部落纷争和王朝更替。随着伊斯兰教向游牧民族和部落的渗透与传播，这些游牧部落逐步开始了定居和农业耕种的生活。在伊斯兰教传入之前，中亚地区的居民信奉佛教、袄教、摩尼教、景教、萨满教以及其他形形色色的原始宗教。但是，这些宗教（佛教除外）的教义相对比较简单，缺乏丰厚的文化底蕴，没有形成完善的宗教体系。因此，当伊斯兰教通过暴力与和平两种方式传播进来以后，便以顽强的生命力在这块广袤的土地上迅速蔓延。中亚各族人民"不仅在宗教生活，而且在伊斯兰文明的一切方面都受到伊斯兰教的影响，但是从游牧民方面来说，只有在改信伊斯兰教的情况下才有可能和伊斯兰教世界的文化结成密切的关系"②。伊斯兰教最突出的特点之一就是宗教与政治之间的紧密联系。穆罕默德创立了伊斯兰教，同时也创立了伊斯兰国家。当时，宗教和政治是合为一体的，宗教即政治，宗教领袖就是国家的统治者，伊斯兰教就是国家的法律。在穆斯林信徒看来，整个国家政权体系都应建立在伊斯兰教基础之上。

---

① 〔英〕加文·汉布里主编《中亚史纲要》，吴玉贵译，商务印书馆，1994，第7页。
② 〔苏〕威廉·巴托尔德：《中亚突厥史十二讲》，罗治平译，中国社会科学出版社，1984，第73页。

公元651年，阿拉伯帝国势力灭波斯萨珊王朝，随后越过阿姆河，袭击河中地区，开始了对中亚的入侵。当然，这一时期入侵中亚的主要目的是掠取财物，传播伊斯兰教还没有成为阿拉伯帝国势力的明确目标。公元660年，叙利亚总督穆阿维亚夺得哈里发之位。他废除了从前选举哈里发的制度，改为父子世袭，故他所建立的哈里发王朝被称为倭马亚王朝（公元660～749年）。因倭马亚王朝的旗帜是白的，中国史籍称其为"白衣大食"。穆阿维亚即位以后，关注阿拉伯的统治和势力范围问题。公元673年，他任命乌拜都拉为呼罗珊总督，渡阿姆河进攻中亚[1]。在阿拉伯帝国势力早期侵占中亚的历史中，曾任呼罗珊总督达10年（公元705～715年）之久的屈底波也是一个重要的人物。屈底波不仅是倭马亚王朝向呼罗珊派出的20多名总督中功绩最显赫的一位，而且也是伊斯兰教在中亚传播的奠基人之一。他率军于公元705年攻克巴尔黑，随即于公元706～709年征服布哈拉及周围地区，公元710～712年再克撒马尔罕和花剌子模。公元713～715年深入到锡尔河流域，特别是费尔干纳地区。751年又征服了塔什干。征服中亚持续了几十年的时间，期间经历了若干次得而复失的曲折过程，最后还是阿拉伯帝国势力占据优势。在征服这些地区时，焚毁大量庙宇和神像，销毁大量宗教文献，同时建造清真寺，强制实行伊斯兰法律。对违反伊斯兰法令者，轻者施以惩罚，重者处以死刑[2]。这些行径，使大批宗教文化史料失散，对中亚的文化发展史来说，带来了无法估量的损失。但是，也应当看到，随着伊斯兰文化与当地原有的波斯文化的结合，在科学、艺术等众多领域产生了一大批新成果，促进了人类社会的进步。随着中亚的被征服，大批阿拉伯人陆续迁移这一地区。他们在当地休养生息，繁衍后代。阿拉伯帝国势力通过移民、通婚、纳妾等方式不仅强化了自己的统治，而且促进了伊斯兰教在中亚的传播。

阿拉伯帝国势力用强制手段在中亚推行伊斯兰教的做法，破坏了当地各民族人民原有的文化和风俗习惯。阿拉伯帝国势力不满足于抢占城市时所掠夺的财富，还向当地居民征收名目繁多的苛捐杂税，责令他们提供奴隶、婢女、牲畜、粮食、纺织品和其他商品，以充分满足军队的需要。接受了伊斯兰教的当地居民，起初享受很多优惠。统治者甚至付钱给履行新宗教规定的人，同时每

---

[1] 王治来、丁笃本：《中亚国际关系史》，湖南出版社，1997，第36页。
[2] 金宜久：《伊斯兰教史》，中国社会科学出版社，1993，第342页。

年向拒绝信奉伊斯兰教的人征收人头税——吉齐亚。这些强制性措施促进了伊斯兰教在中亚的传播，但是大部分接受了伊斯兰教的人，仍长期继续秘密信奉自己原先的宗教①。

在阿拉伯帝国势力侵入中亚之前，这一地区并无统一的宗教。河中地区居民以信奉佛教为主，一些部落还信奉祆教和萨满教②。部落之间、民族之间充满猜忌和隔阂，彼此之间常常兵戎相见，这为阿拉伯帝国势力的侵入和伊斯兰教的传播提供了机会。阿拉伯帝国势力之所以能够在中亚长驱直入，节节胜利，首先在于哈里发帝国掌握着强大的军事优势，在占领了一些领土之后，善于利用当地居民的物质资源，去继续征服其他地区。其次，中亚地区在政治上带有明显的松散性和分散性，缺乏把思想和意识形态统一起来的共同宗教信仰。而这一点恰恰被阿拉伯帝国势力所利用，从而逐一各个击破。最后，中亚地区存在许多小王国、小城邦，它们彼此之间独立或半独立存在着，加之游牧民族和绿洲居民之间的矛盾由来已久，彼此长期争斗，力量由此削弱。从8世纪后半期到9世纪初，伊斯兰教逐步开始成为中亚当地居民所信奉的宗教。布哈拉、撒马尔罕和花剌子模成了中亚广大地区的伊斯兰文化中心，整个河中地区成了伊斯兰世界的一部分。

但是，应当看到，自从阿拉伯帝国势力侵入中亚地区以后，几十年连绵不断的战乱，对当地经济发展和人民生活无疑是一场灾难。在阿拉伯帝国势力的统治下，各种矛盾纵横交错，如统治者上层与人民大众的矛盾，地主贵族与农民的矛盾，阿拉伯统治者与当地非穆斯林的矛盾，什叶派与逊尼派的矛盾等。这些矛盾导致倭马亚王朝在公元8世纪中叶的衰落，取而代之的是阿巴斯王朝。因其旗帜是黑的，中国史籍中亦称其为"黑衣大食"。

阿巴斯王朝的建国元勋是阿布·穆悉林③。他是伊朗人，农民出身，也有史料记载说他曾是奴隶④。据说他在去麦加朝觐时遇见了阿巴斯首领穆罕默德·阿巴斯。穆罕默德·阿巴斯很赏识这位年仅20岁的青年，便把他引为同党。与倭马亚王朝的白色旗帜相对应，阿布·穆悉林选择黑色为自己的旗帜（什叶派的旗帜也是黑色的），把许多对倭马亚王朝不满的人聚集到自己的旗帜下。阿

---

① 〔苏〕Б. Г. 加富罗夫：《中亚塔吉克史》，肖之兴译，中国社会科学出版社，1985，第137页。
② 金宜久：《伊斯兰教史》，中国社会科学出版社，1993，第341页。
③ 王治来：《中亚史》第1卷，中国社会科学出版社，1980，第248页。
④ 〔苏〕Б. Г. 加富罗夫：《中亚塔吉克史》，中国社会科学出版社，1985，第143页。

布·穆悉林在当时提出了一些富于煽动性的口号，认为伊斯兰教诞生以来所有降临在穆斯林身上的灾难，都是由倭马亚王朝的统治造成的，并允诺推翻倭马亚王朝后，将减轻地租和其他捐税，关注民众的切身利益。阿布·穆悉林的主张，无论在阿拉伯人中，还是在当地的其他民族中，都获得了积极的响应。阿布·穆悉林的军队，基本上是由中亚居民和那些对倭马亚王朝不满的阿拉伯人组成的。在阿拉伯部落内部发生剧烈阶级分化的过程中，许多阿拉伯人，特别是生活贫苦的人，集合到了阿布·穆悉林的旗帜下。阿布·穆悉林在推翻倭马亚王朝道路上的全面胜利，意味着称霸于世的阿拉伯帝国势力走向解体。随着地方民族势力的增强，中亚各地开始出现独立的伊斯兰王朝。从严格意义上讲，屈底波死后，阿拉伯帝国势力在中亚的征服未再取得进展。首先，倭马亚王朝内部的权力之争削弱了自身的力量；其次，中亚人民对阿拉伯帝国势力的反抗令统治者难以应付。因此，可以说，从屈底波之死到阿巴斯王朝（"黑衣大食"）取代倭马亚王朝的35年，阿拉伯帝国势力在中亚的统治是处在一种衰退时期[①]。尽管如此，在中亚同唐朝、吐蕃等几大政治势力的角逐中，阿拉伯帝国势力还是占上风的。阿布·穆悉林及其苦心营造的阿巴斯王朝，仍统治着中亚的大部分地区。

公元751年，阿布·穆悉林率领的阿巴斯王朝军队曾与唐朝军队在塔拉斯河（今江布尔市附近）一带发生过大规模的军事冲突，史称"塔拉斯之战"。唐朝军队被阿布·穆悉林手下一位将军率领的阿拉伯军队击败。《旧唐书·段秀实》讲高仙芝"举兵围怛逻斯，黑衣救至"，指的就是这场"塔拉斯之战"。在这次战役中，有大批唐朝军队的士兵被俘，他们被阿拉伯帝国势力的统治者当奴隶使用。中国的文明和生产方法，其中最重要的是造纸术，也由此传到了西方。这次战役产生的社会文化影响是较为久远的，它决定了中国文化和伊斯兰文化究竟哪一种在中亚居主导地位的问题。正是从这个时期以后，伊斯兰教在中亚的传播更为广泛和深入了，甚至逐渐传播到游牧部落的突厥人当中。但就整个中亚而言，当时唐朝汉文化的影响还是相当大的[②]。

在阿巴斯王朝统治时期，河中地区和毗邻的呼罗珊地区人民不断发动起义，阿巴斯王朝利用和扶持当地贵族来镇压起义，当地贵族借此得以发展和壮大，

---

① 王治来、丁笃本：《中亚国际关系史》，湖南出版社，1997，第38~39页。
② 王治来：《中亚史》第1卷，中国社会科学出版社，1980，第253页。

先后建立了塔希尔王朝（公元 821~873 年）、萨法尔王朝（公元 876~905 年）和萨曼王朝（公元 875~999 年）。其中，对中亚社会、经济、文化发展影响最大的当属萨曼王朝。

萨曼王朝受波斯文化影响较深，与波斯地区经济贸易往来密切。自从阿拉伯帝国势力征服中亚以来，讲波斯语成为上流社会和宫廷中的时尚①。河中地区曾出现波斯文化的复兴。但是，应当承认，从阿拉伯帝国势力侵入中亚到公元 9 世纪中叶，阿拉伯语一直是中亚的官方语言。从某种意义上讲，伊斯兰教的传播，既是语言文字的传播，也是文化的传播。中亚各地通行的文字，不论是波斯文，还是突厥文，逐渐被阿拉伯文取而代之。即使是在波斯文化复兴时期，也未能排除用阿拉伯字母拼写的文字。

萨曼王朝当时不但疆域辽阔，政治强盛，而且文化相当发达。一些世界著名人物，如法拉比、阿维森纳、花拉子密、费尔干尼，都是萨曼王朝时期的中亚人士。作为东伊朗族建立的一个伊斯兰王朝，萨曼王朝曾积极向东面和北面的突厥人聚居地区传播伊斯兰教。②"正是因为有了萨曼王朝，严格正统的伊斯兰教逊尼派才得以在河中地区稳固地建立起来。在萨曼王朝统治下，法律、秩序以及财产权都得到了有力的保护，伊斯兰法官和宗教首领也都享有很高的威望。"③ 河中地区差不多有上百年的时间没有遭到外来侵略，成为伊斯兰世界又一个宗教文化中心。正是在这个时期，波斯文化与阿拉伯文化相互渗透、相互融合，成为伊斯兰文明的一个组成部分，从而使中亚的伊斯兰教带有鲜明的地区特色和民族特色。

在萨曼王朝统治后期，地方封建割据的离心倾向日益加剧，不服从王朝管辖的势力明显抬头，在公元 10 世纪末期，萨曼王朝经济衰落，国库空虚，人民在沉重的捐税压榨之下痛苦不堪。萨曼王朝从此逐渐退出了历史舞台。

突厥民族的伊斯兰化经历了几个世纪的漫长历程，不同部落皈依伊斯兰教的方式也各不相同。灵活性强、组织严密的突厥游牧部落往往把伊斯兰教的圣战方式同游牧民族的劫掠习性结合起来，对异教徒地区进行武力掠劫，相继建立了一系列突厥王朝，如伽色尼王朝（公元 962~1186 年）、哈拉汗朝（公元

---

① 金宜久：《伊斯兰教史》，中国社会科学出版社，1993，第 345 页。
② 王治来、丁笃本：《中亚国际关系史》，湖南出版社，1997，第 50 页。
③ 〔英〕加文·汉布里：《中亚史纲要》，商务印书馆，1994，第 101 页。

992~1212年)、塞尔柱克王朝(公元1055~1194年)等。哈拉汗朝"自发地信奉伊斯兰教显然可以看作伊斯兰教的胜利……似乎可以说伊斯兰教在和非伊斯兰教世界的斗争中得到了新的同盟军"①。以哈拉汗朝为标志,开始了突厥民族伊斯兰化的历史进程。所谓伊斯兰化,就是使当地居民放弃原来的宗教信仰而皈依伊斯兰教,并由此改变自己的文化、意识形态和生活方式。中亚伊斯兰化以后,再没有任何其他别的宗教能取代伊斯兰教的地位。历史上有许多教徒放弃原来的宗教改信伊斯兰教的例子,但一般说来,伊斯兰教信徒是没有改信其他别的宗教的。②

早在萨曼王朝时期,已有大批突厥居民定居在费尔干纳、花剌子模等农业聚集地区。到了哈拉汗朝时期,由于操突厥语的游牧居民实行定居和地方居民日益突厥化,操突厥语的民族在中亚开始占优势。皈依了伊斯兰教的突厥统治者为了巩固统治地位,大兴土木,修建清真寺;兴办经学院,宣传伊斯兰教义。伊斯兰的传教士用突厥文书写简单的宗教诗歌和短文,在突厥部落中传教,促进了突厥游牧部落的伊斯兰化进程。

13世纪初,蒙古在漠北崛起。成吉思汗(铁木真)在公元1206年即蒙古大汗位后,便开始向西扩张,远征中亚。成吉思汗入侵中亚之前,反复研究了中亚商人提供的情报,做了非常周密的准备,一切都是按计划进行的,而绝不是蒙古游牧民族无序的自发运动。③ 蒙古人的入侵,并没有改变在中亚业已形成的社会制度和封建生产关系,但从一个侧面改变了不同阶级的社会状况,中亚疆域辽阔的广大地区经历了一次大的分化组合。总的看来,在蒙古人征服、统治中亚期间,对当地宗教,尤其对伊斯兰教持宽容态度,对各种宗教一视同仁,兼收并蓄。从13世纪60年代起,随着蒙古大汗对中亚政治控制力的逐渐减弱,中亚地区的蒙古统治者逐渐倒向伊斯兰教。④ 成吉思汗的后代帖木儿(公元1336~1405年)就是一个虔诚的逊尼派穆斯林。公元1370年,帖木儿推翻撒马尔罕的统治者,在中亚站稳了脚跟,进而挥兵出击,开始了持续35年之久的掠夺性战争,建立了庞大的帖木儿帝国。其辖境不仅包括河中地区、花剌子模、里海附近地区,而且包括伊朗、印度的部分地区,以及伊拉克、南高加索局部

---

① 〔苏〕威廉·巴托尔德:《中亚突厥史十二讲》,中国社会科学出版社,1984,第80页。
② 潘志平、王智娟:《鸟瞰中亚宗教、民族之历史与现状》,《西北民族研究》1994年第2期。
③ 〔苏〕Б.Г.加富罗夫:《中亚塔吉克史》,中国社会科学出版社,1985,第265页。
④ 安维华等:《中亚穆斯林与文化》,中央民族大学出版社,1999,第4页。

地区和西亚许多国家。苏联科学院院士威廉·巴托尔德曾指出:"帖木儿在建立自己的帝国时,自然不是以突厥民族为目的。帖木儿的目标是,尽可能地把许多国家,如有可能把全世界置于自己的支配之下。"①

帖木儿所到之处,搜罗了各地大批能工巧匠和艺术家,并用劫掠来的财物在首都撒马尔罕修建了金碧辉煌的清真寺和其他华美的建筑物。西班牙特使克拉维约撰写的《克拉维约东使记》,曾对帖木儿兴盛时期做过详尽的描绘。② 同当时伊斯兰世界其他地方的萧条和一片颓垣残壁相比,撒马尔罕成了伊斯兰教的文化学术中心。③ 据统计,当时仅在撒马尔罕就修建了数十座富丽堂皇的建筑物,其中包括公元 1399～1404 年建造的非常著名的帖木儿大清真寺。

在这样的社会文化背景下,苏菲主义传入中亚,并以其特有的方式和旺盛的生命力在这一地区广泛传播。

伊斯兰苏菲教派是公元 10～11 世纪产生于阿拉伯半岛的一种神秘主义教派。"苏菲"这个词的阿拉伯文为 sufi,意思是指"穿羊毛衣的人",后作为该教派的名称沿用下来。这一教派具有强烈的叛逆意识,对历代哈里发长期以穆罕默德继承者自居、垄断对伊斯兰教义的解释权感到不满,它严守《古兰经》的圣训和教旨,通过神秘、禁欲的修行方式,达到个人内心世界的清静。苏菲教派在各个社会阶层,甚至包括在统治集团上层搜罗信徒。苏菲派信徒衣着褴褛,苦行乞讨,独身不娶。苏菲派在中亚的创始人是纳格什班迪耶,又称"纳格什班迪耶教团"。由于该教团的神秘主义说教在当时的中亚上层社会中颇具感召力,因而吸收了不少统治集团的上层人士参加,苏菲教派作为伊斯兰教自我衍生的产物,其发展轨迹与伊斯兰教既相背离,又相和谐,主体仍存在于伊斯兰教之中。"无论是在伊斯兰教世界内部或外部,个人的宗教活动之出现,总是和伊斯兰的神秘教义——苏菲派的出现有密切的联系……苏菲派也去草原突厥人那里,宣传伊斯兰教,直到最近,常常取得比正统派神学的代表更大的成功。"④

苏菲教派在中亚传播过程中,以严密的组织形式保护教派的发展,以森严的教阶制度抵御世俗政权的控制,带有浓厚的神秘主义色彩,甚至在被禁止的

---

① 〔苏〕威廉·巴托尔德:《中亚突厥史十二讲》,中国社会科学出版社,1984,第 228 页。
② 〔西〕克拉维约:《克拉维约东使记》,商务印书馆,1957。
③ 金宜久:《伊斯兰教史》,中国社会科学出版社,1993,第 358 页。
④ 〔苏〕威廉·巴托尔德:《中亚突厥史十二讲》,中国社会科学出版社,1984,第 72 页。

历史条件下仍得以延续下来。苏菲主义在中亚形成一股强大的政治势力后，就为间接或直接影响上层封建统治阶级和干预社会政治生活提供了契机。中亚的苏菲主义带有鲜明的地域特征，苏菲思想既存在于什叶派穆斯林之中，又存在于逊尼派穆斯林之中，具有很强的包容性，它从一个侧面折射了中亚民族文化的基本特征。我们考察中亚的苏菲主义，不能脱离当地的政治、文化、习俗和历史。

二 沙俄时期的中亚伊斯兰教状况

沙皇俄国向中亚地区的扩张始于18世纪中叶，哈萨克草原成了沙皇俄国蚕食的首选目标。当时的中亚各汗国正处在中央集权化的过程中，它们彼此之间明争暗斗，军事冲突不断。正是这种内部纷争和贫困落后状况，给外国侵略者提供了可乘之机。沙皇俄国为了吞并哈萨克，从18世纪起便开始从事两件事：一是胁迫哈萨克各地方封建割据势力服从俄国；二是在草原上修建城堡和要塞，并在这些要塞驻扎沙皇军队，从而使这些要塞"既可成为殖民者及沙俄商队停驻之地，又可成为招引游牧部落前来进行贸易的城镇（但游牧人不得进入要塞之内），还可以作为保护殖民者与进一步开拓新土地和征服当地民族的军事侵略据点"[1]。在以后的一个多世纪里，沙俄对布哈拉（1868年）、希瓦（1873年）、浩罕（1875～1876）、土库曼（1881年）等汗国先后实现了征服。到1884年，沙皇俄国在河中地区设立了总督区。从此，整个中亚地区被正式划入沙俄帝国的版图，逐步沦为沙俄的属地。《中亚五国概论》一书对此有过精彩的论述："俄罗斯人与古代历史上征服者一样都是从北方进入中亚的，但是它绝不同于那些古代的征服者。它不是传统的民族或部族的迁徙，而是与殖民主义相联系的政治、军事、经济、文化的扩张。它不是游牧'蛮族'对比自己文明的人们的征服，而是在经济、文化上远远超过当地土著居民的近代资本主义的侵入。"[2]沙皇俄国野心勃勃，还梦想以中亚为依托，继续南下，为自己开辟一条通向印度洋的出海口。

中亚地区的突厥、蒙古及伊朗等血统的居民，经过数百年的分化和融合，逐渐形成了几个较大的民族集团。这些民族集团有各自不同的居住区域，不同

---

[1] 王治来、丁笃本：《中亚国际关系史》，湖南出版社，1997，第117页。
[2] 赵常庆主编《中亚五国概论》，经济日报出版社，1999，第30页。

的生产与生活方式，以及不同的语言文化。当沙皇俄国征服中亚地区以后，这里主要生活着 5 个较大的民族集团，其中 4 个属于突厥语系：哈萨克人（当时被称为吉尔吉斯人）、吉尔吉斯人（当时被称为卡拉—吉尔吉斯人）、乌兹别克人和土库曼人；一个属于伊朗语系：塔吉克人。[1] 中亚民族之间虽然千差万别，而且民族意识相对薄弱，但这些民族当中的绝大多数人都有共同的宗教信仰——伊斯兰教。他们很少称自己是乌兹别克人或土库曼人，总是以穆斯林相称，一部《古兰经》把他们结成一个整体。俄罗斯是一个东正教居主导地位的国家，伊斯兰教的地位和势力显然没有东正教大，但沙皇俄国的统治者仍极力避免采取限制伊斯兰教自由和伤害伊斯兰教信徒感情的举动，对伊斯兰教采取了一种宽容、理解甚至是支持的政策。中亚伊斯兰教在当时保留了其固有的特点和鲜明的地区特色。与此同时，沙皇俄国对中亚的统治也给中亚地区带来了欧洲工业文明的讯息，对当地的伊斯兰教产生了强烈的冲击，使中亚的经济结构中出现了某些资本主义因素。

在彼得大帝时期（1672~1725 年），沙皇俄国在国内积极兴办实业，发展贸易，改革军制，强化中央集权。在对待宗教问题上，采取压制政策，甚至连社会影响广泛的东正教会也受到制约。1721 年，东正教大主教被废除，在政府内设立宗教管理局，确立了教权从属于政权的原则。到了叶卡捷琳娜女皇时期（1729~1796 年），沙皇俄国采取了相对宽容的宗教政策，承认了伊斯兰教的合法性。1788 年，在奥伦堡成立的穆斯林宗教管理局（后迁至乌法）是对各种宗教的组织和活动进行管理的专门机构。但对偏远地区，如中亚和北高加索，则采取不设立宗教机构的做法，而由军事将领和沙皇派出的地方长官统管宗教事务。

沙皇俄国的统治也使中亚地区发生了巨大的变化，昔日民族或部落争斗、互相残杀的局面得到了控制。沙皇俄国为了巩固自己在中亚地区的地位，曾有步骤地分批向中亚地区实施移民。中亚地区草原辽阔、人口稀少，这为移民提供了客观可能性。到 1867 年，中亚七河州的丘陵地区就安置移民 12000 人。到了 1908 年，移民达到了高峰，其数量达 665000 人，大部分移民定居在哈萨克草原。[2] 移民改变了中亚地区的种族结构和生存方式，使边远地区同沙皇俄国中央政府形成了更为紧密的联系。哈萨克草原上的居民由于所处的地理位置和独特

---

[1] 王治来、丁笃本：《中亚国际关系史》，湖南出版社，1997。
[2] 〔英〕加文·汉布里：《中亚史纲要》，商务印书馆，1994，第 290 页。

的生活方式,似乎特别适合于俄罗斯文化的渗透。沙皇俄国利用统治者的特殊地位,对哈萨克草原上的居民从种族和文化上进行同化。从此以后,具有多元文化特色的中亚伊斯兰教又深深地打上了俄罗斯传统文化的烙印。与此同时,随着大量移民的定居,引起了哈萨克人放牧牲畜的减少,本来就已经非常低下的游牧人的生活水平,也因此急剧下降。

与此形成强烈反差的是,沙俄时期中亚地区伊斯兰教的教职人员地位显赫,待遇丰厚。早在叶卡捷琳娜时期,就允许穆夫提及其后裔购买土地和从事工商业经营活动。民间的毛拉也比普通居民生活富裕,他们往往利用生嫁死葬仪式捞取钱财。伊斯兰教的教职人员在沙皇俄国的怀柔政策下,也投靠沙皇政府,并利用自己的地位号召穆斯林服从沙皇俄国的统治。清真寺、学校、报纸杂志等成为他们维护沙皇统治的工具。

沙皇俄国作为一个欧洲国家,不论在宗教上,还是在文化上,从本质上讲,都同中亚信奉伊斯兰教的民族或国家处于冲突和对峙状态。为了稳定社会,沙皇俄国对中亚居民的宗教信仰、风俗习惯,一般不加以干涉,但也不予以支持。例如去麦加朝觐的线路问题,从地理上讲,从中亚去麦加,最直接的路是经过伊朗,但是,由于波斯信奉什叶派,不允许中亚的逊尼派穆斯林取道伊朗前往麦加朝觐,因此,中亚的穆斯林请求沙皇俄国允许他们取道阿斯特拉罕去伊斯坦布尔,然后赴麦加朝觐。沙俄政府对此问题一直态度暧昧,坚持个别申请,慎重受理的原则。[①] 沙皇俄国在对中亚地区实行严格控制政策的同时,指派当地行政、军事长官亲自管理宗教事务,出版有关伊斯兰教的书籍,创办伊斯兰学校("麦德列谢")。到十月革命前的1914年,全俄共有2.6万座清真寺,其中有近一半在中亚地区(不包括哈萨克斯坦),还用俄文出版了《古兰经》。在沙俄时期,伊斯兰教不仅是穆斯林的最高精神支柱,而且也是沙皇政府颇为青睐的一支有组织的民族政治力量。[②] 总之,沙皇俄国在征服中亚以后,为了巩固其对异族的统治,对伊斯兰教实行了控制与利用的两手策略。随着地理上的发现和海上航运的开辟,古代丝绸之路的作用也随之趋于衰落,中亚社会特有的封闭性开始显现出来。沙皇俄国的崩溃,促进了中亚各族人民的觉醒。从此,中亚国家的社会政治生活发生了全新的变化。

[①] 王治来、丁笃本:《中亚国际关系史》,湖南出版社,1997,第126页。
[②] 赵常庆主编《中亚五国概论》,经济日报出版社,1999,第169页。

三 十月革命以后苏联的宗教政策及中亚的伊斯兰教状况

十月革命以前，中亚伊斯兰化经历了千余年的漫长过程。伊斯兰教已经不仅仅作为一种制度而存在，它还是一种传统、一种理念、一种感情联系、一种生存方式。它的延续、扩展和传播，在一定程度上也制约着国家的社会历史发展进程。十月革命以后，苏维埃政府对宗教、宗教组织做出了一系列规定，制定了一系列相关的政策。

1917年11月8日颁布《土地法》，规定教会和寺院的土地收归国有，分给人民使用，从而结束了教会的经济特权。1917年11月15日发表《俄罗斯各族人民权利宣言》，明确指出"废除任何民族的和民族宗教的一切特权和限制"。俄罗斯人民委员会在同年12月3日的《告俄罗斯和东方全体穆斯林劳动人民书》中，宣布俄罗斯境内的穆斯林的信仰和习惯是"自由的和不可侵犯的"，他们从此可以"自由地、无阻碍地"安排自己的民族生活。根据列宁1917年12月签署的法令，俄罗斯联邦人民委员会将沙皇军队1868年从撒马尔罕夺走的《奥斯曼古兰经》转交给穆斯林的组织。在国家经济处于非常困难的时期，仍拨出专款和技术设备，用于修复撒马尔罕的宗教建筑。1918年1月23日，俄罗斯共和国人民委员会《关于教会同国家分离和学校同教会分离》的法令规定："每个公民都有权信奉或不信奉任何宗教……保障举行宗教仪式的自由，但以不破坏社会秩序和不侵犯苏维埃共和国公民的权利为限，如果发生上述情况，地方政府有权采取一切必要措施来保障社会秩序和安全。"1918年7月10日通过的俄罗斯共和国第一部宪法写道："为保障劳动者享有真正的信仰自由，实行教会与国家分离，学校与教会分离，并承认全体公民有进行宗教宣传与反宗教宣传的自由。"1919年3月俄共（布）八大决议强调，"任何借口传教而进行反革命宣传的企图都应加以制止"。决议同时指出："苏维埃俄国的宪法承认一切公民都有信教的充分自由……绝不容许对这种权利加以任何限制甚至在宗教上有丝毫强制行为，侵犯信仰自由和限制公民做礼拜，应当受到严厉处分。"1920年2月，俄共（布）中央发表《关于东方工作致各级党委和基层党组织的信》，其中表达了对"伊斯兰因素"的立场。指出在同宗教做斗争时，要求共产党员以同情心对待信教的穆斯林群众，不要采取直接否定宗教的方法，而应采取普及文化，开办学校、俱乐部和传播知识的方法，要以民族和宗教的两个基本因素为出发点。苏维埃政权在宗教问题上的一系列方针政策，对增强新生政权的凝聚力，安抚民心和社会稳定起到积极的促进作用。

应当说，苏维埃政权建立后的头10年，是苏维埃政府处理民族宗教问题比较谨慎的时期。在中亚采取了一些既有别于俄罗斯又符合中亚实际情况的宽松政策和措施，甚至沙俄时期某些有关伊斯兰教的规定被原封不动地保留下来。苏维埃政权宽松的宗教政策主要体现在这样几个方面：其一，保留地方宗教法庭审理民事案件的权力；其二，中亚的穆斯林教职人员依然享有选举权和被选举权，国家在通过一些决议之前，首先要征求教职人员的意见；其三，所有宗教财产没收后不归国家，而是以居民公共财产的名义交由教职人员管理，其收入除按规定纳税外，均用于供养教职人员、维护宗教设施和培养毛拉等宗教事务；其四，允许宗教学校存在；其五，穆斯林的节日列入公休日；其六，不在中亚地区开展反宗教宣传，尊重信教群众的宗教感情。虽然在"战时共产主义"期间一度做法较为激进，出现过没收宗教慈善机构的土地、废除宗教法庭、取消穆斯林学校的事件，但很快得到纠正。

苏维埃政权建立不久就爆发了国内战争，当时中亚苏维埃政权的力量比较薄弱，面临的主要威胁来自"巴斯马奇"反动武装。"巴斯马奇"源出突厥语，意为"土匪""强盗"。中亚匪盗横行的历史较长，多以劫掠商队和农民为生，有时也袭击城镇。"巴斯马奇"成为一种政治军事组织，成为一种民族运动，乃是1918年以后的事。[①] 1918年2月，浩罕的穆斯林政府被苏维埃政权推翻后，它的一些成员投奔了"巴斯马奇"。也就是从这个时期起，"巴斯马奇"从一个打家劫舍的绿林团伙开始向反对苏维埃政权的宗教民族主义运动演化。由于伊斯兰教是每个穆斯林对自己生存的社会群体的一种精神寄托，因此，伊斯兰教始终不可分割地同民族问题联系在一起。苏维埃政权在中亚推行余粮征集制，镇压同情"巴斯马奇"的穆斯林群众，使许多农牧民也加入到"巴斯马奇"的行列。这股势力利用伊斯兰教的口号蛊惑群众，对中亚苏维埃政权构成严重威胁。列宁在俄共（布）八大上曾指出："我们对于那些至今还处在毛拉影响下的吉尔吉斯人、乌兹别克人、塔吉克人、土库曼人，能做些什么呢？……我们是否可以到这些民族那里去说，'我们要打倒你们的剥削者'呢？我们不能这样做，因为他们完全受自己的毛拉的控制。这里必须等待这个民族的发展，等待

---

① 王治来、丁笃本：《中亚国际关系史》，湖南出版社，1997，第232页。

无产阶级同资产阶级分子的分离。"① 面对来势汹汹的"巴斯马奇"武装，苏维埃政权认识到单靠武力无法达到预期的目的，便刚柔并用，对顽固不化的"巴斯马奇"分子坚决打击，绝不手软；对被蒙蔽的群众，则采取感召的办法。1922 年，新经济政策在中亚广泛推行，居民的捐税减少了一半，宗教界原先的土地和精神权威也部分得到恢复。1923 年，苏维埃政权对"巴斯马奇"成员发布了大赦令，结果许多"巴斯马奇"官兵放下武器，返回家园。在同"巴斯马奇"长达 10 年的斗争中，中亚苏维埃政权受到了锻炼，经受住了考验，对中亚的宗教民族主义势力给予了沉重的打击，从客观上为改变中亚历史上形成的各民族混居与分割并存的局面创造了条件。1923 年俄共（布）第十二次代表大会《关于进行反宗教的宣传鼓动工作》的决议指出："我们党在反宗教的宣传鼓动方面的基本的和迫切的任务之一，就是出版有关的科学普及读物，特别是出版很好地阐明宗教的历史和起源的读物。在肯定这方面有重大成绩的同时，也必须着重指出，已经出版的大部分读物还不能满足广大读者的需要。因此还必须出版为普通工人或农民所容易懂的小册子和活叶文选，用他们所了解的形式来回答世界和生命的起源以及人的关系的实质等问题，揭露宗教和教会，特别是俄国教会的反革命作用，揭露俄国教会的起源、演变、对阶级国家的态度以及在各个不同时期对无产阶级和农民的解放运动的态度，并揭露对人民群众有影响的各种教派的真面目和阶级背景。鉴于共和国联盟的 3000 万穆斯林至今还几乎原封不动地保留了很多同宗教有联系的并被反革命所利用的中世纪偏见，因此必须考虑各个民族的特点制定铲除这些偏见的方式方法。"②

1924 年 6 月 12 日，俄共（布）中央政治局通过了在中亚进行民族划分的决议，决定在中亚进行民族划分，然后在这种划分的基础上组成民族自治行政单位，成立加盟共和国加入苏联。这样，中亚地区先后成立了 5 个加盟共和国。这 5 个加盟共和国都是苏联穆斯林聚居的地区，伊斯兰教在这里有着广泛的社会影响和深厚的群众基础。进行民族划分和民族共和国的组建，对中亚地区的稳定和整个国家的安全，显然意义十分重大。首先，从政治上削弱了伊斯兰教的影响，使之与苏联的社会现实相适应。其次，通过发展民族文化，扩大它们之间的经济、文化差异，淡化了宗教在社会政治生活中的作用。再者，有助于

---

① 《列宁全集》第 36 卷，人民出版社，1985，第 144 页。
② 《苏联共产党代表会议和中央全会决议汇编》第 2 分册，人民出版社，1964，第 322 页。

消除中世纪的社会政治残余，为中亚地区和整个苏维埃政权的发展清除了隐患。

事实上，在20世纪20年代中期，在中亚地区的确出现一股宗教复活的潮流。例如在哈萨克斯坦，当时几乎所有的穆斯林机构都履行着职能，发挥着作用，并同各民族的宗教人士保持着广泛的联系，其中主要是同维吾尔族、东干族、乌兹别克族、鞑靼族等。到1924年，哈萨克斯坦仍实行穆斯林诉讼程序，苏菲教派十分活跃，数十所宗教学校依然正常教学。但是，应当指出，哈萨克斯坦的宗教发展是不平衡的。在南部地区，穆斯林组织机构发展的势头很猛；在北部地区，伊斯兰化的程度明显偏低，宗教学校屈指可数，穆斯林诉讼程序几乎从未实施过。①

国内战争结束以后，随着苏维埃政权的巩固和社会主义建设高潮的兴起，苏联政府也适时调整了对中亚伊斯兰教的政策。1925年开展的宗教世俗化运动，实际上就是对伊斯兰教的革命。其内容主要包括：取消教会特权，全部教产收归国有，改革宗教教育，妇女解放，文字改革等。在对坚持反动立场的宗教势力进行镇压的同时，对伊斯兰教采取了压制的办法，如关闭清真寺及一些宗教设施，迫害教职人员和普通信教群众等。从1926年起，在苏联官方的文件中出现了穆斯林具有"反苏维埃性质"的概念。从1927年开始，苏联官方已经不仅仅停留在"反宗教宣传和鼓动"上，重点放在了"同伊斯兰教做斗争的措施"上，伊斯兰教成了"劳动人民的阶级敌人"。到1928年年底，中亚各国都废除了宗教学校，结束了伊斯兰教在中亚对教育的垄断权。从1930年开始，中亚各国同全苏一样开始实行全民初级义务教育制。据统计，1928~1933年，全苏共关闭清真寺1万座，穆斯林学校1.4万所，伊斯兰学院500所。十月革命前，撒马尔罕共有清真寺和宗教学校150座，塔什干有300座，布哈拉有430座，安集延有387座。它们不仅是伊斯兰教活动的中心，而且是文化、科学、教育、艺术的中心。

20世纪30年代在与宗教和蒙昧做斗争的口号下，这些清真寺和学校统统被关闭，大量宗教文献被毁。② 在这一时期，还成立了"战斗的无神论者同盟"的群众性组织。这一组织1925年成立时叫"无神论者同盟"，1929年更名为

---

① 《Преолевая религиозное влияние ислама》, Сборник документов и материалов, Алма-Ата. 1990 г. с. 89, 97, 98, 117.
② 〔苏〕Ш. 瓦利耶夫：《伊斯兰教与改革》，《乌兹别克斯坦共产党人》1990年第10期。

"战斗的无神论者同盟",到 20 世纪 30 年代初已有 500 多万名成员。其宗旨是对宗教这个社会主义建设和文化革命的障碍进行积极和系统的斗争,甚至提出了"同宗教做斗争就是为社会主义而斗争"的口号。当时还有一些极端的提法,如"宗教是旧时代的残余""宗教愚昧""铲除伊斯兰教""群众性的无神论"等,使苏联的宗教政策偏离了轨道,伤害了信教群众的宗教感情。

在 20 世纪 20~30 年代,苏联在中亚地区进行了两次文字改革(用拉丁字母取代阿拉伯字母,随后又改成以俄文字母为基础的基里尔字母),使俄语词汇大量进入当地民族的语言中,大大促进了中亚地区文化教育和科学技术事业的发展,密切了苏联各民族之间的交往,形成了统一的文化空间,这是积极的一面;与此同时,也带来一些负面因素:文字改革割断了中亚穆斯林文化的历史联系,削弱了伊斯兰教在中亚地区的传统影响。苏维埃政权在不太长的时间里就建立起了中等和高等教育的有效体制,支持和鼓励偏远地区的居民学习文化知识,摆脱文盲状态。例如,在 20 世纪初期,乌兹别克人识字的比例只占人口总数的 2%,到了 20 世纪中期,乌兹别克人识字的比例达 85%~90%①。

1929 年,苏联开始在全国范围内开展农业集体化运动。在中亚这样封闭落后的地区,不仅农民甚至连世代以游牧为生的人也被强迫参加集体农庄,集体化运动对中亚农村经济造成的破坏是极其严重的。苏联政府从 1929 年起,开始再度向中亚地区大规模移民。据统计,在 1929~1936 年农业集体化年代,约有 170 万斯拉夫人移居中亚,其中,农业发达的乌兹别克共和国接纳移民最多,达 78.6 万人,土库曼接纳 15.6 万人,吉尔吉斯接纳 29 万人,塔吉克接纳 20.2 万人,其余的定居在哈萨克②。苏联时期政府鼓励大量向中亚移民,有深思熟虑的战略考虑。首先,加强了中亚地区同整个苏联的联系,尤其是经济联系,促进了中亚地区的经济发展。其次,加强了对民族宗教分离势力的控制,使中亚的传统文化更具多元性。

卫国战争期间,在国家和民族危难之际,一方面,苏联官方停止了反宗教宣传,宗教政策重新放宽,中亚伊斯兰教有所恢复;另一方面,中亚穆斯林群众表现出极大的爱国热情,大批穆斯林青年奔赴前线。清真寺和伊斯兰教机构也为前线捐钱、捐物,为战胜德国法西斯侵略者出力。1943 年 10 月,苏联专门

---

① Александр Халмухадедом:《Исламский фактор в Узбекистане》,《Свободная мысль》1998.
② 王治来、丁笃本:《中亚国际关系史》,湖南出版社,1997,第 247 页。

设立了中亚和哈萨克斯坦穆斯林宗教委员会,中心设在塔什干。这个委员会专门负责中亚5个加盟共和国的伊斯兰事务,以及《古兰经》和其他宗教文献的出版发行事宜。当时,在全苏范围内共有4个职能相同的委员会,各由一名穆夫提领导。这一时期,清真寺重新开放,去祈祷的人明显增加,宗教活动比较正常。与此同时,由于战争,先后有300余家企业迁至中亚,其中迁往哈萨克斯坦的就有150余家。大批企业的迁入,使中亚地区城市人口增加,工业迅速发展,从客观上促进了各民族的交往和融合。

1953年斯大林逝世以后,赫鲁晓夫对宗教重新开始实行20世纪30年代的极"左"政策,在全苏范围内开始了新一轮的反宗教运动。1954年,苏共中央通过了《关于科学无神论宣传中重大缺点及其改进措施》的决议,要求改变在反宗教宣传方面的被动局面,揭露宗教的反动本质及其危害性。1954~1964年,苏联在中亚关闭了城乡大部分清真寺,使全苏清真寺数量由3000座剧减到300~400座。[1] 由于在意识形态范围内的全面施压并不能完全禁止宗教现象,所以政府推行了一些限制宗教自由的行政措施。例如,信教群众去麦加朝觐往往要遇到很大的困难。哈萨克斯坦每年规定去麦加朝觐者的限额为30人,但最终得以成行的不会超过3人。1958年有33人提出申请,只有1人得到批准;1960年有17人提出申请,结果未有人获得批准。信教群众去麦加朝觐,从提出申请后到最终知道结果,要经过一系列烦琐的审批手续。申请人要填写履历表,提交健康状况、工资、照片以及宗教事务委员会的出境许可证等材料。总之,对朝觐申请人的审查和筛选是十分严格的。当时,信教群众凭吊陵墓"圣地"问题也作为"反宗教宣传"的一部分被苏联官方提了出来。历史上,在哈萨克斯坦南部地区有许多宗教先哲的陵墓。与置于国家监控下的清真寺不同,民间伊斯兰教的行为很难得到有效监督。为此,有关部门在1959年专门颁布文件,禁止信教群众私自凭吊陵墓"圣地"。哈萨克斯坦南部遗存的24座陵墓有14座被强行关闭了,其中包括艾哈迈德·亚萨维、阿雷斯坦·巴布等人的陵墓[2]。执政者试图通过行政和思想灌输的手段,淡化中亚地区居民的宗教意识,使信教的穆斯林群众承受了巨大的社会精神压力。

---

[1] 〔美〕S. E. 温布什:《苏联伊斯兰教与民族》,《民族译丛》1980年第6期。

[2] А. К. Султангалиева:《Ислам в Казахстане: история, этничность, общество》, Алм-Аата, 1998г. с, 55.

勃列日涅夫执政后，为了适应其对内对外政策的需要，在调整民族政策的同时，对过去激进的宗教政策做出调整，对宗教团体和宗教活动的限制有所松动。有资料显示，在1976年，中亚有143座清真寺供2700万穆斯林使用。1979年4月，中亚地区有200座大清真寺和为数众多的小清真寺，宗教活动场所有所增加。在建成"发达社会主义社会"超越阶段思想的指导下，对宗教问题的极"左"倾向依然十分严重。尽管长期的无神论宣传在某种程度上削弱了宗教的社会作用，但是，同基督教、佛教等宗教相比，伊斯兰教似乎有在恶劣社会环境下顽强生存的能力。作为一种生活方式，植根于信教群众心中的宗教信仰，仍然蕴含着巨大的社会潜能。20世纪80年代中后期宗教在苏联的复兴，恰恰证明了这一点。

原载《俄罗斯中亚东欧研究》2001年第1期

析俄罗斯社会的内在冲突性

李景阳[*]

社会冲突问题，是转型期俄罗斯社会的一个突出问题。这个问题甚至造成了俄罗斯理论界的一场"革命"，并由此形成了很有特色的俄罗斯冲突学。社会冲突的凸显，既是俄罗斯一度形成的严重政治经济危机条件下的产物，也是政治经济体制发生根本性转变的结果。进入"普京时代"，尽管政局趋于稳定，经济呈现复苏迹象，一系列社会政策的实施也在缓解社会矛盾方面发挥了作用，但仍不能说，俄罗斯社会的内部冲突根源已经消除。俄罗斯社会和谐局面的形成还需要一个过程和诸多条件。因此，笔者认为，对激进改革十年来俄罗斯社会的这一状况进行分析和解剖，仍然有助于认识它的历史轨迹与未来发展。

一 制度变更与新的利益关系

纵观俄罗斯近十年的社会冲突现象，可以看出，其前期（1992～1994年）的社会冲突表现为政治性冲突与经济性冲突相交织，而对社会震动较大的则是政治冲突，如1993年10月的"两权相争"和"炮打白宫"的事件。当时正是街头政治盛行时期，示威者所提出的口号也以政治性口号为主。经济性口号则较多出现在罢工斗争中，然而这类罢工也通常带有浓重的政治色彩。俄罗斯社会的政治选择，即它应走什么样的改革发展道路，作为一种旗帜鲜明的意识形态争论，经常贯穿在以上的冲突事件中。但在1994年以后，随着俄罗斯"市场

---

[*] 李景阳，中国社会科学院俄罗斯东欧中亚研究所研究员。

化"和私有化的不断深入，社会人群逐渐划分为不同的利益集团，紧接着，新的社会阶级和阶层的轮廓渐渐明晰。以此为基础，社会冲突的意识形态色彩愈来愈淡化，而更多反映和折射各社会集团间的利益关系。冲突的参与者也逐渐明显地带有阶级背景，表达某个社会集团的利益要求。比较明显的事例是，1996年以前，罢工队伍中工人，特别是煤矿企业工人占80%以上，其次是教师。1996年后，由于煤矿工人的工资有所提高，罢工主力军转变为教育及卫生部门的职工。经济利益成了冲突参与者的主要驱动力。引起利益关系实质性变化的固然有政治制度的变更，但主要是经济制度（基本经济制度）的变更。从经济变革到利益关系变化的中间环节则是社会利益按照新规则的再分配。

使人们的利益关系发生根本性变化的因素，至少有如下几点。

1. 经济由计划向市场的转变，将竞争机制引入社会生活，公平的与不公平的竞争结果逐渐把人们推到不同的社会层次

在公平竞争情况下，收入拉开档次乃是由于人们能力和机遇的差别。然而在"休克疗法"的情况下，立法滞后，"体制真空"，非法聚敛财富的活动盛行（这种情况尤其明显地表现在流通领域内），却使不公平竞争成了将人们收入差距拉大的主要动因。首先出现的利益差异则是在流通领域与生产领域之间。

2. 在私有化政策下，在国有财产向私人手里转移的过程中，劳动者逐渐以是否拥有财产和拥有财产多寡而归属于不同的人群

俄罗斯在完成第一阶段私有化之后，就已使私有化的大中企业占到70%以上，小企业的私有化程度更高。无论从固定资产比重还是从产出比重看，非国有企业（包括混合型企业和私人企业）都超过了一半。1995年以后的"现金私有化"又使这场"财产大革命"向前推进了一步。这样，成千上万的股东和"老板"就从清一色的老"工薪阶层"中分离出来，大批普通劳动者则由国家职工转变为"雇员"。于是，俄罗斯社会中首次出现了有产者。

3. 由市场经济牵动的产业结构大调整，使不同职业、不同地区的人们逐渐在经济上处于不同的地位

自经济转轨以来，虽然国民经济总体下滑，但国民经济各部门仍有此消彼长的情况。军工、机器制造和采煤等行业不景气，然而有色金属、石油、天然气等原料工业部门则在外资刺激下呈上升势头。非生产部门中，科技、文教卫部门出现萎缩，而财政、金融、保险、内外贸易和经济管理等部门则得到扩充。又由于行业分布差异及市场机会不均等原因，莫斯科等中心区与边远地区的经济发展也出现"苦乐不均"的状况。行业差别、地区差别等因素反映在人们的收入上，则造成了收入迥然不同的阶层。

4. 在旧体制之上建立新经济秩序的过程中，权力因素的渗入，使拥有权力与不拥有权力的人处于不同的生存状态

无论是在无序的市场化过程中，还是在"掠夺式"的私有化过程中，握有政治经济权力的新旧官僚都能轻而易举地将国有资产转移到个人手里，从而使俄罗斯社会中迅速滋生出"大资产阶级"。权力因素，是经济关系变更中的非经济因素，然而又是在传统的苏联社会中实行财产再分配时难以避免的病态现象。

如上所列举的一些经济变革及其社会后果的内在过程，不仅造成了与苏联时期迥然不同的利益关系和阶级关系，而且使俄罗斯的社会结构呈现出新的格局，并使这种格局成了新的矛盾关系和冲突演化的结构性基础。

二 引致冲突的若干要素

从一个角度说，在激烈变动着的俄罗斯社会中，成为冲突根源的诸多因素可以分为两大类：一是制度变更本身不可避免带来的冲突要素；二是制度转变操作者——政权的主观行为所造成的冲突要素。从政治方面看，从一党制和中央集权制向多党制和"三权分立"的转变，不可避免地会引起社会震荡，而激进"民主派"的新政权在推行新制过程中也会由于种种主观的失误引发新的社会矛盾。从经济方面看，采纳新的基本经济制度不可避免地会带来某些冲突要素，包括经济从计划向市场转变过程中由于竞争机会不均等和人们参与竞争的能力的差异而造成的利益的不均衡，以及所有制从公有向私有的转变过程中由各种因素决定的社会成员所得财产份额的多寡与差异等。政权实施基本经济制度转变时，其主观行为所带来的某些冲突要素则包括：由于对利益平衡政策的忽视造成的贫富间的过大差异；转变经济制度的失误性操作所造成的经济衰退及相应的国民利益受到损害；伴随经济制度转变的政治因素干扰和社会动荡给国民利益带来的损失；经济制度转变过程中权力恶性膨胀所造成的社会不公正；等等。

与如上看法相联系，本文拟通过更明晰、更具体的叙述方式，将俄罗斯社会的冲突要素归类如下。

（一）危机要素

十年来，俄罗斯激进改革所遭受的挫折可以用"危机"一言以蔽之。危机，作为一种特殊社会条件,助长和刺激了矛盾的生成和冲突的激化。

1. 贫困

众所周知,20 世纪的最后十年,俄罗斯的国民经济和人民生活水平比改革前大致下降了一半。仅以政治危机和经济危机最深重的 1998 年为例,这一年与 1989 年相比,实际工资下降的幅度为 43%。与罗、波、匈、斯、捷、保等东欧国家做同期比较,其下降幅度仅次于保加利亚。俄罗斯到底有多少贫困人口,在这个问题上历来说法不一。笔者以为可以列举这样一组有说服力的数据:1998 年,俄罗斯每千人中的"穷人"数量为 453 人,这是全俄的平均水平。在俄中央区,这个数字仅为 310 人;然而在许多偏远地区,这个数字为 500~600 人。例如,在东西伯利亚地区,每千人中"穷人"数量为 572 人,在北高加索地区为 579 人,在远东地区为 580 人。① 此外,1999 年 1 月的统计数字显示,这年的 1 月,半数居民收入水平低于贫困线的情况覆盖了俄罗斯 1/2 地区。② 这些数字表明,在严重危机时期,俄罗斯平均每两人中就有一人是"穷人"。贫困地区超过了这个比例,其中包括冲突多发区。

2. 失业

激进改革十年来,俄罗斯的失业水平大大超过了官方认定的"自然水平"——5%~7%(对这一自然水平的认定,美国为 5%~6%,瑞士和日本为 2%),在 1997 年和 1998 年则分别达到了 11.3% 和 12.4%。延续着 1998 年危机后果的 1999 年情况更坏,以这一年 7 月与上一年同期相比,失业水平又提高了 7 个百分点。③ 直到 2000 年,失业情况才略有好转。

在俄罗斯,持续偏高的失业率是经济转轨和生产下滑的伴随现象。其主要原因是:经济萧条的生产规模和劳动力需求的缩减,加大了就业紧张系数;居民生活水平的下降刺激了就业需求;经济向市场过渡,使处于流动状态的劳动者数量激增;私有化进程造成了劳动力在不同所有制企业之间大面积转移,然而国营大中企业劳动力分流量巨大,而私有化的小企业接纳能力有限;大量隐性失业现象的存在,是俄罗斯经济衰退的表现,也是苏联时期经济停滞的后遗症。

---

① 俄罗斯科学院社会政治研究所编《俄罗斯:克服民族悲剧》,莫斯科,1999,第 102~103 页。
② 〔俄〕М. Э. 德米特里耶夫:《财政危机和社会保障》,《社会科学与当代》2000 年第 3 期。
③ 俄罗斯联邦国家统计委员会编《俄罗斯社会经济状况(2000 年 1~7 月)》。

失业带来的后果首先是贫困问题，它加重的是失业者群体包括其家属的贫困。统计表明，待业期达到 18 个月以上者，妇女占 70%，这说明，妇女不仅在失业中首当其冲，再就业也最难。按部门和地区说，物质生产部门从业人员减少；军工企业、加工工业集中的地区从业人员减少；边疆区从业人员减少；许多地区的农村居民中也有大量的失业者，如北高加索各共和国、卡尔梅克、图瓦、秋明和托木斯克等地区的农民失业者都达到 50% 以上。失业使某些特定群体陷入了更深的贫困。显然，大量的具有抗议倾向的人们以及犯罪者都从他们当中产生。

3. 社会保障的削弱

俄专家承认，在基本社会发展指标方面，俄罗斯后退了 25~30 年。他们认为，国民经济所遭受的破坏，居民各阶层用以保证物质和精神基本需求的社会保障机制的削弱，是社会紧张度加剧的重要原因之一。

从社会保障总水平看，俄中央政府开支（联邦预算）在国民生产总值中的比例明显下降。以激进改革初期为例，1994 年和 1995 年的这一比例分别为 18.5% 和 14.9%，大大低于经合组织国家和东欧国家社会开支的平均水平（前者为 27.1%，后者为 24.9%）。1995 年的水平甚至与拉丁美洲国家（10%）和亚洲国家（8.4%）的水平相近。

就各项具体的社会保障项目看，由于国家财政紧张、社会保障指标水平低和不能及时兑现等原因，居民所享受的实际补贴和救助数量甚微。比如，失业补助金，在改革的最初几年里只及平均工资的 1/6~1/3。即使如此低的失业补助金，也只有 1/3 的失业者（不含隐性失业者）能够领到。金融危机后的 1999 年上半年，就业基金比上年同期减少了一半，而失业人数却明显增加。这种情况到 2000 年以后才稍有好转。又如，退休保障，按照 1997 年 6 月 14 日第 573 号总统令要求，俄罗斯最低的退休金不应低于退休人员最低生活费用的 80%。在"危机前阶段"（1997 年下半年至 1998 年上半年），最低退休金摇摆于最低生活费用的 75%~80% 之间。然而到危机后的 1999 年，这个数字已下滑至 50%，这一年 7 月则达到最低点——44%。[①] 退休金水平低下的直接结果，就是大大降低了退休人员及其家庭的生活水平。据世界银行调查，1994~1996 年，每年都有 40% 的含一名退休者的家庭和 50% 的含两名及多名退休者的家庭进入

---

① 〔俄〕М.Э.德米特里耶夫：《财政危机与社会保障》，《社会科学与当代》2000 年第 3 期。

贫困者行列。再如，医疗保险，仍以1999年为例，这一年上半年，由于资金短缺，国家医疗保障拨款的实际水平比1998年同期降低了34%，而缩减最多的是义务医疗保险基金的开支，为41%。与此同时，收费性医疗保健的实际比重大大提高。据认为，"1998危机"之后，医疗保健总费用的2/3就由普通居民来负担了。①

4. 社会犯罪与社会无序状态

从历年的心理调查看，最令俄居民担忧的社会问题中，安全问题通常占第三位，仅次于通货膨胀和生活水平下降。而公民安全问题则与社会犯罪和社会无序状态密切相关。1998年，俄联邦内务部曾就个人安全问题调查过居民的经历和体验。调查表明，被征询者的28%在这一年遭受过不同程度的犯罪伤害。使公民受到伤害的主要是流氓犯罪和盗窃犯罪。调查还显示出公民对护法机关的不信任，有43%的人倾向于在受到犯罪伤害时不去求助护法机关。

当然，除了与居民安全有关的社会犯罪外，有组织犯罪和黑社会活动的猖獗，经济领域内国家官员的贪赃枉法、营私舞弊，"犯罪经济"充斥的市场无序状态，经常造成社会心理恐慌的暗杀犯罪等，都加重了公众的不满情绪，成为加剧社会紧张度的重要因素。

同样，社会犯罪猖獗与社会无序状态，也是政治经济危机和不成功改革的社会表征之一，亦应被视为使社会冲突和矛盾加剧的"危机要素"。

（二）结构要素

政治经济转轨使俄罗斯社会结构发生了根本性的变化，但这种新的社会结构不具有导致社会冲突的必然性。新的社会结构导致社会冲突的原因，在于它的不合理性。目前，俄罗斯正在形成中的社会结构既打乱了苏联时期社会结构的秩序，亦与当代西方发达国家的社会结构有巨大差异，当今俄罗斯的社会结构仍处于一种畸形状态。总的来讲，这种畸形状态即是导致社会冲突的结构性要素。

就俄罗斯的现实情况而言，畸形社会结构导致社会冲突的内在机制有如下各点。

---

① 〔俄〕М. Э. 德米特里耶夫：《财政危机与社会保障》，《社会科学与当代》2000年第3期。

1. 居民在收入和财产上的两极分化造成了社会收益和社会心理的严重对立

苏联时期,俄罗斯社会工资收入的差别在5倍左右,到80年代中期已缩小到3倍。激进改革以来,即在20世纪90年代,居民收入差别由8~9倍增长到10多倍(最高达15倍),1998年危机时期为13.2倍,危机后的1999年则达到14.7倍,这个数字远远高于发达国家,而国际通行的警戒指标则是"10∶1",即10倍。需要说明的是,社会理论认为,当40%的贫困阶层在居民总收入中所占的份额不足12%~13%的时候,这种"财富分配的倾斜"就会引发社会不满,导致社会的不稳定。笔者仅获得了1994年的一个数据,俄40%的贫困阶层所拥有的收入份额是15.5%,这个数据显然已接近极限。虽然未得到1998年和1999年的这个数据,但从此间居民生活水平下降幅度看,更加接近甚至超过社会不稳定的极限是毫无问题的。这一点提醒我们,当考察两极分化这个导致社会冲突的要素时,不仅要看处于社会两极(两个10%)的人们在收入上的差别,还要看贫困层在人口中所占的比例。俄罗斯的事实是,十年来,贫困人口的比重一般不低于40%,1998年危机及危机后甚至达到50%以上,这无疑潜伏着极大的社会冲突要素。这一看法尚可在俄罗斯专家的说法中得到佐证:"总括起来可以说,至1998年,俄罗斯人依据对自身地位的感觉,在意识中形成了这样一个当今俄罗斯社会的基本社会结构模式,即居民的基本部分与上层处于对立状态;存在着严重的社会分化;居民的多数集中于最贫困的阶层。"[①]

俄冲突理论中对冲突与矛盾的概念有一个重要的界定,即认为冲突是被主体意识到的矛盾。归根结底,两极分化这种巨大的利益不公正会成为导致冲突的现实因素,首先要通过"冲突主体"的主观意识来起作用。两极分化与贫富悬殊在俄罗斯人中引起什么样的心理反应,这一点很重要。值得一提的是,俄罗斯公众与学术界中流行着一种说法,即"两个俄罗斯",意思是俄罗斯人分为两部分,他们生活在截然不同的两个世界中。在俄国普通人看来,富人与穷人的比例与统计材料所说的不同,是"1/5为富人,其余皆为穷人",甚至"十人九穷"。这些心理当然会经常地成为他们产生"抗议冲动"的根源。

2. 社会缺少中间力量和"缓冲"机制

尽管到20世纪90年代末期,特别是普京登上政治舞台之际,俄罗斯社会

[①] 〔俄〕H. E. 吉洪诺娃:《俄罗斯社会的社会结构:改革8年总结》,《社会科学与当代》2000年第2期。

政治思潮中的"中派"观点呈强劲势头，但这只是思潮演变自身规律性的表现，中派思想在俄罗斯仍缺乏坚实的社会基础。只有当俄罗斯在经济复苏并持续发展的条件下稳定形成了广大的中间阶级之后，这种社会基础才能真正形成。而目前，俄罗斯初露端倪的中间阶级，毋论其数量，仅从质量看，也与当今发达国家有很大差别。例如，小企业主中尚有2/3的人处于"一边经营，一边打工"的境地，即他们一面是雇主（在自己的企业中），一面又是雇员（在别人的企业中）；他们还不是完全的"资本家"，而在经济收入上，按照一种说法，远远排在银行家、国家公务员（以贿赂为"补充收入"者）、经纪人、窃贼、经营不动产的商人以及"咨询人"之后。[①] 另外，本应称作"新中间阶级"的知识阶层，其大部分也不具有中间阶级的应有特征。例如，按职业特征和受教育水平说，一些人应属于中间阶级，但按经济收入说，他们不够"中等收入"水平，甚至应属于"下层阶级"。一种看法认为，由于贫困原因，约有250万～300万知识分子已经不属于中间阶级的范畴。另有材料说，激进改革以来，知识分子集中的科教文卫机构的在职人员削减了30%以上，仅科技界的从业人员就从80年代末的340万锐减到1997年的150万，其中大部分人转行，另有1/10的人流失国外。当然，"白领阶层"也属于中间阶级。但在经济衰退的背景下，处于管理层面的"白领阶层"不可能得到发展，这是不言而喻的。

社会结构理论的通行观点认为，中间阶级是建立稳定社会的支柱力量。特别是作为"新中间阶级"的"专业技术管理阶层"，具有两面性：他们不拥有或基本上不拥有生产资料，但拥有专业技术特长，因而对生产过程有一定的控制权并执行资本的全部职能；他们既是工人，又是非工人，既是被剥削者，又是剥削者（在执行资本职能的意义上）。这种自身地位的两重性决定了他们的社会政治态度的复杂性。在社会政治心理上，这个阶层与上层阶级和下层阶级均有相通之处；但由于他们有较稳定的经济地位，一般对现行制度持容忍态度，在一定程度上说，他们又是上层阶级和下层阶级之间的"润滑剂"。然而在俄罗斯，中间阶级尚缺乏这种润滑机能，有时，本应属于中间阶级的一部分人还要加入到下层阶级中，与上层阶级相对抗。这样，在两极尖锐对立的情况下，由于缺少某些起缓冲作用的力量，社会矛盾和冲突就极易走向尖锐化和极端化。

---

① 〔俄〕P. A. 麦德维杰夫：《俄罗斯的资本主义》，莫斯科人权出版社，1998，第237～238页。

3. 新的"上层阶级"及其基本特性成了社会矛盾和冲突的总根源

俄罗斯新的上层阶级就其产生过程来说具有掠夺性。这个阶级的自私贪婪在社会中引起种种非议，同时，它管理社会的能力又令中下层公众感到失望。

俄罗斯的上层阶级与传统权力有不解之缘。他们中的70%来自中央和地方的旧官僚，新经济条件下的"资产阶级化"，是他们共同走过的道路。普通的俄罗斯人将私有化说成国家官员瓜分"国家大蛋糕"的运动，认为"私有化"不是还财于民，而是在新旧官僚、工业黑社会结构和集体农庄主席之间的财产再分配，这是一场"隐蔽的自上而下的掠夺"，"得到满足的是那些手中握有管理权的人"。① 因而，这个新产生的资产阶级又被称作"官僚资产阶级"。

这个新的"官僚资产阶级"（或称"精英""新权贵"）与苏联时期的"特权阶层"有极密切的承袭关系，因而也极易使俄罗斯的普通人在新的不满中加上一层旧的记忆。然而，俄罗斯人认为，新权贵比旧权贵有过之而无不及；比较而言，苏联时期党政官僚系统的特权实际上是被夸大了，而现政权的特权比过去大几十倍。总之，俄罗斯人将权力与资本的结合看成社会不公平的总根源。

还须注意，畸形社会结构中病态的"精英阶层"时常成为社会矛盾的焦点，从而促使中间阶级与下层阶级相结合并站在它的对立面。

（三）文化要素

尽管在社会冲突中，利益是基本的动因，但文化要素同样不可忽视，尤其是在有着深厚东正教传统和苏联传统的俄罗斯。

作为一种政治文化的冲突，俄罗斯始终存在着三大人群。旗帜鲜明的两组分别拥护社会主义和资本主义，第三组则是中间型的。在受教育程度低、收入低、居住区偏远、年龄偏大的人群中，拥护社会主义的偏多；反之，则拥护资本主义的偏多。与社会主义和资本主义两条道路相联系的，是对市场经济与计划经济，以及对当前改革方针的截然不同的评价。

很重要的一个思想文化冲突是经济市场化改革的伦理价值认定问题。相当多的俄罗斯公众和思想界人士认为，经济的市场化不仅改变了经济本身，而且改变了人自身，也改变了社会生活准则。一种说法是，资本主义的经济原则造成了异化的人——"经济人"，人变成了疯狂追求自我实现的"个人主义者"，

---

① 俄罗斯科学院社会学研究所编《俄罗斯精英：社会学分析的实验》，莫斯科，1997，第51页。

成了"装满钱的或空空如也的钱袋"。另一种说法是，资本主义的经济原则改变了人与人的关系，使自私、贪婪、疏远、冷漠、见利忘义，甚至厚颜无耻充斥社会，人们丧失了应有的道德情感，社会失去了理想、信仰和精神支柱。

同样，对改革的公正性评价，也是一种伦理认定。例如，有人提出，当前这场改革之所以成了一种扭曲变形的过程，乃是由于"市场的建立不是循着民主道路而是受制于官僚和犯罪集团的利益的压力"。造成这种扭曲变形的主要是三种人：一种是"不文明的商人"，他们缺乏"道德纯洁"；另一种是官员集团，他们腐败成性，作恶多端；第三种是犯罪团伙，他们残忍并且贪权。①

诸如此类的社会文化心理要素，都在相当程度上强化着以利益为根源的社会矛盾和冲突。

三 冲突的现状与前景

最后，对十年来俄罗斯社会最终以外在形式演化为冲突现象的事实做一个概括的交代。

激进改革以来，俄罗斯前期的社会冲突（大体上在 1992~1994 年）以政治冲突为主，其主要形式是"街头政治"，即政党与公众结合起来上街表达自己的政治态度。这些事件的酿成，一方面与当时改革方针的实施有关，另一方面也应看作激进改革前未及时解决的意识形态争论的延续，此外还应看到这些政治冲突的经济背景。在这段时间内，对冲突起催化作用的经济要素，主要是前面提到的"危机要素"，即改革初期的"休克疗法"使大部分居民的利益蒙受巨大损失，而使少数人乘机暴富。发生在 1993 年的"十月事件"是以上述情况为背景的社会政治冲突的总爆发。与日常频繁发生的"街头政治"不同的是，这种冲突以上层权力斗争——"两权相争"的形式表现出来。

中期及中期以后的社会冲突则以经济领域的冲突为主，并以罢工为主要形式，此外还有集体静坐、绝食之类的极端行为。出现这些变化是因为，随着新政治体制和新游戏规则的建立，街头政治斗争形式逐渐转到议会政治的轨道上来；与此同时，随着不断的阶级分化，经济利益愈发凸显出来，致使社会冲突事件逐渐向经济领域转移。当然，不可忽视的是，这一时期的"经济冲突"仍

---

① 〔俄〕Л. А. 别利亚耶娃：《20 世纪末俄罗斯的社会现代化》，莫斯科，1997，第 125 页。

时时带有浓烈的政治色彩。例如，20世纪90年代中期的大规模或全国性罢工，通常在提出经济口号的同时亦提出要政府解散和总统下台之类的政治口号，一是因为"劳资斗争"实际上往往是在职工与政府之间展开的，基本原因是拖欠工资或工资水平低；二是因为俄罗斯刚刚实行私有化，真正的劳资关系尚未牢固地形成。

如果说激进改革初期以街头政治为主要形式的政治冲突是社会政治制度转型阶段特殊环境的产物的话，那么，后来绵延不绝的罢工运动则更深刻地折射出基本经济制度转变中的各种社会矛盾。应该认为，在叶利钦执政时期，经济领域里的冲突是呈现不断蔓延和扩大趋势的。仅以罢工为例，1992~1997年，每年罢工人数总的来说呈增长趋势：1992年为37.5万；1993年为12.5万；1994年为15.5万；1995年为47.4万；1996年为66.4万；1997年（仅前三个季度）为81.3万。1998年是严重危机的一年，罢工人数比上年有所减少，这与上年罢工所取得的成果和俄联邦独立工会的决策有关，但罢工人数仍高于改革初期各年。

应当承认，与近年来俄罗斯所遭遇危机的严重程度相比，社会冲突的强度比人们预料的要低得多。1991年"8·19"那样的事件没有再度重演；街头政治基本限于非暴力的范围内；罢工规模也并未超出美国、英国、意大利和印度等国危机阶段的水平。出现这种情况是因为，俄罗斯初步形成的议会民主制度和新的政治游戏规则在缓解社会冲突方面起到了"安全阀"的作用。

俄罗斯社会进入"普京时代"，应当说，出现了一些有利于缓解社会冲突、创造社会和谐的条件。权力结构的趋于稳定；呼唤"法律""秩序"等社会共识的形成；各派政治力量之间的竞争走向规范化；社会抗议情绪的降温等，均有利于缓解社会冲突。特别是普京重视社会政策，并采取了许多切实措施，提高工资，解决退休金拖欠及退休金过低问题，设立中央级的社会保障"补偿基金"等，均对提高居民收入水平、平衡各阶层居民利益起到了积极作用。普京对经济界寡头势力的某种限制措施也赢得了公众的好感。

但这并不能说，俄罗斯社会从此可以稳定地走向社会和谐。十年危机所积累的各种社会矛盾，与社会矛盾尖锐化有关的社会结构的某些缺陷，以及虽然出现恢复但尚面临困境的国民经济状况，仍将成为社会冲突的潜在因子。实际情况是，"上层阶级"的政治经济权力过于集中的问题不可能在短时间内得到解决，"官僚资产阶级"凭借权力侵吞的国家财产也不可能用行政手段进行"重新剥夺"，中间阶级的培育和社会贫困问题的解决也还有赖于经济的持续增长。举例来说，虽然俄罗斯政府在 2000~2001 年，每年分别以 40% 以上和 20% 以上的幅度提高工资和退休金，但俄罗斯仍有 41.2%（2000 年）和 36.6%（2001 年）的居民处于贫困线以下。[①] 这个数字仍然大大超过国际通行的警戒指标水平——10%。因此，社会冲突仍是我们应当继续关注的问题。

原载《欧亚社会发展研究》2002 年年刊

[①] 《俄罗斯联邦基本社会经济指标》，〔俄〕《统计问题》2002 年第 3 期。

论苏联剧变的思想政治根源

潘德礼[*]

苏联剧变是各方面原因综合作用的结果，其中体制原因是根本性的原因，而对其他各种具体原因、因素进行深入的分析、探讨也十分必要，与此同时揭示事物的本质和内在逻辑更为重要。根据马克思主义历史唯物主义和辩证唯物主义关于经济基础决定上层建筑，同时上层建筑又对经济基础有着积极的反作用的基本原理，可以说，作为执政党的苏共在思想政治路线上的各种失误、错误对苏联后来所发生的一切起了决定性的作用。进一步讲，苏联社会经济制度、政治制度赖以形成和发展的理论基础——俄国马克思主义者、苏共对马克思主义不无问题的理解及这种"苏联式"的马克思主义理论在苏联实际运用中的各种弊病是问题的更深层次的原因。

一

在社会主义国家里，共产党的领导作用十分关键，而"党对于人民群众的领导作用，就是正确地给人民群众指出斗争的方向，帮助人民群众自己动手，争取和创造自己的幸福生活"[①]。苏联剧变在很大程度上是由苏共在党的建设方面的各种问题以及苏共领导人的各种错误、失误所决定的，是苏共脱离了人民群众、丧失了思想上的先进性所造成的。

---

[*] 潘德礼，中国社会科学院俄罗斯东欧中亚研究所原俄罗斯社会政治文化研究室主任，研究员。
[①] 《邓小平文选》第1卷，人民出版社，1994，第217页。

在苏联政治体制中苏共的地位特殊,它名义上是政党,实质上是国家政权组织。苏共对国家、社会的政治领导变成了对国家、社会生活的直接干预和全面控制,这种领导方式缺乏弹性和灵活性,不利于发挥国家和社会各个方面的积极性。"就其制度而言,苏联政治制度的特点是社会方面的一党制、意识形态方面的一元制和经济方面的垄断制。共产党支配着政治、文化和生产活动,坚持主张党—国合一。"① 然而,即便如此,如果苏共能够始终站在时代的前列,为人民群众指出前进的方向,忠实地反映和代表人民的利益,也不会在各种非共和反共势力的攻击下由强变弱、不堪一击。俄罗斯联邦共产党主席根·安·久加诺夫在谈到苏联剧变原因时尖锐地指出:"苏联和苏共垮台的基本原因是对财产、权力和真理的垄断。它断送了国家,导致国家上层的腐化和变质,直接出卖民族利益。"②

无产阶级政党要取得社会主义革命和建设事业的成功,必须得到人民群众的拥护,而要得到人民群众的拥护又必须始终如一地反映、代表人民的利益,保持自己思想上的先进性。布尔什维克之所以能够唤起俄国广大劳动群众,取得十月革命的胜利,首先是由于它的思想理论正确地反映了现实生活,正确地回答了人民群众所关心的问题。无产阶级革命的胜利首先是从无产阶级政党思想上的胜利开始的。然而,布尔什维克掌握国家政权后,长期未能完成共产党从革命党向执政党的转变,这当中有一系列客观原因——严峻的外部环境、面临敌对势力入侵的威胁以及后来的战争状态,也有苏共领导集团、领导人的认识问题。进入社会主义和平建设时期,大力发展生产力、提高人民的生活水平成为执政党的中心任务。革命初期、战争年代人民群众的革命激情和爱国主义热情逐渐为日常生活需要所淡化,现实要求苏共及其领导人以新的领导方式和管理方式领导国家和社会进行社会主义经济建设。在这方面,苏共虽然也做出了很大贡献,取得了令世人瞩目的成绩,但问题在于苏共在领导社会主义建设事业的过程中始终未能真正改变革命和战争时期的高度集中的领导方式和管理制度,反而使之固定化了,成为建设社会主义的唯一模式被推广到社会主义阵营各国。

---

① 〔意〕萨尔沃·马斯泰罗内主编《当代欧洲政治思想》,黄华光译,社会科学文献出版社,1996,第 227 页。
② 根·安·久加诺夫同《真理报》记者的谈话,〔俄〕《真理报》1995 年 10 月 24 日。

与此同时，革命和战争时期党及其领导人的出色表现为他们的头上罩上了神圣的光环，苏共及其领导人也开始飘飘然起来，似乎真成了永远不会犯错误、一贯正确的"神"。"胜利者不受审判"这句俄罗斯谚语成为苏共及其领导人掩盖自己错误做法、不注意随时纠正错误的借口。特别是在苏共党的建设问题上，缺乏作为执政党的忧患意识，不注意发扬，甚至往往压制党内民主。而"如果真正的民主不是共产党生活的准则的话，那么，这种民主也就不能成为我们整个苏维埃社会生活的准则"①。

在苏共党内缺少民主空气的情况下，苏共领导集团自己思想僵化、故步自封，又"垄断真理"不容许他人质疑。苏共领导人对马克思主义的理解和解释往往被奉为经典，不容置疑，任何怀疑、探讨都被指责为异端邪说，对其进行政治上的打击、迫害。这种错误的做法使得苏共及其领导人长期不能克服思想理论上的失误，同时还在党内和理论工作者中间造成一种趋炎附势的现象，"唯书""唯上"，为苏共领导人言论做注释的不良学风充斥苏联思想理论界。在这种风气下，苏共的许多错误理论观点长期得不到纠正，更谈不上发展马克思主义。这不仅仅影响到苏共的具体决策，更重要的是阻断了寻求社会发展道路的科学探讨，严重妨碍了及时总结经验教训，随时改正错误，调整政策，而社会发展在不时尖锐地提出这种要求。按照斯大林的说法："党是靠清洗自己队伍中的机会主义分子而巩固起来的。"② 由此便出现了从激烈的党内上层斗争、策划于密室的"宫廷政变"到后任否定前任这种"苏联式"的独特现象。可以说，苏共正是以这种奇特的方式进行着其政策的调整，寻找适应苏联社会发展的道路。

戈尔巴乔夫时期的"改革"虽然曾经以民主化、公开性著称，然而毕竟也没有摆脱这种套路。虽然戈尔巴乔夫大力倡导"新思维"，在推行其"改革"政策之初过于相信群众的自发性，对群众自发接受马克思主义、社会主义思想的程度估计过高，造成了局势的失控，然而纵观他领导改革的方式，仍然可以发现急于求成、好大喜功、文过饰非、听不得不同意见、搞一言堂的种种做法，仍然不能及时发现和纠正各种错误。当然，戈尔巴乔夫更严重的错误在于改革的路线、改革的战略和策略选择方面。

---

① 〔苏〕罗伊·麦德维杰夫：《论社会主义民主》，商务印书馆，1982，第119页。
② 《斯大林选集》上卷，人民出版社，1979，第270页。

在报喜不报忧、粉饰太平的宣传声中，苏联社会的问题、矛盾在不断地积累，人民群众对苏共及其领导人的信任程度在下降。由于"对真理的垄断"，"政府只听见自己的声音，它也知道它听见的只是自己的声音，但是它却耽于幻觉，似乎听见的是人民的声音，而且要求人民同样耽于这种幻觉。因此，人民也就有一部分陷入政治迷信，另一部分陷入政治上的不信任，或者说完全离开国家生活，变成一群只顾个人的庸人"①。这恰恰是苏共意识形态、思想理论工作最大的败笔。既然广大人民群众对苏共、对苏共领导的社会主义事业都冷漠、无动于衷了，怎么能指望人民起来捍卫苏共和社会主义制度呢？

造成这种结果的决定性因素正是在于苏共党内，而最关键的、贯穿整个苏共理论与实践的核心问题是苏共在思想路线上长期坚持超越发展阶段的理想主义，在宣传社会主义思想和党的路线方针政策时一直不能改变简单灌输的方法，在实现党的战略目标和贯彻党的各项具体方针、政策时惯用简单的、强制性的手段。超越发展阶段的理想主义使苏共不能客观、冷静地探讨社会主义发展的规律性，并在此基础上推动社会主义的发展，从而使苏共逐渐丧失了思想上的先进性。而专制主义倾向使党群关系、干群关系长期处于一种不正常的状态，"公仆"和"主人"严重错位。专制主义倾向的出现伴随着造神运动的兴起。在苏联，人民不能以自己的名义来保护自己的利益，苏共也逐渐丧失了代表人民利益的功能。对无产阶级政权和社会主义制度的崇敬、对苏共和苏共领导人的信任变为对掌握最高权力的个人的无条件拥护和服从，而这种拥护和服从又往往是不情愿的、被迫的，因此不可能是持久的。

二

与马克思主义经典作家们的设想不同，社会主义革命没有在欧美发达的资本主义国家爆发，而在社会经济发展水平相对落后、缺乏民主传统的俄国首先爆发了社会主义革命。由此，一个重要的问题显得十分突出，这就是如何将马克思主义与俄国的具体实际相结合的问题。具体到新政权的建立和发挥作用问题上，两方面的任务十分艰巨复杂：第一，如何理解马克思主义基本原理，并将其具体、灵活地运用到俄国社会主义建设实践中来；第二，如何消除传统文

---

① 《马克思恩格斯全集》第 1 卷，人民出版社，1995，第 183 页。

化对新制度的影响，使新生的无产阶级政权与沙俄专制制度划清界限，成为真正民主的人民政权。在苏维埃政权建立之初，马克思主义关于人类崇高理想的论述在很大程度上被当时俄国所面临的严峻的国际环境和振兴民族国家的迫切性所左右，使苏联最终走上了一条逐渐偏离马克思主义奠基人所设想的、在某种程度上较多继承俄国历史文化传统的发展道路，从而为苏联后来的发展、演变奠定了思想政治基础。"从彼得大帝时代起，俄罗斯就东碰西撞，找不到'自我'：我们曾吸收德国人的官僚制度和哲学观念，又曾实行过法国的伏尔泰主义，最后又接受了马克思的学说。我们在吸取外来文化的同时，却压抑了自己的生活方式和本性，据一些俄罗斯哲学家说，这也是我们的民族特征。但我却觉得，真正的民族特征只有两条，这就是理想主义和集体主义。这两个强有力的因素，再加上帝国统治和为理想而献身的精神，大概就决定了我们在20世纪所走过的道路。"[1]

俄国十月社会主义革命是俄国马克思主义者将马克思主义运用于俄国实际的结果，马克思主义当然成为布尔什维克的理论基础和建设社会主义的行动指南。布尔什维克是在没有现成经验可以借鉴的情况下在俄国这样一个经济、文化发展相对比较落后的国家里建设社会主义的，对马克思主义的理解自然成为极为关键的一个因素。

纵观苏联社会主义发展历程，可以清楚地发现各个历史时期的苏共领导人都不同程度地存在着理论脱离实际、思想僵化、急躁冒进、急于求成的问题，其根源在于思想认识上超越社会发展阶段的理想主义。由于各种主客观因素，列宁时期曾经出现过急于向社会主义过渡的"军事共产主义"；斯大林时期围绕着一国建成社会主义理论出现了对社会主义认识的一系列偏差，最终形成了对苏联和东欧社会主义建设产生重要影响的苏联模式；赫鲁晓夫时期又提出"20年建成共产主义"的理想主义口号；随后有勃列日涅夫的"发达社会主义理论"等。可以说戈尔巴乔夫的"改革"也是理想主义的一种表现，而且是更为浪漫的理想主义，只不过是在内容方面与其前任有所不同罢了。

不言而喻，无产阶级需要有崇高的理想，无产阶级革命和社会主义建设需要有蓬勃的革命激情和广大革命者的献身精神，需要有坚强的革命政党和英明的领袖。而党和领袖的伟大正是通过正确的理论指导、具体政策和策略的选择、

---

[1] 〔苏〕A. 索布恰克：《步入政界——关于议会诞生的故事》，莫斯科，1991，第225页。

运用来体现的。所有社会主义国家的革命和建设实践都证明,无产阶级政党及其领导集团对马克思主义一系列基本理论问题的认识,往往决定着革命的成败和社会主义建设顺利与否。

苏联的实践表明,各个时期出现的激进情绪,特别是苏共党内长期存在的"左"的路线和政策,给苏联社会主义建设造成的危害最大,其影响也最为深远。这种"左"最集中地体现在超越历史发展阶段的理想主义中。

说到苏联社会主义建设中理想主义的来源,其中有来自科学社会主义创始人方面的因素,如马克思、恩格斯关于人类未来的科学预测给后人留下的各种想象空间,以及科学社会主义理论方面存在的一系列要由社会主义实践家们充实、补充,甚至修改的问题;而更多的是来源于苏共领导人对共产主义未来以及实现这一崇高理想所要具备的条件过于简单的认识。

苏共及其领导人一直存在一种倾向,即过高估计社会主义革命在短期内实现的可能性,从而往往低估为社会主义事业进行斗争的困难和挫折。早在战时共产主义时期,布尔什维克和革命队伍中间便普遍存在着一种理想、乐观情绪,希望迅速建立一个公正、平等和民主的社会——共产主义社会。列宁在1920年说过:"现在50岁左右的这一代人,是不能指望看到共产主义社会了,那时候他们都死了。至于现在15岁的这一代人,就能够看到共产主义社会,也要亲手建设这个社会。"[①] 号召、动员人民群众参加社会主义革命和社会主义建设,需要有革命的激情、革命的乐观主义和理想主义,但执政党和领导集团脱离现实、超越现实的理想主义往往造成思想认识上的谬误,导致战略选择和决策的失误,导致唯意志论和形而上学盛行,违背事物本身的发展规律。而过激的政策和策略又反过来挫伤了群众的积极性,造成不必要的对立情绪和政治冷漠情绪。理想目标的实现遥遥无期,又使得人们对前途、未来丧失信心,逐渐对目标乃至整个理论本身产生怀疑。

这种倾向在一定程度上反映了苏共,特别是苏共领导人对社会主义取代资本主义这一历史过程看得过于简单,对资本主义的生命力估计不足,而过于相信社会主义基本制度的优越性,认为通过上层建筑的变革、无产阶级政权的建立,可以轻而易举地实现社会主义民主——"比任何资产阶级民主要民主百万

---

① 《列宁选集》第4卷,人民出版社,1995,第296页。

倍"① 的民主，并能够顺利地解决资本主义未能解决的各种问题。

这种理想主义认识的不断发展、演变，到斯大林时期导致了对科学社会主义经典作家丰富理论遗产的简单化、僵化和教条化理解。反映在具体的社会主义实践中便出现了两方面的问题。第一，对资本主义缺乏客观的认识，强调与资本主义的对抗和斗争，而对资本主义所创造的不仅经济上的，特别是政治上的成果一味地否定、排斥。对资本主义所创造的文明成果的排斥，不学习和借鉴国外行之有效的经验，造成社会主义国家长期闭关锁国、与世隔绝的状况，在很大程度上影响了社会主义从包括资本主义在内的所有人类文明中汲取营养，以丰富和充实自己。第二，对社会主义所面临的任务，特别是对社会主义建设的艰巨性和困难估计不足，往往在强调社会主义基本制度优越性的同时，忽视了基本制度优越与现实实际状况落后之间的差距，不能始终清醒地看到社会主义本身就是一个由低级向高级不断发展的过程，从而制约了社会主义民主的发展和社会主义制度的完善。

所有这些使得苏共及其领导人在理论指导上出现偏差，为长期坚持一种"左"的思想路线奠定了基础，为用强制手段实现最终目标提供了可能。既然社会主义是现今为止最民主、最先进的社会制度，既然共产主义是人类的光辉未来，那么就可以通过各种手段，哪怕是强制和不民主的手段来推行这种制度，来达到这个终极目标，正是这种逻辑导致了苏联后来发生的一切。

戈尔巴乔夫时期推行民主化、公开性，骤然间打破了多年封闭的国门，使人们看到了外部世界，看到了苏联与西方发达资本主义国家之间在经济、科技以及人民生活水平方面的巨大差距。在新形势下又是激情和理想主义左右了苏联社会，苏共党内和苏联社会普遍出现对迅速改变国家现状，赶上世界先进水平的幻想，希望通过一次激进的改革使苏联迅速成为"民主的、人道的社会主义"。这种理想主义和浪漫情绪造成了新的"幼稚病"。不少苏共理论家寄希望于国际范围内的阶级和解与合作，认同西方的价值观，希望化解社会主义与资本主义的矛盾、对立，更是浪漫的理想主义，甚至完全是幻想、空想。在当今世界，即便不从社会制度和意识形态出发，仅从国家利益出发也不可能得出这种幼稚的结论。

---

① 《列宁选集》第 3 卷，人民出版社，1995，第 606 页。

三

作为资本主义的继承者和对立者,社会主义既要继承资本主义所创造的各种文明成果,又要克服资本主义的痼疾。而在俄国这样一个比其他资本主义国家"更加野蛮的、中世纪的、经济落后的、军事官僚式的帝国主义"国家[1]建立社会主义制度,布尔什维克所面临的困难更是多方面的。阻力不仅来自国内、国际资产阶级和敌对势力的反抗和颠覆,更重要的是旧制度的残余以及植根于历史传统文化的一系列旧习俗、旧的思维范式对新制度、新体制的侵蚀。一般来说,前者的表现比较直接,相对容易引起注意和加以防范,而后者则是一种潜在的、难以引起注意和防范的无形的东西。苏联的实践证明,恰恰是在对前者加以注意和防范的同时,往往有意无意地在强化后者,从而使始终贯穿于苏联领导决策、国家管理以及社会控制过程中的专制主义残余合法化、制度化。

苏联政治上的专制主义倾向既来源于沙皇俄国专制制度的传统,也来源于对人类光辉未来的向往和追求。

专制主义在新生的苏维埃制度下的重现,既有客观的原因,更主要的也有主观的因素。革命前,沙皇专制政权以及资产阶级临时政府对广大人民群众进行野蛮的奴役和压迫,以暴力手段、血腥镇压来回答人民的正当要求,迫使无产阶级、布尔什维克不得不通过暴力手段来推翻反动政权。革命胜利后,反动派和外国干涉者对苏维埃政权的暴力反抗和武装进攻,迫使布尔什维克不得不用革命的恐怖来对付反革命的恐怖,暴力又成为新生政权维持生存的唯一选择。在这种特定的历史条件下,"专政是直接凭借暴力而不受任何法律约束的政权。无产阶级的革命专政是由无产阶级对资产阶级采用暴力手段来获得和维持的政权,是不受任何法律约束的政权"。[2]

显然,这种"不受任何法律约束的政权"是临时性的,是针对原有的资产阶级法律体系而言的。不言而喻,当无产阶级政权得到巩固,这种"不受任何法律约束的政权"伴随着新的、无产阶级法律体系的建立理应完成其历史使命,

---

[1] 《列宁全集》第28卷,人民出版社,1990,第56页。
[2] 《列宁选集》第3卷,人民出版社,1995,第594~595页。

并随之消亡。即使是在非常时期，这种"不受任何法律约束的政权"也是有一定限度和范围的，实施专政的主体和客体是有严格限制的，即无产阶级（而不是某个个人）对资产阶级的阶级专政。然而，在斯大林时期，这种原本是在一定历史条件下有一定针对性的专政，从适用的期限、范围到对象都不断地延长、延伸、扩大，并且自然而然地从沙皇专制制度所特有的检查制度、警察制度、惩罚制度那里吸取了营养，形成了一个庞大的镇压机器，一种使每个人随时随地都能感到恐惧的制度。"不受任何法律约束"的专政从无产阶级政权建立初期为巩固苏维埃政权的不得已的"暴政"，变成整个社会主义时期都必须始终实行的实现社会主义的手段，因为"社会主义愈接近胜利，阶级斗争就愈加激烈"。专政的范围和对象，从原来的以暴力对抗苏维埃政权的国内一小撮反动势力以及对苏维埃进行武装干涉和渗透的国外帝国主义势力，扩大到对各种具体政策不满的阶层和个人以及对最高领导人有不同意见的党内外人士，甚至对所谓"消极怠工者"也实施严厉的惩罚，严重地混淆了敌我和人民内部两类不同性质的矛盾。随着权力的逐渐集中，实施专政的主体也相应发生了变化，由无产阶级的阶级专政、无产阶级先进政党代表无产阶级实行专政，逐渐转化为党内高层一小部分人代表党、代表无产阶级来实行专政，并为此建立了凌驾于法律之上、不受任何约束、仅凭长官意志行事的一整套"专政机器"。至此便实现了由个别统治者独揽国家政权、凭自己意志独断专行、实行专横统治的制度。在这种制度下，无产阶级领袖变成了无所不能、主宰一切、永远不会犯错误的"神""救世主"；党的干部和各级官员由人民的公仆变为主人，官僚机构日益膨胀、官僚主义盛行，滋生出各种贪污腐败现象；人民群众则由社会的主人变成任由官僚阶层驱使的奴仆和实现崇高目标的工具、螺丝钉。在这种制度下，各级党组织、普通党员、一般群众乃至党的高级干部只能听命于一种声音，而为此所建立和逐渐强化的一整套官僚机器以及一种压抑个性、排斥不同意见的气氛始终笼罩着苏共和苏联社会，党内民主无从谈起，从而阻碍了苏共及时纠正自己的错误、调整政策，逐渐使党和社会陷入停顿状态。

苏联政治上的专制主义倾向虽不直接涉及政权的性质，却使无产阶级政权、社会主义制度受到损害。说到专制主义倾向，并不是说某个领导人就热衷于搞专制，想当"沙皇"。当然，领导人个人的品质、素质也十分重要，但最根本的还是在于他们对社会主义的理想主义认识，在于在各种客观条件不成熟的情况下急于向终极目标冲刺。列宁早就说过："我们不赞成用棍棒把人赶进天堂。"① 然而，为了实现国家工业化、农业集体化，为了使落后的国家迅速赶上世界先进水平，用不民主的、强制的、专制的方式推行各项政策，为了国家的利益牺牲个别社会阶层、个别人的利益，为了无产阶级长远利益牺牲公民的眼前利益，在苏共领导人看来都是必要的、完全合理的。由此使专制主义成为可能。

当把终极目标神圣化之后，为达到这个终极目标而设立的各种阶段性目标便也随之神圣化了，任何为达到目标所采取的具体政策、任何非常手段便成为理所当然的、无所不能的了。这种倾向发展到极限便不可避免地会出现滥用专政、滥施暴力的现象。难怪苏维埃政权初期被迫实行的以"战时共产主义"著称的极端国家控制政策受到布尔什维克几乎所有领导人的支持。当时，托洛茨基大力鼓吹劳动军事化，布哈林也认为强制是必要的，提出过渡时期经济强制理论，"这听起来好像自相矛盾：无产阶级的一切强制形式，从各种机构到强迫劳动，正在形成一套把资本主义时代人的素质改造成共产主义新人性的方法"。②

斯大林时期，强制成为尽快实现强国梦的最主要手段。国家工业化、农业集体化过程中出现了不少强迫、强制性方式上的偏差，而肃反扩大化、党内斗争导致的大清洗进一步使强制手段合法化。强制、专制不仅仅只是对人们的肉体造成伤害，造成大批无辜者受到不公正对待，甚至死亡，而且对人们的精神造成难以愈合的创伤。精神文化领域的强制、专制表现为对正常的学术讨论、争论进行蛮横的干预，人为地把某种学术观点、流派，甚至整个学科判定为资产阶级的，进行讨伐。这种专制做法严重地窒息了学术研究，妨碍了对马克思主义理论的创造性研究和探索，从而影响了苏联社会主义的发展。此后，虽然赫鲁晓夫"揭批"了斯大林个人崇拜、滥施专政的问题，然而苏共领导层并未真正接受教训，并未从体制和制度上找出原因和解决问题，因而仍然一再采取把党内不同意见斥为反党集团大加批判，甚至肉体消灭的做法，仍然没有停止制造冤假错案。后来的苏共历任领导也只是在程度上逐渐缓和过激的做法，而并未彻底消除专制主义倾向。

不受任何法律约束的权力造就出不受任何制约的个人。苏联的实践证明，社会主义基本政治制度的优越并不一定能防止可能出现的体制"复辟"，而任由

---

① 《列宁全集》第24卷，人民出版社，1990，第311页。
② 布哈林：《过渡时期经济学》，纽约，1971，第160页。

体制上的弊病发展，必然会偏离社会主义道路，使社会主义在广大人民群众心目中丧失威信。极权、专制可以创造出辉煌的经济成果，但却是以不重视，甚至剥夺个人的利益和生命为代价的。由此，使原本为无产阶级、人民大众利益而奋斗的共产党逐渐偏离了其为人民服务的宗旨。其直接后果是使苏共、苏共领导的政权对人民缺乏亲和力。

专制主义倾向在使人们思想受到禁锢的同时，也对苏共的干部政策造成消极的影响。由于苏共党内缺乏民主，不能开展正常的思想交锋，苏共除了培养出大批忠诚于人民、勤恳工作的干部之外，也培养出一些表面上奉承、迎合首长意志，实际上另有打算的干部。不少干部贪图个人权力和利益、腐化堕落。而更为重要的是，在苏共表面上团结一致、没有任何思想分歧和斗争的背后，党内不同意见以另一种方式存在和积累着。思想是活跃的、不受约束的东西，可以让人们不去说、不去做，但任何权力也无法阻止人们去想、去思考。其实，苏共党内任何时候也没有停止过思考，相当一部分人对苏共和苏联社会的各种弊端有自己的看法。在形势不容许他们说和做的时候，他们不敢或者不愿发表意见，或者采取指桑骂槐的方式发泄不满。而当时机成熟，特别是当他们自己登上领导岗位、有权有势之后便会将早已形成的思想付诸实践。与东欧国家有所不同，在苏联剧变过程中作为执政党的苏共实际上并未受到来自反对党的真正挑战，而正是苏共自己基层组织的涣散、上层领导集团的分裂和相当一部分领导人的改弦更张起了决定性的作用。也就是说，苏共不是被反对党打垮的，而是自己把自己搞垮的。这其中的教训是深刻的，当然这与戈尔巴乔夫、叶利钦等苏共领导人有着直接的关系，然而造成这种结局、造就出这些"苏维埃制度掘墓人"的恰恰又是苏共自己。

专制主义倾向在苏维埃制度下以新的面貌出现，造成一种奇特的现象：苏联在创造了辉煌奇迹——迅速实现了国家的工业化、曾经保持了相当高的发展速度、取得了反法西斯战争的胜利、战后取得了与美国相抗衡的军事实力，等等——的同时，极大地损害了社会主义的声誉，使苏联社会留下了难以愈合的创伤。显然，不能因为在这种具有专制主义色彩的体制下、模式下曾经取得过巨大成就，就肯定这种体制、模式，也不能因为苏联的种种弊病以及它最终的衰亡，就全面否定苏联社会主义理论与实践，当然这是带有种种弊端、矛盾、问题的理论与实践。

正因为如此，斯大林问题成为后来历任苏联领导人最难处理，又不能不触及的问题。赫鲁晓夫因揭露了斯大林的"罪行",曾一度引起苏联社会的震动,同时造成社会主义阵营的动荡,因而受到苏共上层的不满,最终被赶下台。戈尔巴乔夫时期改革归于失败,除了改革路线、战略、策略上的一系列重大失误之外,也正是由于揭开了这个疮疤,并试图通过一次"民主化运动"解决整个苏联模式问题,而使改革进程变得难以控制。改革旧体制、抛弃"专制"却造成权力"真空"、无政府主义泛滥,而无政府主义恰恰是对专制主义倾向的惩罚。

原载《俄罗斯东欧中亚研究》2001年第5期

俄罗斯宪法制度的演变与时代特征

董晓阳*

宪法是一个国家的根本大法，它最能标示一个国家发展变化的基本方向，最能揭示社会发展在一定历史阶段的价值取向。尤其在社会变革时期，宪法的上述作用就更为明显。因此，不同政治势力和不同制宪主张之间，常常为采取何种宪法制度而进行激烈争论。即使在同一宪法制度的框架内，人们也常常为社会发展所急需解决的制宪问题发生争论，旨在完善某种社会制度，或对事关社会发展的某些条款做出修正。所以，研究俄罗斯宪法制度的演变及其演变趋向，对把握俄罗斯在21世纪的发展脉络具有十分重要的意义。

一 俄罗斯现行宪法制度的沿革

在俄国的近代史上，统治阶层习惯于用宪法来标示社会的重大变化，将社会变革用根本大法的形式来固定和体现。俄罗斯现行宪法是20世纪90年代俄罗斯社会制度根本变化的产物，是俄罗斯现行社会制度不同于苏联和沙皇俄国社会制度的基本标示。

（一）俄罗斯历史上的宪法制度

20世纪初，在法国革命的影响下，俄国的先进分子开始号召变革沙皇专制

---

* 董晓阳，中国社会科学院俄罗斯东欧中亚研究所前副所长，研究员。

和农奴制度，提倡民主和自由，开始了资产阶级民主革命的进程。1905年10月17日，在各种政治势力的敦促下，尼古拉二世发布"立宪自由"宣言，答应"赐予"公民自由权，召集杜马。杜马是立宪杜马，由选举产生。这个宣言的发布，说明沙皇专制和农奴制度已经难以为继。1906年4月25日，俄国颁布了被称为宪法的《国家基本法》，确认了杜马的选举制。此时，俄国正处于社会变革时期。一方面，沙皇还在执政，个人至上的威严仍然存在；另一方面，杜马已为主张自由和民主的资产阶级党派所垄断，也就是说已为反对派所把持。于是，沙皇制度内部出现了不协调和对抗力量。

历史与现实往往有惊人的相似之处。上述情况，恰好和叶利钦时期十分相似。1993年的俄罗斯宪法，赋予叶利钦个人以至高无上的权力，叶利钦被人们形象地称之为"沙皇鲍里斯"，同时，国家杜马却被反对派所控制。

苏俄和苏联时期，总共通过了四部宪法，统称为苏维埃宪法。苏维埃宪法在宪法史上是完全新型的宪法，它既不同于美国宪法体系，也不同于英国宪法体系。但苏维埃宪法也和其他宪法一样，履行了一个基本职能，那就是以根本法形式确认了当时选择的基本社会制度。苏维埃宪法不仅记录了从沙皇制度转向苏维埃制度的社会变革，也记录了苏维埃制度框架内的许多重大社会变革。

同重大的社会变革相适应，苏维埃宪法经历了三个不同的阶段。

第一阶段为1918年宪法和1924年宪法。这两部宪法公开宣布，国家所选择的苏维埃制度根本不同于沙皇时期的社会制度，其特征不是个人专政，而是无产阶级专政，要消灭压迫者和剥削阶级，被压迫者和被剥削阶级享有自由和权利。苏维埃制度的阶级属性十分突出，它强调剥夺地主和资产阶级的权力，强调国家政权是工人阶级专政。

第二阶段为1936年宪法和1977年宪法。这两部宪法不再强调国家的阶级属性，而逐渐突出国家的全民性，宣传要保证全体公民的权利和自由，而且引进了西方宪法里常用的基本概念，加以新的诠释，如公民权、司法、法治等。1977年宪法还标榜为"发达社会主义"的宪法，并将共产党的领导地位通过宪法形式加以确认。总的来看，这两部宪法试图最大限度地反映社会的变革和政策的变化，试图总结数十年来的社会演进。

第三阶段为戈尔巴乔夫当政后开始的修宪。这时候，1977年宪法已受到社会变革的挑战，经历了重大的修改。如果说，1905年的"立宪自由"宣言和1906年的《国家基本法》是预示沙皇制度走向终结的信号，那么，戈尔巴乔夫时期的修宪也意味着传统社会制度的基石发生了动摇,高度集权体制受到了严重冲击,在苏联宪法制度内部已孕育着社会变革的因素。

(二) 苏联后期对宪法制度的修改

当时,推动修宪的力量主要来自苏联共产党内部。1988年,苏共内部的不同派别已经提出修改宪法的主张,此后便逐步变为现实。随着对苏联宪法的修改,对俄罗斯宪法也做了几乎同样的修改。当时的修宪,主要包括以下内容。

1. 设立总统制,权力重心由党的机构转向立法和执行机构

苏共第十九次代表会议启动了政治体制改革的进程,其涉及内容之广之深,已经对宪法制度提出修改的要求。在这次会议上,戈尔巴乔夫对苏联的政权运作机制提出严厉批评,强调要建设"人道的、民主的社会主义",实际上提出了改革宪法制度的任务。戈尔巴乔夫说:"现行政治体制几十年来不是在法律范围内组织社会生活,而主要是执行强制命令和指示。口头上宣扬民主原则,实际上却独断专行,在台上宣扬人民政权,实际上是唯意志论和主观主义,大谈民主制度,实际上是践踏社会主义生活方式准则,缺乏批评和公开性。"[①] 同时,他主张"一切权力归苏维埃"。

戈尔巴乔夫热衷于成为苏联第一位总统,他极力主张将党的权力转移给总统。这一主张在1990年苏共中央二月全会上得到确认。戈尔巴乔夫在全会上强调,要"根本改变党同国家机关和经济机关的关系,放弃向它们发号施令和越权代行"的做法,"我们的理想是人道的民主的社会主义"[②]。在这次全会上,戈尔巴乔夫正式建议实行总统制。他强调:"总统拥有一切必要权力把改革政策付诸实现。"1990年3月14日,苏联第三次非常人民代表大会通过了《关于设立苏联总统职位和苏联宪法(根本法)修改补充法》,修改后的苏联宪法增加了"苏联总统"一章。尔后,俄罗斯宪法和其他加盟共和国的宪法也做了相应的修改。宪法规定:总统是国家首脑,有权提名部长会议主席(政府总理),有权任免政府成员;总统是武装力量最高统帅,有权任免军队高级指挥人员;总统有权否决最高苏维埃通过的法律,有权通过一定程序在个别地区实行紧急状态;等等。

---

① 黄宏、纪玉祥:《原苏联七年"改革"纪实》,红旗出版社,1992,第95~96页。
② 黄宏、纪玉祥:《原苏联七年"改革"纪实》,第238页。

当时，在修改宪法和实行总统制问题上，叶利钦与戈尔巴乔夫没有分歧，两人的基本立场是一致的。

2. 取消关于苏共领导地位的宪法条款，实行多党政治

以叶利钦为首的苏共"民主纲领派"，与其他政治力量一起，强烈要求修改宪法，取消宪法中关于苏共领导地位的规定。1990年3月3日，《真理报》发表"民主纲领派"的"民主纲领"，其中指出：苏联社会和苏共出现了危机，危机的根源可以追溯到党和国家合二而一，苏共变成垄断财产、权力、意识形态的制度的核心。同时提出应该修改宪法第6条。①

在修改宪法第6条的问题上，戈尔巴乔夫与叶利钦领导的"民主纲领派"是一致的。戈尔巴乔夫在1990年苏共中央二月全会上说："党的地位不应当依靠宪法来强行合法化。苏共自然要为取得执政党地位而斗争，但是这样做要严格限制在民主程序范围内，放弃某种法律和政治优越地位。""广泛民主化将导致建立一些政党，苏共准备与这些政治力量和社会团体进行合作和对话。"② 他在同年的苏共中央三月全会上再次强调："在民主程序和选举运动范围内为争取政治领导地位而斗争，将是苏共的基本职能之一。"

随后，1990年3月14日通过的宪法修正案，对苏联宪法第6条做了如下修改，"苏联共产党、其他政党以及工会、共青团、其他社会团体和群众运动通过自己选入人民代表苏维埃的代表并以其他形式参加制定苏维埃国家的政策，管理国家和社会事务"；一切政党"应在宪法和苏联法律的范围内进行活动"。同时，宪法第51条又规定："苏联公民有权结成政党。"

关于取消苏共领导地位和实行多党制的修改，是苏联宪法的重大变化，说明当时的制宪活动受到社会变革的影响和上层政治斗争的左右。

跟着苏联宪法的修改，俄罗斯宪法也进行了同样的修改。1991年6月，叶利钦当选俄罗斯总统后，立即颁布了俄罗斯国家机关非党化的总统令。

3. 打破原有的联邦制宪法体系

苏联原有的宪法体系，是由苏联宪法和15个加盟共和国宪法共同构成的统一体系。苏联宪法具有最高的权威，各加盟共和国的宪法和法律必须与苏联宪法保持一致，不得与苏联宪法发生抵触。但在戈尔巴乔夫时期，这个宪法体系

---

① 〔苏〕《真理报》1990年3月3日。
② 黄宏、纪玉祥：《原苏联七年"改革"纪实》，第238~239页。

受到了严重的挑战。当时,这种挑战来自中央和地方两个层次,两者是相互促进的关系,而不像某些学者所说的那样,挑战只来自或主要来自各加盟共和国。

对中央的挑战,是在全国各地民族分离运动的压力下一步一步发生的。1990年2月,戈尔巴乔夫在苏共中央全会上提出,要改变联盟国家的体制,建立各种形式的联邦关系。同年6月,戈尔巴乔夫首次提出"社会主义主权国家联盟"的构想,这意味着,他主张废除1922年签订的联盟条约,重新确定中央与各加盟共和国之间的关系。同年7月的苏共二十八大,强调各加盟共和国的共产党是独立的,这种使苏共联邦化的决定,更加助长了民族分裂的趋势。同年11月,戈尔巴乔夫以苏联总统的身份,提出第一个新联盟条约草案,把国名改为"主权苏维埃共和国联盟"。但这个草案没有得到各共和国的赞同。1991年3月,又提出第二个新联盟条约草案,把国名改为"主权共和国联盟",既删去了"社会主义"的提法,也删去了"苏维埃"的字样。但"8·19"事件的发生,打断了签订这个条约的计划。同年11月,戈尔巴乔夫提出第三个新联盟条约草案,对各加盟共和国的主权要求做出更大的让步,但12月8日的别洛韦日协定,彻底摧毁了他建立新联盟国家的希望。

在此期间,来自地方的挑战也步步增强,地方主义和民族分离运动越来越猛烈,各加盟共和国的主权要求越来越高,它们越来越走上民族独立的道路,力求从苏联分裂出去。波罗的海沿岸三个共和国走在最前面。早在1990年5月4日,拉脱维亚共和国议会就颁布独立宣言,宣布拉脱维亚是一个独立的民主共和国。同年11月12日,爱沙尼亚共和国最高苏维埃通过决议,宣布爱沙尼亚1940年加入苏联的宣言"无法律效力"。戈尔巴乔夫提出的签署新联盟条约的计划,首先遭到波罗的海三国的坚决拒绝。波罗的海三国的共产党也相继宣布独立,成为苏共和苏联解体的带头羊。此外,许多加盟共和国对自己的宪法做了修改,宣称加盟共和国宪法高于苏联宪法。俄罗斯也很快加入了这个"主权运动",宣布俄罗斯宪法高于苏联宪法。于是,苏联走上解体的道路。

4. 从议行合一走向三权分立

在不断的修改过程中,苏联宪法渐渐放弃原先的议行合一原则,在一定程度上体现了三权分立原则,只在权限划分方面还没有形成相应的机制。1988年12月1日,苏联最高苏维埃通过《关于修改和补充苏联宪法(根本法)的法律》,宣布建立苏联人民代表大会,将其作为最高权力机构。1990年3月通过的宪法修正案,宣布设立总统制,使其成为最高执行机构,最高苏维埃主席则由国家元首变成议长。

其实，戈尔巴乔夫早就想实行三权分立。1989年11月26日，他在《社会主义思想与革命性改革》一文中说：应实行人民自治与"代表制议会民主机制的辩证结合"，保证行政权和立法权的分开、司法权的独立。1990年7月的苏共二十八大更强调，"立法权、行政权和司法权分立对于管理效率来说具有关键性意义"，它"将能保证避免大权独揽和滥用权力，将能准确地划分权限与责任"[①]。

5. 修改原有的经济制度

经过修宪，宪法中取消了关于生产资料社会主义所有制的提法，而规定"经济制度在公民所有制、集体所有制和国家所有制的基础上发展"；"国家要为发展各种形式的所有制创造必要的条件，并保证平等地保护这些所有制"。

6. 改变原有的选举办法，人民代表实行自由竞选

以上六大变化，说明这一时期发生的许多重大社会变革，已经为宪法所确认，这为1993年俄罗斯宪法的出笼做了社会和法律的铺垫。从宪法史和宪法演变进程来讲，叶利钦时期的宪法离不开苏联宪法的演变进程，它实际上是这一演变进程在20世纪90年代的继续，叶利钦本人也是这个进程的参与者。回顾苏联后期宪法演变的过程，可以更好地理解1993年宪法的时代特征，也可以更好地把握俄罗斯宪法制度未来演变的脉搏。

二 俄罗斯1993年宪法的时代特征

1993年的俄罗斯宪法，在性质上是完全新型的宪法，具有独特的时代特征和俄罗斯特色。

（一）它确认制度的转换，是俄罗斯社会制度转型的产物

可以说，1905年10月17日尼古拉二世的"自由宣言"，是沙皇专制制度走向没落时制度内部的重大变革；而苏联后期对宪法的五次重大修改和俄罗斯在1993年宪法出笼前对宪法的七次重要变更，[②] 也属同一制度内部的演变。但是，

---

① 黄宏、纪玉祥：《原苏联七年"改革"纪实》，第342页。
② 刘向文、宋雅芳：《俄罗斯联邦宪法制度》，法律出版社，1999，第18~19页。

俄罗斯1993年宪法却是埋葬社会主义制度、建立另一种社会制度的宣言，它是一部改朝换代的基本法，这在世界历史上也是前所未有的。这种情况，也为俄罗斯宪法制度的建设提出了艰巨的任务。再像1988~1991年那样对宪法进行修修补补，已不能适应根本制度转换的要求，时代要求有一部全新的宪法，来呵护刚刚创立的社会制度。

当时的俄罗斯宪法，经过多次修改，本身存在许多矛盾和混乱，即使继续修改，也难以适应制度转换的要求。例如，直至1992年4月，俄罗斯宪法中还有苏联的提法。该宪法第4条规定："国家机关、社会组织和公职人员必须遵守俄罗斯联邦宪法和苏联宪法、俄罗斯联邦法律和苏联法律。"至于"苏维埃""人民代表大会"等词语，不仅在宪法中多处可见，而且仍作为权力机构在行使职能。特别是1992年4月召开的俄联邦人民代表大会，坚持不同意将苏维埃一词从宪法中删除。所以，只有制定一部新宪法，才能完成制度转换的法律确认。

事实上，叶利钦早就计划颁布一部新宪法。1990年6月12日，俄罗斯在发布独立宣言时，已提出制定新宪法的任务，同时成立了以叶利钦为首的宪法委员会，负责起草新宪法。1990年10月12日，俄罗斯公布新宪法的第一个草案，但它未能提交立法机构通过。苏联解体后，围绕制定新宪法的问题，俄罗斯各派政治力量展开激烈的争论，焦点是制定总统制宪法，还是制定议会制宪法，先后出笼了三个宪法草案。1993年6~7月，叶利钦召集有700多人参加的"制宪会议"，自任主席，力图通过一部总统制宪法。直到1993年12月，俄罗斯才用全民公决的方式，通过了新宪法。

（二）它摒弃了苏维埃宪法制度，极力向西方宪法制度靠拢

俄罗斯1993年的宪法，在许多方面吸纳了西方宪法制度的原则，已基本融入西方宪法体系。应当说，在制定新宪法过程中形成的两大派别，无论是主张搞议会制宪法的一派，还是主张搞总统制宪法的一派，都要摒弃苏维埃宪法制度，都要向西方宪法制度靠近。两者的主张实际上都是从西方引进的，分歧无非是议会至上，还是总统至上的问题。而且，两大派别在许多问题上是相容的，既有协商，也有妥协。

即使在叶利钦阵营内部，在如何仿效西方宪法制度方面，也有不少分歧。有些人主张搞美国式的总统制，即典型的总统制，使总统集国家元首和政府首脑二职于一身，掌管整个执行机构，政府向总统负责，而不是向议会负责。有

些人则认为，美国总统虽不向议会负责，但也无权解散议会，俄罗斯如实行美国式的总统制，将无法制约议会内的反对派。所以，他们主张搞法国式的总统制，使总统有权解散议会。依据法国的总统制，总统在与政府总理和议长协商之后，有权解散议会；总统为国家元首，不兼任内阁总理，总统有权依据法律规定的原则和程序，任免政府总理和政府部长，但政府需要向议会报告工作。还有人主张，应吸收除美国和法国以外的其他宪法制度的长处。如参与 1993 年宪法制定工作的俄联邦通讯院士 C. C. 阿列克谢耶夫就主张学习德国式的宪法制度，使政府总理能独立、全面地负责政府工作[①]。因此，叶利钦阵营内部也出现了不同版本的宪法草案。例如，以 C. M. 沙赫赖为首的一些法学家，主张进一步扩大总统权力，他们提出了由总统办公厅起草的另一个宪法草案。

1993 年"十月事件"后，叶利钦把"制宪会议"通过的宪法草案做了修改，在 11 月 10 日加以公布，提交全民公决。这是第四个宪法草案。全民公决通过后，它便成为苏联解体后俄联邦的第一部宪法。这部宪法以法国总统制为基本模式，同时吸纳了美国总统制的某些规定。这部宪法基本上完成了从苏维埃宪法制度向西方宪法制度的转换，并以根本法的形式确认了从社会主义制度向西方制度的转换。这部宪法引进了西方宪法制度的三权分立、法治、多党制、主权在民、个性自由、私有财产不可侵犯、自由和民主以及意识形态多元化等原则。

（三）它带有俄罗斯传统中个人专权的特色

1993 年的俄罗斯宪法，带有法国总统制的许多特征，例如规定总统依普选制原则经选民直接选举产生，总统有权解散议会等。同时，这部宪法也具有俄罗斯自己的特色。

首先，它同时吸纳了法国总统制和美国总统制中有利于加强总统权力、减少对总统权力制约的成分和机制。例如，俄罗斯总统拥有美国总统所享有的一切权力，其权力范围大大超过美国总统。俄罗斯总统虽不兼任政府首脑，但政府总理及强力部门的部长均由总统任免，总统实际上掌管政府的运作。政府既受总统领导，向总统负责，也受议会制约，需要得到议会的信任。俄罗斯总统的权力也超过法国总统。法国总统要解散议会，必须与总理和议长协商，俄罗斯总统要解散议会，则无须与其他人协商，可独自决定。关于俄联邦现行宪法

---

① 〔俄〕C. C. 阿列克谢耶夫等：《宪法：希望与实际》，http://students.nino.ru。

的特点,刘向文、宋雅芳的观点值得赞赏,他们比较准确地分析了俄罗斯总统制与美国总统制和法国总统制的主要异同①。

其次,它虽然是仿效西方宪法的产物,但也带有俄罗斯政治文化的深刻烙印。这在宪法的字里行间有明显的体现。俄罗斯政治文化中蕴藏着对个人权力的崇尚,对救世主的依赖。在沙皇俄国时期,人们希望有个好沙皇,皇权至上;在苏联时期,总书记体制影响极深,领袖的作用被神化,领袖至上;苏联解体后,这种推崇个人权力的影响并没有随着民主化的进展而消失,人们在心理上仍然把社会进程和个人祸福与总统相联系,希望有个好总统,实行"铁腕统治"。这种政治文化的体现是,宪法赋予叶利钦总统的权限极大,可以称为超级总统,形象地说,也就是"沙皇鲍里斯"。

俄罗斯宪法虽然规定了三权分立的原则,但三权之间的制衡机制并不是典型的西方模式,而带有俄罗斯政治文化的特点,为总统集权留下相当广阔的空间。例如,总统并不是三权体系中的一权,三权中的行政权为政府,立法权为议会,司法权为法院,总统则超越于三权之上;作为国家元首,总统对内对外是国家的最高代表,是宪法制度的保障;总统的权力由选民赋予,可独立地依据宪法规定的权限行事,不必向三权中的任何一权负责或报告工作;但是,总统有权对三权的活动进行协调,有权决定国家对内对外政策的基本方针。

俄罗斯总统虽然不属于三权中的任何一权,但可以影响和参与三权的行使。在立法权方面,总统享有立法动议权,可向国家杜马提出法律草案;总统享有立法否决权,议会下院和上院所通过的法律,总统认为有悖于宪法和其他法律的,可以行使否决权,退回重新审议;总统享有立法批准和颁布权,议会通过的法律,都要总统签署和颁布后才能生效;在没有相应法律的情况下,总统有权颁布具有准法律性质的规范性文件——总统令,全国都必须执行。此外,总统还有权召集立法机构——国家杜马会议,决定国家杜马的选举。在执行权方面,总统领导国家的对外政策,有权代表国家签署国际条约,任免驻外使节等;总统是武装力量的最高统帅,有权任免高级指挥员,决定军事和安全理论,宣布战时状态或紧急状态等。在与政府的关系上,总统有权依一定程序提名和任免政府总理,有权任免政府成员,并决定政府辞职等。在司法权方面,俄联邦最高法院院长的人选,宪法法院院长的人选,总检察长的人选,均由总统提名;

---

① 刘向文、宋雅芳:《俄罗斯联邦宪法制度》,第 26~27 页。

总统有权任免其他联邦法院的法官。在立法、执行和司法三权中，总统对司法权的干预能力，也许是最小的。

总的来看，俄罗斯总统的权力既超越三权，又融入三权。这就是俄罗斯现行宪法的民族特色之一。

（四）它是特定历史条件下的产物，带有社会转型时期的特点

俄罗斯现行宪法，是叶利钦通过"炮打白宫"，经过"十月流血事件"，用武力扫清政治障碍之后产生的。也就是说，叶利钦通过极端的方式解决了立宪问题，这是这部宪法的时代特征之一。有关这方面问题，不少著述已经做了说明，这里不再多说。从立宪角度讲，"十月事件"本身就是宪法危机的结果。宪法危机的核心是：国家权力是集中于同苏联体制有千丝万缕联系的人民代表大会和最高苏维埃，还是集中于新设置的总统？是建立议会制国家，还是建立总统制国家？围绕这个核心问题，以哈斯布拉托夫议长为首的一方，同以叶利钦总统为首的另一方，展开了激烈的较量。前者认为，将国家权力集中于人民代表大会的体制，能适应俄罗斯转型社会的需要，可以防止个人独裁和专权；后者认为，像俄罗斯这样的国家，只能实行总统制，这有助于推行改革方针。

双方的分歧和斗争是异常尖锐的。1992年4月18日，俄罗斯第六次人民代表大会通过了名为"高效率议会和高效率总统"，实为议会制的宪法草案，但遭到叶利钦总统的坚决抵制。4月25日，叶利钦作为宪法委员会主席，提出了总统方面的宪法草案。两种治国主张和制宪力量的冲突不断升级，1993年4月的全民公决也没能减缓这种冲突。原有宪法无法调节这个矛盾，新宪法的制宪工作又陷入僵局，国家陷入混乱，形成"双重政权"局面。1993年6~7月，叶利钦召开"制宪会议"，经过努力，做了一定的妥协，通过了以总统草案为基础的宪法草案。但是，双方在宪法问题上的对抗并未结束，还在继续。特别是这个宪法草案究竟如何通过，如何实施，"制宪会议"并未做出决定。

在这种情势下，叶利钦认为，合法的制宪道路已经走不通，于是决定采取非常手段，在9月21日颁布总统令，宣布解散议会。议会派拒不承认总统令的有效性，在议会所在地"白宫"据守对抗。叶利钦就在10月4日动用武力，"炮打白宫"，镇压议会派，发生了流血事件。历史的事实证明，俄罗斯的改朝换代，总是难以避免"革命"的方式。推翻沙皇制度、创立苏维埃制度和苏维埃宪法，采用了"革命"的方式；废除苏维埃制度，制定俄罗斯新宪法，也采

取了流血的方式。

值得注意的是，俄罗斯现行宪法的制定过程，在形式上体现了民众制宪、全民立宪的精神。1993年"十月事件"后，叶利钦对"制宪会议"通过的宪法草案做了某些修改，并加以公布，提交全民讨论。在没有新的立法机构的情况下，在12月12日举行全民投票，对宪法草案进行全民公决。结果，参加投票的选民中有58.4%的选民赞成这个草案，新宪法获得通过。新宪法由全民公决通过，这是俄罗斯1993年宪法独有的时代特征。

综上所述，俄罗斯现行宪法是在激烈的政治斗争和非常的历史条件下产生的，带有社会转型时期的特点。它体现了激烈变革的政治情势，并受到其一定的制约。例如，制宪过程极其漫长和复杂，在此期间，不乏各种立宪主张对立、彼此交叉和相互影响的现象。宪法草案最后文本的提出时间较短，全民讨论不够充分，宪法内容存在不少缺陷和问题。这就为今后完善宪法和制定宪法性法律留下足够的空间和余地。然而，现行宪法毕竟确认了社会制度的转换，规定了现行社会制度的基本原则，解决了国家结构形式和政权体系等一系列重大问题。

三　影响宪法演变的制宪学派

20世纪末叶，俄罗斯宪法完成了从苏维埃宪法制度向资本主义类型宪法制度的过渡，但这并不意味着，现行宪法会一成不变。在21世纪，俄罗斯宪法还要体现新形势下的现实和社会发展的需要。那么，在可以预见的将来，有哪些社会思想会在宪法的演变过程中起作用呢？从1993年以来，俄罗斯存在四个主要的制宪学派，其的主张各有特点，影响也各有不同

（一）"人的宪法"学派

该学派对俄罗斯现行宪法的制定有过不少贡献，其代表人物曾参加1993年宪法的制定工作，这部宪法也体现了该学派的许多主张。但该学派认为，现行宪法的最后版本体现其主张不够，在一些方面偏离了该学派的制宪理论。这个学派主要来自圣彼得堡和斯维尔德洛夫斯克，其代表人物有 C. A. 霍赫洛夫（1996年逝世）、C. C. 阿列克谢耶夫等[①]。

[①] 〔俄〕C. C. 阿列克谢耶夫等：《宪法：希望与实际》，http//students.nino.ru。

该学派的核心主张是：现代社会的宪法和宪法制度应以人为本，以人为中心；维护人的尊严和不可剥夺的权利是宪法和宪法制度的基本任务，人高于政权，而且应成为国家和法律生活的核心。该学派的主张主要有以下几点。

1. 主张"适度权力"

该学派认为，在从苏维埃制度向后苏维埃制度转变的情况下，苏维埃的制宪理论、苏维埃的官僚体制对制宪工作仍有影响，现行宪法的制定、颁布和完善，要摆脱这些影响。现代宪法要解决"适度权力"问题，要整顿权力和权力体系，权力要有严格的界限，权力体系要有明确的限制，以保障权力的适度性。这种权力的适度性，能够保障政权从本质上无法对人实行压制，使政权始终处在遵守法律的轨道上，不产生超越法律的国家行为。

2. 在人与政权的关系方面，主张人至上

该学派认为，政权就其本性而言是残酷的，是容易走向极端的，它往往把人作为征服对象，把人作为被统治者，权力是会损害人的，绝对权力会对人造成绝对损害。因此，必须使权力服从于民主制度和民主程序，以防止政权的专制、个人的专权和权力行使的任意性，从而避免政权对人的统治。

3. 主张发展自治社会

该学派认为，在自治社会，人们通过自我管理从事社会政治生活，每个人的物质利益、精神生活都能得到充分体现，因而主张缩小国家权力体系，把小城镇和村镇从国家权力体系中分化出来。现在的俄罗斯宪法，并没有把小城镇和乡镇纳入政权体系，而是作为自我管理机构。

4. 强调财产的个人属性

该学派认为，权力的适度性也表现在财产关系上，宪法应严格限制和明确规定国家财产的范围，凡是宪法没有规定的财产，都可以私有。

5. 强调三权制衡的基础是三权平等

该学派认为，立法、执行和司法三权的权限划分至关重要，要使任何一种权力都不能成为主导的、占优势的和无限的权力。因此，只有三权还不行，必须使三权形成平衡、平等和相互制约的体系。该学派认为，美国的总统制在这方面有很大缺陷，俄罗斯不应实行美国式的总统制，某些欧洲国家的总统制对俄罗斯来说有许多可取之处。该学派认为，俄罗斯现行宪法的主要缺陷在于，在把人作为核心方面不足，许多国家的宪法把人及人的自由和权利放在第一章阐述，而俄罗斯的现行宪法改变了这种安排，而且把人的权利和自由与社会政治权利放在一起,混为一谈。该学派人士批评说,现行宪法没有体现权力的适度性,总统实际上可以直接行使执行权。造成这种状况的原因是多方面的,其中一个重要原因,是叶利钦为使宪法尽快通过,广泛吸纳不同制宪学派的建议,不断地同其他政治派别妥协,从而造成制宪理论的混乱;而最根本的原因,是总统班子提出的草案,在许多方面背离"人的宪法"学派的理论,因而,俄罗斯现行宪法是政治斗争的产物,制宪的过程和环境不是常态的。

6. 不赞成使用过多抽象的宣言式的宪法术语

该学派认为,苏维埃宪法文化常常使用抽象的和宣言式的宪法术语,而这些术语存在任意解释和运用的空间,为使用突发的暴力提供了空间。现代宪法应当尽量避免这种状况。该学派认为,"人民政权""联邦制""人民代表权"等宪法术语任意解释的空间很大,严重时会对国家和社会的稳定以及个人权利造成危害[①]。

(二)"国家宪法"学派

该学派对俄罗斯现行宪法的制定起了关键作用,现行宪法有该学派制宪主张的深刻烙印。该学派人士主要是在总统班子里或总统周围工作的法学家和政治学家,如 C. M. 沙赫赖、M. A. 克拉斯诺夫、沙塔罗夫等。他们的主张与"人的宪法"学派有很大的不同。他们认为,国家和社会正处于向民主制度过渡的关键时期,宪法首先要解决的是权力和权力体系问题。该学派的主张主要有以下几点。

1. 在人与权力的关系方面,主张政权高于人,先于人

正是从这样的思维出发,俄罗斯现行宪法的第一章主要规定有关国家的条款,第二章才阐述人的权利。同时,宪法用相当大的篇幅来阐述权力体系、联邦体制以及权力的划分和制约等问题。

2. 主张总统权力至上

该学派认为,在社会变革时期,强有力的总统权力是必要的,俄罗斯社会对强大的中央政权也比较习惯,联邦制国家实行议会制是危险的,会使国家陷入混乱[②]。

---

① 〔俄〕C. C. 阿列克谢耶夫等:《宪法:希望与实际》,http//students. nino. ru。
② 〔俄〕Л. 贝因波尔格等:《宪法需要修改吗?》,http//www. svop. ru。

3. 强调俄罗斯的联邦性质

该学派认为，现行宪法的重要任务之一，是解决国家统一问题，遏制苏联解体对俄罗斯联邦的冲击波，防止苏联解体过程在俄罗斯联邦延续下去。因此，现行宪法把联邦体制作为重要一章加以阐述，同时划分了中央专属权力、中央与地方共享权力和地方专属权力。宪法通过后，该学派仍然主张，通过既有的调节中央与地方关系的联邦条约和中央与某些联邦主体单独签订的分权条约来稳定联邦关系。[1]

4. 注重宪法性法律的作用

该学派认为，宪法是根本大法，不可能包罗万象，宪法中的空白，可以通过宪法性法律加以填补；宪法中的原则和条款，可以通过制定宪法性法律来加以解释和阐明。

（三）"公民社会"学派

公民社会思想本来是哲学的学派之一，称为法哲学。该学派的制宪理论，表现为既不过分强调国家，也不过分强调个人，而是注重国家、社会和个人三者之间的协调。O. 卢缅采夫、B. 加夫林科、B. 左尔金、Б. 斯特拉松等中间派法学家，是该学派的主要代表人物。[2] 他们的主张主要有以下几点。

1. 主张体现和谐的关系模式

他们认为，在社会变革时期，要摒弃政权对社会的残酷控制，走向国家、社会和个人之间的协调；人和人的权利与自由是最高价值之一；社会是组织起来的人，人是主权的真正载体，也是国家权力的唯一源泉；国家是个人和社会的代言人，只有权解决宪法要求它解决的问题。

2. 强调国家职能的社会化

他们认为，宪法调整对象和所规定问题的范围可以扩大，以减少国家对社会的干预，加强社会的职能，为人、社会和国家的良性互动创造前提。为此，在宪法的结构上，该学派反对将同一概念和同一机制的问题割裂开来加以规定，也反对把不同概念和不同机制的问题放在同一章来阐述；反对把宪法问题都归结为国家政权体系。该学派建议，在宪法中单独设立"公民社会"一章，强调

---

[1] 《联邦的权力与权力的联邦》，1998，第11~12页，〔俄〕《联邦主义》1998年第1期。
[2] 〔俄〕O. 卢缅采夫：《当代宪法结构中的公民社会》，《观察家》1993年第30期。

公民社会是人们社会存在的必要和合理的方式，其基石是理性、自由、法和民主；没有公民社会就破坏了经济和政治生活的民主程序；公民社会为个性和群体价值的实现，为国家干预经济、社会和精神生活的最优适度提供了现实可能。

3. 注重宪法的公正性

该学派所强调的，第一是法律公正性，也就是法至上，认为法应当维护国家的公正秩序和国家与社会的关系；第二是社会公正性，认为应当在宪法改革的目的和方法方面形成广泛的公民一致，宪法要为富人和穷人的团结、老年人与年轻人的相互理解、雇主与雇员的社会伙伴关系创造条件，宪法应当是最高的社会法；第三是历史公正性，认为这种历史公正性应体现宪法文化的继承性，俄罗斯的历史不应当从苏联解体后开始，俄罗斯国家早已存在，历史的经验可以借鉴。该学派认为，俄罗斯现行宪法完全没有考虑到宪法文化的继承性问题，制宪者采取了超级实用主义态度，把宪法当成为争夺国家权力而进行政治斗争的工具。

4. 强调个人和社会对国家的影响和作用

该学派认为，宪法应当保障公民社会的成员和机制对国家权力和社会政治组织的影响；宪法应当载明，国家不能干预个人生活，人的尊严不可侵犯，住宅和人身不可侵犯，保障个人经济自由，保障地方自治的独立性；宪法还应体现法律不加以禁止的都是允许的原则，规定国家的最高使命是为人和社会的利益服务，明确界定国家调节社会生活的方法、手段和界限。

（四）"社会体系论"学派

该学派强调宪法的社会属性和社会功能，受社会法学派和社会契约论影响较大。其代表人物有 B.E. 齐尔金等。[①] "社会体系论"学派认为，宪法是调整社会关系体系的，现代国家是社会国家。该学派的主张主要有以下几点。

1. 认为宪法应体现社会团结的原则

该学派认为，这样的条款在意大利、埃及和捷克等国宪法中都有规定，并起了较好的作用；宪法中规定这样的条款，对在苏联阶级斗争意识形态下成长起来的俄罗斯公民有教育意义。

---

① 〔俄〕B.E. 齐尔金：《俄罗斯宪法改革的几个问题》，《国家与法》2000 年第 6 期。

2. 主张引进社会公正原则

希腊和斯里兰卡等国宪法均有类似规定。该学派认为，社会公正原则可以结束阶级斗争和专制思想，也可以排斥社会自私。该学派对俄罗斯现行宪法中没有包含像秘鲁宪法那样的反腐败条款感到不满。

3. 强调社会伙伴关系

该学派认为，企业主和雇员都是社会伙伴。

4. 主张权力的制衡和统一

在权力关系方面，该学派认为，20世纪现代宪法的理论和实践不仅存在权力划分和制衡的趋势，而且存在各权力机构一致和统一的趋向，甚至出现了依附于权力体系的衍生权力，如埃及宪法将媒体称为第四权力，一些依附于权力的政党也属于衍生权力。该学派认为，俄罗斯现行宪法过于强调立法、执行和司法机构的独立，而没有注意三权的一致和统一。① 在政治体制方面，该学派认为，俄罗斯现行宪法不提政治体制是不妥的。

5. 强调私有财产神圣不可侵犯

该学派认为，俄罗斯现行宪法没有明确载入这样的原则，这是落后的表现；这样的原则，早在1789年法国人权宣言和1919年德国魏玛宪法中就有规定，尔后在1947年意大利宪法和1978年西班牙宪法中也都有体现。该学派主张社会利益与个人利益的协调一致和统一，认为任何财产的集聚都要符合社会利益，现代宪法还要阐明私有活动的社会作用。

该学派认为，俄罗斯现行宪法在许多问题上不符合世界标准，除一、二、九章外都需要修改，这样才能适应21世纪俄罗斯社会和世界发展的要求。该学派认为，鉴于俄罗斯的具体国情，应采取分阶段逐步修宪的办法。根据B.E.齐尔金的设想，截至2006年左右分三个阶段完成修宪。第一阶段，主要调整国家机构的结构，完善总统、政府和议会之间的相互关系，解决总统和地方行政长官的法律地位问题，也要解决地方自我管埋问题，叮以考虑采取德国式的地方自治。第二阶段，解决政治体制问题，特别是政党作用问题，同时改组联邦制，就制宪会议达成一致。至于第三阶段，他认为，2005～2006年国家和社会的基本情势，可以告诉我们俄罗斯应该有什么样的宪法，这里的关键因素，是2003

---

① 〔俄〕B.E.齐尔金：《俄罗斯宪法改革的几个问题》；并参阅《世界宪法全书》，青岛出版社，1997，第826页。

年杜马选举的结果和 2004 年总统选举的结果。

虽然笔者难以想象 2003 年议会选举和 2004 年总统选举会导致俄罗斯宪法出现何种程度的修改，但可以认定的是，两个选举的进程会引起各种学派和势力利用大选时机阐述自己的主张，特别是在宪法制度和在修宪问题上提出一些新的主张。目前已经显露出一些迹象。首先，俄罗斯总统普京为把握两次大选的走势，控制各派活动的空间，已经利用占据的有利位置，运筹帷幄，开始修改议会选举法和总统选举法。例如，欲提高政党进入议会的门槛，由获得 5% 的选票可以进入议会改为获得 7% 选票方可进入议会；总统候选人由获得 100 万人登记提名支持改为获得 200 万人登记提名支持等。其次，议会中的中右党团已经开始谈论要"真正革命性改革俄罗斯宪法制度"。也有人主张考虑由议会获胜政党组阁的可能性问题。笔者认为，各制宪学派的主张是有些社会影响，但是实际修宪问题非常复杂，更取决于俄罗斯总统的意志。在相当一个时期内主要是制宪学派传播其制宪观点和政治派别阐发修宪主张，以赢得社会和选民支持的问题。

原载《俄罗斯中亚东欧研究》2003 年第 1 期

俄罗斯已结束制度转型

李福川[*]

2012年5月7日，普京第三次出任俄罗斯联邦总统，标志着俄罗斯结束了长达20年的制度转型期，进入现代化建设新阶段。认识俄罗斯发展阶段的变化，对于客观总结其转型成果和判断其未来发展方向都是十分重要的。而且，俄罗斯是标志性的转型国家，其发展阶段上的变化会对其他转型国家有着直接或间接影响。

一 关于制度转型结束的标准

转型国家也称转轨国家，一般指1991年苏联解体后出现的新独立国家、原东欧社会主义阵营国家和其他地区走上改革道路的原"社会主义国家"。制度转型是指国家政治制度和经济制度的重建或根本转变。从转型国家实践来看，制度转型过程是国家制度的变革过程，是国家在特定历史条件下的特殊发展阶段。所以，制度转型不是转型国家的常态，制度转型有始也应该有终。国情不同，转型困难和进程也不同，各国结束转型的时间也可以不同。

众多国家集体转型，是不同生产方式在世界范围内长期竞争的结果。国情千差万别，但转型目标和转型任务是基本一致的。对于绝大多数转型国家来说，转型目标是由不民主的政治制度转向民主政治制度，由计划经济制度转向市场经济制度。转型的目标是为民主政治制度和市场经济制度建立起相应法律体系、

---

[*] 李福川，中国社会科学院俄罗斯东欧中亚研究所研究员，法学博士。

基础设施和管理体制，并使新制度具有一定稳定性。所以，判断制度转型结束的基本标准应该看是否达到转型目标、是否完成转型任务和新的政治经济制度是否具有必要程度的稳定性。制度稳定性既反映新制度的设计合理性，也反映新制度的效率。

任何把制度转型常态化的努力，都可能说明转型目标不清晰，任务不明确，或者背离了转型目标，或者在转型过程中形成的既得利益者阶层开始阻挠深入转型。

二 俄罗斯基本符合结束制度转型的标准

从俄罗斯制度转型目标及目标任务的实现情况看，俄罗斯基本符合结束制度转型的标准。

（一）实现了建立民主政治制度的目标

依据1993年联邦宪法，俄罗斯建立起了具有俄罗斯特色的民主政治制度。这一制度的基本特征有以下几点。

1. 实行多党制

目前俄罗斯主要政党是统一俄罗斯党、俄罗斯共产党、自由民主党和公正俄罗斯党。统一俄罗斯党为执政党。各党政治力量不均衡。在公开竞争的国家政治生活中，在野党已经形成对执政党有效的制衡力量。

2. 实行民主选举制

俄罗斯公民直接投票选举联邦总统、国家杜马议员、地方立法和行政官员。直接选举制度是俄罗斯民主政治制度建设的重要成就，也是民主政治制度的本质特征。

3. 实行三权分立

俄罗斯实行立法、行政和司法三权分立。联邦总统有权任命联邦政府总理，但须经国家杜马批准。总统有立法权，但国家杜马有权否决总统提出的法案。总统有权解散国家杜马，国家杜马也有权弹劾总统。俄罗斯实行司法独立。法官工作的依据是联邦宪法和联邦法律，其他立法和行政机构无权干涉。各权力既相互独立，又相互监督和制约。

俄罗斯的多党制、选举制和三权分立，在制度上保障了立法、行政和司法权力来源的合法性。权力来源的合法性是现代国家政治制度的最重要基础。

(二) 实现了建立市场经济制度的目标

依据1993年联邦宪法，俄罗斯建立起了具有俄罗斯特色的市场经济制度。这一制度的基本特征有以下几点。

1. 多种所有制结构

经过一系列大小规模私有化活动，俄罗斯全国固定资产的所有制结构中，国家所有制和地方自治体所有制合计约占40%，其余为私有制、合作制和对外合资。俄罗斯国家所有制包括联邦所有制和联邦主体所有制。俄罗斯实行地方自治制度，地方自治体所有制相当于市级所有制。在一些国家，市级所有制被视同国家所有制。多种所有制结构是市场经济制度最重要的基础。

2. 实行市场调节为主，国家调节为辅

俄罗斯只对直接关系民生的重要商品和服务实行国家定价，如对居民用电、用气、通信、交通等实行国家价格调节，其余绝大部分商品和服务价格实行市场调节。

3. 鼓励和保护竞争

国家制定市场竞争规则，鼓励并保护市场竞争。重要的保护手段是国家反垄断调节。

2002年，美国和欧盟承认了俄罗斯市场经济国家地位。2011年12月，俄罗斯结束入世谈判，在履行国内法律程序后于2012年正式加入世界贸易组织，成为世界经济中的正常成员。

在实现制度转型目标的过程中，俄罗斯基本完成了转型的目标任务。这些任务如下。

第一，建立起了新制度的法律体系。1993年全民公决通过的《宪法》是俄罗斯制度转型的法的基础。根据宪法精神和原则，俄罗斯逐步建立和健全了新制度的法律体系，制定了包括民法、经济法、行政法、刑法和政党法等一系列联邦法律，基本做到了国家政治、经济生活有法可依。

第二，建立起了新制度的基础设施。民主政治制度的基础设施主要有联邦总统、国家杜马、联邦委员会、宪法法院、最高法院、最高仲裁法院、检察院、选举委员会和社会院等，其中社会院具有俄罗斯特色。市场经济制度的基础设施主要有，商品交易市场、证券市场、货币市场、劳动力市场、商业银行和保险机构等。

第三，建立起了较完善的社会保障体系。在建立市场经济制度的过程中，俄罗斯在苏联社会保障制度的基础上建立和完善了社会保障体系。该体系包括居民救助、养老金、全民免费基本医疗保险、社会保险制度等。社会保障体系是社会稳定的物质基础，也是俄罗斯人爱国精神的物质来源。

第四，建立起了适应市场经济的管理体制。俄罗斯经济管理体制的主要特征是，政府制定国家社会经济发展战略和规划，以行政和市场手段相结合的办法，确保实现国家发展目标，并实现对宏观经济的有效调控；政府制定市场经济规则，并监督规则的遵守情况，防止出现过度市场行为损害居民和社会利益；以税收及货币、利率等经济手段为主，以行政手段为辅管理通胀和促进经济增长。俄罗斯经济管理的目标是保障市场经济和社会领域共同和协调发展。近十年来的实践表明，这一管理体制是基本有效的。

俄罗斯在转型过程中建立起的政治和经济制度表现出了稳定性。

第一，国内政治和社会稳定。近十年来，俄罗斯基本未发生类似转型初期时的政治和社会动荡，特别是在周边国家和其他地区的"颜色革命"环境中表现稳定，国家政治和社会生活已经表现出一定程度的成熟性。在俄罗斯，反对派能够通过集会、媒体、投票等形式表达政治和经济诉求，在大选前后对执政党的批评往往会很激烈，这些正是民主制度下的正常现象。

第二，经济稳定增长。俄罗斯 GDP 由 2000 年的 7.3 万亿卢布增加到了 2011 年的 54 万亿卢布，表现出了相当强的增长能力。俄罗斯的经济规模已经达到了苏联时期水平。2011 年人均 GDP 达到 1.3 万美元。发展是硬道理，发展也是检验制度的标尺之一。在俄罗斯经济增长过程中，国际原油价格固然起着重要的作用，但把俄罗斯的经济成就完全归结为油价，显然是不够客观的。

第三，具有一定的抗经济风险能力。像其他大多数国家一样，2009 年俄罗斯经济受到国际金融危机重创。但此后 2010 年和 2011 年俄罗斯经济连续两年实现增长 4% 以上，率先走出了经济危机。俄罗斯经历了 1998 年和 2008 年两次国际金融危机的考验，但结果已经完全不同。在俄罗斯抗经济风险能力中，稳定的政治和经济制度是特别重要的因素。2008 年国际金融危机是对俄罗斯制度转型的一次重要考验。

俄罗斯存在严重腐败现象。腐败是普遍现象，不是转型国家所特有。转型国家的腐败现象以及程度，不应是判断制度转型是否可以结束的标准。

三 俄罗斯对结束制度转型的确认

在俄罗斯较早提出结束制度转型的学者分别是时任俄罗斯转型经济研究所所长的 Е. Т. 盖达尔和联邦总统办公厅副主任 В. 苏尔科夫。2003 年 11 月 27 日，Е. Т. 盖达尔在《转型经济·后共产主义时期的俄罗斯经济政策文集（1998 – 2002）》[①] 的首发式上说，"俄罗斯由苏联时期过度集中的计划经济向市场经济的转型已经结束"；文集的出版，"表明我们基本上结束了对转型经济的研究阶段"；表示，俄罗斯遇到了转型时期的所有问题，俄罗斯渡过了这个困难的时期，"2003 年后俄罗斯开始的增长已经具有全新的特点，已经不再是恢复性增长"；并说，"尽管转型经济研究所在世界上享有盛誉，但我们还是决定把名称改为经济问题研究所"。[②] 最后盖达尔表示，他的研究所将转向后工业化问题的研究。

2003 年 12 月 8 日，统一俄罗斯党在国家杜马选举获胜后，В. 苏尔科夫表示，选举结果表明"俄罗斯的政治转型时期已经结束"，"建立在马克思的非'左'即'右'的教条基础上的政治制度已经不存在了；杜马选举后我们将共同生活在新俄罗斯"；统一俄罗斯党在国家杜马选举中获胜，"证明了普京总统的方针是正确的，这就是维护国家统一，发展民主和市场经济"。[③]

В. 苏尔科夫和 Е. Т. 盖达尔分别被称为俄罗斯政治制度和经济制度转型的设计师，但他们对于结束制度转型的观点在 2012 年前没有得到国家层面的确认。

2012 年 1 ~ 5 月，在普京第三次就任俄罗斯联邦总统前后，他共三次明确表明，俄罗斯已结束制度转型，进入了全新的发展时期。

2012 年 1 月 16 日，普京在《消息报》发表的文章中指出："俄罗斯的重建时期已经过去。俄罗斯和世界发展过程中的后苏联时期已经彻底结束。俄罗斯为继续向前发展创造了所有的条件，那将是在新基础上的新的发展。"[④]

[①] 《Экономика переходного периода. Очерки экономической политики посткоммунистической России 1998 – 2002》.

[②] "В России завершен переходный период от советской плановой жестко централизованной экономики к рыночной экономике", http://www.sps.ru/? id =206905&cur_ id =77248.

[③] Переходный период в России завершен, считают в Кремле, http://www.nomad.su/? a =3 - 200312090014.

[④] Путин В. В.: Россия сосредотачивается — вызовы, на которые мы должны ответить, http://izvestia.ru/news/511884#ixzz1y6T1rfi6.

2012年4月11日,普京在向国家杜马所做政府工作报告中高调宣示:"世纪之交,俄罗斯人民经历了所有动荡并重建了自己的国家。可以说,事实上我们已经结束了后苏联时期。俄罗斯将进入新的发展阶段。"①

2012年5月7日,普京在总统就职演讲中说:"俄罗斯进入了国家发展的新阶段。我们未来将面临全新内容和全新意义的任务,这些任务比以往更繁重。"②

在上述关于俄罗斯结束制度转型的观点中,还分别使用了"后共产主义时期""后苏联时期"。这两个概念与"转型时期"一样,都含有时间上的过渡因素,只是多了意识形态色彩。但作为同质概念,其内涵和外延是基本一致的。区别只在于,"转型时期"概念对于所有转型国家都是适用的,而"后苏联时期"则是几乎只适用于俄罗斯的一个特定概念,作为"俄罗斯转型时期"的同义语。

普京是近十余年来俄罗斯政治和经济制度建设的实际领导者,2012年1~5月,分别作为政府总理和新当选总统三次高调确认俄罗斯结束转型并进入新的发展阶段,这对俄罗斯有着特别重要的意义。由普京宣示俄罗斯进入新的发展阶段,符合俄罗斯的现实逻辑和政治逻辑。

值得补充的是,E. T. 盖达尔曾任所长的俄罗斯转型经济研究所成立于1990年,当时使用的名称为"苏联科学院和国民经济科学院经济政策研究所"。③ 1992年改称"转型时期经济研究所"。④ 该所也常被称为"转型经济研究所"。尽管E. T. 盖达尔生前明确表示希望从研究所名称中去掉"转型时期"字样,但直到他去世后的第二年,即2010年4月,根据研究所集体提议,并经联邦总统梅德韦杰夫总统令批准,"转型时期经济研究所"才再次更名为"盖达尔经济政策研究所",简称盖达尔研究所。⑤ 该研究所在俄罗斯20多年经济制度转型过程中,作为政府直属的高级智囊机构发挥了重要的作用。该研究所名称的变化,不仅说明其研究方向的变化,更表明俄罗斯经济和社会发展阶段的变化。

---

① Стенограмма отчета Владимира Путина в Госдуме, http://www.rg.ru/2012/04/11/putin-duma.html.
② Инаугурация: выступления Дмитрия Медведева и Владимира Путина, http://www.rg.ru/2012/05/07/stenogramma.html.
③ Институт экономической политики Академии народного хозяйства и АН СССР.
④ Институт экономики переходного периода (ИЭПП).
⑤ Институт экономической политики имени Е. Т. Гайдара (Институт Гайдара).

四　俄罗斯结束制度转型的意义

结束制度转型，有利于俄罗斯集中精力从事全面现代化建设。普京在 2012 年 4 月所做政府工作报告中提出，近期目标是在两三年内使俄罗斯进入世界前五大经济体行列。在俄罗斯人看来，国际政治和经济危机是其加速发展的重要机遇。他们为利用这个机遇已经做好了制度准备。

结束制度转型，有利于俄罗斯表现其政治和经济制度的比较优势。当国际社会深受政治和经济危机困扰的时候，俄罗斯高调表示进入国家发展的崭新阶段，有利于增加其对国际社会以及其他转型国家的影响力。如果以过河比喻制度转型，以摸着石头过河比喻制度转型过程，那么俄罗斯不再摸石头，已经成功上岸。尽管过程跌跌撞撞，尽管上岸时身上拖泥带水，但俄罗斯确实已经抢先进入成功转型国家行列。面对仍在摸石头的转型国家，特别是面对只摸石头，却忘记过河甚至不想过河的转型国家来说，俄罗斯将拥有明显的心理优势。俄罗斯在与转型国家交往中表现出越来越强的自信，也许部分正是源于此。

结束制度转型，也意味着俄罗斯未来发展将由以前的激进式发展为主，转为渐进式发展为主。在俄罗斯，也有人以"革命（революция）"和"进化（эволюция）"来标识两个不同阶段的发展特征。预计，俄罗斯未来将以稳定的现代化为发展方向。

俄罗斯"稳定的现代化"也可以称为"国家主导的现代化"。俄罗斯未来的现代化是指国家政治和经济的全面现代化。政治现代化的主要方向将是"更多的民主机制和形式"，扩大民众对国家政治进程的影响力。经济现代化的主要方向将是包括技术、管理、机制和人才培养等领域的全面"创新"。通过民主发展政治现代化，通过创新发展经济现代化，这是俄罗斯未来现代化建设新阶段的两条主线。

"国家主导的现代化"，也是俄罗斯特色的现代化模式。在"国家主导的现代化"模式里，国家将是俄罗斯政治和经济现代化的主要倡议者和主动推动者。国家主动且渐进推动政治现代化，在一般情况下，与被动的政治改革相比，会较少政治风险和社会动荡。通过主动推动政治现代化，有利于国家掌握政治进程的主动权和方向。

此外，在俄罗斯"国家主导的现代化"模式里，国家资本将与私人资本共同承担重大技术创新过程中的风险,且以国家资本承担创新风险为主。在重大技术创新到了一定阶段,国家资本把创新利益让渡给私人资本,以此鼓励更多私人科技资本和风险资本与国家结成创新伙伴。俄罗斯数个超级"国家集团公司"就是经济和科技创新领域中的国家资本。俄罗斯"国家主导的现代化"的目标是建设强大的国家和提高居民的生活质量。

俄罗斯实现新阶段发展目标的过程不会一帆风顺,特别是在国际金融危机和国际政治环境不断恶化的条件下,实现既定目标需要俄罗斯付出更多努力。对于俄罗斯的伙伴国来说,重要的是及时和客观地认识俄罗斯发展阶段的重大变化,努力设计和实施适合新变化的合作模式。

原载《俄罗斯中亚东欧市场》2012年第12期

中亚国家的民族政策：
理论与实践

刘庚岑[*]

作为多民族国家的中亚五国——哈萨克斯坦、乌兹别克斯坦、吉尔吉斯斯坦、土库曼斯坦和塔吉克斯坦，宣布独立至今已经 10 年。10 年来，它们提出了哪些民族理论？它们制定了什么样的民族政策？它们如何进行民族管理工作以及目前民族工作方面还存在哪些问题？本文试对这些问题进行研究和探讨。

一 中亚国家解决民族问题的指导思想与理论基础

中亚国家独立后，都从本国的国情出发，确立解决民族事务的指导思想，并在反思以往民族理论的基础上，提出自己的民族理论，以便有效地指导民族政策的制定和民族工作的管理。

（一）制定民族政策和解决民族问题的国情因素

民族事务管理，包括制定民族政策、调节民族关系等内容，都离不开本国的具体国情。中亚五国在民族方面的具体国情大致有以下几点。

1. 居民由多民族构成

中亚五国均系多民族国家。民族数目最多的（哈萨克斯坦）有 131 个，民族数目较少的（塔吉克斯坦和吉尔吉斯斯坦）也有 80 余个。这些民族具有不同

---

[*] 刘庚岑，中国社会科学院俄罗斯东欧中亚研究所研究员。

的语言文字、宗教信仰、风俗习惯和历史传统，甚至来自不同的人种。

2. 俄罗斯人占有较大的人口比重

除哈萨克人、乌兹别人、吉尔吉斯人、土库曼人和塔吉克人五个主体民族之外，俄罗斯人在中亚各国总人口中占有相当大的人口比重。到 20 世纪 90 年代末期，他们在哈萨克斯坦、乌兹别克斯坦和吉尔吉斯斯坦三国仍然是第二大民族，其人口数目分别占这三国的 31%（1998 年）、8%（1998 年）和 15%（1999 年），在另外两个国家——土库曼斯坦和塔吉克斯坦，其人口比重均占第三位。苏联时期，以俄罗斯民族为代表的斯拉夫人在中亚各共和国社会生活中起到了很大的作用；苏联解体后，他们对社会地位，尤其是政治地位的下降以及经济状况恶化不满，纷纷离开这些国家。

3. 苏联时期主体民族的主导地位不明显

中亚五国的主体民族在苏联时期只是人口数目较多，但由于历史原因，主体民族在政治、经济地位以及文化、教育水平方面并不占优势，直到中亚国家独立后，情况才开始改变。

4. 民族关系复杂

长期以来，中亚地区的民族矛盾主要表现为俄罗斯人与当地世居民族之间的矛盾，在中亚的俄罗斯人与俄罗斯联邦又有着千丝万缕的亲密关系。此外，由于 20 世纪 20 年代中亚共和国之间的领土划界不尽合理，以及中亚地区自然资源（包括水资源）分布不均衡和经济、文化发展水平参差不齐，致使中亚世居民族之间，甚至生活在同一国家的不同民族之间都存在一定矛盾。

（二）制定民族政策和解决民族问题的指导思想

中亚国家独立后制定民族政策和解决民族问题的指导思想是：使各民族和睦相处，稳定国内形势；振兴民族精神，增强国民的凝聚力；从本国实际情况出发，借鉴国外通行的做法，提出制定民族政策和解决民族问题的具体原则。

1. 各国都把加强民族团结，保持国内稳定视为最重要的政治任务

哈萨克斯坦独立初期，纳扎尔巴耶夫总统曾不止一次地强调，政治稳定与族际和谐是国家法治的主要条件和始发点，为了国家的繁荣和每个人的幸福、自由，要关心民族团结。[①] 1995 年 3 月 24 日，纳扎尔巴耶夫表示，作为国家总

---

① 〔哈〕《哈萨克斯坦真理报》1992 年 5 月 16 日。

统，他认为保证社会稳定与民族和睦是自己的主要任务。① 乌兹别克斯坦总统卡里莫夫认为，民族和谐是国内安定和谐的重要条件。因此，他一再强调，社会安定和国内各民族和睦高于一切。1995年12月，阿卡耶夫总统在总结吉尔吉斯斯坦独立以来的成绩时再次指出，没有吉尔吉斯斯坦各族人民团结一致、和睦相处，吉尔吉斯斯坦作为一个主权国家是不可能存在的。② 土库曼斯坦总统尼亚佐夫指出，尽管在国家建设中什么都重要，而国家还是把争取社会稳定、保持大小民族和谐视为最重要的方面。尼亚佐夫认为："只有靠公民和谐与民族和睦，才能实现土库曼斯坦的建国思想。"③ 塔吉克斯坦总统拉赫蒙自执政以来，极为重视社会稳定和民族团结，一直不遗余力地为国家稳定、民族和解而四处奔忙。

2. 振兴民族精神，增强国民的凝聚力

中亚各国领导人认为，该地区各国居民的多民族成分与主体民族的民族自觉意识的增长和精神复兴紧密结合，就能成为社会更新和社会民主化的强大动力，就能为中亚新独立国家登上世界舞台创造良好的条件。

3. 在制定民族政策、解决民族问题时参考他国经验和做法，提出切实可行的具体原则

哈萨克斯坦总统纳扎尔巴耶夫在一次讲话中说："将民族政策概括一下，我想强调的是，哈萨克斯坦民族政策今天和以后将建立在明确和公正的原则之上，其中最主要的是：寻求妥协、把社会稳定作为公正解决民族问题的基础、法律至上、巩固国家独立和积极的一体化政策。"④ 吉尔吉斯斯坦独立初期提出以下几项原则为该国民族政策的基础，即承认人权高于民族权利；每个民族共同体在民主进程的范围内自由发展；要意识到在多民族国家的条件下，任何一个民族都不能依靠损害其他民族利益来满足自己的民族需要；要明白吉尔吉斯斯坦人民——这是吉尔吉斯人和以吉尔吉斯斯坦为祖国的其他民族的有机结合体。⑤ 吉尔吉斯斯坦在执行民族政策的过程中，经过六七年的不断摸索、实践，根据自己多民族、多宗教的国家特点，又提出更具体的民族政策原则。这就是，在"吉尔吉斯斯坦——我们的共同家园"里，"为了达到各民族和睦与平等"，互

---

① 赵常庆主编《中亚五国概论》，经济日报出版社，1999，第155页。
② 赵常庆主编《中亚五国概论》，经济日报出版社，1999，第155页。
③ 〔土库曼斯坦〕萨·阿·尼亚佐夫：《永久中立，世代安宁》，东方出版社，1996，第46页。
④ 〔哈〕努·纳扎尔巴耶夫：《独立五年》，阿拉木图，1996，第275页。
⑤ 〔吉〕H. A. 奥穆拉利耶夫等：《吉尔吉斯坦民族关系现状》，比什凯克，1993，第7页。

相忍让、彼此关心、尊重每个民族集团的权利、团结一致和友好合作五项原则被作为国家（民族）政策的基础。① 1997年4月，乌兹别克斯坦总统卡里莫夫在其著作中提出制定和推行民族和睦政策的三项原则，即国家民族政策应当首先保护人权，不允许损害少数民族的权利；民族政策的战略方针是用建设性的方法解决民族矛盾；发展国家经济应符合居住在本国境内各族人民的利益。②

（三）中亚国家独立后民族理论的变化

正如赵常庆教授所指出的，严格地说，迄今为止，在中亚国家并没有形成完整的民族理论。它们只是根据本国国情在反思、改造苏联传统民族理论的基础上提出一些有利于本国民族团结、国家统一和社会稳定的民族理论观点。

1. 反对运用"民族自决理论"，主张在保证国家完整统一的前提下实行各民族文化自治

苏联时期所说的"民族自决权"，是指各被压迫民族具有摆脱压迫民族，进而实现政治独立的自主权。苏联解体后，中亚地区一些民族，特别是俄罗斯人，根据传统的"民族自决权"理论，要求建立民族自治实体，甚至谋求分立。这一点在俄罗斯人居住相对集中的哈萨克斯坦表现更为突出。哈萨克斯坦当局坚决拒绝将"民族自决权"理论运用于本国的要求。纳扎尔巴耶夫在联大第47届大会上的发言中说："今天常常遇到将少数民族的权利与民族自决权直到建立独立国家的权利混为一谈的情况。如果坚持这一立场，世界上就会出现数千个小国。这将使原则拜物教受到鼓舞，甚至达到荒谬绝伦的地步。"他认为，国际社会应该公正地看待少数民族的权利问题，应该明确这项权利的标准，"否则，将会在民族自决权的掩盖下怀疑任何多民族国家的完整统一，分立主义将永无止境"。③

与此同时，哈萨克斯坦允许各民族建立自己的文化中心，发展其文化和传统，保持各民族的特点，但要求各民族的文化发展必须符合国家的整体利益，即服从哈萨克斯坦建立民族国家体制的总设想。

2. 反对实行联邦制，明确规定建立单一制国家

苏联是由15个加盟共和国组成的统一的联邦制国家。苏联宪法规定，各加

---

① 〔吉〕Л.А.鲁德：《阿斯卡尔·阿卡耶夫——吉尔吉斯共和国首任总统》，土耳其安卡拉，1999，第62~63页。
② 〔乌兹别克斯坦〕伊·卡里莫夫：《临近21世纪的乌兹别克斯坦：安全的威胁、进步的条件和保障》，国际文化出版公司，1997，第65页。
③ 〔哈〕《哈萨克真理报》1992年10月9日。

盟共和国均为主权国家,"都保留自由退出苏联的权利"①。在苏联,这种国家体制存在了将近70年。苏联解体后,中亚国家的一些俄罗斯人要求实行这种俄罗斯至今仍在沿用的、以民族为特征的联邦制。而这种国家体制有其不利于国家完整统一的消极面。这已为苏联及与其国家体制相类似的捷克斯洛伐克、南斯拉夫等国家先后解体的事例所证明。中亚国家当局吸取了历史教训,断然否定联邦制。1995年4月22日,纳扎尔巴耶夫坚定地指出:"我们在宪法中明确规定,哈萨克斯坦是不可分割的、领土完整的国家。在此基础之上,决定在我们的国家不实行联邦制……任何时候,我们绝不允许哈萨克斯坦的分裂!"② 吉尔吉斯斯坦、塔吉克斯坦和哈萨克斯坦独立后通过的新宪法都明文规定自己是单一制国家。

3. 在宣称各民族平等的同时,尽力强化主体民族地位

中亚国家独立后,主体民族及其语言的地位都发生很大变化。它们在宣称各民族一律平等的同时,竭力强化和突出主体民族地位。纳扎尔巴耶夫强调,哈萨克斯坦是哈萨克人历史上居住的地区。从17世纪后期起,哈萨克人一直控制着这片土地。哈萨克斯坦的独立为哈萨克民族振兴提供了历史性机遇,国家要为哈萨克族振兴创造条件。在这种思想指导下,该国制定了诸如《哈萨克斯坦共和国人文教育构想》《形成哈萨克斯坦共和国历史意识的构想》等一系列确立哈萨克族主体民族地位的指导文件,并在实际生活中加以贯彻。③ 卡里莫夫总统说,早在古代,乌兹别克先进思想家就广泛地从事研究探索,他们的"科学发现是全世界、全人类科学文化宝库中的一部分",他们名冠全球。④ 土库曼斯坦总统尼亚佐夫在国家独立初期曾经这样说过:"近70年我们忘却了很多,忘掉了土库曼人是一个伟大的民族。苏联时期,我们丧失了许多民族特性,丧失了60%的民族语言,这些错误应该得到纠正。"中亚国家独立后都在宪法中规定,主体民族语言为本国国语。

4. 由苏联时期主要反对地方民族主义到中亚国家独立后主要反对民族分裂主义

从20世纪30年代起,历届苏联领导人因坚持国家高度集权的单一制思想都不再提大俄罗斯沙文主义是主要危险,而突出强调反对地方民族主义。苏联

---

① 姜士林主编《世界宪法全书》,青岛出版社,1997,第847页。
② 〔哈〕努·纳扎尔巴耶夫:《前进中的哈萨克斯坦》,民族出版社,2000,第29页。
③ 郝文明主编《中国周边国家民族状况与政策》,民族出版社,2000,第129页。
④ 〔乌兹别克斯坦〕伊·卡里莫夫:《临近21世纪的乌兹别克斯坦:安全的威胁、进步的条件和保障》,国际文化出版公司,1997,第200页。

解体后，中亚五国作为主权国家面临的首要任务是维护国家独立、统一和领土完整。因此，它们表示，坚决反对破坏国家统一和民族团结的民族分裂主义。最近三四年，中亚五国一致认为，民族分裂主义、宗教极端主义和国际恐怖主义严重威胁地区和平与稳定，开始联手打击这"三股势力"。

5. 从认为"民族问题已经彻底解决"到强调"必须放弃彻底地、不可逆转地解决民族问题的打算"

在苏联时期，中亚各共和国也同全苏一样，宣扬民族关系问题"已经完全解决"。中亚国家独立后，其领导人经过冷静反思，开始认识到民族问题的确是长期存在的复杂问题，不可能在短期内得到一劳永逸地解决。1996年，纳扎尔巴耶夫总统通过列举苏联、南斯拉夫、加拿大、英国和西班牙等国的例证说明，民族问题是一个尖锐问题……不可能一劳永逸地解决这个问题。"我们必须放弃彻底地、不可逆转地解决民族问题的打算。""我们的战略应该是实施防止矛盾转化为流血冲突的政策，而不是企图抹杀客观存在的矛盾。"[1] 乌兹别克斯坦总统卡里莫夫也有类似的看法。1997年4月，他在其著作中指出，在民族关系方面存在着一定的非对抗性矛盾。这是新独立国家建设时期的现实现象，绝对不能允许把现实存在的矛盾转变成可能导致灾难性后果、威胁各民族安全和国家安全的民族间的矛盾。[2] 中亚国家领导人在认识到民族问题的长期性、复杂性之后，也很自然地提出耐心细致地解决民族问题的主张。1996年12月11日，纳扎尔巴耶夫总统在纪念哈萨克斯坦独立五周年大会上指出："在民族问题上，要想消除数十年，甚至数百年以来已经在人们的脑海里根深蒂固的认识，并非易事，而是需要做耐心细致的'工作'才能完成的。"[3]

二 民族政策与民族管理工作

（一）民族政策

根据宪法以及上述解决民族问题的指导思想和民族理论，中亚五国逐渐形

---

[1] 〔哈〕努·纳扎尔巴耶夫：《站在21世纪的门槛上》，时事出版社，1997，第21页。
[2] 〔乌兹别克斯坦〕伊·卡里莫夫：《临近21世纪的乌兹别克斯坦：安全的威胁、进步的条件和保障》，国际文化出版公司，1997，第58页。
[3] 〔哈〕努·纳扎尔巴耶夫：《前进中的哈萨克斯坦》，民族出版社，2000，第64页。

成了自己的民族政策。其主要内容有以下几点。

1. 加强民族团结，反对民族分裂

中亚国家独立后颁布的宪法的序言部分都有如下表述：各民族"忠于自由、平等与和睦的理想"（哈萨克斯坦）、"保证公民和睦与民族和谐"（乌兹别克斯坦）、各族人民"团结友好与和睦相处"（吉尔吉斯斯坦）、"尊重各大小民族的平等权利和友谊"（塔吉克斯坦）以及"保障每个公民的权利和自由，竭力保证公民和睦与民族和谐"（土库曼斯坦）。中亚五国通过各种手段，包括法律制度、政府决定和媒体宣传，使各族人民认识到公民和睦、民族和谐的重要性，并采取措施加以保证。土库曼斯坦1992年制定的"十年稳定"建国纲领的一个重要方面，就是要达到社会稳定与民族和谐。[①] 哈萨克斯坦宣布1997年为"民族和睦年"。吉尔吉斯斯坦设立"丹纳克尔"（"团结"）奖，哈萨克斯坦设立"和平与精神团结"奖，以广泛开展民族团结教育。与此同时，各国宪法都毫无例外地规定，禁止建立旨在以暴力改变宪法制度，破坏国家完整，挑起社会、种族、民族、宗教仇恨的社会组织及其活动。土库曼斯坦把任何损害民族利益的行为看成重大的刑事犯罪，煽动民族不和被认为是反对社会的最严重的罪行之一。国家对那些玩弄部族感情和民族主义的人依法严惩不贷。

2. 建立单一制国家，允许民族文化自治

中亚各国宪法都规定本国是根据法治和世俗原则建立起来的、享有主权的单一制国家。在这种有多民族存在的单一制国家里，允许实行民族文化自治，即允许建立各民族文化中心。在乌兹别克斯坦，1989年就着手建立民族文化中心。到20世纪90年代末，这种民族文化中心已发展到80多个。90年代末，哈萨克斯坦已建立起100多个民族文化中心。在吉尔吉斯斯坦，类似上述的民族文化中心也有40几个。

3. 主张民族平等，促进主体民族复兴

中亚五国宪法都明文规定，在法律面前人人平等。国家保护每个公民的权利和自由，不论其民族、种族、宗教信仰、社会地位和财产状况如何。而与此同时，在实际生活中，各国当局都以不同形式为振兴主体民族创造条件。首先，为了确保和加强哈萨克人、乌兹别克人、吉尔吉斯人、土库曼人和塔吉克人的主体地位，除鼓励他们多生育外，还号召境外哈萨克人、乌兹别克人、吉尔吉

---

① 〔土库曼斯坦〕萨·阿·尼亚佐夫：《永久中立，世代安宁》，东方出版社，1996，第92页。

斯人、土库曼人和塔吉克人回归。其次，各国都把主体民族的语言规定为国语；同时各国宪法还规定，确保各国公民享有使用本民族语言的权利。再次，大力宣扬本国民族英雄或其他著名人物，借以弘扬和振奋民族精神。1993年5月19日，土库曼斯坦总统尼亚佐夫在纪念土库曼著名诗人、思想家马赫图姆库里诞辰260周年的讲话中，号召土库曼斯坦全体人民学习马赫图姆库里的高尚情操和人道主义，以自己的聪明才智"全心全意地拥护'十年稳定'方针和民族复兴运动"。① 1995年8月，吉尔吉斯斯坦全国大张旗鼓地纪念吉尔吉斯民族史诗《玛纳斯》问世1000周年。由总统、总理等要人和名人签署的《玛纳斯宣言》号召全国人民学习民族英雄玛纳斯的高尚品质和博大胸怀，团结一致，共同建设美好家园——吉尔吉斯斯坦。② 同年10月，哈萨克斯坦隆重纪念哈萨克著名诗人、思想家阿拜·库南巴耶夫诞辰150周年。1996年6月，乌兹别克斯坦纪念1336年出生于撒马尔罕的中亚历史上的著名君主和统帅帖木儿诞辰660周年。

（二）民族管理工作

1. 中亚国家一贯重视民族管理工作

自中亚国家宣布为主权国家起，各国总统及其领导班子都非常重视民族事务，他们直接领导和亲自处理民族事务问题。

总统就民族问题同各民族代表协商，倾听他们的意见。1997年9月30日，吉尔吉斯斯坦总统阿卡耶夫在答日本记者问时说，他自担任这个多民族国家的总统起，就非常重视民族问题。以他为首的国家领导人每年都要接待、会见各民族代表三四次。代表们畅所欲言，各抒己见。国家领导人同他们一起把反映出来的问题按轻重缓急分类排队，然后逐步加以解决。1993年8月16日，土库曼斯坦总统尼亚佐夫就民族问题答记者问时说，在国家改革的最初阶段，土库曼斯坦也曾出现过"紧张的社会气氛"。当时他亲自同许多居民代表"进行过长时间交谈"。③ 1997年2月，纳扎尔巴耶夫总统就民族团结问题与国内50多个政党、社会团体和民族文化中心的领导人会晤。之后，这些领导人共同签署了旨在维护民族和睦的《全国公约》。④

---

① 〔土库曼斯坦〕萨·阿·尼亚佐夫：《永久中立，世代安宁》，东方出版社，1996，第92页。
② 〔吉〕《吉尔吉斯斯坦言论报》1995年4月8日。
③ 〔土库曼斯坦〕萨·阿·尼亚佐夫：《永久中立，世代安宁》，东方出版社，1996，第105页。
④ 〔哈〕努·纳扎尔巴耶夫：《前进中的哈萨克斯坦》，民族出版社，2000，第113页。

2. 建立各种民族管理机构

1991年2月14日，吉尔吉斯斯坦成立了两个协助总统处理民族民族事务的机构：（1）共和国公民和睦与民族和谐委员会，由各社会政治运动、政党和民族文化中心的代表组成，共同协商解决复杂的民族问题，促使各民族互相友好；（2）在总统的领导机关下面设立一个由各民族文化中心代表组成的工作小组，协商处理民族关系问题。同年8月20日，为了全面而及时地照顾吉尔吉斯斯坦各社会和民族集团、各居民阶层的利益，又建立了直属总统的咨议机关——社会政治协商会议。该机构成员除了工会、青年组织、企业家联合会及其他组织的代表之外，还有各群众运动和民族文化组织所推选的代表。① 此外，吉尔吉斯斯坦独立后还建立了直属于总统的国家国语委员会。由它负责制定和实施国家的语言政策。在哈萨克斯坦，1995年建立国家民族政策委员会。1997年，该国进行机构改革，民族政策委员会作为司级单位划归文化部，后又归信息和社会协调部领导。② 为了更广泛地听取各族人民的呼声，及时解决民族矛盾和问题，1994年1月和1995年3月，吉尔吉斯斯坦和哈萨克斯坦先后建立了"全国各民族大会"。这种群众性的社会组织被两国人民誉为各族人民的"友好之家"和"民间议会"，其使命在于表达各民族的意愿，保障各民族的利益和团结。

三 民族工作方面的现存问题

（一）民族理论和民族政策值得肯定，但还须不断完善

中亚国家独立后不断反思、修改苏联时期的民族理论，借鉴别国的民族工作经验，并在此基础上提出自己的民族理论，制定了大致适合本国国情的民族政策。这在一定程度上调整了中亚国家的民族关系，进而保证了社会形势的稳定。近10多年来，中亚没有像高加索地区那样，发生大规模的民族冲突。从这一点来看，中亚国家的民族理论和民族政策还是应当肯定的。然而，一些民族理论观点仅限于领导人的有关谈话，而学术界尚未展开讨论和科学论证。因此，这些理论观点还不够系统、规范和条理化；民族政策刚刚制定，缺乏具体、周

---

① 〔吉〕H. A. 奥穆拉利耶夫等：《吉尔吉斯斯坦民族关系现状》，比什凯克，1993，第9页。
② 郝文明主编《中国周边国家民族状况与政策》，民族出版社，2000，第124页。

密的保证措施。例如，少数民族干部如何培养、使用，除国语、俄语之外，其他民族语言如何传播发展都没有明确规定。所以，中亚国家的民族理论和民族政策尚须不断完善。

（二）各国国内旧的民族矛盾逐渐克服，而新的民族矛盾又随之出现

中亚国家独立初期，其主要民族矛盾是以各国主体民族为代表的世居民族与以俄罗斯人为代表斯拉夫民族之间的矛盾。当时，大批俄罗斯人因失去优越地位，沦为"二等公民"而愤然离开中亚国家。在俄罗斯人居住比较集中的哈萨克斯坦，民族矛盾更加突出。据报道，1993年12月19日，哈萨克斯坦巴甫洛达尔市的俄、哈两族曾发生流血冲突。1994年10~11月，在哈萨克斯坦北部地区和原首都阿拉木图市都曾发生哥萨克人社团的反政府活动。在一些中亚国家，俄罗斯人还建立起捍卫自己权益的社会团体。如哈萨克斯坦的"统一族际和睦运动"的成员主要是俄罗斯人。该组织的基本主张是反对哈萨克斯坦社会中的"哈萨克族化"，同时要求确立俄语和哈语平等的国语地位。近年来，随着中亚各国及时采取诸如通过有关法规提高俄语地位，妥善解决双重国籍问题等一系列措施，俄罗斯人和主体民族之间的矛盾有所缓和。其表现之一是，俄罗斯人等斯拉夫民族外迁的人数明显减少。1997年4月6日，纳扎尔巴耶夫说，与1994年相比，1996年从哈萨克斯坦迁移出去的俄罗斯人减少68.75%。而与此同时，中亚五国世居民族之间的民族矛盾开始显现。近年来，在哈萨克斯坦、乌兹别克斯坦南部的哈、乌两族之间，吉尔吉斯斯坦奥什州的吉、乌、塔族之间以及塔吉克斯坦的塔、乌两族之间都因经济和文化方面出现矛盾而造成族际关系紧张。

（三）中亚国家因跨境民族问题与一些周边国家之间也存在一定矛盾

在中亚国家之间以及中亚国家与诸如中国、俄罗斯、阿富汗、伊朗、蒙古、巴基斯坦和土耳其等邻国之间长期拥有大量同宗同源的跨境民族。据俄罗斯《百科辞典》（1997年俄文版）提供的统计资料，到20世纪90年代初，有654万哈萨克人居住在哈萨克斯坦，还有大约280万哈萨克人生活在乌兹别克斯坦、土库曼斯坦、吉尔吉斯斯坦、塔吉克斯坦、俄罗斯以及中国和蒙古等国；在同一时期，有1414.5万乌兹别克人居住在乌兹别克斯坦，还有323.2万乌兹别克人生活在塔吉克斯坦、哈萨克斯坦以及阿富汗和中国等国家；有223万吉尔吉斯人居住在吉尔吉斯斯坦，还有43.1万吉尔吉斯人生活在乌兹别克斯坦、塔吉

克斯坦、俄罗斯以及中国、蒙古、阿富汗和巴基斯坦等国家；土库曼人主要居住在土库曼斯坦（253.7万人），还有一些人生活在阿富汗、伊朗和土耳其等国家；塔吉克人主要居住在塔吉克斯坦（317.2万人），还有一些人生活在俄罗斯（3.82万人）以及中国、阿富汗和伊朗等国家。

中亚国家独立后分别以散居世界各地的哈萨克人、乌兹别克人、吉尔吉斯人、土库曼人和塔吉克人的"历史祖国"自居，鼓励和支持上述民族成员"回国"定居。1992年吉尔吉斯斯坦和哈萨克斯坦分别召开了"世界吉尔吉斯人代表大会"和"世界哈萨克人代表大会"。吉尔吉斯斯坦建立起"吉尔吉斯人民"和"玛纳斯之父"两个协会，"积极同世界各国的吉尔吉斯人建立联系"；① 哈萨克斯坦建立了以纳扎尔巴耶夫为首的"世界哈萨克人协会"，"与哈萨克流亡者建立了广泛联系"。② 据纳扎尔巴耶夫说，20世纪90年代初期，有将近450万哈萨克人生活在40多个国家。到1995年4月，有将近10万哈萨克人从蒙古、伊朗、土耳其回归哈萨克斯坦，"也有不少人从俄罗斯、塔吉克斯坦、土库曼斯坦回到祖国。我们正着手解决他们的住房问题，有条不紊地进行贷款工作"。③ 土库曼斯坦总统尼亚佐夫1992年2月14日说："目前，在土库曼斯坦居住着250万土库曼人，而在国外有几百万土库曼人。所有想回到父辈的祖国并有志促进土库曼斯坦繁荣昌盛的同胞们，我们准备向他们提供房和工作。我们特别期待想在这里投资建立合资企业的土库曼人。"④ 中亚国家独立后分别将分布于世界各地、已成为他国公民的哈萨克人、乌兹别克人、吉尔吉斯人、土库曼人和塔吉克人视为自己主体民族在境外的组成部分，并声称有责任保护他们，公开号召他们回归"祖国"，这不仅影响到别国的安定团结，也影响到它们同有关国家的关系。2000年1月，乌兹别克斯坦和哈萨克斯坦曾发生边界冲突事件，使两国关系一度紧张。据报道，这次冲突事件的原因与乌、哈两国的跨境民族有关。⑤

原载《中国新疆与中亚问题研究论文集》，新疆大学出版社，2002

---

① 〔吉〕阿·卡雷普洛夫：《吉尔吉斯斯坦》，比什凯克，1994，第46页。
② 〔哈〕努·纳扎尔巴耶夫：《前进中的哈萨克斯坦》，民族出版社，2000，第18页。
③ 〔哈〕努·纳扎尔巴耶夫：《前进中的哈萨克斯坦》，民族出版社，2000，第25~26页。
④ 〔土库曼斯坦〕萨·阿·尼亚佐夫：《永久中立，世代安宁》，东方出版社，1996，第33页。
⑤ 参阅赵常庆《哈乌之间的矛盾与冲突》，《中亚信息》2000年第10期；李志勇《哈乌划界小组激起哈国巴格斯村村民的愤怒》，《中亚信息》2001年第4期。

俄罗斯共产党：
发展历程及其势衰原因

李雅君[*]

俄罗斯共产党（以下简称俄共）是在1990年，即苏联解体的前一年成立的。当时它的成立是为了满足部分俄罗斯共产党人希望在俄罗斯联邦内拥有自己共产党组织的愿望，以改变70年来在苏联各加盟共和国中唯独俄罗斯联邦没有自己的共产党组织的状况。在俄共成立大会上，由于苏共党内反对改革的派别占据了俄共的领导职位，因而俄共也从成立之时起就被打上了保守派政党的烙印。[①] 1991年"8·19"事件后，大权在握的叶利钦趁打击苏共之机，宣布解散俄共的组织机构，停止俄共在俄罗斯境内的活动，并没收俄共的财产。但是，俄共不仅没有被叶利钦一棍子打倒，相反它借助叶利钦亲手建立起来的民主机制又很快重新取得了合法地位并迅速崛起。

在俄罗斯社会转轨的十年间，俄共以其强烈的意识形态色彩、广泛的群众基础和严密的组织结构，发展成为举足轻重的社会政治力量和对执政者最具威胁的左翼反对派政党。俄共的保守性和平民主义色彩也使因激进变革而处于分化的俄罗斯社会找到了某种平衡。普京执政后，俄共一方面受到议会"中右翼势力"的联合挤压，另一方面又因党内不同派别之间的争斗而出现分化，直至分裂。

---

[*] 李雅君，中国社会科学院俄罗斯东欧中亚研究所研究员，法学博士，中国社会科学院俄罗斯研究中心副主任。

[①]〔俄〕列昂尼德·姆列钦：《权力的公式——从叶利钦到普京》，徐葵等译，新华出版社，2001，第244-245页。

本文试图以十年来俄罗斯的政治发展为线索，概括俄共由盛而衰的发展轨迹，并在分析俄罗斯社会转轨特殊性的基础上，揭示俄共兴衰的内外原因。

一 俄共的兴衰历程

1992年11月30日，俄罗斯宪法法院宣布了对俄共的解禁决定。两个多月后，即1993年2月13~14日，俄共召开了第二次非常代表大会，又称俄共重建与联合大会。恢复重建后，俄共领导人在各种场合都表露出希望俄共成为体制内政党的愿望。① 因而，重建后的俄共首先放弃了传统共产主义理论中有关阶级斗争和暴力革命的思想，表示认同议会民主的道路。从1993年至今，俄共凭借积极参加国家和地方各级政权机关的选举基本上实现了"成为体制内政党"的目的。目前，在俄罗斯各派政治力量中，只有俄共可以称得上是"历届议会大党"和"现政权最大的反对派"。但是，如果从俄共在国家权力结构中发挥作用的程度来看，可以看到在恢复重建后的九年时间里俄共的发展经历了一个复兴→极盛→势衰的过程。

（一）俄共的复兴时期

主要是指俄共从1993年"十月流血事件"到1994年年底的这段发展时期，它复兴的标志是参加1993年第一届国家杜马选举并在选举中"意外"取胜。这一时期的特点是：俄共基本上走的是平民主义路线，还没有提出自己十分明确的政纲，但在对待现政权的态度上与其他共产党组织已经有了显著的区别；俄共利用选举等宪法规定的合法手段，逐渐摆脱了困境，终于东山再起，成为俄罗斯左翼力量的代表。

1993年年初，正当俄共重新恢复活动之际，总统与议会之间的对抗已日益激化。在10月用武力解散了"阻碍改革"的旧议会（俄联邦人民代表大会最高苏维埃）后，叶利钦趁势向社会抛出了以加强总统权力为核心的新宪法草案，同时宣布在对新宪法草案进行全民公决的同时举行新议会的直接选举。俄共

---

① 1994年8月10日〔俄〕《真理报》刊登了俄共领导人久加诺夫的答记者问。在谈到俄共与它的前身——苏共的原则性区别时，他认为主要有三点不同：第一，俄共在现代条件下放弃用革命来解决问题的方式；第二，俄共在坚持国家所有制和集体所有制的同时，承认社会存在多种经济成分；第三，俄共承认多元化的政治制度。

"因没有直接参与暴乱"而被允许参加议会选举。在竞选过程中,俄共作为唯一获得竞选资格的共产党组织备受选民关注。选举结果,俄共获得杜马450个席位中的65席,成为议会第三大党。俄共与具有极端民族主义倾向的日里诺夫斯基的俄罗斯自由民主党(获70席)所获的选票相加竟包揽了国家杜马中近1/3席位,在议会中几乎与"民主派"政党("俄罗斯选择""亚博卢"集团和"俄罗斯统一和谐党")形成对抗之势,令"民主派"极为震惊和失望。

这一选举结果对俄共来说意义重大。其一,它标志着曾受到现政权打压的俄共以合法身份又回到了政治舞台,重新找到了发挥自己影响力的场所和机会,同时也让俄共领导人看到了利用合法手段夺取政权的可能性。议会选举后,俄共、农业党等左翼反对派开始联合,并以议会为舞台在俄罗斯政治生活中发挥着实际作用。在斗争方式上,俄共也逐渐放弃了街头斗争和大规模游行示威,转而主要在议会范围内活动,即通过选举和议会斗争的方式实现党的政治目标,这样也就同那些激进的共产党组织拉开了距离。

其二,它反映了1993年前后俄罗斯民众情绪的变化:因激进变革而出现的社会庞大贫困阶层开始倾向左翼反对派或带有民族主义情绪的政党和组织,社会出现否定叶利钦政权政策路线的倾向和怀旧情绪。"十月流血事件"虽然结束了政权上层因改革政策上的分歧而导致的权力争斗,但并没有为激进民主派扫清所有政治障碍,以俄共为主的议会反对派作为社会贫困阶层的代表,同总统权力集团之间的对抗成为俄罗斯国内政治的主要内容。

(二) 俄共的极盛时期

这一时期从1995年年初到1996年年中。俄共达到极盛的标志是:作为反对派政党,俄共的影响进一步扩大,不仅成为现政权强有力的竞争者,而且几乎改变俄罗斯政治进程的发展轨迹。

第一届国家杜马选举的胜利除了给俄共领导人"意外的惊喜"外,也增强了他们通过竞选夺取政权的信心。他们知道,要想在现体制内取得主导权,还必须拥有议会多数席位或争取总统选举的胜利。按照新宪法,第二届国家杜马选举定于1995年12月进行,半年之后即1996年6月还将举行总统大选。从1995年年初起俄共就拉开了架势,开始为年底的议会选举进行精心准备。

1995年1月21~22日,俄共召开了第三次代表大会。这次代表大会为俄共明确提出了参加竞选的三个阶段性目标:第一阶段是"争取在议会选举中取胜。

进入议会后力争在议会组成'人民爱国'多数派，同时提出合适的总统候选人"；第二阶段是"在总统选举中确保爱国力量代表获胜。此后组成人民信任的政府"；第三阶段是"在'爱国主义者'当选总统后，在俄罗斯各地区进行地方立法和执行权力机关的选举"。"这三个阶段的过渡时期结束后，将召开制宪会议，筹备宪法草案，自下而上地以苏维埃形式恢复人民政权。"①

按照这三个阶段性目标，在竞选活动中，与其他政党和选举联盟相比，俄共的竞选策略更具有针对性。这些策略包括：第一，利用现政权内外政策的失误抨击"民主派"的改革方针；第二，打出"强国思想、爱国主义和国家统一"的旗号吸引广泛的同盟者；第三，发动地方基层组织开展对普通选民的宣传鼓动工作，② 利用各种舆论工具宣传俄共主张。几年来，俄罗斯政府执行的激进经济改革政策导致物价上涨、失业率上升、社会贫富悬殊加剧以及犯罪活动猖獗等一系列严重社会问题，加上车臣战争的旷日持久，民众对现政权的不满情绪越来越强烈。而俄共在竞选活动中采取的具有平民主义色彩的宣传攻势也勾起了部分选民对苏联时期社会安定与温饱生活的怀恋，在俄罗斯民众中引发了一股颇为强烈的怀旧情绪。

正是由于以上种种因素的作用，在1995年12月17日举行的第二届国家杜马选举中，对现政府不满、希望改变现状的选民把大量选票投给了许诺"恢复俄罗斯大国梦想"的俄共。选举结果，俄共异军突起，获得22.3%的选票，加上在单名制选区中获得的议席，俄共共获得157个代表席位，占450个杜马议席中的1/3强，一跃成为议会第一大党。

经过两届国家杜马选举，俄共已经从复兴走向崛起。俄共在国家杜马中的优势地位也使它成了现政权最大的反对派。从第二届国家杜马开始，俄罗斯国内常常习惯地将国家杜马称为"共产党的杜马"或"左派的杜马"，将总统与议会之间的矛盾直接看成"民主派"与俄共等左翼反对派的争斗。然而，俄共领导人并不想就此停住脚步，他们希望继续赢得总统大选的胜利。

在1996年总统选举中，面对咄咄逼人的左翼反对派，为了保住"民主派"

---

① 《俄罗斯联邦第二届议会党团》，白山出版社，1999，第40-51页。
② 1995年1月，在俄联邦共产党第三次代表大会执行委员会的政治报告中，俄共执委会主席久加诺夫称，目前俄共在全俄89个联邦主体内的88个主体中进行了登记并设有自己的分支机构（当时俄共只是在车臣共和国没有设立分支机构），且在这89个联邦主体中的2000个地区与城市建立了党的基层组织。资料来源：新华社莫斯科1995年1月21日俄文电。

政权和防止"共产主义势力"重新上台,背水一战的叶利钦几乎动用了一切竞选手段与以俄共为首的左翼反对派进行了一场面对面的政治决战。尽管当时有11位总统候选人参加了竞选,但实际竞争始终是在叶利钦和俄共领导人久加诺夫之间进行的。经过两轮激烈的较量,叶利钦最终以微弱优势击败久加诺夫,成功蝉联第二届总统职位。俄共也由此失去了一次最有希望执掌政权的机会。

有关俄共在这次总统选举中失败的原因,俄罗斯政治家及各国学者曾做过多方面分析,得出的许多结论各异。其中,最普遍的看法主要有:俄共的竞选纲领不切实际,没有给选民提出明确的国家发展方向;俄共竞选资金不足;久加诺夫本人缺乏领袖魅力;叶利钦利用执政地位,在竞选中采取了俄共所缺乏的各种手段,等等。

除上面这些原因外,本人认为,在1996年总统选举期间,还有一些非策略性因素(指那些对选举过程有影响、但难以控制的因素)也起到了左右选举结果的作用,其中某些因素甚至还转化成了影响选举结果的决定性因素。它们主要有以下几点。

1. 大多数选民中普遍存在着不愿意再回到过去的心态

处于社会转型时期的俄罗斯社会,一方面人们的政治倾向和社会价值取向尚未完全定型,不成功的社会激进变革使社会意识发生分化和对抗,这是导致总统选举争夺激烈的重要原因;另一方面,人们对苏联社会的失败和种种弊端仍记忆犹新,在他们看来走回头路是没有出路的,这点构成了社会大多数人的主导意识,并由此形成了社会主流意识。从这两个方面我们就可以找到何以竞选激烈但叶利钦却最终获胜的根本原因。在议会选举中支持俄共的选民有相当一部分只是为了表示其对现政权的不满,但并不表明他们赞成恢复旧制度。叶利钦及其周围的人正是抓住了大多数选民希望社会稳定、不愿发生大的社会逆转的心理,利用宣传媒介,连篇累牍地指责俄共掌权后将恢复"专制"体制,甚至大肆宣传"共产党人准备乘总统选举之机非法夺取政权"。而俄共领导人没有意识到选民的这种矛盾心态,反而在自己的竞选纲领中反复强调:俄共取得总统选举胜利后的首要任务是要就是否恢复苏联问题进行全民公决,还提出要修改现行宪法,彻底改变"民主派"推行的全面私有化政策。俄共的这些主张正好成了所谓"要回到过去"的最好脚注,成为被攻击的靶子。

2. 议会选举的结果客观上为叶利钦的当选创造了条件

1995年年底议会选举后，一些曾对叶利钦蝉联总统职位构成威胁的人物，如亚夫林斯基、日里诺夫斯基等在民众中的影响下降，实际上已经失去了竞选总统的实力，只有俄共领导人久加诺夫可以与叶利钦为争夺总统宝座进行一番较量。这种状况对叶利钦竞选连任非常有利。一方面，他可以为自己制定更具针对性的竞选策略；另一方面，在必要时，他还可以利用自己的总统权力与某些候选人达成利益交换，共同对付俄共，以增加其获胜的砝码。事实上，在第二轮投票时，叶利钦正是采取了这样的策略才问鼎成功的。相反，对俄罗斯共产党来说，虽然在议会选举中成为议会第一大党，但并没有取得议会绝对多数。在选民中有一定影响的政府反对派"亚博卢"集团与俄罗斯自由民主党的领导人都拒绝在竞选中与俄共合作。所以，在整个总统大选期间，除了自己的固定选民和来自左翼人民爱国力量联盟的支持，久加诺夫一直是"孤军奋战"，没有找到任何新的同盟者。

3. 俄罗斯70%的选民投票率决定了最终的选举结果

总统选举前，俄罗斯有关民意调查机构根据对选民投票意向的分析得出结论认为，如果总统选举时选民投票率高于60%，叶利钦就有望取胜，反之，俄共上台的可能性就会增强。他们做出这种预测的根据是：1995年议会选举时选民的投票率为60%，所以俄共取得了胜利。俄共的社会基础比较稳定，其支持者的投票积极性也不会受到客观条件的影响，也就是说，如果不出意外的话，在这次总统选举中投票支持久加诺夫的选民人数不会有大的变化，还会是这60%参选选民中的大部分。而其余40%选民则处于游离状态，这些选民一般比较散漫自由，随意性大，对政治也相对冷漠，所以能否争取这部分选民参加投票，就成了叶利钦能否获胜的关键，而且选民的投票率越高，叶利钦获胜的希望也就越大。[①] 该民意调查机构的分析和做出的预测应当说是比较准确的。在总统竞选期间，叶利钦的竞选班子曾把动员选民参加投票作为它的最主要工作之一。根据选举结果，在这次总统选举中，两轮的投票率都接近了70%。应该说，叶利钦的获胜与选举时选民极高的投票率有直接的关系。

以上所列举的因素在某种程度上都对1996年总统选举产生了影响，选举的结果其实就是这些因素在总统选举这一特定时期合力作用的真实反映。

---

① 新华社莫斯科1996年6月29日电。

(三) 俄共的势衰时期

这一时期从1996年总统选举后一直延续至今，包括叶利钦的整个第二任期和普京当政以来这段时间。它的特点是：俄共对政权的挑战能力逐渐减弱，党内开始分化。

1996年总统选举的失利打断了俄共分阶段夺取政权的计划，一向以"不妥协的政权反对派"自居的俄共走进了它发展的十字路口。为适应选举后俄罗斯新的社会政治形势，避免再次同现政权发生直接政治对抗，从1996年年中至1999年年底，以久加诺夫为首的俄共领导层适度调整了自己的斗争策略，暂时放弃"夺取政权""改变国家发展方向"等激烈的政治口号，对现政权采取了一种"妥协+对抗"的态度。具体表现为：一方面，接受叶利钦的倡议，同意参加由总统、总理、议会上下两院议长参加的"四方会谈"和由议会各党派参加的协商性"圆桌会议"，利用执政集团内部在国家发展战略和利益分配问题上的分歧，在议会表决中支持主张采取稳健经济政策的切尔诺梅尔金政府和普里马科夫政府的各项提案，而且还赞同俄共代表马斯柳科夫等人进入普里马科夫的联合政府；另一方面，俄共又站在议会反对派的立场，在1998~1999年的政府危机中，联合议会其他各派力量，以通过否决案的方式迫使总统做出了部分让步，并在叶利钦执政后期，利用日益加深的社会矛盾，发起组织了对叶利钦的弹劾案和有关限制总统权力的修宪运动。

然而，俄共领导人针对现政权的这一政策调整却遭到了来自俄共内部"左""右"两派势力的激烈反对。以彼得罗夫斯基、伊柳欣和马卡绍夫等为代表的党内激进派指责俄共领导人是在搞机会主义和妥协主义；而持"右"倾观点的谢列兹尼奥夫、波德别列兹金和马斯柳科夫等人则主张在目前形势下俄共应放弃对抗思想，扩大与政府的合作。[①] 这期间，观点对立的两派还在俄共内相继成立了各自的政治派别。其中，激进派中的彼得罗夫斯基成立了"列宁—斯大林纲领派"、伊柳欣与马卡绍夫组建了"支持军队运动"；在持"右"倾观点的派别中，波德别列兹金等人创立的"精神遗产运动"很有影响，近两年俄共内又宣布成立了一个新的组织——由国家杜马主席谢列兹尼奥夫领导的"俄罗斯运

---

① 俄塔社莫斯科2002年5月25日俄文电。

动"。① 这些党内派别的出现不仅在俄共内部造成了意识形态上的混乱，同时还引发了俄共组织上的分化。在 1998～1999 年的政府危机中，俄共内部的这种分化显现了出来。

1998 年 3 月 23 日，叶利钦突然下令解散切尔诺梅尔金政府，提名基里延科为新总理。但他的提名遭到了以俄共为首的国家杜马各党派的普遍反对，议会两次投票予以否决。在关键的第三轮投票前，俄共召开紧急中央全会，要求俄共议会党团成员拒绝参加投票。但是，在投票当天，素以组织性强著称的俄共议会党团出现了分裂，一半以上俄共议员违反俄共中央决议，以个人名义参加了投票，而且其中的很多人还投了赞成票。结果，对基里延科的总理提名以微弱多数获议会批准。无可否认，部分俄共议员的赞成票在这里起了决定性作用。随后，在 1999 年议会选举前，"支持军队运动"和"精神遗产运动"表示要单独参加即将举行的议会选举，俄共力量因此大受损伤。与此同时，由俄共领导的左翼"人民爱国力量联盟"也出现了分裂，在议会中一部分党派愿意通过"圆桌会议"或"四方会晤"与叶利钦政府合作，另一部分党派则坚决反对。

由于内部的分化与组织上的分裂，这一时期以俄共为首的左翼反对派已经基本丧失了与现政权抗衡的能力，其影响力开始萎缩。在 1999 年议会选举中，俄共虽然保住了议会第一大党的地位，但由于"人民爱国力量联盟"的分裂，左翼力量严重受挫，其影响已让位于以"团结"党为主的中右翼势力。

普京执政后，对俄共采取了"外松内紧"的策略。一方面，以"强国富民"的口号赢得俄共的合作，在议会中与俄共议会党团开展建设性对话，以期在一系列内外政策上寻求俄共等左派党团的支持。另一方面，利用各种手段挤压俄共。如促成议会多数通过《俄罗斯政党法》；推动中右翼政党——全俄罗斯"团结—祖国"党的建立，目前该党已经取代俄共成为议会第一大党。

2002 年 4 月，议会中支持普京政权的中右派势力向以俄共为首的左翼反对派发动了"政变"，要求剥夺由俄共控制的一些议会委员会主席职位。在这场议会左、右两大派别的争斗中，俄共中央委员、杜马主席谢列兹尼奥夫等俄共上层领导人因拒不执行俄共中央《有关俄共党员自动放弃所有担任的议会职位的

---

① "俄罗斯运动"成立于普京当政后的 2000 年 7 月。

决议》被开除出党。① 这一事件在俄共内部引起了轩然大波，表明俄共内部矛盾进一步公开化，俄共的前途令人关注。

二 俄共势衰的主要原因

在俄共从创建到成为议会第一大党再到失去议会第一大党地位的发展过程中，即使处于自己的极盛时期，或者在其最有影响的时候，它都没能像某些东欧国家的共产党那样取得执政党的地位。究其原因，其中既有俄共自身的缺陷，也有俄罗斯社会各种因素的影响。

（一）俄共势衰的自身原因

第一，俄共没有认真总结苏共失败和苏联解体的教训，以致不能在马克思主义理论基础上提出有别于传统、能够吸引社会大多数人的全新的社会发展方向。

脱胎于苏共的俄共并没有建成一个适应社会变化的全新政党，相反它的创建者拒绝任何社会变革。1993年恢复重建后，俄共意识形态上的这种保守性也没有完全消除。一方面，俄共新的领导人面对以社会民主为核心的主流意识，被迫放弃了部分马克思列宁主义信条，提出了利用合法手段"夺取政权"的思想；另一方面，他们又沉湎于对旧体制的怀念和对恢复苏联的热望中。成为体制内政党后，俄共以对抗现政权为己任，扮演了"不妥协反对派"角色，以反对政府提出的各项改革措施为其议会工作的重心。俄共在意识形态上的偏激，以及它的非建设性反对派立场，在很大程度上限制了俄共领导人与时俱进，使其无法遵循马克思主义辩证唯物主义与历史唯物主义的基本原理，提出能够符合大多数民众利益的正确主张。从俄共纲领中我们可以看到，对苏共和苏联历史的反思被一些概念性和表面性的词句所代替，而对俄罗斯未来社会发展方向的展望也没有超出传统社会主义的范畴。② 1996年俄总统选举时，正是俄共纲领上的这种保守性成了"民主派"攻击的把柄，俄共也因而失去了多数选民的

---

① 俄通社—塔斯社莫斯科1998年5月21日俄文电。
② 俄共纲领于1995年1月22日在俄共第三次代表大会上正式通过，它反映了当时俄共党内对世界及俄国内局势的看法。俄共纲领的具体内容参见《俄罗斯联邦第二届议会党团》，白山出版社，1999，第23－40页。

信任，在许多选民心目中成为"守旧"、"倒退"与"恢复旧制度"的"同义词"。而俄共领导人一向用来对付叶利钦政府的所谓"民族主义"、"爱国主义"和"强国思想"等宣传口号，如今也被普京政府吸收过去，成为他治国理论的一部分。可以说，意识形态与行动纲领上的缺陷是俄共由盛而衰的根本原因。

第二，俄共不是社会大多数人利益的代表，而只是社会贫困阶层的代言人。社会贫困阶层的存在既是俄共复兴的先决条件，也是造成俄共势衰的主要因素。

首先，社会贫困阶层固有的保守性对俄共的政治思维和行动纲领起着束缚作用。如前所述，俄共的复兴首先是社会激进变革引发社会两极分化的结果。俄共重建后，因"民主派"推行社会激进改革而出现的社会大量贫困阶层开始倾向左翼反对派，这为俄共的迅速崛起奠定了良好的群众基础。依靠社会贫困阶层的支持，俄共取得了议会选举的胜利并成为他们在议会中的代言人。正是这种相互依存关系决定了俄共的行动纲领必须以社会贫困阶层的意愿为出发点，即使这些意愿并不符合社会发展的总体方向。为了满足贫困阶层对现政权的普遍不满情绪，俄共不得不将自己置于现政权与现制度的对立面，以致常常被视为阻碍社会进步的保守势力而受到其他社会阶层的孤立。

其次，普京当选总统后表示政府将考虑那些支持俄共的选民的利益，他的这种平民主义治国思想赢得了部分贫困阶层的好感。随着国家经济状况的好转，以及普京推行了一系列消除社会贫困的措施，曾占社会人口35%左右的贫困阶层正在出现分化，社会贫困人口的数量也在相对减少，这客观上造成了俄共赖以存在的社会基础的萎缩。在这种情况下俄共的势衰也就变得不可避免。

应该说，俄共与社会贫困阶层的结合是双方寻求互利的结果，但这种联合并未给双方带来多少实际的利益。一方面由于意识形态和行动纲领上的缺陷俄共没有能力为这一阶层指出摆脱贫困的有效途径，另一方面社会贫困阶层的落后性与保守性又割断了俄共与社会主流意识及其他具有先进思想的社会阶层的联系，限制了俄共的自我更新与自身发展。目前俄共在党的建设方面面临的主要困境是：党员队伍老化，新生力量严重不足。在年龄及人员结构上，俄共基层党员基本上是以55岁以上的退休人员为主，25岁以下的党员所占比例很小，支持俄共的选民大多来自农村和中、小城市，受高等教育的人不多。[①] 党员队伍与群众基础上的双重危机表明俄共正在逐渐丧失其作为群众性政党的天然优势，

---

① 资料来源：http://www.nns.ru/elects。

且在与现政权的抗衡中也难以组织起广泛的社会联盟。

第三，恢复重建后，凭借合法手段，俄共实现了从体制外政党向体制内政党的转变。这一转变推动了俄共的迅速复兴，但同时也引起了俄共党内及其领导人之间的严重分化。这种分化表现在两个方面。其一是源于思想分歧的党内派别之间的分化，这是俄共党内在意识形态问题上长期斗争的结果。从积极方面来说，俄共领导人可以通过不同派别的思想交锋统一党内思想，从而实现俄共在新的政治形势下的自身嬗变；但从消极方面来看，这种思想分歧如果不能解决，将不可避免地导致党内分化。事实也表明，缘于思想分歧的党内分化极大地削弱了俄共的战斗力，而且从它的发展趋势看，这种分化正在演变为俄共的分裂。其二是党内既得利益者与广大普通党员的背离。成为体制内政党后，俄共领导人把参加各级国家权力机关选举作为实现党的政治目标的手段。凭借在选举中的胜利，大批俄共党员进入各级权力机关。据称，目前在俄罗斯89个联邦主体中，有近一半的地方行政长官职位被俄共党员或俄共的支持者所掌控。这一现象说明，目前很多俄共党员已经融入了现政权，并从现政权中获得了很多实际利益，成为党内的既得利益者。根据俄罗斯宪法和有关法律，国家杜马代表享有政治豁免权及其他特殊权利；国家杜马代表的月工资与政府部长的月工资相等，而国家杜马主席的月薪相当于俄罗斯政府总理的月薪；联邦主体地方行政长官还握有许多宪法规定的管理地方事务的实权。

近年来，随着这些党内既得利益者队伍的不断增大，以牺牲党的整体利益来保全自己个人利益的现象越来越普遍。其中一个最典型的实例就是：1998年政府危机期间，国家杜马中俄共议会党团的大批成员为避免叶利钦解散议会并保住自己的议员地位，公开违抗俄共中央全会决议，投票赞成基里延科出任政府总理，以致俄共反对叶利钦政权的计划遭到破产。应该说，这些俄共党内的既得利益者对俄共势力的削弱负有直接的责任。

从以上分析可以看出，俄共意识形态上的保守性与它的体制内政党的地位之间存在着明显的不一致性，这种不一致性又反映出俄共行为上的矛盾性，它们表现为体制内政党应起的建设性作用与"强硬的反对派政党"非建设性作用之间的矛盾，以及俄共纲领的保守与俄共上层领导人的务实态度之间的矛盾。在利益因素的作用下，这种行为方式上的矛盾性更趋复杂化，进而引起俄共党内及俄共上层领导人之间的分化。谢列兹尼奥夫等人拒不执行俄共中央命令与他们被开除出党的事实正说明了这一点。

(二) 俄共势衰的社会因素

第一，不愿意走回头路的社会主流意识对社会政治斗争的胜负有着决定性影响。俄共恢复重建后正值社会激烈变革引发剧烈社会动荡与社会分化时期，民众对现政权的不满情绪与怀旧心理为俄共的迅速复兴创造了条件。但是，社会情绪的左转并不是社会要求倒退的标志，这点从多数民众在议会选举中支持俄共，而在总统选举中支持叶利钦这一现象中可以得到说明。如上所述，投票率高（接近70%的选民参加了投票）是叶利钦获胜的原因之一，这恰好也证明了社会大多数人的意志和政治倾向。纲领上的保守性与非建设性是俄共与社会主流意识相背离的主要原因。在大多数人看来，俄共对恢复传统苏维埃社会的企望就是要恢复过去的苏联模式极权主义统治，因而是不能接受的。可见，在俄共与叶利钦的较量中，不愿意走回头路的社会主流意识起了关键性作用。

第二，俄罗斯民主制度的特殊性对俄共的兴衰有着直接影响。1993年"民主派"以武力取得了对旧议会的胜利，确立了以总统集权为核心的西方式宪政制度。这一制度的内容包含了诸如多党制、三权分立与自由选举等现代民主原则，同时又赋予总统在国家权力体系中的绝对权威。依据这一宪政制度，一方面俄共重新取得了合法地位，成为体制内政党；另一方面总统的大权独揽又对俄共和其他反对派政治组织形成高压态势。尽管俄共在议会选举中曾连续占据过议会第一大党的地位，但却无法直接参与政权管理，而执政集团却可以利用手中的国家机器、舆论工具丑化俄共，对它竭尽排挤、打压和分化之能事。相比较而言，除了得到社会贫困阶层的支持外，俄共几乎没有其他的社会政治资源，它不得不孤身同掌控着大权的执政集团相抗衡。

第三，与社会知识阶层相脱离是俄共不可能取得胜利的重要原因。由于俄共所代表的社会贫困阶层固有的落后性与保守性，它在很大程度上失去了与作为社会先进思想代表的知识阶层的联系。一个突出的事例是，在1996年大选中，舆论界几乎全部站在了叶利钦一边，这一现象仅仅用"执政集团收买和操纵舆论""新闻工作者缺乏良知"是无法解释的，这实际上说明了知识阶层的主体与俄共的对立。而俄共之所以在与现政权的政治斗争中难以提出符合社会发展方向的正确主张，也与俄共党内缺少具有先进思想的知识分子有很大关系。就知识阶层而言，苏联模式极权主义长期统治的历史使他们对俄共抱有强烈抵触情绪，知识分子所具有的民主天性促使他们本能地倾向于"民主派"。在居民文化水平很高的俄罗斯社会里,正是在以知识分子为主体的"民主派"的引导下形成了以反共产主义为核心的社会主流意识,并对社会发展起了至关重要的影响。这也从一个方面充分说明,在一个居民文化水平比较高的社会里,任何一个政党要想获得政权,离开了知识阶层的支持都是不可能的。

原载《东欧中亚研究》2002 年第 6 期

吉尔吉斯斯坦独立以来的两度政变与政治发展前景

薛福岐[*]

吉尔吉斯斯坦分别在2005年3月和2010年4月发生政变[①]。这表明：独立以来所选择的西方式民主政治和俄罗斯威权主义两种政治模式均遭到失败，根本原因是与本国政治文化和政治传统严重脱节。2010年启动的议会制总体上符合本国政治传统和政治文化，关键在于议会制能否在操作层面上有效整合国内各主要政治力量。在部族认同被民族国家认同取代之前，部族主义依然是政治领域的重要因素，也是政治不稳定的基本动因之一；独立以来的民族沙文主义政策，主体民族意识高涨及其理论与实践是未来政治不稳定的重要诱因。

一 两任总统，一种结局

2010年4月6～7日，吉尔吉斯斯坦反对派在部分地区组织群众集会，抗议当局逮捕反对派领袖。反对派在首都比什凯克组织大规模群众示威，占领政府机构和电视台，最终迫使总统巴基耶夫离开首都，回到贾拉拉巴德州的老家避难。经过十多天的谈判和俄罗斯、美国、哈萨克斯坦等国的斡旋，巴基耶夫宣

---

[*] 薛福岐，中国社会科学院俄罗斯东欧中亚研究所欧亚战略研究室主任，研究员。
[①] 参阅 Князев А. А. Государственный переворот 24 марта 2005 г. в Киргизии.-Алматы, Бишкек，2005。吉尔吉斯斯坦著名政治学者科尼亚泽夫认为，在对比研究吉尔吉斯斯坦与中亚邻国政治进程时，应特别关注外部势力在2005年3月24日的政变中所发挥的特殊作用。此外，还可参阅俄罗斯学者的研究以及吉尔吉斯斯坦当局出版的有关书籍：Кырзыстан：24 марта 2005——Народная революция/Сост.：Казыбаев П. Ш. и др.-Бишкек，Учкун，2006。

布辞职并出国。在两天的激烈对抗中，共造成近百名平民被打死，数千人受伤，首都比什凯克部分商业中心被洗劫。反对派力量组建临时政府，宣布解散议会，并于2010年6月27日举行全民公决，通过新版宪法并选举临时总统（任期到2012年）。临时政府宣布将在10月举行新一届议会选举。随后，6月在南部城市奥什发生吉尔吉斯族与乌兹别克族之间的激烈冲突，造成400多人死亡，2000多人受伤，大量房屋和财产被毁。

发生在2005年的"3·24政变"有着类似的轨迹。2005年3月，吉尔吉斯斯坦反对派抗议当局在议会选举中舞弊，原本针对少数几个投票站选举计票结果的抗议活动最终蔓延至首都比什凯克，并造成人员伤亡和财产损失。总统阿卡耶夫最终被迫离国出走并辞去总统职务。夺权之后的反对派承认议会选举结果，并随后组织总统大选，时任反对派领袖巴基耶夫在2005年8月当选总统。考虑到在此次事件中被推翻的只是原来的国家最高领导人，而此后国家的政治体制、政府组织方式等均未发生改变，因此，虽然此次事件被试图解释为"颜色革命"，但事实上就事件本身的性质而言，依然是一般意义上的"政变"。

从政治发展的角度看，2005年和2010年两度政变虽然是两个不同的事件，却有着相同的发展逻辑。

吉尔吉斯斯坦自苏联解体时开始独立建国，在缺乏相应知识、人才和经验准备的前提下，按照西方机构开出的"药方"对苏联体制进行解构，实行纸面宪法、多党制、议会、三权分立、普选制以及市场经济等西方式的政治经济和社会制度安排。毋庸置疑，吉尔吉斯斯坦选择西方式制度安排的一个不言自明的理由是其"普适性"，希冀由此可迅速达到自由繁荣的愿景。一时间，吉尔吉斯斯坦被西方称为"中亚民主之岛"。与此同时，新的体制面临着来自政权内部和政治传统两方面的挑战。其中第一任总统阿卡耶夫对宪法的修正就是一个例证。

在第一任总统阿卡耶夫执政期间，先后五次以全民公决方式对宪法进行修改，调整议会组织方式、总统与政府权限等，其结果是总统不断集权扩权，最终逐步走向家族统治。可以说，在阿卡耶夫时期的政治改革过程中，完全忽视吉尔吉斯斯坦政治文化与政治传统与西方国家之间的差异，以及对于新制度的适应程度。引进来的制度在政治实践中基本上处于"空转"状态，既没能对传统社会的价值体系进行有效的改革，也未能从根本上促进社会经济发展、提高居民的生活水平。

2005年"3·24"政变之后上台的巴基耶夫，先是利用各种方式逐步清理

"革命"同路人，然后再将其他南方派系逐步排斥出权力中心。2005年后的3年间，吉尔吉斯斯坦先后通过3部宪法，进行1次全民公决，1次议会提前选举，更换4任总理和4届政府。2007年年底，巴基耶夫通过宪政改革、组建政权党，彻底控制立法、行政和司法系统。巴基耶夫兄弟独揽大权的直接结果是，在面对反对派组织的夺权行动时空前孤立，既没有同盟者，也没有同情者，只能败走退回南方老家，最终被迫辞职出国。

亨廷顿在分析第三世界国家政治发展的路径时认为，任何一个政治体的稳定取决于政治参与的水平与政治制度化之间的关系[1]。就吉尔吉斯斯坦的情况而言，一方面，政治参与的水平并没有随着各级选举制度的普及而得到大幅度的扩展，另一方面，制度建设更多表现为"表面文章"，宪法条文与实际政治决策之间有一个巨大的鸿沟。

从吉尔吉斯斯坦独立以来政治发展的角度看，第一任总统阿卡耶夫模仿、照搬西方民主制度，第二任总统巴基耶夫模仿俄罗斯组建政权党和垂直权力体制。在具有独特政治文化和传统的吉尔吉斯斯坦，西方式民主制度、大权独揽的超级总统制表现出严重的"水土不服"。2005年和2010年两次政变的事实证明，上述政治实践并不适合吉尔吉斯斯坦政治文化的土壤，最终结果只能是失败。问题的关键何在？问题的关键也许在于，随着苏联解体，严密的政治控制被解除之后，吉尔吉斯斯坦所选择的西方宪政民主制度大大超越当时的社会经济发展水平，结果新制度既没有能够维持政治稳定，也没有带来社会经济的繁荣。更重要的是，这两种政治模式均未能从根本上有效解决吉尔吉斯斯坦政治生活中的突出问题——部族主义。

二 作为一种政治资源的部族主义

（一）生活在部族制度之下，没有近代意义上的民族国家的建设经验

众所周知，部族主义、部族之间的争夺是吉尔吉斯斯坦近年来政治不稳定的主要因素之一。何为吉尔吉斯斯坦的部族主义？一般认为，部族主义是吉尔

---

[1] S. Huntington, *Political Order in Changing Societies*, Yale University Press, 1996, p.79.

吉斯民族政治实践的重要内涵和经验之一①。吉尔吉斯族主要是游牧民族，长期以来过着游牧生活，在严酷的自然条件下，一家一户很难生存下来，只有以家族、部族为单位，才能够保障生存的条件。历史上形成了大约40多个大小不一的部落。根据有关对吉尔吉斯部落形成过程的研究，这些部落分为左、右、内三个支系。直到20世纪30年代，吉尔吉斯人依然保持游牧生活方式。可以说，历史上吉尔吉斯族一直生活在部族制度之下，并没有近代意义上的民族国家的建设经验。

1. 部族的经济基础是生活资料、生产资料的部族共有

直到20世纪初，吉尔吉斯人的财产还是部族共有的，既包括土地，也包括牲畜。这种思维方式折射到今天，就是在吉尔吉斯人的心目中，一旦家族里有人做官，那么此人所管理的国家资产便成为部族财产。

2. 部族成员都要维护自己人

吉尔吉斯谚语说，无论对错，都要护着本族人。部族不仅保护本族成员，而且对本部族成员的行为负责，这个传统延续至今。

3. 部族之间的竞争也是其传统之一

竞争的内容包括对其他部族、土地、牲畜和牧场的控制权。几乎每一个吉尔吉斯人，即便他在城市居住多年，受过高等教育，甚至在国外留学，都有意无意地感觉到自己是某个部族的成员。任何一个部长或者官员都要与自己的部族保持联系，寻求支持并给予支持，各级官员均不例外。其结果是国家政权机关任人唯亲的现象司空见惯。

（二）游牧生活方式决定着吉尔吉斯人的思维特点

吉尔吉斯人以部族为单位长年累月生活在高山峻岭之中，与外界的沟通十分有限。正是这样形成了吉尔吉斯族所特有的部族式社会经济关系和以部族为基础的社会组织方式。这种生活方式历经沙皇俄国、苏联时期而不衰。虽然吉尔吉斯社会的生产方式、社会关系、所有制形式发生了变化，但历史的记忆却没有被抹去。

---

① 一般认为，吉尔吉斯族是由几十个有血缘联系但互不隶属的部落组成。迄今为止，部落认同依然十分强烈。参见潘志平主编《"颜色革命"袭击下的中亚》，新疆人民出版社，2006，第86页。

沙皇政权在吞并吉尔吉斯地区之后曾经试图用乡、村行政单位取代部族，促使吉尔吉斯人定居，但效果甚微。苏维埃政权建立之后，部族之间开始争夺党政机关的领导岗位，在党政机关换届选举期间的争夺尤其激烈。这种做法一直延续至今，尤其是涉及选举国家领导人时更是如此。

（三）吉尔吉斯斯坦独立以来，部族主义的影响不仅在广大农村地区十分明显，随着城市移民的增多，部族主义也逐步增强，对受过教育的群体也影响甚大

在新的历史条件下，基于部族主义和家族作风的传统社会在经历现代化时十分艰难，对部族的普通成员来说尤其如此。在民主制度和市场经济的建设过程中，个人获得个体自由，却失去了往日受保护、有保障的状态，面临被边缘化的危险；在新的陌生条件下生存，更需要部族的互助机制，经济困难、生存的艰难迫使人们在血缘亲属基础上团结起来。此外，部族主义也是吉尔吉斯斯坦传统社会面对西方化的应激反应，尤其当社会的道德规范、世代相传的集体主义传统、部族内部民主和互助等价值观受到冲击和侵蚀时，传统社会给予的反应和反制作用。①

（四）吉尔吉斯斯坦没有近现代民族国家建设的经验

历史上吉尔吉斯部落之间互动的经验不足以支撑民族国家的建设。沙皇俄国和苏联时期的中央政府在很大程度上利用了吉尔吉斯部族主义，为己所用。例如，从1950年起，吉尔吉斯党中央一把手由南方人和北方人轮流担任。再譬如，苏联时期实行集体化、建立地方基层政权的时候，有意没有去打破原有的部族架构，反而强化了这一架构。集体农场或者地方村镇的负责人往往是由当地部落的长老来担任。吉国内所谓的"南北矛盾"，本质上就是南部和北部主要部落之间的竞争和争夺，实际上是对吉国内政治中部族主义政治的概况和描述。对吉政治精英和普通民众而言，部落认同取代了国家认同，部落利益大于国家整体利益。部落成为吉民众民族和国家认同的基础性元素，并逐步演变成为吉国内政治发展的一个关键因素。

换言之，如果说权力高度集中的威权主义体制在俄罗斯有着丰厚的历史土

---

① Омаров М. Н., http://www.centrasia.ru/newsA.php? st = 1183410000.

壤，那么吉尔吉斯斯坦则缺乏相应的历史经验。首先，吉历史上形成的部族数量多，各个部族规模不等。吉历史上有部族联合起来共同应对外敌的军事民主经验，但缺乏一个部族将全国统而治之的传统和经验。其次，吉部族之间存在竞争关系和相互敌对甚至相互攻击的关系。换言之，部族之间的竞争关系总体上是吉政治上的主要特点。最后，吉尔吉斯斯坦任何一个政治人物，其身份认同在民众心目中不可避免地带有部族背景和色彩，上层政治人物之间的关系亲疏往往是以部族关系来划分。换言之，吉国内没有也不可能有独立于部族关系之外的政治人物（非吉尔吉斯族的政治人物无法成为核心人物）。

在这种政治传统之下，无论是阿卡耶夫还是巴基耶夫，要想建立超级总统制，首先要打击压制其他部族，结果都是不可避免地成为绝对少数、孤家寡人，成为绝大多数部族的对立面（姑且称之为"倒过来的统一战线"）。这也就能解释，为何貌似能够有效控制全局的阿卡耶夫和巴基耶夫，面对反对派的联合攻击时，都是一触即溃，毫无招架之力。从这个意义上说，在吉尔吉斯斯坦实行类似俄罗斯那样的超级总统制，或者类似哈萨克斯坦、乌兹别克斯坦那样的某个大部族统而治之的政治模式是死路一条，其结果必然是周期性"革命"和政变的恶性循环，吉因而有可能在一个相当长的历史时期之内成为中亚的"失败国家"，既造成国内政局不稳、民不聊生，也给周边邻国造成安全上的威胁。

从前述第一点可以推导出的一个结论是，吉尔吉斯斯坦政治权威的合法基础与其代表性之间呈现出一种正相关的关系。即一旦政治权威具有较高的代表性，那么政治稳定的基础就较为牢固。换言之，对于吉尔吉斯斯坦的政治文化和政治传统而言，部落能否在政治上获得代表，首先是能否在国家权力机构获得代表，这成为考验、衡量其政治合法性基础的一个关键标准。

应该说，吉尔吉斯斯坦有识之士早就认识到，其他中亚国家所采取的总统集权制绝不适合吉尔吉斯斯坦的土壤，而议会制则有可能是一个合适的政权组织方式。

毫无疑问，部族主义的大部分原则和规范已经与当今的现实格格不入。部族主义在保护本部落利益的同时，与全民族利益发生冲突。此外，部族主义的许多现象对国家的稳定和领土完整构成严重威胁，助长分离主义和地方主义。

与此同时，千百年历史上形成的部族关系不可能在几代人生活的时间段内消失。在很长的时期内，部族主义因素还将对吉尔吉斯斯坦的政治经济生活产生影响。更何况在历史上，部族曾经在面对外部威胁时发挥过积极作用，部族主义在很大程度上保持了吉尔吉斯作为一个民族的独立和完整。现在需要做的，是取其精华，去其糟粕。民族团结和民族意识形成、市场经济的确立有助于去除其中的不利因素。需要大幅度提升人们的生活水平，创造良好的生活条件。此外，建设法治国家也是重要条件之一。只有人们从国家能够获得真正的保护时，才会不再需要部族的保护。

从政治发展的角度看，吉尔吉斯斯坦部族主义具有以下几个特点。

其一，政党和非政府组织绝大多数是按照部族原则建立的，不具有全国性，只能代表部族的声音。

其二，独立以来的政治实践表明，组建传统西方意义上的政党至少在目前阶段是一个不可能完成的任务。

其三，一般而言，普通吉尔吉斯斯坦的选民政治行为中的部族认同要远远大于国家认同。换言之，部族是吉政治生活的基础性要素，但缺乏政治参与的合法性渠道和路径。这就是吉尔吉斯斯坦目前政治发展的国情现状。因此，我们应该把部族主义看作吉政治重建过程中唯一可资利用且有效的政治资源，而部族共治下的议会制更适合吉尔吉斯斯坦的国情。

三 新版宪法与议会制

2010年4月21日，吉尔吉斯斯坦临时政府发布第13号令，宣布于2010年6月27日举行新版宪法的全民公决，2010年10月10日举行议会选举。此外，在全民公决之前的2010年4月15日至5月14日期间，对新版宪法举行全国性讨论。2010年5月14~18日，新版宪法最终定稿。2010年5月19日正式公布最终定稿的新版宪法。

2010年6月27日，吉尔吉斯斯坦以全民公决的方式通过独立以来第八部宪法。[①] 临时政府主持下起草的新版宪法，具有以下主要特点。

第一，国家体制发生变化，从原来的总统制改为议会制，总统的权限被大

[①] 吉尔吉斯斯坦独立以来的宪政建设往往始于新宪法。1993年通过独立以来第一部宪法。1996年2月17日，以全民公决的方式对宪法进行修改，大幅度扩大总统权限。2003年2月再次举行全民公决，通过新版宪法，决定放弃两院制议会。2007年10月再次举行全民公决，通过又一部宪法。——作者注。

幅度削减，议会的权力则大幅度扩张。但总统依然是由全民直选产生，且保留一些权力。新版宪法第 57 条规定，总统任期 5 年，但不得连任两届。

第二，保留直接民主的形式与内涵——人民大会（Народные курултаи）。新版宪法规定，人民大会是社会监督的一种形式，可以防止官员滥用职权。公民有权就各种重大问题举行人民大会，向政府提出建议和意见。

第三，总统——国家元首和仲裁人。按照 2010 年版宪法，总统不再拥有经济和财政权力，不能干预政府的人事任命。与此同时，总统依然是国家权力的象征，武装力量最高统帅。总统不具有豁免权。总统在议会与政府发生冲突时，充当调解人角色，可以根据总理的建议解散议会。

第四，按照 2010 年版宪法，议会 120 个席位全部按照政党比例代表制选举产生。但在议会选举中，任何一个政党都不得取得超过 65 席以上的席位，以避免出现一党独大的局面。获得多数席位的政党有组阁权。给反对派政党保留副议长职位，以及议会法治和预算两个委员主席职位。

随着吉新版宪法全民公决的顺利结束，议会制成为吉政权组织的主要方式，无论其内涵如何，议会和政党的地位和作用都将日益重要。考虑到吉不会产生西方传统意义上的政党和议会，而代表部族利益的合法政党参与议会，无论在法理上还是在公众眼里都将获得较高的合法性认同。如此，部族之间的利益冲突、利益协调都将有可能局限在议会之内，避免街头政治斗争的重演，更重要的是，借助这样一种"疑似议会"（квази-парламент），有可能实现吉政治局势的稳定，即便是表面上的稳定。

四　初步结论

政治发展是一个多维度的过程，在各种政治力量的相互作用之下，社会的政治行为、政治文化以及社会的政治体系都会发生改变。政治发展不等于政治进步。毫无疑问，在考察某个特定国家的政治发展时，不能不考虑其社会经济的发展状况，但后者的规模与形式往往与政治发展并不呈现一一对应的情况。在历史上，往往会发生政治发展超前于社会经济发展的情形，这恰恰是研究者需要关注的。政治发展与社会经济发展的脱节、失衡往往造成一些十分危险的局面，往往造成政治不稳定，甚至政治冲突。因此，我们可以说，一个国家政治发展顺利与否，在很大程度上取决于该国社会经济与文化发展的水平。

但是，政治发展并不是对非政治的社会体系（经济的、社会的和文化的）的复制。在当今世界，政治领域正在变得日益复杂，在组织和理论上更加系统化、建构化。我们处在一个深受全球化影响的时代，与此同时，一些"技术"层面的要素、机制、规律、手段与方法也在不断被重复利用，如政治领袖的推出与形成以及政治斗争的方式方法等，政治与经济、道德的关系等依然如故。

政治发展的因素可以归结为政治体系与政治制度（制度主义）因素，以及政治行为和非制度性政治社会建构（结构功能主义）因素。在考察吉尔吉斯斯坦政治发展所展现出的特点时，我们必须注意到政治参与及其制度化方面所面临的双重矛盾。一方面，在部族内部直接民主或者它的原型（прототип）、政治参与的广泛性与普遍性是一个客观的存在。另一方面，在公共政策领域，政治参与渠道却受到限制，缺乏广泛性与普遍性。换言之，部族作为政治组织、政治动员和认同的基础，在公民与国家权力之间充当中间人的角色，而这个角色的制度化，即以政党形式出现，却受到众所周知的限制，只有通过议会制，才能赋予部族及其所具有的政治潜力一个具有合法性的安排或者平台。简言之，对于吉尔吉斯斯坦而言，政治参与的制度化与政治稳定是一个重大的课题，而问题的关键，是如何将传统的部族政治认同转换成为有利于吉尔吉斯斯坦政治发展和持久政治稳定的政治资源。

亨廷顿等人有关政治发展与政治参与的理论，针对一般发展中国家的政治实践，认为政治现代化就是扩大政治参与，从而达致政治稳定。该理论有一个"不言而明"的前提，即假定政治参与的渠道是足够畅通且有效的，人们可以通过各种利益集团、政党、非政府组织等表达（артикуляция）自己的利益诉求。总而言之，政治活动是在一个"给定"的框架之内进行的。在某种意义上来说，这种情况类似于韦伯所说的"理想模型"。

具体到吉尔吉斯斯坦的政治实践，我们不能不看到部族主义作为政治实践和政治义化因素并附带历史记忆，在政治发展或者政治现代化过程中的作用与影响。

具体而言，可以有以下几个方面的因素。

第一，随着吉尔吉斯斯坦的独立与新的制度设计，如议会、多党制等公共制度安排同时出现的，还有以部族为纽带的非正式权力关系对现实政治的运作施加影响。吉尔吉斯斯坦政治制度化呈现出一种矛盾的状态。一方面，议会和多党制安排为政治参与提供了可能的渠道；另一方面，政治参与始终维持在较低水平，因为部族主义在一定程度上阻碍了政治参与的扩大。

第二，吉尔吉斯斯坦在接受、吸收、借鉴和采用西方式民主制度过程中所遇到的障碍实际上就是吉传统社会现代化过程中的困难。吉尔吉斯斯坦的发展道路既有自身特点（这是吉自身政治文化所决定的），同时，吉政治发展历程与包括俄罗斯在内的其他独联体国家又具有共同之处，呈现为一个不断反复、不断折中的过程。吉尔吉斯斯坦与其他独联体国家政治发展的终极目标并非西方模式。吉尔吉斯斯坦政治发展的关键，就在于找到适合自身社会、政治和经济发展水平的发展模式与发展道路。

第三，新独立的吉尔吉斯斯坦，其社会形态基本上回归到以家族、部落为核心组织的传统社会，部落成为社会组织的基本单位。

第四，苏联时期建立起来的工业基础迅速衰落，自然经济成为其主要特征。在政治上，传统的部落制度、苏联时期遗留下来的官僚制度与来自西方的代议制民主三者之间核心价值取向各不相通，需要建立互通的基础。部落制度具有浓厚的宗法制特点，官僚制度在缺乏有效外部监督后成为"自在""自为"的社会组织，其对各种社会资源的控制与分配逐步演变成为贪污腐败的代名词。

第五，就吉尔吉斯斯坦而言，政党的组织特征高度同质化，是与政党产生和发展的时代环境、经济发展水平、社会结构、政治文化传统和现代历史等生态条件密切相关的。尤其是高度同质化的政治文化传统对政党的组织特性造成严重的侵蚀，政党的政治基础、组织基础严重弱化，政党的最高核心领袖的作用和意志则高度强化，造成的是以部族认同为政治基础和组织基础的"领袖型"政党。这样类型的政党，其社会基础只能局限在一个区域之内，而不可能拥有全国性的影响力。

第六，从西方引进的代议制民主意味着政治参与的扩大，为此必须建立有效和足够的政治制度安排，将新兴政治力量整合并纳入政治发展的进程。但实际上，在部落制度下，政治参与的范围局限于部落上层。因此，吉尔吉斯斯坦实行代议制民主之后，政权的社会基础不是扩大了，而是缩小了。能够有效参与政治进程的，最终只能是几个大部落。在这个背景下，多党制则成为部落制度的"遮羞布"。政治参与逐步演化为代表南方和北方势力的两大部落之间的竞争，而政治斗争则逐步演化为"南北矛盾"。南北方势力之间政治斗争的结果，只能是整体"改朝换代"，而不是通过合法选举实现权力的正常更替。2005年的"3·24"政变和2010年的"4月政变"恰恰是南北势力激烈斗争，最终发生"非正常权力更替"的鲜明例证。

从这个意义上说,2010年"4月政变"结束了吉尔吉斯斯坦独立近20年以来政治发展历程中的探索。连续两任总统的集权均以失败而告终表明,对于吉尔吉斯斯坦这样一个部族主义传统依然十分深厚的国家而言,类似"印度模式"的议会制也许是一个选项。吉尔吉斯斯坦主要部族在议会获得代表,总统不再具有实权,权力中心从总统府转移到议会,代表部族利益的政党登上政治舞台。如果吉尔吉斯斯坦实行类似的议会制,必将对国家的长远发展造成重大而深远的影响。

原载《新疆师范大学学报》2010年第4期

对中东欧国家发展道路的再思考

高 歌*

在第一次世界大战结束以来的近100年间,中东欧国家先后四次确定了不同的发展道路。笔者在《对中东欧国家发展道路的思考》①(以下简称《思考》)一文中对其曲折多变的发展背后一些相似的特征进行了总结。然而,这些总结远不足以展现中东欧国家发展道路的全貌,对这一纷繁复杂并仍在演进的进程需要不懈地探索和反思。

一 中东欧国家的生存为何要仰仗大国或大国集团的保护?

《思考》认为,中东欧国家在其近一个世纪的发展中,始终处于大国之间,都仰仗大国或大国集团的保护。那么,处于大国之间的小国必须依靠大国或大国集团的保护才能生存吗?

显然不是。地处法国、德国、奥地利和意大利等国之间的瑞士,自1815年在维也纳会议上被确认为永久中立国起,在包括两次世界大战在内的历次国际战争中均保持中立,国家得以存续,疆界也未有变更。此外,二战结束后的芬兰奉行中立政策,苏南冲突后的南斯拉夫倡导不结盟运动,它们在苏联与美国的对峙中、在东西方两大阵营之外存活了下来。为什么大多数中东欧国家不能像上述国家那样不依靠大国或大国集团的保护而生存呢?

---

* 高歌,中国社会科学院俄罗斯东欧中亚研究所中东欧研究室主任、研究员。
① 高歌:《对中东欧国家发展道路的思考》,《俄罗斯中亚东欧研究》2011年第2期。

《欧洲一体化进程——过去与现在》一书写道："环境和决定是构成我们生存的两个基本要素。环境是生活对我们的赋予，它构成了我们所称的世界。生存并不能选择它的世界，生存本身就自然地处在一个特定的不可转换的世界中，也就是当前的世界中。我们的世界就是包含了我们的生存命运的整体，但这种整体的命运则不是机械的。我们并不像射出的步枪子弹那样运行，因为子弹的轨迹是事先确定的，而我们一进入这个世界，我们的命运就和子弹的命运完全相反。并没有一定的轨迹强加于我们，我们面对着各种轨迹，而且我们经常努力去选择。"① 正是环境和决定使得中东欧国家多为仰仗大国或大国集团的保护求得生存。

处于大国之间的国家通常具有十分重要的战略地位，是大国或大国集团争夺和控制的对象，其生存环境在相当大程度上取决于大国或大国集团的政策。瑞士的永久中立地位是俄、英、奥、普根据"均势"原则重构欧洲政治版图的产物。这一地位能够历经两次世界大战而不受损害，除了瑞士为维护中立所做的努力外，也与交战国出于各种考虑不打算入侵瑞士有关。冷战时期，苏美等东西方大国都愿意把中立的瑞士看作两大阵营之间的避风港。冷战结束后，瑞士的中立地位继续得到各大国的认可和尊重。芬兰在二战结束后的中立得益于苏联的"宽容对待"②。南斯拉夫在苏南冲突和被赶出苏联阵营后能够生存下来，也是得益于苏联对越过波、捷、匈、罗出兵讨伐和对美国的核优势有所顾忌，以及美国等西方国家对南的经济和军事援助。

相比之下，绝大多数中东欧国家"作为被古代历史仇恨弄得四分五裂的弱小国家组成的重要缓冲地区，向来受邻近的大国操纵和剥削以实现大国自己的目的"，弱小国家"无力填补这个地区不可避免会出现的权力真空"，"注定要成为一个大国的势力范围"③。这影响有时甚至决定了它们依靠大国或大国集团保护的生存状态。一战结束后，法意在中东欧扩大影响的需要恰与中东欧国家的对外政策目标不谋而合，很快便形成了中东欧国家分别以法意为靠山的局面。

---

① 〔西班牙〕圣地亚哥·加奥纳·弗拉加：《欧洲一体化进程——过去与现在》，社会科学文献出版社，2009，第565~566页。
② 苏联担心把芬兰纳入麾下会把中立的瑞典推入西方的怀抱，故而准许芬兰在对苏联友好的前提下奉行中立政策。
③ 〔美〕特里萨·拉科夫斯卡—哈姆斯通、安德鲁·捷尔吉主编《东欧共产主义》，黑龙江人民出版社，1984，第34页。

二战结束,尤其是冷战爆发后,面对美苏的尖锐对立和苏联控制的加强,中东欧国家别无选择,只能加入以苏联为首的阵营①。冷战结束后,美苏两极格局崩溃,俄罗斯的撒手和西方的犹疑一时使中东欧国家落入"真空"。随着欧共体/欧盟②和北约东扩进程的开启,越来越多的中东欧国家选择加入这一进程,欧盟和北约增强了力量。与此同时,俄罗斯的国力亦有所恢复。中东欧国家处于美国及其为首的北约、欧盟与俄罗斯之间。

然而,在大国主导的世界里,小国并非只有接受大国保护这一条路可走,亦可选择并坚持不依靠大国保护的生存之路。1815 年后的瑞士、二战结束后的芬兰和苏南冲突后的南斯拉夫能够不依靠大国保护而生存,除得益于较为有利的国际环境外,三国的决策起到了非常关键的作用。瑞士有奉行中立政策的传统,不论战争期间还是和平时期,都一如既往地坚守中立。芬兰在二战结束后清醒地认识到自己在强邻面前的弱势地位,认识到芬兰的命运几乎完全取决于它与苏联的关系,以对苏友好换取了国家的中立和生存,"在西欧和苏联之间发挥外交和经济桥梁的作用"③。南斯拉夫为摆脱苏南冲突后孤悬于苏联阵营之外的危险境地,凭依强大的国内支持,谋求联合国非常任理事国席位、寻求西方援助,倡导不结盟运动等措施,从而不仅在东西方阵营之外生存了下来,而且提高了自己的国际地位和威望。

相比之下,绝大多数中东欧国家似乎更愿意仰仗大国或大国集团的保护求得生存。一战结束后,中东欧国家本应消除分歧,加强合作,以集体的力量抵挡大国的威胁。可是,在大国主导的凡尔赛体系下,曾经长期依附于大国羽翼之下、内部又矛盾重重的中东欧国家根本不可能走上这条理想之路,而是分别投靠了法国和意大利。冷战结束后,几乎所有中东欧国家都把争取加入欧共体/欧盟和北约、寻求"回归欧洲"作为外交战略的重中之重。唯有二战结束之初,中东欧国家似乎不想把自己的命运交与某一大国,而试图在大国之间走平衡路线,但这种尝试很快便因冷战爆发和苏联控制的加强而告终。

环境和决定的共同作用致使中东欧国家多仰仗大国或大国集团的保护求得生存。那么,大国或大国集团的保护真能给中东欧国家的生存以保障吗?

---

① 苏南冲突后,南斯拉夫被赶出苏联阵营。20 世纪 60 年代,阿尔巴尼亚逐渐脱离苏联阵营。
② 1993 年 11 月,欧共体正式改称欧洲联盟。
③ Andrew H. Dawson and Rick Fawn (eds.), *The Changing Geopolitics of Eastern Europe*, FRANK CASS, 2002, p. 93.

一战结束后，与法意结盟并没有给中东欧国家持久的保护。英法将捷克斯洛伐克苏台德地区割让给德国，意大利占领阿尔巴尼亚。二战爆发后，波兰被德国灭亡，南斯拉夫被德国、意大利、匈牙利和保加利亚肢解，就连加入轴心国阵营的罗马尼亚、匈牙利和保加利亚也没有逃脱德军的进驻。二战结束后，与苏联结盟的确带给中东欧国家 40 余年相对安全的环境。然而，这并非表明，离开苏联的保护，中东欧国家便无法生存。事实上，在苏联"保护"下，中东欧国家的利益不得不服从于苏联利益，甚至国家主权也得不到保障，以致在中东欧国家内部蓄积了对苏联控制的强烈不满。这种不满情绪与对苏联模式乃至对社会主义制度的否定相结合，在苏联放手之际释放出来，导致了东欧剧变。冷战结束后与西方结盟有助于消除中东欧国家的传统安全威胁。中东欧国家加入北约和欧盟以来，确实没有遭遇危及国家生存的军事冲突。不过，作为北约和欧盟成员，中东欧国家又面临如何在北约和欧盟框架内、在美欧俄博弈中维护自身利益的新问题。

北约处于美国的领导之下，北约的中东欧成员国是"美国主导的世界秩序的坚定支持者"[1]，参与北约在世界各地的维和行动。然而，这些行动是否完全符合它们的利益尚难确定。[2] 假使中东欧成员国与美国发生分歧，那么，它们终将面对在北约框架内协调本国利益与美国立场的难题。而在欧盟内，由于国力和发展阶段不同，中东欧成员国往往会与欧盟老成员国出现利益分歧。而"在西欧人的心理地图上，东欧人仍处在欧洲的外围，对欧盟政策没有平等的发言权"[3]。但这并不等于说中东欧成员国除了顺从欧盟需要外别无作为。2004 年，捷克拒绝放宽对古巴的制裁，致使欧盟推迟对古巴所做的决议；波兰在乌克兰选举危机中充当欧盟的代言人，促进欧盟与乌克兰保持紧密关系；2005 年，维谢格拉德集团四国在欧盟中期财政预算危机中多次呼吁欧盟尽快通过中期财政预算，波兰则争取到了更多的结构和聚合基金；2006 年，波兰否决欧盟与俄罗

---

[1] Hans Mouritzen and Anders Wivel (eds.), *The Geopolitics of Euro - Atlantic Integration*, Routledge, 2005, p. 25.

[2] 有一种看法认为，中东欧国家对北约等国际机构抱有某种矛盾的态度：既要参与其中，又不希望在组织之外的地区进行太多干预，不想太多打破世界现状，它们没有新保守主义用武力推广民主的想法。参见陆南泉等主编《苏东剧变之后：对 119 个问题的思考》，新华出版社，2012，第 1668 页。

[3] Jan Zielonka, "The Quality of Democracy after Joining the European Union", *East Europe Politics and Societies*, Volume 21, No. 1. February 2007.

斯启动《伙伴关系与合作协定》谈判的动议,导致该协定的谈判和签署久拖不决;2008~2009年,波兰和捷克总统拖延签署《里斯本条约》,阻碍欧洲一体化进程等便是中东欧国家从自身利益出发,影响欧盟决策的行动。此外,2008年上半年、2009年上半年、2011年上、下半年,斯洛文尼亚、捷克、匈牙利和波兰相继担任欧盟轮值主席国,它们借这一机会,推动所关注的议程,扩大在欧盟内外的影响力。或许今后,"不同利益层面将会出现相关成员国之间的相对稳定的或非固定的利益组合,从而打破原来以法德为核心的框架式的长期而相对稳定的成员国合作关系"①,中东欧成员国将因此拥有维护自身利益的更为有效的方式。

在更广阔的世界中,美国及其为首的北约、欧盟与俄罗斯的博弈日趋复杂,但远未形成势均力敌、三足鼎立的局面。美国是世界唯一的超级大国,俄罗斯是美欧提防的对象,且因国力所限,无法与美欧抗衡。美俄虽有冲突,但在某些问题上亦存合作意愿;欧俄虽有矛盾,但其关系基本保持平稳发展;美欧虽有分歧,但基本价值观和社会制度相同,拥有许多共同利益。身处其间的中东欧国家"安全议题主要仍是与美国合作,经济发展则主要以融入欧盟体系为主,虽然许多中东欧国家的能源需要依靠俄罗斯供给,俄罗斯也欲加强与中东欧国家的经济关系,不过由于历史因素,中东欧国家仍不易排除恐俄的心态"②。

此种态势使得中东欧国家尤为担心美国和欧盟大国与俄罗斯接近以致可能无视,甚至牺牲中东欧国家的利益。2009年,伴随着美俄关系"重启",美国改变在波兰和捷克部署反导系统的计划,令中东欧国家对自身安全忧心忡忡。2010年,由俄罗斯和德国开工建设的"北溪"天然气管道不经过传统过境国波兰和波罗的海三国,而由俄罗斯穿越波罗的海直抵德国,勾起波兰对二战前夕苏德签署条约、瓜分波兰领土的痛苦记忆。不过,与曾经任人宰割的境遇相比,中东欧国家在冷战结束后的多极格局下拥有一定的自主性,"俄美都不可能忽略中东欧国家即使是有限的自主性","欧盟老成员国也无法忽视中东欧国家的看法"③。美国调整反导计划后,随即向波兰、捷克等国做出解释,与它们商讨新

---

① 杨烨、〔捷〕梅耶斯特克主编《欧盟一体化:结构变迁与对外政策》,华东师范大学出版社,2009,第346页。
② 冯绍雷主编《构建中的俄美欧关系——兼及新帝国研究》,华东师范大学出版社,2010,第385页。
③ 同上。

的反导合作问题，重申美国对它们的安全保证。"北溪"管道建成后，俄罗斯也将通过德国向波兰和捷克等国输送天然气。

此种态势还使中东欧国家在美欧分歧时面临两难选择。"一方面美国负责中东欧的安全，维持地区的稳定是中东欧国家的根本利益，同时与美国保持一致又有经济上的收获。另一方面又不想与欧盟决裂，中东欧国家与老欧洲有很强的经济联系。"① 在美欧出现分歧之时，中东欧国家通常站在美国一边而与法德等欧盟大国拉开距离，在美国对伊拉克动武以及在波兰和捷克部署反导系统问题上都是如此。不过，法德与美国的分歧短时间内尚不致激化，中东欧国家暂时还不需要做出非此即彼的艰难抉择。但是，随着欧盟力量的增强，它势必减少对美国的依靠，要求更多的独立性和发言权，美欧竞争和摩擦将长期存在，甚至可能越来越激烈，如何在美欧分歧中摆正位置、维护自身利益是中东欧国家需要解决的问题。

综上所述，1815年后的瑞士、二战结束后的芬兰和苏南冲突后的南斯拉夫的存续证明，在有利的环境和有力的决定之下，处于大国之间的小国不依靠大国或大国集团的保护也可以生存。而中东欧国家之所以自一战结束至今基本仰仗大国或大国集团的保护，也是环境和决定的共同作用。然而，大国或大国集团的保护并不总是能给中东欧国家以安全保障，中东欧国家不应指望在大国或大国集团的羽翼下高枕无忧，而应"以本国自身利益的维护和自我安全的保全为基本，以有限权力在大国关系网络之间争取自主性的表达"②。

二 中东欧国家加入北约和欧盟后，"欧洲化"道路会逆转吗？

《思考》认为：身处大国之间、依附于大国或大国集团的中东欧国家，其发展易受国际关系变动的影响。在"欧洲化"的进程中，国际关系的变化，特别是欧盟和北约的东扩起到了重大作用。那么，中东欧国家加入北约和欧盟后，"欧洲化"道路会因失去外部力量的导向和规范而逆转吗？

---

① 冯绍雷主编《构建中的俄美欧关系——兼及新帝国研究》，第376页。
② Dougherty, J. E., *Contending Theories of International Relations: A Comprehensive* Survey [M], 5th ed. New York: Longman, 2000, pp. 89 – 91.

似乎有这样的征兆。中东欧国家加入北约和欧盟后，北约和欧盟不能再以加入标准引导和规范它们的"欧洲化"进程，也几乎不可能取消它们的成员资格，这使中东欧成员国有了表达不同态度的可能。恰在此时，对政府在入盟谈判中让步过多、没有很好维护本国利益、入盟后又与欧盟分享主权的不满情绪上升，欧洲怀疑主义泛起。中东欧成员国选民对欧洲议会选举态度冷漠，投票率低于同期的欧盟平均数，其中个别国家，如2004年波兰和斯洛伐克、2009年斯洛伐克的投票率还不及欧盟平均数的一半。[①] 这种弥漫于社会的欧洲怀疑主义情绪使得认同欧洲怀疑主义的精英和政党能够得到选民的支持。波兰前总统莱赫·卡钦斯基和捷克总统瓦茨拉夫·克劳斯拖延签署《里斯本条约》。一些认同欧洲怀疑主义的政党在本国议会和欧洲议会选举中表现不俗，其中有些政党一度入主政府，匈牙利青年民主主义者联盟—匈牙利公民联盟和捷克公民民主党现在仍在执政。不仅如此，匈牙利还推出了某些有悖于西方式民主制和市场经济原则的政策。2010年年底以来通过的《媒体法》、《基本法》和《中央银行法》等法律，加大了对媒体的监督和对违规媒体的处罚力度，限制宪法法院和中央银行权限，给予境外匈牙利族人选举权和被选举权，给"欧洲化"道路蒙上了阴影。

但应该看到，欧盟作为具有超国家性质的区域一体化组织，仍对中东欧成员国的"欧洲化"道路具有一定的导向和规范作用。1997年欧盟通过的《阿姆斯特丹条约》规定：由1/3成员国或欧盟委员会动议，经欧洲议会同意，欧盟理事会在邀请当事国提出意见后可一致认定其存在严重和持续违背自由、民主、尊重人权与基本自由、法治原则的情况，并经特定多数表决，中止条约赋予该国的某些权利，包括其政府代表在理事会的投票权[②]。2009年生效的《里斯本条约》再次确认了这一条款[③]。虽然迄今为止，欧盟尚未实施过上述制裁条款，但它的存在毕竟对中东欧成员国的"欧洲化"道路具备某些约束力。此外，欧盟还对罗马尼亚和保加利亚的司法改革、反腐败、打击有组织犯罪等领域实施监控。2008年7月，欧盟委员会因保加利亚在反腐败方面没有进展冻结了8亿欧元援助款项；11月，欧盟委员会以超过预定使用期限为由，取消了其中的

---

① http://www.europarl.europa.eu/parliament/archive/staticDisplay.do?language=EN&id=211.
② http://eur-lex.europa.eu/en/treaties/dat/11997D/htm/11997D.html.
③ 《欧洲联盟基础条约——经〈里斯本条约〉修订》，程卫东、李靖堃译，社会科学文献出版社，2010，第33~35页。

2.2亿欧元。对匈牙利出现的违背西方式民主制和市场经济原则的倾向，欧盟不但予以指责，而且采取中断贷款谈判、启动法律程序、中止发放援助资金等措施力促匈牙利改变做法。

还应该看到，引导和规范"欧洲化"道路的外部力量并非只有欧盟和北约。"在全球化加速发展的今天，……没有一个国家的经济发展可以脱离全球范围之外，也没有一个国家的内部问题不受到全球因素的影响。"[1] 面对市场经济体制在全球的同质化发展，中东欧国家如果不想被全球化抛弃，就必须按照全球市场的活动准则确立新的制度和规则，选择市场经济，就必须打破地域界限和政府的行政控制，打破封闭的经济体系，向国际市场开放。[2] "在全球化条件下，如果国家的民主机构和公民社会机构长期不能伴随着全球化进程而建立起来，那么市场经济就无法有效地运转，国际竞争也不可能无冲突地发展。……市场机制的成熟过程——市场越来越自由化，越来越无拘束地同外部世界建立起广泛的接触——迫使国家的政治向民主化方向转变。"[3] 同时，国际货币基金组织、世界银行等国际金融组织不仅以保障人权和尊重少数民族权利、实行自由选举和加快自由化进程、建立民主的多党制的国家形式、实行多种形式的所有制或私有化、实行市场经济等为条件[4]向中东欧国家提供援助，支持和引导它们向市场经济和西方式民主制过渡，而且把"华盛顿共识"推荐给中东欧国家，为波兰、保加利亚等国制定经济转型战略和相应政策措施。在近期匈牙利出台有悖于西方式民主制和市场经济原则的政策后，国际货币基金组织还和欧盟一起通过中断与匈牙利的贷款谈判，迫使匈牙利满足它们保障中央银行独立性的要求。

更为重要的是，中东欧国家"欧洲化"道路的推进归根结底取决于内部力

---

[1] 俞正梁等：《全球化时代的国际关系》，复旦大学出版社，2000，第203页。
[2] 中东欧国家在全球化条件下形成的对外部资金和市场的高度依赖使其易于受外部危机的冲击。近年来，伴随着国际金融危机和欧元区债务危机的发生，多数中东欧国家经济陷入衰退，一些国家政府因此下台，欧元区东扩进程也被延迟。不过，这些政府变动均在西方式民主制框架内进行，没有危及西方式民主制的生存，国际货币基金组织和欧盟也没有坐视危机升级，而是采取措施进行援助和救治。同时，危机的冲击促使中东欧国家反思高投资、高外债的经济发展模式，寻求在全球化中趋利避害的方法。从这个意义上讲，国际金融危机和欧元区债务危机的爆发为中东欧国家深化向市场经济的转型提供了契机。
[3] 〔波〕格·科沃德科：《全球化与后社会主义国家大预测》，郭增麟译，世界知识出版社，2003，第19页。
[4] 参见薛君度主编《转轨中的中东欧》，人民出版社，2002，第297~298页。

量的驱动。首先,"欧洲化"道路是中东欧国家的自主选择。中东欧本就是欧洲的一部分,在漫长的岁月里,中东欧始终与西欧保持着或松散或紧密的联系。奥斯曼帝国入侵前,中东欧与西欧的发展基本同步,"即使称不上与西方并列,也绝没有落后于西方文明太远"①。在奥斯曼帝国、奥地利哈布斯堡王朝、普鲁士、俄国和法国的侵占和统治下,中东欧地区逐渐淹没在大国的阴影之中。奥斯曼帝国统治下的中东欧没有经历过文艺复兴、宗教改革、启蒙运动和法国革命,与西欧的发展拉开了距离。哈布斯堡王朝统治下的中东欧更靠近西欧,大多信奉天主教,较多地接受了宗主国的文化;法国革命和拿破仑帝国的扩张都对它产生了不小的振动,工业革命推动着它的进步,1848年革命更是席卷了这一地区,捷克的资本主义长足发展,匈牙利一度建立了实行代议制的独立共和国。波兰则拥有更多与西欧共同的经历,16世纪,它曾经借文艺复兴和宗教改革大潮,迎来了繁荣的"黄金时代";18世纪,法国启蒙思想在波兰广泛传播,带动了革新运动,并在法国革命鼓舞下,通过了"五·三宪法",确立了以多数表决制和三权分立制为特征的民主体制雏形;19世纪初,拿破仑治下华沙公国的资本主义得以萌发;1848年欧洲革命则把普占区和奥占区带进了资本主义发展阶段。两次世界大战之间,中东欧国家"在半工业化的和大量的农村并存的状况中,它们初始的经济发展在超级通货膨胀、战后工业萎缩和农业贫困等诸多重负下开始起步"②。到1938年,中东欧国家的国内生产总值只有西欧水平的44.1%。③ 而在政治上,虽然除捷克斯洛伐克外,其他中东欧国家都走向了独裁,但"政治民主制在战争间歇期的失败同样也发生在了欧共体国家如德国、意大利、西班牙和葡萄牙,甚至可以说中东欧极权主义浪潮正是从西欧发生的事件中得到了动力"④。从普选权的引入和20世纪20年代及1945年欧洲国家民主状况的得分来看,中东欧国家几乎没有与西欧国家不同的政治民主遗产,并

---

① Robin Okey, *Eastern Europe 1740 – 1985 Feudalism to Communism*, Second Edition, University of Minnesota Press, 1986, p. 17.
② 〔英〕诺曼·戴维斯:《欧洲史》,郭方、刘北成等译,世界知识出版社,2007,第985页。
③ Ivan T. Berend, "Transformation and Structural Change: Central and East Europe's Post-communist Adjustment in Historical Perspective", in Tadayuki Hayashi, *The Emerging New Regional Order in Central and East Europe*, Slavic Research Center, Hokkaido University, 1997. 转引自孔田平:《东欧经济改革之路》,广东人民出版社,2003,第363页。
④ 郇庆治:《多重管制视角下的欧洲联盟政治》,山东大学出版社,2002,第25页。

且在1945年由于二战结束后十分短暂的政治民主化经历而得分较高①。唯有冷战时期，中东欧国家在苏联控制下被迫接受苏联模式，彻底与西欧分道扬镳。作为一种外来模式，苏联模式很难适应中东欧国家的实际。随着时间推移，这种不适应乃至这一模式本身的弊病越来越明显地暴露出来。更令中东欧国家难以接受的是，苏联模式不仅是一种外来模式，而且是苏联控制中东欧、加强自身力量及与美国对抗的工具，改革苏联模式的尝试因而屡屡遭到苏联干涉，甚至武力镇压。中东欧国家的历史经历以及对苏联模式和苏联控制的反感和否定使其坚信"'只有一个欧洲'，一种独特的欧洲文明，东欧国家在传统上是它的成员，仅仅是由于苏联统治的铁幕才使得它们暂时地与欧洲其他部分隔开"②。"回归欧洲"、走"欧洲化"道路成为它们顺理成章的选择。如《欧洲史》一书所说："东欧即使是贫穷的、不发达的，或被暴君统治的，依然是欧洲的。在许多方面，正是由于它受到剥夺，它变得更为欧洲化，更依恋于富裕的西方人可以当作理所当然的价值。"③

其次，中东欧国家加入北约和欧盟之时，已经克服了转型之初的不确定性和不稳定性，确立了西方式民主制和市场经济体制。反过来说，只有西方式民主制和市场经济体制运行良好、国内体制与西欧接近的国家才能为北约和欧盟所接纳。随着西方式民主制和市场经济体制的确立及协调运作，"欧洲化"道路已然不可逆转。一方面，"向市场经济的过渡产生了由经济利益（追求获得资产、商品、收入和机会）界定的社会阶级"④。在社会阶级不同利益的驱使下，鱼龙混杂的政党和反对派运动不断分化组合，逐渐形成了几个有固定阶级支持的能对国家政治生活产生重要影响的大党，这有助于西方式民主制的完善。同时，"属于中产阶级的群体在所有国家迅速形成"⑤，而"创造一个独立的、竞争的和相对广泛的中产阶级对于民主化来说应该是极为有益的"⑥。另一方面，

---

① 郁庆治：《多重管制视角下的欧洲联盟政治》，第25~26页。
② 〔美〕亚当·普沃斯基：《民主与市场——东欧与拉丁美洲的政治经济改革》，包雅均等译，北京大学出版社，2005，第154页。
③ 〔英〕诺曼·戴维斯：《欧洲史》，郭方、刘北成等译，世界知识出版社，2007，导言，第49页。
④ 孔田平：《东欧经济改革之路》，广东人民出版社，2003，第289页。
⑤ 〔法〕弗朗索瓦·巴富瓦尔：《从"休克"到重建：东欧的社会转型与全球化—欧洲化》，陆象淦、王淑英译，社会科学文献出版社，2010，第187页。
⑥ 苑洁主编《后社会主义》，中央编译出版社，2007，第113页。

"民主的政治体制使市场经济具有正当性,而不是相反"①。同时,"民主政体有两种宝贵的资源,可以使其与持续的经济低迷摆脱干系,这些对于非民主政体是不可得到的:一是以其起源为基础的合法性宣称;二是选举一直在望,可以产生替代性的社会经济计划和政府,而政体可保持不变"②。西方式民主制正是凭此吸纳和消化了向市场经济转型的负面影响,而自身生存不受威胁。

综上所述,中东欧国家加入北约和欧盟后,其"欧洲化"道路的确因失去重要的外部驱动力量而出现某些失范的迹象。然而,欧盟对其中东欧成员国的"欧洲化"道路仍然具有一定的导向和规范作用,并且,全球化的加速发展推动中东欧国家向市场经济和西方式民主制转型;国际货币基金组织、世界银行等国际金融组织也支持和引导其转型进程。而对"欧洲化"道路更具决定意义的驱动力量来自中东欧国家本身,来自于它们基于历史与现实对"欧洲化"道路的选择和拥护,来自于"欧洲化"道路取得的成果以及由此产生的路径依赖。因此,"欧洲化"进程虽在中东欧国家加入北约和欧盟后出现一些波折,但不会发生逆转,仍将继续前行。事实也是这样。中东欧国家的欧洲怀疑主义力量终究抵挡不住"欧洲化"的大势所趋。卡钦斯基和克劳斯拖延多日之后,相继签署了《里斯本条约》;一些认同欧洲怀疑主义的政党的影响力明显下降;匈牙利也在欧盟和国际货币基金组织的压力下,对《媒体法》和《中央银行法》做了修改。

三 随着"欧洲化"道路的推进,中东欧国家的内政外交与西欧国家趋同了吗?

《思考》认为:身处大国之间、依附于大国或大国集团的中东欧国家,其发展道路多移植外来模式。东欧剧变后,中东欧国家走上"欧洲化"道路,力图在政治经济体制上与西欧国家趋同,在对外关系上与西欧国家融为一体。那么,随着"欧洲化"道路的推进,中东欧国家的内政外交与西欧国家趋同了吗?

---

① 〔美〕胡安·J. 林茨、阿尔弗莱德·斯泰潘:《民主转型与巩固的问题:南欧、北美和后共产主义欧洲》,浙江人民出版社,2008年,第459页。
② 见上引书,第84页。

西欧国家制度模式的核心内容是西方式民主制和市场经济。西方式民主制"一直是建立在分权和多党制基础之上的"①，中东欧国家的政治体制也是如此。它们确立了三权分立原则，实行多党制。"市场经济的主要特征是产权的私有化、决策分散化和资源配置的市场化。此外，市场经济还需要一套法律制度，以界定和实施产权，同时也需要一个能够有效监督市场活动、规定可接受的市场行为标准、阻止不正当竞争与促进竞争、提供公用品的政府。"② 中东欧国家的经济体制已基本具备上述特征。它们通过实行私有化，树立私有经济的主导地位；通过改造国有企业、促进私营经济，推动经济决策分散化；通过推行价格自由化实现资源配置的市场化；通过建立适应市场经济的统计、会计和审计制度以及现代的税制、银行体系和股票交易所，确立市场经济的制度框架。③ 西欧国家所属的西方社会的核心组织是北约和欧盟。几乎所有中东欧国家都把加入北约和欧盟作为外交政策的优先目标。④ 其中，波兰、匈牙利、捷克、斯洛伐克、斯洛文尼亚、罗马尼亚、保加利亚已经成为北约和欧盟的成员，克罗地亚和阿尔巴尼亚加入了北约。大体上看，中东欧国家的内政外交已与西欧国家趋同。

但在某些方面，中东欧国家的政治经济体制仍与西欧国家存在差异。如《新欧洲》一书所写："后共产主义构筑了市场经济和自由民主政治的外壳（拥有议会、选举、银行、移动电话、慈善晚宴和西方体制的所有其他配备）……这一外壳隐藏了与西方十分不同的内容。"⑤

在政治上，以多党制为例。多数国家形成了政党通过选举轮流执政的局面，但黑山从独立前到独立后，一直都由社会主义者民主党执政。波黑在《代顿协议》签署后，处于国际社会监管之下，选举在两个实体和三个民族内进行，由来自三个民族的多个政党共同执政。多数国家的多党制"缺乏民主国家应有的稳定性"⑥，新

---

① 〔意〕萨尔沃·马斯泰罗内:《欧洲民主史——从孟德斯鸠到凯尔森》，社会科学文献出版社，1994，第396页。
② 陆南泉等主编《苏东剧变之后：对119个问题的思考》，第1299页。
③ 见上引书，第1304~1305页。
④ 虽然并非所有西方国家都是北约和欧盟的成员国，但由于北约和欧盟是多数西方国家参与其中的西方社会的核心组织，加入北约和欧盟仍可作为融入西方社会的主要标志。
⑤ Teresa Rakowska-Harmstone and Piotr Dutkiewicz, New Europe The Impact of the First Decade, Vol. 1, Trends and Prospects, Collegium Civitas Press, 2006, pp. 220 – 221.
⑥ Christine S. Lipsmeyer, "Post-Communist Mandates", Politics & Policy, Volume 37, Issue 4, August 2009.

党仍不断涌现并迅速蹿红。2009年在保加利亚议会选举中获胜并上台执政的欧洲发展公民党，2010年在捷克和斯洛伐克议会选举后分别参加两国政府的捷克的巅峰09、斯洛伐克的自由和团结、"桥"，在匈牙利议会选举后进入议会的绿党LMP，2011年在波兰议会选举中名列众议院第三位的帕利科特运动，在斯洛文尼亚议会选举后成为议会第一大党的积极斯洛文尼亚党[①]、参加政府的格雷戈尔·维兰特公民名单，2012年在斯洛伐克议会选举中位居第三的普通人和独立人组织等都是这样的政党。此外，阿尔巴尼亚、波黑、塞尔维亚、保加利亚和罗马尼亚等国腐败严重，波黑、克罗地亚和黑山媒体的独立性和多元化受到侵害，塞尔维亚、黑山、阿尔巴尼亚、克罗地亚司法机关的独立性缺乏保障[②]，2012年1月生效的匈牙利《基本法》对宪法法院的权力进行了限制。而波黑处于国际社会监管之下，还不能算作主权国家，在某种意义上，"没有国家，就不可能有现代民主"[③]。

在经济上，虽然中东欧国家基本建立了市场经济体制，捷克还因达到转型先进国家的标准而在2007年年底从欧洲复兴开发银行"毕业"，不再接受来自该银行的投资，但根据欧洲复兴开发银行对其他国家转型进度的估计，一些国家在私有化、治理和企业重建、竞争政策上仍与工业化市场经济国家存在差距（见表1）。从人均国内生产总值看，中东欧国家依然不同程度地落后于西欧国家（见表2）。

表1　2012年中东欧国家的转型指标

国家/领域	大私有化	小私有化	治理和企业重建	价格自由化	贸易和外汇体制	竞争政策
阿尔巴尼亚	3.7	4.0	2.3	4.3	4.3	2.3
波黑	3.0	3.0	2.0	4.0	4.0	2.3
保加利亚	4.0	4.0	2.7	4.3	4.3	3.0
克罗地亚	3.3	4.3	3.3	4.0	4.0	3.0
马其顿	3.3	4.0	2.7	4.3	4.3	2.7

---

① 2013年2月，该党临时领导人阿伦卡·布拉图舍克被任命为总理。
② Martin Brusis, "The Quality of Democracy and Market Economy in Southeast Europe", *Journal of Politics and Society*, issue：02－03/2009, www.ceeol.com.
③ 〔美〕胡安·J.林茨、阿尔弗莱德·斯泰潘：《民主转型与巩固的问题：南欧、北美和后共产主义欧洲》，第17页。

续表

国家/领域	大私有化	小私有化	治理和企业重建	价格自由化	贸易和外汇体制	竞争政策
匈牙利	4.0	4.3	3.7	4.3	4.3	3.7
黑山	3.3	3.7	2.3	4.0	4.3	2.0
波兰	3.7	4.3	3.7	4.3	4.3	3.7
罗马尼亚	3.7	3.7	2.7	4.3	4.3	3.3
塞尔维亚	2.7	3.7	2.3	4.0	4.0	2.3
斯洛伐克	4.0	4.3	3.7	4.3	4.3	3.7
斯洛文尼亚	3.0	4.3	3.0	4.0	4.3	2.7

注：1表示与僵硬的计划经济相比，很少或没有变化，4+表示达到工业化市场经济的标准。
资料来源：http://www.ebrd.com/pages/research/economics/data/macro.shtml#ti。

表2 2010~2011年按现行价格和购买力平价计算的人均国内生产总值

（单位：美元）

国家/年份	2010	2011	国家/年份	2010	2011
德国	37723	39518	波兰	19898	21313
英国	35692	35712	克罗地亚	19335	20574
法国	34272	35134	罗马尼亚	14821	15433
意大利	31946	32927	保加利亚	13944	14637
欧盟27国	31831	32769	黑山	12878	
斯洛文尼亚	27105	27812	马其顿	11515	12036
捷克	25444	26389	塞尔维亚	11330	11433
斯洛伐克	23347	24035	阿尔巴尼亚	8581	
匈牙利	20452	21403	波黑	7636	

资料来源：http://w3.unece.org/pxweb/dialog/Saveshow.asp?lang=1。

在对外关系上，中东欧国家也没有完全融入西方社会。马其顿、黑山和波黑尚未加入北约，塞尔维亚则由于北约1999年轰炸塞尔维亚和2008年支持科索沃独立严重伤害了它的国家利益和民族感情，不愿参加北约。西巴尔干国家中除克罗地亚预计将于2013年7月1日加入欧盟外，其他国家的入盟进程仍难以预期。马其顿国名之争、科索沃地位问题、波黑民族和解以及司法改革及打击腐败和有组织犯罪不力等障碍横亘在上述国家加入北约和欧盟的道路上，一时难以清除。而在已经入盟的中东欧国家中，罗马尼亚和保加利亚加入申根区受阻，除斯洛文尼亚和斯洛伐克外的其他国家还没有达到加入欧元区的经济标准。

当然，对中东欧国家内政外交与西欧国家的趋同和差异是基于西欧国家制度模式和西方社会的本质特征做出的分析和判断。实际上，西欧国家的制度模式在共通元素之外，也表现为各种不同的形式，西方社会的核心组织北约与欧盟之间、西欧国家之间在共同外交政策之外，也存在意见分歧。因此，中东欧国家内政外交与西欧国家的趋同意味着中东欧国家在西欧国家制度模式框架内接受或改造西欧国家的某种既有体制，在北约和欧盟框架内选择符合自身利益的外交政策。从这个意义上说，"欧洲化毋宁说是制度多样性的固有属性，……而不是整个联盟内部行为严格同质性的标志"①。

"建立西方式民主制是中东欧各国政治转型的既定目标，但民主化并不是中东欧历史的终结，国情的多样性也蕴涵了中东欧民主模式多样性的可能。"② 在国家结构形式上，除波黑实行联邦制外，其他国家都采用单一制。在政体上，中东欧国家实行议会制，但在议会结构、选举体制、总统选举方式上各国不尽相同（见表3）。在政党制度上，多数国家基本形成了左右翼政党轮流执政的局面，但近年来，有些国家出现了打破这种格局的迹象。比如，2005年后，波兰左翼政党——民主左派联盟党被边缘化，选举成了两个右翼政党——法律与公正党和公民纲领党之间的竞争；2006年后，马其顿内部革命组织民族统一民主党一直执政，塞尔维亚也没有形成左右翼政党轮流执政的局面；2008年后，罗马尼亚社会民主党与保守党组成联盟，先与民主自由党、再与国家自由党联合执政；2010年后，匈牙利青年民主主义者联盟—匈牙利公民联盟一党独大，是否会由此打破与社会党轮流坐庄的格局还有待观察。

波黑议会由两院组成，人民院议员由波黑联邦和塞族共和国指派，代表院议员由波黑联邦和塞族共和国按比例代表制选举产生。波黑不设总统，而设主席团，分别由塞尔维亚族、克罗地亚族和波什尼亚克族选民各选举一名代表组成。主席团任期4年，其3名成员轮流担任主席团主席，每8个月轮换一次。

---

① 〔法〕弗朗索瓦·巴富瓦尔：《从"休克"到重建 东欧的社会转型与全球化—欧洲化》，陆象淦、王淑英译，社会科学文献出版社，2010，中文版序言，第4页。
② 陆南泉等主编《苏东剧变之后：对119个问题的思考》，第1297页。

表 3 中东欧国家的政体

国家	议会结构	选举体制	总统选举方式
阿尔巴尼亚	一院	混合代表制	议会
保加利亚	一院	比例代表制	选民
克罗地亚	一院	比例代表制	选民
捷克	两院	比例代表制	选民
马其顿	一院	比例代表制	选民
匈牙利	一院	混合代表制	议会
黑山	一院	比例代表制	选民
波兰	两院	比例代表制	选民
罗马尼亚	两院	比例代表制	选民
塞尔维亚	一院	比例代表制	选民
斯洛伐克	一院	比例代表制	选民
斯洛文尼亚	两院	比例代表制	选民

注：斯洛文尼亚国内在议会是一院制还是两院制问题上存在分歧，多数人认为议会是不完全的两院制。2008 年，斯洛文尼亚宪法法院认定议会是不完全的两院制。

资料来源：作者自制。

对于中东欧国家市场经济模式的类型，存在不同看法。有人认为，多数中东欧国家主张构建社会市场经济[1]；有人认为，新自由主义观点得到中东欧国家的广泛赞同[2]；还有人认为，多数中东欧国家先是选择自由市场经济模式，随后逐渐走上社会市场经济的发展道路，向欧洲大陆模式靠拢，金融危机爆发后，则力图根据国情对欧洲大陆模式进行本土化改造。[3] 上述不同看法的出现反映了向市场经济转型和市场经济模式本身的多样性和复杂性。或许，在这种情况下，

---

[1] 赵乃斌、朱晓中主编《东欧经济大转轨》，中国经济出版社，1995，第 25 页；〔丹〕奥勒·诺格德：《经济制度与民主改革——原苏东国家的转型比较分析》，上海世纪出版集团，2007，第 224、227 页。

[2] Vladimir Marinković, Darko Marinković, "The crisis of transition and the transition of crisis", *South East Europe Review for Labour and Social Affairs*, issue: 02 / 2009, www.ceeol.com；〔法〕弗朗索瓦·巴富瓦尔：《从"休克"到重建：东欧的社会转型与全球化—欧洲化》，中文版序言第 2 页；〔美〕吉尔·伊亚尔、伊万·塞勒尼、艾莉诺·汤斯利：《无须资本家打造资本主义——后共产主义中欧的阶级形成和精英斗争》，社会科学文献出版社，2008，中文版序言第 2 页。

[3] 蒲国良：《20 世纪以来国外主要发展模式的互动与成败得失评析》，《河南师范大学学报》（哲学社会科学版）2010 年第 6 期；中央组织部党建研究所课题组：《当今世界主要发展模式比较研究》，《当代世界与社会主义》2011 年第 1 期。

讨论中东欧国家的市场经济模式为时尚早，但可以肯定的是，中东欧国家"不可能照搬一种特定的市场经济模式，因为各国国情存在很大差异，成功的概率并不大"①。

在北约和欧盟框架内，中东欧各国的外交政策也因自身利益需要而有所不同。波兰"积极促进欧盟的东方外交政策，在全球危机中对美国亦步亦趋"；捷克、斯洛伐克、匈牙利和斯洛文尼亚的"态度更接近于欧盟主流意识，更加关注西巴尔干地区的局势，它们只对美国提供有条件的支持"②；罗马尼亚和保加利亚致力于继续融入欧盟及提高在北约的地位，罗马尼亚还与波兰一道决定参与北约在欧洲的反导计划。

综上所述，从西欧国家的制度模式和西方社会的本质特征看，随着"欧洲化"道路的推进，中东欧国家的内政外交已大体与西欧国家趋同，只在某些方面尚存差异。同时，正如西欧国家的制度模式存在多种形式、西欧国家亦非铁板一块一样，中东欧国家也是在西欧国家制度模式及北约和欧盟框架内选择符合各自需要的政治经济体制和外交政策。基此，"欧洲化""远非等于说仅仅搬用某个外来的模式——全球化模式或者欧洲模式，每个国家可以充分调动自己的传统、体制惯例和或多或少具有良好组织的各种角色群体"③，接受或改造既有体制和政策，抑或进而创造出新的体制和政策。让我们拭目以待。

原载《俄罗斯东欧中亚研究》2013年第3期

---

① 赵乃斌、朱晓中主编《东欧经济大转轨》，第72页。
② 杨烨、〔捷〕梅耶斯特克主编《欧盟一体化：结构变迁与对外政策》，第17页。
③ 〔法〕弗朗索瓦·巴富瓦尔：《从"休克"到重建东欧的社会转型与全球化—欧洲化》，第1页。

俄罗斯保守主义与当代政治发展

张昊琦[*]

苏联解体前后,保守主义在俄罗斯成为一个流行词语。一方面,20世纪70年代西方新保守主义浪潮吸引了俄罗斯学界的高度关注,从而引发了对俄罗斯保守主义的追根溯源。[①] 另一方面,作为一种政治实践,俄罗斯保守主义企图在矫正自由主义的极端发展上拥有一席话语权力。从20世纪90年代初期开始,俄罗斯传统保守主义理念零星地散落在各个政党的党纲中;90年代中期以后,随着政治中派主义的逐渐壮大,保守主义在俄罗斯有了较为稳固的立身之处,并在普京执政后逐步官方意识形态化。保守主义的复兴与发展既是俄罗斯社会对激进自由主义改革的被动反应,也是对俄罗斯国家历史定位和发展模式的再反思。当代俄罗斯保守主义与俄罗斯传统保守主义有一脉相承之处,经过社会与政治力量的塑造,它对当代俄罗斯政治发展有着深刻影响。

一 何谓保守主义?

"保守主义"在俄罗斯是一个令人困惑的概念;它的"时髦"同时显示了其内在含义的深刻分歧。自20世纪90年代以来,俄罗斯几乎所有的政党都不同程度地吸收俄罗斯传统保守主义成分,用以阐释自己政见、纲领的部分或基

---

[*] 张昊琦,中国社会科学院俄罗斯东欧中亚研究所助理研究员、博士,中国社会科学院《俄罗斯东欧中亚研究》杂志编辑部副主任。

[①] Минаков А. Ю. Русский конверватизм в современной российской историографии: новые подходы и тенденции изучения // Отечественная история. 2005. № 6.

础。许多政党自称保守主义政党，不仅中派如此，右翼与左翼也是如此。这里有必要先辨析一下，何谓保守主义。

"保守主义"有许多版本，"保守主义者们相互之间在基本价值上也存在着分歧"①，因此许多保守主义著作在论述这一问题时常常强调一种特定的版本，并冠以限定的修饰语。在具体的论述中，保守主义在时段上有古典保守主义、现代保守主义和新保守主义之分；在地域上有英国、法国、德国、美国、东方等国别地区之分；在领域上有哲学、政治、经济、军事、文化、宗教等范围之分。在保守主义成为意识形态之前，它更多体现为一种需要捍卫的价值。这个价值就是传统。不同的传统和对待传统的不同态度，以及由此产生的历史精神结构则显示出各种保守主义的不同风格。

按照保守主义论者的看法，保守主义来源于人类的本能和自然态度，"对未知事物的怀疑以及相应的对经验而不是对理论论证的信赖"②。因此，作为经验积累而世代相传的生活方式、风俗习惯、制度安排以及前人的智慧等就成为后世继承的传统。从经验出发，保守主义与理性和科学相对立，在变革面前，它往往诉诸传统，这种保守主义被曼海姆称为"自然保守主义"，也即韦伯的"传统主义"③。而作为一种明确的政治哲学和强大的政治思潮，"保守主义"始于对18世纪欧洲启蒙运动的反动，兴盛于对法国大革命摧毁传统制度的反思。英国政治家埃德蒙·柏克在1790年阐发了保守主义的一些基本信念，其《法国革命论》一书的出版被视为保守主义的诞生。与后来以正统主义为代表的法国保守主义、以浪漫主义为标志的德国保守主义相区别，以柏克为代表的英国保守主义所捍卫的那些价值、信念和原则被视为保守主义的经典版本，也成为20世纪新保守主义兴起的基础。柏克代表的古典保守主义所要维护的是英国社会由来已久的自由主义传统以及经过时间检验的正当秩序。他说："从《大宪章》到《权利宣言》，我们宪法的一贯政策都是要申明并肯定，我们的自由乃是我们得自我们祖辈的一项遗产，而且是要传给我们的后代的。"④ 正是这样的传统赋予了柏克的保守主义基础。在政治上，柏克倡导个人自由，反对中央集权，维护宪政；经济上，他信奉斯密的古典自由主义政治经济学，强调维护财产权；精

---

① 〔美〕约翰·凯克斯：《为保守主义辩护》，应奇等译，江苏人民出版社，2003，前言第2页。
② 〔英〕休·塞西尔：《保守主义》，杜汝楫译，商务印书馆，1986，第3页。
③ 〔德〕卡尔·曼海姆：《保守主义》，李朝晖等译，译林出版社，2002，第56页。
④ 〔英〕柏克：《法国革命论》，何兆武等译，商务印书馆，1999，第43~44页。

神上他坚持信仰自由，主张宗教宽容。可见，柏克并不是一个死板的守旧者。

如果以英国古典保守主义作为基准，那么许多其他版本的保守主义都不成其为保守主义。对于一些没有自由传统而只有专制传统的国家，其保守者往往以保守专制传统及其文化为归依。所以一些学者将保守主义和保守派划分开来，认为保守派与保守主义并不是一回事，它们的根本分野是"对自由的态度"，保守主义是保守自由的主义，主张对传统做必要的、有利于自由的变革，因此"并不是每个国家都有经典意义上的保守主义"①。俄罗斯的一些学者也同样强调这种"保守主义"和"一般保守"的区分②。对于以自由主义为保守对象的保守主义来说，自由主义中的"有限政治"是其最主要的内容，因此《布莱克维尔政治学百科全书》为保守主义所下的定义是："保守主义是以维护有限政治为目的，以调和、平衡和节制为内容的政治艺术。"③

以上述保守对象为参照，显而易见，俄罗斯的保守主义是一个特定的版本。在分析当代俄罗斯保守主义的时候，有必要回顾并了解俄罗斯曾经有过的保守主义传统。

二 历史遗产：俄罗斯传统保守主义

在分析俄罗斯的历史进程并与西方进行比较的时候，俄罗斯人往往抱怨自己缺乏"连续性"，每次"对俄罗斯社会的急切和全面的改造都是极端摧毁过去的结果"④，因此俄罗斯人"习惯于在命运的十字路口上，在纵横交错的十字路口边，徒劳无益地苦闷徘徊"⑤。而俄罗斯保守主义正是在面临巨大变革、发生历史断裂的时代背景下产生并发展的，它们既是对激烈变革的抗拒，也是对"传统"和"现代化"之间复杂关系的反思，同时还是对国家发展模式的探寻。

---

① 刘军宁：《保守主义》，中国社会科学出版社，1998，第 231、257、262 页。
② Капустин Б. Что такое консерватизм? // Свободная мысль-XXI, № 2, 2004.
③ 〔英〕戴维·米勒等编《布莱克维尔政治学百科全书》，中国政法大学出版社，1992，第 157 页。
④ Глебова И. И. Политическая культура России: образы прошлого и современность, отв. Ред. Ю. С. Пивоваров; Ин-т науч. Информ. по общественным наукам.-М.: Наука, 2006. С. 104, 117.
⑤ 〔俄〕格·弗洛罗夫斯基：《俄罗斯宗教哲学之路》，吴安迪等译，世纪出版集团、上海人民出版社，2006，第 572 页。

作为一种政治思想，俄罗斯保守主义在18~19世纪之交显示了雏形，并在亚历山大一世统治期间形成了第一次保守主义思潮，随后在整个19世纪发展成为具有"俄罗斯特点"的保守主义。第二次保守主义思潮产生于19~20世纪之交，但是随着十月革命的成功而逐渐式微，并在苏联时期基本中断。第三次保守主义思潮则产生于20~21世纪之交，为所谓的"俄罗斯新保守主义"，它是传统俄罗斯保守主义的复兴。

（一）18~19世纪的俄罗斯保守主义

俄罗斯保守主义的萌芽产生于18世纪下半叶叶卡捷琳娜二世时期，它是结合了以农奴制为特征的中世纪观念和西欧启蒙主义思想的"保守色彩的传统主义"[①]。一方面，俄罗斯与西欧国家的差距已进一步拉大，农奴制得到加强，等级君主制被绝对君主制取代。俄罗斯传统主义的一些基本原则，如东正教"第三罗马"思想、强大中央集权国家理念始终在延续。另一方面，18世纪西欧兴起的启蒙运动在政治、文化、宗教等各个领域冲击着旧制度，并且逐渐扩散到俄国，对俄国上层产生了巨大影响。虽然叶卡捷琳娜二世用一些启蒙思想家的辞藻包装了她的政治主张，并没改变绝对君主制的实质内涵，但俄罗斯上层贵族出现了捍卫贵族权益的保守主义。代表人物谢尔巴托夫基本接受了启蒙思想的影响，拥护君主制，但反对君主专制。他认为俄国古老的贵族等级制度是国家的支柱，极力主张贵族直接参政，对君主的权力加以限制。谢尔巴托夫具有保守主义思想的著作比柏克写作更早，但当时并没有发表，他的一些观点对后来的保守主义者有所影响。

俄罗斯第一次保守主义思潮出现在亚历山大一世时期。针对亚历山大一世的自由主义政策，俄罗斯形成了一股强劲的保守主义思潮。以卡拉姆津等人为代表的专制保守主义主张绝对君主制，认为俄罗斯在国家权力统一时才能强大，"君主是活的法律""在他的身上汇集了所有的权力"[②]；俄罗斯不需要自由主义改革，只需要"家长制权力"和"美德"。以罗斯托普钦为代表的民族保守主义强烈反对法国的所有东西，将其视为自由主义和革命的代名词。以大祭司佛

[①] Соловьев Э. Г. У истоков российского консерватизма // Полис. 1997. No 3. С. 138.

[②] Цит. По: Воробьев А. В. Истоки российского консерватизма: Карамзин, Макиавелли, Сперанский // Philosophia. 2001. No 5.

季和都主教普拉东为代表的东正教会保守主义，无条件地支持君主权力，只要君主权力不损害"信仰的纯洁性"。以鲁尼奇等人为代表的共济会保守主义反对革命、反对自由主义，主张国家对社会生活和情绪进行控制；同时主张俄罗斯担负起拯救被理性主义腐蚀了的欧洲的使命，重新塑造人类。

亚历山大一世时期保守主义的对立面是法国大革命以及所带来的自由主义思想，前者以维系现存制度为名，固守已经定型的绝对君主制。受其影响，亚历山大一世的内外政策后来也逐渐趋向保守。19世纪中期，乌瓦洛夫、波戈金和费舍尔等人总结和发展了亚历山大时期的保守主义，使其更为系统化。1832年，乌瓦洛夫提出"专制主义、东正教和人民性"三原则，将宗教理想、君主制原则、君主和人民在东正教下的统一宣扬为保守主义的核心价值。他们认为，专制君主制是国家管理的一种特殊类型，符合俄罗斯人民的历史特性。政府被视为秩序、道德、社会关怀、大众教育和文化的源泉，没有国家秩序只能产生"混乱"。

19世纪中期，在探索传统与现实、俄国与西方等问题上，作为哲学和社会学意义上的斯拉夫保守主义最为引人注目，它深刻影响了此后俄国社会思想的走向，并促进了"俄罗斯思想"的形成。

首先，在传统与现实的问题上，斯拉夫主义者是坚定的传统主义者。在"西化派"的眼里，彼得改革前的俄罗斯传统村社制是僵化个人创造性、阻碍法治化社会发展的旧制度；但对斯拉夫主义者来说，村社制则是一种符合俄罗斯国情、集中体现俄罗斯民族文化特点的制度。村社不仅是俄罗斯农民创造物质财富的赖以立身之地，同时也是他们的精神共同体。在这里，社民按照世代相传的村社原则自我管理，不受国家权力的侵害，洋溢着集体主义和平等主义精神。被霍米雅科夫称为"聚合性"的原则将东正教的精神世界与村社的物质世界连接起来。因此所有的斯拉夫主义者都坚决反对当时俄国的农奴制，主张将土地无偿分给农民。斯拉夫主义者的村社观是对俄国现代化的激烈反应，是对被变革摧毁的传统价值的缅怀。

其次，在俄国与西方关系的问题上，斯拉夫主义者是坚定的本土主义者。他们在确立俄罗斯自身发展道路以及在世界中的地位时，"第一个使用'西方世界'这个概念来代表'非我族类'，作为议定本土文化时的一个相对照的反面存在"[1]。

---

[1] 〔美〕艾恺：《世界范围内的反现代化思潮：论文化守成主义》，贵州人民出版社，1991，第62页。

俄罗斯作为一个精神实体与西方的物质文明世界包含着内在的对立元素：精神与物质、道德与法治、宗教与理性、集体主义与个人主义，等等。这种二元对立为斯拉夫主义者建立了精神和道德上的优越性。从文明形态论调出发，他们认为，西欧之后，"轮到俄罗斯了，它将把握欧洲文明的各个方面并将成为欧洲的领袖"[①]。这种论调与俄罗斯东正教"第三罗马"理论交相混杂，成为俄罗斯的精神传统。但是国家的落后和物质的匮乏往往将这种道德优势转化为对西方文明的敌视，从而树立了反西方主义的观念。

（二）19~20世纪之交的俄罗斯保守主义

俄罗斯第二次保守主义思潮出现在19~20世纪之交。这次以政治保守主义和政府保守主义为主要内容的思潮是亚历山大二世（1855~1881）大改革的直接后果，随着20世纪初帝国的崩溃而成为俄罗斯传统保守主义的绝响。1861年，亚历山大二世以解放农奴为标志的自由改革导致了社会结构的彻底变革，1881年他的遇刺加剧了俄罗斯社会的分裂，继任的亚历山大三世彻底走向保守。面临国内自由主义、社会主义的挑战以及随之而来的君主制的终结，波别多诺斯采夫、列昂季耶夫、吉霍米洛夫等捍卫君主制的保守主义者，对一些与时势相关的重大问题提出了自己的看法。

1. 君主制和"强人"

君主制一直是俄罗斯保守主义捍卫的对象，但在19~20世纪之交已面临重大危机。波别多诺斯采夫、吉霍米洛夫等发挥乌瓦洛夫三原则，为俄罗斯君主制进行辩护。他们认为，脱离东正教理念则无法探究俄国"专制主义"的本质。专制主义的本质首先在于君主个人对上帝的重大责任、为国家做出的牺牲，因为"专制者"的权力"不是特权，不是人类权力的简单集中，而是沉重的责任、伟大的服务、人类忘我的顶峰，是十字架，而不是享受"，因此不能对它加以限制，否则就是逃避良心和上帝[②]。但是他们陷入一个矛盾，因为君主并非都是圣贤，都能担当起这个神圣职责。通过理想的君主来维系君主制在世纪之交已难以为继。1911年新斯拉夫主义者帕斯哈洛夫写道："我们已经逐渐习惯鄙视政府，察觉到它的无能与无力。这是很危险的事情。在革命冲击现有制

---

① 〔俄〕洛斯基：《俄国哲学史》，贾泽林等译，浙江人民出版社，1999，第14页。
② Тихомиров Л. А. Критика демократии. М., 1997. С. 531–532.

度的关键时刻，我会挺身捍卫吗？不能。我们可能置身一旁，只能寄望天意的垂顾。"① 二月革命之后，甚至最极端的保皇分子普里什科维奇都感到绝望："我怎么去致力恢复君主制，如果我心目中甚至都没有那样一个人的话。说说这些人吧，尼古拉二世？疾病缠身的阿列克谢太子？世界上我最痛恨的那个女人（皇后）？我作为保皇分子的所有悲剧就在于，我看不到哪个人能把俄罗斯领入平静的港湾。"② 20 世纪初的君主制保守分子放弃了恢复君主制的努力，对于制度的怀疑促使他们寻找作为非制度因素的"强人"。二月革命后他们寄希望于科尔尼洛夫，十月革命后寄希望于邓尼金和高尔察克，最后他们又看好斯大林。一位保守分子预言，俄罗斯不可避免地会出现一位"强人"领袖，他的意志是红色的，事业是白色的，信念是民族主义的。③ 列昂季耶夫则构想了"保守的社会主义"。早在专制主义崩溃之前他就觉得，生长于俄国土壤上的社会主义，其历史使命应该是在新的外壳中复兴帝国和反西方传统的内核。④

2. 等级制

等级制是俄罗斯保守主义的一个核心原则。保守主义者认为，应该根据一个人的社会地位来确定对他的要求，地位越高的人，责任越大。但保守主义者在世纪之交的俄罗斯寻找保守王权的社会基础时却存在分歧。列昂季耶夫认为等级制十倍稳固于无等级制，贵族是帝国的精英，是保守王权的基础。而波别多诺斯采夫对贵族却相当悲观，认为上层贵族已经被欧洲思想所浸润，愈来愈成为政权的反对者；对东正教和专制制度最忠诚的是那些"愚昧的"农民，只有他们才是王权的最可靠的支柱。但是他所持的理念却是"民可使由之，不可使知之"，他只主张系统地培养统治精英以巩固王权，而不主张实行全民教育。治理国家是精英的事情，普通人民不能参与，农村教育只是要保证农家子弟成为传统农村生活方式的守卫者，而不能让他们觊觎别的社会地位。⑤ 保守主义者强调这种把等级制、权利和宗教连为一体的"人民保守主义"，其实就是让人民

---

① Переписка и другие документы правых（1911－1913）Вопрос истории，1999. № 10.
② Деникин А. И. Очерки русской смуты. Борьба генерала Корнилова. Август 1917 г.—апрель 1918 г. М.，1991. С. 26.
③ Шульгин В. В. Годы Дни. 1920 год，М.，1990. С. 797.
④ Леонтьев К. Н. Восток，Россия и славянство：философская и политическая публицистика. Духовная проза（1872～1891），М.，1996. С. 498.
⑤ Цит. По：Репников А. В. Тернистые пути консерватизма в России// Общественные науки и современность，2002. № 4.

疏离政治,在人民和那些"破坏性的思想"之间设一道防火墙。从这种观点出发,世纪之交的保守主义者反对斯托雷平的农业改革。与此同时,保守主义者也企图将无产阶级纳入现行的等级制度中。一些保守主义分子如吉霍米洛夫则勾结政府机关,尝试建立工人保皇组织。

3. 关于"进步"

世纪之交的俄罗斯保守主义者严厉批判自由主义以及自由主义版本的社会进步,认为技术进步和物质繁荣是以社会的精神堕落为代价的。这在列昂季耶夫身上表现得最为明显。他反对"两种虚假的欧洲原则":一是反对科技全能性的功利主义倾向,而代之以怀疑的甚至悲观的态度;二是反对对社会进步做自由主义的理解,而代之以"儿童世界观"哲学,这种哲学教育人们,那些伟大、高尚的东西不是通过普遍的自由和平等塑造出来的,而是在某种无上和神圣的权力与之联系的环境下塑造出来的。[①] 因此,对待进步要持悲观态度,不能加以信仰。

历史上的俄罗斯保守主义随着十月革命的胜利和苏联的建立在俄罗斯本土基本中断,一些侨居国外的俄保守主义者则继续发表自己的看法,其中具有代表性的有欧亚主义者,还有像伊利因这样在当今俄罗斯备受关注的思想家。保守主义在当代俄罗斯重新兴起不是一个偶然现象,而是像俄罗斯既往的历史一样,是剧烈变革和历史断裂的一个组成部分。

三 传统的再造:当代俄罗斯保守主义

20世纪90年代,与急剧的社会转型相伴生,俄罗斯保守主义开始复兴,并且力求从传统中寻找自己的价值基础。经历了狂飙猛进的自由主义改革后,将其视为对立面的保守主义观点在当代俄罗斯政治中十分盛行。[②] 但是不论精英还是民众,对保守主义的认识比较混乱。统一俄罗斯党的一位党员,脱口说出一句"经典"之语:"我们,毫无疑问是保守主义者,但还不知道它是何物?"[③] 2001年9

[①] Леонтьев К. Н. Восток, Россия и славянство: философская и политическая публицистика. Духовная проза (1872 – 1891), М., 1996. С. 379.

[②] См.: Лотарев К. А. Политический консерватизм в процессе реформирования российского общества: история и современные проблемы. Автореферат дисс. кандидата исторических наук. М., 1995.

[③] Ремизов М. Консерватизм сегодня: аналитический обзор. http://www.apn.ru/publications/ 2006.01.27.

月，俄罗斯"社会舆论"基金会就"政治保守主义"这个主题进行了一次民意调查①。结果表明，第一，大部分俄罗斯人对作为一套政治思想的保守主义并没有明确的概念，所有政党都被列为保守主义政党。第二，苏联时代对"保守主义"的界定影响了许多人的看法：保守主义"拥护旧体制、捍卫旧秩序并以复辟为己任"，同时"在政治生活、科学艺术等方面敌视新的、先进的东西"②。出于这种理解，很多人认为俄共是保守党，而久加诺夫的支持者则认为"右翼力量联盟"是最保守的政党；一些人认为普京是保守主义者，因为他恢复了苏联国旗和国歌。第三，对于保守主义内涵的认识，显示很多人的理解出于传统主义态度，"传统主义行为大多只是反应性行为，而保守主义行为则是具有意义取向的行为"③。作为"一种客观的、历史嵌入的、动态变化的结构复合体"以及"某一特定事情的社会历史现实的总的心理—精神结构复合体的一部分"④，保守主义的发展是一个动态的过程，是一个由"反应"向"意义"发展的塑造过程。在激烈社会转型中渴望稳定的自然保守态度经过俄罗斯各种政治力量的引导和塑造，逐渐转化为具体化的价值取向，而民众对保守主义的认知及其价值的认同也产生了明确的分化。

（一）当代俄罗斯保守主义类型

虽然至今对保守主义的定义存在分歧，但俄罗斯学界基本认定，当代俄罗斯保守主义与西方经典保守主义和新保守主义有着根本的区别，俄罗斯的保守主义根植于它的独特历史传统。⑤ 从各种政治力量对传统的态度看，俄罗斯保守主义者有三种趋向：回归自由主义传统、回归苏联传统、回归十月革命前帝俄的传统。尽管某些保守主义所强调的价值不限于一种传统，但根据主要取向还是可以划为这三种主要类型。⑥

---

① Опрос населения: политический консерватизм. http://bd.fom.ru/report/cat/pow_exa/dd013524
② Краткий словарь иностранных слов. М., 1952. С. 196.
③ 〔德〕卡尔·曼海姆：《保守主义》，李朝晖等译，译林出版社，2002，第60页。
④ 〔德〕卡尔·曼海姆：《保守主义》，李朝晖等译，译林出版社，2002，第60页。
⑤ Шаповал С. Есть ли будущее у российских консерваторов? //Независимая газета, 12 января 2000.
⑥ 当代俄罗斯保守主义有多种划分，有按保守党派来划分的，有按保守对象来划分的。Машенцев Д. А. Демократия в интеллектуальной традиции российского консерватизма и перспективы неоконсерватизма в политических процессах современной России. Автореферат дисс. кандидата исторических наук. Ростов-на-Дону, 2003.

1. 自由主义的保守主义

在当代俄罗斯政治中,自由主义的保守主义呈现出两个主要特点:一是以西方式的自由主义原则作为保守对象,其对立面是随苏联解体而崩溃的社会主义以及俄罗斯政治中日益固化的威权主义;二是在外在的气质上表现为反传统的激进主义。安东尼·吉登斯认为,西方保守主义的当代发展是"已经变得激进的保守主义遭遇到已经变得保守的社会主义"[1],这种观点也适用于当前的俄罗斯。激进和保守已经因时变化,走向了它们各自的反面。

自由主义的保守主义在当代俄罗斯的主要代表力量是"右翼力量联盟"。它极端否定国家的作用,推崇自由主义的激进改革。激进主义是俄罗斯历史发展中的一个鲜明特色,但自由主义在俄罗斯从来没有坚实的基础。20世纪90年代的激进改革使自由主义者声名狼藉,当他们诉诸俄罗斯的自由主义传统时,心里不免底气不足。在俄罗斯的历史上,虽然自由主义思潮曾有过强劲的发展,而且自彼得大帝西化改革以来,亚历山大一世和亚历山大二世时期也实行过自由主义政策,但自由主义的根基始终非常脆弱。由于绝对君主政体性质,俄罗斯历史上的每一次改革都是由作为最高权力的沙皇来推动的。自由主义主张多元化,希望建立公民社会,但是"只要没有君主全力支持,他们简直一筹莫展,因为俄国社会还没有发展到能提供一种自主独立的权力基础"[2]。俄罗斯历史上的那些自由主义改革人物,如斯佩兰斯基、维特、斯托雷平,甚至沙皇亚历山大二世,都是悲剧性的人物。恰达耶夫被视为自由主义的保守主义者,但是由于他受约瑟夫·德·梅斯特的影响,推崇天主教和西欧方式,因此被称为"'俄罗斯族的法国保守主义者',而不是俄罗斯保守主义者"[3]。叶利钦时代的自由主义改革虽然建立了三权分立的民主框架,但改革者们不仅要依赖最高权力,而且在改革失利之后基本上丧失了社会基础;它本来就没有中产阶级这个保守自由主义的支柱,在改革过程中也没有建立起来。

随着自由主义力量在俄罗斯政坛的边缘化,激进自由主义者逐渐改变了策

---

[1] 〔英〕安东尼·吉登斯:《超越左与右:激进政治的未来》,李惠斌等译,社会科学文献出版社,2000,第2页。
[2] 〔美〕拉伊夫:《独裁下的嬗变与危机:俄罗斯帝国二百年剖析》,蒋学祯等译,学林出版社,1996,第145页。
[3] Гусев В. А. Русский консерватизм // Эволюция консерватизма: европейская традиция и русский опыт: Материалы международной научной конференции. Самара, 2002. С. 243.

略，努力消除自身激进的、无政府主义的成分。2001年，亚辛在阐释"右翼力量联盟"的价值基础时强调，最重要的是"建成一个高效、自由的市场经济国家，如果为此需要节制和保守主义，那么我们正是那个保护这些价值的政党"[①]。2008年11月，"右翼力量联盟"自动解散，分化组合成"右翼事业"党。该党重组的一个内在驱动力是适应俄罗斯当前社会政治的变化，整合政治精英中的自由主义分子，依靠政府中自由主义力量，推动俄罗斯自由主义的发展。因此它被称为"政府自由派政党"[②]。基于上面提到的因素，其发展估计也不会顺利。一个可以参照的现象是，早在2005年春，统一俄罗斯党内各派别也曾就保守主义究竟以"自由主义"为方向还是以"社会取向"为方针展开过"党内大讨论"，结果2006年年初讨论停止，"社会保守主义"成为党的正式方针。这个方针确定的重要考虑是社会基础问题。

将自由主义与保守主义结合起来的"自由保守主义"是近年来俄罗斯学者关注的热点之一，他们往往追溯到契切林的"保守的自由主义"和司徒卢威的"自由的保守主义"，将国家理念与自由主义勾连起来，并认为，自由主义与保守主义并不是对立的，它们可以相互补充，应该是最亲近的同盟者。[③]

2. 苏维埃保守主义

它是苏联精神遗产的"继承者"和"守护者"，其主要代表是俄罗斯共产党。从20世纪90年代后半期开始，俄共就越来越被视为保守党。[④] 苏联解体后，俄共虽然因时变化，在纲领中掺加了某些自由市场经济和民族主义的成分，但它与苏共在精神上一脉相承，承认自己是苏共和俄共的"思想继承者"。虽然夺取政权、重建社会主义的战略目标自1993年俄共重建以来一直就没有改变，但是按照吉登斯的说法，当代社会主义基本上被迫处于守势，由一贯坚持的"历史先锋队"立场蜕变为保护福利制度这一更为温和的目标。[⑤] 激进成分即"革命"色彩在办维埃体制固化的时候就已经消弭，当今苏维埃保守主义只不过

---

① Ясин Е. Г. Будущая партия большинства // Независимая газета, 15 ноября 2001 г.
② Поляков Л. 《Правое дело》-партия правительственных либералов. http://www.russ.ru.
③ См., Например, Поляков Л. Либеральный консерватор // Независимая газета, 2 февраля 2000.
④ См., например, Капустин Б. Левый консерватизм КПРФ // Независимая газета, 5 мая 1996.
⑤ 〔英〕安东尼·吉登斯：《超越左与右：激进政治的未来》，李惠斌等译，社会科学文献出版社，2000，第7~8页。

延续了这一特点。它的对立面与其说是激进主义，不如说是自由主义以及由自由主义所带来的全球化，正是自由主义和全球化使得苏联式的"现实社会主义"无法固守自己的阵地。

为了捍卫自己的立场，苏维埃保守主义除了以传统的"苏维埃体制"作为自己的价值基础外，大量启用了帝俄时代的"传统"，以适应当代社会对"历史连续性"需求的心理趋向。苏联距当代俄罗斯时间最近，"对当代俄罗斯来说，苏联的传统是现实的传统，不管在政治上、社会上，还是在意识形态上"①。俄共的一些意识形态者认为，十月革命前的政治和社会文化传统已经断裂，经历了70多年后，无法以那时的保守主义模板来重构俄罗斯新保守主义，而苏维埃保守主义则可以成为连接现实与传统的桥梁。为此，俄共进行了许多"传统的挖掘"，例如，纲领宣称，"苏联是俄罗斯帝国的地缘政治继承者"；"'俄罗斯思想'实质上就是深刻的社会主义思想"，国家与教会结盟是时代的要求和国家正常发展的必要条件，等等。②虽然苏维埃体制中包含了一些传统内容，如在革命前重视村社的原则基础之上，在许多领域内复苏了村社体制等，③但一些俄罗斯学者认为，在当代俄罗斯，苏维埃保守主义只是一种幻象，它不可能保证由社会主义价值转变到传统民族国家和宗教的价值上；俄共在这10多年中实际上毫无创见，无力创造出一种新的保守主义形式。④

另外，苏维埃保守主义并非为俄共一家所垄断。由于苏联时期的强国形象以及在国际上的超级大国地位契合了俄罗斯的帝国传统，许多其他党派，如统一俄罗斯党、自由民主党、俄罗斯人民党等都在一定的程度上吸收了苏维埃保守主义成分。普京对苏联的态度、恢复苏联国旗和国歌的举动、经济上的国有化倾向以及因袭苏联时期"赶超战略"等就是明显的证明。

---

① Шаповал С. Есть ли будущее у российских консерваторов？//Независимая газета, 12 января 2000.
② 2008年11月俄共十三大通过的新纲领中，有关地缘政治、"俄罗斯思想"以及东正教的内容都已删除。新纲领见 http：//kprf.ru/party/program。这种改变显然是基于金融危机对俄罗斯现政权冲击的考虑，也许俄共认为，目前的状况已经不再需要以那种对"传统"的"注脚"来作为自己纲领的基础了。
③ 〔俄〕鲍·尼·米罗诺夫：《俄国社会史》（下册），张广翔等译，山东大学出版社，2006，第349页。
④ Мюллер Д. Г.《Новый консерватизм》в современной России（реальность и перспективы）.//Вестники Нижегородского государственного университета им. Н. И. Лобачевского. С. 292. http：//www.unn.ru/.

3. 俄罗斯传统保守主义

重新看待俄罗斯的历史、珍视俄罗斯的传统价值，是当代俄罗斯社会的一个重要现象。目前俄罗斯传统价值的各个方面都被重新挖掘，不同的社会政治力量对待俄罗斯的传统也各有侧重，但东正教始终是一个核心内容。20 世纪 90 年代，叶利钦在回归传统、"与历史和解"上走出了重要一步。1998 年 7 月 17 日，在重新安葬末代沙皇尼古拉二世及其家人的宗教仪式上，叶利钦强调，这是"人民团结的象征，是共同赎罪的象征"，"在建设新俄罗斯的时候，必须依靠它的历史传统"[1]。而 2007 年 4 月 25 日叶利钦的葬礼也以宗教国葬仪式举行，这是帝俄沙皇亚历山大三世以来的第一次。

作为与"神圣罗斯"相联系的历史载体，东正教会赋予俄罗斯文化以灵魂的基督教理念，是历代俄罗斯保守主义者都要捍卫的价值，并且是保守主义价值的"超世界"存在。在当代俄罗斯，各种"保守主义"社会政治力量都与东正教会保持一定的适应性合作，虽然教会声称对政治进程保持严格的"中立"态度，但它还是积极介入俄罗斯社会生活的建设。自 2000 年教会发表《俄罗斯东正教会社会理念原则》起，几年之中东正教会成为俄罗斯最有影响力的政治和社会力量。莫斯科教区主教基里尔发表过大量声明，从教会传统的立场出发对当代俄罗斯社会生活的各种现象进行批评，涉及问题非常广泛，如人权、宗教教育、家庭道德、人口、民族、全球化，等等。1998 年 8 月俄罗斯金融危机引发尖锐政治危机时，全俄东正教大牧首阿列克谢二世在当代俄罗斯历史上首次召集各主要政坛人物，寻求克服危机的办法。这也表明，尽管俄罗斯精英在政治观点上歧异很大，但他们承认教会的精神和道德权威，承认建设性的对话是走向社会和谐的一条重要途径。

在重建社会道德价值的同时，传统保守主义的另一个主要目标是，将东正教与现代政治结合起来，塑造特殊的俄罗斯政治发展模式。如"记忆"之类的组织宣扬"阶层等级保守主义"，强调俄罗斯需要从传统制度中寻找根据，建立有别于西方的独特的政治制度。这种观点在具有威权倾向的地方行政长官那里很有市场，对他们来说，政党、分权之类的东西只能带来无休止、无意义的争吵。曾经是"持不同政见者"的索尔仁尼琴也持这种看法。

---

[1] Слово президента РФ Бориса Ельцина на церемонии перезахоронения Екатеринбургских останков. http://private.peterlink.ru/.

2008年8月索尔仁尼琴的去世成为俄罗斯社会政治生活的一件大事，对他的保守思想进行探讨甚至成为统一俄罗斯党的一个议题。该党最高主席团第一副秘书长安德烈·伊萨耶夫说，索尔仁尼琴的保守主义意识形态就是统一俄罗斯党的意识形态，统一俄罗斯党就是"索尔仁尼琴所理解的那个保守主义政党"[1]。索尔仁尼琴眼中的保守主义"致力于保守和捍卫那些在许多世纪中经过人民实践的美好、善良和理性的传统"[2]。他早年抨击苏联政权，流亡美国时抨击西方世界，1994年回到俄罗斯后又抨击当局，并写下《坍塌的俄罗斯》等政论著作。1996年他在小说《在转折关头》中高度评价斯大林发动的"向未来的伟大奔跑"，以致西方认为他是个反复无常的怪人。其实，他的保守主义的最终价值都落在东正教上。一方面，他谴责苏联政权、反对西方、批评20世纪90年代俄罗斯的混乱，其本质在于他是个被东正教洗练出来的斯拉夫主义者。他对现代性的所有批评使他寄望于东正教的理念，他把"保存人民"看成一个行得通的国家思想，[3] 其意不仅仅是扩大俄罗斯的人口以及保持他们生存的物质条件，还要保存他们的纯洁精神。另一方面，东正教思想以及"莫斯科—第三罗马"理论赋予他高傲的民族优越感，泛斯拉夫主义的浸润使他念念不忘重新建立"俄罗斯联盟"。他可以谴责独裁政权，批评民主制度，可以成为一个"永远的持不同政见者"，但"帝国"情怀使他永远不能成为一个自由主义者。他向普京示好，附和威权体制，因为他在向往一个以传统为归依的强大的俄罗斯。

（二）俄罗斯保守主义的官方意识形态化

2000年普京正式当选为俄罗斯总统之前，一些著名政治学者就预言，普京当选总统后会在短期内组建趋向保守主义价值的政权党；俄罗斯会很快出现一些堂堂正正的保守主义党派。[4] 一位学者在普京登台之际将俄罗斯当前的保守主义状况清理一番，认为随着新总统的上任，"寻找俄罗斯民族国家思想具有非常重要的现实意义，而且这种寻找是在保守主义的畛域内进行的"。

---

[1] Консервативный уклон: "Единороссы" обсудили новости-все хорошо. http: //www.rg.ru/2008/08/15/.
[2] Интервью Александра Солженицына. http: //www.fondiv.ru/articles/3/36/.
[3] Кондрашов А. Александр Солженицын: я мечтал о другой России. http: //vesti7.ru/2007.12.09.
[4] Шаповал С. Есть ли будущее у российских консерваторов? //Независимая газета, 12 января 2000.

普京在俄罗斯政坛的表现不是从思想开始的,而是以行动开始的。在第二次车臣战争中,普京以强力形象实践了他后来的部分价值:反对分离主义,捍卫俄罗斯国家的统一。在此基础上,他推出了所谓的"俄罗斯新思想",即在《千年之交的俄罗斯》中表达的信条:爱国主义、强国主义、国家主义和社会团结。从国家主义的立场出发,他在就任总统后实行被学者们称为"可控民主"的模式,建立并加强了垂直权力体系。为了应对西方对俄罗斯"民主回潮"的批评,2005年,普京的僚属推出了具有俄罗斯特色的"主权民主"。

从"俄罗斯新思想"到"可控民主",再到"主权民主",可以清晰显现出普京塑造保守主义意识形态的趋向。普京曾经表示,不会再建立一个具体明确的国家意识形态。保守主义中可以填充任何以传统价值为导向的内容,决定了它的适应性和变化性,它无须成为国家意识形态,就可以成为当局主导社会意识的航标。2008年11月,普京领导的统一俄罗斯党最终在十大上明确宣布将保守主义定为自己的意识形态,其常量是文化、精神、爱国主义和国家力量。[①] 纵观作为主流意识形态的保守主义,它显示了三个明确的特征:国家主义、反西方主义和以东正教为基础的传统主义。[②]

1. 国家主义

普京从来没有放弃过"民主"的宣传,经常提到"言论自由""财产自由"等普世价值观。自2000年到2007年,他在每篇国情咨文中都念念不忘"民主"以及将俄罗斯建设成为一个"民主"的"法治国家",而2005年的国情咨文则对民主的"俄罗斯道路"进行了全面阐释和辩护,强调了建设民主不忘加强主权的任务:"将俄罗斯发展成为自由、民主的国家是主要的政治意识形态任务";"我们应该找到自己的建设民主、自由和公正的社会和国家的道路";"正是这些价值决定了我们加强俄罗斯国家的独立自主性,巩固它的主权"。这份报告被"可控民主"概念的提出者特列季亚科夫视为"普京政治哲学的形成"[③]。事实上,普京在普世性价值和俄罗斯传统这两者之间更强调后者,他的国家主义观既是基于对俄罗斯历史发展道路的理解,也是受到俄罗斯一些思想家如"国家

---

① Идеология《Единой России》должна быть независимой. http://edinros. er. ru/2008.11.24.
② См.:Гусев В. А. Русский консерватизм:основные направления и этапы развития. Тверь,2001.
③ Третьяков В. Суверенная демократия:О Политической философии Путина // Российская газета,28 апреля 2005 г.

学派"契切林和侨民保守主义思想家伊利因等人的影响,其主要宗旨就是强调俄罗斯的特殊性在于:国家是一切秩序的源头,也是推动国家向前发展的第一动力。在实际的政策操作上,对联邦制改革,将地方行政权力纳入垂直管理体系就是这种国家主义的外在体现。"国家主义"的矛盾之点在于:如何处理好国家控制和民主自主发展的关系。亲克里姆林宫的理论家谢尔盖·马尔科夫认为这个问题很好解决,那就是:可以通过民主途径解决的问题用民主来解决,不能通过民主解决的问题则用其他方法解决,比如威权方法。① 但是如何去界定哪些是可以用民主途径解决的问题,哪些是可以用威权解决的问题?这种界定由谁来进行?那些可以通过民主途径来解决的问题当局用其他办法解决时怎么办?一个让人感到非常困惑的现象是,在2007年俄罗斯国家杜马选举和2008年总统大选中,普京支持的统一俄罗斯党和总统候选人梅德韦杰夫都拥有绝对多数的支持率,但是当局还是要采取一些非常手段对反对派进行打压。本来可以用民主来达到目的的事情,为什么要通过威权的手段?

2. 反西方主义

反西方主义一直是俄罗斯传统中的一个主题,从东正教与天主教对立之时起,俄罗斯就已经与欧洲拉开了一条鸿沟;从彼得时期的改革开始,对西方的抗拒就已经在俄罗斯的精神中埋下了世俗的种子;从斯拉夫主义独特的发展道路起,反西方主义已经成为俄罗斯的思想体系。20世纪90年代俄罗斯的全盘西化改革,只不过为后来反西方情绪的高涨提供了反弹的张力:它既是传统中反西方主义的延伸,也是现实俄罗斯社会情绪由希望到失落的映射。一方面,90年代初期俄罗斯社会对西化自由主义改革充满期待,在盖达尔"休克疗法"产生了不适反应后,俄罗斯社会大众仍然盼望它能产生效力,在1993年4月的全民公决中一半以上的民众仍然信任总统,赞成总统和政府的社会政策。只是1998年发生金融危机后,俄罗斯社会对自由主义改革才完全失望。对西化改革的失望逐渐转化为对西化道路和西方世界的失望。因此,普京重新选定的"俄罗斯独特道路"受到民众的支持。另一方面,在俄罗斯消除了与西方的"意识形态差异"后,西方并没有像它所承诺的那样给予俄罗斯足够的支持,而是继续压缩俄罗斯的战略空间,贬抑俄罗斯的影响力,损害俄罗斯的主权。南斯拉夫战争直接导致了世纪之交俄罗斯民族主义的高潮,俄罗斯各政治势力有意地

---

① Управляемая демократия. http://www.demos-center.ru/reviews/986.html.

引导这股情绪,将爱国主义、民族主义列为政党纲领中不变的条例。同时,经济实力的提高助长了俄罗斯民族主义的底气,随着2005年"主权民主"的提出,反西方主义的"国家观念"最终形成,并且在2007年达到高潮。在将民众的自发情绪塑造为观念的过程中,政治精英们主要基于如下考虑。第一,顺应民众的民族民粹情绪,将反西方主义作为凝聚社会、动员社会力量的工具,使其作为国家认同的一种方式,成为"当代俄罗斯政治进程的一个重要组成部分"①。第二,将其作为政治合法性的一部分,巩固自己的社会支持度。② 第三,作为政治斗争的一种策略,以鲜明的敌我观念强化自己的立场,从而打击对手。从这点上看,就不难理解2007年俄罗斯国家杜马选举前后普京将反对派斥为"西方走狗"的言论。第四,当局以反西方主义观点强化大众心理,俄罗斯不能实行西方式的自由民主,只能走自己的道路,这也是当代俄罗斯反西方观念的核心所在。

3. 传统主义

以东正教为基础的道德价值和社会规范在社会中确立,信仰东正教的人数越来越多。在列瓦达研究中心发布的《2008年社会舆论年度报告》中,2007年10月,信仰东正教的人数比例占69%,到2008年2月,人数比例增至70%。同时,民意调查显示,2008年俄罗斯十大重要事件中,居于首位的是全俄东正教牧首阿列克谢二世的去世,其次才是俄格南奥塞梯军事冲突和梅德韦杰夫当选总统。③ 对于东正教传统道德标准的态度,全俄社会舆论研究中心的调查显示,30%的人认为应该在生活中遵守东正教的全部道德规范和原则,35%的人认为应该遵守与现代生活相适应的部分道德规范,14%的人认为现代的人们不需要遵守过时的东正教规范。④ 作为填补当代俄罗斯意识形态真空的替代物,东正教在社会生活中起着重要作用。但是对于国家在这方面的引导,一些学者认为在俄罗斯这样的多民族多宗教国家中也存在负面作用。⑤

---

① Новиков Д. В. 《Антизападничество》 как стратегия рационального поведения современной российской элиты // Общественные науки и современность. 2007, № 6.
② Шевцова Л. Приносит ли что-то России помощь Запада? http://www.carnegie.ru/.
③ 《Левада-центр》, Общественное мнение – 2008. http://www.levada.ru/.
④ ВЦИОМ. Мониторинк мнений: декабрь 2008 – февраль 2009. http://wciom.ru/. l.
⑤ Мюллер Д. Г. 《Новый консерватизм》 в современной России (реальность и перспективы). // Вестники Нижегородского государственного университета им. Н. И. Лобачевского. С. 292. http://www.unn.ru/.

四 保守主义情境下的"俄罗斯民主发展模式"

如前所述,俄罗斯保守主义意识形态化是普京执政时期的社会政治思潮主题。在整个社会趋于保守的情境下,如何推进社会政治进程、发展俄罗斯民主成为梅德韦杰夫的一个重要政治任务,也就是他在首次国情咨文中所表示的,目前俄罗斯不是要不要民主的问题,而是如何进一步发展民主的问题。①

梅德韦杰夫在国情咨文中提出了一些有关政党、选举、联邦、总统和议会等制度的具体改革建议。与之相呼应,2008年12月,作为梅德韦杰夫智囊团的当代发展研究院发布《民主:俄罗斯模式的发展》的报告②,明确提出了"俄罗斯民主发展模式"(以下简称"模式")。撰写报告的专家公开声称,该报告是直接为梅德韦杰夫准备的。③ 因此从某种程度上看,它可能是梅德韦杰夫未来政治改革的理论支持。"模式"风格比较温和,排除了任何激进色彩;它所提倡的渐进革新,蕴含着对俄罗斯历史上曾经反复论证过的主题重新进行思考,透露出俄罗斯政治发展中一些无奈的选择。

1. 民主发展的性质

"模式"将民主发展置于现代化的视野之下,视其为现代化的"绝对命令"。与其他传统的现代化模式相比,戈尔巴乔夫的现代化改革更为复杂,它同时启动了"三种过渡",即从中央计划经济向市场经济的过渡、从集权主义向民主体制的过渡、从以意识形态联结的多民族国家向民族国家过渡。作为这种过渡的延续,俄罗斯的现代化在民主发展方面面临着三个重要问题。第一,俄罗斯在一个独特的条件下展开现代化,与那些处于早期现代化水平的国家不能相提并论。它的任务是要克服国家的效率危机以及经济和社会领域的落后现象,因此其现代化的本质是"开放"社会、建立市场经济。而10余年转型后,俄罗斯的市场经济关系并不坚固,制度建设远没完成。第二,民主化直接关涉与欧洲的关系。俄罗斯在地理和文明上都将自己定位为欧洲国家,而欧洲国家在经

---

① Медведев Д. А. Послание федеральному собранию РФ. http://www.kremlin.ru/2008.05.11.
② Институт современного развития. Демократия: развитие российской модели. http://www.riocenter.ru/.
③ Демократию предложено спустить сверху: Эксперты вышли на Дмитрия Медведева с докладом..// Коммерсантъ, № 224 (4041) от 09.12.2008.

济和社会政治制度上对俄罗斯要求苛刻，但不管如何，俄罗斯都必须考虑这个事实。在将部分中东欧国家纳入"民主共同体"之后，欧洲扶植独联体国家的亲西方力量，这对俄罗斯国内对民主的认知不可能不产生影响，俄罗斯当局必须考虑这种"内部需求"。第三，俄罗斯必须采取有效的管理模式。那种固化的动员模式存在太多的问题，普京重新建立起来的"垂直权力"体系也有很大的局限。威权模式虽然是后发现代化的一种有效方式，但它同时兼具一些危险性，例如，封闭的政治、寄希望于威权领袖，会使现代化目标的一些合理化选择丧失掉；威权主义总是追求控制，不可避免地限制社会的主动性。

2. 民主发展的动力

"模式"将俄罗斯民主发展的动力定位在掌握最高权力的总统身上。这主要是基于对当前俄罗斯政治制度的评价。俄罗斯虽然实行了现代民主政治意义上的三权分立、政党制度和选举制度，但受传统政治文化影响以及国内的现实条件限制，超级总统权力是推动改革的不可替代的力量。20世纪90年代俄罗斯社会和精英分裂严重，在2000年之前，支持俄罗斯总统的力量在议会中都不占有多数，如果要推动"自上而下"的改革，就必须赋予总统以压倒性的权力。与此同时，除总统之外，当代俄罗斯政治制度的不完善性没有赋予其他机构推动改革的能力。国家杜马起着立法作用，其权力极其有限。俄罗斯政党发育程度低，除了俄共之外实际上没有真正意义上的政党，统一俄罗斯党虽然在国家和地方的立法机构中占据了多数，但它实际上是一个精英内部协商机制，而不是一个反映社会利益的机制，它的"政权党"性质决定了它对执行权力有着巨大的依附性。同时各个政党之间没有共识，党际竞争常常受到人为遏制。

"模式"将总统作为民主发展的"自上而下"的推动力，虽然是当前俄罗斯的现实选择，但包含了极大的不确定性。首先，这要看总统的主观意愿。如果作为最高权力的总统不愿意推动民主的发展，那一切提议付诸实施的可能性非常小。其次，要看总统的能力。戈尔巴乔夫和叶利钦时期的混乱固然有许多外在因素，但与他们掌控局面的能力有很大的关系。最后，要看民主发展的推动机制。目前俄罗斯官僚体制效率的低下已经严重阻碍了国家管理的有效性，执行机关的"垂直权力"体系有着先天的缺陷，如来自立法机构、司法机构和社会的监督非常弱，执行权力专注于"集团利益"，民众持消极和悲观的态度。从历史上看，俄罗斯的每次现代化都是由最高权力来推动的，但都没有成功地延续下去，其中最大的原因是最高权力和统治精英的关系。为了达到现代化目标,最高权力需要一个高效的统治精英阶层作为实施这些目标的工具,但统治精英并非铁板一块,他们也有自己的利益。因此他们之间的关系调整也就成为一个前置的条件。为了整合统治阶层以适应最高权力的目标取向,要么是最高权力对统治精英进行清洗,要么就是统治精英对最高权力实施政变。[①] 由于历史传统的延续,俄罗斯将在较长的一段时间内无法摆脱这种影响。

3. 民主发展的社会基础

"模式"在赋予最高权力以推动力的同时,对当前俄罗斯推动民主发展的社会力量进行了具体评估。对"民主同盟军"的社会学分析表明,俄罗斯社会中民主化的"积极"同盟者只占少数,大部分是消极同盟者。经历了激烈社会转轨所带来的混乱后,民众虽然期盼那种理想意义上的"民主"和"自由",但却害怕"民主"和"自由"重新带来动荡,这种心理营造了社会相对保守的气氛。在普通民众中,对推进民主有四种态度:一是民主的敌人,这类人主要信奉威权原则,对他们来说,"铁腕"是最重要的政治价值,"民主"意味着混乱无序;二是非民主的反对派,这类人主要是俄共的支持者,他们认为民主与苏维埃体制是同义词,而市场与民主和公平都不兼容;三是消极的民主主义者,他们主要是市场的支持者,总体上支持现行体制,但感觉目前俄罗斯社会的公开性、竞争性、言论集会自由、选举的诚实性等均有缺失;四是积极的民主派,即意识形态上的"西方自由派",这类人数量很少,主要集中在大城市,基本上是"亚博卢"和"右翼力量联盟"的支持者。另外,精英层中对民主的态度也有差别。在上层精英,即行政官僚机构、政党机构、大公司即商业寡头那里,民主化根本得不到支持。大部分中层商业精英受到来自"上层的庇护",对民主采取一种适应性的态度,他们希望经济环境稳定透明、"游戏规则"明晰清楚,不要干扰他们的商业活动以及保护他们的产权。民主化意愿最强烈的是中小商业者,他们需要有自己利益的政治代表,影响规则的制定。

"模式"在这个分析的基础上提出,推进民主的基础在于建立一个支持民主化进程的大精英圈,同时寻求社会的支持。对于上层官僚以及亲政权商人,应该使他们意识到自己对国家未来的责任,不能将国家竞争力下降、权力弊病固化以及社会政治压力增长等风险往后拖延。

---

① См.: Гаман-Голутвина О. В. Политические элиты России: вехи исторической эволюции. М.: РОССПЭН, 2006.

4. 民主发展的内容

对于民主价值的理解，不同的人有不同选择。报告中的分析显示，一半以上的人赞成"具有俄罗斯民族特点的民主"，7%的人赞成西方式民主，而28%的人则认为，"俄罗斯不需要民主，只需要强力领袖"。对于民主的主要内容，大部分人认为是：民主自由首先是言论和出版自由；自由选举；保护人权、实行宪政；公民对权力进行监督，使权力更加透明。因此"模式"对俄罗斯民主发展的宗旨是，将民主的普世价值与民族独特价值结合起来，在不改变俄罗斯政治制度结构的情况下填充具体内容；将社会生活自由化和民主制度的改进作为"工具性"的任务，而非意识形态任务。具体目标则是加强大众传媒和司法权力的独立性，完善分权体系，促进公民社会制度的发展。

"俄罗斯民主发展模式"的出发点是促进国家在经济、政治、商业、社会生活中的创造力，但是在动力、社会基础和内容上都存在不确定的影响因素，实施起来还有一定的难度。为了使"模式"更容易得到上层精英的支持，它基本维护了现行体制的框架，只是在细节上进行调整。这个"模式"又隐含着同时作为"自由主义者"和"威权主义者"的梅德韦杰夫的影子，它的作为到底能有多大，目前还不得而知。不过在威权体制下政治权力的合法性往往建立在有效的政绩上，政绩上的失败往往不仅使领导人难辞其咎，而且还会使政治制度的合法性受到质疑。从金融危机的进一步发展中也许可以更好地考察俄罗斯的政治发展。

五 结语

通过以上对俄罗斯保守主义的梳理以及对当代"俄罗斯民主发展模式"的考察，可以粗略地进行几点评价。

首先，俄罗斯至今没有发展出成熟的保守主义。虽然俄罗斯历史上的保守主义与西方保守主义几乎同步，都是源于对启蒙运动和法国大革命的反应，但是由于俄罗斯独特专制传统和强大宗教力量的影响，俄罗斯保守主义的内容与价值中几乎没有自由主义的一席之地，历史上俄罗斯保守主义的对立面往往是自由主义，而不是激进主义。

其次，俄罗斯保守主义始终面临着"俄罗斯独特道路"的诱惑，从而呈现出民族主义的气质和特性。不论是东正教还是君主制，其本身就包含着激进和极端的因子。

再次，当代俄罗斯保守主义不可能成为国家意识形态，而只是整合国家的工具。保守主义是一个意识形态的空壳，俄罗斯各个政党都声称自己是保守主义者，只不过是利用这个空壳装进不同的内容；纲领的不明确导致对保守主义理解的混乱。

最后，在俄罗斯保守主义情境下，"俄罗斯民主发展模式"是推动政治进程和现代化的被动选择。来自精英层的强大阻力很可能使其流产；即使能够推行，效果也会大打折扣。俄罗斯的民主发展还有一段相当长的路要走，成熟保守主义的形成也需要相当长的一段时间，正如俄罗斯一位学者所说："现在不能准确地判断保守主义在俄罗斯的前景……在挥舞专制俄国的国旗、高唱苏联的国歌走进新世纪后，我们的国家应该向前发展。所有旧的象征和观念已经启动，正是确立新的优先性和新的价值的时候了。否则我们会永远'陷入'不断重复自己历史的境地，并且永远在边缘徘徊。"[1]

原载《俄罗斯中亚东欧研究》2009年第3期

---

[1] Репников А. В. Будущее России в концепциях русских консерваторов начала XX века // Кто и куда стремится вести Россию? Акторы макро-, мезо-и микроуровней современного трансформационного процесса. М., 2001. С. 53.

民族心理与民族联邦制国家的解体
——以捷克斯洛伐克联邦为例

姜 琍[*]

苏联、南斯拉夫和捷克斯洛伐克三国均在社会主义时期以民族为特征建立起联邦制，又都在20世纪90年代初民族主义浪潮中走向解体。与苏联和南斯拉夫不同，捷克斯洛伐克联邦解体进程没有伴随剧烈的社会动荡或惨烈的暴力冲突。在双方政治精英和平谈判的基础上，捷克与斯洛伐克实现了快速、有序和顺畅的"天鹅绒离婚"。文明的解体方式与捷斯两个民族之间传统的友好关系密不可分，那么，彼此不存在仇恨的两个民族又缘何在全面转型和"回归欧洲"的道路上分道扬镳？在民族联邦制国家，民族心理作为一种内在的精神力量对联邦主体相互关系的发展产生了不容忽视的影响，是导致联邦解体的原因之一。本文拟从民族心理的角度探析捷克斯洛伐克联邦解体的根源，以便给多民族国家进行政治整合和处理国内民族关系问题提供一些有益的启示。

一 捷克人与斯洛伐克人民族认同和国家认同的变迁

（一）对种族民族与政治民族的理解

民族通常可以从种族意义和政治意义两个层面上理解。从种族意义上理解

---

[*] 姜琍，中国社会科学院俄罗斯东欧中亚研究所中东欧研究室副主任。

民族，它是根据祖先的血缘世系、共同的文化特征和历史经验而团结在一起的群体，成员的身份源自遗传。虽然中东欧地区的人们在很早以前就意识到种族差异，但直到 18 世纪末 19 世纪初开始塑造现代民族的时候，种族差异的重要性才显现出来。那时人们意识到，宗教和等级身份不是最重要的，民族属性才是最重要的，而民族归属的主要标准是语言。

从政治意义上理解民族，它是指一个国家内的全体公民。如果在一个国家，种族多样化的民众逐渐获得归属于一个整体的意识，那么就表明政治民族得以建构起来。政治民族的建构通常有两种方式：一是通过长期共处，不同族群自然而然地产生共同的归属意识；二是较为强大的族群吞并较为弱小的族群。实际上，这两种方式常常被结合起来使用。在政治民族框架内，所有的公民拥有同等的权利和义务，而且它的各个组成部分不需要放弃关于自身起源的意识。建立政治民族的进程一旦被国家的统治阶层人为引导，就常常以失败告终[1]。

由于历史发展的不同，西欧国家与中东欧国家对民族的理解存在差异。前者通常将民族理解为政治民族，而后者更多将民族理解为文化 – 种族单位。

（二）捷克人与斯洛伐克人现代民族意识的形成与发展

在民族复兴运动进程的初期，由于语言差异明显，捷克地区捷克人与德意志人的分化，以及斯洛伐克地区斯洛伐克人与匈牙利人的分化相对快速与简单。捷克人与斯洛伐克人的分化则复杂得多，原因是他们之间同时存在相似和相异的感觉。相似感源自三个方面：语言完全互通、古捷克语是斯洛伐克新教教徒的礼拜仪式用语、1843 年以前斯洛伐克不存在文学语言的标准形式。相异感则来自不同的历史发展：自 10 世纪初大摩拉维亚帝国崩溃后，捷克人与斯洛伐克人踏上了不同的发展道路[2]。最终，相异感战胜了相似感。

---

[1] Jan Rychlík, Češi a Slováci ve 20. století: Česko-slovenské vztahy 1914 – 1945, Academic Electronic Press Bratislava a Ústav T. G. masaryka Praha, 1997, ss. 16 – 17.

[2] 捷克人在中世纪建立起自己的国家，而斯洛伐克人近千年来长期处于匈牙利人的统治之下。虽然从 1490 年起，波兰雅盖洛王朝的弗拉基斯拉夫二世同时担任捷克国王和匈牙利国王，从而产生了捷克—匈牙利联合君主国，但捷克与匈牙利两个王国之间完全独立开来。1526 年，奥地利哈布斯堡王朝的费尔迪南德一世登上捷克和匈牙利王位，随之产生了奥地利—捷克—匈牙利联合君主国。在 1620 年白山战役前，这个联合君主国是一个松散的联合体，只有君主是共同的，立法议程包括司法系统都属于各个国家的权限范围，财政和军事问题也在各个国家的议会磋商解决。在"三十年战争"后，哈布斯堡王朝加强了中央集权，然而捷克与匈牙利的发展依然有着明显的不同。

尽管斯洛伐克人向现代民族发展演变的条件非常不利[1]，但是以卢多维特·什图尔为首的民族复兴领导人依然坚持斯洛伐克民族的独特性，于1843年规范了斯洛伐克书面语。他们认为，语言相近的捷克人与斯洛伐克人有着不同的历史发展，面临不同的社会现实问题，斯洛伐克人不可能在匈牙利框架内塑造成生活在哈布斯堡帝国境内另一个民族的组成部分，却可以在自己书面语基础上塑造成一个独特的斯拉夫民族。斯洛伐克人统一于一种书面语言并将它实际运用于文学创作中，意味着一些捷克和斯洛伐克的民族复兴运动领导人试图塑造统一的捷克斯洛伐克民族的计划归于失败[2]。

从1848年革命起，捷克人与斯洛伐克人的民族抱负差异明显。捷克民族复兴运动领导人努力恢复捷克人在哈布斯堡王朝框架内的历史国家地位[3]，他们希望由原捷克王国的三个地区（波希米亚、摩拉维亚和西里西亚）组成一个拥有一定独立地位的行政单位。1848年、1861年和1870年，捷克人先后三次向奥地利执政当局提出在实行联邦制的哈布斯堡帝国框架内获得历史国家的权利。斯洛伐克人无法像捷克人那样把政治纲领建立在历史国家权利的基础上，只能建立在自然权利基础上。在1848年革命期间制定的《斯洛伐克民族的要求》和1861年制定的《斯洛伐克民族备忘录》这两份政治纲领中，斯洛伐克人都提出在按照民族原则实行联邦制的匈牙利国家内获得半独立地位的区域自治要求。

随着19世纪末奥匈帝国境内德意志民族主义和匈牙利民族主义情绪上升，捷克人与斯洛伐克人愈益感到加强相互合作的必要性。捷克一些政治领导人开始考虑在尊重语言差异的基础上与斯洛伐克人进行政治合作的可能性。多数捷克人坚信，斯洛伐克人是捷克或捷克斯洛伐克民族的组成部分。在斯洛伐克方面也有一些人持类似观点，但这与斯洛伐克民族复兴运动的宗旨——建构独特

---

[1] 第一，斯洛伐克人在中世纪的时候没能建立自己的国家，也没能获得自治地位。第二，在匈牙利王国，斯洛伐克人是没有明确划定的区域边界、没有公认的民族中心、缺乏中层和上层社会阶层的群体。第三，斯洛伐克人思想观念较为落后、文化知识贫乏、见识狭小和态度消极。第四，斯洛伐克人面临日益增强的匈牙利民族主义的压力，匈牙利政治领导人将其境内的少数民族作为次等民族对待。Milan Zemko: Občan, spoločnosť, národ/ V pohybe slovenských dejín, Historický ústav SAV vo vydavateľstve Prodama, spol. s. r. o., Bratislava 2010, s. 49.

[2] Dušan Kováč, Slováci a Češi—Dejiny, AEP, Bratislava 1997, s. 121.

[3] 从1526年起捷克王国就成为哈布斯堡王朝的组成部分，可它保留了在国际关系中的政治主体地位。1620年白山战役后，捷克王国被重新天主教化和德意志化，形式上保留了独立地位，实质上它的各个地区成为哈布斯堡王朝的省份。1749年后捷克王国的权力逐渐丧失，直至在哈布斯堡王朝的特殊地位完全终止。

的斯洛伐克民族相悖。

第一次世界大战爆发后,鉴于捷克人已拥有发达的经济、教育和文化生活,形成了统一和强烈的民族意识,在与斯洛伐克人联合组建捷克斯洛伐克国家的过程中,捷克人发挥了主导作用。以马萨里克为首的捷克政治领导人认为,即便不能在种族和语言的意义上,也可以在政治意义上实现捷克斯洛伐克民族的统一。

(三)捷克人与斯洛伐克人民族认同与国家认同的差异

1918年诞生的捷克斯洛伐克共和国,建立在统一的捷克斯洛伐克民族的思想基础上[1]。捷克斯洛伐克民族的概念由捷克政治领导人提出,是指捷克和斯洛伐克两个族群形成捷克斯洛伐克民族,他们各有自己的语言。这一概念被固定在1920年通过的宪法中,旨在使捷克人与斯洛伐克人通过相互接近和消除差别最终完全融合在一起。

多数捷克人很快接受了捷克斯洛伐克民族的概念,他们认为联合斯洛伐克是很自然的事情,斯洛伐克人在一定程度上与捷克人有着亲缘关系或者就直接是捷克民族的组成部分[2]。由于建国之初斯洛伐克力量虚弱、国内政治形势动荡和国际关系紧张等原因,在1918~1920年存在的临时国民议会中,斯洛伐克议员比捷克议员更为强烈地要求在宪法草案中采用捷克斯洛伐克民族这一概念。然而,多数斯洛伐克人对这一变化没有做好准备,他们还需要一定的时间增强民族意识,双重民族的复杂概念被他们内化非常困难[3]。

尽管捷克政治领导人多次强调,捷克斯洛伐克民族团结以及捷克教师、官员和文化工作者对斯洛伐克建设的帮助,不意味着吞并斯洛伐克民族,但事实上,相当一部分捷克政治领导人忽略了斯洛伐克人的民族认同。爱德华·贝奈

---

[1] 如果没有捷克斯洛伐克民族统一的思想,协约国就很难接受捷克斯洛伐克国家,原因是民族构成的多样化,可能导致中欧地区的巴尔干化。

[2] Martin Bílá, Češi, Slováci, Cechoslováci Ⅱ, 15.12.2012http://www.radio.cz/cz/rubrika/historie/cesi-slovaci-cechoslovaci-ii.

[3] 近千年来,斯洛伐克是匈牙利国家的组成部分,而且近半个世纪以来斯洛伐克人处于强大的匈牙利化压力之下,因此他们中相当一部分人几乎不能确定自己是谁。根据1919年进行的一项民意调查,2/3的受调查者认为自己是说斯洛伐克语的匈牙利国民。Zdeněk Suda, Slovak in Czech national Consciousness, In: Jiří Musil: The End of Czechoslovakia, Central European University Press, Budapest 1995, p.115.

斯是捷克政治家中反对斯洛伐克民族独特性的突出代表①，他始终不承认斯洛伐克民族的存在，认为斯洛伐克语是捷克语的方言。随着斯洛伐克人迅速从匈牙利化时期一个被扼制、被践踏的民族提升为欧洲现代民族，斯洛伐克人的民族自信心显著增强，愈益认为统一的捷克斯洛伐克民族的思想是对斯洛伐克民族独特性的压制。

多数捷克人和斯洛伐克人接受了捷克斯洛伐克共和国这个使其民族地位得到极大提升的新国家。在1938年"慕尼黑阴谋"期间，仍然有多数捷克人和斯洛伐克人愿意拿起武器保卫这个国家。但是，捷克人与斯洛伐克人在国家认同方面存在明显的差异。

多数捷克人从一开始就把捷克斯洛伐克国家视为捷克国家的扩大，将"捷克的"与"捷克斯洛伐克的"视为同一，高度认同捷克斯洛伐克国家。在历史上就没有建立过自己国家的斯洛伐克人，没有体验到斯洛伐克国家性与捷克斯洛伐克国家性合并的感觉。在两次世界大战期间，捷克斯洛伐克是捷克人主导的国家，斯洛伐克不仅在国际上不知名，而且在国内政治中其地位问题被德意志少数民族问题所遮挡。虽然捷克政治精英把民主制度带到斯洛伐克，并帮助它在文化和教育方面取得很大发展，但未能成功地解决民族、社会经济和宗教等问题，导致斯洛伐克民族中不少人对国家表现出半忠诚或是不忠诚的态度②。

1939年3月14日，斯洛伐克迫于纳粹德国的压力宣布独立。虽然这个国家是纳粹德国的傀儡政权，但6年的独立经验促进了斯洛伐克人民族认同的巩固和民族自信心的进一步增强，大约有1/3的斯洛伐克人认同这个国家。而那些希望恢复捷克斯洛伐克国家的人也不愿意回到第二次世界大战以前的中央集权时期，尤其拒绝统一的捷克斯洛伐克民族的思想，期待与捷克人建立平等的伙伴关系。

在1945年恢复的捷克斯洛伐克国家，斯洛伐克民族的独特性得到承认，但斯洛伐克人希望保留斯洛伐克国家性的民族抱负未能得到实现（即在捷克斯洛伐克国家实施联邦制）。而且，斯洛伐克民族机构的权限不断被削弱。因此，斯洛伐克人对这个国家怀有很深的失望。

在以苏联为首的华沙条约国家武力镇压"布拉格之春"后不久，捷克斯洛

---

① 他1918~1935年担任捷克斯洛伐克外长、1935~1938年担任捷克斯洛伐克总统。
② Lubomír Kopeček, Demokracie, diktatury a politické stranictví na Slovensku, Cemtrum pro studium demokracie a kultury, Brno 2006, s. 314.

伐克实行了联邦制。在"正常化"背景下,联邦制很快变形,它没能满足斯洛伐克人的两个愿望:自行决定斯洛伐克的事务和提高斯洛伐克的国际知名度。

1989年政局剧变后,把民族认同与民族国家性联系在一起的斯洛伐克人力求在修正变形联邦制的进程中获得尽可能多的民族国家主权。而捷克人把民族认同与捷克斯洛伐克国家性联系在一起,习惯将联邦国家理解为自己的国家。尽管也有许多斯洛伐克人把捷克斯洛伐克联邦看作自己的祖国,但多数斯洛伐克人把"联邦的"理解为"捷克的",认为联邦机构是阻碍和限制斯洛伐克发展的事物①。

1918~1992年,种族与语言相近、文化传统相似的捷克与斯洛伐克民族没能在共处一国期间形成共同的捷克斯洛伐克意识。于是,在奥匈帝国废墟上诞生的捷克斯洛伐克最终获得与奥匈帝国一样的结局,后者在1918年解体前就没能解决好民众的国家认同问题。

二 捷克民族与斯洛伐克民族性格的差异

(一) 捷克民族性格

1. 理性

在历史上,捷克人长期与德意志人密切共处并相互竞争,其文化、思维方式以及对现实的反应都与德意志人相似,有着明显的理性特征。在德意志民族的影响下,捷克民族实现了快速和均衡的工业化与城市化,塑造了创业精神、自我监督的生活态度和自治意识,形成了按照明确的规则而不是传统的步骤行事的特性。美国作家福罗拉·刘易斯在其著作《欧洲:统一之路》中指出:"与其他斯拉夫人相比,捷克人更加冷漠、谨慎、现实,性格中没有丝毫癫狂的热情、兴奋和残酷……他们凭着自己的感觉,对几乎所有的事情进行判断,将其归结为保守的或相当合理的。但是,他们无论如何都不会表现出强烈的感受。"②

2. 实用主义

在哈布斯堡王朝框架内捷克民族长期丧失独立地位,加之与其对抗的德意

---

① Jan Rychlík, Rozpad Československa-Česko-Slovenské vztahy 1989~1992, Academic Electronic Press, spol. s. r. o., Bratislava 2002, s. 334.
② Flora Lewis, Europe: Road to Unity, Simon & Schuster 1992, pp. 422-423.

志民族较为强大，致使捷克民族意识到自己不能成为历史变化进程的积极推动者，而只能被迫接受外部较为强大的政治角色强加给它的结果，于是形成了实用主义的文化心理。1918～1992年，捷克民族经历了许多根本性的变化①，在多数情况下，捷克人不能参与关于变化的决策进程，于是，实用主义心理得到加强。捷克民族的弱小，注定它有时需要通过外部的干预来实现自己的目标，有时不得不实用主义地适应这些干预，以免出现以卵击石的后果。

3. 强烈的优越感

13～15世纪是捷克民族历史上的辉煌时期，这段时期不仅对捷克民族复兴运动产生了重要影响，而且使捷克人拥有了与众不同的优越感②。在19世纪，捷克思想家们在将德意志政治文化传播至捷克民族之时，他们对自认为是不良的成分进行了"过滤"处理。因此产生了捷克民族独特性的神话，即与其他民族相比，捷克的政治文化质量更高③。

捷克人相信，本民族注定要完成特殊的历史使命。比如，1918～1938年第一捷克斯洛伐克共和国存在期间，捷克政治精英怀有将民主思想传播到中欧其他国家的使命感。1945～1948年人民民主制度时期，以哥特瓦尔德为首的捷共领导人提出"捷克斯洛伐克式的特殊道路"。在社会主义时期，捷克人也没能摆脱"独一无二"的感觉，认为捷克斯洛伐克比苏联阵营内其他东欧国家要好要强。

4. 喜欢变革

1618年，信仰新教的捷克贵族和市民发动反对信仰天主教的哈布斯堡王朝的起义，成为欧洲"三十年战争"的导火索。第一次世界大战爆发后，捷克政治领导人积极利用国际形势的变化摆脱哈布斯堡王朝的统治。1918～1938年，

---

① 这些重大历史性变化包括：1918年成立捷克斯洛伐克共和国，1938年被迫接受《慕尼黑协定》，1939年建立纳粹德国统治下的"波希米亚和摩拉维亚保护国"，1945～1948年实行"民族阵线"政治体制，1948年实行社会主义制度，1968年终止"布拉格之春"进程，1989年爆发"天鹅绒革命"，1992年捷克和斯洛伐克联邦共和国解体。

② 1212年，德意志皇帝兼西西里国王弗里德里希二世颁布了所谓的"金色西西里诏书"，对捷克国家与神圣罗马帝国的关系做了调整：捷克国家拥有主权，捷克封建主有权自行选举国王，捷克从公国变为世袭的王国，捷克成为罗马帝国内最发达的部分。在14世纪，布拉格发展成为阿尔卑斯山脉以北最大的城市。1348年，在布拉格创建了中欧第一所大学。15世纪爆发的胡斯运动是一场宗教、民族和社会运动，对16世纪的欧洲宗教改革运动产生了深远的影响。

③ Karel Vodička, Ladislav Cabada, Politický systém České republiky: Historie a současnost, Portál, Praha 2011, ss. 208－209.

捷克政治家根据西方民主模式在捷克斯洛伐克实行民主共和制,当时被称作中欧的"民主岛屿"。在1946年议会大选中,共产党在捷克胜出,为后来捷共全面执政奠定了基础。在1968年,捷克社会各界热烈支持社会主义民主化改革进程"布拉格之春"。1989年政局剧变后,捷克人坚决要求与共产主义制度进行清算,追求激进的社会变革。在1992年议会大选中,主张进行激进经济转型的右翼政党公民民主党获胜。

5. 个人主义

捷克人强调个人自由和个人的重要性,其社会情感和民族情感不是特别强烈,原因主要有三个方面。第一,捷克文化接近西方文化特别是德意志文化,倾向于以个人为中心对待整个社会和他人。第二,新教和胡斯教中都有重视个人价值、主张自由平等的信条。第三,1918年捷克斯洛伐克共和国的建立,实现了捷克人拥有自己民族国家的政治目标。从那以后,捷克人开始重视个人和公民社会的发展。在1990~1992年修正变形联邦制期间,捷克政治精英认为国家应建立在所有公民权利平等的基础上,这有别于斯洛伐克政治精英所主张的依照民族和民族共和国的基本原则构建国家的思想。

6. 一定程度的攻击性

在19世纪,捷克民族既从德国政治文化中获得许多启示,也从中发展了许多负面的元素,如对其他政治文化采取攻击态度,努力在较为弱小的民族面前保持主导地位。纵观1918~1992年的历史,捷克人对其他政治文化也表现出一定程度的攻击性。他们确信自己所做的一切或者所持的观点是最好的,其他不同的行为和观点他们不是给予严重警告,就是置之不理。1918~1938年,捷克政治家不是拒绝与国内其他民族的领导人进行沟通,就是选择那些接受捷克政治文化优势地位的其他民族的政治领导人进行对话。第二次世界大战结束后,为了保障国家的稳定,捷克人清除了境内的非斯拉夫民族[①]。捷克人坚信斯洛伐克政治文化质量较低、各方面都比较落后,视其为小兄弟,一些领导人习惯对斯洛伐克人采取自以为是和高高在上的态度。一旦斯洛伐克人提出希望拥有更多权利的要求,捷克人就会觉得斯洛伐克人没有获得很好的教育,不懂得知恩图报[②]。

[①] 遣返德意志人,与匈牙利政府进行了人口互换,外喀尔巴阡罗斯并入苏联。
[②] Petr Pithart, Devĕtaosmdesátý, Academia, Praha 2009, s. 243.

（二）斯洛伐克民族性格

1. 感性

斯洛伐克著名的心理学教授安东尼·尤洛夫斯基指出："斯洛伐克人易动感情。一方面斯洛伐克人表达感情的能力强，他们习惯通过手势、演讲和其他行为方式表达内心的感受。另一方面斯洛伐克人较为敏感，他们只需相对小的外界刺激就可以触动感情。"① 斯洛伐克人对外族人的评论很敏感，反应很强烈。面对捷克人的优势地位和傲慢态度，斯洛伐克人感觉受到欺侮。

2. 防御性

从19世纪塑造现代民族的进程开始，斯洛伐克人就感受到来自两个较为强大民族的压力：匈牙利民族的侵略性民族主义和捷克民族的语言和文化优势。因此，保护斯洛伐克传统社会以免其受到匈牙利和捷克现代化影响的意识，始终伴随着斯洛伐克现代民族的塑造进程。19世纪下半叶建立的斯洛伐克民族党，以及该党最强大的继承党赫林卡斯洛伐克人民党②，都反对社会的世俗化和道德败坏，宣扬传统社会的乡村特点，抵触现代社会的城市化趋势。在形成防御性民族性格的过程中，天主教会也发挥了重要作用。

3. 集体主义

斯洛伐克社会有着信仰天主教的传统，绝大多数民众信仰罗马天主教。天主教传统使斯洛伐克人拥有强烈的团结意识和归属感，而团结意识和归属感与社会和民族情感很接近。斯洛伐克人具有较为强烈的集体主义意识，其影响有两个方面。第一，斯洛伐克的政治以民族利益为重。从1918年捷克斯洛伐克共和国建立直至1992年捷克和斯洛伐克联邦国家解体，斯洛伐克民族在捷克斯洛伐克国家的地位问题成为斯洛伐克政治的中心议题。第二，斯洛伐克人要求社会平等和公正，认为社会有义务保障他们的生存，个人责任感较弱，奋斗精神和竞争感不足。早在1926年，斯洛伐克政治观察家杨夏克就发现，斯洛伐克政治误区之一是国家万能的信念，确信国家应该对所有贫困、不足和冤屈负责③。

---

① Anton Jurský, Slovenská národná povaha, vol. 2, Bratislava 1943, s. 357.
② 赫林卡斯洛伐克人民党从1925年起长期保持30%左右的支持率，至1939年纳粹德国肢解捷克斯洛伐克，它一直是斯洛伐克最强大的政党。
③ Štefan Janšák, Národohospodársky žurnalizmus, In Prúdy, revue, ročník X., Január 1926, č. 1., s. 55.

1991年5月，有一半的公民希望加强国家对社会和经济生活的干预力度①。

4. 保守主义

19世纪下半叶至20世纪初的社会、政治、经济和文化发展，促使保守主义观念逐渐植根于斯洛伐克社会②。由于文明的进化与匈牙利化联系在一起，致使斯洛伐克人认为民族存在因文明进步而受到威胁，这正是斯洛伐克人倾向于封闭、不接受变化的根源③。在与捷克人共同建立国家后，斯洛伐克社会依然长期保持传统的形态，政治文化中保守主义倾向明显，反对一切激进的变革。在1946年议会选举中，在斯洛伐克地区获胜的是1918年后一直没有明显变化、继承斯洛伐克政治传统的民主党，与捷克地区共产党获胜形成鲜明对比。1989年政局剧变后，多数斯洛伐克人没有对共产主义制度持强烈批评态度，而是对社会剧烈变化采取防范态度。在1992年议会大选中，在斯洛伐克获胜的是采取不同程度保守主义立场的政党。

5. 倾向权威主义

斯洛伐克社会不信任自由主义，倾向于权威主义，这有着深刻的历史根源。首先，斯洛伐克是传统的天主教社会，天主教会等级制度森严，从主教到信徒各个等级分开并组织得井然有序，从而在一定程度上导致斯洛伐克社会存在对"铁腕"政治家的渴望。其次，斯洛伐克人长期对自身社会、政治和经济地位感到不满。通常情况下，民众在感到威胁或沮丧时倾向于强硬派领导人物，以便帮助他们解决面临的难题。在斯洛伐克，具有超凡魅力的民粹主义政党领导人很受欢迎。如果政治家没有像历史上的赫林卡和剧变后的梅恰尔那样具有超凡魅力，就很难在传统的斯洛伐克社会获得大力支持。

6. 顺从与反抗的矛盾统一

斯洛伐克民族是中欧最小的民族，在历史上屡屡被邻近的民族统治或压制，

---

① Ján Stena, Fenomén "reziduálnej skupiny" v slovenskej politike. In: Sociológia 26, 1994, č. 4, s. 372.

② 这一时期，斯洛伐克社会具有下列特征：城镇具有匈牙利化的外部形态，大部分地区陷入停滞状态，在一些地区甚至保留了僵化、不流动的乡村环境；社会分层不发达；受匈牙利化的影响，逐渐丧失了基础教育，文化和科学机构数量少，社团的活动也限于非常狭窄的领域。Soňa Szomolányi (editorka), Spoločnosť a politika na Slovensku-Cesty k stabilite 1989~2004, Univerzita Komenského, Bratislava 2005, ss. 32 - 33.

③ Soňa Szomolányi (editorka), Spoločnosť a politika na Slovensku-Cesty k stabilite 1989~2004, Univerzita Komenského, Bratislava 2005, s. 33.

为了生存下来和利用有利的国际环境提高民族地位，斯洛伐克人甘受他人统治和顽强争取独立自主的性格交替出现。在19世纪下半叶，面对强大的匈牙利化压力，斯洛伐克人采取迎合兼消极抵制的态度。在1918～1938年第一捷克斯洛伐克共和国时期，大部分斯洛伐克精英听命于捷克人控制的中央政府，并且捍卫捷克斯洛伐克主义。在第二次世界大战期间，绝大部分斯洛伐克精英努力表现出对纳粹德国的忠诚，以便为斯洛伐克的发展赢得保障。当苏联武力终止"布拉格之春"改革进程时，一些斯洛伐克领导人积极与苏联合作。然而，被称为"塔特拉山下的鹰"的斯洛伐克民族也具有鹰那样的性格：果敢、坚定、善于等待和抓住机会、拒绝不适合自己的生活方式、不期望统治他人却勇于保护自己的家园①。在19世纪上半期，以什图尔为首的一批斯洛伐克民族复兴运动领导人，不顾匈牙利化的压力，不顾斯洛伐克人是匈牙利国家最小的种族且从未拥有自己的国家，开始努力实现斯洛伐克民族独特性的梦想。在两次世界大战期间，赫林卡斯洛伐克人民党一直努力争取斯洛伐克民族的自治地位。随着第二次世界大战的推进，越来越多的斯洛伐克政治精英意识到与纳粹德国为伍毫无出路，于是在1944年8月29日发动了反对纳粹统治的斯洛伐克民族起义。在第二次世界大战结束后，斯洛伐克人实行与捷克联邦制的愿望落空，但他们争取自由和平等的思想一直潜在地存在，在1968年"布拉格之春"时期坚决要求实行联邦制。在1989年政局剧变中，斯洛伐克人发出修正变形联邦制的呼声，以争取更大的民族自主权。

三 捷克人与斯洛伐克人的相互认知和成见

（一）19世纪捷克人与斯洛伐克人的相互认知

在民族复兴运动以前，捷克人与斯洛伐克人之间的交流比捷克人与德意志人、斯洛伐克人与匈牙利人之间的接触少得多。随着现代民族意识的逐步形成，捷克与斯洛伐克的知识分子愈益互相关注，期望从对方那里获得支持与帮助。

19世纪初，在泛斯拉夫主义意识形态的驱使下捷克人努力向喀尔巴阡山脉地区扩大影响，并把斯洛伐克人囊括进捷克种族。一种观念在捷克人的思想中

---

① Milan Krajniak, Doktrína štátu: národ orlov alebo národ sluhov? Renesans 2012, s. 21.

逐渐生根：斯洛伐克人是捷克种族一个不太发达的分支，斯洛伐克语是捷克语的方言。在斯洛伐克，约占总人口1/4的新教教徒确信捷克人与斯洛伐克人属于一个族群，但斯洛伐克多数人口信仰天主教，天主教牧师拒绝这一说法。新一代新教知识分子也逐渐意识到，斯洛伐克人不是捷克人，捷克人关于斯洛伐克人是捷克种族的一个分支的设想是虚幻的。

捷克人力图实现与斯洛伐克人的统一，以抗衡德意志民族威胁。无论从人口还是从地域等方面考虑，与斯洛伐克联合都能使捷克在哈布斯堡帝国框架内争取民族解放的运动中提高政治地位。所有破坏捷克与斯洛伐克统一的行为，都使捷克人感到力量削弱和威胁增加。捷克人对斯洛伐克人1843年规范书面斯洛伐克语深感不满，由此产生了关于斯洛伐克背叛和分裂的看法。当捷克人单纯地希望通过"兼并"斯洛伐克，获得相对于德意志人的比较优势时，斯洛伐克人天真地依赖捷克人的无私帮助和保护，以便增强反抗匈牙利化的力量。捷克人对固定书面斯洛伐克语的强烈反应，既让斯洛伐克人感到失望，又打击了他们的自信心。斯洛伐克人对捷克人产生了下列看法：扩张主义、傲慢、只关心自身利益、对斯洛伐克事务不感兴趣。斯洛伐克人还认为，捷克人不是真正的斯拉夫人，在西方世界的影响下捷克人变得道德败坏[1]。直至20世纪90年代，一些斯洛伐克政治精英在谈到捷克自由主义时，依然持有类似观点。

由于与斯洛伐克相比捷克具有一些明显的优势，捷克人自然而然地觉得斯洛伐克人低等，如较为贫穷、文化水平较低、技术能力较差、较为缺乏创业精神、不能适应工业文明的条件和政治上不成熟等。尽管斯洛伐克后来在20世纪取得很大发展，但捷克人没有完全改变关于斯洛伐克人低等的看法。在两个民族发生冲突之时，捷克人常常下意识地认为斯洛伐克人低等，从而使斯洛伐克人产生被歧视的感觉，有时还很强烈[2]。

（二）两次世界大战期间捷克人与斯洛伐克人的相互认知与成见的加深

随着1918年捷克斯洛伐克共和国的建立，捷克人与斯洛伐克人的相互接触

---

[1] Jiří Musil, The end of Czechoslovakia, Central European University Press, Budapest-London-New-York, p. 132.

[2] Rudiger Kipka a Karel Vodička, Rozloučení s Československem: Příčiny a důsledky československého rozchodu, Nakladatelství Český spisovatel, Praha 1993, s. 34.

增多，捷克人以更现实的态度修正了以前对斯洛伐克人过于简单化的认识，形成了斯洛伐克人与捷克人互相补充的观点。捷克人自认为是理性思辨、成熟、阳性、城市化和文明的，他们认为斯洛伐克人是直觉力强、感情丰富、幼稚、阴性、自然和具有乡土气息的。于是随之产生了一系列神话：关于兄弟的神话——捷克人是兄长，斯洛伐克人是弟弟；关于父子的神话——捷克人是父亲，斯洛伐克人是儿子；关于婚姻的神话——捷克人是丈夫，斯洛伐克人是妻子①。

尽管相当一部分斯洛伐克人接受了这种互补模式，但是斯洛伐克人愈益反感两个民族在共同国家内的不平等地位，要求获得更多的平等待遇。在共同国家成立之初，许多捷克官员和专家前往斯洛伐克支援那里的建设，以帮助斯洛伐克摆脱落后面貌。捷克人至今都认为这种帮助是无私的，斯洛伐克人也承认这种帮助是必需的，但他们感觉到捷克人家长式统治的倾向。另外，前往斯洛伐克的人员数量没有得到有效控制，一些缺乏专业技能的捷克人在斯洛伐克占据了重要工作岗位。在斯洛伐克拥有了自己的专业技术人才和管理人员以后，支援斯洛伐克建设的捷克人没有返回捷克。因此，斯洛伐克人认为，捷克的帮助无疑有政治动机，并不纯粹是崇高的父亲般或兄长般的利他主义情怀。鉴于斯洛伐克人既期望获得捷克人的支持和帮助，又希望得到与捷克人平等的地位，被捷克人认为是寄生虫。这样，对斯洛伐克低等的成见加深了。而斯洛伐克人对捷克人的帮助所持有的矛盾和复杂的心态，一直延续到捷克和斯洛伐克联邦共和国解体。

捷克人认为，1918 年斯洛伐克并入捷克斯洛伐克国家，以及随后将匈牙利军队赶出斯洛伐克，是解放斯洛伐克的行为，应该得到斯洛伐克人的感激。斯洛伐克人则认为，如果没有斯洛伐克的加入，捷克人几乎不可能实现拥有自己民族国家的愿望。捷克政治领导人没有遵照《匹茨堡协议》②给予斯洛伐克人自治地位，被一些斯洛伐克人认为是背信弃义。

捷克人致力于在政治、经济和文化等领域不断扩展影响力至斯洛伐克，与此同时，除了研究人员、教育工作者和文学创作者以外，捷克社会对斯洛伐克

---

① Rudiger Kipka a Karel Vodička, Rozloučení s Československem: Příčiny a důsledky československého rozchodu, Nakladatelství Český spisovatel, Praha 1993, s. 35.
② 1918 年 5 月 31 日，担任捷克斯洛伐克国民议会主席的马萨里克，应旅美捷克侨民组织与斯洛伐克侨民组织的要求，签署了《匹茨堡协议》。该协议承诺在未来捷克斯洛伐克国家内给予斯洛伐克人自治地位。

感兴趣的人很少。斯洛伐克人对在政治、经济和文化等领域扩展影响力至捷克不感兴趣（当然，他们当时也不具备如此实力），但他们比较关注捷克社会的发展变化，包括政治、文学和艺术等各个方面。于是，斯洛伐克人加深了关于捷克人对斯洛伐克事务不感兴趣以及捷克扩张主义的成见。

斯洛伐克人对捷克人的另一个不好的看法是，捷克人对宗教不虔诚，道德感低下。第一次世界大战后，捷克人偏离了传统的宗教信仰，很多人改信其他基督教派，或者完全成为无神论者。一些斯洛伐克人认为，统一的捷克斯洛伐克民族的构想是一个阴谋诡计，旨在使捷克不可知论者和无神论者的力量（即邪恶和腐败的力量）破坏信仰天主教和新教的斯洛伐克社会的纯洁性。

1939年3月14日，在纳粹德国的压力下斯洛伐克宣布独立。斯洛伐克政治领导人认为，他们在希特勒最后通牒的情况下只能做出最符合斯洛伐克民族利益的政治决定，不能因为同情或支持捷克人而民族自杀。捷克人却认为，3月15日德国占领捷克是斯洛伐克的分离行为所引发的。于是，自19世纪中叶起就已形成的对斯洛伐克人的成见——"共同事务的叛徒""分裂主义者"——增添了新的内容——"落井下石的小人"①。捷克人对斯洛伐克人的不信任感一直延续到1992年共同国家解体。

（三）第二次世界大战后捷克人与斯洛伐克人的相互不理解

在1946年议会大选中，共产党在捷克地区获胜，但在斯洛伐克地区它的得票率远远落后于民主党。不久，捷共主席哥特瓦尔德被授权组建了执政联盟。在斯洛伐克人看来，1948年2月共产党全面执政是1946年议会大选结果的后续发展。他们普遍相信，共产主义是捷克人带来的，共产主义制度的实行是捷克人扩张的结果。

1947年4月，在1939~1945年间担任斯洛伐克国家总统的蒂索被处决，多数斯洛伐克人持反对态度。他们认为蒂索案是捷克人犯下的司法谋杀冤案，是捷克人对斯洛伐克人实施报复的结果。蒂索的传记作者康斯坦丁·楚伦在书中写道，斯洛伐克民族最大的敌人是贝奈斯总统和捷克人②。

---

① Elena Manová, Krátke dejiny Slovenska, Academic Electronic Press, Bratislava 2003, s. 283.

② Jan Rychlík, Češi a Slováci ve 20. století: Česko-slovenské vytahy 1945 – 1992, Academic DTP pre AEP a ústav T. G. MASARYKA, Bratislava 1998, s. 75.

捷共中央在压制斯洛伐克人的政治诉求的同时，努力拉平捷克与斯洛伐克之间的经济差距。斯洛伐克人以矛盾的心态看待工业化的成就，一方面他们为经济发展和生活水平的提高感到高兴，另一方面他们抱怨生态环境的恶化和在经济上加大了对捷克的依赖。而在捷克人眼中，斯洛伐克人生活水平的提高是资源重新分配的结果，是捷克贴补斯洛伐克的结果。

1969~1989年实行的联邦制没有拉近捷克人与斯洛伐克人彼此的心理距离，反而使其更加疏远。在苏军占领捷克斯洛伐克后才实行联邦制，致使许多捷克人错误地认为联邦制是苏军占领的结果。捷克人还从联邦制中看到大批斯洛伐克官员进入联邦机构，以及不少资金从联邦预算转移到斯洛伐克。由于斯洛伐克人没能享受到真正的平等和自由，他们依然对本民族的地位感到不满。在捷克人看来，联邦制已经使斯洛伐克人的政治地位和经济水平得到提高，因此对于斯洛伐克人的不满，不少捷克人提出了这样的问题："他们还想要什么？"①

1992年6月捷克人与斯洛伐克人分离趋势逐渐显现之时，斯洛伐克著名作家拉基斯拉夫·梅尼奇科表示："捷克受过中等教育的人不了解斯洛伐克，他们不读斯洛伐克的文学作品，对斯洛伐克的报纸不感兴趣。捷克人有文明优越感，不关心斯洛伐克民族的心理，意识不到斯洛伐克有完全不同的经济、政治和文化发展。斯洛伐克人是少数民族，他们对于捷克的冷落和民族主义异常敏感。这不是导致出现目前状况的唯一原因，却是一个主要原因。"② 这一时期，斯洛伐克一位政治领导人也指出："也许正如捷克人所说，斯洛伐克在与捷克分离后不会繁荣兴盛，但即使有风险我们也必须尝试。我们必须试验一下是否有能力独立治理自己的国家。如果错过了这个机会，几代斯洛伐克人都会为低等的感觉而痛苦。"③

四 捷克人与斯洛伐克人对共同国家的看法不一致

1918年建立的捷克斯洛伐克共和国，融合了两个具有不同语言、历史经验

---

① Jan Rychlík, Češi a Slováci ve 20. století: Česko-slovenské vytahy 1945~1992, Academic DTP pre AEP a ústav T. G. MASARYKA, Bratislava 1998, s. 290.

② Eric Stein, Česko-Slovensko: konflikt, roztržka, rozpad, ACADEMIA, Praha 2000, s. 230.

③ Jiří Musil, The end of Czechoslovakia, Central European University Press, Budapest-London-New-York, p. 137.

和社会发展水平的斯拉夫民族，它们对共同国家的理解有着根本的差异。对于捷克人来说，捷克斯洛伐克国家的建立表明捷克民族解放运动达到顶点。新国家是捷克历史性国家权利的实现，是古老捷克王国的恢复，而且达到比预期更为理想的状态，国家的疆界扩展至斯洛伐克和罗塞尼亚地区。捷克人倾向于把捷克斯洛伐克国家理解为单一制国家，支持实行中央集权。斯洛伐克人带着传统的自治理念进入捷克斯洛伐克国家，设想在条件成熟时拥有自治政府、议会和司法体系。

对于斯洛伐克人来说，捷克斯洛伐克国家是两个独立整体的联合。换而言之，在捷克斯洛伐克存在两个国家，它们在一些领域拥有主权，但在另外一些领域又共同协商安排。这种二元制国家依照奥匈帝国的模式建构，捷克斯洛伐克国名应该是捷克—斯洛伐克[1]。上述思想最早出现在旅居美国的斯洛伐克侨民中间，他们与旅居美国的捷克侨民以及捷克斯洛伐克共和国的奠基人马萨里克进行了讨论，并先后签署了两份协议。根据旅美的捷克与斯洛伐克侨民组织1915年10月22日签署的《克利夫兰协议》，捷克斯洛伐克国家应该按照美国联邦制的形式建构，斯洛伐克应该拥有自己的立法、行政与司法机构。1918年5月30日，赴美游说的捷克斯洛伐克国民议会主席马萨里克与捷克、斯洛伐克旅美侨民组织签署了《匹茨堡协议》。该协议规定，在民主的捷克斯洛伐克国家，斯洛伐克应享有自治，拥有自己的立法、行政与司法机构[2]。

鉴于建国之初斯洛伐克力量虚弱，无力进行自我管理，国际和国内形势动荡不安，捷克人在国内政治生活中占主导地位，1920年2月颁布的宪法确立捷克斯洛伐克为中央集权的单一制国家。1918~1938年，赫林卡斯洛伐克人民党领导的斯洛伐克自治主义运动不断挑战中央集权。

1938年10月，斯洛伐克人利用不利的国际形势实现了地方自治的愿望，捷克斯洛伐克共和国改国名为捷克—斯洛伐克共和国（简称捷克—斯洛伐克）。从

---

[1] Jiří Musil, The End of Czechoslovakia, Central European University Press, Budapest 1995, p. 103.
[2] 为了尽快实现建立捷克—斯洛伐克国家的共同目标，不使捷克与斯洛伐克相互关系受到破坏，在美国的斯洛伐克侨民组织迎合了马萨里克的观点，放弃了联邦制要求，满足于斯洛伐克的自治地位。另外，鉴于捷克与斯洛伐克的侨民组织感觉到它们作为民族意愿代言人的授权有限，该协议的最后一条谨慎地注明，"关于捷克—斯洛伐克国家结构的具体决定将由境内解放的捷克人和斯洛伐克人，以及他们的合法代表做出"。马萨里克起草并签署的《匹茨堡协议》，成为1918~1938年斯洛伐克自治主义者反对中央集权强有力的论据和道德武器。参见 Eugen Steiner, The Slovak Dilemma, Cambridge University Press, 1973, p. 18。

此，捷克斯洛伐克主义作为政治纲领不复存在，然而它以一定的形式长期存在于一些捷克人对共同国家的理解中。

在第二次世界大战期间，以贝奈斯为首的捷克境外抵抗运动，致力于恢复"慕尼黑阴谋"前中央集权的捷克斯洛伐克国家。斯洛伐克抵抗运动已不止于追求战前的自治地位，提出在平等的基础上重新调整捷斯两个民族的关系，并希望根据斯洛伐克的重要性和力量获得相应的政治权力[1]。于是，两种关于共同国家权力安排的构想再次发生冲突。1945年4月5日宣布的"科希策政府纲领"是上述两种构想妥协的产物。它宣称捷克斯洛伐克共和国是两个平等民族的共同国家，承认斯洛伐克拥有自己的立法和行政机构。虽然"科希策政府纲领"确定了斯洛伐克拥有区域自治权的原则，但它没有涉及中央政府与斯洛伐克民族机构之间具体的权限划分，致使后续的宪政安排有两种可能性：一种是扩大斯洛伐克国民议会的权限，在捷克地区成立平行的机构，逐渐朝着对称的联邦制模式发展；另一种是加强中央政府的权力，逐步朝着中央集权和单一制模式发展。

第二次世界大战结束后，捷克人将捷克斯洛伐克国家的恢复理解为捷克民族国家的恢复，就像1918年将捷克斯洛伐克共和国的建立视为捷克民族国家的建立，他们努力使捷克斯洛伐克成为统一和中央集权的国家。斯洛伐克人则要求恢复的捷克斯洛伐克国家是两个民族政治体的自由联盟，或者至少要实行地方分权[2]。捷克方面不愿意产生专门代表捷克利益的政治代表机构，如同1938~1939年那样，在捷克斯洛伐克建立起一种非对称性的国家权力结构及运行机制：在斯洛伐克有立法和行政机构，在捷克不存在与之平行的机构；捷克斯洛伐克中央政府和国民议会既处理全国性事务，同时也作为捷克的政府和议会使用。由于捷克政治领导人担心二元主义会威胁到捷克斯洛伐克国家的统一，加之1946年议会大选后政治形势发生变化，中央政府不断扩大对斯洛伐克的影响力。随着斯洛伐克民族机构的权限逐渐削弱，斯洛伐克人实现地方自治的愿望又一次破灭。

---

[1] Jozef Žatkuliak, Predstavy a skutočniosť uplatňovania princípu rovnoprávnosti medzi Slovákmi a Čechmi (1945~1992), in: Ján Bobák, Historický zborník 7 (1997), Vzdavateĺstvo Matica Slovenskej, 1997, s. 59.

[2] Jan Rychlík, Češi a Slováci ve 20. století: Česko-slovenské vytahy 1945-1992, Academic DTP pre AEP a ústav T. G. MASARYKA, Bratislava 1998, s. 20.

1968年年初，国家权力安排问题成为改革进程"布拉格之春"的一个重要组成部分。斯洛伐克人坚持，在两个人口、面积和实力不相等的民族之间实施平等原则的前提条件是联邦制，它是社会制度民主化的实质。老一代捷克人对联邦制采取了拒绝的态度，认为联邦制仅是多余地增加国家管理的费用。年青一代的捷克人虽然不反对联邦制，但认为联邦制是斯洛伐克人的事情，捷克人只是应当加以同意。总之，捷克人普遍对联邦制不感兴趣，从1918年起他们就倾向于一个政府、一个议会的单一制模式。1969年1月1日，捷克斯洛伐克开始实行联邦制，然而在努力恢复苏联模式社会主义的"正常化"背景下，它很快失去了原有的内容。

在1989年政局剧变后不久，捷克人与斯洛伐克人之间爆发了一场激烈的国名之争，充分映射出他们对共同国家的理解截然不同。1990年1月23日，哈韦尔总统在联邦议会提议将原先的国名"捷克斯洛伐克社会主义共和国"改为"捷克斯洛伐克共和国"，结果遭到斯洛伐克人的反对，因为它使他们想起1918~1938年的单一制中央集权国家。3月16日，哈韦尔总统又向联邦议会提议新国名为"捷克—斯洛伐克共和国"，它受到斯洛伐克方面的大力欢迎，却引起多数捷克民众和议员的抗议，因为它使他们想起"慕尼黑协定"签署后出现的命运悲惨的"第二共和国"。捷克人从破折号中看到捷克与斯洛伐克关系的破坏和不稳定，他们将破折号理解为分隔号，而不是连接号。斯洛伐克人则从相反的角度看待破折号，认为它是共同国家内对斯洛伐克独特认同的明确体现和斯洛伐克拥有平等地位的标志。3月29日，联邦议会通过宪法法律确定了一个折中的方案：新国名为"捷克斯洛伐克联邦共和国"，但在斯洛伐克文中可以写成"捷克—斯洛伐克联邦共和国"。斯洛伐克很快爆发了反对新国名的示威游行，第一次出现了要求斯洛伐克独立的口号。次日，斯洛伐克国民议会和民族政府严正指出，仅在斯洛伐克使用带有破折号的国名不能满足斯洛伐克人展示自己的愿望，要在全世界面前清楚表明，在捷克斯洛伐克联邦存在两个并列的共和国。捷克民众的反应也趋于激进，多数人彻底拒绝破折号。4月20日，联邦议会通过宪法法律，将国名改为"捷克和斯洛伐克联邦共和国"，非正式的国名捷克斯洛伐克在捷克语中是一个词，在斯洛伐克语中带有破折号。至此，所谓的"破折号战争"最终落下帷幕，可它给捷斯两个民族的共处投下了阴影。5月3日，捷克著名作家卢德维克·瓦楚里克在名为《我们的斯洛伐克问题》一文中公开表示："捷克人任何时候都不会满足斯洛伐克人关于共同国家形态的设想，因此如果两个民族能够文明地分手，将是一件比较好的事情……"① 该文在捷克和斯洛伐克引起了强烈的反应，让斯洛伐克独立的思想在捷克民众中产生了比较大的共鸣，斯洛伐克人虽然发出了许多要求保留共同国家的声音，但希望共同国家建立在真正联邦制的基础上。

在 1990～1992 年修正变形联邦制的过程中，捷克人与斯洛伐克人关于国家权力安排的构想再次发生冲突。斯洛伐克人强调从下（共和国）而不是从上（从联邦机构）建立联邦。换而言之，希望联邦承认民族共和国主权高于共同国家主权。捷克人则倾向于从上而下建立联邦，认为联邦机构应该拥有广泛的权限。双方的政治精英各执己见难以达成一致，使原定两年内完成的新联邦宪法的制定工作一再被搁置，从而为 1992 年议会大选后共同国家快速走向解体创造了条件。

结　语

苏联、南斯拉夫和捷克斯洛伐克先后实行建立在民族政治自治基础之上的联邦制，旨在改善民族关系，实现政治整合，但最终纷纷走向解体。民族心理是导致三个民族联邦制国家崩溃的一个不容忽视的因素。从捷克斯洛伐克联邦这一案例可以看出，民族联邦制国家解体如同失败婚姻的破裂：起初，身份和地位悬殊、性格各异的各民族抱着美好的愿望携手共建国家；在共同生活期间由于缺乏相互理解和信任，拥有一定民族主权和平等地位的联邦制度安排也没有促使他们的观点和目标相互接近，彼此成见愈益加深，不满和怨言增多；最终，在外部力量骤然冲击下，国家认同不够强烈的各方选择了分道扬镳。

1918 年以前，捷克人与斯洛伐克人近千年来生活于不同的政治、经济和文化环境中，其现代民族意识的形成和发展存在差异。在 1918 年捷克斯洛伐克共和国成立之时，捷克社会与斯洛伐克社会发展状况悬殊，它们对共同国家的看法也截然不同。至 1992 年联邦解体前，在一些可以用客观标准和统计数据衡量的领域，如工业化和城市化程度、社会结构和生活水平等，捷克人与斯洛伐克人之间的差距逐渐缩小。然而，两个民族之间的心理距离并没有因长达 75 年的

---

① Literární noviny, č. 5, s. 1, 3—příloha Lidových novin, dne 3. 5. 1990.

共处和民族联邦制的建立而拉近。较为强大的捷克民族缺少对较为弱小的斯洛伐克民族政治文化、存在问题和利益诉求的关注和了解，斯洛伐克民族则因长期得不到真正的平等地位和独立自主，而加剧了不满和反抗情绪。于是，在外部环境和国内形势发生剧烈变化的背景下，民族性格、利益考量和国家认同各异的捷克人与斯洛伐克人平静接受了共同国家快速解体的事实。

原载《俄罗斯东欧中亚研究》2014年第4期

经济篇

理解中国现代丝绸之路战略

——中国与世界深度互动的新型链接范式[*]

邢广程[**]

现代丝绸之路战略是一套完整的涉外战略构想，是若干战略构想的集合，是中国与世界深度互动的新型链接范式。丝绸之路经济带主要解决的是中国与泛欧亚大陆陆上各国和各地区的大区域经济合作问题，21世纪海上丝绸之路主要解决的是中国与泛欧亚大陆各沿海国家和地区的大区域经济合作问题，中巴经济走廊和孟中印缅经济走廊则将上述陆海丝绸之路加以链接，从而成为泛欧亚大陆陆上和沿海洲际经济合作的连接线和通道。中国是古代丝绸之路的起点国家，这是中国提出该战略的历史逻辑起点。中国与世界深度互动产生了"溢出"效应，顺应了欧亚大陆深度整合和系统合作的需求。利益共同体和命运共同体应该成为经济全球化的灵魂，而互联互通和贸易投资便利化则是经济全球化和经济区域合作的黏合剂，是现代丝绸之路战略构建的最基本尺度。构筑现代丝绸之路战略不是一蹴而就的事情，需要理顺若干关系。现代丝绸之路战略是中国"走出去"的战略之梯，同时也是国际社会走入中国的战略通道。中国选择与国际社会一起合作、分享利益的和平发展方式是一种新的崛起道路，它充满了东方智慧，表明中国对人类未来所担负的高度责任感和使命感。

一 导言

从国际视野上看，中国持续而快速发展是当今世界最大的政治和经济变量。

---

[*] 感谢《世界经济与政治》杂志匿名评审专家提出的修改意见和建议。文中错漏由笔者负责。
[**] 邢广程，中国社会科学院中国边疆研究所所长，研究员，博士生导师。

这是一个客观现实，谁也无法否认。中国持续快速发展给全世界带来巨大的影响，从某种程度上说正在深刻改变国际地缘政治和经济发展趋势。中国和其他新兴经济体一起崛起，从一定意义上改变了当今全球政治和经济格局，成为一股新的、健康的国际政治、经济和文化力量。那么迅速崛起的中国对世界意味着什么？中国崛起后将会与国际社会建立怎样的关系？中国是否能够摆脱人类历史上强国必霸、强国必扩张的旧套，走和平发展道路？所有这些问题都需要中国予以明确回应。

事实上，自改革开放以来，中国一直在主动回答这些战略问题。中国政府多次明确表示，中国在发展，但不会称霸，不会走世界扩张的老路；中国走和平发展的道路，实行睦邻友好政策。改革开放与和平发展是中国政府所一直遵循的国内外两大棋局的战略目标和方向。

中国共产党第十八次全国代表大会以来，中国外交政策有所调整，具体表现在以下六个方面：第一，中国更加重视大国关系，与美国建立新型大国伙伴关系，与俄罗斯推进全面战略协作伙伴关系，与欧盟奉行全面战略伙伴关系；第二，中国更加重视与周边国家发展关系，与邻为伴，以邻为善，提出"亲、诚、惠、容"的理念，将开展周边外交视为中国重要的外交方向；第三，提出海洋强国战略，增强海洋意识；第四，与国际社会构筑利益共同体和命运共同体；第五，着力建立公正、平等、和平的国际政治经济新秩序，推动建立以合作共赢为核心的新型国际关系；第六，提出新型安全观，认为合作安全、集体安全和共同安全才是解决全球安全问题的正确选择，明确提出了"共同、综合、合作、可持续"的新亚洲安全观。

在此大背景下，中国相继提出了"丝绸之路经济带"和"21世纪海上丝绸之路"战略，又提出了"中巴经济走廊"和"孟中印缅四国经济走廊"的构想，从而形成了一整套涉外战略构想。需要强调的是，这不是中国领导人和中国政府简单随意提出的口号，不单纯是为解决地区性合作问题，而是中国试图从战略高度，以顶层设计方式来回答并解决快速发展着的中国与急速变化的世界之间的相互关系问题。上述所提出的若干战略构想之间具有内在的联系，是一个若干战略构想的集合，因此，笔者将其称为中国现代丝绸之路战略，是中国与世界深度互动的新型链接范式。中国相继提出一揽子战略方案，其相互之间具有缜密的逻辑性，与中国综合国力和主流态势的发展高度吻合。构建陆海丝绸之路战略考虑了历史与现实的时间转换因素，兼顾了国内和国际两个大局，分析了欧亚大陆各路力量的演化趋势，统筹了陆海两个战略空间的基本布局，具有独特的逻辑特点并反映了国际空间结构的有效配置趋势。

二 中国构建现代陆海丝绸之路的历史逻辑起点

中国是古代丝绸之路起点国家，无论陆上丝绸之路还是海上丝绸之路都是如此，这是中国能够理直气壮地提出现代丝绸之路战略的历史逻辑起点，具有历史的延续性和历史合理性。

在人类历史上，古代丝绸之路是欧亚大陆东西方文明相互交流的纽带和网络，其历史意义和价值是无法用语言来描述的。欧亚大陆东方、中端区域和西方的古代居民凭借古代丝绸之路持续而顽强地进行交流和沟通，陆上丝绸之路和海上丝绸之路的联通本身就是古代欧亚大陆居民苦苦探索的结果。中国古代长安和洛阳对于中国古代商人和僧人来说就是陆上丝绸之路的东方起点，对于沿着丝绸之路奔往东方的欧洲、西域商人和僧人来说它们就是丝绸之路的东方终点。贵霜国第三任皇帝迦腻色伽一世（约公元 100~150 年）时期，阿富汗集聚了旧世界主要的三大文明中心间的所有陆路、海路贸易通道。这个时期，丝绸之路走向繁荣，中国和印度的陶器被带到罗马，而西方的货物被运送到中国。[①] 15 世纪初，中国明代著名航海家郑和七次远洋航海，每次都到访印尼群岛，包括爪哇、苏门答腊、加里曼丹等地，[②] 他还到过东南亚、西亚、非洲东海岸。泉州、广州、宁波等是古代海上丝绸之路的东方起点。中国古代丝绸之路东方起点的历史地位决定了中国与古代丝绸之路有着千丝万缕的必然联系，是陆上丝绸之路和海上丝绸之路的参与者、拓展者和"凿空者"。张骞和郑和就是中国古代无数探索陆上丝绸之路和海上丝绸之路的标志性人物。[③] 尽管近代以来因各种因素古代曾经辉煌过的陆上丝绸之路陷入沉寂，但对欧亚大陆的陆路交通联系方式的探索却从来没有中断过。

现在中国提出构建丝绸之路经济带和 21 世纪海上丝绸之路，具有三层含

---

① 沙伊斯塔·瓦哈卜、巴里·扬格曼：《阿富汗史》，杨军、马旭俊译，中国出版集团、中国大百科全书出版社，2010，第 48~49 页。
② 习近平主席在印度尼西亚国会上的演讲：《携手建设中国 - 东盟命运共同体》，http://www.fmprc.gov.cn/mfa_chn/gjhdq_603914/gj_603916/yz_603918/1206_604954/1209_604964/t1084354.shtml。
③ 邢广程：《丝绸之路的历史价值与当代启示》，《光明日报》2014 年 10 月 20 日。

义：其一，昭示古代丝绸之路的伟大历史价值和文明交流的历史意义；其二，中国在有意识地重拾古代丝绸之路的伟大历史价值和文明交流的历史意义，勇于承担历史所赋予的重新焕发古代丝绸之路文明交流精神的重任；其三，在当今经济全球化和世界文明处于激荡搏击、相互融合的大势下，面对欧亚大陆地缘政治经济新情况和新态势，中国理应为重塑欧亚大陆文明交流的新局势做出自己的努力和贡献，使欧亚大陆整体上形成一个文明的、现代化的、通畅便捷的和友好的交流空间。

事实上，尽管古代丝绸之路一直存在，但中国并不是最先用"丝绸之路"将其命名的国家，"丝绸之路"的学术概念最早来源于德国地理学家。[1] 中国是丝绸之路的伟大发现者、凿空者，但不是丝绸之路概念的发明者，然而这丝毫不会影响中国在丝绸之路中的历史作用和地位。而德国学者用"丝绸"来命名古代欧亚东西方交流通道本身就表明他们对中国在这条历史通道中所起作用的尊重，因为丝绸是中国古代最具有典型意义的商品。中国的丝绸制品不仅使东方文化的发展和生活绚丽多彩，而且也成为西方国家视野中东方文明的标志。以丝绸命名古代东西方交流之路，这本身就昭示了中国在古代东西方交流中所起的主导作用和主体地位。

在讨论古代丝绸之路问题时有两个问题值得注意。一是中国的商品流向西域并通过西域运往欧洲，最著名的商品品类就是丝绸和瓷器。中国商品和欧洲商品的交换在很大程度上是通过西域的中间商（如安息国）来完成的。这些中间商的作用具有两面性，既推动了欧亚大陆的东西方和丝绸之路的贸易往来，又从某种意义上垄断了东西方和丝绸之路的贸易往来。二是中国中原王朝在历史上通过丝绸之路对西域产生了巨大影响，同时以西域为学术视角通过反向分析，我们可以看出，西域对中国中原王朝的历史也产生了十分重要的影响，因此通过丝绸之路中国中原王朝与西域形成了千丝万缕的多层面联系，尤其是两汉时期和隋唐时期。"应该注意，丝绸之路不仅对商品的交换，而且对人员、文学著作、艺术品、思想和观念的交流都做出了贡献。"[2] 尽管丝绸之路在历史上

---

[1] 费迪南·冯·李希霍芬男爵（Ferdinand von Richthofen）是德国旅行家、地理和地质学家、科学家。他曾到中国进行过考察，在1877年出版的《中国——亲身旅行和研究成果》（China：The Results of My Travels and the Studies Based Thereon）著作中首次提出"丝绸之路"概念，后来逐渐被国际学术界所接受。

[2] 〔俄〕李特文斯基主编《中亚文明史》（第三卷），马小鹤译，中国对外翻译出版公司和联合国教科文组织，2003，第416页。

并不总是通畅的，也发生过诸如战争等悲剧，但丝绸之路的东西沟通功能一直顽强地表现出来，东汉时期丝绸之路的"三绝三通"就是典型的体现。中国各个历史时期通过陆上丝绸之路和海上丝绸之路主动地与印度发生联系，天竺（印度）一直是中国古代各时期所向往的地方，中国古代所谈的"西天"实际上并不是指欧洲，而是指西域和天竺。中国历史上曾非常虔诚地向西天取经，实际上就是经西域进入天竺，取回佛经。中国与印度的文化交流最早可以追溯到2300年以前。公元前217年，印度佛教徒就拜访了秦朝首都。公元前2年，大月氏王使臣向中国朝廷敬献了梵语文献。自公元67年开始，印度佛僧到访中国。公元401年，鸠摩罗什（Kumārajīva）作为第一位造访中国的印度佛学大师到达长安；直到412年，他在中国停留期间，将106部梵语文献翻译成中文，其中最著名的是《妙法莲华经》。① 中国到印度取经的有法显、玄奘等。佛教的输入给中国带来的不仅仅是宗教单方面的影响，而且是综合性的影响，包括政治、经济、文化、普众心理和生活行为方式等。佛教甚至对中国的语言表达都产生了巨大而普遍的影响，比如中国人顺口就可以说出"临时抱佛脚""菩萨心肠""大千世界"等涉及佛教的语言，这说明来自印度的佛教对中国产生了长久而深远的影响。这应该是古代丝绸之路给中国提供的最重要的文化影响。

三 现代丝绸之路战略构想的条件

（一）中国与世界深度互动的"溢出"效应

经过30多年的改革开放，中国已经成为世界第二大经济体。国际社会普遍认为中国就是一个"世界工厂"，"中国制造"已经成为最重要的国际经济现象之一。中国发展的一个最显著标志就是中国与国际社会进行了深度互动，形成了高度相互依存的关系。中国离不开世界，世界也离不开中国。中国与世界的依存度不仅仅表现在经济方面，也表现在政治和文化等方面，这是一个综合性的关联和依存。中国提出一揽子战略规划不是偶然的，而是中国与世界进行深度互动的最直接的战略表达，是中国与世界经济合作的"溢出"效应的最直接

---

① 〔印度〕塔隆·维杰：《南亚是世界和平与繁荣的关键：通往新的世界秩序之路》，《东南亚南亚研究》2014年增刊。

反映。中国经济同世界经济高度融合,中国为世界创造更广阔的市场和发展空间,为世界经济带来更多正面的外溢效应。①

中国与欧盟的经济合作达到了很高的水平和非常深入的程度。在中国30多年的改革开放进程中,欧洲一直是中国重要的经济合作伙伴。2013年,双方贸易额达到5591亿美元,每年人员往来500多万人次,留学生总数近30万。中欧关系已经成为世界上最具影响力的双边关系之一。② 比如,在德国汉堡港所装卸的集装箱中有1/3往来于中欧之间。中欧建交以来,双方贸易增长了230多倍,现在平均每天就有15亿美元的贸易往来。需要强调的是,中欧经济总量占世界经济的1/3,双方贸易总量占全球贸易的比重却只有1.5%,这说明双边经贸还有很大的增长空间。③ 中欧关系的发展已经确立了战略目标,即到2020年中欧贸易额要达到1万亿美元,并积极探讨自由贸易区建设。这是一个非常宏伟的经济合作方案,但问题是如何实现?中欧大规模的经济合作程度迫切需要一个新的合作形式和方案加以承载,而丝绸之路经济带的构建就是实现中欧经济合作战略目标的重要载体。"我们还要积极探讨把中欧合作和丝绸之路经济带建设结合起来,以构建亚欧大市场为目标,让亚欧两大洲人员、企业、资金、技术活起来、火起来,使中国和欧盟成为世界经济增长的双引擎。"④

2013年习近平主席在访问印度尼西亚时提出,到2020年中国与东盟的贸易额要达到1万亿美元。2011年中俄领导人正式表示,到2020年中俄贸易额将达到2000亿美元。⑤ 此外,中国与印度和中东地区的贸易额在未来都将有很大的进展。上述两个"1万亿"美元是中国提出陆海丝绸之路战略最直接的战略冲动和利益诉求,是中国与欧亚大陆主要经济体和经济组织良性合作互动性的最直接的利益诉求和表达。

---

① 习近平:《共同维护和发展开放型世界经济》,《十八大以来重要文献选编》(上),中央文献出版社,2014,第358页。
② 《习近平在布鲁日欧洲学院的演讲》,http://news.xinhuanet.com/politics/2014-04/01/c_1110054309_4.htm。
③ 《李克强总理在中欧论坛汉堡峰会第六届会议上的主旨演讲》,http://news.xinhuanet.com/world/2014-lQ/12/c_1112787647.htm。
④ 《习近平在布鲁日欧洲学院的演讲》,http://news.xinhuanet.com/politics/2014-04/01/c_1110054309_4.htm。
⑤ 《中国国家主席胡锦涛和俄罗斯总统梅德韦杰夫关于〈中俄睦邻友好合作条约〉签署10周年联合声明》,http://www.fmprc.gov.cn/mfa_chn/gjhdq_603914/gj_603916/oz_606480/1206_606820/1207_606832/1831559.shtml。

我们还要看到，面对世界经济形势所带来的新挑战和新变化，各国和各地区都在寻求新的增长动力。"亚太一直是世界经济增长的重要引擎，在世界经济复苏缺乏动力的背景下，亚太经济体应该拿出敢为天下先的勇气，推动建立发展创新、增长联动、利益融合的开放型经济发展方式"，使亚太经济在世界经济复苏中发挥引领作用。① 中国在着力实行更加积极的开放战略，旨在建立互利共赢、多元平衡、安全高效的开放型经济体系，实施全方位的沿海内陆沿边开放，积极推动双边、多边、区域、次区域开放合作，促进亚太自由贸易区建设，倡导与周边国家互联互通。中国希望同亚太国家共建一个持久和平、共同繁荣的和谐亚太。② 中国的发展不仅仅局限在亚太地区，中国与印度洋地区也有着密切的经济联系。"作为世界上重要的运输走廊，印度洋地区对中国有着相当重要的意义。印度洋地区把亚洲与非洲和大洋洲连接在一起。一些中国报告显示，全球货物运输的将近 1/6 和全球货物周转的大约 1/10 经过印度洋地区。"③

中国之所以提出建设丝绸之路经济带和 21 世纪海上丝绸之路，是因为中国经济已经发展到了新的阶段，中国经济的外溢效应要求中国与国际社会有一个长期有效的合作平台和战略方案，而中国的贸易运输网络已经成为一种瓶颈。"中国今天依赖于这些路线与各国进行贸易，并使其国内生产总值从 1978 年的 2000 亿美元增加到 2013 年的大约 10 万亿美元。中国的对外贸易已经从 2002 年的 6200 亿美元增加至 2012 年的 3.8 万亿美元。值得注意的是，上述贸易数字的很大一部分是基于海上运输，通过陆地边界的过境贸易很少。这种对海运压倒一切的依赖增加了对海运领域的需求。"④ 改革开放以来，中国的海上贸易运输迅猛发展，成为海上运输大国。"中国拥有的世界级商船队、集装箱的生产和港口吞吐能力的扩大，都越来越凸显了它继续对海上运输的依赖。在拥有商船队最多的 20 个国家和地区当中，中国排名第九。按设在这些国家和地区的母公司拥有的总吨位排名，中国位居第四。中国总共拥有超过 5000 艘远洋商船。中国的集装箱产量也占世界的 90% 以上。鉴于浦东经济特区出口大量货物的能力，

---

① 习近平：《深化改革开放，共创美好亚太》，《十八大以来重要文献选编》（上），第 435 页。
② 习近平：《深化改革开放，共创美好亚太》，《十八大以来重要文献选编》（上），第 438 ~ 439 页。
③ 〔印度〕斯里坎特·孔达帕利：《中国抛出引诱印度的海上丝绸之路》，http://www.indiawrites.org/diplomacy/china-tosses-maritime-silk-route-bait-to-india/，登陆时间：2014 年 10 月 12 日。
④ 〔印度〕斯里坎特·孔达帕利：《中国抛出引诱印度的海上丝绸之路》，http://www.indiawrites.org/diplomacy/china-tosses-maritime-silk-route-bait-to-india/，登陆时间：2014 年 10 月 12 日。

上海港在世界50大集装箱港口中名列第一。"① 但"双1万亿"的贸易目标表明中国迫切需要一个能够涵盖泛欧亚大陆的整体性战略合作安排。

中国的高速发展迫切需要解决与世界的互联互通问题。在欧亚大陆的互联互通和贸易便利化方面还存在很多问题的态势下，中国一些省份开始进行探索，出现了诸如渝新欧（重庆—新疆—欧洲）、郑新欧（郑州—新疆—欧洲）、汉新欧（武汉—新疆—欧洲）和苏满欧（苏州—满洲里—欧洲）等创新型的横跨欧亚大陆的铁路运输形式。这是中国经济影响和需求外溢的最典型的互联互通和贸易便利化的创新范式，值得我们深入观察。

（二）顺应欧亚大陆深度整合和系统合作的需求

中国现代丝绸之路战略所涉范围是比较宽泛的，不仅仅局限于俄罗斯和中亚的局部区域，而且涵盖了泛欧亚大陆的大区域。所谓泛欧亚大陆大区域，是指欧亚大陆加上北非和东非地区。

目前在欧亚大陆存在四种战略方案：欧盟和北约的东扩、美国的"新丝绸之路"战略、俄罗斯主导的"欧亚经济联盟"以及中国提出的现代丝绸之路战略。分析上述几个方案我们可以发现，前三个战略方案中俄罗斯的战略与欧美的战略具有非兼容性和矛盾性，在某种意义上具有一定程度的对抗性和冲突性。

欧盟东扩旨在挤压俄罗斯传统的经济战略空间，欧盟用20多年的时间消化了中东欧之后，逐步扩展到苏联传统的战略空间。波罗的海三国被纳入欧盟具有重要的标志性意义，这表明欧盟完全突破了俄罗斯所设定的战略红线，将俄罗斯传统战略空间的一部分纳入欧盟所掌控的范畴。而北约作为冷战时期的国际军事组织理应与华约一起随着冷战的结束而消失，但它却在美欧的精心呵护下不仅继续存在而且逐步扩张，北约所开启的东扩进程实际上就是逐步收复苏联原有战略空间的进程。而且欧盟与北约东扩地域具有高度的重合性和相互联动的特性。北约和欧盟双东扩进程使俄罗斯对欧盟和北约的警惕性和不信任感越来越强，强烈感受到来自西边的战略压力。乌克兰危机是一个具有标志性意义的特别事件。如果说波罗的海三国被欧盟和北约接受，俄罗斯还能够容忍的

---

① 〔印度〕斯里坎特·孔达帕利：《中国抛出引诱印度的海上丝绸之路》，http://www.indiawrites.org/diplomacy/china-tosses-maritime-silk-route-bait-to-india/，登陆时间：2014年10月12日。

话，是因为俄罗斯给自己找到了能够容忍的理由，那就是波罗的海三国曾经是独立国家，后来被苏联强行吞并，这个历史背景让俄罗斯感到波罗的海三国独立并加入欧盟和北约具有一定的"合法性"和"道理"。乌克兰则完全不同，它与俄罗斯合并已经三百多年了，乌克兰、白俄罗斯和俄罗斯是"斯拉夫三兄弟"。基辅在俄罗斯看来不仅仅是乌克兰的首都，而且是整个斯拉夫民族的文明之根和文化之源。因此，当欧盟与乌克兰准备签署联系国协定时俄罗斯反应十分激烈，这不仅仅出于地缘政治和经济战略利益的考虑，还涉及俄罗斯和乌克兰在民族和文化层面难以割舍的渊源和文明上的"筋骨"构架。换句话说，俄罗斯与乌克兰不仅是骨肉相连的问题，更是根脉相通的问题。乌克兰被纳入欧盟会使俄罗斯和白俄罗斯陷入"断根""失源"的窘态，导致俄罗斯激烈回应乌克兰与欧盟签署联系国协定这个看似很普通的国际交往事件。

不仅如此，苏联解体后俄罗斯一直在推进独联体一体化进程，俄罗斯特别希望乌克兰能够成为欧亚经济联盟的成员，成为苏联原有战略空间的重要组成部分，与俄罗斯实施战略对接。这也是俄罗斯为什么特别反对乌克兰与欧盟签署联系国协定的重要原因之一。俄罗斯不能容忍乌克兰与欧盟实行经济和政治一体化。于是，俄罗斯的欧亚经济联盟与欧盟东扩形成了碰撞，从而导致了乌克兰政治危机，继而爆发激烈的武装冲突和局部战争。

我们要特别关注乌克兰局势，现在乌克兰是典型的国内战争。这场战争具有十分危险的性质，它会给欧洲乃至欧亚大陆带来十分危险的影响。欧盟、美国和俄罗斯应该冷静下来，不能再让乌克兰国内战争蔓延，因为乌克兰国内战争是有可能导致欧洲出现巨大不稳定的重要危险因素。

这里有一个问题，谁是乌克兰危机的"赢家"？乌克兰危机没有赢家。欧盟不是赢家，若乌克兰战争持续下去，欧盟很有可能成为大输家。俄罗斯也不是赢家，俄罗斯已经为乌克兰危机付出了代价，若乌克兰战争持续下去，俄罗斯很有可能被裹缠住，延缓俄罗斯的崛起。尽管乌克兰与欧盟签署了联系国协定的政治和经济部分，尽管俄罗斯得到了克里米亚，但欧盟和俄罗斯都将会为乌克兰危机付出巨大代价。比起欧盟和俄罗斯，美国似乎是赢家，但如果乌克兰战争点燃了欧洲冲突的火焰，美国也不可能独善其身。很多人认为，中国是最大的赢家，但中国正处于崛起时期，需要欧亚大陆的稳定局面，乌克兰战争已经对中国所倡导的丝绸之路经济带产生了一定的消极影响。中国不需要欧亚大陆的冲突和战争。尽管乌克兰危机没有赢家，但输家是有的，其中最大的输家就是乌克兰自身。

　　乌克兰危机的主要原因应从乌克兰自身去找。乌克兰独特的地缘政治局势要求其必须在东西方之间选择平衡的外交战略，但前总统亚努科维奇犯了颠覆性的错误，在复杂的地缘政治格局中破坏了在俄罗斯和欧盟之间所维持的脆弱平衡状态，结果乌克兰被大国博弈所撕裂。大国博弈是导致乌克兰出现不稳定局势的重要外部因素。欧盟和美国在乌克兰问题上没有充分顾及俄罗斯的感受和利益，踩了俄罗斯的脚面，并在很大程度上误判了俄罗斯的反制能力、反应力度、反制手段和反制区域。

　　乌克兰危机表明，欧亚战略空间需要适应本土的新型合作范式和方式。中国所提出的现代丝绸之路战略应时顺势，符合欧亚大陆空间需要加强合作的诉求。"乌克兰的分裂将三大外交政策挑战摆在了西方面前：孤立俄罗斯的危险，中国无动于衷的态度和新思维的普遍缺乏。克服这些挑战需要齐心协力，推动政治制度和国家利益截然不同的国家加强合作并建立互信。中国国家主席习近平提出的丝绸之路经济带可能会有助于这种努力。"①

　　乌克兰危机表明欧亚空间并不太平，很多问题需要在国际层面加以沟通和合作才能得到解决，而解决和平与发展问题就需要有与之相适应的战略和思想。在欧亚大陆的新合作空间内，在现代丝绸之路构想中乌克兰就不必为"东倒西歪"的战略选择而蹙眉，因为这个新合作空间足够容纳欧亚大陆所有国家的合作愿望，能够体现出欧亚大陆所有国家的共同利益诉求。正如古代丝绸之路的繁荣不是靠强制命令一样，现代丝绸之路的构建也需要合作精神。中国是丝绸之路经济带的发起国和倡导国，但不可能是唯一的推动国和完成国，该构想的实现需要丝绸之路沿线国家的共同努力和合作。21世纪的高铁技术和信息技术为新丝绸之路的构建提供了有力的技术支撑，而现在需要的恰恰是合作共赢的精神和利益互享的理念。

　　中国现代丝绸之路战略的功能就是在泛欧亚大陆的广阔战略空间构建新型的相互合作的战略空间。目前国际社会中有一些人对中国的现代丝绸之路战略抱有偏见，将中国的此项战略置入传统的大国利益范畴加以考察。"危险在于中

---

① Ana Palacio," Russia and the Silk Road Approach," http：//www.project-syndicate.org/commentary/anapalacio-emphasizes-the-economic-and-security-benefeta-of-china-s-latest-initiative，登陆时间：2014年10月10日。

国追求双边途径,利用这一项目来实现狭隘的外交政策利益。尽管中国或许有办法资助这一倡议所要求的大规模基础建设项目,但这样一个碎片化的战略将会抑制整合,而且增强这样一个观点,即一个崛起的中国对国际秩序构成'威胁'。中国领导人应当意识到,丝绸之路经济带要发挥其潜力,就必须根植于一个更加广阔的愿景之上,这个愿景应包括多渠道的融资、多样化的所有权以及对各方参与者的有效组织。"①

丝绸之路经济带所倡导的合作与交流是多向度的,物品的交流是以人的交流为前提的。欧亚大陆存在很多矛盾和冲突,巴尔干冲突、乌克兰危机等案例表明,欧亚大陆需要包容性与合作性,它不是一般意义上的次区域合作,而是泛欧亚洲际性的大区域合作。通过合作推动大区域的整体发展是欧亚大陆最需要的,也是演化方向,符合各国的利益。因此,丝绸之路经济带给欧亚大陆提出了"合作"与"共融"的理念和思想,"该计划的目的是通过人员交流、加强贸易和货币流通来促进共同繁荣,这正是世界所需要的,如果它想避免回到冷战的对峙状态或让东欧'巴尔干化'的话。毕竟,推动合作和增进信任的最佳方式就是确保这能给所有参与方带来明确的利益"。② 中国现代丝绸之路战略是建筑在后冷战的思想基础之上,也是建筑在后冷战结构之上的。在冷战时代不会产生丝绸之路经济带的战略思想,因为从思想和架构的层面都没有产生合作和共融思想的土壤。因此,在后冷战时代需要与冷战截然不同的思想和架构,而中国所提出的现代丝绸之路战略就是这样的泛洲际合作的新型战略方案。

四 构筑现代丝绸之路战略的路径

丝绸之路经济带涵盖泛欧亚大陆各国,中国是起点国家,俄罗斯和中亚地区是核心地带和枢纽,欧洲是终点,非洲北部是延伸线。③ "海上丝绸之路的重点建设方向将从中国沿海港口向南,过南海,经马六甲、龙目和巽他等海峡,

---

① Kathleen Collins, "The Limits of Cooperation: Central Asia, Afghanistan, and the New Silk Road," Asia Policy, No.17, 2014. http://www.nbr.org/publications/element.aspx?id=721.
② Ana Palacio, "Russia and the Silk Road Approach," http://www.project-syndicate.org/commentary/anapalacio-emphasizes-the-economic-and-security-benefita-of-china-s-latest-initiativeC14/6/5P7.
③ 邢广程:《丝绸之路经济带与欧亚地缘格局》,《光明日报》2014年6月29日。

沿印度洋北部，至波斯湾、红海、亚丁湾等海域。即以东盟及其成员国为依托，辐射带动周边及南亚地区，并延伸至中东、东非和欧洲。"① 这表明21世纪海上丝绸之路涵盖太平洋西部和印度洋，串联东亚、东南亚、南亚、中东、非洲东部和北部直至欧洲。中巴经济走廊将中国西部地区（新疆）与印度洋相联结，从而打通了中国内陆地区远离海洋的地缘状态。孟中印缅南亚经济走廊将中国南部地区（云南等）与南亚国家嵌在一起，形成经济合作的战略通道。

在讨论中国现代丝绸之路战略时我们要注意到，复兴丝绸之路的理念并不是中国首先提出来的。苏联解体后，中亚国家获得独立地位，为实现其经济复苏，尽快融入国际社会，它们相继提出了复兴丝绸之路的思想和方案，旨在挖掘古代丝绸之路的历史价值，为本地区走向世界创造有利的国际环境。土耳其也积极支持复兴丝绸之路的思想，因为土耳其地处欧亚的结合部，自然希望通过复兴丝绸之路来提高本国的战略地位。就连美国也在用"新丝绸之路"来概括其大中亚战略。但是与中亚国家和土耳其提出丝绸之路方案所不同的是，美国借用丝绸之路概念的历史积淀不足、历史合法性不够，因此现实感召力也不强。上述情况表明，中国提出构建现代丝绸之路战略不是偶然的，也说明在欧亚大陆复兴丝绸之路的思想具有很大的现实意义。

中国提出现代丝绸之路战略不是建筑在空地上的。事实上，泛欧亚大陆陆海空间都相继出现了一系列次区域的互联互通和贸易投资便利化的合作趋势。比如在东南亚和南亚地区，2005年7月，《亚洲高速公路政府间协定》生效，正式启动了亚洲高速公路网项目。2010年4月，亚洲18个国家签署了《亚洲铁路网政府间协定》，从而启动了泛亚铁路网计划。2010年10月，在第17届东盟首脑会议上通过了东盟互联互通总体规划，其中东盟高速公路网和新加坡—昆明铁路联运线项目的建设是东盟交通互联互通的优先项目。此外，在东南亚和南亚相继提出了一系列互联互通规划，比如南盟（SAARC）区域互联互通规划、2009年孟加拉湾多领域经济技术合作倡议（BIM-STEC）框架下的互联互通规划、孟中印缅（BCIM）区域互联互通项目、大湄公河次区域（GMS）经济走廊、泛北部湾经济合作和南宁—新加坡经济走廊建设等。

中国与俄罗斯和中亚地区初步实现了能源管道的互联互通。上述情况是中

---

① 刘赐贵：《发展海洋合作伙伴关系，推进21世纪海上丝绸之路建设的若干思考》，《国际问题研究》2014年第4期。

国现代丝绸之路战略实施的基础和起点,不必另起炉灶,而是将泛欧亚大陆的各类次区域合作方案和计划乃至组织串联、协同、整合起来,拆除羁绊,打通空间,提高区域合作收益和效率。

尽管中国现代丝绸之路战略的功能具有复合性质,战略目标也是多重的,但其功能和目标指向却是非常具体和明确的,其中最基本和最突出的有两点:一是互联互通;二是贸易投资便利化。上述两点体现和贯穿在丝绸之路经济带、21世纪海上丝绸之路、中巴经济走廊和孟中印缅经济走廊等一揽子方案之中。

互联互通是建设现代丝绸之路的重要内容,这主要表现在陆海丝绸之路上,包括中国准备与相关国家、地区和组织打通交通运输的关键节点和通道,系统构建海运水运网络、高速公路和高速铁路网络、航空网络、通信光缆网络,打造安全高效的泛洲际综合联通网络。中国国家主席习近平在2014年APEC峰会上非常精彩地阐述了互联互通对区域发展的战略意义。[1] 为解决上述基础设施和互联互通的融资问题,中国提出筹建亚洲基础设施投资银行,将出资400亿美元建立丝绸之路基金,解决本地区的融资瓶颈。

鉴于2008年国际金融危机的教训,在现代丝绸之路战略的构建过程中中国应扩大合作双边本币互换的规模和范围,扩大人民币跨境贸易结算的规模和力度。中国共产党十八届三中全会提出了一系列旨在构建开放型经济新体制的构想,如放宽投资准入、加快自由贸易区建设、扩大内陆沿边开放等。[2]

贸易投资便利化是现代丝绸之路战略的优先领域。中国在边境地区设立跨境经济合作区,比如中哈霍尔果斯国际边境合作中心,让边境地区成为中国与周边国家利益融合的纽带。中国正在构建更加开放的新型经济体制,旨在使对内对外开放相互促进、引进来和走出去更好结合,促进国际国内要素有序自由流动、资源高效配置、市场深度融合,加快培育参与和引领国际经济合作竞争新优势,以开放促改革。[3]

在亚洲,中国的"世界工厂"和印度"世界办公室"、"中国能量"和"印

---

[1] 习近平:《共建面向未来的亚太伙伴关系——在亚太经合组织第二十二次领导人非正式会议上的开幕词》,http://news.xinhuanet.com/world/2014-11/11/c_1113203721.htm,登陆时间:2014年11月11日。

[2] 《中共中央关于全面深化改革若干重大问题的决定》,《十八大以来重要文献选编》(上),第525~526页。

[3] 《中共中央关于全面深化改革若干重大问题的决定》,《十八大以来重要文献选编》(上),第525页。

度智慧"、"中国龙"和"印度象"完全可以优势互补,深度合作。印度洋是中国构建海上丝绸之路的重要区域。"事实上,还没有其他任何一个地方如此集中地汇集了美国、印度、中国、日本和澳大利亚等国的根本关切,这种汇集使得印度洋对于西太平洋的均势具有了不可或缺的战略意义。尤其是西印度洋成为中国变身世界强国宏伟工程的一个重要构件,而且已经在中国建设海洋强国和大陆强国的过程中扮演了独特的角色。"① "印度洋成了一个可以利用微小的优势撬动巨大利益的区域。增加了印度洋作为施加反制压力场所的吸引力。"② 在欧亚区域,中国是最大的新兴市场国家,欧盟是最大的发达经济体,"最大"与"最大"交融,一切都有可能;"新兴"与"发达"携手,优势就会倍增。中欧在新兴国家和发达经济体合作中可以成为典范,中欧应树起互利共赢的新标杆。③

中国提出现代丝绸之路方案的最大战略目的是准备与欧亚大陆各国共同构建利益共同体和命运共同体。利益共同体是指由各相关国家为共同分享利益而合作结成的联系体。互利共赢和共知共识是形成利益共同体的基本条件。命运共同体的最大价值在于,每一个国家在追求本国利益时都要兼顾他国的利益和利益关切,"利益兼顾"之处即是各国利益交汇之处和利益联结之处。

人类进入21世纪,经济全球化趋势日渐明显,人员、资本、技术和信息在跨国层次上流动,每一个国家都很难在完全封闭的状态下生活,国家之间相互依存状态日趋显著,相互之间的关联性越来越大,从而形成了复合型的利益纽带。一个国家若要实现自身利益,就必须兼顾其他国家的利益诉求,维护共同的利益纽带。近20年来所发生的多次国际性金融危机已经表明,只有国际社会相互依存、相互倚重,才能渡过国际性金融危机。现有的国际体系和机制有很多不完善之处,不适应经济全球化的趋势,不能有效地遏制各种危机的发生。国际层面的霸权政治威胁着比较脆弱的国际相互依存关系,损害公正平等的国际原则,从而不可能完全维护国际社会的共同利益。普京在2014年的瓦尔代年

---

① John Lee and Charles Horner, "China Faces Barriers in the Indian Ocean," http://www.atimes.com/atimes/China/CHIN-02-100114.html.
② John Lee and Charles Horner, "China Faces Barriers in the Indian Ocean," http://www.atimes.com/atimes/China/CHIN-02-100114.html.
③ 《李克强总理在中欧论坛汉堡峰会第六届会议上的主旨演讲》,http://news.xinhuanet.com/world/2014-10/12/c_1112787647.html.

会上激烈地批评了美国的霸权主义行为。① 人类社会本身就是一个相互依存的共同体，在经济全球化背景下，一国发生经济危机会迅速传导到整个世界，一个国家或一个地区发生大规模的流行疾病会迅速波及世界其他地区，危及全球。所以，构筑国家间的利益共同体和命运共同体不是一句空洞的口号，而是当今世界的迫切需要。国家之间在相互依存下的合作需要通过国际机制建设来完成。20世纪发生了两次世界大战，国际社会的利益关系模式被定义为排他的、对立的零和利益关系。但经济全球化时代的国家利益观在猛烈冲击着传统的国家利益观。各国利益的高度交织极大地改变了传统国家利益观，因为每一个国家都不自觉地和客观地成为国际社会层面共同利益传送带上的一环，不容出现脱轨现象。主动损害他国利益会像飞去来器，不仅导致自身的国家利益无法实现，还会导致整个国际利益传送带停转。任何国家都希望自己得到顺利发展，但前提是必须让其他国家也能够顺利发展。任何国家的安全不可能建立在别国不安全的基础上，任何国家利益的实现必须建筑在别国利益也能够得到实现的基础上。在经济全球化的现时代，我们对国家利益观需要有一个全新的审视和感悟。中国改革开放以来发生了翻天覆地的变化，获得了对外开放所带来的融入国际社会的好处，主动调整了自己与国际体系的关系，越来越认识到人类共同利益的重要性。中国在迅猛发展过程中越来越成为国际社会的利益攸关者和共同利益的维护者。中国的成功就是比较恰当地将中国人民利益同各国人民共同利益有机地结合起来，摆正自己的位置，找到了国际合作的目标和路径。

中国在构建现代丝绸之路战略过程中特别关注利益共同体和命运共同体的实现问题。我们可以这样认为，中国的现代丝绸之路战略就是建筑在泛欧亚利益共同体和命运共同体基础之上的。"自古以来，中华民族就积极开展对外交往通商，而不是对外侵略扩张；执着于保家卫国的爱国主义，而不是开疆拓土的殖民主义。"② 中国与世界深度互动的链接范式是通过经济合作和平等互利的原则进行的。中国没有走大国扩张和称霸的旧路，而是通过平等互利的经济合作

---

① Владимир Путин принял участие в итоговой пленарной сессии XI заседания Международного дискуссионного клуба《Валдай》. Тема заседания -《Мировой порядок: новые правила или игра без правил?》. 24 октября 2014 года, Сочи. http://www.kremlin.ru/news/46860.
② 习近平：《守望相助，共创中蒙关系发展新时代——在蒙古国国家大呼拉尔的演讲》，http://www.fmprc.gov.cn/mfa_chn/gjhdq_603914/gj_603916/yz_603918/1206_604450/1209_604460/t1184896.shtml，登陆时间：2014年10月23日。

方式与世界进行交流。中国30多年的成功经验就在于此。今后中国的进一步崛起依然要靠互利共赢的经济合作方式。

中国在不断发展中逐步总结出与周边国家发展关系的经验和成熟理念。第一，互惠互利和平等互信原则是中国同周边国家开展合作的基本原则，该原则强调的是平等和互利两个重要因素，反对国际关系中的强权和强制原则。第二，包容互鉴原则所强调的是世界发展模式和道路的多样性和多元化特征，反对以一种标准衡量整个世界。第三，合作共赢原则强调的是人类命运共同体意识，只有通过合作才能求得共赢，反对单边主义和强权政治。第四，利益共同体原则就是"编织更加紧密的共同利益网络"，强调利益融合，周边国家"得益于"中国的发展，中国也从周边国家的共同发展中获得"裨益和助力"。[①]

需要特别强调的是，中国政府最近明确提出了两个有关利益方面的新理念。一是利益惠及理念，即中国与周边国家发展关系不仅不奉行唯利是图的原则，而且要强调"亲、诚、惠、容"的新理念，中国的发展要更好惠及周边国家，[②]让周边国家分享中国的发展成果。"要找到利益的共同点和交汇点，坚持正确义利观，有原则、讲情谊、讲道义，多向发展中国家提供力所能及的帮助。"[③] 二是"搭便车"的理念。中国愿意为周边国家提供共同发展的机遇和空间，欢迎大家搭乘中国发展的列车，正所谓"独行快，众行远"。中国开展对发展中国家的合作，将坚持正确义利观，不搞我赢你输、我多你少，在一些具体项目上将照顾对方利益。[④] 这些理念不仅仅强调平等互利原则，更包含着让利原则。中国这样做就是为了与世界尤其是周边国家共同打造利益共同体和命运共同体，从而形成大区域的互利共赢的合作格局。只有在利益兼顾、利益分享和命运共同的理念下才能实现现代丝绸之路的畅通。而泛欧亚的互联互通和贸易投资便利

---

① 《习近平在周边外交工作座谈会上发表重要讲话》，http://politics.poeple.com.cn/n/2013/1025/c1024-23332318.html。

② 《中国共产党第十八次全国代表大会文件汇编》，人民出版社，2012，第45页；《习近平在周边外交工作座谈会上发表重要讲话》，http://politics.poeple.com.cn/n/2013/1025/c1024-23332318.html。

③ 《习近平在周边外交工作座谈会上发表重要讲话》，http://politics.poeple.com.cn/n/2013/1025/c1024-23332318.html。

④ 习近平：《守望相助，共创中蒙关系发展新时代——在蒙古国国家大呼拉尔的演讲》，http://www.fmprc.gov.cn/mfa_chn/gjhdq_603914/gj_603916/yz_603918/1206_604450/1209_604460/t1184896.shtml。

化就是实现其利益共同体和命运共同体的最基本的途径和方式。

五 现代丝绸之路战略的价值

中国所提出的现代丝绸之路战略是其在崛起进程中给自己同时也给世界一个可供选择的综合性战略方案,它要解决的问题是中国与世界的关系,具有中国与世界相对接和相链接的性质,当然,这是一个互动和双向发生密切联系的过程。这个过程的最突出特点就在于中国与世界的相互合作性和融合性,通过合作与融合实现中国与世界的深度对接和链接。中国的丝绸之路战略是中国与世界及国际社会共同合作的方案,而不是中国自己单独推进的方案,也不是中国强制推行而其他国家被迫接受的霸权方案,更不是中国将自己的战略意志强加给世界的方案。现代丝绸之路战略是中国基于西方崛起过程中的一系列教训而阐发的,旨在避免走西方殖民和强制的老路。所以中国的现代丝绸之路战略与西方过去走向世界的战略思维有本质不同,也因此遭到一些西方国家的质疑和不理解。在西方看来,一个大国逢强必霸,必然要控制世界。中国融合式崛起的逻辑是西方一些人无论如何也无法理解的。"中国已向那些想要成功的国家证明,有替代方法可以避免西方'民主'资本主义模式的后果。那就是修建很多条而不仅仅是一条新的丝绸之路,用高铁、管道、港口、光缆将广阔的欧亚大陆联结起来。这些丝绸之路包括东南亚的一条公路、中亚的一条公路、跨越印度洋的'海上丝绸之路',甚至还有一条经过伊朗的由土耳其到达德国的铁路。"[1] "从欧亚经济一体化发展角度来说,丝绸之路经济带堪称影响重大的地缘政治地震。"[2]

中国与美国旨在建立新型大国关系,与非洲和拉丁美洲等发展中国家建立紧密的战略友好关系,但中国更重视欧亚大陆地缘政治和经济关系的构建,这是因为:第一,中国地处欧亚大陆的东端,自身就是欧亚大陆重要的组成部分,

---

[1] Pepe Escobar, "The Birth of a Eurasian Century Russia and China Do Pipelineistan," http://www.Tomdispatch.com/post/175845/tomgram%3A_pepe_escobar%2C_who%27s_pivoting_where_in_eurasia/.

[2] Pepe Escobar, "The Birth of a Eurasian Century Russia and China Do Pipelineistan," http://www.Tomdispatch.com/post/175845/tomgram%3A_pepe_escobar%2C_who%27s_pivoting_where_in_eurasia/.

这种自然的地理位置必然要求中国关注欧亚大陆的发展趋势；第二，欧亚大陆连接非洲和北美洲以及太平洋、北冰洋、大西洋和印度洋，其战略地位极其重要，中国在崛起的过程中无法忽略这个重要的战略空间；第三，欧亚大陆西端是欧盟，是发达国家的集合体，是中国重要的经济合作伙伴，而欧亚的腹地则是俄罗斯，俄罗斯西连欧盟、东接中国和亚太，在国际舞台上能够发出独立的声音，是中国重要的全面战略协作伙伴，中国要高度关注；第四，欧亚大陆的火药桶很多，位于欧亚结合部的北非和中东地区，各种矛盾和冲突接连不断，持续发酵，阿富汗和朝鲜半岛局势非常复杂，呈高度危机状态，而俄罗斯与欧盟的结合部也发生了重大危机，乌克兰危机表明欧洲并不是一个太平世界。上述这些因素都需要中国关注欧亚大陆。

在中国所关注的欧亚大陆发展进程中逐渐形成了一些战略支柱型国家，如俄罗斯和德国。欧亚大陆西端的欧盟—德国、欧亚大陆腹地的独联体和欧亚大陆东端的亚太—中国正在经济上构筑紧密的关系，中国、俄罗斯和德国在欧亚大陆的影响也越来越大。国际上一些学者已经开始关注这个现象。"幽灵正在穿越迅速老化的'美国新世纪'：北京—莫斯科—柏林的战略贸易联盟有可能将在未来实现。""在北京—莫斯科—柏林联盟看来，新铁幕企图孤立俄罗斯，为它与德国的关系制造新的障碍。最终目的是分化欧亚大陆，阻止未来出现一个不受美国控制的贸易一体化进程。""'中国梦'包括未来的新丝绸之路，这是一条横跨亚洲为欧亚贸易提供便利的快速走廊。中国感到了来自美国和日本在海上给它施加的压力，对此它的应对措施是从两条阵线上发展欧亚大陆的陆地贸易，一条是通过西伯利亚，另一条则通过中亚的'斯坦国'。"[①] 中国、俄罗斯和德国三者之间的经济联系确实很密切，但将其上升到"北京—莫斯科—柏林联盟"的战略高度有些牵强。尽管中国、俄罗斯和德国相互之间的关系很融洽，但中国、俄罗斯和德国都没有准备建立排除美国的欧亚大陆战略空间设想，而且即使在未来也不可能出现这样的设想。"我们可以认为中国在欧亚未来世纪中充当着世界新秩序的磁铁。俄罗斯进行的一体化进程也会在印度和其他欧亚国家上演，更有可能迟早出现在中立的德国。在这个进程的最后阶段，美国很可能逐渐被排除在欧亚之外，北京—莫斯科—柏林轴心将成为游戏的变化因素，

[①] Pepe Escobar, "El future una alianza Beijing-Moscow-Berlin. Pueden China y Rusia echar a Washington a empujones de Eurasia?" http：//www.rebelion.org/noticia.php? id = 190582.

赶快下注吧！2025年将见分晓。"① 欧亚大陆板块需要深度合作，需要有一个战略统合，需要利益攸关方的战略互动，但这些深度合作、战略统合都不是以排斥美国为目的的。美国应该有这样的战略自信，更何况德国一直是美国的重要盟友。

中国现代丝绸之路战略是一个与泛欧亚大陆各国进行合作的战略思路表达，它甚至不是一个制度性、战略性安排，也不是一个架构性或结构性安排，更不是一个排他性的区域组织安排。这表明中国是现代丝绸之路战略理念的提出国、倡导国和推动国，但绝不是唯一的推动国，中国的定位应该说是该战略理念的系统阐述者和为实现这个理念孜孜不倦的游说者。中国应该向所有的利益攸关方讲清楚现代丝绸之路战略的实施不仅符合中国的利益，也符合参与国的利益；中国的利益与现代丝绸之路参与者的利益结合得越好，分享得越多，则泛欧亚大陆的战略空间就越稳定、越发展、越开放、越和谐。"'海上丝绸之路'显然和陆上的'新丝绸之路'具有相似之处，后者从中国向西延伸至中亚国家。这两个概念体现了中国作为主要的经济强国的历史渊源，完全切合中国领导人最喜欢谈到的民族复兴主题。两者加在一起，描绘出了中国作为地区强国的画面，它试图将自己的经济主导作用向西拓展至伊朗，甚至东欧。正如中国官员指出的，中国对陆上和海上丝绸之路的投资将给涉及的所有国家带来经济上的收益。"②

需要强调的是，中国明确提出构建现代丝绸之路战略，国际社会应该持有积极的反应，因为这表明崛起的中国没有选择强力崛起的方式，没有选择战争崛起的方式，没有选择霸权崛起的方式，没有选择扩张的方式，而是选择了十分温和的与国际社会一起合作、分享利益的崛起方式。

六 构建现代丝绸之路战略需要处理好若干关系

第一，处理好国内国际两个大局的关系。现代丝绸之路战略旨在构建中国与世界深度互动的新型链接范式，这就明显地涉及国内和国际两个大局。如何

---

① Pepe Escobar, "El future una alianza Beijing-Moscow-Berlin. Pueden China y Rusia echar a Washington a empujones de Eurasia?" http：//www. rebelion. org/noticia. php？id = 190582.
② Shannon Tiezzi, "The Maritime Silk Road vs. the String of Pearls," February 13, 2014, http：//thediplomat. com/2014/02/the-maritime-silk-road-vs-the-string-of-pearls/.

统筹国内国际两个大局是构建现代丝绸之路战略的重要议题。在构建现代丝绸之路战略进程中,"胸中要装着国内国际两个大局,国内大局就是'两个一百年'奋斗目标,实现中华民族伟大复兴的中国梦;国际大局就是为我国改革发展稳定争取良好外部条件,维护国家主权、安全、发展利益,维护世界和平稳定、促进共同发展"。① 党的十八届三中全会提出要推进国家治理体系和治理能力现代化,要进一步全面深化改革,实行全方位开放;党的十八届四中全会提出依法治国的思想。这些都表明中国将继续走改革开放的道路,实现"中国梦"。而"中国梦"的实现需要恰当地构建与不断变化的世界之间的关系,需要良好的国际环境。现代丝绸之路战略需要解决国内与国际两个大局的问题。从该战略的构建上加以分析,统筹国内和国际两个大局需要有大局意识、机遇意识以及忧患和危机意识。该战略的关键在于国内大局与国际大局的衔接之处。恰当地运筹好"衔接处"和"结合部",该战略就有了自己生长的战略空间。

第二,处理好丝绸之路经济带与21世纪海上丝绸之路之间的关系,统筹陆海两个丝绸之路与中巴经济走廊和孟中印缅经济走廊之间的关系。中国的国家利益将通过现代丝绸之路战略的构建在泛欧亚大陆上得以实现。可以说,现代丝绸之路战略突破了中国周边国际环境的传统范围,面向整个欧亚大陆,甚至泛欧亚大陆。不仅要考虑欧亚大陆的陆地地缘政治和经济的合作问题,也要考虑到泛欧亚大陆沿海和沿岸各国和各地区的地缘政治经济的合作问题。现代丝绸之路战略应统筹丝绸之路经济带和21世纪海上丝绸之路两个战略,在功能、区间、合作方式等领域既要适当分工又要协同配合,完整地贯彻中国的外交战略和最大限度地维护国家利益,将海陆丝绸之路作为实现中国亚欧非战略的重要战略平台和载体,构建贯穿于亚欧非空间的战略之梯。②

第三,处理好现代丝绸之路战略与国内各类国家发展战略之间的关系。从国内来看,要将构建现代丝绸之路战略与中国的各类发展战略统筹起来。丝绸之路经济带的构建应与中国西部大开发战略、振兴东北老工业基地战略等结合起来,21世纪海上丝绸之路的构建应与海洋强国战略有机地结合起来;中巴经济走廊的构建应与国家西北部发展的大战略有机地结合起来,尤其要与新疆的

---

① 《习近平在周边外交工作座谈会上发表重要讲话》,http://politics.poeple.com.cn/n/2013/1025/c1024-23332318.html。
② 邢广程:《海陆两个丝路:通向世界的战略之梯》,《人民论坛·学术前沿》2014年第7期。

发展战略和新疆南部的喀什特别经济区的建设结合起来；孟中印缅经济走廊的构建应与云南的桥头堡战略结合起来。从国家总体战略布局来看，长江经济带战略应与现代丝绸之路战略紧密地结合起来，现代丝绸之路的构建应与沿海开放和沿边开放战略有机地结合起来。

第四，处理好与周边国家之间的关系。周边外交是中国总体外交的重点方向。2013 年 10 月，党中央召开了周边外交工作座谈会，为进一步开展周边外交工作进行了战略部署，制定了周边外交的战略目标和实施方式。[①] 现代丝绸之路战略是实现中国周边外交战略目标的重要手段和方式。

第五，处理好与泛欧亚大陆各种主要政治力量之间的关系。构建现代丝绸之路不仅仅局限于中国的周边国际环境，而且延伸到泛欧亚大陆，具有洲际区域合作的大视野和大空间。该区域合作涉及几十个国家和地区，既有发达国家，也有发展中国家和新兴国家，经济发展水平差异较大，各国发展战略和政策很不相同，各国对世界的看法差别甚远，而且中国与这些国家的关系状态也各不相同。这些国家之间亲疏不一，利益关系错综复杂。上述这些都大大增加了中国倡导现代丝绸之路战略的难度，存在诸多不确定因素。所以，中国应该加强与上述相关国家的政策协调，确保泛欧亚大陆空间的政策相通。

第六，处理好与美国的关系。中国在构建现代丝绸之路时必须考虑到美国的因素。虽然美国不是欧亚大陆国家，但美国却是世界上独一无二的超级大国，对亚太地区乃至欧亚大陆的关注程度非常高。在分析美国因素对中国现代丝绸之路战略影响时应从以下几个方面入手。首先，美国针对中国的崛起实施了亚太再平衡战略，旨在遏制中国的进一步发展，巩固自己在亚太地区的传统霸主地位，稳定与亚太地区盟友之间的关系。中国在东海和南海方向出现的一系列问题都有美国影响的背景。中国在构建 21 世纪海上丝绸之路和孟中印缅经济走廊进程中，不可避免地会受到美国的干扰，中国在东亚、东南亚和南亚以及太平洋西岸和印度洋方向都会感到来自美国的压力。其次，中国在构建丝绸之路经济带和中巴经济走廊进程中也会与美国的"新丝绸之路"战略迎头相撞。美国不希望中国在泛欧亚大陆发挥主导作用，会采取各种措施遏制中国在泛欧亚大陆的独特影响；美国竭力将阿富汗、巴基斯坦和中亚国家引向印度和印度洋

---

① 《习近平在周边外交工作座谈会上发表重要讲话》，http://politics.poeple.com.cn/n/2013/1025/c1024-23332318.html。

方向，以避免俄罗斯和中国过多地影响上述地区。最后，中国提出现代丝绸之路战略有破解美国战略围堵的意图：一是破解马六甲海峡的战略困局，破解中国过多依靠海上运输的脆弱之局，破解中国过多依靠东南方向的战略倾斜局面，让中国的西部地区与印度洋衔接起来，从而形成印度洋方面的战略通道；二是美国正在紧锣密鼓地构建以美国为主导的国际经济秩序，重塑国际贸易游戏规则，继续捍卫其全球自由贸易协定主导者的地位，为此，美国实施了"跨太平洋伙伴关系协议"（TPP）和"跨大西洋贸易和投资伙伴关系协议"（TTIP），这两个战略方案和制度安排都没有中国参与。而中国则不失时机地提出覆盖泛欧亚大陆空间的现代丝绸之路战略。美国"跨两洋"（太平洋和大西洋），中国则"越三洲"（亚欧非），虽然不能说中美之间已经在两洋和三洲之间展开了全方位的战略竞争，但中国与美国在国际空间所展开的各自战略性安排具有利益交汇和利益交叉的复杂性质。由此可见，美国是影响中国构建丝绸之路战略的重要国际因素。

第七，处理好泛欧亚大陆的经济合作与安全等其他领域合作之间的关系。不可否认，在泛欧亚大陆区域存在诸多不稳定和不安全因素，中东地区历来都是各种矛盾和冲突的交汇之地。最近几年，西亚北非地区各种矛盾错综复杂，大国深度博弈，导致该地区局势更加动荡。而此地恰恰是陆海两个丝绸之路的必经之地，中国的一部分能源就来自该地区，这就需要我们更加关注该地区与现代丝绸之路战略之间的关系。传统的不稳定地区继续保持不稳定，同时欧亚又出现了新的热点。乌克兰危机直至内战导致欧洲出现了新的燃点。欧美和北约与俄罗斯的激烈博弈导致乌克兰出现了少有的武力冲突局面。乌克兰位于欧亚大陆的腹地，战略地位十分重要，乌克兰内战若持续下去，将对中国建设现代丝绸之路产生很大的消极影响。美国先后在伊拉克和阿富汗打了两场战争，但美军撤出伊拉克给这个国家留下了烂摊子，2014年，"伊斯兰国"（ISIS）在伊拉克异军突起，搅动了整个中东局势，宗教极端势力在持续蔓延，威胁着该地区的和平与稳定。而美军撤出阿富汗后该国的局势很难稳定下来，宗教极端势力很可能卷土重来，来自中东和中亚、南亚的宗教极端势力在不断地向新疆渗透，严重威胁着中国西北部边疆的安全和稳定，更会对新疆的发展和开放造成严重威胁，进而影响中国向西推进丝绸之路经济带战略。上述这些都是中国在建设现代丝绸之路战略进程中需要考虑的因素。

第八，处理好与上海合作组织、欧亚经济联盟等组织的关系。构建现代丝绸之路战略不是取代或者覆盖泛欧亚大陆的各类国际组织，而是通过串联使上述这些国际组织更有效地发挥功能和效用。习近平主席明确表示，欢迎上海合作组织成员国、观察员国、对话伙伴积极参与，共商大计、共建项目、共享收益，共同创新区域合作和南南合作模式，促进上海合作组织地区互联互通和新型工业化进程。① 中国的现代丝绸之路战略与俄罗斯的欧亚经济联盟有很大的合作空间，两者之间不是取代或排挤的关系，而是合作与互补的关系。

第九，处理好现代丝绸之路战略与欧亚其他国家区域战略之间的关系。比如，俄罗斯提出了开发远东的战略方案，哈萨克斯坦也提出了发展战略，蒙古国提出了东北亚安全"乌兰巴托对话"倡议和"草原之路"战略。历史上"草原丝绸之路"和"茶叶之路"都经过俄罗斯和蒙古国。中国应与俄罗斯、哈萨克斯坦和蒙古国等国家在各自的战略方案方面进行有效链接，放大合作所产生的正效应。比如，中蒙在铁路和公路互联互通建设、矿产开发和深加工等项目上具有合作潜力，应将合作优势转化为实实在在的经济效益。蒙古国资源富集，中国可以提供资金、技术、通道、市场等支持，双方具有很强的经济互补性。②

第十，处理好与亚太自由贸易区（FTAAP）的关系。2014 年 11 月 11 日，亚太经济合作组织领导人重申参与中国推动的亚太自由贸易区进程，逐步推动亚太自贸区的实现。亚太自贸区旨在破解区域经济合作碎片化风险，谋求后国际金融危机时期新的增长动力，解决互联互通建设面临的融资瓶颈，是横跨太平洋两岸、高度开放的一体化安排。面对新的国际局势的变化，亚太地区需要新一轮大开放、大交流、大融合。中国推进亚太自由贸易区进程，提出了目标、方向和路线图。③ 在这次峰会期间，中韩自贸区谈判宣告结束，其意义非常重大，对于亚太经济的一体化产生了强大的助推作用。在二十国集团（G20）峰会期间，中澳自贸区谈判也宣告结束。中韩和中澳自贸区的即将成立和亚太自贸区方案都会对中国现代丝绸之路战略产生巨大的推进作用。亚太自贸区加上现代丝绸之路使超大区域的经济合作安排延伸至泛欧亚大陆和整个亚太空间。

第十一，处理好与亚洲相关国家的纠纷问题。中国与一些国家存在历史遗

---

① 习近平：《凝心聚力精诚协作推动上海合作组织再上新台阶》，http：//www.fmprc.gov.cn/mfa_chn/gjhdq_603914/gjhdqzz_609666/lhg_610734/zyjh_610744/tll90748.shtml。

② 《习近平在蒙古国媒体发表署名文章》，http：//news.xinhuanet.com/poHtics/2-314-08/21/c_l112172340.htm。

③ 习近平：《共建面向未来的亚太伙伴关系——在亚太经合组织第二十二次领导人非正式会议上的开幕词》，http：//news,xinhuanet.com/world/2014-11/1l/c_l113203721.htm。

留问题,① 中日历史问题及钓鱼岛问题和南海问题等深刻地影响着中国构建现代丝绸之路战略。这给中国提出了一个历史性的重大问题,即如何正确处理同邻国的关系,实现与邻国和睦相处、共同发展?笔者认为,解决问题的方式可以包括以下五点:一是要妥善解决彼此争议和矛盾,用东方智慧来加以化解;二是用照顾各方舒适度的亚洲方式,体现亚洲的邻国相处之道;三是提倡开放包容;四是聚同化异;五是合作共赢,做大共同利益的蛋糕。

七 结论

中国现代丝绸之路构想是由一系列相对独立而又相互密切联系的战略思路集合而成的。丝绸之路经济带主要解决的是中国与泛欧亚大陆陆上各国和各地区的大区域经济合作问题,21世纪海上丝绸之路主要解决的是中国与泛欧亚大陆各沿海国家和地区的大区域经济合作问题,中巴经济走廊和孟中印缅经济走廊则将上述陆海丝绸之路加以链接,从而成为泛欧亚大陆陆上和沿海洲际经济合作的连接线和通道。这是中国与世界进行深度互动的新型链接范式。

作为中国与世界进行深度互动的新型链接范式,现代丝绸之路战略最主要的链接领域体现在经济合作方面,这是其最重要的特征和实质。中国崛起的方式主要得益于改革开放,而改革开放的重点就是将注意力集中到国内的经济发展和建设上来,通过由计划经济向市场经济的转变实现了中国经济的发展和腾飞。中国的发展不是在封闭的状态下进行的,中国探索出了通过开放与世界相衔接的战略方式,先是沿海地区开放,随后是沿边开放,现在实施的是全方位开放的战略。通过全方位开放,中国比较顺利地融入了当代国际经济秩序,从而实现了腾飞。中国需要深度地走向世界,中国的经济利益诉求已经延伸至世界深处。现代丝绸之路战略是中国"走出去"的战略之梯,同时也是国际社会走人中国的战略通道。

中国在迅速崛起的进程中将其现代丝绸之路战略构想集中在与世界互利共赢的经济合作方面,并不等于完全忽略了这个世界还存在诸多安全、冲突和利

---

① 习近平:《守望相助,共创中蒙关系发展新时代——在蒙古国国家大呼拉尔的演讲》,httP://ww.fmprc.gov.cn/mfa_chn/gjhdq_603914/gi_603916/yz˘603918/1206_604450/1209_604460/tll84896.shtml.

益矛盾。中国实际上对当今世界的诸多不稳定因素持忧虑态度。恰恰因为这个世界尤其是欧亚大陆还存在很多不稳定的因素,中国才从战略的高度来构建新型的泛欧亚洲际大区域合作方式。中国提出的"五通"思想就是要通过各国的合作实现泛欧亚大陆的互联互通和贸易投资便利化,从而逐步实现利益共同体和命运共同体,实现泛欧亚大陆的持久稳定与和平。

中国构建的现代丝绸之路战略与中国所倡导的亚太自贸区将形成广阔的经济合作空间,即泛欧亚大陆加上亚太地区,几乎涉及全球各主要大洲和三大洋(太平洋、印度洋和北冰洋)。现代丝绸之路战略是中国与泛欧亚大陆空间的新型链接范式,而亚太自贸区则是中国与亚太地区的新型链接范式,这两个链接范式的结合部就是中国。

中国现代丝绸之路战略最基本的内容就是互联互通和贸易投资便利化,在有条件和有可能的地区中国会适当地提出构建自由贸易区的设想。但中国最好不要将其视为构建现代丝绸之路战略的常规选项,因为并不是所有国家都做好了与中国建立自贸区的心理和制度上的准备。中国现代丝绸之路战略的基本目标是追求在泛欧亚空间形成利益共同体和命运共同体。在现代国际经济秩序呈碎片化趋势的状态下,利益共同体和命运共同体应该成为经济全球化的灵魂,而互联互通和贸易投资便利化则是经济全球化和经济区域合作的黏合剂。互联互通和贸易投资便利化是现代丝绸之路战略构建的最基本尺度。

中国在崛起过程中所提出的互利共赢原则、包容互鉴思想、"亲诚惠容"理念、搭便车表述、惠及让利精神、照顾合作方舒适度的方式、用东方智慧妥善化解矛盾和分歧的亚洲式思维等都说明,中国已经形成了一系列和平发展的理念,具体的方案就是现代丝绸之路战略和亚太自贸区。中国选择和平发展,选择合作共赢,选择与世界深度互动的新型链接范式本身就是对人类历史的某种超越,它昭示了一个崛起的大国不一定非要走称霸和扩张的老路,这不是历史规律的体现,它表明中国对人类未来所担负的高度责任感和使命感。中国当然清楚地认识到,当今的国际社会复杂多变,世界上还存在很多不确定甚至危险的因素,还存在着霸权主义、强权政治和不合理的国际秩序,但正因如此,中国才试图用最直接、最简洁、最明了和最淳朴的理念、方式和行动告诉世界,只有通过持久的、深度的、全面的和真诚的国际合作,这个世界才会变得安宁、幸福和繁荣。

原载《世界经济与政治》2014 年第 12 期

丝绸之路经济带：
打造区域合作新模式

孙壮志[*]

2013年9月，中国国家主席习近平访问中亚四国并出席上海合作组织比什凯克峰会。在哈萨克斯坦纳扎尔巴耶夫大学发表演讲时习主席提出共建"丝绸之路经济带"的倡议，受到各方瞩目，体现了中国进一步拓展欧亚地区经济外交的新思路。"丝绸之路经济带"是当前亚欧大陆国家通过交通、信息、能源等领域的互联互通，促进贸易和投资便利化，发挥各自优势，形成一种独特的地缘经济合作方式。中国领导人提出这样一个概念，体现了对向西开放的重视，也是中国与欧亚国家特别是中亚各国加强和提升双边关系的重要契机。

一 古代丝绸之路：友好交往与互利合作的历史见证

"丝绸之路"是一个历史概念，指的是大体上始于我国秦汉时代，一直延续到公元19世纪才完全中断的陆路商道，沿途的贸易往来活跃了2000多年。中国的丝绸是古代东西方贸易中最负盛誉的商品，丝绸之路也由此得名，有史料证明，在公元前300年以前，中国的丝绸就已输出到古代印度，而后又为欧洲的宫廷所热捧。中国西汉时期的张骞历尽艰辛两次出使中亚，当时"通西域"的初衷主要还是想联合大月氏共抗匈奴，结果却让中华文明和中亚、西亚文明有了更加亲密的接触，丝绸之路自此进入一个繁盛的时期。这也说明地缘经济的

---

[*] 孙壮志，中国社会科学院俄罗斯东欧中亚研究所原中亚室主任，中国社会科学院社会学所党委书记、研究员，中国社会科学院上海合作组织研究中心秘书长。

需求从长远来看，比地缘政治的需要更具现实意义。当时的丝绸之路，东起西汉的都城长安，经河西走廊和新疆，而后经中亚、西亚到达欧洲，全长7000多千米。

1. 经济的共同发展是丝绸之路繁盛的基础

历史上这条横跨欧亚大陆的交通"动脉"，是中国与中亚、西亚乃至欧洲和非洲各国进行贸易和文化交流的主要渠道，也是沿途各国人民共同创造的古代经济奇迹。沿线各国和平共处，经济上互通有无，不仅为商品贸易提供便利，也共同保障、维护通道的安全。丝绸之路的发展经历了多次较大的波折与沉浮。如西汉末年的战乱使丝绸之路受到阻隔，东汉时期的"三绝三通"也说明了其不可或缺的重要性。著名的中国古代外交家班超在西域纵横30余年，保护了丝绸之路的畅通，为促进古代中国与中亚各族人民在政治、经济和文化上的联系做出了巨大贡献。公元1世纪，罗马学者白里内（22~79）在其所著《博物志》一书中写道："（中国）锦绣文绮，贩运至罗马。富豪贵族之妇女，裁成衣服，光辉夺目。由地球东端运至西端，故极其辛苦。"[1] 随着古罗马、希腊、埃及、波斯、花剌子模等地经济文化的发展，丝绸之路上重要的中转站和集散地越来越多，可供贸易的商品也越来越丰富。可见，沿线各国经济的共同发展，是丝绸之路走向繁荣的必要条件。

在唐朝时期，丝绸之路达到历史上的顶峰。唐代是中国古代社会经济空前繁荣兴盛的时代，对外开放的程度在世界各国中也无与伦比，当时以丝织和印染为代表的手工业生产相当发达，丝绸之路上往来的商旅不绝于道，其胜景为史学家由衷赞叹。不少中亚的商人、宗教人士在中国定居，撒马尔罕、布哈拉等中亚古城因为丝绸之路而富甲一方。进入明清时期，由于新航路的开辟，陆路贸易受到影响，但欧亚各国传统的商品交流一直没有断绝。到19世纪后半期，随着中国在列强的炮火中走向衰落和中亚被并入沙俄帝国，丝绸之路便难以为继。

2. 丝绸之路承载着和平与合作的历史使命

古代的丝绸之路不仅是商旅之路，而且也促进了东西方科技和文化的交流。来自中国的印染技术、铸造工艺和造纸技术先后传到中亚和欧洲，宋代以后中国的陶瓷工艺也对中亚产生了巨大影响。同样，通过丝绸之路，中亚地区的葡

---

[1] 张星烺：《中西交通史料汇编》第1册，中华书局，2003，第20页。

萄、苜蓿、石榴等植物，良马等珍禽异兽也陆续进入中国，这条道路还承担着文化传播的功能，佛教就是经中亚传入中国，同时还伴有今天让游人流连忘返的石窟艺术，自西方传入的还有浮雕等技法，著名的"昭陵六骏"即与此有关。唐代宫廷乐舞有不少来自于中亚，其中康国的"胡旋舞"和石国的"胡腾舞"风靡首都长安，唐代诗人元稹曾经有诗句："胡音胡骑与胡妆，五十年来竞纷泊"，就印证了这种文化交融的成果。

丝绸之路作为一条横贯东西的商路能够被载入史册，是因为它不仅仅是普普通通的贸易通道，而且是促进不同民族和地区友好交往、使亚欧不同国家共享千年繁荣的和平之路、合作之路。比如唐朝曾经与阿拉伯帝国在中亚发生过军事冲突，史称"怛逻斯之战"，但并没有影响双方的友好往来，不断有阿拉伯使者从陆路和海路到达中国，一直延续到 8 世纪末唐朝走向衰落才基本停止。阿拉伯商人甚至为海上丝绸之路的兴盛做出了极大的贡献，"怛逻斯之战"不过是中国和阿拉伯关系史上不愉快的一个插曲。今天我们说要实现丝绸之路的伟大复兴，同样是要把这种合作的理念与共赢的方式发扬光大。

二 新亚欧大陆桥：经济复兴的希望与现实的难题

苏联时期，经西伯利亚建设了连接太平洋和大西洋的铁路干线，被称为第一条亚欧大陆桥，但这条线路距离过长，太平洋的出发点符拉迪沃斯托克又是冬季封冻的港口，经济价值有限。20 世纪 90 年代，随着中亚国家的独立，开始积极推动"第二条亚欧大陆桥"的建设，这条"新路桥"经过中亚联通中国与欧洲，实际上意味着古代丝绸之路的复兴。

1. 新路桥对中亚国家的发展意义非凡

由于中亚国家都是内陆国，距离海洋较远，其中乌兹别克斯坦更是要经过两个国家的领土才能到达出海口，被称为"双内陆国家"。苏联时期，这里建设的基础设施都是朝向俄罗斯的，对外经济联系不畅，使中亚客观上处于半封闭的状态。独立后，中亚国家寻求与中国、南亚、西亚国家开展合作，要实现交通"多元化"，改变受制于人的不利状况，为发展对外经济合作，提高自身经济的国际竞争力创造条件。重建丝绸之路，就是在这样的背景之下提出的，成为很多中亚国家外交战略的核心内容。比如吉尔吉斯斯坦领导人 1998 年曾提出《丝绸之路外交构想》，准备积极发展同丝绸之路地区各国的友好、睦邻与伙伴关系，借此参与世界经济的一体化进程①。

这个阶段的新丝绸之路，主要指开工建设的连接中国、中亚、西亚、欧洲的公路、铁路，要把中亚再度打造成为亚欧大陆上的陆路交通枢纽。地区国家和国际社会倾注了前所未有的热情，一些金融机构也积极投入，提出各种各样的交通计划。1992年，哈萨克斯坦与中国开通国际铁路联运，随后双方又签署协议，哈方可以利用中国的东部港口连云港出口货物，新路桥现出雏形。中国还与中亚邻国修建了多条公路，开放了10余个陆路口岸。大量中国廉价商品源源不断进入中亚，对中亚国家缓解国内经济危机、保证民众的基本生活需求发挥了重要作用。1996年，土库曼斯坦还修建了从首都阿什哈巴德到伊朗的铁路，可以延伸至波斯湾。中亚国家寻求"大陆桥"上的枢纽地位，除了发展经济的客观需要以外，还有政治、安全和其他方面的考虑，与巩固本国独立、维护本国安全密切相关，同时也是为了提高本国在国际经济循环中的地位。因此，新丝绸之路的建设，对中亚国家来说意义非常重大。②

2. 新路桥遇到的地缘政治困境

由于中亚国家经济的恢复比较缓慢，基础设施陈旧，过境能力有限，20世纪90年代后期，俄罗斯发生的金融危机也影响到中亚国家，加上阿富汗内战升级带来周边安全形势恶化，中亚很难承担起跨国运输中的"桥梁"作用。更重要的是，由于过分强调本国的利益，互补性较差，中亚国家间的经济合作磕磕绊绊，区域内的交通合作首先陷入困境。在整个20世纪90年代中亚国家参与的各种地区一体化方案中，交通合作始终是重要内容，如哈萨克斯坦、吉尔吉斯斯坦、乌兹别克斯坦成立的统一经济空间③，中亚国家与土耳其、巴基斯坦、阿富汗等共同成立的中西亚经济合作组织，都签署了运输合作的协议，但没有得到真正落实。中亚国家本来在苏联时期形成了统一的交通运输体系，但在遇到资源、边界纠纷时经常以断绝铁路、公路交通相威胁，在货物过境时相互刁难，引发各种各样的"交通战"。

对西方国家来说，更关心中亚的能源开发，对基础设施缺少投资的热情，出台的交通合作战略带有防范俄罗斯的地缘政治目的，如欧洲提出的跨中亚、

---

① 刘庚岑：《丝绸之路外交》，《东欧中亚研究》1999年第2期。
② 孙壮志：《中亚新格局与地区安全》，中国社会科学出版社，2001，第56页。
③ 1998年塔吉克斯坦加入后改名为中亚经济共同体，2002年改称中亚合作组织，2005年并入俄罗斯主导的欧亚经济共同体。

高加索的"运输走廊"计划,就完全绕开俄罗斯,通向西方的油气管道同样是要"躲开"俄罗斯。而俄罗斯因为担心中亚国家会疏远自己,也对中亚国家的区域合作持反对态度,不支持中亚国家建设通往其他方向的铁路和管道,力图把中亚纳入自己主导的一体化进程。这些原因造成了新丝绸之路更多的还是停留在概念和纸面上,只是国际运输当中一个不被看好的选项之一。

3. 中国与中亚国家合作共建新丝路

虽然独立初期中亚国家对中国抱的希望很大,但中国当时还不具备对外大规模投资的能力,双方的贸易结构不平衡以及商品质量的问题被放大,影响了运输合作。进入21世纪以后,随着中国经济的快速发展,成为世界第二大经济体,亚欧大陆上许多国家都希望借中国的"东风"发展经济,准备与中国开展更加紧密的经济合作,取道中亚与中国建立更加便捷的交通联系。中亚国家本身也度过了最艰难的阶段,经济开始走上正轨,对外经济联系日益扩大,吸引的外国投资逐渐增多。一些大型的交通设施项目开始落实,中亚国家铁路、公路的改造和建设,特别是中国与中亚国家全面建立战略伙伴关系之后,为丝绸之路的全面复兴扫除了障碍。

中国是丝绸之路的起点,也曾经借丝绸之路与中亚国家建立了数千年的友好关系。今天我们说要建设现代丝绸之路,就是要为发展与中亚、西亚、欧洲国家密切的经贸关系创造条件。经过20多年的发展,中国与中亚国家、俄罗斯的经济合作关系快速发展,得益于中国的资金投入,横跨中亚的铁路、公路、油气管道、信息网络使现代丝绸之路初具规模,一些新的基础设施建设也在规划当中。为实现交通运输的便利化,各国还在海关、过境等领域开展合作,加紧政策上的协调与沟通。"亚欧大陆桥"逐步成为一个多元化的合作载体,在此基础上不仅开展了多种形式的交通合作,还不断提高经济合作的质量,能够普遍照顾到中亚国家的利益关切,也提升了这些国家参与"大陆桥"建设的积极性和主动性。

三 丝绸之路经济带:以创新理念打造新型区域合作模式

当前中国与欧亚国家的经济合作进入了一个全面提升的新阶段,对中国和俄罗斯、中亚国家来说,既意味着迎来共同发展的重大战略机遇,同时随着利益的碰撞面临的挑战和风险也增大了，迫切需要有一种新的理念，来破解双边和多边经贸合作深化过程中产生的难题。

1. 丝绸之路经济带的特征与内涵

把丝绸之路与更具现代意义的经济带联系在一起，体现了一种新型的合作观。所谓"经济带"，是在地域分工基础上形成的不同层次和各具特色的带状经济合作区域，它的形成需要依托一定的交通运输干线、地理或自然区域等并以其为发展轴，以轴上几个相对发达的城市或经济区为核心，发挥经济集聚和辐射功能，带动周围不同水平经济区的共同发展，由此形成点状密集、面状辐射、线状延伸的产业和物流联动的带状经济区域或经济走廊[①]。其特点包括：一是客观性，即作为地域分工的表现形式是客观存在的，资源禀赋、发展水平、地理条件等都是先天的，或者说是历史形成的；二是区域性，即在地缘上连成一片，占据一定的空间，具有相对合理的带状条形地域组成范围；三是多元性和多层次性，区域内不同经济单元可以处于发展的不同等级和层次，但相互之间必须有有机的联系；四是开放性，即经济带不是封闭的，而是对外开放的，可以通过物质流、信息流、劳动力流动与其他地区建立密切的经济联系；五是相对稳定与发展变化共存，即一方面经济带内不同经济体保持长期稳定的合作关系，另一方面随着产业结构或对外经济关系的变化也要进行调整，区域的外延并不是固定的。

经济带过去一般指国内区域经济发展的一种政策布局，应用到国际领域就有了更加明确的指向，并且可能成为一种新型的跨国经济合作模式。习近平主席提出要共建从太平洋到波罗的海的"丝绸之路经济带"，实际上是未来这种区域合作新模式的基础，具有重要的战略意义。如果与过去做个比较，现代丝绸之路虽然与传统的陆路贸易通道有一致的地方，但注入了更多的新内涵。首先是手段上更加先进，历史上是最原始的运输方式，20世纪有了火车和汽车，今天又增加了航空、管道、电缆等。其次是线路上更加灵活，覆盖面更广，古代的丝绸之路主要有南、北两条线路，现在则是四通八达，呈现一种网络状分布。再次是内容上更加丰富，习近平主席在演讲中提出了政策、道路、贸易、货币、民心"五通"，涵盖了交通、经贸、金融、政治、人文等多个领域，推进地区贸

---

① http://baike.baidu.com/link?url=pq47ze2VJI5lPNGi7yx9ssdmob65E7CKY05cg_vhrjv7eoeaJL4fy3DtSTd3ryh_OoCa97tROHOLOfrvrgzj_.

易、投资的便利化，各国政策上的开放与互惠，都成为丝绸之路经济带建设的应有之义。

2. 建设丝绸之路经济带的内在条件

在今天的国际经济环境中讲"丝绸之路"的复兴，已经有了更高的层次，也需要得到更加强有力的支撑。一是双边经贸关系的迅速发展，如经过20多年的发展，中国已经成为中亚国家最大的贸易和投资伙伴之一；二是上海合作组织、欧亚经济共同体等多边机制的建立与推动，上合组织框架内中方的贷款很多用于改善中亚国家的基础设施；三是国际经济环境的复杂变化，使各国意识到只有加强区域合作才能有效抵御风险，扩大了对经济合作的客观要求。现代丝绸之路上的多边合作，既包括交通、能源、金融等重点领域的合作，也有农业、中小企业以及市场中介服务方面的合作，还包括科技、环保、旅游、卫生、教育、救灾等领域的交流。可以吸纳区域外的国家、国际组织和国际金融机构的广泛参与。

目前中亚的一体化陷入困境，国家间关系受到多种不利因素的干扰，各国的经济发展水平差距越来越大，许多区域性的问题无法通过跨国合作来妥善解决。建设经济带，是各国容易接受的合作方式，非常灵活，充分尊重中亚国家的经济主权和自主选择对外经济合作伙伴的权利，也不会通过建立新的机制与其他经济合作组织竞争，实际上是现有各种经贸合作关系的整合和提升，能够促进地区各国、地区各种跨国机制的合作。

3. 经济带是一种创新的合作模式

经济带是一种"创新的合作模式"，指的是跳出了传统的区域经济模式，不是通过建立排他性的关税同盟或者超国家的管理机构来实现合作，而是在各国认同同一理念和规则的前提下，以平等、互利、共赢的方式扩大经济交流，减少不利因素的干扰，共同应对国际市场的变化。同时，这种合作模式还应该包括政治上的彼此互信、人文上的相互亲近、安全上的和平共处，有助于建立长期友好、非常稳定的国家关系，出现争端也可以通过政治和外交方式化解矛盾。

作为一种新型的区域合作模式，首先它应该是互惠的利益共同体，不断扩大各国的经济贸易联系，特别是地处内陆的中亚国家，可以将地缘上的劣势转变为区位上的优势，在欧亚经济合作中扮演重要角色。其次它应该是共赢的发展共同体，各国都可以从合作中受益，以基础设施建设为优先方向，加强融资合作，创造更多就业机会，真正造福于各国人民。再次它应该是开放的合作共同体，涵盖的地理范围非常广阔，区域外的国家也可以参与进来。

四 便利化建设：以互联互通促进各国的互惠互利

在世界经济整体上没有摆脱低迷的背景之下，中国提出了"丝绸之路经济带"这样一个具有前瞻性的战略构想，在路径的选择上更加清晰，也就是说由于传统的区域经济一体化方式，在中亚或者更加广阔的欧亚地区缺乏必要的基础，要先通过贸易、投资、运输便利化促进各国经济的共同发展，增强彼此的依存度来逐步建立一种互惠的地缘经济体。

1. 与上合组织多边经济合作可以相互促进

中国和中亚国家共同创建的上海合作组织，自太平洋延伸至欧亚大陆的腹地，成员国经济互补性强，已经签署了《多边经贸合作纲要》等文件，启动了经贸部长、交通部长、农业部长、央行行长等会议机制，确定了经济合作的重点领域和重点项目，正在积极推动签署国际交通运输便利化的协议。尽管上海合作组织在经济合作上遇到一些难题，但其巨大的潜力将为经济带的建设带来持续的动力。上海合作组织的成员国和观察员国多数是古代丝绸之路的沿线国家，政策沟通和人文交流比较顺畅，特别是经济增长的势头比较强劲，将使丝绸之路经济带的形成具备坚实的基础。

上海合作组织框架内多边经济合作能否取得成功，要看成员国能否形成一个统一的地缘经济结构。这种地缘经济体的形成，需要一些内生的或客观的条件：第一是特定地理环境下的毗邻关系；第二是经济水平和市场发育的相似性；第三是产业和贸易结构的互补性；第四是边境地区的相互开放；第五是有形成交通网络的基础条件。另外，还要具备一些外在的或主观的条件：第一是国家总体发展战略特别是经济和安全战略的相容性；第二是面临的外部经济挑战是相同的或相似的；第三是关税、投资、运输等政策的互惠性；第四是民众彼此之间认知和亲近的程度；第五是企业开展合作无人为的障碍；第六是国内不同利益集团对区域合作的态度。丝绸之路经济带的建设，可以在某种程度上加速上述条件的形成，有助于上海合作组织在经济领域取得更多的实际成果。[①]

2. 经济带建设将是一个长期复杂的过程

和历史上的丝绸之路一样，今天的丝绸之路经济带推进过程中也会遇到许

---

① 孙壮志、张宁：《上海合作组织的经济合作：成就与前景》，《国际观察》2011年第3期。

多挫折,不可能高歌猛进,一帆风顺。经济带需要通畅的交通、贸易联系;需要产业上建立某种承续关系,形成上下游、供应链等合理的国际分工协作。在不谋求建立超国家的协调机构的前提下,各国差异明显的经济结构决定了不可能始终从"带状合作"中受益,这就会产生利益上的疏离,如果再考虑更加复杂的政治和安全因素,不确定性又会大大增加。以中亚地区为例,这里的地缘政治博弈经常会影响各个"玩家"的战略判断,俄罗斯、美国、中国、欧盟、印度、日本等都希望与中亚国家建立某种多边框架,相互之间出现矛盾、竞争是一种常态。丝绸之路经济带虽然体现了多数国家的合作愿景,但短期内也很难获得巨大的成功。

中国提出这样一个倡议,得到中亚国家官方的广泛认可,但在俄罗斯也出现了一些"质疑"的声音。有学者提出丝绸之路经济带不可能成功,原因在于地理条件复杂、存在严重的政治障碍等,认为要经过多个国家,彼此的政策很难协调。他们觉得丝绸之路经济带是一个新的一体化方案,具有帮助中国确立优势的地缘政治目的[①]。这说明在俄罗斯也包括中亚国家还存在一些理解上的偏差,经济带真正得到各方的充分支持并不容易。

3. 可供选择的优先领域和重点方向

共建经济带,要先在交通、能源、金融等重点领域取得突破,形成一种示范效应。交通领域:可以通过实施一些跨境运输合作项目,充分发挥现有的过境潜力;提高现有陆路口岸的工作效率,推动口岸设施的建设;消除现有公路运输网互联互通方面的障碍;发挥跨境铁路联运的优势,同时推动新的铁路项目建设,把中亚的铁路与外部更多联系起来,对中亚国家的经济发展有利。能源领域:在建设石油天然气管道项目的同时,加强对跨国管道的维护和安全保障;建立能源合资企业,不仅联合勘探、开采油气资源,而且在油气资源的加工、运输以及新能源技术方面开展合作;未来甚至可以建立能源共同体,在能源的生产、市场、运输等方面形成集约化,使各方充分受益。金融领域:通过建立多边金融机构和融资平台,解决项目的融资问题;帮助各国规避国际上的金融风险,共同应对国际资本流动带来的难题;为相互投资提供优惠条件,有

---

① 俄罗斯信息分析中心网站 10 月 22 日文章《中国能够改变中亚吗?》,Информационно-аналитический центр-Экспертная оценка-По силам ли Китаю переустроить Центральную Азию? http://www.ia-centr.ru/expert/16795/。

效保护投资者的利益。

经济带的建设要依靠地区内各个双边和多边经济合作取得更多成效，不是重建一种区域经济安排，而是要促使现有的合作更加顺畅。对中国与中亚国家的双边经济关系，对上海合作组织的经济合作，对中亚国家恢复传统的经济联系，对区内各种国际经济组织的合作，都有直接的促进作用，比如现有的上海合作组织、欧亚经济共同体、中西亚经济合作组织，可以寻找合适的方式，落实共同感兴趣的重大项目。首先是便利化建设，可以消除区域内的贸易、投资、过境运输的壁垒；其次是加大政策协调，可以提升各国彼此的认同程度，尝试建立共同的合作规则，加强区域内各国政策与制度上的沟通和衔接；再次是提高竞争能力，通过国际合作，改善投资环境，减少和降低生产成本，提高各国出口能力，真正实现优势互补。

结　语

经济带目前来说是一种新的理念，新的平台。理念上要推动实现共同繁荣，倡导新型国际合作模式，也就是我们倡导的新型合作观，是新合作观的一种实践方式；建立平台而不是建立机制，就是要提供合作的机会，而不是要约束、限制各国的对外经济联系。途径可以通过基础设施的互联互通，签署多边的投资保护协定，开展贸易谈判提供互惠的条件，建立良好的融资平台、落实一些重大的经济合作项目，等等。

这条经济带不同于传统的区域经济合作模式，是一种复合的、共赢的、开放的合作与交流方式，促进各国充分发挥地缘上的优势，开辟一条不同发展水平、不同文化传统、不同资源禀赋、不同社会制度国家间开展平等合作，共享发展成果的有效途径。

在全球经济整体低迷、贸易保护主义再度抬头的背景之下，建设丝绸之路经济带将提供一种全新的合作理念与模式，改变世界经济格局，保证区域内各国的经济安全，以经济合作带动政治、文化交流，同时又以稳定的国家关系促进经济的共同繁荣与进步。

原载《中国投资》2014年第11期

丝绸之路经济带、欧亚经济联盟与中俄合作

李建民*

2013年9月,中国国家主席习近平在哈萨克斯坦纳扎尔巴耶夫大学发表演讲,首次提出共同建设丝绸之路经济带的战略倡议。中共十八届三中全会通过的《中共中央关于全面深化改革若干重大问题》进一步明确提出,要"加快沿边开放步伐,加快同周边国家和区域基础设施互联互通建设,推进丝绸之路经济带、海上丝绸之路建设,形成全方位开放新格局"。2014年2月6日,习近平主席出席索契冬奥会开幕式,俄方首次公开回应,表示积极响应中方建设丝绸之路经济带和海上丝绸之路的倡议,愿将俄方跨欧亚铁路与"一带一路"对接,创造出更大效益。① 2014年5月20~21日,普京总统对中国进行国事访问并出席亚信上海峰会,期间两国元首签署了《中华人民共和国与俄罗斯联邦关于全面战略协作伙伴关系新阶段的联合声明》,提出双方将寻找丝绸之路经济带项目与即将建立的欧亚经济联盟之间可行的契合点。②

面向未来,丝绸之路经济带是一个需要通过沿线各国、各地区人民长期共同努力才能够逐步加以实施的构想,而不是一个短期内就能够轻易获得成功的选项。对于中俄两国而言,需要审时度势,通过这样一个广大空间的共同建设

---

* 李建民,中国社会科学院俄罗斯东欧中亚研究所研究员,中国社会科学院俄罗斯研究中心副主任。
① 《习近平会见俄罗斯总统普京》,http://www.qh.xihua.net.com/2014-02/07/c_119221410.htm。
② 《中华人民共和国与俄罗斯联邦关于全面战略协作伙伴关系新阶段的联合声明》,http://news.xinhua.net.com/world/2014-05/20/c_1110779577_3.htm。

和默契合作,来深化两国人民之间的相互认知,提升和巩固两国合作的水平。同时中俄两国也非常有可能通过在这样一个广大地区的开发和建设,来提升自己在全球事务中的地位。

一 建设丝绸之路经济带的初衷、范围及路径

(一)初衷

丝绸之路始发于汉代,唐代达到鼎盛,此后千年渐趋沉寂,至今已有2000多年的历史。丝绸之路是连接欧洲文明、东亚文明和伊斯兰文明的交融点,架起了东西方文化与经济交流的桥梁。在几千年人类文明史上,欧亚大陆充满了血与火的经历,但只有古丝绸之路是合作之路、友好之路。古丝绸之路的价值和理念在于相互学习,相互借鉴。

中国提出丝绸之路经济带倡议是国家全方位深化对外开放格局的战略举措,充分兼顾了国际、国内两方面的战略需求,也将服务于国内国际两个大局。从国内视角看,首先是基于中国自身发展的需要。在过去的30多年,中国对外开放总体呈现东快西慢、海强陆弱格局。由于自然、历史和社会等原因,西部开发十数年来成果并不尽善,东西部发展差距过大依然是困扰中国现代化全局的最大短板之一。2008年国际金融危机的爆发使中国经济发展的外部环境发生巨大变化:人民币升值导致以劳动力密集型产品出口为主要特征的中国发展模式面临前所未有的挑战;发达国家市场,尤其是欧洲市场的萎缩以及美国重返亚太战略引起的连锁反应给中国带来了国际政治经济方面前所未有的压力。在新形势下,要改变以往过于依赖美、日、韩及东盟市场的被动局面,中国急需完善沿海开放与向西开放、沿边开放与向西开放相适应、"引进来"与"走出去"相结合的对外开放新格局,促进东西部经济社会的平衡发展。随着丝绸之路经济带建设的推进,将会有大量的资源从东部转移到中西部,在丝绸之路上将培育出新的经济增长极,引进产业、聚集人口,从而加快中西部的跨越式发展。

构建丝绸之路经济带并不是单纯的国内政策,也是为了促进中国与亚欧大陆各国开放合作的总体战略布局。从国际视角看,丝绸之路经济带被认为

是世界上最长、最具有发展潜力的经济大走廊。丝绸之路两端是当今国际经济最活跃的两个主引擎：欧洲联盟与环太平洋经济带。丝绸之路沿线大部分国家处在两个引擎之间的"塌陷地带"，经济发展水平与两端的经济圈落差巨大，交通基础设施供给严重不足。然而此地有横跨亚欧和与中国接壤的地理优势，有丰富的矿产资源、能源资源、土地资源和人力资源。发展经济与追求美好生活是该地区国家与民众的普遍诉求。丝绸之路经济带的推进将在空间上形成串联中外的轴线，成为促进中国与周边国家和地区互惠互利、交流合作的纽带。

简而言之，中国之所以提出建设丝绸之路经济带，首先是希望发掘古丝绸之路特有的价值和理念，并为其注入新的时代内涵。在全球化的今天，把古丝绸之路的价值理念发扬光大，实现地区各国的共同发展、共同繁荣是中国提出丝绸之路经济带倡议的初衷。

（二）范围

丝绸之路经济带是在古代丝绸之路概念基础上形成的当代跨区域经贸合作的宏大构想。建设丝绸之路经济带首先需要对范围进行界定，在空间布局上还应该有轻重之分，否则将很难推进落实，更重要的是，丝绸之路经济带的概念、内涵和理论需要进一步构建，还要与相关国家协调对表，形成共识。

古丝绸之路在历史上是自然形成的，在海上贸易兴起之前，古丝绸之路一度是连接欧亚大陆的重要通道，是国际贸易的最主要的渠道之一。由于起点和节点不同，古丝路包括绿洲、草原、高原三个分支。今天的丝绸之路经济带则不同，它是在古丝绸之路基础上主要经由人为安排而通过现代公路、铁路和航空网络等连接起来的一片区域，在范围上大得多。从地理上看，丝绸之路经济带东起中国，通过北、中、南三线穿过中亚、西亚、南亚等地区后，途经里海、黑海、地中海沿岸和阿拉伯半岛，西至欧洲和北非，绵延7000公里，横跨整个欧亚大陆。从内涵上看，古丝绸之路主要是商旅文化之路，呈线状发展，而丝绸之路经济带并不局限于单一线路的延伸，它是由横跨欧亚大陆的铁路、公路、航空、海上运输、油气管道、输电线路和通信网组成的综合性立体网络，并在互联互通的基础上，通过产业转移实现产业集聚、结构优化升级和创造就业，促进沿线各国经济互通互融，形成新的经济发展带。从发展前景看，丝绸之路经济带倡议的提出对于加强欧亚各国的经贸联系、推进区域经济一体化具有非常重要的意义。丝绸之路经济带涵盖 30 多个国家，覆盖人口约 30 亿，无论从经济总量、人口总量还是资源储量等方面考察，丝绸之路经济带在世界版图中均占重要地位，市场潜力巨大，未来丝绸之路经济带可能会辐射到更广的地区，发展前景值得期待。目前，丝绸之路经济带还处于设计、建设和发展当中，应该从动态的角度来界定其范围。

(三) 丝绸之路计划的国际比较

丝绸之路最早由德国地理学家李希霍芬（F. von Richthofen）于 1877 年命名。丝绸之路蕴涵的巨大精神价值和发展潜力引起了域内域外国家的兴趣，从 20 世纪 90 年代开始，以"丝绸之路"冠名的各种规划构想不断提出。其中影响较大的有联合国的"丝绸之路复兴计划"、美国的"新丝绸之路计划"、日本的"丝绸之路外交"、俄罗斯的"新丝绸之路"等。

1. 联合国的"丝绸之路复兴计划"

联合国是最早提出并推动实施复兴丝绸之路计划的国际组织。1994 年，联合国大会通过了一份由欧盟提出的文件，名为"没有出海口的中亚新独立的发展中国家及其邻国的过境运输体系：现状和未来行动方案"，该文件旨在帮助中亚和南高加索新独立国家获得除过境俄罗斯领土之外的更多的出海口，以便其更快地融入国际社会。这份文件就是欧洲—高加索—亚洲交通走廊（Transport Cor2ridor Europe-Caucasus2Asia，简称 TRACECA）项目的最初蓝本。① 2008 年，联合国开发计划署发起"丝绸之路复兴计划"。该计划由 230 个项目组成，执行期限为 2008～2014 年，投资总额 430 亿美元，目的是改善古丝绸之路等欧亚大陆通道的公路、铁路、港口、通关等软硬件条件，使 2000 年前的丝绸之路重现辉煌。俄罗斯、伊朗、土耳其、中国在内的 19 国参加，拟建立 6 条运输走廊。包括中国至欧洲、俄罗斯至南亚，以及中东地区铁路和公路的建设体系等。

---

① TRACECA 项目的主要内容包括：改造和修建中国—哈萨克斯坦—吉尔吉斯斯坦—乌兹别克斯坦—土库曼斯坦—阿塞拜疆—格鲁吉亚—黑海—欧洲的铁路和公路；改造里海的阿克套、巴库、土库曼巴什和黑海的波季、巴统等港口；修建支线道路基础设施；培训高水平的国际运输业人才；制定统一的关税和税率规则，促使项目参与国加入有关国际公约和协定。该项目主要由欧盟资助实施，其余赞助商包括欧洲复兴开发银行、世界银行、亚洲开发银行和伊斯兰开发银行等。

2. 日本的"丝绸之路外交"

日本本不属于丝路沿线，但从自身能源需要出发，在1997年由时任日本首相桥本龙太郎提出了以"丝绸之路外交"冠名的中亚外交战略。2004年日本重提"丝绸之路外交"战略，将中亚五国及外高加索三国定为"丝绸之路地区"，并把该地区摆在日本新外交战略的重要地位。根据"丝绸之路外交"的构想，日本将从地缘政治考虑着眼，谋求在中亚和外高加索这个世界战略要地站住脚跟；同时从经济利益考虑出发，抢占这一储量不亚于中东的能源宝库，通过加强政治影响和经济渗透来争取该地区能源开发及贸易的主导权。

3. 美国的"新丝绸之路计划"

2011年，美国提出了"新丝绸之路计划"。设想以阿富汗为中心，在美国等国军队从阿富汗撤出后，由美国主导阿富汗战后重建工作，希望阿富汗邻国投资、出力来维护美国在欧亚大陆腹地发展过程中的主导地位。实际是以美国为推手，以阿富汗为中心，连接中亚、南亚，建立一个区域性地缘政治、经济结构，最重要的是在这些国家里，要有美国的军事基地，用来围堵遏制中、俄和伊朗。

4. 俄罗斯的"新丝绸之路"

针对美国将俄排除在外的"新丝绸之路计划"，俄罗斯曾多次将正在建设中的、由中国经过中亚和俄罗斯直抵德国杜伊斯堡，并连通欧洲铁路网和港口的"中欧运输走廊"称为"新丝绸之路"，表示俄罗斯将在"新丝绸之路"上发挥决定性作用。与此同时，俄大力推动欧亚经济一体化进程，打造内部互联互通网络。

5. 伊朗的"钢铁丝绸之路"

伊朗在历史上曾经长期统治中亚地区，至今仍在中亚国家的文化、宗教等领域拥有一定的影响，苏联解体后伊朗积极建设本国的交通运输网络，谋求成为中亚国家与世界市场之间的交通纽带。2011年，伊朗称开始启动将伊朗铁路线通过阿富汗、塔吉克斯坦和吉尔吉斯斯坦三国同中国铁路线连通的计划。这条铁路线被外界称为"钢铁丝绸之路"或"丝绸铁路"。

6. 哈萨克斯坦的"新丝绸之路"项目

2012年，哈萨克斯坦总统纳扎尔巴耶夫在外国投资者理事会第25次全体会议上宣布开始实施"新丝绸之路"项目。提出哈萨克斯坦应恢复自己的历史地位，成为中亚地区最大的过境中心，成为欧洲和亚洲间独特的桥梁，在哈萨克斯坦主要的运输走廊上建立起统一的具有世界水平的贸易物流、金融商务、工艺创新和旅游中心。

可以看到,这些计划的突出特点是,制定者本着自身利益最大化的思路构架蓝图,在很大程度上是强调自己的"连"和"通",而对其他竞争者,却在某种程度上希望"隔"和"断",目的是一方面实现自身利益最大化,另一方面让竞争者边缘化。由于多种原因,这些计划或已停滞,或困难重重。对于丝绸之路经济带而言,从上述计划中得出的最重要借鉴是,有关各方应努力协调,找到彼此间利益共同点,只有兼顾地区各国的现实和长远利益,立足于共同发展,才能真正实现丝绸之路的全面复兴。

(四)丝绸之路经济带需要创新区域合作模式

目前丝绸之路经济带沿线各国政治制度不同,发展水平差距很大,开展合作顾虑很多,落实多边项目受到资金的制约,需要探索一种各方都能受益的合作方式。与欧盟的"竞争导向的一体化"安排不同,丝绸之路经济带应更注重依靠区域主体自身的文明特点、发展特征、资源禀赋与制度的优势来形成发展的合力,实践一种"合作导向的一体化",而不仅仅是通过一套无差异或标准化的市场准入、税制、劳动力与货币规则来挖掘各自的竞争力。丝绸之路经济带提倡不同发展水平、不同文化传统、不同资源禀赋、不同社会制度国家间开展平等合作,共享发展成果,关键是要创新合作模式,通过合作与交流,把地缘优势转化为务实合作的成果。丝绸之路经济带应具有充足的制度包容性,表现在倡议提出者希望用丝绸之路的理念和精神把该地区正在进行的各种各样的合作整合起来,使它们相互连接,相互促进,加快各自发展。中国作为"负责任大国",应当为区域经济一体化做出更多的贡献,成为区域经济一体化的"领头羊",在扩大本国经济发展空间的同时,实现与地区国家经济发展的战略协调,进而打造一个幅员辽阔的亚欧经济合作带。

中国明确表示在经济带中不谋求大国地位,其他国家也不应谋求。丝绸之路经济带各国都是平等的参与者,是平等互利、合作共赢的"利益共同体"和"命运共同体"。在建设丝绸之路经济带过程中,中国提倡新的义利观,多予少取,中国要像中心城市发挥溢出效应一样,让周边地区得益,使各国实现互利共赢。这与霸权国家所力推的以控制他国经济命脉、改变他国政治制度为深层目的的"新丝绸之路计划"有着本质的不同。中国必须向周边国家以及其他国家充分阐释这一观点，争取周边国家的更多信任和支持，避免"新殖民论"或者"势力范围论"的反弹。同时，丝绸之路经济带是开放型合作带，欢迎区域外国家参与，也不排除与美欧大国在丝绸之路经济带框架内开展合作的可能性。

（五）中亚是丝绸之路经济带的重点区域

建设丝绸之路经济带的重点障碍和关键环节在国外，按照由近及远、由易到难的思路，中亚地区是现阶段中国在推进丝绸之路经济带建设中力所能及的切入点和突破口。100多年前，英国地缘政治专家麦金德曾预言，包括中亚在内的欧亚大陆的腹地是全球战略竞争的决胜点。作为连接欧亚大陆和中东的枢纽，中亚是大国势力东进西出、南下北上的必经之地，大国地缘政治利益在这里高度交汇，地缘战略重要性突出。欧亚大陆桥开通后，中亚还发挥着联通东亚和西欧，沟通外高加索地区和南亚，衔接西亚和非洲大陆的"交通走廊"的作用。中亚五国总人口不到7000万，但其面积却相当于欧盟28国的82%，该地区还蕴藏着丰富的油气和矿产资源。独特的地理位置和丰富的资源使其成为大国力量和各种政治势力争夺的地区。无论从地缘和安全，还是资源和文化角度考察，中亚地区对中国都有极其重要的战略意义。目前中亚地区已成为中国的核心利益区，是我国西北边疆的安全屏障和经贸、能源战略合作伙伴。当前，国际和地区形势深刻复杂变化，该地区国家既具备利用经济互补优势实现共同发展的机遇，也面临着外部势力渗透干涉以及"三股势力"（恐怖主义、分裂主义和极端主义）等共同挑战，唯有加强合作，才能营造和平、稳定、安全的环境。进入21世纪后，中国与该地区的合作实现了跨越式发展。目前，中国与中亚国家3300多千米的边界已全部划定，中国和中亚国家之间不存在任何难以解决的政治问题。2013年，中国与中亚国家关系全面提升至战略协作伙伴关系，经贸合作规模增长上百倍。中国已成为哈萨克斯坦、土库曼斯坦的最大贸易伙伴，乌兹别克斯坦、吉尔吉斯斯坦的第二大贸易伙伴，塔吉克斯坦的第三大贸易伙伴。能源是中国与中亚合作的重点领域。截至2014年5月，中亚国家已累计向中国供气800亿立方米，日均输气量达8516万立方米。尽管丝绸之路经济带范围广阔，包括众多国家和地区，但由于中亚是中国向西开放的第一站，对于建设丝绸之路经济带具有基础性和示范效应，理应成为丝绸之路经济带的重要板块和核心地带。

(六) 丝绸之路经济带的推动手段

丝绸之路经济带属于跨国经济带，其规模超出了一般意义上的经济带，远景目标是构建区域合作新模式。丝绸之路经济带与传统的区域合作模式的区别在于，传统的区域合作是通过建立互惠的贸易和投资安排，确立统一的关税政策，然后建立超国家的机构来实现深入的合作。而丝绸之路经济带不是"紧密型一体化合作组织"，不会打破现有的区域制度安排。其实现途径是以战略协调、政策沟通为主的高度灵活、富有弹性的方式，所依靠的是政策沟通、道路连同、贸易畅通、货币联通、民心相同五大支柱。

政策沟通指的是无论是国内西部地区各省之间，还是丝绸之路沿线国家和地区之间，都需要重视和加强政策协调，就经济发展战略和对策进行充分交流，协商制定推进区域合作的规划和措施，形成合力。道路联通意味着需要更加注重丝绸之路经济带沿线各国与国家之间基础设施的建设，以互联互通为先导，逐步形成连接东亚、西亚、南亚的交通运输网络。这是促进和帮助区域内国家实现经济快速发展的有效途径，也是未来实现大区域合作的前提和基础。贸易畅通是国家之间深化经济联系的重要方式，经济一体化的标志是贸易联系的紧密化、扩大化和便利化。贸易畅通需要增进中国与丝绸之路经济带沿线各国的贸易往来，各国就贸易和投资便利化问题进行探讨并做出适当安排，在互通有无、取长补短中不断扩大贸易规模和优化贸易结构，在减少贸易摩擦和降低贸易壁垒中实现互利双赢。货币流通是对外贸易之外经济联系深化的又一具体表现。建设丝绸之路经济带将为中国与沿线各国的投资往来提供广阔空间。各国要加强金融领域的合作，促进各国在经常项目下和资本项目下实现本币兑换和结算，降低流通成本，增强抵御金融风险能力。民心相同是开展区域合作的民意基础和社会基础。与相关国家共建丝绸之路经济带更需要从软环境入手增进交流互信，重要的是人员的交流、文化的交融、价值观的理解和渗透，推动丝绸之路经济带沿线不同地区、不同民族在对话沟通中加强对政治制度、宗教信仰、风俗习惯等方面的广泛认同与包容。

丝绸之路经济带建设必须贯彻务实灵活的合作方针，多种合作形式并举，"以点带面、从线到片"，积极稳妥、循序渐进。不能急于求成，合作深入是一个水到渠成的过程。在丝绸之路经济带建设中还要处理好政府和市场的关系。在顶层设计、战略动员推动阶段，政府应发挥重要作用，但在资源配置中市场应起决定性作用，这在西部开发中尤为重要。

二 欧亚经济联盟：发展进程、性质、制度安排及影响

（一）发展进程

苏联解体后第一个10年，俄罗斯虽在力推独联体一体化进程，但因最初的"甩包袱"政策和自身经济实力的大幅下降，一体化缺少明确目标和动力，并未取得实质性进展，1994年独联体12国通过的初级一体化文件——独联体自贸区协定早已名存实亡。世纪之交，在外部大国渗透加强、独联体离心倾向加剧的背景下，俄罗斯认识到，后苏联空间的深度一体化是其重振大国地位的重要依托，开始调整对独联体政策，明确提出独联体是其对外政策和地区发展的优先方向，重启一体化进程。

2000年，俄罗斯、白俄罗斯、哈萨克斯坦、吉尔吉斯斯坦和塔吉克斯坦在1995年关税同盟基础上成立了欧亚经济共同体，其目标是在成员国间建立海关联盟和形成共同经济空间，加深经济和人文一体化。2006年，乌兹别克斯坦加入欧亚经济共同体，2008年退出。除5个成员国外，欧亚经济共同体还包括乌克兰、亚美尼亚和摩尔多瓦三个观察员国。

由于国家的发展水平不同，经济一体化收效甚微，2007年，俄罗斯决定在独联体框架内推进多速度、多水平一体化。2007年10月，在欧亚经济共同体框架下成立了俄白哈关税同盟，并建立了关税同盟委员会，作为唯一的常设监督机构。2009年11月，俄白哈三国元首签署了包括《关税同盟海关法典》在内的9个基础性文件。2010年1月1日，关税同盟正式运行，三国建立了共同的对外关税，其中包括通过针对第三国的共同贸易政策、取消同盟内的关税和非关税壁垒、进而实现同盟内商品的自由流动。

关税同盟运行1年后，2011年1月1日，开始在关税同盟区内形成统一经济空间。统一经济空间以欧盟的《申根协定》为蓝本，在诸多领域实行协调的政策和行动，其与关税同盟的主要区别在于，除货物自由流动外，成员国还将实现资本、劳动力、技术和服务等的自由流动。统一经济空间不只是贸易一体化，而且要实现生产一体化，还将构建包括交通和通信等统一的基础设施，协调宏观经济政策等。

2014年5月29日，俄白哈三国元首在哈萨克斯坦首都阿斯塔纳签署了欧亚经济联盟条约，条约将于2015年1月1日正式生效。根据条约界定，欧亚经济联盟是区域一体化国际组织，拥有国际法主体地位。欧亚经济联盟与独联体并不矛盾，而是相互补充。欧亚经济联盟是开放的，欢迎其他伙伴参与，优先欢迎独联体内的国家参加。俄白哈三国承诺将在2025年前实现商品、服务、资本和劳动力的自由流动，力争协同在能源、加工业、农业和交通运输业为代表的主要经济行业的政策，终极目标是建立类似于欧盟的经济联盟，形成一个覆盖2000万平方千米、拥有1.7亿人口、国内生产总值（GDP）总量近3万亿美元的统一大市场。目前，正在酝酿加入欧亚经济联盟的原苏联加盟共和国有亚美尼亚、吉尔吉斯斯坦、塔吉克斯坦等。在原苏联地区之外，印度、越南、土耳其也表示对加入关税同盟有兴趣。此外，关税同盟还积极与域外组织和国家（越南、新西兰、以色列、叙利亚、马其顿、欧洲自由贸易协会中未加入欧盟的四国——冰岛、列支敦士登、挪威和瑞典等）进行自贸区协定谈判。

（二）性质

欧亚经济联盟的成立将是普京主政俄罗斯后在后苏联空间推进一体化的主要成果，是俄罗斯希望通过发展区域合作，发掘前苏联加盟共和国共同经济基础的潜能，提升相互间的贸易和投资水平，并努力实现经济多样化发展长期目标的一项战略安排。可以看到，从2010年俄白哈关税同盟正式运行，到2014年5月签署欧亚经济联盟条约，欧亚经济一体化在短短4年半时间内完成了从关税同盟、统一经济空间、欧亚经济联盟、欧亚联盟四步走战略的前三步。俄罗斯主导的欧亚一体化特别是欧亚联盟从一开始就受到西方诟病，通常的指责是，它表明俄罗斯试图以新的形式重建帝国权力，只不过伪装成欧盟式的超国家主义（supranationalism）而已。[①] 欧亚联盟的战略意图是与美国、欧盟和亚洲分庭抗礼，展开"新冷战"。欧亚联盟植根于深刻的意识形态体系，本质上是与西方相对抗的。[②] 即使在中国学者眼中，欧亚联盟的目的不仅是促进区域经济一体化，从长远来看，更具有建立政治和安全战略联盟的意义。[③] 俄罗斯学者也明确

---

① 〔英〕理查德·萨克瓦：《欧亚一体化的挑战》，《俄罗斯研究》2014年第2期。
② 〔英〕理查德·萨克瓦：《欧亚一体化的挑战》，《俄罗斯研究》2014年第2期。
③ 〔英〕欧阳向英：《欧亚联盟——后苏联空间俄罗斯发展前景》，《俄罗斯中亚东欧研究》第4期。

指出，欧亚不是纯粹的地理概念，而是地缘政治概念。即使不是反西方的，也是独立于西方的。①

从现实看，欧亚联盟的概念和内容还存在一定的模糊空间，俄、白、哈三个欧亚联盟创始国对欧亚联盟的理解也不尽相同。俄罗斯强调应将政治与经济联合起来考虑。哈萨克斯坦多次强调联盟的经济属性，坚决反对将该联盟政治化。白俄罗斯也从最初谋求欧亚联盟在政治、经济、军事上一致转向维护自身在其中的利益。为打消外界对于俄罗斯将重回苏联时代的担忧，2011年10月3日，普京在俄《消息报》发表署名文章强调，成立欧亚联盟"不是要以某种形式重建苏联，企图恢复或者复制过去的任何东西都是幼稚的、不成熟的"。新联盟将建立在完全不同的价值观和政治经济原则之上，"我们提出的是强大的超国家联盟模式，它能够成为当今世界的一极，并在欧洲和亚太地区之间发挥有效的'纽带'作用"。它将是一个类似欧盟的超国家实体，其作用主要是"协调成员国的经济和货币政策"。普京还认为，欧亚联盟可与欧洲联盟、北美自由贸易区、中国、APEC、东盟等鼎足而立。② 这些表态表明，短期内欧亚经济联盟不会转变为政治同盟。从欧亚经济联盟条约起草过程看，在经历多轮博弈，再加上哈萨克斯坦的坚定立场，该条约已去除了共同国籍、对外政策、议会合作、签证、共同边境安全、出口管制等内容。哈萨克斯坦外交部副部长奥尔达巴耶夫称，欧亚联盟将"去政治化"，成为"纯粹"的经济联盟。考虑到前不久欧盟已与摩尔多瓦、乌克兰、格鲁吉亚签署联系国协定，普京所谓恢复苏联的计划更难以实现。基于此，还原欧亚经济联盟最初的设计和议事安排，了解欧亚经济一体化演进、制度设计安排、影响，将有助于找到其与丝绸之路经济带项目合作的契合点。

（三）制度安排

区域经济一体化包含功能性一体化和制度性一体化两层含义。欧亚经济联盟是紧密的制度性一体化，其内容是成员国之间通过签订条约或协议，逐步统一经济政策和措施，甚至建立超国家的统一组织机构，并由该机构制定和实施

---

① Винокуров Е.，Либман А.："Евразийская континентальная интеграция"，Международный научно-аналитический журнал，Санкт-Петпрбург，2013 – 13.

② Владимир Путин："Новый интеграционный проект для Евразии-будущее，которое рождается сегодня"，《Известия》，03.10.2011.

统一的经济政策和措施。从世界区域一体化的实践来看，制度性一体化具有更重要的现实意义。

从俄白哈关税同盟看，从 2006 年 8 月决定成立到 2010 年 1 月 1 日正式运行，历经 3 年。期间，2007 年正式批准了成立关税同盟的行动计划，2009 年成立关税同盟委员会，制定批准了统一的海关法典，同时还对关税同盟组织机构和争端解决机制做了安排，规定"关税同盟委员会"是同盟唯一常设协调机构，拥有处理有关同盟运作一切事务的权力。如制定外贸商品目录，进出口税率，税率优惠和配额政策，研究和实施非关税调节措施等。"关税同盟委员会"做出的决定具有超主权性质，委员会决议效力大于成员国国内法律。如有异议，可提交同盟最高机构——跨国委员会解决。对包括汽车、服装、药品等在内的"敏感商品"进口税率进行调整时，采用 2/3 多数投票原则。三国所占表决权重为：俄罗斯 56%，白俄罗斯、哈萨克斯坦各 22%，俄占主导地位。此外，关税同盟内对进口关税、增值税、消费税征缴机制，三税收入的利益分配机制，对成员国内部和第三国的征缴机制均有明确规定。

作为比关税同盟更高一级的经济一体化形式，统一经济空间的制度安排更为严密，其组织机构由欧亚最高经济理事会、欧亚经济共同体法院、欧亚经济委员会组成。欧亚经济委员会是超国家机构，其框架内包括委员会理事会（每个国家各出一名副总理级官员组成）、委员会办公会议（коллегия，由每个国家各出三名部长级官员组成，每人负责一个具体领域）、委员会各司局（具体办公机构），在办公会议下另外还设有分领域的咨询机构。统一经济空间共通过 17 个基础法律，用以协调宏观经济政策、竞争规则、技术规范、农业补贴、交通、自然垄断行业的税率，以及统一签证和移民政策等。2012 年 1 月 1 日统一经济空间运行后，计划在 5 年内移交 175 项国家权力，但这并不意味着丧失主权。为排除由某个国家主导的方式，在最高理事会框架下采取协商共识的议事程序。2011 年 12 月成立的欧亚经济委员会被认为是由关税同盟和欧亚经济共同体向欧亚联盟转型的关键步骤之一。

即将成立的欧亚经济联盟包括欧亚最高经济理事会、欧亚政府间委员会、欧亚经济委员会、欧亚经济联盟法院四大机构。根据条约，联盟为区域一体化国际组织，拥有国际法主体地位。俄白哈三国承诺将在 2025 年前实现商品、服务、资本和劳动力的自由流动，力争协同在能源、加工业、农业和交通运输业为代表的主要经济行业的政策，终极目标是建立类似于欧盟的经济联盟，形成统一市场。在欧亚经济联盟框架下,欧亚经济委员会权限大大扩大,将负责关税和非关税调节、动植物检验、关税收入、针对第三国的贸易制度、对外贸易和内部贸易统计、宏观经济政策、竞争政策、工业和农业补贴、能源政策、自然垄断、国家和市政采购、服务贸易和投资、交通运输、货币政策、知识产权、劳动移民、金融市场、联盟框架下条约和国际条约等20个领域的政策制定。欧亚经济联盟框架下还将成立8个超国家机构(包括经济委员会、原材料资源委员会、经济和科技合作事务基金会、跨国金融工业集团和合资企业委员会、欧亚经济联盟国际投资银行、欧亚经济联盟国际仲裁法院、结算货币单位委员会、生态委员会)。

欧亚一体化进程的快速推进与主导国俄罗斯的大力推动直接关联,但一体化议程难免有向后看的倒退之嫌,试图重造本已消失的东西。[①] 需要关注的是,这种强制性的、快速的制度变迁是否能带来预期的效果。

(四) 欧亚经济一体化影响及原因

经济一体化影响探讨的主要是在一体化过程中产生的经济效应问题,涉及贸易创造与转移效应、投资效应、经济增长效应、产业聚集效应等。其中贸易创造是指关税同盟成员国之间相互取消关税和非关税壁垒所带来的贸易规模的扩大;贸易转移是指结盟后的成员国之间的相互贸易代替了成员国与非成员国之间的贸易,从而造成贸易方向的转移。

纵观关税同盟运行4年来的情况,并没有产生明显的贸易创造和转移效应。2011年7月1日启动关税同盟后,当年成员国内部贸易同比快速增长37%,但这一态势未能保持下去。从2012年至2014年上半年,关税同盟成员内部贸易额呈现下降趋势。从更长阶段的贸易紧密度指数和贸易互补性指数衡量,1998～2012年,尽管俄白哈贸易紧密度指数较高,但也呈迅速下降趋势(详见表1、表2)。2012年,俄白贸易紧密度指数从1998～2003年的40左右下降至16.25,俄哈贸易紧密度指数从1998年的35.57降至11.8。同期内,白俄贸易紧密度指数从57.58降至19.36,白哈贸易紧密度指数从8.88降至7.26;哈俄贸易紧密度指数从26.79降至4.04,哈白贸易紧密度指数从2.75降至0.39。在商品贸易互补性方面,1998～2012年,俄白哈的贸易互补性指数均小于1。贸易紧密度指

---

① 〔英〕理查德·萨克瓦:《欧亚一体化的挑战》,《俄罗斯研究》2014年第2期。

表1 俄白哈三国贸易紧密度指数

年份	俄罗斯 白俄罗斯	俄罗斯 哈萨克斯坦	白俄罗斯 俄罗斯	白俄罗斯 哈萨克斯坦	哈萨克斯坦 俄罗斯	哈萨克斯坦 白俄罗斯
1998	41.18	35.57	57.58	8.88	26.79	2.75
1999	45.38	26.96	73.47	7.69	26.31	1.78
2000	41.61	28.79	68.37	3.53	26.66	1.44
2001	40.68	27.67	63.43	3.81	24.36	0.47
2002	40.68	22.79	54.19	4.94	16.98	0.90
2003	38.29	22.71	50.18	6.33	15.58	0.66
2004	35.51	19.05	45.74	6.54	13.75	0.52
2005	27.03	16.81	30.73	7.13	9.03	0.61
2006	23.99	15.55	26.10	6.90	7.34	1.03
2007	24.20	14.24	23.29	6.47	6.21	1.34
2008	21.17	12.35	18.28	4.87	4.94	1.00
2009	24.60	13.54	20.86	6.57	5.43	0.56
2010	20.12	13.34	24.41	9.11	3.26	0.32
2011	19.40	13.62	19.77	8.02	4.85	0.47
2012	16.25	11.80	19.36	7.26	4.04	0.39

资料来源：根据联合国贸易和发展会议数据库（UNCTAD Database）相关数据计算得出。

表2 俄白哈三国商品贸易互补性指数

进口国	俄罗斯 白俄罗斯	俄罗斯 哈萨克斯坦	白俄罗斯 哈萨克斯坦	白俄罗斯 俄罗斯	哈萨克斯坦 白俄罗斯	哈萨克斯坦 俄罗斯
1998	0.51	0.13	0.26	0.45	0.46	0.33
1999	0.46	0.14	0.27	0.45	0.41	0.26
2000	0.46	0.15	0.35	0.54	0.47	0.29
2001	0.45	0.13	0.31	0.52	0.47	0.31
2002	0.45	0.11	0.31	0.52	0.43	0.30
2003	0.45	0.10	0.32	0.51	0.45	0.27
2004	0.41	0.10	0.35	0.52	0.44	0.27
2005	0.37	0.09	0.38	0.56	0.42	0.24
2006	0.36	0.09	0.38	0.54	0.41	0.25
2007	0.37	0.09	0.38	0.55	0.42	0.24
2008	0.36	0.09	0.38	0.53	0.39	0.26
2009	0.35	0.08	0.38	0.57	0.37	0.23
2010	0.38	0.07	0.31	0.52	0.36	0.25
2011	0.35	0.09	0.34	0.58	0.39	0.24
2012	0.35	0.08	0.32	0.55	0.39	0.20

资料来源：联合国贸易和发展会议数据库（UNCTAD Database）。

数的下降说明成员国间贸易互补性较小、贸易发展潜力有限。与此同时，俄白哈外部贸易的扩张速度远高于内部贸易，域外国家特别是欧盟和中国是关税同盟成员国的主要贸易伙伴。长期以来，俄罗斯与欧盟的贸易额一直占其外贸总额的50%，从2010年起，中国成为俄罗斯的第一大贸易伙伴国，中俄贸易额占俄罗斯外贸总额的12%。2012年统一经济空间运行后，中国反而取代俄罗斯成为哈萨克斯坦第一大贸易伙伴。这些数据表明，关税同盟和统一经济空间内部的贸易互补性和经济联系并未随着欧亚经济一体化紧密的制度安排而提高。

关税同盟统一经济空间内部联系松散化由多种因素造成。其一，欧亚国家间的异质性是一体化的主要障碍。欧亚经济联盟成员国均为转型国家，各国在经济规模、政治体制等方面存在较大差异。如从经济规模看，按照国际货币基金组织的数据，2012年，俄罗斯的GDP是白俄罗斯的30倍，是哈萨克的10倍，这样的状况难免发展不平衡，也很难想象这一联盟会是"平等"的。其二，成员国产业结构同质化严重，俄罗斯和哈萨克斯坦的出口结构中，资源和能源类产品一直为大项，进口结构中多以机电产品为主，这表明，在关税同盟内部，成员国之间实际上相互无法提供所需要的产品和市场。其三，俄罗斯在推进一体化时操之过急，欧亚经济联盟从2010年的关税同盟起步到2015年1月正式运行，总共5年时间走完了欧洲联盟用36年形成统一市场的历程，其中难免形式与内容不符。其四，作为主导国，俄罗斯经济能力不足，能够提供的经济投入有限。由于市场化改革滞后，俄罗斯经济缺乏更多具有吸引力的特质。欧亚经济联盟沿用的法律、规章、制度均以俄罗斯为蓝本。俄罗斯虽然转型，但在多个领域市场规范并未真正确立起来。其五，虽然欧亚委员会是超国家实体，但其制定的关于某些行业的条文并没有得到实施，比较明显的是在能源领域。跟欧盟委员会一样，它缺少实质性的跨国政治权力。欧亚一体化进程本身面临着诸多的竞争和挑战，内部经济联系的松散化将会成为未来欧亚经济联盟面临发展的一大障碍。在西方因乌克兰危机加大对俄罗斯制裁力度的背景下，欧亚经济联盟经济潜力的发挥也将受到影响。

三 丝绸之路经济带建设中的中俄合作

（一）丝绸之路经济带与欧亚经济联盟的关系

在丝绸之路经济带建设中，中国要处理好与已有的一体化组织和域内大国的关系。目前丝绸之路经济带沿线已有欧亚经济共同体、上海合作组织、俄白哈关税同盟和统一经济空间（即将升级为欧亚经济联盟）、南亚地区合作协会、海湾合作委员会、阿拉伯国家联盟、黑海经济合作组织等多个区域性合作组织，存在多种区域经济合作方案。这些地区性组织的一体化机制功能相近，却不能互相代替。丝绸之路经济带不是上述地区组织的竞争者和替代者，而应与这些已有机制共同发挥作用。俄罗斯、印度都是本地区具有影响力的大国，没有这些国家的共同推动，丝绸之路经济带的建设将十分困难。中国要找好自己的角色定位，最现实的问题是，如何处理好与俄罗斯主导的欧亚经济联盟的关系，共同推进地区合作。

梳理俄罗斯媒体近期的报道，可以看到，对丝绸之路经济带和欧亚经济联盟的关系俄罗斯国内还有诸多疑虑。俄罗斯有学者认为："中国可能成为俄罗斯主导的欧亚一体化的强有力竞争者。中国急于利用丝绸之路经济带项目将俄罗斯从中亚和俄罗斯的统一经济空间排挤出去。""俄罗斯与中亚国家的统一空间和经济联系是在近150年间形成的，这在苏联时期尤为积极。如果这些经济和政治联系被中断，不仅对俄罗斯，对苏联的这些加盟共和国也将是不可弥补的损失。俄罗斯不能允许这一情况发生。"[1] 俄罗斯铁路公司也反对丝绸之路经济带项目，认为它是跨西伯利亚大铁路有力的竞争者。随着丝绸之路经济带交通基础设施建成并投入高效运营，跨西伯利亚大铁路的作用就会逐渐被削弱。俄罗斯还有不少人认为，丝绸之路经济带项目还可能对俄罗斯的"北方海上之路"项目形成竞争。[2]

丝绸之路经济带由中国倡议，欧亚经济联盟由俄罗斯主导，客观上会形成竞争之势。俄罗斯对丝绸之路经济带构想所持的态度，势必影响到欧亚经济联盟成员国的参与意愿。但从实质看，丝绸之路经济带与欧亚经济联盟对接是中俄关系在地区合作层面的延伸，只要中俄两国能够合作，丝绸之路经济带项目和欧亚经济联盟就能够找到契合点。从丝绸之路经济带建设的初衷看，其与欧亚经济联盟不是竞争和替代关系，对中亚国家更不是二选一。中国高度重视欧亚经济联盟的地位和作用，以及与其在多领域的合作，认为欧亚一体化合作进

---

[1] Александр Вильф: "Китай: сдержанное одобрение процесса создания Евразийского экономического союза", РИА Новости, 12.05.2014. http://eurasiancenter.ru/expert/20140512/1003427525.html.

[2] 〔俄〕A. B. 奥斯特洛夫斯基：《"丝绸之路经济带"构想的背景、潜在挑战和未来走势》，《欧亚经济》2014年第4期。

程对保障地区经济发展、加强地区安全稳定、促进地区建立共同无分界线的经济和人文空间发挥着重要作用，2014年5月20日的中俄联合声明已对此认识做了充分肯定。①

从机制化水平看，欧亚经济联盟是一个一体化程度较高的地区合作组织，其机制和制度建设都较完善，而丝绸之路经济带远未达到机制和制度建设的层面，还处于概念建设的阶段。一个低层次、没有具体机制、松散的经济合作形态难以对一个高层次、制度化的经济联盟构成真正挑战，更不可能融合它。② 从中国国家利益角度考虑，欧亚经济联盟的存在与发展对中国的发展和安全保障是有利的，中国乐见其成。首先，欧亚经济联盟一旦实现预期目标，提升了自己的经济发展和市场化水平，对中国来说是一件好事。从长远看，这意味着中国将会有更多的机会发展合作。在市场准入方面，未来欧亚经济联盟内部市场的统一使中国企业进入任意一个成员国市场投资生产，就等同于进入其他两国市场。其次，欧亚一体化进程的推进对于中亚地区稳定和安全有重要意义。历史的联系决定了俄罗斯在该地区具有其他大国所不具备的影响力，中亚是俄罗斯的利益攸关区和"战略利益范围"，事关俄罗斯的国家安全和大国振兴。中亚同样也是中国重要的周边，中亚地区的和平、稳定与发展事关中国的核心利益，在中国国家发展战略、国家安全战略和周边外交战略中占据重要位置。当前，在中东动荡负面效应外溢、美国将从阿富汗撤军、三股势力在中亚地区反弹背景下，中亚的稳定对维护中国西部安全尤为重要，而俄罗斯在保障中亚地区安全方面起着无可替代的重要作用。中国支持俄罗斯实现欧亚一体化的抱负，也是为自身发展和战略实现打下基础和创造条件。在处理丝绸之路经济带和欧亚经济联盟的关系时，中俄均需要摒弃传统思维，俄罗斯应打消对中国欲拓展在中亚影响力的误解和顾虑，中国应尊重俄罗斯在中亚的传统利益和主权关切，双方应相互交叉、融合和支撑，用新的理念和新的制度规则，创造最宽松的创新环境和经济发展环境。用全球视野定位，欧亚大陆应该成为中俄两国的合作之地，中俄应该是本地区安全的"稳定器"和经济发展的"引擎"。

---

① 《中华人民共和国与俄罗斯联邦关于全面战略协作伙伴关系新阶段的联合声明》，http://news.xinhuanet.com/world/2014-05/20/c_1110779573_3.htm。
② 赵华胜：《欧亚联盟和丝绸之路非二选一　中俄应采取新思维》，《环球时报》2014年4月26日。

(二) 丝绸之路经济带与欧亚经济联盟之间可行的契合点

目前丝绸之路经济带倡议的落实规划仍处于顶层设计阶段，由于缺乏正式和权威的解读，外界对该倡议还有存疑或误读。中国政府应尽快出台相关文件（或以政府白皮书形式，或以权威机构名义），向外界宣示丝绸之路经济带的初衷、欲达到的目标、具体内容和实施路径等，以消除误解，营造有利的舆论环境。

2015年1月欧亚经济联盟正式成立后，理论上对域外国家将会产生投资替代效应、关税溢价效应、隐性投资壁垒效应等不利影响。尤其是在市场准入方面，关税同盟和统一经济空间已批准多个技术规则和标准并将陆续生效，有可能成为域外商品市场准入的壁垒。为深化合作，丝绸之路经济带和欧亚经济联盟之间首先需要进行制度和政策的沟通。在推动丝绸之路经济带和欧亚经济联盟合作对接中，除了打造物理意义上的互联互通，创造合作的硬件条件外，更要注重软环境和制度建设。

实现丝绸之路经济带项目与欧亚经济联盟的对接需要借助已有的机制和合作平台，上合组织应是理想的选择。目前中俄之间已有多个对话机制和合作平台，定位区域合作的只有上合组织一个。上合组织和欧亚经济联盟之间存在着成员国大部分重叠、所处地域大面积交叉以及经济功能重合三大特点。上合组织成立10多年来，完成了区域经济合作的法制化和机制化建设，形成了比较完善的组织架构，签署了海关、交通运输、金融合作、电子商务、农业等领域多项合作协议，完善了成员国能够共同受益的网络型建设项目，如能源网、交通运输网、通信网络建设等，以及在成员国具有投资优势的合作领域，如能源资源开发，包括石油天然气开采与运输，农业合作、金融合作等方面取得了较大进展，积累了区域合作的经验。普京在定位上合组织和欧亚经济联盟两大区域性组织关系时曾明确表示："建立上合组织与欧亚经济共同体，以及未来与欧亚经济联盟的合作是一个全新的且非常具有发展前景的工作方向。我相信，这些组织的活动能够相互补充，相得益彰。"[①] 上合组织的特殊地位使其可能成为对接丝绸之路经济带和欧亚经济联盟的重要平台。

从现有的基础看，丝绸之路经济带与欧亚经济联盟可将以下领域作为重点

---

① 〔俄〕普京:《俄罗斯与中国：合作新天地》,《人民日报》2012年6月5日。

方向，开展项目优先合作。

1. 互联互通领域

2010～2011年，在欧亚开发银行支持下，欧亚经济共同体制定了公路、铁路基础设施发展综合计划，计划到2020年前实施142个项目，其中51个为完善公路、42个为发展铁路、45个为建设物流中心，包括10个跨国物流中心。在互联互通领域，无论是国内项目和运输发展战略，还是国际项目和规划都面临内部融资不足的问题，仅23个特大项目总价就达680亿美元，单靠欧亚经济联盟自身尚不能完成，需要吸引国际金融机构和开发机构参加。

在更大范围内，由铁路运输组织1996年提出的亚欧铁路通道规划也在按计划推进。该规划包括13条亚欧铁路通道，主要有中国—哈萨克斯坦—俄罗斯—欧洲、中国—蒙古国—俄罗斯—欧洲、俄罗斯远东—欧洲、欧洲—俄罗斯—高加索地区等方向。这些通道都需要利用既有基础设施，通过统一技术标准，实现基础设施的一体化。在亚欧铁路通道上，近年来欧洲和独联体国家多条铁路正在改造。2014年7月8日，俄罗斯西伯利亚铁路贝加尔—阿穆尔（贝阿铁路）支线的现代化改造工程已经启动。未来以亚洲铁路网、独联体铁路网和欧洲铁路网为主体结构，通过西伯利亚大铁路、新亚欧大陆桥等亚欧铁路通道连接，亚欧大陆一体化铁路网有望形成，这与丝绸之路经济带建设中的道路联通思想是不谋而合的。近年来，中国铁路在快速发展过程中，大力推进原始创新、集成创新和引进消化吸收再创新，相关企业在设计、施工、装备制造、运营管理等方面已经形成强大的能力，积累了丰富的经验。再加上中国在资金方面的优势，中俄双方在铁路建设开发领域，在互联互通领域可以开展双边和多边多个层面的合作。

2. 电力合作领域

欧亚经济联盟决定将于2019年建立欧亚经济联盟统一电力市场。2015年7月1日前制定建立欧亚经济联盟统一电力市场构想，并提交三国元首审议，2016年1月1日前将按照该构想形成建立统一电力市场的纲要，2019年三国统一电力市场将正式建立。目前，各国和各大区间电网的互联是全球电力系统的总趋势。互联同步电网的发展带来巨大效益：一是保障大容量机组、大水电、核电、可再生能源开发和利用，提高能效，降低运行成本；二是减少系统备用容量，推动多种电源互补调剂，节省发电装机；三是实现能源资源的大范围优化配置，有利于竞争性能源电力市场拓展；四是提高电网整体效率和安全可靠性。目前，中国国家电网在总体规模、电压等级、特高压技术、大范围资源配置能力、智能电网建设等方面处于世界领先地位。2014年5月20日，中国国家电网公司与俄罗斯电网公司签署了战略合作协议，双方计划在特高压交直流、智能电网的技术研究和应用，输配电建设和改造以及建设欧亚电力桥的可行性等方面开展长期技术交流与互利合作。未来中国如能参与欧亚经济联盟统一电力市场建设，通过跨国联网，既可以向中国送电，也可以向丝绸之路经济带邻近的缺电国家阿富汗、伊朗送电，有利于推进区域经济协调发展，合作前景可观。

3. 农业领域合作

根据欧亚经济联盟条约规定，联盟成立后，将推行共同农业政策，保障农产品和粮食生产与市场平衡发展，在共同农业市场准入等方面提供公平竞争条件，统一农产品与粮食流通条件，保护成员国生产者在国内外市场的利益。此外欧亚经济联盟还将制定共同粮食政策，对农作物产品种植、粮食市场干预、粮食储备库、价格制定、国家对农业扶持、出口支持等政策进行协调。俄白哈三国国内农业发展条件优越，最近10年来农业实现跨越式发展，2007 - 2011年，统一经济空间俄白哈三国 + 乌克兰在全球粮食市场上的占比为：大麦36.3%、小麦21.5%、玉米7.7%。目前俄罗斯是世界第三大小麦出口国，哈萨克斯坦是世界面粉主要出口国，白俄罗斯农业生产率较高，三国都将农业作为新的经济增长点。中国是世界粮食生产和消费大国，正处在加速推进工业化、城镇化过程中，耕地、水等农业生产基本资源短缺，矛盾突出，农业环境污染问题加重。中国农业"走出去"，积极参与国际分工与合作，不断拓展自身的生存与发展空间是顺应当今世界经济发展趋势的战略选择。农业将是中国在推进丝绸之路经济带建设中与欧亚经济联盟对接的重要领域。中国与欧亚经济联盟除在农产品贸易领域扩大合作外，在共同进行农业的产业化开发、发展有机农业、农业机械贸易、粮食运输等领域具有广阔空间和潜力。当前，西方和俄罗斯因乌克兰危机展开制裁反制裁，为中国果蔬产品和猪肉扩大对俄出口提供了契机，相比短期的机会，更重要的是要为长期合作创造条件，奠定基础。

4. 金融领域合作

中国与欧亚经济联盟成员国的金融合作已经具有良好的基础，2009年、2011年，中国分别与白俄罗斯和哈萨克斯坦签署货币互换协议，2014年8月，中俄就货币互换协议达成一致，目前已进入正式审批程序。货币互换并非严格意义上的货币国际化步骤,但却是推进人民币国际化的突破口。目前有75%的中俄跨境贸易结算使用美元支付,货币互换必将大幅降低两国货币的融资和兑换成本,为两国贸易企业带来实实在在的便利。之前,中俄已在贸易本币结算、通过中国银联卡系统支付结算等方面取得重要进展。由于俄美因乌克兰事态而陷入准冷战状态,俄罗斯退出美元机制的决心极为坚定。中俄在2014年5月20日发表的联合声明中已明确表示将推进财政金融领域紧密协作,包括在中俄贸易、投资和借贷中扩大中俄本币直接结算规模,以保护两国免受世界主要货币汇率波动的影响。俄罗斯外贸银行与中国银行签署协议,计划在多个领域发展伙伴关系,包括在卢布和人民币清算、投资银行、银行间贷款、贸易融资和资本市场交易方面展开合作。未来在丝绸之路经济带与欧亚经济联盟对接中,金融领域将发挥助推器作用,可在以下方面进一步深化合作:一是积极推动双边本币结算,条件具备时推动建立中国与欧亚经济联盟的多边结算体系;二是逐步扩大与欧亚经济联盟成员国货币互换规模;三是积极探索共同出资、共同受益的资本运作新模式;四是促进金融市场稳步开放,搭建跨境金融服务网络,务实加强国际金融治理及金融监管合作,增进金融政策协调。

丝绸之路经济带建设是谋求沿线各国共同发展、互利共赢的大战略、大布局和大手笔,要真正建成,时间周期不是5年、10年,可能是未来30年乃至更长。中国与欧亚经济联盟的合作非常重要,对地区合作将起到基础性示范效应,不能仅停留在务虚阶段,更需要脚踏实地去落实。

原载《俄罗斯学刊》2014年第5期

苏联关于计划与市场问题的理论和实践

张 森[*]

一 列宁、斯大林时期计划与市场问题的理论与实践

十月革命胜利后的最初年代，苏维埃国家的经济发展，大致可以分为三个时期：1918年春季以前；战时共产主义时期；新经济政策时期。与这三个时期的经济发展相联系，列宁及其布尔什维克党在如何对待社会主义条件下的商品货币关系问题上也发生了迥然不同的变化。列宁最早较多地谈及社会主义经济建设问题是在1917年春天，他当时的基本思想是无产阶级取得政权以后将采取类似先进资本主义国家战时经济体制的办法，也就是利用国家垄断的组织和方式来建立社会主义经济。这种思想对十月革命后苏维埃国家的经济建设产生了重大影响。根据列宁这一思想，十月革命后，苏维埃国家首先在经济战线上大刀阔斧地进行了"剥夺剥夺者"的革命，并且对工业、交通、银行、外贸等迅速实行了国有化。然而，列宁并没有完全排除利用商品货币关系为社会主义建设服务的可能性。他在1918年3月所写的《苏维埃政权的当前任务》一文，曾明确指出，由资本主义到社会主义的过渡时期，没有货币是不行的。1918年5月召开的第一次全俄苏维埃财政部门代表大会也曾明确规定：把财政集中、征收所得税和财产税、实行义务劳动制和用新纸币代替旧纸币，作为苏维埃政权

---

[*] 张森，中国社会科学院俄罗斯东欧中亚研究所前党委书记，研究员。

财政政策的基本任务。但这时列宁并没有从理论上认识到"过渡时期"保留商品生产和商品货币关系的历史必然性，相反他仍然把商品货币关系看作与社会主义制度不相容的资本主义关系，认为只有"把所有商品都收归国有，规定价格"，"才真正接近了社会主义"。① 正如后来列宁所说，这时期，列宁和布尔什维克党"根本没有提出我们的经济同市场、同商业有何种关系的问题"②。

"战时共产主义"时期（1918年下半年到1921年春）列宁的基本理论主张是，在国民经济中完全消灭商品货币关系，不经过市场而直接实现向共产主义的生产和分配过渡。在经济实践中，则是大力推进经济关系的实物化过程，例如：实行余粮收集制；对国有化企业集中供应原料和材料；主要以实物形式支付工人和职员的劳动报酬；免费向居民发放口粮、日用品和燃料；公用事业实行免费制；不少地区实行以面包、盐和印花布为地区一般等价物的物物直接交换等。列宁在为俄共（布）八大（1918年3月）起草的党纲草案中明文规定，要坚定不移地继续在全国范围内用有计划、有组织的产品分配来代替贸易，并实行最激进的措施，来准备消灭货币。③ 根据八大党纲的规定，1920年1月全俄国民经济委员会第三次代表大会拟订了消灭货币的具体措施计划，这一计划规定将工资进一步实物化，扩大同农村的产品交换，同外国进行实物结算等。

"战时共产主义"政策，即采用实物分配形式代替商品货币关系的政策，在当时的历史条件下，有可能集中国家有限的物质资源用于战争，以利于胜利地结束国内战争和粉碎帝国主义国家的武装干涉。但从根本上说来，这一政策从理论到实践都违反了经济发展的客观要求，因此造成了"严重的经济危机和政治危机"。列宁在1921年10月写道："由于我们企图过渡到共产主义，到1921年春天我们就在经济战线上遭受了严重的失败，这次失败比高尔察克、邓尼金或皮尔苏茨基使我们遭受的任何失败都要严重得多、危险得多。这次失败表现在：我们上层制定的经济政策是同下层脱离的，这一政策没有造成生产力的提高，而这一点在我们党纲里却被认为是刻不容缓的基本任务。"④

列宁称"战时共产主义"犯了试图将生产和分配直接过渡到共产主义的错误，"是一次失败的尝试"。其实这种"错误"在当时是难以避免的。客观上

---

① 《列宁全集》第27卷，人民出版社，1959，第489页。
② 《列宁全集》第33卷，人民出版社，1957，第66页。
③ 参见《列宁选集》第3卷，人民出版社，2012，第728页。
④ 《列宁全集》第33卷，人民出版社，1957，第44页。

说，由于国内外的紧迫形势，由于滥发纸币以及私人贸易带有极大的投机性，使正常的商品货币关系的作用下降到最低限度，从而使经济关系的实物化不仅成为必要而且成为可能。更主要的是，在一个不发达的国家如何建设社会主义，这对列宁来说完全是一个新的历史课题。马克思和恩格斯在预见未来的社会主义时曾经断言："一旦社会占有了生产资料，商品生产就将被消除"①，就是说，社会主义就是要消灭商品生产，至于俄国这样落后的国家的无产阶级会首先取得胜利，马克思、恩格斯本人当时是想象不到的。因此在没有前人经验的条件下，列宁进行这种"尝试"是可以理解的。列宁的伟大在于，他始终牢牢地立足于社会实践，当他经过"战时共产主义"的"尝试"取得了实际经验，证明社会主义不能否定商品货币关系时，便毫不迟疑地放弃这种政策，及时总结教训，大胆地引导俄共（布）走上了"新经济政策"的道路。

由列宁亲自制定，并经1921年春俄共（布）第十次代表大会确认的"新经济政策"，其特点之一就是整个国民经济要在计划调节的原则下，广泛利用市场和商品货币关系。具体内容包括：第一，以粮食税代替余粮收集制，允许农民把多余的粮食拿到市场上自由出售；第二，已经社会化的国有企业改行经济核算制，采用"商业原则"组织国有企业的生产和流通；第三，在一定限度内，在国家调节（监察、监督、规定形式和手续）私营商业和私人资本的条件下，容许自由贸易和发展一定程度的资本主义生产。"新经济政策"对于活跃处于"满目疮痍、受尽苦难"的俄国国民经济、振兴工业，起了决定性的作用。然而更为重要的是，列宁在这个时期创造性地提出了社会主义"过渡时期"计划与市场的思想，它所阐明的基本原则，不仅对于当时的俄国，而且对于后来的一切社会主义国家，都具有深远的理论指导意义。

第一，列宁指出，在一个小农国家里，按共产主义原则和直接采用无产阶级国家的法令形式来调整国家的生产和分配是根本不行的。他明确指出："准备向共产主义过渡（要经过多年的准备工作），需要经过国家资本主义和社会主义等许多过渡阶段。不是直接依靠热情，而是借助于伟大革命所产生的热情，依靠个人兴趣、依靠个人利益、依靠经济核算，在这个小农国家里先建立起牢固的桥梁，通过国家资本主义走向社会主义；否则，……就不能到达共产主义。"②

---

① 《马克思恩格斯选集》第3卷，人民出版社，1995，第251页。
② 《列宁全集》第33卷，人民出版社，1957，第39页。

在这里，列宁为无产阶级组织社会主义经济建设、管理经济（包括方法），指出了明确的方向，并且把利用商品货币关系同共产主义联系起来，从而为无产阶级胜利进行社会主义事业奠定了重要的理论基础。

第二，列宁反复阐明了社会主义保留和发展商品生产和商品货币关系的必要性和重要性，并把这个问题提高到巩固工农联盟的高度。他明确指出，在千百万小农旁边，如果没有电线密布的大机器工业，而且这种工业能够比从前更迅速更便宜地用大量的优良产品供给小农，"那么商业就是千百万小农与大工业之间唯一可能的经济联系"。①他号召苏维埃国家，联共（布），必须全力抓住商业这一环节，"兢兢业业、励精图治的'主人'，成为一个精明的批发商"。②他严厉地批评了当时在布尔什维克党内相当普遍存在着的轻视商业的错误倾向，号召全党"决不受轻视商业的'感情的社会主义'或旧俄国式、半贵族式、半农民式、宗法式的情绪的支配"。③

第三，列宁初步提出了社会主义计划与市场的关系问题。他说："应当把商品交换提到首要地位，把它作为新经济政策的主要杠杆"，④就是说要从市场的存在出发考虑市场的规律，掌握市场，通过有系统的、深思熟虑的、建立在对市场过程的精确估计之上的经济措施，来调节市场和货币流通。但列宁同时指出："新经济政策并不是要改变统一的国家经济计划，不是要超越这个计划的范围，而是要改变实现这个计划的办法。"⑤另一方面，列宁也清醒地意识到市场对计划的冲击。他说，在容许和发展自由贸易的情况下，"必然会发生照顾本位利益和过于热心本位利益的现象，这就难免不在各企业劳动条件的问题上，造成工人群众利益同管理国有企业的经理人员或其主管机关利益的某些对立"⑥。因此列宁当时不断提醒无产阶级及其政党要加强抵制资产阶级、小资产阶级的思想侵蚀，防止和克服两种偏向：国家机关的官僚主义偏向，企业不顾国家利益的本位主义偏向。

"新经济政策"时期以来的历史已经无可辩驳地证明了列宁上述思想的英明

---

① 《列宁选集》第4卷，人民出版社，1995，第615页。
② 《列宁全集》第33卷，人民出版社，1957，第39页。
③ 《列宁全集》第33卷，人民出版社，1957，第92页。
④ 《列宁全集》第41卷，人民出版社，1986，第327页。
⑤ 《列宁全集》第35卷，人民出版社，1959，第534页。
⑥ 《列宁全集》第33卷，人民出版社，1957，第156页。

和正确,当然,限于当时理论和实践的局限性,列宁并没有系统地提出计划与市场的理论,实行"新经济政策"在某种意义上也是一种被迫的"退却"措施(用列宁的话说,实行"国家调节商业"是苏维埃政权退却的最后一步)。同时在贯彻实施"新经济政策"过程中,也出现过某些自由化的倾向,特别是授予托拉斯广泛的自主权,允许托拉斯在市场上自由活动、自行规定产品价格,曾招致放弃计划领导的倾向。但就总的来说,列宁"新经济政策"的理论与实践,确实拯救了在经济上陷入崩溃的苏维埃俄国。1921~1925年,工农业生产均出现了大幅度的增长。

还应该指出,在列宁的倡导下,当时苏联的经济学界,曾就利用商业和货币来建设社会主义的可能性和必要性问题,苏维埃经济的性质(是实物经济还是商品经济)问题,健全货币制度的途径问题,经济核算、利润和赢利率的作用问题,计划与市场的关系问题,价值规律的作用问题等,进行过广泛深入的讨论,不少学者提出了许多颇具见地的意见并被吸收到俄共(布)十一大、十二大、十三大的党纲中。

20世纪20年代末至50年代初,是斯大林领导苏联进行全面的社会主义改造和社会主义建设时期。在这个时期,苏联实现了农业的集体化;有计划地迅速地实现了国家的工业化;建立了高度集中的经济计划管理体制(即苏联经济管理模式);胜利地进行了反法西斯战争;等等。所有这些,对苏联的计划与市场理论不能不产生深刻的影响。

从1929年至1934年年初,苏联经济关系出现了相当严重的实物化趋向,例如对国民消费品实行定额配给制,国家对农产品的采购实行预购合同制和固定价格的义务交售制,以及用实物支付拖拉机站的工作报酬,这就切断了城乡间的商品联系,从而使城乡间的经济关系实际上丧失了商品性。在工业方面,对企业的物资技术供应不再经过市场或通过批发贸易,而是采取国家集中统一分配调拨的办法。某些企业和经济组织甚至走上了产品直接交换的道路。苏联经济关系中的这种实物化趋向,不仅破坏了城乡之间、工农业产品之间的等价交换原则,而且破了整个国民经济中经济核算的方法,削弱了经济机构中对社会主义积累的刺激。实物化趋向的出现,客观上是由于国民经济中社会主义成分的比重大大增加、计划原则的巩固,从而使整个经济的实物比例和价值比例发生了急剧的变化,市场发挥作用的地盘极大地缩小;而更主要的原因在于理论上的混乱。当时在苏联经济学界占优势的理论观点认为,由于生产资料公有制的普遍确立，社会主义经济的本质应该是有计划的实物经济，苏联已经进入商品货币关系不断消亡的阶段，价值规律已不再发生作用，价格不是价值规律的表现，而是自觉的计划领导的工具。于是"货币消亡论""贸易消亡论""改造价值规律论"在苏联的理论界相当流行。这种理论后来在联共（布）第十七次代表大会上曾受到严厉的批判与否定。斯大林在十七大的报告中，称这种理论不过是头脑失常的"左派"畸形儿的"左派"小资产阶级清谈，他强调在整个社会主义阶段必须保留货币，必须巩固苏维埃卢布和开展城乡经济联系。这次代表大会对于澄清思想、树立正确的经济指导方针，具有重大的意义。但是它没有也不可能从根本上扭转否定商品生产、排斥市场作用的基本趋势。相反，进入40年代，加上卫国战争的特殊环境，这种趋势空前加强，乃至达到了极端的程度。卫国战争年代的苏联经济固然有其特殊性，它要求在经济管理上更集中，即采用行政方法把有限的资源集中起来用于战争。然而苏联的现实是：它把战时组织、动员和管理经济的原则方法绝对化、理想化了。斯大林在战争结束以后之所以依然坚持高度集中的计划管理体制，对国民经济结构没有及时进行清醒的调整，重要原因之一就在于此。

　　整体看来，斯大林在领导苏联经济的全过程中，片面地强调集中和计划。在如何对待计划与市场的关系问题方面，有一个逐渐承认社会主义必须保留商品生产和商品交换、肯定价值规律作用的认识过程。斯大林在理论上的进步集中表现在他晚年的论著《苏联社会主义经济问题》上。在这篇论著中，他首先阐明了在社会主义制度下经济规律的客观性，并且把价值规律明确作为社会主义的经济规律之一。这就从理论上否定了无产阶级政党领导经济的主观随意性。其次，他阐明了社会主义制度下保存商品生产的客观必要性，指出，在"两种基本成分即国营成分和集体农庄成分"并存的条件下，商品生产和商品流通应当作为"国民经济体系中必要的和极其有用的因素"保存下来。再者，他严格区分社会主义商品生产和资本主义商品生产的原则界限，从而否定了那种认为商品生产必然导致资本主义的糊涂观念。这些思想不仅对于苏联而且对于所有的社会主义国家，都具有重要的理论指导意义。但是直到斯大林逝世，他并没有系统地提出计划与市场的完整理论，他的主导思想仍然是计划包揽一切和指导一切，而且他上述理论本身也是很不彻底的。他承认价值规律的存在，但否认价值规律对生产的调节作用；他承认保存商品生产的必要性，但又认为社会主义保留商品生产仅仅是由于两种公有制的存在，而且根本否认国有企业的生产资料是商品，认为可以作为商品进入流通领域的只有消费资料；他区分了社会主义商品生产和资本主义商品生产的原则界限，但过分强调了社会主义商品生产的特殊性，甚至把与商品生产有关的经济范畴如"必要"时间和"剩余"时间等，统统视作社会主义经济的异己物加以排斥。这就大大限制和缩小了"市场"所能发挥作用的范围，并且为业已建立起来的苏联高度集中的计划管理体制以及主要以行政手段管理经济的传统方法，重新确立了理论基础。

以排斥市场调节作用和靠指令性计划和行政手段管理经济为重要特征的斯大林时期的经济管理体制，在苏联历史上曾经起过推动生产力发展的巨大作用。而且由于当时特定的政治、经济条件以及国内外环境，苏联党和政府采取高度集中的管理体制和较多地使用行政方法来管理经济，与全国人民的根本利益是一致的，也比较容易得到人民的谅解和支持。但是这种体制存在着严重的弊病，潜藏着很深的社会矛盾。首先它无限地扩大了国家的权力，使地方、企业和生产者个人在生产、分配和管理上处于无权的地位，从而势必加深国家、企业和个人三者间的矛盾，挫伤后者建设社会主义的积极性，同时很容易导致经济官僚化的发生，助长官僚、官商的作风。其次，排斥市场和价值规律作用，无限扩大计划调节的作用，必然使企业的经营失去经济上一个重要的原动力，同时造成经济运转机构不灵，顾此失彼，过于僵硬。再者，过分强调行政杠杆的掣肘作用，大大限制了企业和生产者的创造性，为主观主义、唯意志论甚至经济领导上的武断专横提供了方便。这些弊病和矛盾在斯大林领导苏联经济建设期间始终存在，只是由于特殊历史条件没有激化而已。生产效率低、消耗大、品种少、质量差以及贪污盗窃、行贿受贿、投机倒把等经济犯罪活动，不仅长期存在，而且带有日益严重的趋势。这是我们考察斯大林时期计划与市场理论和实践的一个非常值得重视的问题。

二 苏联现行计划与市场关系的理论和实践

自 20 世纪 60 年代以来，苏联经济学界围绕计划与市场问题，一直在进行争论，其中占主导地位（即对苏联官方的经济决策起支配影响）的观点认为，在社会主义条件下，国家的集中计划是领导经济发展的中心环节，商品货币关系和价值规律虽对生产过程起某种影响作用，但不起调节作用，更不起主要作用，它只是计划机制的组成因素，起决定作用的仍是计划原则，计划具有指令性和法律效力。这些观点是苏联领导多年来制定经济政策的基本指导思想之一。苏联现行的计划与市场理论,具体说来,包括以下几个主要方面。第一,在社会主义制度下,存在着具有新内容的商品货币关系,但社会主义不是商品生产的变种,社会主义制度下的商品货币关系是直接社会劳动的一种表现形式,不受以社会必要劳动消耗为基础的市场所左右。社会主义商品货币关系之所以具有新的内容,是因为其一,商品生产的主体完全改变了;其二,商品生产者之间相互关系的性质发生了质的变化,有组织有计划的联系代替了自发的市场联系;其三,商品生产和商品销售的目的发生了根本的变化。第二,在社会主义制度下,在不断高速发展社会主义生产的基础上,是能够有计划地满足需要的。但为了使企业的生产活动能灵活地适应具体需要,还必须有计划地利用商品关系及其固有的经济形式(计划价格、财政、经济核算、信贷、合同关系)。社会主义的市场,不过是"按计划发挥作用的流通领域",或是"有计划有组织的商品交换"。第三,在社会主义制度下,价值规律必须"从属"于有计划按比例发展规律。社会利用商品货币关系,只是作为计划关系的一种形式,作为保证实现不断地、有计划地、按比例地扩大再生产的一种手段。因此,价值规律只是计划调节的因素,它不是生产的自发调节者。第四,在社会主义制度下,生产资料是商品,但它是通过集中的有计划的批发贸易形式进入消费领域的,这是国家按计划分配社会总产品的特殊形式。第五,在社会主义制度下,"国家是生产资料的主要所有者",因此国家的集中计划是指导经济发展的中心环节。计划具有指令性和法律效力。"国家计划包括整个国民经济":完善国民经济的基本比例和改进生产布局,经济区的综合发展,保证生产的高速度发展,扩大重要产品的供应,在技术进步、基本投资、劳动报酬、价格、利润、财政和信贷方面实行统一的国家政策,对有效地利用生产基金、劳动、物质和天然资源实行经济监督,等等。

比较来说,苏联现行的计划与市场理论较之斯大林时期,有了很大的突破。主要表现在:承认商品货币关系是社会主义本身所固有经济关系;承认生产资料也是商品;明确地提出了计划与市场的关系问题,甚至提出在经济活动中要有计划地发挥"市场机制"的作用。

与上述理论的变化相适应,苏联在坚持高度集中计划的前提下,采取了一些扩大利用市场因素的措施。例如,调整计划指标体系,削减下达给企业的指令性指标的数量;在评价企业的经营活动时,尽量减少(目前又有所增加)使用实物指标，较多地注重了如产品销售额、定额净产值等"产值"指标（即"价值"尺度）；突出了利润额和赢利率等指标对生产的刺激作用；在实行统一的计划价格的前提下，辅之以实行"滑动价格""鼓励性加价"等制度，并允许企业同供货单位的一次性定价；在物资供应方面，部分扩大了企业在物资供销方面的权限，建立了独立于产业部门之外的全国物资技术供应系统等。这些措施，对于加强产需关系，增加商品流通渠道以及增加市场需求的弹性，起到了一定的作用，对于改变原来那种高度集中、统得过死的旧体制，也起到了某种程度的"松动"作用。

但是，苏联现行的计划与市场理论，并没有实质性的改观，对旧的高度集中的计划管理体制，也没有实质性的触动，仍根本否认价值规律的自发作用，强调"市场的一切要素——价格、购买者的需求、商品供应——都要纳入计划"，实质上这就否定了市场的调节作用。更主要的是苏联提出上述理论的前提是错误的。在社会主义条件下，有计划按比例的发展规律和价值规律，不是对立的，而是可以相互结合、渗透并共同起作用的东西，如果把后者置于前者的"从属"地位，这就为计划吞没市场提供了理论依据。另外，苏联把社会主义制度下的商品货币关系看作"直接社会劳动的一种表现形式"，并不符合苏联目前生产力和生产关系的实际状况。苏联目前仍然存在着多种经济成分，在分配领域仍然实行"按劳分配"，劳动依然是社会公民的谋生手段，国家、企业和劳动者个人之间，企业与企业之间，城乡之间，工农之间，仍然存在着重大的物质利益差别和利害矛盾。在这种情况下，任何私人劳动都不能直接表现为社会劳动，只能通过"迂回曲折的"途径在社会上得到实现。超越社会生产力和生产关系发展水平，把商品货币关系视为直接社会劳动的一种表现形式，不仅在理论上是荒谬的，而且必然会给现实经济生活造成严重危害。总之，苏联现行的计划与市场理论，本质上仍是排斥市场的理论。

理论是实践的基础。苏联现行的计划与市场理论，对整个苏联的经济造成了严重的影响。

第一，在上述理论影响下，苏联目前基本上仍然坚持原来那种高度集中的计划管理体制。在经济决策权的结构上，仍然坚持高度集中的决策体制，从宏观经济的决策到微观经济的决策，赋予国家以绝对的权力，不仅在经济发展方向、发展速度、国民经济的比例关系、生产力布局、重大建设项目等方面要通过计划由国家严格控制，而且制订计划权、产品销售权、资金支配权，劳动工资调剂权、产品定价权等,也基本上控制在中央和国家手里。中央和地方,国家与企业,决策权主要在中央和国家手里。在经济管理的组织结构上,国家行政机关仍然是经济管理的主体,部门与地区,以部门管理为主,块块联系从属于条条联系。在经济机制的运转中,仍然坚持计划调节的主导地位,并且计划带有"无所不包和指令性质",市场不起调节作用。管理经济和实施计划,仍然是以行政手段为主。在所有制的结构上,仍然实行单一的生产资料公有制(包括国家所有制和集体所有制两种形式),基本上不存在个体经济。这些都说明目前苏联并没有改变旧的管理体制。赫鲁晓夫和勃列日涅夫虽然进行过几次经济改革,但是旧体制的基本特征依然被保留下来,某些方面甚至有所加强。在这种情况下,高度集中的计划管理体制所固有的矛盾和弊病,便无法获得解决。

第二,否认市场和价值规律对生产的调节作用,搞单一的计划调节必然会造成国民经济的比例失调。马克思说:"商品的价值规律决定社会在它所支配的全部劳动时间中能够用多少时间去生产每一种特殊商品。"[1] 通过价值规律合理地分配社会劳动,这适用于一切社会形态。列宁在谈到计划问题时,也明确指出,"经常的、自觉地保持的平衡,实际上就是计划性"[2]。可见,计划与市场,有计划按比例发展规律与价值规律,并不是互相排斥互相对立的。而苏联的计划并不以价值规律为重要依据,它们的计划完全是计划机关自上而下,根据统治集团的利益,人为制定出来的,因此它不能确保社会把它所能支配的生产资料和劳动力,合理地分配到各个生产部门,从而实现国民经济的综合平衡、协调发展。长期以来,苏联经济比例失调现象一直得不到解决,这同它们否认市场和价值规律的调节作用有很大关系。

第三,否认市场和价值规律的调节作用,搞单一的计划调节,必然造成产需脱节、产品积压或产品匮乏。价值规律是从每个商品生产者(单位)要实现价值补偿的角度,去调节生产资料和劳动在各个不同产品上的分配。如果某种商品的产量超过了当时社会的需要,社会劳动时间的一部分就浪费掉了。而在苏联,95%以上的物资仍由国家统一调拨,至少有一千万种产品实行国家计划价格,就是说,绝大部分社会产品不经过市场,并且完全排斥竞争,实行国家垄断价格。这就把商品的流通过程,变成了产品的分配过程,激化了产需矛盾。

---

[1]《马克思恩格斯全集》第23卷,人民出版社,1972,第394页。
[2]《列宁全集》第3卷,人民出版社,1959,第566页。

因为生产者和消费者彼此不见面，其结果必然造成产量过剩，形成积压或者供不应求、货物奇缺。另外，由于产品的生产条件和销售条件在不断发生变化，而计划又有相对的稳定性，如果采用僵死的国家垄断价格，就会发生价格与价值严重背离的局面，从而使价格机制成为提高生产效率和质量、更新产品品种的障碍。

第四，否认市场和价值规律的调节作用，搞单一的计划调节，会大大削弱经济杠杆的原动力，从而削弱企业和劳动者的积极性。因为在这种情况下，企业实行经济核算，往往是在价值与价格严重背离的情况下进行的，没有科学的价值尺度为依据，会导致企业和劳动者对经营成果漠不关心。

原载《经济研究参考资料》1982年第139期

俄罗斯经济转轨评析[*]

许 新[**]

普京当选总统标志俄罗斯一个旧时代的结束和一个新时代的开始，在此之际对俄罗斯经济转轨进行总结和评价，特别是对"休克疗法"失败的原因从理论上做出深刻分析，无疑具有重要和特殊的意义。这不仅是过渡经济学的宝贵财富，而且可为转轨国家的改革和发展提供有益的启示。

一 对俄罗斯经济转轨的评价

俄罗斯从1992年年初开始向市场经济过渡，至今已经8年。经过多年的经济改革，市场经济体制的框架已经初步确立。主要表现是：所有制结构的改造基本完成，市场主体实现了多元化；价格全面放开，通货膨胀基本得到控制；财政体制由国家财政向社会公共财政转化，形成了新的预算体制和税收制度，建立了分税制的分级财政体制；两级银行体制基本形成，央行独立并转变职能，商业银行走向规范管理，利率已经放开，金融市场迅速发展；外贸基本自由化，货币已实现国内可兑换；社会分配制度发生变化，社会保障体制改革取得进展，社会保障基金来源多元化；国家的经济作用重新界定，政府职能已经转换，中央与地方的经济关系不断调整。

但是，新的经济体制还存在很多问题，还不是现代文明的成熟的市场经济，而是一种"资本原始积累"式的野蛮的市场经济。总的来说，俄罗斯经济转轨

---

[*] 本文获2002年中国社会科学院第四届优秀科研成果三等奖（论文类）。
[**] 许新，原为中国社会科学院俄罗斯东欧中亚研究所研究员，博士生导师。

是不成功的。

第一，俄罗斯的经济转轨没有促进生产力发展。经济体制改革的目的是解放和发展生产力，评价经济体制改革的成败归根结底是生产力标准。俄罗斯经济转轨以来，经济一直处于危机之中，1992～1998年国内生产总值累计下降40%，工业生产下降50%。下降幅度超过1933年世界资本主义大危机。问题的严重性还在于危机的综合性，即经济危机、财政危机、金融危机和社会政治危机交织并发。直至1999年，由于改革政策的调整和外部环境的有利变化才出现经济的稳定和复苏。

第二，俄罗斯的经济转轨导致综合国力大大下降。这里，我们把俄、美、中的国内生产总值做个对比。1990年GDP的总额，按汇率计算，俄罗斯为10390亿美元，美国为55222亿美元，中国为3697.5亿美元；俄罗斯为美国的18.8%，为中国的2.8倍。1997年GDP总额，俄罗斯为4400亿美元，美国为80000亿美元，中国为9000亿美元；俄罗斯为美国的5.5%，为中国的近50%。1998年金融危机以后，俄罗斯的GDP按汇率计算的总额大大下降，1999年只有1800亿美元，为美国的2.2%，为中国的18%。按购买力平价计算，目前俄罗斯的GDP为美国的1/10，为中国的1/5。

第三，人民生活水平下降，日益贫困化。长期的经济衰退和高通货膨胀使居民的实际货币收入和职工的实际工资大幅度下降。转轨以来，居民实际货币收入总共下降了60%。工资在国内生产总值中的比重已从50%降到30%，而且经常拖欠工资和退休金，形成庞大的工资债，不少人饱受拖欠工资和退休金之苦。失业人数不断增加，1999年失业率上升到12.5%。社会两极分化严重，贫困人口约占人口总数的70%～75%，而生活在最低生活费标准以下的人口占25%～30%。

俄罗斯经济转轨不成功的原因很多，既有体制因素，也有政策失误和环境影响，而体制本身，各个侧面都存在不少缺陷和问题，逐一地列出和分析这些问题，不仅为时间所不容许，而且必然显得零乱。因此，我们着重从俄罗斯经济改革失败的根本原因上、从转轨模式上来进行分析。

俄罗斯的经济转轨采取的是"休克疗法"。"休克疗法"包括两方面含义：一方面指经济转轨的目标模式是建立自由市场经济，另一方面指采取一步到位的激进方式实现从计划经济向市场经济的过渡。"休克疗法"的内容，萨克斯概括为"三化"：自由化、私有化和稳定化。自由化指价格自由化、经济活动自由化、对外经贸自由化（包括放开市场、放开汇率和放开资本项目）；私有化指国有企业私有化，而且是采取行政手段强制推行大规模私有化；稳定化指采取紧缩政策，实现财政和货币的稳定。

虽然盖达尔政府之后的几届政府不断调整改革政策，但一方面基本限于缓解"休克疗法"造成的后遗症，一方面由于条件所限政策调整的力度不够和效果不明显，因此，俄罗斯的经济转轨基本是按照"休克疗法"和在"休克疗法"的阴影内进行的。所以可以说，俄罗斯经济转轨的失败是"休克疗法"的失败。

二 "休克疗法"在俄罗斯为什么失败

（一）脱离国情

为什么在玻利维亚取得成效的"休克疗法"移用到俄罗斯就产生了相反的结果呢？为什么玻利维亚奇迹变成了俄罗斯失败？原因首先在于脱离国情。

"休克疗法"采取的是一整套自由化的和货币主义的措施，它通过实行紧缩政策恢复市场均衡，抑制通货膨胀；通过实行经济自由化创造自由竞争的条件，促使企业增加生产，实现经济稳定。因此，"休克疗法"需要企业对政府的货币政策和市场的供求做出灵敏反映，而这种反映只有在市场经济体制下、企业按市场机制运营才能做出。正是在这一基础条件上俄罗斯与玻利维亚存在着根本差异。

玻利维亚属于市场经济国家，而俄罗斯属于转轨经济国家，或者说在实行"休克疗法"的过程中俄罗斯还不是市场经济国家。虽然玻利维亚的"休克疗法"也包括实行自由化和私有化的内容，但是它的国家管制成分只是局部的问题，它的公共经济只占不大的比重，因此这是在市场经济体制范围内对局部国家管制部分的自由化和对部分公共企业的私有化。而俄罗斯"休克疗法"的自由化和私有化则是另一回事，它是从计划经济体制向市场经济体制过渡，是把占主体地位的国有经济改造为私有和非国有经济。

改革的不同性质决定了改革的不同任务，玻利维亚是在市场经济体制的基础上实现反危机的目标，俄罗斯是要完成经济转轨和反危机的双重任务。不同的经济体制基础和不同的任务决定了"休克疗法"的不同命运，玻利维亚在市场经济体制的基础上实行"休克疗法"解决反危机的任务，取得了成效；俄罗斯在不具备市场经济体制的基础上实行"休克疗法"解决经济转轨和反危机的双重任务，没有成功。

（二）照抄西方经济模式

俄罗斯经济改革伊始就存在着自由市场经济与社会市场经济两种模式之争，盖达尔政府推行的是以建立自由市场经济为目标的经济改革。自由市场经济以私有制为基础，最大限度地减少国家经济干预，实行居民社会保障市场化。俄原来国有经济比重大、计划程度高、社会福利多，自由市场经济不符合俄罗斯的这些特点，因而使改革遭受了严重的挫折，经济受到巨大破坏。

1. 自由市场经济以私有制为主体，与俄罗斯原来国有经济比重大的特点不相适应

俄罗斯原来所有制结构的特点：一是国有经济比重大，约占85%；二是它们主要分布在基础工业部门；三是它们多为大中型企业。这些特点决定所有制结构改造应该保持比一般情况要高些的国有经济比重，不能片面追求国有变私有；还决定所有制改造不可能在短期内迅速实现，只能逐步地进行。但是盖达尔政府为了政治目的需要私有制和快速私有化，采取了强制推行和无偿分配的方式。这种非规范的做法没有资本投入，不能带来技术进步，因而不可能达到提高企业生产效率的目的。同时，大中企业股份制改造建立的绝大部分是封闭型股份公司，由内部人控制，缺乏专业化管理和社会评价，没有企业制度创新，没有经营机制转换。切尔诺梅尔金时期虽然改为实行现金私有化，但是由于缺乏原始资本而进展缓慢，政府为了推进私有化采取国有股份抵押贷款办法，结果造成国有资产大量流失，而获得的收入又主要用于财政日常支出，很少用于投资。至于农业私有化，政府的土地私有和自由买卖政策因议会反对而难以执行，农庄农场的改造多数走形式，变成翻牌公司，农户经济生命力不强。这一切使俄罗斯的大规模私有化，不仅没有对经济产生积极作用，而且使企业处于转轨动荡，甚至生产潜力遭受破坏的状态。私有化没有给人民带来好处，却使国有资产大量流失，使少数人掠夺国家、聚敛财富。私有化对国家的掠夺性排斥了其对社会的效益性。

2. 自由市场经济反对国家干预，与俄罗斯原来经济的高度计划性不相适应

现代市场经济由于存在市场失灵领域，既没有完全的自由放任也没有纯粹的自由经济，多少总要保持一定的国家干预。俄罗斯经济原来计划程度高，应该保持更多些的国家干预。尤其是在向市场经济过渡的转型时期，由于市场经济体制尚未确立，需要国家为建立市场经济创造各种条件，继续管理尚未实现私有化的国有经济，对宏观经济进行调节，因此国家干预的范围和程度应更大些。同时，俄还要实现反危机的任务，需要制订和实施统一的反危机计划，更要加强国家干预。但是，盖达尔政府却反其道而行之，极力反对国家干预。在自由化造成恶性通胀和汇率狂跌之后，没有采取有效控制措施；在取消指令性计划之后，没有建立相应的调控体系，形成原有的体制已停转、新的体制尚未建立起来的体制真空，国家处于机制瘫痪、经济无序状态。面对严重的经济危机，政府既没有制订和实施专门的反危机计划，也没有制订和实施长期经济发展战略。

3. 自由市场经济不重视居民社会保障，使俄罗斯的经济转轨具有反人民性质

俄罗斯长期实行低工资制，居民储蓄不多，更无家庭资产，国家对居民实行全包的社会保障制度。基于这种基础，向市场经济过渡应采取重视居民社会保障的模式。但是，盖达尔政府采取的是与此相悖的模式，随着向自由市场经济过渡，人民日益贫困化。恶性通胀使职工实际工资和退休金大幅度下降，而且工资和退休金经常被拖欠，这使其价值更加贬值。失业人数越来越多，人口的 1/3 左右沦入贫困线以下。如果说社会市场经济是兼顾效率与公平，自由市场经济重视效率、忽视公平的话，那么向自由市场经济过渡的俄罗斯是既无效率又无公平。经济转轨的这种反人民性质决定"休克疗法"不得人心，难以产生积极的结果。

事实胜于雄辩，不管盖达尔如何为"休克疗法"辩解，在经济危机不断发展的现实和人民的反对下，1996 年大选时叶利钦总统不得不承认，"过去在改革中试图抄袭西方经济的做法是错误的"。

（三）违反经济转轨规律

"休克疗法"在俄罗斯的失败，不仅因为它脱离国情，照抄西方经济模式，而且还因为它违反经济转轨规律。

1. "休克疗法"的出发点在经济学上犯忌

俄罗斯"休克疗法"的主要政策措施与当时的经济条件完全是对立的，它是在商品短缺的条件下一次性全面放开价格，在生产下降的条件下实行财政货币紧缩政策，在缺乏原始资本的条件下推行大规模私有化，在外汇枯竭的条件下把汇率放开。这是任何一个经济决策者都绝对忌讳的，因而必然会给经济带来严重后果。

2. "休克疗法"违反市场经济主体形成的非短期性

俄罗斯实行高度集中的计划经济体制已经70年，计划经济制度覆盖着全社会。国家垄断着整个经济，通过计划体制控制生产、流通、分配和消费这整个社会再生产过程，并依靠指令性的指标体系支配社会经济活动。这种制度的改变显然要有一个过程。

在制度变革中，私有化是最重要的方面。俄罗斯实行公有制的时间长，三代人在公有制及其所决定的分配制度下劳动和生活，既没有私有制观念，也缺乏实行私有化的经济条件；俄罗斯国有经济比重大，居民财力小，资本市场不发达，外国资本因投资环境不好而裹足不前；同时，实行私有化还面临大量技术性的难题，以及失业的压力、传统势力的阻挠、官僚腐败等因素的作用。因此，作为市场经济主体形成基础的私有化是个长期过程。而且产权改革仅仅是提供了体制前提，市场经济主体的真正形成还需要转换经营机制，这更是一个较长时期的过程。

3. "休克疗法"违反市场经济机制形成的非短期性

市场经济体制的确立不仅需要通过私有化形成市场主体，而且需要一整套市场运行机制来引导和调节市场主体的活动。这套运行机制的形成需要一个较长的时间。第一，价格机制。既要放开价格，又要保持价格基本稳定。俄虽然放开了价格，但出现恶性通货膨胀。在高通胀下，不可能形成配置资源和引导企业的正常信息。第二，竞争机制。俄罗斯存在双重垄断，即所有制形式和生产集中程度均高度垄断。超垄断是市场竞争的对立物，严重妨碍市场机制的运转。消除垄断需要从私有化和结构调整两方面进行，这显然是个长期过程。第三，实现本币可兑换并保持汇率稳定。这需要有足够的外汇储备和低通胀率，在转轨的最初几年俄不具备这些条件。第四，市场基础设施。俄的第三产业极为落后，市场设施、信息通信、交通运输和金融系统等都远不适应市场经济的要求，这些设施的具备是一个需要大规模投资的长期建设过程。

综上所述，向市场经济过渡是一个长期的过程，"休克疗法"要在很短的时间内完成这一过渡显然违反经济转轨规律，在条件不具备的情况下实施激进的转轨政策不仅不能实现经济稳定，反而成为使经济遭受强烈震动和严重破坏的祸源，必然使改革遭受挫折，使社会付出沉重的代价。

（四）政策的内在矛盾和问题

分析俄罗斯的激进经济改革计划，可以发现许多矛盾和问题。俄罗斯的经济改革是在社会经济全面危机的条件下进行的，面对的问题极其复杂，许多带有综合征的性质。这使改革措施出台进退维谷，主要措施之间存在内在矛盾，它们相互牵制，使改革难以达到预期目标。

1. 经济危机与财政货币危机并存，稳定经济与稳定财政货币的措施矛盾，紧缩政策使企业的扩大再生产条件被破坏

俄罗斯的经济转轨是在经济危机与财政危机交织并发的条件下进行的，这使稳定经济与稳定财政的措施相互矛盾。稳定经济，遏制生产下降，必须增加投资；而解决财政危机，压缩预算赤字，则要求削减支出，减少国家投资。二者的不相容性使稳定经济和稳定财政这两个目标不可能兼得。这样，盖达尔政府就面临优先稳定生产还是优先稳定财政货币的选择。"休克疗法"采取的是优先稳定财政货币的紧缩政策，这种政策对西方相对过剩经济和某些国家出现的过热经济比较合适，而对俄罗斯的短缺经济、衰退经济则不合适。在短缺和衰退的情况下，采取紧缩政策，势必越搞越衰退，越搞危机越严重。

紧缩财政政策造成企业税负过重，税额占企业利润的70%，而政府追求无赤字预算又竭力压缩国家集中生产性投资，结果整个经济缺乏投资主体和投资热情，1992年基本建设投资总额减少45%，致使生产萎缩。与此同时，紧缩信贷又造成企业流动资金不足，出现支付危机，使社会再生产过程的循环和周转条件被破坏。

2. 在存在垄断的条件下放开价格难以达到增加生产的目的，放开价格与居民社会保护措施对平衡供求的作用相互抵触，实行价格与工资同时放开的政策导致二者轮番上涨

俄罗斯放开价格没有达到增加生产的目的，一是因为存在垄断；二是因为资金在流通领域投机；三是因为市场被外国商品占领。在商品严重短缺的情况下放开价格，导致通货膨胀恶性发展。为了缓和社会矛盾，盖达尔政府决定放开物质生产领域的工资，并使非物质生产领域的工资比照前者的增长情况而增长。这种价格与工资同时放开的政策显然是一对矛盾，其结果不仅不能平衡供求，使价格趋于平稳，相反势必形成价格与工资轮番上涨，使经济陷入"高成本—高通胀"的恶性循环中。

3. 私有化进程与"休克疗法"其他措施不同步，必然使休克期拖长，变成长期动荡和痛苦的慢性过程

俄罗斯采取"休克疗法"进行激进经济改革，是想通过放开价格、取消计划和行政干预、进行私有化等手段，迅速过渡到市场经济。但在实践中，前两者容易做到，后者则难以在短时期内实现。而没有所有制的根本变革，就不可能实现经济体制的转轨。因此，私有化与"休克疗法"其他措施不同步，必然造成计划经济被废止，市场经济却一下子建立不起来，旧的机制已停转，新的机制尚未确立，形成过渡期的体制真空和机制瘫痪，整个经济处于无序状态。"休克疗法"的短痛被拉长，变成长期动荡和痛苦的慢性过程，政府稳定经济的目标难以实现。

4. 外贸自由化忽视对民族工业的必要保护，卢布可兑换与外汇枯竭的对立使汇率持续下跌，这又反作用于通货膨胀使其难以遏制

俄罗斯的经济结构畸形落后，工业技术水平低、产品成本高、缺乏竞争力，外贸自由化对它们是个严重的冲击，消费市场被外国商品占领，面向国内市场的生产部门严重萎缩。出口主要是能源和基本材料，由于其产量下降、赢利性低和反工业化方向而难以增长。国民经济沦为"出口能源和基本材料、换回食品和消费品"的低级循环。

外汇枯竭使卢布持续贬值，形成汇率下跌与通货膨胀交互作用的局面。俄罗斯价格改革的目标之一是使价格逐步接近世界市场价格水平。由于过去一直实行能源和原材料"廉价"政策，这种"接近"无疑要求大幅度提高这些产品的价格，经过成本推动必然导致整个价格水平上涨。而在卢布汇率持续大幅度下跌的情况下，这种"接近"是没有尽头的，其结果必然是国内价格持续大幅度上涨。即使抛开这种主观"接近"不说，在自由贸易和自由价格的条件下，汇率下跌客观上也必然促使国内商品价格以与卢布贬值幅度相同的比例上涨。反之，通货膨胀表明卢布的实际币值在下降，客观上也要求卢布贬值，汇率下跌。

5. 资本项目的盲目放开没有解决财政危机，也没有达到增加生产投资的目的，反而成为导致金融危机的重要条件

为了治理高通货膨胀，从1995年起停止对预算赤字透支，改为靠发行国债和外国贷款弥补。这很快取得了反通胀的成效，但却造成国债规模滚雪球式增大。到 1997 年年底，内债余额 384.9 万亿卢布（合 630 亿美元），外债总额 1300 亿美元，偿还国债的支出占预算支出总额的 30%。俄对外资进入国债市场不断放宽，1998 年 1 月 1 日，取消了对外资从事短期国债业务的一切限制。外资掌握的国家债券数额不断增多，相当于短期国债余额的 30%，超过了中央银行的黄金外汇储备总额。金融自由化、资本项目盲目开放和卢布自由兑换，是外资能够大量购买和抛售证券、兑换成美元将资金撤走、引起金融市场剧烈动荡和爆发金融危机的重要条件。

6. 经济结构改造政策过激，加重"休克疗法"的社会代价

俄罗斯 80% 的工业与军工生产有关，1992 年，军工企业的国家订货减少 67%，这使与军工有关企业的生产受到严重影响。准军事经济瘫痪，整个经济也随之半瘫痪。"休克疗法"本身意味着社会经济的巨大震动，为减少社会代价本应尽量缩小休克范围。然而盖达尔政府把休克范围扩大到结构改造领域，实行"雪崩式"的军转民政策，使与军工有关的整个经济处于几乎瘫痪的状态，导致社会生产结构性下降，并波及经济总体。

7. 共和国之间的经济联系被破坏，"统一经济空间"的设想遭到抵制和拆台，独联体内部经济矛盾重重，使俄罗斯稳定经济更加困难

由于原苏联范围内进行地区专业化分工和协作，各共和国之间存在着紧密的经济联系。相互之间的商品交换占国民生产总值的 20.5%，高于欧共体/欧盟内部的交换比例（16%）。俄罗斯对外贸易的 57% 是在原苏各加盟共和国之间实现的。苏联解体以后，原有的经济联系遭受严重破坏，相互间的贸易战、价格战、货币战陆续展开。原材料供应的减少和中断、传统市场的缩小和丧失，加重了俄经济的困难，生产下降的相当大比重是由共和国之间经济联系被破坏带来的。

8. 经济转轨的政治化排斥转轨的效益性，政治局势的动荡制约经济转轨的成功

盖达尔政府推行"休克疗法"的改革正处于社会政治大变革时期。多党制下各派政治力量围绕最重大的政治原则和根本问题一直进行着激烈的斗争。三权分立政体尚未确定实行总统制治理还是议会制治理，总统和议会之间围绕权力划分展开殊死的争夺。民族主义和地方扩权分立倾向严重。这种政局对"休克疗法"产生两方面的影响：一方面是使"休克疗法"奉行"一切为了改革不可逆转"，而把改革的效果放在次要地位；另一方面使改革缺乏稳定的政治环境，对改革政策的实施和反危机政策的奏效十分不利。因此，在相当大的程度上决定了"休克疗法"的失败。

(五) "休克疗法"的理论误区

1. 迷信市场万能，反对国家干预

"休克疗法"的理论基础是新自由主义。新自由主义笃信市场机制的自发作用，主张自由放任，认为只要让市场机制充分发挥作用就可以达到经济的均衡发展。盖达尔政府全盘接受新自由主义的观点，迷信市场万能，认为只要转向市场经济就什么都可以解决，短缺、衰退将成为历史。因此，不管客观条件如何，硬性、全面、一步到位地向市场经济过渡。结果，市场要素有了，价格放开了，企业私有化了，外贸自由了，卢布可兑换了，但是，市场机制作用的结果却不是想象的那样美好，经济的发展不是均衡了，而是危机更加深重了。

所谓"只要让市场机制充分发挥作用就可以达到经济的均衡发展"，是指理想市场条件下的理想结果，而俄罗斯不具备这样的条件。例如，俄罗斯消费品短缺，政府认为放开价格就可以解决，因为通过价格涨落可以实现供求暂时平衡，而价格上涨刺激生产增长又可以实现供求的长期平衡。但是实践结果却并非如此，放开价格后物价不断上涨表明供需没有平衡；价格放开也没有促使企业增加生产，垄断的存在、高通货膨胀、宏观政策紧缩，都制约着生产增长。在这里，盖达尔把俄罗斯的情况同理想的市场条件混为一谈，是他迷信市场万能而遭到失败的原因。那么在俄罗斯能否创造使经济均衡发展的市场条件呢？我们不能否定这种可能性，但是有一点是可以肯定的，这种条件的创造要有个过程，而"休克疗法"恰恰排斥这个过程。

实际上，即使在发达市场经济国家，市场均衡也是有条件的，而市场不均衡则是常态。马克思主义经济学指出，资本主义的基本矛盾——生产社会化与生产资料的资本主义私人占有之间的矛盾决定两个具体矛盾：一是企业内部生产的有组织与企业外部社会生产的无政府状态之间的矛盾；二是生产的扩大与劳动人民有支付能力的需求相对缩小之间的矛盾。这两个矛盾交互作用，导致资本主义经济危机周期性爆发。这些矛盾是市场经济失衡的最主要表现，周期性经济危机是对市场万能论的最有力驳斥。正是不可避免的经济危机迫使市场经济国家的政府放弃了完全自由放任的政策，在市场经济的基础上程度不同地辅之以国家调节。而在有些国家，国家调节的作用是相当强的。

其实，西方经济学说史上自由派和国家干预派的此消彼长，恰恰说明市场调节和国家干预两者各有利弊，应该结合并用，不可片面强调一个而抛弃另一个。西方经济学说史向我们展示，在自由竞争资本主义时期，经济自由主义占据主流地位；到垄断资本主义时期，从20世纪30年代大危机起，国家干预主义即凯恩斯主义占据了主流地位；但到70~80年代，由于资本主义普遍出现滞胀性经济危机，退居非主流地位的自由主义对陷入困境的凯恩斯主义又发起挑战，自由主义重新占据主流地位。总之，西方经济学说史和西方国家政府政策都表明，迷信市场万能是错误的。当然对于转轨国家来说，改革的方向是从计划经济向市场经济过渡，但是不应脱离本国国情照抄西方经济模式，不应不顾条件、不惜代价地搞什么迅速进入市场经济，更不能天真烂漫地幻想只要有了市场经济什么都可以解决，西方的经济文明立即就可以在俄罗斯出现。

2. 片面抑制需求，忽视增加供给

如果说"休克疗法"在经济转轨上的主要理论错误是迷信市场万能，不顾条件、不惜代价地搞迅即进入市场经济的话，那么在反危机上，"休克疗法"的主要理论错误则是片面抑制需求，忽视增加供给。

与新自由主义相并列，"休克疗法"的另一理论基础是现代货币主义。现代货币主义用货币供应量来说明产量、就业和物价的变化，主张通过控制货币总量来调节通货膨胀、经济萧条和经济增长。"休克疗法"奉行现代货币主义的理论，在反通胀上，主张紧缩财政货币，而不是增加商品供给；在反危机上，主张优先稳定财政货币，而不是优先稳定生产。由此可以看出，"休克疗法"实行的是以抑制需求为主的反危机政策，力图通过抑制需求恢复供求平衡，稳定宏观经济。

经济失衡有两种性质，一种是生产相对过剩性，一种是商品短缺性；前者是经济过热性的，后者是经济过冷性的。采取抑制需求的办法实现经济发展的平衡，这对过热经济和过剩经济比较合适，而对过冷经济和短缺经济则不合适。俄罗斯的经济是短缺经济和过冷性衰退经济，采取抑制需求的办法实现经济平衡显然不合适。在短缺和衰退的情况下，采取抑制需求的紧缩政策，势必越搞越短缺，越搞越衰退，越搞危机越严重。

抑制需求违背生产的决定性地位和作用。社会再生产有四个环节：生产、交换、分配、消费。在它们的相互关系中，一般来说，生产居于支配地位，起着决定性的作用。生产决定交换、分配和消费，反之，交换、分配和消费对生产具有反作用。俄罗斯存在多种危机，既有生产下降的经济危机，也有分配领域的财政危机，还有流通（交换）领域的货币危机（通货膨胀、三角债）。经济危机是各种危机的基础，生产下降使税收的基础缩小，导致财政危机；商品短缺造成供求不平衡，使放开价格导致通货膨胀。因此，经济危机是主要矛盾，只有抓住主要矛盾，使生产不断增长，其他危机才可以迎刃而解。"休克疗法"反其道而行之，是本末倒置。

抑制需求从政策的性质看，不是积极的政策，而是消极的政策。通货膨胀归根结底是总供给与总需求不平衡，解决的办法，一是增加供给，一是抑制需求。两者相比，前者是积极的，后者是消极的，"休克疗法"采取的是后者。这固然有利于平衡供求，但是在抑制消费需求的同时也抑制了投资需求，结果导致更严重的后果。同样，在解决经济危机和财政货币危机的相互关系上也是如此，优先稳定生产是积极的，优先稳定财政货币是消极的，"休克疗法"采取的是后者。结果造成生产长期下降，到头来财政货币危机不仅没有解决，反而来个总爆发。

3. 把转轨的成败建立在依赖大量外援的基础上

俄罗斯的"休克疗法"具有破釜沉舟的性质，违背国情，违反转轨规律，不管条件是否具备，甚至在条件完全相反的条件下，采取急于向市场经济过渡的措施，这必然造成严重的后果。生产下降、通货膨胀、财政赤字、三角债庞大、汇率狂跌、失业增加、生活贫困等，所有危机现象一下子全部涌出。"休克疗法"的推行者把这些问题的解决，至少是渡过转轨期各种危机交织的难关，在相当大的程度上寄托于西方的援助。

然而西方在对俄罗斯的援助上口惠实不至。原因不外两方面，第一，苏联解体是西方冷战的胜利，两霸争夺变成一霸天下，以美国为首的西方绝不愿意看到俄罗斯重新强大起来，恢复昔日苏联的威风。因此，美国绝不会像俄罗斯激进派和自由派想象的那样再搞一个扶助俄罗斯的"马歇尔计划"。同时，美国已今非昔比，再没有那么大的财力可以每年援助200亿~300亿美元，日本有钱，但受南千岛群岛归属问题所阻碍。加之西方对俄偿还能力缺乏信心，因此，在转轨以来的七年半时间里援助总额只有316亿美元，远远低于同期从俄罗斯外流到西方的资金。第二，俄罗斯的激进派和自由派不争气，转轨政策和反危机政策的实施总是不能令西方满意，因此即使国际货币基金组织答应的贷款，也往往因为俄罗斯没有履行贷款附加条件或政局动荡而未能兑现。例如，1992

年，IMF 答应向俄提供 60 亿美元稳定卢布汇率的基金被推迟，许诺提供的 240 亿美元一揽子贷款远远没有兑现。即使兑现的贷款，俄也是使用效率极低，甚至被吃光分净。同时，政治动荡，政策多变，投资环境恶化，又使引进的外商投资很少。这样，靠外援支撑激进转轨，特别是靠外援解决"休克疗法"造成的各种尖锐问题的幻想被无情的事实所破灭，"休克疗法"在内外交困的情况下，必然陷入失败的境地。

原载《东欧中亚研究》2000 年第 4 期

后苏联空间一体化前景暗淡

程亦军*

2011年10月初，正当俄白哈关税同盟建设进入关键时期，时任俄罗斯政府总理的普京在《消息报》上撰文宣称，俄罗斯致力于建立欧亚经济联盟（简称欧亚联盟），俄白哈关税同盟和统一经济空间将成为这一联盟的基础。同年11月18日，俄罗斯总统梅德韦杰夫与白俄罗斯总统卢卡申科、哈萨克斯坦总统纳扎尔巴耶夫在莫斯科共同签署了《欧亚经济一体化宣言》，确立了一体化进程"路线图"。三国首脑宣布，成立统一管理一体化进程的跨国机构——欧亚经济委员会，并共同签订了《欧亚经济委员会条约》及《欧亚经济委员会工作章程》。此举标志着欧亚经济联盟的建设正式拉开了序幕。

2012年4月，普京在国家杜马发表了其总理任期内的最后一个政府工作报告，普京指出：俄罗斯"应该集中精力解决具有重大战略意义，并同我们国家历史性前景息息相关的问题"。为此，普京以现任政府总理和联邦总统候选人的双重身份提出了政府工作的五个优先方向：第一，在恢复传统道德价值观的基础上改善国家的人口发展状况；第二，促进国家和谐发展，缩小地区差别，重点推动和扶持远东和东西伯利亚地区的经济社会发展；第三，努力增加就业机会和就业岗位，为居民创造崭新的、高质量的工作岗位；第四，探索建立可持续发展的、能够在严酷竞争条件下表现出高质量增长的新型经济；第五，通过建立欧亚联盟和实现后苏联空间新的一体化等手段来加强和巩固俄罗斯的世界地位。

---

* 程亦军，中国社会科学院俄罗斯东欧中亚研究所俄罗斯经济室主任，研究员。

普京指出，"在我看来，成立关税同盟和统一经济区，是自苏联解体以来后苏联地区极其重要的地缘政治和一体化大事"，"我们的下一步措施是从2015年开始启动欧亚经济联盟计划"①。

在俄罗斯精英的意识中，独联体只是一个为了填补苏联解体后出现的地区政治、经济真空而拼凑起来的临时产物，其性质和功能决定了该联合体无法在地区政治和经济发展上发挥实质性作用，因而最终必将被新的地区一体化机制所替代，而在俄罗斯主导下建立联盟、重新实现地区经济一体化无疑将是后苏联地区各国最终的也是最好的归宿。毋庸置疑，这一宏伟目标的确立是东欧剧变、苏联解体至今俄罗斯所采取的最重要的地缘政治举措，如能实现将有助于俄罗斯从目前二三流国家的地位重新回到世界政治经济舞台的中心，提高和巩固其国际地位，并且对该地区一系列国家的经济社会发展产生重大影响。不仅如此，它还将对21世纪前半期世界政治经济格局和力量对比产生重大影响。

事实上，多年来俄罗斯始终怀有重新整合后苏联空间的强烈愿望，然而面对纷争不断的国内政局和一蹶不振的国民经济以及北约和欧盟持续东扩、不断挤压其生存空间的复杂恶劣的国际环境，俄罗斯完全无暇、无力来制订和实施相关计划。最近几年，俄罗斯经济取得了积极进展，国家恢复了元气，而相继爆发的国际金融危机和欧债危机又使国际政治经济形势发生了重大变化，无论是内部形势还是外部环境均有利于俄罗斯重整后苏联空间抱负的施展。

一 当前国内外形势有利于俄罗斯整合后苏联空间

综合来看，目前是俄罗斯内外部环境最宽松的时期，这为俄罗斯重新整合后苏联空间提供了良好的契机。

从国内形势来看，稳定的政治局势和持续增长的国民经济为俄罗斯推行地区经济一体化战略创造了必要条件。

2000~2008年，在普京的强力统治下，俄罗斯从动荡不定的政治局势中走了出来。寡头势力遭到沉重打击，一度猖獗的寡头干政现象基本绝迹；地方政治集团已经不再可能各行其政，中央政权的权威得以重新树立；街头政治逐渐

---

① 普京：《政府工作报告》，转引自新华社译稿。

被议会党团政治所替代，爆发大规模社会冲突的可能性大大降低。

2008~2012年梅德韦杰夫当政阶段（即所谓"梅普组合"期间）可以说是一个调整阶段，普京的政策基本得以延续，社会政治体制得到进一步稳定。

2012年普京再次当选总统，重新掌握国家最高权力，为未来一个时期俄罗斯的平稳发展铺平了道路。此外，曾经长期困扰俄罗斯社会的车臣分裂主义势力在遭受持续有效打击后，已经不足以再对国家整体安全构成根本性威胁，反恐、反分裂的任务对于俄罗斯而言已经不如早些年紧迫。

与此同时，俄罗斯经济亦获得了持续增长，国家恢复了元气，各项宏观经济指标在2007年已全面恢复到了苏联解体前的历史最高水平。伴随着旺盛的石油需求，国际能源市场石油价格一路飙升，依靠石油的大量出口，俄罗斯国民经济在2008年创造了新的历史纪录，还积累了大量的财政盈余，国家外汇储备和财富基金达到了空前的规模。虽然受国际金融危机的拖累，2009年，俄罗斯经济出现严重萎缩，但此时的俄罗斯已经不再像1998年那样面对金融危机全无招架之力，而是凭借雄厚的储备基金积极开展自救。经过2010~2011年的恢复，到2012年年初，俄罗斯经济基本回到了危机前的状态，对外贸易大幅增长，外国投资明显增加，外汇储备持续扩大，福利基金和养老基金重新积累起来。这些都表明俄罗斯已经走出了国际金融危机的阴影。这也为俄罗斯政治家增添了底气和信心，重新整合后苏联空间的问题也就顺理成章地被提上了议事日程。

从国际形势来看，美国和欧盟及北约曾经是俄罗斯主导独联体事务的主要障碍，而目前美国和欧盟及北约都遇到了不小的麻烦，没有精力和能力过多地干预独联体事务。近年来，美国在遭受金融危机重创的同时又深陷中东、北非、西亚事务难以脱身，国际地位明显下降，在经济复苏乏力的情况下，美国政府被迫收紧财政，压缩支出，进而调整对外政策，咄咄逼人的进攻势头有所收敛。最能说明这一点的就是美国被迫放弃了执行多年的在两条战线上同时打赢两场战争的战略。在收缩战线的同时，美国将战略重心转向亚洲太平洋地区，把矛头更多地指向迅速崛起的中国。伊朗和朝鲜的核问题也分散了美国的注意力，致使其对独联体的关注程度显著下降。同一时期，欧洲正在经历一场前所未有的危机，旷日持久的主权债务危机不断蔓延，一系列国家相继陷入财政危机并由此引发政府信任危机，从而束缚了欧盟及北约的手脚，对外扩张的步伐受到遏制，短期内不可能再向独联体地区强力渗透。美国和欧盟国家力量的削弱极大地减轻了俄罗斯的外部压力，使其可以从容不迫地处理独联体乃至整个后苏联空间的事务。

此外还有一个值得关注的动向,那就是最近数年一些独联体国家对俄罗斯的向心力有所恢复,这一变化也有利于后苏联地区一体化进程的推进。经历了20多年的风风雨雨,在与大国的博弈当中,尤其是在饱尝了"颜色革命"带来的酸甜苦辣之后,一些独联体国家逐渐清醒地意识到,西方国家往往口惠而实不至,它们远非想象中的那样仗义,在关键时刻常常是靠不住的,将本国的未来托付给西方大国是不明智的。因此,它们在重新审视周边环境和自身发展道路后发现,由于历史渊源和文化传统,自己在很大程度上依然依赖俄罗斯的商品和市场,这种局面短期内不可能改变,因而不得不将目光重新转向俄罗斯。在这方面,白俄罗斯、哈萨克斯坦、亚美尼亚和吉尔吉斯斯坦表现得较为明显。

二 后苏联空间一体化面临一系列困难与障碍

尽管拥有诸多有利因素,然而通往欧亚联盟的道路仍然不平坦,统一经济空间的进程还面临许多困难和难以逾越的障碍。

(一) 后苏联地区各国普遍不认同欧亚联盟

在后苏联空间,波罗的海三国与俄罗斯的距离拉得最远。苏联解体后立陶宛、拉脱维亚、爱沙尼亚没有加入独联体,而是选择重新融入欧洲。三国在经济上积极发展与欧洲国家的关系,在政治上坚定地奉行去俄罗斯化,在文化上实行去苏维埃化和去斯拉夫化,它们根本不可能再与俄罗斯结盟。

2008年8月俄格武装冲突尽管为时短暂,但却彻底摧毁了俄格关系,一年后格鲁吉亚宣布退出独联体,公开与俄罗斯决裂。与格鲁吉亚同处外高加索的阿塞拜疆对独联体内部事务从不热心,没有任何迹象表明该国对欧亚联盟的设想有兴趣。

中亚地区本应是俄罗斯整合后苏联空间可以倚重的中坚力量,可是该地区近年来在政治和经济上表现出的发展趋势恰恰不是一体化,而是逆一体化。由于该地区各国在经济发展上的差距日益扩大,加之其他多方面的原因,彼此间的关系越来越疏远,双边关系日趋多边化、复杂化,合作基础不断被削弱。

合作意愿显著降低。中亚地区各国均不看好由俄罗斯主导的地区一体化进程。在中亚五国当中,土库曼斯坦在国际交往中努力保持中立国的立场,奉行不结盟政策，该国不太可能成为欧亚联盟成员。塔吉克斯坦也不看好欧亚联盟，该国高级官员明确表示，欧亚联盟没有任何前途可言[①]。

乌兹别克斯坦长期以来与俄罗斯的关系若即若离，在独联体内部始终扮演着一个另类的角色，经常与俄罗斯唱对台戏。1999年，乌兹别克斯坦曾宣布退出独联体集体安全条约组织，虽然此后不久又重新回归，但与俄罗斯的关系并未明显改善。

2012年6月，乌兹别克斯坦再次宣布终止其在集体安全条约组织中的职能，说明其与俄罗斯在某些领域的矛盾进一步激化。乌兹别克斯坦对建立欧亚联盟持公开的批评态度。该国认为，目前的俄白哈关税同盟模式不可取，因为在同盟之上有一个超国家的欧亚委员会，会损害相关国家的主权，与乌兹别克斯坦宪法相抵触。此外，关税同盟主要维护的是俄罗斯的利益，没有充分体现其他成员国的利益。因此，乌兹别克斯坦不认可关税同盟，基于同样的理由，该国也反对在关税同盟的基础上建立欧亚联盟[②]。

吉尔吉斯斯坦表面上支持关税同盟和欧亚联盟，实际上也对欧亚联盟持怀疑态度。吉尔吉斯斯坦驻上海合作组织副外长级国家协调员阿桑别克·奥斯莫纳利耶夫指出，俄白哈关税同盟与欧亚联盟都是俄罗斯为了进一步从政治和经济上控制原苏联加盟共和国的举措。从目前的情况看，俄白哈关税同盟取得的成果并不令人满意。由于加入了关税同盟，2011年，哈萨克斯坦与中国的贸易额呈下降态势。这引起了吉尔吉斯斯坦的担忧，因为吉尔吉斯斯坦不希望因为加入一个国际组织而损害本国与原有贸易伙伴的关系。从现实情况分析，如果吉尔吉斯斯坦加入其中，不仅无法获得新的实际利益，而且原有利益也很难得到保障。正因为如此，吉尔吉斯斯坦没有加入该同盟的打算。吉尔吉斯斯坦领导人确实曾经公开表示过希望加入俄白哈关税同盟，但那不过是一种政治表态，是外交上的需要，并不具有任何实际约束力，并不说明吉方已经为此做好了准备。欧亚联盟比俄白哈关税同盟复杂得多，该组织能否顺利建成，关键取决于俄罗斯，从目前的情况看，无论在政治方面还是在经济方面，俄罗斯都没有足

[①] 塔吉克斯坦总统直属战略研究中心主任波波洪·马赫马多夫与中国社会科学院学者代表团座谈时的讲话，2012年11月5日于杜尚别。

[②] 乌兹别克斯坦总统直属战略与国际问题研究所研究员阿吉斯·拉苏洛夫在中乌学者座谈会上的发言，2012年8月22日于塔什干。

够的能力来实现这一目标①。吉尔吉斯斯坦外交部前第一副部长、吉尔吉斯斯坦前驻华大使、现任吉尔吉斯斯坦战争与和平研究所所长艾尔兰·阿勃德尔达耶夫表达了与阿桑别克相近的看法。他指出，吉尔吉斯斯坦政府关于加入俄白哈关税同盟的宣示不过是外交辞令，只是做做样子而已，并无实际意义。吉尔吉斯斯坦目前的物价水平低于俄、白、哈三国，居民收入也普遍低于上述三国，如果加入关税同盟，国内总体物价水平势必上升，此举显然不利于原本就不稳定的国内局势，无论是在政治上还是在经济上对吉尔吉斯斯坦都是不利的。吉尔吉斯斯坦如果加入俄白哈关税同盟，只能成为俄罗斯的附庸，完全受制于俄。起码在近期，吉尔吉斯斯坦不会考虑加入关税同盟的事情，何况俄白哈自身还有很多问题没有解决好。至于加入欧亚联盟则更是一个不现实的设想②。

乌克兰在独联体中的地位举足轻重，没有乌克兰的参与，欧亚联盟将是残缺不全的。从某种意义上可以说，乌克兰的加入与否最终决定着欧亚联盟的成败。除去俄罗斯和格鲁吉亚，独联体其余10国总人口大约为1.3亿，其中乌克兰就占了近5000万，剩余9国合计只有8000万。乌克兰人口比白俄罗斯和哈萨克斯坦两国人口总数还多了将近1倍，与中亚五国的总人口相差无几。乌克兰是独联体内第二大经济体和第二大市场，其经济总量、工农业生产水平、科技水平以及综合发展潜力仅次于俄罗斯，远高于独联体其他成员国。乌克兰对于俄罗斯不仅具有重要的政治意义，而且具有重要的经济意义。就全球范围来说，乌克兰是俄罗斯的第四大贸易伙伴，2011年俄乌贸易额达506.3亿美元，占俄罗斯对外贸易总额的6.2%。在独联体内，乌克兰是俄罗斯最大的贸易伙伴，两国贸易规模占俄罗斯对独联体贸易总额的41.31%（见表1）。这意味着，俄罗斯与独联体国家近一半的贸易额是靠与乌克兰贸易来实现的。没有乌克兰的参加，欧亚联盟的作用和意义将大打折扣。何况，有着浓重"乌克兰情结"的俄罗斯十分清楚，历史上曾经几次"失而复得"的乌克兰一旦在欧亚联盟进程中再次丢失，有可能意味着俄罗斯将永远失去乌克兰。因此，俄罗斯领导人一再向乌克兰表达善意，诚恳邀请乌克兰成为欧亚联盟的一员。然而这却与乌克兰的意愿相违背，因为乌克兰的既定方针是融入欧洲，尽早实现与欧洲的政治经济一体化，乌克兰官方曾经多次公开表达这一立场。可以说，脱俄入欧是乌克兰近期的基本国策，而且具

---

① 阿桑别克·奥斯莫纳利耶夫回答中国学者提问时的讲话，2012年8月23日于比什凯克。
② 艾尔兰·阿勃德尔达耶夫与中国学者座谈时的讲话，2012年8月24日于比什凯克。

有不可逆转的特点。所以,对俄罗斯一再主动示好,乌克兰从不买账,而是以种种理由加以推托,不断强调实际并不存在的阻碍彼此合作的客观因素。

表1 2011年俄罗斯与独联体国家贸易情况

(单位:亿美元)

国家	总额	出口	进口	比重(%)	增幅(%)
独联体	1225.60	782.60	443.00	14.9	34.2
乌克兰	506.30	305.10	201.21	6.2	36.1
白俄罗斯	386.08	249.23	136.85	4.7	37.7
哈萨克斯坦	197.66	129.07	68.59	2.4	30.6
乌兹别克斯坦	39.66	21.07	18.60	0.5	15.1
阿塞拜疆	30.77	25.06	5.72	0.4	57.9
摩尔多瓦	19.52	14.84	4.69	0.2	27.7
吉尔吉斯斯坦	14.53	11.60	2.93	0.2	5.0
土库曼斯坦	13.03	11.60	1.43	0.2	43.9
亚美尼亚	9.94	7.85	2.09	0.1	15.8
塔吉克斯坦	8.10	7.20	0.90	0.1	-8.6

资料来源:俄罗斯联邦国家统计局网站,http://www.gks.ru/。

后苏联地区各国对欧亚联盟的理解和期盼有明显差异,主要表现为俄罗斯与其他国家的利益诉求不一致,而这有可能引发一系列矛盾和纠纷。显而易见,俄罗斯倡导建立欧亚联盟有经济方面的考量,即通过实现经济一体化,促进地区经济融合,加强后苏联空间各国的经贸合作,抵御经济风险,但更多的则是出于地缘政治的考虑。细读普京的文章和政府工作报告就可以明显体味到,俄罗斯启动欧亚联盟计划、构筑共同经济空间的根本目的在于通过融合昔日苏联各加盟共和国来提高俄罗斯的全球地位,在与美国、欧盟及北约和中国的地缘政治竞争中争取主动,因此在合作的过程中俄罗斯不可能不试图加强对相关国家的实际控制。这种控制既包括经济层面,也包括政治层面。就连俄罗斯学者也公开表示了这种看法,俄罗斯欧亚发展银行一体化研究中心主任叶夫根尼·维诺库罗夫曾经说过,"后苏联一体化是俄罗斯所需要的,这是长期外交政策的首要任务,符合国家利益"[1]。

---

[1] 尼古拉斯·格沃斯杰夫:《新俄罗斯帝国》,〔美〕《国家利益》双月刊,转引自新华社信息网。

客观地说,欧亚联盟对后苏联地区的部分国家具有一定吸引力,这些国家希望通过地区一体化在经济方面受益:一方面本国的商品和劳动力可以不受阻碍地进入俄罗斯,以获得俄罗斯巨大的商品市场和劳务市场;另一方面可以获得来自俄罗斯的廉价油气资源(这对乌克兰和白俄罗斯尤为重要)以及资金和技术。此外,有些国家还希望以此来抵消个别国家(如中国)商品对其国内市场的强大冲击力,从而提高本国的经济安全水平。哈萨克斯坦就曾明确表示有这方面的考虑。但是,该地区的任何一个国家都不会以丧失部分主权或其他政治利益为代价来换取上述经济利益。哈萨克斯坦学者古利纳拉·达达巴耶娃就明确指出:"从纳扎尔巴耶夫和卢卡申科在普京文章面世后相继发表的文章来看,这两国领导人存在着一定的担忧。尤其是纳扎尔巴耶夫的文章提到以经济务实主义和自愿为优先,而非以地缘政治或其他利益为优先。哈萨克斯坦总统明确提出了维护政治主权的方针。"白俄罗斯总统卢卡申科也曾公开表示,反对联盟决策机构将自己的意志强加于成员国,联盟决策机构的决定应当接受成员国议会审议,成员国有权拒绝联盟的任何决定。哈萨克斯坦的另一位学者鲁斯兰·然加济更是直截了当地说:"俄罗斯需要一体化,哈萨克斯坦也同样需要,所有国家都需要,尤其是后苏联地区国家。但这是经济一体化,而非政治一体化,是纳扎尔巴耶夫总统提出的不同形式、不同速度,但平等而互利的一体化。如果核心是经济考量,那一体化才会有未来。如果只为政治,那就会有流血,而且会很多。俄罗斯明白这一点吗?"① 白俄罗斯和哈萨克斯坦是关税同盟最积极的支持者和参与者,这两个国家的领导人都对欧亚联盟表现出深深的忧虑,可见俄罗斯的欧亚联盟计划在后苏联空间是存在一定障碍的。

(二)俄罗斯经济增长乏力,自身财力难以支撑欧亚联盟

无论从现有水平还是近期发展潜力来看,俄罗斯的经济实力都难以支撑欧亚联盟,这是对实现后苏联空间一体化最根本的制约。实现后苏联空间一体化必然要经历一个长期重新磨合、相互靠拢的过程,这一过程需要庞大的财政开支。后苏联空间小国多、穷国多,其中个别国家(例如塔吉克斯坦)的经济至今还没有恢复到20多年前苏联后期的水平,没有能力也没有愿望为欧亚联盟建

---

① 观点综述《如果只为政治,那将出现流血》,载俄罗斯信息分析中心网站,2012年2月13日,转引自新华社信息网。

设注资，只能指望俄罗斯。然而俄罗斯也刚刚恢复元气，财力有限，何况其自身也面临着一系列重大资金需求——调整经济结构、填补基础设施历史欠债、重新实现工业化、发展创新经济、开发远东和东西伯利亚等。关键在于，未来俄罗斯的经济发展存在很大的不确定性，在国际市场上还将面临前所未有的竞争，持续发展的动力明显不足。

经过 2010~2011 年两年的恢复性增长，俄罗斯经济恢复到了 2008 年金融危机前的状态。2012 年第一季度，俄罗斯经济增幅达 4.9%，但随后的迹象表明，俄经济呈现高开低走之势，第二季度增幅降至 4%，第三季度仅为 2.9%[①]。2012 年年初，俄罗斯经济发展部预测全年经济增长 3.7%，但鉴于前两个季度的发展走势，不得不在下半年将年度增长预期下调至 3.4%。这个增长速度明显低于 2010~2011 年连续两年 4.3% 的增长速度。从目前的情况看，俄罗斯政府原定的国内生产总值到 2018 年在 2008 年基础上翻一番的目标将无法实现，这意味着《俄罗斯联邦 2020 年前社会经济发展构想》中的许多规划都将落空，因为没有经济的支撑，任何计划都只能是纸上谈兵。2012 年 4 月，俄罗斯科学院能源研究所发布的预测报告称，根据目前俄罗斯经济的实际发展状况推测，经济总量翻番的目标要到 2032 年才有可能实现，比预想的时间延后整整 14 年。近年来，全球经济增速明显放缓，国际经济环境显著恶化。国际货币基金组织 2012 年 10 月再次下调全球经济增长预期，预计 2012 年和 2013 年全球经济增长率分别仅为 3.3% 和 3.6%，这是近年来的最低预测值。被视为世界经济发展引擎的欧盟、中国、美国、日本的经济增速均不同程度地下降。俄罗斯经济增长在很大程度上依赖出口，而对上述经济体的出口分别占俄罗斯对外出口总额的 48%、10.2%、3.8% 和 3.6%，合计高达 65.6%。上述经济体经济景气的下降必然直接或间接地拖累俄罗斯经济。特别是欧债危机的后期效应将对俄罗斯经济造成新的打击。欧盟是俄罗斯能源的最大买家，由于双方能源合作均为长期合同，这些合同早在欧债危机爆发前就已签署，目前仍在执行当中，因而欧债危机至今尚没有直接冲击到俄罗斯。但是，上述合同在 2015 年前都将陆续到期，在签订新合同的时候，欧盟还很难彻底摆脱危机，届时需求下降和价格下降将难以避免，这也将直接影响俄罗斯的对外贸易和经济发展。

[①] 刘恺：《综述：俄经济高开低走未来发展面临挑战》，http://news.xinhuanet.com/fortune/2012 - 12/12/c_114000780.htm。

俄罗斯一直是欧盟最重要的能源合作伙伴，俄罗斯能源在欧洲市场的地位相当稳固，但这种垄断地位很快将受到挑战。由于便于储存和运输，液化天然气越来越受欧洲市场的欢迎，该地区各国液化天然气进口量连年快速增长。近年来，澳大利亚、加拿大、巴西等国的液化天然气生产和供应能力均有很大提高，他们将在欧洲市场成为俄罗斯强有力的竞争对手，并且会在欧洲国家寻求能源来源多元化政策的支持和鼓励下逐步蚕食俄罗斯的市场份额。

三　结论

20世纪90年代，俄罗斯急于摆脱小兄弟们的拖累，会同乌克兰、白俄罗斯、哈萨克斯坦促成了苏联的解体。如果撇开深层次的政治、经济、社会和文化因素，可以说在某种程度上苏联的解体是一部分俄罗斯政治家想获得独立发展机会的结果。正因为如此，当时的俄罗斯政治家们没有去谋取苏联的最高领导权，而是采取各自独立的方式来终结大家庭的存在。然而，苏联解体后，俄罗斯的精英们很快就发现，俄罗斯的强大其实离不开周边小兄弟们的帮衬，俄罗斯的崛起需要空间、需要势力范围，于是，随着独联体的建立便开始了后苏联空间重新一体化的建设过程。可是，这一进程发展得极不顺利。匆忙搭建起来的独联体显然只是个空架子，这个松散的跨国组织毫无约束力，各成员国的权利和义务没有得到明确的界定。随着时间的推移，特别是由于严重的经济危机，俄罗斯在独联体内部的影响力和支配力日益下降。为了增强该地区的政治经济凝聚力，俄罗斯不断在独联体内部进行改造，首先组建了欧亚经济共同体，将与其经济联系较为密切的国家聚拢起来，实行更加紧密的经济合作；其次试图组建俄白联盟，使俄罗斯与白俄罗斯这两个以东斯拉夫民族为主体的国家在政治经济上高度融合起来。但是，这些尝试都没有取得良好的整合效果。2011年正式运行的俄白哈关税同盟称得上是20多年来俄在整合后苏联空间上取得的最大成果。关税同盟极大地激发了俄罗斯精英们的热情，欧亚联盟的构想正是在此基础上正式提出的。但鉴于各国的长期分化和俄罗斯有限的财力，实现这一目标的希望是极其渺茫的。

原载《俄罗斯学刊》2013年第1期

论俄罗斯混合市场经济模式的形成及特点

李中海[*]

关于俄罗斯经济发展模式，存在许多不同看法，其原因至少有三。其一，探究一国经济发展模式应以对该国经济的长波段研究为基础，俄罗斯独立至今仅15年，虽然普京执政期间宣称"大规模制度变革已经结束"，但各种经济成分的构成形式和调节经济运行的机制尚未定型，经济发展模式仍存在不确定性，对这一问题的探讨必然见仁见智。其二，经济发展模式是一个综合性概念，是撇开经济活动的次要因素，对一国经济成分构成形式、经济运行机制及调节方式、现实经济活动框架和原则及经济增长方式所做的抽象，是对国民经济基本运行规则、增长类型以及主要经济政策在理论上的一种设计和构造。如果仅从单一角度，凭借个别数据或特点，就对一国经济发展模式做出判断，很可能失之偏颇。其三，经济学作为一门学科发展至今，形成了诸多理论和流派，虽然对基本概念存在普遍认同，但在概念运用及对概念基本含义的理解方面，存在不小的差异。仅就经济发展模式而言，根据不同标准和不同的划分方法，就存在许多类型。比如按经济制度可分为资本主义模式和社会主义模式；按地域可分为美国模式、拉美模式、北欧模式、东亚模式等；"新制度学派"还将资本主义模式分为"市场导向资本主义、政府导向资本主义和谈判或协商资本主义"[①]。针对俄罗斯经济模式的判断存在同样情况，经济学界根据俄经济的不同

---

[*] 李中海，中国社会科学院俄罗斯东欧中亚研究所研究员。
[①] 邱询旻：《美国、德国、日本经济模式比较研究与择优借鉴》，《财经问题研究》2003年第3期。

侧面及特点，提出了很多似是而非的概念，如"帮派资本主义""裙带资本主义""边缘化资本主义""国家资本主义""过渡形态长期化的经济模式"，等等①。

"社会生活现象极其复杂，随时都可以找到任何数量的例子或个别的材料来证实任何一个论点。"② 判断一国经济发展模式，必须将其置于时空维度中，从世界经济发展的一般规律和国家历史演进的角度，在综合分析的基础上，揭示其经济中的共性和特性，从而对其经济发展模式做出判断。纵观俄罗斯经济发展史，十月革命前俄罗斯经济与西方相比存在相对特殊性③。十月革命后苏联经济走上封闭运行的轨道，与西方相比具有绝对特殊性。苏联解体后俄罗斯选择了与西方趋同的经济制度，但其经济体制和运行机制及经济基础与西方市场经济存在很大差异。普京上台尤其是2003年以来，摒弃了叶利钦时代机械照搬西方市场经济模式的做法，以建立强大的经济为根本出发点，从本国具体国情出发，对经济战略、经济政策进行了全局性和根本性的调整，虽然俄罗斯经济仍未走上转变经济增长方式、实现经济全面发展的道路，但形成了以经济增长为导向的混合市场经济模式。

一 俄罗斯混合市场经济模式的形成及特点

（一）从建立自由主义市场经济的政策取向到混合市场经济模式的转变

1. 从叶利钦时代到普京时代的转变

如果将普京时代与叶利钦时代进行对比，可以清楚地看出两者之间的明显差别。叶利钦时代经济转轨和改革的主题是"休克疗法"、私有化、自由化；普京时代经济政策的主题则为"建设强大的经济"、提高经济竞争力、实现经济多样化、发展创新型经济等。其根本区别在于，经济政策取向和目标发生了明显变化。叶利钦时代经济改革的目标与手段混淆，力图通过激进的制度变革，建

---

① Либман А. Политическая логика формирования экономических институтов в России, http://www.carnegie.ru, июль 2007г. с.102 – 103.
② 《列宁选集》第2卷，人民出版社，2012，第578页。
③〔俄〕普列汉诺夫：《俄国社会思想史》第2卷，商务印书馆，1999，第100~101页。

立起以全面私有化为基础的自由主义市场经济制度。但在系统性的经济危机条件下,经济持续滑坡,国家财政入不敷出,陷入左支右绌状态,社会经济一片混乱,国家政治、经济和社会危机交替加深。所谓"自由主义"只是经济改革的标签和目标取向。直到2000年普京上台,俄罗斯经济自由度的世界排名还在100名以后①。进入普京时代,经济战略和政策出现了重大调整,最根本的是目标取向发生了明显变化,建设强大的经济是核心和根本目标,具体政策则兼收并蓄,因此可以说,普京经济战略是目标导向型的发展战略。

2. 从普京第一任期到第二任期的转变

普京上台之初,俄罗斯千疮百孔,经济凋敝,社会混乱,国家财政捉襟见肘,领土完整面临威胁。在这一时期,普京经济政策的重点在于完善市场经济制度,力图通过修补漏洞、整顿秩序,使局面趋于稳定。突出的是制定了民法典、税法典、劳动法典、土地法典等带有自由主义市场经济特征的基础性法律。同时,继续推进经济改革,强调减少国家对经济的干预,规范企业行为,着手实施自然垄断行业改革,进一步完善养老金改革等。这一时期,欧盟和美国先后承认俄罗斯为市场经济国家。但从普京第一任期即将结束时起,以"尤科斯事件"为标志,俄罗斯经济政策发生逆转,突出表现在国家不仅强化了对经济的宏观调控,也加强了对企业的微观控制,国家的作用和影响力日益突出,并最终形成了混合型的所有制结构、经济运行机制和经济管理体制。

(二) 俄罗斯混合市场经济模式的突出特征

1. 国有制、集体所有制与私人所有制并存

经过自20世纪90年代初以来的私有化进程,俄罗斯大部分国有企业已实现了私有化。据世界银行统计,俄罗斯国有公司2004年的销售额占比仅为25%,非国有经济就业人口占就业总人口的63%②。在普京进入第二任期后,俄罗斯经济中的国有成分不断扩大,一些企业被国有或国家控股企业兼并,国家对关系国民经济命脉的行业或企业加强了控制,有学者将这一进程称为"国有化"或"再国有化"。2006年以来,俄罗斯还组建了国家纳米技术公司等若

---

① Илларионов А. Как заработать 100 триллионов долларов// Эксперт, 2000№8, с. 28.
② World Bank, 2004, "From Transition to Development. A Country Economic Memorandum for the Russian Federation", p. 101.

干大型的政府公司。一些学者认为，俄罗斯可能就此走上国家资本主义道路。对此，普京在2007年12月接见俄工商会代表时明确表示，俄罗斯不会走国家资本主义道路，也不允许政府公司进行行业垄断，组建政府公司的目的在于，国家对那些私营企业没有投资意愿的领域进行扶持，国家资本主义"不是我们的选择，也不是我们的道路"①。应该看到，非国有经济在俄罗斯仍占据半壁江山，在可预见的将来，俄罗斯仍将保持国家、集体和私人所有制并存的混合所有制结构。

2. 市场调节与国家控制相结合

20世纪90年代，俄罗斯市场经济体制已基本确立，其中包括企业自主经营、自负盈亏、自我约束和自我发展的经营机制，价格形成的市场机制，以法律和市场为手段的宏观调控机制等。但在价格调控方面，当时虽然对大部分产品放开了价格，但国家仍对自然垄断行业的产品与服务、住房公用事业、电力等行业实行价格管制。普京执政以来，国家对经济的干预范围进一步扩大，干预程度进一步加深，实际上形成了国家控制下的市场经济运行模式。

3. "非法治化"与市场经济原则尖锐对立

所有权不可侵犯和契约精神是市场经济的两大基本要义。市场经济应以法律制度为基础，由国家和法律对产权保护和契约执行提供保障。在一个法律权威难以确立或法律制度不健全的社会，各种机会主义行为和违约行为会大大增加，从而导致经济活动交易成本的增加。俄罗斯社会非法治化问题极为突出，政府行政的随意性大，官员腐败现象严重，滥用权力问题普遍②。企业对其产权保护状况及契约执行缺乏信心。此外，国家对个别企业进行"选择性国有化"，也损害了企业对政府的信任。同时，俄罗斯社会"信任半径小"是其固有问题③。这不仅表现为企业对国家能否对其提供法律保护缺乏信心，也表现为企业之间对合作伙伴能否履行契约也存有疑虑，甚至人与人之间也普遍存在信任度不足的问题。俄罗斯的市场经济仍存在野蛮落后的一面。

4. 各种形式的垄断与自由竞争同时存在

垄断是资本主义发展到一定阶段的必然结果。从经济效率的角度看，垄断

---

① Путин В. Госкапитализма не будет, http://www.opec.ru, 11 декабря 2007.
② Либман А. Политическая логика формирования экономических институтов в России, http://www.carnegie.ru, июль 2007г. с. 102 – 103.
③ Олейник А. Н. Издержки и перспективы реформ в России: институциональный подход, Москва, ГУ ВШЭ, 2001г. с. 139 – 140.

有利有弊。俄罗斯经济中的垄断分为自然垄断、行业垄断和行政垄断三个部分。其中自然垄断是由产业特殊性所决定的,这是因为油气管道、电网等基础设施存在不可分割性。行业垄断则是由苏联时期大而全的经济发展模式沿袭而来的,如天然气工业公司借助手中握有管道运输的管理权,在天然气开采领域形成了实际垄断。行政垄断包括地方保护主义、行政机关利用权力限制某些行业的市场准入,导致某些领域市场准入门槛过高。普京上台后,搁置了天然气工业公司的改革方案,维持了该公司的行业垄断地位,自然垄断行业的改革同样处于"冷冻状态"。这一时期虽然针对行政垄断问题,修改了《某些经济活动的行政许可管理法》,但行政审批仍普遍存在。同时,俄政府修改和完善了《反垄断法》,提出了保护竞争环境、对违犯反垄断法的行为加大处罚力度,但是国有大企业对立法、行政和司法机关都有超强的影响力,其垄断行为未必会受到惩处。

5. 经济自由化程度低,集中程度高

尽管俄罗斯经济政策经常被冠以"自由主义"的标签,但无论在叶利钦执政时期还是普京执政时期,其经济自由化程度始终在世界排名中处于末端。国际经济自由度研究组织依据国家在经济生活中所占比重、经济结构、市场机制覆盖范围、货币政策和物价状况、外汇管理制度、私有产权保护状况、对外贸易自由度、资本市场自由度等7大项23小项,对世界各国经济自由度定期进行评估,俄罗斯2000年的经济自由度指数排名世界第110位[①]。另据美国《华尔街日报》和传统基金会发布的年度报告,俄罗斯经济自由度2006年世界排名为第122位。由此可见,俄罗斯经济仍是管制程度很高的市场经济。同时,俄罗斯经济资源集中在大企业。据俄"专家"评级机构的评估,俄2005年资产超过100亿美元的大公司有13家,其资产总额总计为5260亿美元,占当年GDP总量的65%。

6. 兼顾公平与效率原则

俄罗斯强调社会与经济平衡发展,恢复部分带有社会主义和计划经济色彩的社会经济政策。普京执政后,俄罗斯经济政策重新向社会领域倾斜。普京总统在2003年国情咨文中对经济增长、经济改革与社会政策三者之间的关系有过一番论述,核心思想是,在经济改革与经济增长目标相冲突时,应以经济增长为优先考虑,"不能为了改革而改革",但在经济增长与社会政策相冲突时,社

---

① Илларионов А. Как заработать 100 триллионов долларов// Эксперт, 2000 №8.

会需要则高于经济增长目标①。更为突出的是，2005年，普京提出四大民生工程，加大了对教育、医疗、住房和农业的投入，以解决上述领域中存在的老大难问题。其中对各级预算的拨款额度、使用方向及预期效果均有详细具体明确的规定。这些举措既是社会政策的组成部分，也是促进经济发展的有力手段，对一些落后行业的发展以及拉动内需均有直接的促进作用，是带有社会主义和计划经济色彩的经济政策。

二 对俄罗斯混合市场经济模式的评价

俄罗斯作为一个经历了长期经济危机的转型国家，同时面临着克服经济危机、改革经济体制与加快经济发展等多重任务，其经济发展中存在的问题与挑战也是多层次和多方面的，其中既有经济发展道路、经济增长方式与经济改革进程等宏观层面的问题，也有财政税收体制、金融体制和外贸管理体制等中观层面的问题，还有企业产权结构、公司治理、生产要素等微观层面的问题。普京执政八年间，虽然经济连年增长，人民生活水平明显提高，但在俄政府内部及学术界，针对政府在经济中的地位与作用、经济改革进展、经济结构的原材料化以及经济中存在的短期与长期风险等问题，始终存在着明显的分歧，对普京经济政策的批评也时隐时现，虽然有些观点是出于这样或那样色彩的固化思维，但也客观地反映出俄罗斯经济中存在着许多难以解决的问题。在特定条件下，有些问题还可能突出地显现出来。

1. 国家在经济生活中的地位与作用问题未得到解决

国家、市场与企业三者关系是构成经济发展道路和模式的首要问题。如何安排、协调和优化三者关系是经济制度和经济调控机制的核心。俄罗斯从计划经济向市场经济的过渡是强化市场作用的过程。叶利钦执政时期，尤其是经济转轨初期，市场作用被神化，力图完全通过市场机制实现经济转轨，克服危机，实现经济增长。普京执政前期沿袭了叶利钦时期的经济政策，将国家职能定位为确保市场秩序、为市场经济有效运转创造条件，国家在经济中的作用"应表现为保护经营自由，少一点行政命令式的管理，多一些经营

---

① Полный текст Послания Президента Федеральному Собранию Российской Федерации. http://www.edinros.ru/news.html? id = 122046, 16 мая 2003 года.

的自由"①。进入普京执政中期，以"尤科斯事件"为标志，经济政策明显转向，突出表现为国家的作用和影响力日益突出，国家不仅强化了对经济的宏观调控，也加强了对企业的微观控制。普京经济政策的转向，导致一批持自由主义观点的政府官员转向其对立面。更为重要的是，政府强化对企业的控制，干扰了市场机制的运行。"尤科斯事件"发生后，资本市场出现震荡，股票市场一度低迷②；企业投资积极性受到压抑，固定资产投资增幅下降。"尤科斯事件"后，政府在经济中的地位进一步上升，作用进一步增强，突出表现在国有经济成分明显扩大，国有油气公司兼并了一些私营公司；国家对一些行业中的企业进行兼并重组，构建大型企业集团。在经济调节机制方面，经济改革进展缓慢，各种形式的垄断有增无减，这种局面对经济主体在市场经济中的自由竞争起了抑制作用。俄罗斯一些自由派学家对此均提出过尖锐的批评。原总统经济顾问伊拉里奥诺夫在接受媒体采访时曾指出，俄罗斯国家对经济干预的范围之广、国家垄断程度之深，"为世界各国所仅见"，国家对经济的过度干预和国家垄断的维持，限制了市场竞争，也限制了外资流入③。此外，俄罗斯社会非法治化问题极为突出，政府行政的随意性大，官员腐败现象严重，滥用权力问题普遍存在④。企业对其产权保护状况及契约执行缺乏信心。在"普京—梅德韦杰夫"体制下，针对国家在经济发展中的地位和作用的问题，仍将继续争论下去。

2. 制约经济发展的深层次体制问题依然存在

普京执政初期在市场经济制度的建设和完善方面采取了很多措施，修改和完善了一些法律法规，并在多种场合强调对自然垄断行业进行改革，减少国家对经济的干预。但在进入第二任期后，普京的经济政策趋于保守，中止了自然垄断行业的改革，其他领域的改革也陷于停顿。在2008年总统大选前，以俄罗斯科学院经济所所长格林贝格为首的一批经济学家发表了一份报告，认为普京执政时期的经济改革在总体上是不成功的。如果对各领域改革进展进行分类的话，比较成功的领域是税制改革、资本市场的发展、预算制度改革、土地市场

---

① Полный текст Послания Президента Федеральному Собранию Российской Федерации. http：//www.edinros.ru/news.html？id = 122047，18 апреля 2002 года.
② Официальный сайт ФСФР，Годовой отчет ФСФР России за 2006 год，http：//www.ffmc.ru.
③ Йенс Хартман，Илларионов А. Государство должно меньше вмешиваться，http：//www.inosmi.ru/translation/223734.html，18 ноября 2005.
④ Либман А. Политическая логика формирования экономических институтов в России，http：//www.carnegie.ru，июль 2007 г. с. 102 – 103.

的形成、劳动关系的改革;比较不成功的领域是经济调控、地区政策、科技政策、教育改革、医疗卫生改革、农业、自然垄断行业、金融管理制度的形成、产业政策;完全不成功的领域是行政改革、住房保障、所有权保护、自由竞争环境的建设、私有化、居民社会福利货币化改革[1]。俄罗斯科学院院士彼得拉科夫认为,普京执政时期,私人所有制的问题没有得到解决,没有为中小企业参与自由竞争提供法律和经济支持,而大企业在获得市场垄断地位后,效率也明显下降。俄罗斯科学院经济所社会政策中心主任冈特马赫尔认为,如果俄罗斯未来一个时期不进行综合性的深入的经济、社会和政治改革,就会再次滑入某种形式的危机中[2]。

3. 俄罗斯经济增长对国际油价的依赖性没有降低,经济结构的原材料化趋势进一步加剧

国际经济组织和俄罗斯国内经济学界以及政府主管部门均对油价与俄罗斯 GDP 增长率之间的关系做过估算。其中,世界银行在 2004 年发布的《从转型期经济到发展型经济报告》中指出,俄罗斯 GDP 增长率与国际油价的弹性比为 0.07,即国际油价每增长 1 个百分点,俄 GDP 增长 0.07 个百分点。国际油价每桶增长 1 美元,俄联邦预算收入将增长 GDP 的 0.35%,联邦统一预算收入增长 GDP 的 0.45%[3]。俄罗斯国民经济预测研究所对此的结论是,石油价格增长对 GDP 的贡献度为 1.5 个百分点(2003 年)[4]。俄罗斯发展中心对建立稳定基金后 GDP 与石油价格的关联度进行过评估,认为,2005~2006 年俄 GDP 增速放缓,是由于石油出口收入的 1/3 以上退出流通,进入了稳定基金。稳定基金对金融形势的稳定起到了不可替代的作用,但对经济增长有抑制作用,按目前稳定基金征缴标准(27 美元/桶),石油价格每超过这一标准 10 美元,GDP 增长率提高 0.2~0.3 个百分点。如石油价格继续上涨,稳定基金规模还将继续增加,但对 GDP 增长影响不大。换言之,即使石油价格下降到一定水平(如不低于 35 美元/桶),对

---

[1] Овян А. Теория относительности ВВП, http://www.novayagazeta.ru/data/2008/15/11.html, 02.03.2008.
[2] 同上。
[3] OECD, "How to sustain growth in a resource based economy? The main concepts and their applicantion to the russian case.", http://www.oecd.org, Feb., 09, 2006.
[4] Милов В. Проблемы энергетической политики России, http://www.energypolicy.ru/nep.php, апрель 2005 г.

GDP 的影响同样是有限的①。俄罗斯经济发展和贸易部官员认为，2005 年以后，能源出口作为经济增长发动机的动力已经下降。2003～2005 年，俄石油工业增长速度年均为 10%。从 2006 年起，油气资源出口增速下降，回落到 3% 的增长速度。石油出口增幅下降使 GDP 增幅减少 1.5～3 个百分点。如果石油价格继续上涨，石油工业对 GDP 的贡献率仅能提高 0.3～0.4 个百分点②。

4. 经济结构调整没有取得进展

经济结构畸形是苏联及俄罗斯经济中存在的固有问题，突出表现在产业结构失衡和地区经济差距两个方面。俄罗斯产业结构失衡既体现为三次产业的构成及比例关系失衡，也体现为工业内部各行业发展不平衡。最为突出的是制造业发展严重滞后，居民消费品生产行业不发育，导致居民消费品供应长期短缺；在制造业中一直没有形成拉动经济持续增长的主导产业。产业结构的失衡导致国民收入失衡、固定资产投资结构失衡和对外贸易结构失衡。地区经济差距的突出表现是地区经济两极分化严重，在俄罗斯欧洲部分和大城市经济快速恢复发展的情况下，一些边远地区社会经济状况仍在持续恶化。

5. 固定资产老化严重，依靠现有工业基础难以实现产业结构高级化

俄在计划经济时期建成的工业化基础严重老化和锈蚀，仅靠增加要素投入进行外延式的扩大再生产，难以实现产业结构的高级化。俄工业基础老化至少包括三方面的含义。一是工业固定资产严重老化，各部门设备老化率分别为：化工和石化业 80%，机械制造业 70%，轻工业 70%，建材业 69%，黑色金属冶金业 67%，电力工业 66%，有色金属冶金业 65%，燃料工业 63%，森工纸浆业 55%，食品工业 45%③。二是设备使用年限超长，磨损严重。工业设备的平均使用年限达到 21.2 年，2004～2006 年工业固定资产的平均更新率仅为 1.8%④。三是技术老化。苏联时期的工业化是建立在传统电气化水平之上的工业化，20 世纪 80 年代中期以来的经济危机，使俄错过了对原有工业基础进行现代化改造的时机。对旧设备、旧技术继续增加投资，进行局部修补，必然导致投资效率

---

① Центр развития., Обзор россиийкий экономики за 2006 год., http：//www.dcenter.ru.
② Греф Г. Тезисы выступления на Совете по конкурентоспособности и предпринимательству, http：//www.economy.gov.ru, 6.09.2006 г.
③ 许志新主编《重新崛起之路——俄罗斯发展的机遇与挑战》，世界知识出版社，2005，第 424 页。
④ Гайдар Е. Российская экопомика в 2006 г：тенденции и перспективы, http：//www.iet.ru, cc. 324 - 325.

低下，产品质量和产业竞争力无法从根本上提高，产业结构高级化无从实现。2006年与1998年相比，机械制造行业的固定资产投资增长了43.6%，但技术水平没有明显提高，高科技装备所占比例极低，数控机械设备所占比例不超过5%[1]。在这种情况下，不对设备进行彻底更新，难以生产出有竞争力的产品。

6. 制约创新型经济发展的体制机制因素仍大量存在

虽然近年来俄罗斯政府一再提出应加快创新型经济发展，但仍存在很多制约创新型经济发展的因素。其中较为突出的是，俄罗斯科技研发的规模较小，研发结构不符合创新型经济发展的需要，也无法满足企业对先进技术日益增长的需求；俄罗斯一些世界领先的科技成果的转化能力差，没有形成现实生产力；一些地方政府官员对建立科技园区、经济信息化重视不够，一些传统企业尤其是军工企业担心创新型经济的发展对其造成冲击；知识产权保护制度和专利申请制度仍需要进一步完善；风险投资的利润率低，难以获得足够的资金支持。此外，政府对发展创新型经济所起的作用有限，名目繁多的发展战略、政府纲要并未得到全面落实[2]。俄罗斯创新型经济发展道路仍很漫长。普京主政以来，俄罗斯政府在发展创新型经济方面采取了许多措施，但从目前情况看，尚未取得明显成效。据俄专家评估，目前俄罗斯只有10%的工业企业有创新积极性[3]，只有5%的企业属于创新型企业，只有5%的产品属于创新型产品[4]。俄罗斯高科技产品在国际市场所占份额仅为0.35%~1%，不仅低于发达国家，也低于一些发展中国家[5]。

7. 基础设施发展滞后不仅限制了经济增长潜力的充分发挥，也制约了各地区经济的平衡发展

由于20世纪90年代的经济危机，俄罗斯无力对电网、供暖等基础设施进

---

[1] Гайдар Е. Российская экономика в 2006 г: тенденции и перспективы, http://www.iet.ru, cc. 330 – 332.

[2] Корчагин Ю. А. Проблемы формирования инновационного сектора экономики РФ и регионов, http://lerc.012345.ru/informatics/0002/0001.

[3] Дежина И. Проблемы создания инновационной инфраструктуры в России. http://www.opec.ru, 08 октября 2004 г.

[4] Корчагин Ю. А. Проблемы формирования инновационного сектора экономики РФ и регионов, http://lerc.012345.ru/informatics/0002/0001.

[5] Дежина И. Проблемы создания инновационной инфраструктуры в России, http://www.opec.ru, 08 октября 2004 г.

行改建和升级，导致基础设施日益陈旧老化，事故频发。在莫斯科市、莫斯科州、列宁格勒州、秋明州等经济快速发展的地区都曾出现过电力供应不足等问题。在边远地区，电力供应中断、冬季取暖难以保障的问题也非常突出。在交通运输方面，由于对道路所有权和管理权的法律缺失及受资金技术等因素的限制，公路交通建设长期停滞，各地区的机场、铁路同样存在老化问题，交通不畅已成为制约地区经济平衡发展的主要因素。

8. 俄罗斯经济发展仍面临着许多不可预见的风险

其中外部环境风险包括国际政治环境、经济环境，如俄罗斯与欧美主要国家及与独联体国家关系的演变，对经济全球化机遇与挑战的认识及应对策略，参与区域经济一体化进程的程度及在一体化进程中的影响力，对国际劳动分工的态度与对策，俄罗斯主要出口产品的国际市场需求及价格走势，非传统出口商品的国际竞争力能否提高，对外开放度及对吸引外资的态度及对策等。内部风险包括能否保持政局持续稳定与政策的延续性和可预见性，国家对经济的干预范围、程度、方式及影响，官僚主义与腐败问题能否得到控制和解决，民族地区社会稳定能否得以保持，人口持续下降的危机能否缓解，影子经济的影响及解决办法，经济民族主义、有组织犯罪、极端民族主义思潮能否得到有效遏制等。从政策层面看，宏观经济政策、财政税收政策、货币信贷政策、结构政策、产业发展政策、对外贸易政策、创新型经济发展政策等是否与经济状况相适应，各项政策是否具备灵活调整的制度条件等。

三　结　论

2008年，俄罗斯顺利实现了最高领导权力的更迭，形成了独具特色的"梅普组合"体制。在经济发展战略方面，普京政府提出了"到2020年使俄罗斯经济进入世界前五强"的战略目标，梅德韦杰夫除一再重复其在竞选期间提到的四个关键词，即制度、投资、基础设施、创新，并在其首次国情咨文中增加了"知识"这一关键词以外，尚未提出带有其个人色彩的经济政策。这显示出普京所主导的以保持经济增长速度和改变经济增长方式为目标的混合市场经济模式将延续下去。

经济发展模式本身不存在正确与错误之分，重要的是要消除制约经济增长和结构调整的体制障碍，理顺经济管理制度，培育有利于提高企业竞争力的制度环境和市场环境。20世纪90年代的经济危机和过去八年经济增长的实践证明，俄罗斯必须选择适合其政治、经济和社会状况的经济发展道路，以强国富民为目标的混合市场经济模式是俄罗斯经济取得新发展的正确途径，进一步兴利除弊是保持经济增长速度和实现经济多样发展的重要前提。

原载《俄罗斯研究》2009年第2期

目　录

上　册

政治篇

苏联落后于时代的教训和邓小平理论的时代精神 …………… 刘克明 / 003
关于苏联74年社会主义实践和苏联剧变的历史思考 ………… 徐　葵 / 025
对东欧国家向市场经济过渡的若干问题探讨 ………………… 张文武 / 052
苏共失败的历史教训 …………………………………………… 李静杰 / 072
俄罗斯政治权力与资本权力关系浅析 ………………………… 李永全 / 090
十月革命：必然性、历史意义和启迪 ………………………… 吴恩远 / 097
斯大林模式究竟是怎样形成的 ………………………………… 陆南泉 / 112
东欧国家政治体制比较研究 …………………………………… 赵乃斌 / 129
转型九问
　　——写在东欧剧变20年之际 …………………………… 朱晓中 / 143
伊斯兰教在中亚的传播与发展 ………………………………… 常　玢 / 156
析俄罗斯社会的内在冲突性 …………………………………… 李景阳 / 174
论苏联剧变的思想政治根源 …………………………………… 潘德礼 / 186
俄罗斯宪法制度的演变与时代特征 …………………………… 董晓阳 / 198

俄罗斯已结束制度转型 ……………………………………………… 李福川 / 215
中亚国家的民族政策：理论与实践 ………………………………… 刘庚岑 / 223
俄罗斯共产党：发展历程及其势衰原因 …………………………… 李雅君 / 234
吉尔吉斯斯坦独立以来的两度政变与政治发展前景 ……………… 薛福岐 / 247
对中东欧国家发展道路的再思考 …………………………………… 高　歌 / 258
俄罗斯保守主义与当代政治发展 …………………………………… 张昊琦 / 275
民族心理与民族联邦制国家的解体
　　——以捷克斯洛伐克联邦为例 ………………………………… 姜　琍 / 297

经济篇

理解中国现代丝绸之路战略
　　——中国与世界深度互动的新型链接范式 …………………… 邢广程 / 319
丝绸之路经济带：打造区域合作新模式 …………………………… 孙壮志 / 344
丝绸之路经济带、欧亚经济联盟与中俄合作 ……………………… 李建民 / 354
苏联关于计划与市场问题的理论和实践 …………………………… 张　森 / 375
俄罗斯经济转轨评析 ………………………………………………… 许　新 / 386
后苏联空间一体化前景暗淡 ………………………………………… 程亦军 / 399
论俄罗斯混合市场经济模式的形成及特点 ………………………… 李中海 / 409

下　册

国际金融危机背景下对中东欧经济转轨问题的再思考 …………… 孔田平 / 421
通过市场关系走向社会主义
　　——对布哈林几个经济理论问题的再认识 …………………… 向祖文 / 437
中俄区域经济合作的理论解析 ……………………………………… 高晓慧 / 456
中亚水资源问题的现状与解决的前景 ……………………………… 吴宏伟 / 465
俄罗斯的公司治理 …………………………………………………… 张聪明 / 479

中俄经贸合作：回顾与展望 ……………………………………… 张红侠 / 488
中俄农业与食品工业的合作 …………………………………… 冯育民 / 504
俄罗斯城市化与城市发展 ……………………………………… 高际香 / 521

外交篇

俄罗斯的独联体政策：十年间的演变 ………………………… 郑　羽 / 539
友好 20 年　合作共发展
　　——对中国中亚外交具体实践经验的总结与思考 ……… 赵常庆 / 559
延续"总体稳定、局部动荡"的基本态势 ……………………… 孙　力 / 573
安全两难与中俄关系 …………………………………………… 姜　毅 / 589
俄罗斯的"东进"政策：成就、问题与走势 …………………… 柳丰华 / 600
俄罗斯的欧亚战略
　　——兼论对中俄关系的影响 ………………………………… 庞大鹏 / 613
适应新形势应对新挑战　上合组织迈进务实合作新阶段 …… 李进峰 / 625
日益激化的苏美"资源战" ……………………………………… 黄天莹 / 641
"北方领土"主权终归谁属
　　——试析俄日"北方领土"之争 …………………………… 李勇慧 / 654
《代顿协议》与波黑重建 ………………………………………… 汪丽敏 / 667
《东南欧稳定公约》
　　——新区域主义的一个积极尝试 …………………………… 李丹琳 / 679

综合篇

中长铁路归还中国的历史考察 ………………………………… 张盛发 / 693
对列宁、斯大林在建立联盟问题上分歧的再认识
　　——兼论苏联联邦体制的问题和缺陷 ……………………… 刘显忠 / 730

重新审视《苏日中立条约》下的苏日关系 ………………………… 吴　伟 / 746
俄国与西方：俄罗斯观念的历史考察 …………………………… 白晓红 / 764
论中亚国家整体发展进程 ………………………………………… 赵会荣 / 774
俄罗斯文明属性及其战略影响考论 ……………………………… 王晓泉 / 792
俄罗斯的软实力与国家复兴 ……………………………………… 许　华 / 811
乌兹别克斯坦的宗教管理体制 …………………………………… 张　宁 / 830

国际金融危机背景下对中东欧经济转轨问题的再思考

孔田平*

中东欧的经济转轨已逾20年，多数中东欧国家已经建立了良好运作的市场经济体制。2008年之前中东欧新兴市场的表现举世瞩目，欧盟的中东欧新成员国的经济表现优于老成员国，中东欧国家的赶超进程明显加快。然而，受国际金融危机的影响，2009年是中东欧经济摆脱"转轨性衰退"后经济增长记录最为黯淡的一年，除波兰经济保持增长外，其他中东欧国家经济陷入了衰退。在国际金融危机的背景下，围绕中东欧经济转轨的争论不绝于耳。在转型20年后，特别是在国际金融危机的背景下，全面思考中东欧经济转轨的相关问题，特别是经济转轨战略和经济发展战略尤为重要。

一 经济转轨是否已经结束

在中东欧经济转轨20年后，围绕经济转轨是否已经结束的讨论再次成为争论的主题。早在1995年，当时的捷克总理克劳斯（Vaclav Klaus）就强调捷克的转轨已经结束。经济学家在1990年代就讨论过转轨何时结束的问题。[①] 扬·什韦纳尔（Jan Svejnar）认为，经济转轨作为一个过程结束需要两个条件：第一，

---

* 孔田平，中国社会科学院俄罗斯东欧中亚研究所原中东欧研究室主任，研究员，中国社会科学院欧洲研究所研究员。

① Brown Annette N. ed. When is Transition Over, W. E. Upjohn Institute for Employment Research, 1999.

放弃中央计划,中央计划不再作为经济中的配置和分配机制;第二,中央计划和直接的政府干预被有效运行的市场体系所取代。满足第二个条件可视为转轨的结束。① 有的学者强调加入欧盟是经济转轨已经结束的标志,因为加入欧盟必须达到欧盟确立的"哥本哈根标准"在经济上的要求,即建立"可运行的市场经济",能够应付欧盟内部的竞争压力。但是,欧洲复兴开发银行2003年发布的转轨报告明确强调,加入欧盟并不意味着转轨的结束。波兰经济学家格热戈日·W. 科沃德科(Grzegorz W. Kolodko)认为,尽管欧盟正式成员国地位意味着新成员国拥有可运行的市场经济,但是,成员国地位并不能决定体制的实际成熟度。② 在欧洲复兴开发银行出版的转轨报告中,除捷克外,其他中东欧国家仍被视为转轨国家。

中东欧经济转轨最大的成就是彻底摆脱了运行不良的无效率的中央计划经济,建立了市场经济体制。1990年之前,东欧国家有许多一流的经济学家,但是没有一流的经济。一些国家拒绝改革,保持僵化的计划经济体制。实行市场取向经济改革的国家由于改革目标的模糊和政治的约束举步维艰,产生了"非计划非市场的体制",最终导致了经济的严重危机。转轨之初,新上台的执政力量担心经济转轨会逆转,但到了1990年代中期,向市场经济的转轨已不可逆转。

第一,私有经济已居主导地位。转轨之前,除波兰保留了私营农业外,其他东欧国家的私营部门在经济中的地位微不足道,国有部门在经济中居主导地位。转轨之后,中东欧国家加快了国有企业私有化的步伐,新生的私营部门在自由的经济环境下迅速成长。到1996年,波兰、捷克、匈牙利、斯洛伐克和阿尔巴尼亚私营部门占国内生产总值的比重为60%~75%,其他国家私营部门也占到了半壁江山。与发达国家和发展中国家的私有化速度相比,中东欧国家私有化速度超出了人们的预期。到2008年,捷克、斯洛伐克和匈牙利私营部门占国内生产总值的比重为80%,波兰、保加利亚和阿尔巴尼亚私营部门占国内生产总值的比重为75%,其他国家私营部门的比重在60%~70%之间(见表1)。

---

① Jan Svejna, Transition Is Not Over, but Note the Merits of Central European Model, in Brown Annette N. ed. When is Transition Over, W. E. Upjohn Institute for Employment Research, 1999, p. 77.
② Grzegorz W. Kolodko, "The Great Transformation 1989 – 2029, Could It Have Been Better? Will It Be Better?" UNU-WIDER, Working Paper No. 2010/40, http://www.wider.unu.edu/publications/working-papers/2010/en_GB/wp2010 – 40/_files/83469469692723207/default/wp2010 – 40.pdf, 2010 – 10 – 19.

表1　私营部门占国内生产总值的比重

单位：(%)

国家/年份	1989	1996	1999	2004	2008
捷克	5	75	80	80	80
波兰	30	60	65	75	75
匈牙利	5	70	80	80	80
斯洛伐克	5	70	75	80	80
斯洛文尼亚	10	55	60	65	70
保加利亚	10	55	70	75	75
罗马尼亚	15	55	60	70	70
阿尔巴尼亚	5	75	75	75	75
塞尔维亚	—	—	—	—	60
克罗地亚	15	50	60	65	70
马其顿	15	50	55	65	70
波黑	—	—	35	50	60
黑山	—	—	—	—	65

资料来源：EBRD Structure Change Indicators, http://www.ebrd.com/pages/research/economics/data/macro.shtml。

第二，经济决策的分散化。经济决策的集中化是计划经济的特征之一。在经济转轨过程中，中东欧国家解散中央计划机构，加快国有企业改造步伐，促进私营经济的发展，经济决策日益分散化，主要的经济决策是由成千上万的企业自主做出的。中东欧国家还取消了非国有经济进入市场的行政壁垒，各种所有制的企业可自由进入市场，个人或企业从事经济活动的自由因而得以扩大。与之相联系，中东欧国家采取了如下举措：承诺要缩小政府规模，减少政府对于经济的过多干预；形成有助于企业经营的良好的法律环境，保护产权；企业可获得外汇，并可自由从事外贸；减少繁文缛节，为新企业的建立创造便利条件。经济活动自由的恢复促进了遭到长期压抑的企业家精神的复苏，中小企业获得了前所未有的发展机遇。仅到1992年10月，捷克斯洛伐克共有中小企业120万家，波兰有120万家，保加利亚和罗马尼亚有20万家。到2003年，欧盟新成员国中小企业的数量为596万家，为3000多万人创造了就业机会[①]。

---

① Anghel Laurentiu-Dan and Filip Alina, Analysis of Place and Role of SME's in the New Member States of the European Union, http://mpra.ub.uni-muenchen.de/3643/MPRA Paper No. 3643, posted 07. November 2007/03: 22.

第三，资源配置市场化。中东欧国家经济转轨的目标模式是市场经济，而市场经济是一种由价格调节社会生产和经济活动的自组织经济，价格则是一种资源配置机制。在市场经济中价格具有信息、激励和分配的功能。在东欧政局剧变前，价格在资源配置中所起的作用微乎其微。一些东欧国家曾进行过价格改革，但并未产生一个合理的价格体系。1990年之后，中东欧国家纷纷实行价格自由化，放开了绝大多数商品和劳务的价格。在其他配套措施的配合下，价格自由化取得了成效，价格的功能很快得到了恢复。中东欧的经验表明，价格自由化有助于恢复价格在资源配置中的主导作用，促进资源的合理配置，为经济运行提供适当的价格信号。

第四，市场经济的制度框架得以建立。中东欧国家建立了适应市场经济的法律体系，尤其是欧盟的中东欧新成员国在法律改革上取得了长足的进步，实现了司法独立，其法律体系与欧盟国家完全一致，具备了现代的法律制度。[①] 中东欧国家建立了适应市场经济的统计、会计和审计制度。中东欧国家建立了现代的税制、银行体系和股票交易所，市场经济的基础设施趋于完备。

从以上四个方面看，中东欧国家已经建立了市场经济体制，但市场经济体制的成熟度与西欧发达国家尚有一定差距。在中东欧地区内部，欧盟成员国与西巴尔干国家在市场经济体制建立与完善方面的进展不一，新形成的市场经济的成熟度也不尽相同。从转轨的进展看，中东欧国家经济转轨最基础的任务已经完成，市场经济已经得到确立，因此经济转轨的任务已告完成。

二 经济转轨战略的争论是否仍有意义

剧变后，中东欧国家纷纷将市场经济作为经济转轨的目标模式，即建立在发达国家经过考验的行之有效的市场经济体制。这种经济体制的主要特征是产权私有化、决策分散化和资源配置的市场化。它需要一套法律制度来界定和实施产权，还需要一个能够有效监督市场活动、规定可接受的市场行为标准、阻止不正当竞争与促进竞争、提供公用品的政府。应当说，这种转轨目标对中东欧各国都是一致的，但如何实现这种转轨却产生了争论。东欧国家早在剧变之前的经济改革中就曾出现过"目的论"与"发生论"之争，亦即激进改革与渐

---

① 〔匈〕雅诺什·科尔奈：《大转型》，《比较》第17辑，中信出版社，2005，第11页。

进改革的争论，与此相适应出现了两种转轨模式。现任捷克共和国总统克劳斯早在剧变之前就撰文分析了经济体制转轨的两种方式，一种是小步改革的方式，其优点在于可以避免付出较大的社会代价，缺点在于渐进的改革只会延续现存的结构危机；另一种是"休克疗法"，许多经济学家认为长痛不如短痛，主张实行激进的改革。[①] 剧变之前，一些东欧国家曾进行过不同程度的市场取向的经济改革，但经济改革战略基本上是渐进式的。剧变之后，除匈牙利、罗马尼亚外，大部分中东欧国家都先后选择了"休克疗法"。

按照萨克斯的看法，东欧国家从中央计划经济向市场经济过渡的三个要素是宏观经济的稳定化、价格及国际贸易的自由化和国有经济的私有化。[②] 同时，经济转轨也是一个制度重建的过程。应运而生的市场经济需要指导经济交易乃至指导经济运行的新的机构、新的规范和新的法律，这涉及对国家作用的重新界定。因此，经济转轨是一个制度化的过程。经济转轨包括稳定化、自由化、私有化和制度化四个方面。"休克疗法"与渐进改革的区别并不在于经济转轨的内容上，而在于经济转轨的速度上。

"休克疗法"的主要支持者来自西方主流经济学家如杰弗里·萨克斯（Jeffrey Sachs）、斯坦利·菲舍尔（Stanley Fischer）、拉里·萨默斯（Larry Summers）和大卫·利普顿（David Lipton）等，波兰的莱谢克·巴尔采罗维奇（Leszek Barcelowicz）和捷克的瓦茨拉夫·克劳斯（Vaclav Klaus）；另外，国际货币基金组织、世界银行及主要西方国家的政府特别是财政部与中央银行也支持"休克疗法"。主张渐进改革的学者有彼得·莫雷尔（Petter Murrel）和亚诺什·科尔内（Janos Kornai）等。中东欧国家中，波兰为实行"休克疗法"的典型，匈牙利为渐进改革的典型。激进改革的主张者意识到国家和市场失效的普遍性，但更担心国家失败，而渐进改革的倡导者更为关注市场失败，赞成国家干预，相信社会工程；激进改革者认为转轨是有风险的事业，有可能失败，渐进改革者认为依靠国家的力量，提出详尽的最优的改革顺序性，市场经济的成功是理所当然的；激进改革者认为缺乏供给为主要问题，而渐进改革者希望通

[①] Vaclav Klaus, "The Imperatives of Long-term Prognosis and Dominant Characteristics of the Present Economy," Eastern European Economics, Summer 1990, pp. 49 – 50.

[②] David Lipton and Jeffrey Sachs, "Creating a Market Economy in Eastern Europe: The Case of Poland," Brookings Papers on Economic Policy, Number 1, 1990, pp. 100 – 101.

过需求管理刺激产出。① "休克疗法"是一种激进方式，但激进改革也包括渐进的因素，如私有化、制度化便是一个长期的过程。渐进改革也并不排斥在经济改革的特定阶段以激进方式推进改革。克劳斯1999年在总结10年转轨的教训时指出："我们很早就了解人为采用'休克疗法与渐进主义'两难选择的谬误，制度变革是整体改革中不同组成部分在不同时间内一系列不同的选择，而不是单一的选择。"② 斯坦利·费舍尔指出，"休克疗法"与渐进改革的两分法过分简化了改革的速度问题。实行"休克疗法"的国家如波兰、解体之前的南斯拉夫、捷克斯洛伐克、民主德国、保加利亚、罗马尼亚等国的实际差别在于，为过渡实施的各项具体改革存在差异。③ 1990年代末，围绕"华盛顿共识"和"后华盛顿共识"的讨论促进了对转轨10年经验教训的反思。然而，对"华盛顿共识"过于简化的理解以及失之偏颇地将"华盛顿共识"视为中东欧转轨政策的主流，实际是夸大了"华盛顿共识"对中东欧的影响。"华盛顿共识"在一定程度上被当成"休克疗法"或新自由主义的代名词。"华盛顿共识"的提出者威廉姆森强调，"华盛顿共识"是为拉美改革提出的政策框架，"如果要为其他地区的政策改革提供一份具有可比性的计划，那么该计划将与'华盛顿共识'有重叠之处，但也会有所不同，如果我一定要为转型国家提供与'华盛顿共识'相似的计划，我将把建立市场经济的制度基础写入"④。安德斯·阿斯伦德（Anders Aslund）认为，将激进改革计划等同于"华盛顿共识"是不正确的，波兰初始的改革计划根据波兰条件进行了调整。当巴尔采罗维奇起草改革计划时，他甚至没有读到"华盛顿共识"。⑤ 然而，在中东欧经济转轨20年的讨论中，"华盛顿共识"仍应占有一席之地。延斯·赫尔舍（Jens Hölscher）将激进和渐进两种转轨战略概括为"华盛顿共

---

① Anders Aslund, How Capitalism Was Built, Cambridge University Press, 2007, pp. 36 - 37.
② Vaclav Klaus, Transition from Communism: A Decade After, Lovett C. Peters lecture at the Pioneer Institute for Public Policy Research, Boston, April 21, 1999, http://www.klaus.cz/clanky/1943, 2010 - 10 - 19.
③ 〔美〕斯坦利·费希尔：《社会主义经济改革——前三年的经验教训》，《经济社会体制比较》1994年第3期。
④ John Williamson, "Differing Interpretations of the Washington Consensus," *Leon Koźmiński Academy of Entrepreneurship and Management (WSPiZ) and TIGER, Distinguished Lectures Series*, No. 17, Warsaw, 12 April 2005.
⑤ Anders Aslund, How Capitalism Was Built, Cambridge University Press, 2007, pp. 32 - 33.

识"与制度演进方式。① 安杰伊·K. 科兹明斯基（Andrzej K. Koźminski）认为，激进派为"保守革命"（里根主义与撒切尔主义）之子，在政治光谱上属右翼，而渐进派则接近于中左的社会民主党。对于激进与渐进的转轨需要冷眼观察，将政治情感撇到一边。②

围绕中东欧经济转轨方式的争论，如"休克疗法"与渐进主义、激进与渐进等，在转轨20年后虽然已无现实意义，但仍具有永恒的学术意义，有助于增进对转轨进程的深入理解。有趣的是，在转轨20年后，昔日备受抨击的"休克疗法"的典型——波兰——成为欧盟经济的亮点。而实行渐进改革的匈牙利陷入了严重的经济危机，不得不接受国际组织的救助，波兰与匈牙利不同的经济表现是否与转轨战略有相关性值得深思。

三 如何评价转轨后的经济实绩

中东欧国家实行经济转轨后在经历了数年的经济衰退后还是走上了稳定的经济增长之路。2004年入盟的中东欧国家的经济增长率高于欧盟老成员国，赶超进程明显加快。2008年以来受金融危机的影响，中东欧国家经济发展有所下滑，2010年中东欧多数国家开始缓慢复苏。

1. 经济增长

中东欧国家在转轨后经历了科尔内所称的"转型性衰退"，国内生产总值持续下降的时间为2~6年，到2000年，中东欧国家才实现了经济的普遍增长。因此，转轨后的第一个10年中东欧国家的经济增长纪录除波兰外都比转轨前10年差。2000年之后，应当说中东欧国家走上了持续的经济增长之路。2000~2007年，六个中东欧国家平均的经济增长率大大超过了转轨前10年的水平。中东欧国家入盟后的经济发展速度加快，其经济增长率大大高于欧盟15国的平均水平。从实际国内生产总值看，到2007年，中东欧国家已经超过了1989年的水平（见表2）。

---

① Jens Hölscher, "20 Yars of Economic Transition, Successes and Failures," http://www.euij-tc.org/news/events_2007/20090223/Holscher.pdf, 2010 - 10 - 19.
② Andrzej K. Koźminski, "Transformacja: Pytania bez Odpowiedi", Grzegorz W. Kołodko i Jacek Tomkiewicz, 20 Lata Transformacji: Osiągnięcia, Problemy, Perspektywy, Wydawnictwa Akademickie i Profesjonalne, 2009, st. 128 - 129.

表2 中东欧国家实际国内生产总值的变化

国家	实际年平均增长率（％）1990~2007	年增长率（％）2005	2006	2007	2007年实际国内生产总值指数 1989年=100	2000年=100
捷克	1.7	6.4	6.4	5.8	135	133
匈牙利	1.5	4.1	3.9	1.4	132	129
波兰	2.9	3.6	6.2	6.5	167	130
斯洛伐克	2.3	6.6	8.5	8.7	151	149
斯洛文尼亚	2.1	4.1	5.7	6.0	146	131
保加利亚	0.3	6.2	6.1	6.3	106	145
罗马尼亚	0.9	4.2	7.9	6.0	118	151
欧盟15国	2.2	1.7	2.8	2.6	147	114

资料来源：Ryszard Rapacki, Lessons from Transformation of the Polish Economy, Presentation prepared for the EDAMBA meeting, Warsaw, 7 September 2009。

2. 生活水平

进行生活水平的国际比较面临选择何种汇率的问题，官方汇率计算人均的国内生产总值可以反映国家间价格差异，但不能反映实际的购买力。以官方汇率计算的国内生产总值有可能低估实际的生活水平。因此，以购买力平价计算就可处理实际生活水平的差别，有助于反映实际生活水平的变化。中东欧国家在转轨后实际生活水平有很大提高，2008年按购买力平价计算的人均国内生产总值高于1991~2000年的水平。例如，2008年，捷克人均国内生产总值为欧盟27国平均水平的80％，斯洛文尼亚为欧盟27国平均水平的92％，匈牙利为62％，波兰为55％。东西欧差距由来已久，1500年，东欧的人均国内生产总值相当于西欧水平的60％，此后东欧与西欧的差距不断扩大。1600年、1700年、1820年、1870年和1913年东欧的人均国内生产总值分别为西欧的58％、55％、52％、44％和44％。1950年东欧的人均国内生产总值为西欧的46％，1973年再次下降到43％，1998年东欧的人均国内生产总值仅为西欧水平的30％。2008年新欧洲（中东欧新成员国）的人均国内生产总值为西欧水平的近60％。

3. 劳动生产率

转轨后，中东欧国家劳动生产率得到了提高，尤其是加入欧盟的国家，其劳动力的使用更有效率，呈现出内涵式的增长。如果1990年劳动生产率的水平为100%，那么，捷克1999年为159.5%，匈牙利为172.4%，波兰为195.7%。即使是在转轨性衰退时期，中欧国家的劳动生产率不仅没有下降，而且有所提高（见表3）。

表3　1991～2006年劳动生产率的变化

单位：%

地区/年份	1991～1995	1996～2000	2001～2006
中欧	2.3	4.1	3.6
东南欧	-3.6	5.4	4.6

资料来源：Garbis Iradian, Rapid Growth in Transition Economies: Growth-Accounting Approach, IMF Working Paper, WP/07/164.

4. 赶超进程

1989年东欧剧变时提出的一个口号是回归欧洲。中东欧经济转轨的目的就是要建立可行的经济体制，缩短与西欧发达国家的经济差距，实现经济的赶超。在转轨后第一个10年间，由于经济衰退，中东欧国家与西欧国家间的差距事实上扩大了。根据国际货币基金组织官员的估计，转轨初期，东欧国家的生产平均下降了28%，到1998年，中东欧国家的生产平均已恢复到1989年水平的90%。从1990年到1999年，只有波兰和斯洛文尼亚与欧盟的差距没有扩大。从1997年到2007年，绝大多数中东欧国家与欧盟15国的差距在缩小（见表4）。

表4　1989～2007年中东欧欧盟新成员国与欧盟15国的发展差距
（以购买力平价计算的人均国内生产总值，欧盟15国=100）

国家/年份	1989	1997	2003	2007
捷克	75	63	65	73
匈牙利	56	45	56	57
波兰	38	41	43	49
斯洛伐克	59	45	49	61
斯洛文尼亚	74	67	71	82
保加利亚	46	23	29	34
罗马尼亚	34	23(1)	28	36

资料来源：Ryszard Rapacki (2008), Poland's Development Level in Comparative Perspective, International Conference on "Competitiveness in the Service Sector. Establishing New Advantages in Poland and the European Union", (1) 为1999年。

5. 福利改进

福利的改进并不仅仅体现在收入的提高上，如波兰人的平均收入比1989年几乎高80%。中东欧国家告别了短缺经济，超级市场和大型超市的发展不仅为消费者带来了便利，而且也改变了消费者的购物习惯。中东欧国家已进入了比较成熟的消费社会。2006年，欧洲复兴开发银行与世界银行联合举行的"转轨中的生活"调查结果表明，中欧和波罗的海国家18～34岁的人群中超过50%的人认为经济形势要好于1989年，而在65岁及65岁以上的人群中只有35%的人对此表示认同。中欧和波罗的海国家对生活满意的年轻人占65%，而东南欧年轻人对生活满意的只有40%多。[1] 理查德·A. 伊斯特林（Richard A. Easterlin）对中东欧欧盟新成员国的研究表明，从1990年代初到2005年，除保加利亚和斯洛伐克外，其他国家平均的幸福满足感都有所提高。[2]

四 全球化与欧洲化如何改变中东欧经济

中东欧国家向市场经济的转轨促进了世界经济的全球化，而经济的全球化进一步推动了中东欧国家的经济发展，为中东欧国家参与全球劳动分工、发挥比较优势创造了条件。1990年以来，由于原苏联国家和东欧地区走向市场经济，推行国际贸易的自由化和经济的开放，世界经济全球化进程大大加快。东欧剧变之前东欧国家的贸易主要面向经互会成员国，与西方国家的贸易额非常有限。这种封闭的贸易环境不利于提高经济的竞争力，使得东西欧经济差距越拉越大。国际经验表明，与一个封闭的经济相比，一个开放的经济提供了更多从国际贸易中获取比较利益的机会。剧变后，中东欧国家实行了贸易自由化，致力于与欧洲经济的一体化，同时恢复与前经互会国家的贸易联系以使中东欧经济融入世界经济之中。一个开放的贸易环境不仅有益于中东欧国家分享国际劳动分工的好处，同时促进了中东欧国家经济增长中的重要因素。外国直接投资大量流入中东欧国家，外资的流入不仅为中东欧国家创造了就业机会，而且促进了中东欧国家创新和技术改造，提高了中东欧国家经济的效率。1989年之前，东欧国家的外国

---

[1] EBRD, "Life in Transition: A Survey of People's Experiences and Attitudes," http://www.ebrd.com/pubs/econo/lits.pdf, 2010-10-19.

[2] Richard A. Easterlin, "Lost in Transition: Life Satisfaction on the Road to Capitalism," http://www.diw.de/documents/publikationen/73/diw_01.c.81744.de/diw_sp0094.pdf, 2010-10-19.

直接投资微乎其微,1989 年,外国直接投资额不到 10 亿美元。到了 2004 年,流入中东欧的外国直接投资达到 2800 亿美元。平均的外国直接投资存量占国内生产总值的比重从 1989 年的不到 1% 增长到 2004 年的 39%,高于世界平均水平。

中东欧国家由于地理上靠近西欧,对于欧洲经济一体化所产生的示范效应有深刻的体验。转轨之初,中东欧国家的政治家就已经意识到,东欧的重建与发展不可能脱离欧洲的一体化进程,中东欧国家成为促进欧洲经济一体化的重要力量。两极格局解体后,欧洲统一的步伐加快,欧盟 20 世纪 90 年代做出了扩大欧盟的重大决策,改革领先的中东欧国家成为欧盟扩大的首选对象。2004 年 5 月,8 个中东欧国家成为欧盟的正式成员国。2007 年 1 月,罗马尼亚和保加利亚加入欧盟。中东欧国家上至政治精英下至普通民众都将加入欧盟视为重新融入欧洲的标志,是对政治和经济转轨成效的认同。加入欧盟不仅意味着这些国家从政治上回归欧洲大家庭,而且有助于这些国家的经济发展,有助于缩小与西欧国家间的经济差距,结束欧洲依然存在的"经济铁幕"。加入欧盟已经成为中东欧国家加快政治和经济转轨非常重要的激励来源。欧盟提供了正常社会的标准,通过提出要求、制度转移以及帮助入盟国家加强民主制度,对中东欧国家的转轨做出了重要贡献。在早期阶段,欧盟向中东欧国家开放市场,迫使新成员国接受西方的市场经济和法律制度的标准。[①] 从中东欧经济转轨 20 年的历程看,全球化、欧洲化与经济转轨存在着共生关系。中东欧国家转轨进程也是与国际经济组织融合的进程(见表 5)。从总的方面看,全球化与欧洲化为中东欧国家的赶超创造了有益的条件,但全球经济的波动也给中东欧国家带来了潜在的风险,国际金融危机的冲击便是明证。

表 5　中东欧国家与国际组织的融合(2007 年)

国家	欧洲协定的签署	欧洲协定生效	欧盟成员国申请	入盟谈判开始	入盟谈判结束	加入欧盟	国际货币基金组织第八条	关贸总协定/世界贸易组织
保加利亚	1993年3月	1995年2月	1995年12月	1999年10月	2004年6月	2007年1月	1998年9月	1996年12月
克罗地亚	2001年10月	2001年10月	2003年2月	2005年10月	—	—	1995年5月	2000年11月

---

① Anders Aslund, How Capitalism Was Built, Cambridge University Press, 2007, p.7.

续表

国家	欧洲协定的签署	欧洲协定生效	欧盟成员国申请	入盟谈判开始	入盟谈判结束	加入欧盟	国际货币基金组织第八条	关贸总协定/世界贸易组织
捷克	1993年10月	1995年2月	1996年1月	1998年3月	2002年12月	2004年5月	1995年10月	1995年1月
匈牙利	1991年12月	1994年2月	1994年3月	1998年3月	2002年12月	2004年5月	1996年1月	1995年1月
波兰	1991年12月	1994年2月	1994年4月	1998年3月	2002年12月	2004年5月	1995年6月	1995年7月
罗马尼亚	1993年2月	1995年2月	1995年6月	1999年10月	2004年12月	2007年1月	1998年3月	1995年2月
斯洛伐克	1993年10月	1995年2月	1995年6月	1999年10月	2002年12月	2004年5月	1995年10月	1995年1月
斯洛文尼亚	1996年6月	1999年2月	1999年2月	1998年3月	2002年12月	2004年5月	1995年9月	1995年7月

资料来源：Katalin Fabian, ed. Globalization: Perspective from Central and Eastern Europe, JAI Press 2007。

五　国际金融危机是否会导致中东欧国家改变增长模式

2007年9月以来，中东欧国家程度不同地受到了国际金融危机的冲击，其原因主要有以下三方面。第一，在金融全球化的浪潮中，中东欧国家的商业银行被西欧银行所控制，东西欧密切的金融联系加快了危机蔓延的速度；第二，中东欧国家的经济增长主要依赖于外部的资金与市场，特别是欧盟的资金与市场。这一增长模式在全球经济的繁荣时期确实使中东欧国家获益匪浅，但是外部环境的剧烈变化会直接冲击中东欧国家的经济。当欧元区经济增长放缓或陷入衰退时，中东欧国家的经济就直接受到拖累。第三，中东欧国家是国际金融危机在全球蔓延的薄弱环节，由于中东欧与西欧高度的金融一体化，为西欧银行所控制的中东欧国家的银行部门因此直接受到冲击。

在这种情况下，有波兰学者强调，危机表明基于外资银行作为中介引进储蓄所刺激的快速的金融深化的发展模式已丧失信用。中东欧国家需要新的发展模式，减少对金融深化的依赖，要重视生产率的增长，采纳欧元，向移民开放边界和进一步加快与欧盟一体化等。① 然而，由于多为小型的开放型经济并且地缘位置比较独特，中东欧国家的经济增长在相当长的时期内必须依赖西欧的资本与市场，其增长模式具有路径依赖性，不可能因为外部冲击有根本的改变。中东欧国家银行部门，除斯洛文尼亚外资所占比重较小外，其他中东欧国家外资占银行部门的百分比为55%~97%。外国银行在中东欧银行部门所占的份额在匈牙利为68%，斯洛伐克和捷克分别为96%和97%。外资银行主导中东欧国家银行部门的格局在短期内不可能得到根本改变。中东欧国家的贸易高度依赖西欧市场也是不争的事实，中东欧国家的进口来源地和出口目的地主要为欧洲市场。2008年，绝大多数中东欧国家对欧洲出口额占本国出口总额的比重在90%以上，从欧洲的进口额占进口总额的87%以上。

国际金融危机对中东欧经济造成了严重冲击，然而，这并不足以导致中东欧国家改变经济增长方式。国际金融危机对中东欧经济的冲击并不是质疑中东欧转轨模式的充分理由，因为几乎参与到全球化进程中的所有国家都遭受了程度不同的冲击，甚至西欧国家也遭受了金融危机的冲击。需要反思的是全球化进程究竟出了什么问题，全球经济失衡的根源何在，美元霸权与美国不负责任的财政政策之间的关系，经济全球化背景下的全球治理问题等。目前的全球化是半截子的全球化，商品、服务、资本以及信息可以自由流动，但缺乏劳动力的自由流动。经济的全球化并没有催生新的全球治理机制。欧洲化经济也缺乏治理机制，一方面欧元区有统一的货币政策，另一方面没有协调的财政政策，这导致了硬的货币政策与软的财政政策（稳定与增长公约）之间的冲突。因此，国际金融危机不会导致中东欧国家抛弃现有的增长模式，但并不排除中东欧国家对增长模式进行微调。

六 后危机时代中东欧国家的改革是否会加速

由于取得了比较大的进展，入盟的中东欧国家认为自己的转轨已经结束，于是，在外部约束减弱的条件下出现了"改革疲乏症"。与此同时，欧盟最近几年也出现了"扩大疲乏症"，不再热心于欧盟的进一步扩大，但其他未入盟的中

---

① Marcin Piatkowski, "The Coming Golden Age of New Europe?" http：//www.tiger.edu.pl/onas/piatkowski/Piatkowski_ENG.pdf, 2010-10-19.

东欧国家为加入欧盟仍在进行艰苦的努力。2008年后,中东欧经济受到国际金融危机冲击,再次成为国际关注的焦点,媒体充斥着"危机""崩溃""欧洲的次贷""金融危机第二波"等负面辞藻。2009年,中东欧经济陷入衰退,是中东欧国家在摆脱转轨性衰退后最为困难的一年。不过,这次金融危机也为中东欧国家反思经济转轨的经验教训,筹划进一步的改革提供了独特的机会。如今,中东欧国家在转轨和发展上面临如下挑战。

1. 重新界定政府作用

国家在经济转轨后对经济的全能干预已不复存在,但并没有完全退出。国家对经济干预的数量减少了,但对干预质量的要求提高了。在危机时期,国家对经济干预的力度增加。出于反危机的需要,中东欧国家出台了临时性的干预措施,当经济走出危机后,需要对干预政策进行调整,临时性措施的永久化将对经济有不利影响。政府在提供公共服务、减少行政壁垒、投资基础设施等方面也有很大的改进空间。比如,作为经济转轨领先者的波兰政府,面临着提高公共服务的质量、加大基础设施投资以及政府从非竞争领域退出等挑战。

2. 加强法治

中东欧国家在建立法治上已经取得了长足的进步,其中,中欧国家的进展要快于东南欧国家。但是,与西欧发达国家相比,即使是欧盟的中东欧新成员国之间,也存在很大差距。除匈牙利外,入盟的中东欧国家对法律体系的信任度低于欧盟的平均水平。司法体系的效率也有待提高,中东欧国家在法官队伍和资金上的不足影响到司法体系的效率,法院积案过多成为严重的问题。因此,中东欧国家需要从人力资源和资金上支持法院,解决法律积案过多的问题。已加入欧盟的保加利亚和罗马尼亚在反腐败和打击有组织犯罪上尚不能让欧盟满意,其他东南欧国家的腐败和有组织犯罪仍相当严重。但总的说来,2003~2008年,欧盟中东欧新成员国中除保加利亚外,其他国家在"透明国际"发布的全球清廉指数中的情况有所改善。

3. 国有企业的改造

中东欧国家在产权制度变革上取得了巨大成就,私有经济已在经济中占主导地位,但国有企业改造的任务尚未完成。波兰重工业、矿业、造船、能源、石化和保险部门仍面临私有化的任务。斯洛文尼亚银行、保险、电信、铝业和钢铁部门的私有化仍面临阻力;罗马尼亚政府持有多数股的26家国有企业处在私有化的不同阶段;匈牙利国有企业虽然已经为数不多,但政府未来在符合条件的情况下还可能出售它们。

4. 金融改革的深化

对于目前中东欧危机的原因有不同的解读。有学者认为中东欧的危机类似于1997~1998年的东亚危机，根本的问题是在固定汇率的诱惑下短期银行信贷的过度流动，正是它导致了私人外债的剧增。[①] 但是，实行浮动汇率的国家也遭到了严重冲击。所以，中东欧的问题并不在于金融业的过度开放，而在于金融业开放后外币贷款的非理性扩展，忽视了汇率变动的风险。中东欧国家需要在金融业开放的过程中加强金融监管，防范金融系统的潜在风险；需要促进非银行金融机构的发展，特别是要引进创新性的金融产品，使养老基金和保险公司的资产组合多元化。

5. 社会领域的改革

中东欧的经济转轨具有社会后果。中东欧国家在转轨后居民的收入差距拉大，根据世界银行的资料，到2000年年初，中东欧国家的基尼系数在0.27~0.37，而转轨之前是在0.19~0.24。2007年在社会转移支付后陷入贫困风险的人口占总人口的比率，保加利亚为14%，捷克为10%，匈牙利为16%，波兰为19%，罗马尼亚为19%，斯洛伐克和斯洛文尼亚均为12%。因此，中东欧国家需要高度重视社会领域的改革，关注经济转轨对人的影响。在未竟的社会领域改革中，中东欧国家需要进行养老体制、医疗体制、教育体制的改革。由于人口老龄化和不利的人口趋势，中东欧国家现有养老体系的可持续性成为问题。斯洛文尼亚、匈牙利、罗马尼亚和保加利亚需要进行养老体制的进一步改革。中东欧欧盟新成员国医疗支出低于欧盟平均水平，斯洛伐克医疗支出有所下降，波兰和斯洛文尼亚保持着7年前的水平。中东欧国家医生和护士收入低微，不仅导致人才流失，而且直接影响到医疗质量的提高，因此，需要进行医疗改革。医疗改革包括增加私营医疗机构的作用，与国有医疗机构公平竞争；改革拨款体制，确定国家医疗保险覆盖的医疗服务范围，引进自愿的私人医疗保险；重新确定医疗服务的价格；使患者付费合法化。在教育方面，中东欧国家对教育投入不足以及教师社会地位的下降直接影响到教育的质量。教育的产出不符合劳动力市场的需要，因此，需要进行教育体制改革以提高教育的质量。此外，

---

① Anders Aslund, "Implications of the Global Financial Crisis for Eastern Europe," *Development and Transition*, No. 13, July 2009, p. 2.

中东欧国家需要增强劳动力市场的灵活性,鼓励终身教育,将劳动力政策的重点从直接创造就业机会转向支持就业和就业再培训,减少结构性失业。

结　语

国际金融危机的冲击事实上对"改革疲乏症"敲响了警钟,迫使中东欧国家对各自的改革继续进行改革。危机也为中东欧国家进一步加快改革提供了契机。马雷克·东布罗夫斯基(Marek Dabrowski)强调:"必须回到在经济繁荣时期被忘却的结构和制度改革。"[①] 塞尔维亚中央银行行长拉多万·耶拉希奇(Radovan Jelasic)强调,中东欧国家需要新的增长模式,要解决的关键问题是匈牙利经济学家科尔内所称的"早熟的福利国家"。许多国家扩大支出,特别是社会领域的支出,大大超出了其支付能力。[②] 中东欧国家不可能放弃现有的增长战略,但不排除对现有增长战略进行微调。如何在全球化和欧洲化的背景下趋利避害、防范风险是中东欧国家决策者面临的主要挑战。国际金融危机对中东欧经济的冲击为全面审视中东欧经济转轨提供了独特的机会。中东欧国家需要对过去20年的转轨进行反思,需要进行持续的制度改革,以为实现经济的持续增长和赶超西欧发达国家奠定良好的制度基础。

原载《国际政治研究》(季刊)2010年第4期

[①] Marek Dabrowski, "Responding to Crisis: Core and Periphery," Development and Transition, No. 13, July 2009, p. 5.

[②] Radovan Jelasic, "A New Growth Model in Eastern Europe," http://online.wsj.com/article/SB10001424052970203946904574299990240864378.html, 2010 - 10 - 18.

通过市场关系走向社会主义

——对布哈林几个经济理论问题的再认识

向祖文[*]

尼古拉·伊万诺维奇·布哈林是国际共产主义运动史上一位卓越的马克思主义理论家。他是从研究经济学开始从事马克思主义理论活动的。列宁曾称赞他是苏联布尔什维克"全党所喜欢的人物""党的最可贵和最大的理论家"[①]"学识卓越的马克思主义经济学家"[②]。十月革命胜利后,布哈林在担任俄共(布)党和共产国际领导人,并任《真理报》主编期间,写下了大量的文章和理论著作,对苏联社会主义建设的理论发表了一些独立的见解,捍卫并发展了列宁的新经济政策思想,并逐渐形成了其独具特色的社会主义建设理论,丰富了马克思主义关于从资本主义到社会主义过渡时期和社会主义发展阶段的理论宝库。

一 "民族类型"论——社会主义模式多样性的理论前提

十月革命前,马克思主义经典作家在论述社会主义经济时,主要是就社会主义经济制度本身的质的规定进行分析和探索,至于社会主义革命胜利以后这种经济制度将采取何种形式、何种类型是没有涉及的。这一方面是由于当时对社会主义革命发生的设想比较单一,另一方面是因为社会主义经济运行的形式

---

[*] 向祖文,中国社会科学院俄罗斯东欧中亚研究所研究员,编审。
[①] 《列宁全集》第36卷,人民出版社,1959,第617页。
[②] 《列宁全集》第27卷,人民出版社,1959,第319页。

问题还未成为实践。列宁根据资本主义进入帝国主义阶段的基本经济特征，揭示了帝国主义经济发展不平衡的规律。从理论上认为社会主义可以在一个国家，而且在资本主义不很发达的国家取得胜利，并且在实践上成功地证实了这一理论。在这种新的历史条件下，社会主义经济建设的实践提出了取得政权的社会主义国家将以怎样的经济运行类型实现经济建设目标这个现实问题。列宁在1918年至1924年这短短的几年中不断探索，先后在实践中实行了两种"经济类型"，即战时共产主义下的"类型"和新经济政策指导下的"类型"。从1921年开始实行的新经济政策由于符合俄国当时的具体国情，因而取得了很大成就。但是，列宁当时由于受的身体状况不佳和繁重国务活动的限制，不能有更多的精力从理论上将这个问题深入下去。这个不足在一定程度上被布哈林的理论研究所弥补。

1922年11月18日，布哈林在共产国际第四次代表大会上做过一个关于纲领问题的报告。在这个报告中，他第一次完整地提出了"作为生产形式的——社会主义的'民族类型'的问题"①。布哈林认为："各种不同的社会主义形式在某种意义上将是以前的资本主义形式在另一种形式中的继续；这就是说，各个不同国家的资本主义的特点，将在那些国家的社会主义生产的特殊形式中表现出来。"② 据布哈林的分析："美国的资本主义具有突出的垄断资本主义的特点，与本国的强大组织（托拉斯）结合在一起的银行在其中占统治地位。法国的资本主义主要是一种国内工业不甚发达的、高利贷类型的资本主义，这种资本主义把钱借给其他国家，剥削那些国家，这种资本主义的特点是国内的生产活动非常之少，在它的怀抱中小农经济还有栖身之所，可是，例如在英国的资本主义体系中，这种资本主义已经完全把自由农民的经济吞噬了，已经把世界掠夺的特点同大力发展本国工业的活动结合起来了。""可怕的、半农奴制的野蛮状态和可怕的总的经济落后，同西欧资本主义所达到的最先进的形式的这种结合，就构成俄国资本主义的显著的特点，构成它的所谓'民族面貌'。"③

如果在各个不同的国家中，资本主义具有各自的特点，那么显而易见，社会主义在其发展的初期，也必将具有自己的特点，这些特点是由以前资本主义

---

① 〔苏〕布哈林：《布哈林文选》上册，人民出版社，1981，第63页。
② 〔苏〕布哈林：《布哈林文选》上册，第64页。
③ 〔苏〕布哈林：《布哈林文选》上册，第474~475页。

的发展特点产生的。苏联社会主义发展最初历史阶段的落后特点并非苏联特有的发展规律，而是与苏联国情相类似的所有落后国家的社会主义发展都不可避免的。因为，社会主义革命和建设的发展因各国具体的社会历史条件不同而具有不同的"民族类型""民族特点"。这种"民族类型"的差别就在于各国的社会经济关系、经济结构和物质技术基础不同，而这种差别需随着社会主义在全世界胜利才能消灭。

1924年，布哈林在《马克思主义者列宁》一文中进一步分析了"社会主义各种类型的问题"。他认为，一方面，由于存在着资本主义的现代化大工业，这些工业在国有化后转变为社会主义的国营工业，构成掌握在无产阶级手中的经济命脉，因此在俄国建设社会主义是有物质保证的。但另一方面，由于存在着大量的小农经济，俄国的经济技术极端落后，所以俄国要建立起的社会主义，"在发展的时期内将是一种落后的社会主义"，或叫作"亚细亚形式"的社会主义。从社会发展阶段上讲，这种"落后型的社会主义"，处于不同于马克思所设想的不存在阶级的未来社会第一阶段（通常称之为社会主义），而是处于仍然存在阶级区别的"社会主义初级阶段"。布哈林深刻指出："在发达的社会主义和资本主义之间是无产阶级的统治。无产阶级是统治阶级，也是生产上的指挥者。社会主义的这个初级阶段的特点是阶级的等级制依然存在，但是，这种等级制不具有通常的性质：居于上层地位的是无产阶级……在初级阶段，生产资料的所有者是无产阶级。"[①] 布哈林的"落后的社会主义"理论，也可以说是落后国家建设社会主义的理论前提。这套理论，是布哈林为了回击第二国际机会主义者和俄国的孟什维克以及联共（布）党内列宁主义的反对派否定俄国能够建设社会主义的悲观论调，在苏联从1921年转向新经济政策到1920年代中期，通过对过去的政策和对新经济政策实践的深入研究而逐步形成的。这套理论以"社会主义初级阶段"的提法为苏联社会主义做了定位，又以"落后的社会主义""亚细亚形式的"社会主义的观点为苏联社会主义做了定位，形成了他对"什么是社会主义"问题的科学回答，这个回答是从俄国国情出发并结合马克思、恩格斯构想的产物。那么，当时俄国"社会主义初级阶段"和"落后型的社会主义"的特点是什么呢？布哈林做了如下归纳。

第一，从生产力水平上看，落后型的社会主义生产力水平较低，发展不平

---

① 〔苏〕布哈林：《布哈林文选》上册，第43页。

衡。俄国在十月革命前就是欧洲较为落后的半封建半资本主义国家，其生产力从总体上看十分落后，突出表现为：（1）农业经济的比重大，存在大量小生产者和农业私有经济成分；（2）工业虽较农业发达，但比例失衡，整体落后，尚存在资本主义的私有成分；（3）地区发展不平衡。这种落后的生产力状况是苏俄社会主义的最大特征。

第二，从生产关系上看，苏俄的经济成分是混合型的，既有公有经济，又有私有经济，这与俄国的生产力是相适应的。同时，混合经济成分要求经济运行机制是市场关系，所以，市场关系的存在是落后型社会主义的突出特征。市场关系的存在在一定程度上规定了新经济政策的实质。由于生产力落后，生产资料所有制多样，所以苏联存在市场关系是客观的、必然的，也是必需的。

第三，到达完全的社会主义需要一个漫长的时期。布哈林认为，由于存在小商人和小业主，所以，即使在社会主义制度下，他们仍将继续存在一个相当长的时期；由于存在着对俄国具有极其巨大经济意义的非常广大的农民阶层，所以，到达完全的社会主义的道路就是相当长的。他充满信心地说："在经济和技术非常落后的条件下，这条道路是非常漫长的。尽管如此，这却是一条可靠的道路。只要我们对农民执行正确的政策，我们就一定能沿着这条道路走向社会主义。"①

第四，到达完全的社会主义是一个渐进的过程，不能急于求成。在布哈林看来，未来共产主义的计划经济，如果"从高等代数的观点来看"，无疑是正确的；但它只能建立在社会主义大生产的增长和集中的基础上。而在俄国"落后的社会主义"中，必须高度重视市场关系，包括货币、交易所和银行等的巨大作用，不能立即实行计划经济。由此，他提出这样一句名言："我们将以乌龟速度爬行，但我们终究在建设社会主义，并且我们定将建成它。"②

第五，坚持对外开放，吸取资本主义的积极成果。因为"俄国是一个落后国家"，它必须学习和利用西方资本主义科学和技术的成果，因为世界经济正在逐步走向一体化。"一方面，我们对世界经济有越来越大的依赖性，而另一方面，尽管听起来很离奇——我们越来越独立，通过我们同资本主义的国外联系，我们的经济基础越来越巩固。这里是辩证的矛盾。不能只看到过程的这一半，

---

① 〔苏〕布哈林：《布哈林文选》上册，第420页。
② 李冠乾：《苏联史研究》，首都师范大学出版社，1996，第115~116页。

而完全忘掉了另一半。"①

布哈林还预见到不同类型的社会主义将存在于人类的整个社会主义历史阶段，并意识到这种类型差别将具有一定的宏观性。他引资本主义为例，认为资本主义在"几百年"发展直至晚期以后，仍然保留着多种不同的民族类型（形式、面貌、特点），社会主义的不同民族类型并存当然也不是偶然的、暂时的，它将持续"一个很长的时期"，"直到转变为包罗万象的世界共产主义制度为止"，直到"无产阶级世界统治""社会主义世界产生"发展起来为止。一句话，它是在共产主义使"世界各国融合为一个整体以前"的整个社会主义历史阶段中的普遍现象。他还特别强调指出，每个社会主义国家所采取的具体的经济类型或生产形式，在不同的历史条件、经济条件之下是不同的，建立在不同的起点和不同的基础上的经济类型或生产形式，也不可能是千篇一律的。"在任何情况下都不要忽视发展的特殊性，不要千篇一律地生搬硬套，要既善于识别和看出共同性，也善于识别和看出特殊性，后者在沿着共产主义道路继续前进的事业中，有时起着决定性的作用。"②

布哈林的上述思想的实质就是要求社会主义建设必须从实际出发，在社会主义发展阶段问题上，反对"左倾"思想和冒进的做法。这是一个重要并有现实意义的思想。在国际共产主义运动史上，社会主义各国在发展阶段问题上，不同程度地都存在超越阶段的冒进现象。目前都在重新认识和探讨这一问题，纠正过去的冒进做法，重新确定目前所处的阶段，如我国提出社会主义初级阶段的理论。这种情况有力地证明了布哈林上述思想的正确性。

二 "二元结构"论——工农业均衡增长的逻辑出发点

1954 年，美国经济学家阿瑟·刘易斯在《曼彻斯特学报》上发表了一篇题为《劳动力无限供给条件下的经济发展》的论文。此后发展经济学家们普遍认为，正是在这篇论文中，提出了著名的两部门的经济发展模式理论，并首创了经济发展研究的二元结构分析方法。③ 然而，早在 20 世纪 20 年代，布哈林就已

---

① 〔苏〕布哈林：《布哈林文选》中册，第 117 页。
② 〔苏〕布哈林：《布哈林文选》上册，第 197 页。
③ 万晓光：《发展经济学》，中国展望出版社，1987，第 60、75~77 页。

经以苏联经济为对象，分析了经济落后国家二元结构现象，并提出了其完整的二元结构理论。

1. 二元经济结构的内涵

二元经济结构理论是当代发展经济学和发展社会学的核心内容之一。所谓二元结构，是把发展中国家的经济结构概括为两大部门，即传统部门和现代部门。在传统部门中，主要是自给自足的农业以及零散的商业和服务业，劳动生产率很低，边际劳动生产率甚至是零或负数，这一部门集中在农村，并吸纳了社会的大多数劳动力；在现代部门中，主要是采用先进技术的工业、建筑业和现代化的商业与服务业以及运用现代技术与生产经营方式的大规模农业，这一部门一般集中在城市和与城市联系紧密的地区，并且劳动生产率和边际劳动生产率比传统部门高得多。布哈林认为，苏联"二元经济结构"的存在对其经济发展有重大影响。一方面，"农村大量的农民实际上在任何地方都没有活干，但必须吃饭；在手工业者中间同样有人口过剩，这种过剩的（隐蔽的和公开的）人口是城市的一种可怕的压力，加剧了失业现象，因此，显然失业问题的重心与其说是在城市，不如说是在于农业的过剩人口"。① 另一方面，"二元经济结构"下两部门的经济增长还会出现反差，即农民的小经济远远落后于完善的现代工厂。结果是，两部门之间的差距在二元结构下越拉越大，最终成为发展中国家经济发展的主要制约因素之一。

布哈林的"二元经济结构"分析是以 20 世纪 20 年代苏联这一经济落后国家为对象的，分析的出发点是这个国家的城乡关系类型。为证明自己的观点，他引用了马克思的一句话："城乡关系的不同类型是区分整个历史时代的标志。"② 他在 1928 年发表的《一个经济学家的札记》一文中，把资本主义城乡关系分为三类：第一类，最落后的半农奴制农业，这里，农民赤贫如洗，国内市场容量极小；第二类，农奴制的残余很少，农奴主在很大程度上已成为资本家，农民比较富裕，农民市场的容量较大；第三类，美国类型，几乎完全没有封建关系，土地买卖"自由"，存在着富裕的农场主，工业有很大的国内市场。在布哈林看来，革命前的俄国城乡关系就属于第一种类型。正因为如此，过渡时期的苏联经济呈现如下结构特征："可怕的、半农奴制野蛮状态和可怕的总的

---

① 〔苏〕布哈林：《布哈林文选》上册，第 367 页。
② 〔苏〕布哈林：《布哈林文选》中册，第 278 页。

经济落伍，同西欧资本主义所达到的最先进的形式"结合起来，即"农民的小经济远远落后于拥有种种完善技术的现代工厂"①。

2. 二元经济结构转轨模式设计

在二元经济结构下，城市和农村具有完全不同的运行机制，在双方交往关系处于相互隔绝或半隔绝状态时，由于双方的增长速度呈现剪刀型反差，随着时间的推移，两部门的差距越拉越大，最终成为整个国家经济发展的一个制约因素。一元经济结构是全面实现了工业化的社会经济形态。在这种经济形态中，各产业部门（包括农业）都普遍采用了先进的技术和生产方式；两个产业部门都实现了协调发展；商品经济高度发达；市场联系普遍化等。如何实现二元经济结构的转轨，即消除两部门之间的差距，使二元经济结构向现代一元经济发展，即转向高层次的一元经济结构就成为发展经济学所要解决的一个重要命题。

刘易斯所设计的解决这一命题的理论模式是：在劳动力无限供给的条件下，实现农村过剩劳动力从传统部门向现代部门的转移。当现代部门的扩张将整个经济内的过剩劳动力吸纳干净时，收益递增就会取代收益递减而成为整个经济的一般趋势，使整个经济摆脱低水平的均衡陷阱，并由此转变为一个稳定增长的经济。刘易斯的这种理论模式仅仅将注意力集中在某个要素（农村剩余劳动力）问题上，而没有研究其他要素（如资金、技术）的转移或流向以及由此引起的国民经济结构全面转换的问题。因此，他的分析只能解决工业化问题的某个方面，而不能涵盖工业化的整个内容。

布哈林对二元经济结构转轨模式的设计则是按照与刘易斯不同的思路进行的。在他看来，消除二元结构，国家工业化无疑是个方法。②只有实现工业化，才能消除二元经济结构之间的差距。但是，实现工业化是一项艰巨而复杂的任务，布哈林认为重要的问题是工业与农业的结合问题。社会主义是要对农业进行巨大改造，而不是放弃不管，是要使农业获得巨大增长。因此，国家工业化也意味着农业工业化，是为消灭城乡对立做准备的过程。③显然，布哈林向人们表述了工业化的宗旨是不仅仅对工业现代化，而且要对农业也实行工业化，不仅仅要发展工业，而且也要发展农业。工业化的过程即工业带动农业发展的过

---

① 〔苏〕布哈林：《布哈林文选》上册，第456页。
② 〔苏〕布哈林：《布哈林文选》上册，第290~291页。
③ 〔苏〕布哈林：《布哈林文选》中册，第291页。

程,也是农业促进工业发展的过程。这里他向人们提供的落后国家二元经济结构发展的模式是工农业均衡增长的社会主义工业化模式。具体说,就是在二元经济结构条件下,实现社会经济结构向现代一元经济结构转化的途径就是工业与农业、城市与乡村二元经济共同增长的社会主义工业化。因为,这不仅能"填平以往人类社会发展的全部历史所造成的城乡之间的深渊",而且,"城市的技术援助,特别是农民经济的电气化以及与此同时的合作化……是使农村繁荣昌盛的强有力的杠杆,城市和农村的物质条件将逐渐趋于平衡"。①

但是,布哈林的"二元经济结构"和工业化思想中也存在一定的局限性,这一模式在实际操作方面遇到了两个无法逾越的障碍。一是当时苏联工业发展相对迟滞。苏联1920年代中期以后,工业设备更新不足,出现了工业商品荒,要解决工业设备更新问题就需要大量资金,布哈林无法解决这个问题。二是资金短缺也约束着农村工业化。农业的发展也需要追加投资,但这部分资金来源于何处,布哈林也没有做出令人信服的回答。如何解决布哈林在当时遇到的难题,使其在发展中国家的工业化过程中具有现实可行性而不仅仅是理论可行性,应该是当今发展经济学家们面临的一个共同课题。

三 "综合平衡"论——社会发展理论的核心

新经济政策的实施,使苏联国民经济得到迅速发展,但在这个过程中,布哈林特别注意到了新产生的一些矛盾:工业化由于缺乏资金而发展缓慢,工业内部比例不协调,出现了商品荒;由于农产品价格过低,农民不愿意把它们卖给国家,而宁愿到自由市场上出售;一些干部用行政手段强迫农民出售谷物,引起农民的强烈不满,出现了粮食收购危机。为了解决现实存在的这些矛盾,布哈林认真分析了当时经济中出现的种种问题和困难,探讨了产生这些问题的原因,认为这是国民经济的某些部门发展失衡的表现。因此解决问题的根本办法就是要在宏观上使国民经济各部门协调起来,平衡发展,这就是布哈林的国民经济平衡发展的思想。他指出:"为了使社会再生产和社会主义不断增长尽可能有力地(尽可能没有危机地)进行,从而达到对无产阶级尽可能有利的国内阶级的力量对比,必然力求把国民经济各种基本成分尽可能正确地结合起来

---

① 〔苏〕布哈林:《布哈林文选》上册,第456~457页。

(它们必须"保持平衡",安排得恰到好处,积极影响经济生活和阶级斗争的进程)。"①

布哈林关于国民经济平衡发展理论的内容是十分丰富的。他指出,国民经济的平衡发展不是僵死的平衡,而是不断运动着的平衡。达到这种平衡的途径主要是尊重价值规律,重视市场的调节作用,调整各阶级各阶层的利益,从而达到整个社会经济的平衡。他认为要做到这一点,必须协调好以下几个方面的平衡关系。

1. 协调好工农业生产平衡发展的关系

工业与农业必须协调发展,工业化所需资金主要来自农业,在抽象的理论探讨中似乎没有什么分歧,但把理论具体运用于实践,看法就不同了。十月革命胜利后,苏联所面临的最大课题是实现国家的社会主义工业化。当时就如何实现工业化主要有两种不同观点:一种最主要的观点是主张要最大限度地把资金从农业抽到工业;另一种是要"维护"农民利益,减免农业赋税。布哈林认为这两种观点都是片面的、不正确的,因为其中任何一种观点都将造成经济的畸形发展。他指出,工业与农业是相互依存的关系,应该互相支援,平衡发展。首先,工业的发展要依赖于农业的发展。这种依赖不仅在于农业为工业的发展提供粮食、原料、资金和劳动力,而且因为在一个被封锁的经济落后的国家里,农民是工业的最重要的市场。布哈林指出,我们的工业在很大程度上是为农民市场而生产的,工业产品的消费者首先是农民。因此,社会主义的工业是由农民需求的数量变化和质量变化来决定的。农民市场的容量是决定工业发展的重要因素。"农民的有支付能力的需求愈大,则我们的工业就发展得愈快。我们的农民经济中的积累进行得愈快,就是说,农民经济愈快摆脱贫困,它愈富裕,它购买的农具和机器愈多,它改造自己的技术愈快,采用新的耕作形式愈快,其能够向城市工业购买的东西愈多,——则我们工业中的积累就进行得愈快。"②由此可见,工业只有在农业迅速增长的基础上,并且在和农业最佳结合的情况下,才能长期保持发展的势头,从而持续走向高涨。

在强调农业对工业发展的基础作用时,布哈林并没有忽视工业在农业发展

---

① 〔苏〕布哈林:《布哈林文选》上册,第277页。
② 〔苏〕布哈林:《布哈林文选》上册,第422页。

中的促进和领导作用。"没有城市工业的发展，农民经济的发展也是不可设想的。"① 农业要发展，提高生产力，就必须购买追加的生产资料（如农具、化肥），而这些都要由工业来提供。所以，布哈林讲："大工业是全部技术发展的出发点……工业是迅速改造农业的杠杆……如果没有拖拉机，没有化学肥料，没有电气化，农业就注定要陷于停滞状态。"② "没有工业的领导，就不可能消灭农村的落后、野蛮和贫困。"③ 通过分析，布哈林得出结论："工业要得到发展，需要农业取得成就；反之，农业要取得成就，也需要工业得到发展。这种相互依赖的关系是最为根本的东西，它本身应当决定党的正确政策。"④

2. 必须保持重工业与轻工业的比例平衡

布哈林认为，在进行社会主义工业化的过程中，将重心放在生产资料的生产上是正确的，因为不论轻工业也好、农业也好，都需要重工业提供扩大再生产所需的追加生产资料。但是，不能以此强调片面高速发展重工业而置轻工业的发展于不顾。与重工业相比，轻工业在社会主义建设中有其特殊的地位和作用。所以，必须使两种工业的发展达到最佳结合。这是因为：第一，重工业投资大，建设周期长，见效慢，把过多的资金投向重工业建设，会造成资金积压，信贷短缺，后备不足等不良后果，从而影响工业和整个国民经济的发展速度；第二，轻工业的建设周期短，资金周转较快，在较短的时间内即可收回投资并能赢利，这就可以利用轻工业的利润来促进重工业的发展；第三，就社会主义生产的目的来讲，也不能片面地发展重工业。布哈林讲道："我们的经济是为消费者而存在的，消费者不是为经济而存在的。这一点永远不该忘记。'新经济'同旧经济的区别就在于把群众的需要当作它的标准。"⑤ 而要繁荣市场，满足群众的需要，就必须重视轻工业的发展，加强生活必需品的生产。

3. 保持积累和消费之间的合理比例

在积累和消费的关系问题上，布哈林认为，既要反对片面地追求积累，也要反对片面地追求消费。他认为当时的主要倾向还是片面地追求积累，过于偏重发展重工业。他认为1920年代苏联工业化的高速度，完全是以预算的极度紧

---

① 〔苏〕布哈林：《布哈林文选》上册，第422页。
② 〔苏〕布哈林：《布哈林文选》中册，第279~280页。
③ 〔苏〕布哈林：《布哈林文选》中册，第280页。
④ 〔苏〕布哈林：《布哈林文选》中册，第423页。
⑤ 邢广程：《苏联高层决策70年》第2册，中国社会科学出版社，2007。

张，后备严重短缺，削减消费部分作为代价的。由于积累与消费的比例关系失调，供应经常中断，广大群众的排队成了一种生活方式。布哈林认为这也可以说是社会主义条件下的一种独特的经济危机。他进一步阐述，过渡时期的经济危机和资本主义的经济危机一样，都是积累和需求比例失调，所不同的是这种失调的反映是"颠倒的"，那里是生产过剩，这里是商品荒，那里是供过于求，这里是求过于供，那里是积累过多，这里是资本短缺。

有鉴于此，布哈林根据平衡论的思想，强调保持一定的积累投资于基本建设，这是生产持续增长的保证，是第一位的，但又不能没有限度地投资，必须要有一个界限。关于投资的界限问题，布哈林认为最重要的界限有两个：第一，必须留有后备，使生产性消费和生活消费均有保证，不留后备，弦绷得太紧，会使商品荒更加严重；第二，基本建设物质因素必须有保证，不仅保证对建筑材料等需求的相应货币，而且应当保证建筑材料的相应供给，不能用"未来的砖头"建造"现实的工厂"。

4. 保持农业内部的平衡发展

布哈林认为，在农业内部也要保持平衡，恰当安排劳动比例，以便使谷物业、畜牧业和技术作物生产协调发展。1928年年初，苏联出现了严重的粮食收购危机，粮食的收购量大大低于往年。这场危机造成城市居民、工人、士兵粮食供应紧张，同时也严重影响了国民经济各部门的发展。对于危机产生的原因联共（布）党内有不同解释。斯大林认为，之所以出现严重的粮食收购危机，是因为农村中成长起来的富农对粮食价格的操纵所致，是农村资本主义分子"对苏维埃政权发动的严重进攻"，而布哈林对这场危机却有不同的看法。他认为，危机并不是在工业品荒的情况下粮食过剩的表现，而是在农民经济缩小的情况下，谷物业的萎缩造成的。而造成谷物业萎缩的直接原因是国家错误的价格、税收政策导致的经济比例失调。首先，谷物价格与经济作物价格的比例日益失调。1924年至1928年短短4年间，谷物价格指数由129降至109，而畜产品和经济作物的价格指数却由135升至151，由此可见，谷物同畜产品和经济作物的比价日益拉开，农业内部的剪刀差呈扩大趋势，粮食成为无利可图的产品，这就使得农民不愿直接出售粮食，而宁愿用粮食饲养牲畜，然后出卖畜产品；或不种谷物改种经济作物。其次，税收政策也不利于谷物业。大田作物占农民纯收入的39.5%，但占赋税额的66.59%，非农业性收入占农民纯收入的27.8%，但仅占赋税额的5.2%，悬殊太大了。再次，货币不够稳固，农民只把货币当作支付手段、流通手段,而没有把它作为积累手段。因此,农民即便手头有粮食,也不会出售来换取货币。布哈林认为,要解决危机就必须调整现行政策,在价格、税收等方面刺激谷物业的生产,从而使谷物、技术作物和畜产品在生产上和市场上保持比较正确的比例关系,使三者得到协调发展。

5. 经济平衡是政治平衡的基础

布哈林认为,过渡时期最重要的经济成分是国有经济以及与它相联系的合作社经济,最重要的经济组织是国家性的组织。过渡时期无产阶级专政不仅仅是单纯政治权力专政,还应该是经济力量和政治力量的有机结合。恩格斯也曾经说过,暴力(即国家权力)也是一种经济力量。在苏维埃俄国,国家性的经济组织是最高国民经济委员会,它通过国家预算对国家的全部工业、铁路、矿山的开发和利用实行统一领导和管理。到了苏联时期,这种集中管理形式就更明显了。布哈林认为这种管理与领导,一定要减少行政干预和强制,改用经济的方法是比较恰当的。他说:"经济领导如果犯了破坏国家的基本经济比例的严重错误,就会引起对无产阶级极为不利的各个阶级的重新组合。破坏必要的经济比例,其另一面就是破坏国内的政治平衡。"① 也就是说国家的经济政策、国家的经济管理要掌握好度,如果国家的计划和管理工作失误,就会出现市场供求关系的失衡,造成商品短缺和粮食供应危机,阶级敌人也就会乘机活动,以至打破国内的政治平衡。所以,布哈林特别强调经济平衡是政治平衡的基础,党和政府要必须全面规划,尽力安排好国家的基本经济比例,实现经济平衡,从而保证国家的政治平衡和稳定。同时他还指出,必须处理好中央和地方的关系,如果中央权力过分集中,必然会严重影响和挫伤地方在社会主义建设中的积极性,从而破坏国家的集中领导体制,使得整个领导体制变得僵化而失去活力。此前,列宁也强调巩固国家计划领导的同时,必须给地方苏维埃和经济机构广泛的权力,更好地发挥地方经济建设的主动性。② 合理划分中央与地方经济管理权限,发挥中央与地方两个积极性,对国民经济发展是相当有利的,也是维护国家统一和稳定的重要举措。布哈林强调指出,社会主义经济建设的规律从本性上是一个从平衡走向不平衡,又在更高水平上向平衡复归的辩证发展过程,平衡的原则是经济建设少走弯路,以最小的代价换取最大的胜利。

---

① 〔苏〕布哈林:《布哈林文选》中册,第277页。
② 徐秉让:《列宁社会主义建设理论》,四川人民出版社,1985,第153页。

国民经济平衡发展思想是布哈林对苏维埃政权领导的社会主义经济建设的总结，也是他将马克思主义运用于解决俄国实际问题的理论创新。虽然这一理论并不是完美无缺的，其中还有某些不成熟的地方，但他的理论探索达到了当时历史条件所能允许的高度。在布哈林的"动的经济平衡"模式中，他不否认过渡时期多种经济成分存在着矛盾，也不否认工农业之间、积累和消费之间、计划和市场之间、政治和经济之间存在着矛盾，但是他反对用单纯的阶级斗争和行政命令的政治手段来解决这些矛盾，主张在经济运行过程中，用经济手段来解决这些矛盾，力求保持再生产过程中各种因素的平衡，既注意发挥各种经济成分的积极作用，又注意把它们引上社会主义的轨道。可以说，布哈林的国民经济平衡发展的建设模式，是一种比较渐进、比较灵活、较多考虑到落后国家国情的建设社会主义的模式。

四 "市场关系"论——通向社会主义的必经之路

布哈林的市场关系理论的发展经历了由否定、排斥到肯定、利用两个阶段。战时共产主义时期，布哈林认为商品和价值等经济范畴不适用于过渡时期。他在所著的《过渡时期经济学》中断言：只要我们来研究有组织的社会经济，那么，政治经济学中的一切基本"问题"，如价值、价格、利润等问题就消失了。"货币不再是普遍的等价物，而成为产品流动的约定的——且是极不完善的——符号"，在这里，"人和人的关系"不是表现为"物和物的关系"，社会经济不是由市场和竞争的盲目力量来调节，而是由自觉实行的计划来调节。因此，在这里能有的一方面是某种叙述的体系，另一方面则是规范的体系。但是这里不会有研究"市场盲目规律"的科学地位。因为市场本身不存在了。[①]

战时共产主义的实践证明，在当时的俄国实行直接产品交换是行不通的，结果碰了壁。在实行新经济政策之后，布哈林对他的战时共产主义理论进行了反思。布哈林指出，战时共产主义政策的特点与其说是发展经济和提高生产力，不如说是消费现有的储备。当需要恢复经济的时候，它就不能继续存在下去了。因为它是"堵塞的"周转制度，"堵死了私人的个人主义刺激因素，甚至堵死了

---

① 〔苏〕布哈林：《过渡时期经济学》，东方出版社，1992，第 115~117 页。

在工人阶级中也有的这种刺激因素",① 要想恢复和发展生产,有赖于放开商品流转,除掉束缚生产发展的羁绊。在实践的推动下,布哈林开始重新审视市场问题,并逐渐由持否定态度,转为持肯定态度。在新经济政策实施后,他在理论上反复探讨了这一问题,形成了"通过市场关系走向社会主义"的理论。

布哈林市场理论的变化,首先得益于列宁的批评教育和耐心帮助;其次是战时共产主义实践的警示;最后,曾经犯过的"左派幼稚病"及其深刻的教训,也促使他毅然转到列宁主义的立场上来。

新经济政策时期是布哈林思想理论发展的黄金时期,市场关系理论是其经济思想的一个重要组成部分。他的市场关系理论主要包括以下几个方面。

1. 市场——联结城乡之间、工农之间的纽带

布哈林经济纲领的基础,就是认为工业的发展有赖于不断扩大的消费市场。坚持生产的"链条"必须总是"以生产……进入个人消费过程的消费资料为终结……在我国,农业是全部经济的基础。我们的工业发展得比较差一些,它的发展也取决于农业的增长"。"不要脱离庄稼汉的基地,逐步发展工业。要记住,农民经济积累的每一个戈比也就是社会主义工业积累的每一个卢布的基础。在自己的全部经济政策以及其他政策中都要紧紧地抓住庄稼汉。"② 布哈林认为,工业的发展归根到底取决于农业的发展,他非常辩证地阐述了工农业之间的发展关系:"工业发展的最快速度绝不能靠最大限度地从农业那里取得资金的办法加以保证。事情绝不是那么简单。如果我们今天拿得少些,我们就可使农业有更多的积累,这样明天我们就可保证使自己得到对我们工业产品的更大的需求。使农业取得更大的收入,我们下一年将可以从这笔更大的收入中比去年拿到更多的东西,可保证使我们的国营工业在未来的岁月里得到更大的增长、更大的收入。如果我们在头一年……用不那么快的速度前进的话,我们的增长幅度以后将会提高得更快。"③ 同时,布哈林也十分强调工业是农业发展的强有力支柱,没有工业的迅速发展,没有工业向农业提供电力及大型农业机械,农业的发展也无从谈起。农业的旧耕作方式至多只能维持简单再生产,小农经济将永远是小农经济,将永远处于落后状态。布哈林认为,市场关系是保持国民经济各部

---

① 〔苏〕布哈林:《布哈林文选》上册,第357页。
② 〔苏〕布哈林:《布哈林文选》上册,第289页。
③ 〔美〕斯蒂芬·科恩:《布哈林政治传记(1888~1938)》,东方出版社,2005,第297页。

门，主要是城市和农村、工业和农业之间联系的纽带。他强调，工农业之间相互依赖、相互提供市场，因而相互促进。二者之间的市场关系"意味着我们使得城市能够在经济上促进农村的繁荣，同时使得农村能够在经济上促进城市的繁荣"。① 这样才能使整个国民经济持续快速发展。

2. 市场——开展竞争的重要平台

布哈林反对左派用强制手段、不等价交换来取得发展工业所需的粮食、原料等。他强调，竞争是实现商品交换的主要媒介。他认为，竞争有两个作用。第一，通过竞争来消灭资本主义经济。他说：对"私人资本不能用一道命令予以没收，也不能用革命的宝剑机械地一挥来砍倒"，② 国家应该用竞争，用经济斗争来反对农村私商及富农，应该建立起自己的信贷机构——信用社，以反对农村高利贷者，在国家的援助下，以自己物美价廉的商品及低息贷款同私商、富农和高利贷者开展竞争，并逐渐挤垮农村资产阶级。可见，布哈林是反对用行政命令乃至暴力手段来排挤和消灭私人资本的。这种主张具有双重意义：一是可以限制私人资本谋取暴利，推动国营商店和合作社商店改善经营管理，以便逐步排挤和消灭私人资本；二是反对在条件不成熟的情况下，过早地消灭私人资本，给国民经济发展带来损失。无疑，布哈林的这种主张是切实可行的。第二，竞争能提高劳动生产率。布哈林指出，我们可以利用自己的垄断地位，实行提高价格的政策，这样可以轻而易举地获取垄断利润。但是这只会滋长企业经理们的自满情绪，产生不求上进的思想。而竞争可以打破他们安于现状的心理，促使改进技术，提高劳动生产率，降低生产成本，降低产品的价格。这样在保证生产力按社会主义方向增长的同时，保证我们有足够的竞争能力，以便在展开经济斗争而不是实行压制的过程中战胜自己的竞争者。

3. 市场——计划调节的辅助手段

布哈林认为，在社会主义国家，国有经济和集体所有制的合作社经济占主导地位，坚持社会主义即计划经济这一理想目标，是不能动摇的，是具有重大意义的。然而，这种计划必须符合实际，通过市场调节来实现，并在经济运行中不断地调整、补充和完善计划。由于还存在众多的小农，还有不少的租赁企业，大量的自然经济，就使得苏维埃国家必须重视和利用市场机制。

---

① 〔苏〕布哈林：《布哈林文选》上册，第357页。
② 〔苏〕布哈林：《布哈林文选》上册，第296页。

这些大量的无政府状态的经济活动无法进行计划，不可能也没有必要进行计划。因此，必须利用市场调节作为计划调节的辅助手段，来处理私人资本同农民经济之间、私人资本同社会主义国有经济之间、农民经济同国有经济之间的相互关系。因为这些关系主要通过市场得以联系。布哈林还特别肯定了贸易和市场的积极作用。他指出，通过市场可以加快物资周转和资金周转的速度，从而加快经济发展速度，最终巩固和发展社会主义经济，同时有利于解决商品荒的问题；通过市场可以调动农民、小生产者甚至资产阶级的积极性和主动性，使其在客观上为社会主义事业服务；通过市场可以促使国家企业改善经营，降低成本，提高效率，发展社会生产力；通过市场还可以促进城乡商品流通，发展商品生产。布哈林认为，在无产阶级掌握国家经济命脉的条件下，在无产阶级国家的经济政策指导下，能够减少市场的盲目性和自发性，使市场调节的优点和计划经济的优点相结合，把各种经济成分都调动起来发展社会主义经济。

4. 通过市场关系走向社会主义

实行新经济政策不只是为了发展生产力，更重要的是利用市场关系，发展社会主义经济力量，引导小生产经济走向社会主义，限制和排斥资本主义经济，从而建立和巩固社会主义经济关系。布哈林指出："我们需要的不是生产力的发展本身，而是生产力的这样的发展，即它能保证社会主义成分的胜利。"① "我们需要我国的生产力的这样的发展和这样的经济高涨，即与此同时要发展社会主义形式，要不断排挤和削弱敌视社会主义的资本主义形式。我们需要取得生产力的这样的发展，即它会把我们引导到社会主义，而不是把我们引导到完全复兴的所谓'健全'的资本主义。"② 这是新经济政策的社会政治意义。

首先，布哈林多次强调，新经济政策的根本目标和任务是发展社会主义国有经济，尤其是大工业，确保其优势地位，为社会主义奠定经济基础。布哈林在1921年所写的《经济政策的新方针》一文中，在讲到新方针的基本任务时说："按照发展生产力的路线而制定经济政策的根本任务，就是要加强大工

---

① 〔苏〕布哈林：《布哈林文选》上册，第363页。
② 〔苏〕布哈林：《布哈林文选》上册，第361页。

业。"① 在经济遭到严重破坏的情况下，如何来振兴、发展大工业？振兴、发展大工业，首先要有大工业得以开工的原料、材料、燃料以及补充的设备等。这些资料有哪些来源？布哈林完全赞同列宁提出过的来源于农民经济、小工业、租赁制、租让制和对外贸易。发展市场关系的目的，就是为了从这些非无产阶级的经济形式中取得补充产品，把这些非社会主义经济的积极性调动起来，壮大其经济力量，然后通过无产阶级政权和社会主义经济手段，使之为恢复和发展大工业服务。

其次，布哈林坚持和发展列宁晚年关于通过合作社吸收农民参加社会主义的新思想，提出了在社会主义经济的影响下，通过合作社计划，利用市场关系，使农业、手工业、小商业等私人经济和平长入社会主义的设想。布哈林的合作社计划的中心是在流通领域。布哈林在实施新经济政策前就说过，对农民来说，"要使他们参加社会主义生产组织，得通过流通领域来进行，也就是说通过农民的合作社，而不是通过集体农庄形式的直接生产联系"。② 1925 年 3 月，布哈林再次阐述了他的这个论点，强调了农村中的社会主义"将不是从生产的角度开始"，③ 而是"从流通（货币、价格、贸易）到生产"。④ 在布哈林关于从流通领域开始社会主义的思想中包括两层含义：第一，在新经济政策下，合作社经过市场把越来越广泛的农民经济阶层吸引到社会化的体系中来，从而也就保证了它们和平"长入"社会主义，无须进行第二次革命；第二，关于发展合作制的战略规划，布哈林指出，要尊重市场化、社会化发展规律，应当先从流通领域开始，逐步发展到生产领域。

再次，布哈林论证了市场关系存在的长期性，它将在社会主义条件下存在许多许多年，而不是转瞬即逝的关系。他说："市场联系的形式，在我们这里还要继续许多许多年，我甚至要说，市场联系形式将长时期是经济联系的决定的形式，决定的！……由此就出现了这样的情况：如果社会主义的发展是经过市场联系，经过城乡之间的市场商品流通，那么……我们的主要经济作用应当经

---

① 〔苏〕布哈林：《布哈林文选》上册，第 129 页。
② 〔苏〕布哈林：《过渡时期经济学》，第 47 页。
③ 〔苏〕布哈林：《马克思主义和农业合作社》，俄文版，第 221 页。
④ 〔苏〕布哈林：《几个问题》，俄文版，第 66 页。

过市场关系，也就是说，经过商品流通的发展来发挥。"①

但是，布哈林对市场存在的认识是有局限性的。他的理论观点是市场之所以存在，是因为俄国存在着不同类型的经济形式，市场是各种经济形式之间的桥梁，首先是联系工农业经济的手段；当非社会主义经济被完全改造成社会主义经济后，市场将随之消灭，而消灭市场的正是市场本身。布哈林从根本上没有放弃社会主义就是计划经济的传统观点。他始终坚持"我们必须达到社会主义，即计划经济"。②按照布哈林对社会主义的理解，所谓通过市场关系走向社会主义的实质就是通过市场关系走向计划经济。"随着各种私人企业主及其私人经济的被排挤，随着国家—合作社经济的组织性和完整性的提高，我们将逐步地越来越接近社会主义，即接近计划经济。"③这种关于计划经济与社会主义的理论认识使得布哈林本身不可能在"社会主义市场经济"的道路上走得多远，因此，很难把布哈林看作"市场社会主义"的先驱。

在即将结束本文时还必须指出，苏联的社会主义建设走过了一条曲折复杂的道路，布哈林的经济思想是同苏联社会主义经济建设过程密切联系着的。布哈林的经济思想并不是一成不变的，也不是一贯正确的。它是随着苏联社会主义经济建设的发展而有所变化的。从布哈林经济思想的演变中，可以清楚地看到他与时俱进的品格，他能随着实践的变化和发展，不断地补充和修正自己的理论。在布哈林的经济思想中既有符合马克思主义的正确的东西，也有被实践证明是错误的东西。他曾经是战时共产主义政策和"直接过渡"理论的积极鼓吹者，在1921年实施新经济政策前，正是他同列宁一样敏锐地觉察和认识到必须立即终止战时共产主义政策，否则就会导致工农联盟的完全破裂和苏联经济的全面崩溃。在长达八年之久的新经济政策实施过程中、在革命实践和理论研究中，布哈林坚持了实事求是的思想路线，对社会主义建设道路进行了历史的理论反思，在思想上发生了跳跃式的变化。实践证明，他的经济理论观点一直处于不断变化和不断修正之中。今天，我们在肯定布哈林经济思想的理论意义和现实意义时，并不意味着当代的社会主义改革要用他的观点来概括和说明。目前，我们进行的改革无论在深度上，还是在广度上都远远超过了处在过渡时

---

① 〔苏〕В.В.茹拉甫列夫主编《布哈林——人、政治家、学者》，东方出版社，1992，第83页。

② 〔苏〕布哈林：《布哈林文选》上册，第362页。

③ 〔苏〕布哈林：《布哈林文选》上册，第436页。

期的布哈林的认识。

当然，布哈林关于建设社会主义的思想远不止上面提到的这些。比如他对无产阶级文化建设的论述、对科学技术必须走在前面的论述、在文明程度低的形势下防止无产阶级蜕化的可能性的深刻见解、用革命法治取代行政专断的思想等。我们今天所从事的建设有中国特色社会主义，并通过长期的社会主义初级阶段达到比较成熟的社会主义宏伟事业，仍然可以从布哈林丰富的思想中获取理论的力量和经验启示。

原载《俄罗斯研究》2009 年第 2 期

中俄区域经济合作的理论解析

高晓慧[*]

一 中俄区域经济合作的概念界定

中俄区域经济合作是中俄两国因地理相邻性、资源共享性、经济互补性而形成的互惠互利的经贸关系。

它分为广义和狭义两个层次：从广义上讲，中俄区域经济合作是指中俄两个国家之间的经贸合作，它是以两国的疆域为外延，包括全方位、多层次、宽领域的经济、贸易和技术合作；从狭义上讲，中俄区域经济合作是指中俄两国毗邻地区的经贸合作，它仅限于中国黑龙江省、吉林省、内蒙古自治区、新疆维吾尔自治区等省区与俄罗斯毗邻地区的经贸关系。

研究中俄两国的区域经济合作要把广义和狭义两个层次结合起来。地理的相邻性、资源的共享性更符合狭义的概念界定，而经济互补性则适合于广义的概念界定。因为毗邻地区往往在气候、资源、产业结构等方面具有同构性和竞争性，其互补性要放在两个国家的层面进行权衡。如我国毗邻俄罗斯的省区出口到俄罗斯的服装、纺织品、轻工产品等多为我国东南沿海地区生产的产品，而东北地区作为重化工基地与俄罗斯在产业结构上具有同构性。另外，中俄石油合作也是从中国总供给和总需求的角度来考量的，东北地区石油的供给相对于其需求而言并不短缺。互补性是中俄两国因自然资源禀赋、产业结构差异而形成的两国相互取

---

[*] 高晓慧，中国社会科学院俄罗斯东欧中亚研究所研究员，经济学博士；《欧亚经济》杂志主编。

长补短的关系。互补性是两个国家发展经贸关系的基石,是区域经济合作的原动力。在现今国际社会,意识形态的斗争已经让位于经济利益的争夺,实现国家间互利双赢成为普遍遵循的准则。中俄区域经济合作是以边境贸易为先导,以全国为依托,辐射各个地区和领域。因此,中俄区域经济合作要跳出毗邻省区经济贸易合作的局限,从国家发展的大格局、大框架内统筹中俄区域经济合作,只有这样才能使合作全方位、多层次、高水平展开,才能使中俄两国的合作更具潜力、后劲和发展空间,这也是界定广义和狭义中俄区域经济合作概念的目的所在。

中俄两国山水相连,有着4300多千米的漫长边界线,边境贸易从1993年的32亿美元增长到2005年的55.7亿美元,合作方式也从过去单纯的易货贸易发展到建立加工基地和科技成果产业化园区,两国在能源和资源开发、高新技术、基础设施建设、劳务和工程承包、服务贸易等领域的合作成效也十分显著。12个对俄陆路口岸开辟了互市贸易区,促进了口岸基础设施的建设。从中俄贸易的发展轨迹看,边境贸易在中俄贸易中的贡献功不可没,它是中俄贸易的牵引者和推动者。但边境贸易毕竟受地区经济发展水平以及产业结构的限制,随着两国经贸合作的发展,边境贸易的作用在逐步减弱,这也是不容忽视的事实。从中俄边境贸易额在中俄贸易额中所占比重的动态分析可知,中俄边境贸易在20世纪90年代约占中俄贸易的半壁江山,但进入21世纪后,中俄边境贸易额在中俄贸易额中所占比重在不断下降(见表1)。1999年,中俄边境贸易额占中

表1 中俄边境贸易在中俄贸易中的地位和作用

(单位:亿美元)

年份	中俄边境贸易额	中俄贸易额	中俄边境贸易额占中俄贸易额的比重(%)
1993	32.0	76.8	41.7
1999	34.0	57.2	59.4
2000	23.7	80.0	29.6
2001	22.5	106.7	21.1
2002	31.8	119.3	26.7
2003	35.2	157.6	22.3
2004	42.0	212.3	19.8
2005	55.7	291.0	19.1

资料来源:迟庆林:《中俄边境贸易与中俄区域性经济合作分析》,《东欧中亚市场研究》2001年第9期;陆南泉:《对中俄经贸合作形势的几点分析》,《俄罗斯中亚东欧市场》2006年第7期,根据上述两文提供的数据计算。

俄贸易额的比重为59.4%，2003~2005年，下降到20%左右，2006年1~6月，中俄贸易额已达151.4亿美元，中俄两国边境贸易额达到31.3亿美元，占中俄贸易额的比重为20.7%，这说明中俄区域经济合作已经走出边境地区小范围的经贸合作，正在向更广阔的地域空间、向整个国家层面的合作全方位展开。

从目前来看，中俄区域经济合作应适时转换发展战略，由狭义的区域经济合作向广义区域经济合作转变。毗邻俄罗斯的各省区应继续利用自己对俄经贸的历史、文化、人脉优势和已有的客户及联系渠道，把中国单方销售轻纺日用品的互市贸易区发展为中俄联办的国际自由贸易区，借助国家赋予的优惠政策，加大招商引资力度，把本地区建成对俄出口加工贸易中心、高科技产品研发制造中心和国际物流中心①。与此同时，我们应积极探索边境地区贸易向全方位、多层次、宽领域区域经济合作的战略升级。以生产要素合理配置为纽带，从以毗邻俄罗斯的边境省区为主的格局，过渡到全国范围的南北兼顾、东西联动、优势互补、分工合作的格局②。上海和圣彼得堡这对姐妹城市在国家范围内发展中俄经贸合作中率先垂范，抢占中俄经贸合作的制高点，如中俄之间最大的战略合作项目之一——"波罗的海明珠"项目，就是由上海最大的海外投资企业——上海实业集团、中国最大的零售企业——百联集团、中国最大的酒店企业——锦江集团、上海最大的房地产企业——绿地集团、上海最大的工业投资企业——上海欧亚工业投资中心等7家行业巨头在俄罗斯圣彼得堡共同投资开发的项目。项目总建筑面积194万平方米，规划区域面积208公顷，总投资额为13.46亿美元，将建造一个集商务、居住、商业为一体的多功能现代化综合性社区。③

中俄区域经济合作的战略升级是资本、技术、人才等生产要素自由流动的内生要求，也是在美、欧盟、日、韩等在东北亚地区竞争日益加剧的大背景下的必然选择。

---

① 李传勋：《俄罗斯"入世"对中俄区域经贸合作的影响》，《俄罗斯中亚东欧市场》2006年第10期。
② 唐朱昌：《推进中俄经贸合作的战略升级》，《中俄区域合作研究》论文集（李传勋主编），黑龙江人民出版社，2003，第84页。
③ http://news.xinhuanet.com.

二 信息不对称与中俄区域经济合作

在市场上交易行为的决策取决于所能获得的信息。这种信息可分为两类：公开信息和私人信息。公开信息是免费可以得到的、交易双方都同样拥有的信息。私人信息是其他人不付出代价就得不到的信息。市场上交易的双方，一方拥有公开信息，另一方不仅拥有公开信息，而且还拥有对方无法得到的私人信息，这就形成了交易双方的信息不对称。此时拥有信息多的一方如要利用自己的信息优势来做损人利己的事情，这种做法称为道德风险。当拥有信息少的一方由于一次次受骗而把拥有信息优势的另一方都视为诈骗者，在这种前提下的行为选择称为逆向选择。信息不对称时道德风险和逆向选择的存在使市场机制无法正常运行，会使市场机制失灵。

在中俄区域经济合作中就存在由于信息不对称而导致的道德风险和逆向选择。在中俄边境贸易开展的初期，中方某些公司和个人利用与俄方信息不对称的时机，把大量假冒伪劣轻纺产品和生活日用品运往俄罗斯，破坏了"中国制造"的整体形象，在俄罗斯人心目中，中国制造的产品等同于地摊货，中国人的形象严重受损，成为不受欢迎的人。在这种思维定式下，俄罗斯人再与中国公司做生意时，就通过压低价格来减少交易风险，最终导致中国生产的高技术含量、高附加值的名优商品被排挤，而假冒伪劣产品大行其道。这种由于信息不对称导致的道德风险和逆向选择已经成为影响中俄区域经济合作向更高层次发展的严重障碍，也导致20世纪90年代中期中俄经贸出现滑坡的境况。在中俄区域经济合作中，中俄任何一方作为经济人，利用自己的私人信息实现利益最大化是一种理性行为，在一般情况下不能通过道德说教来让拥有私人信息的一方无偿公开自己的信息，或不利用自己的信息来实现自己的利益。关键是要找到克服导致信息不对称问题的制度[①]。在这种情况下除中俄两国政府要通过完善法律等制度安排来维护市场有效运行外，通过中介组织来提供更加完备的信息将对解决道德风险和逆向选择问题起到至关重要的作用。这些中介组织包括信用评级机构、商品认证和检验检疫机构、会计师事务所、交易评价网络平台等。具体做法是，这些中介组织根据双方的历史交易信用以及对商品的检验检

[①] 梁小民：《我说》，社会科学文献出版社，2003，第61页。

疫和财务审计，使私人信息变为公开信息，实现中俄买卖双方信息的对称。获得私人信息需要专业知识和经验，对一个企业来说为此付出的成本远远大于收益，如果获得私人信息的工作由专业的中介组织来完成，则收益就大于成本。中介组织通过较低的信息成本、专业化的信息处理能力和中立化的社会地位，能有效地协调企业之间、政府与企业间的行为绩效，改善政府与企业间由于信息不对称所引起的逆向选择与道德风险问题。对于中介组织来说，要获得双方的信任，就必须发布真实信息，欺骗任何一方都会使自己无生存之地。黑龙江省现代软科学研究所在建立中俄区域经济合作中介组织方面做了努力和尝试。"建立了专注于中俄区域经济合作渠道集成平台，通过该平台，供需双方可以根据对方的历史信用与民主式的交易评价来获取更多信息，从而利用'信号传递'的机制，有效解决信息不对称条件下的逆向选择问题；同时与政府所提供的信息不同，在这一'信号传递'平台中并不存在任何权威，而是一个基于 Web2.0 技术的 P2P 解决方案，从而，这种由参与者民主投票的网络方式有效地避免了权威机制下的道德风险问题。"[①]

三 中俄区域经济合作中的博弈

博弈论是现代经济学前沿理论之一，它研究的主要问题是，在某一特定的条件下，如何针对别人的选择做出决策。在中俄区域经济合作中，中俄两国作为博弈主体在相互缺乏信任和追求自身当前利益的情况下，往往会陷入"囚徒困境"，导致双方只能得到效率较低的结果，即纳什均衡。表 2 所表示的支付矩阵就是中俄双方在缺乏信任的情况下进行合作所形成的纳什均衡。假设 A_i、B_i、C_i、D_i 为中俄两国在不同状态下的收益值，$A_i > B_i > C_i > D_i$，$i=1、2$，下标 1 为中国，2 为俄罗斯。在博弈中，如果中国选择合作，对于俄罗斯来说，其收益值 $A_2 > B_2$，它会选择不合作；如果中国选择不合作，对于俄罗斯来说，其收益值 $C_2 > D_2$，它仍会选择不合作，这会对它最有利。反之，对于中国来说，如果俄罗斯选择合作，那么，中国的收益值 $A_1 > B_1$，中国会选择不合作最为有利；如果俄罗斯选择不合作，那么，中国的收益值 $C_1 > D_1$，中国也会选择不合作。也

---

① 陈华在"2006·兴凯湖中俄区域合作论坛"上的发言，http://www.xinhuanet.com/classad/zb060802/wz.htm。

就是说"任何一方合作而另一方却背离的局势都会导致前者的收益减少而后者的收益增加"①。这是在中俄双方缺乏信任和没有足够信息沟通的情况下,发现在短期内可以通过改变策略来提高自身利益,则最终会导致双方处于两败俱伤的纳什均衡（C_1, C_2）,使中俄两国都蒙受损失,这对中俄双方都是一个低水平、低效率的合作（见表2）。

表2 中俄区域经济合作的静态博弈矩阵

中国 \ 俄罗斯	合作	不合作
合作	B_1, B_2	D_1, A_2
不合作	A_1, D_2	C_1, C_2

资料来源:作者自制。

纳什均衡是典型的非合作博弈,这在很大程度上是因为上述博弈是静态的,只进行一次,参与者无法根据这一次博弈的结果再做一次选择。而在现实中博弈往往是动态的、可重复进行的。重复博弈就是某些博弈多次重复进行而构成的博弈过程。假设在第一次博弈中俄罗斯采取不合作,则在下一次博弈中中国必然报复,也采取不合作;相反,如果在第一次博弈中俄罗斯采取合作,则导致以后中国会坚持合作。在重复博弈的情况下,纳什均衡就出现"帕累托改进",即达到合作均衡（B_1, B_2）。走出"囚徒困境"的前提条件是,中俄两国在区域经济合作中首先要建立政治互信,并在此基础上构建区域经济合作机制和框架,兼顾和协调两国利益,通过签订一系列协议保证两国区域经济合作高水平、高效率运行。目前应发挥中俄两国政治关系友好的优势,以政治互信促进经贸发展。应充分发挥两国政府间各种会晤机制的作用,加强沟通,增加互信,完善双边贸易协调机制,及时解决双边贸易合作中出现的问题;双方贸易主管部门应进一步加强政策对话,缔结有关规范贸易秩序、通关便利化、贸易权益保障等条约,创造公平贸易环境;应发挥行业组织、企业协会、进出口商会等民间团体的重要作用,通过两国企业家联谊会、两国行业组织交流、举办商品展会等多种形式,增进彼此了解和拓宽沟通渠道,使中

---

① 冯连勇、郑宇:《中俄石油管线与能源合作问题的博弈分析》,《俄罗斯中亚东欧研究》2004年第4期。

俄区域经济合作向更高层次发展,也使中俄区域经济合作处于"正和博弈"状态。

四 外部性与中俄区域经济合作

外部性问题是由新古典经济学的代表人物马歇尔首先提出的,由福利经济学的代表人物庇古加以充实和完善,后来在以科斯为代表的新制度经济学派那里得到了进一步的发展。庇古认为,某甲在为某乙提供一些服务的过程中,附带地也给其他人提供服务或带来损害,这种服务得不到收益方支付的报酬,也不能使受害方得到补偿。如果某人的消费或生产活动使其他社会成员无须付出代价而得到好处,称正外部性;反之,如果某人的消费或生产活动使其他社会成员蒙受损失而未得到补偿,称负外部性。

中俄两国有4300千米的漫长边界,边界地带无疑是外部性比较集中的区域。外部性在中俄两国边境地区广泛存在,这是因为两国地域的相邻性和资源的共享性使然。如果一个国家注重植树造林、防止水土流失,就能减少洪涝灾害,会给另一个国家带来正外部性;反之,如果一个国家乱排工业污水或工业废气,就会造成江河和大气污染,给另一个国家带来生态灾难,带来负外部性。

在中俄区域经济合作中不可避免地会出现外部性问题,中俄两国应积极寻求对策,充分发挥正外部性,克服负外部性,力求使外部性内部化。

黑龙江和乌苏里江是中俄两国的界河,这里特产鲟鱼和鳇鱼等珍贵鱼类。巨大的经济利益驱使"两江"流域渔民竞相捕捞,鲟鳇鱼的数量逐年递减。残酷的现实使中俄两国认识到,无限度的索取最终只能换来整个流域的荒凉。如果再继续无限度捕捞下去,不仅我们捕鱼艰难,我们的子孙后代将无鱼可捕,到那时我们必将遭到大自然更为严厉的惩罚。

1994年,中国政府与俄罗斯联邦政府签订了《中俄关于黑龙江、乌苏里江边境水域合作开展渔业资源保护、调整和增殖的议定书》。

2005年7月上旬,一场规模盛大的"鲟鳇鱼放流"活动震动了黑龙江两岸,近万群众现场观看了这一盛况。中国农业部渔业局、国家濒危物种管理办公室会同俄罗斯阿穆尔州、犹太自治州渔政局,俄滨海边疆区太平洋研究所的专家同时参加放流活动。这是中俄两国在发展渔业和海产品捕捞方面外部性内部化的典型事例。

又如从黑龙江省发展和改革委员会获悉,将在黑龙江上建的首座公路大桥,位于中国黑河市中心以东约7公里处,对岸为俄罗斯阿穆尔州首府布拉戈维申斯克市。目前,黑河市与布拉戈维申斯克市口岸之间的过货贸易主要在冬季封冻的黑龙江江面上进行,常年过货受到严重阻碍。为了使外部性内部化,中俄两国政府经过协商决定共同修建中俄黑龙江公路大桥,使中俄双方共同受益。中俄黑龙江公路大桥建成后将搭建中国同欧亚大陆间的"大陆桥",不仅在黑龙江省对俄经贸战略中发挥积极作用,更能拓展多领域的交流与合作。

另外,2006年9月11~12日,中俄总理定期会晤委员会环境保护合作分委会第一次会议在莫斯科举行。建立正式合作机制是环保分委会第一次会议的重要任务,会议通过了《中俄总理定期会晤委员会环保分委会条例》。分委会下设3个工作组:污染防治和环境灾害应急联络工作组、跨界自然保护区及生物多样性保护工作组、跨界水体水质监测及保护工作组。在分委会第一次会议期间,中方代表团本着友好、坦诚、务实、合作的态度,向俄方全面介绍了俄极为关注的松花江流域水污染防治规划、跨界水体水质联合监测和松花江污染事件应急联合监测等情况,起到了加强沟通、增进理解、消除疑虑、增强互信的作用,从根本上扭转了中方在松花江水污染事件后的被动局面。中国政府将松花江水污染防治作为"十一五"环境治理的重点任务,计划用5年时间,投资134亿元人民币,实施222个重点项目,使松花江沿岸大中城市集中式饮用水源得到治理和保护,重点污染隐患得到有效治理和监控,主要污染物排放总量得到有效控制,大中城市污染严重水域水质有所改善,流域水环境监管及水污染预警和应急处置能力显著增强。俄方高度赞赏中国政府制定的松花江流域水污染防治规划。双方积极评价中俄密切合作共同处置突发环境事故的经验,认为这些经验可成为今后解决突发环境问题的良好基础[1]。这也是中俄两国共同解决外部性问题的例证。

五 制度安排在中俄区域经济合作中的作用

新制度经济学认为,制度安排在资源配置效率中具有重要的作用。制度是一系列社会规则,用于约束人的行为,调整人与人之间的利益关系。它分为正

---

[1] http://www.zhb.gov.cn/200610/.

式制度（法律、政府法令、公司章程、商业合同等）和非正式制度（习俗、传统、伦理道德、意识形态等）。制度变迁的路径分为两种基本类型：强制性制度变迁和诱致性制度变迁。前者是指通过政府的行为或立法措施等来引入和实施制度变迁；后者是指由个人或者一群人自发倡导组织和实施的制度变迁。强制性制度变迁具有制度供给速度快、易于实现预期目标和节约权利博弈成本的优点；诱致性制度变迁中各利益主体之间谈判时间长，权利配置的博弈过程比较充分，经过全体一致同意或多数人同意而实施变迁过程，因此，诱致性制度变迁的各利益主体之间通常会有更好的合作，主体之间的交易费用较低。

建立一个有效的制度是中俄区域经济合作取得成效的关键。如果仅仅依靠市场作用的自然演进，区域经济合作机制的建立和完善将是一个漫长而曲折的过程，因此，中俄两国政府有必要从战略的高度对中俄两国区域经济合作的进展进行积极的引导和调控，通过强制性的制度变迁促使两国区域经济合作机制得到快速、健康的建立和完善。随着中俄两国区域经济合作的不断发展、规范和成熟，强制性的制度变迁将让位于诱致性的制度变迁。

在市场经济体制尚未完善的转型国家开展区域经济合作，更应注重发挥政府在两国区域经济合作中的重要作用，建立一种"有形之手"和"无形之手"共同调控的合作机制。尽管中俄两国政府建立了定期会晤机制并签订了一系列双边合作协议，对推动中俄两国区域经济合作的进一步开展起到了积极的推动作用，但目前许多合作协议更多是停留在形式上，实质性合作进展缓慢。如何落实两国区域经济合作协议是促使合作潜力转化为现实成果的关键所在。应积极开展对中俄双边贸易关系有重大影响的大企业、大项目的合作，因为没有大企业和大项目的合作，中俄经贸关系的跨越式发展就难以实现。当前，中俄两国可以能源进出口、输油管线建设、核能及高新技术领域合作为切入点，通过政府推动、企业主导的形式，积极开展双向投资合作，发挥投资对贸易的带动作用，改善双边贸易结构，实现全方位、多层次、宽领域区域经济合作的战略升级。

原载《俄罗斯中亚东欧研究》2006 年第 6 期

中亚水资源问题的现状与解决的前景

吴宏伟[*]

中亚有许多河流，大的河流基本上都是跨界河流。东部有额尔齐斯河和伊希姆河，南部有楚河、塔拉斯河、锡尔河、阿姆河，北部有托布尔河。中亚地区的主要水源位于塔吉克斯坦和吉尔吉斯斯坦两国境内的山区。

咸海是中亚地区最大湖泊，阿姆河和锡尔河是咸海盆地的干流。根据世界银行的报告，咸海地区水系水资源总体分布情况是：塔吉克斯坦占55.4%，吉尔吉斯斯坦占25.3%，乌兹别克斯坦占7.6%，哈萨克斯坦占3.9%，土库曼斯坦占2.4%。锡尔河流经乌兹别克斯坦时有一半水资源被利用，流经哈萨克斯坦时有42%的水资源被利用，流经塔吉克斯坦时有7%的水资源被利用。阿姆河有42%的流量被分配给了乌兹别克斯坦，而吉尔吉斯斯坦只有0.3%。

由于干旱少雨，中亚平原地区对河水的依赖程度要更高一些。根据有关材料，在土库曼斯坦和乌兹别克斯坦，国民经济的80%~90%依赖于发源于上游国家的跨界河流。根据水资源拥有量计算，吉尔吉斯斯坦和塔吉克斯坦属于水资源丰富国家，而哈萨克斯坦、土库曼斯坦和乌兹别克斯坦属于缺水国家。

---

[*] 吴宏伟，法学博士，中国社会科学院俄罗斯东欧中亚研究所中亚研究室主任、研究员，中国社会科学院研究生院教授，中国社会科学院上海合作组织研究中心副秘书长。

一 中亚水资源问题出现的原因及其影响

(一) 中亚水资源问题出现的原因

根据各国专家学者对中亚水资源状况的分析,造成中亚水资源紧张和水资源状况不断恶化的原因是多方面的,主要包括以下几点。

1. 在苏联时期形成的耗水型农业是造成中亚水资源危机的重要原因

专家指出,灌溉才会真正消耗水资源。中亚各国经济结构的不合理以及高耗水型农业在农业生产中的主导地位导致水资源的持续高消耗。在一些国家,农业在国民经济中占有很大的比重,主要的农作物又是需要深层灌溉的棉花、水稻等。在乌兹别克斯坦,仅农业灌溉就消耗了整个国家约90%的水资源。

2. 中亚国家不同发展战略也是水资源矛盾与纠纷出现的重要原因

水电是吉塔两国工业生产和居民日常生活的主要能源。在缺少其他能源供给的情况下,两国只有大力发展水电才能满足经济不断发展对能源的需求,同时把水和电作为商品向周边国家出售。这点已经成为两国民众的共识。这种发展战略与下游国家历史上形成的传统优势农业直接发生了尖锐的矛盾。

3. 吉塔两国境内水库的功能发生了转变

苏联时期,吉塔两国境内水利设施的主要功能是蓄水,供下游乌、土、哈等国农业灌溉使用。在中央政府的协调下,下游地区则向这两个加盟共和国提供煤、重油及其他能源物资,以满足其对能源的需求。苏联解体以后,吉塔两国获得的补偿性能源供应大大减少,致使其热电厂常常无法正常运转,特别是冬季枯水期居民生活用电和工厂生产用电常常得不到有效保证。有资料表明,正是由于乌兹别克斯坦在1993年冬季没有按约定向吉尔吉斯斯坦提供天然气,吉成为打破中亚水资源平衡的第一个国家。当时吉政府官员下令将托克托古尔水库的灌溉用水改为发电,减少了夏季向下游的放水量。此后,塔吉两国常常在夏天中断或减少给下游国家供水,致使下游国家在春夏季节最需要灌溉用水的时候常常无水可用,而乌兹别克斯坦等国也用抬高天然气和电力的价格或停止供应的办法给予回击。吉塔两国的大型水利设施由此出现了功能上的转变。这是上游国家与下游国家产生矛盾的重要原因之一。

4. 水利设施损毁严重和不足，水资源使用率很低

这包括几方面的问题。首先是苏联时期修建的水利设施在中亚国家独立以后因缺少资金维护而损毁严重，这不仅包括国家内部的水利设施，而且也包括苏联时期修建的跨地区引水干渠等设施；另外还有技术水平落后，导致水资源损耗巨大，水利设施的不完善是长期存在的问题。其次是由于干旱少雨，水蒸发量大和水利设施运行低效，松软的沙土致使河水大量渗入地下，造成大量水资源的浪费。再次，各国都缺少相应的节水以及鼓励节水的有效机制。农民和农民企业家收入太低，无钱也无积极性引进新的节水灌溉技术。大锅饭和免费（或低价）提供用水导致水资源浪费情况十分严重。居民生活用水的供应方面也存在设施陈旧和老化情况。

5. 苏联时期，中亚的水资源管理有一套比较有效的管理模式

苏联解体以后，中亚国家丧失了苏联时期水资源调配和管理机制，改由5个国家首脑共同决策。苏联水利部的职能由国际水资源委员会来替代。但这种水资源管理体系已经越来越难以维持。过去那种主要以农田灌溉为主的地区水资源管理制度已不再适用。

6. 造成地区水资源紧张的另一个主要原因是可更新水资源分布不均和径流量年际变化很大

以阿姆河和锡尔河为例，在丰水年，天然河流的水资源量超过年均值的40%，锡尔河流域可以达到51.1立方千米，阿姆河流域达到109.6立方千米。而在枯水年，锡尔河流域仅为13.6立方千米，比年均值减少37%，阿姆河流域比年均值减少26%。[①] 枯水年份水资源短缺情况更为突出。此外，还有一个不可忽视的原因，全球气候变暖和水源地冰川在逐年减少。

（二）中亚水资源问题带来的影响

中亚地区水资源紧张和环境恶化对中亚地区经济发展与自然环境带来深远的影响，主要表现有以下几点。

第一，中亚地区水资源状况进一步恶化。人口增长和水资源减少将加剧水资源短缺的矛盾，也加重了水资源问题的解决难度。

---

① 〔哈〕依戈尔·瓦西里耶维奇·塞维尔斯基：《全球国际水域评估项目（Giwa）对中亚地区水资源问题的评估结果》，《人类环境》2004年第21期。

第二,在吉尔吉斯斯坦和塔吉克斯坦,由于主要水库功能由灌溉转向发电,极大改变了阿姆河和锡尔河流域的水情。春夏两季上游水库为冬季发电而蓄水,造成灌溉季节水量严重短缺。冬天上游水电站放水发电,洪水泛滥时有发生。

第三,咸海面临消失的危险。咸海主要水源锡尔河和阿姆河河水被过度使用或截流,致使咸海水量下降,湖面缩小。由于缺水和污染,咸海流域的动植物资源遭到严重破坏,咸海及其生态保护已经没有好转的可能。干涸的湖床产生的大量盐尘随风飘散,扩散到中亚及俄罗斯很多地方。

第四,水体污染和流域生态的破坏日益加剧。在缺乏资金、技术的情况下,要中亚国家主动阻止并改变这种状况几乎是不可能的,而水资源也将不可避免地被继续污染。锡尔河和阿姆河两大河流的三角洲地区生物多样性明显减少,其他湖泊也难逃被污染的命运。

第五,水资源成为影响中亚经济发展和社会稳定的重要因素。缺水和污染使中亚很多地区的居民无法得到充足、清洁、安全的饮用水,居民健康受到严重威胁。水资源状况的恶化已成为中亚社会经济持续发展的现实和潜在阻碍。

第六,中亚水资源问题使中亚国家之间的关系更加紧张,矛盾难以调和。

第七,为大国插手和干预中亚事务提供了借口。随着水资源危机和环境危机的不断深化,在中亚国家之间越来越难以达成共识的情况下,为了维护自己的利益,中亚国家各自都在积极寻求外部力量的支持与援助。不但希望它们帮助解决大型水利工程资金不足的问题,也希望大国在解决水争端问题中站在自己一方。而俄罗斯、伊朗、美国、欧盟等都希望借此增强对中亚国家的影响力和控制力。

二 中亚各国在水资源方面的主要立场与分歧

(一)吉尔吉斯斯坦的立场

作为水资源丰富的国家,吉尔吉斯斯坦从维护自身利益和解决水资源分配问题的角度出发,提出了水资源商品化、交易市场化的方案。吉尔吉斯斯坦在阿卡耶夫时期就颁布了《关于吉尔吉斯共和国在发源于吉尔吉斯斯坦、流入邻国的河流水资源利用问题上对外政策的基础》的总统令,于1997年10月6日生效。2001年,吉尔吉斯斯坦通过有关水资源利用法,旨在协调解决吉向其他主权国家提供水源问题,规定从吉国获得水资源的国家应向吉支付费用。

(二) 塔吉克斯坦的立场

塔吉克斯坦也凭借其境内丰富的淡水资源,提出要建立相互合作机制,合理有效利用这一宝贵自然资源,并希望通过向其他中亚国家提供农业灌溉用水和其他用途水源获取经济利益和其他利益。

塔吉克斯坦对境内水资源的依赖主要源于塔其他能源资源的缺乏。2008年冬季,几十年未遇的严寒更加坚定了塔吉克斯坦发展水电和能源独立的决心。当时努列克水电站水位下降,发电量减少,使原本就缺乏能源的塔更是雪上加霜。尽管政府采取了一些措施,但杯水车薪,无济于事。最终政府决定停止基本的生产用电,保证民用电的供应。

塔吉克斯坦在现有的努列克和卡拉库姆水电站基础上同哈、乌两国协作,向两国提供灌溉用水。塔吉克斯坦建议包括哈、乌两国在内的其他中亚国家共同承担起维护这些水利设施的费用。

塔经济界人士普遍将目前水能源开发不利的症结归咎于乌兹别克斯坦。塔还认为,桑格图德和罗贡水电站潜在的每年330亿千瓦时的发电能力对正在崛起的中国、印度、巴基斯坦和伊朗的经济发展具有巨大吸引力。据塔方有关人士介绍,根据乌方要求,塔方在修建水电站时也请相关国际机构进行过评估和鉴定,但一直得不到乌方的认可。

目前塔把继续修建罗贡水电站作为全国头等大事。为了使罗贡水电站完成建设,在获得国际资金很困难的条件下,塔吉克斯坦决心依靠本国的力量来继续修建。塔在2010年1月6日开始针对罗贡水电站公开募股,并动员本国民众积极购买罗贡水电站股票,为水电站建设做贡献。

(三) 乌兹别克斯坦的立场

乌兹别克斯坦坚决反对在跨界河流上游修建新的水电站。乌认为,根据联合国公约的精神,在跨界水资源流域修建新的水利工程应有来自中立的国际组织的技术鉴定,并受国际组织的监督;应保证修建这些工程能避免对生态环境造成难以弥补的后果,不破坏这些流域的国家的水资源利用平衡。

乌兹别克斯坦对塔吉克斯坦在瓦赫什河上游修建罗贡水电站十分不满,乌领导人多次公开反对罗贡水电站的修建,称塔吉克斯坦不但无视他国利益还违反了国际跨境河流管理条约。乌兹别克斯坦的专家也就塔正在建设的水电站项目提出质疑，认为水电站建成后，势必会引起阿姆河下游农田灌溉用水方面的危机。

随着塔吉克斯坦水电开发计划的不断实施，塔乌两国之间的矛盾也在不断加深。针对塔吉克斯坦坚持继续修建罗贡水电站，乌兹别克斯坦不断出台修正和反制塔吉克斯坦的措施，对塔吉克斯坦形成巨大的经济压力。面对乌的制裁，塔往往以减少向下游放水进行威胁。

（四）哈萨克斯坦的立场

哈与其他国家的水资源矛盾主要集中在跨境河流水资源的分配、水体污染、灌溉用水严重短缺以及输水设施维护等问题上。哈境内的跨境河流主要有额尔齐斯河、伊犁河、楚河、塔拉斯河、锡尔河和乌拉尔河。

哈萨克斯坦与吉尔吉斯斯坦跨界河流主要有两条，分别为楚河与塔拉斯河。两河均发源于吉尔吉斯斯坦北部的天山山脉，向西北流入哈萨克斯坦境内。独立初期，哈萨克斯坦与吉尔吉斯斯坦常因楚河与塔拉斯河的用水量和水利设施的利用问题发生纠纷，甚至将水作为解决两国间其他问题的手段和筹码。

哈萨克斯坦也反对上游国家单方面对跨界河流开发利用。对中亚国家之间水资源纠纷问题，哈认为可以通过组建地区水电同盟来加以解决。在该同盟内可以调节各国对水资源和电力的需求。哈不反对对上游国家给予补偿，但不愿意单独行动。哈乌两国领导人在跨界河流开发利用方面有共同的利益和立场，有时会就跨界河流问题交换意见，表明态度，协调立场。

三 解决中亚水资源问题的难点与有利因素

中亚各国面临严重的水资源危机，这已经成为各方共识。根据相关资料，中亚地区每人年均耗水量为2800立方米。随着中亚人口的逐年增加，在水资源总量不变甚至可能减少的情况下，人均耗水量和人均水资源占有量将逐步下降。一方面水资源缺乏和矛盾已经严重影响各国经济发展和社会稳定，另一方面也在严重影响中亚各国之间的相互关系。因此，解决中亚水资源矛盾已经成为迫切的问题。水资源问题解决不了，中亚区域经济合作就是一句空话。中亚水资源问题已经引起中亚各国的高度重视。各国只有加强相互间的紧密合作，才是解决这一问题的唯一途径。

（一）解决中亚水资源问题的难点

第一，中亚国家在水资源问题上，上下游国家之间的矛盾很难解决，各国在对水资源的认识上存在巨大差异。塔吉克斯坦和吉尔吉斯斯坦认为从自己境内产生和流出的水资源是自己特有的商品，并把开发境内的水电资源作为本国经济发展的支柱产业。而乌兹别克斯坦等下游国家认为跨界河流为沿岸国家共有，上游国家对水资源的开发利用应该得到下游国家的同意。乌兹别克斯坦希望利用上海合作组织来限制塔吉克斯坦和吉尔吉斯斯坦修建新的水利设施并合理协调使用现有的水利设施。

第二，苏联解体使原有经济体系遭到破坏。苏联解体以后建立的跨国水资源管理体系存在很多缺点，不适应形势发展的要求，根本不起作用。中亚国家总体上缺少清晰明确的水资源开发利用战略，国家间共同利用水资源的协议得不到有效执行，对各国也没有法律约束力。关于共同开发利用水资源缺少明确的能够为各方接受的立法基础。实际上中亚国家相关机构之间经常召开会议，研究相关问题，也会签署一些协议。问题是中亚水资源问题涉及多个国家，想法各不相同，签署的协议有一个国家不同意就无法执行。

第三，中亚一些国家单方面的决策和行动加剧了跨国水资源利用的紧张局势。由于各国为了自身的利益都计划打算增加农田灌溉面积或修建新的水库，对水资源的联合利用存在较大分歧。特别是塔吉克斯坦在经历 2007~2008 年冬季能源特别是电能危机的打击后下决心实现能源独立，计划不顾下游国家的反对续建罗贡水电站。这无疑会加剧其与乌兹别克斯坦之间的矛盾。

第四，建立合理的补偿机制说起来容易做起来难。苏联解体以后中亚国家经济发展面临一定困难，能源缺口巨大。下游国家即使同意给两国一定数量补偿，也很难满足吉塔两国全部需求，而且乌兹别克斯坦也不是很富裕，拿不出更多资金补贴塔吉克斯坦。除非国际社会的援助能从根本上解决塔吉两国能源短缺及经济发展问题，否则很难改变两国水电立国的立场。

第五，由于在水资源开发与规划方面各国达不成共识，缺乏整体和长远考虑，因此很难对主要河流全流域开发做出整体合理规划与安排。这种状况如果得不到改正，造成的损失和后果可能会是无法弥补的。有专家指出，中亚国家基本没有对水资源状况及其影响因素进行深入细致的研究，对未来水资源的规划和预测也缺乏科学性和可靠性。水资源开发规划是涉及千秋万代的大事，如果出现重大失误，其影响将是灾难性的。

第六，在规划解决中亚地区水资源时也要考虑阿富汗因素。阿富汗境内的一些河流也属于中亚河流的水系。阿姆河一些河段是阿富汗与中亚一些国家的边界，因此，中亚水资源的分配使用还不能排除阿富汗。

（二）解决中亚水资源问题的有利因素

解决中亚水资源问题虽然困难重重，但也绝非完全没有可能。实际上也存在很多积极的因素。

第一，苏联解体以后，中亚国家经历了痛苦的转型期，经济大幅倒退，人民生活水平急剧下降。现在，各国都把经济发展置于非常重要的地位。水资源问题与各国经济发展密切相关，而且通过十几年发展，各国经济都有了进一步发展，这为水资源问题解决奠定了良好的经济基础。

第二，中亚水资源问题已经引起了中亚各国政府和民众的普遍关注和重视。各国政府都有解决中亚水资源问题的强烈愿望，都认为应该尽快坐下来共同协商解决这一涉及各国根本利益的大问题。尽管上下游国家之间为水资源问题吵得不可开交，但斗而不破，并没有因此严重影响双边关系。由此，在中亚水资源问题上不存在要不要合作的问题，而是如何合作的问题。这是中亚水资源问题解决的先决条件。

第三，苏联解体后，中亚国家间建立了水资源合作委员会，使苏联时期形成的河流统一管理机制在一定程度上得以延续，避免了因苏联解体而导致水资源利用混乱情况的出现，同时也为各国之间的对话创造了条件。在过去若干年间已经签署了若干关于跨界河流水资源联合开发利用的协议，尽管这些协议执行情况很不乐观。

第四，中亚地区水资源丰富国家和水资源缺乏国家的经济基本是互补的。互补性主要表现在三个方面。从分工上看，上游国家塔吉克斯坦和吉尔吉斯斯坦利用水库和水电站储存了相当数量的水，而下游国家则是主要的用水地区；从拥有资源种类看，上游国家水资源丰富，但石油、天然气等资源缺乏，下游国家水资源缺乏，但石油天然气资源却很丰富；从经济发展程度看，上游国家经济基础薄弱，人口相对较少，经济发展缓慢，而下游国家人口稠密，农业和工业相对发达，经济基础不错。可以说两类国家形成了事实上的互补关系。

第五，中亚水资源问题受到国际社会的普遍关注。国际组织在解决中亚水资源问题方面正在发挥越来越重要的作用。包括世界银行、亚洲开发银行等金融组织以及其他一些国际组织的研究和应用项目为解决中亚水资源问题提供了很大帮助。中国、俄罗斯及西方一些国家的企业和财团也在积极考虑参与中亚地区水电资源的开发和利用。国际社会的积极参与，为经济实力相对较弱的中亚国家解决水资源问题提供了资金和技术保证。

四 解决水资源问题取得的进展

现在很多人一谈到中亚水资源问题，马上就联想到中亚一些国家无休止的纠纷和无法化解的矛盾以及束手无策的政府，实际情况并非完全如此。中亚国家政府都是非常务实的政府，在跨界河流问题上，上下游国家虽然存在较大的分歧，但各国政府都在为解决矛盾进行不懈的努力，并且取得了积极进展。在这方面中亚国家采取了很多措施。

（一）已经采取的措施

1. 成立跨国水资源协调机构，签订相关协议

中亚地区上下游国家之间虽然因水资源等问题矛盾重重，但经过协商和妥协，有关国家还是可以就一些重要问题达成协议。目前，中亚国家之间签署的有关水资源方面的协议主要有三个：哈、吉、塔、乌、土五国推进咸海水资源保护、管理和发展的国际合作协定；哈、吉、塔、乌、土五国在当前形势下利用水资源的协定；哈、吉、塔、乌、土五国共同规划和利用跨国水资源的协定。

在成立相关国际机构方面也取得一定进展。苏联解体后不久，中亚国家就在塔什干成立了中亚地区水资源合作委员会以及哈吉塔乌国际委员会等机构来协调解决中亚水资源问题，并为此签订了一系列协议，设立了辅助发展项目和技术协助项目。

2002年10月5日，中亚合作组织成员国——哈、吉、塔、乌四国峰会在塔吉克斯坦首都杜尚别召开，各方就关于签署国际水资源财团协议达成一致。10月6日，四国首脑继续讨论咸海流域生态环境和社会经济发展问题，表示要强化基金会执委会工作，在吸收资金实施环保项目方面加强协调行动。强调要深入研究咸海干涸的原因，寻找科学对策，采取措施避免咸海干涸给本地区和世界环境造成破坏。同时还通过了 2010 年前咸海盆地发展规划。此外，在杜尚别设立了阿姆河和锡尔河水资源管理局。为了加强中亚地区水资源的有效管理和利用，已经计划成立由多国参与的水利水电联盟，该联盟将比国家间水资源合作委员会拥有更大的权力。

2006 年 7 月 26 日，在亚太经社会的倡议下，吉尔吉斯斯坦和哈萨克斯坦共同成立了"楚河-塔拉斯河委员会"，并就共同分享和管理两河水资源所承担的相关义务问题签订了协议。该委员会负责协调和监督两国在分享两条河流水资源时履行各自的义务。根据两国协议，哈萨克斯坦同意向吉支付一定费用，以抵偿吉在其境内运营和管理几个大坝和水库的部分费用。为"楚河-塔拉斯河委员会"的组建提供支持的联合国机构除了"亚太经社会"之外，还有联合国欧洲经济委员会。此外，欧洲安全与合作组织也提供了支持。亚洲开发银行为"楚河-塔拉斯河委员会"秘书处的设立和这两条河流上一些基础设施的维修提供了资金支持。该委员会的成立也为其他国家在解决水资源分配及利用问题上提供了值得借鉴的经验。

2. 在下游国家修建水库进行集中蓄水和用水调节

为了解决冬季蓄水夏季使用问题，一些下游国家已经修建或正在考虑修建蓄水调节水库。乌兹别克斯坦修建了阿尔纳塞水库，但有资料表明，该水库堤坝和围堰的坚固程度令人担忧。哈萨克斯坦也在考虑在南哈萨克斯坦州科克萨雷镇附近的锡尔河上修建一座新的调控水库，库容达到 200 亿~300 亿立方米，以在冬季蓄水，夏季则放水灌溉棉田。土库曼斯坦也有类似在沙漠中修建水库的计划。但此类计划也遭到一些生态学家的反对。反对的理由是计划修建的水库面积很大，每年将有大量水被蒸发；修建大型水库将导致地下水位提高，使耕地出现严重的盐碱化。

3. 大力推广节水技术，发展节水型农业

节水型农业有了一定发展。有资料表明，虽然农业灌溉面积增加了，但总的灌溉用水量却基本没有增加，甚至有所减少。如 1990 年灌溉用水量是 106.4 立方千米，但到 2000 年已经减少到 94.7 立方千米。[①] 灌溉用水的减少主要是因

---

① 〔哈〕依戈尔·瓦西里耶维奇·塞维尔斯基：《全球国际水域评估项目（Giwa）对中亚地区水资源问题的评估结果》，《AMBIO-人类环境》2004 年第 21 期。

为推行节水政策和节水技术以及用节水农作物替代棉花的大量种植。

4. 实施拯救咸海计划

苏联解体后,新独立的中亚国家多次召开会议讨论咸海问题。1993 年 3 月,中亚五国首脑在哈萨克斯坦的克孜勒奥尔达举行会议,成立了咸海流域问题跨国委员会,建立了拯救咸海国际基金会。1995 年 9 月,在联合国倡议下中亚国家和有关咸海流域可持续发展问题的国际组织在咸海南部的努库斯市举行会议,中亚五国元首出席并签署了著名的《努库斯宣言》(即《咸海宣言》),就治理咸海进一步达成共识。1997 年 2 月,在阿拉木图召开了中亚地区首脑会议,发表了《阿拉木图宣言》。联合国、世界银行及其他国际组织派代表参加了会议。会议决定,将拯救咸海国际基金会与咸海流域问题跨国委员会合二为一,合并后的名称是拯救咸海国际基金会,由乌兹别克斯坦总统担任该基金会主席。会议还决定制定咸海流域可持续发展公约。由于咸海危机的影响已超出区域界限,引起全世界的关注,联合国、世界环境组织、世界银行、欧盟等国际组织、机构和一些国家多次召开以咸海为题的国际会议,研究讨论咸海的现状和未来。2008 年 3 月 11~12 日,乌兹别克斯坦在塔什干召开《咸海问题及其对居民基因储备、动植物世界的影响及国际合作减缓其后果的措施》的国际代表大会。

由于咸海地区生态环境维护耗资巨大且需要长期投入,如果没有外界的援助,咸海沿岸各国难以承担,咸海地区生态环境前景不容乐观。

5. 国际组织积极支持中亚解决水资源问题

在中亚国家寻找解决水资源问题办法和途径的同时,相关国家和国际组织也在积极发挥作用。2001 年,联合国拨款 175 万美元用于实施中亚地区能源和水资源项目。近年来,由亚洲开发银行主导的中亚区域经济合作计划也开始关注中亚水资源问题。2008 年 4 月,在阿塞拜疆首都巴库召开能源部门协调委员会第七次会议,提出了一项中亚地区经济合作计划能源部门战略。2008 年 7 月,根据中亚第五次部长级会议的总体行动计划制订了中亚区域经济合作国"能源行业区域合作战略计划"(草案)。草案指出,应该使所有濒临重要水域(阿姆河、锡尔河、比亚尼河)的沿岸国家实现利益共享。沿岸国家的相关协议可以提高阿富汗、吉尔吉斯斯坦和塔吉克斯坦等中亚国家建设和管理大型水电站的能力。这些电厂除了满足国内需求及解决其他一些国家冬季电力短缺问题外,还可以向其他地区出口剩余电力,同时又不能对下游国家的灌溉和公共用水供应造成危害。草案强调中亚区域经济合作成员国可以学习和参考其他政府间机构管理跨界河流的经验。草案文字不多，但抓住了中亚水资源开发利用中的关键问题，指出了解决中亚水资源问题的方向与思路。

(二) 现有的解决方案

1. 成立跨国水资源研究和管理机构

2007年3月28日，欧盟及中亚五国代表在哈首都阿斯塔纳举行会议，吉外交部部长卡拉巴耶夫提出在吉首都比什凯克设立一个水与能源机构，协助解决水资源分配问题。吉塔两国政治和水利分析专家也表示，必须设立一个区域性的水资源管理学术机构，协助中亚各国在水资源分配上达成共识。有学者指出，在2003年举行的淡水议题国际论坛中已有类似的提议，其结果是促成在杜尚别成立了"国际水资源研究中心"，进行水资源、相关社会议题以及发电问题的研究。有学者建议成立包括直接受影响国家以及一两个毗邻大国（如中国和俄罗斯）、国际金融机构等参加的联盟。一些专家和学者认为，当前中亚亟须研究出一套共享水资源的经济机制，但仅仅强化研究能力尚不足以解决水资源争端，必须要有政治意愿才行。

2. 在国际组织框架下解决中亚水资源问题

除双边谈判解决上下游之间的水资源纠纷以外，中亚国家也在尝试在多边框架下和相关国际组织框架下解决本国关注的水资源问题。欧亚经济共同体2006年成立专门机构，制定有效利用中亚水资源和能源的战略，并正在起草相关战略文件。2008年，亚洲开发银行支持的中亚区域经济合作计划推出《中亚区域经济合作国能源行业区域合作战略计划》，其中将水电合作作为区域合作的重要领域，要促使该地区就水资源开发原则达成一致意见。

3. 建立正常的水资源有偿使用机制

建立水资源有偿使用机制是节约用水最好的措施之一。苏联时期，居民用水免费或低价是政府向公民提供的福利。苏联解体以后，一些中亚国家延续了这种福利政策，这就使居民很少有节水意识。世界银行的报告指出，除了制订中亚国家居民用水计划以外，还应该对灌溉用水、工业用水和净化水利用实行收费。专家建议应该根据国际经验和用水现状来确定中亚地区水资源的收费标准。

4. 在塔吉克斯坦和吉尔吉斯斯坦两国大力发展小水电

过去塔吉克斯坦把主要人力、物力和财力都放在了大中型水电站建设方面，时至今日也未完全放弃,仍在各种场合不断呼吁外资投入到苏联时期遗留下来未完成的大型水电工程上,但收效甚微。仅凭独立后吉塔两国自身国力继续完成这些大项目,在现阶段以至不远的将来都是不可能的。更实际的做法是把注意力转向发展小电站。近年来吉塔正在朝此方向努力,正在规划和建设一系列小型水电站,并初见成效。

五 解决中亚水资源问题的前景

在人们的认识中,中亚地区属干旱和半干旱地区,由于水资源严重缺乏而导致出现危机和矛盾。不过,很多学者都认为,从水资源总量说,中亚并不属于严重缺水的地区,中亚地区水资源总量应该可以满足当前中亚各国生产和生活的需要。中亚水资源的紧缺在一定程度上是由于自身自然条件的限制造成的,"中亚水危机不是量的危机,而是一种分配危机;问题不是水短缺,而在于对水的管理。中亚有充足的水量,但是得不到合理利用"。这种观点我们认为有一定道理。

中亚水资源问题是敏感而复杂的问题,这涉及上下游国家切身的利益,站在不同的立场和角度会得出完全不同的结论,各自的立场代表着本国的根本利益,其他人很难做出孰是孰非的判断。这一问题的解决,一是难度极大,二是还得由上下游国家自己谈判解决。但现在的世界是全球化的世界,处在同一地区的国家在各个方面都有千丝万缕的联系。中国与哈萨克斯坦、吉尔吉斯斯坦、塔吉克斯坦三国相连,与乌兹别克斯坦和土库曼斯坦是近邻。随着中国与中亚各国经贸合作日益深入,合作项目不断增多,中亚地区水资源问题多多少少都会对中国与中亚国家合作产生直接或间接的影响。实际上已经发生过由于水资源纠纷导致投资项目终止,中国企业蒙受巨大损失的事件。作为长期研究中亚问题以及中国与中亚国家关系的学者,中亚水资源问题应该是我们研究的问题之一。

中亚各国在水资源问题上的矛盾是由历史和现实的诸多因素积累而形成的,也受到其他非经济因素的影响,具有长期性的特征,不可能在一朝一夕间得到彻底解决。中亚国家今后一体化进程和区域经济合作在很大程度上取决于中亚国家能否合情合理地解决水资源共同利用问题以及各国在这个问题上所持的立场和态度。为此,中亚国家需要共同致力于找到解决水资源问题的方案,使有限的水资源得到合理的利用和必要的保护。

有必要对中亚水资源问题的主要矛盾再次进行梳理。第一，中亚地区水资源纠纷主要并不是因为缺水而造成的。第二，上游国家对水资源开发利用的目的与下游国家并不完全相同，吉塔两国主要是用于发电，发电本身并不消耗水资源；而下游国家主要是用于灌溉，在用水问题上与上游国家并没有出现巨大冲突。第三，下游国家对上游国家进行补偿在苏联时期就已经形成机制，说明这一方案已经得到各国的认同，但补偿应该有一定的限度，不能超出下游国家的能力，否则这个机制不可能长久。

通过分析可以看到，虽然中亚国家之间的水资源纠纷表面看很复杂，但并不是解决不了的问题，只要对症下药，考虑到各方的利益，这个问题还是可以解决的。因此，我本人对中亚水资源问题的合理解决抱有乐观的态度。

从前面的叙述中我们可以看到，经过多年探讨和摸索，在解决中亚水资源问题方面实际上已经提出了不少好的建议和措施，有些措施实际上已经在实施，这使解决中亚水资源问题有了一定的基础和条件。我认为，不论是中国还是俄罗斯，在与中亚国家经贸合作中水资源问题都是一个绕不开的话题。中国无法回避，也不应该回避这个问题。中国的态度应该是：一要慎重，二要有选择和有限地介入。

中国有选择参与中亚水资源合理利用的途径主要是双边渠道和多边渠道。双边渠道应避免卷入现阶段吉塔两国与下游国家的水资源纠纷；合作的内容应该主要是对现有正在运营的水电站设施进行技术改造、提高发电效益、建设新的火力发电站、参与没有争议的小水电建设、发展新能源、完善国家和地区电网以及降低冬季对水电的严重依赖等。对下游国家主要是参与电网改造、推广节能技术、发展节水型农业、发展新能源，帮助其调整经济结构，设法使下游国家有能力在冬季最需要能源的时候向上游国家提供稳定且价格较低的电力。

通过这些做法就有可能缓和上游国家和下游国家之间的矛盾，使中国和俄罗斯摆脱左右为难的境地，同时对缓解咸海生态危机也有一定帮助。更重要的是，在上海合作组织框架下去进行这方面合作可以凸显上海合作组织在解决中亚地区复杂经济问题上的能力，增强组织的凝聚力和生命力。

原载《中亚国家发展报告（2013）》

俄罗斯的公司治理

张聪明[*]

从最一般的意义上来说，企业就是创造价值、增加效用并具有法人地位的独立商品生产单位。企业具有有机体性质，表现为一种结构和活动。结构是各种要素的结构，活动是组织、管理和经营活动。参与企业的所有者为了自身利益最大化而以契约的形式结合在一起，各参与者互相博弈的结果使企业表现出一种追求利润最大化的倾向。从全社会的角度来看，企业的组织制度是多样的。公司是企业的现代组织形式，企业的有机特征和结构的性质，从根本上决定了公司的治理也是一个结构性问题。因此，人们也把公司治理叫作公司治理结构。公司治理结构，狭义地讲是指有关公司董事会的功能、结构、股东的权力等方面的制度安排；广义地讲是指有关公司控制权和剩余索取权分配的一整套法律、文化和制度安排，这些安排决定公司的目标，以及谁在什么状态下实施控制，如何控制，风险和收益如何在不同企业成员之间分配等问题。因此，广义的公司治理结构与企业所有权安排几乎是同一个意思，或者说公司治理结构是企业所有权安排的具体化，企业所有权是公司治理结构的一个抽象概括。也就是说，公司治理（结构）主要是关于股份有限公司这种现代企业的所有权配置的制度安排。一个国家的公司治理结构采取什么模式是由多方面的因素决定的，这些因素包括：国家的产权制度、文化政治特征、市场结构特征以及国家经济发展战略。而且，国家的公司治理结构还会在不同的时期表现出不同的特征来。公司治理大致可以分为内部治理和外部治理。内部治理决定企业内部决策过程和

---

[*] 张聪明，法学博士，中国社会科学院俄罗斯东欧中亚研究所欧亚战略研究室副主任，研究员。

利益相关者参与企业管理的方法；外部治理则是以外部市场的力量来约束企业。内部治理和外部治理两者结合起来共同促进资源的有效配置。总的来看，发达市场经济国家的公司治理结构可以分为英美模式和德日模式。

一 俄罗斯的公司及其治理结构

俄罗斯的公司从设计的意义上看是股份有限公司，即开放式公司。1992年俄罗斯私有化方案规定所有的公司都应成为公开交易的公司。1996年1月1日生效的《俄罗斯股份公司法》规定所有50名股东以上的公司都应该公开交易其股票。但在实践中，俄罗斯的公司则表现出浓厚的有限责任公司（即封闭式公司）的色彩，执行的结果是，27000家股份公司中有20%成为开放型股份公司，80%是封闭型股份公司。

俄罗斯的公司治理结构兼具英美模式和德日模式的某些特征，是一种转轨经济中特有的、尚不成熟的综合型治理结构。

（一）证券私有化决定了公司的所有权结构（1992～1996年）

私有化开始时，每一个企业都要召开一次全体大会，以便在三种私有化的具体方案中进行选择。73%的公司采取了方案二（即51%的股份可以售给职工，剩下的49%将拍卖，或由国家持有以待今后出售，养老金计划也可以购买一些股份，但职工不得不为此支付账面价格的1.7倍）。这种证券私有化的制度安排形成了如下的产权结构（见表1）。

表1 实行私有化方案二的公司产权结构

单位：%

结构/年份	1994	1995	1996
内部所有权	65	55	58
外部所有权〔俄〕	21	32	32
外国	—	1	1
国家〔俄〕	13	13	9

资料来源：〔美〕约瑟夫·A.布拉西：《俄罗斯私有化调查》，上海远东出版社，2000，第214～215页。

（二）外部治理

俄罗斯从大规模私有化开始至今，一方面，一直坚持公开买卖股票，发展证券市场，鼓励企业从股票市场获得资金，这是英美模式以市场为主的特点；另一方面，俄罗斯的商业银行实行的是综合银行体制，银行可以从事投资业务，这使俄罗斯的商业银行能够较多地参与公司的治理，尤其是银行通过"全权委托银行制度"（受托银行代理国库、提供出口信贷、进行外汇结算、开展证券业务）和国有股份抵押贷款（政府为了弥补财政赤字，被迫采取国有股份的抵押贷款方式，政府不能按期归还贷款，则股份用于抵偿债务，银行成为公司的股票持有人）方式，获得了一些公司相当份额的股份（甚至形成了一些金融工业集团），在一定程度上参与了公司治理，这又是德国模式的特点。但是，由于各方面条件的制约（股票市场起步不久，又受到国家债券市场和外汇市场挤压和金融危机的打击），俄罗斯的市场体系尤其是股票市场发展缓慢，公司从股票市场获得的资金有限；银行在公司中拥有的股权比重较低，提供给公司的贷款也十分有限。

（三）内部治理结构

俄罗斯股份公司按"股东大会—董事会—经理处"的结构来安排，基本上属于英美模式［股东大会—董事会—经理人员—公司运作（辅以独立董事）］。私有化初期，根据私有化部的规定，公司拥有一个由五名成员组成的过渡董事会，其中两个席位由董事长（总经理）控制，一个由当地政府控制，一个由联邦政府控制，一个由职工或工会代表控制。公司的董事会负责经营公司。大多数情况下，董事会实际上就是一个经理委员会，由总经理及其高级管理职员组成。20世纪90年代中期以后，典型的董事会的情况是，法定人数为7～9人；实际总人数7人，其中经理4人，外部股东2人，国家股东1人。

俄罗斯公司的总经理由股东大会选举，他的权力与西方资本主义公司中的首席执行官（CEO）相类似，但他不必对董事会负责。总经理几乎说一不二，可以做他想做的任何事。[①] 1999年的调查也证明了这一点。[②]

经理们（副总经理、高层领导和部门领导）其实就是原苏联各种生产单位

[①]〔美〕约瑟夫·拉布西等：《俄罗斯私有化调查》，乔宇译，上海远东出版社，2009，第40页。
[②] 冯舜华：《俄罗斯的股份制和公司治理》，《世界经济》2001年第11期。

的领导人。他们在私有化过程中获得了企业相当份额的股份，也获得了对企业的控制权。

俄罗斯公司治理结构的基本特点是：剩余索取权和控制权结合失当（委托人和代理人一体）导致内部人控制。一方面，经理和职工（内部人）本身就是大股东，他们集委托人和代理人的二重身份于一身；另一方面，长期以来俄罗斯的外部股东没有得到足够的发育，国有股份在董事会的代表是政府委派的，他们往往被经理们所"俘获"，职工集体的股权比重很大，但职工和工会的代表大多数被经理们从董事会排挤出去，职工股权被经理们强行代理。结果是经理们控制着一切（这一点又与日本模式相像：董事会中70%～80%的董事是公司支薪人员，他们既是决策者又是执行者[1]）。经理们不仅能以自己的行为保护自己的股东权益，而且还能获得控制权收益（指挥下属带来的心理满足感、当经理的社会地位、在职消费、将企业资源转移到能给个人带来好处的用途等所有难以用货币计量的个人收益）[2]。由于公司经营不善等原因，作为股东剩余索取权具体体现的红利很少，控制权就显得更加意义重大。经理们自我委托，自我代理，剩余索取权和控制权在经理们身上得以结合。根据委托代理理论，给代理人足够的剩余索取权（比如股票期权）是最有效的激励。但是俄罗斯的公司具有"人造"的性质，它来源于苏联的生产单位，私有化的无偿赠送性特点使公司有股东而无资本，企业的技术装备没有变化；企业的董事会和经理们实际上还是由原生产单位的领导人把持，他们不懂市场经济条件下的公司运作；企业没有现代化的管理制度；企业没有效率。唯一能够威胁经理们的委托权和代理权及其二者紧密结合从而有可能提高企业效率的是外部投资人。于是，博弈在经理们与外部投资人之间展开。经理们为了自身利益最大化对外部投资人的进入做了顽强的抵抗。外部投资者冲破内部人控制的博弈就表现为公司的重组。

二 企业重组

在俄罗斯，真正的重组就是引进所有能带来收益的，即设计、生产和销售消费者所需要的商品和劳务所必需的管理艺术和投资资本。

---

[1] 冯舜华：《俄罗斯的股份制和公司治理》，《世界经济》2001年第11期。
[2] 张维迎：《产权、政府与信誉》，三联书店，2001，第256页。

(一) 从内部人控制转向外部人控制

首先是外部投资者进入董事会。其一，股东登记名册从内部人控制向独立的股东登记公司转移。在私有化早期，经理们违反规定把股东名册控制在自己手里，这成了外部人购买股票和内部人出售股票的一大障碍。1996年1月1日生效的《俄罗斯联邦股份公司法》规定，所有拥有500名以上职工的公司都要委托独立的股东登记公司受理登记，必须在三天之内完成登记程序。这为外部人购买公司股票并成为股东提供了法律保障。其二，董事会成员的选举实行累计投票制。1993年的调查表明，经理们几乎不接受外部人进入董事会。1993年12月24日，俄总统第2284号令要求所有私有化公司实行累计投票权制度（每一股拥有与预定董事会席位数相同的投票权）。这使外部人联合推举自己的代表进入董事会成为可能。这个命令以扭曲的方式产生效果：在1/3的公司里通过协商在董事会里增加了一个外部代表。1996年的《俄罗斯联邦股份公司法》又规定，在股东人数超过1000名的股份公司，选举董事时必须累计表决。

其次，内部人拥有的股票份额下降，外部人持股比例上升。1995～1997年，外部人持有的股票增幅在10%以上，其中公民持股比例上升近4%，外国投资者拥有俄罗斯企业股票的增幅达到3.4%，俄罗斯机构投资者持股增加了3%。1997～1999年，外部人持有的股份又增加了4%，其中公民持股增加3.4%，外国投资者拥有的股票增加了25%[1]（预计2001年，内部人持有的股份仍略多于外部人）。

最后，内部人控制的公司在全部公司中占的比例有所下降，外部人控制的公司则有所上升。1995年、1997年和1999年，内部人控制的比例分别为59%、53%和48%；外部人控制的比例分别为36%、39%和45%。[2]

(二) 寻找战略投资人

所谓战略投资人就是掌握公司股票的主要部分、居于某一行业的领导地位、具有成功业绩和雄厚资本实力的大股东，其能给一个公司的治理结构带来资金

---

[1] 〔俄〕奥库茨涅克等：《控股所有者及其对企业行为的影响》，〔俄〕《经济问题》1998年第12期。
[2] 〔俄〕卡别留什尼可夫：《俄罗斯工业中的第一股东与控股所有者》，〔俄〕《经济问题》2000年第1期。

和管理等方面的巨大变化。资料表明,外国人拥有的俄罗斯公司股票在不断增长(1995~1997年增长3.4%;1997~1999年增长2.5%)。当然,这里还有很大的发展空间。问题是俄罗斯国内的战略投资人还不具备有效经营的能力,需要一个学习和成长的过程。

(三) 外部大股东控股

外部大股东(拥有公司5%以上股票的股东)进入公司治理结构是公认的解决内部人控制问题的基本方法。与俄罗斯企业重组有关的大股东是俄罗斯的商业公司。在1996年,至少有一个大股东的公司占74%;大股东平均持有的公司股份为18%。拥有控股权的大股东在他们所投资的企业中平均持股份额是53%~89%[1];6%的公司由一个大股东拥有多数所有权,5%的公司由几个大股东拥有多数所有权。

(四) 股份公司中国家股权体现形式发生变化

在俄罗斯的公司中,国家股权初期以委派代表进入董事会的方式予以体现。这一代表可能是国家或市政机关的公务员,也可能是其他人,但他们不能从公司获得报酬。实践证明,这些代表没有能力和积极性捍卫国家股份的权益,现在实行的是"委托管理"制度,即按照商业条件将国有股份转交自然人或法人来管理,竞标成功者成为国家在股份公司董事会中的代表。另外,政府还在某些(国家没有股份的)公司拥有特别参与管理权(黄金股)。

三 大公司的治理现状

我们可以通过俄罗斯一些著名大公司在公司治理情况评级中的得分来把握俄罗斯公司治理的一些最新情况。

2001年3月,俄罗斯独立的"公司法和公司治理研究所"在互联网上发表了根据治理情况对俄罗斯当前顶尖的25个公司所做的评级和公司所获得的分数,以及其他一些相关的材料。根据25个公司在所有权结构、董事会和经理层

---

[1] 〔俄〕卡别留什尼可夫:《俄罗斯工业中的第一股东与控股所有者》,〔俄〕《经济问题》2000年第1期。

的结构、股东权利、信息披露、产权被剥夺的风险和公司治理的历史等6个方面的表现进行的综合评价表明：(1) 排名第1的公司和排名第25的公司得分悬殊（82.12对43.81，总分100）；(2) 治理情况最好的公司不是蓝筹股公司，存在的主要问题分别是：公司章程的某些条款与国家法律相抵触，侵犯股东权利，董事会中没有小股东的代表，没有披露资本结构方面的信息，价格操纵和财产侵害，透明度很低，经理层非法拥有董事会的权力，存在利益共同体内部交易的可能性；(3) 总的情况是：在25个公司中有6个公司的章程中存在着不同股东之间的权利歧视，在6个公司中，董事会的一半成员是公司雇员，在19个公司中，不足一半的董事从公司领取薪水，超过50%的公司为股东提供董事会会议记录以资查询，75%的公司没有给股东提供经理的收入（津贴、奖金、红利）情况，只有25%的公司披露了这些信息，在25%的公司里经理们非法享有董事会的权力和权益，股东们在20个公司里能够接触到审计报告，在其余的5个公司则不行。

可见，在俄罗斯公司治理方面，截至目前，最根本的问题是投资者的产权（尤其是外部投资人和小股东的产权）得不到应有的保护。

四 保护产权

在与公司治理有关的产权保护方面，政府和民间都在努力。

（一）1996年的《俄罗斯联邦股份公司法》

从保护股东利益尤其是中小股东利益（大股东和经理层的决策很容易伤害小股东的权益）的角度来看，1996年的《俄罗斯联邦股份公司法》最重要的进展有：(1) 规定拥有不少于10%的表决权的股东有权要求召开不定期特别股东大会；(2) 规定在股东人数超过1000名的股份公司，选举董事会时必须累计表决，同时规定高级经理不得在董事会占多数；(3) 规定掌握不少于1%（分配所得的）普通股票的股东有权就董事会成员对公司造成的损失向法院提出赔偿诉讼；(4) 掌握优先股的股东在某些情况下有表决权；(5) 规定实行"独立经理"制度（相当于独立董事制度）；(6) 严格规范新股发行；(7) 规定在重组、进行大型交易或修改公司章程并造成股东的权利状况恶化时，股东有权要求股份公司按照"公平"的价格赎买属于他们的股票；(8) 该法也为反对外部人的恶意收购提供了依据和保护；（9）规定由独立的股东登记公司控制股东登记；（10）严格要求股份公司向股东们公开各种信息。①

（二）对《俄罗斯联邦新土地法典》《俄罗斯联邦股份公司法》的修订和对《公司行为法》草案的讨论

第一，根据2001年夏天普京总统签署的《改革和修订联邦股份公司法》的法令，俄罗斯完成了对《俄罗斯联邦股份公司法》的修订，修订后的股份公司法将在2002年1月1日生效。本次修订主要是以更有约束力、更有效的安排来保护小股东的权利。其一，有关公司重组（拆分或合并）的条款更加符合所有股东的权利；其二，本次修订使以控制公司的股份结构为目的的新股发行变得更困难了；其三，使终止公司行政管理的运作更容易了，董事会将独立地行使权利。第二，2001年7月14日，国家杜马通过了对《俄罗斯联邦新土地法典》的修订："允许外国人和俄罗斯人购买非农用地。"这为俄罗斯公司治理结构的合理化和企业重组提供了非常重要的一个法律支持（没有人愿意在不属于自己的土地上投资）。第三，2001年10月，根据OECD的公司治理原则起草的俄罗斯《公司行为法（草案）》进入公众和议会讨论阶段。2001年10月12日，俄罗斯国家杜马组织了对《公司行为法》草案的议会听证。同时，关于这个草案的讨论及其对企业界观点的调查也有了一些初步的结果。该草案预计将在2001年12月提交政府复议，实际生效可能要到2002年秋季。该法的主要目的是帮助在各种利益集团——经理和股东、大股东和小股东、企业和国家之间寻求平衡。

（三）促进公司治理的社会力量

第一，1999年10月，投资者保护协会成立，它由俄罗斯证券市场上23个最大的投资者（"投资组合"）组成。其口号是：在俄罗斯的全世界投资者联合起来！它的主要目标有：其一，促进保护投资者和股东的权利和合法利益，恢复被侵占的权利；其二，增强市场透明度；其三，促进保护投资者的法律制度建设；其四，为保护投资者的合法权益提供法律的、组织的、技术的和其他的支持。第二，2000年6月，"公司法和公司治理研究所"成立。它的主要发起人

---

① 〔俄〕A. 拉迪金、P. 艾托夫：《发展公司制经济的制度问题：所有制、公司治理和有价证券市场》，莫斯科，1999，第138~139页。

是 A. D. 拉迪金博士（经济学家，转轨经济研究所董事会成员）和 D. V. 瓦西里耶夫（俄罗斯联邦证券市场委员会第一任主席）。他们意识到，在可预见的将来，当局根本不可能使俄罗斯的公司治理结构发生任何积极的变化，所以，他们组建了这个民间的独立研究机构，目的是引导和培育公司治理的实践活动，同时优化俄罗斯已有的公司治理系统，保护投资者的权利。第三，在截至 2001 年 10 月 26 日的一年里，经合组织（OECD）以极大的热情开展了对俄罗斯公司治理问题的讨论，在 OECD 的委托和资助下，举行了一系列高水平的有关俄罗斯公司治理的圆桌会议。同时，2001 年 7 月，在 OECD 和世界银行关于俄罗斯公司治理的圆桌会议的框架内，由国际私人企业中心和投资者保护协会联合组建的专门网站也正式开始工作。

五　结论：主体的培育、市场的完善和产权的保护需要时日

俄罗斯证券私有化过程中形成的公司，表面上看起来一切正常，股东、董事会、经理样样齐备，股票也公开出售，但这不过是由某种政治强力在毛驴身上画白道道，它本质上并不是斑马。首先，提供宽松、和平、自由的环境，鼓励人们创业的热情，培育适应市场经济的权、责、利统一的活动主体——在约束条件下追求自身利益最大化的经济人，这应该是俄罗斯公司治理走向成熟的基本条件。另外，公司的参与者是为了自身的利益最大化而自愿结成共同体的，公司的存续和运行就是实现参与者利益最大化的手段和过程，动力来自于利益。

其次，自由竞争的市场环境是保证人们能自由地追求自身利益最大化的必要条件，自由竞争的市场机制是公司治理结构保持合理性的最有效的力量，是真正能捉老鼠的猫。但俄罗斯的历史与现实使这只猫孱弱无力，政府及某些政治力量不得不狗拿耗子。从政府到市场的转换，或者说，完善的市场体系的形成，是俄罗斯公司治理合理化必需的环境条件。最后，保护产权，给参与者一个可靠的预期，是俄罗斯公司治理最重要的制度保证（当然，与保护产权有关的意识形态也是必不可少的）。根据以上三个方面的要求和实际情况判断，俄罗斯公司治理的成熟和合理化还需要整个俄罗斯社会（乃至国际社会）做出长期的努力。

原载《东欧中亚研究》2002 年第 2 期

中俄经贸合作：回顾与展望

张红侠[*]

一 中俄经贸合作回顾与现状

（一）双边贸易规模快速增长

自1992年中俄两国政府签署《中俄关于经济贸易关系的协定》至今已超过20年。两国的"地缘优势""能源供需结构性互补"，以及两国逐渐形成的"全面战略协作伙伴关系"为中俄经贸合作的发展提供了自然条件、经济基础和政治保障。中俄双边贸易额从1992年的58.6亿美元上升到2012年的881.6亿美元（见表1），增幅超过14倍。受全球需求萎缩等因素影响，2012年中俄贸易增速放缓，但两国保持了互为重要贸易伙伴的格局，双边贸易额连创历史新高的势头没有改变。目前，中国已连续3年成为俄罗斯第一大贸易伙伴，俄罗斯则是中国第九大贸易伙伴。

中俄贸易经历了不断发展的过程。1992~2000年，中俄两国每年贸易额在50亿~80亿美元幅度内波动。2001年，中俄贸易达到106.7亿美元，用了10年时间突破了百亿美元大关。

2004年，中俄两国贸易取得阶段性突破，全年双边贸易额达到创纪录的212亿美元，比2003年增长34.7%。仅用一年时间提前实现两国领导人2003年

---

[*] 张红侠，法学博士，中国社会科学院俄罗斯东欧中亚研究所研究员。

5月提出的在近年内使双边贸易额提升到200亿美元的目标。2005年11月，中俄两国政府签署了《关于2010年前中俄经贸合作纲要的备忘录》。纲要提出到2010年两国贸易额达到600亿~800亿美元的目标。制定贸易额目标，并以政府文件的形式予以确认，表现出中俄两国政府促进经济向一体化方向发展的意愿。2005年，中俄贸易额升至291亿美元，同比增长37%，其增幅为中国与主要贸易伙伴之首，大大超过中俄经贸长期规划中所确定的20%~25%的年均增速。2006年，中俄双边贸易额首次突破300亿美元，达到333.9亿美元，比上年增长14.7%，占当年我国外贸进出口总额的1.9%；其中出口158.3亿美元，增长19.8%，占当年我国外贸出口总额的1.6%；进口175.6亿美元，增长10.5%，占当年我国外贸进口总额的2.2%；对俄贸易逆差17.3亿美元，比上年下降35.4%[1]。2007年，中俄双边贸易额达481.65亿美元，比上年增长44.3%，再创历史新高。其中，中国对俄出口为284.88亿美元，增长79.9%，中国自俄进口为196.77亿美元，增长12.1%。2007年，中国对俄出口增长强劲，全年增幅达到79.9%，俄罗斯商务官员将此称为"大跃进"式的增长。中国对俄贸易首次出现顺差，达88.11亿美元。2008年，中俄贸易额达568.3亿美元，较上年增长18%。其中中国对俄出口330.1亿美元，同比增长15.9%，自俄进口238.3亿美元，同比增长21%，中国对俄贸易顺差91.8亿美元。2009年，受全球金融危机重创，中俄贸易出现十年来首次大幅下滑，全年双边贸易额为338亿美元，较2008年下降31.8%。2010年以来，俄罗斯经济恢复性增长，中俄贸易大幅回升，且超过了各自对外贸易的整体增长速度。2010年，中俄贸易额为554.5亿美元，已接近国际金融危机（2008年）前水平，较2009年增长43.1%。此后中俄贸易继续保持快速增长势头，2012年中俄贸易额达到881.6亿美元，较上年增长11.2%，其中中国对俄出口增长13.2%，达440.6亿美元，从俄进口增长9.9%，达441亿美元[2]。比照"中国外贸总额达到3.87万亿美元，较上年增加6.2%"的数据，11.2%的增长率使中俄贸易成为中国对外贸易增长率排名第二的数据。

---

① 中国海关总署：《2006年中俄双边贸易额首次突破300亿美元》，http：//www.customs.gov.cn/publish/portal0/tab4370/module3758/info57804.htm。
② 中国海关总署：《2012年出口主要国别（地区）总值》，http：//www.customs.gov.cn/publish/portal0/tab44604/module109000/info414068.htm。

表1 1992～2012年中俄贸易统计

单位：亿美元

年份	进出口	出口	进口	进出口差额	进出口同比（%）	出口同比（%）	进口同比（%）
1992	58.6	23.4	35.2	-11.8	50.3	28.6	69.2
1993	76.7	26.9	49.8	-22.9	30.9	15.0	41.5
1994	50.8	15.8	35.0	-19.2	-33.8	-41.3	-29.7
1995	54.6	16.6	38.0	-21.4	7.5	5.1	8.6
1996	68.4	16.9	51.5	-34.6	25.3	1.8	35.5
1997	61.2	20.3	40.9	-20.6	-10.5	20.1	-20.6
1998	54.8	18.4	36.4	-18.0	-10.5	-9.4	-11.0
1999	57.2	15.0	42.2	-27.2	4.4	-18.5	15.9
2000	80.0	22.3	57.7	-35.4	39.9	48.7	36.7
2001	106.7	27.1	79.6	-52.5	33.3	21.4	37.9
2002	119.3	35.2	84.1	-48.9	11.8	29.9	5.7
2003	157.6	60.3	97.3	-37.0	32.1	71.3	15.7
2004	212.3	91.0	121.3	-30.3	34.7	51	24.7
2005	291.0	132.1	158.9	-26.8	37.1	45.16	31
2006	333.9	158.3	175.6	-17.3	14.7	19.8	10.5
2007	481.65	284.88	196.77	88.11	44.3	79.9	12.1
2008	568.4	330.1	238.3	91.8	18	15.9	21
2009	387.9	175.1	212.8	-37.7	-31.8	-47.1	-10.7
2010	554.5	296.1	258.4	37.7	43.1	69	21.7
2011	792.5	389.0	403.5	-14.5	42.7	31.4	55.6
2012	881.6	440.6	441	-0.4	11.2	13.2%	9.9

资料来源：根据1992～2012年中国海关统计数据整理。

（二）双边贸易结构持续优化，机电产品贸易规模扩大

对外贸易商品结构是指一定时期内一国（地区）各类商品或某种商品在对外贸易中所占的比重及相互关系。对外贸易商品结构反映了一国（地区）的产业结构、资源禀赋和经济技术发展水平。中俄贸易经过20余年的发展，在贸易规模不断扩大的同时，贸易结构明显改善，贸易质量显著提高。正由初期的纺织原料等低附加值劳动密集型商品向机电设备等资本或技术密集型商品转变（见表2）。

表 2　2012 年中国对俄进出口前 10 位商品

单位：亿美元

出口主要商品			进口主要商品		
商品名称	总值	同比（%）	商品名称	总值	同比（%）
服装及附件	63.7	14.9	原油	204.9	25.5
纺织纱线、织物及制品	27.7	29.4	成品油	61.3	29.3
自动数据处理设备及其部件	26.4	34.1	煤及褐煤	24.0	51.2
鞋类	26.0	5.4	铁矿砂及其精矿	17.7	-35.9
农产品	19.4	-0.4	肥料	16.7	46.8
汽车（包括整套散件）	12.2	42.0	原木	15.6	-26.1
汽车零件	10.5	25.4	农产品	15.5	-8.2
钢材	9.8	-13.4	锯材	12.8	-2.9
电话机	8.7	28.2	冻鱼	12.8	-16.6
新的充气橡胶轮胎	5.7	5.9	纸浆	7.1	-21.4

资料来源：http://www.greenwood-park.com/zhongejinmao/20130301/3185.html。

联合国《国际贸易标准分类》（修订 4）把国家一级贸易商品划分为 10 个类别，商品编码为 SITC0 - SITC9。在此分类项下，SITC0-SITC4 类为初级产品，SITC5-SITC8 类为工业制成品。在工业制成品项下，SITC5 和 SITC7 类商品归为资本、技术密集型产品，SITC6 和 SITC8 类商品归为劳动密集型产品。

中国从俄罗斯进口的商品表现出由工业制成品向初级产品转变的明显趋势。2000～2003 年，中国自俄罗斯进口的工业制成品偏多，占进口贸易的比重约为 57.7%。从 2004 年开始，进口初级产品的趋势开始显现，2004 年中国从俄罗斯进口的初级产品贸易额首次超过工业制成品贸易额，占进口总额的 62.1%。2009 年中国从俄罗斯进口的初级产品贸易额为 150 亿美元，占进口贸易额的 70.5%，随着初级产品进口份额的增加，工业制成品份额相应减少。在中国自俄罗斯进口的初级产品中，主要包括 SITC2 和 SITC3 类工业原料和矿物燃料商品，其中原油类商品所占比重上升幅度最大，由 2000 年的 13.5% 上升到 2009 年的 44.1%。

2000～2010 年，中国对俄出口商品中 SITC7 类商品（机电类产品）比重从 0.7% 猛增至 34.25%，SITC8 类商品（服装、鞋靴、家具为代表的）比重从

71.3%下降到34.26%①。特别是在全球遭受金融危机影响的背景下,中俄机电贸易的发展依然保持了较快的增长。2009年金融危机使中俄贸易额下降超过30%,但是俄罗斯机电产品对中国出口逆势增长,达4.3亿美元,涨幅为7.2%。

2012年,在中国机电产品进出口增幅总体趋缓的背景下,中俄机电产品贸易快速发展,实现进出口双向突破。2012年中俄机电产品贸易额达223.88亿美元,同比增长17.07%,增幅为同期贸易总额增幅的1.5倍。其中中国对俄机电产品出口220.67亿美元,同比增长19.08%,占同期对俄商品出口的50.09%。机电产品在中国对俄商品出口中占比首次突破50%。中国自俄机电产品进口实现两位数的强劲恢复性增长,机电产品进口额为3.21亿美元,同比增长11.3%,占同期自俄商品进口总额的0.73%②,增幅是中国机电产品进口增幅的2.9倍。目前机电产品已成为中国对俄出口第一大类商品,占据中俄双边贸易的"半壁江山"。俄罗斯市场在中国机电产品对外贸易中的份额进一步提升,已成为中国机电产品全球第11大、欧洲第4大(前3位为荷兰、德国、英国)、"金砖国家"第2大(仅次于印度)出口市场。

在轻纺、资源等大宗商品贸易保持稳步增长的同时,机电产品所占比重正逐年上升,特别是中国加入世界贸易组织后,产业逐步升级,制造业从低端向高端进军。而随着俄罗斯经济的发展,居民消费水平提高,对机电、汽车等商品需求急剧增加,导致中国对俄机电制造类商品出口迅速上涨。2007年11月,在中俄两国元首的倡议下,为落实两国关于建立双边贸易促进机制的框架协议,成立了中俄机电商会。此举对深化中俄机电领域的合作,扩大中俄机电产品贸易规模,改善中俄贸易结构,推动两国企业开展务实合作发挥了积极的作用。

(三) 中俄相互投资不断推进

中俄相互直接投资始于1992年。扩大相互投资是历次中俄总理会晤提出的重要合作方向。2004年中俄总理第九次定期会晤期间,首次提出了到2020年中国对俄投资达到120亿美元的明确目标。截至2012年10月,中俄双方已累计相互直接投资41亿美元③,俄罗斯已成为中国第9大直接投资目的地。

---

① http://www.iccs.cn/contents/610/13345.html.
② 中俄机电商会秘书处:《2012年中俄机电产品贸易实现进出口双向突破》,http://www.cnbearing.biz/gb/news/13237.htm。
③ 中俄蒙资讯网,http://www.nmg.xinhuanet.com/nmgwq/zem/xwzx/2012-12/06/c_113931889.htm.

1. 中国对俄投资

从中国对俄直接投资的进程来看，总体呈现上升态势，虽然总量不大，但增长较快。俄联邦独立以来，中国对俄直接投资的流量 1992～1995 年一直呈大幅下降趋势。尤其是 1995 年，中国批准的对俄投资企业仅为 1 家，中方投资额仅为 5 万美元，跌至历史最低点。从 1996 年中俄两国建立战略协作伙伴关系开始，中国对俄直接投资呈螺旋式缓慢回升态势。1997 年俄罗斯经济形势开始好转，当年中国批准对俄投资企业 7 家，中方投资额 119.2 万美元，较 1996 年上升了 1390%。但 1997 年下半年开始的俄罗斯金融危机使得经济增长势头很快消失，1998 年和 1999 年中国对俄投资分别为 250 万美元和 380 万美元，增势放缓。2000 年普京上台后，俄罗斯政治和经济形势逐渐好转，中国对俄直接投资开始活跃起来。2000 年中国对俄投资企业的中方投资额为 1386.84 万美元，增幅达 265%。尤其是 2001 年《中俄睦邻友好合作条约》签订以来，随着中俄两国双边贸易的大幅提升，中国对俄直接投资规模也有了较快回升。2002 年和 2003 年中国对俄投资额突破了 3000 万美元，分别达到 3544.85 万美元和 3062 万美元，但投资规模还非常小。2004 年中俄两国制定了常设会议机制，即每年举办一次中俄投资促进会议，2005 年中国政府采取积极措施，鼓励中国企业与俄在各个领域的投资合作，中俄经贸投资活动实现新的突破。从 2004 年到 2006 年，中国对俄直接投资额明显地表现出快速增长的态势，分别同比增长了 153%、163% 和 122%。2007 年《中华人民共和国政府和俄罗斯联邦政府关于促进和相互保护投资协定》签订，中国对俄直接投资额达到了 4.78 亿美元。2008 年以来，国际金融危机使俄罗斯经济陷入严重衰退，中国对俄投资也随之迅速下降，2008 年中国对俄直接投资同比下降 17.7%。2009 年，中俄两国政府签订《中俄投资合作规划纲要》，通过建立政府间合作机制，提供更为高效便捷的保障体系，促进了双边投资合作。2009 年，虽然受到国际金融危机的影响，中俄双边贸易额大幅下滑，但中国对俄直接投资额仍然达到 3.48 亿美元，比上年增长 73.5%。2010 年，随着中俄两国经济逐渐摆脱国际金融危机的影响，中国对俄直接投资进一步扩大到 5.94 亿美元，增长了 43.8%。2011 年，中国对俄非金融类直接投资 3.03 亿美元，同比下降 49.0%[1]。根据中方统计，截至 2012

---

[1] 中国驻俄使馆经商参处：《2011 年中俄经贸合作简况》，http://ru.mofcom.gov.cn/aarticle/zxhz/hzjj/201203/20120308028666.html。

年年底，中国对俄累计非金融类直接投资44.2亿美元，近10年来平均增长40%以上。2012年中国对俄非金融类直接投资6.56亿美元，增长了116.2%。①在中国投资受惠国当中，这是一个最高的指标。②俄罗斯已成为中国第9大直接投资目的地。

目前，中国对俄直接投资主要分布在能源、矿产资源开发、林业、轻纺、家电、通信、建筑、服务等领域。

近年来，中国企业对俄投资积极性不断增长，其中一个重要因素是2004～2009年先后在俄罗斯及中国共同举办了五次俄中投资促进会议。这些活动组织者分别为俄罗斯经济发展部及中国国家发展和改革委员会。在上述投资促进会议期间，签订了35个在俄投资的双边合作协议，计划投资总金额为40亿美元。其中最大的几个项目是：圣彼得堡"波罗的海明珠"住宅小区的建设（中方已投入12亿美元，仅2012年内投入2.65亿美元）；外贝加尔边疆区"阿马扎尔"纸浆厂（中方已累计直接投资1.65亿美元）；外贝加尔边疆区诺永达拉果多金属矿区开发（中方累计直接投资5800万美元）；托木斯克州木材深加工基地（中方累计直接投资3700万美元）。截至2012年年底，在上述俄中投资促进会议确定的35个项目中，中方企业已实际投资约16亿美元。③ 2012年，双方企业在俄罗斯实施原木开采、木材加工120多个项目，合同投资总额为16亿美元，其中中方投资10亿美元。

由于存在着行业和地区经济差异，外资进入的往往是投资回报率较高的行业和地区。中国对俄直接投资企业主要分布在莫斯科、圣彼得堡等大城市以及西伯利亚和远东地区。其中，莫斯科州和圣彼得堡市不仅有税收优惠政策，而且有发达的市场基础设施和较高的支付能力，是俄投资环境相对最好的地区。远东和西伯利亚地区凭借丰富的自然资源、毗邻中国的有利的地理位置，对中国资本也具有很大的吸引力。尤其是西伯利亚地区，由于天然气、石油、矿产以及动植物等资源极其丰富，因此吸引了大部分中国对俄直接投资。

2. 俄对华投资

自1992年两国实现从中苏关系向中俄关系平稳过渡以来，俄罗斯开始了对

---

① 《中俄投资合作步伐显著加快》，http://www.xjass.com/zy/content/2013－04/03/content_274032.htm。
② http://chinese.ruvr.ru/2013_02_01/103215081/。
③ 俄联邦驻中国商务代表处：《俄罗斯投资环境》，http://www.nbd.com.cn/articles/2012－06－07/659331.html。

华直接投资的进程。从总体上看，20年来，俄对华直接投资规模小，进展缓慢。1992年俄罗斯实现对华直接投资1627万美元，1993年迅速提升至4194万美元，同比增长157.78%，成为当年中国第四大外资来源国[1]。但之后的几年里投资额开始逐年下降，一直在低位徘徊。直到1998年中俄建立面向21世纪的战略协作伙伴关系，俄罗斯对华直接投资额才开始缓慢增长。2004年《中俄睦邻友好合作条约》的签订，将俄罗斯对华投资推向了高峰，投资额达到了1.26亿美元。但此后直至2009年，俄罗斯对华直接投资额又出现了逐年下降的趋势。2009年，俄罗斯对华直接投资额仅为3177万美元，尚不及1993～1994年期间的投资额。俄罗斯对华投资逐年下降的状况，与持续升温的两国经贸合作关系相比极不协调。随着2010年国际市场能源价格的大幅上升，依靠能源出口带动的俄罗斯经济逐渐回暖，俄罗斯一些实力雄厚的企业也开始将目光瞄准潜力巨大的中国市场。2010年，俄罗斯对华实际投资额为3497万美元，同比增长9.2%。2011年，中国实际使用俄罗斯直接投资3102万美元，同比下降11.3%[2]。按照中国商务部的数据，2012年，俄罗斯对华直接投资达到2992万美元，截至2013年年初，俄罗斯对华直接投资总额达到8.4771亿美元。[3]

俄对华投资主要分布在制造业、建筑、交通运输等领域。制造业中以服装、鞋、帽制造，皮革、毛皮、羽毛（绒）制造和纺织业为主，这三个行业的俄罗斯投资企业数分别占企业总数的15.86%、13.98%和12.1%。其次是木材加工及木、竹、藤、棕、草制品业占5.38%，食品制造业占5.38%，化学原料及化学制品制造业占5.11%，通用设备制造业占4.84%，金属制品业占4.57%，工艺品及其他制造业占4.03%，这十大行业占据了俄罗斯企业制造业投资的71.25%的份额。由此可见，俄罗斯对华直接投资集中的产业以劳动密集型为主，资本密集型及高技术密集型产业所占比重很小。

2009年6月，中俄两国元首批准了《中俄投资合作规划纲要》，明确了两国开展投资合作的主要目的、原则、合作机制及投资优先领域等重要内容。两国在资源规模和产业发展方面突出的互补性，决定了中俄投资合作的发展潜力。

---

[1] 高欣：《俄罗斯对华直接投资与中俄贸易的关系研究》，《石家庄经济学院学报》2012年第2期。
[2] http://ru.mofcom.gov.cn/aarticle/zxhz/hzjj/201203/20120308028666.html.
[3] 《俄罗斯同中国广东省签订经贸合作促进协议》，http://rusnews.cn/ezhongguanxi/ezhong_jingmao/20130622/43795864.html。

未来双方将加大相互投资力度和规模，以投资促贸易，从而推动经贸关系深入发展。

（四）中方贸易逆差逐渐收窄

从20世纪90年代初开始，在中俄贸易往来中，中方始终处于逆差状态。1992年，中方的贸易逆差为11.9亿美元，此后的逆差额最高时为2001年的52.5亿美元。自1992年到2006年的15年间，中方累计逆差额达到423.9亿美元。这种状况在2007年发生了根本性的变化，中方首次实现了顺差，并且顺差规模较大，全年达到了88.1亿美元，占同期中国对外贸易顺差总额的3.36%。导致顺差方逆转的直接原因是双方相互出口的增长幅度存在着巨大的差异。2007年，中国对俄出口增长强劲，全年增幅达到79.9%。相比之下，俄罗斯对华出口增幅有限，只达到了12.1%。2008年中方在中俄贸易中仍保持顺差，而且顺差规模扩大，达到91.8亿美元。这不仅说明俄罗斯经济的快速增长带动居民购买力的提高，同时也表明中国产品在性价比方面对俄罗斯居民的吸引力正在不断增强。2012年中国对俄贸易逆差0.4亿美元。中俄贸易差额逐渐收窄。从2007年到2012年中方累计贸易顺差202.7亿美元[①]。机电产品贡献最大，仅2012年中国对俄机电产品贸易顺差为217.46亿美元。顺差形成的原因主要是，俄罗斯经济发展和居民消费能力提升。此外，中国商品质量的提高以及有竞争力的价格，也是在俄畅销的原因。

二 中俄能源领域合作

基于两国的自然资源禀赋，能源合作始终是中俄经贸合作的重要内容，对于中俄两国来说，建立并发展全面、长期、稳定、互利共赢的能源战略合作伙伴关系，对促进两国社会经济发展，充实两国务实合作内涵，提升两国战略协作伙伴关系的水平具有重要意义。中俄能源合作，可以追溯到1996年两国签署《关于共同开展能源领域合作的协定》，至今已有17年。2009年，国际金融危机重创俄罗斯，俄紧急出台了《2030年前的能源发展战略》，提出

---

① 中国海关总署：《2012.12出口主要国别（地区）总值》，http://www.customs.gov.cn/publish/portal0/tab44604/module109000/info414068.htm。

能源出口市场多元化，不再紧盯欧洲市场，制定"东进"战略。按其计划，到2030年，亚太地区在俄罗斯能源出口的比重从3%提升至26%左右。目前中俄能源合作在油气、核电、煤炭等多个领域取得进展，已形成全方位的合作格局。

（一）石油领域合作不断深化

1. 原油管道项目

1994年，俄罗斯石油企业向中方提出修建从西伯利亚到中国东北地区石油管道的建议，中俄双方开始就此进行探讨。1996年，中俄双方正式签署《中俄共同开展能源领域合作的政府间协定》。该项目历经14年，由"普京时代"过渡到了"梅普时代"。从安大线到安纳线再到泰纳线，围绕这条石油管线，中、日、俄三国曾经展开过一场历时十几年的能源角力。2008年7月，中俄能源谈判机制正式启动。国际金融危机期间，国际油价大幅下跌，俄罗斯对资金需求强烈，直接推动了2009年中俄"贷款换石油"协议的达成，中俄原油管道取得突破性进展。2009年2月，双方签署了《从俄罗斯斯科沃罗季诺到中国边境的管道设计、建设和运营协议》，两国能源合作逐步由协议状态向全面实施状态迈进。作为中俄两国目前最大的双边项目，中俄"东西伯利亚－太平洋"石油管道中国支线在经过了一年半的建设后于2010年9月27日全线竣工，并最终于2011年1月1日正式投入运营。这标志着我国东北方向的原油进口战略要道正式贯通，成为两国能源合作史上的一个里程碑。

中俄原油管道顺利建成并投入运营，成为两国能源大项目合作的典范。根据此前中俄两国达成的"石油换贷款"协议，中国将向俄罗斯提供总计250亿美元的长期贷款。俄罗斯则以石油为抵押，以供油偿还贷款，从2011年至2030年按照每年1500万吨的规模，通过管道向中国供应总计3亿吨石油。据中国海关数据，依照目前国际原油价格测算，每年1500万吨原油的输入将为中俄两国增加约80亿美元贸易额。截至2013年1月1日零时，正式投产2周年的中俄原油管道累计输油量达3000万吨。①

2. 天津炼油厂项目

中俄双方2009年签署的《中俄上下游领域扩大合作备忘录》主要内容之一，就是关于中俄合资企业——"东方能源公司"建设天津合资炼油厂项目，

---

① 中国财经网，http://finance.china.com.cn/industry/energy/sytrq/20130104/1219233.shtml。

是中俄"贷款换石油"谈判的重要组成部分。项目由中国石油天然气股份有限公司（以下简称中石油）与俄罗斯石油公司（以下简称俄石油）国际有限公司合资成立的中俄东方能源公司（天津）有限公司负责建设，总投资约366亿元人民币，其中，中石油占51%的股份，俄石油占49%的股份。该炼油厂计划年炼油能力1300万吨，其中900万吨的原料来自俄罗斯。项目建成投产后，目标销售市场是中国北方和中部省份以及中国东部沿海地区，可实现年销售收入622亿元[①]。天津炼油厂项目具有里程碑式意义，开启了中俄在石油下游领域的合作。该项目建成后，将成为目前世界上最大的炼化一体化项目。目前，天津炼油厂合作稳步推进，双方积极探索石油、天然气上下游一体化合作的新思路。2012年，炼油厂已经获得原油进口、成品油出口和国内销售"三权"，这将推进炼化一体化合作，使天津炼厂成为安全、可持续、能赚钱的标志性项目。

2013年3月习近平主席访俄期间，中俄政府签署了有关扩大原油贸易合作协议以及有关天津炼油厂建设和运营合作协议，两国石油领域合作由此迈出突破性的一大步。根据协议，俄罗斯将大幅增加对中方石油供应量。俄石油公司总裁、前副总理伊戈尔·谢钦透露，俄未来对华供油量将比现在翻番，可能达到每年3100万吨，增加的供油量将促进两国合资企业天津炼油厂的建设和运营。他甚至认为，未来可以将这一数字提高到5000万吨。此次中俄能源合作，"被认为是铺上了一块中俄两国关系走向全面战略合作的重要基石"[②]。

（二）煤炭领域合作有进一步拓展的空间

煤炭作为全球重要的能源资源，其开发利用始终是中俄双方合作的重点。俄罗斯是一个煤炭大国，储量极其丰富，其探明可采储量位于中国和美国之后，排名世界第三位，其中75%位于亚洲地区。但是这一地区由于离消费地较远，日韩等国又与俄罗斯的煤炭贸易量较小，中国长期煤炭自给，俄罗斯远东地区的煤炭一直没有进行大规模开采。但中国自2009年起成为煤炭净进口国后，年进口量超过了1.2亿吨，这对于俄罗斯远东地区丰富的煤炭资源无疑提供了重大商机。2010年8月31日，中俄双方在俄罗斯远东城市布拉戈维申斯克签署煤

---

① 《中俄千万吨级炼油项目天津开工在即》，http://news.xinhuanet.com/fortune/2013 - 01/10/c - 114223533htm。

② 刘悦:《中俄能源合作打通"世纪动脉"》，《国际先驱导报》2013年3月29日。

炭合作协议，即"贷款换煤炭"协议，正式拉开了两国煤炭合作的序幕。根据该协议，在未来 25 年合作中的前 5 年，中国每年将从俄罗斯进口至少 1500 万吨煤炭。之后 20 年，进口煤炭量将增至每年 2000 万吨。与此同时，中国将为俄罗斯提供总共 60 亿美元的贷款，用于俄罗斯发展远东地区矿产资源开采项目，修建铁路、公路等煤炭运输通道，购买矿产挖掘设备等。中俄"贷款换煤炭"是近年来两国在能源方面的第二次成功合作。

2012 年 12 月 5 日，在中俄能源谈判代表第九次会晤时双方签署《中俄煤炭领域合作路线图》《中俄煤炭合作工作组第一次会议纪要》等一系列重要文件，该路线图将对中国企业开发俄罗斯远东地区的煤炭资源进行指导，这使得未来中国将会从俄罗斯进口越来越多的煤炭资源。加强与中国在煤炭领域的合作，将有利于俄罗斯煤炭资源的开发、外送通道建设。为加大煤炭开采力度，提高煤炭资源利用率，俄能源部根据会晤签署的煤炭领域合作路线图决定，允许中国企业参与俄境内 3 个煤炭项目的开采，年产共计超过 2700 万吨[1]。如果俄罗斯能够加大煤炭资源开发，并加快建设对华煤炭运送通道，其对华出口煤炭量将在未来大幅度上升。

俄能源部中央调度管理局数据显示，2012 年俄煤炭开采量同比增长 4.7%，达 3.52 亿吨，煤炭出口增加 19%，达到 1.26 亿吨，2012 年俄对亚太地区国家出口煤炭为 1473.9 万吨，同比增长 29%[2]。俄罗斯向中国市场供应煤炭量也在增长，2012 年供应量达到 1500 万吨，而 2011 年为 1000 万吨[3]。目前，俄罗斯是中国第五大煤炭进口国。对此，俄能源部部长谢尔盖·什马特科认为，创造条件实现煤炭对亚太地区特别是中国的大规模出口，对增加俄在该地区的经济存在具有战略意义。国际能源署发布的中期报告称，2017 年前，煤炭在国际能源平衡中的比例将持续增长，并达到与石油相同的水平，美国以外的世界其他地区对煤炭的需求都在上升，而需求量增长最大的是中国和印度。2012 年，中国的煤炭进口已经达到 2.2 亿吨。因此中俄煤炭合作对中俄双方都是有利的且

---

[1] 《中俄深化能源合作，共同开采年产超 2700 万吨煤矿》，中国经济网，http://www.nbd.com.cn/articles/2012-12-28/703942.html。
[2] 《2012 年俄煤炭出口增长 12%》，中俄经贸合作网，http://www.crc.mofcom.gov.cn/article/tongjishuju/201301/84914_1.html。
[3] 《俄中两国总理会晤将讨论能源和投资合作问题》，中国绥芬河网，http://www.suifenhe.gov.cn/contents/98/22183.html。

有进一步拓展的空间。

（三）天然气合作在利益博弈中推进

早在1992年，中国与俄罗斯就开始了天然气合作的谈判。2004年10月，时任俄罗斯总统普京访华，中国石油天然气集团公司与俄罗斯天然气工业股份公司签署战略合作协议。2006年3月，两国企业达成一致：向中国修建两条天然气管线，西线经过阿尔泰地区，将西西伯利亚的天然气输往中国新疆；东线初步决定将萨哈林的天然气输往中国东北。两条线的输气量为每年600亿~800亿立方米。2009年6月17日，中俄两国元首签署《关于天然气领域合作的谅解备忘录》。2009年10月13日，中国石油天然气集团公司与俄罗斯天然气工业股份公司签署关于俄罗斯向中国出口天然气的框架协议。中俄两国总理还达成共识：签署中俄天然气合作路线图，决定东西两线同步启动，并于2014年至2015年供气。历经数十年的谈判，根据相关谅解备忘录及其路线图，双方就修建东、西线供气项目进行了积极商谈。在2011年5月底举行的中俄能源谈判代表第七次会晤期间，双方签署了《天然气领域合作的谅解备忘录的议定书》，就西线天然气谈判的原则和进度达成一致。西线每年供气300亿立方米，东线每年供气380亿立方米，都是为期30年的合作。

国际能源格局的迅速变化迫使俄罗斯大踏步"东进亚太"，但"亚太"并不单指能源饥渴的中国，俄罗斯始终秉持"一个卖家，多个买家"的能源外交战略，追求自身利益最大化。2000年以来，中国天然气市场进入了快速发展阶段，天然气消费量以每年两位数的速度增长，从2006年起中国已成为天然气净进口国，且进口数量快速增长，对外依存度不断提高。中国石油集团经济技术研究院公布的最新《天然气发展报告》称，2012年我国天然气对外依存度达29%，预计2013年对外依存度将上升至32%。

尽管中俄双方均有合作意愿，但在天然气的合作上仍然缺乏实质性进展。随着时间的推移，在天然气的合作上，中俄谈判的主动权或将逐渐向中方倾斜。此前欧洲是俄罗斯天然气的主要出口对象，但随着欧洲天然气市场需求的逐步减少和液化气的增加，俄罗斯开始面临新的压力。与此同时，中国市场对天然气需求的持续加大则让俄罗斯看到了新的利益增长点。欧洲需求成长缓慢，且支付能力下降，而俄罗斯天然气公司拓展新市场的需求迫切，中国的潜在需求量，已成为俄罗斯天然气出口的优先目标。

中国与俄罗斯天然气进口谈判已于2011年签署政府间合作谅解备忘录议定书，但企业间的具体协议未能签署。俄罗斯在2030年前的能源战略中提出要加快能源向东的多元化出口，但中俄双方能源发展战略尚未实现有效对接，其背后有地缘政治和经济利益的矛盾。双方为此相互博弈已延续了相当长时间。但2012年以来，中俄在天然气领域合作仍然取得了一些新进展。第一，中俄双方已达成共识，建设中俄天然气管道要西线和东线兼顾；第二，合作方式应多样化，除了单纯的天然气贸易外，还提出了上下游一体化、收益共享、风险共担的合作思路；第三，先启动天然气东西哪条线路，首先取决于中国市场的消费需求，推进的前提要看哪个市场最成熟，同时要保障双方的合作利益。

　　2013年3月习近平主席访俄期间，中石油与俄罗斯天然气工业股份公司（简称俄气）签署关于东线天然气管线的合作谅解备忘录，为确定未来30年的天然气贸易合作铺平了道路。负责能源事务的俄副总理阿尔卡季·德沃尔科维奇说："如果俄中天然气合作项目得以落实，对两国在能源领域的进一步合作将具有非常重要的意义。供气领域的合作将具有战略性质，就其规模而言，也不会逊于两国在石油领域的合作规模。"根据双方达成的协议，俄方将通过东线天然气管道每年对华供气380亿立方米。俄方将从2018年起向中方供气，未来要把年出口量提高到600亿立方米。目前，有关合作的意向还未能转化为具体合同，但双方企业商定力争在2013年年底前签署最终买卖合同。此外，中俄还商定对东线液化天然气项目和西线供气合作继续研究论证。

　　目前中俄双方因为天然气价格分歧仍然在相互博弈，但是对于能源出口大国俄罗斯而言，已经无法忽略巨大的中国市场。俄罗斯和中国在能源领域的密切合作是由两国的经济和地理位置决定的，基于此，即便偶有不和谐的声音，中俄经贸合作的主旋律仍是积极和正确的，"摩擦"属于正当的商业性质，合作的潜力还是巨大的。

三　中俄经贸合作中存在的问题

　　第一，贸易规模不断扩大，贸易地位仍旧不高。中俄作为毗邻大国，地缘互补优势明显，特别是体现在能源进出口结构上和经贸合作方面。从20世纪90年代初算起，20年间两国经贸额快速增长。两国在能源等诸多领域也都取得了重大进展。但2012年贸易额仍未突破900亿美元，不及中美贸易额的1/5。这无法掩饰多年来中俄关系"政热经冷"的尴尬局面。2012年中俄贸易虽然再创历史新高，但贸易规模扩大的同时，贸易地位并不高。从横向比较看，中俄贸易额依然远远低于中美、中日贸易额。例如，2012年，中美贸易额为4846.8亿美元，是中俄贸易额的5.5倍，占我国外贸总额的12.5%；中日贸易额为3294.5亿美元，占8.5%。从纵向比较，中俄贸易额从1992年到2012年绝对规模20年增幅超过14倍，但相对规模变化不大，在我国外贸总额的份额始终维持在2.5%左右，最高的1993年中俄贸易额也仅占中国外贸总额的3.9%，而2012年仅为2.23%。

第二，长期以来中俄经贸合作以贸易为主，生产、投资合作不足。目前，中国在俄罗斯的投资总量仅有40亿美元左右。这一数字与2004年两国领导人提出到2020年我国对俄累计投资达到120亿美元的目标相距甚远。俄罗斯对中国投资则更少。目前的投资规模远未达到双方应有的潜力。

第三，双边在金融、能源、农业、基础设施和地区合作等新领域的合作还存在或主观或客观的阻碍性因素。如俄罗斯希望中国扩大对俄能源投资，却又无法向中国提供相关优惠政策，在地区合作层面也存在类似的一些问题。

四　中俄经贸合作展望

中国和俄罗斯同为经济快速增长的新兴市场国家，有着良好的经济基础、互补的产业结构、不断改善的贸易投资环境以及日益开放的巨大市场，双方合作基础牢固，在全球经济形势依然严峻复杂，世界经济低迷将长期化趋势下，进一步深化和推进各领域务实合作对于两国的发展极为重要。

在2012年全球经济不景气的背景下，中俄经贸合作逆势而上，全年双边贸易额接近900亿美元，中俄之间的发展速度超过预期，这是中俄双方共同努力合作的结果。2013年俄罗斯把远东开发作为经济提升的基本国策之一。为了加大远东开发力度，总投资额达到3万亿卢布。这也为中国在远东的对外投资带来了机遇，中国将成为俄远东开发战略的主要外部参与者。俄罗斯欢迎中国积极参与，深化两国企业和地方在基础设施、能源资源、高新技术等领域的互利合作，扩大相互投资，俄方愿为此提供良好的投资环境。2013年，在能源合作方面有望取得突破。俄罗斯经济产业结构对能源经济的依赖性强，短期内难以改变倚重能源和军工的经济结构。我国是能源消费大国，随着俄罗斯愈加重视远东，其能源出口战略会对中俄能源合作产生积极的影响。2013年，世界经济复苏总体疲软，对能源的需求量不会有明显增长，中国应抓住机遇促进俄罗斯实现能源出口战略，争取双赢结果。

2013年，中国经济还会保持平稳增长，俄罗斯经济也会持续增长，两国经济增长创造的市场机会还较多，因此中俄经贸合作在贸易层面上将仍然保持增长势头。正如俄罗斯驻中国贸易代表谢尔盖·齐普拉科夫预测的那样："中俄之间的贸易增长速度在12%到15%区间是完全可以实现的。从总体来说，也是与中国2013年外贸增长速度计划相符合的。预计，中国的外贸增长指数将与GDP增长速度处于同一个水平上。也就是说，大约为8%。另外，2013年的中俄贸易增长达到15%就意味着双边贸易额将完全可以达到1000亿美元。"[1]

原载《俄罗斯东欧中亚研究》2013年第5期

---

[1] 《2013年中俄贸易额或将突破1000亿美元大关》, http://blog.sina.com.cn/s/blog_b5d6e6c00101e413.html。

中俄农业与食品工业的合作

冯育民[*]

无论是在苏联时期，还是在俄罗斯时期，俄农业和食品工业始终属于落后经济部门。在苏联时期，由于农轻重长期比例失调和粗放式经营，农业生产发展缓慢。苏联解体之后，农业部门与其他经济部门之间的关系、地区之间的经济关系、国家与生产者之间的关系遭到严重破坏，使农业产品的产、储、供、销严重脱节。尤其是在20世纪90年代国家缩减对农业的补贴之后，俄罗斯的整个农业生产倒退到20世纪50年代的水平。由于农业生产不稳定，长期在危机中徘徊，在大量的舶来品的冲击下，俄罗斯的食品工业更是厄运难逃。1998年金融危机之后，俄食品工业才出现恢复性增长。

一 俄罗斯农业和食品工业概况

苏联解体后，俄农业生产水平大幅度下降。按可比价格计算，1999年俄罗斯农业生产总值仅占1999年国内生产总值的6.8%（1990年农业总产值占国内生产总值的16.4%）[①]，食品业产值占同期工业总产值的12.2%。进口食品在居民消费中所占比重急剧增加，约为50%，部分地区的部分食品进口占居民消费的比重高达80%。

（一）农业现状

1. 农业

俄罗斯农业用地总面积呈下降趋势。据2000年俄罗斯国家统计委员会的统

---

[*] 冯育民，中国社会科学院俄罗斯东欧中亚研究所科研处处长。
[①] 俄罗斯国家统计局：《俄罗斯农业》，莫斯科，2000，第16页。

计数字，1999年俄的农业用地为19760万公顷，耕地面积为12090万公顷，草地牧场为7260万公顷。

从农业生产组织结构来看，20世纪90年代的改革彻底改变了农业领域的社会经济结构，对农业企业——集体农庄和国营农场进行重组，土地和财产重新划分，取缔国家对土地的垄断，农业企业从法律形式上变成独立的经营主体。经过变革，在农业生产总值中农业企业所占比重大大下降，而居民经济所占比重大大提高。前者由1990年的73.7%降为1999年的40.3%；后者则相应由26.3%提高为57.2%。农户（农场）经济占的比重很小，1999年仅占2.5%（见表1）[1]。

截至1999年年底，农业企业共有28857个（不含家庭农场），其中，集体农庄、集体农场11213个，占农业企业总数的34.4%。农业企业（农工综合体）所拥有的农业用地占俄罗斯农业用地总面积的83.76%，耕地面积占其总数的86.92%，草场牧场面积占其总数的79.34%。农业企业始终是国家粮食来源的基本保障，其生产的粮食占俄1999年粮食总产量的92%[2]。1991年，95%的农业企业盈利，亏损企业只占5%，但到1999年年初，亏损企业高达89%。2000年，农业产值增长5%，亏损企业减少到55%。

1999年，从事居民经济（个人副业、集体和个人的宅旁园地、集体和个人的菜园）的共有370万户，拥有农业用地1190万公顷。近年来，该经济形式发展较为顺利。1999年，其生产的土豆占俄罗斯土豆总产量的92%，蔬菜——77%，牛肉和禽肉——59.4%，牛奶——49.7%，鸡蛋——29.5%，蜂蜜——88.3%[3]。居民经济的畜牧业也发展很快，拥有的牲畜存栏数占总数的比重由1991年的17.3%增长到1999年的45.5%，猪的存栏数由18.5%增长到45.5%，羊的存栏数由27.7%增长到61.8%，马的存栏数由10.5%增长到48.2%[4]。

据统计，2000年，家庭农场共有26.11万个，拥有农用土地面积1350万公顷，占俄罗斯农用土地总面积的6%，平均每个农户拥有农业用地55公顷。家庭农户拥有耕地面积1040万公顷，占总耕地面积的8.6%，每个农户拥有耕地面积平均为39公顷。

---

[1] 俄罗斯国家统计局：《俄罗斯统计年鉴》，莫斯科，2000，第362页。
[2] 俄罗斯国家统计局：《俄罗斯农业》，莫斯科，2000，第36页。
[3] 俄罗斯国家统计局：《俄罗斯农业》，莫斯科，2000，第86页。
[4] 同上。

表 1　各种经济在农产品中所占比重

(单位:%)

年份	1992	1993	1994	1995	1996	1997	1998	1999
整个农产品	100	100	100	100	100	100	100	100
农业企业	67	57	54	50	49	47	39	40.3
居民经济	32	40	44	48	49	51	59	57.2
农户	1	3	2	2	2	2	2	2.5

资料来源：俄罗斯国家统计局：《2000年国家经济统计年鉴》，莫斯科，2000，第362页。

由此看来，家庭农场经过9年的发展，规模并不大，其粮食产量只占粮食总产量的2.5%，俄罗斯农业生产的主力军依旧是农工综合体，一家一户的小商品生产方式并不适应俄罗斯农业发展的需要。

2. 种植业

由于俄各地区自然环境、气候条件千差万别，俄的粮食产量一直处于不稳定状态，尤其在苏联解体之后，粮食产量一直呈下降趋势。丰年和歉年的粮食产量非常悬殊，丰年的粮食产量可以是歉年产量的1.5倍。因此，稳定粮食生产对俄罗斯具有特殊意义。

苏联解体前，俄谷物经济发展相对比较稳定。1985~1990年粮食平均产量为1.043亿吨，1990年俄的粮食产量达1.167亿吨。但在实行激进改革和私有化后，谷物经济受到很大破坏。1991~1995年粮食平均产量为8800万吨，比1985~1990年间的平均水平下降16%。1995~1999年粮食平均产量为6478万吨，比1985~1990年平均水平下降55.5%。1998年俄因遭受自然灾害，粮食产量下降到4790万吨，接近50年来的历史最低水平（1950年粮食总产量为4680万吨）。1999年与1990年相比，粮食产量下降48%（见表2）。

表 2　俄罗斯种植业主要产品的产量

(单位：万吨)

年份	1991	1992	1993	1994	1995	1996	1997	1998	1999
粮食	8910	10690	9910	8130	6340	6930	8860	4790	5470
甜菜	2430	2550	2550	1390	1910	1620	1390	1080	1520
向日葵籽	290	310	280	260	420	260	280	300	410
土豆	3430	3830	3770	3380	3990	3870	3700	3140	3130
蔬菜	1040	1000	980	960	1130	1070	1110	1050	1230

资料来源：《2000年俄罗斯统计年鉴》，莫斯科，2000，第373页。

几年来，俄罗斯的蔬菜产量一直稳定在 1000 万~1100 万吨，水果产量 250 万~300 万吨，土豆产量 3100 万~3900 万吨。产量不稳定的原因除了气候不好之外，还有肥料、农药、设备短缺和播种不及时等原因。

3. 畜牧业

畜牧业的主要畜产品产量大幅度下降。首先畜牧存栏数减少。2000 年年初，牛的存栏头数为 2800 万头，比 1990 年减少了 2900 万头，即减少 50% 多。其中奶牛 1310 万头，相应减少了 730 万头，即减少了 35%；猪为 1830 万头，相应减少了 2000 万头，即减少了 56.4%；绵羊和山羊为 1470 万只，相应减少了 4220 万只，即减少了 75.5%。

由于牲畜存栏数的大量减少，主要畜牧品产量大幅度下降。羊毛产量为 4.8 万吨，较 1992 年减少了 13.1 万吨，即减少 73.2%；20 世纪 90 年代各种牲畜骤减，导致畜牧业产品生产下滑：牲畜和鸡的屠宰量由 1990 年的 1560 万个减少到 1999 年的 690 万个（下降 55%），牛奶从 1990 年的 5570 万吨减少到 3210 万吨（下降 42.4%），鸡蛋从 475 亿个减少到 333 亿个（下降 29.9%）。

（二）食品工业现状

据统计，1998 年俄食品加工企业有 22263 家，其工业总产值 1999 年为 1978.48 亿卢布，亏损额达 143.12 亿卢布。在俄食品工业九大行业中，面包业、乳制品业和制酒业的效益最好。其中面包业的盈余 19.9 亿卢布，黄油奶酪乳制品业盈余 13.89 亿卢布。在食品加工业中肉类加工、鱼类加工和制糖果糕点业的效益最差，分别亏损 28.04 亿卢布、49.61 亿卢布和 14.09 亿卢布。

由于居民购买力的下降，农产品原料的短缺，导致俄罗斯食品加工企业主要产品的产量下降。食品工业的加工量锐减：肉的加工量由 1990 年的 649.6 万吨减少到 1999 年的 107.2 万吨，香肠由 225.6 万吨减少到 94.4 万吨，乳制品由 2080 万吨减少到 545.1 万吨，植物油由 83.3 万吨减少到 25.7 万吨。

近 10 年来，作为主要食品肉、牛奶、植物油的产量已经下降到 20 世纪 60 年代的水平。但食品销售量并没有下降多少。这表明俄需要大量进口来弥补国内市场的短缺。目前，俄罗斯大约 1/3 的肉类依靠进口才能满足国内市场的需求，俄罗斯需要出口 3000 万吨石油才能解决购买肉类所需的外汇。换言之，俄罗斯每年用于进口肉类的外汇占石油出口量的 1/10。

俄肉类工业生产下降的主要原因是畜牧业落后，饲料短缺，尤其是饲料的短缺造成畜牧业发展缓慢。苏联时期，采用的是用石油换饲料粮的方式来发展畜牧业。苏联解体后，俄仍采取石油换食品方式解决市场短缺问题，结果是加速挤垮本国的畜牧业和肉类加工业。由于进口食品价格较高，大大超出居民的承受能力，致使居民肉类消耗从1990年的年人均74公斤降为1999年的年人均40公斤。

二 西伯利亚与远东地区的农业和食品工业

（一）农业状况

1. 种植业

西伯利亚共有人口3100万，可利用的农业土地约有6100万公顷，其中有2900万公顷耕地。

与全俄相比，近年来西伯利亚的种植业发展相对稳定。西西伯利亚的粮食产量始终占全俄产量的10%左右。收成好的年份粮食产量占13%～14%（例如1992年和1994年）。1999年西伯利亚的农业产值占全俄的10.4%，2000年西伯利亚生产的粮食约占全俄的20%，成为俄罗斯重要的产粮区。

西伯利亚的种植业发展比其畜牧业稳定，该地区的种植业产值占该地区农业产值的54%。1995年以来，西伯利亚地区的粮食平均产量一直稳定在1200万吨左右。在西伯利亚地区中，阿尔泰边疆区的农业最发达。该边疆区的粮食产量占西伯利亚地区粮食总产量的32%，农产品产量占25%。1999年西伯利亚地区生产的马铃薯占全俄产量的17%，蔬菜占14%。

远东地区拥有621.58万平方公里的辽阔土地，平均气温在零度以下，冻土高寒地带较多因而不适宜农耕。农业用地只占全区总面积的1%，1990年约660万公顷，人均农业用地102公顷。其中耕地面积占48%，草场和牧场共占50%以上，果菜园占1.1%。远东种植业的最大特点之一是粮食产量低且不稳定，1999年的粮食产量仅为41万吨，是1990年产量的40%。1999年远东地区的蔬菜和马铃薯的产量则比1990年分别增长了17.49%和15.72%。

远东地区和东西伯利亚地区的农业无论是在苏联时期还是在苏联解体后始终处于落后状态，远东更为落后。远东的粮食作物生产一直处在危机之中，粮食产量与1990年相比下降了60%。粮食产量与其他经济区相比相差很大。例如，1986~1990年，远东地区的粮食产量平均为111.48万吨，占全俄的1.06%。经过10年的发展，这一状况仍未得到好转。1999年，远东粮食产量仅为41.69万吨，占全俄粮食产量的0.76%。按照农业生产值计算，远东经济区在俄罗斯各经济区中列第9位，其中按种植业产量计算列第9位，按畜牧业产量计算列第10位。从事农业生产的劳动力资源占全部就业人数的8%。远东的地形和寒冷的气候限制农业用地的面积。80%的耕地位于滨海边疆区、萨哈共和国和阿穆尔州。粮食作物播种面积占32%，经济作物占21%；土豆和蔬菜占播种面积的6%，饲料作物占41%。粮食作物主要集中生长在阿穆尔州、滨海边疆区、哈巴罗夫斯克边疆区和萨哈共和国。俄罗斯粮食作物平均产量每公顷12公担，而远东经济区粮食作物的平均产量每公顷只有7.3公担。

远东经济区南部几乎到处都生产马铃薯和蔬菜。萨哈林州的蔬菜种植面积占该州播种面积的27%，其蔬菜的产量达到每公顷200公担，马铃薯每公顷达110公担。萨哈共和国、堪察加州、阿穆尔州和哈巴罗夫斯克边疆区的蔬菜产量也很高。从远东各州的饲料种植情况看，马加丹州的饲料种植面积达91.6%，堪察加州达89%，萨哈林州占73%，萨哈共和国占63%。由于某些农业产品在远东不生产，市场对国内运进和国外进口粮食的依赖性越来越强。由于该地区食品保障逐步恶化，居民流动性加剧。近10年来，居民人口减少10%，其中农业人口减少8.4%，这使远东地区农业生产的恢复和发展更加艰难。

该地区种植的粮食大多用作饲料。与此同时，远东地区生产面包、通心粉用的原料不得不依靠外援，目前，在远东可以自给自足的只有土豆，而自产的粮食只能满足面包制品的56%，肉只能满足20%，牛奶——65%，鸡蛋——73%，蔬菜——77%。西伯利亚与远东的农机设备严重老化，拖拉机站和农机设备减少40%~60%，超期服役的设备已占65%~70%；农业机械所需的燃料严重缺乏，比所需燃料少10%~20%；西伯利亚与远东需要补允的拖拉机达7600台，联合收割机3600台，而1999年西伯利亚农机生产企业生产的拖拉机和康拜因分别不到1000台和1200台。远东地区南部的阿穆尔州主要生产大豆，1995年产大豆17.5万吨，1996年为15.5万吨，大豆是远东地区出口的主要农产品。例如，1997~1998年，该共和国向朝鲜出口大豆达6万吨。该地区仍有扩大出口大豆的能力（见表3）。

表3 西伯利亚与远东主要种植业产品产量

地区	全俄		西西伯利亚		东西伯利亚		远东地区	
年份	1990	1999	1990	1999	1990	1999	1990	1999
粮食（万吨）	11670	5470	1074.2	787.1	522.5	257.5	131.4	41.6
蔬菜（万吨）	1032	1230	87.5	108.07	36.7	64.53	39.5	46.41
葵花籽（万吨）	342.7	414.96	9.6	13.88			2	0.14
甜菜（万吨）	30.32	15.2	76.2	33.4				
马铃薯（万吨）	3084	3130	369.7	315.5	199.54	250.7	132.9	153.8
麻（万吨）	7.13	2.37	4.7	7.9	0.2	0.1		

资料来源：《1990年俄罗斯联邦国民经济统计年鉴》，莫斯科，1991，第424、426、432、434、436、438、442、460页；《2000年俄罗斯统计年鉴》，莫斯科，2000，第367页。

表3的数字说明，西伯利亚与远东的农业，除马铃薯和蔬菜产量有所增长之外，其他农产品产量下降幅度很大，要恢复到改革前水平需要一段很长的时间。

2. 畜牧业

西伯利亚与远东的畜牧业发展状况同全俄畜牧业发展一样不景气。西伯利亚2000年年初与1990年相比大牲畜减少60%，牛的存栏数减少50%，猪的存栏数减少76%，鸡的存栏数减少68%。牲畜的成品率下降，1999年西伯利亚农业企业每头奶牛平均年产奶2207公斤，只有秋明、克拉斯诺亚尔斯克和托木斯克的奶牛的年产奶量达到2500公斤。

远东畜牧业发展的特点是：牛、羊、猪、家禽的饲养主要集中在南部地区，而北部地区主要养鹿和马；养鹿业和毛皮兽养殖业占主导地位。养鹿业在萨哈共和国的北部、马加丹州和堪察加州比较普遍。整个锡霍特山脉和萨哈林地区从事狩猎和毛皮兽养殖业。此外，牛、羊、猪、禽的养殖业发展十分缓慢，畜牧业的产品无法满足本地区的需要（见表4）。

远东的畜牧业产值占其农业总产值的66%，但饲料严重不足，缺口达20%~30%。远东是俄罗斯大豆的故乡，其产量占全俄的60%。为了解决饲料问题，提高大豆加工产量，俄农业部曾制定《阿穆尔州1998~2000年发展大豆生产和加工纲要》，但因缺少资金这一计划目前搁浅。

表 4 西伯利亚与远东主要畜产品产量

地区	全俄		西西伯利亚		东西伯利亚		远东	
年份	1990	1999	1990	1999	1990	1999	1990	1999
牛奶（万吨）	5571	3230	727.3	411.18	298.9	192.4	157.1	66.98
禽蛋（百万个）	47470	33100	5009.4	3940.8	2721	1782.9	2261	721.5
牛存栏数（万头）	2080	690		216.2		116.5		40.14
猪存栏数（万头）	4000	1000		250		141.9		695.26

资料来源：《2000年俄罗斯统计年鉴》，莫斯科，2000，第373页。

（二）食品工业状况

远东经济区的食品工业在该地区的工业总产值中占25.3%，居第一位。据俄罗斯政府《1996~2005年远东和外贝加尔经济与社会发展联邦专项纲要》估算，远东地区生产的谷物仅能满足加工需要的15%，蔬菜为36%；马铃薯充足，但因运输和储存条件的限制，其损耗率在50%以上，所以有些地区仍不得不进口马铃薯。远东地区的食品工业可以保障鸡蛋的供给，但对当地居民肉的消费仅能保障52%，奶的消费保障40%（见表5）。

表 5 西伯利亚与远东主要食品生产情况

地区	远东		西西伯利亚		东西伯利亚	
年份	1990	1999	1990	1999	1990	1999
肉类（万吨）	18.28	1.7	63.08	14.3	28.1	5.4
动物油（万吨）	1.13	0.37	10.24	3.36	3.19	1.13
罐头（百万标准听）	1100.7	121.2	342.4	99.9	137.7	90.3
砂糖（万吨）	13.41	7.52	10.22	18.8		
糖果糕点（万吨）	14.44	3.05	24.06	11.6	12.09	3.76
植物油（万吨）	2.73	0.94	2.83	1.74	1.88	1.58

资料来源：《俄罗斯食品工业统计年鉴》，莫斯科，2000，第112页。

远东地区肉、奶的产量下降，导致自给率大幅度下降。20世纪90年代初，远东地区肉和肉制品的自给率为57%，奶和奶制品的自给率达52%。

由于远东地区人口稀少、需求下降，对食品生产和农产品市场产生极大的影响。苏联解体后，居民的人均实际收入下降，导致某些食品需求的下降，从而也导致食品生产的产量和居民消费量下降。例如，1990～1999年，肉和肉制品产量下降78%，需求减少35%；牛奶和奶制品产量下降52%，消费减少60%；鸡蛋产量下降65%，消费减少52%；蔬菜产量下降17%，消费减少22%；面包制品产量下降68%，消费减少6%；土豆增产12%，消费增加44%。

各种食品，除了土豆能满足需求外，远东的大部分食品在很大程度上将依赖外部市场。据专家估计，该地区对食品的需求仍将低速增长，首先因为居民人口在不断减少，而且低水平收入的居民人数在不断增加。其次，远东地区的内部交换能力十分有限。目前只有依靠与其他地区建立长期的供货关系（供应粮食，大豆和蔬菜）来稳定该地区的农业状况。

水产品加工是该地区食品工业的强项。在捕鱼方面，远东地区在俄罗斯各经济区中占第一位。鱼类捕捞和猎捕海兽主要在鄂霍次克海、白令海和日本海。捕捞的主要鱼种有：鲱鱼、明太鱼、金枪鱼、鲑鱼、大马哈鱼、北鳟鱼、银鳟鱼、红鱼。在堪察加彼得罗巴甫洛夫斯克、乌斯基堪察加斯克、鄂霍次克、纳霍德卡、阿穆尔尼古拉耶夫斯克等地均设有大型鱼产品加工中心，拥有一批大型冷冻联合工厂，其中规模较大的联合冷冻企业在堪察加彼得罗夫巴甫罗夫斯克和阿穆尔尼古拉斯耶夫斯克。远东蟹肉、鱼肉加工产品享誉俄罗斯国内及国际市场。

远东渔产品加工业是该地区创汇的一个重要来源。远东渔业资源丰富，人均占有量达3.5万吨。在20世纪90年代初期，远东海产品的捕捞量曾达到469.54万吨。据统计，1993年远东提供的食用鱼占全俄的56%，鱼罐头占45%，鱼粉占60%；俄罗斯99%的鲑鱼、100%的螃蟹、90%的比目鱼、10%的海参都是在远东海域捕捞的。1995年，远东海产品的捕捞量占全俄的71.4%。近年来，远东地区鱼和海产品出口大幅度增加，1996年出口的海产品达6.112亿美元，1997年为9.97亿美元。

西伯利亚与远东农业和食品工业大幅度下滑的主要原因有以下几点。首先，苏联时期形成的畸形经济结构的后果至今难以消除。苏联解体后，苏联时期"耗费型"的发展模式具有较强的惯性，虽大多数农业企业经过改组，建立起了各种股份公司、集体农庄、农场，但在原有"耗费型"发展模式惯性的作用下农业仍难以得到迅速发展。

其次，国家对农业的投入逐年减少。无论在哪种社会制度下，农业都是需要享受国家补贴的一个产业，尤其是像俄罗斯这样工农业结构比例严重失调的国家，缺少对农业的补贴和优惠政策，就意味着农业枯竭。多少年来，苏联的农业主要是依靠国家补贴来维系。长期依靠国家的支持，使得经济畸形尤为突出的西伯利亚与远东地区无法在短期内迅速摆脱对国家补贴的依赖。因此，一旦国家减少补贴就必然导致农业的衰退和停滞。苏联解体后，国家对这一地区农业的投资仅相当于苏联时期的17%~20%。1996年4月叶利钦批准的《1996~2005年远东和外贝加尔经济和社会发展联邦专项纲要》规定，1986~1997年远东地区应获各种资金来源的投资760亿卢布，其中国家投资应占25%~30%，然而国家实际到位的资金，在1996年只占这个数字的6.2%，在1997年为4.7%。

再次，播种面积与施肥减少。自经济转轨以来，远东地区的播种面积减少了123万公顷，西西伯利亚地区减少293万公顷，东西伯利亚地区减少252万公顷[①]。在播种面积减少的同时，粮食作物单位面积产量也大幅度下降。例如，1996年与1991年相比，远东地区粮食作物和粮用豆类作物单产由每公顷10.3公担降为8.8公担，大豆每公顷由7.3公担减少到5.5公担。

最后，远东食品生产因运输费用、电费、燃料费消耗大，增加了食品生产的成本，甚至有些进口食品都比本国产品的价格低。远东在俄罗斯经济区中面积最大，地区内部径向方向上两点间的平均距离为3100公里，距乌拉尔7300公里，距离欧洲地区9700公里。因此运距远、运费高，使远东地区与俄罗斯国内市场的联系难以建构，不得不依赖从亚太地区国家进口农副产品和食品。远东对亚太地区国家农副产品和食品的依赖性在短期内难以摆脱。

三 制约农业和食品工业发展的若干共同性因素

苏联时期，不论在全国还是在西伯利亚与远东地区，农业一直处于落后状态。叶利钦时期，农业与整个国民经济一样，处于严重危机状态。究其原因，既有农业自身发展的问题，也有国家政策上的失误。

1. 耕地面积和播种面积减少

苏联解体后的9年间，耕地面积由13180万公顷减少到12090万公顷，实际

---

① 《俄罗斯地区统计年鉴》，1998，第475页。

减少1090万公顷。播种面积也由1990年的11770万公顷减少到8832万公顷，其中粮食播种面积由6306万公顷减少到4655万公顷，播种面积实际减少了1651万公顷（26.2%），粮食产量减少53.12%。

2. 耕地肥力严重下降

近10年来，因财力紧张，俄罗斯的大量土地严重透支，只种不养，使土壤中营养物质不均，土地肥力大减。据专家评估，对于农作物生产而言，俄罗斯主要土地的自然生物状态要比发达国家落后许多。土壤中的营养物质非常不平衡，氮、磷、钾的比例与规定的1:0.9:0.5比例相差甚远，仅为1:0.2:0.1。在俄罗斯耕地中腐殖质成分急剧下降，腐殖质低的耕地面积占45%，36%的耕地土壤呈高酸性。即使在中央黑土地区和西西伯利亚地区也有1/3强的耕地缺少腐殖质[①]。

1999年俄罗斯化肥产量为1149.6万吨，然而化肥的投放量却由1990年的每公顷88公斤减少到1999年的每公顷15公斤，即减少83%（在美国每公顷农田施化肥143公斤，欧盟国家施化肥260公斤）。国家对农业用地的施肥总量减少八成，由1990年的990万吨减少到1999年的110万吨。一方面在俄罗斯农用化肥严重短缺，另一方面俄罗斯生产的化肥大量出口。1996年出口化肥311万吨，1997年出口304万吨，1998年出口255.9万吨，1999年出口257万吨，化肥出口量是其国内投放量的2倍多。在土地施肥这么少的情况下，粮食丰收从何谈起？

3. 投资大幅度下滑，农业向"非机械化"倒退

1992～1998年，国家对农工综合体的投资额削减了93%，而国家预算对农工综合体的投资拨款下降约97%。1998年，俄联邦通过12项发展草案，但只有2项得到了资助。国家对农业的补贴少得可怜，每公顷土地的补贴仅为6美元，而在美国为69美元，在加拿大83美元，在欧共体943美元，在瑞士314美元，在日本421美元。

俄农业的机械化程度虽然较高，但由于机械工业出现危机、工农业产品价格的剪刀差以及对农业投资的急剧下降，农业生产部门的拖拉机、联合收割机等数量锐减，而且农用机械设备多数老化，有待更新。俄罗斯每100公顷粮田，拥有联合收割机4台（1997年为7台），而英国则为12台（1990年为13台），

---

① 〔俄〕阿·谢列兹涅夫：《农工综合体：2000年总结及其发展前景》，〔俄〕《经济学家》2001年第4期。

德国 20 台（1990 年 23 台），法国 14 台（1990 年为 19 台），美国 16 台（1990 年为 17 台）。与 1990 年相比，农村的拖拉机总量减少 37%，汽车减少 57%，各种康拜因和拖拉机设备减少 40%～60%，农工综合体主要机械的需求只能满足 30%～40%。目前俄农业机械的保障率降到 20 世纪 60 年代的水平。据俄科学院经济科学研究所和俄农科院专家预测，如果农业设备的状况不能得到根本改观，那么到 2003 年，只能完成耕地面积 30% 的生产。专家预测，为使农业正常运转，必须立即投入 190 亿美元购买拖拉机和康拜因，目前俄罗斯显然无力做到，因为这几乎等于俄 1999 年的全部预算收入。

在地大物博、农业人口和劳动力资源短缺的情况下，这种"非机械化"必然成为俄农业长期徘徊在危机之中的一个原因。

4. 工业产品与农产品价格的剪刀差

激进改革推行一次性大范围放开价格的政策导致工农业产品价格上涨幅度严重失衡，农产品生产成本成倍提高，农业企业大量亏损。在俄存在严重通货膨胀的情况下，出现了农用工业品价格增长速度大大快于农产品价格上涨速度。1991～1997 年，农业企业购买工业品的价格上涨了 8847 倍，而农产品销售价格只上涨了 2002 倍，前者上涨幅度超过后者 3 倍以上。尤其是农业生产所必需的能源、机器和燃料等产品的价格上涨速度更是高得出奇。例如，1996 年与 1990 年相比，这些产品价格的上涨幅度分别为：生产用电——12589 倍，拖拉机——11136 倍，燃料——10381 倍，化肥——9570 倍。工农业产品价格上涨速度不仅不同步而且极为悬殊的现象，导致农产品生产消耗结构的巨大变化。1992 年农业机械价格上涨 25 倍，1993 年又比 1992 年上涨 9 倍，1994 年又比上一年上涨 3 倍。工农业产品之间的"剪刀差"非但没有缩小，反而加大，工业消费品的价格上涨幅度是农产品价格上涨幅度的 10 倍。

5. 需求不足对食品工业发展影响很大

随着居民收入的减少，居民食品消费结构中，面包、面食及土豆的消费比较稳定，略有上升，但肉类消费急剧下降。1990 年，俄人均每日膳食营养成分为 3420 卡路里，1998 年年初这一指标降到 2460 卡路里（其中 1100 卡路里为进口食品）。与规定标准相比，苏联解体前的水平仅相差 4%～6%，1997 年的水平相差 35%。

6. 对农业和食品工业缺乏应有的保护措施

长期处于落后状态的农业与食品工业，在失去国家补贴和没有保护政策的情况下面对放开市场，大量进口，必然受到严重冲击，继而影响农业的发展。

7. 农业危机直接影响食品工业发展

1990～1999年，农业总产量减少42.7%，而食品加工业的生产却下降了50%，个别产品甚至下降了65%～80%。

8. 缺少稳定的农产品市场、粮食市场与食品市场

目前，俄罗斯的食品市场还很不发达、不健全。食品市场缺乏横向和纵向的联合，从食品生产到批发甚至零售的各个环节还无法形成一个网络。尤其是俄罗斯的粮食市场更为突出，在各种食品中粮食的费用占50%左右。粮食价格极不稳定——丰年下跌，灾年上涨，这给食品加工业带来许多负面影响并严重影响广大居民的生活水平。

俄罗斯今天没有全俄罗斯统一的食品市场，有的只是俄联邦各个主体内的局部食品市场，各地对食品运入和运出实施一系列行政限制。俄罗斯不少地区缺少农业原料，而边境地区的农业原料又可以丝毫不受监督地擅自出口。

9. 农业和食品企业的债务沉重

在进行农业改革的这10年里，农业部门不仅生产下降，而且债务负担日趋严重。截至1999年11月1日，拖欠贷款1244亿卢布。过去一些年来的债务占农业企业年收入的87%。

10. 国家调节职能严重弱化，地方政府各行其是

自1991年以来，俄联邦农业部和各联邦主体农业机构的职能、权力和责任经常发生变化。如何发挥农业部和各级机构的职能，没有得到政府应有的重视。与此同时，没有建立起统一的地方性农业机构。另外，从法律角度看，中央一级的管理机构对地方机构的职能在法律上不明确，从而在履行行政管理职能时缺乏法律依据。

四 中俄农业领域合作的前景

1. 应将中俄农业合作纳入中俄经贸合作总体发展战略

中国农村所进行的成功改革，不仅满足了12亿人口的粮食需求，而且还可以实现粮食出口；在科技兴农方面也积累了丰富的经验。这为中俄发展农业领域的合作提供了广阔的前景。然而，中俄两国的农业合作还处在低水平的贸易阶段（出口农副产品及劳动力的输出），其主要原因是中俄经贸发展长期缺乏国家的宏观指导，至今没有一个中俄经贸发展的长期发展战略。近年来，如果说中俄两国政府在科技、能源和军事领域的合作逐步打开坚冰的话，那么中俄两国政府在农业和食品工业方面的合作仍处于起步阶段。实践表明，在世界经济全球化的背景下，如果中俄两国继续缺乏政府的发展战略指导，采取以前那种低水平的、自发的合作，那么双方势必将对己有利的市场拱手相让给其他竞争者。仅从中俄两国贸易额在其整个贸易额中所占的微弱比重看，就足以说明这种低水平的合作难以达到双赢的结果。

2. 制定两国政府间和省州间的长期农业构想

从长远考虑，俄罗斯可以作为中国的粮仓，俄人均耕地面积为8.4公顷，而中国只有0.077公顷，俄罗斯人均耕地面积是中国的10.9倍。中国与俄罗斯进行长期农业合作可以大大缓解中国由于耕地面积逐年减少、水资源短缺、人口不断增多所产生的压力。如今在俄罗斯粮食短缺的时候，中国向俄提供粮食以缓解俄罗斯粮食市场暂时的紧张。如果普京的农业政策得当，2005年达到1990年粮食生产的水平并不是遥不可及。中国由于土地、水资源减少和人口增多，未来将从俄罗斯进口粮食和其他农产品也并不是不可能的事情。

从目前俄罗斯农业状况看，中俄粮食贸易有很大的潜力。中国有出口能力（粮食储备达2000亿公斤），俄罗斯粮食的需求量很大，尤其是俄罗斯的远东地区粮食缺口更大（远东地区粮食自给率只有15%，粮食缺口大约为100万吨）。为此中俄两国政府签订粮食长期供货合同（如5~10年合同）是切实可行的。

此外，还可向俄出口农机具。由于农业机械的缺少，2000年俄罗斯约有100万吨粮食没有收上来，其中损失的小麦收成约占1/3。

加强中俄地区合作是中俄农业和食品合作的最佳切入点。今后，应加强农业生产性合作和农业科技方面的合作，充分利用地区级领导人的定期会晤机制，确立符合对方实际需要的农业合作项目。

在中俄地区农业合作中，黑龙江具有很强的示范效应。例如，2000年中俄首次合作种植水稻、大豆和玉米1340公顷，喜获丰收，粮食产量约4500多吨。

3. 建立绿色食品基地，促进和扩大绿色食品的生产和进口

随着人们对环境和保健愈来愈重视，各种绿色食品受到人们的青睐，绿色食品在国际市场上供不应求。据有关专家预计，绿色食品在今后10年间，其世界贸易额将从现在的110亿美元增至1000亿美元，其中美国和日本的增幅最大。大部分绿色食品的销售价格比同类普通食品销售价格高50%，在欧洲，高达

50%~150%，生产商可多获10%~50%的利润。据荷兰海关统计，普通大豆的出口价每吨为260~280美元，而绿色大豆的价格为每吨680~700美元。目前，我国绿色食品年出口额约为800万吨，世界贸易额为110亿美元，而中国所占不足0.73%。如果在俄建立绿色食品基地，向第三国出口绿色食品，可以提高中俄农产品的竞争层次，此举将是一个双赢战略。上海在建立绿色食品基地合作方面具有独特的资金优势。上海在积极引进国外农业投资及先进农业技术和产品方面取得显著成效，大大提升了上海农业的竞争层次。2000年，上海已累计批准农业外资项目500多项，吸收合同外资的总额达11亿多美元。上海农业的特点不是以大宗农产品见长，而是发展园艺型、技术型特色小宗农产品生产，以适应国际农产品市场的多样化需求。2000年上海自产农产品出口突破1亿美元"关口"，达到1.45亿美元，创历史最高水平。如若加强与阿穆尔州的农业合作，加工大豆，完全可以实现其农业"走出去"的战略。

4. 向俄政府提供食品援助

多年来，欧盟国家和美国都利用食品援助方式向俄罗斯提供粮食和食品，1999年，西方向俄提供7.55亿美元的农产品和粮食制品。食品援助占俄罗斯从西方国家进口总量的1.4%，占食品进口总量的12.1%。1999年俄罗斯所获的食品援助情况为：小麦261.83万吨，玉米55.9万吨，黑麦45.87万吨，大豆19.84万吨，牛肉14万吨，禽肉4.87万吨，奶和奶制品6.3万吨。粮食援助中的某些食品在俄罗斯食品进口总量中占很大的比重，如：占肉和肉制品进口总量的30%，乳制品进口总量的25%，粮食进口总量的70%。1998年，俄罗斯得到美国"人道主义援助"的价值4亿美元的食品，条件是俄罗斯必须进口20年的美国食品，20年后加2%还清。然而，目前中国政府还没有一个明确的向俄罗斯政府提供粮食援助的计划，可以想象享用西方援助的粮食和食品的俄罗斯人民是很难产生出中国情结的。中国的农产品和食品走出国门不仅需要有关外贸公司的努力，而且还需要政府部门的通力合作，中俄经贸合作不应只关注能源、铺设输油管道、修建核电站以及通信、电子等高科技产品，还应关注农业和食品加工业方面的合作。中国是一个拥有8亿农民的国家，农产品和食品加工业的发展直接涉及数亿农民的切身利益。在俄罗斯最为困难的时候，中国如果不去想方设法帮助俄罗斯的话，那么，远东和西伯利亚市场也有可能慢慢被美国、日本、韩国等国家占领，那时我们的地缘优势将难以体现。可以说，目前俄罗斯对进口食品和农产品的依赖正是中国农产品和食品进入俄罗斯远东和西伯利亚市场的良好契机。

5. 提供农业商业贷款

提供贷款是发展互利经贸合作的重要方式。我国目前完全有能力通过贷款的方式，带动我国农产品和食品的出口。中俄两国在能源、科技方面有一些合作，俄罗斯在核电站方面可以向中国贷款，中国为什么不能在俄罗斯农业处在危机时刻，向俄罗斯的农业提供贷款呢？中国利用向俄罗斯提供商业贷款，提供粮食，可以缓解国内粮食仓储困难；同时，提供俄罗斯小型农场、农户所需的小型农机设备，俄方可以用商品还贷，例如，木材、钢材、石油等商品。令人深思的是，在与俄罗斯农业合作方面，我们已经大大落后于美国和其他西方国家。美国和西方其他国家捷足先登，成为与俄罗斯农业合作最大的受益者。例如，美国通过向俄罗斯提供6亿美元的贷款，俄方将从美国购买50万吨的大豆、20万吨的小麦，美国为自己的剩余粮食找到稳定的买主。现在，美国通过"人道主义援助"方式和贷款方式占领了俄罗斯的粮食进口市场、食品进口市场。尤其是美国的肉鸡和可口可乐饮料，在俄罗斯的市场占有率分别达50%和60%。美国通过提供"优惠"贷款，在俄罗斯获取的丰厚回报是在其他国家市场上无法得到的。

6. 增加对俄农副产品的出口

俄现在每年约从国外进口80亿～100亿美元的食品，对食品的依赖率平均在40%，有些地区则更高。中国在俄的食品进口份额中只占10%左右。中国的粮食、油料、肉类、蔬菜和水果都十分丰富，而且价格非常具有竞争力，完全可以向俄大量出口。除企业制度进行改革，放开搞活外，有关外贸企业应探索走农工商一体化的道路，农贸结合、工贸结合、技贸结合，解决生产和贸易脱节问题，实施科技兴贸战略和名牌战略，深加工（发达国家以进口最终消费的深加工粮油食品为主），上档次，提高产品的科技含量，提高出口附加值。

7. 发展农业领域的技术经济合作

虽然，俄罗斯农业近年来一直处在危机之中，但俄罗斯农业领域的科技力量十分雄厚。据俄罗斯国家统计部门资料，俄罗斯农业科学院系统有225个研究机构、24家实验站、47个育种中心、4个生物技术中心。俄农科院的科研人员达1.43万人，其中院士146人，通讯院士130人。俄农科院拥有农产品生产和加工的先进技术，有阵容强大的选种和培育优良品种的系统（对各种土壤和气候条件下农作物种植进行富有成效的研究）。尤其是在粮食新品种的培育和杂交技术方面均有值得中国引进的技术。例如，俄罗斯的种子处理剂及生物表面活化剂，成本比国内低1/3，且无污染、无残留、无毒害。这两项已列入我国农业部的重点引进项目,开始进入推广阶段。此外,俄罗斯在利用生物农药、生物活性物质防治农作物病、虫、草害的生物防治研究方面居世界领先水平。已列入"中俄政府间合作项目"的有昆虫病原菌蜡蚧轮枝菌防治温室粉虱与蚜虫项目,目前因缺少资金,影响了成果的推广。总之,还应大力开发其他技术项目。

8. 加强与俄罗斯远东地区的水利合作,改善中国东北三省农业生产基础条件

我国农业进入了一个新的发展阶段,经过多年的农业综合治理,中国农业生产基础条件大为改观。通过改良土壤、培肥地力、种草种树、涵养水源等方面建设,不仅农业综合开发区项目的农业生产基础条件明显改善,农业生产的生态环境也得到了改善,尤其是长江中上游的农业生态环境得到改善。1988~1998年,国家开发农业资金共达741亿元人民币,而用于改善农业生产基础条件方面的投资达536亿元人民币,占72.33%[1]。同时也应看到,东北三省近年来的生态环境日趋恶化,水灾和旱灾交替发生,令人担忧的是,旱情越来越严重,将严重影响东北地区的粮食产量。假设未来中国人口的峰值在16亿,需新增粮食1600亿公斤,而东北地区就能解决700亿公斤以上,东北地区在保障国家粮食供给方面具有极其重要的地位和作用。因此,应从国家粮食安全的高度关注东北农业,加大对东北地区农业生产基础的投资,尤其是水利建设的投资,才能使之成为我国真正的农产品生产基地和绿色农产品基地。

据专家估计,由于受地形、调蓄能力等诸多因素限制,东、中、西三线及大西线有把握可能北调的水量大约在2000亿立方米,再多从南方向北调水,其经济效益可能会明显下降[2]。即使南水北调成功,很难保证水质不被污染。此外即使今后可以采用核能海水淡化技术,取得突破规模的方案每年也只有3亿立方米、6亿立方米、10亿立方米,根本无法解决东北地区严重缺水问题。但是,若从与东北地区毗邻的国家俄罗斯远东地区阿穆尔州引水,就可有效缓解东北地区的缺水问题。

载薛君度、陆南泉主编《俄罗斯西伯利亚与远东——国际政治经济关系的发展》

---

[1] 张佑才:《实现农业综合开发的历史性转变》,《中国农村经济》2000年第2期。
[2] 中国社会科学院经济文化研究中心课题小组:《关于我国北方缺水形势的思考》,《中国社会科学院院报》2001年第18期。

俄罗斯城市化与城市发展

高际香[*]

一 沙俄时期的城市建设

15~17世纪，沙俄的城市建设多是在领土扩张过程中进行的，一般是先建堡垒，之后在堡垒的基础上发展城市，这从俄罗斯亚洲地区的部分城市建设上可见一斑。1586年，俄国人在乌拉尔地区一个小城的旧址上建立了秋明镇，这是俄国人在乌拉尔以东建立的第一个定居地。1587年，托波尔斯克建立，从此俄国在乌拉尔以东站住了脚跟[①]。1604年和1628年，分别建立了托木斯克和克拉斯诺亚尔斯克，1637年，在雅库茨克设立了一个堡寨，1652年，伊尔库茨克建成，1860年，建立了符拉迪沃斯托克。

俄国大多数城市产生于18世纪下半叶，而且大多位于欧洲部分。在叶卡捷琳娜统治时期的1775年至1785年，以行政改革的方式建立了162座新城市，其中146座位于欧洲部分。1861年废除农奴制之后，随着资本主义的快速发展，以及铁路建设的急速推进，劳动分工和地域分工得到强化，沙俄城市建设的节奏加快，城市、城镇增加。可以说，这个时期的城市建设是经济自然发展的结果。到1897年，沙俄百万人口以上的大城市有彼得堡市和莫斯科市，分别拥有

---

[*] 高际香，中国社会科学院俄罗斯东欧中亚研究所俄罗斯经济室副主任，副研究员，法学博士。
[①]〔美〕乔治·亚历山大·伦森：《俄国向东方的扩张》，商务印书馆，1978，第32页。

人口 126.5 万和 103.9 万①；10 万人口以上的城市有 19 个。城市人口总数达 1460 万，占总人口的比重为 13%。俄国欧洲部分共有城市 377 座，其中 140 座分布在中央经济区，占 37.1%。俄国城市间距离较远，其中欧洲部分城市间平均距离为 107 公里，最近的是中央经济区，为 59 公里，最远的是欧洲北部地区，达 221 公里（见表 1）；乌拉尔地区城市间平均距离为 150 公里，西伯利亚地区达 500 公里②。1900 年，沙俄的城市化水平仅为欧洲的 1/3~1/2。十月革命前，俄国共有城市 655 座，其中 407 座位于欧洲地区，西伯利亚和远东地区有 79 座。城市人口数量为 2800 万人，约占全国总人口的 18%。德国地理学家赫特纳对当时俄国城市的评价是："大多数俄国城市缺乏真正的城市生活。"③

表 1　1897 年俄国欧洲部分城市分布

地区	城市数量（座）	占比（%）	城市间平均距离（公里）
欧洲北部区	31	8.2	221
西北区	30	8.0	82
中央区	140	37.1	59
伏尔加-维亚茨基区	40	10.6	84
中央黑土区	40	10.6	65
伏尔加区	45	11.9	106
北高加索区	21	5.6	130
乌拉尔区	30	8.0	160
总计	377	100.0	107

资料来源：Т. Нефедова, П. Полян, А. Трейвиш, Город и деревня в Европейской России: сто лет перемен, М.: ОГИ, 2001. стр. 78.

二　苏联时期的城市化

1920 年之后，特别是随着工业化进程的开始，苏联城市化进程快步推进。

---

① Население России за 100 лет, 1998; Т. Нефедова, П. Полян, А. Трейвиш, Город и деревня в Европейской России: сто лет перемен, М.: ОГИ, 2001. стр. 533.
② Б. Миронов, Социальная история России периода империи (XVIII-начало XX в.), СПб: Дм. Буланин, 1999.
③ А. Геттнер, Европейская Россия (Антропогеографический этюд), М.: Изд. журнала Землеведение, 1909.

苏联时期的城市化具有如下特点。

（一）城市建设速度较快

1901~1916年，俄国欧洲部分约每两年建成一座新城市，1917~1926年，每年建成7座新城市。工业化开始后，城市建设速度更快，1927~1940年，平均每年建成8座城市。城市建设速度最快的时期是1941~1945年，平均每年增加9~10座新城市，1946~1958年，基本保持每年建造9座新城市的速度，1959年以后，城市建设速度放缓。1959~1991年，平均每年建造4座城市（见表2）。高速的城市建设使城市数量大增。到1989年，俄罗斯联邦社会主义共和国境内10万人以上的城市共有168座，其中50万人口以上的城市19座，百万人口以上的城市13座，这些城市集中了62%的居民[1]。

表2 俄罗斯欧洲部分城市的建设速度

年份	新建城市数量（座）	平均建设速度（座/年）
1901~1916	7	0.5
1917~1926	65	6~7
1927~1940	116	8
1941~1945	48	9~10
1946~1958	115	9
1959~1991	135	4

资料来源：Т. Нефедова, П. Полян, А. Трейвиш, Город и деревня в Европейской России: сто лет перемен, М.：ОГИ, 2001. стр. 128.

（二）城市人口在总人口中所占比重急速增长

1915~1922年，第一次世界大战和国内战争使俄罗斯损失了大量的城市人口。城市人口在总人口中所占比重曾一度减少。1920年，俄罗斯城市人口的比重为15.3%，1922年为16.2%，到1926年才接近一战前17.9%的水平。当时苏联急于摆脱落后农业国的地位，开始实行大规模的工业化。在工业化进程中，

---

[1] Ю. Пивоваров, Урбанизация России в XX веке: представления и реальность, Общественные науки и современность, №6. 2001.

许多村庄变成了城市或城市型的市镇，农民大量涌入城市，城市人口迅猛增长。1930年，城市人口占总人口比重为1/3，1957年为1/2，1980年前后，城市人口占比追上发达国家，1990年约占3/4[1]。

（三）急遽城市化背后的推力是"工业化"，城市化被纳入统一的生产力布局体系中

苏联急速发展的城市化是大规模工业化的产物，主要是为了吸引广大农村人口进入城市，满足高速工业化的需要。苏联城市化采用的主要方式是直接向城市迁移人口和进行行政区划，即把农村居民点变为城市。此外，为均衡配置生产力，苏联通过建设新城市，重新分布企业和人口，使城市承担为工厂服务的功能。20世纪60年代中期，苏联计委生产力研究委员会、苏联建委民用建筑局以及各加盟共和国的计委共同编制了建设500个中小城市的计划，列入该建设计划的城市都具有劳动力、建设用地、水资源和交通资源优势，可以有效布局工业企业。可见，城市作为比企业更高一级的部门或地区，以及部门或地区组成要素而被纳入国家规划体系。城市规划在某种程度上成为国家调节城市化进程的一个重要组成部分。苏联利用城市规划调节城市化，实质上是发挥城市的双重功能，即城市既是相对独立的整体，其各类设施要能够充分满足城市企业生产和城市居民生活的需要，同时又是国民经济的一个组成部分，要与整个国民经济发展协调一致。苏联时期的城市规划体系包括城市总体规则、城市经济与社会发展规划和城市区域规划[2]。

（四）急速工业化推动的城市化对城市和农村地区产生了较大的冲击

从城市方面看，工业企业布局对老城市产生了双重效应。正面的效应是强化了城市的经济基础，实现了城市经济结构的多元化，增强了城市的社会服务功能。不足的方面是大量农村人口快速涌入城市，导致城市急遽膨胀，对城市发展和城市生活造成了较大压力。一是城市住房紧张。1929~1937年建造的城市，其住房总面积是1918~1928年建造城市的61%，与此同时，农业人口大量涌入城市，到1937年第二个五年计划完成前，城市人口增加了约65%。城市长

---

[1] Российский статистический ежегодник，1999，стр. 53.

[2] 纪晓岚：《苏联城市化历史过程分析与评价》，《东欧中亚研究》2002年第3期。

期受到住房供不应求问题的困扰。1959~1989年,苏联进行大规模的住房建设,住房多是用廉价的预制板和硅酸盐砖建成,建筑质量极差,直到1989年,83%以上的城市家庭才拥有了独立住房,摆脱了几家合住一套房子或者住简易宿舍的窘境。二是城市公用设施严重不足,影响了城市环境质量和居民的生活品质。特别是在城市郊区的大型人口聚居区、小城市和城镇,服务性建筑设施保有量处于较低的水平,与中心城市之间的交通拥堵问题大量增加。

从农村方面看,从农村到城市的过度移民严重影响了农村的发展,开发程度较高的欧洲部分的农村地区深受影响。1897~1989年,欧洲部分人口密度较小的农村地区(1~10人/平方公里)的面积增加了一倍,即增加了100万平方公里。到1989年,欧洲部分3/4的农村地区成为人口较少或稀少的地区(1897年为1/2)。其中人口密度在25人/平方公里以上的地区面积缩减较为严重,从84.6万平方公里缩减至16万平方公里(见表3)。交通不便和基础设施严重不足使农村人口大量流失,特别是年轻人的流失,加剧了农村的萧条。仅在1959~1989年,农村居民点从29.4万个减少到15.3万个,500人以下的村庄大量绝迹。截至1989年,中央区离城市较远的农村地区60%的家庭多是1~2口人的家庭,进行小型农业耕作都勉为其难,大型农业生产近乎天方夜谭。只有南方地区、伏尔加河沿岸地区以及西伯利亚的农村家庭人口相对较多,从事农业生产的人口潜力还有所保留。

表3 1897~1989年俄罗斯欧洲部分农业地区的变化

单位:%

地区类型/年份	1897	1959	1989	1897~1989年,万平方公里
人口密度不足1人/平方公里	22.6	17.9	18.2	-17.4
人口密度为1~4人/平方公里	17.4	22.6	34.3	+69.7
人口密度为5~9人/平方公里	11.3	19.2	23.2	+48.8
人口密度为10~24人/平方公里	27.5	27.6	19.8	-31.9
人口密度为25~50人/平方公里	20.5	11.4	3.9	-68.6
人口密度超过50人/平方公里	0.7	1.3	0.6	-0.6

资料来源:Нефедова, П. Полян, А. Трейвиш, Город и деревня в Европейской России: сто лет перемен, М.: ОГИ, 2001. стр. 229-248, 298-302。

(五) 造就了大量产业结构单一的市镇

根据俄罗斯专家研究所的调查报告，产业结构单一市镇的确定标准有两个：一是单一企业或者同一行业的企业创造了全市（全镇）50%的工业产值或者服务业产值；二是同一企业集中了全市（全镇）25%的就业人员[1]。产生大量产业结构单一的市镇是苏联城市化的典型特征。苏联新城市的建立大致经历四个阶段：建立企业——项目投产——工程竣工——城市形成[2]。可见，在大型企业的基础上发展起来的小城市大多具有产业结构单一的特征，因而被称为产业结构单一市镇。比较典型的产业结构单一市镇集中在采煤、发电、冶金、化工、木材加工、机械制造、食品和轻工业等领域。如老工业区形成了以纺织业为主的市镇，伊万诺沃州和临近地区集中了大量纺织业市镇，北方和西北乃至中央区北部形成了大量的木材加工和纸浆制造业市镇，顿巴斯等地区则形成了煤业市镇。产业结构单一市镇在工业发达国家也存在，但从规模上看，俄罗斯的问题要严重得多。截至20世纪90年代初，俄产业结构单一市镇仍有440~460个，约占城市总量的40%[3]。

(六) 城市化带有浓重的"农村化"和"农民化"特征

城市化是指农村人口向城市集聚，城市数量和规模不断扩大的现象。从地理学、人口学和经济学视角看，衡量城市化的指标一般有两个：人口指标和用地指标。大部分情况下，城市化水平按城市人口占总人口的比重计算。从社会

---

[1] И. Липсиц, Монопрофильные города и градообразующие предприятия: обзорный доклад, М.: ИД Хроникер, 2000.

[2] 〔苏〕Т. 库采夫：《新城市社会学》，中国建筑工业出版社，1987。

[3] 产业结构单一市镇属于市政机构，但是俄罗斯有关市政机构的统计数据不完备，收集比较困难，因而各方数据出入较大。2008年，地区政策研究所在为地区发展部撰写的报告《俄罗斯产业单一城市：如何克服危机？》中引用了专家研究所2000年的数据，即单一产业市镇有460个，集中了全俄1/4的人口。Моногорода России: как пережить кризис? Анализ социально-экномических проблем моногородов в контексте мирового финасово-экономического кризиса, влияющего на состояние градообразующих предприятий. М.: Институт региональной политики, 2008. 而根据社会政策独立研究所的估算，俄罗斯单一产业市镇不少于150个（不包括军工和核工业封闭城市），居住人口占俄罗斯全部人口的8%，城市人口的11%。Н. Зубаревич, Крупный бизнес в регионах России: территориальные стратегии развития и социальные интересы, М.: Поматур, 2005, И. Липсиц, Монопрофильные города и градообразующие преприятия: обзорный доклад, М.: ИД Хроникер, 2000.

学视角看，城市化则是指人口思想观念、行为方式的都市化。而从文化学视角看，城市化与城市文明相对应，是城市文化习性的统称。由此可见，地理学、人口学和经济学视角的城市化是数量指标，而社会学、文化学视角的城市化是质量指标。如果人口只是在城市地域相对集中，但人口的思维习惯、生活方式仍旧保持原貌，没有实现精神层面的城市化，则被称为"假城市化"，或曰"过度城市化"。苏联时期的城市化恰恰具有这样的特征。1926年至1959年，从乡村直接迁入城市以及由于行政区划原因成为城市人口的农村人口达5610万，是全国城市人口总量的80.8%。1951年至1980年，因行政建制改变，520万个农村变成了城市[1]。用行政命令方式把农村变成城市，或者把城郊并入城市成为城市的一部分后，"新城市"在景观、房屋建筑风格以及当地居民的就业情况等方面与之前毫无二致，"农业城市"和"城中村"大量产生。大规模涌入城市并在城市定居的农民很快就在数量上超过了城市的原住民。到20世纪40~50年代，苏联城市中的居民大多数已是过去的农民。直至苏联解体之前的1989年，苏联居民中，60岁以上的城市原住民不超过5%~17%，40岁以上的约占40%，22岁以下的约占一半，即城市中大多还是从农村来的第一代移民[2]。不仅如此，苏共的精英层也多为昔日的农民。1930年至1989年，苏共的高层领导人中只有7%出身于莫斯科市和列宁格勒市，18%出身于其他大城市（州或共和国的中心城市），出身于农村的占47.3%，出身于生活方式仍属于农业地区的小城市和城镇的占27.2%。可见，苏共高层领导中，3/4出身于农村或者半农村[3]。被工业化大潮裹挟进入城市的农民虽然拥有了市民身份，但却不能立即适应城市的生活方式，也很难接受城市的价值体系和行为准则，或者说他们依旧较多地秉承农村的文化并沿袭农村的生活方式。因此，到1989年，俄罗斯城市人口已占73%，与美国（76%）和日本（78%）相差无几，但是俄罗斯学者依旧认为，"俄罗斯更大程度上仍是农业国"[4]，"俄罗斯城市化即将开始"[5]，"俄罗斯城市

---

[1] Ж. Зайончковская, Россия: миграция в разном масштабе времени, М., 1999.
[2] Ю. Пивоваров, Урбанизация России в XX веке: представления и реальность, Общественные науки и современность, №6. 2001.
[3] А. Вишневский, Серп и рубль, Консервативная модернизация в СССР. М., 1998.
[4] А. Алексеев, Н. Зубаревич, Кризис урбанизации и сельская местность России, Миграция и урбанизация в СНГ и Балтии в 90-е годы. М., 1999.
[5] В. Глазычев, Город России на пороге урбанизации, Город как социокультурное явление исторического процесса. М., 1995.

农村化是其主要特点之一，与西方城市发展背道而驰"①。

（七）城市化过程中推行"身份制度"，限制大城市发展

苏联理论界主张城市均衡分布发展，认为社会主义国家不应沿袭早期工业化国家的城市设计理念，以免重蹈早期工业化国家城市人口过度集中的覆辙。但是苏联受工业化主导的急速城市化，使得人口迅猛涌向大城市，造成城市生活设施严重不足，而同时工业化急需大量资金投入，国家再无余力扩建和维修城市生活设施。因此，20世纪30年代，苏联开始实行"控制大城市"的城市发展方针。"控制大城市"的主要方式是实施"身份"制度。该制度于1932年12月开始实施，规定16岁以上公民必须领取身份证，并在以后定期更换。大多数集体农庄的农民在较长一段时期没有资格领取身份证（赫鲁晓夫时期才发放），而没有身份证就不得迁入城市。苏联实行身份证制度的目的：一是控制居民迁入莫斯科市、列宁格勒市或加盟共和国首都这样一些特大城市；二是控制农村人口外流。集体农庄庄员离开农庄时，必须从所在村苏维埃获得证明，苏维埃证明是申请临时居住许可证和申请盖有许可居住印章的身份证的前提条件。在村苏维埃主席严格限制发放这种证明的情况下，农民迁入城市受到了限制。20世纪70年代以前，限制大城市增长的侧重点是限制城市面积的扩大和居民人数的增长，此后，控制的重点是保障城市的生态平衡。

三 苏联解体后俄罗斯的城市化

苏联解体之初发生的危机，特别是食品匮乏使很多城市人口自然而然地回归农村，俄罗斯出现了短暂的"逆城市化"趋势，并在1994年达到高潮。1992年至1994年，农村人口增加了约90万，村庄"无人化"趋势得到了一定的抑制。当然，在农村增加的人口中，除了城市人口向农村转移之外，还有大量来自独联体国家和波罗的海国家的移民，以及来自东部和北方地区的人口②。从1995年开始，正常的城市化进程重新开始，出现了农村人口向城市的净转移，

---

① А. Вишневский, Серп и рубль, Консервативная модернизация в СССР. М., 1998.
② А. Вишневский, Е. Кваша, Т. Харькова, Е. Щербакова, Аграрные проблемы современной России-российское село в демографическом измерении, Мир России, №1. 2007.

但是规模不大。

新城镇建设基本处于停滞状况。苏联解体后的20年间，俄罗斯几乎没有兴建大型项目，新建城市也就无从谈起，而且俄罗斯的人口发展状况也使农村无力再为城市提供大量的劳动力。

与西方发达国家不同，俄罗斯真正意义上的"郊区化"[①]近年来才开始，即有一些人搬到郊区设施较为完善的别墅中，并全年在那里生活。虽然俄罗斯2/3的城市家庭在郊区拥有居所[②]，但乡间居所大多被当成季节性第二居所使用，是春季到秋季在乡间休闲和从事农业耕作的休憩之所。限制俄罗斯"郊区化"的主要因素，一是居民和郊区政府没有足够的资金改善郊区的基础设施状况，而经济资源和高薪工作岗位多集中在首都和地区中心城市，交通网欠发达不允许居民生活在离工作地点较远的地方。二是严酷的气候条件使得郊区房屋居住取暖等费用较高。三是主要大城市还保留户口登记制度，很多人因不想放弃城市户口而不愿按合法手续搬迁到郊区。四是政府的思维习惯还是停留在注重发挥当地的生产功能上，对郊区发挥生活辅助功能并增加当地税收的重视程度不高。五是住房市场和土地市场发展受到限制。2006年，俄罗斯开始实施的"住房"优先项目，在某种程度上对"郊区化"进程起到了推进作用，但是目前仍存在制度方面的障碍，主要是地区土地市场高度垄断，郊区的建房许可很难得到。

四 俄罗斯城市发展现状

俄罗斯很多城镇是在苏联时期大型工业企业基础上建立起来的，这些城镇不仅人口较少，而且社会服务保障水平较低。1990～2000年的行政改革中，很多城镇被并入乡村。截至2010年，俄罗斯共有城市和城镇2386个，其中城市1100座。

如今俄罗斯城市发展呈现如下特点。

一是城市规模相对较小，特大城市较少。1100座城市中，小城市936座（10万人口以下），占85.1%；较大城市127座（10万～50万人），占11.5%；

[①] 指城市市区人口向城市外围的郊区转移，在市区工作，在郊区居住。
[②] Т. Нефедова, Российские дачи как социальный феномен, SERO, №15, Осень-Зима 2011.

大城市（50万~100万人口）25座，占2.3%；特大城市12座（100万人口以上），占1.1%。特大城市有：莫斯科、圣彼得堡、新西伯利亚、叶卡捷琳堡、下诺夫哥罗德、萨马拉、鄂木斯克、喀山、车里雅宾斯克、顿河畔罗斯托夫、乌法和伏尔加格勒。其中千万人口以上的城市仅有莫斯科市，人口达1151.43万，是第二大城市圣彼得堡市人口的2.37倍。

二是城市在各地区分布不均衡，城市网络依旧较为稀疏。现有的1100个城市中，310个分布在中央联邦区，198个位于伏尔加河沿岸联邦区，145个坐落在西北联邦区，西伯利亚联邦区分布了130个，南方联邦区、北高加索联邦区和远东联邦区均不足百个。在12个百万人口以上的特大城市中，伏尔加河沿岸联邦区拥有4个，乌拉尔联邦区、西伯利亚联邦区和南方联邦区各2个，中央联邦区和西北联邦区各1个，远东联邦区和北高加索联邦区则没有一座百万人口以上的城市。俄罗斯城市间距离较远的状况依然存在。截至目前，西伯利亚地区城市间的平均距离在200公里以上，欧洲部分城市间的平均距离为45~75公里，而在中欧国家，500年以前，其城市间的平均距离就仅为8~20公里，农民步行进城买东西一天之内就可以往返，而俄罗斯农民进城即使乘车平均也需要一昼夜，严重影响了城乡之间的商品交换。

三是联邦直辖市具有无与伦比的发展优势。作为联邦直辖市，莫斯科市和圣彼得堡市的经济地位超前。2008年，莫斯科市和圣彼得堡市分别创造了全俄23%和约4%的GDP。莫斯科市的发展已经进入了后工业化时代，其生产总值中服务业占80%。莫斯科市和莫斯科州作为一个整体的城市集聚区，2008年零售贸易额占全俄的23%。20世纪90年代末，莫斯科市吸纳全俄1/6的投资，2008年，如果把莫斯科州也计算在内，仍旧维持在1/6左右。2008年与1998年相比，莫斯科市新增住房面积占全俄的比重从10%降至5%，但是加上莫斯科州则高达17%。莫斯科市强劲的城市辐射能力使很多新建住房转移到了莫斯科州。联邦直辖市的超前地位除了历史等原因之外，比较重要的因素有两个方面：首先是人力资本竞争优势；其次是行政地位优势。联邦直辖市作为联邦主体，可以分得很大一部分利润税、个人所得税和消费税，预算收入较高。在2000年之后经济快速增长的年代，莫斯科市成了自然垄断行业、大型能源公司的利润中心，获取了巨大的财政资源，占全国人口7%的莫斯科市创造了约26%的税收。莫斯科市投资的1/3是预算投资，2005年左右曾一度达到40%。圣彼得堡市的很多投资也是来是自联邦预算，较高的投资额对保障圣彼得堡市的发展具有重要作用。

四是地区中心城市具有一定的发展优势，小城市发展状况不佳。现有的471个萧条城市中，有431个是5万人口以下城市，50万人口以上城市中不存在萧条城市[1]。较大的地区中心城市依托行政地位优势和人口集聚优势处于发展进程中，这些城市的发展主要面向当地市场，依赖服务业和进口替代产业。在后工业化时代，地区首府地位是城市发展的重要优势，有利于集中经济资源。小城市中，除了地区首府周边地区的城市和离其他大城市不远的小城市较为有活力[2]，以及石油天然气城市、能源中心、能够吸引外资或者生产出口产品的城市发展状况不错之外，整体发展状况不佳。特别是5万人口以下的城市，2007年有60%发展状况较差，大多处于萧条状态。

五是产业结构单一城市发展状况堪忧。根据俄罗斯地区发展部2009年公布的数据，俄罗斯产业单一城市数量为335个，有1600万人口。产业结构单一城市中，5%的城市（拥有140万人口）危机状况较为严重，需要联邦政府采取措施；15%的城市（540万人口）处于濒临危机的高风险状态，需要联邦主体政府解决；80%的城市需要对其经济和社会发展状况进行定期监控，并制定中长期发展规划。2008年金融危机爆发时，产业结构单一城市的脆弱性显露无遗，特别是专门从事黑色和有色金属冶炼、机械制造的城市。俄罗斯地区发展部从2009年开始制定专门的规划支持这些产业结构单一城市。

五 对俄罗斯城市化和城市发展的评价

（一）对城市化水平的评价

整体来看，俄罗斯强劲的城市化，即农村人口向城市的转移正处于结束期，但还在缓慢向前推进。苏联解体以来的20年间，俄罗斯城市人口所占比重一直保持在73%左右，变化不大。2002年与2010年两次人口统计结果显示，城市人口所占比重在8年间仅增加了0.4个百分点，从2002年的73.3%上升到了2010

---

[1] Т. Нефедова, Российская периферия как социально-экономический феномен, Региональные исследования, 2008. №5 (20).

[2] А. Махрова, Т. Нефедова, А. Трейвиш, Московская область сегодня и завтра: тенденции и перспективы пространственного развития. М.: Новый хронограф, 2008.

的73.7%。但"郊区化"已初露端倪。

从地区层面看，城市化程度不一。城市化程度最高的是北方地区，马加丹州、摩尔曼斯克州和汉特-曼西自治区的城市人口比重高达91%~95%。开发较早、工业化程度较高的地区，如克麦罗沃州、斯维尔德洛夫斯克州、车里雅宾斯克州、雅罗斯拉夫尔州、伊万诺沃州、萨马拉州和临近莫斯科市的莫斯科州，城市人口占比达81%~85%。城市人口比例较低的多属欠发达地区的共和国，如阿尔泰共和国的城市人口占比仅为27%，车臣共和国为35%，达吉斯坦共和国、印古什共和国、卡拉恰耶夫-切尔克斯共和国和卡尔梅克共和国的城市人口仅占42%~44%，其他农业区，如克拉斯诺亚尔斯克边疆区和阿尔泰边疆区的城市人口占53%~54%。

从动态角度看，各地区跨过城市化拐点的时间进度不一。城市人口超过农村人口是城市化的一个重要转折点和标志。俄罗斯各个地区城市人口超过农村人口的时点不同。除了列宁格勒州在19世纪初已跨过城市化拐点之外，其他地区跨过城市化拐点的时间均在20世纪。莫斯科州和摩尔曼斯克州的城市人口在1926年之前超过农村人口，伊万诺沃州、斯维尔德洛夫斯克州和车里雅宾斯克州的城市化拐点发生在1939年之前，彼尔姆州、萨马拉州和卡累利阿共和国则发生在1950年之前。在20世纪50年代跨越城市化拐点的地区有图拉州、雅罗斯拉夫尔州、阿斯特拉罕州、萨拉托夫州、北奥塞梯、弗拉基米尔州、罗斯托夫州、阿尔汉格尔斯克州、伏尔加格勒州、科米共和国、下诺夫哥罗德州、科斯特罗马州、卡卢加州、乌里扬诺夫斯克州、鞑靼斯坦共和国。20世纪70年代实现跨越的地区有卡巴尔达-巴尔卡尔共和国、沃洛格达州、斯摩棱斯克州、巴什基尔共和国、布良斯克州、梁赞州、沃罗涅日州、利佩茨克州、奔萨州、克拉斯诺达尔边疆区、普斯科夫州、奥廖尔州、别尔哥罗德州、斯塔夫罗波尔边疆区。20世纪80年代才实现跨越的地区有坦波夫州、库尔斯克州、摩尔多瓦共和国、楚瓦什共和国、阿迪格共和国①。至今未实现跨越的地区是北高加索的一些共和国、卡尔梅克共和国和阿尔泰共和国。

从农业部门与工业部门就业结构看，俄罗斯城市化水平"耐人寻味"。俄罗斯有一部分人口从事家庭农业劳动（宅院经济），特别是"郊区区所"的"家

---

① Т. Нефедова, П. Полян, А. Трейвиш, Город и деревня в Европейской России: сто лет перемен, М.：ОГИ, 2001. стр. 162.

庭小农业"。以 1998 年金融危机年为例，俄罗斯城市家庭在"郊区居所"栽种的蔬菜、水果和土豆等平均占到了家庭食品消费的 20%，大城市和食品工业发展状况较好的城市所占比重略低，而边远地区较为贫困的小城市则占约 50%[1]。现今，虽然在莫斯科州和列宁格勒州"郊区居所"栽种的蔬菜水果不足家庭食品消费的 5%，而在偏远地区的城市周围，比例则超过 20%，最多的是奥廖尔州、奔萨州、别尔哥罗德州和科米共和国，占约 1/3。因这部分农业收成中的很大一部分未被列入国家统计，官方数据与专家估算数据往往有较大的出入。如 1995 年按照税务人员的信息，从事家庭种植和养殖的人口约有 4000 万，其中一半的人未登记，全俄舆情中心的调查数据是 1600 万~1700 万人，国家统计局的数据是 70 万人。但根据有关专家的计算，俄罗斯农村居民和城市居民在土地上的劳动投入远远高于对其他产业部门的投入。以 1999 年为例，对工业的劳动投入是 6 亿人工时，对农业的投入是 2.45 亿人工时，与就业结构相当。但是与此同时，家庭农业的劳动投入达 4.2 亿人工时。按一个标准劳动力每周的工作量计算得到的结果是，俄罗斯在工业部门就业的人口约为 1500 万，而在农业部门就业的人员（包括宅院经济、园地、别墅用地经营）达 1700 万[2]。可见，实际上俄罗斯在农业部门就业的人数超过在工业部门的就业人数。

（二）对城市化绩效的评价

苏联时期工业化推进下的大规模急速城市化遗留下诸多问题。

首先是住房基础设施不完备问题。到 1996 年，俄罗斯中小城市住房的下水设施配套和热水供应情况还不尽如人意，莫斯科市和圣彼得堡市配备下水管道的住房占 99%，有热水供应的住房占 93%，其他百万人口以上城市的上述两个数据分别为 89% 和 82%，50 万~100 万人口城市分别为 90% 和 83%，25 万~50 万人口城市为 88% 和 80%，10 万~25 万人口城市为 86% 和 75%，5 万~10 万人口城市为 79% 和 68%，2 万~5 万人口城市为 68% 和 53%，1 万~2 万人口城市为 56% 和 40%，1 万以下人口城市为 46% 和 28%[3]。21 世纪初，俄罗斯欧洲

---

[1] Р. Медведев, Народ и власть, Свободная мысль, №4. 1998.

[2] Т. Горбачева, Использование данных обследования населения по проблемам занятости в Росии для определения параметров теневой экономики, Вопросы статистики, 2000. №6.

[3] Т. Нефедова, П. Полян, А. Трейвиш, Город и деревня в Европейской России: сто лет перемен, М.: ОГИ, 2001. стр. 403.

部分前 100 个城市中，2/3 以上的住房没有下水设施，而前 200 个城市中，一半以上的住房未配备下水设施①。截至 2007 年，俄罗斯特大城市中仍旧有 12% 的住房配套设施不完备②。

其次是产业单一城市脱困问题。截至 2009 年，产业单一城市的失业人数超过 10 万人。为了解决这类城市的就业问题，2010 年和 2011 年制定并实施了国家援助试点项目，这些项目使这些城市的劳动市场情况有所缓解，并创造了 6 万个工作岗位。联邦预算拨款 240 亿卢布。俄罗斯经济发展部为此设立专门负责机构，协调单一产业城市稳定发展。主要工作：一是制定单一产业城市清单，设立城市发展风险评估和发展预测体系，评估国家支持措施效率；二是制定单一城市投资项目清单，确定落实机制和筹措资金；三是会同地方政府及时向政府报告单一城市社会经济状况变坏的可能性，以便采取必要措施。

最后是城市化的环境代价问题。2007 年，俄罗斯水文气象和环境监控署列出了 90 个环境不佳城市，这些城市工业企业的有害物质排放均超过 1000 吨③。其中工业企业有害物质排放超过 10 万吨的城市有 12 个。排在第一位的是诺里尔斯克，排放量为 199.1 万吨，之后分别是新库兹涅茨克（39.7 万吨）、切列波韦茨（35.1 万吨）、利佩茨克（33.5 万吨）、马格尼托戈尔斯克（26 万吨）、下塔吉尔（19.9 万吨）、鄂木斯克（17 万吨）、安加尔斯克（16.6 万吨）、克拉斯诺亚尔斯克（16.5 万吨）、乌法（15.4 万吨）、车里雅宾斯克（14.7 万吨）、布拉茨克（12.4 万吨）。土壤污染最严重的是下诺夫哥罗德州的捷尔任斯克④。

（三）对城市发展促进因素的评价

俄罗斯城市的发展现状在很大程度上是由其规模、地位、功能和地理位置决定的，其中与城市规模的关联度最强。发展状况较好的城市都与人口集聚效应有关。截至 2010 年，俄罗斯 20% 的人口生活在百万人口以上的特大城市，11% 的人口生活在 50 万～100 万人口的大城市，9% 生活在 25 万～50 万人口的

---

① Т. Нефедова, П. Полян, А. Трейвиш, Город и деревня в Европейской России: сто лет перемен, М. : ОГИ, 2001. стр. 403.
② Н. Тихонова, А. Акатнова, Н. Седова, Жилищная обеспеченность и жилищная политика в современной России, Социологические исследования, №1, 2007, стр. 71 - 81.
③ 俄罗斯国家统计局 2008 年数据。
④ РБК Daily, 2007. http://www.rbcdaily.ru/.

城市，10%生活在10万~25万人口的城市。现有的52个大型城市集聚区的人口多在30万以上[①]。现有大城市集聚区中，除了莫斯科和圣彼得堡之外，在吸纳本区域之外资源方面的竞争还没有开始，但中心城市吸纳本地区资源（包括人口、加工工业、零售贸易、劳动人口、新建住房和投资）的能力较强。因此，城市发展秉持以人为本理念，强化市政公用设施和公共服务设施建设，提高对人口集聚和服务的支撑能力尤为重要。

原载《俄罗斯东欧中亚研究》2014年第1期

[①] Н. Консарева, Актуальные вопросы управления городскими агломерациями, Семинар ВШЭ Ясин, Москва, 26 апреля 2012 г.

外 交 篇

俄罗斯的独联体政策：十年间的演变

郑 羽[*]

俄罗斯对独联体的政策是俄罗斯整个对外政策的重要组成部分。因而，俄罗斯对独联体政策也随着俄罗斯整个对外政策的调整出现了一系列重要的变化。这一变化大体经历了三个阶段：第一阶段从1991年12月至1993年4月，可以称为"甩包袱"阶段，或者说政策混乱阶段；第二个阶段从1993年4月至1995年9月，是对独联体政策的一些基本原则初步形成的阶段；第三阶段是1995年9月以后对独联体的战略构想最终形成的阶段。普京开始执政后，俄罗斯开始强调和实施通过加强双边关系来巩固和发展对独联体的策略。

一 "甩包袱"政策的背景和基本内容

苏联解体和俄罗斯独立之初，俄罗斯朝野的精英们对独联体其他国家的看法与苏联晚期在讨论苏联经济改革时出现的一种观点密切相关。这种观点认为，俄罗斯应该甩掉对其他加盟共和国经济和社会发展所承担的各种代价昂贵的责任，俄罗斯不应该再充当"奶牛"的角色，独立发展的俄罗斯可以在西方的帮助下很快完成自己当前最迫切的任务，即复兴经济，完成民主改革，重新成为世界强国。因而，俄罗斯领导集团不仅成为拆毁苏联国家体制的带头羊，而且在1991年12月初拟定的别洛韦日协定中，独联体国家只包括俄罗斯、白俄罗斯

---

[*] 郑羽，中国社会科学院俄罗斯东欧中亚研究所原俄罗斯外交室主任，研究员。

和乌克兰。因为在当时的俄罗斯决策者看来，其他原苏联加盟共和国，"不仅是经济上的负担，而且对于俄罗斯来说，也是文化上、精神上和政治上的异类疆域"①。虽然在1991年12月21日阿拉木图会议上独联体成员国扩大为11个（格鲁吉亚为观察员国），俄罗斯对斯拉夫民族以外的独联体成员国的立场在当时并没有任何变化。

1992年3月30日，俄罗斯联邦最高苏维埃下属的共和国关系、地区政策和合作委员会举行了一次关于俄罗斯对独联体政策的听证会，参加这次听证会的除了该委员会的委员外，还有俄罗斯外交部、俄罗斯同独联体成员国经济合作委员会等有关部门的代表。在这次会议上，俄罗斯外交部负责独联体事务的副部长舍洛夫·科维加耶夫的发言反映了当时俄罗斯政府和立法机构对独联体政策的主要观点。他说，这一政策的"基本原则是优先考虑俄罗斯的民族利益"，"保证国家安全和俄罗斯公民权利，使经济改革成功和巩固俄罗斯的大国地位"。问题在于，俄罗斯上述目标的实现被认为与巩固独联体这一地区组织无关，因为，此次会议上，很多代表认为，俄罗斯应该把自己对独联体政策的"重点转移到纯双边关系问题上"，而"独联体是没有意义的"，甚至"必须取消俄罗斯在独联体中的成员资格"。②

俄罗斯的这一立场也与独联体成立后最初几个月内其成员国的离心政策有关。1991年12月30日，独联体第二次元首会议决定各国有权组建自己的常规武装力量。四天后，即1992年1月3日，乌克兰甚至在俄罗斯之前宣布建立本国的军事力量，接管乌克兰境内的苏联军队及各种军事装备和设施，并随之开始了在黑海舰队归属问题上与俄罗斯的激烈争吵。独联体其他国家立即开始仿效乌克兰的做法，纷纷宣布建立本国的国防机构，并同时对在其境内的原苏联军队、武器装备及其军事设施实行"共和国化"。据统计，到1992年6月，独联体的10个成员国宣布成立国防部，6个国家宣布组建本国的军队。独联体首先成为分家机制，而不是合作机制的最初经验，恶化了成员国之间的相互关系及其对独联体的政策，对俄罗斯在独联体问题上最初采取的孤立主义政策也起了推波助澜的作用。此外，独联体成员国对俄罗斯控制权的本能警觉也使独联

---

① E-B-Rumer:《Russia and CenLral Asia AfLer Lhe SovieL Collapse, in J C-Snyder, ed, AfLer Empire》, WashingLon, 1995, p. 49.
② 《俄罗斯议会举行俄罗斯和独联体关系听证会》, 俄通社-塔斯社莫斯科, 1992年3月30日俄文电。

体内部的合作气氛无从建立。1992年1月28日，乌克兰、白俄罗斯、摩尔多瓦、乌兹别克斯坦和塔吉克斯坦5国总统在加入和签署1975年《赫尔辛基最后总决议》的仪式开始之前举行的记者招待会上强调，独联体生存下去的前提条件是各成员国之间的平等地位。乌兹别克斯坦和摩尔多瓦的领导人还对俄罗斯企图充当独联体首领的倾向提出了警告。

俄罗斯在独立之后的第一年里与原苏联各加盟共和国在经济合作领域的政策，最能体现出其对独联体政策的"甩包袱"性质。1992年6月，当时的俄罗斯代总理盖达尔主持了一次关于俄罗斯同独联体国家贸易关系问题的政府工作会议。在这次会议上，经济部部长涅恰耶夫、俄罗斯联邦与独联体国家经济合作委员会主席马希茨和其他一些政府的部长一致建议："完全转向按最大限度接近世界价格的自由合同价格同独联体国家开展贸易。"① 同年11月，俄罗斯国家海关委员会主席签署命令，从1992年11月15日起，俄罗斯与独联体国家的进出口商品必须办理海关手续。

然而，苏联解体后独联体各国民族冲突和内战迅速升级的现实，使俄罗斯的孤立主义和"甩包袱"政策难以完全实施。1992年春，1988年开始的因纳戈尔诺－卡拉巴赫的归属问题导致的亚美尼亚和阿塞拜疆之间的武装冲突有所升级。摩尔多瓦在苏联解体之后的最初几个月内就出现了居住在德涅斯特河东岸的俄罗斯族居民因反对政府的亲罗马尼亚政策，举行的一系列抗议行动，直至爆发武装冲突，使驻扎在那里的原苏联第14集团军在一定程度上卷入冲突。在格鲁吉亚，前总统加姆萨胡尔季阿在1992年1月6日逃离格鲁吉亚后，其支持者在格鲁吉亚各地开始了与本国临时政府的武装对抗，并逐渐以阿布哈兹地区为中心展开大规模的内战；1992年5月，格鲁吉亚政府军也对在1992年1月20日举行全民公决要求与俄罗斯合并的南奥塞梯地区采取了军事行动。在中亚，从1992年3月开始，塔吉克斯坦以伊斯兰复兴党、民主党为代表的宗教原教旨主义政党联合其他激进主义派别，以建立政教合 的国家为目的，组建救国阵线，企图推翻纳比耶夫总统领导的塔吉克斯坦政府。政府反对派一方面在大城市举行反政府集会，一方面在各地开始准备武装夺权；同年5月，伊斯兰复兴党已经在新建立的民族和解政府24名成员中获得8个职位，反对派武装在同年8月攻占了首都，塔吉克斯坦首

---

① 《俄罗斯政府讨论同独联体国家的经贸关系问题》，俄通社－塔斯社莫斯科，1992年8月6日俄文电。

任总统纳比耶夫被迫辞职。

独联体地区出现的上述一系列民族冲突和地区动乱，不仅直接损害了当地俄罗斯人的利益，造成大量难民流入俄罗斯，而且也严重恶化了相关国家与俄罗斯的关系。例如，格鲁吉亚和摩尔多瓦指责俄罗斯介入其境内的民族冲突，干涉独联体成员国的内政，尤其引起俄罗斯警觉的是塔吉克斯坦的内战，俄罗斯军事部门认为首先在塔吉克斯坦发难的宗教原教旨主义势力有可能在整个中亚地区扩展开来，继而进入俄罗斯的腹地①。

鉴于上述情况，俄罗斯政府开始重视独联体国家间在军事安全领域的合作以保证地区稳定的问题。在俄罗斯的积极推动下，1992年5月15日，俄罗斯、哈萨克斯坦、乌兹别克斯坦、吉尔古斯斯坦、塔吉克斯坦和亚美尼亚6国领导人在乌兹别克斯坦首都塔什干签署了《独联体集体安全条约》。俄罗斯著名的半官方政策咨询机构——外交与国防政策委员会——在1992年8月发表的一篇研究报告中，从俄罗斯周边关键性的地缘政治的角度，分析并指出了若干独联体国家对俄罗斯周边安全与稳定的战略意义。这篇报告认为，在独联体所有国家中，俄罗斯政府应该将注意力更多地集中在与哈萨克斯坦、白俄罗斯和格鲁吉亚这些对俄罗斯具有重大利益的国家的关系上②。

可见，在独立后的最初一年里，独联体地区稳定对于俄罗斯国家安全的重要意义，已经使俄罗斯不可能对自己的近邻国家弃之不顾，但这仍然不能改变俄罗斯不愿意再充当奶牛，即不愿意为独联体的一体化付出单方面代价的立场。

二 俄罗斯对独联体政策若干基本原则的初步形成

苏联解体后第一年，独联体内部种种事态的发展使俄罗斯的领导集团开始认识到，独联体对于俄罗斯来说是不可忽视的。叶利钦总统1992年10月27日在俄罗斯外交部部务会议上的讲话列举了俄罗斯外交部工作的一系列失误，其中特别谈到了对独联体国家的政策缺乏连贯性、相互矛盾，在强调俄罗斯应该执行一个"更有特色、更丰富多彩和有更多方位的新的对外政策"的同时，特

---

① 《Проект военной доктринны Российской Федерации》，《Военная мысль》，номер 4–5，май 1992.

② Совет по внешной и оборонной политике：《Стратегия для России》，《Независимая газета》，19 августа，1992.

别要求尽快制定出对独联体国家的"经过深思熟虑的政策"①。

根据俄罗斯总统的指示，俄罗斯外交部加紧了制定系统完整的外交构想的工作。1992年12月，俄罗斯外长科济列夫阐述了俄罗斯在关于独联体政策问题上的新结论：俄罗斯对独联体政策的"主要方针，是在独联体内部调节和防止冲突，保护独联体的外部边界，进一步建立条约法律基础，解决军事和政治上的相互协作问题，在现有的经济联系和发展新形式的基础上建立互利经济合作，保证少数民族的权利"②。在俄罗斯的积极促进下，《独联体章程》终于在1993年1月得以通过，两个月以后，叶利钦致函独联体各国元首，就如何巩固和发展独联体的问题提出了俄罗斯方面的建议。4月30日，叶利钦批准了由俄罗斯外交部主持拟定的《俄罗斯联邦外交政策构想》，该文件将关于独联体问题的阐述放在其内容的首要位置。《俄罗斯联邦外交政策构想》（以下简称《构想》）是在经过独立后一年多来的关于外交政策的激烈辩论后产生的，它反映了在俄罗斯政治和经济体制处于转型阶段和官方意识形态体系发生根本变化的情况下，俄罗斯领导集团对于本国国家利益重新认定的初步结论以及在各个问题领域和地理领域对外政策的若干基本原则的初步形成，因而，这份文件被西方学术界称为"1993年共识"（consensus-1993）③。

《构想》是第一份完整阐述俄罗斯对独联体政策的官方文件，文件阐述了当时独联体的基本态势、独联体对俄罗斯的重要性、俄罗斯在独联体的基本政策目标和若干具体问题范畴中的政策。《构想》在分析当时独联体总体形势和各国的政策走向时写道："独联体一系列国家外交政策的形成受以下因素的影响：走向独立时期所特有的过分疏远俄罗斯的态度；由于民族情绪激发起来的领土争端，包括向俄罗斯提出领土要求；对一切可能回想起对联盟结构依赖关系的过敏反应；同复兴的俄罗斯建立联系有助于解决它们本国任务的这一客观现实没有立即得到理解。不但如此，其中有些国家为了在国际社会中寻找自己的地位，企图在民族社会、宗教或经济方面向它们相近的国家（其中有的国家曾在历史上同俄罗斯争夺在这个地区的影响）寻求支持。"

《构想》认为独联体对俄罗斯的重要意义在于以下几个方面："俄罗斯同独

---

① 《Дипломатический вестник》，номер 21 - 22，1992.
② А. Козырев：《Внешняя политика России》，《Российская газета》，3 декабря 1992.
③ EdiLed by M. Mandelbaˆim, The New Russian Foreign Policy, 1998, New, York, 25.

联体国家以及其他近邻国家的关系问题直接关系到俄罗斯改革的命运,关系到克服国家危机的前景以及关系到保证俄罗斯和俄罗斯人的正常生存。"

《构想》阐述了俄罗斯在独联体的基本政策目标:"在新的基础上调整经济和运输联系,调节我国周边的冲突和争取那里的稳定。"俄罗斯准备在以下8个领域发展与独联体国家的合作以保证上述目标的实现:"第一,争取使独联体成为各个国际交往的主权主体的有效能的跨国组织;第二,使独联体和它建立的论坛成为组成独联体各国政治合作的机制,成为协调政治方针和寻找利益共同性的手段;第三,争取完善和扩大作为地区国际组织的独联体的条约和法律基础;第四,贯彻安全领域合作问题的现有协议,巩固统一的军事战略空间是刻不容缓的任务;第五,争取维护有生命力的相互经济关系的结构;第六,同每一个原苏联共和国签订条约和协定以保障居住在俄罗斯联邦境外的俄罗斯公民的权利得到保护;第七,维护和巩固多边和双边基础上的科技合作和文化合作;第八,在维护法治、同犯罪行为和毒品交易行为做斗争等问题上安排好合作。"①

从《构想》的上述内容可以看出,俄罗斯政府当时主要是从地区稳定和俄罗斯联邦境外的俄罗斯人利益的角度看待独联体问题的,因而《构想》没有谈及俄罗斯保持在独联体地区的影响力对于俄罗斯保持大国地位的重要意义,这主要是由于俄罗斯当时正在奉行亲西方的政策,认为确立俄罗斯大国地位的实现途径是加入西方领导的各种国际组织,首先是七国集团等机构。其次,对西方国家特别是美国企图削弱俄罗斯在独联体地区的影响力和领导地位的问题没有警惕,《构想》甚至主张,在独联体问题上,"优先任务是把美国人承认俄罗斯是原苏联地区市场改革的火车头和民主改造的保证人的主导作用的立场肯定下来,要积极地使美国参加调解独联体各国和波罗的海沿岸地区的冲突和保护那里的人权"②。再次,《构想》没有提出建立独联体经济联盟的思想,在独联体经济一体化方面的政策过于空泛,基本思路还是"在新的市场基础上的一体化",而且俄罗斯对独联体问题的基本立场是"不会为关系的发展付出单方面的代价"。1994年2月,叶利钦在一次讲话中再次强调:"一体化必须不损害俄罗

---

① 《Концепция внешней политики Российской Федерации》,《Дипломатический вестник》,специальное издание, январь, 1993.

② 同上。

斯自身的利益,并不会导致我们的力量和资源,无论是物资的还是财政上的过度紧张"①。最后,俄罗斯政府在这个时期对独联体各国俄罗斯族居民权利的重视程度,实际上超过了对发展与独联体各国关系的重视。"1993 年,叶利钦和科济列夫都开始鼓吹让在近邻国家的俄罗斯族人都拥有俄罗斯国籍的想法。这个想法在国家杜马得到了热烈的支持,并在这个时候成为俄罗斯对独联体公开宣布的政策,国家杜马的独联体事务委员会甚至宣布,它将反对批准俄罗斯与那些拒绝给予当地俄罗斯人双重国籍的独联体国家签署的条约。"② 但到 1999 年为止,与俄罗斯联邦签署承认本国的俄罗斯族居民具有双重国籍的独联体国家只有土库曼斯坦和塔吉克斯坦,而哈萨克斯坦、吉尔吉斯斯坦和白俄罗斯虽然也表示愿意签署此类条约,但最终却没有结果。

为了避免外部力量控制中亚地区,也迫于形势,俄罗斯不得不部分地放弃将中亚国家视为经济负担的政策。1993 年年初,独联体国家经济一体化的过程开始启动,但仍然停留在书面的法律文书上。1993 年 1 月 22 日,独联体元首会议决定成立独联体跨国银行,同年 5 月,独联体的 9 个成员国签署了加快经济一体化进程宣言,强调加强在关税、货币政策、立法和贸易等领域的合作,促进资金、商品、劳务在独联体范围内的自由流通,争取建立类似欧洲联盟的经济合作机制。然而,在各国普遍存在严重经济危机和体制转轨的情况下,这样庞大的计划实际上很难得到推广和实施。1993 年,俄罗斯由于担心通货膨胀进一步加剧,为控制卢布发行量,在这一年的 7 月终止了 1992 年以前发行的卢布的流通,事实上这使 1992 年 10 月俄罗斯等独联体 6 国保留卢布区的协议无法执行,独联体各国开始发行本国的货币或临时代用券。1993 年 7 月初,为了在经济一体化问题上取得实质性进展和局部突破,俄罗斯、乌克兰和白俄罗斯三国政府发表了为加深经济一体化采取紧急措施的声明,表示三国要实现比独联体其他成员国更紧密的经济一体化,在统一价格、投资和税收政策的基础上建立自由的商品、劳务和资本市场,同时建立关税联盟和统一的关税区。

俄罗斯此时对中亚国家的政策相当矛盾:一方面俄罗斯希望首先与斯拉夫国家的经济一体化取得进展;另一方面又担心被排除在这一进程之外的中亚国家与其南部伊斯兰国家的政治和经济关系的发展超出俄罗斯的控制。1992 年 2

---

① 《Российская газета》, 24 февраля 1994.
② Edi Led by M. Mandelbaˆi m, The New Ru ssian Forei gn Policy, 1998, New, York, p. 40.

月，中亚5国被正式接纳为1985年由土耳其、伊朗和巴基斯坦3国建立的"经济合作组织"。1993年7月6~7日，中亚5国和阿塞拜疆参加了在土耳其首都举行的该组织的第二次首脑会议，会议决定该组织成员国在资本和劳动力流通方面加深合作，为投资活动提供最优惠的条件。俄罗斯对此相当警觉，俄罗斯副总理绍欣当时警告中亚国家说，中亚国家"不能同时加入两个关税同盟"，中亚国家应对自己的合作对象做出选择。为了保障自己的"柔软的南方腹地"（来源于第二次世界大战期间丘吉尔认为意大利是希特勒德国防御薄弱的"柔软的下腹部"，俄罗斯学者以此来形容对俄罗斯国家安全具有重要意义的中亚地区①）的安全，此时俄罗斯不得不暂时搁置了在独联体中首先实现与斯拉夫国家加深一体化的政策，放弃在经济合作上对中亚国家的歧视，力图将尽可能多的国家拉入一体化进程。1993年9月，在俄罗斯的促进下，独联体国家签署了《独联体经济联盟条约》，规定相互给予最惠国待遇，实行统一的货币政策，同时还与白俄罗斯、哈萨克斯坦、乌兹别克斯坦、塔吉克斯坦和亚美尼亚签署了《关于建立新型卢布区实际措施的协定》，规定将卢布作为"合法的支付手段"，协调各国的预算，制定统一的信贷、利率和关税政策等。1994年4月，独联体国家又签署了《关于建立自由贸易区的协议》，规定在相互贸易中逐步取消关税、其他课税和非关税壁垒，尽快向关税联盟过渡。1994年10月，独联体各国一致决定建立跨国经济委员会，规定该委员会可以对某些具有跨国性质的经济事务进行统一管理，可以对各国的货币、货币交换和兑换等问题做出规定。可以认为，到1994年中下期，独联体经济一体化的基本原则和法律文件总体框架已经基本确立下来，但由于种种原因，这些法律文件大部分没有得到切实执行。

在1993年开始的这一阶段，俄罗斯注意到了外部势力对独联体的渗透。如果说在1993年下半年，俄罗斯只注意到与独联体相邻的南部伊斯兰国家在中亚地区的影响，而在1994年以后俄罗斯也注意到了西方在独联体国家的政策。1994年年初，因北约东扩计划初露端倪和西方利用"和平伙伴关系计划"介入独联体的事务，俄罗斯开始对西方的独联体政策产生警惕，开始更深入地考虑和调整本国对独联体的政策。

1994年5月，俄罗斯著名的半官方外交政策咨询机构——外交与国防政策

---

① А. Арбатов：《Росия：Национальная безопасность в 90 годах》，《Мировая экономика и международные отношения》，Номер 8－9，1994.

委员会发表了题为《俄罗斯的战略》的研究报告,对俄罗斯所面临的外交形势,特别是与西方的关系和俄罗斯的独联体政策做出了引人注目的分析。该报告指出:"在俄罗斯对外政策中,出现了从过去单方面向西方看齐到向捍卫实际民族利益的过渡……西方担心俄罗斯扩张主义的复活,许多人甚至不希望俄罗斯在世界政治中的影响得以部分恢复……无论西方还是俄罗斯,都有人希望我们决裂并挑起新的冷战。即便这种关系不会严重激化,依然存在着俄罗斯在地缘政治上的孤立和其国际地位被削弱倾向日益加剧的现实威胁,特别是在关于扩大北约的决定把俄罗斯排除在外的情况下。"尽管该报告在俄罗斯与西方的矛盾刚刚显露头脚的时候做出的上述分析具有相当深刻的预见性,但遗憾的是,该报告的作者们仍然没有将俄罗斯的独联体政策与俄罗斯摆脱地缘政治上的孤立和国际地位削弱的外交运筹联系在一起。需要特别强调的是,能否从巩固俄罗斯国际地位的战略层面上理解独联体地区对于俄罗斯国家利益的重要性,是俄罗斯关于独联体的战略构想能否最终形成的最重要的标志,也是本文将1995年9月作为俄罗斯对独联体政策发展新阶段的根据。

《俄罗斯的战略》认为,俄罗斯对独联体的政策面临着两种选择:一种是与独联体各国重新建立起某种新的联邦制国家;另一种是"奉行维护这些国家政治独立的政策,以换取让自己的商品、劳务和资本不受限制地进入这些国家的市场、建立防御性的军事-政治联盟、为所有少数民族提供一个统一的法治空间的权利"。该报告认为第一种方案不仅在政治和经济上代价过于昂贵,而且还会引起西方世界的警觉,是绝对不可取的。该报告提出的政策建议是:"旨在在俄罗斯周围建立起不与俄罗斯对抗的、经济上对俄罗斯开放的友好国家体系,无论是从政治上还是纯粹从经济上来看,这都是不易的,但这个战略却是相当省钱和有益的。这种政策的目标,不是改头换面地恢复苏联解体前的那种状态,而是要实行对俄罗斯有利的更新,即要保留早先的地缘战略地位中的许多优势,同时为自己在新的国家联合体中创造有利得多的经济地位。这种做法可以归结为一句话:'以首领地位代替直接控制'。"该报告认为,实行这一政策目标的具体政策操作是:一是坚持取消对商品流通的种种限制,为所有国家的资本参与一体化创造条件,用工业及其他资产换取贷款,国家积极支持资本的互相渗透;二是建立有效的相互结算体制,起初是双边的,以后可能通过成立带有储备金的支付同盟,同时应当避免金融系统的完全联合;三是奉行建立原苏联大多数国家密切的军事政治联盟的方针,而且将来有可能建立联合武装力量;四是奉行使原苏联所有公民都能拥有双重国籍和不使他们受到任何歧视的方针。

另外,该报告还建议说:"在总的战略原则框架内,俄罗斯应当对原苏联的每个国家单独制定出方针。这些方针可能会有很大的差别。"①

这里特别值得注意的是关于建立独联体军事政治联盟的建议。在1991年12月2日《阿拉木图宣言》签署之时,独联体成员国同意将苏联的武装力量完整地保存下来,将当时的苏联国防部改组为独联体联合武装力量总司令部。但在几天之后的独联体国家第二次元首会议上即开始出现分歧,各成员国只是在将战略力量交给独联体联合武装力量司令部问题上达成协议,而且在战略力量的界定上,乌克兰又与俄罗斯发生了严重的分歧。1992年1月3日,乌克兰率先宣布单独建军的举动引起一系列独联体成员国的效仿。在1992年2月14日召开的独联体国家元首会议上,分歧进一步扩大,乌克兰、摩尔多瓦和阿塞拜疆等国的领导人坚决反对由独联体联合武装力量司令部统一指挥常规力量,这一形势迫使俄罗斯不得不改变维持原苏联武装力量统一性的初衷。叶利钦在1992年3月16日签发了《关于俄罗斯联邦国防部和俄罗斯联邦武装力量》的总统令,开始正式组建本国国防部,由叶利钦临时担任新的国防部部长。同年5月7日,叶利钦签发了《关于组建俄罗斯联邦武装力量的命令》,俄罗斯单独建军的过程正式开始。1992年7月6日召开的独联体国家元首会议,根据当时的实际情况,同意独联体联合武装力量司令部只对战略力量实施统一的控制和集中的管理,而司令部的其他职能更多地表现为就独联体各国的军事和安全问题进行协调和磋商。1993年6月15日,独联体联合武装力量司令部改组为独联体军事合作协调部。1994年5月发表的这份半官方的《俄罗斯的战略》研究报告提出的建立独联体军事政治联盟的思想,实质上是要求至少部分恢复对独联体各国武装力量的统一指挥。

由于外交与国防政策委员会的组成人员中有副总理沙赫赖、第一副外长阿达米申、总统外交顾问沃龙佐夫(与俄罗斯科学院欧洲所副所长卡拉甘诺夫共同担任该委员会的两主席之一)和联邦反间谍局局长斯捷帕申等一批政府有关部门的高级官员,该报告所反映的思想和政策与政府的决策密切相关,它反映了1994年开始的俄罗斯政府对独联体军事一体化问题的重新关注,这与1994年

---

① Совет по внешней и оборонной политике: 《Стратегия для России》, 《Независимая газета》, 27 мая 1994.

1月北约"和平伙伴关系计划"正式开始实施有着深刻的内在联系。1994年4月,独联体国家元首会议批准了独联体国防部长理事会章程,同年7月,国防部长理事会批准了由俄罗斯提出的《独联体集体安全构想》,成立了集体安全理事会。1995年5月,独联体国家元首会议批准了《集体安全构想实施计划》《集体安全成员国宣言》《集体安全条约成员国今后军事合作的发展方向》三个文件。1994年7月,独联体军事合作协调部主任、俄罗斯上将萨姆索诺夫曾提出,独联体防御联盟将分三个阶段建立:各国完成本国军队的改组;建立联合军事集群;建立联合武装力量。

1994年9月,俄罗斯联邦对外情报总局发表的一份报告明确指出了西方国家反对俄罗斯对独联体政策和独联体一体化进程的政策意图,分析了独联体经济和军事一体化的客观必要性。由当时对外情报总局局长普里马科夫在俄罗斯外交部新闻中心所宣读的这份报告认为,某些主要的西方国家将俄罗斯对独联体的政策解释为"帝国野心",将独联体的一体化解释为"恢复苏联的进程",西方的政策基础是"意在建立单极世界,并让俄罗斯在这个世界中扮演获得的利益和承担的任务受到双重限制的角色","绝对不给俄罗斯强大到成为世界大国的机会"。

在谈到独联体一体化进程的必要性时,普里马科夫指出:"在独联体内建立统一的经济空间是缓和因苏联解体后俄罗斯境外尚有约2500万俄罗斯人和所谓讲俄语的居民而造成的国家关系紧张的真正唯一途径。"普里马科夫认为,在独联体存在着一系列的冲突地区,与独联体南方边界相邻的"宗教极端主义"势力试图扩大自己在独联体的影响,以及美国、中国、英国和法国都在发展自己的战略进攻力量,在独联体内有组织的跨国犯罪集团活动猖獗的情况下,"在独联体范围内建立共同的防御空间的必要性增长了"。

由于当时俄罗斯与以美国为首的西方集团的关系尚未出现大的矛盾,该报告只是较为温和地指出了"西方对独联体的政策需要调整",但这篇报告还是直接反驳了美国关于俄罗斯在独联体维和问题上的指责,表明俄罗斯力图坚持对独联体维和事务的领导权,甚至垄断权。报告指出:"有一种观点认为,好像俄罗斯的维和努力是与联合国的行为相对立,特别是美国国务卿克里斯托弗就可能得出了这样的结论,今年(1994年)3月2日他在美国参议院的讲话中说:'我们(美国)不承认他们(俄罗斯)在新独立的国家中采取某种行动的权利,除非这些行动经过联合国和其他国际组织的同意并与国际法的规则相一致。'"

该报告反驳说："应该特别强调的是，在独联体国家的维和行动没有一次不是在发生冲突的国家同意的情况下进行的。而美国在巴拿马和格林纳达的行动却没有这些国家政府的任何授权。"①

三 俄罗斯对独联体战略方针的最终形成

俄罗斯对独联体政策的第三个阶段的开始是以1995年9月俄罗斯总统批准《俄罗斯联邦对独联体国家的战略方针》为标志的俄罗斯对独联体总战略构想的最终出台，这反映了独联体成立近四年来俄罗斯在此问题领域的政策在不断总结经验的基础上趋于成熟，更重要的是它反映了西方操纵的北约东扩计划逐步明朗后俄罗斯所采取的基本应对措施。

1994年年末是苏联解体以来俄罗斯与西方关系发展的重要分水岭。1994年1月北约"和平伙伴关系计划"开始正式实施以来，尽管该计划的框架文件明确说明，该计划是北约扩大吸收正式成员国的过渡性步骤和重要准备，俄罗斯还是采取了合作的态度，于1994年6月22日在框架文件上签字，成为该计划的成员国。俄罗斯此时仍然希望通过在欧洲安全问题领域与西方建立相互信任的合作关系，以使西方最终放弃或者至少大大推迟北约东扩的正式决定，以欧洲安全与合作会议（1994年12月改为欧洲安全与合作组织）而不是扩大了的北约来作为磋商和解决欧洲安全问题的权威机构②。然而，与俄罗斯的一相情愿相反，1994年12月1~2日召开的北约成员国布鲁塞尔外长理事会，决定责成北约的研究部门就东扩问题进行为期一年的研究，以制定出吸收新成员国程序的具体原则，分批吸收具备条件的国家。列席会议的俄罗斯外长科济列夫立即做出了强烈反应，拒绝按原定计划与北约签署"和平伙伴关系计划"框架内的两个加深合作的文件。几天之后，在欧洲安全与合作组织布达佩斯首脑会议（1994年12月5~6日）上，俄罗斯总统叶利钦激烈批评北约的这一新举措，指责美国企图分裂欧洲，用"冷和平"取代"冷战"。美国总统克林顿也毫不让步地表示，北约东扩计划不容任何国家否决，北约是欧洲安全的基石。这一事

---

① Е. Примаков：《Россия и СНГ: Нуждается ли в коррективке позиции запада?》,《Российская газета》, 24 сентября, 1994.

② Совет по внешней и оборонной политике：《Россия и НАТО》,《Независимая газета》, 21 июня 1995.

件成为俄罗斯与西方的蜜月关系正式结束的重要标志。

1995年9月,当北约研究机构如期完成了自己拟议中的计划,并公开发表了《北约东扩可行性报告》的时候,俄罗斯总统叶利钦批准了《俄罗斯联邦对独联体国家的战略方针》(以下简称《战略方针》),阐述了在新的形势下俄罗斯政府对独联体问题的理解和具体政策。《战略方针》指出:"我们在经济、国防、安全和保护俄罗斯人的权利方面的主要的切身利益都集中在独联体境内。""同第三国和国际组织合作时,必须使对方意识到这一地区首先是俄罗斯利益的所在地。"可以认为,俄罗斯这时已经认识到,独联体已经成为俄罗斯在北约东扩情况下维护其大国地位的首要战略地区,这一地区首先是俄罗斯的利益范围。为此,为了防止外部力量的渗透,《战略方针》特别强调,"增强俄罗斯在独联体国家关系中的主导作用";"应使独联体国家履行不参加针对这些国家中任何一国的联盟和集团的义务"。此外,《战略方针》还以政府指导性政策文献的形式明确提出了"鼓励集体安全条约参加国以共同的利益和军事政治目标为基础联合成防御联盟"的任务。在经济问题领域,《战略方针》提出"从组织上加强独联体的重要途径是逐渐扩大海关联盟,这一联盟包括同俄罗斯经济密切一体化的国家和政治战略伙伴国。随着条件的成熟逐渐把经济联盟其他成员国吸收进海关联盟"。在政治一体化领域,该文件提出"同伙伴国一起制定出完善独联体国家跨议会大会框架内的统一的模式文件"的任务①。

可以认为,《战略方针》的发表表明,俄罗斯已将建立以本国为首的独联体军事政治联盟作为抗衡北约、维护势力范围、维持大国地位的十分紧迫的战略任务。俄罗斯已经认识到,独联体地区对于俄罗斯来说,不再只是具有周边安全和地区稳定的意义,而是俄罗斯保持国际地位的最重要的(甚至是最后的)地缘政治依托了。《战略方针》的出台标志着俄罗斯对独联体政策的战略构想已经完成,后来的任务只是根据客观形势的发展和变化,对此做出具体的补充、局部的调整和如何实施的问题了。

根据《战略方针》所规定的一体化操作方向,1996年3月,俄罗斯、白俄罗斯、哈萨克斯坦和吉尔吉斯斯坦四国签署了《海关联盟协定》和《加深经济和人文领域一体化条约》。1996年4月3日,俄罗斯和白俄罗斯签署了引人注目

---

① 《Стратегический курс России с государствами – участниками содружества независимых государств》,《Российская газета》, 23 сентября, 1995.

的《建立俄-白共同体条约》,旨在推进两国间的"在独联体范围内达到的最高水平的一体化"。这样,独联体范围内的经济一体化就出现了由高向低的三个发展层次:俄白共同体→4国海关联盟→12国经济联盟,即俄罗斯总理切尔诺梅尔金所说的"2+4+12"模式。在军事安全领域,1996年10月独联体各国国防部长理事会会议上,成员国就"独联体安全区地缘战略划分"问题达成了一致,根据各成员国的地理位置和现实及潜在的安全威胁,制定了安全区域的划分和联合行动的基本原则。

1997年北约成员国马德里首脑会议前后的国际形势,使俄罗斯继续为加强独联体的团结而努力,甚至不得不为此做出一定程度的让步。1997年3月7日,俄罗斯和白俄罗斯总统在莫斯科发表联合声明,表示两国一致反对北约东扩。4月2日,两国签署了《俄罗斯和白俄罗斯联盟条约》。叶利钦总统为此发表广播讲话说,我们同白俄罗斯的联盟可以成为更好更快一体化的榜样,希望其他国家能够重视这个榜样,条约是开放的,其他国家也可以参加。5月28日,俄罗斯总理切尔诺梅尔金在访问基辅期间与乌克兰总理签署了关于黑海舰队在乌克兰境内的地位和条件的协定。5月30~31日,叶利钦在推迟6次之后终于正式访问了乌克兰,与库奇马总统签署了《俄乌友好合作条约》《俄乌联合声明》《俄乌关于解决黑海舰队问题的联合声明》等合作文件。6月2日,俄罗斯负责独联体事务的副总理谢洛夫在莫斯科电视台的专题节目中表示,俄罗斯对乌克兰做出了重大让步。7月3日,俄罗斯与因为在纳-卡冲突中俄罗斯支持亚美尼亚而与俄罗斯关系相当冷淡的阿塞拜疆签署《友好合作与相互安全条约》,8月29日,俄罗斯与亚美尼亚签署了《友好合作与军事援助条约》,为此而造访莫斯科的亚美尼亚总统认为,这项条约使两国成为盟友。

在独联体一体化问题出现了新的发展模式的情况下,俄罗斯国内就俄罗斯对独联体政策和独联体发展方向问题再次出现了较大的争论,特别是在1997年4月3日俄罗斯与白俄罗斯签订联盟条约以后,无论是在各党派之间还是在政府内部都出现了较大分歧,这也从一个方面说明了独联体一体化计划的实施实际上往往效果不大的原因。西方学者对此写道:"久加诺夫为达成这样一个协议(联盟条约)而庆贺,列别德认为它是不成熟的,而俄罗斯民主选择党的尤申科夫则警告说,与白俄罗斯的一体化对俄罗斯的政治和经济利益造成的损害甚至可能大于在车臣的战争。"在俄罗斯政府内部,"支持这个条约的有独联体事务部部长图列耶夫,副总理谢洛夫,外交部部长普里马科夫和沙赫赖(叶利钦在宪法法院的代表），而担心这一事件经济后果的批评者们包括一些主要的经济改革派人物：第一副总理丘拜斯和涅姆佐夫，经济部部长乌林松和国家财产委员会主席科赫"。①

1998年，俄罗斯继续实行通过双边协定加强自己在独联体地区影响力的政策，这与下列事实不无关系：1997年1月和3月独联体国家政府首脑理事会和元首理事会期间，俄罗斯关于加深经济一体化的方案遭到了明显的抵制，10月再次召开的元首理事会甚至没能签署任何一份事先准备好的文件；此外1997年美国在中亚地区的外交活动明显增加，甚至举行了苏联解体以来的首次美国和中亚国家的联合军事演习，这也引起了俄罗斯方面的警觉。为了进一步巩固俄罗斯和乌克兰的关系，1998年2月和9月，俄罗斯两次邀请乌克兰总统库奇马访问莫斯科，两国签署了《俄乌1998～2007年经济合作协定》和若干份政府间合作协定。为了巩固自己在中亚地区的影响，同年7月，哈萨克斯坦总统纳扎尔巴耶夫应邀访问莫斯科，两国签署了《永久友好和面向21世纪的同盟宣言》；叶利钦总统于10月1日首次访问了乌兹别克斯坦，在塔吉克斯坦的参加下签署了《俄乌塔三国全面合作宣言》和《俄乌1998～2007年深化经济合作协定》等合作文件；10月12日，叶利钦再次访问哈萨克斯坦，与纳扎尔巴耶夫签署了《俄哈1998～2000年经济合作条约》和《俄哈国界划分议定书》；1998年1月，俄罗斯和白俄罗斯联盟通过了共同预算，两国国防部就制定统一的防御政策达成了一致；同年11月，俄罗斯和白俄罗斯国防部签署了《地区安全协议》，进一步加强了针对北约东扩的军事一体化；12月，两国发表了建立俄白联盟国家的宣言。

同时，在独联体框架内加强一体化的问题如在1997年时一样，再次受到了乌克兰、格鲁吉亚、阿塞拜疆和乌兹别克斯坦等国的抵制，1998年4月和11月的两次独联体国家元首理事会都没有达成任何协议。1999年这一情况没有得到改变，独联体的离心倾向有了进一步的发展。1999年3月24日北约开始对南斯拉夫的轰炸后，4月初，俄罗斯希望独联体首脑会议通过一个谴责北约"侵略"的联合声明，但由于遭到若干成员国的反对，只通过了一个措辞相当温和的文件。这次会议的积极成果是通过了《关于修改和补充1994年4月15日签署的〈自由贸易区协议〉的决议》。4月20日，1994年5月开始实际生效、为期5年

---

① Edi Led by M. Mandelbaˆi m, The New Russian Foreign Policy, 1998, New, York, 39.

的《独联体集体安全条约》到期,该条约的成员国召开条约延期议定书的签署会议,当时的9个成员国中亚美尼亚、白俄罗斯、哈萨克斯坦、吉尔吉斯斯坦、俄罗斯和塔吉克斯坦在议定书上签了字,而格鲁吉亚、阿塞拜疆和乌兹别克斯坦则拒绝继续作为成员国。此外,除俄罗斯外的所有独联体成员国都派出代表团参加了1999年4月24日在华盛顿举行的北约成立50周年庆祝活动。4月25日,格鲁吉亚、乌克兰、乌兹别克斯坦、阿塞拜疆和摩尔多瓦组建了"古阿姆"联盟,表示其成员国"将在北大西洋伙伴关系理事会和北约和平伙伴关系计划框架内发展相互协作"。阿塞拜疆、格鲁吉亚和摩尔多瓦都将尽快加入北约作为本国外交的重要任务。

在此期间,俄罗斯与塔吉克斯坦的关系得到了加强,两国于1999年4月16日签署了《俄塔面向21世纪的联盟协作条约》,双方决定在军事安全领域内实施共同防御,进一步发展军事技术合作,允许俄罗斯在塔吉克斯坦境内建立军事基地。同年9月,哈萨克斯坦、吉尔吉斯斯坦和塔吉克斯坦与俄罗斯和白俄罗斯签署了《关税同盟协定》。1999年7月末,在乌兹别克斯坦、吉尔吉斯斯坦和塔吉克斯坦三国的交界处开始出现的武装动乱使乌兹别克斯坦重新谋求与俄罗斯改善关系。同年12月,酝酿已久的俄罗斯和白俄罗斯建立国家联盟的条约被签署,这是俄罗斯在独联体外交中的突出事件。

四 普京政府对独联体的政策

1999年以来,独联体国家中出现的明显的离心倾向甚至可以说是反俄倾向,引起了俄罗斯政府对独联体命运的深刻担忧:独联体的分裂必然会导致俄罗斯地缘政治和经济环境的进一步恶化以及其大国地位的进一步削弱。为了改变独联体日趋严重的分裂倾向和空转现象,普京政府一方面强调独联体已经签署的决议和协定的落实,另一方面通过促进俄罗斯与独联体国家的双边合作和在独联体框架下各成员国间的双边磋商和合作,来增强独联体的凝聚力和实际功能。

1999年12月31日普京担任俄罗斯代总统以来,频频召集独联体国家元首会议,例如2000年1月25日的莫斯科会议、2000年6月21日的莫斯科会议、2000年11月30日至12月1日的明斯克会议和2001年6月的明斯克会议。在上述会议上,俄罗斯政府特别强调独联体元首理事会决议的落实情况,建立督促和检查机制。例如2000年1月和6月的两次莫斯科会议，专门审查了1999年4月通过的建立独联体自由贸易区的新决议的实施进展情况，而明斯克会议还围绕自由贸易区决议的进一步落实，进行了对以往独联体范围内相关法律文件的清理，共废止了自相矛盾和过时的国家间条约41项、独联体元首理事会决议122项①，以便为上述决议的实施扫除法律障碍。此外，2000年6月的会议在通过《2005年前独联体发展的行动纲领》的同时，委托独联体执行委员会主席、独联体执行秘书尤·雅洛夫今后每年就该纲领的实施进程做出汇报。在11月的明斯克会议上各国元首们再次审查了关于建立自由贸易区的进程和关于上次元首会议决议实施情况的两个书面文件。

与此同时，普京政府还通过各种方式和渠道来加强俄罗斯与独联体各国的合作。独联体发展的实践经验使俄罗斯认识到，俄罗斯与独联体国家单独签署的双边关系条约和协定，往往比独联体框架内一揽子协议更易于实施，并具有更大的功效，因而，2000年7月问世的修订版《俄罗斯联邦外交政策构想》明确提出了"重点发展与独联体所有国家的睦邻关系和战略伙伴关系的方针"②。普京执政后，俄罗斯对独联体的政策实际上已经开始贯彻这一方针。除了多次召开独联体国家首脑会议、通过关于建立独联体自由贸易区和2005年前发展规划等一揽子文件外，普京本人在2000年亲自出访白俄罗斯、乌克兰和中亚国家。2001年1月18日，在还债和将中断能源供应的压力下，乌克兰与俄罗斯签订了一项新的军事合作协议，使两国在军事领域的合作水平超过了乌克兰与北约的关系。普京于2月中旬再次访问乌克兰，要求东道国在铺设通往欧洲的石油天然气管道方面与俄罗斯合作。2001年1月，普京还访问了一向与俄罗斯关系不够融洽的阿塞拜疆，双方达成了一个关于里海划分问题的协议。普京还对格鲁吉亚采取相当强硬的立场，以中断天然气供应和要求100万在俄罗斯工作的格鲁吉亚人必须拥有签证来对格鲁吉亚施加压力，使格鲁吉亚要求加入北约的政策有所收敛。另外，2000年1月末和12月初召开的独联体国家最高级会晤还开创了在独联体框架内各成员国元首进行双边会谈的机制。独联体的执行机构认为："本次独联体最高级会晤的最重

---

① 《Встречи руководителей государств – участников СНГ》，http：//www.cis.minsk.by.
② 《Концепция внешней политики Российской Федерации》，http：//www.scrf.gov.ru/Document/Decree/2000/07 – 10.html.

要的组成部分是一系列国家元首间的双边会晤……在对话的过程中,一些具体问题得到了解决。由于这种进展,其他一些成员国也将考虑改善与现有各成员国间的关系。"①

2001年2月4日,俄罗斯国家安全会议秘书伊万诺夫在慕尼黑第37届国际安全会议上,对俄罗斯独联体政策的这一新态势做了清晰的说明:"过去一年,俄罗斯领导人在一定程度上改变了对独联体政策的认识,以下结论是上述做法的出发点,即在不远的将来把独联体变成真正的一体化组织是不可能的。这就面临着选择:是仍认为在原苏联地区搞一体化绝对有价值,哪怕是不惜代价和向伙伴做出让步也在所不惜,还是转为采取更清醒和务实的方针。"在他看来:"首先是要通过发展与独联体国家的双边关系来保障俄罗斯的国家安全利益。但是,俄罗斯不放弃在独联体范围内进行多种形式的合作和一体化。"②

独联体成立10年来,尽管俄罗斯为促进其在经济、政治和军事安全领域的一体化发展进行了种种外交努力,并制定了各种方案,但都没有取得预期的令人称道的进展,很多计划没能得到落实,例如组建独联体框架内统一的军事政治同盟的计划,其主要原因可以归结为以下几个方面。

其一,俄罗斯持续衰退的国家经济实力使其缺乏切实推进经济一体化的物质基础,而在独联体国家普遍陷入严重的经济危机和衰退的情况下,独联体经济一体化的空转使这些国家逐渐丧失了对独联体的兴趣而另寻他途。

其二,俄罗斯领导集团在主观上认为与独联体国家的合作具有"零和性质"的观点,也在很大程度上影响了俄罗斯采取切实推进一体化的政策。这种观点认为,独联体其他成员国在一体化过程中获得的好处是以俄罗斯做出牺牲为代价的,难以做到双赢或互利。

其三,苏联时代遗留下来的对大俄罗斯主义的戒心和由于苏联解体遗留下来的种种现实的利益矛盾,使一些独联体国家(以乌克兰为首的"古阿姆"国家)排斥俄罗斯的领导地位,担心在一体化进程中国家主权和国家利益受到伤害。

其四,美国等西方国家的离间政策在独联体国家与俄罗斯本来就存在矛盾

---

① 《Встречи руководителей государств - участников СНГ》,http://www.cis.minsk.by.
② С. Иванов: 《глобальная и региональная безопасность в начале 21 веках》,http://www.scrf.gov.ru./News/2001/02/04.html.

的情况下也起到了不可忽视的作用。

其五，独联体的一体化没有像欧盟那样，是在几十年的共同政治经济框架下发展而产生出的一体化内在需求。独联体首先是作为一种分家机制而产生的，各成员国首先面对的是真正成为一个独立国家的任务，各成员国在经济发展水平上的差异和经济体制改革进程的非同步性，使独联体一体化的首要基础——经济一体化难以进行，从而使独联体丧失了向心力，导致其他领域的一体化在俄罗斯不愿意付出单方面代价的情况下陷入空转。

同时也应该指出，独联体国家面临的极为复杂的内外形势，独联体成员国对俄罗斯诸多方面的需求以及成员国之间多领域的相互依赖，使得独联体这一特殊的相互联系机制能够在困难中生存下来，这些因素主要表现在以下几个方面。

其一，由于俄罗斯极力倡导独联体的发展，独联体其他成员国即使从维护与俄罗斯的双边关系出发，也不敢贸然提出退出独联体。

其二，尽管独联体的经济一体化发展不尽如人意，但独联体毕竟提供了一个维护苏联时期建立起来的传统经济联系的依托机制，这对于普遍处于经济困难的独联体成员国来说仍然是有吸引力的。在独联体的框架内比较有利于彼此之间解决在民族和领土问题上的纠纷。

其三，诸多独联体国家不能解决本国的安全问题以及由此产生的对俄罗斯的依赖，在很大程度上维持了独联体的向心力。白俄罗斯由于历史上形成的与波兰在领土和民族问题上的纠葛，在北约东扩波兰有可能成为其首批接纳的新成员的背景下，从1994年开始明显地放弃了独立之初所采取的中立主义对外政策，加速了向俄罗斯的靠拢，直至与俄罗斯建立国家联盟。南高加索的亚美尼亚由于与阿塞拜疆在纳戈尔诺-卡拉巴赫问题上的矛盾，使得亚美尼亚在独联体内部尽可能与俄罗斯保持一致。独联体成立不久就出现的塔吉克斯坦内战使哈萨克斯坦、吉尔吉斯斯坦和塔吉克斯坦竭力图与俄罗斯保持良好的关系。1999年7月，"乌兹别克斯坦伊斯兰运动"极端分子在乌、吉、塔三国交界处制造了大规模的武装暴乱后，1999年4月成为"古阿姆"集团主要成员的乌兹别克斯坦不得不在一定程度上放弃了与俄罗斯的不合作政策，1999年10月末到11月初，乌兹别克斯坦与俄罗斯、哈萨克斯坦、塔吉克斯坦和吉尔吉斯斯坦举行了以打击恐怖主义为目标、代号为"独联体南方盾牌"的联合军事演习。

其四，某些独联体国家对俄罗斯的能源依赖，在维持独联体的生存方面也起到了一定的作用。例如，2000年以来乌克兰对俄罗斯在石油和天然气供应方面的依赖，使乌克兰在俄罗斯的压力下大为收敛了亲西方的政策；格鲁吉亚对俄罗斯电力和其他能源供应的依赖，使格鲁吉亚的对外政策自2001年以来有所调整。

原载《东欧中亚研究》2001年第4期

友好20年 合作共发展

——对中国中亚外交具体实践经验的总结与思考

赵常庆[*]

2011年中亚国家独立20年，2012年中国与中亚国家建交20年。20年间，在中国与中亚国家的共同推动下，双方建立了前所未有的友好关系，已经成为"好邻居、好朋友、好伙伴"，并誓言"世代友好，永不为敌"。经济合作发展迅速，贸易额由1992年的4.6亿美元增长到2010年的300亿美元，中国对中亚投资超过100亿美元。双方在维护地区安全、打击"三股势力"以及人文合作方面也取得丰硕的成果。在国际和地区事务方面存在相同或相似的看法，还共同组建了上海合作组织。这些成就都给国际社会留下深刻的印象。2011年6月，胡锦涛主席在访问哈萨克斯坦的讲话中指出："中哈关系之所以能够大踏步前进并不断取得新成果，是因为双方始终坚持睦邻友好、平等互信的原则，始终坚持互利双赢、共同发展的目标，始终坚持与时俱进、开拓创新的精神。这些宝贵经验是两国关系继续前行的强大动力。"[①] 胡主席的讲话并非单指中哈两国关系，也适用于中国与其他中亚国家的关系。本文对中国与中亚国家友好合作20年的具体外交实践谈点看法，希望借此能对今后深化合作有所帮助。

---

[*] 赵常庆，中国社会科学院俄罗斯东欧中亚研究所原中亚室主任，研究员。
[①] 《人民日报》2011年6月15日。

一 正确对待中亚国家的体制变化，尊重各国人民的自主选择，坚定发展友好合作的信念与决心

中亚国家独立后，政治取向发生很大的变化。各国领导人放弃了共产党、共产主义目标和社会主义制度，对执行多年的政治经济体制进行大刀阔斧的改革。各国基本延续了戈尔巴乔夫时期留下来的政治遗产：多党制、三权分立、议会民主。在执行中也对这些舶来品根据本国国情予以改造，增加了本国的元素，即总统长期不变并高度专权，政府和议会基本按总统的旨意行事。有的国家例如土库曼斯坦不搞多党制。在经济体制方面，中亚国家都放弃了多年执行的计划经济体制，改行市场经济体制，大方向基本一致，但具体做法上有所不同。有的国家采用激进方式，如哈萨克斯坦；有的国家采用渐进方式，如乌兹别克斯坦。独立20年间，各国国内局势不完全相同，有的国家如吉尔吉斯斯坦发生两次非正常政权更迭，有的国家如乌兹别克斯坦和塔吉克斯坦被西方称作"最封闭"和"信息最不透明"的国家。

如何对待这些政治取向变化，如何对待与我国价值观已经不同且不断受到西方责难的中亚新独立国家，也是在考验我国领导人的智慧和我国的外交方针政策。中国政府迅速做出了承认中亚国家独立的决定，并很快与它们建立了大使级外交关系。中国迅速果断的外交举动受到中亚国家的欢迎和好评。中国与中亚国家在建交公报中确认了以"和平共处五项原则"作为发展彼此关系的基础，中国特别强调尊重中亚国家人民的选择。众所周知，中国曾长时间将国家关系与意识形态捆绑在一起，这次在对待中亚国家独立问题上将两者分开，是对新中国成立初期特别是"文化大革命"时期外交政策的重大修正。针对苏联解体后世界政党形势的变化，中国共产党提出了党际关系四原则，即"独立自主、完全平等、互相尊重、互不干涉内部事务"[①]，并将其运用于同中亚国家的政党关系实践中。党际四原则肯定了发展国家关系是第一位的，发展党际关系是第二位的，后者要服从前者。这同样为处理中国与中亚国家关系指明了方向。

在对待中亚国家的政治体制特别是政治取向上，中国与西方大国明显不同。中亚国家在体制问题上采取的是对西方体制照猫画虎，但还是不时受到西方的

---

① 《中国共产党第十五次全国代表大会文件汇编》，人民出版社，1997，第45页。

指责，西方甚至通过策动"颜色革命"来制造亲西方政权。但"颜色革命"的作用适得其反，西方国家非但没有建立起亲西方政权，反而让中亚国家对西方的戒心增强了。中国则真正践行了"不干涉内政"的基本原则。

中亚国家独立20年间，国内事务并非一帆风顺，有时甚至处境艰难。例如，2005年乌兹别克斯坦因"安集延事件"受到西方制裁，当时中国政府不理会西方的"提醒"，照常接待了该国总统卡里莫夫的访问，并对乌当局采取的维护本国稳定的行动表示支持，这是在对方最困难的时候给予的支持，使乌兹别克斯坦感到中国是真正的朋友。

中国对待中亚国家的外交方针是"以邻为善、与邻为伴""睦邻、安邻、富邻"。中国与中亚国家发展合作时突出"善"字，体现了中国外交的传统理念和追求世界和平的本质。

在经济合作方面，中国坚持"互利共赢"的方针。与中国相比，中亚国家经济实力较为弱小，在国家独立之初，百废待兴，急需外国的帮助。中国虽然不算富国，但毕竟是个大国，改革开放使国家实力有所增强，能对发展中国家提供力所能及的帮助，其中包括对中亚国家。当它们面临困境或需要帮助时，中国每次都能伸出援手，而且不附加任何政治条件。这也是中国与中亚国家能够做到关系和谐、合作顺利的重要原因之一。

当然，关系很好没有疑问，存在一些问题也不足为奇。这些问题不是中国政府方针政策存在的问题，而是地方、具体部门或企业个人在与中亚国家交往中产生的问题。例如，有些人在经济合作中过于追求经济利益，有时也表现出大国主义，对合作伙伴尊重不够；少数人遵纪守法观念淡漠，利用中亚国家体制转轨的漏洞从事非法牟利活动；在采取与跨境民族有关的外交举动时对对方的诉求有所忽视等。这些问题如不引起重视，加以改正，将会影响合作的质量和合作的深入。

二 平等协商、互谅互让，克服大国主义，是赢得中亚国家信任的重要原因

中亚国家是新独立国家，对国家主权较为敏感，很在乎别国尤其是大国如何看待它们和对待它们。中国作为中亚国家的邻国，也是大国，在与中亚国家交往时，特别是在解决存在争议的问题时，持何种态度会直接影响国家间关系

的走向。中国与中亚国家建交伊始就申明与中亚国家的关系是平等的关系，对存在争议的问题要通过平等协商、互谅互让来加以解决，这首先涉及与哈、吉、塔三国间的边界划分问题。

众所周知，边界问题或者说领土纠纷问题，是世界上不少国家迄今仍然存在的问题，由于这类问题对当事国具有很强的敏感性，极易牵动国民的神经，成为诱发国内政治斗争和国家间战争的导火索，因此，解决起来都很困难。

中国与中亚国家的边界问题是历史遗留给双方的问题，即使在中国与苏联相当友好的 20 世纪 50 年代，中亚国家当时还是苏联的加盟共和国，与中国的边界问题也没有解决。在中苏对立时期，两国甚至在边界地区发生过军事冲突。苏联解体后，中国与俄、哈、吉、塔四国就存在的边界问题举行谈判。谈判是以中国为一方，俄、哈、吉、塔为另一方进行的。这种谈判谈的是双边国界问题，却因历史原因以多边谈判形式进行，但边界谈判和边界划定工作最终还是通过双边方式完成的。

经过将近 10 年的谈判，边界划分问题得到圆满的解决。哈萨克斯坦是最早与中国解决边界问题的国家，接着是吉尔吉斯斯坦，最后是塔吉克斯坦。

中国与中亚国家解决边界划分问题是国家关系特别是政治关系中非常重大的事件。在世界上不少国家频受边界纠纷困扰的时候，中国与中亚国家的国界能够最终解决和划定，是有关国家本着睦邻友好精神，通过平等协商和互谅互让而取得的令各方满意的结果。不妨举一个例子。中塔两国边界争议地段约 2.8 万平方公里，最终划给中国的不到 1000 平方公里。中哈两国争议地段约 1000 平方公里，划分结果使哈萨克斯坦得到的部分略多于中国。中国在划界问题上充分考虑到对方的实际情况，体现出大国的气度和风范。事实上，划分国界进程并不是一帆风顺。各国都存在对划界协定存在异议的人，有的国家例如吉尔吉斯斯坦反对派还借此闹事，一度引发其国内局势的动荡。但由于各国领导人从大局出发，积极引导，使国界协定为各国议会所批准，使各项国界协定成为永铸史册的重要文件。

中国与中亚国家边界问题的成功解决，使中亚国家看到中国与大国主义划清了界限，也消除了影响彼此关系顺利发展的隐患，赢得中亚国家对中国的信任，为建立永久睦邻友好国家关系奠定了坚实的基础。

三 关注国际形势和地区形势变化，
化对合作的不利为有利

20年间，国际形势与中亚地区形势发生很大变化，对中国与中亚国家的合作产生较大的影响。

国际形势与中亚地区形势变化可概括为以下几点。

1. 俄美争夺中亚不止，但近几年攻防角色发生转换

对中亚形势影响最大的是俄美两国。冷战结束后，美国成为世界唯一超级大国，气势汹汹，到处伸手，不可一世。欧洲一些大国也与美国遥相呼应。它们趁一些原苏联加盟共和国独立之初百废待举之机加紧渗透。在不断抢占中亚国家的资源特别是能源资源的同时，大力推行"民主改造"政策，寻找代理人，并伺机推翻合法政权，建立亲西方政权。"9·11事件"后，美国以"反恐"为名在中亚建立了军事基地。2005年美国与欧盟一道在吉尔吉斯斯坦等国策动了"颜色革命"，中亚地区曾一度风生水起，似有"革命"席卷中亚全境之势。

然而，受国内外多种因素的影响，最近几年美国被迫调整中亚政策，将改造中亚国家政权的目标由急迫改为长远，由以变更政权性质为主改为"反恐、能源利益、民主改造"三者并重。通过加大在教育、禁毒、经援方面的投入，多做年轻人的工作，立足于长远，立足于中亚国家现当政者之后的变化。[①] 美国对外战略重心也有所变化，目前中亚已经不是美国对外政策的重点，但将中亚国家纳入自己势力范围的战略目标没有改变。

俄罗斯是美国在中亚最大的竞争对手。独立初期，俄罗斯受国内因素制约曾一度想放弃中亚。1995年后改变想法。普京执政后俄罗斯国内形势明显好转，对外政策尤其是对美政策趋于强硬，对中亚由声言不放弃到实际不放弃。在俄罗斯看来，保持中亚地区稳定，不只是中亚国家自己的事情，也同俄罗斯的国家利益息息相关。如专家指出的："美国所鼓动和支持的'颜色革命'由于触及了俄罗斯的核心利益，超越了俄罗斯对美妥协政策的底线，迫使普京政府开始

---

① 关于这方面论述见赵华胜《中国的中亚外交》，时事出版社，2009；赵常庆主编《"颜色革命"在中亚》，社会科学文献出版社，2010。

调整对美政策，着手谋划在中亚地区的外交反击。"①

近几年俄罗斯对中亚国家的政策既灵活，又务实，以确保中亚为自己的"后院"作为处理中亚事务的底线。俄罗斯国力由弱转强，在中亚也由守转攻。俄美角色的转换对中国与中亚国家的合作产生一定的影响。

2. 世界经济形势剧烈变化，能源粮食价格飞涨，严重打击了中亚国家

近20年，世界经济剧烈动荡、变化无常，经济全球化和区域经济一体化既给发展中国家带来了机遇，也带来了挑战，增加了国家治理的难度。刚刚独立不久的中亚国家无法摆脱世界经济变化大势的影响。1998年发生的俄罗斯金融危机和2008年发生的世界金融危机都重挫了中亚国家经济，世界能源和粮食价格的变化使哈萨克斯坦等国获利，也使缺乏能源和粮食的吉尔吉斯斯坦和塔吉克斯坦本来就困难的经济雪上加霜。

3. 区域经济合作步履艰难，寻求区域外合作以摆脱困境

近20年，区域经济一体化也是一股潮流，总的来看对相关方经济发展有利。然而，国际社会注意到，中亚国家与区域外国家的合作尚可，但区域内国家之间的合作存在很多问题。尽管中亚国家都认同加强合作有助于经济发展，各国领导人并不公开反对区域合作，也曾多次尝试建立地区经济合作机制，但实践表明，中亚国家与地区经济一体化渐行渐远。

4. 安全问题是合作各方，尤其是投资方必须考虑的问题

投资安全与经营环境安全是发展合作必不可少的条件。中亚地区在安全方面仍存在"三股势力"、毒品、走私、有组织犯罪、阿富汗和巴基斯坦反恐战争，以及吉尔吉斯斯坦国内局势动荡等问题，对合作方也产生一定的影响。

5. "第三种力量"也在觊觎中亚，多边竞争空前激烈

所谓"第三种力量"系指除美、俄、欧盟之外的国家、国际组织与金融机构，如土耳其、伊朗、韩国、日本、印度等以及亚洲开发银行、联合国开发计划署等。这些国家和组织怀有不同的诉求进入中亚，有的为帮助中亚国家发展，有的追求经济利益，有的是经济利益和政治诉求兼而有之，例如，日本和印度除谋求经济利益外，还希望中亚国家支持它们成为联合国安理会常任理事国，土耳其利用历史渊源、宗教和语言优势，通过"突厥语国家元首会晤"这个平台扩大自己的影响。

---

① 郑羽：《"颜色革命"与中俄美三角关系》，《和平与发展》2007年第4期。

中国与中亚国家的合作就是在上述复杂的国际和地区形势变化中进行的，因此，不能不受到来自各方面的影响。如何趋利避害，化不利为有利，便成为中国政府与中亚国家合作的一大课题。

首先，俄美争夺中亚的攻防角色互换，对中国与中亚国家合作有利有弊，利多弊少。

美国在中亚暂居守势有利于中亚地区的稳定和中国的西部安全。近几年中亚国家总统、议会选举相对平静，与美欧插手较少有直接的关系。美国暂不扩大在吉军事基地的功能，也没有在其他中亚国家建立新的军事基地，不仅使中国受到来自美国的军事压力减轻，也使中国与中亚国家的合作中消除了一个影响彼此关系的消极因素。俄罗斯加强在中亚的军事存在有利于中亚地区的稳定和震慑"三股势力"，稳定的中亚无疑有助于彼此的合作。这是积极方面。

俄罗斯扩大在中亚的影响力，通过建立关税同盟整合本国与中亚国家的能源和其他经济部门，增强与外国企业的竞争力，通过税收和限制外国进口商品种类等手段挤压中国在中亚国家的经济利益。这无疑会影响中国与中亚国家的经济合作。目前虽然只有哈萨克斯坦一国加入关税同盟，但该国是与中国经济合作规模最大的国家，如果以后吉、塔两国再加入，其影响会更大。

世界经济形势变化，特别是几次对中亚国家影响很大的金融危机，使中亚国家对中国发展经济的经验深感兴趣，对中国能在它们身陷困境时伸出援手表示感谢，使它们增强了与中国发展合作的信心和决心。"金砖国家"的崛起和在建立世界政治经济新秩序方面发挥越来越大的作用，对它们也是一个鼓舞，这有利于它们加强与包括中国在内的"金砖国家"的合作。中国解决粮食问题的经验也为缺粮的中亚国家所重视，双方加快了在农业领域的合作。

在谈到中国与中亚国家合作时不能不提到中亚国家之间的不和。乌兹别克斯坦和塔吉克斯坦在修建大型水电站问题上的严重对立，使中国难于出手相助，乌吉两国在修建中吉乌铁路上的意见分歧也使该项目迟迟不能上马。中国希望中亚经济能实现一体化，使中亚各国能尽快富裕起来，富裕的中亚国家无疑会提升与中国发展合作的水平。例如，中哈两国计划在 2015 年将贸易额提升到 400 亿美元，就是一个鲜明的例证。

"第三种力量"进入中亚，对中国与中亚国家的合作是挑战，也是推动。中亚国家是独立主权国家，执行全方位外交政策，与世界各种力量交往是维护国家安全与发展的需要。中国与"第三种力量"在中亚的关系既存在竞争关系，也存在合作的可能性。例如,在能源问题上,印度、日本、韩国都存在与中国的竞争关系,也存在制成品市场方面的竞争。但是,这种竞争并非完全无序。在中亚国家独立初期,在家用电器和日用消费品市场上,中国销售的商品基本属于低端产品,日本的商品为高端产品,土耳其、韩国的商品则为中端产品,彼此交叉较少。近年来,随着中国商品质量的提高,特别是中国已经拥有很多属于科技前沿的技术,如在无线电通信领域,交叉越来越多,竞争较前激烈。

中国与"第三种力量"开展合作的也不少。例如,中国与亚洲开发银行在推动中亚国家基础设施建设和减贫方面就有很好的合作。

四 深入研究中亚国家的国内外政策变化,做到知己知彼,使合作更有针对性和适应性

20年来,中亚国家国内外政策发生了不同的变化。这种变化是国内外形势决定的,世界上任何国家都会根据形势变化调整国内外政策,中亚国家也不例外,只是由于经验不足,变化可能较一些制度和管理成熟的国家多些。中国企业家有时抱怨中亚国家"政策多变"就是由此而来。这种情况要求中国企业家与中亚国家发展合作时要认真研究各国的政策,评估经营与投资风险,投资要适应对方的需要而不可自以为是,盲目进行。中亚国家独立初期对外国投资来者不拒,甚至中国一些小企业在那里建面条厂、暖水瓶厂都受到欢迎,也有利可图。后来中国大企业进入中亚,开始从事能源和资源开发,同样受到欢迎。然而,近几年中亚国家普遍要求中国能向非资源领域投资。这就是其国内形势发生变化,政策也随之发生变化。因此,中国企业在走向中亚时要了解对方的政策,而且要了解最新的政策,避免按老办法、老经验办事。如果盲目投入,扎堆在某一个领域,容易形成中国企业本身的恶性竞争,也不受对方欢迎,其合作效果肯定不好。

五 抓住合作的最主要方面,以此带动合作的全面发展

在中国与中亚国家20年的合作中,政治合作是最重要的合作。

20世纪50年代,中国特别是中国新疆地区与苏联的中亚各加盟共和国有过

关系相当友好的时期。这是由于当时中苏两国关系很好，具有同盟的性质。中央关系热，地方关系也不会冷。那时的经济合作与其他领域的合作也如火如荼。可是到了20世纪60年代，中苏关系恶化了，恶化是从政治领域和意识形态开始的，接着就波及经济领域和其他领域，由中央关系延伸到地方关系，中国新疆与中亚各共和国到了"鸡犬之声相闻，老死不相往来"的地步，甚至发展到在边境地区发生武装冲突事件。20世纪80年代初，中苏两国政治关系开始解冻后，经济关系也逐渐恢复，中央关系由冷转温，地方关系也随之跟进，中国新疆与中亚各共和国的交往也开始升温。

中亚国家独立后，中国与它们首先建立了良好的政治关系，为发展其他关系奠定了政治基础，经济合作与军事安全合作也随之展开。在政治互信不断深化和经济合作广泛开展的情况下，人文交流也被提到合作日程。因此我们说，政治领域的合作，提高政治互信的水平，是中国与中亚国家合作的大脑和神经，一旦它出了问题，就会直接影响其他领域的合作。而经济合作、安全合作等犹如人的肌体，受制于大脑，然而健康的肌体会有助于大脑的健康和更好地发挥作用。人文合作如同人的腿和足，有强壮的下肢才会站得稳立得牢。这种比喻未免机械一些，无非是想表明，各种关系对彼此合作都很重要，但政治关系还是最重要的。因此，为保证中国与中亚国家全方位合作的顺利进行，首先要做到的就是像爱护自己眼睛一样保护彼此友好的政治关系，其他方面的合作都要以不伤害彼此政治友好合作为前提。还应注意的是，经济、安全、军事、人文、教育、文化、地方、企业等领域产生的问题虽然也不利于双方关系的发展，但相对而言，这类问题产生的影响往往是局部的，带来的负面后果有限，在政治关系良好的情况下，可以通过友好协商、互谅互让加以解决。而政治关系则不同，一旦这种关系出了问题，会牵一发动全身，直接影响到其他领域的合作。

六 应注意到中亚国家原有的和新产生的差异，制定共同和带有区别性的政策

在谈到中亚主体时，人们一般都以中亚国家或中亚五国相称，有时更简便地用"中亚"代替。从中亚五个国家的历史、文化、宗教、语言和经济状况来看，它们确有相似之处。如果从全球角度看问题，简称中亚未尝不可。然而在

研究中国与中亚国家的关系、与它们开展合作时,要认真分析中亚国家的共同点和不同点,根据各国存在的共同性和差异性采取更加细致的政策,也就是说,需要制定共同的和带有区别性的政策。

中亚国家的共同点很多,可以想到的有以下几点。

它们都有悠久的历史,都被沙俄所征服,也都作为加盟共和国在苏联度过70年的共同时光,有相同或相似的历史记忆,为谋求独立曾采取过共同的行动。

它们都是独立20年的国家,正处在政治、经济、社会、文化转型阶段,面临的问题和挑战具有相似性。

它们都是发展中国家,其经济规模都不大,经济结构呈现单一性,资金不足决定它们必须发展对外经济合作,依靠国外资金和技术以求发展。

它们都是内陆国家,陆路交通都要经过第三国,且交通通信设施欠发达,走向世界是共同愿望,地理位置是共同的短板。

独立20年间,维护安全与稳定是各国面临的重大课题,恐怖势力和极端势力是它们面临的最大威胁,毒品、走私和有组织犯罪也在困扰各国。

然而,除共同方面外,中亚国家也存在许多不同方面。

各国的政治体制和国家治理方式不同,政治方面,多数国家采用总统制,吉尔吉斯斯坦采用议会制;经济方面,哈萨克斯坦等国改革采用激进式,乌兹别克斯坦改革采用渐进式,由此导致各国对外开放的速度和程度不同,哈萨克斯坦的国门开得快些大些,乌兹别克斯坦则开得慢些小些。

各国自然禀赋不同,拥有丰富石油天然气资源的哈萨克斯坦和土库曼斯坦,凭借自然资源广泛招商,吸引了大量外资,推动本国经济较快发展;而缺乏国际社会广泛需求的自然资源的塔吉克斯坦和吉尔吉斯斯坦,则招商不易,这两国水力资源虽然丰富,但受各种因素的制约得不到充分利用。飙升的石油天然气价格给哈、土两国带来大量外汇,人均国内生产总值快速提升;塔、吉等国大宗资源不多,加工产品也很少,致使财政拮据,经济困难。

各国的稳定性也存在差异。近20年,哈萨克斯坦、土库曼斯坦、乌兹别克斯坦较为稳定,吉尔吉斯斯坦则发生两次非正常政权更迭,迄今国内形势仍然不稳。塔吉克斯坦独立初期曾发生过五年内战,后实现民族和解,但内战后遗症至今仍依稀可见。

各国外交风格和外交侧重点不同。哈萨克斯坦外交活跃,不时通过举办大型国际会议展示自己,在实行全方位外交的同时,与俄罗斯的关系更为密切。

乌兹别克斯坦外交则相对保守，外交重点不时摇摆在俄美两国之间，缺乏定势，通常视国家利益需要而定。土库曼斯坦则奉行"积极中立"政策，广交友，不树敌，退出独联体后不再加入具有政治倾向的国际组织。

中国对待中亚国家的政策十分明确：总方针是"以邻为善，与邻为伴""睦邻、安邻、富邻"；政治方面奉行"不干涉内部事务，尊重各国人民的自主选择"；经济方面执行"优势互补，互利共赢"；安全方面为"世代友好，永不为敌"。这些方针政策对待中亚国家是相同的，不存在区别对待问题。我们所说的共同但带有区别的政策，也不同于世界上正在进行的关于"减排"问题的谈判，那是针对发达国家和发展中国家本质不同的国家集团而言，中国对中亚国家的立场不存在本质上的不同，这里所说的带有区别的政策是指对待各国不同的国情和遇到的不同问题，制定和实行不同的政策。例如，这些年中国在与哈萨克斯坦采油合作方面取得很大的成就，既解决了哈方资金不足和原油销路问题，也部分解决了中国石油短缺问题，可以说是取得"互利双赢"的结果。最近，哈方表示，中国在哈采油的份额已经不少，希望中国能对非资源领域投资。中国政府十分重视哈方的诉求，正引导中国企业更多考虑在机械、化工、交通、通信、农业、环保等领域与哈方合作。而塔吉克斯坦等国并不反对中国投资资源开发领域，中国政府就鼓励本国企业参与该国资源的开发。这就是政策方面的区别。又如，中国与中亚国家的贸易合作如同与其他国家一样，尽量争取做到进出口平衡。近20年这种努力在哈萨克斯坦等国已经初见成效。但是，中国对吉尔吉斯斯坦的贸易呈现近20倍的顺差，中国想缩小顺差都很困难，因为吉尔吉斯斯坦进口大量中国商品并非都是为了满足本国的需求，而是转销到其他国家。据了解，吉实行的这种"转口贸易"政策养活了本国数十万人。因此，在对待像吉尔吉斯斯坦这样的国家，可以采用不同的贸易政策，不必刻意追求贸易平衡。2010年，哈萨克斯坦人均国内生产总值达到9000美元，而塔、吉两国仅为1000美元左右，这种情况自然导致中国政府在对中亚国家援助或贷款问题上不能采用同一个标准，事实上中亚国家在使用中国为上海合作组织成员国提供的低息贷款问题上态度确实也不同。

中国对待中亚国家的基本政策是刚性，但在具体问题上政策呈柔性即灵活性。通常所说的"没有区别就没有政策"，这一点在中国处理与中亚国家的具体事务上也完全适用。因此，避免教条主义和政策划一也是处理好与中亚国家关系的经验之一。同时为做到政策有区别，还需要进一步了解中亚国家之间的区别之所在。例如我们常说"要照顾彼此的重大利益关切",为做到这一点,就必须了解中亚各国并非相同的"重大利益关切"是什么,这样才能做出有区别性的回应,收到理想的合作效果。

七 加强国内各方面力量的协调,集全国之力搞好与中亚国家的合作

20年来,中国与中亚国家关系发展很快。双方建交初期,除高层、外交和商务部门有相互接触外,前往中亚的多为小企业和个体户,大企业很少光顾中亚,非经商人士来中亚的也寥寥无几。然而,随着友好关系的不断发展,自1997年中国石油天然气总公司进入哈萨克斯坦阿克纠宾斯克油田之后,中国大企业,无论是国营的还是民营的,都陆续走进中亚,可以提到的如中国陆桥公司、中兴公司、华为公司、中国五矿集团、紫金矿业等。新疆的一些大型企业进入中亚的更多。除各类企业外,中国中央党政军部门、人大、政协、地方政府、科研机构、文化团体、新闻媒体、高等学校等都陆续与中亚国家对口单位建立了交流关系,每年前往访问的团组络绎不绝。中国在国内也接待了大批中亚来访者。各级交流频繁,往来人员如织,反映了双边关系的友好,也说明中国对与中亚国家发展合作的重视。特别是上海合作组织成立以后,随着各种部长级会议的机制化和相关专家工作组的成立,以及中央做出了"走出去"和"利用国内国外两个市场和两种资源"的战略决策后,中国走向中亚的单位和个人成鱼贯之势。

访问中亚、走向中亚、了解中亚、亲近中亚,这是好事,值得欢迎和提倡。因为每一次互访、每达成一项合作协议、每上一个项目,都是为构筑友好关系大厦添砖加瓦。

不过,随着访问、考察、签约、会议的增多,也出现了出访目的雷同、出访结果平平、赠款达不到预期目的的情况。特别是有些企业在情况不明的情况下盲目投资,对资源性项目不顾自身条件和国际影响蜂拥而上,为谋求企业私利恶性竞争,凡此种种,都对中国国家形象和促进彼此关系深化产生不利的影响。因此,在发展与中亚国家的合作问题上,需要国家协调、统筹规划、有序进行。要做到活而不乱、统而不死。在出访国别上要照顾到所有中亚国家,不要过于集中在某国,在经济合作方面要充分考虑对方的诉求,且莫自以为是,引起合作方的反感。国家在发展与中亚国家的关系时应加强人文交流工作,这

是较为薄弱的环节。与中国在中亚国家的政治经济合作相比,"软实力"的合作应该进一步加强。这一点国家也要领导和管理,将其置于与政治、经济合作同等重要的地位。

在与中亚国家发展人文合作时,要解决中国出访团组过多、中亚国家来华团组过少的问题,避免出现交流单向化的倾向,以免为"中国威胁论"鼓吹者提供攻击中国的口实。另外,不要过高估计中国在中亚的"软实力",迄今中国只是在推进汉语教学方面取得一些成绩,其他能力仍有限。须知,要使自己的国家被他国人民所认识,需要很长时间并做大量的工作。中国政府有必要提醒有关部门不要急功近利,更不要将蚂蚁说成大象,要为促进中国与中亚国家的友好合作多做实事,要一步一个脚印地前行。

中国改革开放30多年,不断总结经验,调整政策,放权地方政府走出国门是其中之一。就与中亚国家关系而言,新疆维吾尔自治区、北京、广东等地的企业,尤其是新疆企业走向中亚的很多。这就要求地方政府严格遵守中国对中亚国家的各项方针政策,在对外活动中树立良好的形象。须知,在国内有省市自治区之分,在国外都代表中国。出访团组的表现、进入中亚企业的活动,都会被所在国当局和民众看作中国的形象。中国中央政府和地方政府应该协同努力维护国家的良好形象,要求从单位和个人做起,从具体合作项目做起。

八 上海合作组织是中国与中亚国家开展友好合作的重要平台,要使它健康发展,越办越好

上海合作组织成立于2001年6月15日,迄今已有10年历史。该组织是以维护中亚地区安全、发展经济合作为己任,以"互信、互利、平等、协商,尊重多样文明,谋求共同发展"的"上海精神"作为处理彼此关系的准则。10年来,中国与中亚国家关系基本符合"上海精神",建立了"永久睦邻友好关系",彼此携手同行使地区和平与稳定得到维护,政治互信不断加强,经济合作不断深入,人文交流广泛开展,在国际和地区重大问题上形成广泛的共识,这些都与上海合作组织的存在与工作分不开。

迄今上海合作组织已经形成从成员国元首会晤、政府首脑会晤、联络员会议、有关职能部门首长和军队主官会议到专家组会议等完整的组织架构和工作机制。这就为中国与中亚国家建立了除双边关系以外的又一个多边联系与交流

平台。这些会晤机制根据"上海精神"达成的共识和制定的会议文件,具有普惠成员国诉求和利益的特点,收到互利多赢的效果。

在上海合作组织框架内进行的安全与军事合作,对于打击和震慑"三股势力",维护地区安全发挥了重要作用。2008年北京奥运会和2010年上海世博会的成功举办,与上海合作组织成员国在安保方面的配合分不开。各成员国对中国维护西藏和新疆的稳定采取措施的支持,是彼此友好与信任的具体表现。同样中国也对中亚国家在维护国家稳定、打击"三股势力"、禁毒和遏制有组织犯罪方面所做的工作给予了支持。

近年,在上海合作组织成员国间出现了一些跨国网络型建设项目,如通信、输气管道、公路等。这是上海合作组织框架内进行的多边合作的产物。目前项目还不多,相信将来随着逐渐消除中亚国家一体化进程中的障碍,这项工作还会取得更大的进展。至于贸易和投资便利化工作取得的初步成效已经在具体工作中有所体现。

更令人欣喜的是,近年人文合作取得的成果可圈可点。社会团体、教科文卫单位、体育团组、个人之间的往来不仅数量多了,而且手续也简便多了,各成员国为人文交流开绿灯,是政治互信不断提升的表现与结果。

总之,上海合作组织的成立和正常运作对中国与中亚国家的关系,特别是安全与经济合作,以及增进交流与信任,发挥了其他机制无可替代的作用。

当然,像一切新生事物一样,上海合作组织在成长的过程中也会存在不足和需要各方努力不断完善的地方。例如,中国与中亚国家的经济合作还是双边多于多边,已经确定的合作项目迟迟不能上马,投资与贸易活动由于存在一些壁垒还不够顺畅,一些不了解中国真实情况或别有用心的人相信和有意散布"中国威胁论"等。这些影响彼此关系的问题尽管不是彼此关系中的主流,但也会成为影响关系深入发展的障碍,需要各方努力克服。

原载《俄罗斯中亚东欧研究》2011年第6期

延续"总体稳定、局部动荡"的基本态势

孙 力[*]

2013年，中亚各国均稳步落实本国中长期发展战略，根据本国国情进行改革，总体上呈现出政治稳定、经济平稳增长、民众福利不断改善的良好发展态势，但也存在隐患。政治方面，执政当局均能有效控制国内局势，避免"阿拉伯之春"带来的冲击。社会经济方面，主要宏观经济指标均在各国政府预期范围内，尚未出现较大波动。民众工资和社会保障持续增加，民心思定。外交方面，各国继续推行具有本国特色的多元务实外交战略，对外合作展现出新的良好势头。安全方面，三股势力活动空间不断缩小，暴力恐怖事件数量总体下降，但仍存在许多不稳定和不确定因素。

一 政治形势

2013年中亚各国政治形势总体稳定，动荡但并没有对国家整体政治稳定造成有害冲击，表明各国执政当局能够有效控制国内局势，避免了"阿拉伯之春"和"颜色革命"的冲击。近年来，为了维护国家政治稳定，中亚各国均制定了国家发展战略。

哈萨克斯坦积极落实《哈萨克斯坦——2050》国家发展战略，这一纲领性文件是哈萨克斯坦总统纳扎尔巴耶夫2012年12月14日发表国情咨文时提出的，

---

[*] 孙力，中国社会科学院俄罗斯东欧中亚研究所副所长，研究员。

是对 1997 年提出的《哈萨克斯坦——2030》国家发展战略的继承和创新。2014年1月17日，纳扎尔巴耶夫发表了题为《哈萨克斯坦之路——2050：共同的目标、共同的利益、共同的未来》的国情咨文，进一步确定了到 2050 年前哈萨克斯坦的国家发展规划和战略目标，即跻身世界 30 个最发达国家行列；人均国内生产总值增长 3.5 倍，从目前的 1.3 万美元增加到 6 万美元；城镇居民在全国人口中所占比例，从现在的 55% 增加到 70% 左右；人均寿命提高到 80 岁以上，等等。致力于将哈萨克斯坦建设成为世界上人类居住最安全、最舒适的国家之一。①

2012 年 12 月，吉尔吉斯斯坦总统阿坦巴耶夫提出了《吉尔吉斯斯坦2013~2017 年稳定发展战略》，涵盖了未来五年国家发展的每个领域，为吉尔吉斯斯坦与社会发展描绘了宏伟蓝图。其经济发展目标是，未来五年 GDP 年均增长率不低于 7%，人均 GDP 翻一番，从 2012 年的 1200 美元增至 2017 年的 2500 美元；未来五年还将创造 35 万个就业机会，将贫困率由 37% 降至 25%，人均寿命从 2012 年的 69 岁提高到 2017 年的 73 岁；确定发展民主政治、推动经济发展、提高居民收入三大目标，集中力量发展矿业、能源、交通、农业、环保、旅游等产业。② 这是吉尔吉斯斯坦独立以来提出的首个国家发展战略，集中了吉尔吉斯斯坦各派政治力量的智慧。2013 年是落实该战略的第一年，取得了预期成果，为维护国家政治稳定发挥了积极作用。当前，吉尔吉斯斯坦人民正走在建设和平、幸福、繁荣国家的道路上。

此外，乌兹别克斯坦、塔吉克斯坦和土库曼斯坦也都制定了各自国家发展的重点领域和方向，如乌兹别克斯坦自 1997 年起，按照卡里莫夫总统的提议，政府每年确定一个重点领域和重点方向。2012 年 12 月 7 日，卡里莫夫总统在庆祝国家宪法日大会上宣布，将 2013 年确定为乌兹别克斯坦国家"幸福与繁荣年"。

与此同时，中亚国家也发生了值得关注的重大政治事件。

---

① Послания Главы государства Нурсултана Назарбаева народу Казахстана《Казахстанский путь - 2050：Единая цель，единые интересы，единое будущее》，http：//www. inform. kz/rus/article/2622136.

② Стратегия устойчивого развития Кыргызстана на период 2013 - 2017 годы，http：//www. kabar. kg/rus/Strategiya2017/full/48140.

（一）中亚一些国家"接班人"问题再次成为关注点

哈萨克斯坦是中亚的"稳定器"，独立以来没有发生过大的政治动荡，但有关"接班人"的问题一直是各派力量角力的焦点。特别是近年来，专家和媒体对哈萨克斯坦"接班人"问题的讨论和猜测接连不断。2011年3月，哈萨克斯坦政坛"不倒翁"、上院议长卡瑟姆－若马尔特·托卡耶夫被任命为联合国副秘书长、联合国日内瓦办事处总干事。当时，有消息猜测托卡耶夫将逐渐脱离哈萨克斯坦的权力漩涡，因为托卡耶夫一直被认为是哈萨克斯坦总统接班人人选之一。"2013年10月16日，哈总统纳扎尔巴耶夫再次提名托卡耶夫担任哈上院议长，获得了广泛支持。这一政治变动发生在哈政权党，即'祖国之光'党第15次代表大会召开前夕。有关媒体及专家大胆预测，这一任命可能是纳扎尔巴耶夫对权力交接的一种安排，并就这一安排进行了充分讨论。"[①] 在下一届总统选举之前，"接班人"问题将一直会是大家关注的焦点，因为这是哈萨克斯坦面临的现实问题。

乌兹别克斯坦"大公主事件"搅动乌权力漩涡。乌兹别克斯坦"大公主"古莉娜拉·卡里莫娃近年来逐渐成为中亚政治舞台的明星，并曾被传是乌兹别克斯坦总统未来继承人的热门人选之一。2013年10月，众多媒体突然传出卡里莫娃失势的消息，引起各方关注。随后，卡里莫娃的卫队长出逃、亲信被抓，她名下的电视台、电台、研究中心等相继被关闭。关于乌兹别克斯坦"大公主事件"的说法有很多，但均与"接班人"问题有关。媒体将"大公主事件"列为乌兹别克斯坦2013年头等大事[②]，至今该事件还在持续发酵。

（二）拉赫蒙再次高票当选塔吉克斯坦总统

2013年11月13日，塔吉克斯坦中央选举及公投委员会宣布总统选举最终统计结果，塔吉克斯坦人民民主党、青年联盟和独立工会协会共同推选的现任总统拉赫蒙获得84.23%的选票，再次当选总统。塔吉克斯坦总统选举于2013年11月6日举行，共有6位候选人参加角逐。其他5位候选人的得票率分别是：

[①] Зачем Назарбаев назначил Токаева? http://llzzz.nluhvsxeolnd-nc.ellqir.saariselka.ru/news/politics/33268/.

[②] Итоги 2013 года от CA-News: В TOP-10 самых читаемых новостей лидирует Гульнара Каримова, http://www.ca-news.org/news: 1093469/.

塔吉克斯坦农业党推荐的布霍里耶夫获得4.49%的选票,经济改革党主席巴巴耶夫获得3.82%的选票,共产党推选的候选人塔尔巴科夫获得4.93%的选票,民主党候选人伊斯蒙诺夫获得1.05%的选票,社会主义党主席加法罗夫获得1.48%的选票。本次总统选举投票率为90.1%,1.04%的选票被宣布无效。按照塔吉克斯坦的法律规定,任何候选人只要在总统选举中获得过半数选票,即被视为赢得选举。①

根据塔吉克斯坦的法律,新总统就职后,原政府应该集体辞职。2013年11月16日,拉赫蒙宣誓就职塔吉克斯坦总统。18日,拉赫蒙签署解散政府的法令,老政府继续履行职责至新政府组成。11月23日,拉赫蒙颁布总统令,任命索格特州州长科希尔·拉苏尔佐达为总理。拉苏尔佐达现年52岁,曾任塔吉克斯坦开垦及水资源部部长、议会上院副议长、索格特州州长等职。任命萨伊托夫为第一副总理,任命扎波洛娃和伊布拉希莫夫为副总理。11月30日,拉赫蒙完成新政府组阁工作并主持召开了新政府首次工作会议。② 新一届政府由22名成员组成,其中60%是新成员,新成员包括总理、外交部部长、财政部部长、交通部部长、能源及工业部部长等主要政府成员。塔吉克斯坦新一届政府组成的最大亮点是年轻化,平均年龄52岁,比上届政府低5岁,其中拉赫蒙总统的大儿子、海关关长鲁斯塔米·埃莫马利年仅26岁。许多新政府成员具有经济专业学位,并且具有理论和实践经验。

专家同时指出,拉赫蒙新任期面临诸多困难和挑战。③ 首先是腐败问题,打击腐败是拉赫蒙新任期内面临的主要难题,如执法人员的腐败问题等;其次是社会保障不足,特别是医疗领域问题突出,药品和医疗设备昂贵,需要国家加大投入;再次是保护境外劳动移民的合法权利问题,塔吉克斯坦在俄罗斯有100多万劳动移民,其生存条件和工作环境均较为恶劣,需要与俄方沟通协调;最后是社会法治建设,老百姓期待2015年议会选举能够更加公开、公平和透明。

---

① ЦИК Таджикистана объявил окончательные итоги выборов президента, ttp://www.news.tj/ru/node/176838.
② Рахмон проводит первое заседание обновленного правительства, http://www.news.tj/ru/node/178520.
③ Эксперт: Рахмон сегодня вступает в самый трудный и сложный период своего правления, http://www.news.tj/ru/node/177135.

(三) 土库曼斯坦组建多党制议会

2013年12月15日，土库曼斯坦举行第五届议会选举，283名候选人竞选125个议员席位。候选人主要来自土库曼斯坦民主党、工业家和企业家党，以及工会、妇联、青年组织和其他公民团体。土库曼斯坦国民议会是国家最高立法机构，1994年进行了首届选举。上届议会是2008年选出的，任期五年。

独立以来，土库曼斯坦民主党一直是该国唯一合法政党。直到2012年别尔德穆哈梅多夫连任总统后才表示，允许组建其他政党。2012年8月，土库曼斯坦成立了"工业家和企业家党"。因此，本届土库曼斯坦议会选举首次有两个政党参加选举。

2013年12月19日，土库曼斯坦中央选举委员会公布了选举结果[①]：共有279万选民参加了投票选举，占选民总数的91.3%；其中土库曼斯坦民主党赢得47席，工业家和企业家党赢得14席，工会组织赢得33席，妇女协会赢得16席，青年组织赢得8席，其他公民团体赢得7席。125名议会议员来自土库曼斯坦各行各业，也包含土库曼斯坦各民族代表。至此，土库曼斯坦走上了议会多党制的轨道。

(四) 库姆托尔金矿问题冲击吉尔吉斯斯坦政治稳定

吉尔吉斯斯坦反对派借库姆托尔金矿问题向当局施压，试图再次颠覆政权，虽未得逞，却对吉尔吉斯斯坦政治稳定造成极大冲击。库姆托尔金矿位于吉尔吉斯斯坦伊塞克湖州，阿卡耶夫时代，吉政府与加拿大"赛特拉黄金公司"签署了共同开发的合作协议。巴基耶夫时代，合作协议重新签署，吉方占33%的股份，加方则占67%。近几年，随着国际市场黄金价格的持续上扬，公司收益迅速增加，而大部分利润却被加方拿走，吉方不满情绪与日俱增。因此吉尔吉斯斯坦社会上要求增加吉方股权比重的呼声逐渐高涨，民众还多次组织集会、游行，要求将该矿完全收归国有。

从2013年3月起，围绕库姆托尔金矿问题引发了数次抗议活动，一度使问题政治化，被反对派利用作为攻击现政权的事由。从3月6日起，吉尔吉斯斯

---

① В Туркменистане подведены итоги парламентских выборов, http://www.turkmenistan.ru/ru/articles/39302.html.

坦南部城市贾拉拉巴德开始集会，提出释放故乡党议员、库姆托尔金矿国有化以及解散议会的要求，集会者表示集会是无限期的。5月30日，在吉尔吉斯斯坦伊塞克湖州的杰迪-奥古兹区发生围绕库姆托尔金矿国有化问题的大规模骚乱，数千名居民冲击当地政府，警察被迫开火，造成10人受伤，之后局势被控制住。同时，在贾拉拉巴德州，故乡党支持者冲击州政府大楼，萨特巴尔季耶夫总理飞抵当地，与示威者和故乡党成员谈判后，示威活动结束。6月27日，在伊塞克湖州的杰迪-奥古兹区再次爆发要求废止库姆托尔金矿开采协议的集会。集会人数约1000人。副总理马梅多夫飞抵现场，与集会代表谈判之后，活动结束。10月7日，伊塞克湖州再次出现民众要求解除库姆托尔金矿同加拿大公司之间协议的抗议活动。

库姆托尔金矿是吉尔吉斯斯坦主要经济来源之一。从1997年至2012年，库姆托尔金矿已开采黄金270.6吨，预计还能产金295.5吨。库姆托尔金矿现雇用约3400名全职工人和合同工人，月工资约为2000美元，是全国月平均工资的10倍。库姆托尔金矿冲突已成为吉尔吉斯斯坦经济发展中的重要问题。吉尔吉斯斯坦政府与加拿大"赛特拉黄金公司"在解决库姆托尔金矿问题上出现了很严重的分歧和矛盾。库姆托尔金矿的经济纠纷在吉尔吉斯斯坦国内已演变成政治问题。

二 经济形势

随着世界经济缓慢复苏和一体化进程的加快，尤其是借助地区间经贸合作的加强以及国际市场能源和原材料价格不断攀升等有利形势，中亚国家积极推行一些经济改革措施，扩大内需，加强基础建设，2013年各国经济呈现良好增长势头，但经济下行风险增强，国家间和地区间的经济差距也进一步拉大。

（一）中亚各国经济普遍增长

2013年中亚国家经济出现了普遍增长的势头。2013年哈萨克斯坦国内生产总值达2280亿美元，与2012年相比增长6%。其中，工业生产总值同比增长2.3%，固定资本投资增长6.5%，建筑业生产总值增长3%，农产品总值增长11.6%，零售业贸易总额增长12.8%，人均国内生产总值13000美元。全年失业率为5.2%,通货膨胀率仅为4.8%,为15年来最低。①

乌兹别克斯坦国内生产总值567亿美元,同比增长8%。其中工业生产总值增长8.8%,农业生产总值增长6.8%,建筑业生产总值增长16.6%,服务业生产总值增长13.5%,零售贸易总额增长14.8%,通货膨胀率为6.8%。居民实际收入增长了16%。②

相比较而言,吉尔吉斯斯坦经济形势表现比较出色,国内生产总值约合72.2亿美元,同比增长10.5%,若不计库姆托尔金矿产值,国内生产总值约合66.7亿美元,同比增长5.8%。其中,工业生产总值约合34亿美元,同比增长34.3%。若不计库姆托尔金矿的产值,工业生产总值约合17.5亿美元,同比增长3.5%。农林牧业生产总值约合35.5亿美元,同比增长2.9%。建筑业生产总值约合14.6亿美元,同比增长12.4%。人均国民生产总值约合1323美元,同比增长8.3%。③④

塔吉克斯坦国内生产总值约合85亿美元,同比增长7.4%。从塔吉克斯坦国内生产总值的结构来看,农业占国内生产总值的21.1%、服务业占15.7%、交通运输业占13.9%、工业及能源占13%、税收占12%、建筑业占10.2%。⑤

土库曼斯坦国内生产总值同比增长10.2%,其中工业生产总值增长7.3%,建筑业生产总值增长17.3%,农业收成良好,小麦和棉花获得大丰收,超额完成了年初制定的目标。⑥

---

① Правительство Казахстана прогнозировало рост ВВП по итогам 2013 года на уровне 6%, http://investfunds.kz/news/vvp-kazahstana-v-2013-godu-vyros-na-6-premer-ia-novosti-kazahstan-37375/. Президент Узбекистана подвел в Кабмине итоги 2013 года и определил задачи на 2014 год, http://www.inform.kz/rus/article/2622436.
② Аппарат правительстваитогах социально-экономического развития Кыргызстана оа 2013 год, http://www.kabar.kg/analytico6s/full/72725.
③ ВВП Таджикистана в 2013 году превысил $8,5 млрд, http://www.news.tj/ru/news/vvp-tadzhikistana-v-2013-godu-prevysil-85-mlrd.
④ Подведены итоги социально-экономического развития Туркменистана за 2013 год, http://www.turkmenistan.ru/ru/articles/39353.html.
⑤ 《中亚五国近年来吸引外资额较21世纪初增长了逾五倍》, http://world.people.com.cn/n/2013/0705/c157278-22095197.html。
⑥ 《2013年吉尔吉斯斯坦吸引直接外资9.932亿美元》, http://kg.mofcom.gov.cn/article/jmxw/201403/20140300512116.shtml。

(二) 中亚各国经济增长的动力及存在的问题

中亚国家在制定2013年经济发展规划时，充分考虑国际经济形势的总体趋势和本国的优势产业及经济条件，制定了鼓励扩大内需、创造条件吸引投资等政策，以确保本国经济稳定增长的经济发展战略。从各国2013年经济指标来看，基本实现了既定目标：各国的加工业、建筑业、服务业和零售贸易成为拉动本国经济的主要动力，各国的基础设施建设、旅游服务行业都取得了较快发展。

与此同时，中亚国家积极创造条件吸引外资。联合国贸易和发展会议发布的《2013年世界投资报告》数据显示，2009~2012年，中亚五国（哈萨克斯坦、吉尔吉斯斯坦、塔吉克斯坦、乌兹别克斯坦与土库曼斯坦）吸引的直接外资，相较于2000~2005年，增长了5倍多。报告称，该地区拥有丰富的石油、天然气及水力等能源，采矿业、加工业吸引了大量外资，同时近年来服务业和公路、铁路项目也成为吸引外资的热门领域。根据吉尔吉斯斯坦国家统计委员会的数据，2013年吉吸引外国直接投资总额达9.932亿美元，同比增长70%，主要的投资领域为不动产、金融业、加工业等。2012年10月4日，乌兹别克斯坦总统签署第4434号《关于促进外资吸引补充措施的总统令》，对一些生产领域的企业给予免除法人利润税、财产税、社会基础设施营建税、小微企业统一税以及共和国道路基金缴费等优惠。据乌兹别克斯坦外经贸部统计，2013年上半年乌兹别克斯坦吸引外国投资和贷款总计15.36亿美元，同比增长30.7%，其中政府担保下投资3.634亿美元，同比增长44.9%；外国直接投资和贷款11.73亿美元，同比增长26.8%。[①] 根据塔方统计，2013年头3个月塔吉克斯坦吸引外商投资1.82亿美元，比2012年同期增加4770万美元，主要投资领域为建筑和通信业。[②] 此外，在中亚一些国家侨汇也是促进其经济发展的重要因素之一。中亚一些国家在俄罗斯和哈萨克斯坦的劳务人员达数百万，每年汇回国内的劳务收入不断增加。

总体来看，中亚经济发展仍有不少困难，并受各种内外不利因素的制约。一是中亚各国经济结构不合理的局面仍没有得到大的改善。尽管各国均采取措施调整产业架构，但中亚国家经济依然依靠能源、大宗原料商品和侨汇支撑，

---

① 《乌兹别克斯坦加大吸引外资力度》，http://uz.mofcom.gov.cn/article/jmxw/201309/20130900286544.shtml。

② 《2013年头3个月塔吸引中国投资2920万美元》，http://tj.mofcom.gov.cn/article/jmxw/201308/20130800223110.shtml。

受外来因素影响大,从而导致经济增长波动幅度较大,物价水平反复变化等。如哈萨克斯坦、土库曼斯坦和乌兹别克斯坦主要依靠能源出口,吉尔吉斯斯坦库姆托尔金矿在国内生产总值中所占比重较大。二是地区内合作规模有待提高。近年来,中亚国家在寻求合作伙伴方面,缺乏实质性的协作和沟通,导致地区内贸易额不断缩减,跨国交通运输体系的潜力得不到有效挖掘,在能源、电力和水资源等的利用上协作力度还很小。三是个别国家政局不稳直接阻碍经济发展。吉尔吉斯斯坦持续动荡的政治局势阻碍了国家经济发展。四是区域内国家间和地区间的经济差距拉大。哈萨克斯坦经济一直是中亚的领头羊,国内生产总值比其他四国国内生产总值总和还多。但哈萨克斯坦国内地区间经济发展并不平衡。从行业来看,采矿业工资最高,农、林、渔业收入最低;从地区来看,曼格斯套州收入最高,北哈萨克斯坦州收入最低,相差两倍多。

三 外交形势

2013年,中亚各国充分利用地缘和资源优势,继续推行具有本国特色的多元务实外交战略,较好地维护了国家利益,对外合作呈现新的良好势头。

(一)中亚各国继续积极落实大国平衡外交

中亚各国继续积极推进与世界主要大国际之间的外交关系,谋求一种战略上的平衡,但实际上小国的大国平衡外交战略取决于大国的外交战略取向。

2013年美国在中亚的外交重点是围绕从阿富汗撤军和美国在中亚的军事基地命运展开的。但是,这并不意味着美国改变了其在中亚的长远战略意图,即推行美式民主、争夺自然资源和维护美国家安全利益。美国不会放弃在中亚的既得利益,只不过是不同时期侧重点不同而已。2013年1月15~17日,美国负责南亚及中亚事务的助理国务卿布莱克访问土库曼斯坦和吉尔吉斯斯坦,与两国讨论了在能源、人权和民主法治建设等领域的合作。2月20~27日,布莱克访问塔吉克斯坦和乌兹别克斯坦,与两国讨论了安全和军事合作等问题。4月7~15日,美国助理国务卿哈梅尔访问乌兹别克斯坦和塔吉克斯坦,主要是讨论与两国在民主和法治建设等领域加强合作。6月19日,美国前国防部部长拉姆斯菲尔德访问吉尔吉斯斯坦,主要是与吉有关方面讨论玛纳斯军事基地问题。7月18日,美国负责民主人权问题的助理国务卿齐默尔曼访问乌兹别克斯坦,访问了乌议会、国家人权中心、内务部人权局、宗教委员会，并与乌外长等举行了会晤，此外，访问了费尔干纳州。访问期间，她强调乌美在乌人权改善方面的合作有很大的空间。12月9日，乌兹别克斯坦外长卡米洛夫率团访问美国，出席在华盛顿举行的第四轮乌美双边磋商。

2013年，俄罗斯通过关税同盟、集体安全条约组织等独联体框架内的区域一体化组织，积极发展与中亚国家的关系，进一步深化在政治、军事安全、经贸等领域与中亚国家的合作，逐步恢复并提升其在中亚地区的传统影响力。首先，俄罗斯与哈萨克斯坦、塔吉克斯坦和吉尔吉斯斯坦的关系进一步加强。俄罗斯与哈萨克斯坦同属关税同盟成员国，吉尔吉斯斯坦和塔吉克斯坦积极谋求加入关税同盟。2月8日，哈萨克斯坦总统纳扎尔巴耶夫访问俄罗斯，与普京总统在莫斯科举行了会谈，双方讨论了双边合作中出现的问题，就推进地区一体化等问题达成共识，决定进一步实施2013～2015年两国共同行动计划，并力争在2015年前建成欧亚经济联盟。① 5月28日，集体安全条约组织非正式峰会在比什凯克举行，其间，俄罗斯总统普京、哈萨克斯坦总统纳扎尔巴耶夫、塔吉克斯坦总统拉赫蒙和吉尔吉斯斯坦总统阿坦巴耶夫讨论了建设"俄罗斯—哈萨克斯坦—吉尔吉斯斯坦—塔吉克斯坦"铁路问题，各国元首委托本国相关部门对该项目的可行性进行研究。② 7月7日，普京访问哈萨克斯坦，与纳扎尔巴耶夫总统讨论了进一步发展双边关系的重要问题，以及落实欧亚经济共同体跨国委员会5月在阿斯塔纳达成的协议，并交换了对西亚、北非形势的看法。③ 8月1日，塔吉克斯坦总统拉赫蒙访问俄罗斯，与普京讨论了双方在经贸、军事、地区安全和人文等领域的合作问题以及劳动移民问题。双方同意落实2013年10月签署的有关俄驻塔军事基地地位和条件的协议。④ 其次，俄罗斯与乌兹别克斯坦的关系进一步改善。4月14～15日，卡里莫夫总统访问俄罗斯，与普京总统

---

① В мае 2014 г. мы должны иметь соглашение, чтобы с 2015 года объявить о создании Евразийского экономического союза-Президент РК, http://www.inform.kz/rus/article/2533453.

② 《集安组织峰会在吉召开，谈及建设"俄—哈—吉—塔铁路"》，http://kg.mofcom.gov.cn/article/jmxw/201305/20130500144445.shtml

③ Н. Назарбаев: Во взаимодействии между нашими государствами нет никаких неразрешимых проблем, http://www.inform.kz/rus/article/2572477.

④ Итоги встречи Рахмона и Путина: Договоренности скоро будут реализованы, http://www.news.tj/ru/node/164276; Узбекистан и Россия подписали пакет документов об экономическом сотрудничестве, http://news.uzreport.uz/news_2_r_104064.html.

重点讨论了双方在政治、经济、投资、科技和人文等领域的合作事宜,就地区安全形势和阿富汗问题交换了意见,双方签署了《2013年至2017年两国政府间经济合作纲要》《2013年至2015年政府间人文和科技领域合作纲要》,以及鼓励和保护相互投资协议等文件。① 12月27日,乌兹别克斯坦总统卡里莫夫签署法令,正式批准《独联体自由贸易区协定》,这标志着乌兹别克斯坦完成了《独联体自由贸易区协定》生效所需的国内全部审批程序,正式加入独联体自贸区。② 据俄罗斯联邦移民署在其官网公布的数据,截至2013年10月18日,在俄罗斯有262.18万名乌兹别克斯坦公民、119.36万名塔吉克斯坦公民、67.17万名吉尔吉斯斯坦公民、61.52万名哈萨克斯坦公民和2.72万名土库曼斯坦公民,来自中亚五国的公民共计512.95万名。

  2013年,中国与中亚国家的关系取得突破性进展。2013年9月2~13日,中国国家主席习近平对土库曼斯坦、哈萨克斯坦、乌兹别克斯坦和吉尔吉斯斯坦进行了首次国事访问,并出席在吉首都比什凯克举行的上海合作组织元首会议。习近平主席与四国元首建立起良好、亲密的工作关系和个人友谊,共同规划了中国与中亚国家关系的发展蓝图,为双边关系奠定了坚实基础。访问哈萨克斯坦期间,习近平主席阐述了中国的中亚政策,提出了共同建设"丝绸之路经济带"倡议,得到了中亚国家的普遍支持。4月6~8日,哈萨克斯坦总统纳扎尔巴耶夫对中国进行国事访问并出席博鳌亚洲论坛2013年年会。其间,习近平主席与纳扎尔巴耶夫总统举行了正式会谈,共同见证两国有关部门和企业签署双边合作文件。5月19~20日,塔吉克斯坦总统拉赫蒙访问中国,其间,两国元首宣布将两国关系提升为战略伙伴关系。至此,中国与所有中亚国家建立了战略伙伴关系。"中国商务部新闻发言人姚坚就'丝绸之路经济带'建设情况接受采访时说,2013年中国与哈萨克斯坦、乌兹别克斯坦、塔吉克斯坦、吉尔吉斯斯坦四国的贸易额达402亿美元,比2012年增长13%。"③ 中国与土库曼斯坦1~6月的双边贸额为51.6亿美元。2013年中国与中亚国家间贸易将突破2012年的460亿美元。2013年,中国是土库曼斯坦第一大贸易伙伴,是哈萨克斯坦、乌兹别克斯坦和吉尔吉斯斯坦第二大贸易伙伴,是塔吉克斯坦第三大贸

---

① 《乌兹别克斯坦正式加入独联体自贸区》,《经济日报》2014年1月2日。
② 《乌兹别克斯坦正式加入独联体自贸区》,《经济日报》2014年1月2日。
③ 《2013年中国与中亚四国贸易额突破400亿美元》,http://news.xinhuanet.com/fortune/2014-02/13/c_119322234.htm。

易伙伴。

（二）中亚国家积极发展与次大国的关系

2013年6月30日至7月1日，英国首相卡梅伦访问哈萨克斯坦，与哈总统纳扎尔巴耶夫签署了两国《关于战略伙伴关系联合声明》。此外，两国企业签署了10多项合作协议，协议金额近10亿美元。英国是继美国和荷兰之后在哈萨克斯坦投资最多的国家，累计投资达120亿美元。目前在哈共有600多家合资企业，涉及交通、冶金、医疗、银行等领域。哈萨克斯坦希望通过原料换取英国的投资和先进技术。双方计划到2017年前将双边贸易额增加一倍。2012年英国与哈萨克斯坦的贸易额为23亿美元。①

2013年9月11～13日，土库曼斯坦总统别尔德穆哈梅多夫对日本进行了为期三天的正式访问。访问期间，与日本首相安倍晋三举行了会谈，双方签署了《土库曼斯坦和日本关于建立新型伙伴关系联合声明》。② 此外，双方就日本将向土投资100余亿美元建设天然气和化学原料加工工厂签署了多项合同和框架协议。截至2013年7月1日，日本在土库曼斯坦参与了26个项目的投资建设，总投资额为7.81亿美元。

（三）中亚国家间合作加强，但问题依旧存在

2013年5月27日，塔吉克斯坦总统拉赫蒙对吉尔吉斯斯坦进行正式访问，与吉总统阿坦巴耶夫、吉议长热恩别科夫和吉总理萨特巴尔季耶夫会见，并参加"吉－塔国家间协调委员会"第一次会议和集体安全条约组织非正式峰会。塔吉克斯坦和吉尔吉斯斯坦具有丰富的水力资源，都处于跨界河流的上游，由于水力资源的开发一直受到下游国家的抵制，成了季节性电力资源丰富的国家。因此，两国都希望利用自己丰富的水力资源开展对外合作。两国都表示愿意积极参与"CASA－1000"输变电线以及水电站建设，在水电开发领域相互支持。塔吉克斯坦希望同吉尔吉斯斯坦共同建立优质的交通通信网。

2013年6月5日，塔吉克斯坦总统拉赫蒙访问土库曼斯坦，同到访的阿富

---

① Казахстан и Великобритания подписали совместное заявление о стратегическом партнерстве, http://www.inform.kz/rus/article/2570670.

② В Токио подписано Совместное заявление между Туркменистаном и Японией о новом партнерстве, http://www.turkmenistan.ru/ru/articles/38964.html.

汗总统卡尔扎伊和土库曼斯坦总统别尔德穆哈梅多夫一起出席"土库曼斯坦—阿富汗—塔吉克斯坦铁路"一期工程开工仪式。① 三国元首在开工仪式上一致强调，该铁路的修建不仅会密切三国经贸关系，而且对地区跨境运输走廊建设也具有重要意义。该铁路建设是由别尔德穆哈梅多夫提议修建的。2011 年 5 月，三国政府签署了关于修建铁路的框架协议。2013 年 3 月 20 日，三国元首又在阿什哈巴德共同签署了关于修建铁路的谅解备忘录。根据三方达成的协议，铁路一期 88 公里包括两个路段：土库曼斯坦境内阿塔梅拉特—厄曼纳扎尔路段 85 公里，阿富汗境内厄曼纳扎尔（土阿边境站）—阿基纳路段 3 公里。一期工程主要由土库曼斯坦铁道部承建。

2013 年 6 月 13～14 日，哈萨克斯坦总统纳扎尔巴耶夫访问乌兹别克斯坦，与乌总统卡里莫夫就两国在各领域合作及中亚安全问题举行会晤，双方签署了《哈萨克斯坦和乌兹别克斯坦战略伙伴关系条约》。② 根据条约，哈乌两国将加强政治、经济、交通、文化和军事等领域的全面合作。条约还规定，哈乌两国将在解决中亚地区水资源利用问题上保持协商一致的立场。两国元首重申，哈乌将加强合作，共同应对安全威胁和挑战，巩固中亚地区局势的稳定。访问期间，纳扎尔巴耶夫参加了哈驻乌使馆新馆开馆仪式和塔什干阿拜像的揭幕仪式。

2013 年 11 月 25～26 日，土库曼斯坦总统别尔德穆哈梅多夫访问乌兹别克斯坦。两国元首签署了联合声明③，声明表示将利用广泛的外交途径和手段就阿富汗问题进行政治协调，争取和平解决，恢复经济，改善当地居民的社会经济生活；双方发展互利的经贸联系，扩大经贸往来的规模和范围；双方在交通领域扩大合作，发展交通走廊；落实建设国际走廊"乌兹别克斯坦—土库曼斯坦—伊朗—阿曼"协议。除了共同声明之外，双方还签署了《人文领域合作政府间协议（2014～2015）》《紧急情况预警和处理政府间合作协议》等 8 份政府间文件。

尽管如此，中亚国家间固有的问题并没有解决。因跨界水资源利用和边界问题引起的国家间冲突依然持续不断。

---

① В Туркменистан с визитом прибывают президенты Афганистана и Таджикистана, http://www.turkmenistan.ru/ru/articles/38667.html.

② Узбекистан и Казахстан подписали Договор о стратегическом партнерстве, http://news.uzreport.uz/news_ 2_ r_ 105727.html

③ Президент Узбекистана и Президент Туркменистана подписали пакет двусторонних документов, http://news.uzreport.uz/news_ 2_ r_ 114122.html

四 安全形势

2013年中亚国家安全形势相对平稳，没有发生重大安全事件。但是，中亚国家安全环境依然严峻，不确定因素增加。

（一）恐怖、极端活动依然存在

一年来，中亚国家没有发生具有严重影响的安全事件，但是，各国恐怖主义和极端主义活动依然存在。吉尔吉斯斯坦和塔吉克斯坦一直是中亚安全的薄弱环节。2013年5月中旬，吉尔吉斯斯坦安全部门在首都比什凯克抓获一名伊斯兰解放党分支机构领导人。11~12月，吉尔吉斯斯坦安全部门在首都比什凯克和奥什州抓获14名伊斯兰解放党积极分子。近年来，伊斯兰解放党一直在吉尔吉斯斯坦积极招募人员。2014年1月23日，吉尔吉斯斯坦边防军在离中国边界不远的伊塞克湖州击毙11名武装分子。[①] 9月底，塔吉克斯坦内务部逮捕了10名极端分子，他们企图在总统选举前夕在杜尚别策划恐怖袭击。据当地媒体报道，这伙极端分子与基地组织有密切联系，在阿富汗的某一秘密营地接受军事训练。此外，乌兹别克斯坦也抓获了40多名极端分子，其中9名来自塔什干地区。

据媒体报道，目前中亚国家均有恐怖分子在境外参加"圣战"。在叙利亚动乱中就发现来自哈萨克斯坦和吉尔吉斯斯坦等中亚国家的恐怖分子。中亚国家普遍担心，这些恐怖分子将"回流"中亚制造恐怖事件。据吉尔吉斯斯坦国家安全委员会消息，2013年8月底，吉尔吉斯斯坦安全部门在奥什州破获了一个国际恐怖组织"伊斯兰圣战联盟"，该组织活动的目的是在比什凯克和奥什等地发动恐怖袭击。[②]

（二）极端思想的渗透是中亚国家最主要的潜在威胁

当前，极端思想在中亚国家蔓延，特别是在年轻人和大学生中迅速蔓延，

[①] Уничтожены преступники, совершившие убийство гражданина КР и оказавшие вооруженное сопротивление пограничному наряду, http://www.kabar.kg/law-and-order/full/70157

[②] В Таджикистане к лишению свободы приговорены студенты, участвовавшие в войне в Сирии, http://www.fergananews.com/news/21637.

严重威胁国家未来的稳定。传统宗教和带有极端思想的非传统宗教激烈交锋,带有极端思想的非传统宗教往往更容易被青年所接受,因为,目前中亚国家青年中存在的一个重要问题是宗教知识匮乏,在物质极大丰富的当今世界各种欲望不断提高,传统宗教的教育则相对落后,因此,青年人极易被带有极端思想的非传统宗教所蛊惑。极端思想蔓延已被极端主义和恐怖主义所利用。为此,哈萨克斯坦总统纳扎尔巴耶夫下令制定《2013～2017年打击宗教极端主义和恐怖主义国家纲要》①,2013年9月,纳扎尔巴耶夫批准了该纲要,旨在通过预防、打击和消除后果等措施,消除恐怖主义和宗教极端主义滋生的土壤、活动的条件和危害。塔吉克斯坦总统拉赫蒙在会见宗教人士时指出②,极端宗教思想的渗透滋生了一系列犯罪案件。2012年至2013年5月,塔吉克斯坦发生50多起信徒敲诈勒索事件。2013年前5个月,塔吉克斯坦发生32起极端主义和恐怖主义事件。为了改变这一状况,塔吉克斯坦开办了一些宗教学校,让年轻人接受正规的宗教教育。

(三)阿富汗问题仍是中亚国家主要的外部安全威胁

随着2014年国际反恐联军撤离阿富汗日期的临近,阿富汗安全形势进一步恶化。阿富汗国民军队不足以确保本国的安全,军事政治局势不容乐观,有可能再次爆发内战。当前阿富汗境内恐怖活动日益猖獗,其中参与恐怖活动的有乌兹别克人、维吾尔族人、车臣人、吉尔吉斯人等,这些人将俄罗斯和中亚,以及中国新疆视为自己的发源地,因而不可避免地会向俄罗斯、中亚国家和中国流窜,如"乌伊运""伊扎布特""东突伊斯兰党"等恐怖组织分子。阿富汗的毒品问题突出,中亚国家和俄罗斯不仅是阿富汗毒品过境国,而且是阿富汗毒品的消费国,吸毒人数不断增加。联合国毒品和犯罪问题办公室(UNODC)2013年11月13日发表通报指出:"2013年阿富汗的罂粟种植面积扩大了1/3以上,达到29.9万公顷,而罂粟是生产鸦片和海洛因等毒品的原料。2013年阿富汗的鸦片产量将达到5500吨,比上一年增加50%。"有数据显示,阿富

---

① В профилактике религиозного экстремизма и терроризма будет усиливаться роль общественных институтов - заместитель председателя Агентства РК по делам религии Галым Шойкин, http://www.inform.kz/rus/article/2610146.

② Выступления Э. Рахмона на встрече с духовенством, http://www.news.tj/ru/news/polnyi-tekst-vystupleniya-e-rakhmona-na-vstreche-s-dukhovenstvom.

汗地区的毒品产量已占全球毒品交易的 90%,而中亚与俄罗斯则是阿富汗毒品的主要输出地。

(四) 中亚国家内部安全问题凸显

中亚国家不仅缺乏建立集体安全机制的统一意识、良好的国际法基础、共同发展的意愿,而且,国家之间矛盾重重,反恐合作很难形成合力。与此同时,受国际和地区局势的影响,中亚各国社会治安问题加剧。2013 年塔吉克登记的犯罪案件达 18336 起,比 2012 年增加了 1740 起,同步增长 10.5%。其中诈骗案增长 23.5%,流氓案增长 50%,人身伤害案增长 17.5%。[①]

面对复杂的安全形势,特别是 2014 年国际反恐联军撤出阿富汗可能带来的安全风险,中亚国家采取了一系列安全防范措施,积极参加有关国际和地区合作,维护国家安全与稳定,取得了良好效果。中亚地区目前面临的不安定因素很多,在打击恐怖主义、分裂主义和极端主义势力方面仍任重道远,必须防患于未然。

五 结语

从目前情况看,中亚国家形势仍很复杂,非传统安全威胁依然存在,阿富汗局势前景不明,国际金融危机的影响还没有完全被克服,世界经济危机还有反复的可能性,中亚各国仍有大量民生问题需要解决。特别是个别中亚国家权力交接的不确定性加剧了中亚国家的政治风险,乌克兰政权非正常更迭、克里米亚独立并加入俄罗斯联邦,这都为中亚国家敲响了警钟。未来个别中亚国家的权力交接问题将是人们关注的重点。

原载《中亚国家发展报告 (2014)》

[①]《2013 年塔吉克斯坦犯罪率上升 10.5%》, http://tj.mofcom.gov.cn/article/jmxw/201401/20140100471587.shtml。

安全两难与中俄关系

姜 毅[*]

在冷战结束后的最近10余年里，中俄关系无论在适应新形势方面，还是在满足两国各自外交战略的需求方面，都走在了大国关系调整的前面。两国关系的顺利发展为两国共同和各自营造和平稳定的周边环境提供了可能。但是，在中俄关系顺利发展的同时，我们依然需要清醒地看到制约两国关系发展的某些限制性因素，正视与此良好形势不协调的"暗流"。这里所指的是两国关系面临的"安全两难"（security dilemma）。本文的目的就在于揭示这些障碍，并提出解决问题的思路。

一

"安全两难"是一个重要的国际关系理论。按照其鼻祖约翰·荷茨的概念，国际社会的每个个体为求安全起见总是在追求权势和实力，这样一个过程又会促使其他个体因同样的理由而不断加强自己，从而又加强了前者的不安全感。如此循环的作用－反作用进程不仅没有真正巩固各自的安全，而且可能恶化双方关系的气氛。在相邻的国家间，这种两难可能就更明显。在冷战后新国际安全格局未形成之际，两难状态普遍存在于国家关系之中，安全两难理论仍不失为考察国际局势和国家关系局势的一个重要理论参照。因此，用这一理论来看待中俄关系中的一些问题，似乎使我们对两国关系中的某些现象有了更深刻和更全面的了解。

---

[*] 姜毅，中国社会科学院俄罗斯东欧中亚研究所研究员，中国社会科学院俄罗斯研究中心秘书长。

虽然中俄两国在冷战结束后立即宣布互为友好国家，两国早在1996年就开始建立战略协作伙伴关系。但是，安全两难的状况依然存在于中俄两国关系之中。事实上，随着时间的推移，这种状况还有不断加强的趋势。有必要指出的是，中俄两国的国内发展战略和外交活动目标都决定了，任何一方都没有企图利用冷战后的新局势，有意寻求获得对对方的优势，或奉行旨在针对另一方的政策。也就是说，中俄两国之间的安全两难问题，目前在很大程度上并非人为的结果，而是两个接壤大国由于最近10年力量状况的变化，在传统安全理念影响下"自动"形成的状态。两国自身和双边关系中的下面一些特点，可能是导致产生两难状况的重要因素。

第一，中俄两国都是变化中的国家，它们都不是现存的国际制度的制定者和主要受益者。也正因为如此，它们力量状况的增减、社会发展方向的选择，以及在这个过程中国家利益、外交战略的调整，特别是两国对未来国际和地区制度的构想将对另一方造成何种影响，都是双方特别关注的，也是对方难以预期的。

第二，在世界迅速变动和重新组合的进程中，中俄两国都明显感受到了外部的压力，从而推动两国民族主义在社会动员中起着一定的作用。有差别的是，由于中国政权的控制能力和传统意识形态的作用，总体说来，民族主义情绪在中国的政策制定中尚处于可控制的范围之内。而在多元化的俄罗斯，民族主义更容易找到宣传的渠道，也更容易影响政策的选择，政府的政策较容易变为因变量，而不像中国那样在相当程度上仍是自变量。另一个差别是，中国的民族主义是在国家发展进程中逐渐上升的，更多表现为自信和进取；俄罗斯的民族主义由于国家的衰败，更多反映出对现实的不满和危机感。尽管有这些差别，但无论是中国，还是俄罗斯，在培育和形成成熟的民族心理和爱国理念方面都还需要学习。

第三，中俄两国不仅是大国，有自己宏伟的抱负，而且是邻国，有漫长的边界线，这种状况在国际关系中几乎是绝无仅有的。从某种程度上说，双方都容易自觉或不自觉地将对方视为自己潜在的竞争者，也都容易自觉或不自觉地在自己的政策中对对方持有戒备心理。

第四，中俄两国虽然有过合作与睦邻的历史，但毋庸讳言，在过去几百年里，双方的对抗和敌视不仅时间长，而且影响深刻。且不论两国社会中因此存在的疑虑心理，仅指出由过去的历史造成的、迄今未完全解决的边界遗留问题就足够了。

由此可见，在上述诸种因素的影响下，中俄两国间两难状态之形成几乎是难以避免的，如果没有这种两难局面倒是一种不正常的现象了。在最近10年里，中俄两国力量对比状况发生了历史上从未有过的变化，这也使得目前在中俄两难状态中，更主要的是俄罗斯对中国的担心和疑惧。

俄罗斯对中国的担心最集中的表现就是俄罗斯社会一直存在着的所谓"中国威胁论"[1]。这些判断归结起来可以分为两个方面：其一，中国迅速发展后肯定要试图获取在亚太地区的主导权，这个过程很可能伴随着一些冲突和斗争，从而影响到这一地区的稳定和俄罗斯的安全，不仅如此，中国力量的增长还很可能加强它在与俄罗斯打交道时的地位，迫使后者接受中方的主张；其二，也是最经常和最普遍的"中国移民占领俄罗斯领土"的论调，其基本依据是"无政府的国际竞争规则"，即一个崛起的大国必然在市场、能源和人口聚集地等方面争取更大的空间，而俄罗斯脆弱的远东就是中国的首选。它认为，中国的人口对俄罗斯，尤其是其远东地区构成了巨大的压力。中国移民的传统是家庭、家族、姓氏式的，而他们又极难被当地文化同化，从而可能在俄罗斯形成一个个中国人的居住点。其发展逻辑就是会先向俄罗斯政府提出行政管理权要求，进而是自治要求，并寻求母国的支持。其结果只有两个：要么俄中发生对抗，要么俄罗斯领土首先是中国一直"耿耿于怀"的远东地区领土被逐步蚕食掉。尽管现在中国政府未必有计划地进行这种活动，但届时中国政府将无法控制这种局面，且一个强大的中国也很难抵御这种诱惑。经常被用来支撑这一分析的还有至今也未改变的中国对有关历史问题的观点，即坚持认为俄罗斯从衰败的清王朝手中夺取了大片土地。

从中国的角度看，上述观点当然是十分离奇和荒唐的：自己好不容易从与庞大的邻国的对抗中摆脱出来，正致力于解决内部的改造和发展问题，需要营造和平稳定的国际环境，怎么会再与这个邻国过不去？更不用说中国还面临着西方强大的压力和捍卫领土完整的重任。至于俄罗斯关于上百万中国人移民的说法就更有些可笑和不值一驳了。且不论中国人或中国政府是否有这样一个野心勃勃的计划，即使大批中国人抵达了俄罗斯，按照俄罗斯一些

---

[1] 俄方报刊上发表的文章谈到"中国威胁"的地方甚多，难以一一列举。下面所列观点即为对所有这些看法的总结。

人的逻辑,在上百年前就有了大量中国移民的北美、东南亚今天早该支离破碎了。把对历史的记录与现代的政策联系起来的推理同样是莫名其妙的。如同没有人因今天和未来中俄关系的友好,把20世纪60年代的两国关系改写成花团锦簇一样,希望中国涂改对19世纪历史的认识也是荒唐的。让中国人难以理解的是,中俄两国关系一方面在不断得到巩固和加强,另一方面俄罗斯的"中国威胁论"却愈炒愈烈;中俄两国一方面需要共同面对霸权主义的压力,另一方面俄罗斯不少人却接过了西方的"中国威胁论"的口号。在这样一种情况下,中国人是不是也会产生某些疑问:北方的朋友如此怀疑我们,这个朋友是否可靠?如此认识中国的朋友是否明天也会参与构建反华"防疫线"[①]?按照这个可怕的逻辑推演下去,俄罗斯和中国都不愿看到的"谎言的自我实现"就会走上被启动的边缘。

在俄罗斯,最积极宣传"中国威胁论"的有这么一批人,他们或出于个人政治利益,或基于某种"民族爱国"情怀。前者(如前远东地区行政长官纳兹德拉坚科)企图借炒作"中国问题"在政治舞台上引人注目;后者(如民族主义者日里诺夫斯基)则不过是为了给自己的仇外理论添加一点内容。在关于俄罗斯按何种模式发展(即走向西方,还是走向东方)的争论中,中国因素也常常被涉及。一些西方派人士为了论证俄罗斯融入西方的必要,把中国当作一个威胁的来源和防御的靶子。在这方面,亚·沙拉温可能是比较典型的。根据他的分析,俄中关系似乎是"宿命论"的:无论中国是强大抑或孱弱都会对俄罗斯构成威胁[②]。

事实上,上述政治原因在推广"中国威胁论"方面只是起到"添砖加瓦"的作用。更多认为存在"中国威胁论"的俄罗斯人,包括那些对华并无恶意的学者、政府官员[③],他们的根据还是传统的地缘安全观念。这也是俄罗斯关于"中国威胁论"认识"流行"的主流因素。这些判断当然不是真理,或者缺乏

---

① "9·11"事件后,俄美关系的改善在中国一些专家那里引起的对中俄关系前景的担心与此背景不无关系。
② 〔俄〕亚·沙拉温:《三大威胁》,《独立军事评论》2001年9月28日。
③ 例如,亚历山大·卢金绝非反华人士,他对中国的了解远胜于一般人。但读过他的《俄罗斯和中国》(〔俄〕《国际生活》杂志2001年第12期)一文,就会发现,他似乎对未来中国在领土问题上的态度也吃不准;同样对中国有着足够知识的还有亚历山大·拉林,不过,他在《俄中战略伙伴关系中的美国因素》(〔俄〕《远东问题》2000年第6期)中多少表现出的对中国的恐惧,丝毫不亚于普通的俄罗斯人。

足够的根据。但就其相当部分的表述者而言，却确实是出自真实的疑惧。而且，从这些判断的推理而言，这种担心也具有自己一定的历史和理论的逻辑。换个角度，从安全两难的理论来看，这些疑虑也并非臆想。一个只有720万人口、俄罗斯族只占这个总数的54%的远东地区①，一个经济发展和人均收入都低于全国平均水平的远东地区，面对人口众多、充满活力的中国能没有危机感吗？

在过去10年里，无论俄罗斯社会存在着多么大的对中国行为的猜疑和戒备，安全两难问题都没有成为阻碍中俄两国关系进程的障碍，现在也没有理由认为这种状况将导致双方在安全和外交政策层面出现政策变化。但是，在双方长期保持相互防范心理的情况下——随着中国的不断强大和俄罗斯不可避免地复苏，这种两难状况在某种程度上还可能加强——谁也无法保证两国战略协作伙伴关系不会受到影响，两国关系推进的深度和广度不会遇到牵制。西方许多分析家正是据此得出了"中俄伙伴关系只是权宜之计，没有前途的结论"。俄罗斯更有人已对"中国威胁论"产生了病态的反应：在目前自己无力担负遏止中国的"重任"的情况下，把"希望"寄托在美国的身上，企图与西方在亚太地区组成某种同盟，借美国对中国的高压态势，来阻止中国的"外向"进程；并认为这是俄罗斯解决长期的远东战略问题的"历史性机遇"②。也正因为两国面临的两难局面，一直对中俄关系予以关注的西方似乎也期望利用中俄之间的戒心，在两国之间打入楔子："在21世纪，俄罗斯受到的威胁不是来自欧洲，而是来自在南部和东部与其接壤的亚洲国家。""只要中国强大到能够在太平洋对美国、在远东对俄罗斯提出挑战，它就会弃俄罗斯而去。"③

因此，如果仅将俄罗斯对中国担心的言论视为别有用心的反华宣传，如果我们不能理解这种担心的根源和普遍认同度，自然也就不会积极寻找解决问题的办法，那就不仅是对上述担心有些简单化，而且可能是对确保两国关系健康发展有害的了。

---

① 与中国交界的滨海边疆区、哈巴罗夫斯克边疆区、犹太自治区和阿穆尔州的俄罗斯人口为420万。〔俄〕叶·莫德利奇：《人口潜力与在俄罗斯远东的中国人》，《远东问题》杂志2001年第6期。
② 〔俄〕韦塔利·奇基奇科：《与美国一道，还是分离》，《独立报》2001年6月9日。
③ 〔俄〕马克·亨利：《美国在亚洲的存在是与俄罗斯结盟的序曲》，《莫斯科新闻》2002年1月29日。

二

对于安全两难问题,以及由此主要在俄罗斯引起的种种担心,中俄双方,特别是中国,一方面应予以理解,意识到这是一个无法避免的"自然"现象,另一方面,不能够回避,而且应予以高度的重视,最关键的是找到跳出两难局面的道路,设法降低相互防范心理的程度。两国面临的主要任务在于,如果我们双方不能根绝这种两难状况及由此产生的相互戒备心理,那至少要设法使之不破坏大局,并从另一个角度推动双方关系进一步发展。

中国应该清楚,世界历史的经验已经反复证明,任何一个落后大国的实力迅速上升时,都会引起周边和国际的关注和不安。事实上,随着中国的不断发展,以及随之而来的利益的不断延伸,安全两难问题已远不仅只产生在中俄之间。在中美、中日、中印和中国与东南亚等几乎所有利益相关或与之接壤的国家和地区关系中,安全两难状况已越来越明显。无论中国愿意与否,它都已"被迫"站在了地区活动舞台的中央。在这种形势下,中国意欲争取良好的周边环境,就更需要前所未有的智慧、技巧、谨慎和忍耐力;在这种形势下,急于摆脱被动地位,追求现有条件下难以企及的目标,就可能过度使用自己的实力,结果只会适得其反;在这种形势下,中国外交的任务应该是在开展外交的过程中寻求机会。

中国还应该看到,中俄关系中的一些要素是在其他中国所面临的两难困境中所不具备或不同时具备的。其一,中俄两国的综合国力最近10年里在不断接近,并可能继续保持这种趋势。而力量大体均衡历来是获取相对安全的基础,也是最有可能促使双方合作解决问题的关键因素。其二,中俄两国关系在过去10年里建立了良好的政治基础,从而为两国缓解因误读、误判而造成的相互戒备创造了良好的环境。其三,中俄两国致力于内部发展的相同任务,决定了两国争取和平、稳定周边环境的总体外交和安全战略,并由此产生了在双边关系中实现睦邻友好的政策。与此同时,两国在许多国际和地区问题上也有着相同或近似的立场。这些均为两国关系的接近提供了实际的利益前提。正是具有了上述这些要素,在中国所面临的一系列两难困境中,中俄之间的安全两难即使不是最容易缓解的,也是较有可能得到缓解的。而这种两难状况的改善将使中国整个北部边疆的安全与稳定有所保障。不仅如此,在两个大国间安全两难问题的缓解也可能为其他类似问题的解决提供一个范例。

对于俄罗斯而言，中国一句古训可能是十分有益的：悠悠万物，有容乃大。如果在过去数百年中最大的受害者中国可以"结束过去，开辟未来"，那么俄罗斯也应该可以"放下包袱，轻装前进"。鲁迅先生说："曾经阔气的要复古，正在阔气的要保持强大，未曾阔气的要革新。"任何国家的进步和发展都是历史的法则，中国的强大也是时间问题。可能俄罗斯已"习惯"与一个虚弱的中国打交道，但它今后不得不适应与一个强大的中国当邻居。人类进步到今天，通过限制别国的生存和发展空间，获得自己利益的方法已行不通。因此，受困于安全两难而试图阻止、遏制中国，不仅是不理智的，而且也是无用的。正如有人指出的，把中国变为俄罗斯的敌人那简直就是噩梦[1]。一个繁荣的中国是俄罗斯远东和平与稳定的保障；中国越是发展，它与各国的联系越紧密，也就越不可能挑起事端，也就越需要保持和平的外交政策。

无论是历史还是现实都已经证明，追求绝对安全不仅是不可能的，而且是有害的。因为它既会加强两难局面，又将使自己陷入永无止境的安全困境之中。强大是保证安全的基本条件，但这个逻辑不能推演为：只要强大了，安全问题就解决了。因此，面对安全两难局面，"自助"式的保障安全方式可能永远达不到其推行者试图达到的目的。正是基于这一理由，中俄两国都意识到必须从更广泛、更综合的角度思考安全问题，树立新的安全观。这就是不仅考虑自身的安全，也充分注意他国正当权益的"同等安全"；要建立以平等为基础，以消除共同威胁为目的，以预防性外交为主并辅之其他手段的"集体安全"。

中俄两国还需要意识到，解决面临的外部压力问题更主要的是取决于它们自己。在两国都必然地选择与世界主要大国改善关系的情况下，透过北京—莫斯科—华盛顿的棱镜看待中俄关系是没有什么必要的。中俄两国关系发展首要的和最关键的理由不是联合抵御美国的霸权，而是基于一个最"简单"和现实的理由：它们是邻国。

为了营造共同安全，中俄双方提出了对两国关系发展最形象的目标描述：好邻居、好朋友、好伙伴。显然，好邻居应该是前提和基础，是两国关系第一位的目标，是两国关系发展的出发点，是推动两国关系最核心的动力。什么是好邻居呢？每个"家庭"都可以也必然有自己的"私生活"、自己的生活方式，

---

[1] 〔俄〕德米特里·特列宁：《中国需要予以特别关注》，http://www.carnegie.ru/russian。

但这并不成为相互敌视的理由；每个"家庭"可能对问题的看法和解决方式不同，但这不妨碍它们密切的交往，不影响它们共同处理某些问题，不影响它们的相互帮助。中国俗语中说的"远亲不如近邻"包含的就是这个意思。同样，中国文化中认为，邻里之间的不和，邻里之间的相互猜疑、戒备，乃是生活中一大不幸。

中俄两国欲实现共同安全、缓解两难局面、成为好邻居，唯一的出路在于全方位的合作。这就是两国在保持各自独立性的同时，也应根据自身的利益需要确立起类似市场关系的相互依存、相互协调的"供需"体系。在合作中加强彼此了解和信任，在合作中交流信息、降低"交易成本"，在合作中创造相互连接的网络，并由于这种合作使双方获利而加深合作程度，也由于相互依存和能有稳定的预期而保证合作关系的持久。这样，中俄关系就能够始终处在良好的发展轨道中，避免任何风浪对它的冲击。

过去的10年里，中俄两国几乎在涉及两国关系的所有领域都进行了广泛的合作：双方建立了最高级定期会晤机制，各层次的交流和人员往来频繁；基本解决了两国间历史遗留的边界问题；经贸等领域的交流合作不断扩大；两国在促进世界多极化、维护全球和平与稳定方面进行了卓有成效的战略协作，在双边和地区、国际问题领域的协商与合作开始了制度化建设的努力。双方已向对方证明，本国涉及对方利益的国际行为是严守道义的和可以预测的，在双边关系问题的处理上互谅互让是两国的基本行为准则。2001年7月，两国还以法律文件的形式明确了这种关系的性质和原则。所有这些都促使两国之间的关系走上了稳定和可预见的轨道，也为两国跳出传统的两难困境奠定了政治和法律基础。

中俄两国早在双方发展关系的开始就不断强调两国不断接近的友谊是公开的、透明的。中俄睦邻友好合作条约再次把"不结盟、不针对第三国"视为它们相互协调和互利合作的宗旨。"不结盟"的原则丝毫不妨碍双方在共同关心的并有相似立场的问题上的合作。在某种程度上，"独立自主"的外交可能更有助于双方以更坦诚、更"轻松"的心态来进行合作。中国和俄罗斯都将以发展自己、创造和平环境为首要任务，以反对对抗、争取和平为外交活动的指导方针，它们认为，平衡的、全方位的外交符合各自的利益。事实上，双方主张的国际关系民主化是反对逆时代潮流的霸权主义和强权政治，而不是试图对现有的国际体系和基本规则实行彻底的"革命"，更谈不上重温20世纪50年代封闭的

"同盟鸳鸯梦"。不过，还是应该承认，两国关系最近10年的迅速提升与两国面临的复杂的国际环境有着密切的关系，换句话说，"外力"在推动两国关系方面起了重要的作用。而且，两国在过去较短的时间内，还只是迅速搭建了新型关系的总体结构，而这个庞大"建筑"内的许多具体部分、包括其运作机制还处在一个细化过程。因此，如果从两国关系发展的长远和稳定的角度出发，从缓解"静悄悄"地侵蚀两国关系的安全两难的需要出发，如何逐步减轻外部因素对两国关系的影响已成为首要课题。双方还需要进一步推进某些还较薄弱的领域的工作，逐步增强合作的"内生性"因素，以巩固两国关系的基础。所谓的"内生性"因素是指，通过广泛的合作与交流加强两国人民间的了解与信任，并使两国人民能从合作中获利，从而产生进一步合作的动力。

谈到合作是不能不提到俄罗斯远东地区的。一方面，这里与中国紧密相邻，最有可能成为好邻居的窗口；另一方面，对"中国人来了"的担心又是这个地区一些人士经常宣传的主题。这种由民族偏见、不守规则的非法交易以及几十年的对抗和孤立引起的怀疑已使远东变成产生"中国威胁论"的一个主要的温床。在这里缓解安全两难最主要的出路是远东与中国东北的经济合作。事实上，特殊的地理环境决定了，远东的发展依靠遥远的莫斯科的可能性极小。市场的互补程度、交易的低廉成本都说明，俄罗斯远东地区的一个主要的伙伴来自相邻的中国东北。在这样的经济合作中，中国企业当然可能得到利益，但远东同样也会得到发展的机会，而发展才是远东安全和稳定最牢固的保障，这远比停留在口头上的担心和疑惧更可靠、更实在。

在俄罗斯远东（当然还有西伯利亚）的发展中一个重要的问题是劳动力缺乏。为了解决这个难题，俄罗斯一些学者大胆提出了大量引进中国劳动力的方案①，可见，不少俄罗斯人是有足够的智慧和远见的。按照"资本永远自动地流向有利可图的地方"的逻辑分析，不妨将劳动力也当作一种特殊的资本，近年来中国人大量地流入俄罗斯的根本原因之一是那里可以产生机遇。对俄罗斯来说，可怕的不是发展所需的劳动力资本（想想许多拥有大量华人国家的状况），俄罗斯不该对按合同工作的中国劳务人员担心，他们担心的应该是这些资本活

---

① 俄罗斯科学院的一些专家提出了调整移民政策，吸引亚洲劳动力到西伯利亚和远东的建议，著名的西方派人士德米特里·特列宁也提出了类似的观点，参见《中国需要予以特别关注》一文，http://www.carnegie.ru/russian/Projects/security.htm。

动方向、目的和手段。因此,对俄罗斯最合适的办法可能不是堵截,而是有效地利用。有序、有计划地引进劳动力同样可以成为中俄双方创造共赢的途径。这里的核心是建立规范市场、管理资源流向的法律环境和制度。

虽然中俄宣布建立的战略伙伴关系是面向世界的,它们业已表示出来的对新的世界秩序的看法、对多极化世界力量格局的配置构想都表明了这一点。但是,在最近的时间里,两国不能不看到,它们的合作仍主要集中在地区水平上,这是由两国目前的国际角色定位决定的。两国在可预见的将来依然是地区性的大国,它们的力量投掷范围、可能施加影响的区域和关注的焦点主要集中在周边地区,或与它们切身利益紧密相关的领域。这也是两国集中精力于国内建设和节约资源的外交战略原则的要求。也正基于这一点,地区性问题是两国最有可能利益交叉、兴趣相同,并在多个领域进行合作的领域。比如两国在与它们最直接相关的中亚地区的合作,比如双方在朝鲜半岛问题上立场的协调和合作。指出中俄合作的地区性质并不是否定这种合作的国际意义。其实,中俄两个大国的协调和接近本身所具有的国际影响,两国在欧亚大陆合作可能带来的地缘战略价值,是毋庸置疑的。

在中俄地区合作方面最现成,也是开始迈向成功的例子是上海合作组织。中俄与中亚国家的多边合作并不是为了迎合"普遍联合"的世界趋势而搭建的临时机构。事实上,它们面临着完全具体的任务:确保相互间的良好关系,确保本国和地区的安全,促进每个成员国的发展,推动互利的经贸交往。换句话说,促使六国迅速接近的动力首先是它们现实的利益需求。同时,上海合作组织的重要意义还不仅在于参与各方能够共同回应由三种危险势力给这个地区带来的挑战,它还符合由经验和理论证实的以多边合作塑造共同安全、缓解安全两难的精神。这就是,多边合作为参与各方提供了互利的机会;多边合作为各方的活动建立了一定的规则,并可能使各方的行为模式具有可预见性;多边合作为各方提供了获得较透明信息的平台。从这样一个角度看,"9·11"事件后中亚地区的新局势并没有动摇中俄在上海合作组织内的合作基础。首先,塔利班政权的倒台并没有解决中亚面临的稳定与发展的问题,上合组织,机制原始的活动目标(即所谓的两个轮子)依然有充分的发展空间。其次,其他势力进入中亚并没有改变多边合作的国际潮流,事实上中亚所面临的诸多问题远不是单个的双边关系能够解决的,即使这种双边关系中的一方可能具有超强的实力。同样,奢望上海合作组织在短时间内就解决既有问题取得突破,显然也是不现实的。最后,上海合作组织不可能也不应该是封闭式的同盟。在一定程度上,它是中俄两国就协作解决涉及共同利益的地区问题搭建的多边平台,地区力量多元化的形势既可视为是对两国的挑战,也可当作推动两国在这方面合作的机会,同样还可以成为两国与其他势力进行合作和交流的渠道。

缓解安全两难并非易事,历史上也鲜有成功的范例可循。欧洲宿敌德法两国在1945年后的和解对中俄两国来说显然不具有典型意义。因此,中俄两国缓解两难肯定不会是一个较短的进程,而需要更大的努力、更多的智慧和更理智的选择。

原载《东欧中亚研究》2002年第5期,《俄罗斯学刊》2013年第1期

俄罗斯的"东进"政策：
成就、问题与走势

柳丰华[*]

从 2010 年以来，俄罗斯开始推行"东进"政策——加强在亚太地区的外交和影响，其标志性事件是，2010 年 7 月在哈巴罗夫斯克召开的巩固俄在亚太地位问题会议上，梅德韦杰夫总统强调俄要参与亚太地区一体化。2012 年 5 月普京再次担任俄罗斯总统后，通过吸引亚太国家参与西伯利亚和远东地区开发，通过主办亚太经合组织符拉迪沃斯托克峰会等举措，表明俄进一步融入亚太区域合作进程的政策取向。本文将论述俄罗斯"东进"政策的背景、成果和问题，在此基础上研判其未来走势。

一 俄罗斯实施"东进"政策的国内外背景

（一）亚太国家区域化蓬勃发展，作为亚太国家的俄罗斯需要融入亚太地区经济一体化进程，以促进其经济发展和现代化进程

当前，世界经济重心正在从大西洋地区向太平洋地区转移，亚太经合组织成员国占世界 GDP 总量的 55%，占世界贸易总额的 49%，占世界投资的 40%[①]。尽管俄罗斯与亚太经合组织的合作水平在逐年提高，但是，从俄罗斯作

---

[*] 柳丰华，中国社会科学院俄罗斯东欧中亚研究所俄罗斯外交室主任，研究员，法学博士。
[①] 数据引自 Глеб Ивашенцов, Самит АТЭС – 2012: Тихоокеанские горизонты России, Международная жизнь, февраль 2012г.

为亚太地区的地理组成部分之一,作为一个拥有丰富的能源与矿产资源和先进的科学技术的国家角度来看,它与亚太国家经济合作的潜力远没有充分发挥出来,其典型例证之一就是俄罗斯在亚太经合组织成员国外贸总额中的占比仅为1%[①]。因此,俄罗斯不能自外于亚太地区经济一体化进程,积极参与亚太经合组织框架下的区域合作成为俄罗斯对外政策越来越重要的一个方面,是其实现国家现代化的必然选择路径之一。

(二) 俄罗斯正在实施西伯利亚和远东地区开发计划,吸引地理上邻近的、经济上迅速发展的亚太国家参与这一开发进程十分必要

西伯利亚和远东地区可谓地大物博,占俄罗斯领土面积的75%,蕴藏着俄罗斯50%~80%的重要战略资源,但是由于地理、气候和历史(两地在苏联时期作为"封闭的后方"极少参与对外经济交往,在叶利钦时期没有获得俄罗斯政府的开发投资)等原因,社会经济发展滞后,人烟稀少,仅有约2500万人口,而且呈现人口递减趋势。近年来,俄罗斯认识到,其领土亚洲部分的经济落后,不仅阻碍了俄罗斯融入亚太经济合作进程,而且制约了国家的经济复兴。因此,俄罗斯政府出台了一些旨在发展远东和西伯利亚的政策文件,其中包括2009年批准的《2025年前远东和贝加尔地区社会经济发展战略》等;在远东地区实施了一些大型能源项目,同时以举办亚太经合组织峰会为契机,投入巨资在符拉迪沃斯托克市兴建基础设施,使之成为俄罗斯对亚太国家合作的"窗口"。2012年普京担任俄罗斯总统之后,将开发东部地区确定为国内政策的优先方向,并专门设立远东发展部,责成地区发展部实施西伯利亚开发。与此同时,俄罗斯清醒地认识到,开发广袤的东部地区所需要的大规模投资,不是俄罗斯单独所能胜任的,因此俄需要开展国际合作,特别是吸引邻近的亚太国家参与俄远东开发。2009年9月,中俄两国批准《中国东北地区与俄罗斯远东及东西伯利亚地区合作规划纲要(2009~2018年)》,俄罗斯期望通过中俄毗邻地区间的经贸合作来促进俄东部地区的发展。2010年7月,梅德韦杰夫总统在哈巴罗夫斯克召开的远东社会经济发展和巩固俄在亚太地区地位问题会议上,要求加强俄罗斯积极融入亚太地区一体化进程和扩大在该地区的经济存在。普京在《俄罗斯与变

---

① 数据引自 Глеб Ивашенцов, Самит АТЭС - 2012: Тихоокеанские горизонты России, Международная жизнь, февраль 2012г。

化中的世界》一文中指出:"我们将促进西伯利亚和远东的进一步发展,使我国能够在更高的程度上参与'新亚洲'快速发展的一体化进程。"①

(三) 作为俄罗斯能源和武器出口重要市场的亚太国家,在西方国家经济持续萧条的情况下,对俄罗斯愈发显示出日益增强的吸引力

欧盟一直是俄罗斯能源的最大消费市场,但是由于欧盟害怕过度依赖俄罗斯天然气而实行能源进口渠道多元化政策,近年来欧盟国家又深陷金融-经济危机等原因,欧洲对俄罗斯的能源需求趋于饱和。相比之下,经济蓬勃发展、对能源需求日益增长的亚太国家,成为俄罗斯扩大能源出口的新市场。目前俄罗斯向中国、日本、韩国和美国出口的石油不到俄罗斯石油出口总量的15%,石油产品不足10%,向日本、韩国和美国西海岸供应的天然气约占俄罗斯天然气出口总量的7%,②这些数据说明,俄罗斯对亚太地区的油气出口具有广阔的前景。俄罗斯正在其远东地区建设面向亚太市场的油气出口管道设施,中俄原油管道运营良好,2012年12月,面向亚太地区市场的东西伯利亚—太平洋石油管道二期工程(从斯科沃罗季诺到太平洋沿岸的科济米诺港)竣工并投入使用,这使俄罗斯很快将成为亚太地区石油市场重要的输出国。同时,俄罗斯积极推动通向中国、韩国的天然气管道建设项目,准备扩大对日本的液化天然气出口。随着《2010~2015年俄罗斯与东盟能源合作工作计划》的实施,俄罗斯与东盟国家在能源勘探、开采、贸易及可再生能源开发等领域的合作逐渐发展。与亚太国家日益扩大的能源贸易,不仅将使俄罗斯成为该地区重要的能源供应国,而且使它摆脱了能源出口过于依赖欧盟市场的局面。近年来,亚太国家出于保护海上边界、航道,打击走私和恐怖主义等考虑,纷纷增加军备采购,俄罗斯先进的武器装备受到这些国家的青睐。印度和越南是俄罗斯最主要的军事技术进口国之一自不用说,印度尼西亚、马来西亚和新加坡等东南亚国家也已成为俄罗斯武器的出口对象,这些国家采购的主要武器装备是海基和空基防御系统。

(四) 亚太地区,特别是东北亚安全形势动荡不安,促使俄罗斯积极介入地区安全事务和地区安全机制建构,以维护俄东部边境安全及国家安全利益

2010年以来,朝鲜半岛局势紧张,东北亚国家领土纠纷加剧,美国与其亚

---

① В. В. Путин, Россия и меняющийся мир, Московские новости, 27 февраля 2012г..
② 数据引自季塔连科《亚太地区的安全稳定与俄中利益》,《东北亚论坛》2012年第6期。

洲盟国频繁举行联合军演，亚洲国家竞相增加军备采购等，这些事态凸显出亚太地区安全的脆弱性。在这种形势下，俄罗斯积极介入安全局势调解，倡导建设地区安全结构。

（五）美国实施的"重返"亚太政策促使俄罗斯加强在亚太地区的活动

美国"重返"亚太，主旨在于遏制中国，但是对俄罗斯而言并非没有消极的影响。美国强化在亚太地区的军事政治存在，对俄罗斯的主要消极影响如下：美国军事战略重心向西太平洋的转移，对俄罗斯东部边界安全构成了一定的挑战；美国加强与盟国的军事合作，拓展与亚洲其他国家的军事政治关系，使俄罗斯在亚太地区军事政治领域本来就处于边缘化的地位更加不利；美国在中日钓鱼岛争端中偏袒盟国日本的政策，使俄日南千岛群岛问题复杂化。因此，俄罗斯不得不采取应对措施，以防不测。

二 俄罗斯的"东进"政策及其成果

（一）积极参与亚太经济一体化

首先，俄罗斯积极参加亚太经合组织框架下的区域经济合作。在2011年夏威夷峰会上，俄罗斯提出的在2012年俄担任轮值主席国期间亚太经合组织活动优先方向的建议获得了成员国的支持；俄方提出的其他建议，如完善金融体系、创新部门实施标准化、建立科技园作为地区经济一体化的工具、采用紧急反应的信息交流技术等，也引起了伙伴国的浓厚兴趣。2012年9月，俄罗斯主办亚太经合组织符拉迪沃斯托克峰会，会议通过的《共同宣言》强调：各国进一步开展贸易投资自由化和区域经济一体化，加强粮食安全，建立可靠的供应链，推动创新增长合作。

这份文件反映了东道主俄罗斯的四个目标议题——在经贸、粮食安全、物流、创新领域推进区域合作——和俄将在这些领域有所作为的决心。（1）亚太经合组织一贯以贸易与投资自由化为目标，俄罗斯力图推动多边贸易谈判取得实际进展，这样既能扩大自己在该组织中的作用和影响，又能为本国融入亚太地区经济一体化创造有利的条件。（2）俄罗斯是世界粮食市场上的主要出口国之一，它希望能为保障亚太地区粮食安全做出贡献。俄罗斯一方面有意扩大对亚太国家的粮食出口，另一方面愿意同亚太经济组织成员国实施农业合作项目，其中包括加大东西伯利亚和远东地区农用地出租规模等。（3）俄罗斯期望利用其横跨欧、亚两洲的地理优势，承担起亚太与欧洲之间经贸桥梁——过境运输国的角色，因此主张构建对其更加有利的地区交通物流体系。为此，俄罗斯已经着手在其远东地区建设现代化的港口，改造交通和卸装设施，完善海关和行政手续，同时积极对外宣传途经俄罗斯领土运输要比传统的海上运输更快捷、更安全的观念。在这次峰会上，俄罗斯关于建立有效的物流体系和贸易线路多样化的建议获得了其他成员国的支持，《共同宣言》表示，亚太经合组织致力于2015年前在时间和成本等方面实现本地区供应链便利化程度提高10%的目标，该组织各成员国欢迎建立更加有效、多样化的供应链。（4）发展创新合作是俄罗斯"现代化"外交战略[①]的主要内容之一，亚太经合组织及其成员国理所当然地成为俄开展创新合作的重要伙伴。俄罗斯致力于发展同亚太经合组织成员国在生物技术、核能与太空等领域的合作。

随着亚太地区经济的快速发展，俄罗斯与该地区的经贸合作持续扩大。现在，亚太经合组织成员国在俄罗斯外贸总额中的比重已经达到20%[②]，中国和美国已跻身俄罗斯10大贸易伙伴之列，这两国和日本位居俄罗斯10大投资合作国之列。俄罗斯和欧洲的贸易额占俄贸易总额的51%，俄专家估计，未来5~10年俄同亚太地区国家的贸易额将超过同欧洲的贸易额[③]。俄罗斯正在研究俄白哈关税同盟与亚太经合组织建立自由贸易区的可行性。不言而喻，亚太经合组织符拉迪沃斯托克峰会的成功举办，在一定程度上巩固了俄罗斯在亚太地区的地位和影响，也为它更加深入地参与亚太区域合作进程注入了新的动力。

其次，俄罗斯发展与东盟的经贸合作。2010年10月，俄罗斯—东盟第二届峰会在河内举行，会议通过《关于制定旨在实施长期合作纲要的优先方向"路线图"的决议》，有力地促进了双方伙伴关系的发展。2011年，双方制定了经

[①] 俄罗斯"现代化"外交战略的主要内容是，俄罗斯将与一系列主要国家建立现代化伙伴关系，发展经贸与科技创新合作，以促进俄国家的全面现代化。柳丰华：《"梅普组合"的外交战略》，中国社会科学出版社，2012，第148页。

[②] 数据引自 Глеб Ивашенцов, Саммит АТЭС - 2012: Тихоокеанские горизонты России, Международная жизнь, февраль 2012г.。

[③] "俄罗斯之声"电台中文网站：《从APEC峰会看俄罗斯东西方兼顾》，http://chinese.ruvr.ru/2012_09_12/87955464/。

贸和投资合作"路线图"草案,该文件旨在消除相互贸易与投资的障碍,使俄罗斯加入到亚太地区一体化进程。双方经济合作发展很快,但是经贸水平仍然较低。2011年,俄罗斯与东盟国家的贸易额达到150亿美元,比上一年增长17%。俄罗斯与东盟国家的贸易额在俄外贸总额中的比重不到5%,在东盟外贸总额的占比不到1%。[1] 俄罗斯对东盟国家投资仅占俄对外投资总额的0.3%,东盟国家对俄投资也仅占0.1%。[2] 目前双方正加紧落实长期合作纲要和经济合作协议,探讨未来建立俄罗斯—东盟自由贸易区的可能性:从2013年1月起俄罗斯将启动与越南建立自由贸易区的谈判,俄越自贸区将是建立俄罗斯—东盟自由贸易区计划的第一步。

(二) 加强与主要战略伙伴国的合作

中国、印度和越南是俄罗斯在亚太地区的主要战略伙伴。俄罗斯与三国的战略合作分别构成俄参与亚太地区和南亚、东南亚两个次地区事务的最重要双边途径。

俄罗斯继续深化与中国的全面战略协作伙伴关系。(1) 两国高层交往频繁,政治互信不断增进。2010年9月,中俄两国元首共同发表《中俄关于全面深化战略协作伙伴关系的联合声明》。2011年6月,胡锦涛主席访问俄罗斯,和梅德韦杰夫总统共同发表《关于〈中俄睦邻友好合作条约〉签署10周年的联合声明》,规划了未来10年中俄全面战略协作伙伴关系发展的方向和途径,其中确定了将双边贸易额在2015年前提升到1000亿美元,在2020年前提升到2000亿美元的具体目标[3];共同签署《中国和俄罗斯关于当前国际形势和重大国际问题的联合声明》。2012年6月,普京总统对中国进行国事访问,两国元首会谈后共同签署《中华人民共和国和俄罗斯联邦关于进一步深化平等信任的中俄全面战略协作伙伴关系的联合声明》,重申进一步加强平等信任、相互支持、共同繁荣、世代友好的中俄全面战略协作伙伴关系是两国外交最主要优先方向之一,

---

[1] 数据引自 Алексей Сюннерберг, Маршруты "дорожной карты" России и АСЕАН, http://rus.ruvr.ru/2012_03_11/68128056/。

[2] 数据引自 Екатерина Карпенко, АСЕАН с нулевым эффектом, http://www.gazeta.ru/financial/2012/10/26/4825657.shtml。

[3] 《关于〈中俄睦邻友好合作条约〉签署10周年的联合声明》,2011年6月17日,http://news.xinhuanet.com/world/2011-06/17/c_121546227.htm。

并指出进一步落实两国领导人确定的未来10年中俄关系发展规划的工作方向①。在中俄总理定期会晤机制下，两国总理就进一步扩大在政治、经贸、能源、科技、人文以及国际事务等领域的合作达成广泛共识，为深化双方务实合作与战略合作奠定了坚实的政治基础。（2）双方不断深化经贸合作，取得丰硕成果。2010年中俄贸易额为554.5亿美元②；2011年双边贸易额增长到792.5亿美元③，中国跃居俄罗斯第一大贸易伙伴，俄罗斯也稳居中国十大贸易伙伴之列。2012年1~11月，中俄两国贸易额为806.18亿美元，同比增长11.9%。其中中国对俄罗斯出口400.34亿美元，从俄罗斯进口405.84亿美元，分别增长13.2%和10.6%。④（3）中俄人文合作日益扩大，加强了两国睦邻友好与战略协作关系的社会基础。两国共同举办了2009年中国"俄语年"和2010年俄罗斯"汉语年"，增进了两国文化的交流和两国人民的相互了解。2012年两国共同举办中国"俄罗斯旅游年"，其间举办了200多场活动，进一步促进了两国人民和旅游文化的交流。2013年将举行俄罗斯"中国旅游年"活动。（4）中俄两国在双边和上海合作组织框架下开展广泛深入的军事合作。通过上海合作组织"和平使命—2010"联合反恐军演、中俄"海上联合—2012"联合军演等，提高了两军的协同行动能力，为维护地区安全与稳定做出了贡献。（5）双方在国际和地区事务中的双边合作以及在联合国、上海合作组织、"金砖国家"等多边机制下的协作不断加强。同时，两国在交通、飞机制造、航天、科技、农业等领域的合作不断扩大。

俄罗斯稳步发展与印度的战略伙伴关系，并赋予这种关系以优先地位。（1）双方政治交往频繁。2010年是俄印（度）建立战略伙伴关系10周年，12月，两国元首在新德里共同声明将加强战略伙伴关系，双方签署《2020年前科学、技术与创新合作总体长期规划》等合作文件。2011年12月，印度总理辛格访问俄罗斯，双方发表《进一步加强俄印（度）战略伙伴关系以应对变化中的世界的挑战的联合声明》，并签订一系列合作文件。2012年12月，普京总统访

---

① 《中华人民共和国和俄罗斯联邦关于进一步深化平等信任的中俄全面战略协作伙伴关系的联合声明》，2012年6月5日，http://www.mfa.gov.cn/chn/gxh/tyb/zyxw/t938682.htm。
② 数据来源于中国海关总署网站，http://www.customs.gov.cn。
③ 数据来源于中国商务部《国别贸易投资环境报告2012》，中国商务部网站，http://www.mofcom.gov.cn。
④ 数据来源于中国海关总署：《2012年11月进出口商品主要国别（地区）总值表》，http://www.customs.gov.cn/publish/portal0/tab1/info403741.htm。

问印度，在同印度总理辛格会谈后，共同发表《为了共同繁荣和最佳世界秩序的伙伴关系的联合声明》。声明强调进一步发展两国特别优先的战略伙伴关系的重要性，指出双方将促进贸易与投资，深化能源伙伴关系，发展科技、教育、人文、宇航合作，扩大军事技术合作，协调国际和地区问题立场；重申两国在反恐、支持裁军与防止核扩散、加强在亚太和印度洋地区安全合作、恢复世界经济、改革国际金融机构等问题上的共同立场。① 在这次访问中，俄印（度）两国签署多项涉及政治、经济、科技和人文等领域的合作文件，其中包括《2013～2014年俄罗斯外交部和印度外交部磋商议定书》。(2) 俄印（度）经贸合作不断发展。2011年双边贸易额为89亿美元，比2010年增长4.2%。② 根据俄罗斯联邦海关署的统计，2012年1～6月，俄印（度）贸易额为57.36亿美元，比2011年同期增长53.4%。③ 普京总统访问印度时称，2012年俄印（度）贸易额将突破100亿美元大关。④ 两国政府正积极拓展贸易渠道，以实现在2015年前将双边贸易额提高到200亿美元的目标。根据俄罗斯联邦统计局公布的数据，2012年上半年，俄罗斯对印度实际投资总额为3481.34万美元，印度对俄罗斯实际投资总额为3.14亿美元。⑤ (3) 两国不断扩大军事技术合作。印度一直是俄罗斯武器的主要进口国，目前它在俄罗斯武器装备出口总额中所占的比重已超过30%。⑥ 2012年10月，俄印（度）政府间军事技术合作委员会第12次会议在新德里召开，会上讨论了近期双方军技合作计划与合作中存在的问题。12月普京总统访问新德里时，两国签署军用直升机和与之配套的授权印度组装

---

① Совместное заявление по итогам официального визита в Республику Индию Президента Российской Федерации В. В. Путина《Партнерство во имя взаимного процветания и лучшего мироустройства》, 24 декабря 2012 года, http: //news. kremlin. ru/ref_ notes/1369.

② Сергей Птичкин, Дмитрий Рогозин: по итогам текущего года российско - индийский товарооборот может превысить отметку в 10 миллиардов долларов, Российская газета, 15 октября 2012г. .

③ Торгово - экономическое сотрудничество между Российской Федерации и Индиеи, http://www. ved. gov. ru/exportcountries/in/in_ ru_ relations/in_ ru_ trade/in_ ru_ trade_ subjects/.

④ Заявления для прессы по итогам переговоров с Премьер - министром Индии Манмоханом Сингхом, 24 декабря 2012 года, Нью - Дели, http: //www. kremlin. ru/transcripts/17183.

⑤ Торгово - экономическое сотрудничество между Российской Федерацией и Индией, http: //www. economy. gov. ru.

⑥ Сергей Птичкин, Дмитрий Рогозин: по итогам текущего года российско - индийский товарооборот может превысить отметку в 10 миллиардов долларов, Российская газета, 15 октября 2012г. .

的"苏—30МКИ"战斗机的供货合同,这表明,俄印(度)军技合作在继续扩大的同时,正在向联合生产先进武器、转让军事技术方向发展。此外,俄罗斯和印度推进科技、文化合作,正在实施油气、核能、冶金和化工等领域的大型合作项目。总体而言,2012年,俄印(度)关系虽然存在一些问题,包括俄罗斯电信公司在印度的投资没有得到保障、核能合作进程遭遇挫折、俄方延迟交付"维克拉马蒂亚"(俄称"戈尔什科夫海军元帅")号航空母舰等,但是俄印(度)关系仍然沿着加强战略合作的轨道前进。

俄罗斯与越南的战略合作范围趋于扩大。(1)两国政治关系平稳发展。2010年10月,梅德韦杰夫总统访问越南,两国元首决定使俄越战略伙伴关系具有全面发展的特点。2011年是俄越战略伙伴关系建立10周年,两国表示将坚持全面发展这种关系的方针,深化多领域合作。[①] 2012年7月,越南国家主席张晋创访问俄罗斯,与普京总统共同发表《越南与俄罗斯加强全面战略伙伴关系的联合声明》。11月,梅德韦杰夫总理访问越南,俄越两国签订《在研究与和平利用宇宙空间方面合作的政府间协议》等合作文件。(2)俄罗斯与越南经贸合作逐渐扩大。2011年双边贸易额为19.8亿美元,2012年1~9月同比增长了150%[②]。两国政府确立了在2015年前使双边贸易额达到70亿美元的目标,并决定从2013年1月起正式启动俄白哈三国关税同盟与越南签订自由贸易协议的谈判。(3)俄越军事技术合作日益密切。越南现已成为俄罗斯武器主要进口国之一,双方军技合作正在从军品交易向武器研发和生产方面延伸。2012年7月,张晋创在访俄期间宣布,越南允许俄罗斯在越南金兰湾港建立一个船舶维修基地,此举可能是俄越军事合作升温的信号,甚至是俄罗斯恢复金兰湾军事基地的先声。(4)油气是两国合作的传统领域。1981年苏联和越南成立的合资企业"越苏石油公司"在越南开采石油,现在该公司已经发展成为世界主要能源公司之一。在俄罗斯境内,2008年建立的俄越两国合资企业"罗斯越南石油公司"("Русвьетпетро")运营良好。不久前俄罗斯准许越南方面参与开发俄罗斯亚马

[①] Внешнеполитическая и дипломатическая деятельность Российской Федерации в 2011 году, http://www.mid.ru/bdomp/brp_4.nsf/2a660d5e4f620f40c32576b20036eb06/a5d82e99be657e33442579d50026094c!OpenDocument.

[②] По итогам российско-вьетнамских межправительственных переговоров Дмитрий Медведев и Нгуен Тан Зунг выступили с заявлениями для прессы, 7 ноября 2012г., http://government.ru/docs/21404/.

尔—涅涅茨自治区境内一处联邦油气矿床。俄罗斯天然气工业股份公司、卢克石油公司、"THK"公司等多家能源公司已经进入越南油气市场，主要从事油气勘探和开采。2012年两国还就俄罗斯向越南输送液化天然气问题达成了谅解备忘录，双方在这方面的合作潜力很大。(5) 核能成为新的合作领域。2010年双方签署俄罗斯在越南建设首座核电站协议，2011年又签订《关于俄罗斯向越南提供国家贷款建设核电站的政府间协议》。2012年7月，普京总统在与到访的张晋创会谈之后表示，俄罗斯将向越南提供约100亿美元贷款，其中约80亿美元用于在越南建设核电站。

（三）维护俄罗斯东部边界安全

为此，俄罗斯采取的政策举措主要包括：加强在俄远东地区的军事部署，扩建太平洋舰队，在太平洋海域多次举行军事演习；发展与战略伙伴中国的军事合作；开展与美、日、韩等邻国的军事交流；积极介入朝鲜半岛问题的调解。俄罗斯还计划建设南千岛群岛的驻军设施，重新装备驻扎在择捉、国后两岛的部队。

出于维护俄罗斯东部边界安全和亚太地区稳定的考虑，俄罗斯积极倡导建立亚太地区安全结构。俄罗斯一直主张，亚太地区安全结构应当以集体、多边与平等的原则和国际法准则为基础，尽可能地考虑到该地区所有国家的利益。[①]俄罗斯联合中国，继2010年9月梅德韦杰夫总统和胡锦涛主席联合倡议在亚太地区建立开放、透明和平等的安全与合作格局[②]之后，2012年6月，普京总统与胡锦涛主席共同发表《关于进一步深化平等信任的中俄全面战略协作伙伴关系的联合声明》，再次呼吁在亚太地区构筑安全和可持续发展的格局，以维护该地区的稳定与安全环境[③]。俄罗斯同有关国家在东盟地区安全论坛架构下探讨亚太地区安全与合作机制问题。从2010年起俄罗斯开始参加东盟与对话伙伴国国防部长会议，2011年又成为东亚峰会正式成员，这使它能够利用这些多边机制，倡导建立亚太地区安全新结构，并就其关切的打击恐怖主义和跨国犯罪活动、海上安全、预防性外交等问题提出倡议。

---

① 2010 год. Россия смотрит на Восток? Международная жизнь，январь 2011г. .
② 《中俄关于全面深化战略协作伙伴关系的联合声明》，2010年9月27日，http：//news.xinhuanet.com/politics/2010 - 09/28/c_ 13534081.htm。
③ 《中华人民共和国和俄罗斯联邦关于进一步深化平等信任的中俄全面战略协作伙伴关系的联合声明》，2012年6月5日，http：//www.mfa.gov.cn/chn/gxh/tyb/zyxw/t938682.htm。

三 俄罗斯"东进"政策面临的问题

(一) 从俄罗斯国内角度看,主要有两个问题阻碍了俄罗斯与亚太国家的经贸合作进程

其一,俄罗斯东部地区开发是一个漫长的过程,这将制约俄融入亚太经济一体化进程的速度和程度。西伯利亚和远东地区现有的主要问题包括:经济发展滞后;距离国际市场遥远,而交通基础设施有待改善;投资环境欠佳;劳动力资源不足等。如上所述,这些问题的解决需要国家的资金和政策支持,俄罗斯政府的确也制定了一些政策文件,正在实施一些大型能源和基础设施建设项目,这些举措无疑将会促进俄罗斯远东地区的发展,为其参与亚太地区一体化进程创造一定的条件。但是,如果用俄罗斯预期的标准——赋予其东部地区能源基地、交通物流中心、粮食生产基地、对外创新合作区域等——来衡量,西伯利亚和远东地区都相去甚远,要达到目标尚需很长的时间。

其二,在俄罗斯国家对外经济与政治战略中,首要的目标是建立以俄罗斯为核心的欧亚经济联盟,而不是融入亚太地区经济一体化进程。从普京总统的战略设计来说,俄罗斯更重视打造它领导下的一体化集团——欧亚经济联盟,这是一个以俄罗斯、白俄罗斯和哈萨克斯坦三国关税同盟和统一经济空间为基础的,未来将包括更多的独联体伙伴国的经济政治联盟,按照俄罗斯的预期,它将与欧盟、亚太经合组织并驾齐驱。正如普京总统所言:"由俄罗斯、白俄罗斯和哈萨克斯坦建立的一体化集团,能够在全球发展中发挥显著的作用,并成为欧盟和亚太地区之间的联系环节。而未来可以设想欧盟、亚太经合组织与欧亚经济联盟现行的经济制度、技术规则实现更紧密的'对接'。"[1] 相比之下,以一个普通成员身份加入亚太地区经济一体化进程,对俄罗斯而言远没有上述那个一体化方案重要、诱人,这不能不影响到俄罗斯主动融入亚太地区的进度和方式。此外,俄罗斯要求以俄白哈三国关税同盟的形式整体参与亚太经合组织框架下的经济一体化,并且允许白俄罗斯和哈萨克斯坦享受与俄罗斯同样的

---

[1] Владимир Путин, Владивосток – 2012: российская повестка для форума АТЭС, 5 сентября 2012 года, http://xn--d1abbgf6aiiy.xn--p1ai.

参与条件，这也是俄与亚太经合组织需要解决的一个技术性问题。

（二）从国际关系和亚太地区形势的角度看，四个问题影响俄罗斯与亚太国家政治经济关系的发展

第一，俄罗斯与亚太地区大部分国家都存在经济关系水平落后于政治关系的问题。俄罗斯与亚太国家的贸易和投资规模小，贸易结构（俄罗斯对亚太出口以原料为主，高附加值产品比重较低）不合理，对此俄罗斯一直颇有微词。但是这些问题的解决归根结底主要取决于俄罗斯，取决于它能否提升其机电和高新技术产品的国际竞争力，能否提高其市场环境对外国投资者的吸引力。俄罗斯一方面长期依赖能源型经济，在产业结构调整上言多行少，另一方面又害怕沦为亚太新兴经济体的"能源附庸"，这未必有利于俄与亚太国家能源甚至经贸合作的健康发展。

第二，亚太地区安全形势严峻，尽管不对俄罗斯国家安全构成威胁，但是有可能影响到俄罗斯边境地区社会稳定以及俄外部环境的稳定。东北亚国家间的领土纠纷、历史隔阂，朝鲜核问题，美国在该地区挑起国际对立形势等，都可能影响到俄罗斯，甚至把俄罗斯卷入其中。

第三，俄日政治关系因岛屿争端而难有质的改善。2010年时任总统梅德韦杰夫作为俄罗斯国家领导人首次视察南千岛群岛，2011年俄罗斯计划在南千岛群岛部署先进的地对空导弹，使俄日关系降到低谷。虽然近年来俄罗斯与日本的贸易显著增长，但是还不足以促使双方实际改善政治关系。南千岛群岛问题似乎成了俄日之间难以逾越的"鸿沟"，而这一争端不解决，日本就不大可能在俄罗斯融入亚太地区一体化问题上起促进作用。

第四，俄罗斯与美国"重返"亚太问题，或者说，俄罗斯对中美亚太地区博弈问题的政策选择。因为由美国"重返"亚洲而形成的中美亚太地区博弈，已经成为影响亚太地区安全、政治、经济形势发展的最主要因素，也是各国制定对亚太政策必须考虑的因素，俄罗斯也不例外。

迄今为止，普京政府还没有在这一问题上明确立场——因为亚太地缘政治形势远没有发展到俄罗斯必须在中、美之间"选边站队"的地步；另外一个原因是，俄罗斯还要观望一下美国和欧盟的对俄政策。

从笔者接触到的文献来看，俄罗斯相对多数学者认为：俄应该在亚太地区作为一支中立力量存在，保持选择和行动自由，在中美对抗的条件下谋求重大

地缘政治和经济利益。① 其他观点包括：（1）联合美国遏制中国崛起，理由是中国才是俄罗斯真正的威胁或者主要的潜在对手。（2）联合中国制衡美国霸权，因为俄罗斯与中国都受到美国及其同盟的军事包围，分别面临美国在欧洲和亚洲部署反导系统的问题，而且都致力于建立多极世界。（3）在中、美之间实行"钟摆战术"，也就是以和一方结盟为威胁，向另一方讨价还价。（4）在亚太地区打造一个以俄罗斯为中心的联盟。需要说明的是，理性的俄罗斯学者认为，在现实中这四种政策选择对俄罗斯来说都是不可接受的。②

笔者认为，因信奉实用主义外交哲学，普京总统多半将采取中立立场，极力避免加入中、美任何一方而与另一方发生冲突的可能，同时与两国开展务实合作。即便如此，俄罗斯与美国"重返"亚太因素仍将作为一个变量，存在于未来俄对亚太政策之中。

四 俄罗斯"东进"政策的前景

20世纪90年代中期俄罗斯也曾加强对亚太政策，但是这一轮的"东进"政策与前者显然不同。主要的不同在于：上次促使俄罗斯"向东看"的主要动力来自外部，即受到西方遏制的俄罗斯要在东方寻找政治朋友；而这次"东进"的主要动力来自内部，即希望借助中国之风和亚太之风吹动俄罗斯经济之帆。

2012年12月，普京总统在致联邦会议的国情咨文中指出："21世纪俄罗斯发展的方向是向东发展。西伯利亚和远东是我们巨大的潜力。……因此现在我们应当把这一切变为现实。这是（俄罗斯）在亚太地区，世界发展最具活力、动感的这一地区占据应有地位的机会。"③ 由此可见，俄罗斯融入亚太地区经济一体化进程、同亚太国家合作开发俄远东地区、维护俄东部边界安全等"东进"动力有增无减，因此，未来俄罗斯将继续推行"东进"政策，更加深入地参与亚太地区一体化。

---

① 主要参考文献如下：П. Б. Салин，Три пути России в Азии，Россия в глобальной политике，сентябрь – октябрь 2012г.；А. Храмчихин，Пусть США поборются с Китаем，Военно – промышленный курьер，4 июля 2012 года.

② П. Б. Салин，Три пути России в Азии，Россия в глобальной политике，сентябрь – октябрь 2012г..

③ Послание Президента Российской Федерации Федеральному Собранию，12 декабря 2012 года，http：//www.kremlin.ru/news/17118.

俄罗斯的欧亚战略
——兼论对中俄关系的影响

庞大鹏[*]

2013年11月以来，乌克兰的发展道路问题深刻影响了国际格局的变动。随着2014年3月21日普京签署法令，俄罗斯接纳克里米亚为新的联邦主体，乌克兰事件最终成为冷战后国际格局基本矛盾演变的归结点。苏联解体后，俄罗斯超级大国地位旁落，这对于横跨欧亚两大陆、怀有救世思想的俄罗斯民族而言难以接受。重新崛起的欧亚强国梦一直都是俄罗斯社会最具广泛共识的奋斗目标。为实现这一梦想，从叶利钦时代到普京执政时期，俄罗斯进行了孜孜不断的追求。欧亚战略则是实现俄罗斯梦的理念载体。所谓欧亚战略就是指俄罗斯要维护其在独联体的势力范围，寻求俄罗斯主导的独联体一体化，尤其是实现三个斯拉夫国家——俄罗斯、乌克兰、白俄罗斯——的重新一体化。而以美国为首的西方战略则是要遏制俄罗斯的欧亚战略，西方认为这是所谓俄罗斯帝国思维，致力于巩固苏联解体后独联体地区的现状。因此，俄罗斯与西方在独联体地区的矛盾是结构性的，这种结构性的利益冲突成为冷战后国际格局变动中的基本矛盾。而无论是在俄罗斯的欧亚战略还是在以美国为首的西方战略中，乌克兰都是具有巨大战略意义的关键一环，换句话说，欧亚战略与西方战略都难以承受失去乌克兰的影响。从这个意义上讲，当2013年11月按照原计划乌克兰要签署具有脱俄入欧象征意义的与欧盟联系国协议时，乌克兰一国的事情就不可避免地演变成了俄罗斯与西方的战略之争、国际格局之争，处于夹缝中的

---

[*] 庞大鹏，中国社会科学院俄罗斯东欧中亚研究所俄罗斯政治社会文化研究室主任，研究员。

乌克兰在发展道路问题上也就必然面临大国博弈，出现社会危机也是难以避免的。单就俄罗斯而言，如果乌克兰脱俄入欧，俄罗斯的欧亚战略就难以实现，俄罗斯的发展前景也因而面临挑战。那么，如何认识俄罗斯的欧亚战略？欧亚战略又对中俄关系有什么影响？这是本文想要回答的问题。

一　俄罗斯欧亚战略的历史与现实

俄罗斯在国际体系中处于什么样的地位，应该起到什么样的作用，始终是俄罗斯发展道路的核心问题。只有在自我国际定位明确的前提下，俄罗斯领导层才会制定出相应的大政方针。而欧亚战略就集中体现了俄罗斯精英阶层的时代观和国际政治观，这构成了当代俄罗斯国家身份认同的基础。

一般而言，国际关系中现实派主要从权力斗争、结盟以及使用武力和以武力相威胁的角度看待世界；自由派更注重从贸易、谈判、与国际机构加强合作和互相依赖的角度看世界；建构派则要求从建设性的或认同感的角度，在很大程度上是从形成各国人民看法和认同感的信仰——理念、道德标准和价值观念——的角度看待世界。[①] 然而，俄罗斯的发展道路与国家认同具有特殊性。在后苏联空间其他国家的眼里，俄罗斯作为帝国形象被感觉和认知。俄罗斯作为这些国家的他者，促成它们沿着去俄化的主线完成自身身份认同，通过在政治文化结构上认同西方而试图摆脱俄罗斯的控制。但是对于俄罗斯而言，构建其内外空间观却缺乏一个可以和其现代国家身份相匹配的认知上的他者。这与俄罗斯的地理空间、历史文化与现实政治等因素密切相关。

俄罗斯不仅是欧洲，而且也是亚洲面积最大的国家。它的西部位于欧洲，东南部又地处亚洲。俄罗斯没有太多天然边界，在漫长的历史岁月中，它曾面临来自各个方向的安全威胁：南有蒙古人，东有土耳其人，北面和西面有波兰人、立陶宛人、瑞典人、法国人和德国人。地理位置决定了俄罗斯的两难宿命：它究竟是欧洲国家还是亚洲国家？还是介于两者的桥梁？俄罗斯传统文化是否融合了两种文明的特点？鞑靼蒙古的统治让这种不确定性更加突出。尽管整个基辅罗斯都处于欧洲的发展轨迹中，但在蒙古骑兵的铁蹄踏入后，俄罗斯脱离欧洲数百年，并错过了文艺复兴和思想启蒙。从19世纪初起，俄国与西方的关

---

① Henry R. Nau, "Why We Fight Over Foreign Policy", in Policy Review, April 1, 2007.

系就成为俄罗斯政治哲学的永恒问题。19世纪表现为斯拉夫派和西欧派之间的论战。苏联解体后则体现为大西洋主义和欧亚主义的交锋。①

苏联解体后俄罗斯一度信奉大西洋主义,意识形态和社会政策全面倒向西方。但由于经济政策的失误,俄罗斯经济转型并不顺利,而寡头经济的强化进一步刺激了权力与资本关系的调整。调整的结果是政治权力压过资本权力,国家政权的力量成为俄罗斯改革的主导力量。民众要稳定求发展,主权民主理念顺势而出。与主权民主理念相互呼应,俄罗斯社会的普遍看法是既不能一味靠向西方,也不能闭关锁国,由此普京政权开始利用欧亚主义意识形态来把俄罗斯以一种类似于帝国的形式投射到东欧和中亚。

俄罗斯政治评论家、欧亚社会政治运动的领导人杜金认为,在以美国为主导的单极世界体系中,俄罗斯对外政策有西方化、苏联化和欧亚主义三种选择。西方化指俄罗斯加入美国主导的单极世界,用地缘政治主权方面的让步换取其他方面的优厚条件。但是,这条路实质上否认了俄罗斯的大国外交战略,导致俄罗斯国际地位下降。苏联化指建立一个封闭体系,苏联式的对外政策卷土重来,这种立场在全球化的当今时代无异于自我倒退。因此,俄罗斯需要选择欧亚主义战略,这一战略着眼的是多极世界,是一种积极的战略。②

可以说,北约在东欧挤压俄罗斯的战略空间以及由此引起俄罗斯国内民族主义情绪的高涨,进一步推动了俄罗斯欧亚战略的出现。正如牛津大学教授迈克·格兰所说,苏联解体导致俄罗斯失去了在东欧的势力范围,领土重回彼得一世扩张前的范围。在国际关系领域,俄罗斯失去了作为美国主要竞争对手的地位,在就巴尔干局势、北约扩大等直接关系到俄切身利益的重大问题做出决定时,俄罗斯的意见常常被忽略。这种反差让俄罗斯人感到屈辱。俄罗斯陷入帝国后遗症的怪圈中。在普京上台执政的最初几年,俄罗斯致力于政治稳定,自我意识的重要性退居次要。随着经济实力的恢复,政治局势得到稳定,俄罗斯开始思考自身在国际关系中的地位。在这一时期,自我意识开始发挥更加重要的作用。努力确立对独联体国家的控制权,构建俄罗斯的欧亚战略,逐渐成

---

① НилМакфарлейн, Понять Россию: самосознание и внешняя политика, Времяновостей, 19 июня 2008.
② АлександрДугин, Основные принципы евразийской политики, http://evrazia.info/article/43. 2013-12-26.

为俄罗斯社会的共识。①

2008年金融危机爆发后，俄罗斯精英阶层认为，金融危机加速了经济实力重新分配的进程，美国丧失了世界经济主要火车头的地位，这不可避免地反映在政治影响力上。21世纪的多极化世界需要能反映当前国际力量格局的、新的全球安全体系。该体系应当将全球化与地区化两大趋势结合起来。对与欧洲和亚洲休戚相关的俄罗斯而言，制定合理的欧亚战略具有特殊意义。这一战略理应扭转俄罗斯孤立于欧洲和东亚一体化进程之外的局面，让俄罗斯成为欧亚大陆的重要枢纽。②可见，欧亚战略反映的是俄罗斯社会如何看待外部世界，又如何处理自我与他者之间关系的考虑。2011年10月，在普京即将重返克里姆林宫之际，普京终于明确提出了欧亚联盟的构想：建立强大的超国家联合体模式，它能够成为当代世界多极中的一极，发挥欧洲与亚太地区有效纽带的作用。欧亚战略正式成为建构俄罗斯国家身份认同的核心理念，也是新时期俄罗斯对发展道路的选择。

二 俄罗斯欧亚战略的发展前景

那么，俄罗斯欧亚战略的前景如何？在政治领域，具有推进欧亚战略的有利条件。在政权建设层面，普京取得了成效，实现了政局稳定。2013年，全俄舆论中心与社会舆论基金会等机构以俄罗斯人对最近10～15年以内社会变迁的感受为主题组织了大规模的社会调查，目的是通过掌握客观真实信息，反映普京2000年执政以来俄罗斯的社会情绪。③从调查可以看出，普京执政以来，社会情绪总体上积极健康，对普京执政的认可度维持高位。这既是普京执政基础雄厚的根本原因所在，也是推动欧亚战略实施的根本保障。

虽然普京执政以来，俄罗斯总体保持平稳，但是金融危机以来俄罗斯政治生活的明显变化是公民社会的意识逐步增强，中产阶级登上政治舞台。民众的

---

① НилМакфарлейн，Понять Россию：самосознание и внешняя политика，Времяновостей，19 июня 2008.
② Сергей Рогов，Стратегия России в Евразии в XXI веке，http：//www.ng.ru/style/2010 - 02 - 26/7_ evrazia.html. 2014 - 01 - 20.
③ Россия удивляет，http：//www.russia - review.ru/. 2014 - 01 - 20.

期待越来越高,多元化趋势越来越明显,社会情绪开始进入复杂多变期。① 在这种情况下,俄罗斯社会进入发展新时期。在这样一个发展的新时期,经济增长问题不仅涉及社会成员,包括社会稳定阶层——中产阶层的基本生存和生活的问题,而且还涉及社会成员自我发展和自我完善的问题,是影响社会平稳的重要因素。

然而,2012年下半年以来,尤其进入2013年以来,俄罗斯出现经济增长放缓甚至停滞的问题,俄罗斯联邦国家统计局2014年1月31日公布初步统计数据,2013年俄国内生产总值较上一年仅增长1.3%,低于预期,不及2012年3.4%增速的一半。② 2013年11月9日,经济发展部又下调2013~2030年俄经济增速预测,2030年前年均增长率为2.5%。③ 2014年第1季度,俄罗斯GDP增速放缓至0.3%。尤其值得关注的是,2013年俄罗斯全年资本外流总共为630亿美元,但2014年前两个月,俄罗斯资本净流出量为350亿美元,已经超过上年全年的1/2。④ 俄罗斯经济发展举步维艰。

俄罗斯经济增长放缓有个背景,就是在普京2008年提出创新发展战略、梅德韦杰夫2009年提出新政治战略的前提下,俄罗斯对于油气资源的依赖不降反升。根据统计,矿产产品占整个出口的比重从2007年的64.9%上升到2011年的70.3%;油气收入在财政收入中所占的比重从2007年的40.7%上升到2012年的50.4%。⑤ 造成这个局面的因素很多。但从执政理念来看,对于普京政权而言,油气收入事关政权生存,在政治上具有举足轻重的作用。至少在短期内,油气收入降低就意味着削减对俄罗斯贫困地区、"单一城市"以及亏损行业的补

---

① 据俄罗斯战略研究中心估计,中产阶级在莫斯科占到总人口的40%,在其他城市大约占30%。这是一个相当大的选民群体,这一群体在权力机构中实际上没有自己的代表,中产阶级不仅人数相当多,而且是俄罗斯社会中素质最高的一个阶层。近10年来中产阶级的观点被公然忽视,这是俄罗斯当权者的一个重大政治错误。Политический кризис в России и возможные механизмы его развития, http://www.csr.ru/index.php?option=com content&view=article&id=307;2011-03-28-16-38-10&catid=52;2010-05-03-17-49-10&Itemid=219&lang=ru. 2014-01-28.

② Росстат: ВВП России в 2013 г. вырос на 1,3%, ниже ожиданий, http://www.interfax.ru/news/355195. 2014-01-20.

③ 《俄下调长期经济增速预测》, http://www.mofcom.gov.cn/article/i/jyjl/m/201311/20131100390158.shtml.

④ http://news.xinhuanet.com/fortune/2014-04/02/c_1110064463.htm, 2014-04-03.

⑤ Владислав Иноземцев, Стратегия развития: Выбор приоритетов, Ведомости, 6 августа 2013.

贴，从而有可能造成社会矛盾；意味着大幅削减军事开支，从而难以实现军工联合体的现代化。补贴下降甚至威胁国家安全。比如在车臣，政府补贴数额大致相当于车臣共和国预算的90%。如果俄罗斯停止提供补贴或者调低补贴，车臣及北高加索地区的不稳定性会不会加剧？更重要的是，油气利润背后始终存在权力与资本的结合。叶利钦时代由寡头与家族垄断，现在则由国家垄断。改革这一发展模式则牵动利益的重新分配。

　　正是因为发展模式不仅是一个经济问题，更是一个体制问题，一个政治问题，所以，在这个问题上更能体现精英阶层理念上的差异。对于原料经济的危害精英阶层没有异议，但对于如何摆脱这一发展模式，实现经济现代化则存在争议。从2008年金融危机以来这种争议没有停息过。围绕2011年的国家杜马选举和2012年的总统大选，还出现了保守主义现代化和自由主义现代化之争。2013年，伴随着经济增长放缓引发的一些问题，对于俄罗斯发展模式的争论更加突出了。其他方面不提，单就在这一问题上引发的普京和梅德韦杰夫的关系也值得关注。2013年9月，梅德韦杰夫先是在《导报》上发表文章《简单决策的时代已经过去》①，随后紧接着又在论坛上发表演讲，中心的意思是：在经济发展放缓的背景下，国家应避免过多插手经济；俄罗斯的目标应该是建立规模更小、权力分散但效率最高的国有经济部门；扩大生产仅依靠国有企业、财政预算仅用于对国家大型项目投资、提高国家公务人员收入、补贴农业生产等，这种拉动增长方式的潜力已经耗尽；保护私有产权，发展私有经济才是俄罗斯经济增长的动力。

　　可见，在国家在经济生活中的作用、国家公司的作用、拉动经济增长的方式等一系列问题上，俄罗斯精英阶层内部存在认识差异。梅德韦杰夫的这番言论发表不久，2013年11月1日，普京成立了总统经济委员会主席团。委员会成员一共52人，根据11月1日的总统令，其主席团成员为19人，包括第一副总理舒瓦洛夫、财政部部长、经济发展部部长、央行行长等，库德林也在其中，唯独没有梅德韦杰夫。库德林还明确表示，该委员会是俄制定经济政策的代表部门，经济领域的各项政策和措施都在该委员会上讨论通过。这等于架空了梅德韦杰夫政府的经济管理和决策权。如何看待梅德韦杰夫不在总统经济委员会

---

① Дмитрий Медведев: Время простых решений прошло, http://www.vedomosti.ru/opinion/news/16830781/vremya-prostyh-reshenij-proshlo. 2014 – 01 – 20.

主席团的这个情况？如何看待精英集团内部在国家与市场关系等问题上的分歧？如何看待梅德韦杰夫对发展模式的质疑？

根据政治技术中心主任布宁的分析，若以对现政权是否支持为标准划分俄罗斯社会阶层的话，可以划分为2:2:6。就是说，普京的绝对支持者有20%，坚定的反对派有20%，摇摆派为60%。20%的拥护者，无论经济形势如何都支持普京。20%的坚定反对派认为国家的问题是普京个人造成的，普京正将国家带入死胡同。第三个阶层，人数最多，占60%，之所以是"摇摆派"，是因为这个阶层的投票动机主要出于社会经济的考量。事实上，金融危机出现之前，正是在这个群体的基础上形成了"普京多数派"。腐败、行政管理低效、公民与政权分离等问题过去就存在，只是在经济稳步发展的背景下，这些问题对于这个阶层不重要。但是，经济增长放缓，普京在民生领域的承诺难以实现时，民众中的不满情绪总体上加大。①

总之，经济发展速度放缓将成为未来一个时期俄罗斯经济的特点。俄罗斯欧亚战略和重新崛起的目标前景并不明朗。假如既定战略目标未能实现，普京政权的稳定及合法性也会受到影响，普京的欧亚战略和强国梦都面临挑战。

欧亚战略的上述前景促使我们思考：如果俄罗斯2%和中国7%的增长率持续发展下去，中俄经济之间的差距会越来越大，这对中俄关系有什么影响？当中国在很大程度上将中俄关系发展的保障放在普京身上，而普京体制存在弊端时，如何看待俄罗斯的政治体制对中俄关系的影响？笔者认为，这是欧亚战略影响中俄关系的基本问题。对于这两个问题的发展变化现在还需要继续观察，但是当前至少需要在欧亚地缘政治经济格局的视野下审视中俄关系的发展。

三 俄罗斯欧亚战略对中俄关系的影响

中俄战略协作伙伴关系有坚实的基础，有完善的制度和机制保障。② 中俄关

---

① Игорь Бунин, Алексей Макаркин, Турбулентная Россия: общество, власть, оппозиция, http://www.politcom.ru/14030.html. 2014-01-20.
② 中俄之间已经建立了包括议会领导人会晤机制、总理定期会晤机制委员会、战略安全磋商的高层次的合作机制。在总理定期会晤机制框架下设立了总理定期会晤委员会、人文合作委员会和能源谈判代表会晤三大机制，覆盖中俄合作的所有领域。参见李辉《中俄关系的现状与发展前景》，http://www.fmprc.gov.cn/mfa_chn/wjdt_611265/zwbd_611281/t688002.shtml 2013-11-24。

系的历史发展也证明了这一点。"中俄关系是世界上最重要的一组双边关系,更是最好的一组大国关系。一个高水平、强有力的中俄关系,不仅符合中俄双方利益,也是维护国际战略平衡和世界和平稳定的重要保障。"① 在 2012 年普京再次当选总统和 2013 年习近平就任国家主席以来,双方领导人已经多次重申中俄关系将会继续向前发展,为两国和两国人民带来更多的利益,在地区和世界事务中继续发挥积极作用。2013 年 12 月 24 日,欧亚经济委员会最高理事会会议召开,明确了亚美尼亚和吉尔吉斯斯坦加入海关同盟的"路线图",并再次确认 2015 年 1 月 1 日成立欧亚经济联盟的目标。随着俄罗斯欧亚战略的重要载体——欧亚经济联盟被提上议事日程,如何看待它与中国提出的"丝绸之路经济带"②之间的关系?如何看待俄罗斯欧亚战略同上海合作组织(以下简称上合组织)的关系?如何在欧亚地缘政治经济格局的视野下看待中俄关系?

第一,欧亚战略与"丝绸之路经济带"。

就这个问题,当前俄国内出现两种声音。一种声音认为,上合组织的主导国家——俄罗斯和中国对上合组织的战略兴趣降低。两国更关心自己的项目。俄罗斯关心的是欧亚经济联盟,中国着力打造"丝绸之路经济带",两个项目会以某种形式破坏上合组织的发展。例如,俄国内有学者就提出,"丝绸之路经济带"项目启动实施,意味着大部分商品、服务、资金途经欧亚联盟时,将会扩大中俄两国的区域矛盾。另一种声音认为,上合组织应该在当前的环境下更加积极进取,需要建立一些重大的突破性项目。成立上合组织开发银行和开设专门账户可以算作这种项目;把印度和巴基斯坦吸收进组织,使其成为常任成员国,这也算是重大的地缘政治决定,同时还能加强安全方面的潜力。③ 这两种声音,不论对上合组织发展持消极还是积极的态度,其实都反映了在欧亚战略的视角下俄罗斯对于中国在欧亚地区一体化政策的怀疑态度。

而中国建设"丝绸之路经济带",着眼于整个欧亚大陆的经济合作,如果没有俄罗斯的参与和支持,该设想的前景将大打折扣。从这个意义上讲,中国应

---

① 《建立以合作共赢为核心的新型国际关系》,《人民日报》2013 年 3 月 24 日。
② 2013 年 9 月,习近平主席在哈萨克斯坦纳扎尔巴耶夫大学的讲演中提出构建"丝绸之路经济带"的战略构想。随后,习近平主席在上海合作组织比什凯克元首峰会上再次阐述了这个思想。
③ Эксперт: Для развития ШОС нужны прорывные проекты. http://rus.ruvr.ru/2013_11_27/JEkspert - Dlja - razvitija - SHOS - nuzhni - prorivnie - proekti - 7569/, 2013 - 12 - 20.

充分利用两国战略协作的沟通机制,就构建"丝绸之路经济带"的合作问题与俄罗斯进行充分的沟通,消除俄罗斯的疑虑,只有这样,才能真正实现利益共同体的目标。

随着美国在阿富汗撤军,阿富汗安全局势尚难预料。这种区域安全问题客观上也会对欧亚地缘政治经济发展前景产生影响。俄罗斯在安全领域的巨大投入,会为包括中国目前以及未来的欧亚经济项目在内的实施提供稳定环境。因此,中俄双方应有妥协和相互让步,在区域一体化过程中彼此独立而又同时发展。[1] 可见,借助"丝绸之路经济带"的安全需求,中俄可以把战略协作提升到一个新的高度。

第二,欧亚战略与上海合作组织。

上海合作组织对于俄罗斯实现国家利益具有重要意义。其一,上合组织是俄罗斯多极化国际战略的重要支点。帝国意识促使俄罗斯习惯于全球性外交思维。俄罗斯从全球政治的大视野看待上合组织,认为上合组织是后冷战时期,尤其是金融危机以后,重构国际格局的重要因素。其二,上合组织在确保俄罗斯南部边界安全方面可以发挥一定作用。2012年2月27日,普京发表的外交竞选文献中,已经明确提出俄罗斯安全的突出问题在于南部边界。而俄南部紧邻中亚,中亚的安全事关俄罗斯北高加索地区的安全与稳定。上合组织打击三股势力,维护中亚稳定,是俄维护南部安全可以倚重的平台。其三,阿富汗问题。俄看待阿富汗问题首先是从安全的角度,而安全利益首先又是与毒品问题有关。俄毒品的主要来源地是阿富汗。而且,阿富汗问题事关俄国内安全与中亚稳定。因为俄认为,阿富汗与中亚面临塔利班化的危险。俄现有2000万穆斯林,占全国总人口的15%。俄罗斯的族际关系本就复杂,处理好与穆斯林的关系是俄重大的政治与社会问题。

俄罗斯国内很多学者提出,上合组织必须加强变革,以期发展壮大。其一,在上合组织各领域的合作中,社会经济方面需要加强。为发展经济合作,一定要有金融根基,而唯有成立上合组织银行的项目得以落实,才具备这样的资金后盾。一个更为强大的上合组织能够在很大程度上缓和热点地区的紧

---

[1] Сергей Лузянин,《 Интеграционное возвышение 》Китая, 25 ноября 2013, http: // rus. ruvr. ru/2013_ 11_ 25/Integracionnoe - vozvishenie - Kitaja - Mezhdu - Centralnoj - i - Vostochnoj - Aziej - 4951/. 2014 - 01 - 28.

张局势。① 其二，上合组织已经走过了初期阶段，接下来需要迈出新的一步，即必须实现上合组织的扩员。应该考虑"大中亚"范畴内的安全与稳定。② 其三，上合组织应在解决国际热点问题上有所建树。俄学者认为，创建上合组织的初衷是为了稳定中亚地区局势。上合组织已完成了这一任务。目前，上合组织在稳定地区局势方面的行动空间客观上要求扩大。俄学者提出最重要的是让上合组织在未来能够继续作为一个非军事组织而存在。它是一个促进稳定的组织、一个推动经济合作的组织。一些可能引发亚洲局势动荡的问题，如在叙利亚、伊朗、阿富汗、朝鲜等问题上，可能促成某些新协议的达成。[14] 可见，俄罗斯对于上合组织下一步的发展壮大寄予厚望，希望上合组织可以在平衡国际战略格局、营造新型国际秩序上发挥更大的国际影响。中国如何回应这种诉求也是处理好中俄战略协作伙伴关系的重要内容。

从一定意义上说，中俄在上合组织内的关系，实际上是中俄在中亚的关系。上合组织是中国在中亚唯一的多边机制，其重要性对中国不言而喻。但是，俄罗斯除了上合组织外，它还有欧亚经济共同体（2015年1月1日起建立欧亚经济联盟）和集体安全条约组织。这两个组织是俄罗斯主导的，是俄控制中亚最主要的机制。因此，在上合组织发展的问题上中俄需求有所不同。比如，在上合组织扩员问题上，扩员对中国有风险，但不扩员中国面临俄罗斯的压力。③ 扩员涉及两个方面：一是印度能否加入；二是上合组织的政治地理空间定位。这两方面紧密相连，如果印度加入，不仅意味着上合组织的结构出现重大变化，上合组织的基本议题会出现南亚等热点区域问题，还意味着上合组织突破了以中亚为基本区域的地理依托。这对于上合组织究竟利弊如何，还需要继续观察。俄罗斯虽然是上合组织的积极参与者，但是俄更关注欧亚联盟的建设。这种态

---

① Эксперты: Перед лицом внешней угрозы ШОС обрел новые очертания, http://rus.ruvr.ru/2013_09_13/JEksperti-Pered-licom-vneshnej-ugrozi-SHOS-obrel-novie-ochertanija-0764/. 2014-02-01.

② Алексей Пилько, Будущее ШОС - это выведение ее на новый уровень, http://rus.ruvr.ru/2013_11_27/exvideo-Aleksej-Pilko-Budushhee-SHOS-jeto-vivedenie-ee-na-novij-uroven-6788/. 2013-12-20.

③ 上合组织实行三级成员体系，正式成员国6个：俄罗斯、中国、塔吉克斯坦、吉尔吉斯斯坦、乌兹别克斯坦和哈萨克斯坦；观察员国5个：蒙古、伊朗、巴基斯坦、印度和阿富汗，其首脑可出席组织峰会，但不具备决定性投票权；对话伙伴国3个：白俄罗斯、斯里兰卡和土耳其，以某种组织形式满足地理上不属于中亚地区和欧亚大陆中东部的国家参与组织活动的愿望。

势决定了俄罗斯更关注上合组织的外部影响，而不是内部建设，而且重点突出安全合作，经济合作则以不损害俄在中亚的利益并从属于欧亚一体化的整体要求为原则。由于历史与现实的因素，俄对中亚的心态也远比中国复杂。中国需要继续在上合组织内加强与俄的战略沟通。

随着中国提出"丝绸之路经济带"的倡议，欧亚地缘政治经济格局成为俄罗斯处理与上海合作组织关系的主要着眼点。中国需要在明确以上合组织作为建设"丝绸之路经济带"基本依托的前提下，尽快提出一系列具体的理念与举措，以期能够实现与地区国家的共同发展、共同繁荣。

四　结　论

如前所述，欧亚战略是苏联解体以来俄罗斯欧亚强国梦的理念载体，普京再次执政以来将其概念化并以欧亚联盟的方式加以落实，虽然政治稳定是欧亚战略顺利实施的保障，但是经济低速发展则在一定程度上限制了其前景。尽管如此，俄罗斯在克里米亚事件上的作为表明俄罗斯推进欧亚战略的决心是坚定的。对中国而言，立足周边、放眼全球的周边外交已经成为中国外交战略的亮点，而中俄关系是中国周边外交的重中之重。俄罗斯是中国最大的邻国，两国有4300公里的边界线。相邻国家的关系，特别是相邻大国的关系，对一个国家的安全和发展会产生重大影响，有时是决定性的影响。

当前，国际形势的焦点问题是乌克兰危机以及克里米亚事件。俄罗斯基于欧亚战略的考量在乌克兰及克里米亚问题上采取了符合俄罗斯利益的举措，这些举措及西方的反制措施已经引发大国博弈及国际格局的变动。当前新的国际形势是俄罗斯基于欧亚战略的理念，在独联体地区保持一体化的积极态势，美国被迫在亚太再平衡战略上进行调整，部分战略力量要投向欧洲。至于美国战略重心是否就此从亚洲转向欧洲，还需要观察，但是美国等西方国家的主要关注点暂时转向欧洲是肯定的，因此中国在一段时间内面临的压力会减小。从这个意义上看，这对中国战略环境的改善是有利的。而俄罗斯与西方矛盾加深的同时，俄罗斯会有求于中国的战略支持，这有利于进一步巩固两国业已建立的全面战略协作伙伴关系，也将有可能为解决中俄双边合作中长期难以解决的问题提供机遇。

总之，乌克兰危机是俄罗斯欧亚战略与西方遏制俄罗斯帝国思维之间的一场较量。可以说，这反映了俄美之间存在结构性的矛盾和利益冲突，而且，克里米亚事件的出现会导致这种矛盾和冲突不可能在短时间内消除。在未来相当长的一个时期内，俄罗斯国家战略重点都将集中在独联体地区。俄罗斯的欧亚战略因而也将是普京内政外交的基石。俄罗斯的发展需要一个良好的外部环境，只有外部环境良好，俄罗斯才能获得实现现代化所需要的资金和技术。这本来是普京执政以来反复强调的基本理念。然而，自从乌克兰危机爆发以来，普京不顾与西方关系恶化的风险，坚定推进欧亚战略。从普京执政理念的这种变化来看，理解俄罗斯的欧亚战略需要注意两点：一是俄罗斯欧亚战略倡导的一体化，不是经济一体化，也不是政治一体化，而是国家一体化；二是与国家一体化的内核相互联系，普京的战略目标不是恢复西方所担心的苏联，而是试图建立一个斯拉夫文明的新俄罗斯。

原载《教学与研究》2014 年第 6 期

适应新形势应对新挑战
上合组织迈进务实合作新阶段

李进峰*

2013年国际和地区形势复杂多变，上海合作组织（简称上合组织）面临难得机遇，也面临严峻挑战。美国的"亚太再平衡战略"引发其盟友日本、菲律宾等与中国发生海洋边界争端，越南与中国的海洋边界争端也时有发生。美国的战略转移企图遏制中国和平崛起。乌克兰危机爆发，引发美国与欧盟联手制裁俄罗斯。作为上合组织的"双引擎"，中国与俄罗斯都受到来自美国和西方国家的干扰和压制。中俄联手支持在联合国框架内解决叙利亚危机，赢得国际社会的积极评价。上合组织高度关注阿富汗问题，并在有关问题上表明了成员国的一致立场。实践证明，成立12年来的上合组织已经成为维护世界和平与地区安全稳定的重要国际组织，逐步成为多极世界中具有影响力的一极。

一 上合组织面临国际新形势

上海合作组织面临的外部国际形势，正如2013年该组织《元首联合宣言》中所指出的："当前国际关系正经历重大演变，不稳定、不确定因素明显增加。……具有跨国性质的全球威胁和挑战需要国际社会高度关注。一些地区动

---

* 李进峰，中国社会科学院俄罗斯东欧中亚研究所党委书记、副所长，研究员。

荡和局部冲突尚未解决。……世界正经历快速重大变革，攸关各成员国切身利益。"① 之所以有这样的判断，既有当年发生的因素，也有自 2008 年国际金融危机至今一直延续发酵的因素；既有受整个国际社会大环境影响的因素，也有地区内部特有的因素。

（一）世界经济整体仍处低迷状态，总需求减少，各主要经济体增长乏力，扩大地区内部需求，成为上合组织各成员的共同期待

美欧等西方经济体虽出现止跌回暖迹象，但仍不稳定；包括中、俄在内的新兴经济体虽保持增长态势，但增速放缓；除油气等能源产品依然紧俏外，大部分国际大宗商品的价格呈下跌态势。经济不景气容易引发失业、收入差距扩大和民众不满，处理不当则可能增加社会矛盾，甚至导致社会动荡。为应对危机，实现可持续发展，各国措施通常有两种：一是调整经济结构，通过经济转型适应新时代的新需求；二是加强区域国际合作，借助一体化的力量，寻求更多发展机遇。

由于美欧是上海合作组织成员国最主要的外贸对象和最主要外资来源地之一，其经济低迷导致外部需求减少，外资撤离，加上国际大宗商品价格下跌，迫使上合组织各成员国不得不面对货币贬值、财政收入吃紧、投资不足等压力。因此，上合组织各成员都愿意同舟共济，在强大自身的同时，协调地区内部的市场关系，共同抵御外部需求下降带来的各种风险。

（二）各国发展不平衡正逐渐改变世界主要力量格局，加速从"一超多强"向"多极化"的演进过程；亚太成为大国争夺的重点地区，美国及西方社会同中俄之间的遏制与反遏制斗争继续

受经济乏力影响，美国维护霸主地位的能力下降，越来越难以应对复杂多变的国际形势。以 2012 年 1 月奥巴马总统宣布"亚太再平衡战略"为标志，世界警察因"警力不足"而显疲惫，不得不收缩战线，将战略重点从欧洲转往亚太，加大在东北亚、东海、东南亚和中亚的军事存在和影响力，同时推动"跨太平洋伙伴关系协定"（TPP）和"泛大西洋贸易与投资伙伴协定"（TTIP），意

---

① 《上海合作组织峰会在比什凯克举行　习近平出席会议》，http://news.xinhuanet.com/world/2013 - 09/13/c_ 117359966. htm。

在集中精力应对中国和俄罗斯的崛起,掌握世界经济主导权。

与美国实力下降相反的是,同期的俄罗斯强势崛起。2012年普京再次就任总统后,提出建设"欧亚联盟"倡议,大力推进独联体地区一体化,旨在巩固俄在原苏联空间的传统优势。同时,俄2013年新版《俄罗斯联邦对外政策构想》认为:世界发展重心已转往亚太,亚太是未来最充满生机活力的地区;俄希望积极参与亚太地区的一体化进程,借机实施西伯利亚和远东的经济振兴计划,并在亚太地区建立透明和平等的安全与合作体系,维护俄东部安全稳定。

2013年,美俄继续落实既定的战略调整,双方互信基础削弱,从地区到全球各层面关系紧张,俄甚至不畏惧与美国及西方社会对抗,以至于媒体惊呼"冷战重回"。这一方面为中俄深化全面战略协作伙伴关系带来新机遇;另一方面,也加剧大国在中亚地区的竞争。

(三)舆论和道义战持续升温,美国及西方国家不断向他国输入西方价值观

针对国际关系和国际法基本原则、叙利亚内战、"阿拉伯之春"、裁军、民主和人权等普世价值、西方模式问题,各国都积极阐述自己的主张,希望占据道义制高点和掌握舆论话语权。对上海合作组织来说,由于部分成员国存在领导人长期执政且目前正处于接班人调整的敏感时期,上合组织成员国高度警惕并关注"通过街头暴力推翻现政权的做法是否具有合法性",以及"西方普世价值同尊重国家主权和独立原则之间的关系"等问题。

另外,国际合作机制的合作模式也是舆论关注的主要问题之一,即超国家模式和协商一致模式哪个更有效率,更适合区域合作?欧洲经济危机让部分欧盟成员质疑欧盟和欧洲央行的作用,超国家模式虽具有一定效率,但在危机面前,主导大国更多关注自身利益,让小国"深受伤害"。上海合作组织的做法和坚持的原则是国家不分大小、协商一致,坚持"上海精神",增进成员国互信,在平等、协商、互谅互让的基础上开展互利合作,顺应和平与发展的时代潮流。

(四)国际热点持续升温,欧亚大陆的"边缘地带"仍是国际政治和安全的薄弱环节

在西亚北非,新老问题联动升温,叙利亚局势持续处于胶着状态,埃及军政府同穆斯林兄弟会严重对立,伊朗核问题虽有缓和,但西方对伊朗的制裁仍

未解除，巴基斯坦和阿富汗依然暴恐事件频发。在亚太地区，朝鲜半岛问题上各方尽逞口舌之能，东海和南海的边界和岛屿争端始终不断，中国一直面临日本、菲律宾和越南的挑衅。在独联体，乌克兰在西方和俄罗斯之间摇摆不定，亲欧派和亲俄派互不妥协，街头暴力最终引发内战。

这些热点问题主要位于欧亚大陆边缘，正如布热津斯基所言的"地缘战略棋手"（法、德、俄、中、印等）和"地缘战略支轴"（乌克兰、阿塞拜疆、土耳其、伊朗、韩国、埃及等）周围。这在一定程度上说明，虽然冷战结束已有23年，但冷战期间遗留下来的问题并未彻底解决，民族和宗教问题热度上升，部分转型国家的体制仍不稳固。

对上海合作组织来说，不仅成员国内部存在一定的、类似国际热点地区的隐患，而且各成员国均直接或间接、或多或少地受到地区外部动荡的影响。因此，防范外部势力干涉，避免地区热点发展为矛盾冲突，共同维护地区安全和稳定，是上合组织的功能和作用之一。

二 上合组织发展取得新成就

上海合作组织成员国加强务实合作，将进一步把上合组织打造成一个更具影响力的、更能维护成员国利益的、更能维护世界和平的国际组织。2013 年是上合组织发展历程中的一个新开端，不仅再次彰显"上海精神"，规划该组织未来发展重点，而且最重要的事件是中国提出要打造"两个共同体"的战略构想。习近平主席在 2013 年 9 月的比什凯克元首峰会上指出：当前国际和地区形势复杂多变，上海合作组织既面临难得机遇，也面临严峻挑战。我们需要树立同舟共济、互利共赢的意识，加强合作，联合自强，把上海合作组织打造成成员国命运共同体和利益共同体，使其成为成员国共谋稳定、共同发展的可靠保障和战略依托。

（一）进一步彰显"上海精神"

上合组织地处欧亚大陆，是各种国际力量博弈的核心区域，热点问题很多，推进多边合作阻力很大。近年来，国际形势发生一系列复杂变化，全球经济普遍低迷，各种各样的区域合作似乎都遇上难以克服的难题，一体化在不少地区成为政治私利和利益冲突的牺牲品。面对各种唱衰和怀疑的声音，上海合作组织坚定地踏上创建新型区域合作机制的道路。

这种全新的合作理念，集中体现在上合组织的宗旨和原则上，即"上海精神"（互信、互利、平等、协商、尊重多样文明、谋求共同发展）。该理念彻底抛弃了旧的冷战思维和"零和博弈"模式，核心是承认差异、尊重差异，坚持"对话、合作、共赢"，成员国相互尊重，平等协商，妥善处理彼此之间遇到的各种矛盾和问题。在成员国经济规模和发展状况相差悬殊的情况下，只有坚持国家不论大小一律平等，坚持协商一致，才能将挑战转化为机遇，创造出真正平等合作的环境，谋求共同发展。

（二）合作机制与法律基础不断完善

上合组织已经建立起完善的高层会晤机制，充分保证了本组织运行的权威性、高效性和顺畅性。上海合作组织元首峰会是本组织最高决策机构，每年轮流在成员国之间举行，就本组织最重大事项做出决定和指示。上海合作组织元首峰会下设总理会议，与元首峰会一致，每年轮流在成员国举行一次，重点研究组织框架内多边合作的战略与优先方向，解决经济合作等领域的原则和迫切问题，并批准组织年度预算。上海合作组织框架内的成员国外长理事会，议长、安全会议秘书和其他各部长会议是在本组织发展壮大过程中逐步丰富起来的，这些定期会议机制已经涵盖各国政府几乎所有职能部门。

上海合作组织的机构建设不断取得突破，不断提高本组织在关键领域的合作效率。上海合作组织发展至今，已经成立了上海合作组织秘书处、地区反恐机构、实业家委员会、银联体和上海合作组织论坛等机构，这些机构在各自领域发挥着重要作用。2013年元首峰会提出成立"能源俱乐部"、上合银行和上合专门账户，丰富本组织的机构设置，以推进成员国之间的务实合作。

上合组织不断完善法律建设，至今制定了上百份具有法律效力的文件。上海合作组织之所以能够从最初的边境谈判的单一功能机制逐渐发展到今天政治、安全、经济、人文等多领域、多功能、全方位的区域合作组织，法律建设是重要保障。例如，《上海合作组织成员国长期睦邻友好合作条约》《反恐公约》《多边经贸合作纲要》等法律文件。2013年元首峰会批准《上海合作组织成员国长期睦邻友好合作条约实施纲要》等，这些重要文件奠定了各方面合作的法律基础。

（三）规划未来合作重点

继 2012 年通过《中期发展战略规划》，确定了上海合作组织 2020 年前七大合作方向后，2013 年 9 月比什凯克元首峰会和 11 月塔什干总理会议关注该战略规划的落实措施，进一步明确了未来务实合作的重点，主要有以下几点。第一，继续夯实成员国之间政治互信基础，保持和加强高层往来力度，在重大国际和地区问题上加强沟通与协调，保持共同立场，做出一致决议。特别是在涉及成员国核心利益的重大问题上保持合作，本组织将发出更多共同一致的声音。第二，在安全领域，始终把打击"三股势力"、毒品走私和跨国有组织犯罪等作为头等大事来抓，2014 年美国撤军阿富汗之后的中亚地区可能出现安全形势反弹，应加强成员国包括与观察员国在本地区的安全执法合作，强化上海合作组织框架内"和平使命"联合军事演习等安全合作机制。第三，把"丝绸之路经济带"建设纳入上海合作组织经济合作的议题之中，在经济合作领域，加强"五通"建设，完善经贸合作机制，在能源、矿产、交通、通信、金融、农业、高新技术、基础设施等领域有所突破，不断寻求新的增长点和可能性，对一些合作重点和难点领域，加强深入研究，寻求解决方案，关切成员国的根本利益。第四，在人文领域，持续加大上海合作组织人文交流与合作的资金投入，扩大合作面，拓展合作层次，根据不同成员国的不同合作兴趣和需求，寻找新的合作机会，使人文合作能够持续和高效进行。第五，进一步理顺上海合作组织现有机构内部工作机制，提高工作效率，使各项已经签署的法律文件和合作项目得以严格执行和实施。第六，继续秉承"上海精神"，坚持"合作对话求安全、互利共赢谋发展"理念。

（四）各领域合作取得显著成就

2013 年，上合组织在政治、经济、安全、人文等领域均取得了显著成就。

一是在政治领域。中国与中亚国家分别建立战略伙伴关系，或全面战略伙伴关系，上海合作组织成员国之间保持高度政治默契，充分理解和尊重成员国的政治发展道路，在重大事件上给予成员国明确支持。公开声明本地区政治安全与稳定涉及本地区各国核心利益，绝不允许外部势力插手。上合组织成员国主张在阿富汗建立一个没有恐怖主义和毒品犯罪的，独立、中立、和平繁荣的国家。呼吁国际社会为尽快在阿富汗实现和平创造条件。支持联合国在解决阿富汗问题和重建方面的中心协调作用。上合组织成员国一致表示，对伊朗核问题表示担忧,认为某些国家对伊朗使用武力和采取单边制裁措施是不能被接受的,只能和平解决这个问题。本次峰会批准《上海合作组织成员国长期睦邻友好合作条约实施纲要》,标志着本组织建设进入务实合作新阶段,是推动落实《上海合作组织成员国长期睦邻友好合作条约》和《上海合作组织中期发展战略规划》的具体文件,对于上合组织未来发展将起到重要的引领作用。这一文件将成为成员国之间提升政治互信、深入开展务实合作的纲领性文件,对促进上合组织健康稳定发展具有重要意义。

二是在安全领域。在世界金融危机尚未根本缓解,西亚北非局势持续混乱,原苏联空间仍然存在不确定因素,美国军队将撤离阿富汗的背景下,上合组织元首峰会和总理峰会对安全合作高度重视。上合组织的相关机制就安全合作问题进行了定期磋商。成员国利用双边和多边机制商讨应对非传统安全问题。上合组织执法安全部门举行了2013年联合反恐演习等实质性合作,对长期以来威胁各成员国安全的恐怖主义、极端主义、分裂主义、毒品走私和跨国有组织犯罪保持高压态势。本次峰会丰富了安全合作内容,除了传统的打击"三股势力"、跨国有组织犯罪、毒品走私外,还把防止武器、弹药及爆炸物走私以及信息安全威胁和非法移民等问题列入重点合作内容。

三是在经济领域。受世界金融危机影响,世界经济仍然处于深度调整期,上合组织区域经济合作进入调整期。上合组织峰会提出经济一体化合作三个重点合作领域是,推进金融领域合作,成立上合组织开发银行和上合组织专门账户。推进能源合作,成立能源俱乐部,建立稳定供求关系,确保能源安全。推进农业合作,构建粮食安全合作机制,加强农业生产、产品、贸易合作。另外,历经12年合作发展,上合组织成员国之间的交通网建设成就显著,能源网与通信网建设也已经取得明显成果,高新技术领域的合作正成为新的亮点。这些合作成就改变了本地区的经济面貌[①]。

四是在人文领域。上合组织召开第十次文化部长会议,落实《上海合作组织成员国政府间文化合作协定(2012~2014)执行计划》。各成员国在公共文化服务、文化创意产业、传统文化与非物质遗产保护等专业领域与其他成员国开展合作交流。中国提出建设"丝绸之路经济带"倡议和加强"政府沟通、道路

---

① 《李克强出席上海组织成员国总理第十二次会议》,http://news.xinhuanet.com/politics/2013-11/29/c_118357974.htm。

联通、贸易畅通、货币流通、民心相通"的"五通"措施为文化合作带来活力。在教育方面,上海合作组织大学(简称上合大学)组建与学科建设等相关的法律法规,其机制建设进一步完善。上合大学所涉及各成员国项目院校达80多所,未来10年中国将提供3万个政府奖学金名额,邀请1万名孔子学院师生赴华研修。各方同意继续推动教育、体育、旅游、环保、艺术、卫生等各领域的合作,继续举办艺术节、青年周等各类人文交流活动,夯实地区合作的民意基础。

(五) 中国提出打造"命运共同体"和"利益共同体"倡议

在2013年上合组织元首峰会前夕,中国国家主席习近平提出建设"丝绸之路经济带"的构想,赢得国际社会,尤其是上合组织成员国的广泛关注和支持。该构想不是要建立一个新的多边合作的机制,也不是一种固定的区域框架安排,而是一种地缘经济合作方式,旨在促进沿线各国共享发展成果,绝不是西方社会认为的"零和博弈"的竞争。伴随着贸易繁荣,"丝绸之路经济带"将逐步促进沿线国家政治互信、人文合作,全方位提升跨国交流。从历史的视角观察,在古丝路上承接东西两端的中亚地区曾经发挥了重要作用,在未来"丝绸之路经济带"的建设中中亚也将展现出巨大潜力。

在元首峰会期间,中国提出打造上合组织"命运共同体"和"利益共同体"的倡议,再次赢得各成员国高度赞扬。"利益共同体"说明相互合作的广泛性与内政外交的契合度,"命运共同体"强调成员国之间的关系是休戚与共和命运相连。两个"共同体"阐述了上合组织对各个成员国的重要性,体现了上合组织的新安全观和新合作观,为上合组织的务实合作注入新的精神动力和物质动力。

建设"丝绸之路经济带"和打造两个"共同体"的落实措施主要表现为"五通",这将为欧亚大陆各国提供更多商机,使上合组织各成员国受益,为成员国经济发展和上合组织框架内多边合作奠定基础。同时,上合组织本身的一些发展理念及各领域的合作成果,也将为建设"丝绸之路经济带"提供良好条件,充实现代丝绸之路的合作内涵。

三 上合组织面临新挑战

上海合作组织面临与过去相比更加复杂的政治经济安全局面,考验着该组织的应变能力。在地区内部,领土争端、意识形态争论、宗教与民族冲突、"三股势力"渗透等日益突出,大国在欧亚大陆特别是在中亚地区的博弈复杂多变;在地区外部,世界格局正在发生深刻转变,充满不确定性,比如发达经济体的下行趋势、美国启动"重返亚太"战略、新兴经济体较快发展、西亚北非地区持续动荡等,这些因素将引发欧亚地区地缘政治格局发生相应变化。

(一)在当今世界格局中的战略地位日益增强的情况下,中俄两国如何充分消除相互疑虑,保持在上海合作组织框架内的合作,更好地维护地区和两国利益

中国和俄罗斯是上海合作组织中影响力最大、实力最强的两个成员国,这是毋庸置疑也无可回避的现实。当前,一些媒体主要是西方媒体不断炒作中俄在中亚的"竞争"关系,这显然是一种挑拨离间行为。中国与俄罗斯在中亚的确存在某种程度的竞争关系,但是,这种竞争实际上是一种相互补充的关系,而不是"零和博弈",总体上是一种互利共赢关系。

中国与俄罗斯正致力于建立"全面战略协作伙伴关系",政治上高度互信,在中亚地区,中国完全尊重俄罗斯的根本利益。正如习近平主席所讲,"中国在中亚不谋求势力范围",这是十分明确的立场。这句话含义丰富,其核心是中国尊重和支持俄罗斯在中亚的特殊地位、利益和作用。中俄战略协作伙伴关系的实质是致力于共同发展。

事实上,中国在中亚的存在对俄罗斯十分有益。首先,中俄是抵御西方东进中亚的重要战略伙伴。比如,在抵御"颜色革命"问题上,中俄的立场一致。其次,中国与中亚的合作抵消了中亚与俄罗斯合作的疑虑,使其在战略上更加容易接受俄罗斯力量的存在。最后,俄罗斯在中亚安全及经济合作方面有时力不从心,需要中国这个最安全的合作伙伴助其发力,仅凭俄罗斯的力量,很难维护中亚安全并促进中亚经济发展,中国的进入和存在有利于弥补俄罗斯的力量缺陷。

(二)在上合组织凝聚力和吸引力不断增强的新形势下,如何正确看待成员国扩大问题

上海合作组织宪章规定本组织是开放性组织,在该组织凝聚力和影响力不断扩大的情况下,要求加入上海合作组织的国家越来越多,扩员问题由此成为一个老话题。近年,该问题之所以持续升温,既说明上合组织的影响力不断上升,也说明区域环境复杂,很多问题超出现有正式成员国的范围,上合组织需

要寻求新的突破，才能在地缘政治和区域合作格局中发挥更大作用。

当前，成员国内部关于扩员的立场主要有两种声音。赞成者认为，上合组织需要新成员补充新能量，扩展合作领域与合作空间，提高组织的影响和声望；反对者认为，上合组织正处于发展初期，宜先巩固内部合作，落实好既定规划措施，不宜急于吸收新成员，而且，上合组织以边界合作（国界划分与边界安全）起家，如果成员之间存在边界纠纷，将影响组织的发展和声誉。

尽管有不同声音，但从目前形势看，扩员已被提上日程。2014年7月，上海合作组织在塔吉克斯坦首都杜尚别举行成员国外交部长理事会，批准了《给予上合组织成员国地位程序》草案和《关于申请国加入上合组织义务的备忘录范本》修订案草案，待元首理事会批准后生效。上合组织秘书长梅津采夫表示，目前最主要的候选国是印度和巴基斯坦，伊朗虽然提交了申请，但因其正在受到国际制裁，暂时还无法接受它。

尽管议案生效并不意味着印巴两国会马上成为上合组织的新成员，但上合组织仍要做好接受新成员的准备。如果印巴两国将来成为正式成员，则上合组织需要调整一些发展规划，应对可能出现的新问题。比如，上合组织目前的合作地域基本集中在中亚地区，未来是否会调整？在当前阿富汗局势不稳定的情况下，中国新疆是否可能成为连接南亚和中亚的最重要通道？

（三）在地区内存在众多国际合作机制的情况下，如何处理与欧亚经济共同体、集体安全条约组织和欧亚经济联盟间的关系

欧亚经济共同体、集体安全条约组织和欧亚经济联盟被公认由俄罗斯主导，是俄罗斯在独联体地区保持传统优势的主要工具和手段。由于这三个组织同上合组织的成员和职能极其相近，因此，这三个组织与上合组织的关系实质是中俄两国在中亚的合作与竞争。如何增加二者间的合作与互信，减少冲突与猜疑，对中俄及中亚国家均是考验。比如，上合组织框架内的中吉乌铁路项目（横穿吉尔吉斯斯坦东部和西部）同欧亚经济共同体框架内的中亚南北铁路项目（从哈萨克斯坦出发，横贯吉尔吉斯斯坦北部和南部，进入塔吉克斯坦），有学者认为在一定程度上存在竞争。

2013年，习近平主席在哈萨克斯坦纳扎尔巴耶夫大学演讲时指出："中国不谋求地区事务主导权，不经营势力范围。……欧亚地区已经建立起多个区域合作组织。欧亚经济共同体和上海合作组织成员国、观察员国地跨欧亚、南亚、

西亚，通过加强上海合作组织同欧亚经济共同体合作，我们可以获得更大发展空间。"①

（四）在基础设施互联互通水平较弱、贸易商品结构较单一的情况下，如何扩大成员国间的贸易和投资规模

中亚地区的交通运输以公路为主，铁路里程短，老化严重，而且费尔干纳地区的部分路段需在两个邻国间反复穿越。中亚地区的电信线缆网络呈单线的链状系统，各流经国只管理本国的网络且传输宽带规格不一，难以实现全网的统一管理和调度，导致线路效率低下，安全性差。中国与中亚国家仅有10个陆路口岸，其中阿拉山口和霍尔果斯属公路、铁路和管道三位一体的一级口岸，其余均是公路口岸。中国从中亚国家进口的主要是原材料，原油约占中国从哈萨克斯坦进口商品总值的50%～60%，棉花约占中国从乌兹别克斯坦进口商品总值的70%，铝锭占中国从塔吉克斯坦进口商品总值的60%～70%，天然气占中国从土库曼斯坦进口商品总值的95%以上，中国从吉尔吉斯斯坦进口量每年都不足1亿美元，主要是皮革、粗毛、铜铝等金属。

（五）在阿富汗未来局势走向不确定的情况下，如何防止阿富汗因素影响地区安全稳定和经济发展

阿富汗一直是影响上合组织成员国安全和稳定的最大外部因素之一。从美国撤军后的伊拉克局势动荡、稳定形势恶化的这一事实可预测，2014年美国和北约从阿富汗撤军后，军事控制力量减弱，阿富汗局势可能动荡不定，"三股势力"以及教派、民族和地方割据等难题和矛盾将进一步激化。

阿富汗局势对上合组织的影响在于：若局势失控，宗教极端思想和恐怖主义可能强化并向周边扩散；毒品问题可能失控并扩大化，刺激甚至资助上合成员国境内的"三股势力"发展；中亚国家向南发展的主要通道受阻，中亚和南亚间的交通、通信、能源等基础设施难以形成网络化；鉴于中亚国家缺乏有效应对手段和力量，需要外部大国帮助，美国等西方国家利用中亚国家需求，提升自己在中亚的存在和影响力，并希望乘机将原驻阿富汗的军事力量转往中亚，

---

① 《弘扬人民友谊共创美好未来——习近平主席在纳扎尔巴耶夫大学的演讲》，http://politics.people.com.cn/n/2014/0908/c1001-22842914.html。

以军事援助、联合军演、建立军事基地或反恐培训中心等形式，继续保持甚至加大在中亚的军事存在，遏制中俄。

上合组织接纳阿富汗作为观察员国，是以实际行动关注阿富汗问题的体现。解决阿富汗问题，美国和北约有责任做出更多努力。上合组织不可能取代美国和北约目前发挥的作用，但需要协调对阿富汗塔利班的立场，并遏制武器流散。

四　上合组织务实合作的新机遇与未来方向

上海合作组织自成立之日起就是"问题推动"型的国际组织，即通过发现问题和解决问题，在成员国共同感兴趣的领域开展合作，带动组织发展。作为一个积极和快速发展的区域国际组织，上合组织的优势之一是勇于面对诸多挑战，从不回避，努力将挑战转化为机遇。2013年是上合组织发展承上启下的关键时期，既总结组织成立后第一个10年（2001~2011年）的经验教训，又为争取第二个10年的辉煌成果铺垫基础。如果说第一个10年的合作重点是建立合作机制与制度，并启动务实合作的话，那么第二个10年的合作重点将是继续巩固和深化务实合作，借助解决成员国共同感兴趣的问题，在各领域寻求新突破。

（一）务实合作的新机遇

客观分析当前上合组织面对的国际新形势和面临的新挑战，尽管困难众多，但该组织完全能够实现既定目标，这主要得益于具备良好的发展基础和条件，至少表现在以下三个方面。

1. 成员国政治互信基础牢固，彼此间已基本建立战略伙伴关系

2013年5月20日、9月3日、9月11日，中国与塔吉克斯坦、土库曼斯坦和吉尔吉斯斯坦三国的"伙伴关系"分别提升为"战略伙伴关系"。加上之前与哈萨克斯坦于2011年6月14日建立的"全面战略伙伴关系"、与乌兹别克斯坦于2012年6月7日建立的战略伙伴关系，中亚五国已全部是中国的"战略伙伴"。俄罗斯与中亚国家均是战略伙伴，哈萨克斯坦与其他中亚国家也签署了战略伙伴关系协议。尽管未建立伙伴关系不意味着双方互信低，但能够建立战略伙伴关系，一定说明双方关系匪浅，均将对方置于本国对外政策的优先方向。

2. 中国与俄罗斯战略合作紧密，推动上合组织发展"双引擎"的一致性与协调性不断加强

上海合作组织成立后的很长时间里，中国一直被公认为是该组织的主导国和"发动机"，该组织的大部分项目融资来源于中国的优惠贷款和援助，而一些学者认为俄罗斯对上合组织态度平平，甚至担心上合组织影响其主导的欧亚经济共同体发展。但是，普京2012年就任总统后，重新修订《俄罗斯联邦对外政策构想》，认为就整个国家安全而言，最大威胁来自美国和北约的传统安全，如北约东扩、美部署反导系统、在亚太增强军事存在等。就局部地区而言，最大威胁是边境地区的非传统安全，尤其是来自高加索和阿富汗地区的恐怖和极端势力，以及走私、贩毒、非法移民等跨国有组织犯罪。

由此可见，中俄两国对国际形势的基本判断以及对上海合作组织的定位和期待基本一致，各自战略利益和需求相近，领导人高层会晤愈加频繁，政治互信进一步增强，在国际事务以及上合组织双边及多边合作方面的协调性、一致性在增强，为上合组织的发展注入新动力。

3. 各国的发展战略目标和措施具有诸多共性

中共十八大提出"两个百年"的奋斗目标，2013年又提出建设"丝绸之路经济带"和"21世纪海上丝绸之路"的目标；俄罗斯《2020年前经济社会长期发展战略构想》提出2020年前经济总量要进入世界前五强，《国家长期经济政策》确定普京任期内的目标之一是世界银行的"营商环境"指标排名由2011年的第120位上升至第20位；哈萨克斯坦总统纳扎尔巴耶夫在2013年国情咨文中提出"2050年前战略"（争取进入世界前30强国家行列）；吉尔吉斯斯坦继续落实执行《2013～2017年国家可持续发展战略》；塔吉克斯坦总统拉赫蒙2013年11月16日在其总统就职仪式上，宣布新一届任期内的任务目标之一，是到2020年将人均GDP增加到2012年的1.5～2倍，并实现国家能源独立；乌兹别克斯坦的国家整体发展战略是"进入发达民主国家行列"。

这些战略的共同之处在于：均将经济建设和改善民生作为国家发展的重中之重；均致力于调整经济结构，缩小地区发展差距，加强区域国际合作；在具体措施方面，均重视宏观经济稳定、控制通胀、减少失业、扩大基础设施建设、增加吸引外资等。

另外，随着塔吉克斯坦2013年1月正式成为世界贸易组织成员，至此，上合组织六个正式成员中，已有吉、中、俄、塔成为世界贸易组织成员，哈萨克斯坦也已结束入世审查，等待世界贸易组织成员大会批准。这意味着，上合组织各成员间的贸易和投资规则，以及与国际主流规则愈加接近，为未来贸易便利化和自由化合作打下了良好基础。

(二) 务实合作的新方向

上合组织《中期发展战略规划》《上海合作组织成员国长期睦邻友好合作条约实施纲要》《多边经贸合作纲要落实措施计划》《2012－2016年上海合作组织进一步推动项目合作的措施清单》以及近年各类会议决议，已经基本确定了该组织今后发展的方向和任务，内容广泛，领域众多。各成员国也结合自身国情，纷纷提出各种区域合作倡议，如建立"能源俱乐部"、开发水电、开展农业和粮食安全合作、加强宏观经济稳定、提高就业、发展高新科技、推进卫生防疫和医疗、夯实上海合作组织大学、关注环保等。

在总结前期发展经验的基础上，我们认为，今后上合组织应该重点关注合作模式、融资机制、推进便利化和反对宗教极端四个领域的务实合作，这是该组织长期稳定发展的基础，也是其他各领域合作的前提。

1. 弘扬"上海精神"，巩固睦邻友好合作基础，塑造国际合作新模式

上合组织的务实合作不仅表现在政治、安全、经济、人文等现实生活领域，还包括合作模式等思想意识领域。怎样合作才能更有效率、更加公平合理，归根结底需要依靠合作模式才能解决。从成立之日起，上合组织便确立其合作模式是秉承"上海精神"，严格遵循尊重多样文明，尊重主权、独立和领土完整，不干涉内政的国际关系基本准则。

但在西亚北非"阿拉伯之春"革命和乌克兰局势等影响下，在西方大力推进"普世价值"、民主等模式的背景下，在部分区外国家试图否定"二战"后国际秩序的情况下，上合组织各成员还能否坚持"上海精神"，大国将如何发挥榜样示范作用，上合组织该如何确保地区稳定和发展等，各方拭目以待。这些问题不仅关系上合组织本身能否实现良好发展，也决定各成员国能否良好发展，能否有效抵御外部干涉，从而为成员国的发展创造稳定的外部环境。

2. 建立上合组织融资机制

上合组织发展需要融资支持，不仅落实项目需要资金，如《多边经贸合作纲要落实措施计划》规定的项目就至少需要100亿美元，维护成员国宏观经济稳定也需要资金。比如，2008年国际金融危机发生后，中国先后向俄罗斯提供

200 亿美元贷款，向哈萨克斯坦提供 100 亿美元贷款，向上合组织提供 100 亿美元用于应对危机，解决企业资金短缺难题。

虽然上合组织金融领域有银联体等机制，但银联体不是该组织的正式机构，通常由金融机构自主决定投资行为，没有义务履行组织决议。因此，上合组织需要建立自己的正式融资机构。当前讨论较多的主要有发展基金、专门账户和开发银行三种。三种均由成员国自愿或按一定比例出资，区别在于：专门账户主要是为上合组织框架内的合作项目提供科研等技术援助；发展基金属基金范畴，是代为客户管理资产和投资行为，可对项目参股入股；开发银行属商业银行范畴，可利用自有资产提供贷款，但一般不得参与企业经营，只能监督资金安全，因此对项目选择将会更严格。

多年来，各方围绕上合组织的融资机制展开多轮会谈，至今未能建立起某种机制，一是俄部分学者认为上合组织的发展基金或开发银行可能影响欧亚经济共同体框架下的欧亚银行发展；二是俄部分学者担心中国经济体量巨大，可能借助融资机制削弱俄在中亚的经济影响。可喜的是，随着中俄两国政治互信加深，俄多数学者的态度从 2013 年逐渐变得积极，上合组织的发展基金（或开发银行）有望获得突破。

3. 推进区域内贸易投资便利化，尤其是道路运输便利化和基础设施网络化

便利化不同于自由化，自由化通常涉及关税减让，而便利化强调方便快捷，主要涉及基础设施、通关手续（海关）、贸易投资程序等，以便节约时间、人力、物力。上合组织《多边经贸合作纲要》确定该组织经济合作的基本思路是：先开展便利化建设扫清合作障碍，再深化经贸合作使各方受益，最后在适当的时候"实现货物、资本、服务和技术的自由流动"。

除继续落实好已签署的《海关互助协定》，加快通关速度以外，今后的任务之一是尽快签署《国际道路运输便利化协定》。由于成员国交通和运输法律法规和基础设施条件不尽一致，对运输规则、道路和车辆的技术标准、运输线路、运输费用、运输品类、合同标准等要求不统一，导致协调难度较大。比如，哈萨克斯坦提出，如果同意中国车辆进入哈全境的话，那么根据对等原则，中国也需要允许哈国运输车辆进入中国全境。但中国国土广阔，运输量巨大，哈国的要求显然不太合理。中俄之间也存在运输线路对等问题（即允许对方运输车辆进入到己方何地）。实践证明，没有运输，就没有物流，贸易和投资的提升空间就受限。上合组织运输便利化协定商讨近 10 年，但至今未能签署，成员国的巨大过境运输潜力也因此未能充分有效发挥。

另外，欧洲复兴开发银行的"转轨指数"表明，基础设施老化和落后，互联互通性不足，是制约上合组织成员国发展的重要因素之一，制度转轨绩效也受其拖累而下降。上合组织既要加强基础设施本身建设，更要加强基础设施的互联互通。只有将基础设施形成网络状，减少断头，才能实现峰谷调剂、应急救助、扩大容量等功能。在成立后的第一个10年里，上合组织基础设施项目主要由成员国自己规划，然后借用组织资金落实，如乌兹别克斯坦利用中国的优惠贷款改善塔什干城市公用设施，塔吉克斯坦用于修复公路，哈萨克斯坦整改玛伊纳克水电站等。今后，上合组织需加强统筹协调，事先规划设计好地区内的路网、管道、电网、电缆等基础设施布局，尤其是各国的国际出口通道和边境设施连接，使之点线面结合，形成统一的整体。

4. 反对宗教极端主义、打击"三股势力"

这是上合组织重要且长期的合作领域。近年，"三股势力"在地区内呈扩大趋势，尽管各国均采取措施严厉打击，但"瓦哈比""萨拉菲""乌伊运"等恐怖和极端势力的成员总体增多，暴恐事件和非法传教等案件也不断发生。实践表明，宗教极端是"三股势力"的主要思想根源，也是"三股势力"发展传播的主要途径和工具。

打击宗教极端是世界难题，也是一个长时期的工程，不可能在短期内彻底解决。之前，上合组织反恐合作的重点是打击暴恐犯罪，对宗教极端思想的传播等活动关注不足。换句话说，比较重视刑事司法和防务安全领域的反恐，忽视了宣传、教育、文化等领域的反恐。为深化反恐合作，反对宗教极端，今后上合组织应将防范和打击相结合，统筹强力部门和社会部门，增加人文领域合作中反宗教极端的内容，共同挖掘和繁荣传统文化，加强宗教交流，弘扬正气。

原载《上海合作组织发展报告（2014）》

日益激化的苏美"资源战"

黄天莹[*]

在当前苏美争夺世界霸权的整个斗争中，双方对战略资源的争夺已成为一个重要的组成部分，而且，这种争夺越来越激烈，这是因为，随着扩军备战的加强，苏美两国军事工业以及与军事工业有关的其他部门的生产活动，对能源、稀有金属和各种矿物原料的需求量也是空前增加，在多大程度上拥有对战略资源的控制权与支配权，已成为直接影响军事实力强弱，进而决定战争胜负的重要因素之一。因此，研究分析苏美两霸当前正在进行"资源战"的情况，了解和掌握双方战略意图和力量对比，对于预测与把握世界形势的发展趋势，具有十分重要的意义。

一 苏美"资源战"的实质和内容

1980年8月，前美国国务卿黑格在美国众议院的一个小组委员会上曾说：美国正在同苏联进入一个"资源战"时代。黑格的这个观点是基于这样一种认识，即美国和西方主要国家工业必需的能源和原料等大都依靠第二世界国家提供。1960年代以前，这本来不成什么问题，只是进入1970年代以后，苏联在第三世界，尤其是在非洲和中东地区的扩张渗透日益加强，出现了一些拥有丰富战略资源并倾向于苏联，或被苏联所支持的国家。在美国看来，这些因素"唤出了一场资源的幽灵"。

---

[*] 黄天莹，中国社会科学院俄罗斯东欧中亚研究所研究员。

具有战略意义的各种资源，一般泛指对国家的工业，尤其是军事工业生产，甚至对国家安全具有全局性影响的燃料、原料、矿物和稀有金属。工业，尤其是军事工业尖端技术，要求大量的燃料、原料和各种特殊金属，否则它的不断发展是不可能的，其消费正与日俱增。

苏美之间的"资源战"是双方以争夺资源作为直接目的的一场斗争。但是，由于战略资源对苏美争夺世界霸权有决定性的影响，几乎可以说，谁最终拥有战略资源的支配权和控制权，谁就最有可能压倒对方，成为战胜者。

苏联发动的这场"资源战"，主要包含三个方面的内容：一是竭力向第三世界国家，首先是战略资源的重要产地扩张，把这些地区置于自己的控制或影响之下，对西方造成资源来源的威胁；二是控制运送各种战略资源的海上运输线；三是减少或停止战略资源的出品，置对方于困境。例如，苏联本来长期向西方国家出口锰、铬、锌、铅、镍、钴、钯、石棉和铂族金属以及铁合金等，现已显著减少或停止出口这种出品；苏联原先还出口钛，但从1979年起，苏联已完全停止了钛的出口，美国对钛需求量的30%依靠苏联提供。

二　苏美之间进行"资源战"的原因和目的

苏美之间进行这场"资源战"的原因是多方面的。从苏联方面看，它是一个拥有丰富战略资源、其自给率比美国高得多的世界大国，许多矿物品种的蕴藏量都居世界首位。据报道，在27种主要资源中，苏联能自给的达21种，其余的即使不能完全自给，依赖国外进口的数额一般也都不超过需要量的50%。但是，近些年来，苏联战略资源的自给率日益降低，也需要从国外寻求新的资源来源。例如，苏联白金的年产量约为5000万盎司，但它每年消耗的白金则高达1亿盎司以上。前两年，苏联《世界经济与国际关系》杂志也公开承认，苏联"遇到了能源和原料问题"。

苏联战略资源自给率下降的主要原因有以下几点。

1. 大规模扩军备战消耗大量战略资源

为了赶上和超过美国，夺取军事优势，苏联竭力发展军事工业。经过短短的十几年时间，苏联不但在常规武器方面超过了美国，而且在核军力方面也达到了同美国平起平坐、势均力敌的地步。在常规武器方面，苏联在数量上已占据优势，它的坦克是美国的5倍，大炮是美国的4倍，各种作战车辆是美国的3

倍。这是消耗大量战略物资所取得的结果。据统计，1965～1970年，苏联战略物资的消耗量增加了 2.5 倍。1980 年，苏联的机器制造和金属加工工业将近50% 的产品用于军事目的，其中，用于武器制造的金属消耗每年大约增长 8%，每年用于扩军备战的油料消耗，相当于第二次世界大战期间苏联 4 年耗量的 2 倍左右。正是这种高消耗导致了许多战略资源不足现象的加剧。

2. 采矿的成本费用越来越高

苏联矿物原料资源每年的开采量都在增加，按苏联人口平均计算，现在已达每人 23 吨，即比 10 多年前几乎增加了 1 倍，资源的开采量平均每年增加 5%～10%。苏联一些经济学家承认，苏联目前开采矿物的矿山地质条件正在恶化，北部和东部地区开发新矿产地的投资日增，技术设备费用和环境保护费用"都在增加"，"这一切都造成了开采部门生产费用的提高"。再者，近几年来，用在矿物原料的开采、精选和运输上的社会费用也在迅速增加，同 1960 年代相比，有的矿产品的社会费用增长了 1 倍多，鉴于有些矿产国内生产成本费用过高，苏联"不得不考虑从国外进口"。

3. 长期大量开采，许多矿产的蕴藏量日益减少，而新的产地又条件不佳

苏联通讯社称，"在苏联的欧洲部分，许多燃料和原料产地开采的全盛时期已然成为过去"，即使在西伯利亚，有些矿藏的数量也在减少。

从美国方面看，美国原来也是一个拥有丰富战略资源的国家，但由于长期以来对资源掠夺性的开采和消耗量极大，造成许多主要矿物的自给率降低，本国的资源已无法满足飞速增长的需要。据苏联的材料称，1950～1978 年，美国和西方主要国家的能源需要量增长了 1.7 倍，金属消耗量增长了 2 倍，矿物化学原料增长了 1.6 倍。苏联认为，美国及西方国家无论是在载能体，还是在其他矿物方面，原先的开采量可以保障其需求量的 61%；而在最近 30 多年来，美国和西方国家的自给率人人下降：载能体下降了 30%，黑色金属和有色金属矿砂下降了 5%。

美国现在严重依赖国外的战略资源。在美国工业发展中必不可少的 20 种重要战略资源中，就有（10 种）以上的需要量依靠进口，而锰、铬、铅、铂以及其他对航天和国防工业极为重要的矿物 90% 以上都得依靠国外供应。1981 年，美国遗产基金会的一份报告曾抱怨美国政府对战略资源问题漠不关心的态度，它提醒政府，一旦战略资源的供应中断，从战略和经济的角度来看，后果将是不堪设想的。

总之，随着国民经济的发展和扩军备战的加剧，苏美双方都存在着资源问题，但从上述材料中可以看出，美国资源的不足远较苏联为甚，这正是苏联发动这场"资源战"的背景，从而也决定了在这场争夺资源的斗争中，苏联比美国更处于主动地位。

在当前这场"资源战"中，苏美双方都各抱有自己的目的。苏联是资源大国，它发动这场"资源战"的主要目的是想削弱美国。针对美国和西方国家资源严重不足、必须依靠外国的弱点，苏联为了达到不战而胜的目的企图使美国陷于资源匮乏的困境。苏联多次宣传说，它能在"长期稳定的基础上"向西欧提供能源和原料，用心何在是非常清楚的。苏联企图以资源作诱饵，使西欧国家在政治上听命于它。它原先一直向西德提供钛，但自1979年西德政府同意美国在西德境内部署潘兴Ⅱ式导弹以后，便立即停止了钛的供应，以示报复。

苏联向美国挑起了"资源战"，美国只有应战，别无其他选择。里根政府也打算通过这场斗争来解决资源不足和确保今后资源供应线安全的问题，改变被动局面。

三 苏美之间进行"资源战"的重要场所

苏美"资源战"的重要场所在第三世界国家，这里拥有已探明的世界矿藏储量的40%（占资本主义世界矿藏储量的60%）。第三世界国家对主要矿产的消耗量大大小于它们的开采量；它们出品的燃料和原料，约占它们出口总额的80%，相当于它们国内总产值的20%。这些出口的燃料和原料产品，75%是向苏联、美国和西方主要国家出口。苏美把第三世界国家当成它们之间争夺战略资源的主要场所，原因是显而易见的。

在第三世界中，苏美争夺战略资源最为激烈的地区在非洲（特别是南非）和中东。

美国和西方国家对非洲，尤其是南部非洲战略资源的依赖性越来越大，有鉴于此，苏联自1970年代以来，加强了对非洲的扩张和渗透，其中一个重要目的就在于控制非洲一些国家战略资源，并切断通往美国和西方国家的运输线，因此，非洲特别是南部非洲，日益成为苏美角逐的重要地区之一。

苏联一向重视对非洲战略资源产销情况的研究。据苏联学者称，非洲不仅拥有丰富的矿产资源，而且这些资源的质地优良，因此，非洲已被美国和西方视为"具有头等重要意义的大陆"。苏联的材料说,非洲集中了资本主义世界矿产总蕴藏量中石油的12%、天然气的13%、铀的21%、钻石的92%、铬的95%、黄金的70%、锰的80%、钴的38%、钛和钽的60%、钴土矿的49%、磷酸盐的68%、钒的78%、白金的97%、铜的22%、锂的21%,等等,美国和西方国家每年要从非洲进口大量的战略资源:它们从非洲进口其所需钻石的90%、钴的80%、黄金的80%、白金的60%、磷的33%、铜的27%、锰的69%~90%,非洲开采的铀矿占资本主义世界铀开采量的22%,几乎全部都被美国和西方国家买去。美国从非洲大量进口的产品还有:咖啡、可可、糖、茶、木材、棉花和天然橡胶等。非洲也是美国所需能源的主要供应者。在美国石油进口的总额中,非洲石油占一半左右。1978年,美国为进口石油共付出100亿美元,其中50亿美元用于购买非洲的石油;由于从非洲进口大量的燃料和原料,美国目前同非洲的贸易额,比15年前扩大了11倍。

非洲的战略资源分布很不平衡,它们的产地大多集中在南部非洲,尤其是集中在南非共和国境内。例如,津巴布韦有几个世界上最大的铬矿,石棉的产量占世界第二位;纳米比亚是世界上第2大钻石生产国,它还富产铜、铀、铅、锌等重要矿物;博茨瓦纳的钻石产量居世界第4位;南非共和国的矿藏更为丰富。正因为如此,北约秘书长伦斯认为,南部非洲的战略资源对欧洲经济来说"同波斯湾的石油同等重要"。

南非共和国的矿产资源具有突出的战略意义。这里是一座品种繁多的资源宝库,不仅矿产丰富,而且分布集中、矿体庞大、开采方便。西方国家不但在目前,而且在将来,都将严重依赖南非的战略资源。仅就美国而言,其进口的36种战略资源中,有8种是从南非获得的,其中,铬占美国全部铬矿进口的91%、钒占57%、铂占35%、钽占17%、锰占90%。美国洛克菲勒基金会对南非的一份调查报告说,美国从"资源战"的观点出发,认为南非是"非燃料矿物的波斯湾",这里的铬和铬化铁、锰和锰化铁、铂、钒4类矿物,在战略上对西方极为重要。西德《世界报》说,西方一旦失去了南非"就将直接影响世界范围内的均势"。法国人也认为,必须"仍然确认南非在保护整个西方世界当前与长远的巨大利益方面,起着基本的和不可替代的作用"。

中东是世界的"热点",是苏美长期角逐的重要地区,其中一个重要原因就是:世界已探明的石油总蕴藏量约873亿吨,中东即拥有492亿吨,占56%;而中东的大部分石油又集中在波斯湾。美国驻伊朗大使说,波斯湾

"实际上已成为美国的生命线"。西方其他主要国家从波斯湾进口的比重更大，约占它们石油进口总量的70%，日本则占90%。法国前总统德斯坦曾说："如果石油消费国的石油供应被切断，它们将处于一种几乎影响到它们基本生存的局面。"

苏联首先是想切断美国和西方主要国家战略资源的供应线，但它也对第三世界一些国家的战略资源垂涎已久，例如，苏联渴望获得南部非洲的铬。美国的一份调查报告认为，苏联铬的日益短缺，是它向南部非洲扩张渗透的原因之一。

诚然，苏美在第三世界的争夺是出于政治、军事等方面的种种考虑，但是，在一些特定的地区，争夺战略资源是它们激烈争夺的主要目的。前美国国防部部长布朗在1979年就说过：现在美国的战略资源"比过去更加依靠外部世界"，苏美之间的争夺直接"关系到是否能取得资源的问题"。勃列日涅夫曾对一位非洲领导人直言不讳地说："我们的目的是控制西方赖以生存的两个宝库，波斯湾的油源宝库和中非南非的矿产宝库。"

四 苏美之间进行"资源战"的主要手段

（一）从苏联方面看

1. 增强军事力量，威胁资源产地，控制石油通道

非洲和中东，地处欧洲南翼，是西欧的战略后方，又濒临大西洋、印度洋、地中海和红海。这里不仅是美国和西方国家战略资源的主要供应基地，而且也是这些战略资源运往美国和西方的必经之路。

针对美国在战略资源方面对非洲、中东的严重依赖，而资源产地又远离美国本土数千公里的致命弱点，苏联一直在加强军事实力，特别是加强海军力量，把控制战略资源产地、威胁和切断对美国生死攸关的海上运输线，作为同美国争夺世界霸权的手段之一。为达此目的，苏联大幅度增加军事费用，着重发展海军（它正在着手建立到20世纪90年代即可在世界7个海域进行军事干预活动的海军舰队），在中东和非洲等地建立军事基地和攫取这个地区一些国家军事设施的使用权（据不完全统计，仅在非洲，苏联已经取得20多个港口和机场的使用便利）；与一些在地理上具有战略意义的国家签订"友好合作"条约；被苏联册封为"社会主义方向"的亚非国家也大多位于印度洋和大西洋沿岸；3年前苏联甚至悍然出兵占领紧靠波斯湾的阿富汗，等等。美国国防部部长温伯格惊呼苏联的这些扩张行径"已危及美国获得石油和其他许多至关重要的矿物和资源的机会"。

2. 打着"支持民族解放运动"的旗号，同美国争夺战略资源产地

（1）在中东利用动乱，使美国不能顺利获得中东资源。长期以来，苏联利用阿拉伯国家因美国偏袒、纵容和支持以色列而产生的反美情绪，以支持者的姿态出现，造成一些阿拉伯国家对它的依赖，插手中东事务。它表面上支持巴解组织和叙利亚反对以色列的斗争，到了关键时刻，它又置巴解组织的存亡和叙利亚的胜败于不顾，致使它们1983年6月在黎巴嫩战场上败于以色列。而以色列则更加气焰嚣张，企图把巴勒斯坦问题一笔勾销；尔后，苏联又支持叙利亚反对黎以和平协议的实现。中东这种永无休止的动乱局面，合乎苏联的愿望。

（2）借口"应邀"和"支持进步政权"，武装入侵阿富汗。苏联对阿富汗的入侵，既有抢占战略要地、推行其南下战略的考虑，也是威胁美国石油资源供应基地、同美国争夺战略资源的需要。苏联觊觎阿富汗的资源由来已久，在过去的15年中，苏联曾在阿富汗境内进行过广泛的地质勘探和开采，而且，从1976年以来，苏联就开始把阿富汗的天然气输往苏联的中亚地区。入侵阿富汗以后，苏联对其矿产的掠夺更加肆无忌惮。1981年以来，共签订167个"合作工程协定"，其中已有76个协定付诸实现。根据这些协定，苏联在阿富汗勘探了天然气、石油、铀、黄金、汞、铬、翡翠、铅、锡、重晶石、铁矾土、锂、钽、铌、锰、镍和石墨等矿藏。阿富汗所生产的天然气，据说几乎全部被运到苏联去了，以致阿富汗本国的生产部门（如马扎里夫化肥厂等），只好不烧天然气，改为烧煤。

（3）插手南部非洲的民族解放运动，同美国争夺南非。1981年，当时的美国国务卿黑格提出，如果苏联控制了南部非洲，苏联就等于控制了美国与西方国家关键性矿物的90%。近些年来，苏联利用它同安哥拉、莫桑比克的结盟关系，以安、莫为据点，极力拉拢赞比亚和津巴布韦，企图把非洲拦腰截断，使南部非洲置于苏联的控制之下。苏联还竭力插手纳米比亚反对种族主义统治的武装斗争，以便扫除沃斯特种族主义政权的外围屏障，威胁美国和西方世界运输战略资源的海上必经通道。

3. 通过提供"经援""军援",在第三世界争夺战略资源

提供"经援"是苏联同美国争夺第三世界战略资源的重要手段之一。同美国相比,苏联对第三世界国家提供的"经援"要少得多,例如,1975年苏联提供的"经援"为12.64亿美元,而美国则为49.08亿美元,几乎比苏联多3倍。然而,苏联的"经援"大多集中在具有战略意义的地区;同时,"援助"的项目以重工业和采矿工业为主。据不完全统计,截至1978年,苏联向第三世界国家提供的"经援"总数约为70亿美元。

自1960年代第三世界国家,特别是非洲许多国家取得政治独立以来,苏联大力同它们发展贸易关系;1970年代起,这种趋势进一步加强。1960年苏联同第三世界国家的贸易额只有7.85亿卢布,到1981年增至124亿卢布,增长了20倍左右,苏联主要向它们提供机器设备,换来的则为燃料、原料和其他战略物资。苏联自己承认说:"苏联从非洲得到了它所必需的贵重天然原料和热带农产品。"

同"经援"一样,提供"军援"是苏联掠夺第三世界战略资源的另一种重要手段。例如,1980年3月,苏联向赞比亚提供了8500万美元的武器装备,换来的是赞比亚向苏联提供大量的钴。截至1978年,据不完全统计,苏联向第三世界提供了250多亿美元的"军援"。1970年代是苏联向非洲提供"军援"最多的时期,提供的"军援"总数约为310多亿美元。

为了获得第三世界的战略资源,苏联还向第三世界一些国家的矿业部门直接投资。据报道,到1978年年底,苏联和东欧一些国家在第三世界国家的185家矿业公司中拥有投资总额为30多亿美元的股票。在这些公司中,有75家公司是在非洲。

4. 利用国际市场影响战略资源的供求

这方面最突出的事例是在雇佣军入侵扎伊尔之前,苏联在国际市场上大量收购钴,入侵扎伊尔,造成了占世界产量1/3的沙巴省钴矿被迫停产,从而使国际市场上一时由于钴的严重短缺,钴价暴涨5倍。这时,苏联乘机再向国际市场高价抛售钴,从中牟取了暴利。1980年代以来,苏联一方面在国际市场上大量抛售黄金和铂;另一方面又在国际市场上大批收购铜、铝、锌、铁矾土和萤石等,作为储备,企图垄断世界市场上某些资源的供求,打乱美国和西方国家的采购计划。

5. 与南非政权暗中来往,进行重要资源的交易

苏联在表面上把"反对南非种族主义"的口号喊得震天价响,但是,为了

获得南非的战略资源，却暗中同南非种族主义政权勾结。据报道，双方曾就共同控制世界市场一些重金属进行过秘密接触。苏联方面参加谈判的包括苏联国家白金和钻石贸易局的副局长鲍里斯·谢尔扎，南非方面的谈判方是南非英美公司。双方谈判决定，南非在伦敦经营的德比尔斯联合矿业公司销售中心负责处理和销售苏联未加工的钻石。虽然双方对此讳莫如深，但在国际上这早已是公开的秘密。1980年年底，南非矿业界的巨头戈登·沃德（约翰内斯堡联合投资公司的董事长和铂矿公司的头号股东）曾秘密访苏，双方曾就"合作"建立铂卡特尔问题进行过磋商。

苏联还从南非暗中购进大量矿物。据报道，1980年，苏联和东欧一些国家从南非进口了总额大约为2000万美元的矿物和基底金属（合金）。正如一些外国报刊所评论的那样，苏联情愿撇开同南非共和国在意识形态等方面的巨大差异，积极同南非拉关系，因为令它感兴趣的首先是那些具有战略意义的原料。

（二）从美国方面看

1. 建立特种部队，保卫资源产地和海上运输线

面对苏联"资源战"的攻势，美国政府决定大力加强本国和盟国的军事力量。最近，它已要求国会通过决议将1984年年度的国防开支增至2386亿美元。美国国防部部长温伯格提出，美国特别需要"大力发展海军"，以保护漫长海上通道的安全。他说，美国现在所需要的海军应比20年前"大得多、强得多"。为了反击苏联在非洲和中东的扩张，美国决定与西方盟国协调行动，迅速增强在印度洋和大西洋的军事存在。美国政府还拨款扩建在中东和印度洋地区的作战基地。1980年，美国开始组建"快速部署部队"，并决定花几年的时间和投入几十亿美元的财力来进一步增强这支部队的战斗力。据称，"快速部署部队"现已拥有22万人，今后准备再增加1倍。此外，美国还致力于建立南大西洋公约组织，以确保大西洋一带海域的安全。

2. 调整对非洲的政策，改善与非洲国家的关系，加强与南非关系，严防苏联得手

战略资源最丰富的地区要算非洲，然而，长期以来，美国认为非洲的资源掌握在西方手中，战略上对非洲不够重视，从而使苏联在非洲有机可乘。从1970年代后期开始，尤其是在里根上台以后，美国政府逐渐从切身的体会中认识到忽视非洲给自己带来的严重后果，并制定了相应的政策。美国负责非洲事务的助理国务卿克罗克明确提出,美国必须促进非洲的安全,不给苏联以可乘之机,并应保证美国能从非洲获得所需各种重要资源。美国还认为,南部非洲同美国和西方国家是同处在"一条生命线上",美国在这个"关键性地区"必须"积极开展工作",否则,势必"助长苏联支持的冒险活动"。

加强与非洲的经济联系是美国调整对非洲政策的重要部分。近年来,美国加强了对非洲的投资,由1978年的28亿美元增至1979年的40亿美元。据1982年的统计,美国和西方国家迫于世界的大势所趋,不得不随声附和谴责南非的种族隔离政策,减少部分的交往。但为了获得南非的稀有资源,它们在南非的投资达100多亿美元。苏联对此宣称,美国的这些投资,"与其说是为了在当地获得高额利润,毋宁说是为了继续能从非洲输入燃料、有色金属和精矿以及它们十分需要的其他矿物"。

美国虽不敢公然和南非建立同盟关系,但是,从投资、贷款、贸易、先进科技以及武器等方面,公开地或背地里大力支持南非政权;南非则向美国供应其需要的战略资源。卡特总统在职期间强调"人权"外交,与南非关系略有疏远。1981年,里根就任总统后不久在谈到同南非的关系时宣称:"我们能够抛弃一个对自由世界十分重要的拥有矿藏资源的国家吗?"近两年来,安哥拉和莫桑比克经济困难,美国便高调接近它们,试图影响其对西方以及对南非的关系。美国积极插手纳米比亚独立问题,也是对南非的一种支持。

3. 大量购进并储备战备资源

美国近几年来购进战略资源的数量明显增加,一是为了满足当前的需要,二是为了增加储备,以应不时之需。

早在1970年代中期。美国就开始重视购买和储备战略资源的工作。1977年,美国政府决定加强石油储备。1981年,美国利用世界石油市场供应过剩之机,加快了石油进口和储备的步伐,并首次实行从别国政府购买石油后直接作为储备的办法,把墨西哥的石油引入美国的拱形盐矿井。到1981年,美国的战略石油储存量已达2345亿桶。其他战略资源的购进和储备,在卡特执政时期也已开始。1981年下半年,里根政府决定拨出1亿美元作为购买战略资源(其中包括62种矿物、金属和其他原料)之用。1982年4月5日,又决定拨款125亿美元购买战略资源,规定这笔款项专门用于购买铬、钴、钨、铁钒土等战略资源,目的是使美国"一旦处于紧急状态时,有足以维持3年的矿物"。同年,里根政府制定的《国家物资和矿物方案》写道:"美国必须执行物资和矿物政策计划，以便保证，一旦爆发战争和国家处于紧急状态时，美国派出和支持战斗部队的能力，不会因为缺乏关键性原料而受到削弱。"

美国对于即使是本国能够自给的矿物，也在增加储存量，例如铀，美国是世界上最大的产铀国，其产量约占苏联以外世界产量的一半，但长期以来，它仍从国外大量购买铀，用作储备。

五 对苏美"资源战"的几点看法

研究、分析上述情况可以看出，苏美之间的"资源战"将会引起以下一些后果和影响。

1. 非洲和中东仍将是今后苏美在争夺战略资源方面的两个主要地区

进入1980年代以来，苏联在上述地区的攻势有所收敛，但从整个局势看，由于苏联相对富于资源，又伸手西方所依赖的资源产地，这使得苏联在争夺资源这个问题上，仍处于攻势。从资源分析状况和地理位置来看，非洲和中东，特别是中东，成为苏美争夺战略资源的"热点"，这种情况，估计在今后相当长的一个时期内不会有根本性的改变。

2. 苏美对资源的激烈争夺，必将导致国际局势的加剧

苏联旨在威胁美国战略资源产地和运输线的扩张活动，已引起美国的重视与警惕，并声称不惜在必要时同苏联直接对抗。早在1980年，卡特总统曾宣布："让我们的立场更鲜明些：任何外部力量占领波斯湾地区的任何尝试，都将被认为是对美国切身利益的侵犯，美国将采取包括使用武力在内的一切手段来制止。"里根上台不久也宣布说：如果苏联人采取任何轻率的行动，那么，苏联"就是在冒同美国进行一场军事对抗的风险"。1982年美国政府制定的《美国1984~1988财政年度国防指导文件》更扬言：中东地区至关重要，美国部队将随时做好开进去的准备，即使是"在取得波斯湾石油的通道安全似乎受到威胁但没有直接入侵的情况下，也要做好开到那里去的准备，而无须等待生产石油的盟国发出邀请"。

3. 美国在非洲和中东调整政策的结果，将会使苏联在这一地区的影响暂时有所削弱

美国除加强军事存在以应付突发事件外，还开始对非洲奉行较为灵活、较为积极的外交政策，例如，竭力使苏联不能插手中东事务，努力改善同阿拉伯国家的关系，等等。与此同时，美国还着重从经济上援助非洲一些国家，包括援助那些在政治上、意识形态上倾向苏联的国家。美国利用这些国家面临经济上的重重困难，提供经济援助，现已取得一些进展。例如，安哥拉、莫桑比克、刚果等国家，逐渐感到堵死通往西方渠道的做法对自己不利，都指望同美国和西方国家改善关系。例如，安哥拉政府通过纳米比亚独立谈判同美国建立了政治接触；又如，同苏联关系密切的莫桑比克政府，1982年年底第一次接待了以美国负责非洲事务的副国务卿弗兰克·威斯纳为首的美国国务院代表团的访问，此前，即在1982年5月，莫桑比克曾派出一个政府代表团访美，同美国许多企业家进行了广泛的接触；同年9月，莫桑比克就从美国获得了总数为2万多吨的粮食援助。前不久，美国和西方国家的一些企业在莫桑比克国内"十分活跃"；莫桑比克还从西方国家搞到了贷款。刚果等国也在指望从西方国家得到经济和技术援助。当然，美国这种挖苏联墙脚的做法，也将引起苏联对其非洲政策做出相应的变化。

4. 苏美之间的"资源战"将给西方国家带来资源的"危机感"

由于能源和稀有金属对现代产业和军事工业是不可缺少的原料，苏美之间争夺战略资源的斗争将在西方世界引起连锁反应，使它们因感到资源来源日益缺乏保障而惶恐不安。例如日本，它是一个海洋国家，几乎百分之百的资源都要依赖海外供应，目前，它已明显感到"金属冲击"在日益加剧；政界、财界都担心稀有金属和其他原料进口有朝一日将被切断。日本学者认为，"如果苏联建立起一个包括南部非洲在内的、由苏联主导的稀有金属（战略物资）生产卡特尔的话，那么，由此而造成的金属冲击，恐怕是比石油冲击更大的战略性冲击"，而这场"资源战"将可能"对苏联更加有利"。在苏美"资源战"的影响下，日本政府最近做出决定，"由国家正式抓镍、铬等稀有金属资源的储备"。其他一些西方国家，也在不同程度上担心资源的供应会发生恐慌，从而可能使世界战略资源的供求情况出现人为的紧张。

5. 苏联利用西方能源短缺，使西方加深对自己的依赖，从而导致欧美矛盾的激化

美国和西欧主要国家围绕天然气问题一度闹得不可开交，应当说这是苏联以资源为武器在美欧之间打进楔子的一例。苏联一向擅长于利用美欧矛盾分化它们的关系。正如苏联利用北约组织决定在西欧部署美国中程导弹问题分化美欧关系那样，苏联也会利用战略资源问题分化美欧关系。可以预料，今后苏联还会把能源和其他原料作为钓饵，引诱西欧国家上它的圈套，加深对它的依赖。因此，如果苏联在"资源战"中进一步得手，就有可能导致美国同它的盟国发生更多的龃龉。

原载《苏联东欧问题》1984 年第 1 期

"北方领土"主权终归谁属

——试析俄日"北方领土"之争

李勇慧*

1997年7月24日，日本首相桥本就对外政策发表重要讲话。他说，世界外交的"轴心"过去是在"欧洲—大西洋"，现在则转到"欧亚大陆"。也正是在这次讲话中他提出了对俄关系新的"三原则"，这就是"相互信任"、"相互利益"和"面向未来"。桥本的这个讲话实际是日本实行新的对俄政策的指导思想。

1997年11月1~2日和1998年4月18~19日，俄罗斯总统叶利钦和桥本分别在俄罗斯和日本举行了两次非正式会晤。第一次会晤中双方提出了所谓"叶利钦－桥本计划"，声称要利用日本的资金和技术、俄罗斯的资源共同开发远东西伯利亚。双方特别强调力争在2000年前签订和平条约。第二次会晤中双方达成协议，日本政府首脑将于1998年秋天正式访俄，1999年实现叶利钦再次正式访日，从而进一步推动和平条约的谈判进程。

1998年7月13日，桥本龙太郎宣布辞去首相一职；7月30日，原外相小渊惠三成为日本的新一任首相。作为前外相，小渊一直参与了俄日间的高层对话。对待俄日问题，小渊在就职后表示，愿意继续奉行发展俄日关系的方针，落实俄联邦总统同日本前首相桥本达成的协议，实现两国关系的完全正常化。

俄日关系中出现的这种新的发展势头引起了世人的普遍关注。俄罗斯和日本虽不及中国和日本之间的关系那样源远流长，但其交往史也相当悠久。俄日关系的历史与其说是合作的历史，毋宁说是争夺与疏远的历史。由此可见，两个国家

---

* 李勇慧，法学博士，中国社会科学院俄罗斯东欧中亚研究所俄罗斯外交室副主任。

地理上的相邻并不一定必然导致友好合作的加深，或许反而会成为相互对立的因素。纵观历史，许多战争都是起源于领土之争。第二次世界大战结束前夕，苏联参加对日作战，出兵占领了日本北部的四个岛屿。然而，在第二次世界大战已经结束50多年的今天，两国仍未签订和平条约。这在国际关系史上也是罕见的。

原因何在呢？最根本的原因是两国间存在着一直没能得到解决的、复杂的"北方领土"问题。一旦这一主要矛盾得以解决，两国关系中的其他问题也就迎刃而解了。因此，深入研究俄日之间的领土之争，是认识俄日关系历史的重要途径，同时也是把握俄日关系发展前景的关键。倘若在新旧世纪交替之际双方能够签署涉及解决领土问题的和约，无疑将是现代国际关系史中的重大事件。

有关俄日间的领土问题，已有许多学者撰文论述，本文将不对"北方领土"的历史再做赘述，而是着重分析俄日双方各自关于领土问题的立场和观点。同时重点介绍我国学者较少谈及的俄罗斯国内关于领土问题的争论。试图通过对争论的分析，找出制约领土问题解决的因素。

一 苏日双方关于"北方领土"问题谈判的焦点

日本在领土问题上一直坚持要求苏联归还四岛，只不过是放弃了过去长期坚持的"一揽子归还"的立场，提出只要苏联承认日本对四岛的主权，归还方式和日期可以灵活处理。对待"北方领土"问题，苏联从1960年到戈尔巴乔夫上台以前，拒不承认苏日间存在领土问题。[①] 1991年4月16~19日，苏共总书

---

① 20世纪50年代中期，苏日双方都希望改善相互的关系。经过艰苦的谈判，双方于1956年10月19日签订了《苏日联合宣言》。关于领土问题，宣言中指出，苏联为了满足日本的愿望和考虑到日本的国家利益，同意把齿舞和色丹岛在缔结和约之后移交给日本。1960年1月19日，日美签订了《日美安全条约》，苏联于1960年1月27日向日本发出备忘录，指出，"苏联不能忽视诸如日本签订损害远东和平基础和制造苏日关系发展障碍的新的军事条约这样的步骤。鉴于这一条约实际上剥夺了日本的独立，且因日本投降而入驻的外国军队仍继续留在日本领土上，这样便形成了新的局势，在这种局势下，不可能实现苏联政府把齿舞岛和色丹岛移交给日本的诺言。苏联政府曾经同意在和平条约签订以后将上述岛屿移交日本，从而迎合了日本的愿望，并考虑到了日本国家的民族利益和日本政府当时在日苏谈判过程中所表现出的爱好和平的意向。但是，现在考虑到日本政府签订的旨在反对苏联同时也反对中华人民共和国的新的军事条约，苏联政府不能将上述岛屿移交日本以促成扩大外国军队所利用的领土。因此，苏联政府认为必须声明，只有在一切外国军队撤出日本领土和签订苏日和平条约的条件下，才能按照1956年10月19日苏日联合宣言的规定将齿舞岛和色丹岛移交日本。"

记戈尔巴乔夫访问了日本,在发表的《苏日联合声明》中,正式承认了两国间存在领土问题。苏联解体后,俄罗斯官方首先承认俄日间存在领土问题,并提出了分阶段解决的办法,愿意就领土归属问题进行谈判。1993年10月11日,叶利钦访日时双方共同发表《东京宣言》[①],奠定了俄日双方谈判的基础。

下面就让我们分析和研究一下在有关"北方领土"问题谈判中,苏日双方的争论焦点。首先,关于"北方领土"最初发现和开发的争论。在谁首先发现和开发了千岛群岛的问题上苏日两国一直各持己见,莫衷一是。在传统国际法中,对国家领土的取得方式中有一种叫作先占(occupation)。这是指一国有意识地将其统治扩展到不属于任何国家领土的地方,以使该地成为其领土的一种法律行为。先占的客体有两类:一是不属于任何国家的无人居住的土地;二是某些土著部落的土地,这些部落尚未形成符合国际法概念的国家[②](以当代观点来看,第二类是完全不合理的,而且也随着殖民地的瓜分完毕而失去其适用的余地)。具体到"北方领土"来说,尽管历史上居住和生活在那里的土著人是阿伊努人,但是搞清究竟是谁首先发现和开发(先占)北方领土这一问题,对苏日两国都非常重要,认为这是占有北方领土的基本依据。

日方指出,"北方四岛"在历史上一直是日本的领土。在北方四岛上管辖阿伊努人的是隶属于日本中央政权的松前氏。1644年,日本德川幕府根据松前藩献给幕府的地图绘成正式全国地图,叫作"正保御国绘图"。这是世界上记述国后、择捉、齿舞和色丹的最古老的地图。[③] 日方认为,从地质学上看,齿舞和色丹岛显然是位于北海道根室半岛延长线上的北海道附属岛屿。这些岛屿自古以来就被视为北海道的一部分。关于国后、择捉两岛,日方的看法是:千岛群岛包括北千岛群岛和南千岛群岛,但是南千岛群岛的国后和择捉从历史上看自古就是日本的领土,其法律依据是1855年2月7日签订的《日俄通好条约》。该条约规定以择捉岛和得抚岛(得抚岛以南即为择捉岛)之间为日俄两国边界,承认择捉和国后岛是日本领土。此外,1875年《萨哈林岛—千岛群岛交换条

---

① 《东京宣言》就解决北方领土问题确认了以下3点:(1)莫斯科承认俄日间存在领土问题;(2)领土问题就是指南千岛群岛;(3)作为苏联的法律继承人,俄罗斯表示要遵守苏联所签订的一切协定。《东京宣言》实际上是1991年的《苏日联合声明》的继续,是俄日关系间第一个重要的政治文件,为两国关系发展奠定了新的基础。
② 韩成栋、潘抱存主编《国际法教程》,南京大学出版社,1989,第158页。
③ 〔俄、日〕俄罗斯外交部和日本外务省编《俄日领土问题的历史文献资料汇编》,1992,第1页。

约》把得抚岛以北的北千岛群岛划归日本,这样整个千岛群岛为日本所有。可以看出,国后和择捉早在日本明治维新前就已得到俄国在条约上的两次正式承认。日方认为这是历史事实,不能因苏联是二战的胜利国就赋予战胜国以改变历史事实的权利。

苏方历来强调俄国人是千岛群岛的第一发现者和开发者,以此证明对千岛群岛的所属权。1984年莫斯科出版的《18世纪上半叶俄罗斯在太平洋北部的探险》一书,详细地介绍了沙俄探险队从17世纪后期开始在太平洋北部的活动。沙俄的探险家以堪察加半岛为基地,由北向南对千岛群岛进行了多次探险。据称,俄国人第一次看到千岛群岛是在1691年。当时哥萨克阿特拉索夫占领堪察加半岛后,向半岛南部征伐,从那里望见南部海上有高耸的岛屿,并给这些岛屿起名为"库里尔群岛"。[①] 他们此后还"第一次"了解到了岛上阿伊努人的情况。[②]

通过对苏日两国所供史料的研究,可以得出这样的结论:千岛群岛亘古属于阿伊努人。日俄先后于17世纪开始对千岛群岛进行占领。日本从北海道向北,逐步对阿伊努人所居地区实行占领,到19世纪初,日本的统治范围除了它本身的四个大岛(北海道、本州、四国、九州)外,还包括齿舞、色丹、择捉、国后四岛。关于这一点,俄罗斯在日俄外交部共同编写的《北方领土问题历史文献》中承认从18世纪末至19世纪初日本对南千岛群岛的有效统治。[③] 沙皇俄国在从17世纪末到19世纪初的这段时间里,由堪察加半岛向南,一直到择捉岛北面的得抚岛,对北千岛群岛和中千岛群岛上的阿伊努人实行统治。沙俄殖民者的势力还没有达到得抚岛以南。俄日边界通过1855年《日俄通好条约》、1875年《萨哈林岛—千岛群岛交换条约》以得抚岛为界固定下来。以后1905年的《朴次茅斯和约》以及1925年苏联同日本签订的《苏日基本条约》都没有改变南千岛群岛属于日本的事实。第二次世界大战结束后,"北方领土"的归属问题再次成为争论的焦点。

其次,关于《雅尔塔协定》和《旧金山对日和约》对"北方领土"法律地位的规定。1945年2月,苏美英三国在雅尔塔举行了三盟国首脑会议,也是战

[①] 日本称为千岛群岛。
[②] 〔俄〕《18世纪上半叶俄罗斯在太平洋北部的探险》,莫斯科科学出版社,1984,第46页。
[③] 〔俄、日〕俄罗斯外交部和日本外务省编《俄日领土问题的历史文献资料汇编》,1992,第4页。

时最重要的一次会议。会上三国达成一项有关远东问题的秘密条款,即《雅尔塔协定》。作为换取苏联对日本作战的条件,《雅尔塔协定》除了规定苏联恢复原沙皇俄国在中国东北的权益外,还特别规定:"由于日本1904年背信弃义进攻而被破坏的俄国以前权益须予恢复。"即"萨哈林及附近一切岛屿须交还苏联";"千岛群岛须交予苏联"。① 因此,苏方认为,按照《雅尔塔协定》的规定,苏联对于萨哈林岛南部及其附近各岛屿和千岛群岛拥有主权是无可置疑的。

1951年9月4日,美国不顾苏联及许多国家的反对,联合50多个国家举行了旧金山和会,并于8日签订了《旧金山对日和约》,企图以法律形式结束日本与每一盟国间的战争状态,使日本成为一个主权国家。该条约与苏联有关的条款是这样规定的:"日本放弃对千岛群岛及由于1905年9月5日《朴次茅斯和约》所获得主权之萨哈林一部分及其附近岛屿之一切权利、权利根据与要求;本条约所称盟国应为曾与日本交战之国,或任何以前构成第二十三条②中所指的国家的领土的一部分之国家,假如各该有关国家已签署及批准本条约者;本条约对于非本条约所指盟国之任何国家,不给予任何权利、权利根据及利益;本条约之任何规定也不得有利于非本条所指盟国而废弃或损害日本之任何权利、权利根据或利益。"③ 日本接受了《旧金山对日和约》,苏联没有在《旧金山对日和约》上签字。

关于《旧金山对日和约》,苏方认为它是日本和美国单独媾和的产物,严重侵害已经置于苏联主权之下的千岛群岛,以及南萨哈林及其附近岛屿的苏联主权。

对于苏联所强调的《雅尔塔协定》,日本方面认为《雅尔塔协定》只是意见交换的总结,是预备性的文件,最后决定还是应依据和平条约。日方认为,《雅尔塔协定》是在日本没有参与的情况下签订的,而且日本在接受《波茨坦公告》④

---

① 《第二次世界大战大事纪要》,解放军出版社,1990,第877页。
② 《国际条约集:1950~1952年》,世界知识出版社,1978,第346页。第二十三条规定:甲、本条约应由包括日本在内的签字国批准,并应于日本及包括作为主要占领国的美国在内之下列过半数国家(国家名略)业已交存其批准书后,对各该批准国发生效力。对于其后批准的国家,本条约即于各该批准国交存其批准书之日起,发生效力。乙、如本条约在日本交存其批准书九个月后尚未生效,任何批准国为此目的,应于日本交存批准书之日起三年内,通知日本政府及美国政府,使本条约在该国与日本间发生效力。
③ 《国际条约集:1950~1952年》,世界知识出版社,1978,第333~347页。
④ 公告表示,三国强大的武装力量将在所有联合国家支援下,继续对日作战直至其停止抵抗为止,并警告日本如不立即宣布无条件投降,即将像德国一样迅速完全毁灭。公告规定日本主权只限于本州岛、北海道岛、九州岛、四国岛及其他小岛之内。

时并不知道有《雅尔塔协定》，因此，《雅尔塔协定》对日本来说不具任何法律效力。日本还举美国对该协定的解释为佐证："美国认为《雅尔塔协定》不过是与会国当时的领导人阐述共同目标的文件，其本身并不具有最终的效力。"[①]

日方认为，尽管《旧金山对日和约》规定日本放弃了对千岛群岛和南萨哈林的"一切权利、权利根据与要求"，但是没有规定放弃给谁。《旧金山对日和约》规定，日本放弃的对象应是和约的签字国。苏联没有签字，不是该条约的直接参与者，因此日本就有理由指出，不是放弃对象国的国家占有这些地区是不正当的。所以，日本有权要求苏联撤出。

总之，日方认为南千岛群岛的主权属于日本，其主要理由可归纳为以下5点：（1）根据日苏（沙俄）两国过去签署的有关边界和领土问题的条约，南千岛群岛都是在日本的领土范围内；（2）第二次世界大战结束以前，该四岛历来在日本的实际管辖之下；（3）《雅尔塔协定》虽然规定千岛群岛归还苏联，但是这个协定是在没有当事国日本参加的情况下签署的秘密协定，因此对日本来说没有约束力，日本所接受的《波茨坦公告》并没有提及《雅尔塔协定》；（4）旧金山和会时，虽然日本宣布放弃对千岛群岛的所有权，但是没有说放弃给谁；（5）《旧金山对日和约》中所说的"千岛群岛"不包括南千岛群岛。

苏方坚持南千岛群岛属于苏联，其主要理由可归纳为以下4点：（1）包括南千岛群岛在内的整个千岛群岛首先是俄罗斯人发现的；（2）《雅尔塔协定》明确规定了千岛群岛的归属；（3）既然《旧金山对日和约》规定日本放弃对千岛群岛的所有权，那么南千岛群岛理应在放弃之列；（4）苏联对南千岛群岛的占领是第二次世界大战的结果，如果重新划分四岛的归属，那将是对远东雅尔塔体制和战后所形成边界的破坏。

二　俄国内关于"北方领土"的争论

独立后的俄罗斯最初所奉行的是"一边倒"的亲西方政策。俄罗斯旨在通过全面加入以美国为首的西方国际政治经济和安全体系，争取西方的经济援助和政治支持来摆脱国内危机。作为经济大国又是邻国的日本，是俄罗斯期望获得大量经援的国家，同日本改善关系是俄罗斯在亚太外交的重要任务。很明显，

---

① 吉泽清次郎主编《战后日苏关系》，上海人民出版社，1977，第41页。

"北方领土"问题的解决直接关系日本是否能提供大规模经援的问题。虽然双方过去对"北方领土"问题一直都是寸步不让，但这时俄罗斯国内却出现了不同的"声音"，对这一问题表现出不同的立场，于是在全国掀起了一场关于是否要归还"北方领土"的激烈争论。到1992年秋俄罗斯总统叶利钦访日之时，争论达到了高潮。

这场争论是这样引发的：1991年12月，俄外长科济列夫和议会国际事务委员会主席卢金起草了关于把"南千岛群岛"分阶段交还日本的秘密报告。叶利钦在此文件上批示"应该讨论"。不久以后，俄议会国际事务委员会副主席安德罗诺夫披露了这一消息，并指出，这一文件在副外长库纳泽手中。这一消息在俄国内引起轩然大波。1992年7月，库纳泽在《独立报》上发表文章指责安德罗诺夫泄露国家机密、利用工作情报进行公开论战。他要求"权威性机构"弄清事实，或追究安德罗诺夫泄密的刑事责任，或承认他是精神病患者。接着，安德罗诺夫对国际文传电讯社发表谈话，说明他不是通过官方渠道获得这个材料的。他作为人民代表，有责任揭露和粉碎任何破坏俄罗斯领土完整的企图。他要求库纳泽通过正常途径向新闻界公布文件内容。[①] 于是，一场关于领土问题的论战在俄罗斯全面爆发。

争论分为两派，这里姑且把主张将"北方领土"归还给日本的称为"归还派"，反对归还的称为"反对派"，归还派和反对派各持己见，针锋相对。

归还派主要代表人物是以科济列夫为首的亲西方的外交官和其他部门的官员、少数知名的记者和学者以及北方四岛上的一部分居民。归还派支持日本的领土要求，主张政府应该将南千岛群岛归还给日本。他们的主要观点是：（1）俄罗斯应用事实证明自己是尊重国际法和人权的，是已达到"文明国家"水准的国家，归还南千岛群岛，可以为俄罗斯换取进入"文明民族大家庭"的权利，并将打开日本经济援助的闸门，使俄罗斯改革得到拯救和振兴；（2）认为日本有权要回南千岛群岛，1945年苏军对四岛的占领是非法的，侵占千岛群岛是"斯大林所炮制的罪恶帝国计划的一部分"，俄国是"侵略者"，日本是"受害者"；俄国人应该道歉并将侵占的领土还给日本。

归还派的主要理由有如下几点。

第一，苏联是在日本正式投降后出兵占领"北方领土"的。

---

① 新华社莫斯科1992年7月29日电。

"北方领土"主权终归谁属 661

日本宣布无条件投降是在 1945 年 8 月 14 日，正式签订投降书是在 1945 年 9 月 2 日。① 以往在苏联所有关于第二次世界大战的出版物中，对苏军出兵占领"北方领土"的时间都记录为 1945 年 8 月 28 日至 9 月 1 日。但根据已解密的苏联中央海军档案馆保存的档案记载，苏军完成占领千岛群岛南部的战役是在日本正式投降后的 1945 年 8 月 28 日到 9 月 5 日之间进行的。1945 年 8 月 9 日，苏联宣布同日本处于交战状态。苏军突破中苏、中蒙国境线，迅速击溃盘踞在中国东北的日本关东军。14 日，日本宣布接受《波茨坦公告》，无条件投降。② 为此，远东盟军最高司令官麦克阿瑟起草了关于日本武装力量投降细节的 1 号命令，③ 8 月 15 日，该命令发往莫斯科征求意见。斯大林表示原则同意，但提出了两点修改意见：（1）把根据英美苏三大国签署的《雅尔塔协定》应当归属苏联的千岛群岛的所有岛屿都列为日军让给苏军的土地；（2）把北海道的北半部列为日军让给苏军的土地。美国总统杜鲁门只接收了第一条意见，拒绝了第二条意见。杜鲁门解释说："北海道、本州岛、四国岛和九州岛的日军都已向麦克阿瑟将军投降。"④ 苏联占领北海道的计划落空了。8 月 18 日，苏军攻下占守岛⑤以后，集中力量实现占领千岛群岛南部岛屿的计划。当时的形势对苏军非常有利：萨哈林岛南部和千岛群岛北部的日军已经缴械投降。8 月 28 日凌晨，苏军在择捉岛登陆，1.35 万名将士组成的日本守军不战而降。接着苏军在 9 月 1 日又占领了国后和色丹两岛，日军均未抵抗，攻占齿舞岛的最后一仗是在 9 月 5 日结束的。由于日军均未抵抗，所以双方均无伤亡。

战争的进程说明，南千岛群岛是在日本宣布投降以后，其中齿舞岛是在日

---

① 〔俄〕勃·斯拉文斯基：《苏联在北海道和南千岛群岛登陆》，〔俄〕《消息报》1992 年 5 月 12 日。
② 关于日本接受《波茨坦公告》的时间，日俄两国在共同出版的《俄日领土问题的历史文献资料汇编》一书中，确认为 1945 年 8 月 14 日。
③ 1945 年 9 月 2 日盟军总司令正式发出 1 号令。内容为：（1）在满洲、北纬三十八度以北之朝鲜、萨哈林及千岛群岛之日本国前任指挥官及所有陆上、海上、航空及辅助部队，应向苏联远东最高司令官投降；（2）在日本委托统治诸岛、小笠原诸岛及其他太平洋诸岛之日本国前任指挥官及所有陆上、海上、航空及辅助部队，应向美国太平洋舰队最高司令官投降；（3）日本国大本营及在日本国本土上、邻近之诸小岛、北纬三十八度以南之朝鲜、琉球群岛及菲律宾诸岛之前任指挥官及所有陆上、海上、航空及辅助部队。应向美国太平洋陆军部队最高司令官投降。
④ 〔俄〕勃·斯拉文斯基：《苏联在北海道和南千岛群岛登陆》，〔俄〕《消息报》1992 年 5 月 12 日。
⑤ 千岛群岛中最北的一个岛屿，隔海峡同堪察加半岛相望。

本在投降书上签字以后，才被苏军占领的。1946年2月2日，苏联最高苏维埃做出决议，设置以南萨哈林岛及千岛群岛丰原市为中心的南萨哈林州，并将其编入俄罗斯联邦的哈巴罗夫斯克边疆区。[①] 苏联最高苏维埃主席团于2月22日以主席团的命令加以确认。与此同时，苏联把在千岛群岛和南萨哈林的交通、金融机关、公共设施和产业设备实行国有化。1947年2月25日，作为国内宪法程序，最高苏维埃会议又通过了《关于苏维埃社会主义共和国联盟宪法（基本法）正文修改及补充的法律》，将萨哈林州升格，直属俄罗斯联邦。

第二，苏联单方面将"北方领土"划入自己领土范围内，这违反了国际法。

归还派代表人物之一、俄罗斯学者斯拉文斯基指出：从1875年到1941年至1945年的太平洋战争结束前，千岛群岛一直是在日本的统治下。1945年8月至9月苏军占领了千岛群岛，然后又在1946年2月单方面将"北方领土"划入苏联领土内，所有这一切都粗暴地违反了国际法。因为交战国家的边界分歧应通过和约得到解决。千岛群岛的占领状态之所以一直持续到现在，是因为俄日间领土划定始终没有通过国际法的协调。斯拉文斯基还认为，苏联是在日本投降后占领这些岛屿的，因此是非法的。他还指出由于日军未抵抗，双方均无伤亡，所以关于"苏联士兵为争夺这些岛屿流了血"的说法是没有根据的。[②]

第三，《雅塔尔协定》不能成为苏联占有"北方领土"的法律依据。

另一位学者普任早在1991年就提出，《雅尔塔协定》不能作为苏联占领南千岛群岛的法律依据。在这次争论中，他再次强调自己的观点。他的观点具有代表性。他首先论证了齿舞和色丹岛的历史隶属问题。俄日间的边界线在1855年的协定中已确定，俄罗斯没有同日本争夺齿舞和色丹两岛的根据，应归还这两岛于日本。关于《雅尔塔协定》的法律地位，他指出，《雅尔塔协定》是三国协调的产物。斯大林曾对罗斯福说，如果苏联的条件被接受，那苏联人民就能够理解为什么苏联要出兵日本。《雅尔塔协定》规定了苏联的法律义务——出兵对日作战；美英的义务是完成《雅尔塔协定》中提出的条件，即苏联所提的对战后远东的重新安排。如果苏联因完成《雅尔塔协定》中所规定的义务，它就有权从战争胜利之日起占据南萨哈林和千岛群岛，那么这样做未必是合法的。

---

① 〔俄、日〕俄罗斯外交部和日本外务省合编：《俄日领土问题的历史文献资料汇编》，1992，第31页。

② 〔俄〕弗·扎伊采夫、勃·斯拉文斯基：《俄罗斯和日本：外交关系恢复40年》，《远东问题》1996年第1期。

1945年9月2日即日本已在投降书上签字以后,苏联已没有直接的权力占据千岛群岛,除非有美英的授权。《雅尔塔协定》结尾明确指出:"苏联的要求应在战胜日本后,无条件地予以满足。"这说明,苏联要求的实现应是在战后由三方共同完成,苏联单方面的行动是没有法律基础的,《雅尔塔协定》不能作为解决千岛群岛问题的法律依据。他还提到,出兵占领千岛群岛已超出对日本的战争惩罚,因为斯大林想要改变远东的边界线是蓄谋已久的。他企图通过对日战争的胜利,使苏联既获得通向太平洋的自由出海口,又在远东巩固自己的军事政治地位,从而确保自己对外政策的利益。作者的结论是:俄罗斯应该首先把齿舞和色丹两岛毫无条件地归还给日本,至于南千岛群岛的国后和择捉,两国都不具有拥有它的法律根据,因为《雅尔塔协定》不是解决千岛群岛问题的法律依据,又因日本在《旧金山对日和约》中放弃了南千岛群岛。作者建议,国后和择捉两岛只能上诉到国际法院,通过国际仲裁交还日本。[①]

第四,俄罗斯作为苏联的继承者,应该履行1956年苏日签订的《苏日联合宣言》。

主张归还领土的外交部领导人认为,俄罗斯作为苏联的继承者,不能有选择地履行或抛弃苏联签署的国际文件,包括1956年的《苏日联合宣言》。俄罗斯拒绝执行宣言中的某些条款就意味着拒绝整个宣言。关于把齿舞和色丹两岛交给日本是签订这个宣言最基本的条件之一。违背这一条款必将会引起停止执行该宣言其他条款的后果,包括结束战争状态和建立外交关系。因此必须坚持按1956年苏日联合宣言的条款处理领土问题:在签订和约后,把齿舞和色丹两岛先归还给日本,然后再谈判其他两岛问题。

第五,岛上居民心理的动摇。

由于归还派的大力宣传以及俄罗斯政府对岛上经济状况缺少应有的关注,随着南千岛群岛上的经济情况日益恶化,岛上居民的立场在这场争论中发生了有趣的变化。一部分人表示要加入日本国籍,一部分人想返回俄罗斯大陆,但是每户搬迁费需要7万多卢布,在当时并不是人人都能负担得起的。1992年8月2日,历史学博士拉·阿利耶夫在电视讲话中号召千岛群岛人不要反对日本的领土要求,千岛群岛人应加入日本国籍,日本政府为此可每月付给他们每人300美元。那些想返回俄罗斯大陆的将发给搬迁费。同年俄罗斯的一项社会调查

---

① 〔俄〕普任:《苏—日:可以用法律解决北方领土吗?》,《国家与法》1991年第7期。

表明，在岛上2.5万居民中，有30%的人有所动摇，表示俄日间不要再争吵下去，俄罗斯要满足日本的领土要求。①

随着归还派在叶利钦访日前的积极活动，俄罗斯国内反对派的呼声也越来越强烈。反对派坚决反对在领土问题上让步，认为俄日之间根本不存在领土问题。反对派来自各个层面，主要代表有俄军方和议会、地方官员、学者等，其观点有相当广泛的社会舆论支持。

反对派的理由主要有以下几点。

其一，"北方领土"对俄在远东地区的防御有着不可替代的作用。

1992年7月28日，俄罗斯议会举行了"俄日关系和俄联邦问题"秘密听证会。在听证会上，代表归还派的外交部和代表反对派的议会和军方极力陈述各自的主张，使国内有关南千岛群岛的领土争论达到了高潮。俄军总参谋部给听证会提交的文件题目是"总参谋部关于划定领土问题的决定"，文中称："南千岛群岛不仅能扩大俄的防御范围和确保堪察加军事基地的运输通道，而且在发展太平洋舰队方面起主要作用，四岛对俄在远东地区的防御有着不可取代的作用，一旦日本占有四岛，将对俄的安全构成严重威胁。"俄罗斯国防部代表在谈到领土问题时认为："俄罗斯在领土上向其他国家再做出任何让步都会对俄罗斯对外政策的一个不可动摇的原则——战后边界不可侵犯提出疑问。而且，日本方面可能认为，在持强硬立场情况下，今后还可以从俄罗斯得到新的、更大的领土让步。有可能因此而产生连锁反应，使别的邻国也提出领土要求，并削弱俄罗斯在同中国的边界谈判中的地位。"②

其二，领土问题的解决必须遵照国家宪法，不可损及国家的多方利益。

俄罗斯议会认为，现在不可能签署俄日和约，必须由俄罗斯代表大会或者最高苏维埃决定，根据宪法来解决这四个岛屿问题。任何机械的解决方案都将给俄罗斯的国际声望造成损失，将被认为是无效的。议会提出，南千岛群岛是俄罗斯"民族利益区"，不应把它当作纯外交方面的领土划界问题，而应作为全国性的问题来讨论才是适宜的。任何非公开做出的仓促决定，从狭义上说都会遭到俄罗斯社会舆论的否决，都可能导致国内政治形势紧张加剧。议会还对归还四岛会换来日方对俄罗斯的大规模经济援助的观点表示怀疑。他们还指出，南千岛

---

① 〔俄〕阿·普·马尔科夫：《俄罗斯和日本》，莫斯科，俄罗斯世界出版社，1996，第56页。
② 俄通社-塔斯社莫斯科1992年7月28日俄文电。

群岛周围海域的矿物资源和生物资源的价值超过假设的日本援助的几倍。①

此外，学术界的一大批知名学者联名上书叶利钦，从历史、法律、政治、经济的角度论证日本对四岛的主权要求毫无依据，四岛自古就是俄罗斯的领土，归还四岛将损及俄罗斯多方面的重大利益。他们指出，如果不通过国家议会和全民公决就割让俄罗斯领土，将是不道德的。管辖四岛的萨哈林州领导人费奥多罗夫也坚决反对归还四岛。他说，如果中央政府决定归还四岛，该州将宣告独立。这一立场还得到远东地区不少地方领导人的支持。

其三，《雅塔尔协定》不可违背。

反对派强调，如果俄罗斯放弃四岛，将开归还领土之先河，这意味着违背《雅塔尔协定》，将导致战后亚洲、欧洲边界的重新划分，那将不仅仅是日本对俄罗斯提出领土要求，波罗的海三国、罗马尼亚等原与苏联相邻的国家都会对俄罗斯提出领土要求。破坏根据《雅塔尔协定》形成的战后秩序，将给和平带来不可预测的后果。② 在这种情况下，1992 年，叶利钦做出了推迟访日的决定。可以看出，领土问题关乎国家的各种利益，在领土问题上处理不当，将会遇到国内的坚决抵制，危及政权；也会使俄日两国的友好关系非但不能加深，反而还会恶化。

三 制约领土问题解决的因素

苏〔俄〕日领土问题长期得不到解决，主要是因为受到以下三个因素的制约。

第一，苏联在领土问题上的强硬立场。众所周知，沙皇俄国是传统的扩张主义国家。苏联继承了这一传统。第二次世界大战期间，苏联利用参加对德和对日作战的机会，占领周围国家的大量土地。苏联长期以来坚持认为，作为战争结果形成的领土和边界是不许改变的。1975 年欧安会通过了战后边界不可侵犯的原则，这使苏联在战争中获得的领土从政治和法律上得以巩固，是苏联外交的重大胜利。欧安会的文件只适合欧洲，但是苏联在"北方领土"问题上也采取同样的立场，担心在一个地方让步，会在其他地方引起连锁反应。

第二，冷战期间整个国际形势的制约。冷战期间，形成以苏美为首的东西

---

① 俄通社－塔斯社莫斯科 1992 年 7 月 28 日俄文电。
② 〔俄〕阿·普·马尔科夫：《俄罗斯和日本》，莫斯科俄罗斯世界出版社，1996，第 62 页。

方对抗的局面。日本加入西方阵营，成为美国反对苏联的基地。东西方关系的任何变化都会不同程度地对苏日关系以及两国围绕"北方领土"问题的谈判产生影响。冷战年代，南千岛群岛是苏联与美国对抗的前沿阵地，在战略上对苏联有特殊意义。这种情况下，苏联把"北方领土"归还日本，等于增加西方的反苏基地，削弱自己在亚太同美国争霸的地位。

第三，"北方领土"问题是俄罗斯国内各派政治势力斗争的筹码。新俄罗斯是一个政治和舆论多元化的国家。特别是涉及有关领土和边界等敏感问题的对外政策，常常成为各派政治势力斗争的筹码。如前所述，叶利钦总统原计划于1992年9月访日，但由于议会和有关地方领导人就"北方领土"问题公开持不同于行政当局的强硬立场，他不得不改变行期。苏联解体以后，俄罗斯国内的民族主义和大国主义呈上升势头，各党派都企图利用民众的心理，捞取政治资本。而且1993年俄罗斯新宪法规定，任何领土变更必须通过公民投票。所有这些都是构成最高当局解决北方领土问题的掣肘因素。

现在看一看上述因素的变化情况。可以说，从俄罗斯领导人在北方领土问题上所表现出来的灵活态度来看，第一个因素已经削弱；第二个因素由于冷战结束，俄罗斯同西方伙伴关系的确立，似乎已不再起作用，或者至少可以说已大大削弱；但是，第三个因素同苏联时期相比，则明显增强。如果说，第一、第二个因素的变化有利于"北方领土"问题的解决，那么第三个因素的变化却增加了解决"北方领土"问题的难度。

苏联和俄罗斯解决"北方领土"的立场先后发生了从拒不承认有领土问题到同意分阶段解决的重大变化。俄罗斯分阶段解决立场的核心是：先发展其他方面的关系特别是经济关系，然后在条件成熟时，再考虑解决领土主权问题。日本的立场也先后发生变化：过去强调政经不可分，即领土问题不解决，其他关系就不可能得到发展；现在则同意，不能因领土问题的存在影响同俄罗斯其他方面关系的发展。可见，俄、日在解决领土问题上的立场在逐渐靠近。这是解决"北方领土"问题上出现的曙光。但是，鉴于民族国家仍是当代国际关系的主体，争端的当事者都是主权国家，领土主权仍涉及国家和民族的最高利益，而且只有由俄日两国自行选择和决定解决争端的方法，才能符合国家主权的原则，所以解决"北方领土"问题的难度还相当大，前景还难以预测。

原载《东欧中亚研究》1999年第1期

《代顿协议》与波黑重建

汪丽敏[*]

根据《代顿协议》，波黑国名被定为波斯尼亚和黑塞哥维那（简称波黑），位于南联盟与克罗地亚共和国之间，面积51129平方公里，首都萨拉热窝。根据1991年人口普查，波黑人口为436.5万，其中波斯尼亚人（穆斯林）占44%，塞尔维亚人占32%，克罗地亚人占17%。据波黑战后1996年统计，全国人口减少为364万，波斯尼亚人占49%，塞尔维亚人占37%，克罗地亚人占12%。1990年代初，南斯拉夫解体过程中，波黑的波斯尼亚人和克罗地亚人主张波黑独立，但波斯尼亚人主张建立以穆斯林为主的统一国家，克罗地亚人主张三民族分治；而波黑的塞尔维亚人则反对波黑独立，要求留在南斯拉夫并与塞尔维亚共和国合并。1992年3月3日，波黑在塞族抵制下通过全民公决宣布独立，此后发生武装冲突和战争，进而发展成三方混战局面。1994年3月18日，在美国主持下，波黑的波斯尼亚和克罗地亚两族领导人及克罗地亚共和国领导人在华盛顿签订了建立波黑（穆克）联邦和与克罗地亚共和国建立邦联关系的协议（即《华盛顿协议》）。1995年11月21日又在美国主持下，由塞尔维亚共和国总统（代表波黑塞族）、克罗地亚共和国总统（代表波黑克族）和原波黑共和国总统（代表波族）达成《代顿协议》，1995年12月14日在巴黎正式签字，从而结束了长达3年半的武装冲突和战争，并根据《代顿协议》重建波黑国家。

---

[*] 汪丽敏，中国社会科学院俄罗斯东欧中亚研究所研究员。

一 在代顿签订的波黑和平协议

《代顿协议》是在波（穆）、克、塞三族代表于 1995 年 8 月 29 日签订的关于领土划分的协议（波黑联邦占 51%，塞族占 49%）、9 月 8 日关于波黑保持统一国家的基本原则协议、9 月 26 日关于波黑宪法原则的协议以及 9 月 14 日和 10 月 5 日两个停火协议的基础上签订的，其主要内容包括：波黑和平的总框架协议（12 条）、12 个附属协议、8 个代顿协议和附函、关于草签波黑和平的总框架协议的协议（4 条）以及在代顿的结束性声明。12 个附属协议是：①关于和平解决问题的军事方面协议（13 条）；②关于地区稳定的协议（6 条）；③关于实体之间边界及有关问题的协议（8 条）；④关于选举的协议（6 条）；⑤波黑宪法（12 条）；⑥关于仲裁的协议；⑦关于人权的协议（12 条）；⑧关于难民的协议（18 条）；⑨关于保护国家文物的协议（11 条）；⑩关于在波黑建立公共企业的协议（6 条）；⑪关于文职方面执行问题的协议（6 条）；⑫关于国际特遣警察部队的协议（8 条）。

《代顿协议》的实质内容大致可分为军事和民事两部分。军事部分主要是，由联合国安理会派遣以北约为首的执行《代顿协议》的多国部队进驻波黑，取代驻波黑的联合国维和部队，监督各方停止敌对行动；除多国部队外，所有非波黑的部队在 30 天内撤出波黑；波黑两个实体的控制区按比例（51:49）划分，冲突各方在 30 天内分别撤离隔离区 2 公里；在一方应移交另一方的地区，一方军队于 45 天内撤出，另一方军队在 90 天内不能进驻，在此期间由多国部队负责该地区安全；有争议的布尔奇科地区边界将由专门设立的仲裁委员会裁决；各方在 120 天内从规定地区撤出重武器和削减军队人数；由多国部队和各方军事指挥官组成共同军事委员会，以全面了解和控制军事部署情况和军事活动；各方经谈判后交换战俘，在军事方面与多国部队合作，为保证地区安全与稳定采取措施控制武器、裁减军备和建立信任。

《代顿协议》的民事部分主要内容包括：波黑宪法；选举办法（由欧安组织派代表组成临时选举委员会负责组织和监督波黑选举）；成立由欧安组织和欧盟部长理事会派人参加并主持的人权委员会（任期 5 年）负责人权问题；成立由欧洲人权法院院长派人参加并主持的难民委员会（任期 4 年），与联合国难民署、国际红十字会等合作，保护难民权利、寻找失踪者、帮助难民返回家园和实行特赦、归还难民财产等；成立由联合国教科文组织派人参加和主持的保护国家文物委员会（任期5年）；成立由欧洲复兴开发银行派人参加和主持的公共企业委员会，负责建立和管理全国的动力、交通、邮电等基础部门的公共企业和财产；为了监督和平协议的执行，帮助建立波黑政权和举行大选、监督尊重人权、促进难民遣返、继续提供人道主义援助、恢复基础设施和整个经济，为了协调各国际机构和组织在波黑的工作，由联合国安理会派出高级代表和设立高级代表办公室，并主持由波黑各方高级代表、多国部队司令及各民事组织代表组成的共同民事委员会；为保证执行和平协议的安全环境，由联合国安理会派遣国际特遣警察部队进驻波黑，该部队接受高级代表指令，定期向联合国秘书长报告工作，向多国部队司令提供情报。

从《代顿协议》的执行情况看，军事部分的实施比较顺利，使波黑基本实现了和平，37万多军人已复员，重武器已置于多国部队的控制之下，6000多件重武器已被销毁。协议民事部分的执行却困难重重，未能按协议计划进行。

二 统一国家的建立

根据《代顿协议》安排的波黑国家以一个国家、两个实体、三个立宪民族为特点。《代顿协议》中的波黑宪法规定，波黑政权机构是波黑主席团、波黑议会和波黑部长理事会。波黑主席团由3族各1人组成，由两个实体分别通过直接选举产生，得票最多者为第一位轮值主席，每人任职8个月。主席团3人有权指挥武装部队，并组成军事问题常设委员会协调军事行动，但两个实体的军队不经对方同意不能进驻或占领对方地区。波黑议会设代表院和民族院：代表院议员（42席）由两个实体分别通过直接选举产生（波黑联邦占2/3席位，塞族共和国占1/3席位）；民族院议员（15席）分别由波黑联邦议会代表院和塞族共和国议会选举产生（二民族各占1/3席位）。波黑部长理事会（即政府）由2名轮值主席（每周轮流）、1名副主席和3名部长组成（也是波黑联邦占2/3，塞族占1/3），由波黑主席团提名，波黑议会两院通过后任命。波黑政权机构的第一届任期均为2年，由欧安组织成立的临时选举委员会负责选举工作，以后将由波黑议会制定有关选举的法律并组成选举委员会，在2年后再次举行大选。波黑国家政权机构的权限是外交、外贸、关税、货币政策，以及移民、国际刑法、管理共同资产、协调实体之间的交通和航空监督；其余为两个实体的权限，两个实体还有权与邻国建立平行的特殊关系和与外国或国际组织签订协议,保证本辖区安全也属两实体的权限。波黑宪法只规定成立波黑宪法法院和波黑中央银行,宪法法院院长由欧洲人权法院委任,任期5年;央行行长由国际货币基金组织任命,任期6年。

1996年9月14日,在欧安组织的临时选举委员会的组织和监督下,在波黑举行了《代顿协议》后的第一次大选,结果伊泽特贝戈维奇(波斯尼亚人,得票最多),与克拉伊什尼克(塞族)和祖巴克(克族)共同当选主席团3成员。在波黑议会代表院的42席议员中,波斯尼亚人的波黑民主行动党占19席,塞族的塞尔维亚民主党占9席,克族的克罗地亚民主共同体占8席,其余为其他3个小党各占2席。代表院主席和两名副主席也分别来自3个民族,并轮流担任主席职务。随后选出的民族院议员也是3民族各占1/3。1997年1月3日,第一届波黑政府——波黑部长理事会正式成立,两位轮值主席是西拉伊季奇(波族)和博西奇(塞族),副主席是托米奇(克族),外交部部长普尔利奇(克族),外贸和经济部部长穆拉托维奇(波族),民政和通信部部长阿尔比亚尼奇(塞族)。

在国际社会强大压力下,原塞族领导人卡拉季奇被迫退出政治舞台,但3个民族主义大党仍然主宰着波黑,形成三足鼎立局面,直到1997年年底,波黑议会连波黑的国旗、统一货币和统一的汽车牌照等问题都无法达成一致。最后,6国联络小组在波恩举行会议时决定,扩大驻波黑的高级代表权限,使接替高级代表比尔特的韦斯滕多普(西班牙外交官)获得了决策权,由他设计了波黑国旗(主色为蓝色,象征欧洲,中间部分为黄色等边直角三角形,象征3个民族,斜边外为一排白色五角星,象征欧盟),并"建议"波黑议会通过(代表院42名议员表决结果是16票赞成,18票弃权)。他还决定于1998年5月底以前在全国更换注有拉丁字母和基里尔字母的统一汽车牌照,并于6月22日发行了统一货币——可兑换的波黑马克。他请侨居国外的波黑裔音乐家谱写了国歌乐曲,让德国乐队在议会演奏,建议议会通过,但国歌尚无歌词。在他的推动下波黑议会通过了一些法律,如国籍法、关税法、住房法等,但选举法未能制定和通过,因此,欧安组织的临时选举委员会不得不承担起1998年第二次大选的任务。

为了迎接第二次大选,西方大国试图在波黑扶植温和派和组成多民族的政党。他们在1997年波黑塞族共和国选举中将塞族温和派领导人普拉夫希奇扶上了台（当选塞族共和国总统，后脱离塞族的民主党，成立了"塞尔维亚人民联盟"），1998年又让克族温和派领袖祖巴克脱离了克族的民主共同体而另立新党（"新克罗地亚倡议"），同时穆斯林领袖伊泽特贝戈维奇也一度被迫表示不再竞选下届主席团成员。他们还为促使3个民族的社会民主党联合成一个多民族的"真正的政党"绞尽了脑汁，但未成功。1998年9月12～13日举行的第二次大选结果亦使西方大国大失所望。当选的主席团3成员中，伊泽特贝戈维奇未变，克族的耶拉维奇是新当选的克族民主共同体主席，只有塞族的拉迪什奇是与普拉夫希奇领导的"塞尔维亚人民联盟"结为"和协党"的塞族共和国社会党领导人。但在塞族共和国的议会选举中，普拉希奇却被与塞族民主党联合的激进党领袖波普拉申击败，后者当选塞族共和国总统。

三 两个实体与邻国的特殊关系

波黑宪法规定，波黑公民可享有双重国籍，两个实体有权与邻国建立平行的特殊关系和签订国际协议。在此基础上，波黑塞族共和国与南联盟早在1997年2月就已签订了关于建立特殊的平行关系的协议，双方决定在友好、信任、合作和尊重双方利益的基础上加强联系，发展相互合作关系，成立共同合作委员会（由南联盟总统任主席、波黑主席团的塞族成员任副主席，其余5名委员由主席任命3名，副主席任命2名，至少每3个月开会一次）负责促进、计划和协调双方在经济、文化、社会保障、防灾救灾、非政府组织、难民以及反恐怖主义等国际犯罪和地区安全等领域的全面合作。委员会还在对外关系、法律法规、解决前南继承问题等共同关心的领域发展全面合作，在一方遭受武力攻击时，双方将共同努力制止侵略。为了促进共同投资和经济合作，双方还成立了共同的政府间委员会，双方的人员、商品、资本等自由流动，取消了签证和关税壁垒，议会、地方机构、民间组织等合作不断加强。波黑塞族共和国与南联盟的这种特殊关系与波黑境内人员和商品仍不能自由流通的状况形成了鲜明对比。在1998年6月波黑发行统一货币前，塞族区一直使用南斯拉夫第纳尔，并接受南联盟政府的财政支持。1998年波黑大选后上台的塞族共和国总统波普拉申（塞族激进党领导人）一贯主张波黑塞族脱离波黑和并入南联盟，他与南联盟的塞尔维亚激进党领导人舍舍利关系密切，在他上台后舍舍利便到波黑塞族区活动，被联合国驻波黑的高级代表宣布为不受欢迎的人并被驱逐出波黑。但此后在波黑塞族区反对高级代表、焚烧波黑国旗等示威活动和冲突事件屡有发生。

波黑建立另一个实体——波黑联邦是1994年《华盛顿协议》确定的。波黑联邦议会也设两院，即代表院140席，直接选举产生；民族院60席，波族30席，其余按各民族人口比例分配；波黑联邦的元首是总统和副总统，由议会两院选举产生，波族和克族各1人，每年轮流担任；政府由总理、副总理、部长和副部长组成，正副职不能来自同一民族。1994年5月31日，祖巴克（克族）当选为波黑联邦首任总统，加尼奇（波族）当选为副总统，政权机构的任期均为4年。1998年波黑大选后，波黑联邦总统是加尼奇（波族），副总统是朔利奇（克族）。波黑联邦成立后，在美国官员主持下，两族领导人于1996年5月就3年内使双方军队合并和建立波黑联邦军队的问题达成协议，为此美决定提供数亿美元用于训练和装备这支军队。但几年来，在波黑联邦内两族仍然貌合神离。波斯尼亚人一直试图建立以穆斯林为主的国家，依靠其人口优势在各方面排斥克族；波黑克族在3大民族中人口最少，担心组成联邦后丧失立宪民族地位，因此，一方面在1997年9月波黑地方选举后对解散克族政权机构持抵制态度，另一方面努力保持与克罗地亚共和国的紧密联系。在波黑发行统一货币前，克族区使用的货币是克罗地亚的库纳并接受克政府财政支持，双方保持着"软边界"制度，人员往来自由，商品进出口免税。波黑克族根据克罗地亚法律规定有权作为克侨民回国参加选举，波黑克族区至今收听收看的是克罗地亚电台电视台的节目，并把图季曼视为自己的总统。新当选的波黑主席团克族成员耶拉维奇主张克族应在波黑联邦中保持自己的独立和主权地位，应有自己的民族实体和机构。以耶拉维奇为首的克族政党民主共同体实际上与克罗地亚执政党民主共同体是一个党。

1994年签订《华盛顿协议》时，克罗地亚共和国总统、波黑的波斯尼亚和克罗地亚两族领导人就已签订了关于在波黑联邦和克罗地亚共和国之间建立邦联的框架协议，双方同意将尽快签订克允许波黑联邦通过克领土自由出入亚得里亚海和波黑联邦允许克自由通过波黑内乌姆地区的协议，作为关于邦联协议的附属协议。1995年的《代顿协议》又规定波黑两实体有权与邻国建立平行的特殊关系。但波斯尼亚人只对谈判让波黑使用普洛切港口的问题感兴趣，克方则强调应先谈判建立平行的特殊关系问题，直到1998年11月22日，双方才在6国联络小组和欧盟代表的协调和参加下同时签订了上述两个协议。关于建立特殊关系协议规定，双方将在立法和执行机构之间加强合作，其中包括经贸、共同投资、私有化、科教文、社会保障、环保、发展地方自治、解决产权问题、内务和国防等各个方面；双方将共同建设从普洛切港到波黑北部边界的欧洲交通走廊部分，修建杜布罗夫尼克（克）—普洛切（克）并经内乌姆（波黑）—比哈奇（波黑）到萨格勒布（克）的公路；双方将成立由克总统、波黑联邦总统和副总统组成的共同合作理事会，每3个月举行一次会议，并任命由双方政府总理、副总理和有关部长（共6人）组成的常设委员会；双方将于1999年7月1日以前就执行协议和进行合作的具体步骤签订协议，作为本协议的附属协议。到目前为止，双方对协议的签订反应不一，波斯尼亚人批评协议损害了其主权，克方则认为这是《华盛顿协议》和《代顿协议》后的又一个重要协议，因此协议的执行和附属协议的谈判恐怕不会一帆风顺。

四 在国际援助下恢复经济

波黑由波斯尼亚和黑塞哥维那两部分组成，绝大部分是山地和丘陵，平原只占1/10。波斯尼亚北部为潘诺尼亚平原的边缘地区，迪纳拉山自西北向东南贯穿全境；黑塞哥维那面积较小，北部为山区，南部是与克罗地亚南部狭长的海岸线相连的沿海地区。根据《代顿协议》的领土划分，波斯尼亚人主要集中在以萨拉热窝为中心的波斯尼亚中部（重工业区），塞族分布在由布尔奇科连接的波黑北部（首府巴尼亚卢卡在西北）和东南部两个地区（以农牧业为主），克族则主要集中在西南部以莫斯塔尔为中心的沿海地区（加工业、旅游业、农业较发达）。1990年波黑人均社会产值约合2460美元，3年半的战争不但夺去了20余万人的生命，使200万人沦为难民，而且造成上千亿美元的物质损失，国民收入降为战前的1/10，使波黑经济倒退了几十年，1995年的人均社会产值不足350美元。工业生产停顿，供电、供水、交通电信等基础设施遭严重破坏，失业率最高时达90%。据1996年年初统计，职工月平均工资约合100德国马克，但4口之家的生活费用则需350德国马克。据1995年年底和1996年年初两次援助波黑重建的国际会议估计，波黑在今后3年内大约需要51亿美元（其中波黑联邦37亿，塞族区14亿）用于恢复基础设施和改善生活。1996年和1997年各援助国和机构承诺的援助金额为30多亿美元（波黑联邦占85%~90%，塞族区只占15%~10%），1998年又承诺提供12.5亿美元援助。1998年10月，波黑与巴黎俱乐部达成协议，被免除了10亿美元债务，其余延期23~33年偿还，利率最低只有1%。

在国际社会援助下，1996年和1997年波黑排除了2.5万颗地雷，修复了900多公里的公路和铁路，修复了大部分地区的供电、供水和排污系统，使4.1万户家庭恢复了供暖，修复了500多所学校和许多医院诊所，大批房屋的修建使30万难民返回了家园。重建工作创造了上万个固定劳动岗位和数十万个临时劳动岗位，1996年失业率为70%，1997年为50%。1996年国内生产总值增长50%，1997年增长30%（波黑联邦分别为100%和70%）。据报道，1998年波黑失业率已降至40%，国内生产总值可望增长25%以上。但与1990年相比，目前波黑的国内生产总值才只有当时的一半左右。①

根据《代顿协议》的波黑宪法规定，由国际货币基金组织经与波黑主席团协商后任命行长的波黑中央银行已成立，中央银行管理委员会由4人组成，波黑联邦2人（1票）、塞族1人（1票）、央行行长任委员会主席。1998年6月22日，波黑开始在全国发行统一货币——可兑的波黑马克（缩写为KM，1KM=1德国马克），在6年内实行货币委员会制，央行发行货币必须有外汇储备做抵押，首次发行的KM总价值为20亿KM。居民手中的波黑第纳尔（100波黑第纳尔=1德国马克）可在规定期限内按100:1的比例兑换成KM，但克罗地亚库纳和南斯拉夫第纳尔则需先兑换成其他可兑外汇后才能兑换成KM。目前兑换工作仍在进行之中。

1997年12月6日，波黑联邦通过了购买住房法（即公房私有化法），1998年3月6日开始实施。公房私有化主要是将公房卖给享有合法住房权的人（难民临时占用的房屋只能租赁），由个人提出申请和签订买房合同。购买房屋的价格平均为每平方米600KM，地区差价系数为0.8~1.2，购买的房价中应扣除战争损耗（最多30%）、折旧（每年1%，最多60%）、个人优惠（主要是工龄，夫妇二人合计，每年1%，最多75%）、军队服役优惠（武装部队每月0.25%，文职每月0.12%）等。买房可用现金（一次支付优惠52%，分期付款最长20年，利率1%），也可用私有化证券或旧外汇存款支付（一次付清优惠30%）。出售房屋的收入中，70%作为阵亡军人家属、残废军人、复员军人及难民修建住房的基金。据1995年统计，波黑联邦75个区共有188758套公房，其中

---

① 由于资料有限，本文中的数字大多源于克罗地亚的《信使报》、南联盟的《战斗报》和《经济政策》杂志，难免有误。

110855套遭受不同程度破坏（占58.7%），77903套未遭破坏（占41.3%），估计平均每平方米购价为150～200KM，可筹集大约5亿KM资金和解决5000～7000个家庭的住房问题。但是，据估计大约有2000套公房为前南斯拉夫国有化时没收的房屋，应归还原主；还有1.5万套由难民临时占用应还给原住户（出逃的异族人），对此尚无相关的法律规定。

波黑联邦的私有化法于1997年7月制定，到1998年7月才开始实施。该法规定，除社会事业部门外，迄今的社会所有制财产将分阶段实行私有化。1998年7月开始的是小私有化（包括公房、经营场地、饭店、商店、维修企业等），小私有化在区一级进行，由企业自愿申报出售和自行定价，由区或联邦批准。波黑联邦的大私有化将采用大众私有化模式通过发行私有化证券进行，计划于1999年开始。私有化证券主要用于偿还3种国家债务：（1）被冻结的居民在前南斯拉夫时期储存的外汇存款（波黑联邦24亿德国马克，塞族共和国还有大约10亿德国马克）；（2）3年多战争期间拖欠大约30万军警（多数已退役）的工资和退休金（分别为90亿德国马克和6.75亿德国马克）；（3）归还前南国有化时没收的财产（约占私有化财产的10%）。据报道，波黑联邦实行小私有化的企业为2000多个，总价值150亿马克。此外，电力、供水、矿山、航空、邮电等大企业（总价值差不多也是150亿马克）中与本部门生产活动无直接关系的部分也将参加区一级的小私有化，然后由联邦决定这些企业的私有化。

五 战争罪行嫌疑犯和难民遣返问题

1998年12月，曾在马德里召开波黑问题国际会议，会议认为波黑的联合和组建阶段已完成，今后2年将是巩固和平进程、建立民主制度和强化波黑经济的关键时期，国际社会应为遣返难民、帮助波黑经济转轨和改革做出贡献。同月，联合国大会关于波黑局势的决议则认为，《代顿协议》在波黑的执行迟缓，特别表现在难民遣返、经济恢复和改革以及与海牙法庭合作交出战争罪行嫌疑犯等方面。

根据《代顿协议》，波黑所有政权实体都必须与国际人权组织及前南地区战争罪犯国际法庭（海牙法庭）合作，把犯有战争罪行的嫌疑犯送交海牙法庭接受审判。1996年，海牙法庭对前南地区的战争（包括在克罗地亚的战争）中犯有战争罪行的53名嫌疑犯提出了起诉（其中塞族46名，克族7名），同时签发了逮捕塞族领导人卡拉季奇和姆拉迪奇的逮捕令。以北约为首的多国部队为逮捕他们做了准备，结果以失败告终。1997年，在西方大国对克罗地亚和波黑克族施加强大压力的情况下，克族10人（其中有人未被列入名单）"自愿"出庭受审，已送交海牙法庭。目前塞族的战争罪行嫌疑犯中，除少数在国外被捕和关押在海牙外，多数在逃，其中一部分在南联盟。南联盟在法律上与海牙法庭无合作关系，也不允许将罪犯引渡给海牙法庭。目前南联盟正在对部分塞族战争罪行嫌疑犯进行审判，但海牙法庭指责南联盟庇护战争罪犯和为他们开脱罪责。

《代顿协议》中关于难民的协议规定，前南战争期间的所有难民有权自由返回家园，有权要求归还其财产或补偿，各方应保证其安全和防止威胁其返回家园的行为，但协议的执行却面临着十分复杂和难以解决的问题。旷日持久的波黑战争（还有在克罗地亚的战争），使各族不但分别占据着一定的地盘，而且使过去多民族混居的地区基本上变成了单一民族区，各民族区都有来自其他地区的本民族难民，也都有被迫出逃的非本民族难民。在克罗地亚战争中，先是克族逃离塞族区，克军获胜和塞族区和平回归克后又有大批塞族外逃到南联盟和波黑塞族区。在波黑战争中，除在波黑本土各族难民相互逃离外，还有大批难民流落到克罗地亚（克族和波族）和南联盟（塞族）。此外，还有大批难民分别从波黑、克罗地亚、南联盟流落到西欧及世界各国。据报道，仅在德国的波黑难民就有26万，在德国还有14万来自科索沃和15万来自阿尔巴尼亚的阿族难民，迄今德国用于救济难民的费用已达160亿马克。西方大国为了减轻负担，急于加速难民的遣返，并把1998年宣布为"遣返难民年"。但是波黑各族因战争造成的民族仇恨难消，各族都不愿异族难民返回，并为难民返回设置了种种障碍。已返回的少数难民就业和子女入学困难，安全也得不到保证，房屋被烧、家人被害等事件屡屡发生，因此外逃难民中许多人不愿返回。此外，外逃的异族难民的房屋一般都被用来安置来自他乡的本民族难民，房屋已被互相占用或遭战争破坏，新建住房又缺少资金，因此安置返回的难民存在客观困难。1998年，西方大国为加速遣返难民而对波黑三方及克罗地亚施加了强大压力，甚至以停止对波黑的财政援助和停止欧盟对克贸易的普惠制待遇相威胁。目前克已制定了难民遣返计划（4~5年内遣返22万难民），波黑也承诺接受难民返回，但实际成效仍然不大。到1998年仍有150万难民流离他乡，萨拉热窝在1998年年初曾承诺接受2万非穆斯林难民返回该市，实际返回的塞、克族难民却不足2000人。

结　论

1. 波黑已成为世界级的保护国

"美国造"的代顿波黑和平协议不但为波黑制定了宪法，而且调动了各主要国际组织和机构参与执行《代顿协议》，除由联合国派遣驻波黑的高级代表（因有决策权而被国际舆论称为"总督"），以北约为主的多国部队和特遣警察部队外，波黑的许多重要机构都有外国人参加，其主要领导人由国际组织和机构任命，而且这些人选不能是波黑国民也不能是波黑邻国的国民。仅在《代顿协议》中规定的这类机构就有：临时选举委员会（欧安组织负责派人组成）；宪法法院（欧洲人权法院派人参加和任命院长）；中央银行（国际货币基金组织任命行长）；人权委员会（欧盟部长理事会派人参加和任命主席）；难民委员会（欧洲人权法院派人参加和任命主席）；公共企业委员会（欧洲复兴开发银行任命主席）；保护国家文物委员会（联合国教科文组织派人参加和任命主席）；等等。《代顿协议》签订 3 年后的今天，在波黑仍有 200 多个国际组织和机构的 4 万多武装人员和文职人员在波黑监督执行《代顿协议》和帮助重建波黑，仅援助波黑重建就已投入近 50 亿美元。联合国难民署高级专员办事处在波黑设有 21 个办事处，为救济难民已支出 2 亿多美元。还有国际红十字会、海牙法庭等的办事机构也都在波黑活动。由此可见，波黑已成为受全球监督和援助最多的世界级的保护国。

2. 波黑的生存取决于美欧大国的决心

一个国家、两个与邻国建立平行特殊关系的实体、三个立宪民族的波黑，国家框架已初步建立。但相互制约的三足鼎立局面使国家机构难以有效运转，波黑联邦貌合神离，国际社会支持的主张波黑统一的力量未能压倒波黑三族互相排斥、主张分裂的民族主义力量，波黑经济仍不能自立。波黑仍离不开国际社会的强大监督和援助，美军和北约军队仍不能撤离波黑。因此，波黑作为统一国家的继续存在，将取决于美欧大国实施《代顿协议》和保持波黑统一的决心。

3. 巴尔干与美国的利益

欧洲未能解决波黑冲突，而是在美国干预下达成了波黑和平协议，这为北约在冷战后仍需存在和留在欧洲提供了实证，也为其从集体防御转向应付危机提供了理论依据,以北约为主的多国部队进驻波黑则为北约东扩提供了新的落脚点。1998年,科索沃冲突使北约进一步确立了应付危机理论,并在北约历史上首次在无联合国授权的情况下独自做出了军事干预非成员国内部事务的决定,随后为保证驻科索沃监察人员的安全,北约部队进驻马其顿。这一切表明,巴尔干对美国来讲,已从"不存在固有的国家利益"变成了具有十分重要的"国家利益"了。

原载《东欧中亚研究》1999年第3期

《东南欧稳定公约》
——新区域主义的一个积极尝试

李丹琳[*]

在 20 世纪的最后十年，东南欧爆发了第二次世界大战以来欧洲最残酷的战争——波黑战争，它导致 20 万人丧生、200 万人流离失所。在 20 世纪的最后一年，科索沃危机又引发了以美国为首的北约对南联盟的 78 天狂轰滥炸。21 世纪伊始，马其顿又响起了枪声。目前，尽管东南欧地区的战火已暂时熄灭，但冲突依然存在。从历史上看，这一地区的冲突往往会演变成整个欧洲的冲突，甚至整个欧洲的战争。因此，如何保持和发展东南欧的稳定，是欧洲面临的一个最迫切和最棘手的重大问题。

1999 年 6 月 10 日，在欧盟的倡议下，在科隆召开了巴尔干国际会议。参加会议的除欧盟各国和美国的外长外，还有俄罗斯和八国集团其他国家的外长、部分巴尔干国家的外长以及联合国、北约、欧洲合作与发展组织、西欧联盟、国际货币基金组织、世界银行、欧洲复兴开发银行等组织和机构的代表。会议经多方协商，通过了一个《东南欧稳定公约》。接着，在 7 月 30 日，欧盟、八国集团和巴尔干国家的首脑在波黑首都萨拉热窝会晤，研讨实施《东南欧稳定公约》的问题。欧盟倡导的这个《东南欧稳定公约》就是为实现东南欧的稳定与发展所开的一个药方，其基本目的就是试图通过区域一体化把东南欧纳入欧盟的框架之内，在统一的政治、经济、安全体系内解决东南欧的政治稳定、经济发展和地区安全问题。现在，两年半过去了，这一公约的实施情况如何，应

---

[*] 李丹琳，法学博士，中国社会科学院俄罗斯东欧中亚研究所《欧亚经济》编辑部副主任。

如何从理论和实践两个方面对其做出评价，这就是本文所要探索的问题。为便于对这一公约的实施前景进行较深入的探讨，本文也将对巴尔干地区的冲突渊源和新区域主义的发展略加论述。

一 《东南欧稳定公约》出台的背景

自1992年波黑战争爆发以来，北约及欧盟对东南欧地区进行了包括军事行动在内的强力干预，战火此起彼伏，冲突连绵不断。实际上，这个地区的稳定与发展问题始终没有得到解决。有些学者推断，未来的巴尔干可能有三种前景：第一，冲突持续下去，整个地区长期陷入混乱；第二，出现强大的地区力量（如塞尔维亚的重新崛起），从而对该地区实行新的控制；第三，国际维和部队长期驻扎，以保持那里的基本秩序。显然，前两种前景不符合美国和欧盟的利益。第三种解决办法既不是长远之计，也不符合欧盟的心愿。面对这样的前景，欧盟提出了一个新的药方，即以《东南欧稳定公约》为名的药方，它既不是简单的"脱身"，也不是单纯依靠武装"维和"来实现该地区的稳定。这个药方实际上就是以欧洲一体化和欧盟东扩为依托，通过外部制约与内部改革双管齐下的方法来解决"巴尔干火药桶"的问题。这是一条迄今为止全新的解决途径，它有可能为东南欧的稳定与发展提供一次历史性的机遇。

就西欧国家来说，它们希望欧洲能彻底从战争的阴影中走出来，并沿着欧洲一体化的道路顺利地实现整个欧洲的稳定与发展。对深受战争和经济衰退之苦的东南欧国家和那里的各族人民来说，他们希望能迅速加入欧盟，通过欧盟的"新马歇尔计划"和"保护伞"实现经济复苏和政治安全。这两方面的意愿也就导致了《东南欧稳定公约》得以迅速签订，并构成了该公约得以实施的有力保障。

二 《东南欧稳定公约》的基本内容和实施机制

该公约称，此约的目的就在于促进东南欧国家和平、民主、尊重人权的进程，促进该地区的经济繁荣，以达到整个地区的稳定[①]。根据《东南欧稳定公

[①] 此处和以下有关公约的内容，参阅《东南欧稳定公约》，http://seerecon.org。

约》特别协调员博多·洪巴赫的说法,《东南欧稳定公约》是一个维护该地区和平的政治经济框架,是欧盟试图通过一项全面的预防性外交政策来解决东南欧各国政治和经济上的机构性缺陷,并最终将这些国家纳入欧洲和欧洲-大西洋结构。他特别指出:和平与稳定要求经济复苏,而经济复苏要求和平与稳定。为实现上述目标,1999年9月16日,在布鲁塞尔通过了《东南欧稳定公约》的工作日程,确定了三个工作时间表:关于民主化和人权;关于经济重建、发展与合作;关于安全问题。

现根据公约的条款、工作日程表和有关的论述,按政治、经济和安全三个方面对公约的主要内容做一简要的论述。

1. 在政治方面,公约规定参加国要承诺进行民主和经济改革

在公约的第10条中进一步说明了政治改革的要求。它包括发展民主、促进人权、尊重少数民族权利、认同欧盟的政治制度和价值观以及引进欧盟法律制度等内容。关于民主和人权,公约称,只有当民主原则和民主的价值观在东南欧国家真正得以实行的时候,持久的和平和稳定才能在那里扎根。有关文件称,民主和人权包括对个人及少数民族权利的确认、媒体的独立和自由的权利法律规则及法律的独立实施、有效的管理机构的建立和公正的治理,以及公民社会的建立等。

2. 在经济方面,除规定提供经济援助外,还规定了向市场经济转轨的要求以及市场经济规则的实施等

有关文件强调,经济改革和建立一个健康的商业环境是经济发展、实现一体化和创造就业机会的必要条件。与此同时,必须促进地区内和该地区与欧洲、世界其他地区间的经济合作,鼓励发展自由贸易区、跨国界运输和能源供应以及加强环境保护等。

3. 在安全方面,规定了一些政策和措施

以结束紧张局势、强化安全氛围、增强在安全事务方面的共同合作,使该地区逐渐实现非军事化,并逐步把东南欧国家纳入欧洲-大西洋框架之中。值得注意的是,公约特别强调维护这一地区各个国家的多民族和多种族的特点,反对建立单一民族国家。有关文件还指出,根据欧洲模式,划定许多民族边界的做法已没有现实意义了,单个民族的主权是战争的起源之一,实现单一性的企图将导致暴行和灾难。此外,文件还提出根据欧洲模式重建前南斯拉夫地区与逐步使整个地区纳入欧洲结构的问题。这实际上改变了欧盟国家过去支持一些地区的主体民族建立独立国家的做法，这不仅导致南联邦的解体，而且也加剧了一些新独立国家内的民族冲突，甚至爆发了旷日持久的波黑战争。

关于实施机制，《东南欧稳定公约》（简称稳定公约）在其第四部分做了原则和具体的规定。文件首先指出，稳定公约的前提是东南欧国家应与国际社会合作，设计出一项共同的政策以保证这一地区的稳定和发展。同时，这些国家要相互合作，互相提供帮助来实施这项政策。文件称，稳定公约的机制是制定出一套东南欧区域日程表。该日程表将评估《东南欧稳定公约》的执行进度，推进稳定公约的执行并为达到目标而提供指导。文件同时规定，由欧盟任命一个特别协调人主持区域日程的执行，对促进稳定公约在各个国家间的实施负责，稳定公约的实施也将由根据需要而设计的相应的结构所支持，协调人应该与各国政府和各国的相关机构紧密合作，特别是与欧盟和其他对此关注的国家合作，与相关的国际组织和机构合作。协调人应定期根据程序，代表东南欧区域日程向欧安组织提供报告。

稳定公约还提出，欧盟将努力使这一地区完全加入欧洲一体化的框架。对于那些还没有与欧盟签订联系协定的国家来说，一旦符合了"哥本哈根标准"，将在《阿姆斯特丹条约》的基础上，通过新形势的协约关系，考虑各国的申请，欧盟非常希望把完成稳定公约的目标（特别是发展区域合作）看成评价这个政策好坏的重要因素。因此，再加入欧盟问题上，东南欧国家与中东欧国家均站在一条起跑线上。

从上述规定来看，所谓实施机制就是利用东南欧国家加入欧盟的迫切要求，在欧盟的主导下制定出一整套关于政治民主化、经济重建和安全保证的日程，并由欧盟任命的特别协调人和相应机构主持日程表的执行，日程表的执行情况将是欧盟评估和考虑吸收东南欧国家入盟的依据。

三 《东南欧稳定公约》的理论基础——新区域主义

从理论和基本思路方面来看，《东南欧稳定公约》渊源于新区域主义，而新区域主义则是在欧盟发展的实践中从传统的区域主义演变和丰富起来的一种理论思想，它也是当代国际关系理论中的新秀。

1. 区域主义的发展

自20世纪初，尤其是在第二次世界大战后，国际关系领域的一个主要关注点就是如何建造一个和平的世界。欧洲大陆向来是灾难深重的地区，仅两次世界大战就使得欧洲满目疮痍。二战之后，维持和平是摆在欧洲人民面前的首要问题。在旧金山起草联合国宪章时，丘吉尔认为地区性组织能够求得世界秩序，同时，拉美地区的代表也认为地区性组织能更好地实现国际和平、安全。从那时起，地区性组织在联合国框架下确立了其合法性，当代国际关系中的区域概念是指：由于地理因素关系，使地区部分如邦或州等得以相互结合，并同时具备相当程度的相互依赖关系[1]。关于区域主义（regionalism）的定义则为：在区域的基础上，邦与邦之间的团体或组织的结构化[2]。

在随后出现的冷战使联合国维持和平的功能及其全球主义的理想无法实现。同时，在欧洲经济重建以及快速发展的过程中，人们发现，一个国家需要与其他国家合作才能得到发展与生存，这是区域主义迅速发展的原因及条件。在20世纪60年代，区域主义掀起了第一次高潮，那时的区域主义是伴随着非殖民化运动而展开的。在冷战时期，区域主义也被用于建立和发展两个对立世界的实践，成为两个军事集团和两个平行市场的理论依据之一。到20世纪80年代，由于全球化的影响，区域主义有了长足的发展。苏联解体后，冷战霸权秩序的终结进一步促进了区域主义的向前发展，并进而演变为新区域主义。

与冷战时期相比，新区域主义不再局限于单一的、狭隘的安全和经济目标。它所关注的内容和要求实现的目标不断增加，涉及建立在区域基础上包括人权、民主、社会公正和环境保护的跨国社会和文化网络等方面。欧盟的发展历程可以说是新区域主义发展的最具代表性的过程。

新区域主义与旧区域主义的区别主要在于以下几点。

第一，旧区域主义是在冷战时期两极格局的情况下形成的；新区域主义是在多极的世界秩序中开始形成的。

第二，旧区域主义是"自上而下"产生的，它由超级大国创造；新区域主义是从区域内部和"自下而上"发展起来的，它不光包括国家本身，还有其他非国家行为体。

第三，从经济一体化角度看，旧区域主义是内向的和保护主义的；而新区

---

[1] Joseph S. Nye, "Comparative Regional Integration: Concept and Measurement", International Organization, Autumn 1968, pp. 12 – 17.

[2] Andrew Hurrel, "Regionalism in Theoretical Perspective", in Louise Fawcett and Andrew Hurrel (eds.) Regional in World Politics, New York: Oxford University Press, 1995, pp. 38 – 73.

域主义则是"开放"的,不只是在区域内开放,也向世界其他地区开放。因此,它与相互依赖的世界经济是相容的。

第四,旧区域主义客观上说比较具体,有些组织是以安全为条件,有些组织以经济为条件;而新区域主义是综合的、多方面的进程。它既包括贸易和经济一体化,同时也包括环境、社会保障政策、安全和民主,即在深化经济一体化的基础上最终达到政治、安全和文化的趋同。

第五,旧区域主义只注重主权国家;新区域主义构成了全球结构转型的一部分。在这个转型过程中,非国家行为体非常活跃并在全球体系的不同层面有不同的表现形式。

2. 新区域主义的基本层面

新区域主义是一个复杂的概念。它主要是指某个区域根据不同的层面从相对的差异走向趋同,其中最重要的方面就是经济政策、政治体制、安全和文化的趋同。经济政策上的变化主要是更加开放;政治体制的变化核心是民主化,民主虽然不是政治一体化的全部内容,但它是必需的条件;安全体制的转轨最为紧迫,从安全集合体发展为安全共同体;而文化趋同则是需要更长时间的、更深层次的一体化。这些层面的融合有可能是一个自然进程,也可能是一种由政治推动的过程,但更有可能是两个进程的混合。因此,新区域主义被定义为一体化的多层次的形式,它包括经济、政治、社会和文化层面,而且在建立以区域为基础的自由贸易体系和安全联盟的目标方面走得更远,同时,以政治为目的建立区域一致性和认同似乎更为重要。正如国际关系学派对新区域主义所做的定义:"一个多层面的区域一体化进程,该进程包括经济、政治、社会和文化方面。"它更强调的是非经济的方面,而主要指政治和安全层面。它认为区域主义是一个有关经济或对外政策的单一政策。该定义远远超出了自由贸易区和几个国家市场加入一个单一功能性单位的定义。它把地理认同、政治趋同、集体安全和区域融合作为非常重要的特点。

许多欧洲理论家认为,新区域主义主要是一种政治理论,也是一种规范的理论,它与"世界秩序价值观"密不可分,与和平、发展和生态可持续性密不可分。为达到和平、发展和生态可持续性,必须与战争、饥饿和环境恶化做斗争。因此,这些问题便成为区域主义理论中备受关注的问题,而民主和人权等问题则被认为是新区域主义的前提。由于民族国家的解体对地区安全产生了威胁,因而新区域主义也非常关注民族国家和族际冲突的问题,强调通过加快区域化进程,解决民族国家和族际间的冲突。区域主义包括一项区域机制框架，它主要用于冲突的解决，对区域内部民族国家的进一步解体进行干预。他们认为，区域层面能够触及以前民族国家触及不到的解决冲突的可能性，它有助于消除紧张状态。如果发生暴力，区域行为体能够干预国家间冲突而尽量减少双边敌对的危险。

一般说来，外部干预有五种形式：单边、双边、多边、区域和多极。单边既可以由相关的邻国也可以由区域强国或世界强国担任；双边干预是由干预国家和被干预国家之间的协定来决定；多边干预是以某一组特定国家或一些长期联盟的形式出现的；区域干预则由区域组织执行，因此它的定位带有边界性质，限于本区域之内；多极干预一般是指由联合国领导或联合国实行的制裁。新区域主义者认为，各种干预方式并不可能单一地执行，在解决复杂的冲突时，通常是以不同形式进行不同程度的干预，很少有某种特定的解决冲突的形式，而区域干预方式应该是将来解决冲突的最恰当的方式。

四　区域主义在欧盟发展中的实践和在欧盟东扩中的效应

有关欧洲联合的观念渊源悠久，在欧洲近代史上，有不少理想主义者提出以和平方式实现欧洲联合的主张，通过在欧洲创建某种政治实体，以非战争的形式解决欧洲各国间的矛盾，维护欧洲的和平与发展。但是，欧洲几百年来战乱频仍，特别是法国和德国，历史上是世仇，欧洲统一一直只是一种理想。经过两次世界大战的浩劫，欧洲已经丧失了占据数百年的世界政治经济中心的优势地位，欧洲各国陷入经济凋敝、政治危机、社会动乱等困境之中。任何一个欧洲国家，都不可能单独依靠本国的力量恢复经济和在国际舞台上发挥影响。只有通过联合各国的力量，在欧洲实现历史性变革，欧洲才有出路，才能复兴与繁荣，对此，欧洲各国在二战后很快便取得了共识。

1950年5月9日，法国外长罗贝尔·舒曼建议，把法国和德国工业基础的煤钢生产置于一个"超国家"的高级机构领导之下（"舒曼计划"）。次年4月，法国、西德、意大利、荷兰、比利时和卢森堡6国签署了《欧洲煤钢共同体条约》，1952年7月25日，该条约正式生效。1957年3月25日，6国在罗马又签署了《欧洲经济共同体条约》和《欧洲原子能共同体条约》（通称《罗马条约》）。1958年1月1日，《罗马条约》正式生效。从此，欧洲经济一体化正式展开。1991年12月10日，欧共体成员国首脑在荷兰小城马斯特里赫特召开会议，通过《欧洲联盟条约》，也称《马斯特里赫特条约》，这是欧洲一体化道路上的一个重要里程碑。欧盟的出现和发展是第二次世界大战结束以来在欧洲乃至世界出现的一个新事物，它是带有超国家性质的国际组织，它不仅从初创时的6个成员国发展到今天的15个成员国，而且在国际事务中被视为一个实体，它的政治和经济影响远远超越了这些单个国家，并对欧洲非成员国和欧洲以外的国家产生了越来越大的吸引力。

从欧共体到欧盟的发展也是旧区域主义向新区域主义发展的过程。欧盟是由各个民族国家组成的，经过不断地尝试和挫折，它们将部分主权让渡到欧盟这个大组织，这不仅促进了各国的经济发展，增强了欧盟在国际事务中的地位，而且从四次扩大的经验中认识到，独立并不会必然导致强大、导致平等分配收益，相反易于导致冲突。在经济、政治、安全等方面形成一个框架结构，却能使各民族国家逐渐消除冲突。今天，德法这两个世仇国家能和平相处，共同合作，这既是一个历史的奇迹，也是区域主义效应的一个证明。

冷战结束后，许多中东欧国家掀起了"回归欧洲"和要求加入欧洲一体化进程的热潮。1991年12月，欧共体与波、捷、匈三国签署了"欧洲协定"，给予这三个国家以欧共体（欧盟）第一批联系国的地位，从而开始了欧盟东扩的进程。十年来，中东欧国家不仅在争取加入欧盟的过程中实行了政治和经济体制的改革，恢复和发展了经济，发展了区域和次区域合作，而且在克服民族矛盾、增加安全因素和推进次区域合作方面也取得了明显的进展。1991年2月，由波兰、捷克和匈牙利三个国家倡议组织的维谢格拉德集团就是一个活动最多、合作范围最广的次区域合作的例子，它不仅在经济方面取得了重要的成果，而且在安全政策上进行了合作。自该集团成立以来，成员国一致表示要捐弃前嫌，不讨论任何修改现行边界的问题，这就为它们的合作打下了一定的基础。以匈牙利为例，它过去曾经是一个帝国的一部分，经过多次战争，它的民族问题同样复杂。匈牙利在区域和次区域合作的框架内克服了因民族纠纷而引起的冲突，这也是新区域主义的一个积极的效应。

五 两年来稳定公约的实施情况

稳定公约具有的一个创新意义就是使东南欧各国作为平等的伙伴加入欧洲一体化进程。赫尔辛基协议为消除欧洲大陆的分裂，力图把中东欧国家纳入欧洲一体化进程,而东南欧公约有可能使东南欧国家也加入这一进程,使欧洲最终成为一体化的欧洲。为实现这些目标,两年来欧盟和东南欧国家做出了不少努力,也取得了一定的效果。

首先,1999年9月16日,在布鲁塞尔制定了《东南欧稳定公约》的工作日程。日程规定,在经济发展与合作上,欧盟保证努力消除妨碍商品和资本自由流动的政策和行政障碍,以加强该地区以及该地区与欧洲和世界其他国家之间的经济、贸易和投资合作,改善该地区基本的基础设施,并向东南欧提供单方面的贸易优惠待遇。而东南欧国家也要努力建立一个可预测的公正的商业环境,打击腐败和犯罪活动,推进面向市场的改革,包括私有化。在安全方面,欧盟承诺:为结束紧张局势、建立和平友好的睦邻关系,要强化在地区安全方面的努力;要全面执行现有的武器控制和建立信任的措施,并为这两方面的改善而努力;要敦促政府加强对武装力量的控制并针对有组织犯罪、恐怖主义、地雷问题和小型武器的扩散等问题采取有效的措施;要增强在防御和安全事务方面的合作,以及提高军费开支方面的透明度和责任感。

其次,2000年3月,在欧洲委员会成员国、世界银行和《东南欧稳定公约》特别协调员的建议下,在布鲁塞尔召开了第一届东南欧区域大会,会议制订了一系列快速启动计划和一项具有区域特征的项目。2001年8月,在罗马尼亚首都布加勒斯特又召开第二届东南欧区域大会,主要讨论不同的捐助。

与此同时,在《东南欧稳定公约》的推动下,该地区的次区域组织与合作也有了较大的发展。1990年成立的黑海经济合作组织已于1999年变为一个次区域性经济组织,到目前为止已有11个国家参加,它是一个能动的区域倡议组织,已被国际社会所承认。

在一些关键领域,稳定公约的实施也取得了重要进展。例如:已经起草一项投资法规,它要求该地区国家明确承诺改进投资环境;成立了一个企业顾问委员会,由来自稳定公约签约国的高级企业主管人员组成,它将密切监督投资法规的执行;已经启动一项反贪计划,作为打击有组织犯罪的努力的一部分;在防务方面,正在顺利执行一些加强信任的措施等。

但稳定公约的全面实施还有许多不稳定的因素。

首先,在巴尔干重建的问题上,美国和欧洲出现了矛盾。在经费问题上,美国不愿承担更多;其次,在援助范围上,与多数欧盟国家不同,美、英要求把塞尔维亚排除在援助之外;最后,在巴尔干重建的预算落实方面出现了较大的困难。据估算，在今后五年中巴尔干重建约需 3000 亿美元，仅科索沃就需 50 亿美元，但迄今为止，初步落实的只有 5.7 亿美元，其中 5.1 亿美元由欧盟提供，0.6 亿美元由世界银行承担。

最大的不确定因素仍在于：欧盟要在十年内完成东扩计划面临诸多困难。中东欧国家虽然在改革和恢复经济方面取得了较大进展，但同西欧各国相比仍然有很大的差距，总的说来仍是穷国。它们的加入将使欧盟面临艰巨的任务。据欧洲有关专家计算，要使中东欧国家赶上欧盟最低标准，在 20 年内需要投入 2 万亿美元。结构基金是欧盟用来补贴落后产业或落后地区的一项基金，目前受益人数为 9400 万，欧盟扩大为 26 个国家后，受益人数将超过 2 亿。特别是农业开支已占欧盟预算的 50% 以上。如继续执行欧盟现行农业政策，中东欧国家入盟后，欧盟的预算开支将要翻一番。此外，欧盟扩大就必须改革自身现有的机构和决策机制，否则欧盟将无法运转，甚至会处于瘫痪状态，而改革又牵涉大小国的利益分配，难度是很大的。

综上所述，可以得出以下几点看法。

第一，东南欧的紧张局势和冲突的发生主要是因为民族矛盾的加剧，而不是意识形态的冲突，而矛盾的主要根源则在于这一地区经济和社会的巨大差异，以及政治上缺乏为相互融合提供正常的和有效的法律和结构框架。因此，要从根本上实现这个地区的稳定应立足于大力发展经济，逐步克服社会经济的巨大差异。与此同时，必须建立起有效的法律框架。

第二，近年来东南欧的冲突急剧发展也与外国的干预有着直接的联系。某些西方大国出于自身利益的考虑，打着人权和民族自决权的旗号，有意无意地鼓励民族分裂，赞同建立新的民族国家，这不仅导致南联邦的解体，而且使得这个地区的分裂形势更加恶化。因此，外部干预如何才能真正有助于这个地区的稳定与发展确实是一个亟待解决的问题。

第三，欧盟推出的《东南欧稳定公约》这个药方实际上就是试图以内部改革和外部干预双管齐下的办法来解决这一地区的稳定和发展问题。其中比较注重推动东南欧政治和经济制度的改革，并以区域一体化来阻止进一步民族分裂。这可能是一条可行的道路，至少是一次有益的尝试。一位西方人士说，巴尔干地区不能仅仅在民族国家的基础上重建，实现民族单一性的企图可能会导致不可容忍的暴行；走向和平和繁荣的唯一道路就是缔造一个开放的社会；今天，经常分裂的巴尔干国家第一次有了一个中心——欧盟。

第四，新区域主义是国际关系理论中的一种新兴的理论，它在解释当代全球化带来的某些问题，以及通过区域一体化推动地区合作和实行区域稳定与发展等方面有不少值得重视的观点，应对其做深入的研究。

原载《东欧中亚研究》2002年第2期

综合篇

中长铁路归还中国的历史考察

张盛发[*]

有关中国长春铁路[①]（以下简称中长铁路）归还中国的介绍和论述经常见诸中俄两国以及西方学者的有关著作中。大部分学者对中长铁路归还问题的论述侧重于1949年中苏两国领导人的签约谈判及归还的原因，基本上没有涉及其后对铁路的实际归还产生重大影响的重要因素，并且也没有深入论及铁路归还对中苏两国关系所产生的影响。[②] 俄罗斯学者阿勃洛娃在其《中东铁路与在华俄国侨民史》一书中考察了中东铁路回归中国引起苏联在华侨民生活的重要变化，虽涉及中东铁路归还中国对中苏两国关系所产生的影响，但主要是就俄国和苏

---

[*] 张盛发，中国社会科学院俄罗斯东欧中亚研究所原苏联室主任，研究员。

[①] 中国长春铁路，即中东铁路或满洲铁路的后称，系沙俄根据从中国所获得之特权于19世纪末和20世纪初在中国东北地区修建的一条连接俄国西伯利亚和海参崴（符拉迪沃斯托克）的"丁"字形宽轨铁路，又称东清铁路、中国东省铁路。铁路全长2489公里，其干线西起满洲里，中经哈尔滨，东至绥芬河；铁路支线由哈尔滨向南，经长春和沈阳，直达旅顺口，长940多公里。1905年9月，根据沙俄与日本的《朴次茅斯和约》，满洲铁路长春至旅顺口的铁路支线让给日本，称为"南满铁路"。1931年"九一八"事变后，日本侵占中国东北并于次年建立伪满洲国。此后，中东铁路实际上由日伪与苏联共管。1933年，中东铁路改称"北满铁路"。1945年8月，根据中苏有关协定，北满铁路和南满铁路合并，改称中国长春铁路，简称中长铁路。1952年12月，中长铁路移交给中国。此后，中长铁路分别改称"滨洲""滨绥""哈大"铁路等。

[②] 中国学者在这方面的论述可参见裴坚章主编《中华人民共和国外交史》第1卷（1949～1956年），世界知识出版社，1994，第22～24、26、38～39页；张盛发：《斯大林与冷战》，中国社会科学出版社，2000，第396～400页；沈志华主编《中苏关系史纲（1917～1991年）》，新华出版社，2007，第102～109页；杨奎松：《中苏之间国家利益与民族情感的最初碰撞》，章百家、牛军主编《冷战与中国》，世界知识出版社，2002，第125～134页。俄罗斯学者的论述可参见 А. Ледовский, "Переговоры Сталина с Мао Цзэдуном в декабре 1949-февpале 1950 г., новые архивные документы", Новая и новейшая история, 1997, （转下页注）

联侨民历史而言。①另外，本书虽然资料丰富，但因缺乏相应的中方材料，对某些事情的叙述显得不够全面。

本文在结合俄方和中方近年所披露的档案文献基础上参考前人已有的论述，考察中东铁路/中长铁路归还中国的历史过程，分析苏联同意归还中长铁路的主要原因，论述中长铁路归还对中苏关系所产生的影响。由于中长铁路问题在历史上与旅顺和大连问题具有密切的联系并且在谈判时也与后者相连，所以，本文在论述中长铁路问题时在许多情况下都会自然涉及后两个问题。

一 中苏两党和两国有关中长铁路等苏联在华权益问题的讨论

中长铁路归还中国之前，曾经历过三次中苏共管时期。第一次共管时期是1924~1935年。1924年5月，两国签订《中苏解决悬案大纲协定》和有关中东铁路暂行管理协定，宣布恢复两国外交关系；确定中东铁路纯系商业性质，除铁路营业事务外，涉及中国主权的各项事务，均由中国官府管理；关于中东铁路的未来将由两国解决；设立由中苏组成的理事会等共同管理中东铁路，由苏方担任铁路局长职务。② 1931年"九一八"事变后，日本占领中国东北并建立了依附于日本的傀儡政权"满洲国"。1935年，苏联以1.4亿日元（相当于1.64亿金卢布）

（接上页注①）No1；Б. Т. Кулик，Советско-китайский раскол：причны и последствия，М.，Институт ДВ РАН，2000，с. 75 – 77，96；А. Д. Воскресенский，Россия и Китай：теория и история межгосударственных отношений，М.，Издательский центр научных и учебных программ，1999，с. 228 – 230；О. Б. Рахманин，К истории отношений России—СССР с Китаем в XX веке：обзор и анализ основных событий，М.，Памятники исторической мысли，2002，с. 18。西方学者有关归还铁路问题的著作可参见 R. C. North，Moscow and Chinese communists，Stanford：Stanford University Press，1963，2-d ed.，pp. 265 – 269；S. N. Goncharov，et al，Uncertain partners：Stalin，Mao，and the Korean War，Stanford：Stanford University Press，1993，pp. 112 – 113，119，126 – 127；D. Heinzig，The Soviet Union and communist China 1945~1950：the arduous road to the alliance，Armonk：M. E. Sharpe，2004，pp. 337 – 362。

① Н. Е. Аблова，История КВЖД и российской эмиграции в Китае：международные и политическиеаспекты истории（первая половина XX в.），М.，Русская панорама，2005.

② 同年9月，苏联又与中国东北地方当局签订了《奉俄协定》。该协定与中苏协定内容大致相同，但它把中东铁路归还中国的期限由80年（按照修建铁路时的《合办东省铁路合同章程》）改为60年。有关《中苏解决悬案大纲协定》及其铁路管理协定和《奉俄协定》，可参见程道德等编《中华民国外交史资料选编（1919~1931年）》，北京大学出版社，1985，第198~201、206~208、209~213页。

的价格把它对中东铁路的"所有权利"转让给伪满洲国（实际上是日本）。[1]

第二次共管时期是1945~1949年。二战期间，包括中东铁路在内的中国东北地区的命运成为盟国特别是美国和苏联之间战后事务安排的一部分。1945年2月8日，在苏美英三国首脑雅尔塔会议上讨论了苏联参加对日作战的政治条件，缔结了满足苏联要求的《雅尔塔协定》。[2] 1945年8月，根据《雅尔塔协定》的精神，苏联与中国国民党政府签订了《中苏友好同盟条约》以及关于中长铁路、大连和旅顺口等协定。协定规定：中东铁路和南满铁路干线合并后改称中长铁路，由两国共同所有并共同经营；共同组成中长铁路公司并设理事会和监事会等；30年后，铁路无偿归于中国。[3]

但是，由于二战后初期美苏在中国东北地区的明争暗斗和国共两党在东北的军事争夺，中苏第二次共管铁路根本无从落实。1946年夏天国共内战全面爆发后，中长铁路的许多路段和车站遭到了毁坏，铁路业务基本上处于停顿状态。本来就流于形式的国民政府与苏联的所谓同盟关系实际已告破裂，第二次共管铁路也就此破产。[4]

第三次共管中长铁路是由苏联和中华人民共和国建立和实施的。根据1950年2月《中苏关于中长铁路、旅顺口及大连的协定》规定，中长铁路由两国共同管理和经营。[5] 同年5月1日，中苏合办的中长铁路公司开始工作。

实际上，早在中苏第二次共管时期，尚未执政的中共在苏联帮助下已经在东北解放区掌握了部分中长铁路地段并利用其为解放战争服务。随着中国政局的变化，中苏两党领导人开始试探地交流有关包括中长铁路在内的苏联在中国东北地区特殊权益问题的看法。

---

[1] 当年沙俄政府用于修建铁路的资金为7.9亿金卢布。参见 А. Д. Воскресенский, Россия и Китай: теория и история межгосударственных отношений, М., Издательский центр научных и учебных программ, 1999, с. 208, примечания 132.

[2] 《雅尔塔协定》的主要内容是：蒙古国现状须予维持；库页岛南部及附近岛屿交还苏联；大连商港国际化并保障苏联在该港的优先权益，苏联租用旅顺港为海军基地；苏中合办公司共同经营中东铁路和南满铁路，保证苏联的优先权益，同时保持中国在满洲的全部主权；千岛群岛交给苏联。参见《国际条约集（1945~1947年）》，世界知识出版社，1961，第8~9页。

[3] 参见《中外旧约章汇编》第3册，三联书店，1962，第1328~1340页。

[4] 有关中长铁路的前身中东铁路的相关论述可参见张盛发《列强在中国东北的争夺与中东铁路所有权的历史演变》，《俄罗斯东欧中亚研究》2007年第5期。

[5] 参见国际关系学院编《现代国际关系史参考资料（1950~1953年）》上册，人民教育出版社，1960，第11~13页。

战后初期，为了维护雅尔塔体制给苏联带来的领土、安全和势力范围方面的既得利益，斯大林一度实行大国合作政策，其主要内容是：在雅尔塔体制基础上与西方国家维持一定程度的合作，暂时抑制甚至停止对外国革命运动的支持和帮助。[①] 与此同时，斯大林远东战略目标就是要通过落实《雅尔塔协定》，在苏联远东地区建立起广阔的安全带。具体而言就是：让蒙古国从中国的版图中正式独立出来，成为苏联可靠的军事基地；恢复沙俄在中国东北的势力范围，使苏联获得太平洋地区的出海口和不冻港；夺回沙俄在1905年战争中失去的南萨哈林岛和千岛群岛，确保苏联在太平洋地区的港口。正是为了保障苏联在远东和中国的权益，维护苏联在雅尔塔体制范围内与西方国家的合作，加之对中共和中国革命的偏见，斯大林在二战后初期对中共和中国革命采取消极冷漠的态度。但是由于美苏冷战的爆发和中共军队在内战中转入战略反攻，斯大林对中共和中国革命的态度从1947年起逐渐转变为积极支持。[②]

1949年，在中国革命即将胜利的情况下，中苏两党的政治联系加强了。斯大林不仅在中国革命发展的战略方向上向中共提出建议和劝告，同时也在考虑涉及未来两国关系的实际问题的处理，其中包括1945年中苏条约及其协定所规定的苏联在中国的特殊权益。因为一旦中共执政，这两个共产党邻国的关系必然要重新定位，而苏联同国民党政府所签的条约和协定也必定要再次审议。中苏条约及其协定的内容并没有满足苏联的全部要求，而这主要是美国在幕后支持中国的结果。[③] 但是，中苏条约及其协定在很大程度上已符合斯大林远东战略的基本目标。根据条约及其协定，苏联可以使用中长铁路和旅顺海军基地，在中国东北乃至远东已占据了优势。所以，斯大林现在面临的难题是，在中共执政后如何做到既能维护苏联在远东的地缘政治利益，又要在一定程度上满足中

---

① 有关这个问题的详细论述可参见张盛发《雅尔塔体制的形成与苏联势力范围的确立》，《历史研究》2000年第1期。
② 有关这个问题的详细论述可参见张盛发《从消极冷漠到积极支持：论1945～1949年斯大林对中国革命的态度和立场》，《世界历史》1999年第6期。
③ 苏联政府内部在评价中苏谈判时对美国在其中所起作用颇有怨言。在《关于中苏谈判通报的纲要》中，莫洛托夫对美国大使哈里曼的"多余的第三方"角色愤而不平。他在有关大连条款的正面弧里批注："美国的干预"。在末端他又批注："宋子文经常与哈里曼进行联系"和"美国政府试图通过哈里曼干预谈判进程"。АВП РФ, ф. 06, оп. 7, п. 7, д. 79, л. 11—12, В. О. Печатнов, "Московское посольство Аверелла Гарримана, 1943—1946", Новая и новейшая история, 2002, №3, с. 135.

共在民族利益方面的必然诉求。就中共而言,在美苏冷战的背景下,即将建立的新中国因意识形态与苏联相同而必定属于以苏联为首的社会主义阵营;同时,出于维护民族利益的考虑,即将执政的中共也必须处理苏联在华特殊权益的问题。这样,中共领导人同样面临着既要满足苏联在远东的安全需求,同时又要尽可能地限制苏联在中国东北特权的难题。总之,如何处理中长铁路以及旅顺和大连问题,对于中苏双方来说都是非常棘手的。

在联共(布)中央政治局委员米高扬1949年1~2月访问中共中央总部所在地西柏坡期间,中苏两党领导人首次就旅顺和中长铁路问题交换了意见。

根据苏方的谈话记录,在2月4日的会谈中谈到有关国民党政府同外国签订的条约包括1945年的苏中条约时,"毛泽东通报说,在同民主派领袖谈话时,他们说明,他们理解要废除蒋介石签订的卖国条约。他们并非要求废除蒋介石签订的所有条约,因为其中有一些是具有爱国主义性质的条约。譬如,下列条约就属于此类:①关于废除外国人在华治外法权的条约(似指1943年1月签订的中美新约和中英新约——引注);②所谓的八国条约(似指1922年在华盛顿会议上签订的九国公约——引注);③苏中关于中长铁路和旅顺的条约(应为协定——引注)。"

米高扬问毛泽东:"他在(同民主派领袖的)谈话中是如何论证苏中条约爱国主义性质的,对此,毛泽东笑着说,这个条约不是他而是蒋介石签订的。毛泽东说,我向他们解释,苏联来到旅顺是为了保卫自己和中国,防范日本法西斯主义,因为中国相当软弱,以至于没有苏联的帮助它无法保卫自己。苏联不是作为帝国主义力量而是作为社会主义力量,为了保卫共同利益来到中长铁路和旅顺的。"

在回答有关共产党人为何反对美国在青岛的基地却维护苏联在旅顺的基地的问题时,毛泽东说:"美帝国主义在中国是为了进行压迫,而苏联在旅顺拥有兵力则是为了防范日本法西斯主义。当中国强大了并且能够自己抵御日本危险时,苏联也就不再需要旅顺基地了。"[①]

按照后来米高扬报告的说法,米高扬阐述了联共(布)中央和斯大林对此

---

① АП РФ, ф. 39, оп. 1, д. 39, л. 62 – 63, Институт дальнего востока РАН и др., ред., Советско‐китайские отношения, Т. V., Кн. 2., М., Памятники исторической мысли, 2005, с. 71—72.

问题的立场:"如果中国政府是共产党政府,那就不需要在那里拥有基地了。"①

斯大林在收到米高扬的汇报后于2月5日致电毛泽东:"……随着中国共产党人执掌政权,形势正在发生根本变化。苏联政府已经决定,一旦缔结对日和约并因此美军也撤离日本,那就将废除这一不平等条约(即1945年中苏条约——引注)并且从旅顺撤军。但是,如果中国共产党认为苏军立即从旅顺地区撤走是适宜的,那么苏联将准备满足中共的这一愿望。"②

在2月6日的会谈中,两党领导人专门讨论了1945年的中苏协定。米高扬讲道:

> 有关苏中条约(应为协定,下同——引注)问题,我说,我们认为苏中有关旅顺地区的条约是不平等的条约,签订该条约的目的是阻止国民党同日本和美国勾结起来反对苏联和中国的解放运动。我说,这项条约给中国的解放运动带来了一定的好处,但是,现在随着中国共产党人掌握政权,中国的形势发生了根本变化。我接着说,因此,苏联政府决定,只要签订对日和约,就将废除这个不平等条约并从旅顺撤军。我说,可是如果中国共产党认为立即撤军是合适的,苏联就准备这么做。至于中长铁路条约,我们不认为它是不平等条约,因为这条铁路主要是由俄国出资建造的。我说,也许该条约没有完全实现平等的原则,但是,我们准备同中国同志们友好地讨论并解决这个问题。

接着,米高扬描述了毛泽东等中共领导人对他讲话的反应:

> (我)认为条约是不平等的评价对于毛泽东和政治局委员们来说是相当出乎意料的,以至于使他们十分惊讶。之后,他们几乎立即表示,现在不应当让苏军撤出辽东和废除旅顺基地,因为我们这样做只能是帮助美国。毛泽东表示,我们将保持辽东撤军问题的秘密,只有在中国粉碎了政治上的反动势力并动员人民起来没收外国资本,并且在苏联的帮助下"我们一切就绪"的时候,才能重新审议这一条约。毛泽东说,中国人民要就这项

---

① Отчет А. И. Микояна о беседах с руководителями КПК в 1949 году, 1960 г., сентября 22, Советско - китайские отношения, Т. V., Кн. 2., с. 340.

② Советско - китайские отношения, Т. V., Кн. 2., с. 340 - 341.

条约感谢苏联。当我们变得强大的时候,"你们再离开中国",我们将签订一项类似于苏联和波兰条约那样的苏中互助条约。①

从上述会谈记录等文献中可以看出,斯大林等苏联领导人认为,苏中 1945 年协定中,旅顺协定是不平等的,而中长铁路协定是平等的。而即便是不平等的旅顺协定,也是为了防止国民党同日本和美国共同反对苏联和中共,并且使中国革命受益。斯大林显然不想全盘放弃苏联在华特殊权益,但也准备在这个问题上进行某种调整以满足未来盟国的必然要求。

毛泽东等中共领导人则清楚地认识到在世界已经分裂成两个阵营的情况下,即将由中共执政的中国必定在相当程度上需要联共(布)和苏联的支持和援助。在他们看来,在新中国初建时期苏军驻扎在旅顺可能在某种程度上有利于中国的安全。因此,对于中共来说,在国民党政府留下的对苏不平等条约基础上,为了新中国的生存需要和安全利益暂时保留苏军的基地,可能是一种无奈的选择。所以,毛泽东不仅没有要求苏联撤军,而且还对维持驻军的协定表示"感谢"。但是,斯大林等苏联领导人的态度也让中共相信 1945 年中苏协定是可以讨论的。

从 1949 年 2 月起,斯大林多次以电文的形式询问联共(布)中央派驻中共中央代表科瓦廖夫:中国同志对中长铁路协定的真正态度是什么,他们是否认为该协定是真正平等的?②

同年 6~8 月,中共中央书记处书记刘少奇访问苏联。中苏两党领导人就中国当前的局势、两党和未来两国的关系以及国际问题深入交换意见。虽然双方没有具体涉及苏联在中国东北的权益问题,但是,刘少奇在 7 月 4 日给联共(布)和斯大林的报告中就 1945 年的中苏条约提出了三种处理方法:一是中国新政府宣布完全接受该项条约并不加任何修改延长其效力;二是两国政府代表根据原条约的精神重新签订新的《苏中友好同盟条约》,以便根据新的情况在文字和

---

① АП РФ, ф. 39, оп. 1, д. 39, л. 78—79, Советско - китайские отношения, Т. V., Кн. 2., с. 82.

② И. В. Ковалев, "Диалог Сталина с Мао Цзэдуном"(Окончание), Проблемы Дальнего Востока, 1992, №1 - 3, с. 86. 后来,"当科瓦廖夫同高岗和陈云谈起这件事情的时候,两人都认为协定是平等的和令人满意的。然而,科瓦廖夫向斯大林说出了自己的意见:中国人私下想要完全控制铁路并且实际上正在尽力从苏联人那里获得对铁路线的管理。"Documents from Kovalev's personal archive, 转引自 S. N. Goncharov, et al, Uncertain partners, pp. 63 - 64.

内容上做些修改；三是两国政府代表换文，暂时维持该约现状，但他们准备在适当的时候对其重新修订。刘少奇写道：在上述三种方式中，应以哪一种为好？①

1949年12月至1950年2月，毛泽东对苏联进行了长达两个月的访问。按照计划，除了为斯大林祝寿，毛泽东此次访苏的主要目的是商谈中苏条约问题。②而商谈中苏条约就必然涉及如何处理1945年的中苏条约和是否签订新约的问题，并在实际上触及保障苏联在中国东北特殊权益的《雅尔塔协定》。

从12月16日双方第一次会谈的记录看，斯大林似乎对此有所顾虑。在就有关和平问题简单地交换了意见后，毛泽东以间接的方式提出了中苏新条约的问题："刘少奇回国后，中共中央讨论了中苏友好同盟互助条约的问题。"

斯大林很有策略地回答：

> 可以讨论和解决这个问题。需要弄清楚：是否应当宣布保留现有的1945年签订的《中苏友好同盟条约》，或者宣布将会对其进行修改，或者现在就对其进行相应的修改。
>
> 众所周知，苏联和中国所签订的这项条约是《雅尔塔协定》的结果，该协定规定了条约中最重要的几项条款（有关千岛群岛、南库页岛、旅顺问题等）。这就意味着，上述条约的缔结应该说是得到美国和英国同意的。鉴于这一情况，我们在小范围内决定暂时不修改这项条约的任何条款，因为即使修改一条条款，都有可能给美国和英国提供法律上的理由以提出修改条约中涉及千岛群岛和南库页岛等条款的问题。因此可以在形式上保留而在实际上修改现行条约，也就是说，形式上保留苏联驻军旅顺的权利，但按照中国政府的建议撤出那里的苏联军队。可以根据中国方面的请求采

---

① АП РФ，ф.45，оп.1，д.328，л.48，Советско-китайские отношения，Т.Ⅴ.，Кн.2.，с.161。在由列多夫斯基编注的相同文件中，有斯大林在刘少奇询问后面写下的批语："等毛泽东到莫斯科后再决定这个问题。"转引自 А. Ледлвский，"Визит в Москву делегациии коммунистической партии Китай в июне-августе 1949 г."，Проблемы Далнего Востока，1996，№4，с.81。

② 1949年11月10日，周恩来在同苏联大使罗申的谈话中说，在毛泽东访苏期间显然要提出中苏条约的问题。如果签订条约，那他将去莫斯科签字。АВП РФ，ф.0100，оп.42，д.19，п.288，л.81～85，转引自 Б. Кулик，"Китайская Народная Республика в период становления，1949～1952" ［Окончание］，Проблемы Дальнего Востока，1994，№6，с.76。科瓦廖夫在谈到毛泽东访苏安排时也说，毛泽东在莫斯科期间将"签订苏中友好条约"。参见 И. В. Ковалев，"Диалог Сталина с Мао Цзэдуном" ［Окончание］，с.89。

取这样的措施。

至于中长铁路,那么在这种情况下,考虑到中方的愿望,可以在形式上保留但在实际上修改协定的有关条款。

但是,如果中国同志对这种设想不满意,他们可以提出自己的建议。①

显然,尽管斯大林非常希望同新中国建立同盟关系,但他不想签订可能与《雅尔塔协定》相悖的新条约,因为1945年的中苏条约和协定本身就是《雅尔塔协定》的产物。虽然美苏冷战开始后都已把以往的协议置诸脑后,但是谁都无意去触动《雅尔塔协定》的基本框架。所以,斯大林在策略上显得小心谨慎,不愿意因废除中苏旧约牵一发而动全身地影响整个《雅尔塔协定》的有效性。这样,斯大林主张形式上保留而实际上修改1945年中苏条约和协定。

已经确定了对苏"一边倒"政策的毛泽东当然不能忤逆斯大林的意愿,在斯大林无意签订新条约的情况下,毛泽东一时也不知所措,只能以赞扬的口吻表示同意维持现状:"中长铁路和旅顺的现今状况符合中国的利益,因为中国单独的力量不足以有效地抵抗帝国主义的侵略。此外,中长铁路是培养中国铁路干部和工业干部的学校。"非但如此,毛泽东还自我批评考虑不周:"在中国讨论条约时,我们没有考虑到美国和英国对《雅尔塔协定》的立场。我们应当以有利于共同事业的方式行事。对这个问题应当考虑周到。"紧接着,毛泽东又对斯大林表示:"但是,现在已经清楚的是,目前不必修改条约,正如不必匆忙从旅顺撤军一样。"② 斯大林提议形式上保留但实际上修改条约和协定,但毛泽东却表示不必修改。

可是毛泽东显然也不愿意就此把中苏条约问题束之高阁。他问道:"是否需要周恩来来莫斯科解决条约问题呢?"斯大林模棱两可地回答:"这个问题您应当自己决定。可能有其他一些事情需要周恩来到这里来。"③

斯大林不愿签订新的中苏条约,使毛泽东访问苏联出现了尴尬冷落的局面。④不过,毛泽东在苏联逗留的时间很长,这使他有机会说服或等待斯大林改变立

---

① АП РФ, ф. 45, оп. 1, д. 329, л. 10—11, Советско - китайские отношения, Т. V., Кн. 2., с. 229—230.
② АП РФ, ф. 45, оп. 1, д. 329, л. 11—12, Советско - китайские отношения, Т. V., Кн. 2., с. 230.
③ АП РФ, ф. 45, оп. 1, д. 329, л. 12, Советско - китайские отношения, Т. V., Кн. 2., с. 231.
④ 具体可参见师哲《在历史巨人身边》,中央文献出版社,1991,第437页;裴坚章主编《中华人民共和国外交史(1949~1956)》,世界知识出版社,1994,第19页。

场。12月22日，毛泽东请科瓦廖夫转告斯大林：毛泽东希望大约在12月23～24日举行一轮会谈，解决中苏条约、贷款协定、贸易条约和航空协定等问题。打算请周恩来前来莫斯科履行签字手续。① 可是，让毛泽东失望的是，在12月24日斯大林与毛泽东的第二次会谈时，主要谈论的是越南、日本、印度等一些亚洲共产党的事情，中苏条约问题根本就没有提及。

但是，毛泽东仍然不懈地努力以改变斯大林的立场。1950年1月1日，毛泽东在与苏联驻华大使罗申谈话时透露：最近几天，他接到了来自北京的有关缅甸和印度政府表示准备承认中华人民共和国政府的报告。"还有消息说，近期英国和其他英联邦国家看来也将采取承认中华人民共和国的步骤。"毛泽东还表示，在这段时间里，他想同斯大林进行事务性会谈。② 毛泽东在同苏联大使谈话中所传递的这一信息具有多重含义。第一，如果美国和英国立场一致的话，那么英国及其受其影响的印度和缅甸对中国的承认就表明，西方国家正在努力与中国改善关系，而这正是苏联所忧虑并且想要尽力防止的。第二，如果英国及印度和缅甸承认中国，而美国并不承认中国，则表明美国和英国的立场并不一致，那么苏联与中国签订联盟条约未必会引起美英的联合反对。第三，签订中苏同盟条约才是应对国际形势变化和抗衡西方的良策，而中国方面随时准备进行这方面的会谈。

应当说，毛泽东在同罗申谈话中所传递的信息和所表达的意愿被斯大林积极地接受并理解了。③ 由于毛泽东在参加斯大林的寿辰活动后很少露面，西方的媒体竟然报道说毛泽东被斯大林软禁起来了。④ 虽然这是谣言，但也证明西方国家多少也看出了中苏之间不和谐的某些迹象。西方国家离间中苏关系的意图引起了斯大林的警觉和不安，而签订同盟条约当然是显示中苏两国团结的最好方法。

这样，为了防止西方国家同中国接近，为了建立中苏两国的战略同盟关系，在判断与中国建立同盟未必会引起苏联与西方关系复杂化的情况后，斯大林决

---

① И. В. Ковалев, "Диалог Сталина с Мао Цзэдуном" (Окончание), с. 89.
② АВП РФ, ф. 0100, оп. 43, п. 302, д. 10, л. 1, 2, Советско - китайские отношения, Т. V., Кн. 2., с. 249, 250.
③ 后来（1956年3月31日），毛泽东在与苏联驻华大使尤金的谈话中说："斯大林立场的改变，可能是印度人和英国人帮了我们的忙，他们在1950年1月承认了中华人民共和国。" "Мао Цзэдун о китайской политике Коминтерна и Сталина", Проблечы Дальнего Востока, 1994, №5, с. 106.
④ 参见裴坚章主编《中华人民共和国外交史》第1卷，第19页。

定改变不与中国签订新约的立场。

1月1日晚上，也就是在毛泽东同罗申谈话的当天，科瓦廖夫受斯大林之命前往拜访毛泽东，转交了经斯大林批准的毛泽东答塔斯社记者问的新闻稿。新闻稿披露，毛泽东在苏联访问期间将考虑解决现有的中苏条约等问题。① 斯大林以这种独特的方式把自己已经改变的立场告诉了毛泽东。

第二天，苏联领导人莫洛托夫和米高扬来到毛泽东住处，就中苏条约问题与他进行磋商。毛泽东发表了三条可供选择的意见：其一签订新的中苏条约；其二由两国通讯社发表一个简单的公报，说明两国对旧的《中苏友好同盟条约》交换了意见，而实际上把这个问题拖下来；其三签订一个声明，内容是讲两国关系的要点。莫洛托夫表示他同意第一种意见。这也正是毛泽东所希望的，所以，他马上追问："是否以新条约代替旧条约？"莫洛托夫肯定地回答："是的。"毛泽东随后表示，他将让周恩来到苏联进行谈判并签订各项条约。②

1月6日，毛泽东在与科瓦廖夫谈话时表示希望同斯大林讨论签订中苏条约等问题。毛泽东仍然很巧妙地选择英国等国承认中国作为谈话的切入点。他说，"英国、缅甸、印度和其他美英附属国承认中国使美国处于孤立境地，而从这个角度看，承认可以被认为有积极意义。但是，英国、缅甸、印度和其他美英附属国急于承认中国首先是为了维护其在中国的经济和政治利益，为了对新的民主政权进行破坏工作。它们在美国的领导下试图分裂联合政府并从民族资产阶级和其他人士中建立第三力量，它们想借助于这种第三力量消灭民主政权。"然后，毛泽东把话题转到中苏条约上，他表示："根据上面所述，我们将拖延与承认我们的国家交换外交使团……我们设想只有在同苏联签订了友好、军事经济和政治同盟条约以及贷款和贸易等条约后才允许外交使团派驻我国。除了亲美的资产阶级右翼，全体中国人民将支持这些条约，在这种情况下，右翼将受到孤立……我们依靠同苏联的条约，就可以立即着手重新审议和废除蒋介石政府同帝国主义国家签订的不平等条约。"毛泽东还说，关于他来苏联是为了解决与中苏友好同盟条约以及苏联

---

① 参见裴坚章主编《中华人民共和国外交史》第1卷，第19页；《建国以来毛泽东文稿》第1册，中央文献出版社，1987，第206页。
② 参见《建国以来毛泽东文稿》第1册，第212页；师哲：《在历史巨人身边》，第439～440页。从1月2日晚至5日下午，毛泽东四次致电中共中央，告知斯大林已同意周恩来来莫斯科并签订中苏友好同盟条约以及贷款、通邮、民航等协定。希望周恩来于1月9日动身来莫斯科。参见裴坚章主编《中华人民共和国外交史》第1卷，第20～21页。

提供贷款和贸易条约有关的问题答塔斯社记者问使中国国内情绪高昂。最后,毛泽东说,"如有可能我想同斯大林同志会面,向他报告并同他讨论上述问题。"①

同一天,毛泽东在同维辛斯基举行的会谈中再次重申了签订中苏新条约的重要性。"他说,我们之间签订一个新的条约源于人民革命胜利后中华人民共和国和苏联之间出现的完全新型的关系。之所以非常需要重新审议现行条约,是因为该条约的两个重要组成部分——日本和国民党——发生了根本变化:日本作为一种武装力量已经不复存在,而国民党已经崩溃。此外,众所周知,中国人民当中有些人对现行的中苏条约表示不满。所以,签订新的中苏友好同盟条约符合双方的利益。"

维辛斯基却忧虑重重地说:"有关新条约的问题在我看来是复杂的,因为签订新条约或者重新审议现存条约并对其进行任何修改,都有可能被美国人或英国人当作重新审议和修改条约部分内容的借口,而这些修改可能会损害苏联和中国的利益。这是不希望并且不应容许发生的。"毛泽东只能表示:"毫无疑问,在确定解决该问题方案时必须考虑到这种情况。"②

二 在艰难的谈判中斯大林同意放弃苏联在华权益

实际上,苏联方面不仅担心新条约与《雅尔塔协定》产生矛盾和碰撞,而且也忧虑新条约可能对苏联在华特权产生负面影响。也是在1950年1月,科瓦廖夫向斯大林提交了有关中长铁路等问题报告,认为中国方面对待中长铁路协定的立场表里不一。③ 他先是肯定,"毛泽东、刘少奇、周恩来和高岗多次说过,中长铁路协定是公正的和好的,完全符合中国人民的利益"。接着,又以批评的口吻写道:"不管如何,在周恩来到莫斯科之前,中国铁道部部长滕代远根据他的指示,通过满洲铁路总局局长余光生问中长铁路经理茹拉夫列夫:中长铁路未来应在什么样的基础上工作?茹拉夫列夫同志问他们自己对此有何想法,余光生传达的滕

---

① АП РФ. ф.3, оп.65, д.364, л.14,15, Советско – китайские отношения, Т. V., Кн.2., с.256 – 257。
② АП РФ. ф.3, оп.65, д.349, л.92—93, Советско – китайские отношения, Т. V., Кн.2., с.259。
③ 报告没有注明具体的日期。海茵茨希进行考证后认为这份报告是"在1月10日后但显然是在1月20日前递交给斯大林的"。参见 D. Heinzig, *The Soviet Union and Communist China 1945—1950*, p.333。

代远的意见是,最好是不要把中长铁路从东北铁路系统中分离出来。或许正是这个原因,中国方面至今没有任命自己的主要代表以共同管理铁路(按照1945年条约)。与此有关的是,中国方面也没有把中长铁路单独同(其他)满洲铁路分开而设立(财政)账目。自恢复以来,中长铁路事实上是由中国人管理的,他们还掌握铁路的财政,而以铁路经理为首的苏联铁路员工总计为277人(……),他们发现自己处于咨询顾问的地位。"科瓦廖夫认为:"周恩来的这种行为可能是因为民族资产阶级右翼对中国政府施加了压力,亲美的民族资产阶级右翼认为,1945年的中长铁路协定是不公正的,他们希望实行铁路的转交,使之完全成为中国的财产并把苏联方面从满洲领土上排挤出去。"科瓦廖夫告诫斯大林:"我认为,同意改变1945年中长铁路协定条款是不符合苏联利益的,由这一协定所确立的铁路运营制度应当保留。"为此,他建议苏联应当采取如下行动:"第一,重申1945年所确定的中长铁路管理和使用条件的协定;第二,要求中国方面立即提名它驻中长铁路公司理事会、监事会和铁路管理部门的代表;第三,建立苏中委员会以起草铁路理事会的规则和确定铁路资产;第四,在协定范围内设立铁路运营的单独(财务)账目,因为没有这样的账目,每天都使苏联的经济利益受到损失;第五,把大连港和大连造船厂置于单独的已经运行的中长铁路公司的控制下,不要为它们建立单独的公司。"①

科瓦廖夫报告表明,苏联方面不仅对中长铁路的现状感到担忧和不满,更重要的是,苏联并不想轻易地放弃对中长铁路的特权。

1月20日,中国总理兼外长周恩来前来莫斯科参加中苏两国有关缔结条约及其协定的谈判。包括中长铁路在内的苏联在中国东北权益的处理是两国谈判中敏感而重要的问题之一。② 在22日会谈中,两国领导人各自阐述了本国政府对于签订新约和协定的基本立场。

---

① Documents from Kovalev's personal archive, 转引自 S. N. Goncharov, et al, *Uncertain Partners*, pp. 248–249.
② 杨奎松认为,在周恩来赴莫斯科之前,中共中央已经对中长铁路的有关情况向有关部门进行了了解并意识到,国内各界认为这一协定仍属不平等协定,如不加以修改,甚或予以收回,以体现中方主权,势必难以取得国人之认同。而解决这一问题之关键,除必须缩短过去协定的有效期外,尤其要使过去由苏方拥有管理权变为由中方拥有管理权,为此还应将各占50%资产的规定改为中方占51%,如此虽保留了共同经营与管理的方式,却足以体现中方的主权及主导地位。周到苏后即征得了毛泽东的同意。杨奎松:《中苏之间国家利益与民族情感的最初碰撞》,《冷战与中国》,第127页。

关于中苏 1945 年的条约和协定问题。斯大林说,"我们认为,这些协定必须修改,虽然以前我们曾经考虑可以保留它们。现有的协定包括条约在内,必须修改,因为构成条约基础的是对日战争的原则。既然战争已经结束,日本已被打败,情况发生了变化,那么,现行条约就落后于时代了。"

毛泽东表示,应当"把我们未来的条约同现行的条约从根本上予以区别","新条约应当包括政治、经济、文化和军事合作问题。经济合作将是最重要的问题"。"我们认为,在新条约中必须规定就国际问题进行协商的条款。把该条款列入条约可以加强我们的地位,因为在中国的民族资产阶级中间存在着反对在国际关系问题上靠近苏联的看法。"斯大林对毛泽东的意见表示赞同,于是双方同意委托维辛斯基和周恩来起草条约的草案。① 用新约取代 1945 年旧约是斯大林和毛泽东在 1 月 22 日会谈中所确定的一项重要原则。

关于中长铁路问题。中方以委婉的方式提出了自己的要求,由此双方产生了一些重要的分歧。毛泽东提出:"或许应当像旅顺口协定一样,把法律上保持中长铁路协定效力作为基础,而实际上允许进行修改?"斯大林试图弄清楚:"就是说,您同意宣布在法律上保留现有协定但在实际上进行适当的修改。"毛泽东回答:"我们应当以考虑中国和苏联双方的利益为出发点。"

毛泽东随后表示:"基本想法是,要在新协定中指出,共同经营和管理今后还将维持下去。但是,至于管理,中国方面应在其中起主要的作用。然后,需要研究缩短协定有效期的问题,确定双方投资的规模。"

莫洛托夫当即提出异议:"在有关两国就某一企业进行合作和共同管理的情况下,通常都会规定双方的平等参与以及轮换领导职务。在旧的协定里,铁路管理属于苏联方面,但是,以后我们认为有必要规定轮流行使管理职能。譬如,这样的轮换可以每隔两三年进行。"

周恩来说:"我们的同志认为,应当废除现有的中长铁路理事会和铁路局长的职务,代之以铁路管理委员会,并且规定委员会主席和局长职务由中国人担任。但是,鉴于莫洛托夫同志的建议,对于这个问题必须再考虑。"

斯大林的意见是:"如果是共同管理,那就需要轮流担任领导职务。这样才

---

① АП РФ, ф. 45, оп. 1, д. 329, л. 40 – 42, Советско - китайские отношения, Т. V., Кн. 2., с. 267—268。根据《汪东兴日记》,毛泽东主张把中长铁路、旅顺和大连问题从条约中分离,"中长铁路问题、旅顺大连问题可以写在另一个协定中"。《汪东兴日记》,中国社会科学出版社,1993,第 194 页。

更为合理。至于协定的有效期,我们不反对予以缩短。"

周恩来立即发问:"是否需要改变双方的投资比例,把中方的投资比例增加到51%以代替现有的平均投资?"

莫洛托夫表示反对:"这会违反现行的双方均等的原则。"

斯大林举例说:"实际上,我们同捷克人和保加利亚人的协定就规定了双方均等和平等的原则。"所以,他认为:"如果是共同管理,那就要平等参与。"

最后,毛泽东提出:"需要从保障双方利益的角度对这个问题再做研究。"①

这段对话表明,苏方同意缩短协定的期限,并且在共同管理和共同经营的方向上与中方达成一致,但是在具体的合资比例和领导职务分配上却与中方意见相左。中方为了体现自己对中长铁路的主权,要求在投资比例上占优和在管理上占先,但遭到苏方的明确反对。尽管双方有争论,但是确定了缩短协定(也就是共同经营和共同管理铁路)的期限、在投资比例和管理权限方面进行调整的方针。

关于旅顺问题。毛泽东在前面已经建议,旅顺协定同中长铁路协定一样在法律上保留协定,实际上做些修改。斯大林承认"……旅顺口条约(应为协定,下同——引注)是不平等的"。②但是斯大林却要证明不平等的条约还有其合理的一面,他补充说:"众所周知,我们是在对日战争时期签订现行条约的。我们不知道蒋介石会被赶走。我们的出发点是,我军驻扎于旅顺将有利于苏联和中国的民主事业。"因为中共军队在东北确实曾经受惠于苏军的驻扎并且得到苏联的实际援助,所以毛泽东脱口而出地表示:"这个问题是清楚的。"

接着,斯大林提出了两个解决方案:其一是"宣布旅顺口协定在对日和约签订之前依然有效,之后苏军撤出旅顺";其二是"宣布保留现有协定,而实际从旅顺撤军"。他大方地表示,苏联方面同意任何一种方案。

毛泽东说:"我们同意斯大林同志的意见,并且认为,旅顺口协定在对日和约签订之前应当依然有效,和约签订后,协定失效,苏军撤离。但是,我们希望,

---

① АП РФ, ф.45, оп.1, д.329, л.42, 44—46, Советско - китайские отношения, Т. V., Кн. 2. с. 268, 269—270.

② 这时毛泽东说:"但是改变这个协定触犯了雅尔塔会议的决定?!"斯大林回答:"是的,是触犯了它——那就让它见鬼去吧!既然我们采取了修改条约的立场,那就需要坚持到底。这确实会给我们带来某些不便,我们势必要去同美国人斗争。但是,对此我们已经认定了。"毛泽东说:"在这个问题上我们只是担心它可能产生不利于苏联的后果。" АП РФ, ф.45, оп.1, д. 329, л. 43, Советско - китайские отношения, Т. V., Кн. 2. с. 268.

我们在旅顺进行军事合作，我们可以训练自己的海军。"① 这样，斯大林和毛泽东达成共识：废除协定和撤离苏军应在对日和约签订之后。这至少暂时顺遂斯大林的心愿：基地不拆，驻军仍留，一切都等到尚未见眉目的对日和约签订后再论。

关于大连问题。斯大林表示："我们无意保留苏联在大连的任何权利。"但是，他同时指出，如果保留大连为自由港，那当然将符合美国和英国的利益，其结果，大连"就是一所大门敞开的房屋"。毛泽东当然理解斯大林此话的含义。他说："我们认为，旅顺可以成为我们军事合作的基地，而大连可以成为苏中经济合作的基地。在大连有许多企业，没有苏联的援助，我们是无力经营它们的。我们应当在那里展开经济合作。"② 也就是说，还是维持确保苏联独家特权的原状。

斯大林和毛泽东的会谈确定了双方谈判的基本方向和框架。这次会谈后，双方都已基本明了对方的立场和意图。随后，由周恩来与米高扬和维辛斯基就条约和协定具体内容进行会谈，双方的利益冲突暴露无遗。会谈的主导权基本上由苏联方面掌握，中国方面则力争尽可能多地实现自己的要求。

此前，苏联1950年1月5日起草的中苏条约草案第七条规定："缔约国双方承认，1945年8月14日由苏联和'中华民国'签订的关于中长铁路、旅顺口和大连港协定依然有效。"③ 这也意味着苏联试图继续保留在华特权。此后，苏联方案又几番加工，数易其稿。就在斯大林和毛泽东于1月22日会谈的当天，联共（布）中央批准了新的条约草案。该草案把中长铁路以及旅顺和大连问题从中苏条约草案中剥离出来，单列为两个议定书。其中《苏中关于中长铁路协定的议定书》草案规定："确认1945年8月14日于莫斯科签订的苏中关于中长铁路协定在其所规定的期限内的有效性，同时，根据签约双方任何一方的建议，可以增加某些补充条款以保障铁路的有效运营。"④ 这就是说，1945年协定规定

---

① АП РФ, ф. 45, оп. 1, д. 329, л. 42—44, Советско - китайские отношения, Т. V., Кн. 2. с. 268—269.
② АП РФ, ф. 45, оп. 1, д. 329, л. 44, Советско - китайские отношения, Т. V., Кн. 2. с. 269.
③ AVPRV, found 07, opis 23a, papka 18, delo 235, listy 13—14, 转引自 D. Heinzig, *The Soviet Union and Communist China 1945—1950*, p. 403.
④ 同时提出的"苏中关于旅顺口和大连港协定议定书"草案规定：根据中国的变化情况和苏联所表示的愿望，苏中1945年关于旅顺口和大连港协定将在对日和约签订后重新审议；目前驻扎在旅顺口和大连港的苏联军队将在本条约生效后的2～3年期间全部撤回苏联境内，撤军将从1950年开始。AVPRV, found 07, opis 23a, papka 18, delo 235, listy 49—50, 转引自 D. Heinzig, *The Soviet Union and Communist China 1945—1950*, pp. 407—408.

的 30 年有效期不变，而所谓的可以增加某些补充条款的弹性措辞也反映不出苏联在中长铁路的所有权和管理权方面有所退让，但是，它毕竟为双方谈判这些问题留下了空间和余地。

1月23日，苏方在会谈中向中方首次提交了条约草案。1月24日深夜，中国方面向苏联提出了自己的条约草案。① 1月25日，中方又完成了有关旅顺、大连和中长铁路协定草案的准备并在1月26日下午由周恩来送交给苏联外长维辛斯基。

中方关于旅顺、大连和中长铁路协定草案的主要内容是："第一条：根据目前中苏之间新的合作情况，苏联政府声明，放弃租用旅顺海军基地的权利，放弃在大连和长春铁路的所有权益，同时声明，上述所有的权利和义务归还中华人民共和国。""第四条：缔约国双方同意，在对日和约缔结后，苏联政府将立即把中长铁路以及附属于该路的全部财产无偿地移交中华人民共和国所有。在移交之前，中苏共同经营中长铁路的现状不变。但是，本协定生效之后，中苏双方代表所担任的职务将按期进行轮换……如果由于某些原因阻碍对日和约的签订，而本协定生效超过三年期限并且没有再缔结相应的条约，那么苏联政府应当立即将中长铁路及其附属的所有财产无偿移交给中华人民共和国所有。"②

无论与1月22日苏方的预备草案还是斯大林和毛泽东会谈所商定的内容相比较，中方的上述草案在解决中长铁路以及旅顺和大连问题上都是激进而彻底的。根据草案内容，苏联必须放弃对中长铁路、旅顺口和大连的所有权益，并且为前两者规定了三年的完成期限（无论是否签订对日和约），为后者规定年内完成处理。即便是在过渡期内，也要限制和削弱苏方的权利：不仅在中长铁路实行双方职务轮换制，而且在旅顺基地建立联合军事委员会。

---

① 参见《汪东兴日记》，第194页。
② 草案关于旅顺问题的规定是："缔约国双方同意，在对日和约签订后，苏军将立即撤出旅顺口海军基地。在苏军撤退前，中苏两国政府将派出同等人数的军事代表组成中苏联合军事委员会，双方按期轮流担任主席，管理旅顺口地区的军事事宜……如果由于某些原因阻碍对日和约的签订，而本协定生效已超过三年期限并且没有再缔结相应的条约，那么苏军将立即撤出旅顺口地区……一旦缔约国任何一方受到日本或与日本勾结的其他任何国家的侵略而出现战争时，经中华人民共和国政府提议及苏联政府同意，中苏两国可共同使用旅顺口海军基地，以利共同对敌作战。"关于大连问题的规定是："缔约国双方同意，目前在大连和旅顺口地区，由苏联方面临时代管或苏联方面租用的一切财产，应由中华人民共和国政府接收。" АВПРФ, ф.07, оп.23а, п.20, д.248, л.38–55.

面对中方这个几乎要把苏联在中国东北特殊权益一锅端的草案,苏联领导人的感受可想而知。① 不管如何,这个大胆的草案居然基本上被斯大林接受了。

1950年1月29日,苏联方面向中方转交了苏方对中方的旅顺口、大连和中长铁路协定及议定书修改后的草案。草案的内容与中方草案大体接近,只是没有明确声明放弃在旅顺口、大连和中长铁路的权益,没有提及中方接收由苏联代管或租用的旅顺口地区的财产,并提议在对日和约缔结后必须处理大连港问题。② 但是,苏联方面欲放还收,无法彻底舍弃在华特权。它在基本同意中方的草案后,又附上一项严重侵犯中国主权和尊严的议定书草案。议定书草案规定,苏军及其军用物资可以沿中长铁路往返调运;军用物资的运输不受海关检查,并且免征海关税和其他任何税收。③

正是这项有关苏军可以沿中长铁路在中国境内调动的议定书草案引起双方争论。1月31日,周恩来对苏联的议定书草案做了修改。按照此项修改,作为议定书草案的第二条内容,中国军队及其军用物资将自由地通过苏联境内从中国东北到新疆往返调运。④

中方的此项添补引起了苏联方面的强烈反应。在2月1日的会谈中,米高扬先是声明,苏方对有关调运军队的条款已经做了修改,规定只有在远东出现针对苏联的战争威胁的情况下,才能通过中长铁路调动军队。然后米高扬直言,

---

① 沈志华认为:"除旅顺撤军问题外,中方的草案几乎完全推翻了苏方的原有设想。这是苏联方面感到非常意外的,以至收到周恩来的草案后,苏方进行了紧张研究和反复修改。特别是斯大林本人批阅的一份文本,几乎把中方草案的内容全部勾划掉了,还打了许多叹号和问号,字里行间渗透着他的恼怒和愤慨。"沈志华主编《中苏关系史纲》,新华出版社,2007,第107页。

② AVPRV, found 07, opis 23a, papka 18, delo 235, listy 77–79, 参见 D. Heinzig, *The Soviet Union and Communist China 1945~1950*, pp. 411–413.

③ AVPRV, found 07, opis 23a, papka 18, delo 235, listy. 80, 参见 D. Heinzig, *The Soviet Union and Communist China 1945~1950*, p. 357.

④ АПРФ, ф.3, оп.65, д.369, л.3, 15–17, Советско-китайские отношения, Т.V., Кн.2., с.273, 277–278。中方还对苏联的协定草案做了若干修改,《关于旅顺口、大连和中长铁路的协定》的名称,中方改为《关于中长铁路、旅顺口和大连的协定》,把中长铁路提到首位,相应地,在草案正文中也就把苏联草案的第三点变为了第一点。АПРФ, ф.3, оп.65, д.369, л.2, 4, 12–14, Советско-китайские отношения, Т.V., Кн.2., с.272, 273, 276–277。在苏联草案有关苏军撤出旅顺口规定中,中方加入撤退时"将该地区军事设施移交给中华人民共和国政府"的句子。АПРФ, ф.3, оп.65, д.369, л.2, 12–13, Советско-китайские отношения, Т.V., Кн.2., с.272, 276–277。

苏方认为中方要求通过苏联境内调运中国军队的建议是完全不能接受的，因为它是平衡苏联有关沿中长铁路在中国境内调动苏军建议的反建议，而且是以一种特别隐蔽的形式反对苏联的建议。米高扬认为，中方没有必要拥有经苏联境内调动军队的权利。周恩来解释说：中方在第二条条款中提出的建议完全不是一种反建议或平衡。他表示："中方之所以提出第二条条款，是因为在我们的草案中规定了苏军沿中长铁路调动。如果同时中国不能获得通过苏联领土调动自己军队的权利，那么列入（有关苏军沿中长铁路调动）这样的条款在中国就不会得到理解。"但是，苏联方面没有接受中国的解释。米高扬威胁说，"如果中方反对苏联的建议，那么在这种情况下，他建议取消苏方的这些建议，接受周恩来关于缩短中长铁路租赁期的建议，让现有协定在已经缩短为10年的期限内继续有效。"在这种情况下，周恩来只能放弃原来的反对立场，但表示将向毛泽东报告。①

在2月2日的会谈中，心有不甘的周恩来再次试探："虽然文件中没有规定这个问题，是否有可能在必要时让中国军队沿西伯利亚铁路干线从满洲调运至新疆？"

但是，周恩来再次遭到米高扬的拒绝："作为盟国，苏联无偿转交了巨额财产：中长铁路、大连、旅顺口以及自己在这些地区的所有权利，而中国方面却不想同意苏军只是在这么一个方向上的调动。如果中国方面甚至都不能做出这样的让步，那我们还算是什么盟友呢？"② 此后，中方在这个问题上便缄默不语。

就在双方差不多已经就所有问题达成协议时，2月10日，莫洛托夫向中国代表团转交了条约的补充协定草案。草案称，鉴于签订两国同盟条约并且为了保障两国的国防，无论是在苏联远东地区和中亚共和国，还是在中国满洲和新疆的领土上，都不向外国人提供租让权，都不允许由第三国的资本或这些国家的公民以直接或间接方式参与工业、财政、贸易等企业以及机构、团体和组织的活动。③ 苏

---

① АВП РФ, ф.7, оп.23а, д.18, п.234, л.30－32, Советско－китайские отношения, Т. V., Кн.2. с.281－282. 在此次会谈中，双方还就苏联提出的偿还苏联用于自1945年以来旅顺口修复和建设工程费用问题达成了协议。АВП РФ, ф.7, оп.23а, д.18, п.234, л.32, Советско－китайские отношения, Т. V., Кн.2. с.282.

② АП РФ, ф.3, оп.65, д.369, л.42－43, Советско－китайские отношения, Т. V., Кн.2. с.284－285.

③ АП РФ, ф.45, оп.1, д.334, л.53, Советско－китайские отношения, Т. V., Кн.2. с.292－293.

联的要求表明,在从中国东北撤退后,苏联不能容忍第三方势力出现在中国。[①]

2月14日,中苏双方签订了《中苏友好同盟互助条约》《中苏关于中长铁路、旅顺口及大连的协定》等一系列文件。

根据条约,两国正式建立了政治同盟关系,"根据巩固和平与普遍安全的利益,对有关中苏两国共同利益的一切重大国际问题,均将进行彼此协商"。[②] 协定规定:"缔约国双方同意苏联政府将共同管理中长铁路的一切权利以及属于该路的全部财产无偿地移交中华人民共和国政府。此项移交一俟对日和约缔结后立即实现,但不迟于1952年年末。"中长铁路的铁路局长和理事会主席等职改为轮换制;不迟于1952年年末,苏军从旅顺口海军基地撤退,并将该地设备移交给中国。如果出现侵略状况,两国可共同使用旅顺口海军基地,以利共同对侵略者作战;在对日和约缔结后处理大连问题,但大连的行政完全直属中国管辖。[③]

至此,中长铁路连同旅顺口和大连的命运问题终于尘埃落定,斯大林放弃了苏联在华的大部分特殊权益。这是毛泽东访问苏联所取得的一项具有实际意义的重大成果。[④]

三 中长铁路归还中国的主要原因

本来,中苏两国可谓是强弱分明,一方是在二战中获胜并且在欧亚大陆拥

[①] 也是在1956年3月31日同尤金谈话时,毛泽东抱怨:根据斯大林的倡议,满洲(东北)和新疆实际上成了苏联的势力范围。斯大林坚持只允许中国人和苏联公民在这些地区居住。"Мао Цзэдун о китайской политике Коминтерна и Сталина", с. 106.

[②] 条约的中文版见国际关系学院编《现代国际关系史参考资料(1950~1953年)》,高等教育出版社,1958,第9~11页;俄文版见 Советско - китайские отношения, Т. V., Кн. 2. с. 296 - 304。

[③] 协定的中文版见《现代国际关系史参考资料(1950~1953年)》上册,第11~13页;俄文版见 Советско - китайские отношения, Т. V., Кн. 2. с. 305 - 307。

[④] 多数中国学者认为中长铁路、旅顺口和大连归还中国是毛泽东访苏所取得的重大成果。如沈志华认为,中苏结盟谈判中利益冲突化解了,做出让步的实际上是苏联方面。斯大林在中长铁路和大连港问题上做出了重大的让步。参见沈志华主编《中苏关系史纲》,第109页。杨奎松认为,毛泽东访问苏联"迫使斯大林同意改订新约,无条件放弃中长铁路和旅顺港,其收获之大,不仅超出毛泽东最初动身时的想象,与毛泽东初到莫斯科时所陷入的困境相比,更是一个巨大的反差"。毛泽东是带着一种成就感返回北京的。参见杨奎松:《中苏之间国家利益与民族情感的最初碰撞》,《冷战与中国》,第135页。俄国学者大多抱怨斯大林在签订同盟条约时向中国做出了太大的让步。列多夫斯基写道:"在同毛泽东谈判时,斯大林在国际关系方面做出了前所未有的让步,放弃苏联按照1945年条约和以前协定(从1896年俄中条约算起)所获得的所有东西。" А. Ледовский, "Переговоры Сталина с Мао (转下页注)

有强大地位的世界政治和军事强国,另一方则是连续经历了抗日战争和国内战争灾难的贫穷落后的国家。为什么斯大林会在苏联处于强势的情况下对中国做出如此重大的让步呢?大部分中外学者基本上都认为,苏联放弃包括中长铁路在内的在华权益的主要原因就是为了建立起中苏两国之间的牢固友谊并使中国成为苏联在远东的战略盟国。①

笔者完全赞同这种观点,但问题在于:其一,上述作者基本上都是简略地提及铁路归还的原因,并没有进行深入探讨;其二,上述观点主要是依据包括铁路归还在内的中苏两国条约及其协定的谈判而言,并未涉及其后对铁路的实际归还产生重大影响的一些因素。如果把铁路归还原因的考察从1950年的协定谈判扩展到其后中苏两国关系的实际发展,那么,对归还原因的考察可能更为完整和清晰。所以笔者把归还原因分为两个阶段进行考察。

第一阶段,从1949年年底到1950年年初的中苏条约和协定的谈判时期,苏联同意归还中长铁路的主要原因是:苏联在冷战中所处的颓势使斯大林迫切需要新中国成为苏联的战略盟国;毛泽东和中共对斯大林和联共(布)反复表示的忠诚和服从使斯大林相信新中国能够成为苏联的战略盟国。

(接上页注④) Цзэдуном в декабре 1949 – феврале 1950 г.", с. 40. 西方学者对协定则评价不一。如,海茵茨希认为:"它(中长铁路)包含着总体上有利于中国的妥协。"但他又认为,1950年2月1日,由于苏联要求获得在中国东北的军事运输的单方面权利,米高扬扬言要使中长铁路的归还期限延长两年半。所以,他说:"斯大林确实向中国做出了让步,但远没有像布尔什维克政府在1919年7月25日时走得那么远。当时,副外交人民委员卡拉罕宣布,苏联政府将无偿地把中东铁路连同所有的租借权归还中国——这是一种高尚的姿态,但是,不管怎样,它随即又被取消了。" D. Heinzig, *The Soviet Union and Communist China 1945~1950*, p. 352. 冈察洛夫等人写道:"我们不应当低估缩短共同管理期对于中国的重要性。这里与旅顺口不一样,苏联承诺至多到1952年年底放弃共同使用铁路的所有权利。如果这是一件完整的事情,中国人可以认为这是一个全面的胜利并表示完全满意。但不是这样。斯大林又秘密地抵消了公开做出的让步。……(协定的)议定书保证苏联有权通过铁路并且无须事先通报中国方面就可以运输它的军队和军事物资;同意苏联把军队和军事装备引进东北并通过该地区,其运输价格与中国军事运费相同;不仅免除前往旅顺口的任何关税或军用品运输税收,而且运输物资免于中国海关的检查。议定书没有时间限制,这就可以持续到正式废止的时候。中国没有得到回报。斯大林反对周恩来提出的中国军队同样有权沿西伯利亚铁路调动的要求。" S. N. Goncharov, et al, *Uncertain Partners*, pp. 126 – 127.

① 具体可参见杨奎松《中苏之间国家利益与民族情感的最初碰撞》,第128~129、130页;沈志华《中苏关系史纲》,第109~111页;А. Ледовский, "Переговоры Сталина с Мао Цзэдуном в декабре 1949~февраля 1950 г.", с. 46 – 47; Н. Е. Аблова, История КВЖД и российской эмиграции в Китае, с. 398; S. N. Goncharov, et al, *Uncertain Partners*, pp. 111 – 129, 203 – 225; D. Heinzig, *The Soviet Union and Communist China 1945 – 1950*, pp. 263 – 384, 385 – 402.

20世纪40年代末和50年代初，苏联在东西方冷战中总体上处于下风。从1948年至1949年，在欧洲，由苏联封锁柏林而引起的柏林危机经历了一年多的发展，没有给苏联带来任何益处。柏林危机既没有阻止联邦德国的建立，亦未能把西方国家赶出柏林，却加快了北约组织建立的过程①（后者于1949年4月正式建立）。与此同时，由于苏南关系恶化，南斯拉夫脱离了以苏联为首的社会主义阵营，又使苏联失去了其在欧洲的第一号盟友。② 在亚洲，美国单独占领和管理日本的局面似乎已经不可逆转。正当苏联陷入与美国冷战的苦斗局面时，在远东，中国革命的胜利前景愈发明朗。这就意味着，苏联在远东将有可能获得一个极其重要的盟友并由此使远东的地缘政治形势朝着有利于苏联的方向发展。

二战后期，罗斯福在规划战后安排时力图把软弱的中国扶持为管理世界事务的四大警察之一，其着眼点是要让中国成为美国在远东的盟国，发挥其抑制日本和平衡苏联的作用，而其希望所系则是中国国民党政府。如今，斯大林在思考远东新的力量格局时，对贫穷但却拥有巨大发展潜力的中国同样寄予厚望。如果共产党执政的中国成为苏联的盟国并且加入社会主义阵营，那么中国就能在防止日本东山再起和对抗美国在远东的霸权中发挥重要的作用。

如前所述，二战后初期苏联主要是奉行大国合作的政策，斯大林一度对中共和中国革命采取消极冷漠的态度，但是，即使在这种情况下，斯大林也没有完全停止援助中共，而是把它当作与国民党政府打交道时的一个筹码，以阻止国民党政府全盘倒向美国。1947年夏秋，随着美苏在欧洲冷战的开始和中共军队转入战略反攻，苏联对中共和中国革命的态度发生了积极的变化，并逐渐加强对中共的援助。

1948年5月中旬，斯大林对即将派往中国解放区的苏联专家小组负责人科瓦廖夫（前交通部部长）说，"我们当然要向新中国提供一切可能的援助。如果社会主义在中国取得胜利，我们两国沿着相同的道路前进，那么，就可以认为社会主义在全世界的胜利是有保障的。我们就不怕任何突发性事件的威胁。因

---

① 有关这个问题的详细论述可参见张盛发《再论1948年柏林危机：缘起与结果》，《历史教学问题》1999年第5期。
② 有关这个问题的详细论述可参见张盛发《1948~1949年苏南冲突原因新探》，《当代世界社会主义问题》2000年第1期。

此，对于援助中国共产党人我们不能吝惜自己的力量。"①

斯大林相信革命胜利后的中国会成为苏联的战略盟国，这既是源于中国解放战争以来他对中共和中国革命的观察和了解，也是基于毛泽东等领导人对联共（布）和斯大林本人所表达的忠诚，其中包括毛泽东所强调的中共对联共（布）的服从和未来新中国将加入以苏联为首的社会主义阵营以及对苏联"一边倒"政策的宣示。

1949年1月斯大林与毛泽东的电文往来、同年1~2月米高扬访问中共总部西柏坡和6~8月刘少奇访问苏联，对于加深斯大林的上述认识——中共执政的中国可以成为苏联战略盟国——产生了重要作用。

关于中国革命问题，毛泽东和斯大林通过交换意见后达成了共识。1月14日，毛泽东在致斯大林的电文中说："就基本方针而言，即阻止与国民党的广泛谈判和将革命战争进行到底，我们与您是完全一致的。"②

关于中共和联共（布）的关系，毛泽东表示了前者对后者的服从态度。根据米高扬的报告，在同米高扬谈话时，"毛泽东总是说，他们中共中央等待着我中央的指示和领导"③。在1月30日同米高扬的谈话中，毛泽东谦恭地称自己是斯大林的学生："……毛泽东在举杯祝斯大林同志身体健康时强调，列宁—斯大林的学说是现在的中国革命胜利的基础，斯大林不仅是苏联人民而且也是中国人民和全世界各国人民的导师。毛泽东在谈到自己时说，他是斯大林的学生……"④

关于未来新中国同苏联的关系，毛泽东明确表示新中国将成为苏联的坚定盟国。在2月4日同米高扬的会谈时，"毛泽东强调，他们公开表达自己的亲苏情绪。他举证说，他们在十月革命周年纪念日时强调，中国应当站在以苏联为首的反帝阵营里。毛泽东最后说，对于我们来说，中间道路是不存在的。"⑤

关于中共同美国的关系，中共鲜明地表达了自己坚定的反美立场。在2月1日同米高扬谈话时，周恩来表示："从那时（内战激烈后）起，我们开始加紧揭

---

① И. В. Ковалев, "Диалог Сталина с Мао Цзэдуном"（Окончание）, с. 77.
② АП РФ, ф. 45, оп. 1, д. 330, л. 104 - 105, С. Тихвинский, "Переписка И. В. Сталина с Мао Цзедуном в январе1949г.", Новая и новейшая история, 1994, №4 - 5, с. 138 - 139.
③ Отчет А. И. Микояна о беседах с руководителями КПК в 1949 году, 1960 г., сентября 22, Советско - китайские отношения, Т. V., Кн. 2. с. 342.
④ АП РФ, ф. 39, оп. 1, д. 39, л. 5, Советско - китайские отношения, Т. V., Кн. 2. с. 36.
⑤ АП РФ, ф. 39, оп. 1, д. 39, л. 63, Советско - китайские отношения, Т. V., Кн. 2. с. 72.

露美国。虽然我们同美国人中断了关系,但是,他们多次试图通过与我们有关系的人士同我们建立联系。但是,我们仅限于听取美国人同我们建立联系的愿望而已。"①

关于南斯拉夫问题,毛泽东明确地同铁托的反苏行为划清界限。在2月3日听取米高扬有关南斯拉夫情况介绍时,毛泽东称铁托就是张国焘。②

刘少奇访苏期间于7月4日向联共(布)中央和斯大林提交了一份有关中国革命形势以及新中国内政外交方面的大政方针和具体举措的详细报告。关于中国新民主主义的国家性质和新政权的性质,报告指出,"它是无产阶级领导的、以工农联盟为基础的人民民主专政的国家"。关于新中国对外关系问题,报告表示,"中国革命应当彻底废除帝国主义者在中国的军事、政治、经济和文化方面的控制"。报告写道:"在国际关系领域,我们在自己的政策中肯定将与苏联保持一致,在这方面我们已经向民主党派做了一些解释。一些党外人士批评我们的对苏联一边倒的政策,但是,毛泽东同志回答他们,我们的政策就是将对苏联一边倒,因为如果我们不同苏联一起反对帝国主义阵线,如果我们试图走中间道路,那将是错误的。在经过这些解释后,所有的民主党派都同中共一起签署并发表了反对北大西洋公约的声明。"关于联共(布)和中共的关系问题,报告说:"……毛泽东同志和中共中央认为:联共(布)是国际共产主义运动的总司令部,而中共则只是一条战线上的指挥部。局部利益应当服从国际主义的利益,所以,中共服从联共(布)的决定,尽管共产国际不存在了并且中共也没有加入欧洲共产党情报局。如果在某些问题上中共与联共(布)出现分歧,那么中共在阐明自己的观点后,将服从并坚决执行联共(布)的决定。"③

通过斯大林和毛泽东的电文交往、米高扬访问中共总部西柏坡和刘少奇访问苏联,斯大林对毛泽东、中共和未来的新中国已经有了比较全面的了解和判断。斯大林基本相信,毛泽东等中共领导人是列宁和斯大林的学生,中共在意识形态方面是志同道合者,未来的新中国在国家关系方面可以成为类似东欧人

---

① АП РФ, ф. 39, оп. 1, д. 39, л. 18, Советско - китайские отношения, Т. Ⅴ., Кн. 2. с. 44.
② АП РФ, ф. 39, оп. 1, д. 39, л. 48, Советско - китайские отношения, Т. Ⅴ., Кн. 2. с. 62.
③ АП РФ, ф. 45, оп. 1, д. 328, л. 32 – 50, Советско - китайские отношения, Т. Ⅴ., Кн. 2. с. 154, 158, 160, 162. 在这之前的6月30日,毛泽东在其著名的《论人民民主专政》一文中宣布并阐述了对苏联"一边倒"政策。《毛泽东选集》第4卷,人民出版社,1991,第1473页。

民民主国家的友好盟国。在美苏冷战已经爆发的严峻形势下，斯大林准备放弃苏联在中国东北的大部分权益以获得一个重要的战略盟友，从而在更牢固的基础上保障苏联在远东的地缘政治利益。

在1949年年底至1950年2月访问苏联期间，毛泽东虽然向斯大林展示了他独特的个性并在有关中苏条约等问题上表现出某些不满，但在苏联期间无论当面和背后毛泽东仍对斯大林和苏联表现出忠诚的态度。这从科瓦廖夫的报告中可见一斑。1月2日，科瓦廖夫在同毛泽东会见后给斯大林的报告中说，在会谈后共进晚餐的时候，毛泽东举杯祝斯大林健康，并且再次高度称颂十月革命和联共（布）："十月革命的炮声给中国传来了马克思—列宁—斯大林的学说。没有联共（布），就没有中国共产党，就没有中国革命的胜利。列宁—斯大林学说万岁。"①

这样，毛泽东访问苏联期间，在米高扬访问西柏坡期间双方就旅顺和中长铁路问题交换意见的基础上，通过艰难的讨论，斯大林正式同意将中长铁路归还中国。

实际上，斯大林同意归还中长铁路、旅顺口军事基地和大连港并不意味着苏联就此失去了使用它们的权利。因为，第一，中国对苏联实行的是"一边倒"政策，在某种程度上这是一种对苏联具有依赖性和服从性的友好政策；第二，按照中苏协定议定书的规定，在出现战争威胁的情况下，苏军可以沿中长铁路进行调动；第三，按照协定规定，在缔约国一方遭到侵略的情况下，两国可以共同使用旅顺口海军基地。这样，尽管按照中苏协定的规定，至迟到1952年年底苏联必须把中长铁路和旅顺基地交还给中国，但是，只要中苏两国建立起真正的战略同盟关系并且只要中国继续奉行对苏"一边倒"政策，那么，苏联在中国的特殊权益仍然是有保证的。

所以，斯大林放弃苏联在中国东北的特殊权益，对苏联来说并不是无可弥补的战略性损失。苏联只是在形式上放弃大部分在华权益，得到的则是长期的战略利益。因为《中苏友好同盟互助条约》的缔结使远东的力量对比和地缘政治面貌发生了有利于苏联的根本变化。苏联与中华人民共和国通过条约的形式结成战略同盟关系，不仅使苏联的远东安全得到了切实有力的保障，更重要的

---

① АП РФ, ф. 3, оп. 65, д. 533, л. 61 - 62, Советско - китайские отношения, Т. V., Кн. 2. с. 254.

是，在1948~1949年期间苏联在欧洲冷战中所遭受的损失由于在远东获得中华人民共和国这样一个重要的盟友而得到了有力的补偿。有了中国这样的一个盟国，苏联极大地增强了它同美国等西方国家进行冷战的力量。[①]

第二阶段，有关中长铁路协定签订后至1952年年底的铁路实际回归时期，苏联履行诺言最终归还中长铁路的主要原因是：斯大林通过朝鲜战争确认中国作为苏联的可靠盟国的地位并且认可毛泽东作为真正的马克思主义者的身份。

虽然1950年2月的中苏协定规定中长铁路将在对日和约签订后（但不迟于1952年年底）归还中国，但是，由于斯大林作为世界革命导师和领袖的尊崇地位，由于苏联在两国关系中所占据的主导性强势地位，由于当时国际形势的复杂性和可变性，届时中长铁路协定能否得到顺利执行可以说仍属不定之数。[②] 实际上，中长铁路能否如期并且毫无障碍地归还中国，取决于两国关系能否得到顺利发展。关键问题就在于，在两国签订同盟条约后中国在斯大林眼中是不是苏联真正可靠的战略盟国，毛泽东是不是真正的马克思主义者。

正是在这个问题上，同年6月爆发的朝鲜战争成为考验中苏同盟关系的试金石。当朝鲜处于危机的时刻，斯大林在10月上旬先后两次致电毛泽东，建议中国出兵援助朝鲜。[③] 尽管刚刚结束内战的新中国百废待举并且面临着重建经济的迫切任务，但是，在中共中央几经考虑和反复讨论后，毛泽东迅速做出了出兵的决定。[④] 10月13日，毛泽东把中国出兵的决定通知斯大林。[⑤] 10月19日，中国人民志愿军主力部队跨过鸭绿江进入朝鲜战场。10月25日，志愿军正式投入了战斗。

朝鲜战争是美苏两国在欧洲的争夺和对抗在朝鲜半岛的延伸和折射，是美

---

① 张盛发：《斯大林与冷战》，中国社会科学出版社，2000，第399~400页。
② 可以作为佐证的是1952年9月中苏两国关于将原定于对日和约缔结后（不晚于1952年年底）苏军从共同使用的中国旅顺口基地撤离的日期予以延长的照会。这一事例表明，不管理由如何，两国原定的协定并非不能变动。
③ АП РФ, ф.45, оп.1, д.334, л.90, 112 – 115, А. В. Торкунов, Загадочная война: корейский конфликт 1950 ~ 1953 годов, М. : РОССПЭН, 2000, с. 113 – 114, 116 – 117.
④ 10月8日，毛泽东已经把出兵的决定告诉了金日成。当天，毛泽东正式发布了组织中国人民志愿军的命令。《建国以来毛泽东文稿》第1册，中央文献出版社，1987，第543~545页。
⑤ АП РФ, ф.45, оп.1, д.334, л.111 – 112, цит. по: А. В. Торкунов, Загадочная война: корейский конфликт 1950 – 1953 годов, с. 118.

苏之间一种特殊形式的冷战。整个朝鲜战争期间，斯大林恪守不与美国直接发生武装冲突的原则，依靠中苏同盟的力量，通过中国与美国进行着一种特殊的战争。中苏两国在朝鲜战争期间进行了密切的合作。苏联向中国提供武器弹药，而毛泽东则向斯大林通报作战计划并协商停战谈判策略等问题。

从苏联的角度看，中国参加朝鲜战争可以说是毛泽东对苏"一边倒"政策的具体和有力的实践，它以实际行动证明中国是苏联的忠诚盟国，当然有助于中长铁路归还中国进程的顺利进行。

不久，1951年1月20日，斯大林派往中国的私人代表尤金①在中国实地考察后向斯大林发回的有关中国情况的报告使毛泽东和中国赢得了斯大林的进一步信任。

尤金报告包含三项重要内容：一是中国正在开展的与朝鲜战争有关的反美运动；二是毛泽东有关朝鲜战争的策略和打算；三是毛泽东和中共中央在亚洲共产党问题上请求同联共（布）中央协商与合作。

第一，关于中国的反美运动。尤金在中国考察结束②后，于1950年12月15日致函毛泽东，向他通报了考察的情况。尤金不仅汇报了他访问的情况，重要的是他还点评了中国知识分子的政治倾向并且按照斯大林的思维和方式提出了指导性"意见"。

尤金在通报中把中国知识分子分成三类：马克思主义知识分子；想要学习马克思主义但却很少阅读马克思主义著作并且对马克思主义懂得不多的知识分子；非马克思主义的知识分子。尤金在通报中指责第三类知识分子"几乎公开

---

① 毛泽东访苏结束后，根据毛泽东的请求，由斯大林派遣的苏联哲学家、共产党情报局机关刊物《争取持久和平争取人民民主》杂志主编尤金于1950年7月前来北京，帮助编辑《毛泽东选集》。按照毛泽东后来的说法，他在莫斯科访问期间强烈地感到苏联方面对中国的不信任，所以他要求派一名马克思主义者（苏共中央代表）来考察中国的实际情况并且了解中国的理论工作者包括他毛泽东的著作。"Мао Цзэдун о китайской политике Коминтерна и Сташина", с. 106. 尤金的作用当然远不止于编辑《毛泽东选集》，尤金实际上扮演了斯大林在中国私人代表的角色，因此，他所撰写的有关中国情况的报告成为斯大林了解中国的重要基础并且对斯大林对毛泽东和中国的判断产生了重大影响。

② 尤金于1950年10月29日到12月3日前往南京、上海、杭州、广州、汉口、武昌和西安等地进行考察。尤金访问了上海、杭州、广州和武昌的大学并做报告和演讲，参观了一些工厂和农村，同当地的知识分子、工人和农民进行了座谈和谈话。"П. Ф. Юдин о беседах с Мао Цзэдуном: докладные записки И. В. Сталину и Н. С. Хрущеву, 1951 – 1957 гг.", Исторический Архив, 2007, №4, с. 19.

敌视马克思主义、不承认马克思主义并且也不想承认马克思主义"。他写道："我在杭州和广州的（美国）传教士大学遇到过这类知识分子。他们公然认为，美国的文化是最高水平的文化，他们认为，中国人民最需要的是这种'文化'。他们就是以敌视共产主义和新中国的方式培养大学生的。"尤金在通报中质疑："我无法判断，有多少所传教士大学在培养中国所需的专家，但是，有一点是没有疑义的，它们培养的是共产主义的有文化的敌人和新中国的政治反对者。"①

虽然尚未见到毛泽东对尤金通报的反应，但是，尤金的意见很快就产生了具体的效果。12月29日，在中国政务院会议上听取并同意政务院副总理郭沫若提出的"关于处理接受美国津贴的文化教育救济机关及宗教团体的方针的报告"。报告指出："百余年来，美帝国主义对我国除了进行政治、经济和武装侵略外，在很长时期中，尤其注重文化侵略的活动。"为了肃清美帝国主义在中国的影响，报告提出了让上述接受美国津贴的文化教育救济机关和宗教团体"实行完全自办"的处理方针。报告最后表示，要"把一百年来美国帝国主义对中国人民的文化侵略，最后地、彻底地、永远地、全部地加以结束"。② 中国政务院要求政务院文化教育委员会制定实现上述方针的办法，并号召全国为"完全肃清美国帝国主义在中国的文化侵略影响而奋斗"。③

正是根据上述政务院精神，在中国掀起了反对亲美、崇美和恐美的运动。1951年1月，中国教育部召开了处理接受外国津贴的高等学校会议，决定由中央人民政府完全接办由外国津贴的高等学校。4月，政务院文教委员会宗教事务处召集了处理美国津贴的基督教团体会议，根据政务院的上述方针，鼓励基督教的自治、自养和自传运动，并具体处理接受美国津贴的基督教团体，使之成为中国教徒完全自办的团体。④

尤金在给斯大林的报告中附上了他给毛泽东的上述通报。按照尤金报告所言，周恩来在1951年1月4日同他的谈话中通报了中国反美运动的情况。尤金

---

① "П. Ф. Юдин о беседах с Мао Цзэдуном: докладные записки И. В. Сталину и Н. С. Хрущеву, 1951 – 1957 гг.", с. 20 – 22.
② 中共中央文献研究室编《建国以来重要文献选编》（第一册），中央文献出版社，1992，第511~515页。
③ 中共中央文献研究室编《建国以来重要文献选编》（第一册），第510页。
④ 参见谢益显主编《中国外交史：1949~1979年中华人民共和国时期》，河南人民出版社，1988，第54页。

写道:"周恩来详细地谈论了正在中国展开的反对美帝国主义的运动,他指出,他们在运动中已经取得了重要的政治成就。甚至城市资产阶级的大部分人都积极参加了这一运动。周恩来说,在中国从来没有过这样的运动。如果我们不得不同美国打仗,那么我们将认真地使我们的人民对此做好准备。"①

通过尤金报告及其所附的他给毛泽东的报告,斯大林了解了中国在抗美援朝的同时正在国内开展轰轰烈烈的反对美帝国主义的运动。对于期望消除美国在中国影响并且了解美国试图破坏中苏同盟的斯大林来说,欣慰和满意的心情是可以想见的。

第二,关于毛泽东有关朝鲜战争的策略。尤金在报告中说,1950年12月31日,他参加了毛泽东等中国领导人举行的晚宴。在共进晚餐时,毛泽东表示:"我们在朝鲜的主要任务就是尽可能多地消灭美国人的有生力量。……我们不反对朝鲜战争拖延下去,因为美军驻扎在朝鲜就将每天折磨美国,在帝国主义统治集团内部制造纠纷,激起反对统治集团的社会舆论。"②

斯大林对朝鲜战争的基本策略之一就是让美国深陷朝鲜战场并消耗实力从而牵制和削弱美国在欧洲的行事能力。毛泽东所阐述的反美立场不仅坚定,而且在策略上同斯大林的想法不谋而合。

第三,有关中国要求在亚洲共产党事务方面同联共(布)中央进行协商与合作的愿望。根据尤金的报告,毛泽东说:"现在所有的亚洲共产党都向他求教,请求帮助,现在除了印度共产党,所有的亚洲共产党都在北京有常驻代表。必须研究亚洲各种共产党的情况,给他们提出建议,向他们提供帮助。我们自己难以胜任这件事情。"因此,毛泽东提议:"我们希望联共(布)中央研究我们的问题和我们的工作。""我们认真地提出必须由联共(布)中央向我党中央派遣常驻代表的问题。联共(布)中央代表应当有一些助手,他们将同我们的工作人员一起研究亚洲问题,向联共(布)中央和中共中央提出这些问题以便共同解决。"③

---

① "П. Ф. Юдин о беседах с Мао Цзэдуном: докладные записки И. В. Сталину и Н. С. Хрущеву, 1951~1957 гг.", с. 18.

② "П. Ф. Юдин о беседах с Мао Цзэдуном: докладные записки И. В. Сталину и Н. С. Хрущеву, 1951~1957 гг.", с. 15.

③ "П. Ф. Юдин о беседах с Мао Цзэдуном: докладные записки И. В. Сталину и Н. С. Хрущеву, 1951~1957 гг.", с. 15-16.

尤金的报告让斯大林欣喜地看到，在处理地区共产党问题上中国自觉地遵守了让"老大哥"［联共（布）］发挥主导作用的不成文规定，充分显示了中国对苏"一边倒"政策的坚定性，同南斯拉夫共产党经常背着莫斯科向东欧各党各国提供建议和帮助并试图建立东欧集团内部次级领导中心的做法形成了鲜明的对照。①

总之，尤金有关中国问题的报告让斯大林对毛泽东和中共的坚定反美立场和在重大问题上同联共（布）进行磋商的做法甚感满意。所以，尤金的报告对斯大林最终认同毛泽东的马克思主义者的身份而非铁托第二和确信中国恪守有关服从联共（布）领导的承诺都起了积极的作用，②而这些无疑有助于斯大林最终放心地把中长铁路归还给他信任的盟国——中国。

四 中长铁路归还中国及其对中苏关系的影响

有关中长铁路的协定签订后，由于中苏两国同盟关系发展顺利，铁路归还的实际进程如期展开。1952年8~9月，中国总理周恩来率领代表团访问苏联期间，与斯大林等苏联领导人就两国关系以及朝鲜战争问题进行了会谈。中国方面再次表达了在朝鲜战争中与美国战斗到底的坚定立场。在8月20日的会谈中，周恩来在介绍朝鲜战争局势时说，在朝鲜战场上已经出现了某种均势。同时他清楚地告诉斯大林："毛泽东认为，战争持续下去对我们有利，因为这阻碍了美国对第三次世界大战的准备。"斯大林满意地说："毛泽东是对的。这场战争伤了美国的元气。"③

9月15日，两国发表的会谈公报指出，在谈判过程中，双方同意着手进行各种措施，以便苏联政府在1952年年底以前将共同管理中长铁路的一切权利以及属于该铁路的全部财产无偿地移交中华人民共和国政府，完全归

---

① 有关这个问题可参见张盛发《1948~1949年苏南冲突原因新探》，《当代世界社会主义问题》2000年第1期。
② 斯大林逝世后，尤金告诉毛泽东，斯大林在尤金回国后问道："中国同志们是不是（真正的）马克思主义者？"而当尤金做了肯定的回答后，斯大林说："这很好！可以放心了。" Мао Цзэдун о китайской политике Коминтерна и Сталина, с. 106-107.
③ АП РФ, ф. 45, оп. 1, д. 329, л. 64, 66, Советско-китайские отношения, Т. V., Кн. 2. с. 320, 321.

其所有。① 同时发表的两国关于中长铁路移交的公告中说，两国政府业已着手进行实现1952年关于中长铁路协定的措施，并为此目的已达成协议成立中苏联合委员会。该委员会"应于1952年12月31日前将中长铁路向中华人民共和国移交完毕"。②

1952年12月31日，在哈尔滨举行了中长铁路移交仪式。中长铁路在中苏共管两年零八个月后正式归还中国。③

当天，中苏两国发表了苏联政府向中国移交中长铁路的公告。公告说，"苏联政府无偿移交给中华人民共和国政府的中长铁路的财产中包括：从满洲里站至绥芬河站及从哈尔滨到大连及旅顺口的铁路基本干线，连同服务于该路的土地，铁路建筑物与设备，车辆——机车、货车及客车车厢，内燃发动机机车、机车及车厢的修理工厂，发电站、电话所与电报所，通信器材与通信线路，铁路辅助支线，公务技术建筑物与居住建筑物，经济组织，附属企业及其他企业与机关，以及在中苏共管期间内购置、恢复和新建的财产。"④

---

① 《中华人民共和国对外关系文件集》第二集（1951~1953），世界知识出版社，1958，第88页。同一天，两国还就延长苏军使用旅顺海军基地期限交换了照会。中国总理兼外长周恩来在致苏联外长维辛斯基的照会中说："自从日本拒绝缔结全面和约并与美利坚合众国以及其他若干国家缔结片面和约后，日本因此未与中华人民共和国和苏联订立和约，看来也不愿意订立和约，这样就造成了危害和平事业的条件，而便利于日本侵略之重演。因此，中华人民共和国政府，为保障和平起见，并根据中华人民共和国与苏维埃社会主义共和国联盟之间的友好同盟互助条约，兹特向苏联政府提议，请同意将中苏关于旅顺口协定第二条中规定苏联军队自共同使用的中国旅顺口海军基地撤退的期限予以延长，直至中华人民共和国与日本和苏联与日本之间的和约获致缔结时为止。"当天，维辛斯基复照表示同意。参见《中华人民共和国对外关系文件集》第二集，第89~91页。1955年5月24日由中苏联合军事委员会签订的最后议定书确定，驻旅顺口苏军将于1955年5月31日之前全部撤退回国，《人民日报》1955年5月25日。有关苏军全部撤离的实际日期，存在着一些不同的说法。按照沈志华和李丹慧所说："自5月25日至27日，苏联驻军指挥机关及陆、海、空三军约12万人分批撤离。"沈志华、李丹慧：《战后中苏关系若干问题研究：来自中俄双方的档案文献》，人民出版社，2006，第185~186页。根据《中华人民共和国外交史》的叙述，苏军从旅顺基地的撤退工作"于1955年5月31日完成"，裴坚章主编《中华人民共和国外交史》第1卷，第39页。然而，按照西方一家网站所载资料的说法，1955年夏天，苏军并没有完全撤离旅顺，直到1955年10月11日，旅顺才正式重新归于中国。Foreign Concessions and Colonies：Kwantung [Port Arthur]，23 June 2000，http：//www.worldstatesmen.org/China_ Foreign_ colonies.html# Kwangtung，20 April，2008.
② 《中华人民共和国对外关系文件集》第二集，第89页。
③ 遗憾的是，笔者未能在有关档案馆查到中苏双方有关中长铁路归还中国业务谈判的文献资料。
④ 《中华人民共和国对外关系文件集》第二集，第116~117页。

按照12月31日中苏联合委员会的终结记录，中苏共同管理中长铁路于1952年12月31日北京时间18时整宣告结束。自此时起，中长铁路理事会、监事会及中长铁路稽核局停止工作。① 无偿移交中国的中长铁路固定资产及流动资金总计为228008.64亿元。②

根据《中长铁路1952年贷借平衡表及生产财务工作决算说明书》，移交的中长铁路资财有：长度为3282.7公里的铁路线，10200辆货车，880台机车，185万平方米住宅，121处医疗卫生机关（包括医院、门诊处、诊疗所、出诊所及防疫站），69所学校，25处文化馆和俱乐部，322处"红角"（娱乐室）。移交的其他财产有：通信、信号、联络和自动闭塞装置，以及所有通信设备、电话所及电机修缮厂；大连和哈尔滨机车车辆修理工厂；穆棱及札尔诺尔煤矿；林业企业——林场及制材厂；商业和公共饮食企业——商店及公共食堂；中长铁路公司理事会、管理局、分局和业务单位的公务技术房舍。③

无论从哪种统计资料看，中长铁路都是一笔不菲的资产。铁路的归还促进了中国尤其是东北地区的铁路和经济的发展，实现了中国主权的完整，恢复了中国人民的民族自尊和自信心。周恩来在1952年12月31日移交仪式上讲话时说："今天，苏联政府慷慨无私地履行它所担负的义务，这表明苏联政府对于中苏兄弟般的同盟事业的无限忠诚……中苏两国的伟大友谊更加巩固和发展了。"④ 毛泽东也在当天致电斯大林表示感谢。⑤

中长铁路归还中国对中苏两国关系产生了重大的影响。这种影响在某些方面的表现是直接和即时的，在某些方面则是间接和渐进的。具体而言有以下几点。

第一，斯大林在1950年中苏谈判中同意归还中长铁路（以及放弃苏联在旅顺和大连的权益）有助于建立中苏两国的战略同盟关系，推动中国抗美援朝运动的开展。

斯大林是一个善于以局部利益换取总体利益的具有大局观的战略家。正是

---

① 中国外交部档案，档案号109-00175-01，页码036。
② 中国外交部档案，档案号109-00175-01，页码035。阿勃洛娃提供的数字是："根据中长铁路的最后结算，苏联无偿转交的所有财产按当时的兑换率计算价值为6亿美元。" Н. Е. Аблова, История КВЖД и российской эмиграции в Китае, с. 378.
③ 《中长铁路1952年贷借平衡表及生产财务工作决算说明书》，哈尔滨市档案馆，第10~12页。
④ 中国外交部档案，档案号109-00175-01，页码31~32。
⑤ 《中华人民共和国对外关系文件集》第二集，第118页。

因为斯大林同意放弃苏联在华特权并且向中国提供援助,才赢得了毛泽东对他的信任和感激,从而使中苏两国建立起真正的战略同盟关系。如果没有斯大林在苏联在华特权问题上的让步,两国间这种同盟关系能否建立或许是值得人们怀疑的。虽然无法确切地判断,如果斯大林不在这个问题上做出让步,毛泽东是否依然会出兵朝鲜,但是,斯大林所做的让步却肯定有助于毛泽东最终义无反顾地走上反美斗争的前线。从这个意义上说,当斯大林放弃苏联在华特权后,毛泽东也就在政治上成了他坚定可靠的盟友。①

第二,苏联最终实际归还中长铁路,如同1951年9月9日苏联在旧金山和会上拒绝签署没有中国参加的对日和约一样②,有助于巩固中苏两国的同盟关系,加强两国在朝鲜战争中的合作,并且有利于斯大林掌握中朝方面在朝鲜战争中停战谈判的主导权。

从1951年5月起,朝鲜战争出现了僵持的阵地战态势。在胜利前景暗淡的情况下,斯大林指示苏联驻联合国代表马立克同美国代表进行接触。7月,停战谈判在三八线附近的开城举行。斯大林虽然已经没有取胜的奢望,但是他非常清楚朝鲜战争可以消耗美国的军事和经济实力,引起美国同其盟国的紧张关系,损害美国的政治威望,从而间接制约和削弱美国在欧洲的地位。所以,斯大林支持中国和朝鲜在停战谈判中采取强硬的立场。

---

① 因此笔者不能同意列多夫斯基的下列观点:毛泽东和中共领导人为了从苏联得到援助,让斯大林相信,共产党人执政后苏联和中国就建立了"永恒的牢不可破的"友谊。他们经常要求斯大林、联共(布)中央就所有的内外政策问题给予指示,并且坚定地表示,中共在自己的所有活动中都将遵循莫斯科的指示。这些誓言般的表示显然使斯大林相信,如果共产党人执政,苏联同中国的关系就不会有任何问题。"为了让中共真正站在毛泽东和其他中共领导人多次所表示的'永恒的牢不可破的友谊'立场上,斯大林决定在援助中共打败国民党之外,赠送所有的财产权利和其他权力,这些权力都是俄国和苏联根据被中共领导人承认为完全平等的条约和协定在满洲所获得的。后来的事态发展表明,毛泽东的保证是权宜性的。斯大林对苏中'永恒的牢不可破的友谊'的期望并未得到证实。" А. Ледовский, "Переговоры Сталина с Мао Цзэдуном в декабре 1949-феврале 1950 г.", с. 47. 第一,列多夫斯基片面地强调了所谓中共的"友谊"誓言,却忽视了斯大林和苏联本身在当时形势下对中共及其未来新中国的战略需要;第二,至少在斯大林生前,毛泽东有关对苏"友谊"的保证是得到证实的;第三,至于所谓中共领导人承认以前的对俄国和苏联的条约是"完全平等的条约"之说,那就更不值得一信了。

② 具体可参见张盛发《50年代初期中苏共同抵制对日媾和评述》,香港《二十一世纪》2001年4月号。Zhang Shengfa: "The Soviet - Sino Boycott of the American - Led Peace Settlement with Japan in Early 1950s", *Russian History* (USA), Nos. 2 - 4 (Summer-Fall-Winter 2002), pp. 401 - 414.

1952年8月，在同来访的周恩来会谈时，斯大林承诺加强对中国的军事援助，支持中国在谈判中坚持的"全部遣返战俘"的立场。斯大林还鼓动说，"对美国人必须强硬。中国同志必须明白，如果美国不输掉这场战争，那么中国人永远不能收复台湾。"[①]

中长铁路的移交就是在朝鲜战争边谈边打的背景下完成的。苏联方面虽然没有直接参加停战谈判，却始终掌握着中朝方面在停战谈判中的主导权。中朝方面几乎所有的谈判战略和策略都是由斯大林决定的。斯大林虽然不反对和谈，但却坚决反对战争以有利于美国的方式结束，他更愿意朝鲜战场的形势处于一种不战不和的僵持状态，从而把美国拴在远东和朝鲜半岛。

苏联如期向中国移交中长铁路，显示了斯大林对中国的诚信，提高了斯大林在中国领导人和中国人民心目中的威望。值此朝鲜停战谈判之际，铁路归还中国和苏联拒签对日和约显然都有助于确保斯大林牢牢掌握中国方面继续战斗还是缔结停战协定的主动权。对于斯大林来说，他在中长铁路上失去经济利益的同时，已经在朝鲜战场上获得了政治红利。

第三，从长远看，中长铁路归还中国确实削弱了苏联在中国的地位和影响。这主要表现在以下几个方面。

其一，弱化了苏联对中国经济的影响。从20世纪50年代初期开始，苏联对中国展开了大规模经济援助。根据中苏1950年2月的贷款协定，苏联将向中国提供3亿美元的贷款以偿付苏联所同意交付给中国的机器设备及其他器材。[②]同年，以这笔贷款向中国提供了第一批50个大型工程项目。1953～1954年又分别增加91个和15个，总数达到156个。[③]这样，苏联对中国经济的影响几乎是支配性的，而中长铁路的归还在一定程度上有助于缓冲和抑制苏联对中国经济的强大影响。由于中国东北是中国重要的重工业区，中东铁路是中国重要的铁路干线，归还铁路使苏联失去了影响中国经济的一个重要杠杆。

其二，削弱了苏联铁路管理模式对中国铁路系统的影响。据统计，当时在中长铁路工作的苏联各类专家为1565名。"大部分专家是铁路运输中各种业务的工程师和技师，但是也有煤业和林业工程师，商业及公共饮食工作人员，医

---

① АП РФ, ф. 45, оп. 1, д. 329, л. 68 - 71, Советско - китайские отношения, Т. V., Кн. 2. с. 322 - 323.

② Советско - китайские отношения, Т. V., Кн. 2. с. 307～308.

③ 参见裴坚章主编《中华人民共和国外交史》第1卷，第39～40页。

师及教师，艺术及体育工作人员。"① 尽管专家的定义显得很宽泛，但他们无疑在中长铁路及其附属企业占有很大的影响。

在合办中长铁路的过程中，苏联的铁路管理模式在不同程度上被应用。中长铁路需要学习苏联的铁路管理模式，全国铁路系统推广中长铁路的经验。中长铁路采用苏联铁路经验的基本方向包括领导干部学习列宁—斯大林的工作作风以及在职工中开展爱国主义劳动竞赛等。

1953年11月24日，中国铁道部部长滕代远说："中长铁路是在苏联专家一千五百多人的帮助下，运用苏联先进经验，结合中国铁路具体情况创造出来的一个先进榜样。苏联政府将中长铁路无偿交还中国之后，又在铁道部苏联专家帮助之下，巩固了中长铁路经验，因此全国铁路必须学习中长。"②

但是，中长铁路被纳入全国统一的铁路系统后，铁路管理制度当然已经无须由苏联方面来决定和主导了。根据中共八大关于"学习外国经验，一定要结合中国实际，防止照搬照抄与教条主义"的精神，铁道部对"学习苏联铁路经验，推广中长铁路经验有若干教条主义的缺点进行了检查总结"。铁道部提出，从1957年开始不再把学习推广"中长铁路经验"作为铁路系统的工作方针。③

其三，消除了两国经济合作中的一个摩擦点。在中长铁路的共同经营中，因为苏方试图把它办成独立于中国主权之外的经济实体，不尊重中国车辆调度制度，也引起了双方代表的争执。④ 中长铁路的归还消除了两国经济关系中的一个摩擦点。

其四，逐渐瓦解了苏联在中国东北的侨民社会。历史上，中东铁路长期由俄国和苏联公民经营，使得铁路及其附近地区成为他们生活和工作的"乐土"，形成了人数庞大的俄国和苏联侨民社会。中东铁路的枢纽哈尔滨甚至被俄国人（苏联人）称作俄国的哈尔滨、俄侨的"首都"。

自1898年中东铁路全面开工后，前来黑龙江地区的俄国人与日俱增。1903年

---

① 《中长铁路1952年贷借平衡表及生产财务工作决算说明书》，哈尔滨市档案馆，第18页。
② 参见中国社会科学院、中央档案馆编《中华人民共和国经济档案资料选编（1953~1957年）》，交通通信卷，中国物价出版社，1998，第254页。
③ 转引自李文耀《推广"中长铁路经验"的始末》，《人民铁道》2006年8月18日，http://www.rmtd.com.cn/Article/2006/200608/2006-08-16/20060816094335.html，2008年1月12日。
④ 参见裴坚章主编《中华人民共和国外交史》第1卷，第42页。

7月14日中东铁路全线通车时,俄国人的总数已超过3万人。① 1924年中苏正式建交并共管中东铁路后,部分俄国侨民成为苏联侨民,而不愿加入苏联国籍者除少部分成为中国公民外,大部分沦为无国籍者。据1927年统计,当时苏联籍侨民总数为2.8万人,而无国籍俄罗斯人仅哈尔滨一地就有3万多。② 20世纪30年代中期,苏联单方面把中东铁路出售给伪满洲国,并开始撤退中东铁路的苏联籍员工及其家属。1945年8月,苏军进入中国东北后,为红军胜利和苏联国际地位所鼓舞,许多无国籍俄罗斯人纷纷加入苏联国籍。至1950年时,黑龙江省苏侨总数为28400人。③

中长铁路归还中国后,铁路地区的苏联侨民并没马上撤离,但中长铁路的归还已为苏联侨民的最终撤离埋下了伏笔。④

中长铁路归还中国和苏联一部分在黑龙江省的企业财产移交给中国方面后,苏侨中出现了大量的失业人员。由于当时苏联政府不允许苏侨回国,为了安定他们的生活,由中国政府拨款予以救济,并组织他们生产就业。⑤

20世纪50年代中期,由于赫鲁晓夫发起开垦处女地运动,苏联政府开始动员在中国东北地区的苏联侨民回国。1954年4月23日,苏联驻华使馆向中国政府提出,苏联政府将于当年6月、7月、8月,分批召回在华苏侨参加国内建设,希望中国政府给予协助。对于中国方面来说,在铁路归还中国后,铁路及其附属企业就不需要那么多苏联员工了,而部分失业的苏侨更成为中方的负担。因此,对于苏联政府提出的要求,中国方面做出了积极的反应。哈尔滨成立"协助苏侨归国委员会",根据中央提出的"主动配合,积极协助,适当照顾,给予方便,尽速送走"的方针,具体协助苏方遣返侨民。⑥

---

① 参见黑龙江省地方志编纂委员会编《黑龙江省志·外事志》,黑龙江人民出版社,1993,第120页。
② 参见《黑龙江省志·外事志》,第121~122页。
③ 参见《黑龙江省志·外事志》,第122页。
④ 阿勃洛娃认为:"1952年12月31日最后议定书的签订导致在满洲的俄罗斯移民生活的重要变化。对铁路的俄罗斯职员来说,困难时期来到了:开始大规模地解除他们在中长铁路及其在辅助企业和机构的工作。俄国人的小学和中学关闭了。" Н. Е. Аблова, История КВЖД и российской эмиграции в Китае, с. 385 – 386.
⑤ 《黑龙江省志·外事志》,第123页。
⑥ 转引自石方等《哈尔滨俄侨史》,黑龙江人民出版社,2003,第95页。阿勃洛娃写道:"在苏联政府号召返回苏联参加处女地开垦后,开始大规模地从满洲撤走哈尔滨俄罗斯人。实际上在哈尔滨所有的机构里都解除了俄罗斯职员的工作,建议他们响应莫斯科的号召返回苏联。" Н. Е. Аблова, История КВЖД и российской эмиграции в Китае, с. 386.

1954 年，共有 5842 名苏侨回国定居。1955 年，再次遣返了苏联侨民 8090 人。1956 年至 1959 年的四年中，又连续遣返苏侨 2522 人。自 1954 年至 1959 年被遣送回国的苏侨和无国籍者共 17586 人，同期去资本主义国家的共 6672 人。① 自 1963 年至 1985 年的 20 余年中，苏联侨民的人数次第减少。1964 年为 475 人。1975 年时为 107 人，1979 年减至 66 人，1985 年时只有 39 人。②

正如阿勃洛娃所说："到（19）60 年代初，几乎所有在哈尔滨和满洲的俄国居民都走了。可以肯定地说，有关转交中长铁路的最后议定书的签订预先决定了俄罗斯公民大量地迁出中国，并且结束了远东的俄国移民的历史。"③ 正是由于中长铁路归还中国，削弱了苏联在中国东北的牢固地位和强大影响，逐步瓦解了中长铁路地区的苏联侨民社会。后来，当 20 世纪 50 年代末和 60 年代初中苏关系恶化特别是 1969 年两国发生珍宝岛武装冲突时，让人庆幸的是，至少已经不存在东北苏联侨民问题加剧两国紧张关系的可能。④

原载《历史研究》2008 年第 4 期
（本文获 2013 年中国社会科学院优秀成果二等奖）

---

① 转引自《黑龙江省志·外事志》，第 169~170 页。
② 转引自《黑龙江省志·外事志》，第 123 页。
③ Н. Е. Аблова, История КВЖД и российской эмиграции в Китае, с. 386.
④ 可与之对比的是，新疆的苏联侨民问题就曾经在相同时期里成为中苏两国紧张关系的一个重要因素。李丹慧：《新疆苏联侨民问题的历史考察（1945~1965）》，http://www.coldwarchina.com/zwxz/zgxz/ldh/001647.html，2007 年 11 月 2 日。

对列宁、斯大林在建立联盟问题上分歧的再认识
——兼论苏联联邦体制的问题和缺陷

刘显忠[*]

十月革命后在帝俄废墟上建立了俄罗斯、乌克兰、白俄罗斯、阿塞拜疆、亚美尼亚、格鲁吉亚等各个独立的苏维埃共和国。在苏联成立前,各个苏维埃共和国都是独立的国际法主体。它们独立地与外国发展外交关系,互换代表[①]。当时俄罗斯与这些苏维埃共和国的关系,是以在军事、经济和政治问题上相互合作的双边条约维持的。内战结束,世界革命冲动逐渐消退,统一各苏维埃共和国的任务被提上了日程。1922年8月11日,在俄共(布)中央组织局下成立了拟订统一各个苏维埃共和国方案的专门委员会。时任民族事务人民委员的斯大林,起草了该委员会的《关于俄罗斯苏维埃联邦社会主义共和国与独立共和国的相互关系》的决议草案,即有名的"自治化计划"[②]。斯大林的"自治化计划"的出台引发了列宁和斯大林在联盟国家建设问题上的意见分歧。斯大林开

---

[*] 刘显忠,中国社会科学院俄罗斯东欧中亚研究所苏联室主任,研究员,历史学博士。
[①] 〔俄〕克列姆涅夫:《苏联解体:国际法问题》,Кремнев П. П. Распад СССР: международно-правовые проблемы, 莫斯科,2005,第11~12页。
[②] 该方案明确要求乌克兰、白俄罗斯、阿塞拜疆、格鲁吉亚、亚美尼亚这几个独立的苏维埃共和国以自治共和国的资格加入俄罗斯苏维埃联邦社会主义共和国,实际上就是要成为俄罗斯苏维埃联邦社会主义共和国框架内的自治单位。加入俄罗斯联邦的上述共和国必须执行全俄中央执行委员会、人民委员会及劳动国防委员会的决议。决议案的最后还强调:"本决定如经俄共中央赞同,不予公布,而作为通令转发给各民族的党中央,在苏维埃全俄代表大会召开前,先通过上述各共和国中央执行委员会或苏维埃代表大会按苏维埃程序(转下页注)

始不赞同列宁对自己方案的修改意见，最后迫于列宁的压力，接受了列宁提出的修改意见。10月6日，俄共（布）中央全会批准了斯大林按列宁的意见修订的新方案。12月30日，列宁在口授的《关于民族或"自治化"问题》中说，"整个这个'自治化'的想法是根本不对的，是根本不合时宜的"①，批判了大俄罗斯沙文主义。以前比较流行的观点是认为列宁的方案更合理，斯大林在民族政策方面歪曲了列宁在民族政策上的民主原则。近年来，俄罗斯的研究者在苏联成立问题上的观点分歧比较大，一些学者仍坚持以前比较流行的观点，认为斯大林在原则上歪曲了列宁在民族政策方面的民主原则，列宁提出的联盟方案更合理；但有些历史学家开始认为，当斯大林反对"受边疆区民族共产党人游说的"列宁的自由主义，反对列宁为俄国选择的那种不合理的、笨拙的民族国家建设模式时，斯大林更正确。斯大林的"自治化"方案也受到了一批学者的正面评价，他们认为它有助于防止有损于俄国政治和经济统一的使俄国按民族"原子化"方式发展的危险②。各种观点见仁见智。列宁与斯大林在成立联盟国家问题上的分歧究竟有多大？是斯大林歪曲了列宁的民族政策的民主原则，还是列宁的联盟国家建设方案也存在问题？本文试就这些问题展开论述，以就

（接上页注②）予以贯彻，在苏维埃全俄代表大会召开时，再作为这些共和国的愿望予以公布。"该方案提交给各个苏维埃民族共和国的共产党中央委员会讨论时，并没有得到各苏维埃民族共和国共产党的一致支持。阿塞拜疆和亚美尼亚中央委员会批准了这个计划，白俄罗斯中央委员会表示他们宁愿选择以双边条约为基础的现有关系体制，乌克兰没有表示明确的态度。以 П. Г. 姆季瓦尼（П. Г. Мдивани）和 Ф. И. 马哈拉泽（Ф. И. Махарадзе）为首的格鲁吉亚共产党中央委员会明确表示反对"自治化计划"。这个方案在9月23～24日举行的委员会会议上，经过一些修改和补充，几乎是一致通过，只有格鲁吉亚代表姆季瓦尼一票弃权。但在讨论通过的决议的第二条时，即俄罗斯联邦政府将成为所有各共和国的政府时，出现了一些反对意见：乌克兰代表彼得罗夫斯基（Г. И. Петровский）弃权，姆季瓦尼投反对票。当彼得罗夫斯基建议这个计划还要提交各共和国党的地方委员会即各个省委再次讨论时，他的修订意见在九票当中得到了四票，除彼得罗夫斯基本人外，支持他这一建议的还有白俄罗斯、格鲁吉亚和阿塞拜疆的代表——切尔维雅科夫（А. Г. Червяков），姆季瓦尼和莫斯科的"无条件追随者"阿加马利-奥格雷（Агамали оглы）。布哈拉的代表 Ф. 霍贾耶夫（Ф. Ходжаев）弃权。这次委员会的决议以五比四的一票多数通过。在彼得罗夫斯基的意见被否决之后，他要求在会议记录上应该说明乌共（布）中央没有讨论有关与俄罗斯苏维埃联邦社会主义共和国的相互关系问题。

① 《列宁全集》第43卷，人民出版社，1987，第349页。
② 〔俄〕库列绍夫编《俄国民族政策：历史与现实》（Под ред. Кулешова С. В. Национальная политика России: история и современность），莫斯科，1997，第267页。关于该问题，俄罗斯近年出版的相关成果中较重要的有：格罗苏尔：《苏联的成立（1917～1924）》（Гросул В. Я. Образование СССР. 1917—1924гг.），莫斯科，2007；舍伊尼斯：《苏联　　（转下页注）

正于读者。

一

列宁与斯大林对联邦制的认识以及在以联邦制形式统一各个苏维埃共和国的问题上没有分歧。他们的主要分歧在于建立一个什么样的联邦：是各个独立的苏维埃共和国以自治共和国的身份加入俄罗斯联邦，还是俄罗斯与其他各个独立的苏维埃共和国一起平等地加入新的联邦？

对于联邦制，1917年革命前，列宁、斯大林都持否定态度，认为联邦制方式将使民族差别长期存在，不能解决民族问题。他们更多地强调任何形式的民族分离的害处，民族文化自治的害处和民主集中制的好处，大的国家和国家联盟的好处。十月革命后，由于旧帝国内存在着广泛的离心倾向，列宁考虑到各民族的情绪，转向了联邦制，要求把不愿意完全脱离俄罗斯的各民族按联邦制的形式重新统一起来。不过，列宁虽然在革命后转向了联邦制，肯定联邦制的积极作用，但他只是把联邦制看成向单一制的过渡形式，目标仍是单一制国家。这在革命后列宁的论述中表现得非常明显。如列宁在1918年3月《〈苏维埃政权的当前任务〉一文初稿》中明确指出："实际上，民主集中制不但丝毫不排斥自治，反而以必须实行自治为前提。实际上，甚至联邦制，只要它是在合理的（从经济观点来看）范围内实行，只要它是以真正需要某种程度的国家独立性的重大民族差别为基础，那么它同民主集中制也丝毫不抵触。在真正的民主制度

（接上页注②）的成立及其第一部宪法》（Шейнис В. Л. Образование СССР и его первая конституция），《俄国历史》（Российская история）2010年第1期；另外，2002年莫斯科出版的帕夫柳琴科夫：《新经济政策时期的俄国》（Павлюченков С. А. Россия нэповская）一书中有专门一章写苏联成立时期的民族问题。我国有关苏联民族问题的论著都有所涉及，如赵常庆等：《苏联民族问题研究》，社会科学文献出版社，1996；张建华：《苏联民族问题的历史考察》，北京师范大学出版社，2002. 至于这方面的文章主要有董晓阳：《试谈苏联联邦制的实质演变》，《外国问题研究》1983年第2期；姜长斌：《列宁的民族问题原则同斯大林的斗争》，《苏联历史问题》1988年第1期；张建华：《论苏联联邦制变形的历史原因》，《东欧中亚研究》1999年第4期；余伟民：《在帝国废墟上重整山河》，《华东师范大学学报》（哲学社会科学版）1999年第4期；杨恕：《关于苏联联邦制的再思考》，《俄罗斯中亚东欧研究》2003年第4期；张祥云：《关于苏联联邦制的几点思考》，《世界民族》2004年第6期；许新等：《联邦制的变形背离了民族平等和联邦制原则》，《中国民族报》2009年9月11日；初智勇：《苏联民族联邦制浅析》，《西伯利亚研究》2004年第2期。本文是根据一些新的档案材料对这一问题所做的进一步阐释，有一些以前的文章中没有提到的内容及资料。

下，尤其是在苏维埃国家制度下，联邦制往往只是达到真正的民主集中制的过渡性步骤。"① 1919 年 3 月 18～23 日举行的俄共（布）第八次代表大会通过的党纲中指出："党主张按照苏维埃类型组织起来的各个国家实行联邦制的联合，作为走向完全统一的一种过渡形式。"② 在 1920 年 6 月列宁为共产国际第二次代表大会准备的文件中更明确阐明了这种观点。斯大林在十月革命后对联邦制的认识也是如此。他在 1918 年的文章中指出，"沙皇时代的强制性的单一制正被自愿的联邦制所代替"，"俄国的联邦制也同美国和瑞士的联邦制一样注定要起过渡作用，过渡到将来的社会主义单一制"③。由此可见，革命后列宁和斯大林对联邦制的认识是一致的。对以联邦制形式统一各个苏维埃共和国没有分歧。

列宁和斯大林在建立联盟问题上的主要分歧在于建立一个什么样的联邦：是各个独立的苏维埃共和国以自治共和国的身份加入俄罗斯联邦，还是俄罗斯与其他各个独立的苏维埃共和国一起平等地加入新的联邦？

斯大林 1922 年 8 月提出的各个独立的苏维埃共和国以自治共和国的身份加入俄罗斯联邦的"自治化"的联邦形式，即以俄罗斯联邦为样板建立新联盟的构想，列宁在 1918 年也曾有过。他当时也认为："俄罗斯苏维埃共和国的例子特别清楚地表明，我们目前实行的和将要实行的联盟制，正是使俄国各民族最牢固地联合成统一的民主集中的苏维埃国家的最可靠的步骤。"④ 1922 年，列宁反对斯大林的"自治化"，只是认为斯大林的做法在当时历史条件下有些"操之过急"，会加深民族矛盾，加剧离心倾向，不利于向单一制过渡。他从避免各个共和国独立的角度考虑，主张"不去助长'独立分子'，也不取消他们的独立性，而是再建一层新楼——平等的共和国联邦"⑤。而斯大林认为，如果我们现在不用形式上的（同时也是实际的）自治取代形式上的（名义上的）独立，那么，一年之后，维护各苏维埃共和国的实际统一将无比困难⑥。由此可见，列宁和斯大林的最终目的都是要维护这个大的国家联盟，建立社会主义单一制国家。只是联合的方式不同，不存在根本性的分歧。

---

① 《列宁全集》第 34 卷，人民出版社，1985，第 139 页。
② 《列宁全集》第 36 卷，人民出版社，1985，第 409 页。
③ 中国社会科学院民族研究所编《斯大林论民族问题》，民族出版社，1990，第 115 页。
④ 《列宁全集》第 34 卷，人民出版社，1985，第 139 页。
⑤ 《列宁全集》第 43 卷，人民出版社，1987，第 214 页。
⑥ 沈志华等：《苏联历史档案选编》第 5 卷，社会科学文献出版社，2003，第 341 页。

上述看法如今已为很多俄罗斯学者认同。俄罗斯科学院俄国历史研究所的通讯院士萨哈罗夫（А. Н. Сахаров）主编的教科书中认为："列宁和斯大林在解决民族问题上的两种不同观念的斗争在很大程度上具有策略性。列宁提出的联邦制原则在苏维埃政权处于不稳定状态时适用，因为可以利用民族运动来巩固各地新制度的社会基础。斯大林的原则在很大程度上符合马克思主义的丧失民族特征和在将来建立单一制国家的意识形态方针。布尔什维克在形式上接受了列宁的联邦制原则，实际推行的是建立单一制国家和逐渐把各共和国的权力缩减到自治的水平的斯大林的方针。"① 莫斯科大学历史系教授 Л. И. 谢缅尼科娃（Л. И. Семенникова）也持类似的观点："从最终目标来看，列宁和斯大林之间不存在原则性的分歧。分歧出现在联合的策略和方法问题上。"②

在成立苏联时出现的格鲁吉亚争端事件上，以往通常认为，列宁在捍卫格鲁吉亚的利益。实际上列宁很长一段时间一直是站在斯大林一边的，对格鲁吉亚通过外高加索联邦③加入苏联没有异议。1922 年 10 月 6 日，俄共（布）中央全会通过的决议由于要格鲁吉亚、阿塞拜疆和亚美尼亚通过外高加索联邦加入苏联，引起了格鲁吉亚共产党的不满。当时以奥尔忠尼启则（Г. К. Орджоникидзе）为首的俄共（布）外高加索边疆区委和格鲁吉亚共产党内的姆季瓦尼集团之间发生了尖锐的冲突。在格鲁吉亚共产党（布）中央居多数的姆季瓦尼及其拥护者虽不反对斯大林按列宁的意见修订的新联合方案，但要求格鲁吉亚不是通过外高加索联邦而是直接加入苏联。10 月 20 日，外高加索边疆区委通过决议解除了 М. С. 奥库贾瓦（М. С. Окуджава）格鲁吉亚共产党中央书记职务。格鲁吉亚共产党的其他中央委员钦察泽（К. М. Цинцадзе）、托德里亚（С. Тодрия）、马哈拉泽、卡夫塔拉泽（С. Кавтарадзе）等在当天深夜 2 点 35 分致电布哈林（Н. И. Бухарин）、加米涅夫（Л. Б. Каменев）和叶努基泽（А. С. Енукидзе），试图通过他们取得列宁的支持。他们在电文中指责奥尔忠尼启则擅自行事和采取"杰尔席莫尔达方式"，要求他们任命一位在马克思主义和同志关系方面更好

---

① 〔俄〕萨哈罗夫主编《俄国现代史》（Под ред. Сахарова А. Н. История новейшая история России），莫斯科，2010，第 208～209 页。
② 〔俄〕谢缅尼科娃：《世界文明共同体中的俄国》（Семенникова Л. И. Россия в мировом сообществе цивилизаций），莫斯科，2003，第 525 页。
③ 1922 年 3 月 12 日，外高加索三个共和国的中央执行委员会代表会议宣布成立以执行机关——联盟委员会为首的联邦制的外高加索苏维埃社会主义共和国联盟。国防、外交、外贸及其他一些国家管理领域都归联盟委员会管辖。

的领导人，同时要求修改有关外高加索联邦的规定，以便格鲁吉亚也成为联盟的单独成员，而不是外高加索联邦的一部分。这份电文由布哈林转给列宁，列宁当时是倾向奥尔忠尼启则的，他10月21日的复电对钦察泽等人电文的不礼貌口气表示惊奇，谴责了格鲁吉亚领导人对奥尔忠尼启则的谩骂，并把电报记录转给中央书记处①。叶努基泽对"格鲁吉亚共产党大多数中央委员"合力扰乱格鲁吉亚共产党表示不满。加米涅夫和布哈林也打电报说，从他们的"反大俄罗斯民族主义的言论中根本得不出保护格鲁吉亚民族主义的结论"，他们建议停止钩心斗角，"按中央决议"行事②。莫斯科的态度令格鲁吉亚领导人很失望，在10月21日的格鲁吉亚共产党中央全会会议上以多数票通过了与10月6日的俄共（布）中央全会的决议背道而驰的决议，再次谈到了格鲁吉亚直接加入未来的苏联，而不通过外高加索联邦加入。格鲁吉亚共产党的这一举动被认为违反了党章，外高加索边疆区委主席团向格鲁吉亚共产党中央下达了"放逐令"。格鲁吉亚共产党中央根据区委的决定全体辞职。10月25日，以马哈拉泽为首的一批格鲁吉亚共产党领导人再次致电列宁，对上封电报的尖刻腔调表示道歉，重申同意俄共（布）中央全会10月6日的决议，但坚持格鲁吉亚不通过外高加索联邦而是直接加入苏联③。

列宁反对斯大林的"自治化"计划，而对格鲁吉亚共产党人单独加入这一要求始终并没有明确表态，实际上他认可10月6日俄共（布）中央全会的决议，用他21日给钦察泽等人的复电的话说，他以为在他间接参与和姆季瓦尼的直接参与下的中央全会做出的决议"一举解决了所有的问题"④。用莫西·莱文的话说，列宁在1922年的整整一年都支持斯大林反对姆季瓦尼集团⑤。伦纳德·夏皮罗也认为，"在公开行动上，列宁最初支持高加索地区委员会反对格鲁

---

① 为了使文中人名统一，人名按人名辞典进行了改译。
② 〔俄〕巴尔先科夫、弗多温：《俄国史（1917～2004）》（Барсенков А. С., Вдовин А. И. История России. 1917～2004.），莫斯科，2005，第128页。
③ 〔苏〕涅纳罗科夫：《走向平等的统一：苏联各民族联合运动的文化因素（1917～1924）》（Ненароков А. П. К единству равных: Культурные факторы объединительного движения советских народов. 1917～1924.），莫斯科，1991，第125页。
④ 《列宁选集》第①卷，第736页。
⑤ 〔法〕莫西·莱文：《列宁的最后斗争》，黑龙江人民出版社，1983，第45页。书中的人名"穆迪瓦尼"按《列宁全集》做了改动。

吉亚中央委员会"①。斯大林在10月22日给奥尔忠尼启则的电报中也说,列宁"对格鲁吉亚民族主义者是愤怒和极为不快的"②。实际上,只是在1922年11月底发生了奥尔忠尼启则动手打人事件③后,列宁的态度才发生变化。而且列宁也只是严厉地批评了斯大林和奥尔忠尼启则的行为是大俄罗斯沙文主义表现,强调了民族平等的意义,而对10月6日俄共(布)中央全会批准的联盟方案没有提出任何异议。按莫斯科大学历史系教授谢缅尼科娃的观点,列宁坚持要格鲁吉亚、亚美尼亚和阿塞拜疆通过外高加索联邦成为联盟国家的成员。成立联邦构成体可以解决一系列问题,可以把整个外高加索的资源统一到一起④。

二

评价斯大林与列宁在成立苏联时的分歧,过去往往以列宁的观点为标准,只关注列宁对斯大林的批评,而忽视了分析斯大林本人对问题的认识。实际上斯大林的"自治化"计划和列宁的联盟方案,如前所述目的是一样的,就是如何更好地把各个苏维埃共和国统一在一起,只是两者的关注点不同,都强调了问题的一个方面而忽视了另一个方面,同时各自都存在问题。

列宁反对斯大林的"自治化",关注的是如何更好地把仍处于独立状态的各个苏维埃共和国统一到一起。因此他强调俄罗斯与乌克兰、白俄罗斯、外高加索地位的平等性。但他忽视了作为俄罗斯苏维埃联邦社会主义共和国基础的

---

① 〔英〕伦纳德·夏皮罗:《一个英国学者笔下的苏共党史》,东方出版社,1991,第255页。
② 〔美〕罗伯特·C. 塔克:《作为革命者的斯大林(1879~1929)》,中央编译出版社,2011,第239页。
③ 事情发生在1922年11月的第三周(确切日期不详),А. И. 李可夫从西伯利亚流放归来,А. А. 卡巴希泽到奥尔忠尼启则的住所探望住在那里的李可夫。在一起交谈时,卡巴希泽,这位前不久的党内争论中姆季瓦尼的支持者对"上层同志"获得比其他党员好得多的物质保证表示不满,指责外高加索的布尔什维克领导人接受贿赂——一匹白马,并由国家负担饲养费用。在开始吵骂时,奥尔忠尼启则听到卡巴希泽说他是"斯大林的蠢驴",奥尔忠尼启则无法克制,打了客人。在李可夫的妻子及格鲁吉亚共产党中央监察委员会委员勒特维拉泽的调解下,这一不愉快的冲突才停止。当时在场的李可夫认为,"就事件的本质来看,奥尔忠尼启则是正确的,他认为当时卡巴希泽对他的指责是严重的人身侮辱"。勒特维拉泽也否认冲突的政治性。奥尔忠尼启则在谴责了自己的不体面的行为后,也强调冲突不是由政治争论引起的,而是因人身侮辱引起的。〔俄〕巴尔先科夫、弗多温:《俄国史(1917~2004)》,莫斯科,2005,第128页。
④ 〔俄〕谢缅尼科娃:《世界文明共同体中的俄国》,第526页。

"自治化",在否定斯大林的"自治化"计划之时,他没有意识到要对当时面积占联盟90%,人口为联盟72%的俄罗斯联邦的"自治化"进行改变的问题。而斯大林恰恰关注的是这个问题。

斯大林意识到了按"一起平等地加入"的原则建立民族共和国联盟形式的统一国家不符合逻辑,担心列宁成立苏联的计划,会导致俄罗斯问题的尖锐化,即导致俄罗斯族人的国家组织及其在联盟中的地位问题。他在1922年9月27日答复列宁并致政治局委员的信中就警告说,按列宁同志的修改意见所做的其他任何决定,都会导致一定要建立俄罗斯中央执行委员会,而把加入俄罗斯联邦的8个自治共和国排除在外,并宣布这些自治共和国同乌克兰和其他独立共和国一起独立(也即宣布它们也是新联邦独立、平等的主体——引者注),导致在莫斯科建立两院(俄罗斯院和联邦院),总之导致深刻的改建①。

斯大林的这种担心后来确实也出现了。在1922年12月26日的全俄苏维埃第十次代表大会上,就有人提出俄罗斯苏维埃联邦社会主义共和国不是作为一个完整的联邦单位加入共和国联盟,而是作为俄罗斯苏维埃联邦社会主义共和国所属的共和国分别加入共和国联盟,也许会更恰当些。实际上就是要以独立的俄罗斯共和国身份加入联盟。斯大林对此进行了反驳。1923年2月4日,斯大林在致全体中央委员的信中,又提出了是各个共和国通过现有的联邦组织加入联盟还是乌克兰、格鲁吉亚、突厥斯坦、巴什基尔等各个共和国单独加入联盟的问题。他阐述了自己对联邦原则的理解,指出:"单个的共和国(而不通过联邦构成体)加入毫无疑问是有一些好处:1)这符合我们的独立及自治共和国的民族意图;2)这可以取消联盟国家(联邦构成体)建设中的中间一级,取代三级(民族共和国—联邦构成体—联盟)而建立两极(民族共和国—联盟)。但这有一些严重缺陷:1)比如这要拆毁俄罗斯苏维埃联邦社会主义共和国,这要我们建立一个新的俄罗斯共和国,这要伴随重大的组织上的改造;2)建立俄罗斯共和国,这就要迫使我们把俄罗斯族的居民从自治共和国的构成中分出来划入俄罗斯共和国。"② 在1923年俄共(布)第十二次代表大会上,姆季瓦尼再次提出把俄罗斯联邦分解成几个组成部分,把各个组成部分变成独立的共

---

① 1922年9月27日斯大林答列宁致加米涅夫的信,见《苏联历史档案选编》(第5卷),第359~360页。
② 〔俄〕涅纳罗科夫:《70年前:俄共(布)第十二次代表大会上的民族问题》,《祖国历史》(Отечественная история)1993年第6期,第115页。

和国，苏丹—加利耶夫说："应当按姆季瓦尼的委托立即组建俄罗斯共和国。"斯大林不得不再次反对已有的自治共和国以加盟共和国的身份加入苏联及为此而组建俄罗斯共和国的主张。他开导说："同志们，着急不好。我们要观察一两年，看情况如何，如果实践表明应当把俄罗斯苏维埃联邦社会主义共和国分成小部分，我们就分，不必操之过急。"在斯大林看来这可能会加强大俄罗斯主义在国内的地位，他强调："与大俄罗斯沙文主义的斗争是我们的主要任务。"① 实际上，1925～1926 年在党内还一直有关于建立俄罗斯共和国问题的争论②。

关于斯大林的"自治化"计划和列宁的联盟计划哪个方案更能保证民族平等的问题。以往很多人都认为列宁的方案更能保证各民族的平等，斯大林的"自治化"计划使俄罗斯联邦处于比其他共和国更高的地位。斯大林的方案确实会伤害乌克兰、白俄罗斯、格鲁吉亚、阿塞拜疆、亚美尼亚的民族感情，无法真正体现民族平等的原则，这也是它遭到相关共和国不同程度反对的原因。列宁反对斯大林提出的"加入"俄罗斯联邦的"自治化"计划，要突出俄罗斯苏维埃联邦社会主义共和国与乌克兰苏维埃社会主义共和国及其他几个独立的苏维埃共和国的平等性，主张俄罗斯将同它们一起平等地加入新的联盟、新的联邦，以争取少数民族的信任。列宁的"建一层新楼"的构想无疑可以保证这几个独立共和国的平等地位，赢得这几个独立共和国的信任，但却忽视了俄罗斯联邦及外高加索联邦处于自治地位的各个共和国的民族感情，根本无法保证各个民族的平等。

因为按列宁的方案，一方面承认了民族共和国存在的权利（如乌克兰和白俄罗斯），另一方面又保留了俄罗斯苏维埃联邦社会主义共和国、外高加索联邦。苏维埃政权建立之初颁布的《俄国各族人民权利宣言》是要保证国内各民族人民无一例外地享有平等、主权、自由自决及自由发展的权利。而列宁的方案只是允许四个联邦主体，即四个共和国的平等地位，不是各民族的平等，而且在保证四个联邦主体平等之时，并不能保证多民族的俄罗斯联邦及外高加索

---

① 《20 年代观点交锋中的民族问题：文件与材料》（Национальный вопрос на перекрестке мнений. 20 - е годы. Документы и материалы），莫斯科，1992，第 211～213 页。另见《苏共中央通报》（Известия ЦК КПСС）1991 年第 4 期，第 172～173 页。
② Чеботарева В. Г., И. В. Сталин и партийно - советские национальные кадры, Вопросы истории.

联邦内各民族共和国处于平等地位,而是造成了加盟共和国与自治共和国两个等级,造成了新的不平等。由于加盟共和国和自治共和国在权利和地位上的差别、自治共和国和加盟共和国的划分没有明确的标准,导致自治共和国纷纷要求变身为加盟共和国。格鲁吉亚不通过外高加索联邦而直接加入苏联的要求,就是不甘于自己的自治地位,而是要把自己的地位提高到加盟共和国的水平。不仅格鲁吉亚人有变自治地位为加盟共和国地位的要求,俄罗斯联邦的自治共和国的领导人也意识到,解决这些共和国的经济发展问题,最后在很大程度上还是取决于它们的独立程度,他们根据新经济政策所确立的市场关系,提出了赋予俄罗斯的自治共和国以及大州和地区以"共同的苏联联邦内的加盟单位的权利"①。

斯大林根据列宁的意见制订并通过的联盟方案所存在的这一问题,当时党内的很多人就已经意识到了。穆赫塔罗夫(Мухтаров)在1922年12月26日的全俄苏维埃第十次代表大会上,就反对把俄罗斯苏维埃联邦社会主义共和国、乌克兰苏维埃社会主义共和国、外高加索联邦和白俄罗斯苏维埃社会主义共和国四个国家联合成联邦国家,认为如果不想把自决和独立的口号简单地变成民族自治,"就应当谈各个已经自决成为民族自治共和国、自治州的民族单位必须直接地不通过任何一级直接加入苏联以及加入苏维埃社会主义共和国联盟的必要性"②。鞑靼布尔什维克的杰出代表、民族事务人民委员部委员会成员苏丹-加利耶夫(М.-Х. Султан-Галиев),在1922年12月26日的全俄苏维埃第十次代表大会上要求各个共和国加入俄罗斯联邦,就是意识到了列宁联盟计划的问题。他认为在联盟问题上有两条路可走:第一条路是斯大林同志的报告中所确定的——就是建立联盟中央执行委员会和人民委员会(实际上就是按列宁的修改意见拟订的新方案——引者注)。第二条路是独立共和国简单地加入或与俄罗斯联邦合并的道路。他认为第二条路更正确,而斯大林报告中所提出的各个独立共和国与俄罗斯联邦联合的形式只会造成多余的线路、多余的一级党政机关,就会出现这样的结果——独立的阿塞拜疆或以前独立的格鲁吉亚在解决某个问题要经过整整三级——阿塞拜疆中央执行委员会、外高加索联邦中央执行委员

---

① 〔俄〕涅纳罗科夫:《70年前:俄共(布)第十二次代表大会上的民族问题》,《祖国历史》1993年第6期,第114页。
② 〔俄〕《20年代观点交锋中的民族问题:文件与材料》,第104~105页。

会和联盟中央执行委员会三级。俄罗斯联邦内的各个自治共和国也是如此。突厥斯坦共和国提出的某个问题,要经过突厥斯坦中央执行委员会,接着提交俄罗斯苏维埃联邦社会主义共和国中央执行委员会或人民委员会,然后这个问题又要通过联盟苏维埃中央执行委员会和联盟人民委员会。他认为根据列宁意见拟订的新方案,一方面,在成立联盟中央执行委员会时,将会出现完全不需要的多余机关;另一方面,把苏维埃各个共和国的民族分为有权进入联盟中央执行委员会的民族和没有这一权利的民族,被分成非亲生儿子和亲生儿子。这种原则无疑是不正常的,因此他完全同意必须取消阿塞拜疆、格鲁吉亚等共和国以及其他加入这个联盟的独立共和国的独立性的思想,要求让这些共和国作为共同联邦的权利平等的成员加入共同的俄罗斯联邦,不建立任何联盟中央执行委员会和联盟人民委员会。他认为这只是个游戏①。在根据联盟方案制订联盟条约及宪法草案时,皮达可夫和加米涅夫也都认识到按该方案建立起的体系很复杂,实际操作性很难。加米涅夫在11月28日的俄共(布)中央委员会上甚至提出保留俄罗斯苏维埃联邦社会主义共和国这一名称作为联盟国家的名称,删去"苏维埃社会主义共和国联盟"这一名称。在之后就宪法草案致列宁的信中,加米涅夫指出:"体系简化一点不好吗?""我本人并不相信这一体系的优越性,不过但愿能引起您对此予以关注。"②

正是这种双层联邦制,在1923年党的第十二次代表大会上讨论如何组织第二院的问题时,导致了应当由俄罗斯苏维埃联邦社会主义共和国、外高加索联邦、白俄罗斯和乌克兰这四个共和国的代表组成第二院,还是由不管是独立的还是自治的所有共和国及各民族地区的代表组成第二院的问题③。也是在这次党的代表大会上伏龙芝指出斯大林的有关民族问题的提纲中对问题的总的提法不明确,共和国之间的地位和相互关系不清晰,或按姆季瓦尼的建议把自治共和国变成独立的共和国,或放弃苏维埃第一次代表大会的决议。斯大林以"这是中央的指示"来反驳。这个问题被长期搁置。

---

① [俄]《20年代观点交锋中的民族问题:文件与材料》,第104页。
② 沈志华等:《苏联历史档案选编》第5卷,第387~393页。
③ 中国社会科学院民族研究所编《斯大林论民族问题》,民族出版社,1990,第251页。

三

由于在设计苏联联邦制时考虑不周及很多被代表意识到的问题没有得到很好的解决，因此导致了苏联的联邦制本身存在严重的问题与缺陷。

首先，与其他独立共和国处于同等地位的俄罗斯联邦在苏联实际上处于一种很特别的地位。联盟管理机关与俄罗斯苏维埃联邦社会主义共和国的机关没有分离。在建立联盟时，俄罗斯苏维埃联邦社会主义共和国的最高机关——全俄中央执行委员会、它的主席团、人民委员会以及其他一些机构实际上变成了苏联的中央机关，从俄罗斯一级升为联盟一级。列宁1923~1924年、李可夫（А.И.Рыков）1924~1929年是苏联和俄罗斯苏维埃联邦社会主义共和国两个人民委员会的主席。按俄罗斯学者的话说："真正成为前俄罗斯苏维埃联邦社会主义共和国中央国家机关继承者的不是加入联盟的俄罗斯苏维埃联邦社会主义共和国，而是苏联。"① 俄罗斯联邦与其他加盟共和国处于同等地位，但却没有像其他加盟共和国一样有自己的科学院和共产党组织，也没有自己的工会、共青团、无线电台和电视台。苏联的这些组织和机构既是联盟的，实际上也成了俄罗斯的。联盟机关对俄罗斯联邦独立性的侵蚀，使俄罗斯联邦的独立性大打折扣，在国家及跨民族层面上代表俄罗斯人的是丧失了民族特征的党的领导人和联盟中央政府。尽管俄罗斯苏维埃联邦社会主义共和国中央执行委员会、联盟中央执行委员会都是俄罗斯人占多数，在民族院中也是俄罗斯苏维埃联邦社会主义共和国及其自治体拥有极大的人数上的优势：59对28②，联盟苏维埃代表大会上俄罗斯苏维埃联邦社会主义共和国的代表也占明显的多数，在联盟的科学院、党团组织中也都是俄罗斯人占多数。但这种联盟管理机关与俄罗斯联邦机关不分离的状况，并没有真正令俄罗斯满意。1949年的列宁格勒案件，实际上就是俄罗斯不满这种状况的一次体现。根据一些资料来看，列宁格勒案件的参加者讨论建立俄罗斯共产党及把俄罗斯苏维埃联邦社会主义共和国政府迁到列宁格勒，而且竭力要提高俄罗斯联邦的独立性。莫洛托夫（В.М.Молотов）也承

---

① 〔俄〕舍伊尼斯：《苏联的成立及其第一部宪法》（Шейнис В. Л. Образование СССР и его первая конституция），《俄国历史》（Российская история）2010年第1期。

② 〔俄〕舍伊尼斯：《苏联的成立及其第一部宪法》（Шейнис В. Л. Образование СССР и его первая конституция），《俄国历史》（Российская история）2010年第1期。

认，列宁格勒案件使人看到的是俄罗斯民族主义的迹象。1991年俄罗斯率先甩包袱，实际上也与俄罗斯在苏联的特殊地位有关。以至于当今俄罗斯有些历史学家甚至认为："人口最多的俄罗斯人在苏联恐怕是最无权的。"①

实际上，关于应该将联盟管理机关与俄罗斯联邦的管理机关分离的问题，早在1923年2月21~24日举行的俄共（布）中央全会上，伏龙芝（М. В. Фрунзе）在《苏维埃共和国联盟苏维埃代表大会的决议中的实际问题》报告中就一再强调过②，但这在当时并没有引起重视。

其次，苏联虽是几个独立的苏维埃社会主义共和国联盟，就中央和地方的关系来看是联邦制，但并不是纯粹的联邦制。苏联的联邦制兼有单一制和邦联制的特点。

说它具有单一制特点，是因为苏联是在国内唯一的政党——布尔什维克党领导下的社会主义联邦，而布尔什维克党是个集中统一的党，它凌驾于各个机关之上。这一点党内有些人已经意识到，格鲁吉亚的Ф. 马哈拉泽在1923年的俄共（布）第十二次代表大会上就指出："人们在这里谈论独立，谈论自主的苏维埃共和国。大家都清楚，这是什么样的自主性，是什么样的独立性。要知道，我们有一个党，一个中央机关，中央机关最后要为各个共和国，甚至是最小的共和国无条件地决定一切。"③ 不成立俄罗斯共产党也就是要保证一个集中统一的党。1925年12月党的一次中央全会上，由于俄共（布）改称联共（布）而出现了成立俄罗斯共产党的问题。当时奥尔忠尼启则指出："如果我们保留格鲁吉亚、乌克兰的党组织，这将促使我们应当组建俄罗斯共产党。我们无法证明，这不合适。我们毕竟还无法及时防止这一点。"对组建俄罗斯共产党的建议，加里宁（М. И. Калинин）表示支持，伏罗希洛夫（К. Е. Ворошилов）也认为在按国家的名称更改党的名称的情况下，"从逻辑上讲必须组建俄罗斯共产党，因为在苏联有俄罗斯联邦"。但斯大林反对这一要求，认为这将是"政治上的一个失误"，建立特殊的俄罗斯共产党是非常危险的，"有可能导致党以联邦制的形

---

① 〔俄〕夏金、卢布科夫主编《20世纪祖国现代史》第1卷，莫斯科，2004，第408页。
② 〔俄〕涅纳罗科夫：《70年前：俄共（布）第十二次代表大会上的民族问题》，《祖国历史》1993年第6期，第116页。
③ 〔俄〕舍伊尼斯：《苏联的成立及其第一部宪法》，《俄国历史》2010年第1期。

式分裂"①。国外的一些历史学家，根据他们对联邦制的理解，也认为："党的中央集权制一开始就使真正的联邦关系成为不可能。"② 另外，作为联邦制，各个加盟共和国都有自己的宪法，1924 年的苏联宪法按联邦制规则规定，加盟共和国的主权，仅受本宪法所定范围和联盟所属职权的限制。除此以外，每一加盟共和国均可独立行使自己的国家权力。苏维埃社会主义共和国联盟保护各加盟共和国的主权（第 3 条）；它规定各盟员共和国有权修改自己的宪法，但要根据本宪法的规定（第 5 条）；但同时又规定联盟机关有权"废除各盟员共和国苏维埃代表大会及中央执行委员会与本宪法相抵触的各项决定"（第 1 条 23 款）③。

它的邦联制特点，是联邦成员有退出联盟的权利（第 4 条）。而在真正的联邦制下，联邦成员拥有的不是退出联邦的权利，而是真正的自治自由和有宪法及政治保证的解决自己内部事务的现实可行的机会。也正是由于苏联的联邦制具有邦联的特点，以至于乌克兰的 П. 索洛杜布在 1922 年 12 月 18 日的文章中指出："未来的共和国联盟不是什么别的，而是国家联盟（конфедерация стран），因为联盟主体不是州和自治共和国，而是主权国家。"④ 不过，宪法虽然赋予联盟成员退出权，但在很长一段时间无论是宪法还是法律始终都没有对把这一权利变成现实的机制做出规定，这就使这一权利化为乌有。

当时列宁本人对联邦和邦联的区别似乎不是很清楚，他的《关于民族或"自治化"问题》就有："保留和巩固社会主义共和国联盟"及"就外交机关而言需要保留社会主义共和国联盟"⑤ 这样的矛盾之处。斯大林的"自治化"计划当时就有避免这种矛盾情况出现的考虑。斯大林在 1922 年 9 月 22 日给在哥尔克休养的列宁的信中就指出中央和地方的关系"要么真正独立，那样的话，没有中央干预，有自己的外交人民委员部，自己的对外贸易人民委员部，自己的租让委员会，自己的铁路部门，而且，共同的问题通过对等的谈判，根据协议

---

① 〔俄〕《莫斯科大学学报（系列之八：历史）》（Вестник Московского университета. Серия. 8. История.）1992 年第 4 期。
② 〔俄〕《20 世纪的俄国：民族关系问题》（Россия в XX веке：Проблемы национальных отношений），莫斯科，1999，第 283 页。
③ 所引宪法条文见中国社会科学院苏联东欧研究所、国家民族事务委员会政策研究室编译《苏联民族问题文献选编》，社会科学文献出版社，1987。
④ 〔俄〕《20 年代观点交锋中的民族问题：文件与材料》，第 87 页。
⑤ 《列宁全集》第 43 卷，人民出版社，1987，第 354 页。

解决，而俄罗斯联邦全俄中央执行委员会、人民委员会和劳动与国防委员会的决定，各独立共和国不必执行；要么把各苏维埃共和国真正统一成一个经济整体，把俄罗斯联邦人民委员会、劳动国防委员会以及全俄中央执行委员会的权力正式扩大到各独立国家的人民委员部、中央执行委员会和经济委员会，即以各共和国在诸如语言、文化、法律、内务、农业等方面真正的内部自治来取代有名无实的独立"①。但斯大林的这些建议并没有被考虑。

再者，按民族特征建立的民族联邦本身也存在缺陷。苏联按民族特征建立共和国、自治州及所进行的民族区划，虽保证了各少数民族的自治权，但也导致了少数民族自我意识的觉醒和民族主义情绪的增强。这一方面表现为有些新成立的民族共和国和自治州提出修改自己的外部边界以扩大自己的领域范围。比如，沃佳恰克自治州1925年就想获得乌拉尔州一个区沿边界的部分；楚瓦什苏维埃社会主义自治共和国想要乌里扬诺夫斯克省的阿拉提尔县；巴什基尔觊觎巴斯昆恰克湖的一个地区。在一些地区民族划界导致了各民族间关系的尖锐，比如在突厥斯坦1925年发生了吉尔吉斯人和乌兹别克人之间的武装冲突②。另一方面，把某个民族分出来成立独立的民族共同体，也促使其他民族产生了类似的要求。在1925年11月俄共（布）中央组织局《关于民族共和国和州的苏维埃建设》的报告中说："现在，雅库特的通古斯人、奔萨省的莫尔多瓦人、滨海省的卡累利阿人都有变成自治单位的要求。"③

而民族主义情绪的滋生又导致了中央以地方民族主义为借口采取不正常的形式进行反"民族倾向主义"的斗争。如1928年年初，在亚美尼亚揭露了所谓的"独特性主张者"集团，他们被指控过分强调各共和国的民族独特性。在乌兹别克斯坦，突厥斯坦的中央执行委员会主席 У. 霍贾耶夫（У. Ходжаев）、黑德拉里耶夫（Хыдыралиев）等被指控为"民族右倾主义"，他们被指控包庇拜伊（中亚地区的地主、富农、财主）、原沙皇的官员和那些推行民族主义路线及反对中央派来的干部的人。在哈萨克斯坦，1926年，尖锐地批判了在共和国负责的工作人员 С. 萨德沃卡索夫（С. Садвокасов）、С. 哈扎贾诺夫

---

① 沈志华等：《苏联历史档案选编》第5卷，社会科学文献出版社，2003，第340~342页。
② 〔俄〕赫马拉：《1920~1930年苏联民族国家建设的经验》，《祖国历史》2006年第3期，第131页。
③ 〔俄〕赫马拉：《1920~1930年苏联民族国家建设的经验》，《祖国历史》2006年第3期，第131页。

(С. Хаджанов)、Ж. 蒙巴耶夫（Ж. Мунбаев）的"民族倾向主义"集团，指责他们支持阿乌尔（高加索、中亚等地的乡村）的剥削分子，阻挠工业的发展，力图使哈萨克斯坦与其他共和国分开等。1926 年，共和国著名的活动家 Т. 雷斯库洛夫（Т. Рыскулов）被控犯有民族主义性质的错误。苏丹 - 加利耶夫 1923 年被开除出党，而后在鞑靼对"苏丹 - 加利耶夫分子"进行了长时间的搜寻。1928 年，捏造了新的作为国际帝国主义和一系列外国总部的代理机构的"苏丹 - 加利耶夫集团"案（苏丹 - 加利耶夫本人在 1940 年被枪决）。在乌克兰揭发了"乌克兰民族主义者斯克雷普尼克（Н. А. Скрыпник）集团"。在白俄罗斯展开了与当地的白俄罗斯共产党（布）内部的白俄罗斯的、犹太的和波兰的资产阶级民族主义者进行的斗争。当时对民族倾向主义者进行的没有充分根据的镇压使各个民族都蒙受了巨大损失。对这种结果，苏丹 - 加利耶夫在 1923 年 4 月 25 日的俄共（布）第十二次代表大会上就已经预料到，他曾在会议上指出，大国沙文主义者"将会以巴什基尔民族主义为借口，打击巴什基尔共产党人……同地方民族主义的斗争有可能采取不正常的形式"①。

对于苏联联邦制的缺陷，早在苏联成立后不久，侨居国外的 Н. 阿列克谢耶夫就意识到了。他在 1927 年就曾指出："共产党人在联盟范围内建立了大量的民族共和国……有助于地方民族主义的觉醒，地方民族主义不可能没有变成独立力量的危险……这是非常可怕的现象，也许，不仅对苏联政府的命运，而且对未来的俄罗斯的命运都是最危险的现象之一。""苏联的政策应当致力于逐渐把它的联邦制从民族的联邦改革成区域联邦。应当成为联邦制原则的不是民族，而是真正的以州或边疆区为形式的地理和经济整体。"②

原载《史学月刊》2013 年第 4 期

---

① 〔俄〕《20 年代观点交锋中的民族问题：文件与材料》，第 200 页。
② 〔俄〕维什涅夫斯基：《俄罗斯的还是普鲁士的？——过渡时期的沉思》（Вишневский А. Г. Русский или прусский? Размышления переходного времени），莫斯科，2005，第 118～119 页。

重新审视《苏日中立条约》下的苏日关系

吴 伟[*]

第二次世界大战期间，苏日关系在本应该相当明确的同盟国与轴心国阵营之中，呈现出特殊之处，即在一段时间之内，苏日两国保持着一种复杂且微妙的关系。由于苏日两国在1941年4月签订了中立条约，两国遵守着"互不相犯"条约，但与此同时，它们的盟友又分别是各自的死敌。直到1945年4月，苏联宣布废除《苏日中立条约》，并在同年8月正式出兵远东，苏日关系才就此归于简单。以往大多数著述中，虽然把《苏日中立条约》立、废期间的苏日关系作为一种"特殊关系"进行考察，但并没有明确这期间两国关系的实质。实际上，在第二次世界大战全面爆发之后，苏联作为美英两国的盟国，已经与作为纳粹德国盟友的日本处于事实上的敌对状态了。尽管两国之间仍维持着非军事冲突关系，但这并不能改变两国敌对关系的实质。在世界反法西斯战争的大背景下，在关乎国家存亡的危机面前，苏联处理对日关系的最高原则和出发点，就是怎样保证战争形势朝着有利于自己的方向发展，怎样利用一切可以利用的资源战胜敌人并最大限度地实现自己的战略利益。

一 一个敌人还是两个敌人：《苏日中立条约》的背后

还在第二次世界大战的欧洲战场形成之前，德意日三国就于1939年签订

---

[*] 吴伟，中国社会科学院俄罗斯东欧中亚研究所研究员。

"反共产国际"协定,结成了具有强烈政治倾向的同盟。之后,三国以"轴心"标榜,向世人宣示了一个跨洲国家集团的密切关系以及隐现在"轴心"一词后面的世界性野心。无论是前者还是后者,苏联都是这个集团针对的重要目标之一。对此,苏联心知肚明,也充分认识到与帝国主义国家之间的战争不可避免。

在苏德战争爆发之前,苏联外交的首要任务,已经不是如何避免战争,而是如何尽可能推迟战争的降临。从这个意义上讲,为参战或者被参战争取更有利的条件,成为当务之急。因此,苏联采取了一系列外交行动:与英、法进行结盟谈判,争取与主要威胁纳粹德国达成协议,以及与地处苏联国土另一端的日本保持稳定的关系。

苏联与英法的谈判无果,但却在与德国、日本的外交行动中有所收获。《苏德互不侵犯条约》签订后,苏联采取的一系列军事行动,并不是为了避免战争,而是为日后到来的战争做紧张的准备。《苏日中立条约》签订的目的也是如此。

苏日开始讨论有关两国签署条约问题时,日本的侵华战争还在不断扩大,苏联建立"东方战线"的行动也没有结束,纳粹德国在欧洲战场上气焰嚣张。在这样的背景下,苏日两国从各自的处境考虑,着眼于应对已在进行的和即将来临的战争,来处理它们的关系。1940年7月2日,日本驻苏大使东乡茂德与苏联外交人民委员莫洛托夫进行了两个月中的第三次会谈。如果说,前两次会谈在签署条约上还是试探性的,那么在这次会谈中,双方第一次涉及签署条约的具体问题。深陷侵华战争的日本担心受到另一个大国的进攻,为此"它不得不针对这种进攻采取预防措施"。东乡向莫洛托夫表示,和苏联为邻的日本希望与苏联保持和平友好关系,"如果两国中的一个……遭受来自第三个大国的进攻,另一个不应该帮助发动进攻的国家"。东乡强调:"如果建立了这种关系,苏日之间的关系将得到稳定并且没有什么可以使之动摇。"莫洛托夫表示赞同,并说:"使两国关系稳定的总的想法是正确的,这只有联合才能达到。"莫洛托夫进一步表示:"不帮助侵犯己方和不侵犯对方的总的想法是正确的。无论是在我们国内,还是在日本的所有明白人,不能不赞同这一点。"

似乎受到莫洛托夫同意其观点的鼓励,东乡茂德直接提出希望苏联不要再给中国重庆政府提供帮助。莫洛托夫回答说:"这个问题现在对苏联来说并不紧迫,目前所有帮助中国的猜测都是没有理由的。如果苏联帮助中国,中国也许就不会是现在所处的境地了。苏联有自己的需要,现在它要保证自己国防上的需要。"莫洛托夫又解释说:"他自己不否认这样的事实,即以前苏联给予中国人员、武器和飞机方面的帮助。但现在是另一种情况。""我们的国家扩大了，在巩固本国国防方面我们有自己的需要。"

不难看出，在第二次世界大战的战火蔓延于欧洲、亚洲之际，苏联的考虑和行动都有非常明确的出发点，即从战争的角度确定自己采取的政策和行动。这种角度要考虑两方面因素：一方面是当前战争的环境，以及它可能的发展变化；另一方面是苏联一旦被卷入更大的战争，如何使自己的处境更好一些。从大战的发展趋势看，苏联非常清楚它所能争取到的不是避免更大的战争，而是延长更大战争到来的时间。在争取更好的处境上，苏联会为了安抚日本而答应放弃对中国抗日战争的支援。当然，苏联此举仍有短视之虞。失去苏联的帮助，中国的抗日战争会增加一些困难，中国战场的形势就会变得对日本有利。在日本国内早有进攻苏联意向的那部分势力看来，这无疑是个机会，甚至是种鼓励。

1941年4月13日，莫洛托夫与到访的日本外相松冈洋右在莫斯科签署了《苏日中立条约》。条约规定：苏日双方保持和平友好关系，相互尊重对方之领土完整，不予侵犯；"如果缔约一方成为第二者的一国或几国的战争对象时，缔约另一方在整个冲突过程中将保持中立"。双方发表声明，苏方同时承认满洲国的独立地位及领土完整，日方则承认了蒙古人民共和国。

条约的签订并未让苏日关系亲近，这从斯大林和松冈在签约后的交谈中可以体察到。在斯大林为日本代表团中的军人祝酒之后，松冈的一番话令冷风乍现："这些统领着陆海军的人们从大局出发签署了中立条约。实际上他们总是在想消灭苏联。"对这种暗含机锋的话斯大林也不示弱："所有日本军人要想明白，今天的苏联不是那个你们曾经战胜过一次的腐朽的沙皇的俄罗斯帝国。"不难看出，这样的对话营造出的氛围会使人明显感觉到，"坐在桌边的不是朋友，而是敌人"。

条约的签订并未消除苏日之间面临的战争危机。就在签约签署之后的第九周，纳粹德国入侵苏联，苏德战争爆发。希特勒曾经当面向松冈夸下海口：两个月内把苏联从地图上抹去，苏德战争初期的战况，似乎大有将其变成现实的可能，这也极大地刺激了日本统治集团内部的一部分人，他们主张在德军还没有最后击溃苏联之前发动进攻，以便有资格和德国一起分享好处。主张北上进攻苏联的代表中就有不久前刚刚签下中立条约的松冈。在1941年6月25日召开的政府和帝国大本营联席会议上，松冈说："我在签署中立条约时，德国和苏维埃俄国还没有开战。如果我知道它们将要开战，我也许会在对德关系中持更加友好的立场并且不签署中立条约。"他说他曾向德国驻日本大使奥托表示："我们会不管（日苏）条约的规定而忠于我们的盟友。"7月11日，御前会议给关东军和在中国北部的日军部队发出进行演习的第506号特别命令，以进行"关东军特别大演习"的名义调动了约30万兵力。这个所谓的"关特演"，强调"演习"的目的是加紧准备对苏联的进攻。日军总参谋部还制定了从开始动员到结束对苏战争的时间表。根据这个时间表，开始对苏军事行动的时间定在8月29日，而结束军事行动的时间不超过10月中旬。这就清楚地说明，日本统治集团并没有把遵守中立条约看得很重要。在他们的潜意识中，苏联是一块大部分已被德国人叼在嘴里的肉，日本要做的就是尽可能地抢到更多。尽管由于种种原因"北上派"没能争过"南下派"，日本发动了太平洋战争，但日本统治集团认为，对《苏日中立条约》是完全可以根据局势需要撕毁的，在他们眼中，这无异于一张纸。

日本高层在极为秘密情况下进行的"北上南下"之争，并没有躲过苏联情报机构的触角。6月26日，苏联著名情报人员佐尔格向莫斯科报告：松冈对德国大使说："毋庸置疑，不久之后日本将进攻苏联。"7月3日，佐尔格再次报告：德国驻日武官相信："日本将不晚于6周之后发动战争。日本人的进攻将从符拉迪沃斯托克、哈巴罗夫斯克开始，并登陆萨哈林，再从萨哈林进攻苏联沿海地区……"一周后，他又报告："御前会议决定不改变进攻印度支那的行动计划，但同时决定准备一旦红军失败就进攻苏联的行动。"同时，他还告诉莫斯科，奥托收到来自柏林"尽可能让日本尽快参战"的指令。7月30日，佐尔格从自己的情报渠道获得消息，日本准备进行的"关特演"其主要矛头指向苏联。根据日本的动员进度，"从8月下旬起日本可以开始战争，但只有在红军实际上已被德国人击溃，因而远东的防御能力削弱的情况下"。9月14日，佐尔格发来日本不会在今年进攻苏联的情报中，还有一句意味深长的话：日本的"武装力量在明年春季之前还将留在满洲国，以便在出现苏联溃败情况下展开进攻"。

佐尔格的报告还只是苏联遍布各国的情报机构提供的情报之一，莫斯科还从德国、中国、美国和欧洲其他国家获得了类似情报。这些情报之间相互印证，让苏联领导人形成一个强烈的印象：日本会随时进犯苏联。尽管这种进犯可能会因苏德战场的形势变化提前或者延后，但日本骨子里对苏联怀有的敌意难以改变。在苏德战争已经开始的情况下，作为德国盟友的日本，无论如何都不会被莫斯科当作"朋友"，苏日之间敌友的分界线应该是非常清楚的。对苏联来说，日本甚至都不能算"潜在的敌人"，它就是一个随时都会扑过来的现实敌人。这个敌人之所以没有马上扑来，是在等待苏联在和德国的殊死厮杀中血尽气竭。于是，在苏联卫国战争中就出现了这样的现象：苏联为了避免日本进攻，不使自己陷入两线作战，必须全力抵抗住德军；而要在对德战争中获胜，则需要及时得到反法西斯盟国的外部援助。如此，苏联从美英得到援助，德国在苏德战场上的阻力和压力增大，愈加指望日本进攻苏联来分担压力；而苏德战场的战局越僵持不下，日本也就越发举棋不定。

苏日关系紧张和苏联对日本高度警惕还有一个典型的表现，就是苏联在远东沿海海域布设水雷。1941年7月，苏联在首次布雷后，通知了日方可能威胁到船舶航行的危险海域。日方对此提出强烈抗议。日本外务省次官大桥忠一会见苏联驻日大使斯麦塔宁时警告说，苏联此举对日本渔船作业和其他船舶航行构成威胁，因而对日本国家利益构成打击；日本保留采取一切必要反制措施的权利。11月5日，日本汽船公司的"气比丸"号触到苏联水雷沉没，造成156人死亡。日本政府要求苏联赔偿损失和清除设置的水雷。对此，苏联予以否定，认为事故原因不是因苏联水雷而起，不能排除日船自身原因或第三国的政治性挑衅，因此拒绝解除设置危险海域区。其实，要想查明"气比丸"事件的真相并不困难，而且苏联无论如何也脱不了与这一事件的干系。苏联实际上是在为布雷和不取消危险海域区的设置寻找借口。归根结底它还是对日本不放心。

此后，日本对苏联船只也频频采取行动。1941年12月，苏联的"克列切特"号、"彼列科普"号、"斯维里斯特罗伊"号、"迈科普"号先后被日军炸毁。1941年全年有10艘苏联舰船被日军炸沉。从1941年12月到1945年4月，日本扣押苏联商船194艘。苏联政府多次发出严厉抗议并进行交涉，但日本官方拒不承认，并以战争时期为由推卸责任。防范—危害—报复，苏日之间的这一串"互动"，完全可以用"敌意"来解释。

从卫国战争的整体局势看，苏联实际上要应对的是两个敌人。一个敌人扑上来与苏联厮杀，一个敌人做好准备伺机而动；一个敌人因其强大的军事力量异常危险，一个敌人随时可能背后偷袭，因而须臾不能掉以轻心。对付这两个敌人，条约是靠不住的，《苏德互不侵犯条约》已是前车之鉴。苏联采取的办法是，与更强大的那个敌人死拼，以不屈的精神和顽强的韧力，震慑和压制实力较弱的那个敌人，使其不敢轻举妄动。这就是卫国战争期间苏联对一明一暗两条战线微妙关系的把握。从这种把握上去理解斯大林为什么会果断地从东部军区调兵,去理解苏联对租借法案的关注,去理解为什么在彻底打败纳粹德国之前苏联始终遵守与日本签订的中立条约,才能深入历史现象的表层之下,放大认识问题的视野。

二 同盟国之间的援助和两个"第二战场": 苏联对苏日关系的利用

1941年12月7日,日本偷袭珍珠港,太平洋战争爆发。1942年1月1日,世界反法西斯联盟正式成立。26个国家签署的《联合国家宣言》第一条明确规定:"每一政府各自保证对与各国政府作战的三国同盟成员国及其附从国使用全部资源,不论军事的或经济的。"法西斯集团和反法西斯集团的对决完全公开化,第二次世界大战由此进入新阶段。

在反法西斯集团的三大国中,苏联和美英相比有一个特点,它在绝大部分时间里,与敌对集团中不同成员的关系相对"复杂":它与纳粹德国互为死敌,在战场上全力厮杀,又与德国的盟国日本保持国际法意义上的"中立";同时,苏联的盟友美英两国,在不同战场上与德、日进行着交战。苏联希望在对德作战中能得到美英的大力支持,美英也希望在对日作战中能得到苏联的帮助,由于苏联与日本保持着条约关系,无论是苏美英之间,还是德日之间,都在利用苏日之间的微妙关系做文章。这种现象在大战中是绝无仅有的。如果简单地用是否交战来衡量,似乎苏联既不是轴心国集团的共同敌人,也不是同盟国集团内忠实尽职的一员。

从上述"两个敌人"以及对它们先后次序的排列看,苏联不可能在太平洋战争爆发后把日本从自己敌人的名单中划掉,也不会对盟国正在与日本进行的战争完全无动于衷。实际上,苏联一直把参与对日作战作为达成主要战略目标的助力手段。这个战略目标首先是战胜德国,之后是实现远东的领土利益。

战胜最主要和最凶恶的敌人纳粹德国,是苏联大战期间最重要的军事目标。苏联战时的主要内外政策都紧紧围绕这个目标,其他的一切都要服从这个目标,为实现这个目标服务。应当说,世界反法西斯联盟的形成为苏联实现这个目标增添了有利的砝码,苏联可以从盟国——主要是美英两国——那里得到进行对德军事斗争的物质援助和军事配合。在争取援助和配合的过程中,苏联也利用苏日之间处于敌对集团但又没有宣战的特殊关系,希图改善其在对德战争中的被动局势。

争取盟国更多更快地提供物质援助,是苏联战时的一项重要工作。苏德战争初期,苏联的艰难处境和对外部援助的迫切渴求,自不待言。但盟国对苏联的援助并不给力。直到太平洋战争爆发,美国在对日战争上开始"有求"于苏联了。罗斯福在1941年12月8日会见新任苏驻美大使李维诺夫时明确提出,美军战机可否利用苏联领土如符拉迪沃斯托克为基地,对日进行轰炸。答应这个要求意味着苏联破坏《苏日中立条约》,自动加入了对日作战。两天以后,莫洛托夫电示李维诺夫回复罗斯福:"我们不认为在当前时刻有向日本宣战的可能性,在日本还遵守《苏日中立条约》的时候,我们不得不保持中立。"莫洛托夫给出了两点理由,第一个理由是苏联不愿意落下率先破坏中立条约的名声,"因为我们自己总是谴责破坏条约的政府"。第二个理由从两方面说到苏联当前对日宣战时机不当:一方面,当前苏联对德战争正处于严酷处境,几乎所有力量都被集中到苏德战场,这时候对日宣战和两线作战是不明智而且危险的;另一方面,"在当前敌人还没有被从苏联领土上赶出去,而苏联国民经济还经受着极度艰难的时候,苏联人民和苏联社会舆论也许不理解和不赞成对日宣战的政策"。接下来,莫洛托夫把对日战争与对德战争联系起来,"苏联对日宣战会削弱苏联对希特勒军队的抵抗并让希特勒德国获利。我们想,我们主要的敌人还是希特勒德国"。

从这个回复中可以看到,克里姆林宫真正想要表达的意思是:一切以苏德战场为主,苏联的军事力量和国民经济还无法满足在两条战线作战。但细读之后就会发现,莫洛托夫强调了两次,这只是"当前"!既然是"当前",也就意味着它会发生变化。那什么因素会促成和加速变化的到来呢?或者说,希望苏联对日宣战的盟国,可以做些什么来改变苏联"当前"的状态呢?答案不言自明。还有一点需要指出,苏联领导人虽然没有立即答应对日宣战,但并没有改变"两个敌人"的立场,而且直接把对德和对日战争联系起来了。在12月17日与来访的英国外交大臣艾登的交谈中,斯大林不仅主动把话题转到远东问题上,而且把苏联参加对日战争的可能性说得更为明确了:"当前苏联应该仔细考虑自己的力量和可能性。我们远东部队的绝大部分最近已经向西线调动。现在远东将组建新的力量,但还需要不少于4个月的时间。如果(日本)能进攻我们,就最好了。如果德国人现在开始在前线失败,日本就有可能,甚至确定会进攻苏联。"很明显，斯大林仍然没有关死对日作战的大门，他所强调的是在远东组织新力量的时间和由谁首先"破坏"中立条约的问题。其中，斯大林特意说明在远东组建新的力量和时间表，绝对不是对美英的顺口搪塞。他是表明组建这种力量所需要的援助和落实时间表的物质前提。有意思的是，在1942年2~3月罗斯福致斯大林的信中，美国总统不仅亲自向斯大林通报已经装运完提供给苏联的武器装备的详细数量，而且主动建议给苏联追加拨发10亿美元，用于根据租借法案获得所需物资。也许正是罗斯福真正读懂了苏联领导人的"潜台词"。

敦促盟国开辟欧洲第二战场，是战时苏联外交努力的一个重要方面。卫国战争开始后的两年中，苏联竭力争取盟国开辟欧洲第二战场，但并未及时如愿。当盟国在对日战争上"有求"于苏联的时候，苏联当然不会放弃争取利益的机会。如上所述，1941年12月艾登访问莫斯科期间，斯大林和艾登既谈到了苏联参加对日作战的时机，也谈到了盟国何时能够在欧洲开辟第二战场问题。有学者认为这不是偶然的，"不排除在转向参加对日斗争问题时，斯大林实际上是催促西方大国政府作为回应措施在欧洲开辟对德第二战场"。长期担任苏联外交部部长的葛罗米柯在回忆录中说："非常明显，华盛顿把盟国在西线对德第二战场的开辟，与苏联在东方帮助美国的准备联系起来。"尽管在公开的文件中，反法西斯大国领导人都没有直接说明这种联系，但它是客观存在，当属不言而喻的事情。

如果能够在东、西方同时开辟两个"第二战场"，实现反法西斯同盟国之间战略利益的互补，也许不失为一种最理想的状态。但就现实情况看，同时在两线作战，无论是美英还是苏联都有相当的困难，需要解决一系列极为复杂的问题。除了西方和苏联之间由于意识形态、社会制度长期对立产生的猜疑、防范和不信任等因素外，单从军事角度说，三大国之间尚缺乏一个统一的军事决策机构和一套确保紧密配合的协调机制。这就势必造成各国军事力量无法实现统一部署和调动，战略资源的及时共享以及军事信息和情报的顺畅交流等。三大国赢得反法西斯战争胜利的战略目标一致，但在考虑各个战场投入多大力量和孰先孰后的判断上，基本上是各自为主。众所周知，围绕欧洲第二战场和远东第二战场该不该开辟，什么时候开辟，投入多大力量开辟等问题，在反法西斯同盟国之间出现了尖锐矛盾和激烈纷争，给盟国之间的关系带来了不小的负能量。一方面，罗斯福和丘吉尔把答应斯大林开辟欧洲第二战场的时间一推再推，斯大林在失望之余曾愤而直言："这里的问题并不仅仅在于苏联政府的失望，而且在于维持它对盟国的信任问题，这种信任现在正遭受着严峻的考验。"另一方面，当罗斯福多次请求斯大林提供苏联远东地区军事力量情况以便给美军参谋长联席会议制订共同对日作战计划进行参考时，斯大林态度消极。好在稍后美英确定了"先欧后亚"的战略方针，要求苏联开辟远东第二战场的压力有所减弱。不过这也同时意味着，在力促盟国重返欧洲大陆上，苏联手中仅有的一个还算有点分量的砝码，也相对减轻了。

同盟国的三大国把两个第二战场问题同时提上议程是在德黑兰会议。会上，罗斯福和丘吉尔当面向斯大林介绍了盟军计划中的"霸王"战役的初步设想，三国首脑随后就战役开始的时间、兵力、登陆地点、各个战区之间的协调以及指挥战役的总司令等问题展开了讨论。这让斯大林有理由相信，盟国就"将从东、西、南三面发动的军事行动的规模和时间达成了完全一致的协议"。也正是在这次会议上，斯大林同样当面向盟国领导人表示了准备在战胜纳粹德国后，参加对日战争，与盟国形成"反对日本的共同战线"。尽管斯大林没有明确说明要开辟远东第二战场，但罗斯福和丘吉尔明白这是什么意思。这就是一种承诺上的"默契"：当开辟欧洲第二战场基本落实的时候，远东第二战场的开辟也有了希望。深谙两个第二战场潜在关系奥妙的罗斯福，借着赞赏斯大林愿意在"霸王"战役中与盟国配合行动，弦外有音地说："我希望，我们这些国家，现在都懂得了共同行动的必要性，我们三国即将进行的战役表明：我们已经学会了一致行动。"就这样罗斯福"学会了一致行动"与斯大林"反对日本的共同战线"之间，形成了巧妙的呼应。

在开辟欧洲和远东两个第二战场上，美英和苏联都分别掌握着主动权，同时期望对方首先付诸行动。它们也都不是没有任何能力在对方希望的时间和地点开辟新的战场。历史发展过程表明，它们意识到了两个第二战场之间的联系以及有可能带来的局势变化。意识到这种联系并利用它达到自己期望的目的，再一次反映出苏联对日本的基本态度。为了抵抗第一个敌人，苏联考虑过在艰难的情况下开辟远东战场，与第二个敌人戳破那道"纸屏"。苏联之所以没有马上付诸行动，不是因为对日本的"怜悯"，而是因为盟国没有做出足以让它下定决心的表示，这是根据战局权衡利弊的结果。美英和苏联都没有利用手中握有的主动权，在大战全面爆发的最初两年在欧洲和远东开辟两个第二战场，并尽早建立它们之间的联系，及时满足盟友的要求。

三 苏日关系的一般状态与实质：苏日关系的两条线索

从与日本迅速签订中立条约，到在相当长时间内维持中立状态，不与日本发生正面军事冲突，是第二次世界大战期间苏联与日本关系呈现出的一般状态。同时，从两个敌人的意识，到与美英结成同盟，再到考虑开辟远东第二战场的可能性，以及最后废除《苏日中立条约》和对日作战，则是苏日关系的另一种真实存在。一般状态与真实存在的交织，反映出战时苏日关系的微妙。

尽管苏日之间有一纸条约规定了在集团对抗的大战中保持各自的"中立"，但正如前文所述，双方都仅仅把这个条约作为某一时间内为规避更大风险而采取的权宜之计。大战中，苏联与日本的盟国在苏联领土上血拼，日本与苏联的盟友在亚太战场上激战，这种状态使敌与友的鸿沟模糊不得，也不容模糊。苏日不仅把对方视为敌人，而且做出了明确部署并且不乏相互冲突、彼此相犯的事实。尽管这不是大规模的战争形式，但两国掩盖在"中立"面纱下面的谋划与行动，同样充满火药味道。

在国际反法西斯联盟正式成立后，伴随着战争局势的变化，日本军政两界数次提出和讨论进攻苏联的计划。1942年2月18日，日本"总体战略研究所"向日本政府提交了对苏作战战略纲领，其中提出："在对苏作战情况下，要利用敌人主战场的战略形势，在远离主要作战基地的地方，实施最强有力的第一次打击，迅速消灭敌人的有生力量和部队，力图在最短时间内解决军事交锋，然后占领重要地区，进行持久战。"根据陆军总参谋部制订的进攻苏联作战计划，第一阶段在满洲里集中使用30个步兵师、4个航空师和近1000辆坦克。主要打击计划放在伏罗希洛夫（乌苏里斯克）方向，并最终占领全部沿海地区。1942年3月7日，日本帝国大本营和内阁联合会议形成的《对国际形势和所能达到的军事后果的评价》中指出："美国和英国……将希望苏联以其行动牵制日本，或者直接参加对日作战；当前，美国和英国可能希望，在苏联东部秘密建立进攻日本的基地。""考虑到世界大战的严重性，苏联将力图巩固与美国和英国的合作；其基本注意力将放在对德战争上；当前，苏联将力求保持已有的对日态度，它没有按美国和英国的要求加入对日作战的危险；如果苏德战场的局势在春季攻势时变得有利于苏联，而日本的军事实力由于美国和英国的军事行动受到削弱，那么就不排除苏联参加对日作战的可能性；如果苏联认为使用军事力量对日作战是不可避免的,将出现不小的危险性,即苏联在自己的领土上给美国提供若干军事基地以对日本实施突然打击。"

前文提及,日本武装力量还多次直接对苏联舰艇和运输船采取行动。这些行动虽然不是大规模的,但无疑起到了某种警示作用,提示存在着日本与德国联合进攻苏联的可能性。苏联虽然对此没有做出激烈的公开反应,但并不代表敌视日本的程度没有增加。

日本准备进攻苏联的计划很快传到了莫斯科。美国军方在大量情报基础上做出判断:日本迟早会进攻苏联,它只是暂时在发动太平洋战争初期避免与苏联发生冲突,但随着德国1942年新攻势的开始,日本加入纳粹德国对苏战争的可能性陡然增加。1942年3月12日,在与罗斯福总统会谈之后,李维诺夫大使向莫斯科报告:"美国政府得到消息,希特勒对日本寄予厚望,把日本对我们的进攻与德国的春季攻势联系在一起。"斯大林对日本的看法非常明确,他在4月23日对美国新任驻苏大使斯坦德利说:"我们的情报显示,日本人正向北方调动以补充力量。我们不相信日本人不会做什么反对我们的事情的保证,并且我们也在采取相应措施巩固我们的东部国防。"10月6日,他又对来访的布莱德雷将军表示:"日本人多次向我们保证,他们不想破坏这个条约。但我们这里甚至没有一个人相信这个保证。日本人将有可能破坏这个条约并随时进攻苏联。现在日本和苏联之间存在的关系,可以称之为武装的和平。"

斯大林所说的"武装的和平",放到当时的环境下理解,实际上就是一种临战状态,或者是"高度戒备状态"。在这种状态下,正像斯大林所说,苏联不会削弱反而会加强远东的国防力量。在整个卫国战争期间,苏联在远东保持着32~59个步兵师,10~29个航空兵师,约6个师又4个旅的国土防空军,总兵力100万~150万人,8000~16000门火炮,2000多辆坦克和自行火炮,3000~4000架飞机以及100余艘舰艇。换句话说,苏联把自己15%~30%的武装力量配置在了远东。这也是对日本进攻企图的一种震慑。难怪日本人很快发现,他们期待中的在远东和西伯利亚苏军人员的大幅度缩减并没有发生。

苏联既然在《联合国家宣言》上落笔签字,实际上它已经参加了对包括日本在内的法西斯集团的全面战争,只是没有公开宣示而已。面对日本对苏进攻的秘密准备,苏联既要正视,更要有所应对,这其中包括与盟国就对日战争的相互合作问题进行磋商。1942年5月30日,罗斯福在与到访的莫洛托夫会谈中提出美国飞机经过阿拉斯加运送物资到西伯利亚问题。莫洛托夫当时表示:"这条线路对苏联东部地区来说很好，但对西部地区它太远了。"这个建议最初是由美国大使斯坦德利一个多月前向斯大林提出的，斯大林当即表示"研究这个问题"。6月4日，斯大林电告莫洛托夫，可以开通阿拉斯加至远东通道，但"只可以同意部分轰炸机经过阿拉斯加和远东飞来苏联"。同时一贯严谨的斯大林也想好了对付日本人的理由："这件事不涉及日本，因为不是用于和它们作战，而是和德国作战。"但事情的进展很快突破斯大林划定的框框。6月17日，罗斯福致电斯大林，告知"在太平洋北部地区和阿拉斯加地区正在发展的局势提供了确实证据，表明日本政府可能采取步骤对苏联滨海各州进行军事活动"。同时提出了美国的应对方案："美国准备用美国空军帮助苏联，只要苏联在西伯利亚地区为它提供合适的降落机场。"一周后，罗斯福再次致电斯大林，就开通阿拉斯加—西伯利亚航线和在西伯利亚地区修建机场阐释了更有说服力的理由，除了可以大大节省时间和增加武器装备数量和种类外，美国总统还特别强调："万一日本攻击苏联滨海各州，这样一条西伯利亚航空线可以使美国迅速把美国空军部队调到后一地区（海参崴地区），以便前来援助苏联。"经过十多天的思考之后，斯大林于7月1日回电罗斯福："我完全同意您的意见，即最好把飞机从美国取道阿拉斯加和西伯利亚运往西部前线。有鉴于此，苏联政府已经发出必要指示，要求在最短时间内完成现在正在西伯利亚进行的接收飞机的准备工作，也就是整修现有的机场并给它们补充相应的设备。"斯大林的回复很策略，没有提及海参崴和滨海地区，只是说"西部战线"，显然他在避免涉及日本。然而谁都明白：阿拉斯加—西伯利亚航线的开通和西伯利亚机场的建成，在对日作战上所发挥的作用，丝毫不会小于西部战线。

7月11日，苏美两国签署了《反侵略战争中相互帮助的原则协议》，明确了美国继续向苏联提供国防物资、国防服务和国防信息；苏联继续促进和加强与美国国防之间的联系并在可能的范围内提供物资、服务、优惠和信息。这个协议更为明确地把两国联结在反对共同敌人的同盟当中。协议中所指的侵略，应该包括威胁到两国国防的所有侵略国家，尽管协议中没有提及德国和日本，但正是这种泛化的处理，把一国的敌人变成了两国的共同敌人。

此后，不管是在8月美国总统私人代表哈里曼，还是在10月美国将军布莱德雷访问莫斯科时，都与斯大林谈及在苏联远东地区建设美国空军可以利用的机场问题。斯大林仍然没有表示反对。他同意布莱德雷将军对远东空军设施进行视察，还与哈里曼为将来美苏共同轰炸日本而干杯。

不过这种"和谐"的气氛在1942年年底至1943年年初出现了一次明显的波动。当时正值斯大林格勒战役期间，罗斯福根据他得到的情报和对日军动态的分析，认为在德国的要求下，日本很有可能乘机在远东发动对苏进攻。他在1942年12月30日给斯大林的电文中以"万一日本在远东进攻俄国"为前提，表示"准备在实际可行的最早时间内用一支约有100架四引擎轰炸机的美国空军在那个战场帮助您"，条件是"只要苏联当局提供某些供应品和装备，并事先准备好适当的作战设施"。同时罗斯福还建议两国军事人员立即开始讨论相关的具体问题，并授权布莱德雷将军"代表美国探讨在远东战场上苏美联合作战的每一个方面"。斯大林在1943年1月5日的回信中，对罗斯福主动提出给予苏联飞机援助表示感谢，但对美国只愿意把这些飞机用于远东战场表示了异议："我必须说，目前我们需要飞机的帮助，但不是在远东，因为目前苏联在那里没有战事，而是在对德国人进行的最残酷战争的战场上，就是在苏德战场上。"如果这些飞机能用于苏德战场，"那将在我们对希特勒斗争的最重要部分起到显著作用"。罗斯福不得不又进行了解释，"我们关于100架飞机的建议指的是万一日本和俄国真正爆发战争时会产生的一种局面"，相应的其他建议，也是"为应付一种可能性而预先做出的防范性的计划"。罗斯福再次急切地表示，应当"立即采取行动进行有关视察和由布莱德雷将军同苏联军官们进行讨论"，其理由是"只有通过这种初步的视察和预先计划，才有可能在西伯利亚万一爆发战争时给予相当迅速的援助"。最后他再次提议苏美两国军事人员"毫不迟疑地前往远东进行视察和进行讨论"。斯大林也再次强调了苏联需要美国飞机援助的地方不是远东而是苏德战场，同时对罗斯福急于让布莱德雷开始视察的建议，很不客气地表示"困惑莫解"："十分清楚，只有俄国人能够视察俄国的军事目标，正如美国的军事目标不能由别人，而只能由美国人视察一样。在这个问题上不能容许丝毫含糊。"

显然，斯大林已经把问题提到了怀疑美国试图侵犯苏联军事安全的高度了，罗斯福也就不好再坚持了。置身当时战局当中的斯大林，把主要注意力集中于决定着整个苏德战场态势发展的斯大林格勒会战，调动一切手段确保会战胜利，应当说是正确的选择。罗斯福缺少对苏德战场紧张、残酷的亲身体验，仅从美国的战略角度出发，希图在瞬息万变的形势下做一些预防性准备和安排，所提出的建议虽然合理，但未必切合苏联当时的实际。此后，随着斯大林格勒、库尔斯克等一系列战役的胜利，苏德战场形势发生了根本变化，苏美双方在这个问题上没有进一步交涉。在同年 11 月举行的德黑兰会议上，斯大林当着罗斯福和丘吉尔的面，对"还不能把苏联的力量和美英的力量联合起来对付日本"感到遗憾。他透露说："苏联在西伯利亚的军队用于防御目的是够用的，但是如果发动进攻，还必须把兵力再增加三倍。"斯大林第一次当面向美英领导人明确表示，一旦击溃德国，"那时就会有一条反对日本的共同战线"。

斯大林透露出的信息至少说明，苏联愿意在适当时候与美英联手打击日本；这与大战中苏联视日本为敌人的基本定性相一致。苏联在远东对日本一直严阵以待，没有放松对日本的警惕，也没有削弱防御力量。这种状态比表面上维持中立关系更能说明问题。

还需要注意的是，在德黑兰会议上，斯大林与美英领导人之间在远东问题上的其他"互动"，已经在为苏联出兵进行全面谋划了。

首先，11 月 29 日，罗斯福交给斯大林两份关于准备使用苏联沿海地区的空军基地和准备在太平洋西北部进行海战的建议，涉及苏美联合对日作战。针对美国提出的问题，莫洛托夫 12 月 25 日回复美国驻苏大使哈里曼："基于美国政府可以理解的原因，当前给予任何具体的回答都有困难。"哈里曼再次提醒注意两个战场之间的联系：如果美国感到"在太平洋方面的信任越大，就可能把更多力量投入到欧洲战场"。莫洛托夫说，"斯大林元帅在德黑兰会议的声明已经相当明确了"。如果只看这些外交语言式的回复，就会觉得苏联在用自己处理对日关系的困难，搪塞盟国军事配合的要求。但如果把美国提出的需要解决的问题和此前的进行对比，就会发现，以前美方提出的一些要求有的已经开始落实，有些已经讨论到更深的层次了。例如，曾经遭到斯大林严词拒绝的实地勘查，已经在绝对保密的情况下由极少的人进行了。再如，原来美方要求的空中通道，是从阿拉斯加到堪察加，而现在则是要求到达滨海各州的机场。还有，以前没有涉及海军的配合，现在提出了双方能否互相利用对方的港口及设施等。这是个足意味着，苏美之间的远东军事合作已经在外交语言的掩护之下悄悄地进行了？

苏美之间秘密军事合作的一个例证，就是美军战机在轰炸日本目标之后降落在苏联远东地区。第一次出现此种情况是在 1942 年 4 月 18 日，一架美军飞机在完成空袭日本后被发现降落在苏联领土上。日本政府向苏联政府抗议，认为"如果类似事件在将来重复出现，实质上造成了美国将可能有意和系统地利用苏联领土作为空袭日本的军事基地"。此后到 1944 年 11 月，日本又 6 次向苏联提出类似抗议，苏联政府并没有一一做出答复。就美国战机降落到苏联远东领土问题，不管是莫洛托夫还是斯大林都明确拒绝过美方的要求。可实际上，苏联还是让美军战机不止一次降落在自己领土上。材料只能说明日本发现了6次，是不是就这几次，规模有多大，还需要材料说明。同时，战争期间苏联曾租用多艘美国船只运输租借法案提供给苏联的物资，由于船只属于美国船主，日本在1943年4月两次扣押了3艘航行在宗谷海峡的船只。苏联政府向日本政府提出强烈抗议，日本政府被迫放船放人。此后，对于此类事件，日本只好采取视而不见、听之任之的态度。这些可以证明，苏美在远东的合作，不管是主动还是被动，不管规模多大，至少是存在的；对日本敢于"冒犯"苏联，苏联采取了不退让的强硬态度。

其次，在与罗斯福、丘吉尔的会谈中，斯大林提出了苏联对远东地区安排的基本设想，这些设想被西方盟国领导人很自然地理解为是斯大林开出的"要价"或者"底牌"。既然美英希望苏联尽快参加对日作战，那么探明苏联的要求是不可缺少的步骤。斯大林也无须完全回避，他也觉得是时候把扣在桌上的纸牌"透露"一些让盟友了解了。在讨论拟议建立的国际组织时，斯大林提出，为了防止侵略，只建立几个机构是不够的，"必须占领最重要的战略据点……不仅要在欧洲，而且在远东也应该占领这样的据点，使日本不能重新发动侵略"。一旦德日发动侵略，"应该立即占领这些据点，以便包围德国和日本，把它们打出去"。丘吉尔对"弄清楚苏联政府对远东和那里的不冻港问题的看法感兴趣"，斯大林指出，苏联在远东没有不冻港，海参崴只是一个部分不冻港，"而且还被日本控制的海峡所包围"；彼得罗巴甫洛夫斯克或堪察加虽然是不冻港，但没有铁路连接。罗斯福提出，自由港的做法也可以适用于远东，并认为"大连就有这个可能性"。

很明显，"探明"和"透露"的来往之间，就是在对战后远东地区的重新安排交换意见。而这种安排的前提，毫无疑问是战胜日本。在这一点上三位领导人完全一致。当然，作为老练的政治和外交领袖，斯大林没有把苏联在远东的全部要求和盘托出，他觉得"等到俄国人参加远东战争时，再提这个问题或许更好一些"。众所周知，这些条件在1945年2月召开的雅尔塔会议上被正式提出，并由三巨头签署的《三大国关于远东问题的协定》即"雅尔塔协定"最终确定。相比于雅尔塔会议上苏联与盟国就对日作战问题的"拍板成交"，德黑兰会议上苏联与盟国之间"探明"和"透露"的意义在于，苏联摆明了参加对日战争的态度，美英了解了要让苏联出兵需要满足的条件。换句话说，双方心里应该都很清楚：此事能成。

此外，还有会上就"霸王"战役和苏联出兵远东问题的讨论，以及罗斯福关于"我们已经学会了一致行动"的意味深长的话，反映出苏联与西方盟友之间探明了利益的契合点在哪里。

从1944年年中起，苏联最高领导层着手为参加对日战争进行具体谋划。1944年夏，斯大林告知苏联元帅华西列夫斯基，准备任命他指挥远东部队对日作战。9月23日，斯大林会见了美英两国新任驻苏大使哈里曼和克尔。这次会谈实际上确定了苏联参加对日作战的规模。斯大林表示，准备从西线向远东调动25～30个师。12月14日，斯大林在与哈里曼会谈中，提出了苏联希望得到满足的具体领土条件，以及苏军参加对日作战需要的军事物资清单。

在雅尔塔会议上，三巨头虽然没有把对日作战问题列入正式议题，但经过讨论达成了比德黑兰会议更明确的协定。斯大林的要求得到了满足，罗斯福和丘吉尔也拿到了苏联出兵的"保证书"。鉴于日本在太平洋战场上的拼死顽抗，美英对苏联出兵的时间和方式非常重视。由于对德战争尚未结束，加之苏联将军队从西线调往东线绝非简单之事，因此，时间上美英希望尽快，但也没有理由质疑斯大林提出的"两三个月之后"的保证。在方式上，美英希望苏联使用强大力量，对日军实施毁灭性打击，这也符合苏联对日作战速战速决的设想。

1945年3月末开始，苏联已经开始向远东调动部队。日本驻莫斯科武官处发回日本的报告说，"每天沿着西伯利亚干线通过12～15个列车编组"，他们明确判断，"当前苏联参加对日战争已经不可避免"，而"为了调动近20个师大约需要两个月时间"。

4月5日，苏联宣布废除《苏日中立条约》，去除了苏日之间还存留的那道"纸屏"。这实际上预示了苏联将参加对日战争。8月8日，苏联宣布同意《波茨坦公告》并正式对日宣战，这已是顺理成章、水到渠成之事。

四 结语

在《苏日中立条约》立、废的近四年时间里，苏联和日本的关系处于一种特殊状态：就两国关系说，它们没有宣战，但却分属于正在交战的两大集团，与对方的盟国是战场上的死敌。一纸中立条约虽然在一段时间内表面上维持了两国的中立，但无法改变它们视对方为敌人的关系本质。卫国战争开始后，苏联一直不放心作为纳粹德国盟友的日本，担心它与德国配合，从远东进攻苏联。所以，尽管迫不得已从远东抽调了一些部队驰援正在进行的莫斯科会战，但也同时把大批新兵派往远东，填补那里部队出现的员额空缺，给日本造成苏联远东驻守部队没有减少的印象，以此来震慑日本，"稳住"日本。此外，尽管日本没有出兵远东，但它随时准备进攻的企图和态势，不能不让苏联保持高度戒备。正如俄罗斯学者所说："从1941年到1945年，'没有交战'的军国主义日本给'正在交战'的希特勒德国莫大的帮助。"从这个角度说，德国、日本的确都是苏联的敌人。如果说《苏日中立条约》在签订后最初没有遭到破坏，并不是这个条约有什么"魔力"，而是两国相互把对方当作敌人来防范、戒备的结果。双方根据对形势的判断，权衡得失，选择攻守策略。

　　无论是苏联还是日本，大战之中都有自己的主战场和最主要的敌人。按照战争的一般原则，在面对两国或者多个敌人的情况下，都要首先集中力量解决主战场的任务，并尽可能不使力量分散。就苏联而言，苏日之间一旦发生战争，等于开辟了"第二战场"，其需要下定的决心和投入的力量，都非同寻常。问题的巧合在于，苏联的盟国是日本主战场上的对手，日本的盟友是苏联主战场上的死敌。在开辟远东战场问题上，它们的盟国比莫斯科和东京更感兴趣。大战期间，苏联利用开辟远东战场，先是要求盟国增加对苏援助和对德施加更大压力，之后积极争取在战后远东安排中达到利益的最大化。可见，在大战的环境下，对日作战是苏联实现远东利益的现实路径，也是最快捷的路径。在苏联决策层看来，开辟对日战场，不是不可为，而是必须为，问题只是何时为才最有利。在它认为时机不利的1942年、1943年和1944年，尽管美英一再催促，但苏联坚持苏德战争尚未结束，《苏日中立条约》未见明显破坏而按兵不动。但这并不等于它没有做好在远东与日本交战的心理准备。当它认为时机已到，则果断出兵，迅速有力地达到战略目标。

　　在中立条约存在的情况下，苏日之间表面上维持"中立"状态，但实际上并没有改变两国处于敌对关系的实质。苏联接受盟国提供的物质支援，也就不可避免地要给盟国进行的对日战争回馈帮助。因为盟国的胜利或者失败，与苏联的命运息息相关，苏联不可能对盟国的军事要求置之不顾。这是战争的逻辑，是战争环境下的"硬道理"。因此，尽管日本政府对美国借助苏联领土对其进行军事打击非常敏感，史实证明，美苏之间在打击日本上的军事合作并没有因此而停止，只不过不那么大张旗鼓而已。严格地说，苏联不是《苏日中立条约》的忠实维护者，但也不想早早就戴上首先破坏条约者的帽子。这不是道义和诚信问题，苏联面对的是敌人，而对敌人恪守这些条约只会有害无益。这充其量是苏联在特殊情况下采取的策略手段，目的是避免更坏的局面出现。结果证明，苏联的策略成功了，目的达到了。

还有一点也应该认识到，在这一时期的苏日关系中，苏联掌握主动权的时间要多于日本。日本从一开始就把自己对苏关系的战略选择，与苏德关系和苏德战场形势联系起来；同时，在与美英两国的战争中，日本从没有在整体上占有优势，并受制于作战地域的广大和兵力的分散，这就使它即便在苏德战场出现了有利时机，也难于调动足够的力量进攻苏联。莫斯科战役使苏德战场形势开始转变，斯大林格勒战役完成了苏德战场的战略转折，随着苏联掌握了苏德战场上的主动权，随着日本的军事力量受到越来越大的削弱，日本能给苏联造成的威胁也就越来越小。意大利和德国相继投降后，日本成了同盟国最后要消灭的敌人，苏联已经完全掌握了处理苏日关系的主动权，从在莫斯科外长会议和德黑兰会议上明确应允参加对日战争并提出领土要求，到雅尔塔会议签署"雅尔塔协定"，到宣布废除《苏日中立条约》，再到波茨坦会议上明确了出兵时间，最后正式对日宣战，苏联在每一个环节都掌握着主动权，推动历史进程向着苏联需要的方向发展。

原载《俄罗斯东欧中亚研究》2015 年第 4 期

俄国与西方：俄罗斯观念的历史考察

白晓红[*]

21世纪即将来临之际，俄罗斯又一次面临着十字路口的选择。今天，我们仿佛听到了一个半世纪前关于俄国国家发展走俄罗斯道路，还是走西方道路的大争论的回声。俄罗斯民族是否例外于欧洲其他民族？俄国国家的发展道路是独特的吗？俄国的历史命运如何？思考这些问题，使俄罗斯观念、俄罗斯独特思想又一次成为人们关注的热点。而透过对俄罗斯观念纷繁复杂的诠释，我们作为不在此山中的外人，或许可以滤去本土学者因恋乡情绪而夸大的俄罗斯观念的正面因素，我们也可能避免西方学者传统的对共产主义和"公"字的敌视，心平气和地、客观地看待俄罗斯观念。本文试以"俄国与西方"的问题作为切入点，历史地考察俄罗斯观念及其特殊性。

一 俄国与西方：问题的提出

当人类历史的脚步迈入资本主义社会，以工业革命为标志的资本主义文明在全世界凯歌行进，工业革命的发源地——欧洲（西方）成为进步的代名词的时候，几乎所有落后国家都出现了西化问题和民族性与西方性的问题（日本的脱亚入欧、中国的体用之争），俄国作为一个具有东西方综合色彩的国家，"俄国与西方"的问题尤为突出。

---

[*] 白晓红，中国社会科学院俄罗斯东欧中亚研究所研究员。

从地缘上讲，俄国是横跨欧亚大陆的国家，或者说俄国是连接欧亚两洲的独特桥梁。地理位置在一个民族的历史发展中占有一席之地是毋庸置疑的。在广阔无垠的东欧平原上成长起来的俄罗斯，其历史命运中刻有许多地理学的烙印，特别是在它的早期发展史中。克柳切夫斯基指出："千年来和草原上凶恶的亚洲人敌对的邻居关系，仅这一点在俄国的历史生活中已足以超过欧洲的全部缺点。"[1] 俄国人经常自问，我们是深入亚洲的欧洲人，还是居住在欧洲的亚洲人？产生于革命后流亡西方的俄侨思想家圈子的欧亚主义思潮，最初的得名就是源于地理学。欧亚主义者认为，在古老的欧洲和亚洲陆基中间，还可以分出一个洲——"欧亚洲"，俄罗斯处于它的主要地域。这样，俄罗斯构成了既不同于欧洲、亚洲，又与欧洲和亚洲密切相连的"某种第三块独立的大陆"[2]。这一结论当然不仅仅限于地理学的意义，它提醒我们从地理以及历史文化的角度重新理解独特的俄罗斯世界。

从历史文化角度讲，俄罗斯文化具有东西方综合色彩已经成为定论。别尔嘉耶夫指出："俄罗斯民族不是纯粹的欧洲民族，也不是纯粹的亚洲民族。俄罗斯是世界的完整部分，巨大的东方—西方，它将两个世界结合在一起。"[3] 公元988年的罗斯受礼是俄国历史上的重要事件，俄罗斯人皈依拜占庭的基督教——东正教的同时，也接受了拜占庭文化，10～12世纪的俄罗斯是在拜占庭文化的影响下度过的。事实上，结合了近东文化因素和西方法律传统的拜占庭文化对整个俄国历史发展的影响都是极为深远的。12～14世纪鞑靼蒙古的统治给俄国人留下了东方专制制度的国家范式，莫斯科集权国家的形成就是其影响下的直接产物。从17世纪开始，俄罗斯逐步向西方接近，而且步伐越来越快，到18世纪达到顶峰，彼得改革是这一过程中决定性的一步。我们看到，在东西方两个航道之间徘徊的俄罗斯大船，被彼得大帝这个有力的舵手强行转向西方。于是，俄国与西方的对比，俄国对于西方的态度等一系列问题就出现了。

俄罗斯帝国不同于西方，这就是问题之所在。彼得改革后的俄国知识分子看到落后的祖国与西方的巨大差距，他们以极大的热情吸吮着欧洲文化之浆。

---

[1] 〔俄〕克柳切夫斯基：《俄国史教程》第1卷，张草纫等译，商务印书馆，1992。
[2] 〔俄〕萨文斯基：《欧亚主义》，《哲学译丛》1992年第6期。
[3] 〔俄〕别尔嘉耶夫：《俄罗斯思想》，雷永生等译，三联书店，1995。

普希金称18世纪为"俄罗斯启蒙的真正春天"。应当指出的是,那时的俄罗斯对西方的迷恋既有内在精神探索方面的,也包括外在生活方式方面。众所周知,欧洲启蒙哲学,特别是法国启蒙思想对俄罗斯产生过很大影响。叶卡捷琳娜二世时期,俄国出现了拉吉舍夫那样的先进思想家,但他暂时只能是极为孤独的个别人物,多数人和女皇一样,接触伏尔泰、狄德罗只是为了附庸风雅。叶卡捷琳娜时代,俄国的欧化更多的是表层次的东西,上流社会效仿欧洲生活方式,追求奢侈浮华的生活。18世纪典型的俄罗斯贵族是在美酒、鲜花、美女和名画中死去的。于是,反对这些奢靡的"法国狂"的思想家如冯维津、诺维科夫等开始思考欧洲的东西是否一切都好?俄国固有的东西,比如笃信宗教和道德纯洁是否能抵御堕落的西方?

冯维津大约是比较明确地提出"俄国与西方"问题的第一人。他在俄国科学院的《俄语语言爱好者》杂志上提出一系列著名的问题,如第20题:"我国的民族性格是什么?"第19题:"怎样杜绝两种对立的、有害的极端倾向:第一种,似乎我们的一切都是丑恶的,外国的一切都好;第二种,外国的一切都是丑恶的,我们的一切都好。"第15题:"为什么许多在外国被认为是聪明的人,在我们这里被认为是傻瓜,相反,我们这里的聪明人在外国常常是傻瓜?"[1] 冯维津更提出一个后来在19世纪很著名的思想:"我们出生在西方死亡的时刻。"[2] 即西方的文明已经发展到顶点,开始走向衰落,蒙昧的俄国反而有其原始的生命力来拯救世界。对这些问题的回答,聚集起了所有思考俄国历史命运的俄罗斯思想家的各种观点。这些问题的意义在于提出了"俄国与西方"的问题。

从"俄国与西方"这一著名问题出现开始,整个19世纪,某种程度上可以说直至今天,它一直是俄国思想界最感兴趣的问题,也是最为头疼的问题。它是俄罗斯知识分子关于俄国国家发展方向、俄罗斯命运思考中最核心的问题。"俄国与西方"问题的实质在于,面对西方资本主义物质文明的某些负面效应(人的异化、物欲横流),俄国的思想家在苦苦思索:具有独特历史、文化传统的俄罗斯是否必须走西方的道路?俄罗斯观念、俄罗斯独特精神是否能战胜物化了的"腐朽的西方"?

---

[1] 〔俄〕《斯拉夫主义与现代》,圣彼得堡,1994。
[2] 〔俄〕普列汉诺夫:《俄国社会思想史》第3卷,孙静之译,商务印书馆,1990。

二　俄国与西方：俄罗斯观念的基本问题

俄罗斯观念乍看起来是一个内涵模糊、外延宽泛的概念。对于俄罗斯观念有着各种不同的理解。西方的学者，特别是美国的学者愿意把它归结为俄罗斯帝国主义的思想。德拉贡斯基写道："当我说到俄罗斯观念的时候，我的皮肤上就掠过一阵轻寒。因为从根本上讲，这纯粹是不折不扣的俄罗斯帝国思想。"①这显然是有失偏颇的。俄罗斯思想家对于俄罗斯观念有着理想化却不失深刻的理解。陀思妥耶夫斯基在1861年写道："我们预见，我们未来的现实将是更高程度的全人类性质的，俄罗斯观念，可能将成为欧洲各民族在各自民族性基础上顽强而执着地发展起来的全部思想的综合。"②弗·索洛维耶夫解释"俄罗斯观念""本身不带有任何分立因素，它仅仅是基督教思想的一个新角度"。③别尔嘉耶夫认为俄罗斯观念的主要之处在于"人类兄弟般的团结和俄罗斯式的对共同拯救的追求"。④作为历史学、哲学领域的一个特定的概念，本文的俄罗斯观念是指俄罗斯独特思维所具有的观念，即俄罗斯思想中不同于其他民族的、最为本质的因素。它大致应当包括以下几个大的方面：（1）共同性原则；（2）人类中心论（道德优先原则和共同拯救思想）；（3）东正教思想。它们共同构成了俄罗斯独特思想，其中各个部分并不是独立存在的，俄罗斯观念的各种因素之间具有内在的、有机的联系。若探究俄罗斯观念的根源，我们可以追溯到俄罗斯社会最基本的关系：农奴制、专制制度、村社等，但这并不是本文的任务，我们所要强调的是，俄罗斯观念、真正独立意义的俄罗斯思想，恰恰是在俄罗斯走向西方之后，在"俄国与西方"问题的争论中形成的。在与西方的对比中，在思考俄国对于西方的态度，即俄罗斯是否一定要走西方资本主义文明的道路，在多大程度上走西方道路的过程中，产生了独特的俄罗斯观念。

按照俄国哲学史作家比较权威性的论断，真正独立意义的俄罗斯思想的出现，是在19世纪上半期。事实上，它是从15世纪俄罗斯有创造性思想活动开始的一个长长序幕后的正式开场，特别是从彼得改革后的18世纪。俄罗斯思想

---

① 〔俄〕《新世界》，1993年第1期。
② 〔俄〕陀思妥耶夫斯基：《陀思妥耶夫斯基全集》第18卷，列宁格勒，1986。
③ 〔俄〕弗·索洛维耶夫：《索洛维耶夫文集》第2卷，莫斯科，1989。
④ 〔俄〕别尔嘉耶夫等：《俄国哲学和俄罗斯哲学文化》，莫斯科，1990。

文化之花，经过18世纪的孕育，到19世纪才发出如此独特的芬芳。面对潮水般涌来的西方文化，叶卡捷琳娜时代的思想家已经提出维护俄罗斯传统文化的问题。那时思想家的身份是贵族，职业多为讽刺作家。他们在自己的作品（冯维津的《旅长》）和刊物（诺维科夫的《雄蜂》）中讽刺和鞭挞那些对西方风俗文化亦步亦趋的"法国狂"。作为一种被伤害了的民族自尊心的反应，在18世纪的思想家拒绝单纯模仿、维护民族特性的努力中，已经隐含着俄罗斯观念的萌芽。冯维津更是进一步提出西方走向衰落的思想，这一思想在19世纪被不断地重复，并成为俄罗斯观念的基本因素之一。

纵观俄罗斯观念的形成历程，卡拉姆津占据着不容忽视的重要地位。作为历经18~19世纪的俄罗斯著名作家和史学大师，在"俄国与西方"的问题上，卡拉姆津曾热烈地歌颂自由主义，倡导西方文化。同时，他敏锐地感觉到俄罗斯必须从欧洲的阴影下解放出来成为自我的迫切性。他在《对祖国和民族自豪感的爱》的文章中，提出了俄罗斯独特的"精神状态"的问题。俄罗斯观念中的道德热情也应当部分地归功于卡拉姆津。《俄罗斯国家史》的作者，以其优美的语言，把道德教育寓于历史叙述之中。

十二月党人运动是以革命的方式使俄国摆脱农奴制和专制制度，走西方立宪文明道路的一次尝试。打破十二月党人失败后十年沉默的是恰达耶夫的《哲学通信》。在这些著名的书简中，恰达耶夫以悲观主义的情绪看待俄国，不仅批判俄国的现实，而且彻底否定俄国国家的历史道路，甚至否定俄罗斯民族本身："我们不属于人类大家庭中任何一个伟大的种族，我们既不属于西方，也不属于东方，我们没有任何西方的传统，也没有任何东方的传统。我们站在时代之外，没有被全人类的启蒙所触及。"① 为了不再脱离"世界潮流"，不再陷入一种"死气沉沉的萧条"，恰达耶夫认定俄国应该转向新的道路，转向欧洲共同进步的道路。只是他把这种进步的动力归结为他认为完美的天主教。恰达耶夫把解决"俄国与西方"问题的基础建立在完美的天主教的西方和落后的东正教的俄国的对立之上。

恰达耶夫的《哲学通信》中，如"划破黑夜的枪声"（赫尔岑语），震动了整个俄罗斯，最终使俄国思想界关于"俄国与西方"问题的思考演变成一场关于俄国历史发展道路的历史性大争论。争论中形成的两大对立派别是西方派和

---

① 〔俄〕恰达耶夫：《世纪价值——人类思想宝库恰达耶夫卷》，莫斯科，1991。

斯拉夫派，他们的思想交锋使莫斯科的沙龙成为独一无二的俄罗斯智力生活的中心。19世纪40年代在俄国历史上是作为精神探索和思想交锋的时代而载入史册的。安年科夫称40年代是"辉煌的十年"，卡维林满怀留恋地回忆，那是"我们科学和文化生活繁盛的年代，尽管它短暂如北方之夏"①。我们可以列举出一连串光辉灿烂的名字：别林斯基、赫尔岑、格拉诺夫斯基、霍米雅科夫和基列耶夫斯基，他们是40年代的自由主义理想家，他们当时分属于西方派或者斯拉夫派。

两大派别争论的症结所在自然是"俄国与西方"的问题。概括地讲，斯拉夫派相信俄国历史发展的独特性，把村社（共同使用土地和自治）和东正教（俄国人民善良的宗教品质）看成保证俄国优于西方的特殊性因素，他们主张俄国走自己独特的、固有的、彼得以前的发展道路。西方派则坚信俄国与欧洲历史进程的共同性，他们认为俄国的未来必将毫不例外地沿着西方文明的资本主义道路发展。西方派和斯拉夫派激烈而出色的思想争论最终促成了"俄国与西方"问题在19世纪40年代的结晶——独特的俄罗斯观念的形成。

形成独立意义的俄罗斯思想的殊荣属于斯拉夫派。在与西方派的争论中，斯拉夫主义的俄罗斯观念逐渐形成。斯拉夫派给"俄罗斯观念"下的定义是：俄罗斯民族的发展是世界历史发展的特殊现象，在某种程度上具有其他民族所不具备的特征。这包括：第一，在意识上民族、国家等公共的利益高于个人的利益；第二，直观的理解力优于一切逻辑分析形式。与个人努力相关的只是某种反映全民族的因而是绝对利益的东西，它不可能包容在严格的形式范畴中。逻辑推理的不足渗透于西方社会生活的各个方面，它导致西方社会的危机，要走出危机，斯拉夫派认为只有借助于具有特殊性的俄罗斯的帮助。斯拉夫派有关俄罗斯观念的概念，是基于他们对俄国与西方差异的认识。斯拉夫派认为，西方的神学、哲学对于世界的认识建立在抽象的唯理主义基础上，依赖于概念的逻辑推理得出结论；古代俄国则力图通过外在和内在、整体和部分、思辨和常理、艺术和道德的同一来达到真理性认识。西方国家产生在暴力和征服的基础上，而古罗斯国家的产生是民族生活自然发展的结果。西方国家内部分裂成敌对的阶层，在"神圣罗斯"时期，俄国是上下一心的。土地的私有性是西方基本的公民关系，而在古代俄国，私有性只是个人相互关系的偶然表现。西

---

① 〔俄〕科舍廖夫：《科舍廖夫笔记》，莫斯科，1991。

方存在着形式逻辑的法律,而俄罗斯的法律直接来自生活本身。总而言之,斯拉夫派认为,在西方是精神、灵魂、科学、艺术、国家、阶级、法律和义务的分裂,在俄国则是"趋于内在生活和外在生活的完整的统一"。[①] 我们暂不评价斯拉夫派关于西方和俄国的历史思想正确与否,我们感兴趣的是斯拉夫主义学说在整个俄罗斯思想发展史中的意义,它较早完整地描绘出俄罗斯观念的轮廓,为我们提出了俄罗斯观念最基本的素材——俄罗斯思想中的共同性和非理性特征。

我们看到,正是在与西方不断对比的过程中,俄罗斯观念的基本要素被提炼出来。也就是说,独具风采的俄罗斯观念是相对于西方而言的,其基本内涵都可以归结到"俄国与西方"问题中。我们甚至可以机械地列出一个一对一的表格(见表1)。

表1 俄罗斯观念与西方观念对比

俄罗斯观念	西方观念
共同性	个性
非理性(直观感觉)	理性(逻辑思维)
东正教(关注内在精神的完整)	天主教(注重外在形式)
反资产阶级性	资产阶级性
人类中心论(道德优先原则)	法治观念

资料来源:作者自制。

三 俄罗斯观念的独特性

共同性是俄罗斯精神的主要之点,也是俄罗斯观念的中心概念。霍米雅科夫最早指出俄罗斯思维的这一特性,同时他还创造了聚合性(соборность)的概念来说明共同性特征。聚合性一词的词根来源于教堂,即它首先是指具有共同东正教信仰的俄罗斯人生活的同一性:在教堂里,所有的人一起进行共同的宗教仪式,但每个人保留独立的自我,对上帝进行个人的祈祷,以自己的行为面对上帝,最后达到同一。这是在每个人对基督自由之爱的基础上的全体的统

[①] 〔俄〕基列耶夫斯基:《基列耶夫斯基全集》第1卷,莫斯科,1911。

一。霍米雅科夫写道："在信仰问题上没有学者和白丁、教士和俗人、男人和女人、君主和臣民、主人和仆人之间的区别，在哪里和什么时候需要，一切听凭上帝的裁夺，少年得到行为的指引，青年获得深奥的知识，无知的牧人驳斥主教的邪说，以便使一切都在活生生的信念即上帝精神体现的自由统一中达到同一，这就是聚合性思想深处的教义。"[1] 弗罗连斯基把聚合性与俄罗斯民歌联系起来：民间合唱时，在保持整体谐音的情况下，允许个人自由歌唱，最后达到一种新的和谐。弗·索洛维耶夫在聚合性理论的基础上发展了万物归一论：保留自己纷繁复杂、各不相同面貌的部分，并互相融合，最后达到整体的融合，在这种融合中，每个部分留有自己的不可重复性。共同性（общность）的词根是村社，即这种精神的同一性在俄罗斯还有相应的物质相似物——古斯拉夫人留下的村社，它具有使人脱离利己主义、达到道德统一的力量。总之，俄罗斯观念中的共同性因素，是包含了个体的整体、涵盖了特殊性的共性的有机的同一。

与共同性相对应的是西方观念中对个性的强调，尊崇个性被认为是西方资产阶级文明最重要的特征。对于俄罗斯观念中的共同性因素，有着太多的褒与贬。它曾经被认为是摧残人性、导向暴力、斯大林主义、法西斯主义，总之，是一切恶的根源。如果说十月革命后流亡的俄侨思想家对这一命题进行了比较深刻的思考（别尔嘉耶夫的《俄国共产主义的起源和含义》、弗兰克的《社会的宗教基础》），那么欧美学者，包括苏联解体后的一些东欧学者，更多的是把一切社会性、共同性都斥为导致野蛮主义的罪恶渊薮，他们认为只有个性是有价值的。

俄罗斯大地上的儿女们善意地看待共同性问题。托尔斯泰把共同性特征在俄罗斯人性格上的表现称为"群因素"：俄罗斯人有一种像蜂群一样紧贴在一起的需求。他们对故土、乡音和同胞永远满怀眷恋，在交往中有着无可遏止的与人亲近、敞开心扉的愿望，有时甚至可以不用语言，只用眼神即可参透心灵（托尔斯泰《战争与和平》中普拉东的形象）。费多托夫认为，俄罗斯人之间这种亲切的人际关系是形式严格的欧洲生活模式，即所谓"骑士风度"所无法比拟的。在俄罗斯没有外人，每个人互相都是"兄弟"。[2]

---

[1] 〔俄〕古留加：《俄罗斯思想及其创造者》，莫斯科，1995。
[2] 〔俄〕费多托夫：《论神性、知识分子和布尔什维主义》，圣彼得堡，1994。

这种亲近性的需要构成了俄罗斯民族命运的一部分。对体验祖国和家庭温暖氛围的看重，导致俄罗斯人个性生活的泯没，代之以社会的、公共的生活，这成为忘我精神、奋不顾身精神的起源。与此相连的是俄罗斯民族的爱国主义、集体主义，在抗击外族入侵时表现出的强大的凝聚力，这永远是一个民族存在和发展的基本前提。同时，共同性特征又是俄罗斯人平均主义、不思进取和反资产阶级性的基础。陀思妥耶夫斯基更在共同性特征的善良因素背后，深刻地预感到了不幸，他在其"宗教大法官"之说（《卡拉玛佐夫兄弟》）中，论述俄罗斯人内心深处具有拒绝个性自由和责任，把这些权利推给某个人，然后信任他、服从他的需要。陀思妥耶夫斯基在某种程度上预见到了集权的出现。

俄罗斯观念的其他因素与共同性特征紧密相关。东正教思想最基本的原则就是强调精神的同一性，从基列耶夫斯基到弗·索洛维耶夫，再到流亡国外的宗教思想家（布尔加柯夫、别尔嘉耶夫、洛斯基等）都承认"对于智能同一性的努力"是发展东正教哲学的根本。① 整体性一直是俄国哲学家的主要灵感，非理性和反资产阶级性直接来源于共同性。共同性应用于哲学思辨领域，即集聚起个人所有的能力，包括逻辑思维、直观感觉、心灵感觉、美感、良心和爱为一个整体，只有在这个意义上完整的人才能接近真理。这里已经把非理性因素（直感和心灵体验）与理性因素相提并论了。事实上，康德和谢林都指出过形式逻辑方法的不足，认为纯粹理性的力量不能理解有机的整体，现代哲学也认同"理性逻辑"之外还存在着"心灵逻辑"。只是俄罗斯观念中的非理性因素被过于夸大了，俄罗斯思想中的唯意志论倾向、法律虚无主义、道德优先原则等都与其有直接的联系。

人类中心论思想在俄罗斯观念中占有特殊地位，它是俄罗斯思想探索史中最"牢固的"和"主要的原则"。② 关于人的问题、关于人类的命运和道路的问题、关于整体历史的认知，一直是俄罗斯思想家关注的对象，由此引出俄罗斯无所不在的道德观点、道德优先原则。事实上，在几乎所有19世纪俄国作家的作品中，都深藏着一种西方所没有的、冷漠公正的、动人心弦的内在精神力量，这就是对人类的痛苦、对下层人苦难的深切同情。托尔斯泰的"泛道德主义"（"我不知道除了善良以外人类还有什么优点"）具有特别的力量。这种道德取

---

① 〔俄〕尼·洛斯基：《俄国哲学史》，莫斯科，1991。
② 〔俄〕加拉克基奥诺夫、尼康德罗夫：《9~19世纪俄国哲学史》，列宁格勒，1989。

向在俄国知识界无所不在,有时甚至不用看作品,从外表就直接可以看出一个人道德的风貌。赫尔岑形容基列耶夫斯基的面孔"如同一片能够吞没船只的忧伤的海洋"。与人类中心论相联系的是俄罗斯思想中对历史哲学的关注,这导致"末日论"思想和共同拯救思想的产生。罗扎诺夫认为,这与俄罗斯民族苦难的生活历程有关:"上帝选中了我们赤贫的人民,以他们的忍耐和恭顺、平凡和卑微,联合在一起,上帝选择这样的人民以真理征服世界。"[1] 在痛苦和忍耐中生活的人们,不能不幻想着全体兄弟般的情谊、幻想着自己的和大家会有更好的命运。有着"兄弟般团结"理想的民族本身的命运却是一个痛苦的讽刺:这种普遍拯救的弥赛亚思想的后果是俄罗斯帝国主义思想的泛滥,而道德优先思想则直接导致俄罗斯人对法律的轻视。良心高于法,把内在意志、良心和外在规律、法律调节对立起来,其恶果就是无法无天、对人性真正的践踏。

俄国还是西方?保持自己民族意识的优秀成分,扬弃劣根性的部分,吸收外来文化的积极因素,这大概是所有民族都历久弥新的课题。独特的俄罗斯观念是人类思想发展长河中一道独具魅力的风景线,而俄罗斯观念的一些负面因素已经阻碍了俄罗斯国家现代化的进程,影响了俄国走上世界文明发展的大道。问题在于固守传统和完全追随西方的"休克疗法"都是不可取的。俄国不可能超越人类文明共同的发展进程,俄国历史发展的例外性是不存在的,而关注它的相对独特性,探究俄罗斯观念特殊性的根源,永远是必要的。

原载《东欧中亚研究》1999 年第 4 期

---

[1] 〔俄〕古留加:《俄罗斯思想及其创造者》,莫斯科,1995。

论中亚国家整体发展进程

赵会荣[*]

一位日本驻中亚国家的大使在离任时曾向记者说起自己对中亚的感受。他说，当他来到中亚第一个月后，他觉得他可以写一篇关于中亚的文章；一年以后，他觉得他可以写一本关于中亚的书；而当三年过去后，他觉得关于中亚他一个字也不敢写了。可能研究中亚的学者也有类似的体会。中亚研究的"处女地"很多，让不少初来乍到者很快产生一种开垦的冲动与激情，但时间久了以后，便逐渐意识到中亚问题的复杂性，想要说清楚一个具体的问题并不容易。

中亚国家独立已有21年，在地区形势复杂多变的表象下，是否隐藏着一些常态性、趋势性的东西呢？或者说，中亚国家的发展进程有没有区域特征，即共性？那么，它们各自的发展进程又有怎样的独特性？中亚独立已有21年，发展现状如何？本文将尝试从中亚国家发展的总体特征，即矛盾性与脆弱性以及地区整体态势——多样化与碎片化入手对上述问题做出解答。

一 矛盾性

矛盾性指的是，主体与客体互动时主体的主观意向与客体的需求或客观条件无法匹配，主体在两难的困境下做出选择，主体的心态和选择的结果都是矛盾的。从时间维度看，中亚地区的发展史可以被看作一部主体与客体之间的矛

---

[*] 赵会荣，中国社会科学院俄罗斯东欧中亚研究所乌克兰研究室主任，博士。

盾斗争史。中亚居民作为主体在被伊斯兰化、被突厥化、被俄罗斯化、被独立、被博弈的过程中始终没有放弃主宰自己命运的努力。正是由于这种不懈的努力，中亚的主体性才从模糊变得清晰，由弱趋强。有学者称："从中亚自身来说，历史与地缘特性决定了它是一个主体性不稳固的、依附性较强的存在。"① 从空间维度看，矛盾性体现在政治、经济、安全、外交等各个方面。

（一）政治层面

在政治方面，矛盾性体现在中亚国家的不同阶层对于政治发展道路存在很大的争议。这种争议的背后是维护政权稳定与开展政治改革（政治民主化）两个方向的角力，归根到底是利益的博弈。对于执政者来说，维护政权的稳定是任何改革的前提。这里的稳定与西方所坚持的以政治民主化为前提的稳定是不同概念。中亚国家的执政者支持政治改革，至少他们是这么说的，但他们担心改革可能导致动荡，因此不得不小心谨慎。对于既得利益集团的人来说，他们只支持能够赋予他们更多权力和利益的民主化。下层民众对于财富分配机制的不满最多，他们是最希望变革但又对"假变革"心存恐惧的阶层。因为如果上层打着变革的幌子把利益和资源更多地向上层聚拢，他们的日子会更难过。反对派在政治民主化的问题上喊得最响，但他们的实力很弱且不团结。他们可以分为不同的类型，有的是真希望推进政治民主化，有的是借着民主化旗帜搞政治投机，还有的想建立政教合一的国家。

西方国家在中亚国家的政治发展进程中扮演了双重角色。一方面，它们在政治民主化方面给予中亚国家领导人很大的压力，对他们提出各种要求，如搞总统选举、释放政治犯、建立民主和人权机构等。它们还支持反对派和非政府组织，影响社会政治发展。"颜色革命"和"阿拉伯之春"不能说是西方国家一手搞起来的，但是西方国家在整个过程中发挥的催化作用是毋庸置疑的。由此可以理解为什么中亚国家的领导人对于"颜色革命"和"阿拉伯之春"如此紧张，第一时间采取了诸如清除西方设在本国的非政府组织、关闭西方的一些网站等防范措施。因此，即便是西方国家真正想推动政治民主化，那么也存在方式方法和度的问题，如果方式不当，可能起到相反效果，不仅使中亚国家的

---

① 昝涛：《地缘与文明：建立中国对中亚常识性认知》，http://www.guancha.cn/zan-tao/list_1.shtml, 上网时间：2013 年 4 月 11 日。

内部问题复杂化，而且危害到它们的主权。另一方面，实践表明，西方国家并没有全心全意、始终如一地致力于推动中亚国家的民主化。民主经常被用来当作实现其他目标的工具，甚至被弃之一旁成为牺牲品。中亚国家对此认识得很清楚，虽然它们都是以西方民主政治模式为蓝本开始社会政治转型的，但它们都坚定地按照自己的方式建设民主，反对外来干涉。在中亚国家与西方国家关系中政治民主化问题如同骨鲠在喉。

有关政治发展道路争论的背后是传统与现代两种政治文化之间的互动。尽管中亚国家的宪法都规定了建立民主国家的目标，但什么样的民主国家才符合本国国情，以何种方式向现代民主国家过渡，如何处理传统与现代的关系，所谓的传统派与现代派存在很大的分歧。中亚国家的执政者都认为本国已经是民主国家，反对外国人指手画脚。与此同时，他们也承认，部落、血缘、地域等传统要素在政治生活中有着不同程度的影响。正因为如此，有的学者称中亚国家正在经历着"再传统化"。在传统与现代两种文化互动的过程中，中亚国家基本上经历了建立总统制（以制定首部宪法为标志）——巩固和扩大总统权力（从制定首部宪法到"9·11事件"发生前）——进行保守的政治改革（"9·11事件"发生后至今）的政治发展路径。除了吉尔吉斯斯坦从总统制改为议会制外，其他中亚国家仍保持总统制，强人政治的特征依旧非常明显。

从历史的维度看，经过21年的发展，中亚国家的政治改革取得了显著的成绩，民主政治制度从法律层面已经确立，总统选举和议会选举制度不断完善，多党政治不断发展，政权的合法性逐渐被大多数选民认同，政府和议会更加透明，媒体自由度逐渐放宽，民主、法治、人权等观念逐步深入人心。当然，它们的政治改革也不是没有问题。中亚国家的政治改革与俄罗斯和东欧国家不同，原因是改革的基础条件和外部条件都不一样。它们的首要任务是维护国家的独立、稳定和发展，这一点决定了它们的政治改革面临着更多的困难。

2011~2012年，中亚国家在政治改革方面继续发展。2011年12月，乌兹别克斯坦议会上院通过宪法修正案，将总统任期由7年缩短到5年。乌通过《竞争法》，对《议会下院选举法》《非国有化和私有化法》《农业合作社法》《投资活动法》《税法》等多项法律进行修改和补充，以促进选举公平和协调经济与金融市场领域的竞争关系。2012年1月，哈萨克斯坦举行议会选举，三党进入议会下院。①哈总统纳扎尔巴耶夫在 2012 年 12 月出台的《哈萨克斯坦 – 2050》战略中表示要加强议会的权力，放权给地方。土库曼斯坦 2012 年 2 月举行总统选举，首次允许外国观察员监督总统选举过程，别尔德穆哈梅多夫高票（97.14%）当选。2012 年 8 月，土独立以来首次建立第二个政党——工业家和企业家党。

（二）经济层面

中亚国家的政治转型与经济转型是同步开始的，二者的启动都源于苏联解体前戈尔巴乔夫的政治经济改革。在政治改革的初期，各国都在不同程度上遇到了权力相互掣肘的问题，出现不同程度的危机局面，之后各国总统都选择了削弱苏维埃权力、加强总统权力的道路。不过，各国的情况不同，斗争的结果也不一样。哈、乌、土三国总统实现了权力集中的目标后都明确了"先经济、后政治"的发展原则，相对来说经济改革迈的步子比政治改革大。塔、吉两国的情况有所不同。塔国内的政治斗争激化并导致内战，内战结束后反对派的势力逐渐被排挤出政坛，反对派在局部地区势力犹存，偶尔袭击政府军，对政权构成一定压力。吉虽然没有发生内战，但各政治力量之间的利益关系难以理顺，争斗始终不止，导致两次发生政权非正常更迭，政局不稳。在这种情况下，塔、吉两国的经济改革被政治斗争拖累，虽然与国际组织积极配合，步子迈得很大，但经济都明显出现大幅震荡，暴露出政府管理低效的问题。

在经济领域，矛盾性既体现在追求经济多元化的发展目标与经济结构畸形化现实之间的矛盾，也体现在开放市场、推进私有化和经济自由化与维护经济安全之间的矛盾。

苏联时期，中亚地区的各加盟共和国是由苏联中央政府统一按照经济地理进行布局分工的，经济结构都比较单一。苏联解体后，旧的经济链条断裂，中亚国家不得不自力更生，寻求经济独立和经济发展多元化。然而，经济多元化并非易事，它们遇到了资金、技术、人才、市场等方方面面的困难。为了维持经济的增长，它们不得不继续倚重资源和原材料生产，而外国投资也往往集中

---

① 2012 年 1 月 15 日，哈举行第五届议会下院选举。"祖国之光"人民民主党获得了 80.74% 的选票，"光明之路"民主党和共产主义人民党的得票率分别是 7.46% 和 7.2%，三党顺利进入议会，改变了 2007 年以来"祖国之光"人民民主党包揽议会下院所有席位的局面，扩大了议会的代表性。

到这些产业，客观上加剧了经济结构畸形的状况。经过多年的努力，尽管中亚国家在制造业、轻工业、农业等方面有了一些突破，但总体上仍未摆脱资源和原料型经济的怪圈。高科技领域、加工工业仍是它们的弱项。对能源和资源的依赖、对于外部援助和侨汇收入的依赖以及对于外部环境变化的低承受力成为中亚国家经济中各自的短板。截至目前，哈矿产品出口仍占出口总额的3/4，机器设备、交通工具和仪器、仪表的进口额仍居各类进口商品额之首。① 天然气、棉花仍然是土和乌重要的出口商品，铝、棉花仍是塔吉克斯坦重要的出口商品，黄金、有色金属开采仍是吉的工业支柱。中亚各国独立后都致力于实现粮食自给自足，目前除了哈实现粮食出口，其他中亚国家均需要进口粮食。侨汇收入分别占塔吉两国国内生产总值的47%和29%。②

在开放市场、推进私有化和经济自由化方面，中亚国家普遍对本国的经济安全忧虑较重，因此在"开门"的同时仍然保持较高强度的政府监管，在推进私有化和自由化方面出现反复。乌兹别克斯坦、土库曼斯坦两国的政府监管最强。两国都选择了循序渐进的经济改革道路，对于重要的战略性行业始终保持国家控制。例如，乌国内棉花的种植和收购由国家统一安排，出口伙伴和交易价格由国家确定。外国公司在土境内从事经营活动的许可证以及人员入境签证均由土总统亲自批准。相比之下，哈萨克斯坦、吉尔吉斯斯坦两国经济改革和对外开放的程度更大一些。两国在独立初期就制定了对外开放的经济政策，在经济改革的方式上选择了"休克疗法"，很早就通过了一系列关于私有化和对外经济合作的法律文件。哈萨克斯坦除了对铁路外，几乎对所有的经济领域都放松管制，一些能源企业处于国有与私有混合的状况。吉尔吉斯斯坦的中小企业被认为是中亚国家中发展最快的，也是最自由的，占到80%。进入哈萨克斯坦、吉尔吉斯斯坦两国的外资企业也较多。乌兹别克斯坦在独立最初的10年中自由化进程虽然不快，但始终在推进。2000年以后情况发生变化，乌兹别克斯坦政府开始加强对经济领域的行政控制和管理，以至于2003～2004年乌兹别克斯坦与国际金融组织之间在经济改革问题上的矛盾激化。最近几年，哈萨克斯坦、吉尔吉斯斯坦两国国内都出现要求修改与外商签订的合同、将资源重新收归国

---

① 哈统计署数据称，2012年1-10月矿产品出口额占出口总额76.1%，机器设备、交通工具和仪器、仪表的进口额占总进口额的39.6%。

② 《世界侨汇收入最多国家排行榜》，http://finance.ifeng.com/roll/20121123/7339738.shtml，上网时间：2013年4月8日。

有、维护本国经济安全的呼声。在与国际组织的合作方面，吉尔吉斯斯坦、塔吉克斯坦两国相对较顺利，其中一个重要原因是两国经济困难，两国在接受国际金融组织援助的同时不得不满足对方提出的要求。1998 年，吉尔吉斯斯坦率先加入世贸组织，2012 年，塔吉克斯坦加入世贸组织，目前哈萨克斯坦正在加快入世进程。

总体来说，中亚国家都把市场经济作为发展方向，建立了基本的市场经济机构，在私有化和自由化方面取得显著进展。根据各国国家统计委员会的资料，2010 年私有化资产在各国国内的占比情况是：哈萨克斯坦 85%，吉尔吉斯斯坦 70%，乌兹别克斯坦 61%，塔吉克斯坦 44%，土库曼斯坦 36%。中亚国家的经济获得一定程度的发展，哈萨克斯坦、乌兹别克斯坦、土库曼斯坦的经济总量已超过独立前水平，吉尔吉斯斯坦、塔吉克斯坦的情况接近独立前水平。民众的生活也有了很大程度的改善。不过，它们的市场基础设施仍有待完善，经济还需要进一步放开，在提高经营管理效率、加强执法、打击腐败、发挥市场调节作用等方面仍需继续努力。

（三）外交层面

中亚国家的外交有如一部俄国名著的名称——《怎么办》，或者一部电影的名字——《向左走，向右走》。中亚国家都宣称开展全方位的外交政策，但在外交实践中它们不得不面对大国做出"站队"的选择。即便是在某一阶段确定了某个优先方向，中亚国家在处理双边关系时也面临各种两难。

以 2012 年的中亚形势为例，俄美在中亚的博弈更趋复杂。俄罗斯显示出继续推进独联体地区一体化的坚定决心，牢牢拽住哈萨克斯坦的同时，极力拉拢吉尔吉斯斯坦和塔吉克斯坦。美国继续兜售"新丝绸之路"战略，在方式上凸显细腻、柔和的一面，与乌兹别克斯坦的合作进一步加强。哈萨克斯坦与俄罗斯的关系进一步密切。俄罗斯、白俄罗斯、哈萨克斯坦三国统一经济空间正式运行。俄罗斯总统普京两次访问哈萨克斯坦。[①] 2012 年 10 月 9 日，哈萨克斯坦总统纳扎尔巴耶夫访问俄罗斯。乌兹别克斯坦与俄罗斯继续保持距离。卡里莫

---

① 第一次是 2012 年 6 月初普京总统正式访哈。双方签署协议，规定在俄境内停留 30 天内的哈公民无须登记。双方还讨论了能源、宇航领域合作以及建立欧亚经济联盟等问题。第二次是 9 月 19 日普京总统对哈进行工作访问，双方就能源等领域合作签署 13 个文件。其中，能源合作涉及经过俄境出口油气、联合开发里海北部能源、联合在哈开发铀等。

夫总统公开表态反对普京总统提出的欧亚联盟构想。2012年6月20日，乌兹别克斯坦外交部向集体安全条约组织秘书处递交照会，再次表示暂停在独联体集体安全条约组织内的活动。同年8月，乌兹别克斯坦当局把俄罗斯移动通信公司MTC驱逐出该国市场。需要指出的是，哈萨克斯坦、乌兹别克斯坦两国"站队"并非绝对，哈萨克斯坦在与俄罗斯发展经济一体化方面不遗余力，但出于主权独立的考虑排斥与俄罗斯搞政治一体化。近两年哈萨克斯坦国内反对与俄罗斯搞一体化的呼声趋高。乌兹别克斯坦不想搞僵与俄罗斯的关系，在反对俄罗斯"帝国思想"的同时不排斥与俄罗斯发展经济关系。2012年6月，俄罗斯总统普京访问乌兹别克斯坦。双方讨论了《关于乌兹别克斯坦加入自由贸易区条约的相互理解和继续采取联合措施备忘录》以及《关于深化战略伙伴关系的声明》两份文件。

俄罗斯以退为进巩固在吉尔吉斯斯坦、塔吉克斯坦两国的存在。吉尔吉斯斯坦、塔吉克斯坦两国与俄罗斯讨价还价争取最大利益。俄罗斯、吉尔吉斯斯坦两国在水电站建设、军事基地、能源、银行、农业、关税同盟等问题上的合作有了新的进展。[①] 双方达成协议，把俄罗斯驻吉尔吉斯斯坦军事基地的使用期限延长到2032年。2012年10月5日，俄罗斯总统普京访问塔吉克斯坦，双方达成协议，俄罗斯将租用201军事基地的期限延长到2032年。塔吉克斯坦得到的好处是塔吉克斯坦在俄罗斯境内移民的环境将获得改善。[②] 双方还签署了备忘录，规定俄罗斯每年向塔吉克斯坦提供100万吨免税石油产品。

乌兹别克斯坦与美国的关系继续升温。2012年8月，美国负责中亚和南亚事务的助理国务卿布莱克访问乌兹别克斯坦。乌兹别克斯坦与美国的军事合作主要包括三个方面：提供边境安检设备、人员培训和交流、提供武器装备。土

[①] 2012年9月19～20日，俄总统普京访吉。双方达成一致，俄将尽快履行协议，帮助吉建设和经营卡姆巴拉金1号水电站以及纳伦河上游水电站。卡姆巴拉金水电站的投资，一半资金由俄出，一半由俄给吉提供贷款。俄做出让步，原来俄要求75%的股份，现在双方达成一致各占50%。俄同意免除吉债务，近期将免除1.89亿美元，从2016年起10年内免除3亿美元债务。俄吉两国将共同在吉境内开展联合地质调查，建立有俄天然气股份工业公司参与的油气综合体，双方将在采矿、农产品生产加工和销售以及银行领域开展合作。双方还达成协议，从2017年起俄可以在15年内在吉拥有联合军事基地并解决与联合军事基地相关的法律问题。俄表示支持吉加入关税同盟和统一经济空间。此外，俄支持吉计划2014年将马纳斯转运中心变成民用设施，不用于军事目的。双方还就人文合作的一些具体问题达成一致。

[②] 根据双方在移民领域继续合作意向的备忘录，塔公民在俄境内无须登记的停留期限从7天延长到15天，塔公民在俄境内工作许可期限从1年半延长到3年。

库曼斯坦继续寻求除俄罗斯以外的其他天然气出口通道和出口市场。除了中国外，土库曼斯坦还努力寻求与伊朗、欧盟、阿富汗、印度、巴基斯坦等国在天然气领域进行合作。①

二 脆弱性

中亚国家发展进程中的脆弱性与矛盾性一样也是与生俱来的。这与它们处于内陆的地理位置有关，也与它们自身的资源禀赋和外部环境有关。脆弱性贯穿它们发展进程的始终，尤以政治和安全领域最为突出。

（一）政治领域

中亚地区的政治稳定常被称作"脆弱的稳定"。主要原因是政治稳定所需要的意识形态基础、政治基础和社会基础在一些国家还没有建立起来或者有待巩固。尽管这些国家的强人政治已经走过 21 年，但可以看到，政治领域很多潜在的问题还没有得到解决，比如说地区势力、部族势力对于中央政权的挑战，地区矛盾、民族矛盾以及伊斯兰政治化的趋势等。

中亚国家政权阶层基本按照"家族 - 同族 - 同乡 - 其他"这样的序列组成，当然除了家族要素的优先地位相对稳定外，其他要素的顺序并不是一成不变的。决定与总统亲疏远近的核心要素是对政权的忠诚度。乌兹别克斯坦的政治精英延续了苏联时期按地域划分的情况，分为塔什干、撒马尔罕、布哈拉、费尔干纳、卡拉卡尔帕克斯坦等派别。撒马尔罕派是卡里莫夫总统坚定的支持者。

塔吉克斯坦经历了内战后，国内形成了不同类型的部族，突出的是以地域为标志的当权的库利亚布部族和与中央分庭抗礼的帕米尔部族，另外也有学者指出还存在从事犯罪活动的部族和政党 - 官僚部族。

哈萨克斯坦的政治权力主要集中在南部的大玉兹手中。哈萨克斯坦家族垄断的情况与乌兹别克斯坦相比有过之而无不及，总统家族势力超越了部族和地区势力。独立初期，北部俄族居民曾要求自治或并入俄罗斯，大量俄族居民外迁。目前，西部和南部政治势力增长较快，国内发生的多起暴力事件与此有关。哈萨克斯坦、乌兹别克斯坦两国总统都尽量弱化部族的概念，避免出现地区主

---

① 2012 年 5 月，土库曼斯坦、阿富汗、印度和巴基斯坦四国领导人共同签署天然气供应协议。

义和分离主义,通过频繁的人事调动平衡各派势力。例如,近期哈萨克斯坦进行了重要人事调整,其中最引人注目的是 2012 年 9 月,总理马西莫夫改任总统办公室主任;原总统办公室主任阿斯兰·穆辛改任预算账目委员会主席;原政府第一副总理阿赫梅托夫为第八届政府总理。2013 年 1 月,哈萨克斯坦组建地区发展部,任命萨金塔耶夫为第一副总理并兼任地区发展部部长。这一系列举措对于哈萨克斯坦未来的政治发展意味深长。

吉尔吉斯斯坦虽然也存在地域问题,即南北问题,但该问题的基础是部族问题,部族因素的影响超过地域因素。苏联时期当地政府按照部族建立集体农庄,独立以后吉尔吉斯斯坦司法部根据部族名称来登记政党,因此吉尔吉斯斯坦部族对于政治的影响根深蒂固,这一点学术界没有异议。不过,学者们对于议会制是否符合吉尔吉斯斯坦部族文化传统仍存在争议。2012 年,吉尔吉斯斯坦的执政联盟第四次解体,① 从四党联盟变成了三党联盟,② 联盟的基础比之前还要弱,加上民族矛盾和经济问题,估计吉尔吉斯斯坦政治上层不时发生小幅度的振荡将成为常态。

中亚地区的民族矛盾可以分为三种情况:第一种是俄族与中亚国家主体民族之间的矛盾,主要是苏联解体后俄族地位下降、中亚国家主体民族地位上升

---

① 吉自 2010 年 11 月宪法改革后,已经出现了四次执政联盟。宪法规定,议会有 120 个席位,任何政党的席位都不能超过 65 个,议会中某个派别或派别联盟形成多数。因此,吉从法律上就规定了议会不可能有一党独大的情况出现,议会的政党构成是多元和零碎的。2010 年 10 月 10 日,吉举行了通过新宪法后的首次议会选举,故乡党、社会民主党、尊严党、共和国党和祖国党进入议会。第一次执政联盟是在 2010 年 12 月 2 日建立。社会民主党、共和国党和祖国党宣布成立执政联盟,但该联盟因未能按原计划选出议长而被迫解散。第二次执政联盟是在 2010 年 12 月 16 日建立。社会民主党、共和国党和故乡党组成执政联盟。2011 年 12 月 2 日社会民主党宣布退出该执政联盟,联盟瓦解。第三次执政联盟是在 2011 年 12 月 8 日建立,总统阿坦巴耶夫授权社会民主党组建新执政联盟。社会民主党与共和国党、祖国党和尊严党当天签署组建新执政联盟的协议。新成立的四党执政联盟占据整个议会 120 个席位中的 92 个,反对派故乡党占据其余 28 个席位。

② 2012 年 8 月 22 日,因吉四党执政联盟之中的尊严党和祖国党同时致函总统宣布退出执政联盟,吉执政联盟正式解散。总统阿坦巴耶夫于 24 日签署命令,宣告现任政府自动辞职。9 月 3 日,社会民主党、祖国党和尊严党签署协议,正式组成执政联盟。执政联盟协议规定,三党共同推举现任总统办公厅主任萨特巴尔季耶夫为唯一总理候选人,保留三党在原四党执政联盟时期所分配的政府副总理和部长职位,剥夺原共和国党在政府中分配的职位并交由新总理自主安排。9 月 5 日,原总统办公厅主任萨特巴尔季耶夫当选政府总理。此外,执政联盟还商定,议长将继续由热恩别科夫担任,执政联盟主席由尊严党主席库洛夫担任。此次组成执政联盟的三党共有 67 个议员,在议会 120 个议席中仅占 56%,因而不利于政令获得议会顺利通过和维持政权稳定。为弥补上述不足,执政联盟已与 8 名祖国党议员和 5 名故乡党议员签署了战略合作协议,商定共同议政和统一立场,从而使支持执政联盟的议员总数达到了 2/3。

引起的;第二种是中亚国家土著民族(非俄族)之间的矛盾,这种类型的民族矛盾有时发生在一国内部,有时也超越了国界,例如,吉尔吉斯斯坦境内的乌兹别克族与吉尔吉斯族之间多次发生冲突,两族之间矛盾至今难以弥合;第三种是同一民族内部的矛盾,尤以主体民族最为突出,例如,哈萨克斯坦境内俄语哈族与哈语哈族有着不同的文化和理念,土著哈族与迁入哈族之间存在利益冲突。正因为如此,2012年,哈萨克斯坦政府决定暂时停止给予回归哈族移民配额及有关优惠政策。

中亚国家的伊斯兰政治化主要有两种情况:一种是在塔吉克斯坦境内所谓地区部族的伊斯兰政治化;另一种是乌兹别克斯坦伊斯兰运动("乌伊运"),所谓政权反对派的伊斯兰政治化。塔伊斯兰政治化的社会基础主要是独立以后没有完全被整合进政权体系的地区部族。2012年,中亚地区发生的最大安全事件——霍罗格事件[1]再次证明,1997年达成的和平协定[2]没能彻底解决内战暴露出来的问题,塔吉克斯坦民族和解进程远未结束。有资料称,此次交战双方付出的代价都很大。最后实现停火的原因之一是反对派听从了阿迦汗基金会的号召。如果事实如此,那么就很难同意拉赫蒙政府的控制力进一步加强这一判断了。未来,塔吉克斯坦国内的武装反对派还有可能挑战拉赫蒙政权。"乌伊运"的主要目标是推翻乌的世俗政权,在中亚地区建立"哈里发"国家。伊斯兰的口号是它们开展政治斗争的工具。它们吸纳了不同民族的宗教极端分子,选择了政治斗争的极端方式——恐怖主义。伊斯兰化并不一定导致伊斯兰政治化,但伊斯兰化在中亚的发展趋势令执政者担忧和紧张,近几年各国政府都采取了很多弱化伊斯兰化趋势的措施。

---

① 2012年7月21日,塔国家安全委员会戈尔诺-巴达赫尚自治州管理局局长纳扎罗夫在距离霍罗格市两公里的地方被杀害。24日,当局宣布开始清剿涉嫌杀害纳扎罗夫将军的有组织犯罪团伙的特别行动。戈尔诺-巴达赫尚自治州位于塔东部,长期以来一直是武装反对派活跃的地区。霍罗格是该州的首府。塔执法机关称,纳扎罗夫遇袭身亡事件是由艾耶姆别尔科夫所领导的非法武装人员所为,他们多年从事毒品、烟草及宝石的走私活动,并且组织参与了多起犯罪事件。据塔内务部新闻中心和国家安全委员会公共关系中心报道,该国强力部门人员在特别行动中剿灭了30个非法武装犯罪团伙成员,抓获了40名武装分子,收缴100支各式枪械。行动中12名强力部门工作人员遇难,23人受伤。塔军事检察长萨伊托夫在军事行动中受伤。军方否认有平民伤亡,但一些独立媒体称有数百人丧命。25日,当局与武装分子举行谈判。塔政府发表声明,宣布已彻底粉碎杀害纳扎罗夫的反政府组织,艾耶姆别尔科夫已流亡国外。

② 1997年6月27日,在联合国及俄罗斯、伊朗等国斡旋下,拉赫蒙总统和联合反对派首领努里在莫斯科签署《关于在塔吉克斯坦实现和平和民族和解总协定》。

(二) 安全领域

中亚安全领域的脆弱性表现得尤为明显。在谈到中亚地区的安全时，有人说中亚地区似乎到处都埋藏着湿火药，很难预测哪一处的火药何时变干并且被引爆。也就是说，中亚地区的安全具有欺骗性，表面上平静，实际上暗流涌动，存在的威胁很多。例如，各方对于哈萨克斯坦、乌兹别克斯坦两国的政权交接能否顺利进行存在担忧。2012 年 3 月，乌兹别克斯坦总统卡里莫夫通过新的选举法，把本应在 2014 年举行的总统选举推迟到 2015 年。此举说明他在交班的问题上还需要更多的时间做准备。哈萨克斯坦总统对于接班问题讳莫如深，各种迹象显示 2016 年前哈发生政权更迭的可能性很小。另外，中亚地区安全问题的出现具有突发性和外溢性。一个地区"着火"，很可能迅速蔓延到邻近地区或者给邻近地区带来麻烦。也有人说，中亚国家如同装在一个竹筐里面的瓷瓶，竹筐如同地区安全合作机制，在运动的状态中瓷瓶之间因为缺少足够的缓冲物质难免磕磕碰碰发生损坏，但因为竹筐的存在不大可能一次性全部碎掉。也就是说，中亚国家的安全防卫能力较弱，一定程度上要依赖外部力量提供安全保障，而中亚地区的多边安全合作机制目前所能发挥的作用还很有限。

中亚地区的安全涉及政治、社会、国际关系等多个领域，是一个综合性问题。回顾过去发生的安全事件，主要有三种情况。

第一种是由反对派挑起的冲击政权引起的动荡，例如，2010 年吉尔吉斯斯坦发生的政权非正常更迭；2012 年吉尔吉斯斯坦反对派频繁举行游行示威；[1]霍罗格事件实际上是塔吉克斯坦反对派非法武装再次向拉赫蒙政权进行挑战的尝试。

第二种是社会层面的动荡，既包括民众不满情绪上升以至于走上街头与强力部门发生冲突，也包括宗教问题和宗教极端主义、民族矛盾、恐怖主义和犯罪等。例如 2011 年哈萨克斯坦发生的多起恐怖暴力事件以及扎瑙津事件，对政

---

[1] 2012 年 10 月 3 日，吉议会反对党组织近千人在首都中央广场示威，先是要求将库姆托尔金矿收归国有，后向吉总统和议会所在地"白宫"发起冲击，并宣布将夺取政权。示威人员最后被警察驱散，冲突中造成 12 人受伤。示威组织者和部分议员被捕。4 日，吉南方城市贾拉拉巴德市发生数百人的示威活动，要求释放被捕议员。

坛震动很大。2012年哈萨克斯坦刑事犯罪案件和恐怖犯罪案件仍然不断。①

第三种是国际关系层面，包括国家之间发生边界冲突、资源纠纷、海关纠纷等。目前，乌兹别克斯坦与塔吉克斯坦之间、乌兹别克斯坦与吉尔吉斯斯坦之间在水资源、边界、海关等方面还存在着很多争议，边界地区偶尔发生小规模的冲突，不时引起双边关系紧张。

尽管中亚国家在政治和安全领域存在这样那样的脆弱性，但稳定还是大势，短期内该地区发生大规模动荡的可能性比较低。与此同时，个别国家动荡的风险仍在不断增加，局部的小规模不稳定事件越来越频繁。

三 多样化

在谈论中亚问题时，学者们感到越来越困难，因为中亚五国的差异性似乎越来越明显，共性似乎越来越少。与此同时，随着研究的逐步深入，学者们越来越被中亚国家的多样性所吸引。除了历史地理、自然条件、资源禀赋、人文条件、外部环境不同之外，中亚五国在政治发展道路、经济发展道路和外交政策上也都各具特色。

（一）政治领域

在政治方面，它们有着不同的历史、文化和政治传统：哈萨克斯坦、吉尔吉斯斯坦两国的主体民族过去基本上属于游牧民族，苏联时期才转入定居生活，因此保留了很多游牧文化传统。哈萨克斯坦称自己属于草原文化。乌兹别克斯坦的主体民族在进入河中地区后从游牧民族转为农耕民族，属于农耕文明。塔吉克斯坦的主体民族分为平原塔吉克和高山塔吉克两种，称自己为山地文化。土库曼斯坦的先民因所处地域条件不同或从事农耕或从事半游牧经济。对于游牧民族来说，部落、季节、毡房、牲畜具有重要意义，所有财产都是便于携带的东西。游牧民族的传统观念不认可经商。而对于农耕民族来说，房子、土地等不动产是最贵重的，从事贸易是聪明人获得财富的正当途径，吉尔吉斯斯坦、塔吉克斯坦两国境内的南北文化差异就与此有关。除了塔吉克斯坦的国语属于

---

① 2012年3月，哈当局破获阿拉木图恐怖袭击阴谋；5月31日，中哈边境发生哨所枪击案，犯罪嫌疑人切拉赫供认自己杀害了14名战友和1名护林员，并放火烧了哨所；8月，阿拉木图州一处山谷发现11具尸体；9月，阿特劳州发生民宅爆炸事件，警方击毙5名恐怖犯罪嫌疑人。

印欧语系伊朗语族外,中亚其他四国的国语均属于阿尔泰语系突厥语族。中亚国家的多数居民都信仰伊斯兰教,多数属于逊尼派,历史上受苏菲主义影响较多。只有塔帕米尔地区有少数穆斯林属于什叶派的伊斯玛仪分支。乌兹别克斯坦是中亚五国中伊斯兰文化底蕴最为深厚的。塔吉克斯坦是中亚国家中唯一允许伊斯兰政党存在的国家。哈萨克斯坦、吉尔吉斯斯坦两国的民众对于伊斯兰教的信仰不如乌兹别克斯坦、塔吉克斯坦两国那么传统和严格。中亚国家的政治体制也有差异。吉尔吉斯斯坦目前为议会制,其他四国仍坚持总统制。不过,哈萨克斯坦称有意从总统制逐步向总统-议会制过渡。

(二) 经济领域

在经济改革方面,中亚五国的基础条件、改革方式和成效各不相同。在资源禀赋方面,哈萨克斯坦、土库曼斯坦、乌兹别克斯坦三国的能源和资源相对丰富,吉尔吉斯斯坦、塔吉克斯坦两国的油气资源贫乏,水电资源丰富但开发有困难。哈萨克斯坦、吉尔吉斯斯坦两国选择激进的"休克疗法",乌兹别克斯坦、土库曼斯坦两国选择循序渐进道路。从经济总量来看,中亚地区实际上回到了"哈萨克斯坦与中亚"①的说法,因为哈萨克斯坦的经济总量遥遥领先。②从经济改革的目标,市场化和私有化的进展看,哈萨克斯坦、吉尔吉斯斯坦两国走得快一些,其他国家走得慢一些;从经济结构调整的进展看,哈萨克斯坦、乌兹别克斯坦两国的成效大一些,其他国家各有各的问题。2012年,中亚国家的经济仍然处于危机后的恢复阶段,增速放缓。具体来说,哈萨克斯坦GDP增长5%,乌兹别克斯坦GDP增长8.2%,塔吉克斯坦GDP增长7.5%,吉尔吉斯斯坦GDP下降0.9%,土库曼斯坦GDP增长11.1%。

(三) 外交领域

在外交方面,中亚国家各有特色。哈萨克斯坦的外交可以称为地区大国的活跃外交,或者称总统外交、倡议外交、会议外交和全球外交。它的外交着眼于全球,而不是局限于中亚。它把自己定位为欧亚国家,是连接欧亚两洲以及东西方

---

① 俄文为 Центральная азия и Казахстан。
② 2011年,哈国内生产总值为1861亿美元,人均1.12万美元。乌国内生产总值为453亿美元,人均1511美元。塔国内生产总值为65亿美元,人均844美元。吉国内生产总值为59亿美元。

之间的桥梁，注定要在伊斯兰世界和突厥语国家中担任有分量的角色。它制定《哈萨克斯坦－2030》战略和《哈萨克斯坦－2050》战略显示出它的雄心壮志，提出要进入世界发达国家30强。它发起召开的"亚洲相互协作与信任措施会议"涵盖了24个国家和30多亿人口。它每年举办阿斯塔纳国际经济论坛，并提出了"G－global"倡议。该倡议的实质就是联合各方努力，建立公正安全的国际秩序。它参加了很多国际组织，经常举办一些大型国际会议，是独联体国家中率先担任欧安组织轮值主席国的国家。它还担任了上海合作组织、伊斯兰合作组织和集体安全条约组织的轮值主席国。2017年，哈萨克斯坦将举办世博会。哈萨克斯坦成功地游走于大国之间，是中亚国家中外交政策最为平稳，与俄罗斯关系最好的中亚国家。近年来它与俄罗斯的经济一体化发展很快。它与其他大国的关系也不错。《哈萨克斯坦－2050》战略指出："哈萨克斯坦的优先方向没有发生改变：发展与邻国——俄罗斯、中国、中亚国家以及美国、欧盟、亚洲国家的伙伴关系，加强关税同盟和统一经济空间，近期目标是建立欧亚经济联盟。哈萨克斯坦对外政策的平衡是指，哈萨克斯坦将与所有国家发展友好和可预测的关系，特别是那些在国际事务中发挥实质性作用和能引起哈萨克斯坦实际兴趣的国家。"纳扎尔巴耶夫总统为哈萨克斯坦的成功外交做出卓越贡献。他理智地看待苏联历史和中亚地缘政治现实，尽可能利用其中的积极因素为本国谋取利益。他非常注意与其他国家领导人保持良好的私人关系。他曾经对俄罗斯总统普京表示"哈萨克斯坦任何时候、任何地方都没有背叛过俄罗斯"，称两国是"兄弟国家"，他与普京打交道的时期是"黄金时期"。他善于在俄罗斯和美国中间寻求平衡。比如"9·11事件"后他表示同意向美国和北约开放领空，他做出这一表示的时间点和承诺的内容都显示出他成熟稳健的外交风格和卓越的外交才能。他重视对华关系，曾亲自担任火炬手参与了北京奥运会境外火炬传递活动。

乌兹别克斯坦的外交可以称为摇摆外交，或者叫特立独行的外交。"9·11事件"后，它在中亚国家中率先同意向美国提供军事基地，"安集延事件"后，它坚决要求美军撤出。它曾经坚决要求俄罗斯保持卢布在本国境内流通，也曾与俄罗斯建立联盟关系，但总统卡里莫夫也毫不避讳地批评俄罗斯拥有帝国野心。乌兹别克斯坦偏好双边合作，对于多边合作不是很积极。它曾两次暂停在独联体集体安全条约组织内的活动，对独联体、欧亚经济共同体、上海合作组织等框架下的多边合作经常提出保留意见。它把自己定位为中亚大国，追求中亚地区领袖的地位，与哈萨克斯坦形成竞争关系。近年来它与邻国土库曼斯坦的关系有很大改善，但与塔吉克斯坦、吉尔吉斯斯坦的关系仍比较复杂。2012年9月，卡里莫夫总统访问哈萨克斯坦，表达合作意愿，显示出乌兹别克斯坦对哈萨克斯坦政策微调的迹象。2012年8月，乌兹别克斯坦推出外交政策构想，表示拒绝参加任何军事政治联盟，不允许在本国设立任何外国军事基地和设施。与纳扎尔巴耶夫总统不同，卡里莫夫总统对于本国所处的地缘政治环境看法相对悲观，他时刻警惕成为大国竞争的牺牲品，经常选择主动变局。

塔吉克斯坦的外交可以称为水电站外交。塔吉克斯坦是贫穷的山地国家，对外和内部交通都十分不便。塔吉克斯坦处于中亚两河——锡尔河和阿姆河的上游，水资源丰富，同时与下游国家在水资源分配上存在分歧。塔吉克斯坦把吸引投资建设罗贡水电站确定为国家发展的战略任务，但因为缺少资金以及与邻国乌兹别克斯坦的分歧而不得不搁置这一建设。吸引投资建设水电站、在水资源问题上获得国际支持是塔吉克斯坦外交的主要任务。塔吉克斯坦是中亚国家中唯一与伊朗关系密切的国家，两国互称兄弟国家。塔吉克斯坦与阿富汗有1300多公里的边界。阿富汗境内的塔族人数据称超过塔吉克斯坦国内的塔族数量，两国之间跨境人文联系密切。与阿富汗有关的毒品、宗教极端主义、跨境犯罪等问题对该国影响很大。

吉尔吉斯斯坦的外交可以称为基地外交或者拍卖外交。除了积极吸引投资外，令外界印象最深刻的就是吉尔吉斯斯坦前总统巴基耶夫在马纳斯军事基地的问题上与俄罗斯和美国两家讨价还价，出尔反尔。出租军事基地对于吉尔吉斯斯坦来说是不得已的生存手段，一方面需要从大国获得安全保障，另一方面也可以得到可观的租金。吉尔吉斯斯坦也是中亚国家中唯一允许俄罗斯和美国两家同时在本国拥有军事基地的国家。因此，吉尔吉斯斯坦的外交看起来如其政治改革一样显得有些生猛。吉尔吉斯斯坦总统阿坦巴耶夫表示，2014年马纳斯转运中心的功能将转为民用。俄罗斯和美国在吉尔吉斯斯坦军事基地问题上的较量是长期的，马纳斯基地的未来存在悬念。

土库曼斯坦的外交可以称为天然气外交或者积极的中立外交。1995年，土库曼斯坦向联合国申请中立国地位并获得通过，成为中亚国家中唯一的中立国家。然而，土库曼斯坦的外交并不保守，总统别尔德穆哈梅多夫在国际舞台上也很活跃，经常在本国举办各种国际会议。该国把天然气出口多元化看作外交的重要目标，希望能够通过增加出口通道摆脱对单一出口通道和某个国家的依赖，在能源贸易和外交上获得更多的主动权以及更丰厚的利润。

四 碎片化

如果说独立初期中亚国家对地区一体化曾抱有很大期望，并做出过一些尝试，那么经过 21 年的发展，中亚国家对于地区一体化已经基本不抱什么希望，碎片化的趋势似乎难以扭转。

中亚国家之间尽管存在很多共性和联系，但它们的情况与一体化的范例——欧盟有很大的不同。第一，中亚国家的居民对于中亚缺乏主观认同感和归属意识，他们不认可"中亚人"的概念。关于他们的身份，他们更多认可自己的国家属性、民族属性或者其他，比如宗教、家乡、历史、文化等。

第二，中亚国家的居民彼此之间也不是很认同。哈萨克斯坦虽然在经济发展方面遥遥领先，但哈萨克斯坦居民显然不愿意成为中亚一体化的发动机，替邻国的麻烦事"埋单"。乌兹别克斯坦不认可哈萨克斯坦的地位和影响，对于哈萨克斯坦的全球性和地区性倡议嗤之以鼻，认为自己才是中亚地区的领袖，在地区事务上不愿意输给哈萨克斯坦。如果哈萨克斯坦、乌兹别克斯坦两国之间的合作不能取得突破，那么就很难谈得上中亚地区的一体化。土库曼斯坦作为中立国，实际上从一开始就基本置身于地区一体化进程之外。吉尔吉斯斯坦、塔吉克斯坦两国自身经济比较困难，很难为一体化"输血"。这种不认同产生的原因是多方面的：有历史原因，比如各国主体民族的历史长短不同，贡献不一；也有现实原因，比如各国在发展模式和发展水平上存在差异；有客观原因，比如各国主体民族的文化不同，生产和生活方式存在差异；也有主观原因，比如各国采取的政策。中亚国家在历史上没有建立过现代国家。独立后，中亚各国政府都试图通过重塑历史来强调自己的国家性和民族性，在经历短暂的意识形态多元化与混沌化的阶段后，民族主义和爱国主义逐渐成为中亚各国主流的意识形态。各国政府都注重宣扬主体民族的历史，提升主体民族意识并在各方面给予主体民族以优势地位，相应对于其他民族的历史有所忽略或者解读偏颇，并在现实中有所排挤，这导致不同国家居民之间、不同民族之间的嫌隙被放大。

第三，在促进地区一体化方面的意愿不强烈，顾虑很多。它们对于国家的独立和平等非常敏感，不愿意让渡主权，缺乏相互妥协的精神。另外，有的国家领导人之间关系始终不睦，也影响到国家间关系。

第四，实现一体化的客观条件还不够成熟。它们在政治、经济发展模式、经济总量和民众生活水平等方面差异很大,它们推行的经济政策和法律法规各不相同,这些都给一体化设置了障碍。

第五,在领土、边界、水资源、能源、海关、交通等很多方面存在尖锐的矛盾。多年来,这些矛盾没有得到解决,反而继续深化。吉尔吉斯斯坦、塔吉克斯坦边境长约971公里的边界中有471公里没有划定,塔吉克斯坦、乌兹别克斯坦20%的边界没有划定。乌兹别克斯坦在吉尔吉斯斯坦境内有两块飞地——索赫和沙希马尔丹,居住着4万~5万居民。吉尔吉斯斯坦在乌兹别克斯坦境内有飞地——巴拉克村,居民约600人。塔吉克斯坦在吉尔吉斯斯坦境内有飞地——瓦鲁赫,居民超过2万人,基本上是塔族。这些飞地的居民经常因为水和土地问题与别国居民发生冲突。吉尔吉斯斯坦官方称,2012年上半年,吉尔吉斯斯坦和塔吉克斯坦边境发生5起冲突,吉尔吉斯斯坦和乌兹别克斯坦边境发生4起冲突。2012年7月,乌兹别克斯坦、吉尔吉斯斯坦两国边防军发生交火。2013年1月,索赫地区乌兹别克斯坦籍居民袭击了吉尔吉斯斯坦边防军人。另外,有的国家之间长期关闭边界或者在边界布雷,彼此设置贸易壁垒和海关限制,限制人员往来和货物运输。

2012年,乌兹别克斯坦、塔吉克斯坦两国,乌兹别克斯坦、吉尔吉斯斯坦两国在水资源问题上的矛盾依旧。而且,由于俄罗斯表示帮助吉尔吉斯斯坦建设水电站,导致乌兹别克斯坦、吉尔吉斯斯坦之间的矛盾更加紧张。乌兹别克斯坦积极寻求另外两个下游国家哈萨克斯坦和土库曼斯坦的支持,并积极加强与哈萨克斯坦、土库曼斯坦两国的经济联系。[①] 乌兹别克斯坦、塔吉克斯坦关系

---

① 2011年,乌哈双边贸易额达27.71亿美元,同比增长47.1%。2012年12月,"哈萨克天然气运输"公司和"乌兹别克石油天然气"公司达成协议,将通过"布哈拉—塔什干—比什凯克—阿拉木图"和"加兹里(乌兹别克斯坦)—齐姆肯特(哈萨克斯坦)"管道向哈南部地区供应30亿立方米天然气,通过"土库曼斯坦—中国"管道向哈南部地区供应5亿立方米天然气。这样基本可以满足哈南部地区对天然气的需求。此外,两家公司还达成共识,将通过"土库曼斯坦—中国"天然气管道向中国供应天然气。2012年9月6~7日,乌总统卡里莫夫访哈。纳扎尔巴耶夫总统亲自到机场迎接。卡里莫夫称双方应该多见面。乌哈两国元首表示要加强在打击跨境威胁方面扩大合作。2012年10月1~2日,乌总统卡里莫夫访土,讨论联合应对恐怖主义和极端主义、毒品和有组织犯罪等问题,以及在水资源问题上采取共同的立场。2011年,双方贸易额同比增长69%,达到近5亿美元。另外,双方还就交通合作和文化交流等问题交换意见,发表联合声明。乌关心的是利用纳沃伊—土库曼巴什—巴库—第比利斯—卡尔斯(土耳其)铁路。两国签署2013-2017年经济合作条约、外交部门之间合作计划(2013-2014)等文件。

继续紧张。乌兹别克斯坦反对塔吉克斯坦修建罗贡水电站,对于塔吉克斯坦提出的请第三方专家评估的解决办法不予理睬,还通过禁运等方式向塔吉克斯坦施压。乌兹别克斯坦总统卡里莫夫还警告塔吉克斯坦如若一意孤行可能引发战争。2012年11月,3名塔吉克斯坦妇女被乌兹别克斯坦法院以间谍罪判处15年监禁。

最后,中亚地区运行的国际合作机制在促进地区一体化方面效率不高。它们对于中亚国家之间的矛盾或者不愿意触及,或者无力解决,或者利用矛盾,导致局面没有改善。

尽管中亚国家在一体化方面还面临着很多困难,但区域经济一体化是大势所趋,它无疑将给中亚国家带来互利共赢,促进地区的稳定与发展,这也是周边邻国与大国的利益所在。

原载《新疆师范大学学报》(哲学社会科学版)2013年第5期

俄罗斯文明属性及其战略影响考论

王晓泉[*]

任何一个国家,在制定对外战略时,都会秉承一种战略哲学,而战略哲学植根于文化土壤,文化是文明的最重要有机组成部分。文明特质在很大程度上表现为文化特质,其如同人体基因,具有稳定性和"潜意识"性,是决定国家内外战略走向的深层次关键因素。在一些东方人眼中,俄罗斯文化属于西方文化的一部分。很多俄罗斯学者,特别是那些仰慕西方文明的俄罗斯学者,努力寻找着俄罗斯文化中的西方文化之根,努力将俄罗斯文明论证为西方文明的一部分。西方学者大多将俄罗斯视为异类,认为俄罗斯文化与西方文化具有本质差别。很多中国学者坚信,俄罗斯文明是一种欧亚文明,兼具东、西方文明的特点。俄罗斯与西方相邻,深受西方文化影响实属自然之事。可是,深受西方文化影响的绝非俄罗斯一国,将俄罗斯文明视为欧亚文明,看似公道全面,实则偏离重点。通过对俄罗斯文化的追本溯源,笔者认为,俄罗斯文明的本质属性是东方性或非西方性,而其所展现出的西方文化特点仅仅是表层的。正因为如此,俄罗斯几次融入西方的努力均以失败告终。随着世界权力中心东移,俄罗斯文明的东方性将进一步加强,并明显地外化到其内外战略上,对国际格局产生深远影响。

---

[*] 王晓泉,上海大学上海合作组织公共外交研究院兼职研究员,中国社会科学院俄罗斯东欧中亚研究所科研处副处长。

一 彼得大帝之前的俄罗斯文化是东方文化

谈到东方文化，很多人自然想到中华文化、印度文化等。站在西方学术角度，东方文化的概念要大得多，指分布在欧洲以东并与西方文化具有本质差异的其他文化，中华文化只是东方文化的一部分。本文所述的俄罗斯文明的东方属性，是指俄罗斯文明深受亚洲文明的影响，与西方文明具有本质区别，也可称为非西方属性。

古罗斯时代，东斯拉夫人构成的部落深受亚洲文化影响，习俗上与亚洲人相似。多神教在东斯拉夫民间延续了几个世纪，当时的墓葬习俗与亚洲的习俗大同小异。公元10世纪，诺夫哥罗德公国的王公奥列格统一了基辅公国等公国，迁都至基辅，成立了基辅罗斯公国。由于国力大增，基辅罗斯在公元944年开始进攻东罗马帝国，最终取得了与东罗马帝国的自由贸易权，并与之建立了军事同盟。此后，两国关系发展迅速，东罗马帝国对基辅罗斯在政治、经济、文化等方面产生了巨大影响。公元988年，两国缔结友好同盟条约，基辅罗斯的弗拉基米尔大公迎娶了东罗马帝国公主，宣布基督教为国教，下令全体国民受洗，多神教在俄罗斯逐渐终结。东罗马帝国大量书籍被翻译成斯拉夫文，在基辅罗斯广泛传播。这意味着具有东方边缘文化特征的基辅罗斯文化融入了具有东方主体文化特征的东罗马文化，俄罗斯从此真正确立了文化自信。因此，俄罗斯历史上首位"全俄罗斯沙皇"伊凡四世将基辅罗斯第一个受洗的大公——弗拉基米尔作为修史的起点。既然东罗马文明构成了俄罗斯文明的源头，东罗马文明的属性也就决定着早期俄罗斯文明的属性。换言之，如果东罗马文明的本质属性是东方性，那么东方性必然也是俄罗斯文明的属性，因此有必要对东罗马帝国的文明属性进行考证。

东罗马帝国形成于罗马帝国晚期。当时，共和时期的政治传统被遗弃，以君主制和基督教确立统治地位为标志，罗马帝国的东方化进程加快。戴克里先（284~305年在位）正式以君主制取代元首制。君主享有至高无上的权力，享用东方觐见皇帝的跪拜礼。"挖眼、割鼻、割舌、断肢等恶刑被推行，而且这些摧毁人体的恶刑还被正式写入伊索里亚王朝的法典之中。……恶刑的施用同样是受到古代东方专制帝国影响的反映。"[①] 戴克里先的继任者君士坦丁（306~

[①] 厉以宁：《罗马—拜占庭经济史》，商务印书馆，2006，第576页。

337年在位）于313年承认基督教，并在比较富裕的东方行省建立新都——君士坦丁堡。"在总结从赫勒克留王朝建立（610年），经伊索里亚王朝（717~802年）、弗里吉亚王朝（820~861年），到马其顿王朝终结（1057年）这四百多年的拜占庭[①]历史时，可以对这段历史做一概述：这是拜占庭帝国历史上十分重要的时期。经过这一时期，尽管拜占庭仍然自称是罗马帝国的延续和罗马传统的继承者，实际上罗马传统终于被抛弃了，而希腊传统和东方传统却越来越浓了。一个很明显的例证是：当时的西欧历史学家和教会人士都严格地使用'欧洲'这个词。他们把法兰克人称作'欧洲人'，把日耳曼人称作'欧洲人'，从'欧洲'一词的含义来看，仅指西欧[②]而言。拜占庭帝国被他们排除在'欧洲'之外。在他们看来，拜占庭是东方；拜占庭帝国是希腊帝国；拜占庭人是希腊人、东方人。"[③]

基督教源于犹太教，属于东方宗教，于公元1世纪起源于近东，3世纪传遍罗马帝国全境。东罗马时期的基督教与被西方推崇为文明源头的所谓的希腊文明毫无传承关系，甚至是格格不入。基督教的神学世界观与源自希腊的罗马古典理性世界观完全对立。"古典是理性至上，它却是神学至上；古典是人本主义，它却是神本主义；古典强调和谐秩序中的自由发展，它却以上帝包揽一切，万流归宗于神的至高无上的统治。"[④] 基督教认古典为异教，斥之为妖魔邪恶，在抢夺古典神庙的财产之后，又捣毁神像，禁止祭祀，矛头同时指向古典传统的文艺作品甚至体育活动。392年，皇帝提奥多西下令严禁异教，信异教者有罪，古典文化亦在被摒弃毁废之列，大批建筑物、艺术品和图书典籍都遭破坏、毁灭，从古希腊以来连续千年的奥林匹克运动会也被禁绝[⑤]。自此，构成当代西方文化的所谓古希腊元素被历史所淘汰。公元395年，罗马帝国分裂为东罗马

[①] 何新在《希腊伪史考》中指出："17世纪德国历史学家乃使用一个来自荷马神话的伪托的希腊名词'拜占庭'，将东罗马帝国改名为'拜占庭帝国'。由于西方史学意识形态对于世界历史学术的强势影响，谎言被构筑为历史——'拜占庭帝国'这个历史上并未出现过，也未被使用过的假造帝国名词，现已成为各国历史书中的一个通用名词。而欧洲人制造这个假名词，主要是为了淡化东罗马帝国所具有的强烈的东方和亚洲色彩。"何新的观点虽然极具颠覆性，但是"拜占庭"一词为何没有在东罗马和西罗马的文献中留下痕迹，这的确不符合逻辑。

[②] 〔法〕马克·布洛赫：《封建社会》下卷，商务印书馆，2004，第32~33页。

[③] 厉以宁：《罗马—拜占庭经济史》，第596页。

[④] 朱龙华：《罗马文化》，上海社会科学院出版社，2012，第321页。

[⑤] 朱龙华：《罗马文化》，第323页。

帝国和西罗马帝国。东罗马帝国与西罗马帝国在政治、经济、文化、语言、民族、风土、人情、习俗等方面差异很大，罗马文明开始朝着不同方向发展。东罗马帝国的疆域包括今巴尔干半岛、小亚细亚、埃及、叙利亚、巴勒斯坦、美索不达米亚、昔兰尼加、爱琴海诸岛以及外高加索大部分地区。由于地处东方，东罗马文化本来就具有鲜明的东方文化特征。罗马帝国分裂后，东罗马帝国"以小亚细亚文化为基础，以东正教为国教，以拉丁语为国语，吸收希伯来语、希腊语和古阿拉伯语，从而成为不同于古罗马帝国和欧洲的具有鲜明东方文化特色的帝国"。[1]

伴随文化分裂的是作为帝国意识形态的基督教分裂为以希腊语地区为中心的东正教和以拉丁语地区为中心的天主教。君士坦丁堡是东正教的中心，罗马是天主教的中心。1054年，基督教彻底分裂为两派——西方天主教和东方正教。东方教会得到东罗马帝国皇帝的支持。由于东罗马文化环境与基督教产生的环境契合，东正教基本上原汁原味地保留了基督教的原始特征。"它信守基督教从公元325年至787年之间所召开的七次主教大公会议和《尼西亚信经》的基本教条，不因任何原因和理由对它们做任何修改、补充和革新，不承认后来西方天主教所举行的历次主教大公会议；它拘泥于古代基督教的教义和礼仪；固守老的一套基督教传统"[2]，因此以"正宗"自居，称正教，即东正教。西方教会对前七次基督教大公会议的决议和《尼西亚信经》进行了补充和修正，以"普世性"自诩，称公教，即天主教。

公元476年，西罗马帝国覆灭，而基督教体系完整地保存了下来。教皇控制着罗马教廷，教廷拥有国家机器和诸多特权，能够按照教义教化民众，进行司法审判和发动战争。欧洲从此进入了长达1000年的"黑暗的中世纪"。其实，"黑暗的中世纪"这一蔑称，出自后来掌握学术话语权的金权势力，即金融资本势力之手。因为在中世纪，金权势力和由罗马贵族演变而来的王权势力受到了基督教神权势力的压制。金权势力与王权势力从未放弃过与神权势力的竞争，并且逐步联合，将神权势力拉下了权力宝座。16世纪，在文艺复兴运动的启蒙下，为瓦解罗马教会对欧洲的大一统神权统治，建立所谓"民族教会"和"廉价教会"成为欧洲宗教改革的核心诉求。在权力博弈的过程中，金权势力因为

---

[1] 何新：《希腊伪史考》，同心出版社，2013，第162页。
[2] 乐峰：《东正教史》，中国社会科学出版社，2005，第43页。

需要神权势力帮助其约束民众的道德行为,所以并未将神权势力赶尽杀绝,而是将其纳入统治轨道,这就产生了利用和改造基督教的问题——既要保留教会对民众的麻痹作用,又要防止其坐大。宗教改革运动就是在这种背景下发生的。经过改造,金权势力竟然将水火不容的理性至上原则与神性至上原则调和在一起,打造出全新的基督教——天主教和新教。天主教哲学提倡理性,强调天主的启示和人类的理性是一致的,反对神秘主义。天主教面向社会、面向世界、面向未来,主张社会开放、自由、平等,提出诸多进步神学,如解放神学、妇女神学、黑人神学、希望神学、发展神学、民众神学、新托马斯主义神学等。基督教新教适应当代世界形势的变化,适应社会发展的需要,认为上帝和世界中间有一定的界限①,两者之间没有联系,提倡理性信仰,反对感性信仰和神秘主义。提出许多新的神学,如理性神学、自由神学、社会福音神学等。创建美国文化的"清教徒"② 深受欧洲宗教改革运动先驱加尔文的影响。加尔文认为:"虔诚的信仰与完美的德行是每一个将要得救的基督徒义务,他们应该在世间努力工作以荣神益人。"清教徒认为,《圣经》才是信仰的最高权威,任何教会或个人都不能成为传统权威的解释者和维护者,主张简朴的宗教礼拜仪式,提倡"勤俭清洁"的生活,遵守严格的道德准则,守安息日,严禁星期天劳作或进行娱乐活动。1698 年,马萨诸塞湾、普利茅斯、康涅狄克和纽黑文等清教徒殖民地的教会召开了第一次宗教会议,通过了《剑桥宣言》,明确了教会自治的管理原则,主张教会可以由信徒参加管理,牧师可以由信徒民主选举。当时这种具有民主色彩的教会管理模式主要是为了克服英国国教集权体制的影响,对后来美国政治制度的结构也产生了深远影响。清教徒这种为上帝效劳、努力进取、自我奋斗的精神与后来美国人性格特征的形成有着密切的关系,其信仰和实践中的一些重要的原则,尤其是原罪说、契约论、《圣经》权威说、公理制及选民观都对日后美国人的意识形态和价值观产生重要的影响。③

因此,东正教与西方的天主教和新教虽然同根同源,但具有本质性区别。东正教保留了基督教的原始属性,是纯粹的东方宗教,而天主教和新教则是在

---

① 所谓"清教徒",是对英国国内不信奉国教的基督徒的简称。16 世纪后期,基督教新教中的安立甘教会(圣公会)被英国王室确立为英国国教。但一些教徒认为,英国国教中存在着天主教的陈规陋习,应该加以清除。持这种观点的人被称为"清教徒"。
② 刘澎:《基督教文明与美国强盛之基》,《人民论坛·学术前沿》2012 年第 11 期。
③ 《马克思恩格斯全集》第 10 卷,人民出版社,1965,第 141 页。

历经了西方文艺复兴等重要事件后发生了质变和异化，在适应金权势力统治环境的同时，也为自身的发展赢得了机遇，成为当代西方文明的重要支柱。

东正教对俄罗斯文明的影响极大，构成了俄罗斯文化的基石，其所具备的东方宗教特征，使俄罗斯文化具有浓浓的东方韵味。马克思指出，东正教不同于基督教其他各教派的特点，就是国家与教会、世俗生活与宗教生活混为一体。东正教实际上担当了为王（皇）权势力管理国民精神生活的重任，这使其能在最大程度上获得政权的支持和文化影响力。蒙古金帐汗国统治时期，俄罗斯文化中的东方特性进一步增强。虽然蒙古人信仰的是萨满教，但是作为俄罗斯文化核心支柱的东正教未被削弱。东正教永远服务于强者，始终处于皇权之下。东正教主教们得到了金帐汗国的优待，大力宣扬可汗是上帝在罗斯大地的代表，规劝王公和民众效忠汗国政权。莫斯科公国崛起之初，东正教会便依附过来，全力支持莫斯科公国的发展。政治上说服王公们臣服于莫斯科，经济上提供强有力的支持，军事上提供武装力量，思想上大力宣传莫斯科大公的权力是神授的，还把总部迁到了莫斯科，使莫斯科公国成为东斯拉夫民族的宗教中心。

蒙古铁蹄的蹂躏、东罗马帝国的覆灭、印有东方文明烙印的东正教会与莫斯科王权的结合，深刻地影响了俄罗斯文明走向，推动俄罗斯成为东方帝国。首先，催生帝国思想，激发扩张野心。公元1453年，东罗马帝国覆灭，莫斯科公国便以东罗马帝国的继承人自居，把东罗马帝国的双头鹰徽号用作国徽，俄罗斯东正教会也就自命为全东正教会的中心。当时，东正教大主教左西玛在其所著《新东正教典》中声称，东西罗马帝国都已覆灭，莫斯科就是第三罗马。同时，俄罗斯东正教会也积极配合俄罗斯对外的扩张，鼓吹俄罗斯政权是承袭自罗马帝国的，有权领导和指挥全世界的东正教会。伊凡四世统治时期，俄罗斯消除了封建割据的局面，形成了一个统一而又巩固的国家。1547年，全俄都主教马卡里仿照东罗马皇帝的加冕仪式，为伊凡四世举行了加冕典礼，莫斯科大公第一次获得"全俄罗斯沙皇"的称号，被尊为俄国东正教会的最高领导和东正教会的最高保护者。

教会还负责教化民众，塑造民族道德和意识传统。伊凡四世将全俄罗斯的精神塑造重任全权委托给东正教会，要求教会办学，发展教育事业；教会被授予修史的职责，俄罗斯历史中留下深刻的东正教思想的印记。伊凡四世还指示教会用统一的思想指导全俄政治生活。解决过去、现在甚至未来的俄罗斯精神文化问题的重任都落在了东正教会头上。俄罗斯东正教哲学主张上帝和世界的统一，上帝和人类的和谐，神性和人性的结合，神学和哲学的合一，反对理性，提倡神秘主义，通过神秘主义使人吸取神的智慧，强调救世主耶稣基督如何变成有血有肉的躯体和如何降临人世的奥秘。东正教会制定的《白条决议集》中，甚至对民风民俗做了细致的规定，如禁止俗人男子刮胡子、读杂书、下象棋、玩乐器，禁止他们演出和观赏"伤风败俗"的戏剧，禁止他们与外国人交往，等等。"俄罗斯东正教徒依据自己熟悉的俄罗斯历史和习俗来判断什么是真正的东正教，对东正教的任何改变或任何背离的企图都被视为是对东正教的背叛。……所以，当今俄罗斯东正教教士不敢对教义、礼拜仪式做任何改变，怕引起广大教徒的反对。"[①] 由此可见，俄罗斯东正教非常保守，并且把这种保守性带入俄罗斯文化深处，使俄罗斯文化也呈现出保守性。而这种保守性与东正教起源地——小亚细亚地区的文化一脉相承。自弗拉基米尔大公到彼得大帝，是俄罗斯文化走向成熟和繁盛的时期。在此期间，东方小亚细亚文化在俄罗斯文化中占据了绝对优势，将俄罗斯文化塑造为东方文化，将俄罗斯塑造为东方国家。

二 俄罗斯的西化没有从本质上改变其文明属性

（一）俄罗斯的第一轮大规模西化

1. 第一轮大规模西化的缘起和特点

俄罗斯与西方地理相邻，历史交织。俄罗斯文化由于随处可见西方文化的元素，容易让人误解为是西方文化的一部分。俄罗斯文化中的西方文化因素大多源于两次大规模西化，但其并未从本质上改变俄罗斯文明的属性。第一次西化进程始于彼得大帝。彼得大帝羡慕西欧取得的辉煌成就，曾化名考察欧洲，终身致力于引进欧洲的文化、科技和军事，文治武功上都取得了很大成绩。彼得大帝受到了西方反教权思想的影响，加大对东正教的控制，取消牧首制，代之以主教公会的集体领导，还设置了一名专门管辖主教公会的总检察长，自己则被尊为东正教最高牧首。以后的皇帝，特别是叶卡捷琳娜二世基本承袭了彼得的西化思想，使俄罗斯与西方的交往变得非常密切。

彼得大帝时期，俄罗斯与西方国家在社会形态上已具本质区别，导致俄罗

---

① 乐峰：《东正教史》，第44页。

斯无法彻底西化。当代西方文化在很大程度上是西方金权势力塑造的，实质是金权文化。西方金权势力比东方金权势力强大得多。为占据主导性政治地位，西方金权势力曾发动过三大战役——文艺复兴运动、宗教改革运动和光荣革命。文艺复兴实际是金权势力为反对神权势力而发动的一场"造人"运动，起到了文化启蒙的作用，确立了当代西方文化中理性至上和民主人权的观念。宗教改革运动是金权势力与王权势力共同发起的削弱神权势力和再造基督教的运动，创建了当代西方的道德标准和精神家园。光荣革命则是金权势力削弱神权势力和王权势力的重大胜利，开创了当代西方政治文化的制度规则。三大战役后，金权势力在西方世界稳占上风，当代西方文化走向成熟。需要指出的是，金权势力虽然力求有组织地开展这些运动，并且拥有自己的组织形态，如共济会①等组织，但并不能说一切重大历史事件都是由其一手策划的。但在重大历史事件中，我们确实能清晰地看到金权势力埋下的种子。这种对历史进程的软控制或隐性控制，是金权势力不同于其他势力的最重要的行为特点。人类历史上有教廷、朝廷，却没有"金庭"。实际上，"金庭"隐藏于幕后，用金钱和游戏规则来控制前庭，这就是西方国家出现"影子政府"现象的原因。"影子政府"并不一定是一伙儿人，而是由实力、利益、规则联系起来的处于金权金字塔最顶端的一批人。他们之间也有矛盾和冲突，而在实施金权控制方面却是天然盟友。在西方社会，无序的表象下暗藏着有序，民主表象下暗藏着集权，人权的表象下暗藏着金权。而这一切，与俄罗斯封建的集权文化和东正教文化格格不入。

  彼得大帝是以实用主义原则和东方式手段推进西化的，并不注重对俄罗斯文化进行深层次改造，也不允许俄罗斯金权势力坐大，实际上走了一条类似于中国清末"中学为体，西学为用"的实用主义西化道路。他创建了海军、洋学堂等，俄罗斯的建筑、艺术、礼仪甚至语言都受到西方影响，但价值观等影响俄罗斯文明属性的深层次因素没有发生质变，其政治文化的集权或专制集权模式没有改变，东正教及其所承载的东方道德仍主导着精神生活。王朝覆灭之前，

---

① 在宗教改革运动中，共济会的作用隐秘而巨大。德国、瑞典和英国是近现代共济会的三大总部所在地，也是共济会势力最强大的国家。与此相契合的是，德国是宗教改革运动的发源地；瑞典国王古斯塔夫则与国内罗马天主教徒交战30年，直至1648年签订标志着西方近代国际关系形成的《威斯特伐利亚和约》；英国亨利八世虽然早年反对宗教改革，但后来却与罗马教廷决裂，以创建圣公会取而代之，并自立为政教首脑。1685年，新国王詹姆斯二世又想恢复旧教及专制政治，人心大愤，再经1688年没有流血的"光荣革命"，终于使英国新教徒在此年获得欧洲第一个享有最大信仰自由的结局。

神学教育始终居主体地位,东正教基辅神学院在文化教育方面起了重要作用,输送着大批人才。当时的教育大臣谢·乌瓦罗夫指出:"俄罗斯人民似乎天生就是信奉基督教的,是一贯忠于沙皇并认为农奴制是天经地义的。"① "截至1914年,全国有40%的小学是掌握在教会手中的,有200多万小学生在教会小学接受宗教教育;全国有120多所男女中等教会学校,接受宗教熏陶的有5万左右中学生;此外,还有4所专门神学院——彼得堡神学院、莫斯科神学院、基辅神学院和喀山神学院。"② "教会在当局的支持下,把各大学变成宗教学校或修道院的中间物。同时,从教学中取消一切能够对学生的世界观产生影响的课程,特别是自然科学课程,与之有关的大学教授自然也被驱逐。有些自然科学课程即使不取消,也得用《圣经》精神来传播。"③

彼得大帝所开启的西化进程的另一个特点是所覆盖的人群有限,导致社会上层和广大下层在文化上产生分裂。19世纪,西方思想在俄罗斯传播得更加迅速,对皇权和教权的冲击更有力,沙皇和教会加紧了对国民的思想控制,教会对人民的教育职能进一步加强,"规定'最下等人'必须在教区初等学校念书,在中学设置神学和古文(希腊文和拉丁文)等科目,神学课设定为各高等学校的必修课,大学必须服从督学的督导,一切学校的全部教学工作都得按照'东正教、专制政体、人民性合一的精神'进行"④。西化程度比较高的是上层贵族和精英。他们在西式学校中学习,以说法语为荣,建造欧式建筑。这些人学习到的往往是西方文化的皮毛,但是瞧不起本土文化,脱离于下层百姓,有理想却脱离实际。以这些人为骨干的十二月党人,就失败在文化的水土不服上。

从权力格局看,俄罗斯也不具备真正西化的条件。西方文化是在金权势力崛起的背景下形成的。俄罗斯则不同,由于地处偏远,金权从未强大,没有能力与神权联合对抗皇权。所以,二月革命后出现的资产阶级临时政府十分短命。

2. 第一轮大规模西化的重要外因——欧洲金权势力

彼得大帝执政时期,金权势力在欧洲崛起,为西方经济、科技、文化、军事等领域带来巨大进步。扩张性是金权势力永恒不变的特点,毗邻而居的俄罗

---

① 〔俄〕潘克拉托娃:《苏联通史》第2卷,三联书店,1980,第346页。
② 乐峰:《东正教史》,第185页。
③ 乐峰:《东正教史》,第186页。
④ 乐峰:《东正教史》,第183页。

斯自然成为其扩张目标。正如西方金权势力为问鼎欧洲权力舞台而发动文艺复兴运动一样，其对俄扩张也是以思想文化渗透为先导的，极力在俄推广欧洲文艺复兴成果，即在俄推动思想启蒙运动。共济会是西方金权势力的重要组织形态，是推动俄罗斯西化的最重要外部力量。虽然俄罗斯共济会曾在100多年的时间里一直是最强大和最活跃的公开活动的合法组织，但是却被今日学者长期忽视甚至无视，对其进行研究往往被简单地扣上阴谋论的帽子。由于在俄罗斯找不到强大的金权势力作为依托，西方金权势力只能与俄罗斯皇权势力合作。共济会进入俄国与彼得一世开启的第一轮西化进程同步。"1821年，共济会'义神星'分会的大师傅库舍列夫（Е. А. Кушелев）将军在日记中写道：'共济会各分会产生于彼得一世从其他国家访问归来之后。第一个共济会分会由彼得一世在彼得堡亲自建立，由共济会的一个师傅级别的会员、彼得一世的宠臣列福尔特将军管理。'"① 文艺复兴运动后，德意志、英国和瑞典的金权势力最强大，这三国的共济会总会分别在俄国建立了分会。俄国共济会的主要使命是传播欧洲启蒙运动思想。"叶卡捷琳娜二世推行的'开明专制'的思想来源与法国启蒙思想家关系密切。"② 俄国共济会通过教育和改革推动俄国西化，培养了一大批著名的俄国文学家、思想家、艺术家。18世纪"几乎所有著名的肖像画家都是共济会会员。他们按照分会中'兄弟'的形象进行创作。巴热诺夫和其他的俄国建筑师也都是共济会会员。他们在自己的设计方案中体现共济会美学"。③ 俄罗斯学者甚至认为，"俄国200年来的知识分子史是一部共济会史"。④ 俄国共济会无论以多么高尚和高雅的面目出现，终究要服务于欧洲金权势力，并削弱俄国皇权和神权势力，摧毁俄国本土文化，将俄国纳入欧洲金权势力的战略轨道。俄国共济会批评皇权专制制度和诋毁东正教，试图以西方政治文化改造俄国的政治生态，引来皇权和神权势力的联合打压。18世纪下半叶，共济会不断受到当局的限制。1822年，沙皇亚历山大一世下令在全国取缔共济会。俄国共济会由公开合法的社团变为秘密非法组织。由于在1825年爆发的十二月党人起

---

① Цит. по. ЬрачеВ., Масонвы у власти, М., 2006. С. 122. 转引自赵世锋《俄国共济会与俄国近代政治变迁》，复旦大学出版社，2011，第35页。
② 〔美〕赖尔、威尔逊：《启蒙运动百科全书》，刘北成译，上海人民出版社，2004，第17页。
③ Масонство и русская литература [ⅩⅧ—начала ⅩⅨвв.]，转引自赵世锋《俄国共济会与俄国近代政治变迁》，第90页。
④ Иванов В. ф.，Русская интеллигенция и масонство: от Цетра I цо наших дней，М.，1997，С. 8. 转引自赵世峰《俄国共济会与俄国近代政治变迁》，第90页。

义者中发现了很多共济会会员,沙皇尼古拉一世于1826年再次颁布了取缔俄国共济会的命令,禁止所有军职人员、贵族加入共济会。1917年二月革命爆发后,俄国共济会马上采取夺权措施。临时政府交通部部长涅克拉索夫1939年向苏联内务人民委员会供认,"在二月革命开始的时候,所有共济会会员都接到命令,要求他们立即站到新政府的一边,捍卫新政府的利益。一开始他们捍卫的是国家杜马临时委员会,后来是临时政府。在有关组织政府的所有会谈中,共济会会员都在暗中起了显著的作用"①。俄国共济分会"俄国人民大东方"最高委员会成员克伦斯基、齐赫泽、涅克拉索夫、科诺瓦洛夫、卡劳洛夫等,都在临时政府中占据了要职。

3. 第一轮大规模西化的终结——十月革命

十月革命胜利后,俄共从金权势力组成的资产阶级临时政府手中夺回政权,取代了神权势力,开始塑造社会道德和管理精神生活。东正教会在苏联精神生活中被极度边缘化,但东正教参与塑造的俄罗斯传统文化依然被较为完好地保存下来。苏共的统治不但没有改变,而且还加强了俄罗斯文明的东方性。究其原因,长期侨居法国巴黎和深受资本主义思想影响的俄罗斯东正教神学家别尔嘉耶夫(1874~1948)认为,"共产主义的根源就是东正教和民族传统文化"。苏联体制基本上由斯大林体制发展而来,斯大林曾就读于东正教教会小学和中学,这是其建立东方集权型社会主义模式的一个深层次原因。苏联体制等级森严、中央集权、尊崇集体主义,所有这些都是东方文化的典型特征。在苏共的东方集权模式下,苏联国内金权势力几乎没有成长空间,西方金权势力的渗透更是无比艰难。对于西方金权势力而言,苏联的边境的确是真正的"铁幕",这正是冷战爆发的深层次原因。虽然马克思主义源于西方,但是苏共统治客观上却是逆西化过程,苏联的东欧卫星国也在这一过程中被东方化了。

---

① Из следственнвых дел Н. В. Некрасова 1921,1931и1939 года, С. 39. 关于此材料的真伪,内森·史密斯1985年4月发表于《俄罗斯评论》的论文《1906~1918年的俄国政治共济会:一种对其来源的探讨》中,对这份材料的可靠性做了分析,认为涅克拉索夫在供词中提供的信息,除"共济会成员有义务将俄国共济会的一些指示置于各自政党之上"的言论之外,其余大部分都可以用其他一些证据来证明其可靠性。参见:Nathan Smith, Political Freemasonry in Russia, 1906 - 1918: A Discussion of the Source, Slavic Review, Vol. 44, No. 2(Apr., 1985),转引自赵世锋《俄国共济会与俄国近代政治变迁》,第194页。

（二）俄罗斯的第二轮大规模西化

俄罗斯第二次大规模西化发生在戈尔巴乔夫执政后期，苏联在这次西化大潮中解体。新俄罗斯全盘复制了西方民主制度，实行自由主义经济政策。此轮西化虽来势汹汹，但仅仅经过十余年便后继乏力了。普京2000年就任总统后，俄罗斯西化进程被逐渐逆转，东方化或逆西化趋势日益加强。普京2012年第二次就任总统后，第二轮大规模西化基本停滞，取而代之的是东方化进程。总体看，俄罗斯的第二轮大规模西化与第一轮有不少相似之处。

第一，只学皮毛，不伤根本。在西化政治制度框架下，新俄罗斯的政治生活中起主导作用的实际上是东方权力运行规则。比如，1993年发生的"炮打白宫"事件，普京对"霍多尔科夫"等经济寡头的整治，等等。总统享受着沙皇般的权利，立法和司法机关权力受到制约，媒体受到政府的严控。俄罗斯政府所推崇的仍然是威权主义、集体主义，所强调的是"主权民主"。

第二，上层西化，下层保守。俄罗斯立国初期，社会分化剧烈，掌握权力的社会精英依靠对苏联国有资产的巧取豪夺而迅速致富。全盘复制过来的西式民主制度所带来的实际上是高层精英的民主。上层精英对西方充满好感，与西方联系紧密，西化程度较高。广大社会中下层民众没有充分享受到西式民主所带来的经济实惠和政治权利，却不得不忍受着苏联解体所带来的苦难。他们对西方民主制度失望，很多人怀念苏联时期安定无忧的生活，信奉东正教的人数迅速增长，盼望出现"好沙皇"的传统心态回归，持正面评价斯大林的民众已超过半数且人数逐年增加。这是俄罗斯民众接受甚至欢迎普京权威主义统治的主因。

第三，同样有外部金权势力的深度介入。共济会对中情局影响力巨大，中情局的创始人、美国历史上最强势和执政时间最长的中情局局长杜勒斯是共济会高级成员。在实施对苏战略目标方面，共济会和中情局无论在组织上，还是在行动上都高度默契。仅在1985~1992年间，美国等西方国家为推动所谓的苏联民主化进程就花费了900亿美元，主要用于信息渗透。这些资金通过俄罗斯改革公众委员会、美国"国家对民主化捐赠"协会、克瑞伯协会等各种基金会和委员会流入苏联。1984年年底，时任苏共中央政治局委员的戈尔巴乔夫访问英国，与撒切尔夫人会见后，撒切尔夫人抛出了一句名言："这是个可以一起做事的人……他值得信赖。"后来，她不无自豪地说："是我们把戈尔巴乔夫提拔起来当了总书记。"① 戈尔巴乔夫执政后期,共济会开始在苏联强力扩张。从1989年开始,共济会在苏联发动了所谓"外在化"运动,公开宣传共济会思想和招募会员。戈尔巴乔夫执政时期分管意识形态的政治局委员雅科夫列夫早在20世纪70年代初便与加拿大总理、著名共济会会员特鲁多建立了"特殊信赖关系"。原苏联国家安全委员会主席弗·亚·克留奇科夫1993年2月13日在《苏维埃俄罗斯报》上披露:"我在20世纪80年代下半期,就从几个可靠的渠道获悉,雅科夫列夫1960年在美国哥伦比亚大学进修期间被美国特工机关收买,并在苏联'改革'期间接受过美国方面的指示。"② 雅科夫列夫分管意识形态后,西化呼声很快成为舆论界主流。共济会操控着处于美国对外战略决策机制顶层的三边委员会,三边委员会的高层领袖几乎都是共济会高级成员。③ 戈尔巴乔夫通过共济会会员、著名金融投机家索罗斯的介绍,成为三边委员会成员。索罗斯创建的索罗斯基金会在推动苏联和俄罗斯西化方面起到了重大作用,它于1990年资助了以亚夫林斯基为首的"500天"计划制订小组,后又资助了"盖达尔班子",还资助了大量推动西化的媒体和专家。④ 在俄罗斯立国初期,俄罗斯经济和政治寡头与共济会的纠葛已经非常深,俄罗斯政治和经济体制不可避免地走向了全盘西化的道路。

第四,都激发出更为强大的逆向力量。东正教和民族主义是俄罗斯西化派的眼中钉、肉中刺。他们崇尚德国社会学家、政治经济学家马克斯·韦伯的主张,认为俄罗斯之所以没有民主化、自由化,就是因为没有引进与资本主义相关的宗教文化,因此极力推动俄罗斯在宗教领域实行相对宽松的政策,导致包括邪教在内的各种宗教力量把俄罗斯精神生活搞得杂乱不堪,严重威胁到俄罗斯民族赖以立身的精神文化之本。这种情况如不改变,俄罗斯不但不可能重新崛起,甚至保持现有国家形态也会成问题。于是,民族主义思潮渐占上风。民

---

① 〔俄〕尼·伊·雷日科夫:《大国悲剧:苏联解体的前因后果》,新华出版社,2008,第10页。
② 党内教育参考片《苏联亡党亡国20年祭》,中国社会科学院世界社会主义研究中心制作。
③ 〔俄〕普拉托诺夫:《俄罗斯荆棘之冠:共济会历史1731—1995年》第25章,转载于《中央情报局隐性控制苏共高层》,海疆在线网站,http://www.haijiangzx.com/2012/gongjihujyanjiu_10120/24816.html。
④ 〔俄〕普拉托诺夫:《俄罗斯荆棘之冠:共济会历史1731—1995年》第25章,转载于《中央情报局隐性控制苏共高层》,海疆在线网站,http://www.haijiangzx.com/2012/gongjihujyanjiu_10120/24816.html。

族主义者重视俄罗斯历史文化传统和东正教的价值。普京在《千年之交的俄罗斯》一文中强调:"东正教在俄国历史上一直起着特殊作用,它不仅是每个信徒的道德准则,而且也是全体人民和国家不屈不挠的精神核心。以博爱思想、良好戒律、宽恕和正义为本,东正教在很大程度上体现了俄国文明的特性。"[①] 俄罗斯教会提出通过宗教复兴达到民族复兴的主张。东正教神学家指出,为了民族的复兴,必须先有宗教的复兴,必须有一个统一的思想,但这种统一的思想不能为了时下的政治利益而采取实用主义,它必须是俄罗斯固有的民族自我意识,即东正教。就这样,东正教会和民族主义者结成了抵制西化的同盟,坚决反对西化派否定俄罗斯传统文化的言行。

综上所述,俄罗斯的两轮大规模西化都没有从根本上改变俄罗斯文明的东方性或非西方性。与第一轮西化相比,第二轮西化有如急风暴雨,迅猛但不持久。彼得一世的地位虽然至高无上,但当时的上层精英对西化普遍持抵制态度。第二轮西化则不同,上层精英一度普遍欢迎西化,群体发力推动西化,使俄罗斯在极短时间内全盘复制了西方的政治经济制度。西方金权势力的力量今非昔比,能够主导世界秩序,因此其制定的对俄战略目标与彼得大帝时期有所不同,不仅要将俄罗斯纳入战略轨道,还要进一步肢解俄罗斯,使其永世不得翻身,永远仆从于西方利益。俄罗斯与西方的文明冲突的实质是根本利益的冲突。

三 俄罗斯文明属性的战略影响

俄罗斯是当今世界地位和作用都非常独特的国家。作为苏联继承国,其不但拥有较强的综合国力和巨大的发展潜力,而且具有全球战略视野,善于在国际政治舞台上纵横捭阖,对推动国际格局变化起到重要而活跃的作用。准确把握俄罗斯战略走向,大力加强中俄战略协作,是中国实现重大战略目标的必要条件。俄罗斯文明的东方属性,对俄罗斯内外政策的战略走向产生着潜移默化的影响。

(一) 俄罗斯文明的东方属性催生独立自主的发展模式

俄罗斯文明的东方属性长期没有发生实质性改变的根本原因是,俄国内金

---

① 〔俄〕普京:《千年之交的俄罗斯》,http://wenku.baidu.com/view/2a7a4ad3c1c708a1284a4425.html。

权势力始终没有长时间坐大和真正摆脱西方金权势力的操控。俄罗斯金权势力在王朝时期依附于皇权，在苏联时期几乎被消灭，在苏联解体后曾短时间对政权拥有强大影响，并推动俄西化进程步入高潮。"1998年，20%的居民手中集中了一半以上的国民总收入，而这其中有大部分集中在200～300个家族手中。"① 新俄罗斯成立初期的寡头中，绝大多数寡头有犹太血统，并依靠侵吞苏联国有资产起家，而支持他们的幕后金主几乎都是犹太人金融家。俄罗斯金权势力产生、壮大于西化进程之中，得益、受制和服务于西方金权势力，帮助西方金权势力影响俄政府决策，肢解俄罗斯经济，控制俄罗斯经济命脉，复制西方民主制度，打压民族势力，把俄罗斯推入西方战略轨道。金权势力极力鼓吹的西方自由主义经济理论极大削弱了俄政府的经济管控能力。俄罗斯原本较为完整的国民经济体系被碎片化和畸形化，在外部经济冲击下显得异常脆弱，在20世纪90年代末的亚洲金融危机和2008年世界金融危机中曾遭重创。政府对社会的管理和保障能力大幅下降，导致出现道德沦丧、人口下降、贫富差距加大等诸多严重社会问题。

普京执政团队面临着历史性抉择：要么继续西化，但这样俄罗斯主权将被极大削弱，有可能步当年奥斯曼帝国后尘，在领土被肢解及世界强国的潜力尽失后沦为西方世界的二流国家；要么建立独立自主的发展模式，但这样将遭受西方的重压，需要巨大的智慧和勇气。此时，俄罗斯东方文明属性的战略性影响凸显出来。俄罗斯社会深层的集体主义、爱国主义和民族主义精神回潮，民众普遍厌烦西方民主制度带来的政治混乱和西方自由市场经济带来的经济混乱，希望出现"好沙皇"，并用铁腕恢复政治和经济秩序，增强社会保障，带领俄罗斯走向富强。以这种民意为牵引和支撑，普京执政团队实际上选择了一种以西方民主制度和自由市场经济为表象，以东方集权潜规则为内核的国家主义发展模式。虽然普京强调的是走欧亚主义发展道路，但是这条道路实质上是向传统回归的逆西化之路。西方国家和俄罗斯国内亲西方势力对俄重大决策的影响力遭到重创。普京在不改变市场经济基本原则的前提下重视调控手段，使俄罗斯私有化进程放缓，在能源等领域还出现了国有化现象。普京大力宣传的"主权民主"的机理是集体主义，即用主权保障人权。普京加强了对社会的管控，但其具有柔性，在规定行为底线的同时给社会团体留有一定的空间和自由。普京

---

① 党内教育参考片《苏联亡党亡国20年祭》，中国社会科学院世界社会主义研究中心制作。

试图通过以俄罗斯传统文化为基础重塑俄罗斯精神内核,推崇东正教所提倡的东方道德传统。这些必然导致俄罗斯社会的东方化。普京2012年重登大位后开始推出一些民主化措施,但这只是出于减轻西方压力的策略性考虑,并以对驾驭政权有足够自信为前提。一旦这些措施威胁到政权安全,就会被废止。事实上,金权势力参与权力博弈的两大法宝——金权和信息(舆论)权基本被普京所掌控。俄罗斯各主流媒体虽然还有一定自由度,但已不能像苏联解体前后那样为所欲为。它们清楚地知道并且不敢轻易触碰底线。普京开创的俄罗斯发展模式是实践的产物,表象上具有西方制度的形态特征,但运作机理是典型的东方式的,植根于俄罗斯东方文化土壤。实践证明,也只有这种模式才符合俄罗斯国情,才能使俄罗斯重回稳定和独立发展的轨道。

(二)俄罗斯与西方的关系总体趋冷、趋稳,但伴有短时间紧张甚至危机

俄罗斯文明与西方文明具有本质差别,无法融入西方文明。东欧和波罗的海等国家可以融入西方,因为其没有成长为主体文明的条件,融入西方对它们而言,无非意味着从衰落的俄罗斯文明体系的二流国家变为富强的西方文明体系的二流国家。俄罗斯文明是主体文明,融入西方就等于沦落到与小国等同的地位,这是俄罗斯所无法接受的。出于资本的特性,在当代世界,西方文明与其他文明的最大差异是极具攻击性和扩张性。俄罗斯与西方相邻,更易受西方的影响和打压。苏联强大时,西方树起一道隔绝东西方经贸、人文等领域交流的铁幕,并启用所有信息手段妖魔化铁幕另一侧的苏联。苏联解体后,西方热衷于消除俄罗斯重新崛起的潜力,渗透俄思想界,改造俄政治和经济制度,抢占原苏联的战略空间,破坏其国民经济和军工体系,削弱俄军事潜力,洗掠俄财富,控制俄经济命脉,分裂俄领土。普京由于其强国梦与西方对俄战略目标相悖,成为被西方妖魔化的对象。俄罗斯与西方的关系在普京执政期间不会有根本性改善,总体上将处于冷淡状态。近年来,美国等西方国家看到了世界发展中心东移和俄罗斯短时期内难以崛起的趋势,将战略重心向东移动,对俄施压有所减弱,与俄罗斯的关系总体趋稳。

俄罗斯与西方的矛盾是结构性的和长期的,俄罗斯实现崛起的前提是善于与西方博弈。事实上,叶利钦执政后期俄外交就已朝这个方向转变,开始重视与中国、印度等非西方大国的合作,积极参与世界热点问题,并以此牵制西方。

俄罗斯与中国都具有东方文明属性，但俄罗斯文明中有蒙古人留下的文化烙印，反映到外交实践中就是缺少中庸之道，强调技巧与手段，与西方博弈中时常会硬碰硬，使双方关系出现短时间紧张甚至危机，这一点在俄罗斯和西方2014年围绕"乌克兰事件"的博弈中尽显无遗。

（三）独联体国家将长期成为俄罗斯外交首要目标，双方关系在曲折中前行

在融入西方世界受挫后，俄罗斯更为珍重其主体文明地位，谋求通过强化这种地位推动世界多极化，并成为未来多极世界中的一极。俄罗斯不再将乌克兰、白俄罗斯、哈萨克斯坦、吉尔吉斯斯坦、塔吉克斯坦等独联体国家视为"包袱"，而是将其视为重新崛起的资源，并把将这些国家拉回自身文明体系作为其外交的首要任务。2013年版《俄联邦对外政策构想》提出，"俄罗斯是特殊的文明，独联体是俄罗斯特殊文明的载体"[①]。俄罗斯将独联体国家作为外交重点，极力打造各种自己主导的地区多边合作机制和组织，如集安条约组织、欧亚经济共同体以及未来的欧亚联盟等。文化方面，俄罗斯重点强化俄语在这些国家的地位，促进旨在增强文化共性的人文交流，强化东正教对这些国家的影响。

一些独联体国家与俄罗斯走近的一个非常重要的原因是同样面临着西方文明的冲击。乌克兰和白俄罗斯原本就是俄罗斯文明的有机组成部分，融入西方对其而言意味着背弃传统，这是其民族主义势力和东正教势力难以接受的。融入西方对中亚国家和白俄罗斯等国家的领导人还意味着失去政权。他们的治国方式与俄罗斯相似，为西方所不容，属于西方民主模式表象下的东方集权或威权统治。中亚国家还面临着宗教极端势力的严重威胁。美国在"9·11"事件后开始调整对伊斯兰世界的战略，不再阻拦甚至支持伊斯兰宗教势力颠覆世俗政权，在未被纳入西方战略轨道的国家上台执政，前提是其必须保护好西方核心利益。在此背景下，中东、北非一系列政权颠覆事件上演，美国也做出了从阿富汗撤军的部署。只要美国的这种战略不调整，伊斯兰宗教势力在中亚地区卷土重来、影响扩大的趋势就难以逆转。美国等西方国家在条件成熟时很可能支

---

① Концепция внешней политики Российской федерации（12февраля 2013г.），http：//www.garant.ru/products/ipo/prime/doc/70218094.

持伊斯兰宗教势力颠覆中亚国家政权,这成为这些国家重归俄罗斯文明体系的最重要动因。

与此同时,由于俄罗斯对独联体国家时常使用强硬手段和表现出利己主义倾向,独联体国家对俄亦心存疑虑,这给西方离间它们之间的关系创造了条件,使俄罗斯与独联体国家之间的关系时常出现波折。由于东西方文明背景的差异,俄罗斯和一些独联体国家的矛盾是浅层次和战术性的,是利益纠纷,而它们与西方的矛盾是深层次和结构性的,关系到政权和主权安全。上述独联体国家即使其与西方关系热络,也不会像东欧国家一样真正被西方接纳。土耳其至今无法加入欧盟就是最好的证明。因此,这些矛盾不会长时间滞迟俄罗斯整合独联体的战略进程。

(四) 俄罗斯经济东向一体化进程加速,与中国的全面战略协作伙伴关系持续加强

东亚经济版块如今超越北美和欧洲,成为世界最大和最有活力的经济板块,而中国在东亚经济板块中的经济主导性作用日益突出。俄罗斯自开启西化进程以来首次面临着一个强大的工业化的东方。日本和韩国等国虽是美国的盟国,复制了西方民主制度,但与俄罗斯一样,保留了东方文明属性。日韩等国当年实现工业化的共同经验不是实行西方自由市场经济,而是依靠"自主型'技术立国'的指导思想;市场经济加政府指导、'官产学研用'协作的创新体制"[①]等。因此,俄罗斯与亚洲国家的合作不会因为拥有独特发展模式而遭遇歧视。中日韩自贸区和"地区全面经济伙伴关系"(RCEP)的谈判已经开始。RCEP建立后,将占全球年生产总值的三分之一,成为世界最大的一体化市场[②]。加入东亚多边经济合作机制成为俄罗斯搭乘远东经济快车的必要条件,并会给俄罗斯远东开发带来重大机遇,而远东开发的顺利推进又将进一步加强俄罗斯在东亚经济中的地位。如果形成这种良性循环,俄罗斯国内的经济发展重心也会出现东移趋势。俄罗斯的东方文明属性与东向经济一体化之间将构成良性互动关系。

在融入西方文明的努力屡屡受挫后,俄罗斯重新审视自身文明的东方属性,

---

① 高梁:《转变发展方式需要系统性的思考》,《政治经济学评论》2013年第3期。
② 张蕴岭主编《国际热点问题报告》,中国社会科学出版社,2013,第188页。

不再将其视为融入西方文明的累赘,反而认为这是维系俄罗斯大国地位的宝贵财富和发展与亚洲国家关系的天然纽带。俄罗斯同中国等国一起,以东方视角推动世界秩序的演进。在诸多重大国际问题上配合默契。中俄全面战略协作伙伴关系不断深化。两国都强调维系世界文明多样性的重要意义,都意识到西方滥用世界政治经济秩序主导权是导致国际局势动荡和世界经济危机爆发的主要原因,都主张建立公正合理的世界政治经济新秩序。在地区合作方面,俄罗斯极力发挥其连接欧亚两大经济版块的独特地缘经济和人文优势,强化自身主体文明地位。俄中都有共同应对扰乱地区秩序的外部势力、在东亚和中亚建立稳定的安全和经济合作关系的战略需求。目前,在与东亚国家合作中,俄罗斯存有发挥所谓"平衡作用"的投机心理,中俄在该地区的战略协作水平尚待提高。但是,随着俄罗斯与西方的文明冲突加剧,以及中国经济实力的快速增长和对包括俄远东地区在内的东亚经济整合能力不断增强,与中国加强战略协作将成为俄罗斯实现欧亚战略的唯一选择。

原载《俄罗斯学刊》2014 年第 3 期

俄罗斯的软实力与国家复兴

许 华[*]

2013年2月12日，新版《俄罗斯联邦对外政策构想》（以下简称《构想》）出台，文件明确提出：软实力已成为现代国际政治不可分割的组成部分，俄罗斯外交的任务之一，就是加强软实力建设，"根据本国特点，借鉴国际经验，完善运用软实力机制，寻求在这方面积极活动的方式"。这是俄罗斯第一次在正式文件中使用"软实力"一词，此举反映出俄罗斯政府不仅要依靠传统的硬实力，还力图通过"软实力"手段赢得全球竞争的决心。《构想》推出后，接踵而至的斯诺登事件、叙利亚危机和索契冬奥会，将俄罗斯推到了国际舞台的中心，俄通过妥善处理上述事件而成功展现了大国风范。但是，2013年年底爆发的乌克兰危机，却使俄罗斯10年来塑造良好国家形象的计划几近失败，其"融入西方文明大家庭"、与北约建立"真正的战略伙伴关系"的愿景宣告破灭，新版《构想》所提出的软实力战略面临着严峻的挑战。

如何抵御来自国际体系的强大压力，突破西方的信息垄断，有效反击西方的妖魔化宣传？如何恢复或巩固俄在特殊利益地区和文化辐射地区的软实力？如何利用国际机制和国际议程设置，掌握制定国际规则的主动权？这些都是俄罗斯软实力战略必须面对的棘手问题。的确，当前俄罗斯在国际政治中并不具备与西方抗衡的软实力，其发展模式缺乏吸引力，行为方式缺乏亲和力的特点，以及未能从"重硬轻软"的模式中调整过来的基本心态，一直制约着俄软实力的发展。但不可否认的是，作为传统强国，俄罗斯在社会文化、政治价值观、

---

[*] 许华，中国社会科学院俄罗斯东欧中亚研究所苏联室副主任。

对外政策等领域依然拥有独特的软实力资源，其在软实力建设、运用方式、实施效果等方面积累的经验和教训也值得中国借鉴。

一 俄罗斯对软实力的认知

（一）软实力概念在俄罗斯的落地生根

软实力概念于1990年由美国学者小约瑟夫·奈提出后，很快就在中国引起回应，成为国际关系、国际政治研究中的热点和国家施政的重要方针。中共十七大和十八大报告都视其为社会主义强国建设的重要内容，并明确提出发展国家文化软实力的问题。俄罗斯的情况与中国有所不同，对软实力这一概念并未表现出足够的重视，20年来，不仅俄罗斯政府官员较少提及，学术界对软实力问题的讨论也不够热烈。2012年，普京在总统竞选文章及外交使节会议的讲话中明确提及"软实力"，该词才由此进入俄罗斯政治领域，引发了学者的研究和探索，发展软实力也逐渐上升到国家战略思考的高度。

事实上，俄罗斯此前并非不重视软实力建设。虽然没有正式使用"软实力"一词，但俄政府对与此一脉相通的"国家形象""民间外交""公共外交"等问题的关注和研究由来已久，并积累了丰富的经验，为软实力的研究和实践打下了深厚的基础。

"民间外交"（народная дипламатия）是苏联大力提倡的软实力实践形式，在应对冷战期间的"思想战""形象战"中发挥了重要作用。苏联对亚非拉地区实施了许多援助与合作项目，培养出大量亲苏的军事、政治和科技人才，这些人成为苏联开展民间外交的宝贵资源。通过"民间外交"，一个经济发展水平高、科技进步和社会福利优越的苏联形象在中东欧、亚洲和非洲得到广泛传播，苏联模式的吸引力得到加强。苏联解体后，内外交困的形势使俄罗斯丧失了很多软实力资源：苏联时期发挥了重要的民间外交作用的"对外友协"接近瘫痪，传统的国际文化和科技合作被终止，国际传播能力急剧下降，俄罗斯已经不复有可与美国分庭抗礼的超级大国的形象。

2000年7月，俄罗斯第一份外交政策构想出台。文件明确提出要发展人文交流国际合作，在此基础上建立新的伙伴和同盟关系体系，改善国际合作条件，让世界认识到新俄罗斯的正面形象，但其实此时俄罗斯的战略空间和国际地位不断受到挤压和削弱，非但未能如愿成为西方大家庭中的平等成员，反而变为一个被西方排挤和蔑视的衰落国家。布热津斯基对当时俄罗斯的形象进行了尖刻的评价："他们很容易自欺欺人地把自己也看作一个超级大国的领导人……对美国来说，俄国实在太虚弱了，不配成为伙伴。"

2003~2005年爆发的"颜色革命"迫使俄罗斯重新重视国家形象的塑造。格鲁吉亚、乌克兰的总统选战和未来走向之争，被视为俄罗斯发展模式、俄罗斯文化与西方模式和文化的角力。西方世界代表着"民主、自由、市场、文明"，俄罗斯则意味着"落后"和"专制"。格鲁吉亚、乌克兰最终抛弃俄罗斯，倒向西方。当时甚至还有这样的预测：在西方的软实力攻势面前，俄罗斯可能自身难保，隐藏着爆发"白桦革命"的危险。传统势力范围的丧失和面临的颠覆危险使俄罗斯大受震动，开始反思国家形象失败的教训，并采取了打造国际化媒体、设置国际议程、开展"精英政治"活动、外聘国外公关公司进行策划和包装等一系列措施进行补救。

在普京第二任期以及"梅普组合"期间，俄罗斯国家实力不断增强，但是国际形象并未得到改善，普京高调的外交风格和强硬态度引起了西方的猜疑和恐慌。俄格战争、俄乌天然气冲突等事件严重损害了俄罗斯形象，俄与西方及某些邻国关系紧张，影响了俄罗斯的国际舆论环境；而国际金融危机重创了俄罗斯经济，使其惯用的"能源外交"手段不能充分发挥作用。在此背景下，俄当局积极采取措施改善国家形象，缓解内外压力，以维护俄罗斯的利益。2007年6月和2008年9月，俄罗斯分别成立了旨在推广俄语和俄罗斯文化的"俄罗斯世界"基金会（Фонд《Русский мир》）和作为俄罗斯外宣领导机构的"独联体和境外同胞暨国际人文合作事务署"（简称国际合作署，Россотрудничество）。2009年5月，俄罗斯成立了"国际形象委员会"（Комиссия по формированию международного имиджа），把国家形象建设工作提升到新的高度，委员会直属总统，由总统办公厅和外交部负责具体工作。2010年2月，俄罗斯成立"戈尔恰科夫公共外交基金会"（Фонд поддержки публичной дипломатии имени А. М. Горчакова），进一步加强俄罗斯的对外公关工作。

普京三度出任总统后，对软实力的作用进一步看重。2012年2月，他在竞选纲领性文章《俄罗斯与不断变化的世界》中明确提出软实力的作用，认为软实力对实现国家利益有着重要的战略意义。2012年7月，普京在驻外使节会议上，要求外交官们改进工作方式和方法，尤其要注重打造软实力。2013年2月，

《俄罗斯联邦对外政策构想》正式提出"软实力外交"的思想。

综上可见,俄罗斯高层对软实力的认识经历了一个不断深化的过程。从民间外交、公共外交、国家形象塑造到软实力建设,是时代背景和国际环境变化的要求,也是俄罗斯治国理念逐渐成熟的结果。俄罗斯把软实力视为实现国家利益的工具,其软实力战略仍强调一种"守势",意在消除西方国家对俄罗斯复兴的疑虑,在国际上改善或消除对俄不利的舆论。关于软实力的定义,目前虽然众说纷纭,但普遍认为,它是一种在国际关系中对别国施加影响的能力,可以通过国家间的交流、沟通、磋商来化解疑虑、消除误会,降低安全威胁;也可以通过各种传播媒介,把本国的价值观念、发展模式和利益诉求以一种非强力逼迫的方式进行推广和渗透,争取对象国民众的理解、支持与合作。从这个意义上来看,惯于使用强力来解决国际事务和国际冲突的俄罗斯,其运用软实力的水平显然与西方不能匹敌。俄著名学者谢·卡拉加诺夫在评论俄格冲突时曾说,俄罗斯不得不使用武装干涉这种硬实力方式的原因,在于俄罗斯的软实力不足,俄罗斯缺少社会、文化、政治和经济魅力。不仅"俄格战争",10年前的"颜色革命"及近期的"乌克兰危机"都显示出俄罗斯运用软实力手段的不利处境。

(二)俄罗斯语境下的软实力

梳理俄罗斯对软实力的认知历程,可以发现,俄罗斯政治精英眼中的软实力具有十分浓厚的俄国特色,"在俄罗斯从未有人按照约瑟夫·奈最初的定义来理解这一术语",在关于软实力战略的指导思想和理念、软实力的组成及其来源的问题上,俄罗斯与西方的看法确实存在不少差异。

1. 俄罗斯的软实力是一种依靠政府推动的外交方式

2012年,普京在驻外使节会议上严厉抨击美国及西方国家的侵略性政策,认为俄罗斯的海外形象"经常被歪曲""立场经常被片面报道"。普京希望外交官们通过使用软实力的方式来实现国家利益。2013年版《俄罗斯联邦外交政策构想》中,软实力被定义为"依靠公民社会力量解决外交政策问题的一整套手段以及可替代传统外交手段的信息、通信、人文及其他方法和技术"。

俄罗斯把软实力定位为"国家的""政府的",而不是"民众"或者"社会"的资源,这是俄罗斯对软实力认知的一大特点。在俄罗斯的认知中,外交工作是软实力的重要内容,而发展软实力的目的则在于解决外交问题。从阐述外交政策的竞选纲领《俄罗斯与不断变化的世界》、使节会议讲话,到2013年版《俄罗斯联邦外交政策构想》，软实力的提出总是与外交密切相关，被视为一种新型的外交手段。这一看法明显有异于美国。在美国，对外经济、国家安全以及技术、交通、移民、环境等领域都是美国综合对外政策的组成部分。除了发展政府间的交往，美国还重视通过各种"民间机构"或非政府组织，向世界推广西方的民主和价值观念。美国和西方国家的一些国际性、地区性的非政府组织及其信息媒体，包括自由之家、和平会、美国民主体制中心、欧亚基金会、国际人权组织、开放社会研究所等，大都在独联体国家建有分部，它们在提升美国和西方的影响力、动员力方面发挥着非常重要的作用。美国在"颜色革命"中不战而胜，这些机构做出了极大贡献。

而俄罗斯负责发展软实力的机构，如俄罗斯世界基金会、国际合作署、公共外交基金会、国际形象委员会等都是隶属于外交部或与外交部关系密切的组织，即使是"瓦尔代国际俱乐部""雅罗斯拉夫国际安全论坛""民主与合作研究所"这些号称独立、公正的专业交流平台，都带有浓厚的官方色彩，影响力辐射范围也受到限制。英国情报部门高官约翰·索厄斯曾揶揄俄罗斯外交官："他们很优秀，但有时候不得不为自己形象不佳的国家编造谎言。"约瑟夫·奈也质疑俄罗斯的做法，他认为："中国和俄罗斯都错误地认为政府是创造软实力的主要工具。在当今的世界，信息并不匮乏，所缺少的是关注，而关注则取决于可信度。政府宣传的可信度是极低的。"

2. 俄罗斯软实力与政府执政能力紧密相关

约瑟夫·奈认为政府执政能力只是软实力的一种"潜在"来源。他的依据是，在美国，许多软实力资源独立于政府，政治并不是影响美国软实力发展的最重要因素。俄罗斯的情况则有所不同，这是一个偏重于使用政治资源来塑造形象的国家，政府执政能力构成该国软实力的核心，可以说，没有政府执政能力，俄罗斯其他资源性的实力都不能发挥作用。苏联解体后的近10年间，俄罗斯政府的权力受到各种制约，难以调和各种利益集团之间的矛盾，导致出现政府更迭、社会动荡、国家分裂等各种危险情况，国家软实力无从谈起。普京上台后，政府执政能力显著加强，国家形象也因此改观。

当俄罗斯政府执政能力高的时候，其社会发展水平相应也比较高，国民对政府的向心力、凝聚力强。反之，政府的执政能力弱，国家易出现政治动荡，社会不稳定的情况，软实力水平也随之下降。但是，一个强势政府在获得国内舆论支持的同时，却引起了西方的戒心。西方对普京加强国家执政能力的模式深感不安,认为普京治下的俄罗斯出现了民主倒退,"俄罗斯威胁"的主题频频出现在西方媒体报道中,影响了俄罗斯的国家形象。这也是俄罗斯软实力战略的悖论之一:如果没有强大的政府执政能力,国家将难以形成凝聚力和吸引力;而政府的治理能力强,又会被西方视为帝国野心的复活。两者之间如何取得平衡,是俄罗斯进行软实力建设的关键问题之一。

3. 警惕与借力:俄罗斯对待软实力的矛盾心理

俄罗斯对软实力的运用方式提出了颇具特色的"合法"和"非法"的问题,代表性观点来自 2012 年普京发表的《俄罗斯与不断变化的世界》一文:"'软实力'的概念最近大行其道,软实力指实现外交目标的各种非军事手段,这些手段包括信息战以及其他的一些方式。令人遗憾的是,这些手段经常会被用于培植和挑动极端主义、分离主义、极端民族主义情绪,操纵社会心理,对主权国家的内政实施直接干预。……什么算言论自由和正常的政治意愿表达,什么是在违反国际法的条件下滥用'软实力',对此应当明确判断。对于非政府的人道主义组织和慈善团体的工作,我们当然欢迎。然而,一些被外部势力控制的、打着'非政府组织'旗号的机构,以在某些国家制造局势动荡为目的,其行为是绝对不能被容忍的。"普京的话锋直指西方,认为软实力的潜台词就是操纵、策反和颠覆,催生"颜色革命""阿拉伯之春",致使地区局势混乱的根本原因在于西方的软实力攻势。可以看出,俄罗斯一直用批判和警惕的眼光来看待软实力,强调软实力的攻击性,对西方的软实力攻势表示愤怒和警惕。

俄罗斯政治精英近年来常常表现出一种思维定式,即俄罗斯处于国际关系中的道德制高点,而西方违背了国际法和国际准则。2012 年,普京在批评西方向某些国家的非政府组织提供资金和保护伞,实施一种特殊的"院外政治"活动的同时,表示:"俄罗斯也有类似机构,如国际合作署、俄语世界基金会等,但俄罗斯不会利用其他国家的非政府组织,不会向这样的机构注入资金,也不会借助境外政治机构来推动本国利益的实现。我们认为,对其他国家内政和对社会舆论的影响应当绝对公开化。"但是事实是否真如普京所言?在乌克兰危机中,所谓的非政府组织"俄罗斯文化中心"成为俄对抗西方舆论战的强大武器。该中心授意当地意见领袖发声,鼓动民众集会示威,积极推动"俄罗斯化"的进程。该中心主任尤莉娅毫不掩饰地说:"有美国与欧洲民间机构及非政府组织的地方,一定会见到俄罗斯文化中心工作人员的身影。"克里米亚脱乌入俄固然是多种因素综合作用的结果,但该组织多年来对当地民意代表重点施加影响的确产生了重要作用。由此可见，在与西方的软实力争斗中，俄罗斯其实使用的正是一种被自己批评过的方式，也算是"以其人之道还治其人之身"吧。

二 俄罗斯的软实力资源

（一）文化——未能充分发挥作用的软实力资源

文化是一国软实力的核心资源。大国的崛起，常常会伴随着文化的勃兴。强大的文化影响力，是与政治、经济、军事力量并重的国家实力。2014年索契冬季奥运会上，名为《俄罗斯之梦》的开幕式吸引了全球目光，俄罗斯文化无疑是其中最耀眼的元素。鲍罗廷的《伊戈尔王》和托尔斯泰的《战争与和平》中的华彩段落、五彩缤纷的教堂圆顶，以及根据字母顺序——呈现俄罗斯艺术大师的名字等环节给世界留下了深刻印象，让人对丰沛深厚、富饶灿烂的俄罗斯文化充满敬意。在关于国家形象的各种国际排行榜上，俄罗斯最重要的得分项就是包含着文学、绘画、电影、体育、音乐等因素的"文化"指标。以国家品牌指数（The Nation Brands Index）为例，从2008年至2010年，俄罗斯的"文化传统"单项得分一直保持着前十名的位次（2008年为第7位，2009年和2010年均为第9位）。

但是，虽然俄罗斯的文化资源得到了世界的认可，但俄罗斯整体的国家形象却并未在国际范围内获得好评。数据显示，在国家品牌排行榜上，俄罗斯在50个国家中的位次一直在第21位和第22位上下浮动；在软实力（IFG-Monocle Soft Power index）和国家声誉（The World's Most Reputable Countries）排行榜中，俄罗斯更是处于下游水平。在国际舞台上，俄罗斯获得的追随和支持也远不能与美国抗衡。例如，乌克兰危机中，俄罗斯只能带领着古巴、朝鲜、委内瑞拉等11国反对联合国大会关于"乌克兰领土完整"的决议草案，而俄罗斯的对手美国获得的支持则是压倒性的多数。

如此灿烂的俄罗斯文化，为何不能增强国家的吸引力和转化为软实力优势呢？同样的文化传统，苏联为何能拥有众多追随者，一度引发了"以俄为师"的文化潮流，而俄罗斯在"文化角力"中却屡屡遭受失败？

从软实力的角度来说，受众的兴趣和愉悦虽然是产生吸引力的前提，但不是产生文化影响力的关键因素。文化不仅仅是文学艺术、音乐、绘画、工艺技术,也包括行为模式、社会制度、政治制度等内容,最核心的内容是观念取向问题,即价值观、意识形态和宗教信仰。作为一种核心的文化资源,观念文化比表层的器物文化的影响力更为稳定、持久,能潜移默化地指导和规范受众的行为。正因为意识形态所具有的这种效力,文化才能成为实施权力的一种手段,在国际关系中发挥着日益重要的作用。意识形态的作用在冷战期间表现得尤为明显,"如果我们把冷战界定为思想战,那么这场战争就具有一个庞大的文化武器库"。苏联应对这场文化战的斗争特点,就是以意识形态作为核心,通过各种文化传播方式输出共产主义价值观。"苏联努力将东欧人民对各自国家、宗教及政党的忠诚转化为对共产主义的忠诚,并最终转化为对苏联的忠诚,由此使得这些国家和人民自愿成为其推行政策的工具。"因为共产主义的有效传播和渗透,苏联的软实力一度达到可与美国分庭抗礼的水平。

苏联解体后,文化的交流与交锋并未停止,意识形态仍然是政治斗争的重要领域。但俄罗斯已经不具备类似"共产主义"那种效力的思想和理念。作为新俄罗斯的意识形态和政治制度的"主权民主"思想不仅被西方质疑,甚至未能在后苏联空间得到传播。东正教虽然在团结社会、稳定政局、增强民族凝聚力方面起到了重要作用,但在国际传播中并不能担当文化内核的重任。俄罗斯一心融入欧洲文化大家庭,其国家形象战略对意识形态避而不谈,仍然无法避免俄欧文化的冲突,继续受到西方的阻碍和排斥。

能够输出本国文化,使其他国家归化、附庸,是实现国家利益的方式,也是一个强国必备的能力。俄罗斯目前的文化传播还处于生成吸引力的表层阶段,不但文化所具有的教育、说服的作用未能有效发挥,而且可以在世界范围内"使人随我欲"的软实力更是遥不可及。所以,虽然俄罗斯的文学、音乐、绘画艺术广受赞誉,却不能有效提升国家的软实力水平。像俄罗斯前些年利用明星、黑熊等通俗文化符号,在西方媒体上宣传国家形象的行为,只是一种停留在表层影响的文化宣传,在观念文化的传播中功效甚微。俄罗斯的文化软实力,应该不仅仅存在于文艺宣传,还需要通过意识形态因素进行拓展和增强。

(二) 俄语能否承受提振俄罗斯软实力之重任?

语言是人类文化的重要特征,具有深远的感染力和吸引力,同时,语言也是信息传播的基础,在当代国家关系中发挥着重要的软实力工具的作用。借助语言,一个国家的文化和价值观能够在世界各地广泛传播,国家的影响力也能因此增强，一种语言的传播能力，客观上反映着相关国家的软实力水平。

俄语的传播力与苏联的国运有着密切联系。苏联时期，俄语在形成国家精神、促进民族融合、提升国家影响力等方面起到了重要作用，俄语不仅是苏联各民族之间的交流工具和文化载体，其作用还发散至中东欧和东亚地区。苏联解体后，由于俄罗斯国力大幅衰减，俄语在中东欧地区的影响一落千丈，在后苏联空间也失去了当年的垄断地位。该地区各国纷纷采取措施，以摆脱在政治和文化领域对俄罗斯的传统依附关系，俄语的"弃"与"用"成为一些国家用来彰显独立精神、追求新的国家定位的重要工具。面对俄语地位的衰落，解体之初的俄罗斯一度有心无力，但随着国力的恢复，出于改善国家形象和加强在独联体地区影响力的战略需要，俄语被俄视为提高其软实力水平的重要手段加以重视，成为对外战略中的"非传统安全问题"之一。"语言即国家形象，俄语是引导俄罗斯文化进入世界的重要途径。"普京更是雄心勃勃地提出："俄罗斯不仅有能力保持自己的文化，而且可以把它当作走向全球市场的强大因素。俄语的空间几乎包括原苏联的所有国家和东欧的大部分国家。这不是要建立帝国，而是文化传播；不是大炮，不是输出政治制度，而是输出教育和文化。"为此"俄罗斯政府将利用一切机会、采取一切办法促进俄语在独联体各国的使用和推广"。

尽管俄政府决心坚定，但类似"俄语年"的文化推广项目，以及"俄罗斯世界""国际合作署"等外宣机构的工作成效在近期内并不显著，俄语的地位没有显著改善，俄力图在独联体地区重构一个以俄语为主导的文化信息空间的任务依然艰巨。造成这种局面的原因在于，第一，涉及语言的政策在推出后通常不会在短期内立即显示成效，俄罗斯发起的宣传攻势虽猛，但无法立即扭转20年来俄语地位持续下降的趋势。软实力来自对资源运用效果的长期积累，这需要通过大量的接触、交流和宣传，经历循序渐进和潜移默化的过程才能实现，在这个意义上，"俄语年""俄语世界"和"国际合作署"的工作效果还需要较长时间来深化和巩固。第二，俄语地位问题不是单纯的语言传播，而是政治角力。各国对待俄语的态度有如镜鉴，反映出其对俄关系的实质。波罗的海国家甚至提出了"语言主权"的问题，把是否保留俄语与政治联系在一起，认为俄语一旦卷土重来，国家主权就会受到威胁，自然不会在这个问题上轻易妥协。第三，俄罗斯今天的实力无法与苏联匹敌。莫斯科不可能通过行政手段推行俄语，更缺乏经济力量来促进和普及俄语教学。"俄语年"这样的活动只能在首都和个别大城市短暂掀起"俄语热",其影响的广度和深度都有待加强。

俄语虽然不可能重回苏联时期的垄断地位,但是,在当前及较长时间内,还没有一种语言能在后苏联空间与俄语势均力敌,它依然是一种普及程度最高的通用语言。历史融合的痕迹不会在 20 年中就消逝,俄语仍然在这一地区的官方和民间交流中发挥着难以替代的作用。语言是俄罗斯掌握的一种重要的软实力工具,如果使用得当,将在地区一体化的过程中将起到重要作用。2014 年的乌克兰危机中,俄罗斯正是借着乌克兰欲废除俄语"官方语言"地位的由头,打着"保护俄罗斯族裔正当权利"的旗号进行干涉的。俄罗斯打的这张"语言""人权"牌,以后是否还能成为其实现战略利益的工具,有待观之。

(三) 领袖形象——国家形象的人格化

近年来,随着俄罗斯在叙利亚化武危机、乌克兰危机和克里米亚变局中力挽狂澜,世界发现,必须学会倾听普京所代表的俄罗斯的声音。从 2007 年慕尼黑安全会议上宣称要"打破单极世界幻想"的讲话,到 2013 年《纽约时报》上发表的名为"恳请",实为警告的《俄罗斯恳请谨慎》一文,直至 2014 年 3 月在全球激起旋风反应的关于乌克兰局势和克里米亚入俄问题的讲话,不管世界赞誉有加还是恶评如潮,普京带领俄罗斯展现出一个正在重回世界舞台中心的强国形象。

在当今俄罗斯,普京是俄罗斯社会发展的核心人物,在国内和国际舞台上起着极为重要的象征作用,是国家尊严和民族团结的代表。作为领袖,普京的政治成就、执政风格、人格力量和精神气质不仅受到俄罗斯民众的拥戴,也引起国际社会的广泛关注。根据俄罗斯列瓦达中心在普京执政期间(包括总理任内)进行的持续 14 年的调查数据显示,普京的支持率一直在 60% 以上。2014 年,克里米亚并入俄罗斯一事更使普京的支持率达到顶峰,一度升至 86%。普京的形象在中国也受到相当程度的欢迎,尤其是他在外交政策和反恐问题上展现出的硬汉形象,得到了中国民众的广泛赞同。不但中国官方媒体上少见对普京的指责和批评,社交媒体也充斥大量赞扬普京的新闻和评论。腾讯网"今日话题"栏目在 2008~2014 年所做的针对普京支持率的调查结果显示,普京的支持率一直处于 90% 以上的水平。

但是,在西方眼中,普京形象却呈现出二元特征。一方面,普京从上台伊始那个能让小布什"我看到了他的灵魂",积极谋求融入西方文明大家庭的形象，逐渐转变为不受欢迎的"生活在另一个世界"的人，甚至是"暴君""秩序挑战者""专制统治者"。对于普京在乌克兰危机中态度坚决、手段强悍地维护国家战略利益的做法，一些西方政要公开指责其为现代版的希特勒。但是，在丑化普京形象的同时，西方又不得不承认普京在国际事务中巨大的影响力。《福布斯》杂志发布的"全球权势人物"榜单中，普京一直名列前茅，2013年和2014年都超越奥巴马位列第一。《福布斯》认为，作为长期维持权力的人物，普京凭借掌握的巨大资源，在统领的人数、发挥影响力的范围以及使用其权势的活跃程度等方面远远超越普通领导人。

强硬的作风和犀利的言辞是普京形象的最大特点。普京独具特色的言论，不仅最大限度地放大了领袖的政治影响力，也极大地助力俄罗斯在世界政治舞台上赢得更多的话语权。普京的言论被国际媒体和学界广泛引用，比外交文件更有效地传播了俄罗斯的政治态度和立场。一言之微，却带来巨大的振动，正如"音叉效应"，利用事物之间的脉动联系，以微小的扰动带来巨大声响。在最近几次争夺话语权的战争中，俄罗斯找准时机与切入点，适时造势和借题发挥，普京领头，政要跟进，意见领袖唱和，公众响应，再由媒体造势，提高了俄罗斯民族整体的凝聚力和向心力，扩大了俄罗斯的政治传播和影响力。

普京是现阶段俄罗斯国家形象的主要缔造者，也是其体现和代表。作为一位能确保内部稳定和秩序，被民众和精英普遍接受，在一些重要的历史节点和大变局中又能显示出高超的政治智慧的领袖，普京的形象已成为俄罗斯软实力的重要来源之一。反观乌克兰，其之所以陷入经济衰退和政治动荡的泥潭，就是因为缺乏一位有足够威望的领袖和在其领导下能有效运转的政府。俄罗斯与乌克兰之间的博弈，是一位杰出领袖对一群政客在智慧、谋略、勇气、毅力等方面的较量。普京在克里米亚问题上的战略判断准确到位，应对措施有理有据，充分展示了自己掌控大局的能力。普京在关键时刻的意志与抉择，对乌克兰局势的发展产生了极大的影响。可以说，没有普京的谋略，俄罗斯在此次危机中失去的不仅仅是乌克兰，还有其在国际上的话语权和大国地位。

三 俄罗斯的软实力建设与运用

资源只是软实力的一个组成部分，对资源的运用能力，包括对资源运用的意志、方式和技巧，直接决定着资源发挥作用的效果。只有善用资源，才能够发挥资源具有的功能。俄罗斯领导层对软实力的认识是一个逐步加深的过程，关于软实力资源运用的方式、手段，也是近年来才得到丰富和创新。俄罗斯积极向美英等国学习，设立负责与软实力实践有关的专业机构，协调各部门关系和具体的运行方式，通过提高国际传播的能力和技巧，发挥智库和学术机构的作用，努力打造俄罗斯版本的"USAID（美国国际开发署）"、CNN、"British Council（英国文化委员会）""Goethe Institute（歌德学院）""Carnegie Endowment for international Peace（卡内基研究院）"，等等。不仅如此，俄罗斯还聘请国际知名的公关公司，利用西方的游戏规则开展国家形象和领袖形象的公关工作。

（一）"国际合作署"和"俄罗斯世界"基金会——通过文化交流改善国家形象

与世界各国在文化和科技领域的合作是俄罗斯塑造良好形象的重要手段，也是俄罗斯软实力组成部分，在2000年、2008年和2013年版的《俄罗斯联邦对外政策构想》中，发展国际文化交流一直是俄罗斯外交的优先方向。在这方面，美国、英国等西方国家具有丰富的经验。他们设立了大量的专业机构，在与外国公众进行科技和文化交流的同时，积极推介本国的意识形态、政策、主张，争取国际认同和支持。俄罗斯以此为鉴，也相应成立了一系列功能相似的机构和组织。

2007年和2008年，"俄罗斯世界"基金会和"独联体和境外同胞事务暨国际人文合作事务署"先后成立。"国际合作署"与苏联对外友协和国际科学与文化合作中心一脉相承，属于外交部下属机构，而"俄罗斯世界"基金会主要接受科学教育部的领导。两个机构的功能相似，主要任务都是推广俄语，传播俄罗斯文化，加强与境外侨民和俄裔的联系，促进俄对外文化援助与交流工作，在国外塑造正面的俄罗斯形象，等等。此外，"国际合作署"还强调了保护、援助在独联体和其他国家的俄侨的职责。2009年，直属总统的"国际形象委员会"成立，总统办公厅主任、外交部部长、总统国际事务助理等政要负责委员会的具体事务。2010年，"戈尔恰科夫公共外交基金会"成立，该基金会负责向非政府组织分配赞助款，鼓励和资助俄罗斯的非政府组织积极参与国际合作和外交活动。

上述机构的共同特点是，虽然都号称非政府机构，其实背后离不开俄罗斯政府，尤其是外交部的大力支持。在这些组织中，居于领导地位，同时工作成绩最突出的是"国际合作署"，该机构的工作被纳入外交部的工作日程，其在国外设立的代表处"俄罗斯科学和文化中心"属于俄外交代表机构。俄罗斯成立的这些旨在促进国际交流的组织,在国际上都有模仿的范本,例如"国际合作署"的目标是成为俄版的国际开发署,而"俄罗斯世界"的学习对象则是英国文化委员会、德国歌德学院。这些机构的工作内容除了推广文化和语言外,更重要的是从事意识形态宣传工作,甚至还包括情报收集和干预所在国内政的内容,但从目前的情况来看,俄罗斯的"国际合作署""俄罗斯世界"的工作尚处于初级阶段,与国际同行差距较大,远未达到政府的预期目标。

(二) RT 的崛起——俄罗斯在国际传播领域争夺话语权

在信息化和全球化迅猛发展的时代,媒体不仅是人们用于传递和获取信息的手段,更是一种包含着国家政治主张的传播工具。在舆论战、宣传战和信息战成为大国之间重要的斗争形式的背景下,国际传播力无疑也被视为与文化资源和政治资源同等重要的一种软实力。

近年来,俄罗斯在与西方的舆论战中一直处于不利地位:"颜色革命",让俄罗斯脸面尽失;俄格战争,俄罗斯赢了战争,败于宣传。为应对挑战,俄罗斯加速媒体国际化进程,一方面与国际权威媒体积极交流和合作,另一方面进行媒体资源整合,打造了 RT 电视台、"今日俄罗斯"通讯社等面向国际受众的现代化媒体。在网络外交及新媒体外交方面,俄罗斯采取了比中国更为开放的姿态,积极使用世界知名的社交媒体,如优图(YouTube)、脸书(Facebook)、推特(Twitter)来传播本国的声音。俄罗斯不仅拓宽国际传播渠道,同时也致力于丰富传播内容。通过举办公众感兴趣的议程设置,如圣彼得堡八国集团峰会、金砖国家峰会、索契奥运会等世界性大型文化体育事件,以及"语言年""旅游年""国家年"等活动来获得世界的理解和关注。

RT 电视台是俄罗斯国际传播战略中的一大亮点,经过数年经营,该台不仅在欧洲、北美和亚洲地区取得优异的收视率,在优图上的点击率更是位居第一,成为国际传播格局中的后起之秀。在 2013~2014 年的乌克兰危机中,带有 RT 台标的视频节目被各国媒体广泛转载,以 RT 电视台为代表的俄罗斯媒体强力发声,成功打破了西方传媒长期垄断全球新闻议程的局面,显示出新兴媒体的实力。虽然目前乌克兰危机宣传战尚未落幕,但俄罗斯的表现与在"颜色革命"和俄格战争期间相比,进步明显,在很大程度上消解了西方国家有关乌克兰危机的话语攻势。

(三) 瓦尔代国际俱乐部——影响有影响力的人

俄罗斯在加强媒体传播能力的同时,也注重在非媒体领域开展对外传播,如利用研讨会、学术访问、咨询、采访等活动,或者直接在境外设立研究基地等举措实施"学者战略",通过影响作为学术权威和意见领袖的学者,达到改善国家形象和增强影响力的目的。瓦尔代国际俱乐部、民主与合作研究所、雅罗斯拉夫国际论坛就是为开展这些交流活动而打造的平台。

瓦尔代国际俱乐部(Валдайский международный дискуссионый клуб)通常邀请全球著名的俄罗斯问题专家、媒体业者与会,由他们和俄高级官员及学者交流互动,会议最受人关注的是普京的发言和问答环节。与之类似的平台还有雅罗斯拉夫国际论坛(Ярославский мировой политический форум)以及圣彼得堡、贝加尔、哈巴罗夫斯克、顿河畔罗斯托夫等四大年度国际经济论坛,此外俄还成立了由俄著名历史学家和政治学家出任所长的民主与合作研究所(Институт демократии и сотрудничества),向西方宣传俄罗斯的政治和经济发展成果。

从目前的效果来看,以瓦尔代会议为代表的对外宣传活动在一定程度上展现了俄政府不断增强的自信心和开放的气度,但是由于此类机构和平台的官方色彩太浓,施加影响的方式有"灌输"之嫌,西方学者对之怀有戒备心理,俄罗斯希望制造国际话题,引导舆论方向的目的并未达到,普京本人也承认:"我没看到境外对这些交流的报道。"要把俄罗斯塑造成开放、民主、进步的国家形象,在国际范围培养出一个对俄罗斯抱有好感且具有影响力的精英团体,凭借几个具有官方背景的论坛和交流渠道不会收到明显的效益,俄罗斯需要改变这种由政府单独应对西方社会多元团体的格局,才能对外国公共舆论产生影响。

(四) "凯旋"的策划——以子之矛攻子之盾

国际媒体公关是软实力的重要内容,这在媒体的国际影响日益强大的时代显得更为重要。雇用美国的公关公司,利用美国的游戏规则进行游说和代理媒体关系,是许多国家改善形象的常用手法。外国政府利用美国的公关公司有"以子之矛攻子之盾"的意味,这是对美国的国际"信息垄断"行为的一种反击。虽然西方媒体集团仍然主宰着国际信息秩序,但这种反向流动的"逆袭"有时也会发挥出重要作用。俄罗斯与全球知名的美国"凯旋"公关公司

(Ketchum)的合作就是一例。

俄罗斯与"凯旋"公关公司的合作从2006年开始,该公司帮助俄罗斯策划了多次令人瞩目的公关事件,如八国集团峰会,普京入选《时代》周刊年度人物,《纽约时报》刊登普京批评"美国例外论"的公开信,等等。此外,"凯旋"公关还负责安排高官访问、组织记者招待会、提供背景资料和分析文件、培养与对俄罗斯感兴趣的专家和意见领袖的关系等。"凯旋"公司常常鼓励媒体记者撰写关于俄罗斯经济贸易情况、科技公司发展动向方面的报道,或是直接向媒体提供信息材料,希望通过媒体的发布,使这些信息影响到美国的舆论和政治决策,同时,"凯旋"公司还通过其管理的名为"thinkRussia"的英文网站和推特账号发布一些对俄罗斯有利的信息。

俄格战争期间,"凯旋"公司为俄罗斯在美国国会进行了相关"院外"游说活动。在此次乌克兰危机中,"凯旋"公司虽然迫于舆论压力,声明其为克里姆林宫提供的顾问服务主要侧重于经济发展,而非外交政策,但是实际上仍然积极为俄罗斯出谋划策。"凯旋"公司将在俄罗斯的一些业务分包给了其他美国公司,资料显示,这些公司在乌克兰危机期间组织商界人士、律师和学者在美国深具影响的CNBC电视台、《赫芬顿邮报》(The Huffington Post)等媒体上推出系列节目和专栏,为俄罗斯的行为辩解,缓和美国民众对俄罗斯的敌意。

国际媒体公关是软实力的重要内容,这在媒体的国际影响日益强大的时代显得更为重要。从美国媒体的反应来看,俄罗斯政府的公关可以说有一定的效果,因为俄政府的声音多次成功地出现在美国媒体中,对美国政要和媒体的指责也得到了报道,起到了一定的"平衡"作用,避免出现俄罗斯的声音被西方媒体压倒,甚至淹没的情况。但是,在"反俄"意识形态已经成为影响美国媒体选择和报道的重要因素的情况下,俄罗斯要想扭转在美国舆论中的不利影响,仅这样做效果远远不能令人满意。不过,在俄罗斯与西方关系存在结构性矛盾的情况下,俄罗斯的公关能够"中和"或者"灰色化"对己不利的舆论,也算达到了目的。

四 俄罗斯的国家形象与软实力

随着经济全球化的不断深入,国际形象已成为衡量一个国家在世界上的地位和影响力的重要指标。纵观一些国际形象和品牌榜单,俄罗斯在其中的名次常常居于中游,甚至有时候还被归入较差的行列。总的来说,在各类国际排行榜中,俄罗斯国家形象的地位不尽如人意。当然,这与西方话语权和西方世界标准主导了国际上一些评估机构有关。但应当承认,以上所述的国际品牌和国家形象评估机构的指标还是反映出了当今俄罗斯软实力的普遍投射情况(见表1)。

表1　2013年俄罗斯在全球相关指数榜上的排名

(位)

软实力排行(30国)IFG-Monocle Soft Power index	27
国家品牌NBI(50国)	22
国家品牌CBI	83
全球最具竞争力国家(60国)The World's Most Competitive Countries	32
全球国家声誉(50国)The World's Most Reputable Countries	46
全球各国GDP	9
人类发展指数HDI	57

资料来源:The New Persuaders VI (IFG), Anholt - Gfk Roper Nation Brands Index 2013, The Futurebrand Country Brand Index 2012 - 2013, The World's Most Competitive Countries (IMD) 2013, The World's Most Reputable Countries (Reputation Institute) 2013。

从表1中可以看出,一个国家的经济实力固然可以影响一个国家在相关指数榜上的排名,但这种影响并不明显,俄罗斯就是一个例证。俄罗斯的GDP位居全球前十,但其软实力、国家品牌、国际声誉却只能排在相对靠后的位置。可见,相对于经济实力这样的硬实力,一国在外交、政治、文化等方面体现出来的诸如政府效能、社会稳定程度、民众对政府的信任程度、媒体影响力、世界遗产数量、旅行便利度、高雅艺术和通俗艺术影响力、教育水平等软实力因素对一国在国际上的形象和地位的影响更加重要。而俄罗斯未来的软实力发展方向,应该就在这些领域。

研究俄罗斯软实力,离不开下列重要概念:国家利益与国家形象、硬实力与软实力等。国家利益、国家形象、硬实力、软实力,究竟哪个是根本?哪个是表现?哪个是目的?哪个是手段?如何在理论和实践中实现它们的相互配合或有机统一?对此,俄罗斯学术界和政治精英也莫衷一是。

按照约瑟夫·奈的观点，国家软实力表现为一国的文化、意识形态以及制度本身的吸引力。一个良好的国家形象会使其他国家产生认同和追随的愿望，从而实现国家的战略目的。如果以此标准来衡量，俄罗斯的软实力无疑因乌克兰危机而遭受重创。2013年11月，乌克兰政府决定暂停与欧盟签署联系国协定，加强与俄罗斯和其他独联体国家的经贸关系，但是，乌克兰民众用示威，甚至是颠覆政府的方式表达了拒绝俄罗斯模式、拒绝被纳入俄罗斯势力范围的意愿。与此同时，俄罗斯希望借此展现大国雄风的索契冬奥会遭到了西方政要的集体抵制和西方媒体的抹黑和丑化，双方在乌克兰事件中的对抗更是不断升级。继俄罗斯被暂时逐出G8之后，2014年9月，北约峰会把俄罗斯重新定位为"对手"；同月，奥巴马在联合国大会上把俄罗斯与"埃博拉病毒""伊斯兰国"并称为"当今世界三大威胁"。相关民意调查结果显示，俄罗斯形象在欧美受众中的受欢迎度持续下滑。皮尤调查中心认为，43%的受访者对俄罗斯持一种负面情绪，美国和欧洲的民众尤其反感俄罗斯。在BBC与GlobalScan公司联合进行的调查中，认为俄罗斯对世界产生了负面影响的受访者比例为45%，比去年上升4个百分点，达到了2005年这项调查开始以来的最低点。

但是，西方对俄罗斯形象的丑化并不能完全否定俄罗斯的软实力。软实力是国家资源多维度和多层次的呈现，衡量一个大国的软实力不能只考量国际形象这一种要素，一国内部社会的凝聚力、向心力和领袖的号召力，以及在国际舞台上运用软实力资源进行对外传播的能力等因素也是重要依据。乌克兰危机中，俄罗斯在上述几方面的实力都有了不同于以往的表现，其软实力发展并非一无是处。

国家的软实力首先来自本国内部，没有对内的软实力，就无法产生对外辐射的软实力。乌克兰危机中，西方的遏制和步步紧逼，激发了俄罗斯民众普遍的爱国热情；克里米亚入俄，增强了俄罗斯内部的凝聚力和向心力。这不仅使俄罗斯在西方的经济制裁和宣传战中避免了动荡，也为未来的发展提供了良好的社会心理条件。在全俄民意舆论中心于2014年10月的调查中，认为目前俄罗斯存在着民族团结的人数比2012年增加了一倍。"那些希望以制裁在俄罗斯内部制造政治矛盾的人未能如愿，西方制裁反而起到了团结的作用。"与此相对的是乌克兰，这是缺少凝聚力和向心力、社会不能保持稳定的国家，即使拥有软实力资源，即使在西方争取到大量的认可和同情，国家依然无法开展正常的经济建设和社会治理工作，连基本的国家安全都不能维护，因而乌克兰成为这次危机中最大的输家。

近年来，俄罗斯在与西方的宣传战中一直处于劣势："颜色革命"，俄罗斯拱手败退；俄格战争，俄罗斯赢了战争，输了宣传。但乌克兰危机中的俄罗斯绝地反击，在国际传播领域取得了重大突破，顽强对抗西方的媒体战、舆论战。虽然西方可以依靠在全球传播议程中占据的传统优势，发布对俄罗斯不利的报道，传播普京、俄罗斯政府和军队的负面形象，但是其效果已经不能与"颜色革命"时期相提并论。以 RT 为代表的俄罗斯媒体初步打破了西方媒体对国际话语权的垄断，展现出令媒体同行和西方政要震动的实力。克里米亚入俄，有军事威慑的因素，更有俄罗斯在该地区长期进行"亲俄"宣传的功劳。乌克兰媒体形容他们在俄罗斯的宣传攻势面前就像"一个水滴对抗俄罗斯在全球掀起的反乌宣传洪流"。

尽管如此，西方的软实力在俄罗斯面前仍然保持着绝对优势。以美国为首的西方不仅掌握着雄厚的软实力资源，还具有丰富的运用软实力的经验，而俄罗斯面对西方的软实力攻势，只是采取"突围式""应激式"的反应，缺乏一个长期有效的发展战略。俄罗斯在乌克兰危机中的宣传反击仅仅是一种战术上的暂时得手，而普京超高的支持率在爱国主义情绪消退后也必将合理回归。正是由于软实力手段的缺失，俄罗斯在应对乌克兰危机时一度无计可施、进退失据，即使通过吞并克里米亚挽回一些损失，但国家实力仍然因为西方的制裁遭受重挫。

乌克兰的离心离德，使俄罗斯认识到依靠武力和强制手段迫使他国依附和跟随的代价是高昂的，单纯依靠武力和强权不仅无法有效确保国家的安全，还可能使国家更不安全。当今的国际地缘政治错综复杂，像乌克兰危机中那种激烈的对抗并不是俄罗斯的一贯目标，只是在压力之下的被迫应对。普京对索契冬奥会的高度重视，说明俄罗斯还是渴求国际社会的承认和接纳。克里米亚事件只是一种极端情况，乌克兰事件平息后，俄罗斯仍然需要寻找一条能够获得国内支持和国际认可的发展道路，而不是仅仅通过树立"外敌"的方式获取民众的支持和巩固政权。因此，2014 年的瓦尔代会议上，普京在继续"秀"强硬的同时，也表达了诸如俄罗斯没有建立联盟的计划，不奉行"过招"原则，也没有重建帝国的意愿，还强调"俄罗斯加强与亚洲合作伙伴的合作并不意味着背弃欧洲"。

当然，对俄罗斯来说，使用软实力的目的仅局限于以良好的国家形象吸引人，不会为了"示好"而"示弱"，其核心目的始终围绕着国家利益，在涉及国家根本利益和安全的问题上仍将态度强硬，毫不妥协。但乌克兰危机之后的俄罗斯应该更加清楚地认识到，如何保证国家软实力和硬实力的平衡发展，如何通过软实力争取别国的理解、信任和认同，化解分歧，避免发生战略误判，是关系到俄罗斯未来发展的重要挑战。毕竟，以软实力和硬实力相结合的方式维护国家安全，才是一种更理性的方式。

即便在乌克兰危机中遭到重挫，软实力仍是俄罗斯对自身战略发展路径的选择之一，是实现国家复兴的手段，尤其在遏制与对抗已成为西方与俄罗斯关系的主要内容，双方存在根深蒂固的"战略互疑"的情况下，俄罗斯要顺利实现持续发展，要在世界上发挥与自身地位相适应的大国作用，就不能不重视软实力的建设与运用，这也是经济全球化和社会信息化的大势所趋。与国际上其他大国一样，俄罗斯要想复兴，既离不开硬实力，也必须具备与此相适应的软实力。

俄罗斯的软实力实践也为我国提供了一种教训，即只看重议程设置和宣传技巧，力图通过重大事件来塑造国家形象的行为是短视的。如果俄罗斯不重视国内治理和制度的完善及国内环境的建设，不能制定科学合理的对外政策，忽视本质的建设，即使塑造出良好的国家形象，这种形象也是不稳定的，难以持久，也难以形成国家的软实力。增强软实力不是一朝一夕之功，这是一项持久的、系统性的工作。

软实力是一个仍在不断发展和探索当中的理论框架，拓展了以往有关国家权力的理论思想，还将在今后的国际政治发展中得到充实，而俄罗斯在这一领域进行的理论和实践探索，将是一种重要的补充。

原载《俄罗斯东欧中亚研究》2015年第1期

乌兹别克斯坦的宗教管理体制

张 宁*

据美国国务院《国际宗教自由报告2012年》数据，乌兹别克斯坦约93%的公民信仰伊斯兰教逊尼哈乃斐派，约1%信仰什叶派（主要分布在布哈拉州和撒马尔罕州），约4%的人信仰东正教（主要是斯拉夫人），其余则信仰基督教、佛教、犹太教等多种宗教。截至2010年6月，乌全国共登记2225家宗教社团，分属16个宗教教派。其中，清真寺、伊斯兰文化中心、伊斯兰学校等伊斯兰团体有2050个，韩国基督教组织52个，东正教组织37个，浸礼会教派团体23个，五旬节教派团体21个，基督复临安息日教派10个，犹太教团体8个，巴哈伊教团体6个，罗马天主教团体5个，新使徒教派团体4个，路德教派团体2个，亚美尼亚使徒教派团体2个，耶和华见证人派团体1个，奎师那知觉派团体1个，"上帝之声"基督教堂1个，跨宗派圣经协会1个，佛教寺庙1个。另据乌兹别克斯坦政府下属宗教事务委员会网站数据，全国共有2037座清真寺，9所伊斯兰宗教学校和1所位于首都的"塔什干伊斯兰大学"，另有东正教和新教的神学院各1个。

上述很多宗教和教派在乌兹别克斯坦都有很长历史，乌政府也经常组织相关纪念庆祝活动，如1996年路德教派中亚教区成立100周年纪念、2001年东正教塔什干和中亚主教区成立130周年纪念、2002年罗马天主教中亚主教区100周年纪念、2003年亚美尼亚使徒教会100周年纪念等。2007年，伊斯兰会议组织下属的伊斯兰教育、科学与文化组织（ISESCO）宣布乌首都塔什干为年度

---

* 张宁，中国社会科学院俄罗斯东欧中亚所中亚研究室副主任。

"伊斯兰文化之都",肯定乌兹别克斯坦在复兴民族文化和民族精神、保护和研究伊斯兰文明方面所做出的贡献和成绩。

一 宗教事务管理部门

独立后,乌兹别克斯坦实行政教分离的世俗体制。鉴于国内宗教形势比较严峻,乌建立起相对庞大的宗教管理体系,主要机关是政府下属的宗教事务委员会(Комитет по делам религий при Кабинете Министров Республики Узбекистан),其他各部门也通过不同方式积极配合,尤其是社团组织"穆斯林管理局"和公民自治组织"马哈拉"。

政府下属宗教事务委员会是根据1992年3月7日总统令,在总理办公厅下设立的副部级单位,全面负责管理国家宗教事务。主要职能有:同其他国家机构一起依法管理和监督宗教事务,保障公民的信仰自由和权利,保障合法宗教团体和组织的利益;研究制定相关宗教管理政策;协调和发展国家机构同宗教团体和组织间的关系;监督和审查有关宗教活动;核发宗教教学机构许可;审查宗教出版物;开展国际交流与合作等。

委员会主席级别相当于第一副部长,其任命和解职由总统决定,现任主席(2011年起)是尤苏波夫(Артукбек Адилович Юсупов)。委员会设有一名副主席,级别相当于副部长,其任命和解职由政府总理决定。委员会实行集体领导,共同讨论决定委员会重大事项和决议。领导集体由5名常委组成,包括主席、副主席和3名下属部门成员。成员名单由委员会主席推荐,总理决定。

宗教事务委员会内设国际合作处、专家处、宗教教育处、清真寺工作处、会议工作处5个业务部门。为发展各宗教和教派间的和平与和谐关系,委员会下成立了一个专门的教派协调机构"教派事务委员会"(Совет по делам конфессий),成员由各教派领袖组成,如穆斯林管理局、东正教塔什干和中亚主教区、罗马天主教会、福音教会、犹太教会等。

2006年8月28日,宗教事务委员会成立了一个专门负责组织安排朝圣活动的社会机构"组织和安排年度朝圣活动委员会"(Общественный совет по вопросам организации и проведения ежегодных мероприятий 'Хадж' и 'Умра'),主要职责是组织安排朝圣,宣传相关规定和要求,提供医疗、包机、换汇、签证、安全保障等服务。独立20年间,乌有近8万人赴麦加,近1000人赴俄罗斯、希腊、以色列等地朝圣。

为提高宗教人士素质，宗教事务委员会2008年5月3日根据卡里莫夫总统提议，在撒马尔罕组建"伊玛目布哈里国际中心"（Международный центр Имама Бухари，阿里－布哈里是中亚著名伊玛目，公元810年生于布哈拉，870年卒于撒马尔罕），通过举办培训班，提高宗教人士的理论水平和反宗教极端主义的意识。

穆斯林管理局（Управление мусульман Узбекистана）理论上是一个全国性的伊斯兰社团组织（类似中国伊斯兰教协会），实际上是宗教事务委员会下属的一个专门管理伊斯兰教事务的中央机构。管理局主席是伊斯兰教大穆夫提，决策机构是"乌理玛委员会"（Совет Улемов），由大穆夫提领导。管理局承担多项协调和管理伊斯兰教事务的职能，如负责管理全国的清真寺、宗教学校和伊斯兰大学、圣地圣墓，出版宗教材料等，还拥有自己的"河中地区"出版社（Мавераннахр），发行《伊斯兰之光报》（Ислом нури，每月2期）和《希多亚特》杂志（Хидоят，月刊），出版盲文版《古兰经》。

沙俄统治中亚时期，东正教是国教。十月革命后，伊斯兰教在苏联属于宪法约束下的宗教。1943年10月15~20日，经苏共中央批准，中亚地区第一届穆斯林代表大会在塔什干召开，决定在国家宗教事务委员会下成立"中亚和哈萨克斯坦穆斯林宗教事务管理委员会"（Духовное управление мусульман Средней Азии и Казахстана，САДУМ），负责管理中亚地区的伊斯兰教事务和信徒的宗教生活，组织有关伊斯兰教理的学习、研讨和出版等，其决议通过各地清真寺和《苏联东方穆斯林报》向信众发布。委员会成员由选举产生，从国家领取薪酬。

苏联后期，随着加盟共和国独立意识增强，1990年1月12日，哈萨克斯坦教区独立，"中亚和哈萨克斯坦穆斯林宗教事务管理委员会"分成"哈萨克斯坦穆斯林宗教事务管理委员会"和"中亚穆斯林宗教事务管理委员会"两个机构。此后，中亚穆斯林宗教事务管理委员会逐渐名存实亡，其设在各加盟共和国的分部亦开始独立工作，互不隶属，伊斯兰事务由原先的地区统一组织管理变成各国自行管理，乌兹别克斯坦的伊斯兰教事务由"乌兹别克斯坦穆斯林管理局"负责管理。

马哈拉（Махалля）在乌兹别克语中既指居民点（社区），也指该居民点（社区）的公民自治机构。马哈拉一词源自阿拉伯语，含有"地点、地方、街区、住宅区、活动场所"等意思,后来又附加上一些社会色彩,如邻里关系等。随着城市化和工业化发展,以及人口流动,居民生活地点在城镇主要表现为各个居民小区,在农村主要是各个基什拉克(由驿站发展而成的居民点)和阿吾勒(游牧民族按血缘关系居住的居民点)。马哈拉便是城市的居民小区和居委会、农村的自然村和村民小组、行政村和村委会。实践中,各个马哈拉内的居民数量不等(500~20000人),平均为2500~3000人。

乌国家行政管理体系分为中央、州和直辖市、区和市(相当于中国的地级市)、区和市(相当于中国的乡镇)四级。再往下便是城镇的社区、农村的基什拉克和阿吾勒,属于公民自治机构的领地,公权力退出,由公民自我管理、自我学习和自我服务,"从自身利益出发自主解决地方问题,以及发展历史特性、民族文化和精神价值、风俗和传统等"。乌独立后于1993年9月2日通过《公民自治机构法》,此后多次修改,最近一次修改是在2013年4月22日,确定了马哈拉的地位、职能和任务。

马哈拉的工作机制由大会(сходы граждан)、委员会(кенгаш)、各领域工作小组(комиссии)和纪检小组(ревизионная комиссия)构成,其中大会是最高决策机构,委员会是大会闭会期间的日常决策部门,由主席(长老)负责。主席任期2.5年,候选人必须"具有丰富生活经验且在民众中享有威望;具有高等学历;被提名前在选区连续住至少5年以上"。工作小组通常包括8个小组:教育和思想问题小组;社会扶助小组;妇女工作小组;未成年人和体育小组;调解小组;生态、自然保护和美化绿化小组;发展个体和家庭经济小组;社会监督和消费者权益保护小组。另外,马哈拉还设有"宗教启蒙和思想道德教育咨询专家"和"社会志愿组织负责人"等职位。实践中,马哈拉接受所在地区行政长官的领导,而且大部分活动经费来自政府,工作人员的工资也由政府发放。

马哈拉虽不属于基层权力机关和行政机关,但履行行政机关授权和法律赋予的若干行政职能,据统计有30多项,其中包括:提供社会保障和社会救助,尤其是针对困难家庭、多子女家庭和个人开展专项和物资救助;促进小型企业和个体经济发展,尤其是家庭经济和手工业;提供社区服务,如缴费、维护社区秩序和卫生环境等;实施社会监督,如参政议政、监督法律和政策执行情况等;促进文化、传统和风俗发展,如宣传教育人道、宽容、节俭、仁爱、家庭观念等。

由于伊斯兰教在乌兹别克斯坦影响巨大，几乎所有的马哈拉都有一个清真寺。苏联解体后，在一些宗教传统浓厚地区，清真寺、教职人员和宗教学校等曾一度成为社区活动中心，致使世俗的社区行政职能被伊斯兰教务侵占，居委会和村委会被一些穆斯林社团或伊玛目取代，马哈拉变成集宗教、行政、文化、经济于一身的穆斯林社区行政机构。由此，发挥世俗马哈拉（公民自治机构）的作用，赋予其监督和抵御非法宗教活动的职能，成为遏制宗教极端和恐怖势力的重要举措之一。比如监督清真寺伊玛目的传教内容；监督监狱释放或假释人员的社区活动；监督信教群众的活动；对有不良或违法犯罪行为的居民组织声讨和反思大会等。另外，马哈拉还发动青年人成立"马哈拉卫士"组织（Стражи махалли или посбоны），即自愿的协勤人员，作为警察等强力部门的重要助手，协助维护社区治安和社会秩序，工资由国家财政保障。马哈拉卫士都是身心健康、信仰坚定、对不良宗教思想具有抵抗力的优秀青年人，被内务部门视为干部后备。

"中央精神和启蒙委员会"（Республиканский совет по духовности и просветительству）1999年9月3日成立，中央机构由政府副总理领导，地方分支机构由各地行政长官领导，作为政府下属的一个协调机构，委员会本着启蒙原则，主要任务是宣传和促进本国传统文化和价值观、爱国主义和健康生活方式，发展社会和谐，满足民众精神需求（不仅是宗教需求）。另外，委员会在制定精神文明发展战略和计划、审查和鉴定宗教活动等方面具有建议权。

二 宗教事务管理方面的主要法律和管理措施

1. 主要法律

乌兹别克斯坦涉及宗教事务管理的法律法规主要有：1998年5月1日出台的《信仰自由和宗教组织法》、1998年6月20日的政府令《宗教组织在国家机关登记注册程序的规定》、1999年4月14日颁布的《非国家的非营利组织法》、2007年1月3日通过的《保障非国家的非营利组织活动法》等。《信仰自由和宗教组织法》于1991年6月14日出台，1998年5月1日修订，总共23条。其中较为重要的有以下几点。

第三条"信仰自由的权利"。规定信教和不信教是宪法保障的公民权利。不允许强迫公民确定其宗教态度、信教或不信教、参加或不参加宗教活动、获得或不获得宗教教育。不允许吸收未成年人参加宗教组织，未征得未成年人本人、其家长或其监护人同意，不得对未成年人进行宗教培训。只有为保卫国家安全、维护社会秩序和公民生命、健康、道德、权利和自由所必需时，才可限制信教或其他信仰的自由。外国人和无国籍人与乌兹别克斯坦公民同等享受信仰自由和承担违法责任。

第四条"公民平等，无论其信仰态度"。规定无论公民的宗教态度如何，在法律面前一律平等。国家文件不得规定公民的宗教关系。任何限制权利、直接或间接规定某宗教特权、煽动敌视和仇恨、侮辱公民的宗教情感或无神论信仰、玷污宗教圣物的行为均须依法追究责任。任何人不得以宗教信仰为由逃避履行法律的义务。只有在法律有明确规定的情况下，才可以其他义务形式代替应履行的义务。

第五条"宗教和国家分离"。乌兹别克斯坦的宗教与国家分离。不得规定某一宗教或信仰比其他宗教或信仰优越或不足。国家鼓励信仰宗教与不信宗教的公民之间、不同信仰的宗教组织之间相互宽容和尊重，不允许宗教狂热和极端，不允许从事可引起不同宗教或教派间对抗、关系紧张和敌视的活动。国家支持宗教和教派和平协商。不允许从事鼓动某宗教信徒改信其他宗教或教派等宣教活动，违反此规定者须承担法律责任。国家不赋予宗教组织履行任何国家职能，除有违法行为外，不干涉宗教组织的活动。宗教组织不得履行国家职能。国家不负担宗教组织的活动经费，不负担宣传无神论的活动经费。乌兹别克斯坦不允许建立带有宗教色彩的政党和社会运动，外国宗教政党不得在乌境内设立分支机构。宗教组织须遵守国家法律，不得利用宗教从事反国家和反宪法制度的宣传，不得煽动敌对、仇视、民族歧视、破坏社会道德基础和公民团结、散布谣言和破坏社会稳定思想、制造居民恐慌，以及其他反对国家、社会和个人的活动。不允许宗教组织和宗教派别从事恐怖、贩毒、有组织犯罪及其他追求贪婪目的的活动。所有威胁国家机关和国家干部的行为，以及非法宗教活动均将承担法律责任。

第七条"教育体系和宗教"。规定宗教与教育体系相分离。国民教育体系的教学大纲中不得加入宗教内容。国家保护公民的世俗教育权利，无论其宗教态度如何。

第八条"宗教组织"。规定宗教组织（Религиозная организация）是乌兹别克斯坦公民在自愿基础上，为共同满足宗教信仰，从事礼拜、仪式和礼节等宗教活动的社会团体，包括宗教团体、宗教学校、清真寺、教堂、犹太会堂、寺庙和其他等。建立宗教组织需要至少由100名年满18周岁的乌常驻公民发起。为协调活动，在8个及以上州和直辖市设有分支机构的宗教组织可成立中央管理机构。宗教组织是法人，获得司法部或其地方机构登记后方可活动。宗教组织的负责人可以是具有宗教知识的乌兹别克斯坦公民，宗教组织领导人的候选人若是非乌兹别克斯坦公民，须经过宗教事务委员会批准。

第九条"宗教学校"。规定宗教组织的中央管理机构有权建立宗教学校，培养教职人员和其他所需要的人员。宗教学校在司法部登记并获得许可后才有权活动。高等和中等宗教学校只能接受已完成国家教育法规定的普通中等义务教育的学生入学。不允许个人从事宗教教育活动。

第十四条"宗教仪式和典礼"。规定宗教组织有权建立和维护举行礼拜和宗教仪式的场所和圣地。礼拜、宗教仪式和典礼应在宗教组织所在地的宗教场所、建筑及其附属区域、宗教圣地、墓地举行。若宗教仪式所必须时，可根据公民意愿在家中进行。为老人和残疾人举行的礼拜和宗教仪式可在医院、卫生所、家中进行。为在押人员举行的礼拜和宗教仪式可在其被关押处进行。在宗教场所外公开举行的礼拜、宗教仪式和典礼须依照相关法律规定进行。除宗教组织的神职人员外，公民不得在公共场所穿戴宗教服饰。宗教组织不得强迫信徒缴纳货币，不得对信徒采取羞辱或伤害其尊严的措施。

第十九条"宗教作品和宗教用品"。规定宗教组织的中央管理机构有权依法生产、进口、出口和散发宗教物品、宗教作品和其他带有宗教内容的信息材料。国外宗教作品的获取和处理须依法获得有关部门鉴定审查之后方可进行。宗教组织的中央管理机构在获得相关许可后享有生产和散发宗教活动用品的权利。生产、储存和散发带有宗教极端主义、分离主义和原教旨主义内容的出版物、电影、图片、音像制品和其他材料须承担法律责任。

其他法律。为加强打击恐怖主义，乌兹别克斯坦2000年12月15日通过专门的单行法《反对恐怖主义法》，对恐怖主义、恐怖组织、恐怖行为等做出明确规定，其中第二条将恐怖主义定义为："使用暴力、威胁或者其他手段危害生命安全、人身健康，造成财产和其他物质设施损毁的犯罪行为，旨在强迫国家、国际组织、自然人、法人完成或拒绝完成某行为，造成国际关系复杂化、侵犯主权和领土完整、危害国家安全、挑起军事冲突、恐吓居民、破坏社会政治局势稳定，以达到政治、宗教、意识和其他目的，依照乌兹别克斯坦刑法应追究刑事责任的行为。"除本国立法外，从1994年2月7日到2008年4月29日，乌兹别克斯坦已签署加入联合国全部13部反恐公约和议定书。

与此同时，乌没有像很多国家那样制定专门的《反对极端主义法》，有关打击极端主义的规定散落在其他法律和国际条约中，如《社会组织法》《非国家的非营利组织法》《社会基金法》《刑法》以及上海合作组织《打击恐怖主义、分裂主义和极端主义上海公约》（简称《公约》）等。上合打击三股势力《公约》规定："极端主义是指旨在使用暴力夺取政权、执掌政权或改变国家宪法体制，通过暴力手段侵犯公共安全，包括为达到上述目的组织或参加非法武装团伙，并且依各方国内法应追究刑事责任的任何行为。"

2. 主要管理措施

乌兹别克斯坦坚持世俗政体，针对不同性质的宗教活动，采取不同的方针政策，在坚持反恐的同时，将其重点转向规范宗教活动，希望借此削弱极端宗教思想的传播基础。宗教管理的基本原则是：引导和鼓励传统习俗；规范和限制宗教活动；防范和打击极端和恐怖势力。措施主要有以下几点。

一是严格规范和管理宗教活动。包括：严格审查清真寺，关闭带有原教旨主义色彩的清真寺；严厉打击地下讲经点，凡未经政府有关部门许可而擅自讲经的宗教人士，均对其追究刑事责任；对戴头巾和蒙面的在校生一律开除；逐户登记排查具有宗教极端或暴力恐怖倾向的居民，重点是赴中东阿拉伯国家、伊朗、土耳其、巴基斯坦、阿富汗等国从事商贸的商人和个体户（尤其是回国后留着大胡子、娶多个妻子的人）和18~35岁无固定居所的年轻人，以及常年失业的人等；追究极端分子和暴恐分子家长甚至亲属"管教不严"的责任；提高监控手段和能力，2012年3月开始，乌政府在纳曼干州181个清真寺安装了摄像头，理由是防火防盗；规范课额和天课，避免攀比，2012年规定伊斯兰教课额最低限度是85克黄金，天课照其1/40缴纳，自愿施舍的额度是相当于2公斤小麦的价值，不能封斋的穆斯林补交的施舍额度（相当于穷人一次用餐的价值）确定为6000苏姆。

二是保卫传统文化、宣传积极健康生活方式，提高民众对宗教极端思想的防范意识和抵抗能力。如：在学校中成立"家庭、马哈拉和学校中心"，组建"反对极端主义和恐怖主义中心"俱乐部，宣传极端主义和恐怖主义的危害，以及预防和鉴别宗教极端和恐怖主义的方法；针对国民，尤其是妇女、儿童、家庭和青年人宣传积极健康的生活方式、传统文化和价值观，保护公民权益；电台、电视台等传媒播放反宗教极端的节目，还公开直播犯罪的青年人忏悔和反思走上"邪路"的经过；吸收部分有影响力的宗教人士参与公共事务讨论，提供政策建议。

三是严厉打击极端主义、恐怖主义和邪教。尤其是针对重点地区（如费尔干纳盆地和边境地区），重点行业（如互联网、手机市场、出版物、印刷品、音像制品；武器弹药、爆炸物和爆炸装置等危险品），重点人群（如青年人、妇女、个体工商户、失业人员、在境外经商人员、在境外宗教学校留学人员等），重点嫌疑人（留胡子、穿长衫、戴头巾、蒙面纱的人等）进行重点防范。

三 宗教极端、恐怖和邪教组织

伊斯兰教在乌兹别克斯坦各地的影响和特点并不相同，其中：西部和西北部居民以突厥和蒙古等游牧民族长期混居同化而成的卡拉卡尔帕克人为主，这个部落的人接触伊斯兰教相对较晚，属于"简化版伊斯兰"，因此该地的伊斯兰教派比较温和，对居民的影响主要表现在生活传统和习俗中带有伊斯兰色彩；西南、中部、北部和南部（如塔什干、撒马尔罕、布哈拉、希瓦等）的伊斯兰教属乌兹别克斯坦国内主流，官方支持的伊斯兰社团"穆斯林管理局"始终占据主导地位，主要奉行逊尼哈乃斐教义。该地区的穆斯林较开放，与波斯、东正教、天主教、犹太教等其他文化交流较多，另外，苏菲教派在此也有一定影响，尤其是在布哈拉和希瓦一带；东部的费尔干纳谷地受高山阻隔，交通不便，伊斯兰教相对闭塞和浓重，较多保守色彩，因此也最容易接受宗教原教旨主义。

从苏联后期开始，境外伊斯兰国家和组织对乌兹别克斯坦的伊斯兰教发展提供较多援助，比如帮助兴建清真寺和宗教学校、提供宗教宣传材料、吸收留学生到境外留学等。境外传入的伊斯兰教大多具有输出国的特点，其中从沙特阿拉伯、科威特、卡塔尔等中东阿拉伯国家传入的主要是逊尼派的罕百里和瓦哈比学说；从埃及等北非国家传入的是穆斯林兄弟会和萨拉菲思想；土耳其希望在中亚国家和西方之间充当桥梁，输出其世俗化的伊斯兰模式，并借此塑造其"突厥国家主导者"形象；从巴基斯坦传入的是达瓦宣讲思想（又称"台比力克"）；来自阿富汗影响最大的是塔利班和基地组织；伊朗受美国制裁影响，希望团结中亚国家，在中亚传播伊斯兰教方面表现相当克制，虽资助部分伊斯兰社团，包括苏菲社团，但并未输出"伊斯兰革命"理论。

境外传入的伊斯兰教派及其思想与乌本土的主流伊斯兰教之间存在诸多不同，极端势力因此指责乌本土教派存在很多陋习，不是正宗的伊斯兰。尤其是那些接受罕百里和瓦哈比思想的穆斯林不仅成为所谓"宗教革新"的排头兵，而且其中很多人后来发展成为宗教极端和恐怖分子。另外值得注意的是，美国和欧洲虽不传播伊斯兰教，因其在民主和人权领域始终坚持双重标准，认为乌是专制和人权状况堪忧国家，经常将乌境内的非法宗教活动、宗教极端和恐怖活动等界定为社会群体事件，认为是公民维护民主自由权利的表现，而不是刑事犯罪，认为起因是乌国内的政治、经济和社会问题，而不是宗教极端和恐怖思想作祟。在一定程度上，西方国家已经成为宗教极端和恐怖势力的帮凶。

在中亚地区，乌兹别克斯坦是面临恐怖主义和极端主义威胁的重灾区。境内的极端和恐怖事件主要有 5 类。一是针对强力部门和护法机构的暴力活动。如 1999 年 2 月在塔什干制造的系列爆炸案，2004 年塔什干总检察院大楼休息厅爆炸案，2009 年 8 月刺杀内务部刑侦和反恐局副局长哈桑上校。二是针对外国目标的爆炸活动。如 2004 年 6 月塔什干美国驻乌使馆和以色列驻乌使馆附近的自杀性爆炸事件。三是针对伊斯兰宗教人士。如 2009 年 7 月刺杀塔什干"库克里达什"宗教学校副校长和批评瓦哈比教派的塔什干大伊玛目安瓦尔，8 月刺杀卡什卡达里亚州的大伊玛目伊斯玛仪未遂。四是武装袭击。如 2009 年 5 月袭击汉纳巴德和安集延的派出所。五是宗教暴动。如 2005 年的"安集延事件"。

据上海合作组织网站消息，截至 2011 年年底，乌兹别克斯坦政府认定 26 个宗教极端和恐怖组织，另据集体安全条约组织数据，乌共认定 15 个宗教极端和恐怖组织。但截至 2014 年年初，乌官方尚未正式公布禁止在其境内活动的境外宗教极端和恐怖组织名单。外界猜测其主要原因是，乌担心一旦公布名单，等于替宗教极端或恐怖组织宣传，可能引发示范标杆效应，提高这些组织在民众中的影响力，而不公布名单，等于说这些组织虽然存在，但尚无体系和规模。

独立至今，在乌境内比较活跃并遭到强力部门大力调查和打击的宗教极端和恐怖组织主要有：伊斯兰解放党（Исламское движение Узбекистана）；伊扎布特（Хизб-ут-Тахрир）；中亚圣战组织（Джамаат моджахедов Центральной Азии）；"东突厥斯坦伊斯兰运动"（Исламское движение Восточного Туркестана）；伊斯兰圣战协会（Союз исламского джихада）；基地组织（Аль-Каида）；阿克拉米亚（Акромисты，阿拉伯语"至尊"的意思，从伊扎布特分离出的组织）；努斯拉特（Хизб ан-Нусрат，阿拉伯语意思是"胜利党，从伊扎布特分离出的组织）；达瓦宣讲团（Джамаат Таблиг）；利比亚战斗团（Ливийский джамаат）；努尔西组织（Нурджулар 或 Нурчилар，以土耳其伊斯兰复兴运动创始人萨义德·努尔西命名）；其他组织，如瓦哈比、萨拉菲、巴哈伊教分子等。

上述宗教极端和恐怖组织的思想理论基础主要来自于瓦哈比、萨拉菲、达瓦宣讲、努尔西等宗教原教旨主义，其中瓦哈比和萨拉菲主要来自阿拉伯国家（在其影响下，乌本土生长出伊扎布特和阿克拉米亚等极端组织），达瓦宣讲来自南亚的巴基斯坦，努尔西思想来自土耳其。达瓦宣讲和努尔西组织均重视宣教活动，不同的是，达瓦宣讲偏重下层，而努尔西更重视发展知识青年，认为经过一二十年后，这些知识精英可能成为国家和社会的栋梁，届时更易于改造世俗社会，实现政教合一的伊斯兰国家。

四 对我国的启示

乌兹别克斯坦被西方认为是当今世界宗教管理最严厉的国家之一。独立后，各种宗教，尤其是伊斯兰教迅速填补苏联解体造成的意识形态真空。起初，乌政府鼓励伊斯兰教复兴，希望借此继承和发扬主体民族的传统文化，巩固独立和主权。在此过程中，部分宗教极端、暴力恐怖和新兴宗教组织也顺势传入和兴起，对社会公共秩序造成不良影响。乌政府被迫开始加强宗教管理，尤其针对伊斯兰宗教活动，严厉打击宗教极端和恐怖活动。经过多年治理，当前乌境内宗教极端和恐怖形势总体可控，宗教极端思想的蔓延趋势放缓，恐怖活动的次数和烈度相比2000年前后总体下降。乌现行宗教管理政策措施的成功经验对我国的启示主要有以下几点。

1. 区分传统宗教和外来宗教

乌政府和主流穆斯林社团均认为，本土伊斯兰教信奉逊尼派的哈乃斐教义，主张宽容和友善；国内的宗教极端和恐怖思想主要来自境外，这些极端思想虽然打着"改革和革新"的旗号，但与乌本土伊斯兰教体系本质不同，而且也与整个伊斯兰世界的主流格格不入。因此需要"两手都要硬"，在打击邪恶的同时更要树立正气，在遏制境外非传统伊斯兰教渗透和传播的同时，更要大力弘扬本土传统伊斯兰教和世俗的爱国主义及公民意识。政府下属宗教事务委员会和穆斯林宗教管理局在鉴定和审查宗教组织和宗教活动时，亦将此作为检验标准之一。比如法律规定公共场所禁止穿戴宗教服饰，实践中便是禁止妇女蒙面纱和穿阿拉伯黑袍，其原因之一就是面纱和黑袍是中东地区伊斯兰教的特征，但不属于中亚地区传统伊斯兰教服饰。

2. 鉴定宗教活动，区分宗教极端同普通宗教活动和社会群体事件

这三者虽有很多近似特征，但性质完全不同。前者借助宗教外衣，实质是政治或治安刑事案件，具有严重的社会危害性，应通过刑法、行政处罚法加以制裁，后二者属于社会正常管理范畴，不具有社会危害性或危害性极小，可通过相关民法、行政法等法律途径解决。比如伊扎布特（伊斯兰解放党）一直认为自己是一个政党，而不单纯是宗教组织，但无论其是以宗教组织还是以政党身份，乌政府都不仅不予以登记，使其无法成为合法的社会团体，而且还大力打击，原因就是该组织早已脱离普通宗教活动范畴，从事的是宗教极端活动，危害国家安全和社会秩序。

3. 维护政权和国家稳定优先，不畏惧西方压力，坚决反对西方的"双重标准"

西方经常以限制宗教信仰自由、压制公民维权等理由谴责甚至制裁乌兹别克斯坦政府。双方分歧主要表现在两个方面。一是对境外宗教的态度。西方认为，无论是本土宗教还是外来宗教，均属宪法保障的公民信仰自由和言论自由权利范围，国家不应干涉，不应有区别地管理和对待。乌则认为，宗教极端思想主要来自境外，对本国传统、公共秩序、国家安全和社会公序良俗产生不良影响，甚至起到破坏作用。大部分宗教极端和恐怖分子均来自瓦哈比、萨拉菲、努尔西、达瓦宣讲等信徒，因此需要从源头遏制宗教极端思想蔓延。二是关于部分宗教组织和信徒的群体性事件，如"安集延事件"，西方认为是乌内政缺陷引发，属社会问题，是公民维权行为，即使针对暴恐分子，也不能过度使用警力和武力。乌政府则认为应该从现象看本质，这是宗教组织及其信徒以社会问题为借口，企图推翻现政权、建立政教合一国家的犯罪行为。

4. 充分动员和发挥社会力量，如社区基层组织、妇女、青年、慈善组织等

反对宗教极端和恐怖主义，在一定程度上可以说是一场"全民战争"，而不单单是政府的任务。社会组织数量众多，且成员通常是各领域精英，有一定影响力和示范作用，可在政府和公民之间有效发挥沟通桥梁功能，协助政府开展宣传、教育和监督工作。另外，底层的贫困和失业人员、妇女、青年一直是宗教极端组织的重点发展对象，如果官方不争取，社会组织不发挥作用，部分群众便可能被宗教极端组织利用。

5. 重视宣传和教育

首先是积极宣传宗教极端和恐怖主义的危害，提高公民的防范意识和能力；其次是加强现代知识体系教育，分散学生对宗教的兴趣，并提高其辨别能力；最后是乌政府禁止宗教侵蚀未成年人，规定不得吸收未成年人参加宗教组织，未征得未成年人本人、其家长或其监护人同意，不得对未成年人进行宗教培训，宗教学校只能接收已完成国家教育法规定的普通中等义务教育的学生入学，不允许个人从事宗教教育活动。

与此同时，乌宗教管理措施中的部分做法，也有值得商榷和思考之处，其中被各界议论最多的是强力部门在实际操作过程中，有时难免打击面过大，成本过高。比如一人犯罪，其家人和亲属也会被调查，出现一个宗教极端或暴恐事件，对整个社区甚至整个城市都要进行大面积排查等。

原载《俄罗斯学刊》2014 年第 2 期

图书在版编目(CIP)数据

俄罗斯东欧中亚研究文选:1965~2015:全2册/中国社会科学院俄罗斯东欧中亚研究所编.—北京:社会科学文献出版社,2016.3
 ISBN 978-7-5097-7907-1

Ⅰ.①俄… Ⅱ.①中… Ⅲ.①俄罗斯-研究-文集 ②东欧-研究-文集 ③中亚-研究-文集 Ⅳ.①D751-53 ②D736-53

中国版本图书馆CIP数据核字(2015)第320909号

俄罗斯东欧中亚研究文选(1965~2015)(全2册)

编　　者 / 中国社会科学院俄罗斯东欧中亚研究所

出 版 人 / 谢寿光
项目统筹 / 祝得彬
责任编辑 / 张苏琴

出　　版 / 社会科学文献出版社·当代世界出版分社（010）59367004
　　　　　　地址：北京市北三环中路甲29号院华龙大厦　邮编：100029
　　　　　　网址：www.ssap.com.cn
发　　行 / 市场营销中心（010）59367081　59367018
印　　装 / 三河市尚艺印装有限公司

规　　格 / 开　本：787mm×1092mm　1/16
　　　　　　印　张：53.75　字　数：926千字
版　　次 / 2016年3月第1版　2016年3月第1次印刷
书　　号 / ISBN 978-7-5097-7907-1
定　　价 / 238.00元（全2册）

本书如有印装质量问题，请与读者服务中心（010-59367028）联系

▲ 版权所有 翻印必究